에듀윌
시사상식 동영상
매달 0원

KB079121

취업 전문가 이종학 교수 상식 특강

어려운 이슈를 명쾌하게! **+** **시험에 나오는 상식만 빠르게!**

동영상 특강 보기
· 에듀윌 홈페이지 도서몰(book.eduwill.net) 내 동영상강의실 Click
· 에듀윌 시사상식 App 다운 〉 동영상강의 Click

이종학 교수
·에듀윌 취업 상식 대표교수

단 3초, 기대평 작성하고 인강 할인쿠폰 받자!

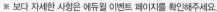

모든 취업 인강 **1만원** 10,000 **할인!**

※ 에듀윌 취업 전 강의 대상

이벤트 참여 방법 (이벤트 참여자 100% 즉시 제공)

| 모바일 | QR 코드 접속 → 에듀윌 취업사이트 로그인 |
| PC | www.eduwill.net → 공기업·대기업 취업 클릭 → 인강 할인쿠폰 100% 제공 배너 클릭 |

※ 보다 자세한 사항은 에듀윌 이벤트 페이지를 확인해주세요.
※ 유효기간: 2021년 12월 31일

1위 상식 월간지가 모바일에 쏙!

에듀윌 시사상식 앱

- ☑ 매월 업데이트 되는 HOT 시사뉴스
- ☑ 20개 분야 1007개 시사용어 사전
- ☑ 취업전문가의 명쾌한 무료 상식특강

확! 달라진 에듀윌 시사상식 앱

QR코드를 스캔 후 해당 아이콘 클릭하여 설치 or
구글 플레이스토어나 애플 앱스토어에서 '에듀윌 시사상식'을 검색하여 설치

※YES24 수험서 자격증 취업/상식/적성검사 취업/면접/상식 베스트셀러 1위 (2020년 02월 월별 베스트)

2021 최신판

에듀윌 多통하는 일반상식

1권 고빈출상식 + 분야별 일반상식(경제·경영/사회/정치)

일반상식 학습 전략

NEWS

공기업 채용...시사상식 비중 커져

공기업 채용에서 시사상식의 비중이 더욱 중요해지고 있다. 2020년 상반기 역대급 규모의 채용을 진행한 부산교통공사에서 일반상식 시험을 치뤘듯이 상식 시험은 물론이고, 논술에서도 시사상식이 중요하다. 최근 aT한국농수산식품유통공사는 논술에서 'GMO'와 관련된 것을 물었고, 금융감독원에서는 '지소미아', '화이트리스트' 등 최신 시사상식을 알고 있어야만 해결할 수 있는 논술 문제가 나왔다.

NEWS

금융권 채용...경제·금융상식 확대

금융권 채용 비리 파문에 따라 지난 2018년 하반기부터 금융권은 필기시험을 부활시키며 역대급 채용을 이어갔다. 최근 은행 및 금융 공기업은 금융·경제 상식은 물론 다양한 시사 분야의 출제 비중을 확대했다. 가령 농협은행은 5급에서만 출제됐던 금융·경제 상식을 농협은행 6급까지 확대하는 등 상식 공부가 은행권 취업의 필수가 되었다. 필기시험뿐만 아니라 면접 전형에서도 사회적 이슈에 대한 토론을 진행하는 등 상식은 필수적이다.

필기시험·논술·면접 합격의 갈림길은 상식!
하지만 실상은 막막하기만

상식이 중요하다고 하는데,
취업에 필요한 상식만 모아 놓은 책은 없나요?
공사공단, 금융권, 언론사, 대기업별로 출제되는 상식 비중과 난이도가 다른데,
어디에 기준을 잡고 공부해야 할까요?

이들을 위해 단 한 권으로 상식을 정복할 수 있는
"多통하는 일반상식"을 제공합니다!

HOW 취업에 필요한 상식은 어떻게 대비해야 할까?

취업 시험에 나오는 상식은 다르다?

상식은 출제 범위가 너무 광범위하다보니 취업준비생들은 어디서부터 어떻게 공부해야 할지 모르는 경우가 다반사입니다. 흔히 상식을 처음 대비하는 취준생이 최신 이슈를 공부하겠다고 무작정 신문부터 펼치는 모습을 볼 수 있지만 이는 효율적인 학습 방법이라고 보기 어렵습니다.

취업의 모든 전형에서 상식은 기본!

필기시험을 준비할 때가 돼서야 상식을 공부해서는 늦습니다. 1차 서류 단계인 자기소개서를 작성할 때에는 지원하는 분야의 상식을 철저하게 파악해야 합니다. 면접과 PT 발표에서도 상식은 필수입니다. 각종 시사상식과 연계해 해당 기업이 극복해야 할 문제점에 대한 해결책을 제시하라는 등 상식 없이 대처하기 어려운 질문이 쏟아지기 때문입니다.

가장 먼저 상식 출제 범위를 파악하라!

공사공단, 금융권, 언론사, 대기업별로 상식 영역의 출제 경향을 파악한 후 빈출되는 용어와 기본 핵심 용어를 익히면서 최신 이슈를 공부하는 것이 가장 효율적입니다. 지원하는 기업의 상식 비중과 분야에 대해 알아보는 것을 1순위, 기업 관련 상식을 2순위로 준비해야 합니다. 지원하는 기업별 출제 상식의 범위를 기준으로 상식을 공부하는 것이 중요합니다.

따라서 일반상식은 출제된 상식 범위를 분석해

시험에 나오는 상식만 공부하라!

일반상식 공략법

상식도 다 같은 상식은 NO!

필기시험뿐만 아니라 채용의 모든 과정에서 상식 영역은 절대 빼놓을 수 없는 부분입니다. 이 말은 즉, 상식을 정복하면 취업에 더 가까워질 수 있다는 말입니다.

보통 기업의 채용 절차는 '서류 접수 → 필기시험 → 면접'으로 진행됩니다. 시험 및 면접에 출제되는 상식은 매우 광범위하므로 각 단계별 상식 영역이 요구되는 부분을 꼼꼼히 분석하여, 그에 맞게 체계적으로 준비하는 것이 필요합니다.

취업 정복까지 전형별로 필요한 상식 유형

진행 단계		단계별 필요한 상식 유형
1차: 서류 접수 (자기소개서)	최신상식	지원하는 기업과 직군 특성이 속한 분야의 최신상식에 관심을 가지고 자기소개서에 녹아들게 작성하는 것이 중요하다.
	기업상식	자기소개서 항목에는 기업 관련 이슈나 사업 관련 내용도 포함되므로, 평소에 기업 홈페이지 등에 올라오는 가이드북을 통해 철저히 파악해야 한다.
2차: 필기시험	빈출상식	필기시험의 상식 영역은 출제된 상식 내용도 여러 번 반복되어 나오기 때문에 해당 교재에서 분야별 일반상식이 시작되기 전에 제공하는 '꼭 알아야 하는 고빈출 상식 264선'을 제대로 익히고 넘어가는 것이 좋다.
	일반상식	지원하는 직군별·기업별로 요구하는 상식 분야의 중요도는 다르다. IT직군의 경우 과학을, 경제 전문 언론사의 경우 경제·경영의 일반상식을 반드시 알고 있어야 한다. 아울러 금융권 등 전문적인 분야에서는 전공 관련 문항도 해결해야 하기 때문에 미리 대비해야 한다.
3차: 면접	최신상식	시의성이 높거나, 화제성이 있는 최신상식은 찬반 토론 주제나 PT 면접 주제로 출제될 가능성이 높다. 그중에서도 대기업은 6개월 이내, 공기업은 1~2년 이내의 최신상식을 검토하는 것이 좋다.
	기업상식	최신상식만큼이나 중요한 부분으로, 지원한 기업이나 직군 관련 사업 내용 및 문제점과 해결 방안에 대해 관심을 가지고 자신의 생각을 정리할 필요가 있다.
	빈출상식	면접에서 출제됐던 용어나 주제는 일회성이 아님을 명심하고 익혀둬야 한다.

상식을 출제한 기업 목록

구분	기업명
공기업	부산교통공사, aT한국농수산식품유통공사, 경기주택도시공사, 공무원연금공단, 국립공원공단, 국민연금공단, 근로복지공단, 서울시설공단, 인천교통공사, 한국가스기술공사, 한국공항공사, 한국농어촌공사, 한국토지주택공사, 한국수력원자력, 한국언론진흥재단, 우정사업본부, 해양환경관리공단, 장애인고용공단, 한국환경공단, 한국지역난방공사, 한국소비자원, 한국콘텐츠진흥원, 한국도로공사, 영화진흥위원회 등
언론사	KBS, MBC, MBN, SBS, EBS, TV조선, YTN, 경인일보, 경향신문, 국민일보, 국제신문, 동아일보, 매일경제, 머니투데이, 문화일보, 서울신문, 세계일보, 스포츠서울, 시사저널, 아시아경제, 연합뉴스, 조선일보, 중앙일보, 코리아헤럴드, 파이낸셜뉴스, 한겨레, 한국경제신문, 한국일보, 헤럴드경제, 부산일보, 이데일리 등
금융권	IBK기업은행, KB국민은행, 우리은행, NH농협은행, 신한은행, 하나금융투자, 수협, KEB하나은행, SGI서울보증, KDB산업은행 등
대기업	LG그룹, GS그룹, KCC, 대우건설, 대한항공, 동원그룹, 두산그룹, 롯데그룹, 삼양그룹, 신세계면세점, 아모레퍼시픽, 이랜드, 제일기획, 포스코그룹 등

상식은 이렇게 학습하자!

☑ **POINT1**   지원하는 기업과 직군을 정확히 파악한 후 필수적인 상식 분야를 추린다.

☑ **POINT2**   추려낸 상식 분야의 일반상식을 해당 교재로 우선 학습한다.

☑ **POINT3**   출제 가능성이 있는 나머지 상식 분야도 후순위로 학습한다.

☑ **POINT4**   면접 전 직무 관련 상식을 복습한다.

이 책의 구성

1 고빈출상식을 집중 공략하자!

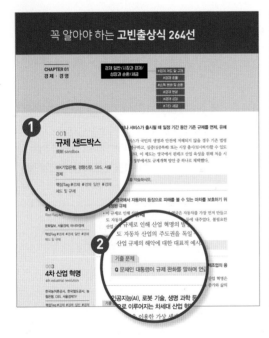

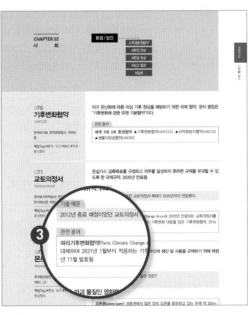

분야별 반드시 알아야 할 고빈출상식 용어만 모아 제공하였습니다.

① **핵심Tag 및 기출처**

취업을 준비할 때 반드시 알아야 하는 상식 용어를 핵심Tag로 나누어서 빠르게 이해하고 익힐 수 있도록 하였습니다. 또 해당 용어가 어떤 기업에서 출제됐는지 확인할 수 있도록 하였습니다.

② **기출 문제**

실제 출제된 기출 문제를 제공하여 상식 시험에 대한 감을 잡고 학습 방향을 설정할 수 있도록 하였습니다.

③ **관련 용어**

시험에 해당 용어와 같이 자주 출제되거나, 함께 알아두면 좋은 용어를 제공하여 한 번에 학습할 수 있도록 하였습니다.

2 분야별 일반상식을 확실히 파악하자!

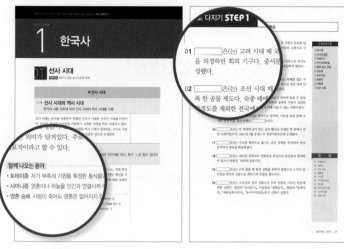

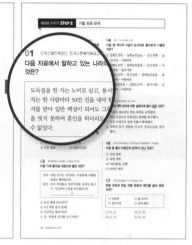

함께 나오는 용어

해당 용어와 관련해 함께 학습하면 효율적인 용어를 추가로 제공하여 학습할 수 있도록 하였습니다.

제대로 다지기 STEP1

각 분야별 속 SECTION마다 핵심 키워드를 선별하여 제공함으로써 복습할 수 있도록 하였습니다.

제대로 다지기 STEP2

핵심 키워드 복습으로 용어를 복습한 후, 기출 응용 문제를 풀면서 실제 시험의 감을 익힐 수 있도록 하였습니다.

3 기출복원문제로 완벽하게 마무리하자!

FINAL 기출복원문제

3개 기업의 기업별 실제 기출을 복원한 문제로 최종점검할 수 있도록 하였습니다.

多 제공하는 학습자료

특별부록 '시험에 반드시 나올 최신상식 100선' 제공!

◀ **시험에 반드시 나올 최신상식 100선**

최근 새롭게 화제가 된 최신상식 100선을 엄선해 수록하였습니다. 핵심만 간추린 내용으로 관련 이슈를 한 번에 파악할 수 있습니다. 또 이미 기출된 키워드는 '기출문제'를 제공해, 실제 시험에는 어떻게 출제되는지 상식 시험의 감을 잡을 수 있게 하였습니다.

매월 업로드 되는 무료 상식 특강 제공!

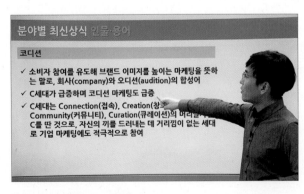

◀ **취업전문가의 명쾌한 무료 상식 특강**

상식 용어는 트렌드에 따라 계속 생성되고 있습니다. 교재 내 일반상식을 학습한 후, 최신상식을 꾸준히 학습하고 싶은 취준생들을 위해 월간 시사상식 강의를 무료로 제공하여 상식을 빈틈없이 업그레이드 할 수 있도록 하였습니다.

[무료 상식 특강 보는 방법]
• 에듀윌 도서몰(book.eduwill.net) → 동영상강의실 → 시사/일반상식 → 취업에 강한 에듀윌 시사상식
• 에듀윌 시사상식 APP 다운 → 동영상강의

多 제공하는 학습 플래너

단기간에 끝내고 싶은 취준생을 위해 막막한 일반상식을 15일 만에 정복할 수 있는 학습 플래너를 제공합니다.
본인에게 맞는 학습 플랜을 구상하여 활용한다면 더욱 완벽하고 효율적으로 대비할 수 있습니다.

단기 15일 플랜

15일	학습일	교재 학습	나만의 학습 계획
1일	월 일	□ [1권] PART 01 고빈출상식 264선	
2일	월 일	□ [1권] CHAPTER 01 경제 · 경영 SECTION 1~2	
3일	월 일	□ [1권] CHAPTER 01 경제 · 경영 SECTION 3~4	
4일	월 일	□ [1권] CHAPTER 02 사회 SECTION 1	
5일	월 일	□ [1권] CHAPTER 02 사회 SECTION 2	
6일	월 일	□ [1권] CHAPTER 03 정치 SECTION 1	
7일	월 일	□ [1권] CHAPTER 03 정치 SECTION 2	
8일	월 일	□ [2권] CHAPTER 01 과학 SECTION 1	
9일	월 일	□ [2권] CHAPTER 01 과학 SECTION 2	
10일	월 일	□ [2권] CHAPTER 02 문화 · 스포츠 SECTION 1~2	
11일	월 일	□ [2권] CHAPTER 02 문화 · 스포츠 SECTION 3	
12일	월 일	□ [2권] CHAPTER 03 인문학 SECTION 1~2	
13일	월 일	□ [2권] CHAPTER 03 인문학 SECTION 3	
14일	월 일	□ [2권] CHAPTER 04 역사 SECTION 1~2	
15일	월 일	□ [2권] PART 04 FINAL 기출복원 문제	

차례

[1권] 고빈출상식 + 분야별 일반상식(경제·경영/사회/정치)

{
일반상식 학습 전략
일반상식 공략법
이 책의 구성
多 제공하는 학습자료
多 제공하는 학습 플래너
}

◆ PART 01 고빈출상식 264선　016

◆ PART 02 분야별 일반상식(경제·경영/사회/정치)

			핵심Tag	쪽수
CHAPTER 01 **경제·경영**	SECTION 1 경제	01 경제 일반	#경제 기초 #경제 이론 #경제 현상 #경제 흐름	098
		02 시장과 경제	#시장과 소비 #시장 흐름 #시장 실패	110
		03 성장과 순환	#경제 성장 #국민 소득 #경제 지표 #소득 분배 및 순환	115
		04 세금(조세)	#국세와 지방세 #기타 세금	126
		핵심 키워드 복습·기출 응용 문제		131
	SECTION 2 무역	01 무역 일반	#기초 무역 #무역 정책 #무역 실무	134
		02 국제 무역	#관세 일반 #국제 경제권 #국제 협정 및 기구	144
		핵심 키워드 복습·기출 응용 문제		157
	SECTION 3 경영	01 경영 일반	#경영 관리 #경영 전략 #조직 구조 #경영 기타	160
		02 재무회계	#재무 일반 #자금 및 예산 #재무 비율	177
		03 마케팅	#마케팅 전략 #마케팅 종류 #마케팅 방식	184
		핵심 키워드 복습·기출 응용 문제		196

			핵심Tag	쪽수
	SECTION 4 금융	01 금융 기초	#주요 금융기관 #금융 제도 #금융 상품 #자금 및 금리	202
		02 주식 · 채권 · 펀드	#주식 일반 #주가 변동 #주식 제도 및 지표 #채권과 어음 #펀드	212
		03 통화 · 화폐 · 환율	#통화 일반 #화폐 #환율 제도	230
		04 산업 일반	#산업 종류 #산업 제도 #농수산업 #산업 기타	238
		핵심 키워드 복습·기출 응용 문제		251
CHAPTER 02 사회	SECTION 1 사회 · 노동 · 교육	01 사회	#사회 일반 #사회 현상 #○○족(생활방식) #사회 제도 #인구와 도시 #사회 단체 #사회 기타	260
		02 노동	#실업 #직업 계층 #노동자 권리와 쟁의 #노동 조건과 형태	292
		03 교육	#교육 일반 #교육 제도	308
		핵심 키워드 복습·기출 응용 문제		313
	SECTION 2 환경 · 보건	01 환경	#국제환경기구 #국제환경협약 #환경 현상 #환경에너지	318
		02 보건	#보건 일반 #질병	331
		핵심 키워드 복습·기출 응용 문제		342
CHAPTER 03 정치	SECTION 1 정치 · 외교 · 안보	01 정치 일반	#국가의 구성 요소 #민주주의 #정치사상과 이론	348
		02 통치 구조	#국회와 입법 #대통령	356
		03 선거 제도	#선거 형태 #선거 원칙 및 권리 #선거 현상	373
		04 외교	#국제기구와 조약 #국제 정치 #세계의 분쟁 지역	381
		05 안보	#군사 용어 #국제 안보 #핵무기 용어 #북한과 통일	394
		핵심 키워드 복습·기출 응용 문제		409

			핵심Tag	쪽수
	SECTION 2 법률	01 법 일반	#법률의 기초 #법률의 분류 #기타 법적 용어	416
		02 헌법	#헌법 원리 #헌법의 권리 #헌법의 적용	423
		03 민법	#민법 기초 #법률 행위 #물권과 채권 #친족 관련 민법	433
		04 형법	#형법의 기초 #범죄 구성 요건 #형벌의 종류	444
		05 소송법	#소송법 이론 #소송의 절차 #수사 #재판	454
		핵심 키워드 복습·기출 응용 문제		464

◆ [1권] 찾아보기   472

[2권] 분야별 일반상식(과학/문화·스포츠/인문학/역사) + 기출복원문제

◆ PART 03 분야별 일반상식(과학/문화 · 스포츠/인문학/역사)

			핵심Tag	쪽수
CHAPTER 01 과학	SECTION 1 기초과학	01 물리	#물리의 기초 #물질과 힘	006
		02 화학	#원자력 #화학공학	011
		03 생물	#생명 #유전	015
		04 지구과학	#지구과학 기초 #지형과 대기	020
		05 우주과학	#우주과학 기초 #탐사선과 인공위성	025
		06 첨단과학	#첨단과학 이론 #첨단기술 #한국 과학기지	030
		핵심 키워드 복습·기출 응용 문제		035
	SECTION 2 컴퓨터 · IT	01 컴퓨터	#컴퓨터의 기초 #하드웨어 · 소프트웨어 #데이터와 바이러스 #기타 컴퓨터 용어	038
		02 정보통신	#네트워크 #정보통신망 · 장치 #IT 기술	048

			핵심Tag	쪽수
		03 인터넷	#인터넷 기술과 규약 #네티즌 사회 현상 #해킹 #전자상거래	059
		핵심 키워드 복습·기출 응용 문제		075
CHAPTER 02 **문화 · 스포츠**	SECTION 1 문화 · 예술	01 문화유산 · 예술상	#문화유산 #주요 상	082
		02 영화 · 연극	#영화제 #영화 장르 #기타 용어	086
		03 음악	#서양 음악 #현대 음악 #국악 #빠르기	093
		04 미술	#미술사조 #미술 기타	100
		핵심 키워드 복습·기출 응용 문제		105
	SECTION 2 매스컴	01 매스컴 일반	#주요 매스컴 이론 #여론	110
		02 신문방송	#언론보도 #신문 #방송 #방송 기타 #언론 기구	119
		03 광고	#광고 일반 #광고 법칙	147
		핵심 키워드 복습·기출 응용 문제		152
	SECTION 3 스포츠	01 스포츠 일반	#시합 용어 #야구 용어 #동계스포츠	154
		02 대회 · 기구	#올림픽 #국제대회 #축구대회 #야구대회 #테니스대회	167
		03 기타 경기	#경기 종류 #레저	183
		핵심 키워드 복습·기출 응용 문제		192
CHAPTER 03 **인문학**	SECTION 1 철학 · 종교 · 심리	01 철학	#철학 일반 #동양 철학 #서양 철학	200
		02 종교	#종교 일반 #서양 종교 #한국 종교	208
		03 심리	#심리 일반 #증후군 · 효과 · 법칙	212
		핵심 키워드 복습·기출 응용 문제		217
	SECTION 2 문학	01 국문학	#문학 개관 #고전문학 #개화기문학 #현대문학	220
		02 세계문학	#세계문학 일반 #문예사조 #문학 작품 #세계문학상	246
		핵심 키워드 복습·기출 응용 문제		266

			핵심Tag	쪽수
	SECTION 3 국어 일반 · 한자 · 기타 상식	01 국어 일반	#맞춤법 #순우리말	272
		02 한자	#동자이음어 #고사성어 #24절기 #10간/12지/60갑자 #나이 호칭 #가족 지칭어	278
		03 기타 상식	#최초 · 최고 · 최대 #숫자별 암기사항 #노벨상 수상자	294
		핵심 키워드 복습·기출 응용 문제		302
CHAPTER 04 역사	SECTION 1 한국사	01 선사 시대	#선사 시대 #고조선과 부족	312
		02 고대 사회	#삼국 시대 #남북국 시대	315
		03 고려 시대	#고려 시대	317
		04 조선 시대	#조선 전기 #조선 후기	323
		05 근현대 사회	#근대 사회 #일제 강점기 #현대 사회	332
		핵심 키워드 복습·기출 응용 문제		339
	SECTION 2 세계사	01 고대 사회	#선사 시대 #고대 문명 #서양 사회 #동양 사회	342
		02 중세 사회	#서양 사회 #동양 사회	348
		03 근대 사회	#서양 사회 #동양 사회	353
		04 현대 사회	#서양 사회 #동양 사회	361
		핵심 키워드 복습·기출 응용 문제		364

◆ PART 04 FINAL 기출복원문제

1회	한국 폴리텍대학	372
2회	TV조선 취재기자	375
3회	한국주택금융공사	378

◆ [2권] 찾아보기   388

고빈출상식 264선

: 반드시 알아야 하는 우선순위 필수상식

꼭 알아야 하는 **고빈출상식 264선**

CHAPTER 01
경제 · 경영

경제 일반/시장과 경제/
성장과 순환/세금

#경제 제도 및 규제
#경제 흐름
#소득 분배 및 순환
#경제 현상
#경제 성장
#기타 세금

001
규제 샌드박스
規制 sandbox

IBK기업은행, 경향신문, SBS, 서울
경제

핵심Tag #경제 #경제 일반 #경제
제도 및 규제

새로운 제품이나 서비스가 출시될 때 일정 기간 동안 기존 규제를 면제, 유예시켜주는 제도
- 신기술이나 서비스가 국민의 생명과 안전에 저해되지 않을 경우 기존 법령이나 규제에도 불구하고, 실증(실증특례) 또는 시장 출시(임시허가)할 수 있도록 지원하는 것이다. 이 제도는 영국에서 핀테크 산업 육성을 위해 처음 시작됐으며 문재인 정부에서도 규제개혁 방안 중 하나로 채택했다.

> **기출 문제**
> **Q** 규제 샌드박스를 약술하시오.

002
붉은 깃발법
Red Flag Act

문화일보, 서울경제, 아시아경제

핵심Tag #경제 #경제 일반 #경제
제도 및 규제

1865년 영국에서 자동차의 등장으로 피해를 볼 수 있는 마차를 보호하기 위해 제정된 규제
- 이 규제로 인해 산업 혁명의 발상지였던 영국은 자동차를 가장 먼저 만들고도 자동차 산업의 주도권을 독일 · 미국 · 프랑스 등에 내주었다. 불필요한 산업 규제의 해악에 대한 대표적 예시로 거론된다.

> **기출 문제**
> **Q** 문재인 대통령이 규제 완화를 말하며 언급한 붉은 깃발법이란?

003
4차 산업 혁명
4th industrial revolution

한국농어촌공사, 한국철도공사, 농
협은행, CBS, 서울경제TV

핵심Tag #경제 #경제 일반 #경제
흐름

인공지능(AI), 로봇 기술, 생명 과학 등 정보통신기술(ICT)과 전통 제조업의 융합으로 이루어지는 차세대 산업 혁명
- 디지털을 이용한 가상 세계와 현실 세계의 연결이 핵심인 4차 산업 혁명은 기술 융합으로 생산성을 높이고 생산과 유통 비용을 낮춰 소득 증가와 삶의 질을 높일 것으로 보인다.

> **기출 문제**
> **Q** 4차 산업 혁명의 핵심 산업에 대해 구체적으로 설명하시오.

004
지니 계수
Gini's coefficient

우리은행, 농협은행, 제주은행, 한국
보훈복지의료공단, 조선일보

핵심Tag #경제 #시장과 경제 #소
득 분배 및 순환

계층 간 소득 분배가 얼마나 공평하게 이루어지는가를 통해 빈부격차를 나타내는 수치

• 지니 계수를 통해 계층의 빈부격차를 한눈에 파악할 수 있다. 수치가 0에 가까울수록 소득 분배가 균등하게 이루어지고, 1에 가까울수록 불균등분배로 인한 빈부의 격차가 크다는 것을 뜻한다.

> **기출 문제**
>
> **Q** 소득 양극화를 나타내는 수치는?
>
> **A** 지니 계수

005
엥겔 계수
Engel's coefficient

SBS, 서울시설공단, 농협은행, 한국
수자원공사

핵심Tag #경제 #시장과 경제 #경
제 현상

가계가 지출한 총액에서 식료품비로 지출한 금액이 차지하는 비율

• 엥겔 계수가 높은 경우는 생활이 넉넉지 않다는 것을 의미하고, 엥겔 계수가 낮은 경우는 생활이 풍족하다는 것을 의미한다. 엥겔 계수는 (식료품비÷총지출액)×100로 구할 수 있다.

> **기출 문제**
>
> **Q** 식료품비가 차지하는 비율을 나타내는 지표로, 가계 수준을 측정하는 데 사용하는 지수는?
>
> **A** 엥겔 계수

006
블랙스완
black swan

aT한국농수산식품유통공사, 헤럴드
경제, 뉴스1, 포스코

핵심Tag #경제 #경제 일반 #경제
현상

발생 가능성이 거의 없어 보이지만 일단 발생하면 예기치 못한 충격과 엄청난 파급 효과를 가져 오는 사건

• 미중 무역 갈등 타결의 난항과 코로나19 확산이 2020년 금융시장에 블랙스완으로 등장했다.

> **기출 문제**
>
> **Q** 블랙스완에 대한 설명으로 옳은 것은?

007
골디락스
goldilocks

부산경제진흥원, 조선일보, MBC,
에쓰―오일

핵심Tag #경제 #경제 일반 #경제
현상

높은 경제 성장을 이루고 있으면서도 물가상승이 없는 이상적 상태

• 골디락스 경제 상태에서는 물가상승에 대한 부담 없이 GDP 성장, 실업률 하락 등을 실현할 수 있다.

> **기출 문제**
>
> **Q** 골디락스 경제에 대해 약술하시오.

008
더블딥
double deep

방송통신심의위원회, 국민체육진흥공단, 연합뉴스, MBC

핵심Tag #경제 #성장과 순환 #경제 현상

경기침체 후 잠시 불황에서 벗어나 짧은 기간 성장을 기록하다가 다시 불황에 빠지는 이중침체 현상. W자형 불황

기출 문제

Q 경기침체 후 잠시 불황에서 벗어나 짧은 기간 성장을 기록하다가 다시 불황에 빠지는 이중침체 현상과 관련된 알파벳으로 시작하는 슈퍼히어로로는?

A 원더우먼 (wonder woman)

009
스태그플레이션
stagflation

POBA행정공제회, 언론중재위원회, MBC, EBS

핵심Tag #경제 #성장과 순환 #경제 현상

경기침체에도 불구하고 물가가 오히려 오르는 현상

- 침체를 뜻하는 스태그네이션(stagnation)과 인플레이션(inflation)의 합성어다.

기출 문제

Q 저성장 고물가 현상을 가리키는 말은?

A 스태그플레이션

관련 용어

> **인플레이션** 통화량 증가 → 물가 상승
> **디플레이션** 경기 하락 → 물가 하락
> **리세션** 호황 중단 → 생산활동 저하, 실업률 상승
> **애그플레이션** 농산물 가격 급등 → 전반적인 인플레이션

010
GDP
Gross Domestic Product
국내총생산

방송통신심의위원회, 경기관광공사, 서울시설공단, 한국주택금융공사, IBK기업은행

핵심Tag #경제 #시장과 경제 #경제 성장

국내에서 일정 기간 내에 발생된 재화와 용역의 순가치를 생산면에서 포착한 총합계액

- GDP는 세계은행(IBRD), 경제협력개발기구(OECD) 등에서 경제 성장률 등 생산의 중심 지표로 사용된다. 우리나라는 1995년 4분기부터 국가의 경제 규모를 나타내는 지표로 GNP(국민총생산) 대신 GDP을 사용하고 있다.

기출 문제

Q GDP에서 G의 약자는 무엇인가?

A Gross

관련 용어

> **GNP(Gross National Product, 국민총생산)** 국민 경제가 일정 기간에 생산한 최종 생산물을 시장 가격으로 평가한 총액
> **GNI(Gross National Income, 국민총소득)** 한 나라의 국민이 일정 기간 생산활동에 참여한 대가로 벌어들인 소득의 합계

011
구글세
google tax

MBN, 서울경제, 제주MBC

핵심Tag #경제 #세금 #기타 세금

구글 등 다국적 기업이 세율이 높은 국가에서 얻은 수익을 세율이 상대적으로 낮은 국가에 있는 계열사로 넘겨 절세하는 것을 막는 세금

> 기출 문제

Q 구글세가 무엇인지 설명하시오.(면접)

CHAPTER 01
경제 · 경영

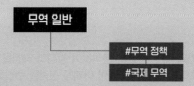

012
세이프가드
safe guard

대구광역시교육청, YTN, 대전MBC

핵심Tag #무역 #무역 일반 #무역 정책

특정 품목의 수입이 급증하여 국내 산업에 커다란 손실을 입힐 것으로 판단되는 경우 일시적으로 발동하는 긴급 수입제한조치

- 미국의 도널드 트럼프 행정부는 한국산 태양광 제품에 대해 세이프가드를 발효한 지 1년 만인 2019년 2월 규제를 완화했다.

> 기출 문제

Q 세이프가드에 대해 옳은 설명은?

013
AIIB
Asia Infrastructure Investment Bank
아시아인프라투자은행

한국환경공단, 국민일보, SBS, 기업은행

핵심Tag #무역 #무역 일반 #국제 무역

중국의 시진핑 국가주석이 제안해 설립한 국제 투자 은행. 미국과 일본이 주도하는 세계은행과 아시아개발은행(ADB) 등 금융기구에 대항하기 위해 설립

- 역내 아시아 국가들의 사회 기반 시설 확충 프로젝트에 쓰일 자금 마련이 주된 목적으로, 2015년 창립 회원국은 한국 포함 57개국이다.

> 기출 문제

Q AIIB와 균형외교에 대해 설명하라.(면접)

014
세컨더리 보이콧
secondary boycott

문화일보, 부산일보, 한국경제TV, BBS

핵심Tag #무역 #무역 일반 #국제 무역

제재 국가와 거래하는 제3국의 기업과 은행, 정부 등에 대해서도 제재를 가하는 방안

> 기출 문제

Q 세컨더리 보이콧을 약술하시오.

경영 일반/재무회계/
마케팅

#경영 전략

#재무비율

#마케팅 종류

#마케팅 이론

#마케팅 방식

015
SWOT 분석

한국교육과정평가원, 한국시설안전
공단, 인천교통공사, 이투데이

핵심Tag #경영 #경영 일반 #경영
전략

기업의 내부 환경을 분석하여 강점과 약점을 발견하고 외부 환경을 분석하여 기회와 위협을 찾아내어 마케팅 전략을 수립하는 것

- SWOT 분석은 강점(Strength)과 약점(Weakness), 기회(Opportunity)와 위협(Threat) 요인을 뜻한다.

기출 문제

Q 미국의 경영컨설턴트인 알버트 험프리(Albert Humphrey)에 의해 고안된 것은?

A SWOT 분석

016
6시그마
six sigma

서울시설공단, 대구도시공사, CBS,
인천관광공사

핵심Tag #경영 #경영 일반 #경영
전략

기업이 최고의 품질 수준을 달성할 수 있도록 유도하는 고객에 초점을 맞추고 데이터에 기반을 둔 경영 혁신 방법

- 100만 개의 제품 중 3~4개의 불량만을 허용하는 3~4PPM(Parts Per Million) 경영이 핵심으로, 품질 불량의 원인을 찾아 해결해 내고자 하는 체계적인 방법론이다.

기출 문제

Q 6시그마의 조직 단계는 어떻게 나누어지는가?

A (위의 단계부터) 챔피언〉마스터 블랙 벨트〉블랙 벨트〉그린 벨트〉화이트 벨트

017
백기사
白騎士

신용보증재단중앙회, 국민체육진흥
공단, 한국언론진흥재단, 연합뉴스

핵심Tag #경영 #경영 일반 #경영
전략

적대적 인수합병(M&A)의 대상이 된 기업에 우호적인 제3의 인수자

기출 문제

Q 다음 중 적대적 M&A 방어법이 아닌 것은?

A 위임장 대결(⇨ 적대적 M&A 수단)

관련 용어

적대적 M&A 방어법 시장에서 주식을 매입하여 경영진의 반대를 무릅쓰고 경영권을 장악하는 M&A 방어법으로 '백기사, 황금낙하산, 초토화법, 포이즌필' 등이 있음

018
리쇼어링
reshoring

aT한국농수산식품유통공사, 연합인
포맥스, 헤럴드경제

핵심Tag #경영 #경영 일반 #경영
전략

기업이 해외로 생산 기지를 옮겼다가 다시 본국으로 돌아가는 '제조업 본국
회귀' 현상

• 리쇼어링 기업은 유턴(U–turn)기업이라고도 한다.

기출 문제

Q 생산 기지를 해외로 옮긴 기업이 국내로 다시 돌아오는 현상은?

A 리쇼어링

019
아웃소싱
outsourcing

방송통신심의위원회, LH한국토지주
택공사, 서울특별시도시철도공사

핵심Tag #경영 #경영 일반 #경영
전략

기업 업무의 일부 프로세스를 경영 효과 및 효율의 극대화를 위한 방안으로
제3자에게 위탁해 처리하는 것

• 외부 전산 전문업체가 고객의 정보처리 업무의 일부 또는 전부를 장기간 운
영·관리하는 것을 뜻하기도 한다.

기출 문제

Q 아웃소싱의 특징으로 옳은 것은?

020
스튜어드십 코드
stewardship code

KB국민은행, KEB하나은행, 매일경
제, 전주MBC, SBS, 연합뉴스

핵심Tag #경영 #재무회계 #재무
비율

기관투자자가 수탁자로서의 책임을 다하도록 행동원칙을 규정한 자율규범

• 2010년 영국이 처음 도입한 이후 미국, 호주, 일본 등 국가에서 사용되고 있
다.

기출 문제

Q 주인의 집안일을 맡아 관리하는 집사처럼 고객의 자산을 충실히 관리하는
것은?

A 스튜어드십 코드

021
데카르트 마케팅
techart Marketing

KBS, MBC, EBS, MBN, 이데일리

핵심Tag #경영 #마케팅 #마케팅
종류

유명 예술가의 작품을 제품 디자인에 적용해 소비자의 감성에 호소하고 브랜
드 품격을 높이는 전략

• 기술(tech)과 예술(art)의 합성어로 제품에 예술을 접목해 브랜드의 가치를 높
이는 마케팅 기법이다.

기출 문제

Q 예술 작품을 제품 디자인에 적용하여 소비자의 감성에 호소하고 브랜드 이미
지를 높이는 마케팅 전략은?

A 데카르트 마케팅

022
바이럴 마케팅
viral marketing

부산경제진흥원, SBS, 전자신문, 아모레퍼시픽

핵심Tag #경영 #마케팅 #마케팅 종류

소비자가 자발적으로 이메일, 블로그, SNS 등 전파 가능한 매체를 통해 기업이나 제품 소식을 널리 퍼트리도록 하는 마케팅 기법

기출 문제

Q 바이럴 마케팅 기법의 특징은?

관련 용어

니치 마케팅 시장의 빈틈을 집중 공략하는 전략
넛지 마케팅 특정 상품 구매를 직접적으로 유도하지 않고 자연스레 유도하는 전략
인플루언서 마케팅 포털사이트에서 영향력이 큰 파워블로거나 수십만 명의 팔로워를 가진 SNS 사용자, 1인 방송 진행자들을 활용해 제품이나 서비스를 홍보하는 마케팅

023
노이즈 마케팅
noise marketing

국민체육진흥공단, SBS, 한국일보, 삼양그룹

핵심Tag #경영 #마케팅 #마케팅 종류

고의로 구설수에 오르도록 하거나 화젯거리를 만들어 소비자들에게 인지도를 높이고자 하는 마케팅 기법

• 단기간에 최대한 인지도를 높여 소비자의 호기심을 집중시킴으로써 판매를 늘리려는 마케팅 기법이지만, 소비자의 불신과 비난을 조장할 수 있다는 부작용이 있다.

기출 문제

Q 노이즈 마케팅의 활성화 방안에 대해 발표하시오.(면접)

024
엠부시 마케팅
ambush marketing

한국공항공사, MBN, SBS

핵심Tag #경영 #마케팅 #마케팅 종류

교묘히 규제를 피해가는 마케팅 기법

기출 문제

Q 올림픽 기간에 후원 업체가 아니면서 광고를 통해 올림픽과 관련 있는 업체라는 인상을 주는 전략은?
A 엠부시 마케팅

025
롱테일 법칙
long tail theory

연합인포맥스, SBS, 전자신문, 뉴시스, 한국공항공사

핵심Tag #경영 #마케팅 #마케팅 이론

80%의 사소한 다수가 20%의 핵심 소수보다 뛰어난 가치를 창출한다는 이론

• 재고나 물류에 드는 비용이 종래 소매점보다 훨씬 저렴한 온라인 비즈니스에서는 비인기 상품의 진열이 가능해지면서 롱테일 법칙이 나타난다.

기출 문제

Q 블록버스터 전략과 롱테일 전략을 비교하고 장단점을 분석하시오.(논술)

관련 용어

파레토 법칙(Pareto's law) 전체 결과의 80%는 전체 원인의 20%로 인해 발생한다는 경험 법칙으로, 2080 법칙이라고도 한다.

026
블랙프라이데이
black Friday

aT한국농수산식품유통공사, SBS, 아시아경제

핵심Tag #경영 #마케팅 #마케팅 방식

11월 마지막 목요일인 추수감사절 다음 날(보통 11월 23~29일 사이)로, 미국의 다양한 브랜드들이 1년 중 가장 큰 폭의 할인 행사를 실시하는 기간

기출 예문

전 세계 '직구(직접 구매)족'의 잔치인 글로벌 쇼핑 시즌이 막을 열었다. 11월 11일 중국 '광군제(독신자의 날)'를 시작으로 2018년 11월 23일 '블랙프라이데이', 26일 '사이버먼데이'까지 대규모 할인 행사가 월말까지 줄줄이 예정돼 있다.

027
PB상품
Private Brand goods

한국교통안전공단, 국민연금공단, 아시아경제, MBN, SPC그룹, GS리테일

핵심Tag #경영 #마케팅 #마케팅 방식

유통업체가 제조업체로부터 상품을 저렴하게 공급받아 유통업체가 자체 개발한 상표를 붙여 판매하는 상품

기출 문제

Q 당사의 PB상품 중 아는 것을 말해보시오.(면접)
Q 새로운 PB상품에는 어떤 것이 좋을지 말하시오.(면접)

028
오픈 프라이스
open price system

한국산업단지공단, 한국농어촌공사, 한국언론진흥재단, 이마트

핵심Tag #경영 #마케팅 #마케팅 방식

제품 가격을 최종 판매업자가 결정해 판매하는 제도
- 실제 판매가보다 부풀려 소비자가격을 표시한 뒤 할인해 주는 권장소비자가격제의 폐단을 근절하기 위해 도입한 제도다. 우리나라는 1999년 도입했다.

기출 문제

Q 오픈 프라이스에 대해 옳지 않은 것은?
A 제조업자가 가격을 결정한다.(⇨ 판매자가 가격 결정)

CHAPTER 01
경제 · 경영

금융 기초/주식·채권·펀드/통화·환율

#금융 제도
#주식과 채권
#자금 및 금리
#통화 일반
#환율 제도

029
금융실명제
金融實名制

국민체육진흥공단, 서울경제신문, MBC, 경기문화재단

핵심Tag #금융 #금융 기초 #금융 제도

금융기관에서 금융 거래를 할 때 가명이나 무기명에 의한 거래를 금지하고, 실명이 확인된 경우에만 금융 거래가 이루어지도록 하는 제도
- 1993년 선출된 제14대 김영삼 대통령 시절 금융실명제가 실시됐다.

기출 문제

Q 김영삼 대통령과 관련 있는 것은?
A 금융실명제, 문민정부, IMF

030
트리핀 딜레마
triffin dilemma

서울시설공단, 방송통신심의위원회,
한국경제신문

핵심Tag #금융 #금융 기초 #금융
제도

무역 적자와 기축통화 지위 사이에서 이럴 수도 저럴 수도 없는 진퇴양난(進退
兩難)의 상황을 지칭. 미국 달러화가 기축통화로서 지니는 근본적 모순 현상

기출 문제

Q 기축통화의 진퇴양난 상황을 뜻하는 것은?

A 트리핀 딜레마

031
공매도
空賣渡

경기문화재단, 대구MBC, SBS, 인
베스트조선, 아시아경제

핵심Tag #금융 #주식·채권·펀드
#주식과 채권

주식이나 채권을 가지고 있지 않은 상태에서 매도주문을 내는 것

기출 문제

Q 주식을 빌려 시장에 매각한 다음 주가가 떨어지기를 기다린 후 시장에서 되사
서 갚는 것은 무엇인가?

A 공매도

032
옵션
option

SBS, 서울시설공단, 농협은행, 한국
수자원공사

핵심Tag #금융 #주식·채권·펀드
#주식과 채권

미리 정해진 조건에 따라 일정한 기간 내에 상품이나 유가 증권 등의 특정 자
산을 사거나 팔 수 있는 권리

- 옵션을 매매하는 것을 옵션거래라고 하는데, 이는 권리를 행사할 수 있는 기
  간이 미래에 있기 때문에 광의의 선물거래라고 할 수 있다.

관련 용어

콜옵션(call option) 특정 자산을 일정 기간 내에 일정한 가격으로 되살 수 있는
권리
풋옵션(put option) 일정 기일에 상품을 일정한 가격으로 매각할 권리

033
PER
Price Earning Ratio
주가수익비율

IBK기업은행, 뉴스핌, KB국민은행,
농협은행, 한전KPS, 한국중부발전

핵심Tag #금융 #주식·채권·펀드
#주식과 채권

특정 주식의 주당 시가를 주당 이익으로 나눈 수치

- PER이 높을 경우 주가가 기업가치에 비해 고평가되었다고 판단할 수 있다.

기출 문제

Q PER과 PBR에 대해 약술하시오.

관련 용어

PBR(Price Book-value Ratio, 주가순자산비율) 주가를 주당순자산가치(BPS)로 나눈
비율로 주가와 1주당 순자산을 비교한 수치. 1주당 몇 배로 거래되고 있는지를
측정하는 지표로 사용

034
기준금리
base rate

대한장애인체육회, 부산교통공사,
서울경제, SBS

핵심Tag #금융 #금융 기초 #자금
및 금리

한국은행(중앙은행) 안에 설치된 금융통화위원회에서 결정하는 금리

- 한국은행에서 기준금리를 발표하면 시중은행들이 이를 기준으로 금리를 책정하기 때문에 시중 통화량과 물가를 조정할 수 있다.

기출 문제

Q 현재 한국은행 기준금리는?

A 0.5%(2020년 12월 기준)

035
DSR
Debt Service Ratio
총부채원리금상환비율

신한은행, 농협은행, 뉴스1, 전주
MBC, 조선일보

핵심Tag #금융 #금융 기초 #자금
및 금리

대출을 받으려는 사람의 소득 대비 전체 금융부채의 원리금 상환액 비율

- 주택담보대출뿐 아니라 신용대출과 신용카드결제액, 자동차 할부금 같은 모든 대출금이 해당된다.

기출 문제

Q DSR의 약자는 무엇인가?

A Debt Service Ratio

관련 용어

DTI(Debt To Income, 총부채상환비율) 금융부채 상환능력을 소득으로 따져서 대출 한도를 정하는 계산비율

036
유로존
Eurozone

서울특별시농수산식품공사, 경상북
도개발공사, SBS, 국민일보, 현대건
설

핵심Tag #금융 #통화·환율 #통화
일반

국가 통화로 유로를 도입해 사용하는 국가나 지역을 통틀어 부르는 말

- 유로존의 통화정책은 유럽중앙은행이 담당한다.

기출 문제

Q EU에 속하면서 유로화를 국가 통화로 도입하지 않은 나라는?

A 덴마크, 스웨덴, 불가리아, 체코, 헝가리, 크로아티아, 폴란드, 루마니아 등

유로존 소속 19개국(2020년 12월 기준)

오스트리아, 벨기에, 키프로스, 핀란드, 프랑스, 독일, 그리스, 아일랜드, 이탈리아, 룩셈부르크, 몰타, 네덜란드, 포르투갈, 슬로베니아, 스페인, 슬로바키아, 에스토니아, 라트비아, 리투아니아

037
그렉시트
grexit

SBS, 매일경제, IBK기업은행

핵심Tag #금융 #통화·환율 #통화
일반

그리스의 유로존 탈퇴(greek euro exit)를 줄인 말
• 정치·경제적 통합의 상징이었던 EU(유럽연합)가 탄생 22년 만에 균열되기
시작하는 계기가 됐다.

기출 예문

그렉시트 위기 이후 영국에 이어 프랑스와 포르투갈의 EU 이탈 가능성이 대두
되면서 브렉시트(Britain+exit), 프렉시트(France+exit), 포렉시트(Portugal+exit)라는
신조어가 생겼다.

관련 용어

브렉시트(brexit) 영국의 EU(유럽연합) 탈퇴를 의미. 영국은 2020년 1월 EU를 탈
퇴했다.

038
시퀘스터
sequester

대구도시철도공사, 한겨레신문,
SBS, IBK기업은행

핵심Tag #금융 #통화·환율 #환율
제도

미국 정부가 2013년부터 발동한 자동예산삭감 제도
• 시퀘스터란 '격리하다'라는 뜻으로, 미국 정부가 재정적자 누적을 막기 위해
시행하는 조치다. 다음 회계연도에 허용된 최대적자 규모를 초과할 경우 정
부의 재정지출을 자동적으로 삭감하는 제도이다.

기출 문제

Q 시퀘스터에 대해 약술하시오.

CHAPTER 02
사   회

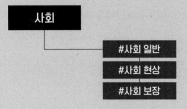

039
도덕적 해이
moral hazard

신용회복위원회, 기술보증기금, 전
력거래소

핵심Tag #사회·노동 #사회 #사회
일반

이해당사자들이 상대를 배려하지 않고 책임을 다하지 않는 행태
• 최근 법이나 제도의 허점을 이용하거나 자기책임 소홀, 집단이기주의 행태
등을 포괄하여 사용되고 있다.

기출 문제

Q 도덕적 해이가 발생하는 원인은 무엇인가?
A 정보의 불균형과 법·제도의 허점, 보상체계의 미흡, 책임의식의 결여 등

040
유리천장
glass ceiling

한국장애인고용공단, 한국공항공사, 이데일리, 한겨레신문, YTN

핵심Tag #사회·노동 #사회 #사회 일반

성차별이나 인종차별 등의 이유로 충분한 능력을 갖춘 사람(여성 및 소수민족 출신자 등)의 고위직 진출을 막는 보이지 않는 장벽

기출 문제

Q 유리천장이 의미하는 것은 무엇인가?

A 여성 및 소수민족 등이 고위직으로 진출하는 것을 막는 것

041
깨진 유리창 이론
broken window theory

한국가스기술공사, 대구시설공단

핵심Tag #사회·노동 #사회 #사회 일반

사소한 무질서가 발생했을 때 이를 단속하지 않으면 더욱 큰 무질서로 발전한다는 범죄학 이론

• 건물의 깨진 유리창을 그대로 방치해 두면 지나가는 행인들은 관리를 포기한 건물로 판단하고 돌을 던져 나머지 유리창까지 모조리 깨뜨리게 되고, 나아가 그 건물에서는 다른 강력범죄가 일어날 확률도 높아진다는 이론이다.

기출 문제

Q 다음 중 깨진 유리창 이론과 같은 사례는?

042
프로보노
pro bono

한국폴리텍대학교, 포항MBC, 청주MBC

핵심Tag #사회·노동 #사회 #사회 일반

전문적인 지식이나 서비스를 공익 차원에서 무료로 제공해주는 일종의 재능 기부

• 자신의 전문 분야에 도움을 준다는 점에서 일반적인 자원봉사나 금전적 기부가 아닌 '재능 기부'라고 할 수 있다.

기출 문제

Q 프로보노 종류가 아닌 것은?

A 무이자 대출

043
골든타임
golden time

공무원연금공단, 한국공항공사, 연합뉴스, 아시아경제

핵심Tag #사회·노동 #사회 #사회 일반

사고나 질환이 발생한 환자의 생명을 지키기 위해 의학적 처치가 행해져야 하는 제한 시간

• 시청률이나 청취율이 가장 높아 광고비도 가장 비싼 방송시간대인 프라임타임(prime time)과 같은 뜻으로 사용되기도 한다.

기출 문제

Q 사건 발생 후 중요한 시간을 뜻하는 용어는?

A 골든타임

044
스낵컬처
snack culture

인천서구문화재단, SBS, KBS

핵심Tag #사회·노동 #사회 #사회
현상

시간과 장소에 구애받지 않고 짧은 시간 동안 간편하게 문화생활을 즐기는 문화 트렌드

기출 문제

Q 스낵컬처에 대한 설명으로 옳지 않은 것은?

045
플래시몹
flashmob

한국전력공사, 경남일보, CBS, 한국
폴리텍대학교

핵심Tag #사회·노동 #사회 #사회
현상

불특정 다수의 사람들이 특정한 날짜·시간·장소를 정한 뒤에 모인 다음, 약속된 행동을 하고 아무 일도 없었다는 듯이 흩어지는 모임이나 행위

- 네티즌들이 오프라인에서 벌이는 일종의 해프닝으로 '인터넷을 이용해 현실 세계로 나오는 공동체의 경향'으로도 정의된다. 참가한 사람들은 지시사항에 따르되, 해산 시간을 엄중히 지켜야 하며 흩어지는 방향이 일정하지 않다.

기출 문제

Q 군중들이 일시에 모여 어떤 행위를 한 뒤 흩어지는 것은?

A 플래시몹

046
눔프 현상
NOOMP
Not Out Of My Pocket

한국문화예술위원회, 한국공항공사,
서울신문, MBN, 두산

핵심Tag #사회·노동 #사회 #사회
현상

복지 확대를 원하면서도 필요 재원에 대한 부담은 지지 않으려는 현상

기출 예문

여론 조사 결과 무상복지 공약에는 64.4%가 찬성했지만 개인 부담에 대해서 긍정적으로 응답한 비율은 4% 수준에 머물러 눔프 딜레마에 빠졌다.

관련 용어

님비(NIMBY, Not In My Back Yard) 현상 혐오 시설의 필요성을 인정하지만 지역 내 진입은 반대하는 지역 이기주의 행동
핌피(PIMFY, Please In My Front Yard) 현상 행정기관 등 지역에 이익이 되는 시설·사업을 유지하려 하거나 그 이전을 반대하는 지역 이기주의 행동
바나나(BANANA, Build Absolutely Nothing Anywhere Near Anybody) 현상 혐오 시설을 자기가 사는 지역권 안에는 절대 설치하면 안 된다는 지역 이기주의 행동

047
노쇼
no-show

경기관광공사, 경기도일자리재단,
한국문화예술위원회

핵심Tag #사회·노동 #사회 #사회
현상

외식업, 여행, 항공, 호텔, 공연 등에서 고객이 예약을 하고 예약 취소를 하지 않은 채 예약 시간에 나타나지 않는 것

기출 문제

Q 예약 후 나타나지 않는 것을 일컫는 말은?

A 노쇼

048
깡통주택

공무원연금공단, 아시아경제, 한솔섬유

핵심Tag #사회 · 노동 #사회 #사회현상

장기화된 부동산 경기침체로 집값 하락이 지속되면서 집을 팔더라도 대출금이나 세입자 전세금을 다 갚지 못하는 주택

기출 예문

연내 미국이 금리를 인상하고 2017년 상반기에 한국도 금리를 올리면 가계가 빚을 갚지 못해 대통령 선거 무렵에는 깡통주택과 파산 사태가 속출할 수도 있다.

049
베르테르 효과
Werther effect

포항시시설관리공단, 한국문화예술위원회, 한국장애인고용공단

핵심Tag #사회 · 노동 #사회 #사회현상

유명인 등의 지살이 있은 후 그것을 모방한 자살이 잇달아 일어나는 현상
• 독일의 문학가 괴테(Johann Wolfgang von Goethe)가 1774년 출간한 소설인 『젊은 베르테르의 슬픔(Die Leiden desjungen Werthers)』에서 유래했다.

기출 문제

Q 유명인의 자살을 따르는 현상은?

A 베르테르 효과

관련 용어

파파게노 효과(Papageno effect) 자살에 대한 언론보도를 줄이거나 신중한 보도 태도를 취함으로써 자살률이 낮아지는 효과

050
브룸의 기대이론
expectancy theory of Vroom

대구도시공사, 한국관광공사, 한국수자원공사

핵심Tag #사회 · 노동 #사회 #사회현상

개인의 동기는 그 자신의 노력이 어떤 성과를 가져오리라는 기대와 성과가 보상을 가져다 주리라는 수단성에 대한 기대감이 복합적으로 작용한다는 이론

기출 문제

Q 브룸의 기대이론에 대한 설명으로 옳지 않은 것은?

A 개인차 인정하지 않는다(⇨ 개인차 인정함)

051
리셋 증후군
reset syndrome

서울시설공단, 한국일보, 방송통신심의위원회

핵심Tag #사회 · 노동 #사회 #사회현상

컴퓨터가 오작동할 때 리셋 버튼만 누르면 처음부터 다시 시작할 수 있는 일이 현실에서도 가능하다고 착각하는 증상

기출 문제

Q 게임과 현실을 구분하지 못하는 현상은?

A 리셋 증후군

052
피터팬 증후군
peter pan syndrome

한국농어촌공사, 한국보훈복지의료
공단, 한국경제TV, YTN

핵심Tag #사회 · 노동 #사회 #사회
현상

육체적으로는 어른이 되었지만 어린이로서 대우받고 보호받기를 원하는 심리

· 경제 분야에서는 중소 · 중견기업이 대기업 진입 시 각종 규제를 우려해 현
재에 안주하는 현상을 나타낼 때 쓰인다.

기출 문제

Q 중소기업이 규제 때문에 크지 않으려는 현상은?

A 피터팬 증후군

053
파랑새 증후군
bluebird syndrome

한국농어촌공사, KBS

핵심Tag #사회 · 노동 #사회 #사회
현상

현실에 만족하지 못하고 항상 새로운 이상만을 추구하는 병적인 증세

기출 문제

Q 님비, 바나나 현상, 파랑새 증후군, 핌피 중 성격이 다른 하나는?

A 파랑새 증후군(⇨ 나머지는 지역 이기주의 행동)

054
파킨슨의 법칙
Parkinson's law

경기문화재단, 문화일보, CBS, 한국
에너지공단

핵심Tag #사회 · 노동 #사회 #사회
현상

**어떤 일이든 주어진 시간이 소진될 때까지 늘어진다는 표현으로 대표되는 경
험적 법칙. 업무량과 무관하게 공무원의 수가 늘어나는 현상을 지칭하기도 함**

기출 문제

Q 파킨슨의 법칙에 대한 특징이 아닌 것은?

관련 용어

피터의 법칙(Peter's principle) 직위가 높아질수록 오히려 능률과 효율성이 상대
적으로 떨어지고 급기야 무능력한 수준에까지 이르게 된다는 법칙

055
4대 보험

한국농어촌공사, 한국보훈복지의료
공단, 경향신문, SBS

핵심Tag #사회 · 노동 #사회 #사회
보장

**국가가 보험 원리 · 방식을 도입해 만든 대표적 사회 복지제도. ▲국민연금
▲건강보험 ▲고용보험 ▲산재보험**

기출 문제

Q 다음 중 4대 보험이 아닌 것은?

A 종신보험

관련 용어

국민연금(國民年金) 소득활동이 중단된 국민이 기본 생활을 유지할 수 있도록 정
부가 직접 운영하는 공적연금 제도. 국민연금의 종류에는 ▲노령연금(노령으로 인
한 근로 소득상실을 보전) ▲유족연금(주소득자의 사망에 따른 소득상실을 보전) ▲장애
연금(질병 또는 사고로 인한 장기근로능력 상실에 따른 소득상실을 보전) ▲반환일시금
(연금 가입기간 중 이민을 가는 등의 경우에 청구하여 반환) 등이 있다.

056
연금 제도
年金制度

한국주택금융공사, 경향신문, 서울
신문

핵심Tag #사회·노동 #사회 #사회
보장

근로자나 국민이 소정의 기여금을 일정 기간 납부하고 퇴직하거나, 노령·장
애 혹은 사망 등의 보험 사고가 발생했을 때 일정 기간마다 계속해 지급받는
급여

기출 예문

국민권익위와 국방부는 공무원연금법 등 다른 연금 제도 개선 사례와 같이 군인
연금법 개정 관련 규정 신설을 2018년 말까지 추진하기로 했다.

057
기초연금
基礎年金

한국문화예술위원회, 한국마사회,
서울신문, 아시아경제

핵심Tag #사회·노동 #사회 #사회
보장

65세 이상, 소득인정액 기준 하위 70% 이하인 노인에게 일정 금액의 연금을
지급하는 사회 보장 제도

기출 문제

Q 다음 중 기초연금을 받을 수 있는 사람은?

A 65세 이상이고 대한민국 국적을 가지고 있으며 국내에 거주하고 가구의 소득
인정액이 선정기준액 이하인 노인

058
국민행복기금
國民幸福基金

충남신용보증재단, YTN, 경향신문

핵심Tag #사회·노동 #사회 #사회
보장

채무불이행자의 신용회복 지원 및 서민의 과다채무 해소를 목표로 하는 기금

• 주요 기능은 ▲신용대출 연체자와 대학생 학자금 빚 탕감 ▲고금리를 저금
리 대출로 전환하는 것이다.

기출 문제

Q 국민행복기금에 대해 옳지 않은 설명은?

A 인터넷으로 신청할 수 없다.(⇨ 인터넷으로 신청 가능)

059
행복주택
幸福住宅

한국토지주택공사, 서울경제신문,
SBS

핵심Tag #사회·노동 #사회 #사회
보장

대학생·신혼부부·사회초년생 등을 위해 대중교통 이용이 편리한 곳에 지은
임대료가 저렴한 공공임대주택

기출 문제

Q 행복주택을 약술하시오.

관련 용어

모듈러 주택 집 짓는 과정의 70~80%를 공장에서 미리 만든 후 조립하는 주택
으로, 공사 기간이 짧고 철거가 쉬움

060
문화누리카드

한국문화예술위원회, 인천서구문화
재단

핵심Tag #사회·노동 #사회 #사회
보장

기초생활 수급자, 법정 차상위계층을 대상으로 다양한 문화예술 프로그램 관람
및 음반, 도서 구입, 국내 여행, 스포츠 관람 이용 등의 혜택을 지원하는 카드

기출 문제

Q 통합문화이용권이라고도 하며, 기초생활 수급자 등을 대상으로 다양한 문화
생활을 누릴 수 있도록 하는 사업은?

A 문화누리카드

관련 용어

문화가 있는 날 국민이 일상에서 문화를 쉽게 접할 수 있도록 매달 마지막 수요
일에 다양한 문화혜택을 제공하는 사업

CHAPTER 02
사   회

노동

#노동자 권리와 쟁의

#노동 조건과 형태

061
노동3권
勞動三權

한국공항공사, 한겨레신문, 경기방송,
롯데마트

핵심Tag #사회·노동 #노동 #노동
자 권리와 쟁의

▲단결권 ▲단체 교섭권 ▲단체 행동권. 헌법상 노동자에게 인정되는 기본권

단결권	근로자가 근로 조건을 유지·개선하기 위해 단결할 수 있는 권리
단체 교섭권	노동조합이 사용자와 근로 조건의 유지·개선에 관해 교섭할 수 있는 권리
단체 행동권	근로자가 근로 조건의 유지·개선을 위하여 사용자에 대항하여 단체적인 행동을 할 수 있는 권리

기출 문제

Q 다음 중 노동3권이 아닌 것은?

A 단체 결성권

062
직장폐쇄
職場閉鎖

춘천MBC, 기장군도시관리공단, 한
국환경공단

핵심Tag #사회·노동 #노동 #노동
자 권리와 쟁의

노사쟁의가 일어났을 때 사용자가 자신의 주장을 관철시키기 위하여 공장·작
업장을 폐쇄하는 것

기출 문제

Q 노동자 측의 쟁의방식이 아닌 것은?

A 직장폐쇄

063
긴급조정권
緊急調整權

한국보훈복지의료공단, 문화일보, 원주MBC

핵심Tag #사회 · 노동 #노동 #노동자 권리와 쟁의

쟁의 행위가 국민 경제를 현저히 해하거나 국민의 일상생활을 위태롭게 할 위험이 현존하는 경우 고용노동부장관이 내리는 조정결정

• 고용노동부장관의 긴급조정 결정이 공표된 때에는 즉시 쟁의 행위를 중지하여야 하며, 공표일부터 30일이 경과하지 아니하면 쟁의 행위를 재개할 수 없다.

> **기출 예문**
>
> ○○기업 노조가 파업을 재개하면서 긴급조정권이 발동될 가능성이 커졌다.

064
생디칼리즘
syndicalism

한국공항공사, 한국자산관리공사, 한국언론진흥재단, 춘천MBC

핵심Tag #사회 · 노동 #노동 #노동자 권리와 쟁의

노동자 계급의 직접적인 행동을 통해 사회를 개조하고자 하는 노동조합주의 운동

> **기출 예문**
>
> 노동자 사이에서 정치에 의존하지 않고 직접적인 행동으로 세상을 뒤집는다는 혁명적 생디칼리즘이 번졌다.

065
임금피크제
salary peak

한국문화예술위원회, 한국마사회, YTN, 서울경제

핵심Tag #사회 · 노동 #노동 #노동 조건과 형태

일정 연령이 되면 정년을 보장하는 대신 임금을 삭감하는 제도

장점	• 실업 완화(50대 이상 계층) • 인건비 부담 축소
단점	• 임금수준 하락(일률적 적용 시) • 노령자 구제수단 일환으로 악용

> **기출 문제**
>
> **Q** 근로자가 일정 연령에 도달한 시점부터 임금을 삭감하는 대신 근로자의 고용을 보장하는 제도로, 정년 보장 또는 연장과 임금 삭감을 맞교환하는 제도는?
>
> **A** 임금피크제

066
통상임금
通常賃金

KBS, 안동MBC, 뉴스1, 국민일보, 매일경제

핵심Tag #사회 · 노동 #노동 #노동 조건과 형태

근로자에게 일률적 · 고정적으로 지급되는 월급 · 주급 · 일급 · 시급 등의 총칭. 정기상여금, 성과급, 근속수당 등 포함

> **기출 문제**
>
> **Q** 통상임금에 대해 옳지 않은 설명은?
>
> **A** 3개월 동안 총 임금을 일한 날로 나눈 것이다.(⇨ 평균임금에 대한 설명)

067
최저임금제도
最低賃金制度

경향신문, 서울경제신문, KBS, 조선
일보, KEB하나은행, 신협, 한국마사
회, 근로복지공단, 서울시설공단

핵심Tag #사회 · 노동 #노동 #노동
조건과 형태

국가가 임금액의 최저한도를 결정하고 사용자에게 그 지급을 법적으로 강제하는 제도

• 2016년 최저임금은 6030원, 2017년 6470원, 2018년 7530원, 2019년 8350원, 2020년 8590원, 2021년 8720원(전년 대비 1.5% 인상)

기출 문제

Q 2021년 최저임금은 얼마인가?

A 8720원

관련 용어

주 52시간 근무제 주당 법정 근로 시간을 이전 68시간에서 52시간으로 단축한 근로제로 기업 규모별로 시행 시기 차등 적용. 종업원 300인 이상의 사업장과 공공기관은 2018년 7월 1일부터 시행. 2021년부터 50~299인 중소기업에도 시행
탄력근무제(彈力勤務制) 유연한 조직분위기를 만들기 위하여 근무 시간을 자율적으로 정할 수 있도록 만든 제도

068
타임오프 제도
time-off 제도

국민연금공단, SBS, 한겨레신문

핵심Tag #사회 · 노동 #노동 #노동
조건과 형태

유급 근로 시간 면제 제도

• 원칙적으로 '무노동무임금' 원칙에 따라 노조와 관련된 일만 하는 노조전임자에게 임금을 지급하지 않지만, 노조의 필수 활동(단체 교섭 · 고충처리 등 노무관리적 성격의 업무)에 한해 근무 시간으로 인정하고 임금을 지급한다는 내용이다.

기출 문제

Q 노사 공통의 이해가 걸린 활동에 종사한 시간을 근무 시간으로 인정해 회사가 임금을 지급하는 제도는?

A 타임오프 제도

069
감정노동
emotional labor

신용보증기금, 한겨레신문, SBS, 이
랜드

핵심Tag #사회 · 노동 #노동 #노동
조건과 형태

직장인이 사람을 대하는 일을 수행할 때 자신의 감정과 무관하게 조직에서 바람직하게 여기는 감정을 행해야 하는 노동

• 접객을 주로 하는 서비스 업종 노동자가 고객에 맞추기 위해 억지로 친절한 말투나 웃음을 보여야 하는 경우이다.

기출 예문

서울시는 감정노동에 시달리는 근로자들을 위한 전담 보호센터 설립 등의 내용을 담은 '서울시 감정노동종사자 권리보호 종합계획'을 발표했다.

CHAPTER 02
사 회

환경 / 보건
- #국제환경협약
- #환경 현상
- #환경 에너지
- #보건 일반
- #질병

070
기후변화협약
UNFCCC

한국마사회, 한국공항공사, 국제신문

핵심Tag #환경·보건 #환경 #국제환경협약

지구 온난화에 따른 이상 기후 현상을 예방하기 위한 국제 협약. 정식 명칭은 '기후변화에 관한 유엔 기본협약'이다.

관련 용어

세계 3대 UN 환경협약 ▲기후변화협약(UNFCCC) ▲사막화방지협약(UNCCD) ▲생물다양성협약(UNCBD)

071
교토의정서
Kyoto protocol

한국토지주택공사, 한국공항공사, 한겨레신문, MBC

핵심Tag #환경·보건 #환경 #국제환경협약

온실가스 감축목표를 규정하고 의무를 달성하지 못하면 규제를 부과할 수 있도록 한 국제규약. 2020년 만료됨

기출 예문

2012년 종료 예정이었던 교토의정서 체제가 2020년까지 연장됐다.

관련 용어

파리기후변화협약(Paris Climate Change Accord) 2020년 만료되는 교토의정서를 대체하여 2021년 1월부터 적용하는 기후변화 대응을 담은 기후변화협약. 2016년 11월 발효됨

072
몬트리올의정서
Montreal protocol

한국환경공단, 한겨레신문, 울산MBC, LG

핵심Tag #환경·보건 #환경 #국제환경협약

오존층 파괴 물질인 염화불화탄소(CFC)의 생산 및 사용을 규제하기 위해 제정된 국제 협약

기출 문제

Q 오존층을 파괴하는 물질로 옳은 것은?

A 프레온 가스, 할론 가스

관련 용어

오존층(ozone layer) 성층권에서 많은 양의 오존을 함유하고 있는 두께 약 20km의 층

073
미세먼지 비상저감조치

광주도시철도공사, SBS, 한국일보, 경기도일자리재단, 경향신문, 연합뉴스, TV조선

핵심Tag #환경·보건 #환경 #환경현상

미세먼지로 인한 대기 오염을 줄이기 위해 광역자치단체에서 시행하는 조치

• 저감조치가 발령되면 ▲배출가스 5등급 차량 운행 제한 ▲산업현장 미세먼지 발생 억제 조치 ▲휴교 및 수업시간 단축 권고 ▲차량 2부제 등이 시행된다. 미세먼지는 입자의 크기에 따라 총먼지, 지름이 10μm 이하(PM 10)인 미세먼지, 지름이 2.5μm 이하(PM 2.5)인 초미세먼지로 나누어진다.

기출 문제

Q 미세먼지 저감조치가 발령될 경우 시행되는 정책이 아닌 것은?

A 서울시 대중교통 이용요금 전면 면제

074
엘니뇨
El Niño

한국마사회, 한국언론진흥재단, 국제신문, 현대건설

핵심Tag #환경·보건 #환경 #환경현상

동태평양 적도 부근 해수면 온도가 5개월 이상 평년보다 0.5도 이상 높은 상태가 지속되는 고온 현상

기출 문제

Q 엘니뇨의 반대 현상으로 해수면이 차가워지는 것은?

A 라니냐

관련 용어

라니냐(La Nina) 엘니뇨와 반대되는 말로, 동태평양 해수면 온도가 5개월 이상 평년보다 0.5도 이상 낮은 상태가 지속되는 저온 현상

075
싱크홀
sink hole

공무원연금공단, 대구광역시교육청, 우리은행

핵심Tag #환경·보건 #환경 #환경현상

지하 암석이 용해되거나 기존의 동굴이 붕괴되면서 땅이 꺼져 생기는 커다란 구멍

기출 예문

카카오가 서울시와 모바일 내비게이션 '카카오내비'를 통한 싱크홀 정보 안내 서비스를 위한 업무협약을 맺었다.

076
탄소발자국
carbon footprint

국립산림과학원, 한국환경공단, 동부제철, 한국일보

핵심Tag #환경·보건 #환경 #환경·현상

사람의 활동이나 상품을 생산·소비하는 전 과정을 통해 직·간접적으로 배출되는 온실가스 배출량을 환산한 이산화탄소(CO_2)의 총량

기출 문제

Q 온실가스 배출량을 나타내는 용어는?

A 탄소발자국

관련 용어

탄소배출권 이산화탄소를 배출할 수 있는 권리. 배출권을 할당받은 기업은 할당 범위 내에서 온실가스를 사용해야 함

077
미세 플라스틱
microplastics

한국환경산업기술원, 영화진흥위원회, MBC

핵심Tag #환경·보건 #환경 #환경현상

해양에 버려진 플라스틱 쓰레기가 분해돼 생기는 머리카락만큼 얇은 5mm 미만의 작은 플라스틱 조각

- 피부 각질제거제나 치약 등에 생산 단계부터 작은 크기로 만들어지거나 페트병이나 비닐봉지 등이 버려지는 과정에서 잘게 부서져 생성되기도 한다. 하천과 해양 환경, 생태계에 심각한 악영향을 미치며 인간이 섭취해 발암이나 환경 호르몬 피해를 줄 수 있다.

> **기출 문제**
>
> **Q** 미세 플라스틱에 대한 설명으로 옳지 않은 것은?

078
환경 호르몬
environmental hormone

한국국제협력단, 국립공원공단, LG CNS

핵심Tag #환경·보건 #환경 #환경현상

우리 몸에서 정상적으로 만들어지는 물질이 아니라 산업 활동을 통해 생성·분비되는 화학 물질

> **기출 예문**
>
> 플라스틱 등에 포함된 환경 호르몬인 내분비계 교란물질이 우리 몸속 호르몬 시스템에 영향을 미치고 여러 병을 유발할 수 있다는 연구가 발표됐다.

079
수소연료전지차
fuel cell electric vehicle

경향신문, 에너지경제신문, 더벨

핵심Tag #환경·보건 #환경 #환경에너지

수소가 공기 중의 산소와 결합하여 전기가 생성되면, 그 전기의 힘을 동력으로 하여 움직이는 친환경 자동차

- 수소를 생성해 내는 데 있어 에너지 소모가 크고, 심한 차량 사고 시에는 수소가 폭발할 가능성이 있는 점이 단점으로 지적된다.

> **관련 용어**
>
> **수소충전소** 휘발유나 경유를 주유하는 주유소처럼 친환경 에너지인 수소를 충전할 수 있는 곳

080
프로포폴
propofol

국민연금공단, 부산도시공사, YTN, 헤럴드경제, 현대건설

핵심Tag #환경·보건 #보건 #보건일반

페놀계 화합물로 수면마취제라고 불리는 정맥마취제

- 수술 시 전신마취를 유도하거나 수면내시경 검사 등을 할 때 사용된다. 불면증을 없애고, 피로를 해소할 뿐 아니라 환각을 일으키는 효과가 있어 우리나라에서는 향정신성의약품(마약류)으로 지정해 관리하고 있다.

> **기출 문제**
>
> **Q** 우유주사라 불리는 것은?
> **A** 프로포폴

081
루게릭병
ALS
Amyotrophic Lateral Sclerosis

공무원연금공단, 언론중재위원회,
SBS, 국민일보

핵심Tag #환경·보건 #보건 #질병

척수신경 또는 간뇌(間腦)의 운동세포가 서서히 파괴되어 이 세포의 지배를 받는 근육이 위축되는 질병
- 세계적 물리학자 스티븐 호킹(Stephen Hawking)이 앓았던 병이다.

기출 문제

Q 아이스버킷 챌린지와 관련된 질병은?

A 루게릭병

관련 용어

아이스버킷 챌린지(Ice bucket challenge) 2014년 여름 ALS 환자를 돕기 위해 시작된 사회운동

082
조현병
schizophrenia

조선일보, 경향신문, MBN, SBS, 수원문화재단

핵심Tag #환경·보건 #보건 #질병

사고, 감정, 지각, 행동 등 인격의 여러 측면에 걸쳐 광범위한 임상적 이상 증상을 일으키는 정신질환
- 본래 '정신분열병'이라는 명칭으로 쓰였으나, 정신분열병이라는 단어 자체가 주는 부정적인 인상과 편견을 이유로 지난 2011년 조현병으로 명칭을 변경했다.

기출 문제

Q 정신분열병의 변경된 명칭은?

A 조현병

CHAPTER 03
정   치

정치 일반/통치 구조/선거 제도

- #민주주의
- #국회와 입법
- #대통령
- #정부 조직과 행정
- #선거 형태
- #구제 제도

083
국민소환제
國民召還制

방송통신심의위원회, 대구시설관리공단, 연합뉴스TV, 경향신문

핵심Tag #정치·외교·안보 #정치일반 #민주주의

국민이 선출한 국회의원이 부패했거나 불법행위를 하는 등 자질이 없을 때 국민이 직접 파면시키는 제도
- 오늘날 스위스의 몇 개 주나 일본 지방 자치 단체에서 채택하고 있다.

기출 문제

Q 우리나라에서 채택하고 있는 직접 민주제가 아닌 것은?

A 국민소환제

084
NGO
Non-Governmental
Organization
비정부기구

CBS, TBC, 이랜드

핵심Tag #정치 · 외교 · 안보 #정치
일반 #민주주의

권력이나 이윤을 추구하지 않고 시민 사회의 공공성을 지향하는 민간 조직
- 정부기관이나 정부 관련 단체가 아닌 시민의 자발적 참여로 결성된다.

기출 예문
국제사면위원회(AI), 그린피스, 국경없는의사회 등은 세계적으로 유명한 NGO다.

085
청와대 국민청원
靑瓦臺國民請願

경기문화재단, 경기관광공사, KBS,
한국일보, 국민일보

핵심Tag #정치 · 외교 · 안보 #정치
일반 #민주주의

'국민이 물으면 정부가 답한다'는 문재인 정부의 국정 철학을 지향 · 반영하고자 도입한 청와대 직접 소통 수단
- 청원에 30일 동안 20만 명 이상의 동의가 모일 경우 정부 및 청와대 책임자가 답변을 한다.

기출 문제
Q 청와대 국민청원의 답변 기준은?
A 30일 동안 20만 명 이상 동의

086
국회선진화법
國會先進化法

SBS, 이데일리, 한국농어촌공사, 신
용보증재단중앙회, KBS, MBN

핵심Tag #정치 · 외교 · 안보 #통치
구조 #국회와 입법

다수당의 횡포와 몸싸움을 방지하자는 취지에서 2012년 여야 합의로 통과된 '국회법 개정안'의 별칭
- 국회의장의 직권상정 요건을 제한해 다수당의 법안 강행 처리를 차단했다.
- 쟁점 법안을 재적의원 5분의 3 이상이 동의해야 상정할 수 있도록 했다.

기출 문제
Q 국회선진화법에 대한 틀린 설명을 고르시오.

087
김영란법
金英蘭法

한국사회적기업진흥원, 방송통신심
의위원회, 경향신문, MBC, 서울경제
신문

핵심Tag #정치 · 외교 · 안보 #통치
구조 #국회와 입법

공직자의 비리 근절을 위한 「부정청탁 및 금품 등 수수의 금지에 관한 법률」의 별칭
- 공무원이나 공공기관 임직원, 학교 교직원 등이 일정 규모[식사대접 3만원, 선물 5만원(농축수산물 · 화훼의 경우 10만원), 경조사비 5만원] 이상의 금품을 받으면 직무 관련성이 없더라도 처벌하는 것이 골자다.

기출 문제
Q 김영란법 시행일은?
A 2016년 9월 28일

088
필리버스터
filibuster

목포MBC, 언론중재위원회, 국립공
원공단, KBS, 국민일보

핵심Tag #정치·외교·안보 #통치
구조 #국회와 입법

의회에서 고의로 합법적인 방법을 이용해 의사진행을 방해하는 행위

- 의회의 의사진행을 방해하는 구체적인 행위로 발언시간을 고의로 늘리는 것, 유회(流會), 산회(散會)의 동의, 불신임안 제출, 투표의 지연 등이 있다.
- 주로 소수당 의원들이 다수당의 전횡을 방지하기 위한 수단으로 사용하는 경우가 많다.

기출 예문

2016년 2월 23일부터 3월 2일까지 당시 야당은 테러방지법 통과 저지를 위한 필리버스터를 192시간 넘게 진행했다.

089
레임덕
lame duck

부산교통공사, 인천교통공사, 국민
연금공단, YTN, 부산MBC

핵심Tag #정치·외교·안보 #통치
구조 #대통령

현직 대통령의 임기만료를 앞두고 나타나는 권력누수 현상

- 대통령의 권위가 떨어져 국정 수행에 차질이 생기는 현상을 오리가 뒤뚱거리며 걷는 모양에 비유한 것이다.

기출 예문

오바마 대통령은 로널드 레이건 전 대통령 이후 30년 만에 레임덕 없는 임기말을 맞이했다.

090
대통령과
국회 동의

한겨레신문, 국민연금공단, 부천시
시설관리공단, 한국언론진흥재단,
광주MBC

핵심Tag #정치·외교·안보 #통치
구조 #대통령

대통령의 권한과 국회의 입법권은 견제와 균형이 이뤄져야 한다.

대통령과 국회의 동의·승인·통고	
국회의 동의 요함	조약의 체결·비준, 일반사면, 국무총리·감사원장·대법원장 임명, 예비비 설치, 선전포고 및 강화, 국군의 해외 파병, 외국 군대의 국내 주둔, 국채 모집
국회 승인 받아야 함	예비비의 지출, 긴급명령, 긴급재정경제처분 및 명령
국회에 통고해야 함	계엄선포
대통령 직권	특별사면
대통령 특권	불소추 특권

기출 문제

Q 국회 동의 없이 대통령 직권으로 할 수 있는 것은?

A 특별사면

091
역대 대통령

경인일보, 한국일보, 국립공원관리
공단, 한국환경공단, 한겨레신문, 헤
럴드경제, 대한항공

핵심Tag #정치 · 외교 · 안보 #통치
구조 #대통령

정부명칭	대통령	재임기간
제1공화국	이승만(1~3대)	1948~1960
제2공화국	윤보선(4대)	1960~1962
제3공화국	박정희(5~7대)	1963~1972
제4공화국	박정희(8~9대)	1972~1979
	최규하(10대)	1979~1980
제5공화국	전두환(11~12대)	1980~1988
제6공화국	노태우(13대)	1988~1993
문민정부	김영삼(14대)	1993~1998
국민의 정부	김대중(15대)	1998~2003
참여정부	노무현(16대)	2003~2008
이명박 정부	이명박(17대)	2008~2013
박근혜 정부	박근혜(18대)	2013~2017.03.10.(탄핵)
문재인 정부	문재인(19대)	2017~현재

기출 문제

Q 문재인 대통령은 몇 대 대통령인가?

A 19대 대통령

092
대통령제
大統領制

한국중부발전, 한국보훈복지의료공
단, CBS, 포항MBC

핵심Tag #정치 · 외교 · 안보 #통치
구조 #대통령

대통령을 중심으로 국정이 운영되는 정부 형태

• 대통령제를 채택한 국가로는 ▲한국 ▲미국 ▲프랑스 등이 있다.

기출 문제

Q 대통령제를 채택한 나라가 아닌 것은?

A 영국(⇨ 의원내각제 채택)

관련 용어

단임제(單任制) 대통령으로 단 한 번만 재직하는 제도
연임제(連任制) 대통령으로 연속해서만 중임할 수 있는 제도
중임제(重任制) 횟수에 상관없이 거듭해서 선거에 나와 대통령직을 수행할 수
있는 제도

093
대통령의 권한

한국마사회, 문화일보, 근로복지공단, KBS

핵심Tag #정치·외교·안보 #통치구조 #대통령

대통령은 현행 헌법상 국가원수이자 행정부 수반의 지위를 겸하고 있다.

대통령 주요 권한	
행정 권한	법령 집행권, 국군 통수권, 긴급명령권, 계엄 선포권, 공무원 임면권, 외교에 관한 권한
입법 권한	법률 제정에 관한 권한, 명령 제정권
사법 권한	일반사면, 특별사면, 법관 임명권
대통령 특권	내란 또는 외환의 죄를 범한 경우 제외하고는 재직 중에 형사상의 소추를 받지 않음

기출 예문

헌법학자들은 총리가 대통령의 권한 대행을 맡아도 국군 통수권과 긴급명령권 등을 모두 행사할 수 있다고 주장했다.

094
예산안 심의 절차

한국농어촌공사, 부산일보, 국민일보

핵심Tag #정치·외교·안보 #통치구조 #정부 조직과 행정

제출 → 회부 → 상임위원회 예비심사 → 예산결산특별위원회 종합심사 → 본회의 심의·의결 → 정부 이송 및 공고

- 정부는 예산안을 편성하여 회계연도 개시 90일(헌법상·국가재정법상은 120일) 전까지 국회에 제출해야 한다.
- 국회는 회계연도 개시 30일 전까지 이를 의결해야 한다.

기출 문제

Q 정부는 예산안을 편성하여 회계연도 개시 며칠 전까지 제출해야 하며, 국회는 이를 회계연도 개시 며칠 전까지 의결해야 하는가?

A 90일(헌법상·국가재정법상은 120일)·30일

095
엽관제
獵官制

한국중부발전, 춘천MBC, 한국국토정보공사, SBS, 경향신문

핵심Tag #정치·외교·안보 #통치구조 #정부 조직과 행정

선거에서 이긴 정당이 충성도가 높은 지지자에게 승리의 대가로 관직 임명과 같은 혜택을 주는 관행

- 정당 이념을 철저하게 실현하고 공무원의 높은 충성심을 확보할 수 있지만 부정부패와 행정 기강의 문란을 초래할 수 있다.

기출 문제

Q 정당 충성도에 따라 공직이 배분되는 제도는?

A 엽관제

096
공직자 임기

국립공원관리공단, 매일경제, 한국
일보

핵심Tag #정치·외교·안보 #통치
구조 #정부 조직과 행정

헌법상 주요 공직자 임기	
임기	직책
2년	국회의장, 국회부의장, 검찰총장
4년	국회의원, 감사원장·감사위원, 지방자치단체장·지방자치의원
5년	대통령
6년	대법원장 및 대법관, 선거관리위원회 위원, 헌법 재판소 재판관
10년	일반법관

기출 문제

Q 국회의원, 대통령, 대법원장의 임기를 합치면 몇 년인가?

A 15년

097
비례대표제

比例代表制

서울경제신문, MBN, SBS, 한겨레
신문, 포커스뉴스

핵심Tag #정치·외교·안보 #선거
제도 #선거 형태

두 개 이상의 정당이 있을 경우 각 정당의 득표수에 비례하여 당선자를 선출하는 선거 제도

• 우리나라에서는 1963년 실시된 제6대 국회의원 선거에서 비례대표제가 처음 도입되었다.

기출 문제

Q 정당득표율에 따라 각 정당에 의석수를 배정하는 선거 제도로, 지역구 의원 수가 배정된 의석수보다 적으면 그 차이만큼 비례대표 의석으로 채워주는 방식은?

A 연동형 비례 대표제

098
선거의 4대 원칙

방송통신심의위원회, 뉴스1, 한국환
경공단, 국민일보

핵심Tag #정치·외교·안보 #선거
제도 #선거 형태

구분	설명
보통선거	일정한 연령에 달하면 어떤 조건에 따른 제한이 없이 선거권을 주는 제도
평등선거	투표의 가치에 차등을 두지 않는 제도
직접선거	선거권자가 대리인을 거치지 않고 자신이 직접 투표 장소에 나가 투표하는 제도
비밀선거	투표자가 누구에게 투표했는지 알 수 없게 하는 제도

기출 문제

Q 선거의 4대 원칙에 속하지 않는 것은?

A 자유선거

관련 용어

재선거 공직선거에서 당선되었는데 임기 만료 전에 선거 자체에 무효사유가 발생해 당선이 무효가 된 경우에 치르는 선거
보궐선거 당선자의 임기가 시작된 후 사직, 사망, 자격 상실 등의 이유로 그 직위를 상실한 경우에 치르는 선거

099
석패율제
惜敗率制

연합뉴스, 대구시설공단, 부산일보,
한겨레신문

핵심Tag #정치·외교·안보 #선거
제도 #구제 제도

선거에서 가장 아깝게 떨어진 후보를 구제해 주는 제도
- 석패율이란 선거에서 낙선한 후보의 득표율을 당선자 득표수로 나눈 백분율
  을 말한다. 이 비율이 높을수록 아깝게 떨어졌다는 의미다.

기출 문제

Q 지역구에서 아깝게 낙선한 후보도 비례 대표로 당선될 수 있는 제도는?

A 석패율제

CHAPTER 03
정   치

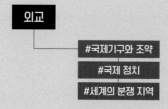

100
EU
European Union
유럽연합

한겨레신문, KNN, 문화일보, 영화
진흥위원회, 한국환경공단, 한국공
항공사, 조선일보, MBC

핵심Tag #정치·외교·안보 #외교
#국제기구와 조약

1993년 11월 1일 발효된 유럽통합조약에 따라 재탄생한 유럽공동체 연합 기구
- 가입국은 ▲독일 ▲프랑스 ▲이탈리아 ▲네덜란드 ▲벨기에 ▲룩셈부르크
  ▲아일랜드 ▲덴마크 ▲그리스 ▲스페인 ▲포르투갈 ▲스웨덴 ▲핀란드
  ▲오스트리아 ▲헝가리 ▲폴란드 ▲체코 ▲슬로베니아 ▲에스토니아 ▲사
  이프러스 ▲라트비아 ▲리투아니아 ▲몰타 ▲슬로바키아 ▲루마니아 ▲불
  가리아 ▲크로아티아 등 27개국이다(2020년 12월 기준). 영국은 2020년 1월
  31일 EU를 탈퇴했다.

기출 문제

Q EU 가입국이 아닌 국가는?

A 노르웨이

101
ICJ
International Court of Justice
국제사법재판소

광주MBC, 한국마사회, 문화일보

핵심Tag #정치·외교·안보 #외교
#국제기구와 조약

**국제연합(UN)의 주된 사법기관으로 국가 간의 법률적 분쟁을 재판을 통해 해
결하기 위해 설립된 국제사법기관**

기출 문제

Q UN의 국제 사법 재판소가 있는 도시는?

A (네덜란드) 헤이그

102 ITU
International Telecommunication Union
국제전기통신연합

노원구서비스공단, 전자신문, EBS

핵심Tag #정치·외교·안보 #외교 #국제기구와 조약

전기통신의 개선과 효율적인 사용을 위한 정부 간 국제기구
- 현존하는 국제기구 중 가장 오랜 역사를 가졌으며, 본부는 스위스 제네바에 있다.

기출 예문

2016년 11월 ITU 전기통신표준화총회(WTSA)에서 우리나라 표준 전문가 9명이 ITU 표준분야 연구반 의장단으로 선임됐다.

103 ILO
International Labor Organization
국제노동기구

신용보증재단중앙회, 청주MBC, 삼성

핵심Tag #정치·외교·안보 #외교 #국제기구와 조약

노동자의 근로 조건 개선과 지위 향상을 위하여 설치된 국제연합(UN)의 전문기구
- 노동 입법과 적정한 노동 시간, 임금, 노동자의 보건·위생에 관한 권고를 하거나 그 지도에 임하기도 한다.

기출 예문

국내의 현행 출산휴가 90일은 ILO의 권고기준인 126일(18주)과 최저기준인 98일(14주)보다 짧다.

104 IMF
International Monetary Fund
국제통화기금

전력거래소, 한국사회적기업진흥원, 문화일보, GS칼텍스

핵심Tag #정치·외교·안보 #외교 #국제기구와 조약

세계무역 안정을 목적으로 설립된 국제금융기구
- 외환 시세 안정, 외환 제한 철폐, 자금 공여 등을 통한 가맹국의 고용 증대, 소득 증가, 생산 자원 개발 등이 주임무다.

기출 문제

Q 금 모으기 운동(1998)의 시대적 배경과 관련된 것은?
A IMF

105 TPP
Trans-Pacific Partnership
환태평양경제동반자협정

한국수산자원공단, KBS, 문화일보

핵심Tag #정치·외교·안보 #외교 #국제기구와 조약

아시아·태평양 지역 12개국을 중심으로 한 다자간 자유 무역체
- 중국을 견제하고자 하는 미국과 일본의 주도로 탄생했다. 우리나라는 창립 회원국으로 가입하지 못했다.

관련 용어

CPTPP(Comprehensive and Progressive Agreement for Trans-Pacific Partnership)
기존에 미국과 일본이 주도하던 TPP에서 미국이 2017년 1월 탈퇴하면서 일본 등 아시아·태평양 11개국이 새롭게 추진한 경제동맹체로, 2018년 12월 30일 발효

106
NAFTA
North American Free Trade Agreement
북미자유무역협정

한국경제신문, 한국노인인력개발원, YTN, 국민일보

핵심Tag #정치·외교·안보 #외교 #국제기구와 조약

미국, 캐나다, 멕시코 등 북미 3개국이 자유무역지대를 창설하기 위해 각종 관세 및 비관세 장벽을 철폐한다는 내용으로 추진한 협정
- 미국, 캐나다, 멕시코는 2018년 9월 합의를 통해 NAFTA를 대체하는 새 무역협정인 미국·멕시코·캐나다 협정(USMCA)을 출범시키기로 했다. USMCA는 2020년 7월 발효됐다.

기출 문제

Q 우리나라가 가입하지 않은 국제단체는?

A NAFTA

107
G7

서울시설공단, KBS, SBS, 경인일보, 신용보증재단중앙회, 한국농어촌공사, YTN

핵심Tag #정치·외교·안보 #외교 #국제기구와 조약

미국, 프랑스, 영국, 독일, 일본, 이탈리아, 캐나다 등 서방 선진 7개국

기출 문제

Q 다음 중 G7에 속하지 않은 국가는?

A 중국

관련 용어

G20 ▲미국 ▲프랑스 ▲영국 ▲독일 ▲일본 ▲이탈리아 ▲캐나다 ▲러시아 ▲브라질 ▲인도 ▲중국 ▲남아프리카공화국 ▲멕시코 ▲사우디아라비아 ▲유럽연합(EU) 의장국 ▲대한민국 ▲호주 ▲터키 ▲아르헨티나 ▲인도네시아

108
ASEAN
Association of South-East Asian Nations
동남아시아국가연합

국제신문, 서울신문, 건설근로자공제회, BBS 불교방송, 지멘스

핵심Tag #정치·외교·안보 #외교 #국제기구와 조약

1967년에 창설된 동남아시아의 정치·경제·문화공동체
- 가입국은 ▲태국 ▲인도네시아 ▲필리핀 ▲말레이시아 ▲싱가포르 ▲브루나이 ▲베트남 ▲라오스 ▲미얀마 ▲캄보디아 등 총 10개국이다.

기출 문제

Q 다음 중 아세안(ASEAN) 국가에 속하지 않는 곳은?

A 대만

109
메르코수르
MERCOSUR

한국산업인력공단, 아시아경제, 현대엘리베이터

핵심Tag #정치·외교·안보 #외교 #국제기구와 조약

▲아르헨티나 ▲브라질 ▲파라과이 ▲우루과이 ▲베네수엘라(2017년에 무기한 자격 정지됨) 등 5개국을 포괄하는 남미 공동시장

기출 예문

중국의 남미 시장 선점이 우려되는 가운데 한국은 메르코수르와 FTA를 체결하지 못했다.

110
아그레망
agrément

한국소비자원, 경인일보, MBC,
MBN, 한전KPS, YTN

핵심Tag #정치 · 외교 · 안보 #외교
#국제 정치

외교사절을 파견할 때 주재국의 사전 동의 내지 승인
- 주재국은 별다른 이유 없이도 파견국의 외교사절을 거부할 수 있다.

기출 문제

Q 아그레망에 대해 옳지 않은 것은?
A 외교사절 임명에 대한 거부 의사표시다.(⇨ 동의 내지 승인을 뜻한다.)

111
페르소나 논 그라타
persona non grata

청주MBC, 한국소비자원, 국립공원
공단, YTN

핵심Tag #정치 · 외교 · 안보 #외교
#국제 정치

외교사절을 파견할 때 사전 동의나 승인을 거부하겠다는 주재국의 의사 표명
- 사전적 의미로 '호감이 가지 않는 인물', '좋아하지 않는 인물'이라는 뜻의 라틴어다.

관련 용어

페르소나 그라타(persona grata) 외교사절을 파견할 때 주재국의 사전 동의 내지 승인(아그레망)을 받은 사람

112
지소미아
GSOMIA
General Security Of Military
Information Agreement

충북MBC, 서울경제, 경향신문, 매
일신문

핵심Tag #정치 · 외교 · 안보 #외교
#국제 정치

군사 동맹국끼리 비밀군사정보를 서로 제공할 때 제3국 누설을 막으려고 체결하는 군사정보보호협정
- 정부는 2019년 8월 22일 "일본이 우리나라를 화이트리스트에서 배제하는 등 협정을 유지하는 것이 우리의 국익에 부합하지 않는다고 판단했다"며 한일 군사정보보호협정 종료를 공식 발표했다. 그러나 일본이 한국의 화이트리스트 제외 조치를 재검토하는 조건으로 정부는 2019년 11월 23일 0시를 기해 발효될 예정이던 한일 군사정보보호협정 종료 통보의 효력을 일시 중지했다.

113
화이트리스트
white list

서울경제, 헤럴드경제, 머니투데이,
경향신문, 매일신문

핵심Tag #정치 · 외교 · 안보 #외교
#국제 정치

자국의 안전보장에 위협이 되는 첨단기술이나 전자부품 등을 정부의 허락 없이 다른 국가 등에 수출 가능한 국가
- 한국은 2004년에 일본의 화이트 리스트 명단에 들어갔지만 2019년 8월 2일 일본 정부 각의를 통해 화이트리스트 명단에서 제외됐다.

기출 문제

Q 화이트리스트를 약술하시오.

114
일본의 대한 수출 규제 3개 품목

연합뉴스, 매일신문, 한국일보, 영남일보, 뉴스1

핵심Tag #정치 · 외교 · 안보 #외교 #국제 정치

일본 정부가 2019년 7월 4일부터 시행한 대(對)한국 수출 품목 ▲포토레지스트 ▲고순도 불화수소(에칭가스) ▲플루오린 폴리이미드

• 이 품목들은 반도체 · 디스플레이와 스마트폰 제조의 핵심 소재다. 한국 대법원의 강제 징용 판결에 반발해온 일본 정부가 사실상 경제 보복을 가한 것이다.

기출 문제

Q 일본의 대한 수출 규제 3개 품목이 아닌 것은?

A 실리콘웨이퍼

115
고노 담화

한국사회적기업진흥원, 한겨레신문, 문화일보, 부산경제진흥원

핵심Tag #정치 · 외교 · 안보 #외교 #국제 정치

1993년 고노 요헤이 당시 일본 관방장관이 일본군 위안부에 대한 일본군의 강제성을 인정한 담화

• 일본의 과거사 반성 3대 담화는 ▲미야자와 담화(1982년) ▲고노 담화(1993년) ▲무라야마 담화(1995년)이다.

기출 문제

Q 일본 관방장관이 위안부 문제를 인정한 담화는?

A 고노 담화

관련 용어

한일 일본군 위안부 합의 박근혜 정부 시기였던 2015년 12월 28일 한국과 일본의 외교부장관 간 이루어진 일본군 위안부 문제에 대한 합의

116
IS
Islamic State
이슬람국가

국민연금공단, 대한장애인체육회, 국민일보, 문화일보

핵심Tag #정치 · 외교 · 안보 #외교 #국제 정치

이슬람 수니파 극단주의 무장 단체

• 한때 IS는 이라크와 시리아 일부 지역을 점령했다가 거의 격퇴됐다.

기출 문제

Q 다음 중 IS에 대한 설명으로 옳지 않은 것은?

A 시아파 단체이다.(⇨ 수니파 단체)

관련 용어

수니파 · 시아파 이슬람교에서 가장 세력이 큰 양대 분파. 이슬람교의 약 90%는 수니파이며, 시아파는 이란 · 이라크 · 레바논 등 소수 국가에서 주류를 이룸

117
댜오위댜오
釣魚島(조어도)

aT한국농수산식품유통공사, 조선일
보, 헤럴드경제, 현대건설, TV조선

핵심Tag #정치·외교·안보 #외교
#세계의 분쟁 지역

대만과 오키나와 사이에 있는 무인도로서 일본—중국 간 영유권 분쟁 지역

• 일본명으로는 센카쿠 열도(尖閣列島)라고 불린다. 현재 일본이 실효지배하고
있지만, 중국은 청일전쟁(1894~1895) 중 일본 영토에 강제 편입시킨 것은
불법이며 무효라고 주장한다.

기출 문제

Q 일본 오키나와에서 약 300km, 타이완에서 약 200km 떨어진 동중국해 남부
에 위치하며 8개의 무인도로 구성되어 있으며, 일본과 중국 간 영유권 분쟁이
벌어지고 있는 섬의 일본명과 중국명은?

A 일본명 센카쿠 열도, 중국명 댜오위댜오

관련 용어

유엔해양법협약(UNCLOS) 1982년 채택된 국제 협약으로, 바다와 그 부산 자원을
개발·이용·조사하려는 나라의 권리와 책임, 바다 생태계의 보전, 해양과 관련
된 분쟁의 조정 절차 등을 320개의 조항에 걸쳐 규정함. 세계 각국 해양법의 기
준이 돼 흔히 국제 해양법이라고도 불림. 중국은 영유권 분쟁해역인 남중국해
중재 패소 시 유엔해양법협약 탈퇴를 검토하겠다고 밝힌 바 있음

CHAPTER 03
정   치

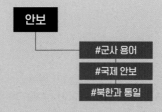

118
비핵화 관련 용어

서울경제신문, 전자신문, KBS, SBS,
광주도시철도공사, 중앙일보, 농촌
진흥청

핵심Tag #정치·외교·안보 #안보
#군사 용어

비핵화 관련 용어	의미
CVID(Complete, Verifiable, Irreversible Dismantlement)	완전하고 검증 가능하며 불가역적인 핵 폐기
PVID(Permanent, Verifiable, Irreversible Dismantlement)	영구적이고 검증 가능하며 불가역적인 핵 폐기
CPD(Complete and Permanent Dismantlement)	완전하고 영구적인 핵 폐기
CVIG(Complete, Verifiable, Irreversible Guarantee)	완전하고 검증 가능하며 불가역적인 체제 보장
CVIP(Complete, Verifiable, Irreversible Peace)	완전하고 검증 가능하며 불가역적인 평화

기출 문제

Q 싱가포르에서 열린 북미정상회담에서 언급된 비핵화 용어는?

A CVID(합의문에는 명시되지 않았다.)

119
위키리크스
wikileaks

한국문화예술위원회, 매일경제, 오마이뉴스, 신한은행

핵심Tag #정치 · 외교 · 안보 #안보 #국제 안보

호주 해커 출신인 줄리안 어산지가 2006년 아이슬란드에서 설립한 폭로 전문 웹사이트

- 다양한 익명의 취재원과 해킹을 통해 각국 정부와 단체, 기업의 충격적인 불법과 비리, 음모 행위 등을 폭로하였다.

기출 예문

2007년 위키리크스가 공개한 미국 대사관의 외교 전문에는 최순실의 부친 최태민이 박근혜 대통령의 '몸과 마음을 완벽하게 지배했다'고 기록됐다.

120
북미정상회담
北美頂上會談

경향신문, KBS, UPI, SBS

핵심Tag #정치 · 외교 · 안보 #안보 #북한과 통일

2018년 6월 12일 도널드 트럼프 미국 대통령과 김정은 북한 국무위원장이 싱가포르에서 가진 사상 최초 북미 정상 간 회담

- 양국 정상은 ▲완전한 비핵화 ▲평화체제 보장 ▲북미 관계 정상화 추진 ▲6 · 25 전쟁 전사자 유해송환 등 4개 항목에 합의하였다.
- 2019년 2월 28일 베트남에서 열린 2차 북미정상회담은 합의 실패로 결렬되었다.

기출 문제

Q 2018년 싱가포르에서 열린 북미정상회담과 관련 없는 것은?

A 평양–워싱턴 연락사무소 설치

121
6자 회담

한국마사회, 한국보훈복지의료공단, SBS, 서울신문

핵심Tag #정치 · 외교 · 안보 #안보 #북한과 통일

북핵 문제를 평화적으로 해결하기 위해 2003~2007년 ▲남한 ▲북한 ▲미국 ▲러시아 ▲일본 ▲중국 6개국이 참여한 회담

기출 문제

Q 다음 중 6자 회담 참여국이 아닌 나라는?

A 영국

122
사드
THAAD
Terminal High Altitude Area Defense

aT한국농수산식품유통공사, SBS, 매일경제, MBN, KB국민은행

핵심Tag #정치 · 외교 · 안보 #안보 #북한과 통일

적의 탄도 미사일 공격을 방어하기 위한 미국의 고(高)고도미사일방어체계

- 한국은 2016년 7월 사드 배치를 공식 결정했다. 사드 부지는 경북 성주골프장(롯데에서 제공)으로 확정하였다.

기출 예문

한미 양국은 2017년 3월 사드의 주한미군 배치 작업을 전격 시작했고, 그해 9월 사드 미사일 발사대 4기 배치를 완료했다. 한편 중국은 사드 배치에 대한 보복으로 한국행 여행 상품 판매를 전면 중단했다. 특히 사드 부지를 제공하기로 공식 확정한 롯데는 보복의 집중 타깃이 됐다.

123
서해5도

한국농어촌공사, 충북MBC, 헤럴드
경제

핵심Tag #정치·외교·안보 #안보
#북한과 통일

▲백령도 ▲대청도 ▲소청도 ▲연평도 ▲우도 5개 섬으로 이뤄진 전략 요충지

기출 예문

서해5도는 안보 긴장 지역으로 1999년 제1연평해전 이후 2010년 천안함 폭침 및 연평도 피격 사태에 이르기까지 무력충돌이 끊이지 않았다.

124
전시작전통제권

WOC
Wartime Operational Control

서울특별시농수산식품공사, KBS,
조선일보, GS리테일

핵심Tag #정치·외교·안보 #안보
#북한과 통일

전쟁 발발 시 군대의 작전을 지휘·통제할 수 있는 권한

• 1994년 12월 평시작전통제권은 한국군에 환수됐으나, 전시작전통제권은 아직 한미연합사령관이 행사하고 있다.

기출 문제

Q 전시작전통제권은 누가 행사하는가?

A 한미연합사령관

CHAPTER 03
정   치

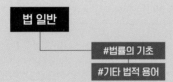

법 일반
#법률의 기초
#기타 법적 용어

125
법 적용의 원칙

한국산업인력공단, 방송통신심의위
원회, 경상대학교병원

핵심Tag #법률 #법 일반 #법률의
기초

원칙	의미
상위법 우선의 원칙	하위법보다 상위법 우선
특별법 우선의 원칙	일반법보다 특별법 우선
신법 우선의 원칙	구법보다 신법 우선
법률 불소급의 원칙	사후입법으로 소급해 범죄에 적용할 수 없음

기출 문제

Q 다음 중 법의 원칙으로 옳지 않은 것은?

A 일반법이 특별법에 우선한다.(⇨ 특별법이 일반법에 우선)

관련 용어

헌법 최상위법. 국민 투표로 결정
법률 국민의 대표기관인 국회에서 제정
명령 행정부에서 제정하는 법. 법률에 위임된 사항을 집행하기 위한 법
조례 지방의회에서 제정하는 법
규칙 지방자치단체에서 제정하는 법

126
일사부재리
一事不再理

부산경제진흥원, 헤럴드경제, 이데일리, 뉴스1

핵심Tag #법률 #법 일반 #법률의 기초

판결이 내려진 확정 판결에 대해 두 번 이상 공소의 제기를 허용하지 않는다는 원칙

기출 예문

일사부재리의 원칙은 개인의 인권 옹호와 법적 안정의 유지를 위해 수립된 원칙이다.

127
무죄추정의 원칙

부산경제진흥원, aT한국농수산식품유통공사, 청주MBC

핵심Tag #법률 #법 일반 #법률의 기초

유죄 판결이 나기 전까지 형사 피의자를 무죄로 추정하여 인권이 침해되지 않도록 하는 원칙

기출 문제

Q 'in dubio pro reo'와 관련 있는 것은?
A 무죄추정의 원칙

관련 용어

인 두비오 프로 레오(in dubio pro reo) 의심스러운 것은 피고인에게 유리하게 해석해야 한다는 원칙

128
퍼블리시티권
right of publicity

언론중재위원회, 한국농어촌공사, KBS, 서울신문, KCC, SBS

핵심Tag #법률 #법 일반 #기타 법적 용어

자신의 성명 또는 초상을 상업적으로 이용하고 통제할 수 있는 권리

• 인격권인 초상권이나 이름에 대한 권리와 달리 재산권이어서 양도가 가능하다고 보기도 한다.

기출 예문

한국에는 물권과 유사한 독점배타적 재산권인 퍼블리시티권을 명시한 법이 없어 분쟁 때마다 혼란이 빚어진다.

129
플리바게닝
plea bargaining

방송통신심의위원회, KBS, MBC, 한국공항공사, 언론중재위원회, 매일경제

핵심Tag #법률 #법 일반 #기타 법적 용어

피의자가 자신의 혐의를 인정하거나 타인에 대한 증언을 하면 검찰 측이 형량을 낮춰주는 제도

• 우리나라에는 아직 법적으로 도입되지 않았다.

기출 예문

플리바게닝은 수사 비용을 절감하고 사건을 쉽게 해결할 수 있다는 장점이 있다.

관련 용어

리니언시(leniency) 담합 행위를 한 기업이 자진신고를 할 경우 처벌을 경감하거나 면제하는 제도

CHAPTER 03
정   치

헌법/민법

#헌법의 적용

#물권과 채권

130
헌법개정 절차

KBS, 조선일보, 제주MBC, 한국전력공사, 한국장애인고용공단, MBC, 경향신문, LG

핵심Tag #법률 #헌법 #헌법의 적용

절차	설명
제안	국회 재적의원 과반수 또는 대통령의 발의
공고	대통령이 20일 이상 공고
국회 의결	헌법개정안이 공고된 날로부터 60일 이내, 국회 재적의원 3분의 2 이상의 찬성으로 의결
국민 투표	국회를 통과한 헌법개정안을 30일 이내에 국민 투표에 부쳐 국회의원 선거권자 과반수의 투표와 투표자 과반수의 찬성을 얻으면 확정
공포	헌법개정이 확정되면 대통령이 즉시 이를 공포

기출 문제

Q 헌법개정 절차에 대한 설명으로 옳지 않은 것은?

A 국회는 헌법개정안이 공고된 날로부터 90일 이내에 의결해야 한다.(⇨ 60일 이내)

131
헌법 재판소
憲法裁判所

신용보증재단중앙회, 국민연금공단, 경향신문, 이데일리, 시사저널, 농협은행

핵심Tag #법률 #헌법 #헌법의 적용

법령이 실정법 최고 규범인 헌법에 위배되는지를 심판하는 특별 재판소

• 법률의 위헌 여부 심판, 탄핵 및 정당의 해산 심판, 국가기관 상호 간 권한 쟁의 심판, 헌법소원에 관한 심판 등을 맡는다.

기출 문제

Q 헌법 재판소의 재판관은 몇 명인가?

A 9명

132
정당해산 심판
政黨解散 審判

한국공항공사, 한국남동발전, 한국
보훈복지의료공단, 국민연금공단,
연합뉴스, LG

핵심Tag #법률 #헌법 #헌법의 적용

어떤 정당의 목적·활동이 헌법이 정하는 민주적 기본질서를 인정하지 아니하는 경우 정부의 청구에 의하여 그 정당을 해산할 것인지 여부를 심판하는 것

• 정부가 정당해산 심판을 청구할 경우 헌법재판관 9명 중 7명 이상이 출석해, 전체 3분의 2인 6명 이상이 찬성하면 정당해산이 결정된다.

> **기출 문제**
>
> **Q** 정당해산에 대해 옳은 것은?
>
> **A** 헌법재판관 3분의 2 이상이 찬성해야 정당해산이 가능하다.

133
지식재산권
知識財産權

한국농어촌공사, KBS, 연합뉴스

핵심Tag #법률 #민법 #물권과 채권

지적 창작물에 대한 재산권

• 창작물에 대한 배타적 독점적 권리인 저작권과 특허·실용신안권·상표권을 포함하는 산업소유권으로 구분된다.

> **기출 예문**
>
> 세계지식재산권기구(WIPO)는 지식재산권의 국제적 보호 촉진과 국제 협력을 위해 설립된 국제기구다.

134
용익물권
用益物權

한국수력원자력, 서울특별시농수산
식품공사, 방송통신심의위원회

핵심Tag #법률 #민법 #물권과 채권

타인의 토지나 건물을 일정한 목적을 위해 사용·수익할 수 있는 물권

• 지상권, 지역권, 전세권 등이 용익물권에 해당한다.

> **기출 예문**
>
> 용익물권은 소유권을 일부 제한하는 권리이므로 채권을 담보로 하는 담보물권과 함께 제한물권에 속한다.

135
유치권
留置權

한국중부발전, 건설공제조합, 한국
농어촌공사, 춘천MBC, 매일신문

핵심Tag #법률 #민법 #물권과 채권

타인의 물건이나 유가 증권을 점유하는 자가 그 물건이나 유가 증권에 관해 생긴 채권을 가지는 경우 이를 변제받을 때까지 그 목적물을 유치할 수 있는 권리

> **기출 문제**
>
> **Q** 담보물권에 해당하는 것은?
>
> **A** 유치권, 질권, 저당권

> **관련 용어**
>
> **담보물권** 채권의 담보를 위해 물건의 교환가치를 얻는 것을 목적으로 하는 제한물권
>
> **질권** 채권의 담보로 채무자(제3자)에게 받은 물건 등 재산권을 채권자가 유치하는 권리. 채무자가 변제하지 않을 경우 그 물건을 현금화해 우선적 변제를 받을 수 있음
>
> **저당권** 채권의 담보로 제공한 부동산 등 기타 물건을 담보제공자가 이용할 수 있도록 하고, 채무가 이행되지 않을 때 그 물건에서 우선적으로 변제받을 수 있는 권리

136
카피레프트
copyleft

한국일보, 신용보증재단중앙회, aT
한국농수산식품유통공사, 서울신문

핵심Tag #법률 #민법 #물권과 채권

저작물을 독점하지 않고 자유롭게 공유하자는 운동
- 지식재산권(저작권)을 의미하는 카피라이트(copyright)에 반대되는 개념이다.

기출 예문

지식재산권을 반대하는 카피레프트 입장에서 정보란 배타적 소유권을 주장할 수 없는 것이다.

CHAPTER 03
정   치

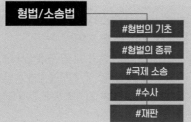

형법/소송법
#형법의 기초
#형벌의 종류
#국제 소송
#수사
#재판

137
미란다 원칙
Miranda warning

방송통신심의위원회, IBK기업은행,
하나저축은행, 한국환경공단

핵심Tag #법률 #형법 #형법의 기초

검찰과 경찰이 피의자를 연행할 때 반드시 변호인단 선임권, 진술거부권 등 피의자의 권리를 고지해야 한다는 원칙

기출 예문

2016년 10월 부산에서 박근혜 대통령 하야를 외치며 기습 시위를 시도한 학생 가운데 미란다 원칙을 고지받지 않은 4명은 그 자리에서 풀려났다.

138
정당방위
正當防衛

인천교통공사, 국민체육진흥공단,
국민일보

핵심Tag #법률 #형법 #형법의 기초

긴급 부당한 침해에 대해 자기 또는 타인의 권리를 방위하기 위해 부득이하게 행한 가해행위
- 정당방위는 위법조각사유의 가장 전형적인 것이다.

기출 문제

Q 집을 침입한 사람을 알루미늄 빨래 막대로 때려 식물인간으로 만들었다면 정당방위인가? (토론)

139
반의사불벌죄
反意思不罰罪

부산경제진흥원, 매일경제, 경향신문,
뉴시스

핵심Tag #법률 #형법 #형벌의 종류

피해자가 가해자의 처벌을 원하지 않을 경우 그 의사에 따라 처벌할 수 없는 범죄

기출 예문

무고죄는 친고죄나 반의사불벌죄가 아니기 때문에 피해자의 고소나 처벌 불원의 의사표시와 관계없이 처벌 대상이 될 수 있다.

140
징벌적 손해배상제
punitive damage

경인일보, 금융감독원, 한국공항공사, 헤럴드경제, IBK기업은행

핵심Tag #법률 #형법 #형벌의 종류

가해자의 행위가 반사회적일 경우 실제 손해액보다 훨씬 더 많은 손해배상을 하게 하는 제도

> 기출 예문
>
> 독성이 있는 가습기 살균제 사망 사고 이후 징벌적 손해배상제를 도입해야 한다는 의견이 제기됐다.

141
투자자 -국가소송
ISD
Investor-State Dispute

SBS, 경향신문, 조선일보, 영남일보

핵심Tag #법률 #소송법 #국제 소송

다른 국가에 투자했다가 법적 분쟁이 생겼을 때 중립적인 국제기구의 중재로 분쟁을 해결하도록 한 제도

- 어떤 국적의 투자자가 다른 국가에서 투자했다가 해당국의 법령이나 정책 등으로 피해를 봤을 때, 해당국에서 관할하는 재판에서 불이익을 당할 수 있으므로, 국제기구의 중재를 통해 손해배상을 받을 수 있도록 하는 제도다.

> 기출 문제
>
> **Q** ISD를 약술하시오.

142
재정신청
裁定申請

문화일보, 경향신문, 연합뉴스, 한국장애인고용공단, 헤럴드경제, IBK기업은행

핵심Tag #법률 #소송법 #수사

고소를 한 자가 검사로부터 공소를 제기하지 아니한다는 통지를 받은 때에 그 검사 소속의 지방검찰청 소재지를 관할하는 고등법원에 그 처분에 관한 불복을 신청하는 절차

- 검사의 처분에 대한 불복신청인 재정신청은 법원 재판에 대한 불복신청인 상소와 다르다.

> 기출 예문
>
> 20대 총선 관련 선거사범에 대해 검찰이 불기소처분을 내리자 대전시선거관리위원회가 법원에 재정신청을 냈다.

143
국민참여재판
國民參與裁判

부산경제진흥원, 조선일보, 서울신문

핵심Tag #법률 #소송법 #재판

국민이 형사재판에 배심원으로 참여하는 제도

- 우리나라에서 배심원의 평결은 법적 구속력을 가지지 않는다.

> 기출 문제
>
> **Q** 우리나라 국민참여재판에 대한 설명으로 틀린 것은?
>
> **A** 만장일치제(⇨ 국민참여재판은 다수결제이다.)

CHAPTER 04
과 학

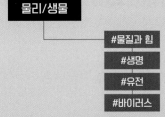

물리/생물

#물질과 힘
#생명
#유전
#바이러스

PART 01

고민출상식

144
엔트로피
entropy

KBS, EBS, 여수MBC

핵심Tag #기초과학 #물리 #물질과 힘

자연 물질이 변형돼 다시 원래의 상태로 환원될 수 없게 되는 현상

• 모든 물건이나 에너지는 사용이 가능한 상태에서 사용이 불가능한 상태로 변해간다. 에너지가 소멸하고 흩어지면서 무질서의 정도가 증가돼 혼돈·부패하게 되기 때문이다. 이를 엔트로피 증가의 법칙이라고 한다.

기출 예문
열역학 제2법칙은 엔트로피의 법칙이라고도 불린다.

145
원자력
原子力

한국언론진흥재단, 한국수력원자력 매일경제, 부산일보

핵심Tag #기초과학 #물리 #물질과 힘

원자핵의 붕괴나 핵반응 시 방출되는 에너지가 지속적으로 연쇄 반응을 일으켜 동력 자원으로 쓰일 때의 원자핵 에너지

기출 문제
Q 한미 원자력협정에 대해 옳지 않은 것은?
A 협정에 따라 고농축 우라늄을 함유할 수 있다.
　(⇨ 2015년 한미 원자력협정이 4년 6개월 넘는 협상 끝에 타결돼 20% 미만의 저농축 우라늄 생산이 가능해짐)

관련 용어
한미 원자력협정 2015년 6월 15일 개정된 한미원자력협정으로, 이 개정안을 통해 한국은 우라늄 농축에 대한 제한적인 권리와 사용후 핵연료 연구 권리를 확보함

146
밀리시버트
mSv

충남신용보증재단, 시사저널, YTN

핵심Tag #기초과학 #물리 #물질과 힘

방사능이 인체에 미치는 영향을 나타낼 때 쓰는 단위

• 베크렐(Bq) : 1초 동안 1개의 원자핵이 붕괴해 방출하는 방사능의 강도
• 그레이(Gy) : 단위 질량당 해당 물질이 방사선을 통해 흡수한 에너지

기출 문제
Q 방사능 단위에 대해 설명해보시오.

147
국제원자력기구
IAEA
International Atomic Energy Agency

한국수력원자력, 전자신문, 부산일보, 한화

핵심Tag #기초과학 #물리 #물질과힘

원자력의 평화적 이용과 국제적 공동관리를 위해 설립한 UN산하 준독립기구
- 오스트리아 빈에 본부를 두고 있으며 2005년 노벨평화상을 수상했다.

기출 예문

국제원자력기구(IAEA)는 핵무기 비보유국이 핵연료를 군사적으로 전용하는 것을 방지하기 위해 핵무기 비보유국의 핵물질 관리 실태를 점검하고 현지에서 직접 사찰할 수 있다.

148
줄기세포
stem cell

한국산업단지공단, 한국언론진흥재단, 이랜드

핵심Tag #기초과학 #생물 #생명

각 신체조직으로 분화할 수 있는 능력을 갖추고 있는 만능 세포
- 배아줄기세포는 모든 기관으로 분화할 수 있으나, 성체줄기세포는 그 능력이 제한적이어서 모든 조직으로 분화할 수는 없다. 따라서 배아줄기세포에 비해 성체줄기세포의 윤리적 문제가 적다.

기출 예문

질병관리본부가 황우석 박사의 '1번 배아줄기세포(NT-1)'를 국가 배아줄기세포로 정식 등록했다.

149
3대 영양소

서울시설공단, 전주MBC, 건설경제신문

핵심Tag #기초과학 #생물 #생명

생물체의 영양에 가장 중요한 3가지 영양소. ▲탄수화물 ▲지방 ▲단백질
- 5대 영양소에는 3대 영양소에 ▲비타민과 ▲무기질이 추가된다.

기출 문제

Q 5대 영양소가 아닌 것은?

A 알칼리

150
멘델의 법칙
Mendel's law

한국연구재단, 한국마사회, 광주MBC

핵심Tag #기초과학 #생물 #유전

멘델(G.J. Mendel, 1822~1884)이 완두콩을 이용한 교배 실험을 통해 밝혀낸 유전법칙

멘델의 법칙의 종류	
우열의 법칙	우성과 열성 두 개의 형질이 있을 때 우성 형질만 드러난다는 법칙
분리의 법칙	순종을 교배한 잡종 제1대를 자가교배 했을 때 우성과 열성이 나뉘어 나타난다는 법칙
독립의 법칙	서로 다른 형질은 독립적으로 우열의 법칙과 분리의 법칙을 만족한다는 법칙

기출 문제

Q 다음 중 멘델의 유전법칙이 아닌 것은?

A 중간유전의 법칙

151
에볼라 바이러스
ebola virus

한국국제협력단, YTN, 국민일보

핵심Tag #기초과학 #생물 #바이러스

급성 열성감염을 일으키는 바이러스로 치사율이 최대 90%에 달해 '죽음의 바이러스'라고 불림

기출 문제

Q 에볼라 바이러스 환자를 국내로 송환해야 하는가? (토론)

CHAPTER 04
과   학

지구과학/우주과학/첨단과학

#지형과 대기
#우조과학 기초
#인공위성
#첨단기술
#과학기지

152
오존층
ozone layer

SBS, 영남일보, LG

핵심Tag #기초과학 #지구과학 #지형과 대기

성층권에서 많은 양의 오존이 있는 높이 25~30km 사이에 해당하는 부분

기출 문제

Q 오존층을 파괴하는 물질로 옳은 것은?
A 프레온 가스(냉장고·에어컨 등 냉매로 사용), 할론 가스(불 끄는 소화제용)

153
불의 고리
ring of fire

인천서구문화재단, KBC, MBN

핵심Tag #기초과학 #지구과학 #지형과 대기

세계 주요 지진대와 화산대 활동이 중첩된 지역인 환태평양 조산대를 칭하는 말
- 서쪽의 일본·대만·동남아, 북쪽의 러시아 캄차카와 미국의 알래스카, 동쪽의 미주 대륙 서부와 남미 해안 지역, 그리고 뉴질랜드 등 태평양 연안 지역을 아우르는 고리 모양의 지진·화산대를 이른다.

기출 문제

Q 지각변동이 활발하여 화산활동과 지진이 빈번하며, 태평양을 둘러싸고 고리 모양을 이루는 것은?
A 불의 고리

154
그리니치 천문대
greenwich observatory

한국보훈복지의료공단, 매일경제

핵심Tag #기초과학 #우주과학 #우주과학 기초

영국 런던 그리니치에 설립된 천문대. 이곳을 지나는 본초 자오선을 기준으로 세계의 지방 표준시를 정함

기출 예문

우리나라 표준시는 동경 135°를 기준으로 하고 있으며, 세계 표준시인 그리니치 천문대 기준보다 9시간 빠르다.

155
인공위성
artificial satellite

한국환경공단, 경남MBC, 조선일보

핵심Tag #기초과학 #우주과학 #인
공위성

행성(주로 지구)의 둘레를 공전하는 인공적인 물체

우리별 1호	영국과 공동 개발한 한국 최초의 인공위성
우리별 3호	한국 최초로 독자 개발한 인공위성
무궁화 1호	한국 최초 방송통신위성
과학기술위성 1호	한국 최초 우주 관측위성
아리랑 1호	한국 최초 다목적실용위성
스푸트니크 1호	구소련의 세계 최초 인공위성

기출 문제

Q 다음 중 인공위성에 대한 설명으로 틀린 것은?

156
레퍼런스 폰
reference phone

충남개발공사, 전남신용보증재단,
시사저널

핵심Tag #기초과학 #첨단과학 #첨
단기술

새로운 운영체제(OS) 등을 가장 먼저 시장에 내놓아 스마트폰 제조사와 애플 리케이션 개발자들에게 참고할 수 있는 기준을 제시하는 휴대 전화

기출 문제

Q 스마트폰 제조 기업에게 참고의 척도가 될 수 있는 기준을 제공하는 스마트폰 은?

A 레퍼런스 폰

157
세종과학기지
世宗科學基地

국민연금공단, 부산경제진흥원, 국
민일보

핵심Tag #기초과학 #첨단과학 #과
학기지

남극 대륙 부근의 섬에 위치한 상설 과학 연구기지

기출 예문

세종과학기지는 남극 킹조지 섬에 건설된 한국 최초의 남극 과학기지이다.

관련 용어

장보고과학기지 남극 대륙에 위치한 한국 과학기지
다산과학기지 북극에 위치한 한국 과학기지

CHAPTER 04
과   학

정보통신/컴퓨터/인터넷

#IT 기술·소재

#데이터

#정보통신망

#인터넷·방송 기술

#해킹

#전자상거래

PART 01

고빈출상식

158
블록체인
block chain

경기콘텐츠진흥원, 경향신문, 매일경제, SBS

핵심Tag #컴퓨터·IT #정보통신 #IT 기술

거래 정보를 기록한 원장을 특정 기관 중앙 서버가 아니라 여러 네트워크에 분산해, 참가자들이 공동으로 기록·관리하는 기술

• 장부 책임자가 필요 없고 모든 참여자의 합의로 장부를 보관하므로 거래 조작이 불가능해져 보안과 신뢰성이 높아진다. 블록체인의 참여형 가치사슬 방식은 4차 산업 혁명의 핵심 기술로 꼽는다.

기출 예문
뱅크사인은 블록체인을 기반으로 한 은행권 공동인증서비스를 말한다.

159
웨어러블 컴퓨터
wearable computer

울산MBC, 아시아경제

핵심Tag #컴퓨터·IT #정보통신 #IT 기술

옷을 입듯 몸에 착용할 수 있는 컴퓨터

• 안경이나 손목시계형 등 다양한 제품이 출시됐으며 의료·과학·국방 등으로 응용 범위가 확대되고 있다.

기출 문제
Q 사진을 보고 웨어러블 디바이스에 해당하지 않는 것을 고르시오.

160
랜섬웨어
ransomware

신한은행, 목포MBC, EBS, 조선일보, 한겨레신문

핵심Tag #컴퓨터·IT #정보통신 #해킹

사용자 컴퓨터 시스템에 침투하여 중요 파일에 대한 접근을 차단하고 금품을 요구하는 악성 프로그램

기출 문제
Q 컴퓨터에 잠입해 문서를 암호화해 열지 못하도록 만든 후 금품을 요구하는 악성 프로그램은?
A 랜섬웨어

161
스마트 계약
smart contract

우리은행, 신한은행

핵심Tag #컴퓨터·IT #정보통신 #IT 기술

계약 조건을 블록체인에 기록하고 조건이 충족됐을 경우 자동으로 계약이 실행되게 하는 프로그램

기출 문제
Q 블록체인 기반으로 금융 거래, 부동산 계약, 공증 등 다양한 형태의 계약을 체결하고 이행하는 것은?
A 스마트 계약

162
패킷
packet

aT한국농수산식품유통공사, 전자신문, 방송통신위원회

핵심Tag #컴퓨터·IT #컴퓨터 #데이터

데이터가 전송되는 기본 단위
- 일반적인 무선 인터넷에서 1패킷은 512byte로, 한글 220자에 해당하는 데이터양을 의미한다.

기출 예문
멀티캐스트는 브로드캐스트의 특수 형태로서 가능한 모든 목적지들 중에서 다수의 특정 목적지에만 패킷의 복사본을 전달하는 것을 말한다.

163
5G
5th Generation

하나은행, 방송통신심의위원회, 광주도시철도공사

핵심Tag #컴퓨터·IT #정보통신 #정보통신망

최대 속도가 20Gbps에 달하는 이동통신 기술로, LTE에 비해 최대 속도가 빠르고 처리 용량이 큼
- 초고속성·초저지연성·초연결성 등 3가지 특징을 가지고 있다.

기출 문제
Q 5G에서 G의 약자는?
A Generation

164
디지털 방송
digital broadcasting

aT한국농수산식품유통공사, 한국보훈복지의료공단, KBS

핵심Tag #컴퓨터·IT #정보통신 #방송 기술

기존의 아날로그 방송과 달리 디지털 형태로 텔레비전 신호를 압축하여 내보내는 차세대 방송 기술

기출 문제
Q 디지털 방송을 가장 먼저 송출한 나라는?
A 영국(1998년 9월에 송출을 시작했다.)

165
넷플릭스
Netflix

방송통신심의위원회, 영화진흥위원회, TV조선, 춘천MBC

핵심Tag #컴퓨터·IT #정보통신 #인터넷 기술

미국 최대의 온라인 동영상 스트리밍 서비스 회사
- 일정 금액을 내고 구독하면 영화나 드라마 등을 스마트 TV, 태블릿, 스마트폰, PC 등을 통해 볼 수 있다. 코로나19로 극장을 가기 어려운 상황이 되자 구독자가 느는 등 넷플릭스는 반사이익을 얻었다.

기출 문제
Q '넷플릭스 오리지널 콘텐츠가 영화로 불릴 수 있는가'에 대한 본인의 입장을 전통적인 영화 관점에서 서술하시오.(논술)

관련 용어
넷플릭스 오리지널 넷플릭스가 직접 제작하는 영화·TV 프로그램 등 콘텐츠

166
N스크린
N Screen

한국공항공사, SBS, YTN

핵심Tag #컴퓨터 · IT #인터넷 #인터넷 기술

TV나 PC, 태블릿PC, 스마트폰 등 다양한 기기에서 하나의 콘텐츠를 끊임없이 이용할 수 있게 해주는 서비스
- N은 여러 명이 똑같이 나눌 때 사람의 수(N분의 1) 또는 네트워크(Network)를 의미한다.

기출 문제

Q 국내 최초의 N스크린 동영상 서비스는?

A 티빙(tving)

167
UHD
Ultra High Definition

aT한국농수산식품유통공사, KBS, SBS, 대구TBC

핵심Tag #컴퓨터 · IT #정보통신 #방송 기술

Full-HD보다 해상도 · 화소가 4배 높은 차세대 고화질 영상 기술

기출 문제

Q Full-HD보다 화질이 더 좋은 것은?

A UHD

168
사물인터넷
IoT
Internet of Things

한국농어촌공사, aT한국농수산식품유통공사, MBN, 경향신문

핵심Tag #컴퓨터 · IT #인터넷 #인터넷 기술

사람과 사물, 사물과 사물끼리 인터넷으로 연결돼 정보를 생성 · 수집 · 공유 · 활용하는 기술 · 서비스

기출 예문

사물인터넷(IoT) 기술을 통해 외출 시에도 원격으로 채소를 키울 수 있는 장치가 일본 통신회사에 의해 개발됐다.

169
그래핀
graphene

광주도시철도공사, UBC 울산방송, MBN, 영남일보

핵심Tag #컴퓨터 · IT #정보통신 #IT 소재

탄소 원자로 만들어진 원자 크기의 벌집 형태 구조를 가진 소재. 흑연(graphite)을 원료로 하여 만들기 때문에 명칭도 그래핀이라 부름. 미래의 IT 소재로 주목받고 있음

기출 예문

다이아몬드보다 2배 이상 열전도성이 높으며, 탄성도 뛰어나 늘리거나 구부려도 전기적 성질을 잃지 않는다. 이런 특성으로 인해 그래핀은 차세대 신소재로 각광받는 탄소나노튜브를 뛰어넘는 소재로 평가받으며 '꿈의 나노물질'이라 불린다.

170 딥러닝
deep learning

KEB하나은행, 이투데이, SBS

핵심Tag #컴퓨터 · IT #정보통신 #IT 기술

스스로 학습하는 컴퓨터. 컴퓨터가 스스로 새로운 지식을 끊임없이 습득할 수 있도록 한 인공신경망 기술

기출 문제

Q 알파고가 뛰어난 능력을 발휘할 수 있었던 기술은?

A 딥러닝

관련 용어

알파고(AlphaGo) 구글의 자회사 딥마인드가 개발한 인공지능(AI) 바둑 프로그램

---

171 스미싱
smishing

The-K한국교직원공제회, MBN, 서울경제신문, 울산MBC

핵심Tag #컴퓨터 · IT #인터넷 #해킹

문자 메시지(SMS)와 피싱(phishing)의 합성어로 문자 메시지 내 인터넷 주소를 클릭하면 악성코드가 설치돼 개인 · 금융 정보를 탈취하는 수법

기출 예문

스미싱은 신뢰할 수 있는 사람 또는 기업이 보낸 것처럼 가장하여 개인 비밀정보를 요구하거나 휴대 전화 소액 결제를 유도한다.

관련 용어

피싱(phishing) 금융 · 공공기관을 사칭한 전화나 메일을 통해 인터넷 사이트에 접속해 보안카드 일련번호 등을 입력하도록 요구하는 사기 수법

---

172 핀테크
fintech

한국주택금융공사, 부산경제진흥원, SBS, MBN, 전자신문

핵심Tag #컴퓨터 · IT #인터넷 #전자상거래

금융(financial)과 기술(technique)의 합성어로 모바일 결제나 송금, 개인 자산 관리, 크라우드 펀딩 등 금융 서비스와 결합된 IT 기술

• 최근 모바일 결제서비스가 대표적 핀테크 기술로 주목받고 있다. 삼성페이, 카카오페이, 애플페이, 구글 월렛 등이 이에 해당한다.

기출 문제

Q 핀테크 기술로 인해 은행의 오프라인 지점 수가 어떻게 변화할 것인가?(면접)

관련 용어

인슈어테크 핀테크의 한 영역으로, 인공지능(AI)과 정보기술(IT)을 활용해 기존 보험 산업을 혁신하는 서비스. 전체 가입자에게 동일하게 적용하던 보험료율을 빅데이터 분석을 통해 다르게 적용하는 등의 서비스가 가능

CHAPTER 05
문화 · 스포츠

문화유산

#문화유산

173
유네스코 유산
UNESCO heritage

한국국제협력단, 한국공항공사, 부산MBC, 경향신문

핵심Tag #문화 · 예술 #문화유산

유네스코(국제연합교육과학문화기구)가 인류 보편적 가치와 중요성을 지녔다고 인정하고 보호하는 유 · 무형의 유산

한국의 유네스코 유산	
세계유산	▲한국의 서원 ▲산사, 한국의 산지 승원 ▲백제역사유적지구 ▲남한산성 ▲한국의 역사마을:하회와 양동 ▲조선 왕릉 ▲제주 화산섬과 용암 동굴 ▲고창, 화순, 강화의 고인돌 유적 ▲경주 역사지구 ▲창덕궁 ▲수원 화성 ▲해인사 장경판전 ▲종묘 ▲석굴암 및 불국사
무형문화유산	▲연등회 ▲씨름, 한국의 전통 레슬링(남북한 공동 등재) ▲제주 해녀 문화 ▲줄다리기 ▲농악 ▲김장 문화 ▲아리랑(남북한 개별 등재) ▲줄타기 ▲택견 ▲한산 모시짜기 ▲대목장(大木匠) ▲매사냥 ▲가곡 ▲처용무 ▲강강술래 ▲제주 칠머리당 영등굿 ▲남사당놀이 ▲영산재 ▲강릉단오제 ▲판소리 ▲종묘제례 및 종묘제례악
세계기록유산	▲국채보상운동 기록물 ▲조선통신사에 관한 기록 ▲조선왕실 어보와 어책 ▲한국의 유교책판 ▲KBS특별생방송 '이산가족을 찾습니다' 기록물 ▲새마을운동 기록물 ▲난중일기 ▲5 · 18 광주 민주화 운동 기록물 ▲일성록 ▲동의보감 ▲고려대장경판 및 제경판 ▲조선왕조 의궤 ▲불조직지심체요절 하권 ▲승정원일기 ▲조선왕조실록 ▲훈민정음 해례본

기출 문제

Q 유네스코 인류무형문화유산 중 남북이 최초로 공동 등재된 것은?

A 씨름

174
훈민정음 해례본

문화일보, 한국산업단지공단, 한국농어촌공사

핵심Tag #문화 · 예술 #문화유산

1443년에 창제된 훈민정음에 대한 한문 해설서
• 훈민정음의 창제 원리와 초성 · 중성 · 종성에 대한 해설과 용례 등을 적었다.

기출 문제

Q 세종대왕이 훈민정음을 창제할 당시 글자 수는?

A 28자

175
직지심체요절
直指心體要節

MBC, 한국산업안전보건공단, 부산
경제진흥원, 한국일보, 국민일보

핵심Tag #문화·예술 #문화유산

직지심경. 현존하는 세계 최고(最古)의 금속 활자본
- 2001년 유네스코 세계기록유산에 등재됐으며, 독일 구텐베르크의 금속 활자본인 신약성서보다 약 80년 이상 앞섰다.

> **기출 문제**
>
> **Q** 직지심체요절에 대해 옳지 않은 것은?
>
> **A** 세계에서 가장 오래된 목판 인쇄물이다.(➡ 무구정광대다라니경)

176
팔만대장경
八萬大藏經

MBC, 언론중재위원회, STX

핵심Tag #문화·예술 #문화유산

해인사 대장경판. 몽골 제국이 고려를 침입하자 부처의 힘으로 몽골군을 물리치기 위해 만든 대장경. 국보 제32호
- 현존하는 세계에서 가장 오래된 대장경판이며 2007년 유네스코 세계문화유산으로 지정됐다.

> **기출 문제**
>
> **Q** 고려가 팔만대장경을 만들게 된 배경은?
>
> **A** 몽골 제국의 침입

CHAPTER 05
문화 · 스포츠

영화/음악/미술
- #영화 기법
- #대중음악
- #서양음악
- #국악
- #미술사조
- #미술가

177
미장센
mise-en-scene

연합뉴스, 예술의전당, 신용보증
기금중앙회, MBC

핵심Tag #문화·예술 #영화 #영화
기법

연극 무대나 영화의 화면에서 나타나는 모든 시각적 요소를 배열하는 행위
- 화면 구도, 인물이나 사물 배치 등으로 표현하는 연출자의 메시지, 미학 등을 말한다.

> **기출 예문**
>
> 칸 국제영화제에 초청된 박찬욱 감독의 영화 '아가씨'가 토론토 국제영화제에도 초청받으며 세계가 사랑하는 감독임이 증명됐다. 영화제 관계자는 뛰어난 미장센을 바탕으로 다양한 장르와 스타일을 넘나드는 영화라고 평가했다.

178
빌보드 차트
billboard chart

영화진흥위원회, 경기방송, SBS, YTN, MBC

핵심Tag #문화·예술 #음악 #대중 음악

1936년부터 발표하기 시작한 미국의 유명 대중음악 순위 차트

• 싱글 차트 '빌보드 핫 100'과 앨범 차트 '빌보드 200'이 가장 대표적이며, 매 주 순위를 발표한다.

기출 문제

Q 빌보드 차트의 순위 발표 주기는?

A 매주

179
그래미 어워드
grammy awards

SBS, 경향신문, MBC, 한겨레신문

핵심Tag #문화·예술 #음악 #대중 음악

전 미국 레코드 예술 과학 아카데미가 1년간의 우수한 레코드와 앨범을 선정 해 수여하는 음반업계 최고 권위의 상

기출 문제

Q 2016년 그래미 어워드에서 5관왕을 차지한 뮤지션은?

A 켄드릭 라마

180
오페라의 유령
the phantom of the opera

한국언론진흥재단, 서울특별시농수 산식품공사, KBS, YTN

핵심Tag #문화·예술 #음악 #서양 음악

흉측하게 일그러진 얼굴을 가면으로 가린 괴신사가 아름다운 프리마 돈나를 짝사랑하는 내용의 뮤지컬

• 가스통 르루의 소설을 원작으로 제작자 카메론 매킨토시와 작곡가 앤드루 로이드 웨버가 1986년 탄생시킨 뮤지컬이다.

기출 문제

Q 세계 4대 뮤지컬로, 앤드루 로이드 웨버의 작품은?

A 오페라의 유령

관련 용어

세계 4대 뮤지컬 오페라의 유령, 레 미제라블, 캣츠, 미스 사이공

181
황병기
黃秉翼
1936~2018

한국문화예술위원회, 한겨레신문

핵심Tag #문화·예술 #음악 #국악

가야금 연주자·작곡가로, 창작 가야금 음악의 창시자이자 독보적 존재로 이 름을 높임

• 1952년 부산 피난 시절 국립국악원에서 가야금을 배우기 시작했다. 2018년 1월 82세를 일기로 타계한 뒤 같은 해 10월 '2018 문화예술발전유공자'로 선정되어 금관문화훈장에 추서됐다.

기출 문제

Q 2018년 1월 타계한 가야금 명인은?

A 황병기

182
판소리

한국환경공단, 예술의전당, 춘천
MBC, 마산MBC, STX

핵심Tag #문화·예술 #음악 #국악

한 명의 소리꾼과 한 명의 고수(북치는 사람)가 음악적 이야기를 엮어가며 연행하는 장르

- 아니리(白:말)와 발림(科:몸짓)과 소리(唱)로 엮어 부르는 극가로, 2003년에 유네스코 세계무형유산에 등재됐다.

> **기출 문제**
>
> **Q** 판소리에서 공연자가 장단 없이 말로 이어가는 것은?
>
> **A** 아니리

> **관련 용어**
>
> 판소리 다섯마당 춘향가, 심청가, 흥보가, 수궁가, 적벽가

183
인상주의

印象主義

한국언론진흥재단, 서울신용보증재
단, SBS, 조선일보

핵심Tag #문화·예술 #미술 #미술
사조

19C 후반 프랑스 파리를 중심으로 일어난 미술 사조

- 전통적인 그림의 주제와 기교에 얽매이지 않고 일상생활 속에서 그림의 대상을 찾아 시시각각 변화하는 색채의 변화를 포착해 자연을 묘사하려 했다.

> **기출 문제**
>
> **Q** 대표적인 인상파 화가는?
>
> **A** 빈센트 반 고흐, 클로드 모네, 폴 고갱, 오귀스트 르누아르 등

184
파블로 피카소

Pablo Ruiz Picasso
1881~1973

한국언론진흥재단, YTN, 영남일보

핵심Tag #문화·예술 #미술 #미술가

입체파를 대표하며 20C 예술 전반에 혁명을 일으킨 천재 화가. 대표작은 '아비뇽의 처녀들', '게르니카' 등

> **기출 문제**
>
> **Q** 스페인 전을 배경으로 한 피카소의 작품은?
>
> **A** 게르니카(스페인 내전이 한창 벌어지던 1937년 4월 26일, 독일이 게르니카를 폭격한 사건을 담은 그림)

185
미켈란젤로

Michelangelo
1475~1564

YTN, 대한장애인체육회, EBS, MBC

핵심Tag #문화·예술 #미술 #미술가

르네상스 시대 이탈리아의 대표적인 화가이자 조각가

> **기출 문제**
>
> **Q** 미켈란젤로의 작품은?
>
> **A** 다비드상, 최후의 심판, 천지창조 등

186
김환기
金煥基
1913~1974

MBC, CBS

핵심Tag #문화·예술 #미술 #미술가

한국 근현대 미술사를 대표하는 화가. 초창기 추상 미술의 선구자이며 절제된 조형성이 특징

- 김환기의 작품 '우주'(Universe 5-Ⅳ-71 #200)은 2019년 11월 131억8750만 원에 낙찰되며 한국 미술품 경매 최고가 기록을 경신했다. 김환기의 주요 작품에는 '론도', '산월', '어디서 무엇이 되어 다시 만나랴' 등이 있다.

기출 문제

Q 한국 미술품 경매 최고가 기록을 올린 화가이자, 한국 추상 미술의 아버지라 불리는 화가는?

A 김환기

187
신윤복
申潤福
1758~?

한국농어촌공사, SBS

핵심Tag #문화·예술 #미술 #미술가

조선 후기의 대표적 풍속 화가. 호는 혜원(蕙園). 대표작은 '미인도(美人圖)', '단오도(端午圖)' 등

3원 3재(조선 시대 6대 화가)

- 3원-단원(檀園) 김홍도, 혜원(蕙園) 신윤복, 오원(五園) 장승업
- 3재-겸재(謙齋) 정선, 관아재(觀我齋) 조영석, 현재(玄齋) 심사정

기출 문제

Q 신윤복의 그림이 아닌 것은?

A 무이귀도도(⇨ 김홍도의 작품)

188
이중섭
李仲燮
1916~1956

KBS, 국립공원공단, 서울신문, 조선일보

핵심Tag #문화·예술 #미술 #미술가

한국 근대 서양화를 대표하는 화가. 소를 모티브로 한 작품이 많고 대담하고 거친 선묘가 특징

기출 문제

Q 다음 중 미국 현대미술관(MoMA)에 아시아 작가 최초로 작품이 입성된 화가는?

A 이중섭[1956년 MoMA(미국 뉴욕에 위치한 근현대 미술 전문관)는 화가 이중섭의 은지화 3점을 소장하기로 해, 이중섭은 아시아인 최초로 현대미술관에 입성한 화가가 됨]

기출 예문

이중섭 화가의 탄생 100주년을 기념하는 제19회 이중섭예술제가 2016년 10월 22일 제주 서귀포시 이중섭 거리 일원에서 열렸다.

189
천경자
千鏡子
1924~2015

KBS, 경기방송, 조선일보, 제주 MBC

핵심Tag #문화·예술 #미술 #미술가

한국화의 채색화 분야에서 독자적 화풍을 이룬 화가. 꽃과 여인을 주로 그려 '꽃과 여인의 화가'로 불림

• 대표작 '미인도'의 위작 논란이 1991년 불거졌다. 천경자는 국립현대미술관이 소장한 '미인도'가 위작이라고 주장했으나 국립현대미술관과 한국화랑협회는 진품이라는 감정을 내렸고, 이에 천경자는 절필을 선언했다.

> **기출 문제**
>
> **Q** 천경자 화가의 위작 논란이 일었던 작품명은?
>
> **A** 미인도

CHAPTER 05
문화 · 스포츠

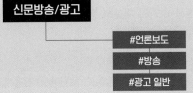

190
엠바고
embargo

aT한국농수산식품유통공사, 인천항만공사, 연합뉴스TV, SBS, STX

핵심Tag #매스컴 #신문방송 #언론보도

뉴스 기사의 보도를 일정 시간까지 유보하는 것

• 본래는 한 나라가 특정 국가에 대해 모든 경제교류를 중단하는 통상금지(通商禁止)를 뜻하는 경제 용어다.

> **기출 예문**
>
> 미국 연방준비제도(연준·Fed)와 다른 정부기관은 엠바고를 설정한 경제 정보를 언론사에 미리 배포하지만 언론사는 공식 발표 시각까지는 보도할 수 없다.

191
오프 더 레코드
off the record

서울특별시농수산식품공사, 한국산업단지공단, 한겨레신문

핵심Tag #매스컴 #신문방송 #언론보도

기록에 남기지 않는 비공식 발언. 정보 제공자가 정보를 제공할 때 보도하지 않을 것을 약속하고 제보하는 것

• 오프 더 레코드의 약속을 지키는 것은 취재기자의 기본 자세이지만 반드시 지켜야 할 의무는 없다.

> **기출 문제**
>
> **Q** 오프 더 레코드와 엠바고의 차이점은?
>
> **A** 오프 더 레코드는 기간에 상관없이 보도금지를 묵시적으로 인정하는 경우를 뜻한다. 반면에 엠바고는 일정 시점까지 보도금지 하는 것을 뜻한다.

192
홀드백
hold back

인천관광공사, 방송통신심의위원회

핵심Tag #매스컴 #신문방송 #방송

공중파의 본 방송 이후 다른 케이블 방송이나 다른 방송 플랫폼에서 재방송되기까지 걸리는 기간

> **기출 문제**
>
> **Q** 본 방송이 되고 난 뒤 다른 플랫폼으로 옮겨지는 데 걸리는 시간을 무엇이라 하는가?
>
> **A** 홀드백

193
PPL
Product PLacement

MBC, 서울시설공단, aT한국농수산식품유통공사, 한국가스기술공사, SBS

핵심Tag #매스컴 #광고 #광고 일반

영화, 드라마 등에 자사의 특정 제품을 등장시켜 간접적으로 홍보하는 것

> **기출 예문**
>
> 협찬은 물론 브랜드 노출에 까다롭기로 유명한 명품들이 최근 패션업계 불황과 맞물려 드라마와 영화 PPL에 적극적으로 나서고 있다.

CHAPTER 05
문화 · 스포츠

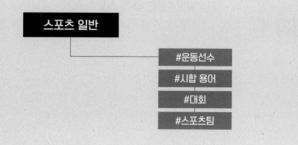

스포츠 일반
#운동선수
#시합 용어
#대회
#스포츠팀

194
김연경
金軟景
1988~

인천관광공사, 한겨레신문, MBC

핵심Tag #스포츠 #스포츠 일반 # 운동선수

레프트 포지션으로 활동하고 있는 배구 선수

- 한국의 배구 선수로 일본, 터키, 중국 등 리그에서 활약했다. 2005년 흥국생명에 입단하여 데뷔하였고 2012년 런던 올림픽 여자 배구 대회 MVP를 수상한 바 있다.

> **기출 문제**
>
> **Q** 한국과 일본, 터키를 거쳐 중국 리그 등에서 활약했으며, 한국 국가대표 여자 배구팀의 에이스인 선수의 이름은?
>
> **A** 김연경

195

패널티킥

penalty kick

경상대학교병원, 한국보훈복지의료
공단, 국민일보, 목포MBC

핵심Tag #스포츠 #스포츠 일반
#시합 용어

축구 경기에서 페널티 에어리어(penalty area) 안에서 수비 측의 경기자가 반칙을 했을 때 상대방에게 부여하는 킥

기출 문제

Q 패널티킥 마크와 골라인의 거리는?

A 11m

196

올림픽

olympic

KEB하나은행, 인천서구문화재단, 한
국공항공사, 한국마사회, KBS, 국민
일보, 한화

핵심Tag #스포츠 #스포츠 일반
#대회

국제 올림픽 위원회(IOC)가 4년마다 개최하는 국제스포츠대회. 2020 도쿄올림픽은 코로나19의 영향으로, 사상 최초로 개최가 1년 연기됨

올림픽 개최지

하계올림픽	2016년 브라질 리우데자네이루 → 2020년 일본 도쿄(코로나19의 영향으로 1년 연기) → 2024년 프랑스 파리 → 2028년 미국 로스앤젤레스
동계올림픽	2014년 러시아 소치 → 2018년 대한민국 평창 → 2022년 중국 베이징 → 2026년 이탈리아 밀라노, 코르티나담페초

197

스페셜 올림픽

special olympic

부산경제진흥원, 창원시설관리공단,
YTN, EBS

핵심Tag #스포츠 #스포츠 일반
#대회

지적발달 장애인들의 스포츠 축제

• 4년에 한 번씩 열리며 신체 장애인들이 참가하는 장애인올림픽(패럴림픽)과 구분된다.

기출 문제

Q 스페셜 올림픽에 대한 설명 중 틀린 것은?

A 하계대회만 열린다.(⇨ 동계대회도 열림)

관련 용어

패럴림픽(paralympic) 신체·감각 장애가 있는 운동선수가 참가하는 국제 스포츠 대회. 4년마다 올림픽이 끝나면 올림픽을 개최한 도시에서 함께 열림

198

LPGA

Ladies Professional Golf
Association
미국 여자프로골프협회

부산교통공사, 경향신문, 매일경제

핵심Tag #스포츠 #스포츠 일반
#대회

보통 국가 명칭의 약자를 앞에 붙여 KLPGA(한국) 등으로 지칭하며, LPGA가 주관하는 대회들을 LPGA 투어라고 함

LPGA 4대 메이저 대회

▲US여자오픈 ▲KPMG 위민스 PGA 챔피언십 ▲ANA 인스퍼레이션 ▲AIG 위민스 오픈

기출 문제

Q LPGA 4대 메이저 대회가 아닌 것은?

199
월드컵 축구대회
FIFA World Cup

KEB하나은행, 부산교통공사, 한국
보훈복지의료공단, SBS, KBS

핵심Tag #스포츠 #스포츠 일반
#대회

국제 축구 연맹(FIFA)이 4년마다 주최하는 세계축구선수권대회

월드컵 축구대회 개최지

2014년 브라질 → 2018년 러시아 → 2022년 카타르 → 2026년 북중미(캐나
다 · 멕시코 · 미국 공동 개최)

기출 문제

Q 2022년 월드컵 개최 예정국은?

A 카타르

200
남북 단일팀

경향신문, KBS, 한겨레신문, 안동
MBC, 서울신문

핵심Tag #스포츠 #스포츠 일반 #스
포츠팀

올림픽 등 국제 스포츠 경기 대회에서 남북한 선수들이 한 팀을 이루어 출전
하는 것

• 지금까지 1991년 세계 탁구 선수권과 세계 청소년 축구 선수권, 2018년 평
창동계올림픽 여자아이스하키와 세계 탁구 선수권 여자탁구팀, 자카르
타 – 팔렘방 아시안게임 농구 · 카누 · 조정까지 5번의 남북 단일팀이 구성돼
경기에 출전했다. 남북 단일팀의 기는 한반도기이며, 국가는 아리랑을 사용
한다.

기출 문제

Q 자카르타–팔렘방 아시안게임에 남북 단일팀이 출전한 종목이 아닌 것은?

A 하키

CHAPTER 06
인 문 학

철학/종교/심리

#동양 철학

#서양 철학

#종교 일반

#심리 일반

201
사서오경
四書五經

국민연금공단, 한국환경공단, CBS,
금호아시아나그룹

핵심Tag #철학 · 종교 · 심리 #철학
#동양 철학

『논어』, 『맹자』, 『중용』, 『대학』 등 네 경전(사서)과 『시경』, 『서경』, 『주역』, 『예기』,
『춘추』 등 다섯 경서(오경)

기출 문제

Q 사서에 해당하지 않는 것은?

A 춘추(⇨ 오경에 해당)

202
삼강오륜
三綱五倫

한국농어촌공사, 매경신문, TBC

핵심Tag #철학·종교·심리 #철학
#동양 철학

유교 실천도덕의 기본 사상인 3가지 강령과 5가지 실천 덕목

- 삼강(三綱) : 군위신강(君爲臣綱), 부위자강(父爲子綱), 부위부강(夫爲婦綱)
- 오륜(五倫) : 부자유친(父子有親), 군신유의(君臣有義), 부부유별(夫婦有別), 장유유서(長幼有序), 붕우유신(朋友有信)

기출 문제

Q 다음 중 삼강에 속하지 않는 것은?

A 장유유서(⇨ 오륜에 해당)

203
맹자
孟子
BC 372~BC 289

한국농어촌공사, 근로복지공단, 경향신문, 원주MBC

핵심Tag #철학·종교·심리 #철학
#동양 철학

중국 전국 시대 유교 사상가로 4단(인간의 4가지 마음)과 성선설(인간의 성품은 본래부터 선하다는 학설) 주장

- 맹자의 4단(四端) : 측은지심(惻隱之心), 수오지심(羞惡之心), 사양지심(辭讓之心), 시비지심(是非之心)

기출 문제

Q 맹자의 4단이 아닌 것은?

A 교우이신(交友以信)

204
노자의
무위자연설

한국농어촌공사, MBC, 영남일보

핵심Tag #철학·종교·심리 #철학
#동양 철학

인간이 인위적인 행동을 버리고 자연의 순리에 따르면 사회적 혼란에서 벗어날 수 있다는 노자의 주장

기출 문제

Q 노자 『도덕경』의 첫 줄은?

A 道可道, 非常道(⇨ 도가도, 비상도 : 도라 말할 수 있는 도는 불변의 도가 아니다.)

관련 용어

도가사상(道家思想) 노자(老子)와 장자(莊子)를 대표로 하는 사상. 우주의 절대적 존재는 무(無)라는 무위자연설(無爲自然說)을 주장

205
묵가사상
墨家思想

한국국제협력단, MBC

핵심Tag #철학·종교·심리 #철학
#동양 철학

묵자(墨子)가 제시한 사상으로, 만민평등주의와 박애주의에 기초한 겸애(兼愛 : 모든 인간을 구별 없이 똑같이 사랑함)를 강조

기출 문제

Q 겸애를 주장한 중국의 정치사상은?

A 묵가사상

206
퇴계 이황

退溪 李滉
1501~1570

한국산업안전보건공단, 한국농어촌공사, 한겨레신문, 포항MBC

핵심Tag #철학·종교·심리 #철학 #동양 철학

조선 중기 문신이자 학자로, 조선 성리학 발달의 기초를 형성

• 26세 어린 성리학자 기대승과 사람의 본성(사단칠정론)에 대해 벌인 논쟁이 유명하다.

> **기출 예문**
>
> 퇴계 이황은 이(理)에서 나오는 마음을 사단으로, 기(氣)에서 나오는 마음을 칠정으로 분류하는 사단칠정론(四端七情論)을 주장했다.

207
다산 정약용

茶山 丁若鏞
1762~1836

한국산업인력공단, 한전KPS, 서울특별시도시철도공사, YTN, 국민일보

핵심Tag #철학·종교·심리 #철학 #동양 철학

18C 실학사상을 집대성한 실학자이자 개혁가

> **기출 문제**
>
> **Q** 정약용과 관련 있는 것은?
> **A** 다산초당(정약용의 유배지), 정약전(정약용의 형), 신유박해(천주교 박해사건으로 당시 정약용은 전남 강진으로 유배됨)

정약용의 주요 저서

저서	내용
『목민심서』	목민관(지방 수령)이 지켜야 할 지침과 치민에 관한 도리를 논함
『흠흠신서』	형법 연구서이자 살인사건 실무 지침서
『경세유표』	국정에 관한 일체의 제도 법규 개혁에 대해 논한 서적
『마과회통』	마진(痲疹:홍역)에 관한 의서

208
연암 박지원

燕巖 朴趾源
1737~1805

한국환경공단, 서울특별시도시철도공사, MBC

핵심Tag #철학·종교·심리 #철학 #동양 철학

조선 후기 실학자 겸 소설가. 『열하일기』를 통해 상공업 진흥 강조, 수레·선박의 이용과 화폐 유통의 필요성 주장

> **기출 문제**
>
> **Q** 박지원과 박제가의 공통점은?
> **A** 조선 후기 중상학파로, 상공업 진흥을 통한 부국강병을 주장했다.

조선 후기 실학자

학파	중농학파(경세치용)		중상학파(이용후생)	
내용	토지 제도 개혁		상공업 진흥, 청 문물 수용	
학자	유형원	농민에게 토지 분배	홍대용	문벌 제도 철폐
	이익	양반도 농사를 지어야	박지원	수리 시설 확충
	정약용	토지와 세금 제도 개혁	박제가	청 문물 수용, 생산·소비 관계 강조

209
에피쿠로스학파
epicurean school

MBC, 뉴시스, 한국폴리텍대학

핵심Tag #철학·종교·심리 #철학
#서양 철학

쾌락을 최고선으로 규정한 학파로, 스토아학파와 함께 헬레니즘 시기를 대표하는 철학상의 한 학파

- 쾌락을 인생의 목표로 삼고 철학의 기본 가치로서 추구했는데, 여기서 쾌락은 정신적 쾌락으로서 육체적 쾌락이나 일시적 쾌락과 구분된다.

기출 문제

Q 헬레니즘 시대 일상의 행복을 추구한 학파는?

A 에피쿠로스학파

관련 용어

스토아학파(stoicism) 플라톤과 아리스토텔레스의 사상을 이어받아 인간 이성을 통한 엄격한 금욕주의적 태도를 중시한 학파

210
플라톤
Plato
BC 427~BC 347

MBC, 한국보훈복지의료공단, 한국
언론진흥재단

핵심Tag #철학·종교·심리 #철학
#서양 철학

고대 그리스의 철학자. 객관적 관념론의 창시자이며 이데아설을 제창

- 플라톤의 4주덕 : 지혜, 용기, 절제, 정의

기출 문제

Q 플라톤과 관련 없는 것은?

A 법률가

211
칸트
Immanuel Kant
1724~1804

인천시설공단, 한국농어촌공사,
YTN, 조선일보

핵심Tag #철학·종교·심리 #철학
#서양 철학

근대 계몽주의를 정점에 올려놓았고 독일 관념철학의 아버지로 꼽히는 독일의 철학자

기출 문제

Q 칸트의 3대 비판서는?

A 『순수이성비판』, 『실천이성비판』, 『판단력비판』

212
니체
F. W. Nietzsche
1844~1900

신한은행, 인천교통공사, MBC,
CBS

핵심Tag #철학·종교·심리 #철학
#서양 철학

독일 생(生)철학의 대표자이자 허무주의, 실존주의의 선구자

- 대표작은 『차라투스트라는 이렇게 말했다』, 『인간적인 너무나 인간적인』, 『비극의 탄생』 등이 있다.

기출 문제

Q 철학자와 저서를 연결한 것 중 옳지 않은 것은?

A 니체-『시간과 자유의지』(⇨ 앙리 베르그손의 저서)

213
스피노자
Baruch de Spinoza
1632~1677

광주MBC, 한국보훈복지의료공단,
대한항공

핵심Tag #철학·종교·심리 #철학
#서양 철학

네덜란드 출신의 17C 유럽의 범신론을 대표하는 합리주의 철학자

기출 문제

Q 『에티카』의 저자는 누구인가?

A 스피노자

214
비트겐슈타인
Wittgenstein
1889~1951

부산교통공사, MBC,

핵심Tag #철학·종교·심리 #철학
#서양 철학

서양 철학사를 통틀어 언어에 대해 가장 철저하게 회의하고 분석한 철학자.
분석철학에 큰 기여

• 『논리철학논고』와 『철학적 탐구』를 통해 당시 철학의 중요한 주제였던 '언어'
를 다뤘다. 이상 언어학파와 일상 언어학파가 비트겐슈타인의 영향을 받았다.

기출 문제

Q 프랑크푸르트학파가 아닌 사람은?

A 비트겐슈타인

215
반야심경
般若心經

한국국제협력단, BBS

핵심Tag #철학·종교·심리 #종교
#종교 일반

『대반야바라밀다경』의 요점을 간결하게 설명한 짧은 경전으로 우리나라에서
많이 읽힘

기출 문제

Q '색즉시공 공즉시색'이라는 말이 나오는 불경은?

A 반야심경

관련 용어

색즉시공 공즉시색(色卽是空 空卽是色) 반야심경의 첫 구절. 모든 유형의 사물은
공허한 것이며, 공허한 것은 유형의 사물과 다르지 않다는 뜻

216
죄수의 딜레마
prisoner's dilemma

MBC, 조선일보, TV조선, 인천시설
관리공단

핵심Tag #철학·종교·심리 #심리
#심리 일반

자신의 이익만을 생각해 한 선택이 결국에는 자신은 물론 상대방에게도 불리
한 결과를 가져다주는 상황

기출 문제

Q 사적 영역의 극대화 추구로 민간 부분까지 모두 망하는 결말의 상황은?

A 죄수의 딜레마

217
나르시시즘
narcissism

한국농어촌공사, 현대중공업

핵심Tag #철학·종교·심리 #심리
#심리 일반

자신의 외모, 능력 또는 행위 등이 남보다 과도하게 뛰어나다고 믿는 자기중심성을 의미하는 정신분석학적 용어

기출 문제

Q 물에 비친 자신의 모습에 반해 물에 빠져 죽은 그리스 신화의 인물 이름을 따서 만든 용어는?

A 나르시시즘

Q 심리학에서 '어둠의 3요소'라고 불리는 것은?

A 나르시시즘, 마키아벨리즘, 사이코패스(심리학자들은 무자비한 사람을 나르시시즘, 마키아벨리즘, 사이코패스 성향으로 구분)

관련 용어

마키아벨리즘 심리학에서 개인적 욕구를 위해 다른 이를 속이거나 조종하려는 성향
사이코패스 심리학에서 충동적이고 타인의 고통에 냉담한 반사회적 성격

218
엘렉트라 콤플렉스
electra complex

부천시통합채용, 서울시복지재단

핵심Tag #철학·종교·심리 #심리
#심리 일반

딸이 아버지에게 애정을 품고 어머니를 경쟁자로 인식해 반감을 갖는 경향

기출 문제

Q 오이디푸스 콤플렉스의 여성형이라 일컬어지는 것은?

A 엘렉트라 콤플렉스

관련 용어

오이디푸스 콤플렉스(oedipus complex) 아들이 아버지를 증오하고 어머니에 대해 품는 무의식적인 성적 애착

219
스톡홀름 증후군
stockholm syndrome

국민건강보험공단, 연합뉴스, 매일경제, MBN

핵심Tag #철학·종교·심리 #심리
#심리 일반

인질이 인질범에게 동화돼 오히려 그들에게 호감을 갖고 동조하는 비이성적 현상을 뜻하는 범죄심리학 용어

기출 예문

영화 '가려진 시간'에는 한 소녀를 스톡홀름 증후군에 빠트린 아동성애자가 등장한다.

관련 용어

리마 증후군(lima syndrome) 스톡홀름 증후군과 반대되는 용어로 인질범들이 인질에게 동화돼 공격적인 태도가 완화되는 현상

CHAPTER 06
인 문 학

국문학
#고전문학
#개화기문학
#현대문학

220
용비어천가
龍飛御天歌

한국보훈의료복지공단, 한국문화예술위원회, MBC, SBS, YTN

핵심Tag #문학 #국문학 #고전문학

조선 세종 때 태조 이성계의 고조부 목조부터 태종에 이르는 여섯 대의 위업을 찬양하고 조선 건국의 정당성을 노래한 악장

• 한글 창제 후 첫 시험으로 이루어진 최초의 한글 문헌으로 총 125장으로 구성돼 있다.

기출 문제

Q 한글 창제 이후 이루어진 최초의 국문시가는?

A 용비어천가

221
금오신화
金鰲新話

한국연구재단, 연합뉴스

핵심Tag #문학 #국문학 #고전문학

조선 세조 때에 학자인 김시습(金時習, 1435~1493)이 지은 최초의 한문 소설이자 우리나라 최초의 소설

▲「만복사저포기」 ▲「이생규장전」 ▲「취유부벽정기」 ▲「남염부주지」 ▲「용궁부연록」의 5편으로 구성되어 있다.

기출 문제

Q 금오신화와 관련 없는 것은?

A 청강사자현부전(⇨ 이규보의 가전체문학)

222
어부사시사
漁父四時詞

YTN, CBS

핵심Tag #문학 #국문학 #고전문학

조선 시대 윤선도가 지은 연시조. 고기잡이를 생존 수단으로 삼는 진짜 어부가 아닌 강호자연을 즐기는 사대부 계층이 자연을 노래하는 내용

• 고려 때부터 전하던 '어부가(漁父歌)'를 이현보가 9장으로 고쳐 지었고, 다시 윤선도가 시조의 형식에 여음(餘音)만 넣어 완성한 것이다.

기출 문제

Q (어부사시사 지문 제시) 다음 중 지문과 관련 있는 것은?

A 물아일체

관련 용어

물아일체(物我一體) '자연물과 자아가 하나가 된다'는 뜻으로, 대상에 완전히 몰입된 경지

223
동인지
同人誌

인천도시공사, MBC, 영남일보

핵심Tag #문학 #국문학 #개화기문학

취미·경향 따위가 같은 사람들끼리 모여 기획·집필·편집·발행하는 잡지 혹은 도서출판물. 3·1 운동 전후에 문학 동인지 활동이 활발

• 3대 문학 동인지는 ▲창조 ▲폐허 ▲백조이다.

> **기출 문제**
>
> **Q** 우리나라 최초의 동인지는?
>
> **A** 창조

224
윤동주
尹東柱
1917~1945

국민일보, 목포MBC, 한국공항공사, YTN, CBS, 농협

핵심Tag #문학 #국문학 #개화기문학

일제 말 암흑기의 대표적인 저항 시인

• 주요 작품으로 「서시」, 「참회록」, 「하늘과 바람과 별과 시」, 「자화상」, 「또 다른 고향」, 「별 헤는 밤」, 「쉽게 씌여진 시」 등이 있다.

> **기출 문제**
>
> **Q** 윤동주 시인의 '또 다른 고향'에서 비판적 대상의 자아를 지칭하는 시어는?
>
> **A** 백골

225
이상
李箱
1910~1937

한국국제협력단, 한국공항공사, SBS, KT

핵심Tag #문학 #국문학 #개화기문학

일제 강점기의 시인, 작가, 소설가, 수필가, 건축가. 난해한 작품 세계로 모더니즘을 대표

• 주요 작품으로 소설 「날개」, 「종생기」, 「봉별기」와 시 「오감도」 등이 있다.

> **기출 문제**
>
> **Q** 시인 이상의 작품을 3개 이상 쓰시오.
>
> **A** 날개, 종생기, 오감도 등

226
한강
韓江
1970~

MBC, SBS, EBS, 한국일보, 국민일보

핵심Tag #문학 #국문학 #현대문학

『채식주의자』로 세계 3대 문학상으로 꼽히는 맨부커상(인터내셔널 부문)을 수상한 한국의 소설가

• 1993년 『문학과 사회』 겨울호에 「서울의 겨울」 등 시 4편이 당선되며 작품 활동을 시작했으며, 대표작으로 『채식주의자』, 『몽고반점』, 『검은 사슴』, 『흰』 등이 있다.

> **기출 문제**
>
> **Q** 우리나라 최초로 맨부커상을 수상한 작가와 작품 이름은?
>
> **A** 한강, 『채식주의자』

세계문학

- #문학 작품
- #세계문학 일반
- #문학 기념일

227
셰익스피어의 4대 비극

한국환경공단, EBS, 아시아경제, SBS, YTN

핵심Tag #문학 #세계문학 #문학 작품

셰익스피어 비극 문학의 절정을 이루는 ▲『햄릿』 ▲『오셀로』 ▲『리어왕』 ▲『맥베스』를 가리키는 말

기출 문제

Q 셰익스피어의 4대 비극이 아닌 것은?

A 한여름 밤의 꿈[⇨ 셰익스피어의 5대 희극(한여름 밤의 꿈, 십이야, 뜻대로 하세요, 말괄량이 길들이기, 베니스의 상인)]

228
레 미제라블
les miserables

서울시설공단, YTN, SBS, 한국국제협력단

핵심Tag #문학 #세계문학 #문학 작품

프랑스의 대문호 빅토르 위고(Victor-Marie Hugo, 1802~1885)의 장편소설

기출 문제

Q 작품과 작가의 연결이 옳지 않은 것은?

A 레 미제라블-도스토옙스키(⇨ 레 미제라블은 빅토르 위고의 작품이다.)

229
도스토옙스키
Dostoevskii
1821~1881

서울신문, 국민일보

핵심Tag #문학 #세계문학 #세계문학 일반

톨스토이와 함께 19C 러시아 문학을 대표하는 세계적인 문호

• 주요 작품으로 『지하 생활자의 수기』, 『죄와 벌』, 『백치』, 『악령』, 『카라마조프가의 형제들』 등이 있다.

기출 문제

Q 다음 중 도스토옙스키의 작품이 아닌 것은?

A 『이반 일리치의 죽음』(⇨ 톨스토이의 작품)

230
세계 책의 날
world book and copyright day

SBS, CBS

핵심Tag #문학 #세계문학 #문학 기념일

매년 4월 23일. 유네스코에서 독서 출판을 장려하고 지적 소유권을 보호하기 위한 국제적 노력의 일환으로 제정한 날

• 1616년 세르반테스와 셰익스피어가 동시에 사망한 날인 4월 23일을 기념하여 지정하게 되었다.

기출 문제

Q 세계 책의 날의 유래가 된 두 문호의 이름은?

A 세르반테스, 셰익스피어

선사·고대 사회

#선사 시대

#고조선과 부족

#삼국 시대

#남북국 시대

231
신석기 시대
新石器時代

한국지역난방공사, MBC, 한국산업
인력공단, 한국산림복지진흥원

핵심Tag #한국사 #선사·고대 사
회 #선사 시대

간석기의 사용, 토기의 제작, 농경과 목축이 시작된 구석기 이후, 청동기 이전의 시기

- 대표적 유물로는 가락바퀴, 뼈바늘, 빗살무늬 토기 등이 있다. 이른바 신석기 혁명이라고 불리는 농경과 목축의 시작이 이루어지고, 자급자족적 식량 생산이 가능하게 되어 강가나 바닷가에 움집을 짓고 정착하여 생활하였다.

기출 문제

Q 빗살무늬 토기 등의 유물을 사용한 당시 사회상으로 옳은 것은?

A 농경과 목축의 생활이 시작되었다.

232
고조선
古朝鮮

한국산업인력공단, 한국보훈복지의
료공단, 오마이뉴스

핵심Tag #한국사 #선사·고대 사
회 #고조선과 부족

B.C. 2333년 청동기 문명을 기반으로 단군왕검이 세운 우리나라 최고(最古)의 국가

기출 문제

Q 고조선의 가치는?

A 기원전 2333년 단군왕검에 의해 한반도 북부와 만주 일대에 세워진 한반도 최초의 국가

233
광개토 대왕
廣開土大王
재위 391~413

세종시설공단, 수원문화재단, 한국
산업인력공단, 중앙일보

핵심Tag #한국사 #선사·고대 사
회 #삼국 시대

고구려의 전성기를 이끈 제19대 왕. 주로 북쪽으로 진출하여 후연, 숙신을 격파하고 요동 지역까지 영토 확장을 이루어냄. 우리나라 최초의 독자적 연호인 '영락'을 사용

기출 문제

Q '영락'의 연호를 사용한 왕의 업적으로 옳은 것은?

A 요동 지역까지 영토 확장

234
장수왕
長壽王
재위 413~491

한국산업단지공단, 부산도시공사,
서울특별시농수산식품공사, 국민일
보

핵심Tag #한국사 #선사·고대 사
회 #삼국 시대

5C 고구려 전성기의 제20대 왕. 평양 천도를 통한 남진 정책 추진

- 남진 정책은 내적으로 국내성에 기반을 둔 귀족 세력을 약화시켜 왕권 강화를 이뤘고, 외적으로 백제와 신라에 위협을 가했다.

기출 문제

Q 장수왕이 세웠으며 신라와의 관계를 알 수 있는 비석은?

A 중원 고구려비(충주 고구려비)

관련 용어

중원 고구려비 고구려의 한강 유역 진출, 신라 왕과 신하들에게 의복을 하사한 내용 등을 기술
광개토 대왕릉비 광개토 대왕의 업적을 기념하기 위해 장수왕이 세운 비

235
발해
渤海
698~926

한국산업인력공단, HUG 주택도시
보증공사, 대구도시공사, MBC

핵심Tag #한국사 #선사·고대 사
회 #남북국 시대

대조영이 고구려인과 말갈인을 이끌고 지린 성 동모산에서 건국한 국가로, 고구려 계승 의식을 표방

- 주요 왕으로는 건국 시조인 고왕(대조영, 연호 천통 사용), 당과 맞선 무왕(연호 인안 사용), 당과 대립 관계를 해소하고 체제 정비에 힘쓴 문왕(연호 대흥 사용), 중국으로부터 해동성국이라 불리며 전성기를 이끈 선왕 등이 있다.

기출 문제

Q 발해의 특징으로 옳지 않은 것은?

A 고구려를 배척함(⇨ 고구려를 계승함)

CHAPTER 07
역   사

고려·조선 시대

#고려 시대
#조선 시대

236
노비안검법
奴婢按檢法

한국보훈복지의료공단, aT한국농수
산식품유통공사, 서울경제

핵심Tag #한국사 #고려·조선 시
대 #고려 시대

고려 제4대 왕인 광종(956) 때 왕권 강화를 위해 실행. 불법으로 노비가 된 자를 양민으로 해방시켜 줌

- 표면적으로는 억울하게 노비가 된 자들의 신분을 찾아주는 것처럼 보이나, 실제적으로는 호족들의 세력 증대를 억제하기 위한 것이었다.

기출 문제

Q 노비안검법을 시행한 고려 시대 왕은?

A 광종

237
삼별초
三別抄

부평구문화재단, 한국환경공단, KBS

핵심Tag #한국사 #고려·조선 시대 #고려 시대

고려 시대 최씨(최충헌, 최우) 무신 정권의 군사적 기반 역할을 한 사병
- 몽골과의 강화와 개경 환도에 반대하여 진도, 제주도로 옮겨 가며 대몽 항쟁을 지속하였음

기출 문제

Q 다음 중 고려 시대와 관련 있는 것은?

A 좌별초, 우별초, 신의군으로 구성된 삼별초

238
공민왕
恭愍王
재위 1351~1374

한국산업단지공단, 국민건강보험공단, MBC

핵심Tag #한국사 #고려·조선 시대 #고려 시대

고려 제31대 왕. 원·명 교체기에 신진 사대부를 등용해 권문세족을 억압하고 반(反)원 정책 추진. 쌍성총관부를 철폐해 철령 이북 땅을 수복

기출 문제

Q 공민왕의 개혁 정치는?

A 몽골풍 폐지, 정동행성(원의 내정 간섭 기구) 폐지, 정방(권문세족 장악) 폐지, 전민변정도감(신돈 등용) 설치 등

239
신진 사대부
新進士大夫

제주국제자유도시개발센터, 한국보훈복지의료공단, MBC, GS리테일

핵심Tag #한국사 #고려·조선 시대 #고려 시대

고려 후기 공민왕 때 권문세족과 대립한 정치 지배 세력
- 공민왕의 개혁 정치를 통해 본격적으로 중앙 정계에 등장하여 권문세족과 대립하다가, 이성계를 중심으로 새롭게 등장한 신흥 무인 세력과 결합하여 조선 왕조를 개국하였다.

기출 문제

Q 신진 사대부에 대해 옳은 것은?

A 고려 후기 향리 출신, 사회 개혁적 성격을 가졌다.

240
과전법
科田法

한국지역난방공사, 한국산업인력공단, 한국중부발전

핵심Tag #한국사 #고려·조선 시대 #조선 시대

고려 말 공양왕(제34대 왕) 때 신진 사대부의 경제적 기반을 마련하기 위해 시행하여 조선 초까지 이어진 토지 제도. 현직과 퇴직 관리에게 경기 지방의 토지에 한정하여 수조권을 지급

기출 문제

Q 혁명파 신진 사대부의 경제적 기반을 마련하기 위해 실시된 토지 제도는?

A 과전법

관련 용어

직전법 조선 세조 때 시작된 토지 제도로 과전법과 달리 현직 관리에게만 수조권을 지급하였으며, 세습을 허용하였던 수신전과 휼양전을 폐지함

241
징비록
懲毖錄

서울특별시농수산식품공사, KBS,
TV조선

핵심Tag #한국사 #고려 · 조선 시
대 #조선 시대

조선 중 · 후기 문신 류성룡(柳成龍)이 임진왜란 동안 경험한 사실을 기록한 책

기출 문제

Q 柳成龍이 남긴 임진왜란 서적은?

A 징비록

242
광해군
光海君
재위 1608~1623

한국사회적기업진흥원, 근로복지공
단, YTN

핵심Tag #한국사 #고려 · 조선 시
대 #조선 시대

임진왜란 후 실리적인 중립 외교를 펼치며 부국강병의 기틀을 다졌지만 인조
반정으로 폐위된 조선 제15대 왕

기출 문제

Q 광해군이 실리 외교를 펼친 두 나라는?

A 명, 후금(⇨ 명과의 관계를 유지하면서 후금과도 친선을 도모)

관련 용어

대동법 조선 후기 공납의 폐단을 없애기 위해 특산물(공물)로 납부하던 세금을
쌀 등으로 통일해 바치도록 한 납세 제도. 광해군 때 시행하기 시작하여 숙종 때
에 전국으로 확대됨

243
규장각
奎章閣

한국산업인력공단, 한국보훈복지의
료공단, 경기주택도시공사

핵심Tag #한국사 #고려 · 조선 시
대 #조선 시대

조선 제22대 왕 정조의 개혁 정책을 뒷받침하고, 젊고 유능한 인재를 교육하
는 기능을 한 왕실 도서관이자 학술 연구 기관

• 정조는 영조 때 시행된 탕평 정치를 강력하게 이어 나갔으며, 규장각과 장용
영 등을 설치하고 수원 화성을 건립해 왕권 강화 및 개혁 정책을 추진하였다.

기출 문제

Q 정조가 왕권 강화를 위해 시행한 정책을 모두 고르면?

A 규장각 설치, 탕평책 강화 등

관련 용어

영조 탕평 정치와 균역법 시행, 서원 정리, 신문고 부활 등 개혁 정치를 시행한
조선 제21대 왕

근현대 사회

#근대 사회
#일제 강점기
#현대 사회

244
흥선 대원군
興宣大院君
1820~1898

한국중부발전, 수원문화재단, 국민
일보, 문화일보

핵심Tag #한국사 #근현대 사회
#근대 사회

세도 정치를 일소하고 비변사 철폐, 경복궁 중건, 법전 정비, 삼정의 문란 개혁 등의 정책을 펼침. 외교적으로는 통상 수교 거부 정책(쇄국 정책)을 펼치고 척화비를 세움

기출 문제

Q 조선 시대 때 흥선 대원군이 이룬 업적이 아닌 것은?

A 비변사 강화

관련 용어

비변사 조선 중기 이후 군사 업무를 비롯한 정치·경제의 중요 문제를 토의하던 문무 합의 기구. 임진왜란 이후 비변사 기능이 강화되고 왕권이 약해짐

245
병인양요
丙寅洋擾

대한장애인체육회, 두산, YTN, 헤럴드경제

핵심Tag #한국사 #근현대 사회
#근대 사회

1866년 흥선 대원군의 천주교 탄압 사건(병인박해)에 대한 보복으로 프랑스군이 침입한 사건. 당시 프랑스군이 국보급 문화재인 외규장각 의궤 등을 강탈

기출 문제

Q 병인양요를 일으킨 나라는?

A 프랑스

관련 용어

신미양요 제너럴 셔먼호 사건(1866)을 빌미로 일어난 미국의 무력 침입. 1871년 어재연 부대가 강화도 광성보 등지에서 항전하여 미국 군대를 철수시킴

246
강화도 조약
江華島條約

근로복지공단, 한국사회적기업진흥원, 부산일보

핵심Tag #한국사 #근현대 사회
#근대 사회

1876년 일본과 맺은 최초의 근대적 불평등 조약
• 조약의 주요 내용은 부산·원산·인천 항구를 개항하고 일본인의 치외 법권을 인정하며 조선의 연안 측량을 자유롭게 한다는 것이다.

기출 문제

Q 강화도 조약의 계기가 된 사건은?

A 운요호 사건(⇨일본 군함 운요호가 조선 해안을 탐측 연구한다는 핑계로 강화도 앞바다에 불법으로 침투하여 조선 수군을 공격하고, 인적·물질적 피해를 입히고 퇴각한 사건)

247
독립신문
獨立新聞

aT한국농수산식품유통공사, 한전
KPS, 방송통신심의위원회

핵심Tag #한국사 #근현대 사회
#근대 사회

독립 정신을 높이기 위해 서재필이 정부로부터 자금 지원을 받아 1896년 4월 7일에 창간한 우리나라 최초의 민간 신문이자 한글 신문(영문판도 발행)

기출 문제

Q 최초의 한글 신문은?

A 독립신문

개화기 주요 신문과 잡지

한성순보	1883년(고종 20년) 창설된 우리나라 최초의 근대적 신문. 박문국에서 순 한문(純漢文)으로 인쇄
대한매일신보	1904년 양기탁이 영국인 베델과 발간한 항일 신문
제국신문	국민 계몽을 위해 1898년 창간한 순 한글 신문

248
을미사변
乙未事變

국민건강보험공단, aT한국농수산식품유통공사, 두산, 부산일보, CBS

핵심Tag #한국사 #근현대 사회
#근대 사회

1895년(고종 32년) 미우라 일본 공사가 친러 세력을 제거하기 위해 일본 자객들을 궁궐에 침투시켜 명성 황후를 시해한 사건

• 을미사변 후 친일 내각이 들어서고 단발령이 시행(을미개혁)되었는데, 이는 을미의병이 일어나는 계기가 됐다.

기출 문제

Q 명성황후의 친러반일 정책으로 인해 생긴 사건은?

A 을미사변

249
을사조약
乙巳條約

한국보훈복지의료공단, 국민일보, MBC

핵심Tag #한국사 #근현대 사회
#근대 사회

포츠머스 조약으로 조선의 독점 지배권을 인정받은 일본이 1905년 대한 제국과 강제적으로 체결한 조약. 이 조약으로 대한 제국은 외교권이 박탈됨

• 제2차 한·일 협약. 강제로 맺어져 법적 효력이 없다는 의미에서 을사늑약이라고도 한다.

기출 문제

Q '시일야방성대곡'은 무엇의 부당성을 비판한 것인가?

A 을사조약

을사조약 체결에 대한 저항

• 장지연이 황성신문에 '시일야방성대곡'을 사설로 게재
• 양반 유생과 민중이 항일 무력 투쟁 '을사의병' 전개
• 안중근이 1909년 이토 히로부미를 하얼빈에서 처단

250
3·1운동

한국산업단지공단, 한국농어촌공사, CBS

핵심Tag #한국사 #근현대 사회
#일제 강점기

1919년 3월 1일을 기점으로 일어난 독립 만세 운동. 대한민국 임시 정부 수립의 계기가 됨

기출 문제

Q 3·1 운동의 원인으로 볼 수 없는 것은?

A 대한민국 임시 정부 수립

251
신채호
申采浩
1880~1936

한국환경공단, 국민건강보험공단,
LG, 제주MBC, 오마이뉴스

핵심Tag #한국사 #근현대 사회
#일제 강점기

일제 강점기의 독립운동가·민족주의 사학자·언론인으로 황성신문, 대한매일신보 등에서 활동.『을지문덕전』등 민족 영웅전과 역사 논문을 발표해 민족의식 고취에 힘씀

- 대표 저서인『조선상고사』에서 '역사는 아와 비아의 투쟁'이라고 정의하였으며, 민족 사관을 수립하고 한국 근대 사학의 기초를 확립하였다.

기출 문제

Q 신채호와 박은식의 공통점은?

A 민족주의 역사서 연구

252
모스크바 3상 회의

언론중재위원회, 한국문화예술위원회,
SBS

핵심Tag #한국사 #근현대 사회
#현대 사회

1945년 모스크바에서 제2차 세계 대전 이후 문제 처리를 위해 소집한 미국·영국·소련 3국의 외상 회의

- 이 회의를 통해 민주주의 임시 정부 수립과 미·소 공동 위원회 설치, 한반도 신탁 통치가 결정되었다.

기출 문제

Q 다음 중 모스크바 3상 회의 참여국으로만 묶인 것은?

A 미국, 영국, 소련

253
6·25 전쟁

한국보훈복지의료공단, TV조선, 국민일보

핵심Tag #한국사 #근현대 사회
#현대 사회

1950년 6월 25일 북한군이 불법 남침함으로써 일어난 한반도 전쟁

기출 문제

Q 6·25 전쟁 정전 협정에 대한 설명으로 틀린 것은?

A 정전 협정에 중국, 미국, 북한, 한국이 참여하였다.(⇨ 한국은 참여 못함)

254
5·18 민주화
운동

한국안전보건공단, 경향신문, EBS,
대구도시철도공사

핵심Tag #한국사 #근현대 사회
#현대 사회

1980년 전두환 정부의 비상 계엄령 확대에 반발하여 전라남도 광주에서 일어난 민주화 운동

- 광주 시민들은 시민군을 조직하여 적극적인 운동을 펼쳤으나, 비상 계엄군의 탄압으로 많은 시민들의 희생이 있었음

기출 문제

Q 4·19 혁명, 6·25 전쟁, 6월 민주 항쟁, 5·18 민주화 운동을 시대 순으로 나열한 것은?

A 6·25 전쟁(1950~1953) - 4·19 혁명(1960) - 5·18 민주화 운동(1980) - 6월 민주 항쟁(1987)

관련 용어

6월 민주 항쟁 1987년 국민의 민주화 요구(대통령 직선제 개헌안 등)를 받아들이지 않은 전두환 정부에 반발해 일어난 민주화 운동

CHAPTER 07
역 사

고대·중세·근대·
현대 사회

#고대 사회

#중세 사회

#근대 사회

#현대 사회

255
헬레니즘
hellenism

MBC, SBS

핵심Tag #세계사 #고대·중세·근대·현대 사회 #고대 사회

알렉산더 대왕의 제국 건설 이후 고대 그리스 문화와 오리엔트 문화가 영향을 주고받아 나타난 문명

• 헬레니즘이라는 말은 '그리스와 같은 문화'라는 뜻으로, 세계 시민주의·개방적 문화를 추구했고 자연 과학이 발달했다.

기출 문제

Q 르네상스 시대에 신고전주의 문예 사조로 부각된 문명은?

A 헬레니즘

256
백년 전쟁
hundred years' war

YTN, 경기문화재단

핵심Tag #세계사 #고대·중세·근대·현대 사회 #중세 사회

1337~1453년까지 영국과 프랑스가 간헐적으로 일으킨 전쟁. 잔 다르크의 활약으로 프랑스의 승리로 끝남

기출 문제

Q 잔 다르크 활약으로 프랑스가 승리한 전쟁은?

A 백년 전쟁

관련 용어

잔 다르크 15C 전반 백년 전쟁에서 조국인 프랑스를 위기에서 구한 영웅적인 소녀

장미 전쟁 1455~1485년까지 왕위 계승권을 둘러싸고 랭커스터가와 요크가의 대립으로 발생한 영국의 내란

257
르네상스
renaissance

한국토지주택공사, 한국산업단지공단, 중앙일보, MBN

핵심Tag #세계사 #고대·중세·근대·현대 사회 #근대 사회

14C 말~16C 초 이탈리아를 시작으로 전 유럽에 파급된 예술 문화 운동. 인간 중심의 인본주의 학문 발달

기출 문제

Q 21C에 르네상스가 일어난다면 어떠한 분야가 될 것으로 생각하며, 그 이유는 무엇인지 구체적으로 서술하시오. (역사 에세이)

관련 용어

대표적 인문주의자 단테, 페트라르카, 보카치오
르네상스 3대 미술가 레오나르도 다 빈치, 미켈란젤로, 라파엘로

258
청교도 혁명
淸敎徒革命

경상대학병원, 근로복지공단, SBS

핵심Tag #세계사 #고대·중세·근
대·현대 사회 #근대 사회

스튜어트 왕조의 전제 정치에 반발하여 1642~1660년에 걸쳐 영국에서 청교
도를 중심으로 일어난 최초의 시민 혁명

기출 문제

Q 청교도 혁명과 프랑스 혁명의 공통점은?

A 왕권의 붕괴

관련 용어

3대 시민 혁명 영국 혁명(청교도 혁명·명예혁명, 1642·1688년), 미국 독립 혁명
(1776년), 프랑스 혁명(1789년)

259
러다이트 운동
luddite movement

경상대학병원, 국제신문, MBC

핵심Tag #세계사 #고대·중세·근
대·현대 사회 #근대 사회

산업 혁명으로 경제 불황, 임금 하락, 고용 감소, 실업자 증가 상황이 나타나자
1811~1817년 영국 직물 공업 지대에서 노동자들이 일으킨 기계 파괴 운동

기출 문제

Q 산업 혁명 이후 영국 직물 공업 지대에서 노동자들이 일으킨 기계 파괴 운동은?

A 러다이트 운동

260
메이지유신
明治維新

MBC, LG, 한국폴리텍대학, 포스코

핵심Tag #세계사 #고대·중세·근
대·현대 사회 #근대 사회

1868년 일본 메이지 왕 때 막부 체계를 무너뜨리고 국왕 중심의 새 정권을 성
립한 개혁 과정. 일본 자본주의 형성의 기점이 됨

기출 문제

Q 일본 메이지유신에 대한 설명으로 옳은 것은?

A 유럽식 은행과 철도 건설, 서양식 무기 도입

261
쑨원의 삼민주의

한국농어촌공사, 국민연금공단, LG,
헤럴드경제

핵심Tag #세계사 #고대·중세·근
대·현대 사회 #근대 사회

1905년 쑨원이 주창한 정치 지도 원리로서 중국 근대 혁명과 건국의 기본 이
념 ▲민족주의 ▲민권주의 ▲민생주의

기출 문제

Q 쑨원의 삼민주의가 아닌 것은?

A 민주주의

관련 용어

쑨원(孫文, 1866~1925) 중국 공화제를 창시한 혁명가이자 정치가. 삼민주의의
강령으로 중국 혁명 동맹회를 설립. 1911년 신해혁명을 일으켜 청 왕조를 몰아
내고, 1912년 중화민국을 건국해 임시 대총통이 됨. 이후 대총통이 된 군벌 출신
위안스카이가 독재 체제를 구축하자 중화 혁명당을 결성해 반군벌, 공화주의 실
현을 목적으로 대항함

262
제2차 세계 대전
world war II

SBS, YTN, 한국장애인고용공단

핵심Tag #세계사 #고대·중세·근
대·현대 사회 #현대 사회

1939~1945년 독일·이탈리아·일본 등 추축국과 영국·프랑스·미국·소
련·중국 등 연합국 사이에 세계 곳곳에서 벌어진 인류 역사상 최대의 전쟁

기출 문제

Q 제2차 세계 대전이 일어난 순서를 바르게 나열한 것은?

A 독일의 폴란드 침공(1939) – 독일의 파리 점령(1940) – 일본의 진주만 공습으
로 미국 참전(1941) – 연합군의 노르망디 상륙작전(1944) – 독일과 일본의 항
복(1945)

263
시진핑
習近平
1953~

한국농어촌공사, 한겨레신문, TV조선

핵심Tag #세계사 #고대·중세·근
대·현대 사회 #현대 사회

중화 인민 공화국 정치인으로 현 중국 국가주석

기출 문제

Q 시진핑이 추진하는 일대일로는 무엇인가?

A 신(新)실크로드 전략 구상으로, 내륙과 해상의 실크로드 경제벨트

시진핑 연표

1953년 : 베이징 출생(부친 : 시중쉰 전 부총리)
1974년 : 공산당 입당
1979년 : 칭화대 졸업, 당 중앙군사위 판공청 비서
1985년 : 푸젠성 샤먼시 부시장
2012년 : 공산당 총서기
2013년 : 국가주석, 공산당 중앙군사위 주석
2018년 : 국가주석 재임, 임기제한 철폐

264
현대 혁명

한국문화예술위원회, 한국산업인력
공단, 매일경제, 한겨레신문

핵심Tag #세계사 #고대·중세·근
대·현대 사회 #현대 사회

구분	내용
러시아 혁명 (1905, 1917)	세계 최초의 사회주의(프롤레타리아) 혁명. 1905년과 1917년 에 러시아에서 일어난 혁명
장미 혁명 (2003)	조지아(러시아명 그루지야) 시민들이 부정 선거에 항의해 대통 령을 퇴진시킨 무혈 혁명
오렌지 혁명 (2004)	우크라이나에서 대통령 부정 선거를 규탄하며 일어난 시민 혁명
튤립 혁명 (2005)	키르기스스탄에서 일어난 민주화 운동. 14년 동안 장기 집권 한 아스카르 아카예프 정권의 부정 선거에 반발
재스민 혁명 (2010)	23년의 독재 정권에 반대해 전국적으로 확산된 튀니지의 민 주화 혁명
우산 혁명 (2014)	홍콩 행정 장관 선거의 완전 직선제를 요구한 민주화 시위

기출 문제

Q 23년간 독재해온 튀니지 정권에 반대해 일어난 튀니지의 민주화 혁명은?

A 재스민 혁명

에듀윌이
너를
지지할게

ENERGY

작은 성공부터 시작하라.

성공에 익숙해지면 무슨 목표든지 이룰 수 있다는
자신감이 생긴다.

– 데일 카네기(Dale Carnegie)

PART

02

분야별 일반상식
(경제·경영/사회/정치)

: 분야별 일반상식으로 광범위한 상식
완벽 마스터

CHAPTER 01   경제·경영

CHAPTER 02   사회

CHAPTER 03   정치

CHAPTER

01

경제 · 경영

한눈에 모아보는 핵심Tag 맵 📍

SECTION 1. 경제

01 경제 일반
- \# 경제 기초
- \# 경제 이론
- \# 경제 현상
- \# 경제 흐름

02 시장과 경제
- \# 시장과 소비
- \# 시장 흐름
- \# 시장 실패

03 성장과 순환
- \# 경제 성장
- \# 국민 소득
- \# 경제 지표
- \# 소득 분배 및 순환

04 세금(조세)
- \# 국세와 지방세
- \# 기타 세금

SECTION 2. 무역

01 무역 일반
- \# 기초 무역
- \# 무역 정책
- \# 무역 실무

02 국제 무역
- \# 관세 일반
- \# 국제 경제권
- \# 국제 협정 및 기구

SECTION 3. 경영

01 경영 일반
- \# 경영 관리
- \# 경영 전략
- \# 조직 구조
- \# 경영 기타

02 재무회계
- \# 재무 일반
- \# 자금 및 예산
- \# 재무 비율

03 마케팅
- \# 마케팅 전략
- \# 마케팅 종류
- \# 마케팅 방식

SECTION 4. 금융

01 금융 기초
- \# 주요 금융기관
- \# 금융 제도
- \# 금융 상품
- \# 자금 및 금리

02 주식·채권·펀드
- \# 주식 일반
- \# 주가 변동
- \# 주식 제도 및 지표
- \# 채권과 어음
- \# 펀드

03 통화·화폐·환율
- \# 통화 일반
- \# 화폐
- \# 환율 제도

04 산업 일반
- \# 산업 종류
- \# 산업 제도
- \# 농수산업
- \# 산업 기타

SECTION

1 | 경제

경제 일반

핵심Tag #경제 기초 #경제 이론 #경제 현상 #경제 흐름

#경제 기초

---

001 규모의 경제 economy of scale
생산 요소의 투입량을 증가시킴으로써 이익이 증가되는 현상

생산량이 늘어날수록 평균비용이 감소하는 현상을 말한다. 최근에는 설비를 증강하여 생산비를 낮추는 데 주안점을 두고 있으며 기술혁신을 수반하는 것이 보통이다. 규모의 *경제가 적용되는 대표적인 산업이 자동차 산업이다.

> **경제** 사람이 살아가는 데 필요한 재화나 용역(노동력의 제공)의 생산·소비·교환 활동과 이를 통해 형성되는 모든 관계를 종합하여 이르는 말

---

002 경제 원칙 經濟原則, economic principles
가장 적은 비용(최소비용)으로 가장 큰 효과(최대효과)를 얻으려는 경제행위

- 최대효과 원칙 : 일정한 비용으로 가장 큰 효과를 얻으려는 것
- 최소비용(희생) 원칙 : 일정한 효과를 얻는 데 있어 가장 적은 비용(희생)을 지불하는 것
- 최대잉여 원칙 : 효과와 희생의 차이(잉여)를 최대로 하려는 것

---

003 경제 주체 經濟主體, economic subject
어떠한 경제 행위에 관하여 독립적으로 의사결정을 할 수 있는 단위

가계	소비의 주체로 노동력을 제공하고 소득을 벌어 각종 소비활동을 한다.
기업	생산의 주체로 이윤의 극대화를 목적으로 생산활동을 한다.

정부	소비와 생산의 주체로 조세·세금 등을 징수하고 각 요소에 지출한다.
외국	무역의 주체로 수출입 관계를 유지한다.

004 경제 5단체 經濟五團體

재계(財界)의 이익을 대변하고 대정부 압력단체 역할을 수행하는 5개의 경제 단체

전국경제인연합회	국내외 경제 문제에 대한 조사·연구 등 민간 경제인들로 구성된 경제인 단체
대한상공회의소	국내외 경제 단체와의 상호 협조를 통하여 지방 상공 회의소를 통합조정하고, 상공업 전반에 관한 사업을 관장
한국무역협회	무역업체의 무역 진흥을 목적으로 1946년 7월 31일 창립. 무역업체와 행정관청과의 연락, 무역 진흥에 필요한 사업 등을 전개
한국경영자총협회	전국적인 사용자단체 조직으로 노사문제를 전담하며, 연합체로서의 대표권을 행사
중소기업중앙회	중소기업협동조합법을 근거로 중소기업의 권익을 대변하는 단체

005 경제 활동 인구 經濟活動人口, economically active population

노동 시장에 노동을 공급함으로써 경제생활에 기여할 수 있는 인구

한국의 경우 15세 이상인 사람들 가운데 일할 능력이 있고 취업할 의사가 있는 인구를 말한다. 경제 활동 인구는 한 나라의 잠재노동력을 나타내는 개념으로서, *수입을 목적으로 현재 일을 하고 있는 취업자뿐만 아니라, 일은 하고 있지 않지만 일을 찾고 있는 실업자까지 모두 포함하는 개념이다. 따라서 경제 활동 인구에서 취업자 수를 빼면 그것이 곧 실업자 수가 된다.

수입(收入) 돈이나 물품 등을 거두어들임

함께 나오는 용어

비경제 활동 인구(非經濟活動人口)
15세 이상 인구 중 일할 능력이 없거나, 능력은 있어도 취업 의사가 없는 사람이다. 가정주부·학생·노령자뿐만 아니라 자발적으로 종교단체나 자선사업에 종사하는 사람들도 포함된다.

006 경제고통지수 經濟苦痛指數, misery index

일정 기간 동안의 실업률과 물가상승률을 더하여 산출하는 지수

미국의 경제학자 아서 오쿤(Arthur Okun)이 최초로 고안하였고, 보통 1년간의 경제성과를 판단하는 기준으로 사용하며, 국민들이 피부로 느끼는 경제적 고통 정도를 손쉽게 가늠할 수 있는 지표가 된다. 국제 통화 기금(IMF), 각국 중앙은행 등이 체감경기를 비교하기 위해 매년 초 발표하고 있다.

007 재화 財貨
인간 생활을 충족시키기 위해 필요한 모든 물자

사용하거나 소비를 통해 인간 생활의 *효용을 증가시킬 수 있는 모든 것을 재화라고 하며, 독립재·대체재·보완재·기펜재·단용재 등이 있다.

독립재	따로 소비할 때나 함께 소비할 때나 효용의 차이가 없을 때, 즉 서로 연관이 없을 때 이 두 재화를 독립재라고 한다. 쌀과 책, 옷과 안경 같은 것이 그 예이다.
대체재	쌀의 가격이 올라가면, 대체재로서 빵의 소비가 상승한다. 즉, 쌀과 빵, 버터와 마가린 같이 한 상품 대신 다른 상품을 소비해도 효용에 큰 차이가 없는 재화이다.
보완재	펜과 잉크, 커피와 설탕처럼 상호보완하는 관계에 있어, 두 재화를 함께 소비할 때 효용이 큰 재화이다.
기펜재	가격이 하락(상승)하면 도리어 수요가 감소(증가)하는 재화를 기펜재라고 한다.
단용재	한 번 쓰면 없어지는 재화. 식료품·연료·원료 등이 있다. 단용소비재와 단용생산재로 나뉜다.

효용 재화와 용역을 사용함으로써 그 욕망을 충족시켜 얻을 수 있는 주관적인 만족도

빈출

008 생산의 3요소
재화의 생산과정에 필요한 토지, 노동, 자본

생산의 3요소인 토지·노동·자본에 경영을 포함시켜 생산의 4요소라고 한다.

토지	토지 자체만을 의미하는 것이 아니라 광석·석유·산림 등 일체의 자연자원을 말한다.
노동	인간이 육체와 정신을 사용하여 직접적으로 행하는 생산활동을 말한다.
자본	생산 요소를 구입할 수 있는 돈뿐만 아니라 건물·기계·시설·원료·반제품·완제품의 재고도 포함된다.
경영	사업, 기업 등을 효율적이고 효과적으로 관리, 운영하는 활동을 말한다.

009 수요 공급의 법칙
수요와 공급의 변화에 따라 가격의 결정과 변화를 설명한 법칙

시장에서 다른 조건이 일정하다면 수요 곡선은 감소함수, 공급 곡선은 증가함수가 된다. 이 두 함수의 교차점에서 가격이 정해지는 것을 수요 공급의 법칙이라고 한다. 그래프에서 수요가 공급보다 증가하면 가격은 오르고, 반대로 공급이 수요보다 증가하면 가격은 떨어진다. 결과적으로 두 곡선이 만나는 점에서 가격이 형성되며 이를 시장 가격 또는 *균형 가격이라고 한다.

균형 가격(均衡價格) 시장에서 수요량과 공급량이 일치하는 선에서 성립하는 가격

수요의 법칙	공급 부분에 변수가 없이 조건이 일정하다고 한다면, 수요량의 증감에 따라 가격이 변동하게 된다. 수요량이 증가하면 가격은 오르고, 수요량이 감소하면 가격은 내려간다.	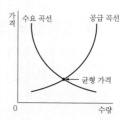
공급의 법칙	수요 부분에 변수가 없이 조건이 일정하다고 한다면, 공급량의 증감에 따라 가격이 변동하게 된다. 공급량이 증가하면 가격은 내려가고, 공급량이 감소하면 가격은 오른다.	

010 기회비용 機會費用, opportunity cost
동시에 주어진 여러 가능성 중 하나를 선택했을 때 그로 인해 포기할 수밖에 없는 다른 쪽의 가치

한정된 자원 탓에 모든 경제 활동에서 주어지는 기회는 선택의 문제로 남게 되는데, 이 기회에 선택한 생산활동이나 소비활동은 또 다른 경제 활동을 할 수 있는 기회를 포기해야 하는 결과로 이어진다. 이때 포기할 수밖에 없는 다른 쪽의 가치를 기회비용이라고 한다.

#경제 이론

011 보이지 않는 손 invisible hand
각 개인이 자신의 이익을 위해 경제 활동을 하는 것이 예상치 못했던 사회 전체의 이익을 가져온다는 것

고전파 경제학자 아담 스미스(A. Smith)가 『도덕감정론』과 『˙국부론』에서 개인과 사회의 연관 관계를 설명하면서 경쟁시장을 통한 가격기구의 작용을 나타낸 유명한 말이다. 그는 여러 개인의 이기적인 경제 활동이 결과적으로는 사회의 생산력 발전에 기여하고, 이러한 사적 이기심과 사회적 번영을 매개하는 것은 하나님의 '보이지 않는 손'이라고 생각하였다.
이 같은 견해는 자연법 사상에 입각한 자연적 질서관을 표명한 것으로, 그는 이러한 '보이지 않는 손'을 일상에서 경험적으로 파악하려다가 경제행위를 과학으로서 체계화하게 되었다.

국부론 자유방임주의를 표방한 최초의 경제학 저서로 『국가의 부의 성질과 원인에 관한 고찰』이 정식 제목

012 파레토 최적 Pareto optimum
자원 배분이 가장 효율적으로 이루어진 최적의 상태

이탈리아의 경제학자 파레토에 의해서 최초로 언급되었으며, ˙생산의 효율과 교환의 효율이 갖추어졌을 때의 상태를 의미한다. 즉, 어떤 한쪽에 불이익을 가져오지 않으면 다른 쪽의 이익을 증가시킬 수 없는 상태이다.

생산의 효율 어떤 재화의 생산량을 증가시키기 위해서 반대 급부로 다른 재화의 생산량을 감소시켜야 하는 것

013 그레셤의 법칙 Gresham's law

소재의 가치가 서로 다른 화폐가 동일한 명목가치를 가진 화폐로 통용되면, 소재가치가 높은 화폐(good money)는 유통시장에서 사라지고 소재가치가 낮은 화폐(bad money)만 유통되는 현상

영국의 재정가 그레셤이 주장한 것으로, 이 현상을 "악화가 양화를 구축한다(Bad money drives out good)."라고 표현하였다. 주로 품질이 좋은 제품보다 품질이 좋지 않은 제품이 더 많이 유통되는 현상을 가리키는 말로, 정식음원보다는 불법음원이 다운로드 등을 통해 더 널리 유통되는 것이 예이다.

014 J커브 효과 J-curve effect

무역 수지 개선을 위해 환율 상승을 유도하였으나, 초기에는 무역 수지가 오히려 악화되다가 어느 정도의 시간이 지난 후에야 개선되는 현상

환율 상승을 유도하여 가격경쟁력에 변화를 준다고 하더라도 초기에는 바로 조정이 되지 않기 때문에 오히려 무역 수지가 악화된다. 어느 정도 시간이 지난 후 무역 수지가 개선되는데, 곡선으로 나타내면 J자형 곡선이 된다.

015 기펜의 역설 Giffen's paradox

가격이 떨어졌는데도 그 재화보다 우등한 재화를 소비함으로써 오히려 가격이 떨어진 재화의 수요가 감소하게 되는 현상

˙수요법칙의 예외로 어떤 재화의 가격 변동과 수요가 정비례하는 것을 말한다. 가격이 떨어지게 되면 실질적인 수입이 증가했다는 느낌을 받게 되는데, 그 증가분으로 유사제품의 우등재를 구입하기 때문에 나타나는 현상이다.

수요법칙 가격이 오르면 수요량은 감소하고, 가격이 내리면 수요량은 증가함

016 게임 이론 game theory

경제 행위에서 자신의 행동은 물론 상대방의 행위가 자신의 이익에 영향을 주는 경우 이익을 극대화하기 위한 가장 합리적인 방법에 관한 이론

노이만(J.V. Neumann)과 모르겐스테른(O. Morgenstern)에 의해 대표되며, 이들의 저서인 『˙게임과 경제행동이론』에서 시작되었다. 1960년대 초 미국 핵전략론의 도구로 군사·안보 분야에서 사용되다가 1980년대부터 사회학, 국제정치학, 국제경제학 등 다른 분야에도 쓰이고 있다. 각 행위자를 이기적 존재로만 규정하는 가치론적 전제와 복잡한 경제관계를 이론에 꿰맞추려 하는 견해가 비판을 받기도 한다.

게임과 경제행동이론 게임 이론의 시초가 된 저작물. 노이만은 이를 통해 게임의 구조와 게임에 참여하는 사람의 성향을 수학적 표현으로 나타냄

빈출

017 케인스 John Maynard Keynes

완전 고용의 실현을 위해 공공지출 등 정부의 직접적 정책이 필요하다고 주장한 영국의 경제학자

케인스는 대표적 저작 『고용 · 이자 및 화폐에 관한 일반이론(The General Theory of Employment, Interest and Money)』에서 완전 고용을 실현하기 위해서는 유효 수요를 확보하기 위한 공공지출 등 정부의 보완책이 필요하다고 주장하였다. 완전 고용의 실현에 경제적 목표를 두고, 이를 위한 수단으로써 적극적인 재정 금융 정책의 채용을 주장하였다. 이 이론을 케인스 경제학이라고 한다.

▲ 존 메이나드 케인스

함께 나오는 용어

케인스주의(Keynesianism)
시장의 불완전성과 정부의 시장 개입 필요성을 강조한 영국 경제학자 케인스의 경제 이론 관점

018 앨빈 토플러 Alvin Toffler

미국의 작가이자 미래학자로 『제3의 물결』, 『미래의 충격』 등의 저서를 통해 지식이 미래에 권력수단이 될 것이라고 예견

1970년대 출판한 『미래의 충격』으로 유명해지기 시작하였으며, 1980년 『제3의 물결』에서 인류의 역사를 '제1의 물결', '제2의 물결', 제3의 물결로 삼등분하였다. 1991년 『권력이동』에서 폭력 · 부(富) · 지식을 권력의 원천으로 규정하였고, 1996년에는 토플러 어소시에이트를 설립하여 자신의 아이디어를 현실화하였다. 1928년 미국 뉴욕 출생으로 2016년 타계했다.

제1의 물결 농업혁명에 의한 사회변화로 수렵활동이 정착 생활로 전환되었고, 노동이 주요 생산 요소가 됨

제2의 물결 산업 혁명에 의한 사회변화로 산업사회로 전환되었고, 자본과 기술을 주요 생산 요소로 꼽을 수 있음

019 신자유주의 新自由主義, neoliberalism

정부의 개입을 최소화하여 경제를 자유로운 시장에 맡기고 민간의 자유로운 활동을 중시하는 이론

경제를 자유로운 시장메커니즘에 맡길 것을 주장하는 이론으로 '작고도 강한 정부'를 추구하며, 1980년대 '대처리즘과 레이거노믹스의 바탕이 되었다. 주된 내용으로는 정부의 규제완화, 공기업의 민영화, 노동시장의 유연화, 긴축정책, 기업경쟁력 제고(감세), 복지정책의 축소 등이 있다.

대처리즘 1979년 대처 영국 총리가 집권하면서 침체된 영국 경제의 회복을 위해 추진한 공기업의 민영화, 규제완화, 노동조합의 활동 제한, 정부의 재정지출 삭감 등 각종 신자유주의 정책을 통칭하는 말

020 승수 이론 乘數理論, theory of multiplier
경제현상에 있어서 어느 경제변수가 다른 경제변수의 변화에 직·간접적으로 영향을 끼쳐 마지막에는 맨 처음 변화량의 몇 배에 이르는 변화를 가져오는 현상

경제현상에서 어떤 경제변수가 다른 경제변수에 미치는 효과를 그 파급 효과까지 포함시켜서 어느 정도의 효과를 얻을 수 있는가를 분석한다. 이렇게 최종적으로 산출된 총효과를 승수 효과라고 하고, 특정 변수의 변화에 따라 다른 모든 변수가 어떻게 변하는가를 나타내는 것을 승수라고 한다.

함께 나오는 용어

투자 승수(投資乘數, investment multiplier)
투자의 증가나 감소에 따라 변화하는 소득의 증감비율로, 투자의 증가분에 투자 승수를 곱한 것 만큼 유효 수요가 증가하게 된다. 한계 소비 성향이 0.8일 때 투자승수는 $\frac{1}{(1-0.8)}=5$ 가 되므로 투자가 10억원 증가한 경우에 유효 수요의 증가는 50억원이 된다.

021 합리적 기대 이론
가계·기업 등의 경제 주체가 정부의 경제 정책 및 그 결과를 합리적 계산에 의해 예상하고 행동하므로 정부의 경제 정책이 실효를 거둘 수 없다는 이론

1961년 무스(J. Muth)의 『합리적 기대와 가격운동이론』에서 처음 제창되었고, 이후 1970년대 서전트(T. J. Sargent)·루카스(R. E. Lucas) 등의 *합리적 기대형성학파에 의해 채용되어 주목되었다. 이 가설은 고전파 경제학자들이 말하는 것처럼 사람들은 합리적으로 현상을 판단할 수 있기 때문에, 정부가 어떠한 경제 정책을 펴더라도 미리 합리적으로 예상하여 행동한다는 점을 말한다. 이 이론에 의하면 단기적인 재정, 통화 정책으로 GDP, 실업률 등을 어느 정도 통제할 수 있다는 케인스주의자들의 주장은 옳지 않다. 합리적 기대하에서 사람들은 미래의 인플레이션 등을 정확하게 예측하고 이에 맞게 행동하기 때문에, 장·단기 구별 없이 고전파 이론에서 말하는 균형이 달성된다.

합리적 기대형성학파 공공투자·감세 등의 재정정책(케인스학파)으로 인플레이션을 유발하지 않고 완전 고용을 달성할 수 있다는 주장으로, 서전트, 펠드스타인 등이 주장

022 한계 효용 체감의 법칙
소비자가 소비하여 얻는 재화가 많아질수록 총효용은 증가하지만, 증가분을 획득함으로써 얻는 만족감의 크기는 점차 줄어든다는 원칙

소비자가 하나의 재화를 추가하여 얻을 때마다 느끼는 효용(만족도)이 감소한다는 법칙으로, 고센의 제1법칙이라고도 한다. 예를 들어, 사과를 1개 먹을 때보다 2개, 3개, 4개 … 먹을수록 만족도가 점차 줄어든다는 것이다.

023 한계 효용 균등의 법칙

경제 주체(소비자, 기업 등)가 한정된 자본이나 소득으로 재화를 구입할 때 얻어지는 효용을 최대로 하고자 한다면, 그 재화에 의하여 얻어지는 *한계 효용이 같아야 한다고 하는 법칙

고센의 제2법칙이라고도 하며, 경제행위의 중심이 되는 선택행위에 의하여 이 법칙이 실현된다. 극대만족의 법칙, 현명한 소비의 법칙이라고도 한다.

> **한계 효용** 재화가 한 단위 늘어날 때마다 얻어지는 만족

#경제 현상

024 전시 효과 展示效果, demonstration effect

사회의 일반적인 소비 성향에 영향을 받아 개인의 소비 행동이 타인의 소비 행동을 모방하려는 사회적 현상. 듀젠베리가 처음으로 사용

소비 행동이 신문, 영화, TV 등 광고의 영향을 크게 받는다는 것이며, 과시 효과, 시위 효과, 데먼스트레이션 효과(demonstration effect)라고도 한다. 이 효과에 의하여 소비의 지출이 커지게 되어 상대적으로 저축률의 감소를 가져오게 되므로, *개발 도상국의 자본축적을 저해하는 요인이 되기도 한다.

> **개발 도상국** 1960년대에 사용하기 시작한 용어로 1차 산업에 의존하고 있는 아시아, 아프리카의 여러 나라를 칭하는 말

---

025 생산비 법칙 生産費法則, law of cost of production

완전 경쟁 아래에서 가격·한계 비용·평균 비용이 일치하는 균형 상태에 도달한다는 것

다수의 판매자·구매자, 기업의 자유로운 진입·퇴거, 완전한 시장정보를 갖춘 완전 경쟁 상태에서 각각의 기업은 이윤의 극대화를 위해 시장 가격이나 생산량을 단기적으로는 한계 생산비 수준에서, 장기적으로는 평균 생산비 수준에서 결정하게 된다는 법칙이다. 자유 경쟁하에서 생산물의 가격은 생산비와 같아지게 되고 이때 초과이윤은 소멸하고 기업은 균형상태를 이루게 된다.

---

026 희소성의 원칙 law of scarcity

인간의 끝없는 욕망과 비교하여 그 욕망을 충족시킬 수 있는 수단인 자원은 그 유한성으로 인하여 부족할 수밖에 없다는 원칙

모든 재화·서비스의 경제적 가치는 그것들의 *희소성에 의존하며 희소한 공급에 대해 수급이 일치되도록 가격이 결정된다. 생산자원과 재화나 서비스가 희소한 탓에 선택과 배제의 문제가 생기는데, 이것이 각각 자원 분배와 소득 분배의 문제이며 경제학의 중심 연구과제이기도 하다.

> **희소성(稀少性)** 인간의 물질적 욕구에 비하여 충족시켜 주는 물적 수단의 공급이 상대적으로 부족한 경우

027 엥겔의 법칙 Engel's law
소득이 낮을수록 전체의 생계비에 대한 식료품비가 차지하는 비중이 커진다는 법칙

독일의 통계학자 에른스트 엥겔(E. Engel)이 19C 중엽에 실시했던 벨기에 근로자의 가계조사를 기초로 해서 추출해 낸 경험 법칙이다. 일반적으로 사람들의 기본적 욕망은 모두가 똑같은 순위로 정해진 것은 아니며, 식료품에 대한 욕망이 제1위이고, 피복에 대한 욕망이 그 다음이며, 주거나 광열에 대한 욕망으로 이어지는 경향이 있다. 저소득 가정일수록 총지출 중에서 식료품비에 많은 비율이 충당되고, 소득이 높은 집안의 가계일수록 식료품비의 비율이 작아진다는 규칙성(엥겔은 이것을 자연법칙이라고 불렀다)이 있다. 이러한 규칙성을 엥겔의 법칙이라 부르게 되었다.

함께 나오는 용어

- **엥겔 계수(Engel's coefficient)**
  소비지출 총액에서 차지하는 식료품 지출의 비율이다. 소득수준이 높은 가계일수록 이 계수가 낮고, 소득수준이 낮은 가계일수록 높다. 이후 생활수준을 나타내는 지표로 사용되었다.
- **슈바베의 법칙(Schwabe's law)**
  소득이 상승함에 따라 주거비 지출액은 증대하나, 소비지출에서 차지하는 비율은 점점 저하된다는 경험법칙이다. 독일 통계학자 슈바베(H. Schwabe)가 베를린의 가계조사를 기초로 1868년에 발표하였다.

028 일물일가一物一價의 법칙
완전 경쟁 아래에서 동일 상품에 대하여는 하나의 가격만이 성립하여 어느 지방, 어느 국가에서든 동일한 가격으로 거래된다는 법칙

완전 경쟁 아래에서 구매자는 당연히 동일 상품에서 싼 가격의 물건을 사려고 할 것이므로, 높은 가격의 상품은 가격을 인하할 수밖에 없어서 결국 동일 가격이 형성된다. 장소에 따라 가격의 차이가 난다고 하더라도 가격 차이를 이용한 이윤을 목적으로 하는 공급이 이동하게 되어 어느 정도의 시간이 지나면 결국은 동일 가격을 형성하게 된다는 이론이다. 현실적으로 제품 차별화 정책, 관세 등 제비용이 차이가 나기에 일물일가의 법칙은 성립하지 않는다.

완전 경쟁 판매자나 수요자의 수가 매우 많아 기업이 단독으로 시장 가격을 좌우할 수 없고, 구매자는 시장에 나오는 상품의 품질과 가격에 대해 완전한 지식을 가지고 있는 상태

029 베블런 효과 Veblen effect
상품의 가격이 상승하는데도 불구하고 수요가 증가하는 현상

고가의 사치품 등 일반인이 쉽게 구매할 수 없는 상품들은 사회적 지위나 부를 과시하기 위한 수단으로 수요가 발생하므로, 가격이 비쌀수록 오히려 소비도 또한 늘어나는 것을 말한다. 미국의 사회학자 베블런은 『유한계급론 (The Theory of the Leisure Class)』(1899)에서 사회적 지위를 과시하기 위한 이러한 소비 형태인 '과시적 소비'를 지적하였다. 베블런 효과를 상품판매를 위한 마케팅이나 광고에 이용하여 고가 정책을 펴기도 한다.

030 세이의 법칙 Say's law
공급이 스스로 수요를 창출해낸다는 법칙

공급이 이루어지면 자연적으로 그만큼의 수요가 생겨나게 되어, 유효 수요 부족에 따른 공급과잉이 발생하지 않는다는 법칙으로, 프랑스의 세이(J.B. Say)가 주장하였다. 이 법칙에 의하면 경제 전체적으로 보면 시장은 항상 균형 상태를 유지하게 되어 총공급과 총수요가 일치하게 된다. 그러나 1930년 대 '대공황이 발생하여 공급은 되었으나 판매되지 않아 폐업을 하는 공장들이 생겨나면서 세이의 법칙은 비판을 받게 되었다. 이에 케인스는 총수요의 크기가 총공급을 결정한다는 '유효 수요의 원리'를 주장하였다.

대공황(大恐慌) 미국의 뉴욕 증권시장의 주가 대폭락을 계기로 발생한 세계적으로 큰 규모의 경제공황

함께 나오는 용어

유효 수요의 원리
사회의 경제 수준은 돈을 실제 지불하고 재화를 구입하는 유효 수요에 따라 결정된다는 이론

031 거미집 이론 cobweb theorem
수요의 반응에 비해 공급의 반응이 지체되어 일어나는 현상

가격변동에 대응해 수요량은 대체로 즉각적인 반응을 보이나 공급량은 반응에 일정한 시간이 필요하기 때문에, 실제 균형가격은 이러한 시간차(time lag)로 말미암아 다소간의 시행착오를 거친 후에야 가능하게 된다. 수급량의 변동과 가격변동의 궤적이 거미집과 모양이 비슷하여 붙은 이름이다. 농축산물은 생산까지 시간이 걸리기 때문에 이러한 모양의 순환을 보이는 경우가 많다.

032 의존 효과 依存效果, dependence effect
소비자의 수요가 스스로의 필요에 의존하는 것이 아니라, 생산자의 광고·선전 등에 의존하여 이루어지는 현상

소비자의 필요에 의하여 그 수요를 예측하고 제품을 생산하는 것이 일반적이지만, 생산자가 일단 제품을 만들어 놓고, 광고·선전 등을 통하여 그 물건을 구매하도록 소비자의 욕망을 자극하여 소비가 이루어지는 현상이다. 미국 경제학자 갤브레이스(J. K. Galbraith)가 저서『풍요로운 사회』에서 풍요로운 사회의 경제적 특성을 설명할 때 사용한 개념이다.

#경제 흐름

033 협상 가격차 鋏狀價格差, price scissors
농업생산물가격 지수와 공업생산물가격 지수 간의 간격이 마치 가위의 양날을 벌린 듯한 형태(협상)로 나타나는 것

농산물시장은 생산의 특성상 공급의 '가격 탄력성이 낮은 반면, 공산품시장은 불완전 경쟁적이어서 가격결정적(price making)이며 공급의 가격 탄력성이 높다는 특성이 있다. 이로 인해 농산물과 공산품의 가격차이가 나타나는데, 이 현상을 그래프에 그리면 마치 가위가 벌어진 모양으로 확대되어 간다는 데서 붙여진 말이다. 협상 가격차로 인하여 발생하는 농민의 피해를 보전해 주기 위해 가격지원제도나 패리티 제도를 실시하고 있다.

가격 탄력성 상품의 가격이 변화할 때 그 수요량이나 공급량이 변화하는 정도를 나타낸 것

034 패리티 가격 parity price
균형(parity)을 유지하도록 정부가 정책적으로 설정하는 농산물 가격

물가상승과 연동해 농산물 가격을 산출하는 방법이 패리티 계산이다. 이때 기준 연도의 농가 총구입 가격을 100으로 하여 비교연도(가격결정 시)의 농가 총구입 가격 등락률을 지수로 표시한 패리티 지수를 사용한다. 패리티 지수를 기준 연도의 농산물 가격에 곱해 구한 가격을 패리티 가격이라 한다.

035 가변 자본 可變資本, variable capital
상품 생산 과정에 투입된 노동력을 구입하는 자본처럼 잉여 가치를 발생시키는 자본

생산 과정에 필요하여 구매하는 여러 자원 중에서 노동력은 여러 상품의 생

산으로 그 가치량이 증대되는데, 이때 그 노동력을 구입하는 자본(임금)을 가변 자본이라 한다. 생산 수단은 생산활동을 하면서 소모되는 양만큼의 가치를 발생시키지만, 노동력은 노동 과정을 통해 받는 임금 이상의 가치를 생산할 수 있다.

함께 나오는 용어

불변 자본
생산 수단을 활용하여 생산활동을 함에 있어서 소모되는 가치가 변하지 않고, 새로운 생산물에 이전되는 것으로, 기계·설비·연료·원료 등의 생산 수단 구입에 투하되는 자본

---

036 매판 자본 買辦資本, comprador capital
주로 식민지나 후진국 등에서 외국 자본과 결탁하여 자국을 착취하기 위한 토착 자본

외국으로부터 원조를 받거나 외국과 결합하여, 자국의 이윤을 착취함으로써 외국 자본의 이익을 위해 운용되는 반민족적 토착 자본을 말한다. 1842년 *아편 전쟁 후 중국에서 형성되기 시작하였으며, 그 후 사회주의자들에 의해 정치 이데올로기적인 의미가 부여되었다.

아편 전쟁 1840~1842년 아편 수입과 은의 유출을 막기 위한 청나라의 조치에 대하여 영국이 해군을 파견해 발발한 전쟁으로, 청나라가 패하고 난징 조약이 맺어짐

---

037 사회 간접 자본 社會間接資本, SOC, Social Overhead Capital
생산활동에 직접적으로 참여하지는 않으나, 간접적으로 기여하는 자본

물건을 생산하는 데에는 직접적으로 사용되지 않지만 도로, 전력, 통신, 항만, 철도 등 생산활동에 간접적으로 도움을 주는 시설을 말한다. 일정하게 사회 간접 자본으로 규정되어 있는 것은 아니며, 어떠한 생산을 위하여 간접적으로 제공되는 모든 시설을 말한다. 대부분 정부나 공공기관에서 경영하는 경우가 많으며, 최근에는 환경시설 등도 포함하는 개념으로 의미가 확대되고 있다.

---

038 유효 수요 有效需要, effective demand
물건을 살 수 있는 돈을 갖고 실제로 물건을 구매하려는 수요

자금을 보유하고는 있으나, 물건 구매의 의욕이 없거나 당장 구매할 수 없는 경우를 제외하고, 물건을 구매함으로써 실제로 지출이 발생하는 수요를 말한다. 유효 수요는 완전 고용, 국민 소득의 증가, 경기회복 등에 중요 요소가 된다. 반면, 절대 수요는 물건을 갖고자 하는 욕망만 있고 실제 구매력은 없는 수요를 말한다.

039 가수요 假需要, imaginary demand
실제 수요가 없음에도 불구하고 가격이 오를 것이라고 예측될 때 발생하는 수요

현재의 수요가 아닌 미래의 수요 상승을 기대하는 부동산 투기나 *매점매석 등이 가수요에 해당한다. 이는 실제 수요가 없음에도 불구하고 물건을 구매함에 따라 물가가 급격히 상승한다.

매점매석 필요 이상으로 물건을 사들여 가격이 오른 뒤 다시 팔거나, 물건 값이 오른 후 팔기 위하여 물건을 팔지 않는 것

040 우회생산 迂回生産
생산에 투입될 인력을 투입하여 생산 수단을 먼저 만든 뒤에 그것으로써 최종 생산품을 생산하는 방법

생활에 필요한 제품은 직접적인 노동만으로 생산되지는 않는다. 완성품을 생산하기 위해서는 공장설비 등 각종 생산 수단이 필요하게 되는데, 이러한 생산 수단을 먼저 생산한 후 그것을 이용하여 완성품을 생산하여 이익을 얻게 된다. 이를 우회생산이익이라고 하며, 자본주의에서는 대부분 우회생산을 이용해 생산한다.

02 시장과 경제
핵심Tag #시장과 소비 #시장 흐름 #시장 실패

#시장과 소비

041 복점 · 과점 · 다점

복점(複占)	2개의 기업이 전체 시장을 석권하는 2사 체제. 극단적인 경우 2사가 담합해 마치 1개의 기업처럼 행동함으로써 시장이 독점화된 것과 같은 효과가 나타날 수도 있다.
과점(寡占)	소수의 거대기업이 시장의 대부분을 차지하는 형태. 원유시장, 콜라시장이 그 예이다.
다점(多占)	상품의 공급자나 수요자의 수가 일정하게 제한되어 있을 때, 상품의 가격이나 공급량을 그들의 의사대로 변동시킬 수 있는 경우를 말한다.

042 한계 소비 성향 限界消費性向
새로 증가한 소득 중 소비의 비율

소득이 증가하면 개인이 만족하는 정도는 높아지고, 소득의 증가와 비교할 때 소비 지출의 증가 비율은 점차 작아지기 때문에 한계 소비 성향은 감소한다. 저소득층은 고소득층에 비하여 한계 소비 성향이 높은 경향이 있다.

$$\cdot\ \text{한계 소비 성향} = \frac{\text{소비의 증가분}}{\text{소득의 증가분}}$$

043 완전 경쟁시장 完全競爭市場
공급자와 수요자가 많이 존재하여 수요량이나 공급량을 조절한다고 하더라도 상품의 가격에 아무런 영향을 줄 수 없는 시장

완전 경쟁시장이 성립하려면 다수의 수요자와 공급자가 존재하고 생산제품은 대체가능하며, 시장에의 탈퇴나 진입이 자유롭고 모든 경제 주체가 완전한 정보를 보유하고 있어야 한다. 완전 경쟁 상태하의 기업은 시장 가격이 *한계 비용과 일치하는 수준에서 공급량을 결정할 때 이윤이 극대화된다.

한계 비용 한 단위의 생산물을 추가로 생산할 경우 필요한 총비용

044 소비 인플레이션 consumption inflation
민간소비가 갑자기 증대되어 인플레이션을 초래했을 경우의 현상

임금 등의 형식으로 분배된 소득 가운데서 저축이나 납세에 배당되는 비율이 비교적 적고 소비에 배당되는 분이 팽창되었을 경우에는 공급이 구매력의 급증에 따라갈 수 없어 수급 관계의 불균형으로 인해서 물가가 오르기 쉽다.

045 갈라파고스 증후군 Galapagos syndrome
자신들만의 표준만 고집함으로써 세계 시장의 흐름에 발맞추지 못하고 고립되는 현상

세계 시장의 추세와 동떨어진 채 자신들만의 표준을 좇다가 고립을 자초하게 되는 현상을 뜻하는 용어로, 1990년대 이후 일본 제조업, 특히 IT산업이 자국 시장에만 안주한 결과 경쟁력이 약화되어 세계 시장에서 고립된 현상을 설명하며 등장하였다. 육지로부터 멀리 떨어져 있어 독자적으로 진화한 종들이 서식하는 고유한 생태계가 형성되었으나, 육지와의 빈번한 교류로 외부종이 유입되자 면역력 약한 고유종들이 멸종되거나 멸종의 위기를 맞은 갈라파고스 제도의 상황을 빗댄 것이다.

046 공급의 탄력성 elasticity of supply
가격의 변화율에 따른 공급의 변화율

가격의 변동에 따라 공급이 어떻게 변화하는가를 나타내는 비율을 말한다. 일반적으로 상품의 가격이 하락하면 공급량이 감소하고, 가격이 증가하면 공급량은 증가한다. 공급의 탄력성이 클수록 가격 상승의 효과는 작다. 반대로 공급의 탄력성이 적을수록 가격 상승의 효과는 크다. 이런 점에서 공급의 탄력성의 크기는 생산능력에 얼마만큼 여유가 있는지를 나타내는 지표가 된다.

047 수요의 탄력성 elasticity of demand
가격의 변화율에 따른 수요의 변화율

가격 변화율에 대한 수요 변화율의 비로, 가격 변화에 대한 수요 변화를 측정하는 척도가 된다. 가격이 변화했을 경우에 수요가 크게 변화되면 수요는 탄력적이라고 하며 수요가 그다지 변화하지 않으면 비탄력적이라고 한다. 예를 들어 사치품은 가격이 조금 움직여도 수요가 크게 변하기 쉬우므로 그 수요가 탄력적이라 할 수 있고, 반대의 경우인 생필품의 수요는 비탄력적이라 할 수 있다.

048 스필오버 효과 spillover effect
한 국가에서 취한 정책의 영향 및 혜택이 다른 영역이나 지역으로 퍼져나가는 현상

경제 영역에서 스필오버 효과는 어떤 요소의 생산활동이 그 요소의 생산성 또는 다른 요소의 생산성을 증가시켜 경제 전체의 생산성을 올리는 효과를 말한다. 통신 영역에서 스필오버 효과는 한 지역의 방송위성 전파가 주변국에까지 도달하는 것을 일컫는다.

049 **유동성함정** 流動性陷穽, liquidity trap

시장에 현금이 흘러 넘치지만 기업의 생산, 투자, 가계의 소비가 늘지 않아 경기가 나아지지 않고 함정(trap)에 빠진 것처럼 보이는 상태

1930년대 대공황 때 아무리 돈을 풀어도 경기가 살아나지 않은 것을 두고 영국 경제학자 존 케인스가 처음 사용한 용어다. 금리가 어느 정도까지 내려가면 사람들은 곧 금리가 오를 것으로 예상하여 채권을 매입하지 않고 현금을 보유하려는 성향이 높아진다. 이때 중앙은행이 아무리 통화량을 늘려도 사람들이 현금을 보유하고 있기 때문에 경제적인 파급 효과가 일어나지 않게 된다. 유동성함정에서 통화량 증가는 투기적 화폐수요만 증가시킬 뿐 어떤 변수에도 영향을 미치지 못하게 되어 **금융 정책의 효과는 없고 **재정 정책의 효과는 강력해진다.

> **금융 정책** 정부·중앙은행이 금융시장을 통해 자금을 원활하게 수급하고 통화가치를 안정시키려고 행하는 정책
>
> **재정 정책** 정부의 지출이나 조세율, 공채발생 등을 조절해서 국민 경제의 안정적 성장을 도모하고자 행하는 정책

050 **에코스패즘** eco-spasm

단발성·국지적 위기가 아닌 인플레이션·불황·경기침체·스태그플레이션 등이 복합적으로 몰려오는 글로벌 차원의 대규모 경제위기

경제(economy)와 경련(spasm)의 합성어로 '발작적 경제위기'를 말한다. 경기 순환 과정에서 나타나는 경기불황과 달리 장기간 지속되며 전 세계에 파장을 불러오는 강력한 대규모 글로벌 경제위기다. 1975년 미국의 미래학자 앨빈 토플러가 펴낸 『에코스패즘 리포트(The Eco-Spasm Report)』라는 책을 통해 알려지기 시작하였다. 2008년 미국의 모기지 사태가 유럽을 거쳐 아시아에까지 영향을 미친 것을 예로 들 수 있다.

#시장 실패

051 **도덕적 해이** moral hazard

자신이 이행하여야 할 의무는 하지 않은 채 이익만을 추구하려는 행위

시장 경제의 많은 부분을 차지하고 있는 대형 경제 주체들이 자신들이 빠져나갈 구멍만 찾고 사회적인 책임을 회피하는 것을 말한다. 기업들의 문어발식 경영이나 과다한 대출로 거대하게 성장한 기업에 위기가 오면 정부가 그 기업을 구제해 주는 것을 예로 들 수 있다. 결과를 예측하기 어렵거나, 최선을 다했음에도 불구하고 이익이 예상되지 않는 경우에 나타나기도 하며, 최근에는 법과 제도적 허점을 이용하여 그 책임을 소홀히 하거나 권한과 지위에 따르는 책임을 지지 않고 회피하는 경우에도 쓰이고 있다.

052 버블 현상 bubble phenomenon

내재가치보다 시장 가격이 과대평가된 상태에서 일순간 거품이 터져 급격히 원래의 상태로 되돌아가는 현상

경제현상에서 '버블(거품)'이란 내재가치에 비해 시장 가격이 과대평가되었다는 것으로, 일반적으로 '비이성적인 투기행위'로 이해되고 있다. 내재가치는 자산으로부터 얻을 수 있는 미래의 기대수익을 현재가치로 평가한 것을 말하는데, 자산의 내재가치가 변하지 않았는데도 자산의 시장 가격이 급격하게 상승할 것이란 기대로 인해서 투기를 조장해 만들어지는 것이 일반적이다. 버블이 형성된 상태에서 일순간 거품이 터지면 급격히 원래의 상태로 되돌아가는 현상을 보이며 투기 열기가 가라앉게 되는데, 이때 투기와 실태의 차이가 한순간에 드러나서 가격이 폭락하고 도산하는 사람이 속출하게 되어°공황상태가 된다.

공황상태 경기가 악화돼 상품고고 증가, 기업 도산, 금융기관 영업정지 등 경제가 극도의 혼란 상태에 이르는 것

053 빈곤의 악순환 vicious circle of poverty

후진국은 소득이 적어 저축과 구매력이 낮고 시장 규모가 협소해지는데, 이것이 저투자 현상을 가져오고 이에 따라 생산력이 저하되어 또다시 소득의 감소로 이어지는 악순환이 계속 반복된다는 것

미국 경제학자 넉시(R. Nurkse)가 그의 대표적 저서『저개발국의 자본형성의 여러 문제』(1953)에서 균형성장론을 전개하면서 제시된 이론이다. 이 같은 빈곤의 악순환은 저개발국의 빈곤상태를 영속화시키는 것이므로 어떻게 이 악순환을 단절하고 발전을 지향하는가 하는 것이 저개발국 문제의 기본과제이다. 이에 대한 처방으로 균형성장론자인 넉시는 여러 부문의 전면적인 자본투자를 제시하였다. 즉, 모든 산업은 서로 새로운 시장을 제공하기 때문에 동시적인 일련의 투자는 균형성장과 전면적인 시장확대를 가져온다는 주장이다.

공급면	저소득 → 저저축 → 저자본 → 저투자 → 저생산력 → 저소득
수요면	저소득 → 저구매력 → 저투자유인 → 저생산력 → 저소득

054 외부 경제효과 外部經濟效果

생산자나 소비자의 경제 활동이 시장거래를 통하지 않고 직·간접적으로 제3자의 경제 활동 및 생활에 영향을 미치는 것

외부 경제효과가 이익이면 외부 경제, 손해면 외부 불경제라고 한다. 비용의 절약을 통한 관련 산업의 발달, 입지조건의 변화, 산업 집중으로 인한 수송비 인하 등 긍정적인 영향을 미치는 것을 외부 경제의 예로 들 수 있으며, 대기 오염과 소음 등의 공해를 외부 불경제로 볼 수 있다.

055 렌트추구행위 rent-seeking behavior

경제 주체들이 자기의 이익을 위해 비생산적인 활동에 경쟁적으로 자원을 낭비하는 현상

미국 경제학자 툴록(Tullock)은 1967년 발표한 논문에서 독점이나 관세 부과에서 발생되는 생산자의 이윤은 그냥 주어지는 것이 아니라 기업들의 치열한 노력과 경쟁에 의해 얻어지는 것이기 때문에 또 다른 형태의 사회적 비용을 유발한다고 했다. 여기서 말하는 사회적 비용이란 독점 설정 혹은 적당한 관세 부과를 위해 기업들이 정부를 상대로 치열한 로비를 하면서 지불하는 유·무형의 여러 가지 자원 손실을 의미한다. 로비·독과점유지·약탈 등이 렌트추구행위에 해당한다.

03 성장과 순환

핵심Tag #경제 성장 #국민 소득 #경제 지표 #소득 분배 및 순환

#경제 성장

056 경제 성장률 經濟成長率, rate of economic growth

한 나라의 경제가 전년도에 비하여 얼마나 성장했는가를 백분율로 나타낸 것

1년 동안 경제 활동을 한 각 영역이 전년도와 비교하여 얼마나 성장했는지 판가름하는 지표가 되는 것으로, 한 나라의 경제 발전 정도를 측정하는 중요한 척도이다.

$$\cdot \text{경제 성장률} = \frac{\text{금년도 실질GDP} - \text{전년도 실질GDP}}{\text{전년도 실질GDP}} \times 100$$

057 잠재 성장률 潛在成長率, potential growth rate

한 나라에 존재하는 생산자원을 최대한 활용해 달성이 가능한 국내총생산(GDP) 성장률로, 물가상승에 대한 압력 없이 성장할 수 있는 최대 생산 능력

국가 경제가 아직 성장하지 않은 상태에서 잠재 성장률이 떨어지면 실업률이 높아져 국민 경제가 어려워질 수 있다. 반면, 실질 성장률은 한 나라의 경제가 실제로 생산한 모든 최종생산물의 시장가치를 말한다. 불황기에는 높은 실업률 등으로 인해 실질 성장률이 잠재 성장률보다 낮게 나타난다.

058 명목 임금 名目賃金, nominal wage · 실질 임금 實質賃金, real wage
노동의 대가로 근로자가 받는 화폐액 · 명목 임금을 실제구매력으로 나타낸 것

명목 임금과 실질 임금의 변동이 항상 일치하는 것은 아니며, 물가의 변동에 따라 실질 임금은 달라진다. 예를 들어, 명목 임금은 변동이 없었으나 물가가 하락한 경우 실질 임금은 증가했다고 할 수 있다.

059 경기 대책 景氣對策, business cycle policy
경제 활동에 영향을 미치기 위하여 정부가 사용하는 여러 가지 정책

금융 정책 (monetary policy)	정부와 중앙은행이 물가안정 및 국제균형을 목적으로 금리·통화·유동성 등에 어떠한 작용을 가해 총수요를 조정하고 경제 활동에 영향을 미치는 정책
재정 정책 (fiscal policy)	조세와 정부지출의 수준 및 배분을 조작함으로써 경제 활동에 영향을 미치기 위해 정부가 사용하는 조치
공공투자 (public investment)	국가가 직접 도로·교량·항만·운하·산림·사방 등의 개수 및 건설과 같은 공공사업에 투자하여 경제 전체의 재생산에 도움이 되어 공공복지를 증진시키고자 하는 적극적인 정책

060 경기 변동 景氣變動, business cycle
생산과 소비 등의 경제 활동이 왕성하게 되는 호경기(好景氣)와 그것이 쇠퇴하는 불경기가 교대로 발생하는 것

경기 순환은 어떤 일정한 주기를 가지고 발생하고 호황과 불황이 파상적(波狀的)으로 반복되며 국제적으로도 파급된다. 이와 같은 경기 순환의 물결이 본격적으로 나타나기 시작한 것은 자본주의 경제가 확립된 19C 초 유럽에서였으며 역사상 특히 유명한 것은 1929년 미국에서 시작된 세계적인 대공황이다. 이후 각국에서는 통화관리 제도와 총수요 관리 정책을 채택하였고, 1940년대 이후로는 극심한 변동이 거의 나타나지 않고 있다.

경기 경제의 전반적인 활동 상태

061 구매력평가 PPP, Purchasing Power Parity 기준 GDP
각국의 통화단위로 산출된 GDP를 단순히 달러로 환산해 비교하지 않고 각국의 물가 수준을 함께 반영한 것

구매력평가(PPP)기준 GDP는 단순 GDP와 달리 각국에서 생산되는 상품과 서비스의 양, 물가 수준까지 감안함으로써 실질 소득과 상대적인 생활 수준까지 가늠할 수 있다는 장점이 있다. 환율이 저평가되어 있거나 상대적으로 생필품 가격이 싼 국가들의 GDP가 상대적으로 높아진다.

062 기저 효과 基底效果, base effect

어떠한 결괏값을 산출하는 과정에서 기준이 되는 시점과 비교 대상 시점의 상대적인 위치에 따라서 그 결괏값이 실제보다 왜곡되어 나타나게 되는 현상

가령 호황기의 경제 상황을 기준 시점으로 현재의 경제 상황을 비교할 경우 경제 지표는 실제 상황보다 위축되어 나타난다. 기저 효과와 비슷한 말로 반사 효과가 있다.

063 리세션 recession

경기 주기 중 경기 후퇴의 초기 국면으로, 경제 활동이 활기를 잃어 경기가 하강 과정으로 들어서는 전환 단계

이 시기에는 재화·서비스의 국민총생산(GNP)이 감소하며 공업성장은 정체하고 실업이 증가하며 주가폭락·신용위축·금리상승의 현상이 나타난다. 국민총생산도 감소하고, 이러한 상태가 더 진행되면 불황이 된다.

064 트릴레마 trilemma

물가안정, 경기부양, 국제 수지 개선을 동시에 달성하려는 3중고를 의미

이 3중고는 3마리 토끼에도 비유되는데, 경기부양에 치중하면 물가가 상승하기 쉽고 국제 수지가 악화되면 경기가 침체되기 쉬운 등 서로 물리고 물려서 정책 선택이 딜레마에 빠지게 된다는 뜻으로 사용된다.

065 피구 효과 Pigou effect

경기불황이 심해짐에 따라 물가가 급속히 하락하고 경제 주체들이 보유한 화폐량의 실질 가치가 증가하게 되어 민간의 부가 증가하고 그에 따라 소비 및 총수요가 증대되는 효과

케인스 학파의 유동성함정(liquidity trap) 논리에 대항하기 위하여 일부 고전학파가 사용하는 논리이다. 피구(A. C. Pigou)와 케인스(J. M. Keynes) 사이에 전개된 '임금논쟁'의 과정에서 생긴 개념으로, 파틴킨(D. Patinkin)에 의해 이름 붙여졌다. 즉, 유동성함정이 존재한다고 해도 물가가 신축적이라면 극심한 불황에서 자동적으로 탈출하여 완전 고용을 이룩할 수 있다는 것이다.

066 복합불황 複合不況, combined depression
부실한 금융기관의 영향으로 경제 전반이 장기적인 불황에 빠진 것

경기침체로 인한 부도기업 증가, 부동산가격 폭락 등에 영향을 받은 금융기관의 파산, 주가폭락 등으로 경제 전체가 장기적 불황국면을 맞는 것을 말한다. '경기침체 → 기업 도산 → 부실채권으로 인한 금융기관 부실 → 기업 대출 억제 → 기업 보유 부동산 매각 → 기업 도산'의 과정을 겪으면서 경기는 더욱 침체되어 깊은 불황으로 빠져든다.

#국민 소득

067 가계 소득 家計所得, household income
가구의 구성원들이 일을 해서 얻은 소득을 합한 가족의 총소득

가구 구성원들의 근로수입(가족들이 일을 해서 얻은 수입), 사업수입(장사를 하여 얻은 수입), 재산수입[집세, 지세(地稅), 이자, 배당금 등으로 얻은 수입]을 모두 합한 소득을 말한다.

068 가처분 소득 可處分所得, disposable income
소득 가운데 소비 또는 저축을 자유롭게 할 수 있는 돈

가장 제한적인 의미의 국민 소득 개념으로, 개인이 실제 소비활동에 지출할 수 있는 소득분을 의미한다. '가처분 소득은 모든 세금을 제외한 금액으로 그 처분이 자유롭기 때문에, 그 소득이 적으면 소비 규모가 줄어들고 소득이 늘어나면 소비 규모가 커지게 된다.

가처분 소득
=개인 소득−직접세

069 삼면등가 三面等價의 원칙
투자와 소비의 합계면으로 본 국민 소득으로, 생산 국민 소득·분배 국민 소득·지출 국민 소득은 동일한 금액으로 산출되어야 한다는 원칙

개인 소득이 개인 소비와 개인 저축으로 나뉘는 데 비해 국민 소득은 개인 소비와 개인 저축 외에 기업 저축(*사내유보이윤)까지 포함된다. 개인 소비에 간접세액까지 포함시키면 시장 가격에 의한 국민 소득이 된다.

사내유보이윤 기업활동에 의해 창출된 이익 중에서 사외로 유출되지 않은 이윤

지출 국민 소득 = 생산 국민 소득 = 분배 국민 소득
(소비 지출+투자지출)　(총생산물)　　(총요소소득)

070 GDP Gross Domestic Product
국내총생산. 1년 동안 한 국가에서 생산된 재화와 용역의 시장 가치를 합산한 것

각 부문의 생산활동은 물론 소비·투자·수출 등 수요 동향도 살펴볼 수 있는 종합지표로, GNP(국민총생산) 가운데 해외에서의 순소득이 높은 비중을 차지하는 영국이나 독일 등에서 국내 경제 활동의 동향 조사에 많이 사용된다. 우리나라에서도 1995년 4/4분기부터 GDP를 사용하고 있다. GDP는 지역적인 범위를 기준으로 하므로, 국내 외국인의 생산은 포함되지만 국외 자국민의 생산은 포함되지 않는다.

071 GNP Gross National Product
국민총생산. 일정 기간 내(보통 1년)에 생산된 최종 생산물 및 최종 용역의 총체를 화폐 가치로 환원해서 나타낸 것

'최종'이라는 한도에서 원료나 재료의 형태로 최종 생산물의 생산에 사용된 재화는 2중 계산을 피하기 위해 공제한다. 최종 생산물에는 최종소비재만이 아니라 기계·설비 등의 최종생산재도 포함되며, 유동 자본과 경영 자본의 순증가분까지도 가산한다.

072 GPI Genuine Progress Indicator
국민총생산(GNP)이나 국내총생산(GDP)의 개념에 시장가치로 나타낼 수 없는 경제 활동을 덧붙여 만든 새로운 경제지표

시장가치로 나타낼 수 없는 가사노동, 육아 등의 경제 활동 가치와 범죄, 환경오염, 자원 고갈 등의 비용 등 모두 26개 요소의 비용과 편익을 포괄하는 개념이다.

073 PI Personal Income, 개인 소득
개인에게 귀속되는 소득

법인 기업의 이윤 일부는 정부에 의해 법인세로 징수되고 또 일부는 회사 내의 유보이윤으로 할당되기 때문에 배당으로부터 제외되어, 국민 소득에는 포함되지만 개인 소득에는 포함되지 않는다.
반면에 노령자나 실업자에게 지급되는 사회보장금, 은급(恩給), 공채 이자 등의 이전 항목들은 국민 소득에는 고려되지 않지만 개인 소득에는 포함된다.

074 NNP Net National Product, 국민순생산

국민총생산(GNP)에서 감가상각분을 뺀 생산총액

국민총생산에서 감가상각을 공제하여 구할 수 있다. 최종 생산물 가운데 내구 생산재의 일부는 소모되기 때문에 이를 고려한 감가상각을 공제해야만 진정한 의미의 생산을 구할 수 있다. 그러나 감가상각의 측정이 어렵기 때문에 잘 사용되지 않는다.

> 국민 소득(NI)＋간접세＋경상 보조금＝국민순생산(NNP)
> 국민순생산(NNP)＋감가상각비＝국민총생산(GNP)

075 NI National Income, 국민 소득

국민순생산(NNP)에서 *간접세와 경상 보조금을 공제한 가치의 총액

보통 1년 단위로 해당 국가의 정상 거주자들이 생산한 최종 재화와 용역의 화폐 가치를 총합산함으로써 추정할 수 있다. 국민 소득은 생산 국민 소득·분배 국민 소득·지출 국민 소득의 3가지 개념으로 구분할 수 있다.

> **간접세** 부가 가치세, 특별 소비세, 관세 등 세금을 납부하는 사람과 실제로 부담하는 사람이 다른 세금

076 GNI Gross National Income, 국민총소득

불변 가격기준 국내총생산(GDP)에다 교역조건 변동에 따른 무역손익을 더한 후 실질 국외순수취요소소득을 합친 것

국민 소득의 세 가지 측면 중 지출 측면을 강조한 것. 여기서 말하는 교역조건 변동에 따른 무역손익이란 어떤 물건을 국내와 똑같은 가격으로 해외에 팔 때 얻어지는 실질손익과 해외상품을 해외 현지 가격과 똑같은 가격으로 국내에 수입할 때 얻어지는 실질손익을 더한 것으로 이른바 교역 조건 효과를 말한다.

> **실질무역손실** 수출입가격의 변화 등 교역 조건의 악화에 따라 나타나는 무역손실

함께 나오는 용어

- 실질GNI 실질GDP(국내총생산)에 *실질무역손실과 *실질국외순수취요소소득을 합한 것
- 명목GNI 국내총생산(GDP)에 '국외순수취요소소득'을 더하여 산출하며, 1인당 국민 소득이나 국가경제규모 등을 파악하는 데 이용되는 지표가 됨

> **실질국외순수취요소소득** 자국민(거주자)이 국외로부터 받은 소득에서 외국인(비거주자)에게 지급한 소득을 뺀 차액

077 HDI Human Development Index, 인간개발지수

소득, 교육, 빈곤, 실업, 환경, 건강, 종교 등 인간의 생활과 관련된 여러 가지 기본 요소들을 기초로 사회생활에서 느끼는 행복감을 측정하는 것

1인당 국민총생산(GNP)으로는 국가 간 개발 정도나 생활상을 비교하는 데 한계가 있어 여러 가지 요소들을 감안해 산출하는 새로운 지수로 일종의 행

복지수라고 말할 수 있다. 유엔개발계획(UNDP)이 각 국가의 실질 국민 소득, 교육수준, 문맹률, 평균 수명 등을 여러 가지 인간의 삶과 관련된 지표를 조사해 각국의 인간 발전 정도와 선진화 정도를 평가한 지수이다. 일반적으로 HDI가 0.900점 이상인 국가를 선진국으로 본다.

#경제 지표

078 GNP 디플레이터 GNP deflator
국민총생산의 금액 표시 수정 지수

GNP(국민총생산)를 상품으로 보았을 경우의 가격으로, 도매 물가 지수나 소비자 물가 지수 등 국민 소득에 영향을 미치는 모든 물가 요인과 더불어 환율 지수와 임금 지수까지 포괄하는 종합적인 물가 지수이다. 명목GNP를 실질GNP로 나누는 방식으로 산출한다. 일반적으로 다른 물가 지수와 비슷하게 움직이는 경향이 나타나지만 일반 물가 지수보다 포괄의 범위가 넓기 때문에 다른 지수보다 경제구조를 잘 반영하고 있다.

GNP 디플레이터
$= \dfrac{\text{명목GNP}}{\text{실질GNP}} \times 100$

079 GDP 디플레이터 GDP deflator
명목GDP를 실질GDP로 나눈 것으로 국가경제의 물가 수준을 나타냄

GDP 디플레이터는 소비자 물가 지수, 생산자 물가 지수, 수출입 물가 지수 등 물가 지수와 임금 · 환율 등 각종 가격 지수가 반영되어 있어서 국가경제 전체의 물가 수준을 나타낸다.

GDP 디플레이터
$= \dfrac{\text{명목GDP}}{\text{실질GDP}} \times 100$

080 경기 동향 지수 景氣動向指數, diffusion index
경기의 변화 방향만을 파악하는 것으로, 이러한 움직임이 경기의 국면 · 전환점 등 경제 전반에 미치는 과정을 파악하기 위해 사용되는 지수

˙경기 종합 지수와 함께 흔히 사용되며 경기 확산 지수라고도 한다. 경기 동향 지수는 경기 변동이 진폭이나 속도는 측정하지 않고 변화 방향만을 파악하는 것으로 경기의 국면 및 전환점을 판단할 때 사용된다. 0과 100 사이에서 변동을 보이게 되며, 지수가 50을 상회하였다고 하면 경기가 호황 쪽에 있다고 할 수 있다. 반대로 지수가 50을 밑도는 경우는 불황 쪽이다.

경기 종합 지수 선행지수, 동행지수, 후행지수 등으로 구성되어 경기 변동의 방향이나 국면전환점 등을 측정할 수 있도록 고안된 경기 지표

081 BWI Business Warning Indicator, 경기예고 지표
과거의 경제 동향 및 실적을 토대로 산출된 주요 경제 지표의 추세를 분석하여 현재 경기 상태의 과열·안정·침체를 나타내는 종합 경기 판단 지표

경기 정책 발동 시기를 놓치지 않도록 여러 경제 지표 중에서 경기 동향을 민감하게 반영하고, 속보성(速報性)을 가진 통계(총통화·제조업 생산지수·건축허가 면적 등)를 골라, 매월의 수준을 °적신호·적황신호·청황신호·°청신호의 4가지로 구분한 것이다. 1970년대부터 한국은행이 발표했다.

적신호 호황으로 인한 과열을 경계하고, 안정화 정책의 필요성을 시사

청신호 경기침체로 인해 부양정책의 필요성을 시사

082 PI Price Index, 물가 지수
일정시점의 물가를 기준으로 그 후 비교 시점의 물가변동을 파악하기 위해 사용

기준시점의 물가를 100으로 하고 비교 시점의 물가 변동 정도를 백분율로 나타낸다. 모든 상품의 가격 변동을 대표하는 지표다. 화폐 가치의 척도가 된다.

함께 나오는 용어
- 생산자 물가 지수(PPI) 생산자가 판매한 가격을 나타내는 물가 지수
- 소비자 물가 지수(CPI) 소비자가 구매한 가격을 나타내는 물가 지수

083 BSI Business Survey Index, 기업경기실사지수
경기 동향에 대한 기업가들의 판단·예측·계획의 변화 추이를 관찰하여 지수화한 지표

주요 업종의 경기 동향과 전망, 그리고 기업 경영의 문제점을 파악하여 기업의 경영계획 및 경기대응책 수립에 필요한 기초자료로 이용하기 위한 지표이다. 대한민국에서는 한국은행, 전국경제인연합회(전경련) 등에서 산출하고 있다. 다른 경기 관련 자료와 달리 기업가의 주관적이고 심리적인 요소까지 조사할 수 있어 경제 정책을 입안하는 데도 활용된다. BSI 지수값은 100을 기준으로 할 때 지수가 100보다 크면 조사항목에 대해 긍정적으로 생각하는 업체(또는 가구)가 부정적으로 생각하는 업체보다 많다는 뜻이다.

$$\cdot \text{BSI} = \frac{\text{긍정 응답 업체 수} - \text{부정 응답 업체 수}}{\text{전체 응답 업체 수}} \times 100 + 100$$

084 선행지표 先行指標, leading indicator
경기 동향을 나타내는 각종 지표 중에서 경기의 움직임에 앞서 나타나는 지표

경기의 선행지표를 알 수 있게 해주는 지표로는 주가, 생산지수, 도매물가 지수 등이 있다.

함께 나오는 용어
- **동행지표** 경기의 움직임과 동행하는 지표
- **지행지표** 경기의 움직임을 뒤이어 따라가는 지표

085 소비자 기대 지수 消費者期待指數, consumer expectation index
현재와 비교하여 6개월 후의 소비자들의 기대심리를 나타내는 지표

통계청에서 56개 도시의 2200가구를 대상으로 조사원이 방문하여 직접 면접법의 형식으로 진행한다. 주요 조사대상은 경기 · 가계생활 · 소비지출 · 내구소비재 · 외식 · 오락 · 문화 등이다. 소비자 기대 지수가 100을 넘으면 경기가 좋아질 것으로 전망하고 소비를 늘리겠다는 경향이, 100을 넘지 못하면 소비를 줄이겠다는 경향이 더 많다는 의미이다.

내구소비재(耐久消費財) 내구성이 좋아 장기적인 사용이 가능한 소비재로 가구, 전자제품, 자동차 등을 말함

086 소비자 동향 지수 消費者動向指數, consumer survey index
장래의 소비 지출 계획이나 경기 전망에 대한 소비자들의 설문 조사 결과를 지수로 환산해 나타낸 지표

한국은행이 1995년 3분기부터 시험 작성해 1998년 3분기부터 매 분기마다 공표하고 있다. 경기전망, 물가전망, 가계소득, 소비지출계획 등에 대하여, 아주 좋아질 것이라는 응답에는 1.0 가중치를, 약간 좋아질 것이라는 응답에는 0.5 가중치를 부여하고 반대의 대답에는 마이너스 가중치를 부여한다. 결과를 각각 더한 후 전체 응답자 수로 나눈 백분비가 소비자 동향 지수가 된다.

087 소비자 물가 지수 消費者物價指數, consumer price index
전국 도시의 소비자가 구입한 각종 상품 · 서비스에 대해 전반적인 가격 변동을 측정하는 것

통계청에서는 매월 서울, 부산, 대구 등 주요도시를 대상으로 백화점, 대형마트, 전통시장 등 약 2만5000여 개 소매점포 및 서비스점포를 조사대상처로 선정하여 지방통계사무소 직원들이 직접 현장 조사하고 있다. 460개 상품 및 서비스 품목의 가격을 조사하여 식료품 · 비주류음료, 의복 · 신발, 보건 등 12가지 부문으로 세분한다. 기준연도는 5년마다 한 번씩 개편된다.

통계청 전반적인 국가통계활동, 각종 경제 · 사회통계의 작성 등 정부의 각종 통계업무를 총괄하는 중앙행정기관으로 기획재정부에 속해 있음

088 소비자파산 消費者破産, consumers bankruptcy
개인이 자신의 능력으로 감당할 수 없는 과다한 채무를 지게 되어 파탄에 빠지게 될 경우,
사회적 구제 차원에서 파산을 선고함으로써 사회적 갱생을 돕는 제도

파산선고를 받으면 파산자로서는 모든 재산을 채권자들에게 *배당하며, 금융기관에서 대출이나 신용카드를 발급받지 못하는 등의 불이익을 받아야 한다. 그러나 파산 폐지 결정이 내려질 경우, 당사자는 '면책결정'만 확정되면 모든 채권이 면책되고 파산선고를 받지 않았던 상태로 복권되어 공·사법상의 각종 불이익은 없어진다. 그러나 파산자의 보증을 선 사람의 책임은 없어지지 않음에 유의해야 한다. 우리나라에서는 1997년 3월 소비자파산이 처음으로 받아들여졌다.

배당 주주들이 보유한 주식의 수에 따라 기업활동의 성과물인 이익을 나누어 주는 것

#소득 분배 및 순환

089 로렌츠 곡선 Lorenz curve
소득의 불평등한 정도를 측정할 때 사용되는 곡선

누적인원의 백분율은 x축에, 누적소득의 백분율은 y축에 표시한다. 로렌츠 곡선은 재산의 분포를 나타내는 데에도 사용될 수 있으며 사회적 불평등의 정도를 측정하는 척도로 사용한다. 미국 통계학자 로렌츠(M. O. Lorenz)가 1905년에 발표한 논문 중에 제시하였다.

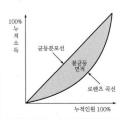

빈출

090 지니 계수 Gini's coefficient
소득 분배의 불평등도를 나타내기 위한 수치

이탈리아의 통계학자 지니(C. Gini)가 제시한 지니의 법칙으로부터 나온 개념으로, 소득 분배가 얼마나 공평하게 이루어지는가를 나타내는 수치이다. 지니 계수를 통해 계층의 빈부격차를 한눈에 파악할 수 있으며 수치가 0에 가까울수록 소득 분배가 균등하게 이루어지고, 1에 가까울수록 불균등분배로 인한 빈부의 격차가 크다는 것을 뜻한다. 일반적으로 0.4 이상이 되면 불균등의 정도가 심하다고 판단한다.

091 인플레이션 헤지 inflation hedge

인플레이션에 의한 화폐 가치의 하락으로 비롯되는 손실을 막기 위하여 화폐로서 일정한 가치를 갖는 상품 등으로 바꾸어서 보유하는 일

인플레이션 헤지의 대상으로는 귀금속 · 보석 등과 같이 보관이 용이하고, 변질이나 부패될 염려가 없으며 언제나 환금이 자유로운 상품, 토지 · 건물 등의 부동산, 주식 등이 선택된다. 특히 주식이 많이 선택되는데, 대체로 경기전망을 살펴보면 물가가 상승하는 데 비례하여 주가도 같은 정도로 상승하기 때문이다.

092 인플레이션 갭 inflation gap · 디플레이션 갭 deflation gap

완전 고용이 이루어진 수준에서 소득수준을 초과한 유효 수요 · 완전 고용이 이루어진 수준에서 유효 수요가 부족한 경우 그 부족분

완전 고용이 이루어진 소득수준에서는 유효 수요를 증가시켜도 이에 따른 산출량이 증대되지 않고 물가만 상승시킨다. 이 수준을 초과한 유효 수요를 '인플레이션 갭'이라 하고, 유효 수요가 부족할 때 그 부족분을 '디플레이션 갭'이라 한다. 디플레이션 갭의 경우 기업은 생산 수준을 수요 수준으로 조정할 수 있지만, 인플레이션 갭에서는 생산을 더 이상 증가할 수가 없기 때문에 물가 수준이 상승하고 인플레이션이 나타난다.

093 자연실업률가설 自然失業率假說

장기 균형에서 실업률은 인플레율의 영향을 받지 않는다는 가설

완전 고용의 경우에도 현행 임금률보다 임금률이 높은 일을 찾아서 구직활동을 하는 실업자와 새로운 일을 하기 위해서 준비 중인 실업자가 있으므로, 통계조사상의 실업률은 0%가 아니라 어떤 플러스의 값이 된다. 인플레율이 어떤 크기이건 그것이 완전히 예상되고 있는 한 기업과 노동자는 그 인플레의 효과를 완전히 조정한 뒤에 행동하므로, '장기 균형 실업률의 크기가 인플레율의 크기에 따라 영향을 받을 이유가 없다는 것이 이 가설의 내용이다. 인플레율을 높임으로써 장기적으로 실업률을 끌어내릴 수 있다는 케인스 학파의 단순한 필립스 곡선의 가설을 비판하기 위해서 1968년 프리드먼(M. Friedman)에 의해 제창되었다.

장기 균형 일정한 실질 임금 상승률 아래에서 노동의 수요와 공급이 일치할(완전 고용) 뿐만 아니라 인플레율에 대한 예상과 실제가 일치하고 있는 (완전예상) 상태

094 필립스 곡선 Philips curve
임금상승률 · 실업률의 함수관계를 나타내는 곡선

영국의 A. W. 필립스가 1861~1957년의 영국 자료를 계량학적으로 분석하여 이끌어낸 것이다. 이 곡선은 세로축을 임금상승률(물가상승률), 가로축을 실업률로 하여 실업률이 높으면 임금상승률이 낮고 실업률이 낮으면 임금상승률이 높은 상반관계(相反關係, trade off 관계)를 표시하였다. 현재는 물가상승률과 실업률 간의 반비례 관계를 나타내는 것이 일반적이다.

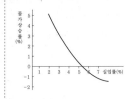

04 세금(조세)

핵심Tag #국세와 지방세 #기타 세금

#국세와 지방세

095 국세 國稅, national tax · 지방세 地方稅, local tax
조세를 징수하는 주체에 따른 구분

국세	내국세	• 보통세 – 직접세 : 소득세, 법인세, 상속세, 증여세, 종합부동산세 – 간접세 : 주세, 개별 소비세, 인지세, 부가 가치세, 증권 거래세 • 목적세 : 교육세, 교통 · 에너지 · 환경세, 농어촌특별세
	관세	–
지방세	보통세	• 도세 : 취득세, 등록면허세, 지방소비세, 레저세 • 시군세 : 주민세, 재산세, 자동차세, 지방소득세, 담배소비세
	목적세	지역자원시설세, 지방교육세

096 직접세 直接稅, direct tax
세금을 부담하는 담세자와 세금을 납부하는 납세자가 동일인인 경우의 조세

소득세, 법인세, 상속세, 등록면허세 등이 있다. 수입과 *담세 능력에 따라 공평하게 과세할 수 있고, 소득 재분배의 효과를 얻을 수 있으나 조세의 압박감이 크다.

담세 능력(擔稅能力) 세금을 낼 수 있는 능력

097 누진세 累進稅, progressive tax
과세 대상이 클수록 단계적으로 세율(稅率)이 높은 다른 세율을 적용하는 조세

납세자의 지불 능력에 따라 결정되는 것으로 소득세·상속세 등의 직접세가 이에 속한다. 소득 재분배의 효과가 있다.

098 간접세 間接稅, indirect tax
세금을 납부하는 사람과 실제로 부담하는 사람이 다른 세금

부가 가치세·특별 소비세·주세 등이 있다. 납세자로부터 담세자에게 부담이 옮겨지므로 조세의 징수가 용이하고 조세저항이 적은 특징이 있으나 저소득층에 대한 과세 부담 증가로 빈부의 격차를 심화시키고 물가를 자극하는 단점이 있다.

099 목적세 目的稅, objective tax
특정한 사용 목적에 충당하기 위하여 부과하는 조세

조세는 일반경비의 재원에 충당하기 위하여 부과하는 것이 원칙이지만, 예외로 지방 자치 단체가 행하는 특정사업에 있어서 수익관계(收益關係)가 있는 자에 대하여 이에 필요한 경비를 충당하기 위하여 특별히 과세하는 경우가 있다. 목적세는 일단 사업 목적이 달성되면 본 예산에 흡수되는 게 통례이며, 대개 종료 시점을 못박아 한시적으로 운용되고 있다. 교육세, 교통·에너지·환경세, 농어촌특별세와 지방세 중 도시계획세·공동시설세·사업소세·지역개발세·지방교육세가 목적세이다.

100 부가 가치세 附加價値稅, VAT, Value Added Tax
제품이나 그 부품이 팔릴 때마다 과세되는 소비세

'생산자·도매업자·소매업자·소비자'의 각 유통단계마다 증가된 가치(부가 가치)의 부분이 과세 대상이 된다. 즉, 판매금액에서 매입금액을 공제한 나머지 금액 '부가 가치'에다 부가 가치세율을 곱한 것이 부가 가치세액이 된다. 간접세의 대표적 조세이다.

101 농어촌특별세 農漁村特別稅
목적세의 일종으로 농어촌의 기반시설 확충 등에 사용하는 재원

농어촌특별세는 농어업의 경쟁력 강화와 농어촌 산업 기반 시설의 확충 및 농어촌 지역 개발 사업을 위하여 필요한 재원의 확보를 목적으로 징수하는 목적세이며, 조세감면액, 증권거래금액, 취득세액, 경주·마권 세액 등에 일정한 비율로 부과되고 있다. '납세의무자로는「개별 소비세법」에 의한 납세의무자, 「증권거래세법」에 의한 납세의무자, 「지방세법」에 의한 취득세 또는 레저세의 납세의무자 등이 있다.

납세의무자 세법에 따라 국가나 지방 자치 단체에 세금을 낼 의무가 있는 개인 또는 법인

102 종합부동산세 綜合不動産稅
일정 금액 이상의 토지나 주택의 소유자에게 부과하는 세금

2005년까지 개인별로 합산해 부과되었고, 2006년부터는 세대별로 합산해 부과되었다. 주택 또는 토지 소유자로 인별(人別) 공시가격을 합산한 금액이 주택 6억원(1가구 1주택 9억원), '나대지 등 종합합산토지 5억원, 사업용 건물 부속토지 등 별도합산토지 80억원을 초과하는 경우에 부과된다.

나대지(裸垈地) 지상에 건축물 등이 없는 대지

함께 나오는 용어

공시 지가(公示地價)
국토교통부장관이 조사 평가하여 공시한 표준지의 단위면적당 가격이다. 양도세·상속세·증여세 등 토지 관련 세금의 과세기준이 된다.

#기타 세금

103 원천 과세 源泉課稅, withholding tax
소득이 발생하는 원천에 세금을 부과하는 것

소득자에게 종합적으로 부과하지 않고 개인 소득을 지불하는 곳에 개별적으로 부과하는 것을 말한다. 원천 과세에는 급여 소득, 퇴직 소득, 이자 소득, 배당 소득 등이 있다.

104 갑종 근로 소득세 甲種勤勞所得稅
원천 징수로 거두는 근로 소득세

소득세법에 따라 원천 징수되는 세금으로 ▲근로 제공으로 받는 봉급·보수·상여금·수당 등의 모든 급여 ▲법인세법에 의해 상여로 처분된 금액 ▲법인의 주주총회·사원총회 또는 이에 준하는 의결기관의 결의에 따라 상여로 받는 소득 ▲퇴직 시 지급받는 소득으로 퇴직 소득에 속하지 않는 소득 등에 과세한다.

함께 나오는 용어 ···

을종 근로 소득 외국 기관이나 재외 외국인으로부터 받는 급여 등

105 준조세 準租稅
조세 이외에 법정부담금과 기부금·성금 등을 포함하는 모든 금전적 의무를 통칭

사회보험료, 행정제재금, 수수료, 기부금 등 비자발적 부담을 통칭하는 개념으로, 대표적인 예로 출국 납부금, 영화상영관 입장권 부담금, 회원제 골프장 부가금 등이 있다.

전국경제인연합회(전경련)에서는 준조세를 '기업 활동 과정에서 부담하는 순수한 생산비용과 조세를 제외하고 경제적 부담 요인인 일체의 금전적 지급의무'로 설명하고 있다. 준조세는 기업이 사회적 비용을 유발하거나 사회질서를 위반한 데 따른 제재라는 점에서는 그 타당성이 인정되지만 강제성을 띨 경우에는 기업의 부담으로 작용한다.

106 버핏세 Buffett tax
'투자의 귀재'로 불리며 활발한 기부활동으로 유명한 워런 버핏 버크셔 해서웨이 회장이 부유층에 대한 증세를 주장한 방안

버핏은 연간 100만달러 이상을 버는 부유층이 중산층보다 적은 세금을 내서는 안 된다며 부자에게 증세를 해 미국 정부의 재정적자를 해결하자고 주장하였다. 버핏의 주장은 버락 오바마 미국 대통령의 고소득층 증세 방안의 계기가 되었다.

▲ 워런 버핏

함께 나오는 용어

토빈세(Tobin's tax)
국제 투기자본(핫머니)에 부과하는 세금으로 금융거래세이다. 토빈세가 성공적인 성과를 거두기 위해서는 모든 국가가 토빈세를 도입해야 한다. 만약 일부 국가만 도입할 경우 핫머니에 대한 세금이 없는 나라로 몰리기 때문이다. 2012년 10월 당시 유로존 17개국(2020년 기준 19개국) 중 독일, 프랑스, 이탈리아 등 11개국이 토빈세 도입에 합의하였지만, 2013년 6월부터 현재까지 토빈세와 유사한 제도를 시행하고 있는 국가는 이스라엘이 유일하다.

107 조세피난처 租稅避難處, tax shelter
법인 소득의 전부 혹은 상당 부분에 대해 조세를 부과하지 않는 국가나 지역

법인세, 개인 소득세에 대해 전혀 •원천 징수를 하지 않거나, 과세를 하더라도 아주 낮은 세금을 적용함으로써 세제상의 특혜를 부여한다. 규제가 거의 없고 금융 거래의 익명성이 철저히 보장되기 때문에 전 세계적으로 탈세나 돈세탁용 자금 거래의 온상이 되고 있다. 대표적인 조세피난처는 바하마, 버뮤다 제도 등 카리브해 연안과 중남미 등에 밀집해있다. 낮은 조세 천국 (low-tax heaven), 조세휴양지(tax resort), 조세회피지역이라고도 한다.

원천 징수(源泉徵收) 소득이나 수익을 지급하는 쪽에서 세금의 일부를 거두어들이는 것

함께 나오는 용어

• 페이퍼컴퍼니(paper company)

글자 그대로 물리적 실체가 없이 서류 형태로만 존재하는 회사다. '유령회사'라고도 하지만 실질적인 영업 활동은 자회사를 통해 하고, 법적으로는 엄연히 회사 자격을 갖추고 있기 때문에 엄밀한 의미에서 유령회사와는 다르다. 주로 사업 활동에서 나오는 소득과 기타 합산 소득에 대한 세금을 적게 내는 방법으로 기업 활동에 드는 제반 경비를 절감하기 위해 조세회피지역에 설립된다.

• 역외탈세(域外脫稅, offshore tax evasion)

국내 법인이나 개인이 조세피난처에 페이퍼컴퍼니를 만든 뒤 그 회사가 수출입 거래를 하거나 수익이 있는 것처럼 회계를 조작해 세금을 면탈하거나 축소하는 행위를 말한다. 국내 거주자의 경우 외국에서 발생한 소득(역외소득)도 국내에서 세금을 내야 하지만, 외국에서의 소득은 숨기기 쉽다는 점을 악용한 것이다. 국내에 감춰진 소득은 소비나 상속·증여 등을 통해 결국 드러나지만 외국 소득을 해외로 반출하면 거의 회수할 수 없으므로 더 큰 사회적 지탄을 받는다. 세무 당국이 적발한 대표적인 역외탈세는 2011년 권혁 시도상선 회장의 경우로 탈세 혐의로 4000억원대의 세금을 추징당한 바 있다.

01 _____은(는) 경기 주기 중 경기 후퇴의 초기 국면으로, 경제 활동이 활기를 잃어 경기가 하강 과정으로 들어서는 전환 단계를 말한다.

02 _____은(는) 소득이 낮을수록 전체의 생계비에 대한 식료품비가 차지하는 비중이 커진다는 법칙이다.

03 _____은(는) 소득의 불균등한 정도를 나타내는 곡선으로 미국의 통계학자 로렌츠(M. O. Lorenz)가 창안했다. 누적인원의 백분율은 x축에, 누적소득의 비율은 y축에 표시하며, 재산의 분포를 나타내는 데에도 사용될 수 있다.

04 물이 넘쳐흘러 인근의 메마른 논까지 혜택을 보듯, 한 영역에서 일어난 경제 현상이나 한 국가에서 취한 정책의 영향 및 혜택이 다른 영역이나 지역으로 퍼져나가는 현상을 _____(이)라고 한다.

05 영국의 경제학자 필립스(A. W. Phillips)가 임금상승률과 실업률 사이에는 역의 관계가 있음을 설명한 곡선은 _____(이)다.

06 _____은(는) 소재의 가치가 서로 다른 화폐가 동일한 명목가치를 가진 화폐로 통용되면, 소재가치가 높은 화폐(good money)는 유통시장에서 사라지고 소재가치가 낮은 화폐(bad money)만 유통되는 현상이다.

07 _____은(는) 시장에 현금이 흘러 넘치지만 기업의 생산, 투자, 가계의 소비가 늘지 않아 경기가 나아지지 않고 함정(trap)에 빠진 것처럼 보이는 상태다.

08 _____은(는) 세금을 부담하는 담세자와 세금을 납부하는 납세자가 동일인인 경우의 조세를 말한다. 소득세, 법인세, 상속세, 등록면허세 등이 있다.

09 _____은(는) 법인 소득의 전부 혹은 상당 부분에 대해 조세를 부과하지 않는 국가나 지역을 말한다. 바하마, 버뮤다 제도 등 카리브해 연안과 중남미 등에 주로 밀집해있다.

10 _____은(는) 소득 분배의 불평등도를 나타내기 위한 수치로, 소득 분배가 얼마나 공평하게 이루어지는가를 나타내는 수치이다. 수치가 0에 가까울수록 소득 분배가 균등하게 이루어지고 있다고 할 수 있다.

CHOICE

□ 그레셤의 법칙
□ 엥겔의 법칙
□ 유동성함정
□ 스필오버 효과
□ 리세션
□ 로렌츠 곡선
□ 필립스 곡선
□ 직접세
□ 지니 계수
□ 조세피난처

정 답

01 리세션
02 엥겔의 법칙
03 로렌츠 곡선
04 스필오버 효과
05 필립스 곡선
06 그레셤의 법칙
07 유동성함정
08 직접세
09 조세피난처
10 지니 계수

01 한국서부발전, 국민연금공단, CBS

경제 활동 인구에 관한 설명으로 <u>잘못된</u> 것은?

① 자발적으로 종교 단체나 자선 사업에 종사하는 사람들도 포함된다.
② 노동 시장에 노동을 공급함으로써 경제생활에 기여할 수 있는 인구를 말한다.
③ 일은 하고 있지 않지만 일을 찾고 있는 실업자를 모두 포함한다.
④ 한 나라의 잠재노동력을 나타내는 개념이다.

02 aT한국농수산식품유통공사, 국민체육진흥공단, 국민은행, TV조선

A의 가격이 올라 A의 소비가 감소할 때, B의 수요도 감소하였다면 두 재화의 관계는?

① 독립재　② 보완재　③ 기펜재　④ 단용재

03 한국농어촌공사, 경향신문, YTN

생산활동에 직접적으로 참여하지 않으나 간접적으로 기여하는 자본을 무엇이라 하는가?

① 사회 간접 자본　　② 매판 자본
③ 독점 자본　　　　④ 가변 자본

04 한국남부발전, 한국자산관리공사, 국민은행, 한겨레, YTN

케인스에 관한 설명으로 <u>잘못된</u> 것은?

① 완전 고용의 실현을 위해 공공지출 등 정부의 직접적 정책이 필요하다고 주장한다.
② 적자 재정 정책은 지나친 경기 과열을 불러온다는 이유로 이를 반대하였다.
③ 『고용·이자 및 화폐에 관한 일반이론』을 저술하였다.
④ 완전 고용을 위하여 유효 수요를 확보할 필요가 있다고 주장하였다.

05 한국공항공사, CJ, YTN, 한겨레

다음 중 어떤 한 쪽에도 불이익을 가져오지 않고서 현 상황을 그대로 유지하는 것을 뜻하는 말은?

① 슈바베의 법칙(Schwabe's law)
② 그레샴의 법칙(Gresham's law)
③ 파레토 최적(Pareto optimum)
④ 부메랑 현상(boomerang effect)

06 한국주택금융공사, 두산, 서울신문, 평화방송

국민 소득의 개념이 가장 작은 것부터 순서대로 나열된 것은?

① DI, NI, GNP, NNP, PI
② NI, PI, DI, NNP, GNP
③ DI, PI, NI, NNP, GNP
④ NI, DI, PI, NNP, GNP

07 국립공원관리공단, 삼성, 한국경제신문, 경향신문

간접세 중심으로 한 국가의 조세정책이 이루어질 경우 국민 경제는?

① 저소득층에 대한 과세 부담 증가로 빈부의 격차를 심화시킨다.
② 물가 하락을 조장한다.
③ 국민의 조세 저항이 커진다.
④ 직접세보다 조세의 징수가 힘들어 진다.

08 언론중재위원회, 삼성전자

경기 불황이 심해짐에 따라 물가가 급속히 하락하고 경제 주체들이 보유한 화폐량의 실질가치가 증가하게 되어 민간의 부가 증가하고 그에 따라 소비 및 총수요가 증대되는 것을 무엇이라 하는가?

① 구축 효과　　　　② 애그플레이션
③ 전시 효과　　　　④ 피구 효과

핵심Tag로 흐름을 한 번에 기억하는 **정답과 해설**

정답

01	①	02	②	03	①	04	②	05	③	06	③
07	①	08	④								

01. 핵심 Tag #경제 #경제일반 #경제 기초

한국의 경우 15세 이상인 사람들 가운데 일할 능력이 있고 취업할 의사가 있는 인구를 경제 활동 인구라고 한다. 경제 활동 인구는 한 나라의 잠재노력을 나타내는 개념으로서, 수입(收入)을 목적으로 현재 일을 하고 있는 취업자와, 일은 하고 있지 않지만 일을 찾고 있는 실업자를 모두 포함한다. 따라서 경제 활동 인구에서 취업자 수를 빼면 그것이 곧 실업자 수가 된다. 또한 경제 활동 인구에 대한 취업자의 비율에서 취업률을, 경제 활동 인구에 대한 실업자의 비율에서 실업률을 얻을 수 있다.

02. 핵심 Tag #경제 #경제일반 #경제 기초

보완재에 대한 설명이다. 펜과 잉크, 커피와 설탕처럼 상호보완하는 관계에 있어서 두 재화를 함께 소비할 때 효용이 큰 재화이다.

03. 핵심 Tag #경제 #경제일반 #경제 현상

사회 간접 자본(SOC)은 물건을 생산하는 데에는 직접적으로 사용되지 않지만 도로, 전력, 통신, 항만, 철도 등 생산활동에 간접적으로 도움을 주는 시설을 말한다.

04. 핵심 Tag #경제 #경제일반 #경제 이론

케인스는 대표적 저작 『고용 · 이자 및 화폐에 관한 일반 이론』(The General Theory of Employment, Interest and Money)에서 완전 고용을 실현하기 위해서는 유효 수요를 확보하기 위한 공공지출 등 정부의 보완책이 필요하다고 주장하였다. 완전 고용의 실현에 경제적 목표를 두고, 이를 위한 수단으로서 적극적인 재정 금융 정책의 채용을 주장하였다. 이 이론을 케인스 경제학이라고 한다.

05. 핵심 Tag #경제 #경제일반 #경제 이론

① 소득이 상승함에 따라 주거비 지출액은 증대하나, 소비 지출에서 차지하는 비율은 점점 저하된다는 경험 법칙을 말한다.

② 소재의 가치가 서로 다른 화폐가 동일한 명목 가치를 가진 화폐로 통용되면, 소재 가치가 높은 화폐(good money)는 유통 시장에서 사라지고 소재 가치가 낮은 화폐(bad money)만 유통되는 현상을 말한다.

④ 선진국의 경제 원조나 자본 투자를 통하여 개발 도상국에서 생산된 제품이 선진국에 역수출됨으로써 선진국의 산업과 경쟁을 벌이는 현상을 부메랑 현상이라고 한다.

06. 핵심 Tag #경제 #성장과 순환 #국민 소득

DI(가처분 소득) = 소비 + 저축
PI(개인 소득) = 국민 소득 − 법인세 − 법인유보 + 이전소득
NI(국민 소득) = 국민순생산 − 간접세 + 경상보조금
NNP(국민순생산) = 총생산 − 감가상각비
GNP(국민총생산) = 최종생산물가치

07. 핵심 Tag #경제 #세금 #국세와 지방세

간접세(間接稅)는 세금을 납부하는 사람과 실제로 부담하는 사람이 다른 세금으로 이에 속하는 조세로는 부가 가치세 · 특별 소비세 · 주세 · 관세 등이 있다. 납세자로부터 담세자에게 부담이 옮겨지는 간접적인 징수방법으로 인하여 조세의 징수가 용이하고 조세 저항이 적은 특징이 있다. 그러나 저소득층에 대한 과세 부담 증가로 빈부의 격차를 심화시키고 물가 인상을 자극하는 단점이 있다.

08. 핵심 Tag #경제 #성장과 순환 #경제 성장

피구 효과(Pigou effect)는 케인스 학파의 유동성함정 논리에 대항하기 위하여 일부 고전학파가 사용하는 논리이다.

① 구축 효과(驅逐效果) : 정부의 지출이 증가하면 민간 부문의 소비 및 투자가 감소하는 것을 말한다.

② 애그플레이션(agflation) : 농산물 가격이 급등함에 따라 물가가 상승하는 현상을 말한다.

③ 전시 효과(展示效果) : 사회의 일반적인 소비 성향에 영향을 받아 개인의 소비 행동이 타인의 소비 행동을 모방하려는 사회적 현상을 말한다.

SECTION

2 | 무역

 무역 일반

핵심Tag #기초 무역 #무역 정책 #무역 실무

#기초 무역

108 경상 수지 經常收支, balance on current account
한 나라의 대외거래상태를 나타내는 지표 중의 하나로 ˙상품 수지, 서비스 수지, 소득 수지, ˙이전수지를 합한 것

보통 국제 수지 적자 또는 국제 수지 흑자를 말할 때는 대개 경상 수지를 기준으로 하고 있다. 경상 수지가 흑자일 경우에는 상품에 국제경쟁력과 해외로의 공급 여력이 있고, 경상 수지가 적자인 경우에는 해외로부터 자본을 수입하는 경우가 많아 자본 수지가 흑자가 되기 쉽다.

상품 수지 거주자와 비거주자간의 수출입상품거래를 계상한 것

이전 수지 내국인과 외국인 사이에 무상으로 주고받는 거래

종합 수지	경상 수지에 자본 수지를 합한 것
기초 수지	장기 자본 수지와 경상 수지를 합한 것
무역 수지	일정 기간 동안 이루어진 상품 수출과 상품 수입의 차이를 나타낸 것

109 개발수입 開發輸入, develop and import scheme
선진국이 기술이나 자금을 개발 도상국에 제공하여 미개발자원 등을 탐사·개발하고 그 생산물을 수입하는 것

개발참가수입이라고도 하며, 대부분의 경우 선진국이 기술이나 자금이 부족한 제3국에서 농수산자원이나 광업자원을 수입할 때 이 같은 방법을 취한다. 이 방법의 대표적인 것으로는 ˙프로덕션 셰어링 시스템(PS 방식)이 있다.

프로덕션 셰어링 시스템 투하한 선진국의 자본상환을 개발도상국이 생산물로 상환하는 방식

110 병행수입제 並行輸入制

국내 독점판매권을 가지고 있는 업체 이외에 다른 유통경로로 같은 상표의 정품이 수입될 경우 통관과 판매를 전면 허용하는 제도

우리나라에서는 1995년 9월부터 수입공산품의 가격인하를 유도하기 위해 시행하고 있다. 따라서 국내 독점판매권자나 수입상표의 전용상용권자는 단지 위조품에 대해서만 그 권리를 보호받게 된다.

더 알고 가기

국내 병행수입 허용 기준

- 원칙적으로 상표의 고유기능인 출처 표시 및 품질보증 기능을 해치지 않는 범위 내에서 모든 수입품에 대한 병행수입을 허용
- 국내외 상표권자가 동일인이거나 같은 계열사 또는 본·지사 관계, 독점 수입대리점 등 자본 거래가 있는 특수관계의 경우에는 상표권이 소진된 것으로 간주하여, 다른 수입업자가 이 상품을 수입해 판매가 가능
- 외국상품의 국내 상표권자가 국내에서 독자적인 제조 및 판매망을 갖고 있는 경우에는 기존 영업권을 보호한다는 차원에서 병행수입이 허용되지 않는다.

111 수입선 다변화 輸入先多邊化

심각하게 *무역역조 현상을 나타내고 있는 특정 국가와 수입 및 수출에서 균형을 맞추기 위해 수입을 제한하는 제도

전년도 말을 기준으로 그 이전 5년간 무역역조 폭이 가장 큰 국가를 대상으로 품목을 지정토록 해왔다. 1977년부터 일본을 중심으로 적용했지만 국산품의 품질 향상으로 경쟁력이 강화되고 시장이 개방되어 1999년 6월 폐지했다.

무역역조 한 나라의 수입액이 수출액보다 많은 상태

112 구상 무역 求償貿易, compensation trade

두 나라 사이의 수출입액을 일정 기간 내에 완전히 균형을 맞추어 대차 차액이 생기지 않도록 함으로써 차액결제를 위한 자금을 필요로 하지 않게 하는 무역 방식

바터 무역(barter trade)이라고도 하며, 수입 또는 수출하는 만큼의 물건을 교환하는 것을 말한다. 구상 무역에는 유환(有換)과 무환(無換)의 2가지 방식이 있는데 전자는 *하환신용장에 의거하여 수출입품의 대금결제를 외국환의 수급으로 결제하는 방식이며, 후자는 계약에 의해 대금결제를 외국환의 수급 없이 서로 상응하는 수출입을 함으로써 상계(相計)하는 방식이다.

하환신용장(荷換信用狀) 선적 서류가 붙은 환어음에 대하여 그 신용을 보증하기 위하여 은행에서 발행하는 보증장. 주로 수입업자의 의뢰로 발행

113 중개 무역 仲介貿易
수출국과 수입국 간의 거래 중간에 제3국의 중개업자가 개입된 무역

물건은 제3국을 거치지 않고 수출자로부터 수입자에게 직접 보내어지는 것이 일반적이며, 제3국의 중개업자는 수입상으로부터 중개수수료를 취득한다. 일반적으로 무역거래 업체가 아직 발달하지 못한 개발 도상국을 대상으로 중개업자의 활동이 이루어진다.

함께 나오는 용어 ┄┄┄┄┄┄┄┄┄┄┄┄┄┄┄┄┄┄┄┄┄┄┄┄┄

- **중계 무역(中繼貿易)** 수출국으로부터 제3국이 물건을 사서 그대로 수입국에 재수출하는 형태의 무역
- **스위치 무역(switch trade)** 수출입 거래는 직접 당사자 간에 이루어지고, 대금 결제는 제3국의 업자를 통해 이루어지는 거래
- **삼각 무역(三角貿易)** 상대국과의 사이에 제3국을 개입시켜 상대국과의 무역 불균형을 제3국과의 무역을 통해서 수지 균형을 꾀하는 무역 방법
- **편무역(片貿易)** 양국 간의 무역에서 수출입이 균형을 이루지 못하고, 어느 한 국가의 수출이 초과되거나 수입이 초과되는 무역
- **통과 무역(通過貿易)** 매매계약은 수출국과 수입국 당사자 간에 직접 체결되지만, 상품의 수령방법에 있어서 제3국을 통과(transit)하는 형태의 무역

114 링크시스템 link system, 연계 무역
가공품의 수출을 전제로 하여 그 가공품의 생산에 필요한 원료의 수입을 허가하는 무역 제도

수출을 전제로 한 원료수입이다. 이를 통해 수입을 통제할 수 있고, ˙가공품의 수출로 수출증진 효과도 거둘 수 있다.

가공품(加工品) 원자재나 반제품을 인공적으로 처리하여 만들어 낸 물품

115 수입 유전스 import usance
수입업자의 금융을 용이하게 하기 위한 수입대금의 연불(延拂) 제도

무역결제를 외화로 지불하는 경우 수입업자가 수입어음의 결제기한을 일정기간 연장시키고 은행에서 대금을 대신 지불하는 것과, 외국의 수출업자가 기한부 어음을 발행하여 이것을 은행에서 할인하는 방식이 있다.

유전스(usance) 어음 기간을 뜻하는 말

116 녹다운 방식 knockdown system
부품 상태로 물품을 수출한 뒤 현지에서 조립, 완성품을 만드는 형태

기업 입장에서 녹다운 방식을 이용하면 완성품이 아니기 때문에 관세를 낮

출 수 있고, 운임도 낮아지며, 현지의 저렴한 노동력을 이용하여 인건비를 절감할 수 있다. 선진국에서 개발 도상국으로 제품을 수출할 때 주로 사용된다. 또한 무역 마찰을 피하기 위한 우회수출의 목적으로도 자주 사용된다. 개발 도상국 입장에서는 산업 발전과 고용 창출에 도움이 된다.

117 대외의존도 對外依存度
국민 경제에서 해외 부문과의 거래가 차지하는 크기를 측정하는 지표

대외의존도, 무역 의존도, 수출입의존도는 모두 같은 의미로 쓰인다. 구체적으로 대외의존도는 국민 소득에서 수출액과 수입액이 차지하는 비중을 나타낸다. 이때 국민 소득 지표로서 공식적으로 국민총소득(GNI)을 이용하지만, 분석 목적에 따라 국민총생산(GDP)을 쓰기도 한다. 대외의존도가 높을수록 해외 부문의 여건 변화가 한 국가의 국민 경제에 미치는 영향이 커짐을 의미한다.

118 비교 생산비설 比較生産費說, theory of comparative cost
생산비와 수입비 등을 비교하여 세계 각국의 물건 교환이 이루어진다는 것, 즉 국제 무역이 이루어지는 원리를 설명한 이론

비교우위설이라고도 한다. 리카도(D. Ricardo)의 이론으로 국제분업이 어떻게 이익이 되는가를 설명하여 무역이 발생하는 이유를 명확히 하고 있다. 각국은 처해진 생산 조건에 따라 생산 능률을 달리할 수밖에 없는데, 외국보다 싸게 생산할 수 있는 상품을 필요 이상으로 생산하여 그 잉여분을 수출하고, 잉여분의 교환을 통해 자국에서 생산비가 많이 드는 상품을 수입하게 된다. 이러한 원리를 통해 무역이 이루어지게 된다.

119 헥셔–오린 정리 theorem of Heckscher-Ohlin
무역에서 어떠한 산업에 비교우위를 갖게 되는 원인을 각국의 생산 요소 부존량의 차이에서 설명하는 이론

헥셔–오린 정리에 의하면 비교생산비가 생기는 원인은 '생산 요소의 부존 상태의 차이에 기인한다고 한다. 즉, 노동이 풍부한 경우 노동집약적 산업이, 자본이 풍부한 경우 자본집약적 산업이 비교우위에 놓이게 되어 무역이 이루어지게 된다는 이론이다. 그러나 이러한 생산 요소가 국가 간에 이동되지 않고 집약적 상품을 계속 생산한다고 하더라도 상품무역에 의하여 생산 요소의 상대 가격이 국제 간에 균등화하는 경향이 있다.

생산 요소 인간의 욕구 충족을 위한 새로운 재화를 생산하는 데 필요한 요소로, 토지·노동·자본으로 구성

120 부메랑 현상 boomerang effect
기술 도입국이 기술 제공국의 시장을 잠식하는 현상

선진국의 경제원조나 자본투자를 통하여 개발 도상국에서 생산된 제품이 선진국에 역수출됨으로써 선진국의 산업과 경쟁을 벌이는 현상을 말한다. 제2차 세계 대전 뒤 서유럽 각국의 자본투자와 기술원조를 받은 일본이 중화학 공업을 비롯한 공업 부문의 발전을 이룩하여 그 제품을 서유럽 각국에 역수출하여 이들 국가에 위협을 준 현상이 대표적인 경우이다.

#무역 정책

121 보호 무역주의 保護貿易主義
관세 · 보조금 · 수입할당제 등의 수단을 통해 외국과의 경쟁으로부터 국내 산업을 보호하는 정책

일반적으로 외국보다 뒤떨어진 자국의 산업을 외국과의 경쟁에서 보호하여 일정한 단계까지 육성 · 발전시키려는 것이지만, 정치적 · 경제적 조건과 특히 국제적 조건의 차이에 따라 여러 형태를 취하게 된다.

함께 나오는 용어
신보호 무역주의(新保護貿易主義)
미국의 만성적 국제 수지 적자와 빈번한 국제통화 위기, 브레튼우즈 체제 붕괴, 오일 쇼크 등으로 많은 국가들이 무역과 외화에 대한 규제 조치를 강화해 보호 무역주의화하는 경향을 말한다. 보통 선진국에 의해 일방적으로 자행되는 보호 무역주의를 이르기 때문에 후진국의 보호주의를 의미하는 전통적인 보호 무역주의와는 차이가 있다.

122 세이프가드 safeguard
특정 품목의 수입이 급증하여 국내 산업에 커다란 손실을 입힐 것으로 판단되는 경우 일시적으로 발동하는 긴급 수입제한조치

GATT(관세 및 무역에 관한 일반협정) 제19조에서 *면책 조항으로 규정하고 있으며, 세이프가드에 의한 제한조치 및 방식, 적용기간, 보상문제 등 관련된 여러 사안에 대하여 당사국이 협의하면 WTO가 최종 결정을 내리게 된다.

면책 조항 GATT의 각종 의무를 이행하지 않아도 되는 예외를 허용한 GATT조항

123 펠리 수정법 Pelly amendment
1992년 11월 미국 의회가 야생 동식물 보호 정신을 위반하는 국가의 모든 제품의 수입에 대해 무차별 규제를 가할 수 있도록 정한 법

일명 그린(green) 슈퍼 301조인 이 법은 위기에 처한 야생 동식물로 만든 제품의 수입을 규제하도록 한 기존의 법안을 더 엄격한 방향으로 개정한 것이다.

124 슈퍼 301조 super 301

교역상대국의 불공정한 무역행위로 미국이 무역에 제약을 받을 경우, 광범위한 영역에서 보복할 수 있도록 허용한 미국 통상법

1988년 미국 종합무역법에 의해 신설된 한시적 조항으로, 1974년 제정된 미국 통상법 301~309조까지를 일반 301조(regular 301)로 부르는 것과 구분해 '슈퍼 301조'라고 부른다. 일반 301조가 품목·분야별로 교역상대국의 불공정 무역관행 제거를 위한 통상협상을 추진하도록 하는 것과 달리 상대국을 포괄적으로 우선협상 대상국으로 지정해 통상협상을 하도록 하고 더 광범위한 보복 조처를 할 수 있게 허용한다.

슈퍼 301조는 1990년 공식으로 만료됐으나 빌 클린턴 전 대통령이 행정명령을 통해 3차례 부활시킨 바 있다. 또, *미국통상대표부(USTR)는 트럼프 정부의 미국 우선주의에 입각해 특정 국가에 징벌적 과세를 부과할 수 있는 301조 발동에 힘을 실은 바 있다.

미국통상대표부(USTR) 미국의 국제통상교섭을 담당하는 대통령 직속 기관. 미국의 전반적인 무역 정책을 총괄적으로 수립하고 집행하면서 대외 교섭의 창구로 활용됨

더 알고 가기

미국 행정부의 재량적 무역구제 수단

슈퍼 301조, 반덤핑 및 상계 관세 부과, 무역법 제201조에 따른 세이프가드 발동, 무역법 제301조 및 관세법 제337조에 따른 불공정 무역행위 대응, 지식재산권 보호에 초점을 맞춘 스페셜 301조, 재무부의 환율조작국 지정 조치 등이 있다.

125 무환수출 無換輸出, export without exchange

환(換)에 의한 대금 결제를 수반하지 않은 상태에서 행해지는 수출

예로는 무상의 상품 견본, 선물, 증여품, 여행자의 휴대품 등이 있다. 외화 획득에 도움이 되지 못하고 자본의 해외 도피 수단이 될 수 있어 환 관리상 특별한 규제를 받는 일이 많다.

126 가득률 稼得率

가공 무역에서 자국으로 순수하게 입금되는 외화 획득 비율

한 나라의 총수출액 중에서 실제로 획득한 외화에 대한 백분율을 말한다. 이때 자국의 *원자재를 많이 사용해서 생산한 상품일수록 외화 획득 비율이 높아지므로, 가공도가 높을수록 가득률이 높아진다.

원자재(原資材) 공업 생산의 원료가 되는 자재

127 연불 수출 延拂輸出, export on a deferred payment basis

국제 무역에서 결제대금의 일부만을 현금으로 받고 나머지 대금은 여러 해에 걸쳐 받는 수출방식으로 장기 결제방식에 의한 신용거래

일반적으로 수출입무역은 신용장을 개설한 후 계약상품을 선적(船積)하고 이것이 수입업자에게 인도되면 대금결제가 이루어지는 것이 정상적이지만 저개발국에 대한 선진국의 기계설비·선박 등의 수출은 경제 협력의 일환으로 연불신용을 공여하는 연불 수출 방식을 취하는 경우가 많다. 수출금액이 아주 클 경우에 이루어진다.

예를 들어 기계설비·선박·˙플랜트류 등 수출금액에 대한 부담이 커 대금결제에 어려움을 겪을 수 있는데, 이때 정부나 민간은행이 지불보증을 하는 것을 전제로 하여 연불 수출 방식이 적용된다.

플랜트 전력·석유·가스 등 제품을 생산할 수 있는 각종 설비를 공급하거나 공장을 지어주는 산업

128 선하증권 船荷證券, B/L, Bill of Lading

해운회사가 ˙선적한 화물에 대해 발행하는 화물대표증권

화환(貨換)어음의 부속서류 중에서 가장 중요한 것으로, 선주가 자기가 소유한 선박에 화주로부터 의뢰받은 운송화물을 싣거나 그 화물을 싣기 위한 의뢰를 받았음을 증명하고, 동일한 화물에 대해 도착항에서 일정 조건하에 수하인이나 그 지시인에게 인도할 것을 약정한 유가 증권이다. 화주의 청구에 따라 해운회사가 발행하고 도착항에서는 수령증의 역할을 하게 된다.

선적(船積) 해상운송을 위하여 선박에 화물을 쌓아서 싣는 것

129 수출보험제도 輸出保險制度

해상 보험이나 화재 보험과 같은 보통 민간보험으로는 구제될 수 없는 수출 등 대외거래상의 위험으로부터 수출업자나 수출품 메이커를 보호하기 위해 마련된 보험 제도

가장 일반적인 수출보험 형태는 수입국에서 실시되는 수입금지 또는 제한, 외국에서 실시되는 환거래의 제한 또는 금지, 외국에서의 전쟁·내란 또는 정변으로 인한 환거래 불능, 수입국에서의 전쟁·내란 또는 정변으로 인한 수출의 불가능, 그 밖의 사유 등에 의해 수출계약자가 본의 아니게 입는 피해를 보상해 주는 것이다.

130 포지티브 시스템 positive system

수출·수입이 원칙적으로 금지된 무역 형태에서 예외적으로 특정 상품만 허용하는 제도

수출·수입이 원칙적으로 금지된 형태에서 점진적 자유화 추진방식의 하나로, 일부 개방이 가능한 부문부터 협상을 통해 개방 가능한 부문을 점차 확대하는 방식을 말한다.

함께 나오는 용어

네거티브 시스템(negative system)
수출·수입의 자유가 인정된 무역 형태에서 특정 상품만 금지품목으로 정하는 제도

131 스왑거래 swap transaction
환매매 당사자들이 현물환 매매와 동시에 같은 금액의 선물환 매매를 교차적으로 행하는 거래

외국환 거래 방식의 하나로, 통화스왑거래(currency swaps), 체인지오버(change over)라고도 한다. 스왑거래는 '금리 재정(金利裁定) 때에 재정 기간 중 외국환 시세의 변동 위험을 피하기 위하여 또는 외국환은행의 자금조정이나 외환보유고 조정 등의 수단으로 이용된다.

금리 재정(金利裁定) 국내·외의 단기금리에 차이가 있을 때 이 차이를 이용하여 이득을 얻을 목적으로 적극적·소극적으로 행하는 외환거래

132 교역 조건 terms of trade
1단위의 상품 수출로 얻은 외화로 수입할 수 있는 상품의 단위

기준연도의 물가 지수를 100으로 하고 그때그때의 수출물가 지수와 수입물가 지수의 변화를 비교하여 산정한다. 즉, "상품교역 조건=수출물가 지수(X)÷수입물가 지수(M)." 기준연도의 교역 조건이 1이지만, 그 후 X=180, M=150이 되었다고 하면 1.2가 되어 교역 조건은 20% 유리해진 것이다. 이는 기준연도에 비하여 동량의 수입품을 구입해도 그만큼 적은 수출량으로 족하기 때문이다.

상품교역 조건 수출입품의 가격을 비교해서 얻어지는 교역조건

#무역 실무

133 EDI Electronic Data Interchange, 전자 문서 교환
수·발주 장부 및 지불청구서 등 기업 서류를 컴퓨터 간에 교환할 수 있도록 제정된 기준

기업 간의 거래 데이터를 교환하기 위한 표준 포맷으로 미국의 데이터교환 표준협회에 의해 처음 개발되었다. EDI 전송에 관련된 쌍방을 흔히 트레이딩 파트너라 한다. EDI 메시지들은 암호화되거나 해독될 수 있으며 이메일, 팩스와 함께 전자상거래의 한 형태다.

134 경제 자유구역 經濟自由區域, FEZ, Free Economic Zone
경제 활동의 예외사항을 허용해 주고, 별도의 다른 혜택을 부여해 주는 경제 특별 구역

국제적으로 경쟁력이 있는 공항·항만 지역을 주로 지정하여, 동북아 물류 중심지 및 기업의 거점으로서 역할을 목표로 한다. 입주 외국인 투자기업에는 소득세·법인세·관세·취득세·등록면허세·재산세를 5~15년간 100% 면제 또는 감면해 주어 안정적인 투자를 유도하고, 기반시설 설치비 등 자금을 지원하며, 각종 규제를 완화해 주는 특혜를 부여하고 있다.

국내에서는 인천경제자유구역, 부산·진해경제자유구역, 광양만권경제자유구역, 황해경제자유구역, 새만금·군산경제자유구역, 대구·경북경제자유구역, 충북경제자유구역, 동해안경제자유구역, 광주(AI융복합지구, 미래형자동차산업지구, 스마트에너지산업지구 I·II), 울산(수소산업거점지구, 일렉드로겐오토밸리, R&D비즈니스밸리), 황해(시흥 배곧지구) 등을 지정하고 있다.

함께 나오는 용어

리쇼어링(reshoring)과 오프쇼어링(off-shoring)
'리쇼어링(reshoring)'이란 기업이 외국으로 진출했다가 다시 돌아오는 것을 의미하며, 기업의 생산기지 해외 이전을 뜻하는 '오프쇼어링(off-shoring)'의 반대 개념이다. 과거 선진국에 위치해 있던 기업들은 인건비 등의 고비용 문제를 해결하기 위해 비교적 인건비가 저렴한 개발 도상국으로 생산기지를 이전하였다. 여기에서 '오프쇼어링'이라는 개념이 생겨났다. 하지만 개발 도상국에서도 인건비가 상승하여 고비용 문제에 마주치자 다시 본국으로 돌아가는 '리쇼어링'이 활발해지고 있다.

135 경제특구 經濟特區, special economic zone
외국 자본·기술의 유치를 목적으로 각종 혜택을 부여한 특별 구역

1979년 중국이 광동성에 개방전략의 하나로 경제특구를 지정하여 성공한 이래 국제적 용어로 굳어졌다. 북한에서도 1991년 '나진·선봉 자유 무역지대'를 시작으로 경제특구를 설치하였으며, 우리나라에서는 경제 자유구역(KFEZ)으로 표현하고 있다. 경제특구에서의 혜택으로는 100% 외자 인정, 기업소득세 인하, 이익재투자의 경우 소득세면제, 기업의 자주권 보장, 해외송금의 규제완화, 장기적인 합작 등이 있다.

나진·선봉 자유 무역지대
북한이 1991년 12월 28일 경제난을 타개하려는 목적으로 외국 자본 및 기술을 유치하기 위해 선포한 자유 무역지대

136 신용장 L/C, Letter of Credit
해외여행자나 수입업자의 의뢰로 일정 조건하에 금액·기간 등 그들의 신용을 보증하기 위해 은행이 발행하는 보증서

신용장에는 지급금액, 기간, 지급방식, 구비서류 등이 기재되어 있으며, 신

용장 개설은행이 신용장의 통지를 타 은행에 의뢰하고, 이러한 통지는 외국
환은행 본 · 지점에서 취합되어 한국무역협회에 설치된 전산시스템의 경로
를 통해 품목별 · 국가별 · 상사별로 분류된다. 여행신용장과 상업신용장이 있
는데, 상업신용장에는 클린신용장과 화환(貨換)신용장이 있고 화환신용장에
는 취소가능 신용장과 취소불능 신용장, 확인신용장, 무확인신용장이 있다.

137 내국신용장 local L/C

수출업자가 해외수입업자로부터 받은 신용장을 근거로 국내의 납품 · 하청업체에게 발행하
는 신용장

수출 이행에 필요한 완제품 또는 원자재(原資材)를 국내에서 조달하기 위하
여, 국외로부터 받은 원신용장(原信用狀)을 담보로, 원신용장을 개설한 통지
은행(通知銀行)이 국내의 공급자를 수혜자로 개설하는 제2의 신용장이다. 주
로 거래선(去來先)끼리 신용 상태를 충분히 알 수 없을 때 발행되는 화환(貨
換)신용장을 말하는데, 이 신용장을 근거로 수출업자는 국내의 하청업체로
부터 납품을 받아 물건을 제조 · 선적하고 선하증권 및 신용장을 은행에서
할인, 수출대금을 조기 회수할 수 있다.

138 상사중재 commercial arbitration

분쟁 당사자들의 합의에 의하여 구성된 중재인단의 판정에 따라 분쟁을 해결하는 것

상사분쟁의 원만한 해결을 목적으로, 스스로가 조직하는 중재인단의 판정
에 따를 것을 합의하여 분쟁의 판정이 이루어진 것을 상사중재라 한다. 비
공개의 원칙하에 거래 전문가의 판단, 시간과 경비 절약 등으로 상인에게
환영받는 분쟁 해결 방법이다. 우리나라에는 상설 중재기관으로 사단법인
대한상사중재원이 있다.

139 CIF Cost, Insurance and Freight, 운임 및 보험료 포함 인도

매도인이 상품선적, 해상운임, 보험료의 일체를 지불하는 것을 조건으로 한 무역 계약

매도인이 수입항까지의 해상운임과 해상보험료를 지불하고 계약물품을 선
적하면 매도인의 의무가 매수인에게 이전되는 무역거래조건이다. 매수인은
수입항에 도착한 이후의 모든 비용과 위험을 부담한다. FOB(Free On Board)
와 함께 가장 넓게 사용되고 있는 방식이다.

140 FOB Free On Board, 본선인도

본선(本船) 인도 조건으로 행하는 무역거래 조건의 하나

선적항에서 수입상이 지정한 선박에 수출할 상품을 모두 실음으로써 수출상의 의무가 끝나는 것(free)을 말한다. 이런 취지의 약관을 FOB 약관, 해당 가격을 *FOB 가격이라 한다. 수출상은 수입상이 지정한 선박에, 계약으로 결정한 기간 내에 약정품(約定品)을 실어야 하는 의무가 있으며, 선적하기까지 모든 위험 · 비용을 부담한다. 수입상은 선적 기간 내에 선적항에서 선박을 회항시켜야 하는 의무가 있고, 선적 후(물품을 인수한 뒤)의 위험 · 비용을 부담하게 된다.

FOB 가격 화물을 선적항에서 매수자에게 인도할 때의 가격

02 국제 무역

핵심Tag #관세 일반 #국제 경제권 #국제 협정 및 기구

#관세 일반

빈출

141 관세 關稅, tariff

국제 무역에서 수입되는 상품에 부과되는 세금

수입되는 상품에 대하여 부과함으로써 수입을 억제해, 국내산업의 보호, 국제 수지 개선, 수출 촉진 등을 추구한다. 넓은 뜻의 국세에는 *내국세와 *관세 두 가지가 있다.

내국세 국내의 사람 또는 물건에 대해서 과세

관세 외국에서 수입되는 것에 대하여 과세

함께 나오는 용어

• 보복 관세(報復關稅, retaliatory duties)
  자국 상품에 대해 불리한 대우를 하는 나라의 상품에 대한 보복의 성격을 띤 관세이다. 보복 관세는 대개 각국이 국내법에 정하고 있다. 우리나라도 『관세법』 제63조에 "교역상대국이 우리나라의 수출물품 등에 대하여 관세 또는 무역에 관한 국제 협정이나 양자 간 협정 등에 규정된 우리나라의 권익을 부인하거나 제한하는 행위, 그 밖에 우리나라에 대하여 부당하거나 차별적인 조치를 취하는 행위를 하여 우리나라의 무역이익이 침해되는 경우에는 그 나라로부터 수입되는 물품에 대하여 피해상당액 범위의 관세를 부과할 수 있다"고 규정하고 있다.

• 긴급 관세(緊急關稅, emergency duties)
  특정 상품이 지나치게 국내에 수입되어 그 상품을 생산하고 있는 국내산업이 심각한 피해를 입는다고 판단되는 경우 부과되는 관세이다. 한국의 『관세법』상으로는 다음에 해당하는 경우에 기본관세율에 40/100에 상당하는 율(率)을 가산한 율의 범위 내에서 관세를 부과할 수 있다.

- 국민 경제상 중요한 국내산업을 긴급히 보호할 필요가 있을 때
- 특정 물품의 수입을 긴급히 억제할 필요가 있을 때
- 산업구조의 변동으로 물품 간의 세율이 불균형하여 이를 시정할 필요가 있을 때 등

- **탄력 관세(彈力關稅)**

  국내산업보호 · 물가안정 등을 위해 법률의 규정 범위에서 국가가 관세율을 인상 또는 인하할 수 있는 권한을 갖도록 한 관세이다. 관세도 법률적 근거가 있어야 하지만, 수입물품에 부과하는 관세는 수시로 바뀌는 국내외 여건에 맞추어 나아가야 하므로 일률적으로 정해 놓을 수가 없다. 따라서 입법부 권한의 일부를 행정부가 위임받아 해당 여건에 유동성 있게 대처할 필요가 있는데, 이를 위한 제도가 탄력 관세이다.

- **할당 관세(割當關稅)**

  수입품의 일정한 수량을 기준으로 부과하는 관세이다. 할당 관세는 수입할당제와 관세의 기술적인 특성을 혼합하여 이 두 가지 정책수단이 개별적으로 실시됨에 따라 발생되는 결함을 보완하기 위하여 마련된 정책수단이다.

  물자의 수급을 원활히 하기 위하여 특정한 물품을 수입해야 할 필요가 생기는 경우에 수입품의 일정한 수량까지만 기본관세율에서 100분의 40 정도에 상당하는 비율의 범위 안에서 또는 특정한 물품의 수입을 억제할 필요가 생기는 경우 수입품 중에서 일정한 수량을 초과한 것에 대하여 기본관세율에서 100분의 40 정도에 상당하는 비율을 가산한 범위 안에서 관세를 부과할 수 있도록 한 것이다.

- **반덤핑 관세(anti-dumping duties)**

  덤핑 방지를 목적으로 정부가 수입품에 대하여 부과한 관세이다. 수출국이 특정 상품의 값을 크게 내려 수출하면, 이것을 수입한 국가는 산업에 타격을 받을 수가 있는데, 이때 수입국 정부가 자국 산업의 보호를 위해 부과하는 세금을 말한다. 이렇게 *덤핑으로 들어오는 상품에 대하여 징벌적 세금을 매김으로써 자국 시장에서 싼 가격으로 판매되지 못하게 한다.

  덤핑 일반적으로 정해진 가격보다 훨씬 더 싸게 가격을 매기는 것

- **상계 관세(相計關稅, countervailing duties)**

  수출국이 특정 수출 산업에 대해 장려금이나 보조금을 지급해 수출상품의 가격경쟁력을 높일 경우 수입국이 그 수입상품에 대해 보조금액에 해당하는 만큼 관세를 부과하여 상쇄시키는 것을 말한다. 수출국에서 장려금이나 보조금을 지급하여 그 경쟁력이 높아진 경우 그 상품을 수입하는 국가는 수입가격이 현저히 낮아지므로 자국 산업에 타격을 받을 수 있다.

  이 때문에 이를 상쇄시킬 목적으로 부과하는 것을 *상계 관세라고 한다. '관세 및 무역에 관한 일반협정(GATT)' 제6조와 세계무역기구(WTO)의 '보조금 및 상계조치에 관한 협정'은 보조금 지급이 수입국의 기존 국내 산업에 피해를 입히거나 입힐 우려가 있는 경우에만 상계 관세를 발동하도록 규정하고 있다.

  상계(相計) 채권자와 채무자가 서로 같은 종류의 채권과 채무를 상호 간에 지고 있는 경우 그 채권과 채무를 동일한 가격 한도 내에서 서로 소멸케 하는 것

- **계절 관세(季節關稅, seasonal customs duties)**

  1년 중 일정한 계절에만 부과하는 관세이다. 대부분 농산물에 적용되는 관세로, 어떤 농산물의 수확기에 보통보다 높은 관세를 부과하여 자국의 생산자를 보호하기 위한 수단으로 이용된다. 또 국내 농산물 가격의 적정 수준 유지를 위하여 계절적으로 국내 농산물 가격이 급등할 시기에 면세나 감세 등을 실시하는 등의 관세 정책도 넓은 의미의 계절 관세로 파악하는 경우가 있다. 계절 관세는 GATT 조항에 명시되어 있지는 않으나 대부분의 국가에서 시행하고 있다.

- **슬라이딩 관세(sliding tariff)**

  안정가격대를 설정하여 관세의 증감을 통하여 가격변동이 심한 수입품의 가격을 안정시키는 것이다. 실제로 수입품의 가격이 설정해 놓은 안정가격대를 웃도는 경우 관세를 내려 가격을 낮추고, 안정가격대를 밑도는 경우는 관세를 가중시켜 가격을 높이게 된다. 슬라이딩 관세가 적용되는 것에는 양파, 구리, 마그네슘 등이 있으며, 관세의 조절에 의해 국내의 산업을 보호하고 수요자의 이익을 보호한다.

142 비관세 장벽 NTB, Non-Tariff Barrier
한 국가의 정부가 국내 생산품과 국외 생산품을 차별하여 수입을 억제하기 위해 관세를 부과하는 방법을 제외한 정책

무역을 직접적으로 제한하는 것(수량제한, 수입허가제, 각종 *수입과징금 및 외환할당 등), 간접적으로 무역제한효과를 갖는 것(보건위생규정 또는 내국세제도 등) 등 정부의 국내 산업 보호와 수출장려 정책의 수단을 말한다. 1970년대 이후 케네디라운드가 협상되고 일반특혜 관세가 시행되면서 선진국은 보호 무역주의 정책을 취함과 동시에 자국의 산업을 보호하기 위해 비관세 장벽을 강화하기 시작하였다.

> **수입과징금** 수입화물에 대하여 관세(關稅) 이외에 추가 징수하는 부과금. 제수지를 개선하고 국내산업을 보호하는 효과가 있음

143 특혜 관세 preferential duty
특정국 수입화물에 한하여 다른 나라의 것보다 특별히 낮은 세율을 적용하는 관세

원래 식민지는 본국으로부터 수입되는 물품에 대하여 낮은 관세율을 적용하고 본국은 식민지로부터 수입되는 물품에 역시 낮은 관세율을 적용함으로써 양국 간의 통상을 증진시키고 주종관계를 지속시키는 역할을 했다. 개발 도상국의 수출 촉진을 위한 영국연방의 특혜와 원조성이 강한 유럽경제공동체(EEC)와 아프리카 18개국 간의 특혜가 대표적 사례다.

144 관세 동맹 customs union
특정한 나라 사이 혹은 특정한 수 개 국이 서로 관세상의 특별대우를 하는 동맹

구체적으로는 *EEC, *EFTA, *CACM 등의 통합체가 있다. 관세 동맹국가들이 역외공통관세를 부과해서 얻은 수입은 사전 조정된 방식에 따라 배분된다. 관세 동맹 내에는 이러한 역외공통관세의 결정 등과 같은 공통 업무를 수행하기 위해 특별기구를 설치하며, 의사결정은 만장일치의 원칙에 따른다.

> **EEC** 유럽경제공동체
> **EFTA** 유럽자유 무역연합
> **CACM** 중앙아메리카공동시장

145 관세 양허 concession of tariff
국가 간 무역과 관세에 관한 협상에서 양국이 특정한 품목의 관세를 부과할 때 적정 수준 이상으로 하지 않겠다는 약속

관세 양허에는 관세인하(reduction: 현행 세율을 인하하는 것), 거치(binding: 이후에 관세를 올리지 않겠다는 약속), *한도양허(ceiling binding)가 있다. 관세 양허가 성립한 품목의 세율은 양국의 협상 없이 변경할 수 없다.

> **한도양허** 현행의 세율을 인상하더라도 일정 수준 이상으로 올리지 않는 것

146 일반특혜 관세제도 GSP, Generalized System of Preferences
개발 도상국을 지원하기 위해 선진국이 개도국 수입품에 특혜 관세 혜택을 부여하는 제도

선진국이 개발 도상국으로부터 수입하는 농수산품·공산품의 제품 및 반제품에 대해 대가 없이 일방적으로 관세를 면제하거나 *최혜국 세율보다 저율의 관세를 부과하여 특별대우를 하는 제도이다. 1968년 뉴델리에서 열린 제2차 UNCTAD(유엔무역개발회의) 총회에서 무차별적·비상호주의적인 특혜 관세제도를 채택함으로써 시작되었다. 선진국이 개발 도상국에 관세상의 특혜를 주는 제도이기는 하지만, 선진국 또한 자국의 산업보호, 관세수입 확보 등의 문제가 있으므로 GSP 공여국들은 특혜수입에 제한조치를 취할 수 있다. 현재 미국, 일본, 캐나다 등 국가가 GSP 공여국으로 참여하고 있다.

최혜국 통상·항해 등 국제 조약을 체결하거나 갱신할 때 다른 국가와의 계약에서 부여한 대우 중 최고의 대우를 부여하는 국가

147 종량세 從量稅
출고 물량 또는 수입 물품의 물량에 따라 세율을 결정하는 제도

상품에 대해 부과하는 내국세나 관세로, 상품의 수량이나 중량을 과세 기준으로 한다. 과세 대상의 물건에 대하여 세를 부과하는 것으로, 과세 대상의 화폐 가치를 기준으로 세를 부과하는 종가세와 차이가 있다. 미국과 유럽 등의 선진국에서 자국의 농업과 경쟁력이 약한 섬유, 신발 등의 노동집약적 산업을 보호하기 위해 시행하고 있고, 우리나라에서는 1994년부터 도입하였다.

함께 나오는 용어
종가세(從價稅)
출고 가격 또는 수입 물건 등 과세 물건의 가격을 기준으로 일정 비율의 세율을 측정하는 관세를 말한다. 종가세는 금액으로 표시되며, 세율은 백분위로 표시된다.

148 소셜 덤핑 social dumping
국제수준보다 낮은 임금을 유지하여 원가를 절감하고, 이 제품을 해외시장에 싼 값에 판매하는 것

낮은 임금으로 노동력을 공급하면서도 양질의 노동 생산력을 갖고 있는 국가에서만 가능한 덤핑이다. 주로 *신흥 공업국에서 나타나는 것으로 낮은 임금 때문에 노동자들이 가장 많은 피해를 입는다.

신흥 공업국 1960~1970년대에 급속한 경제 발전을 이룩한 국가군. 선진국과 후진국 중간에 있는 중진국이라고도 함

149 환덤핑 exchange dumping
환시세의 절하로써 자국 상품의 대외경쟁력을 강화시켜 수출보조금의 급부와 동일한 효과를 나타내는 일

환덤핑은 환시세의 절하율이 국내 물가의 등귀율보다 높을 것을 전제로 한다. 환시세가 하락하면 국제 시장에서 자국 상품의 가격 경쟁력은 증가하지만, 수입품의 국내 가격을 상승시키게 되므로 순수한 재수출품에서는 환덤핑이 있을 수 없고, 수입원료 포함 정도가 적을수록 효과가 커진다. 모든 수출 상품에 영향을 미치는데, 수출의존도에 따라 그 정도는 다르다.

150 최소시장접근 最少市場接近, minimum market access
수입금지됐던 상품의 시장을 개방할 때 일정 기간 동안 최소한의 개방폭을 규정한 것

농산물협정상 시장접근방식 중 하나이다. 시장개방으로 인한 국내시장의 충격완화를 위해 설정한 개방 정도의 하향 폭을 말한다. 1991년 우루과이 라운드(UR) 협상 당시 농산물협정에 따르면 특정 품목의 수입이 국내소비량의 3% 미만일 경우 시장접근기회를 5%까지 확대하는 것으로 정했다.

#국제 경제권

151 남남문제 南南問題, south-south problem
주로 남반구에 위치한 개발 도상국 사이의 경제 격차나 그에 따른 여러 가지 문제

산유국이나 개발 도상국과 개발이 뒤떨어진 아프리카 사이에는 소득에 큰 차이가 있으며, 이러한 차이는 개발 속도에 영향을 미쳐 소득 차이가 더욱 증대되고 경제 성장에도 많은 차이를 보이고 있다. 이 때문에 대립이 심각해지기도 하는데, 이를 남남문제라고 한다.

152 남남협력 南南協力, south-south cooperation
주로 남반구에 위치한 개발 도상국 사이의 경제적·기술적 협력

선진국에 의존한 경제개발이 점점 더 어려워지면서, 지식과 자본집약적인 기술보다 개발 도상국 실정에 맞는 노동집약적 기술이 더욱 필요해짐에 따라 그들 간의 활발한 협력이 이루어졌다. 1976년 콜롬보 정상회의에서 처음 주장한 '집단적 자력갱생' 이후, 개발 도상국 간의 경제 협력·기술협력에 관한 회의가 열리고 있다.

153 남북문제 南北問題, north-south problem
북반구의 선진국과 남반구의 개발 도상국 간의 경제 격차 및 그에 따른 여러 가지 문제

1959년 말에 미국을 방문한 영국의 로이드 은행 회장 프랭크스의 지적으로 나타난 용어이다. 선진국은 자유 무역을, 개발 도상국은 보호 무역을 주장함으로써 대립구조가 발생하였으며, 이 문제의 해결을 위해 *UNCTAD(United Nations Conference on Trade and Development)가 설립되었다.

UNCTAD 국제연합무역개발협의회. 1964년 유엔이 남북문제를 해결하기 위해 설립한 기구. 4년마다 회의가 개최됨

154 리스본 조약 treaty of Lisbon
경제는 물론 정치적 통합을 목표로 한 유럽연합 개정조약

2007년 포르투갈 리스본에 모여 합의한 사항이다. 초기 EU 헌법 중 EU 국기·국가·공휴일 등의 조항을 삭제하고 임기 2년 6개월의 유럽이사회 의장직(EU 대통령 격)과 외무장관직을 신설하였다. 또한 만장일치제였던 의사결정 방법을 *이중다수결제도로 바꾸어 단계적으로 도입하기로 하였다.

이중다수결제도 회원국 인구의 65% 이상, 28개 회원국 중 16개국 이상 찬성하면 가결(2014년부터 단계적으로 도입하여 2017년 전면 시행)

주요 사건으로 본 유럽 통합

연도	주요 사건
1951	서유럽 6개국, 유럽석탄철강공동체 설립
1958	로마 조약, 유럽경제공동체 출범
1993	마스트리히트 조약, 유럽연합(EU) 설립
1999	유럽단일화폐 유로화 출범
2004	동유럽 10개국 가입
2007	EU회원국정상 리스본 조약 채택
2008	아일랜드 리스본 조약 국민투표 부결
2009	아일랜드 국민투표 가결, 폴란드 및 체코 비준 → 12월 리스본 조약 발효
2014	EU 28개국 확대 (크로아티아 가입)
2016	영국, 국민투표 거쳐 EU 탈퇴 신청
2020	영국, EU 탈퇴 완료

155 마스트리히트 조약 treaty of Maastricht
유럽공동체(EC)의 정치·경제적 통합을 위한 조약

1992년 2월 EC 12개국 회원국 정상이 참여하여 정식 조인되었으며 각국의 비준을 거쳐 1993년 11월부터 발효되었다. 마스트리히트 조약은 유럽통화동맹(*EMU)과 유럽정치통합(*EPU)이 주 내용으로 이루어져 있다.

EMU 유럽중앙은행 창설, 단일통화 사용
EPU 공동외교 및 안보, 유럽의회 권한 확대, 역내의 낙후국에 대한 재정지원 확대

156 블록 경제 block economy

몇 개의 국가가 하나의 지역(블록)으로 통합해 제한 없는 무역을 하되, 타 지역에는 봉쇄적인 무역정책을 취하는 경제권

1932년 오타와에서 열린 영국 제국경제회의에서 처음 사용된 용어로, 당시에는 식민지 국가와 본국을 구역으로 묶어 식민지를 판매시장이나 원료공급지로 이용하였다. 현재에는 블록 안의 국가들이 동등한 입장에서 교역하되, 블록 외의 무역에는 제한을 두는 의미로 사용된다. 예를 들어 유럽의 유럽경제공동체(EEC), 미국·캐나다 등의 북미 자유 무역 협정(NAFTA) 등이다.

157 미스트 MIST

멕시코(Mexico), 인도네시아(Indonesia), 한국(South Korea), 터키(Turkey)의 앞 글자를 따서 만든 말

2012년 뉴욕타임스는 브릭스(BRICS)가 쇠퇴하고 한국을 비롯한 미스트가 부상하고 있다고 보도하였다. 또한 월스트리트저널 블로그는 2011년 글로벌 투자회사 프로비타스의 설문조사를 인용해 "브릭스의 영향력이 당분간 쇠퇴하지는 않겠지만 1인당 GDP(국내총생산)가 상대적으로 높은 미스트 국가에 주목해야 한다."고 밝혔다.

158 바트 경제권 baht economy

태국, 미얀마, 라오스, 캄보디아, 베트남 등 인도차이나 반도 국가들이 형성하는 소규모 경제권

이들 국가는 상호 교역이 늘어나자 이웃나라 중 상대적으로 강대국인 태국의 바트화를 결제 통화로 쓰고 있으며, 가파른 성장세를 보인 바 있다.

159 캐시 CASSH

브릭스(BRICS)를 대체할 차기 투자 지역으로 떠오른 캐나다(Canada), 호주(Australia), 싱가포르(Singapore), 스위스(Switzerland), 홍콩(Hong Kong) 등 5개국의 영문 머리글자를 따 만든 신조어

세계 최대 자산운용사 블랙록의 러스 코스테리흐 글로벌 수석 투자전략가가 블랙록의 블로그를 통해 2012년 2월 처음 소개한 뒤 CNN머니가 이를 보도하면서 널리 알려졌다.

160 엠바고 embargo

한 국가가 다른 특정 국가에 대해 직·간접 교역, 투자, 금융 거래 등 모든 부문의 경제교류를 중단하는 조치

보통 정치적인 목적으로 어떤 특정국을 경제적으로 고립시키기 위해 사용된다. 언론용어로는 시한부 보도중지를 말한다.

161 이머징마켓 emerging market

금융시장과 자본 시장에서 빠르게 성장하고 있는 국가들의 신흥 시장

일반적으로 개발 도상국 중에서 경제 성장률과 산업화가 빠르게 진행되고 있는 국가의 시장으로, 자본 시장이 급성장한다는 것은 그 해당 국가의 경제력이 급성장하고 개방화가 급진전되고 있다는 것을 반증하는 의미이기도 하다. 또한 국제자본의 관점에서 이머징마켓의 고수익성을 노려 금융자금이 이 지역으로 이동하는 것을 나타낸다. 한국을 포함하여 동남아시아, 라틴아메리카, 동유럽 국가들이 이에 해당된다.

#국제 협정 및 기구

빈출

162 OPEC Organization of Petroleum Exporting Countries, 석유 수출국 기구

이란·이라크·사우디아라비아·쿠웨이트·베네수엘라 등의 산유국이 모여 1960년 국제 석유 자본에 대항하기 위하여 설립한 기구

원유가격의 하락을 저지하고 산유국 간의 동맹을 위해 결성되었으나, 석유파동을 겪으면서 원유가격의 상승을 주도·조절하고 있다. 아랍에미리트연합(UAE), 리비아, 알제리, 나이지리아, 앙골라, 적도 기니 등이 더 가입하여 2020년 12월 기준 13개국이 소속되어 있다. 오스트리아 빈에 본부를 두고 있다.

163 APEC Asia-Pacific Economic Cooperation, 아시아·태평양 경제 협력체

환태평양 국가들의 경제적·정치적 결합을 위해 만든 국제기구

1989년 11월 호주 캔버라에서 지속적인 경제 성장과 공동의 번영을 위해 12개국(한국, 미국, 일본, 캐나다, 싱가포르, 호주, 말레이시아, 인도네시아, 태국, 필리핀, 뉴질랜드, 브루나이) 간의 각료회의로 출범하였으며, 1993년부터 매년 정상회의를 개최하였다. 현재 참여국은 21개로 늘었다.

164 FTA Free Trade Agreement, 자유 무역 협정

제한 조건을 완화하거나 제거하여 국가 간 상품의 이동을 자유롭게 하는 무역 특혜를 상호 부여하는 협정

FTA 역내에서는 무관세나 낮은 관세를 적용하여 자유로운 거래가 이루어지지만, 비회원국과의 거래에는 WTO에서 정하는 관세를 적용한다. 초기에는 관세철폐, 원산지규제 등을 대상으로 하였으나 점차 범위가 넓어져 서비스, 투자, 지식재산권, 무역규제법, 정부조달, 환경, 노동기준까지 대상으로 하고 있다. 우리나라는 2020년 기준으로 칠레, 싱가포르, EFTA(4개국), ˚ASEAN, 인도, EU, 페루, 미국, 터키, 호주, 캐나다, 중국, 뉴질랜드, 베트남, 콜롬비아, 중미 4개국 등과 FTA가 발효된 상태이다.

ASEAN 1967년에 창설된 동남아시아의 정치·경제·문화 공동체. ▲태국 ▲인도네시아 ▲필리핀 ▲말레이시아 ▲싱가포르 ▲브루나이 ▲베트남 ▲라오스 ▲미얀마 ▲캄보디아 등 총 10개국으로 구성됨

한국 FTA 체결(발효 기준) 현황(2020년 기준)

진행 상황	국가
발효(16건)	ASEAN(동남아시아국가연합), EFTA(유럽자유연합) 4개국, EU(유럽연합), 미국, 싱가포르, 칠레, 페루, 터키, 인도, 호주, 캐나다, 중국, 뉴질랜드, 베트남, 콜롬비아, 중미 4개국

함께 나오는 용어

복수국 간 서비스협정(TISA, Trade In Services Agreement)
문화, 교육, 의료 등 서비스 시장의 무역장벽을 허물기 위한 협정으로, '서비스 분야의 자유 무역 협정(FTA)'이라고 불린다. TISA가 발효되면 영화, 음악 같은 한류 콘텐츠 등 각종 서비스 분야를 효과적으로 수출할 길이 열릴 것으로 보인다. 하지만 소상공인, 자영업자 등과 중소기업의 피해가 심화될 수 있다.

165 NAFTA North American Free Trade Agreements, 북미 자유 무역 협정

미국·캐나다·멕시코 북미 3국 간의 자유 무역 협정

미국·캐나다 자유 무역 협정에 멕시코가 더해진 형태로 1992년 성립되었다. 주요 내용은 3개국 간에 재화와 서비스 이동에 대한 각종 관세 및 비관세 장벽을 향후 15년간 단계적으로 철폐한다는 것이다. NAFTA는 참가 3개국 간에 대외장벽이 공통화되어 있지 않은 점을 비가입국 기업이 지나치게 이용하는 것을 막기 위해, 생산부품의 현지 조달비율에 의한 원산지규정을 도입하였다. 북미 3국은 2018년 NAFTA를 대체하는 미국·멕시코·캐나다 협정(USMCA)에 합의했다.

166 WTO World Trade Organization, 세계 무역 기구
회원국들 간의 무역관계를 정의하는 많은 수의 협정을 관리 감독하기 위한 기구

1947년 시작된 관세 및 무역에 관한 일반협정(GATT, General Agreement on Tariffs and Trade) 체제를 대체하기 위해 등장하였으며, 1995년 1월 정식 출범하였다. 상품뿐만 아니라 서비스와 지식소유권도 대상에 포함되며, 무역 자유화 추진 및 규정의 강화 등을 임무로 한다. WTO의 최고의결기구는 총회이며 상품교역위원회 등을 설치해 분쟁처리를 담당한다. 우리나라에서는 WTO 비준안 및 이행방안이 1994년 12월 16일 국회에서 통과되었다.

167 OECD Organization for Economic Cooperation and Development, 경제 협력 개발 기구
유럽 경제 협력 기구를 개발 도상국 원조문제 등 새로 발생한 경제정세변화에 적응시키기 위해 개편한 기구

1961년 설립 당시 18개 유럽국과 미국·캐나다 등 20개국이 회원국으로 참여하였고, 2018년 콜롬비아가 가입해 현재 총 37개국이다. 우리나라는 1996년 12월 29번째 회원국이 되었다. 목적은 재정금융상의 안정으로 경제 성장·고용증대·생활수준의 향상, 다각적이며 무차별한 세계무역의 확대, 이를 위한 회원국 간의 정보 교환, 공동사업 및 공동활동이다.

168 보아오 아시아 포럼 BFA, Boao Forum for Asia
아시아 역내 국가 간 협력과 교류를 통한 경제 발전을 목적으로 창설된 비정부·비영리 지역경제 포럼으로 중국 하이난 보아오(博鰲)시에서 열림

1998년 피델 라모스 전 필리핀 대통령과 밥 호크 전 호주 총리, 호소카와 전 일본 총리 등이 아시아의 경제안정과 결속을 강화할 포럼의 필요성을 역설한 것이 창립 계기가 되었으며 '세계경제포럼(WEF)의 아시아판'을 지향한다.

169 남미자유무역지대 SAFTA, South American Free Trade Agreement
남미 지역을 하나의 '자유 무역지대로 묶는 구상

브라질은 미주 대륙 전체를 하나의 시장으로 묶으려는 미국 주도의 미주자유 무역지대(FTAA) 창설안에 반대하였다. 대신 메르코수르[MERCOSUR : 아르헨티나·브라질·파라과이·우루과이·베네수엘라(2016년 자격 정지) 등 5개국을 포괄하는 경제공동체]를 중심으로 남미자유 무역지대(SAFTA)를 창설하자는 주장을 오래전부터 제기해왔다.

> **자유 무역지대** 특정 국가 또는 지역 내의 관세 및 비관세 장벽을 철폐하여 통일된 시장을 형성한 것

170 EMU European Economic & Monetary Union, 유럽경제통화동맹

1995년 12월 마드리드 정상회담에서 합의한 틀에 따라 1999년 1월 1일 공식 출범한 유럽 통화 체제

참가국은 벨기에·독일·에스파냐·프랑스·아일랜드·이탈리아·룩셈부르크·네덜란드·오스트리아·포르투갈·핀란드 등 유로화를 쓰는 국가들이다. 유럽 중앙은행의 창설을 내용으로 하는 *들로르위원회 보고서를 기초로 하고 있다.

들로르위원회 보고서 유럽 중앙은행을 창설하여 최종적으로는 각국 통화의 환율을 고정화하여 통일통화를 발행한다고 하는 내용

171 다보스포럼 Davos forum

매년 각국의 저명한 기업인, 경제학자, 저널리스트, 정치인, 정·재계 인사들이 스위스 휴양지 다보스에 모여 세계 정치·경제에 대해 토론하고 연구하는 국제민간회의

1971년 하버드대학의 클라우스 슈밥(Klaus Schwab)이 창립하였으며, 정식명칭은 세계경제포럼(WEF)이다. 세계 1000대 대기업의 기부금으로 운영되며, 공식적인 안건 없이 참가자들의 관심분야를 대상으로 자유로운 토론을 펼친다. 대기업 위주이고 폐쇄적인 모임으로 반(反)세계화주의자들의 주요 표적이 되기도 한다.

172 케언즈 그룹 Cairns group

우루과이 라운드(UR) 협상에서 농산물교역자유화를 강력하게 주장하는 수출국 그룹

1986년 호주의 케언즈에서 결성된 이후 케언즈 그룹으로 불린다. 미국과 유럽공동체(EC) 나라들이 농산물 *수출보조금과 소비국의 관세 장벽을 반대하는 입장에서 공동보조를 취하고 있다.

회원국은 호주, 뉴질랜드, 캐나다, 브라질, 아르헨티나, 우루과이, 칠레, 콜롬비아, 말레이시아, 태국, 인도네시아, 필리핀, 볼리비아, 페루, 코스타리카, 과테말라, 파키스탄, 파라과이, 남아공 등 19개국이다. 이들 국가는 농산물 수출에 정부 보조가 거의 없어 우루과이 라운드(UR) 협상에서 유럽 국가들은 물론 미국과도 다른 입장이어서 가장 완전한 형태의 농산물교역자유화 입장을 견지하였다.

수출보조금 수출의 촉진 또는 진흥을 위하여 수출업자에게 주어지는 직·간접의 지원금 및 장려금

173 **77그룹** group of 77

1964년에 개최된 제1회 UNCTAD(유엔무역개발회의)에서 77개 개발 도상국이 공동선언을 채택함으로써 출범한 그룹

국제회의에 대비한 개발 도상국 사이의 의견 조정, 선진국에 대한 종합적인 경제적 요구 등 개발 도상국 경제 · 사회발전을 위한 상호협력을 목적으로 한다.

174 **대기 오염물질의 장거리 이동에 관한 협약**
The Convention on Long-range Transboundary Air Pollution

대기 오염물질을 통제하기 위해 유럽 국가 중심으로 체결된 조약

1975년 구주안보회의에서 스웨덴 등 북구 대표들이 국경을 넘는 대기오염 문제를 공식제기하여 1979년에 협약이 채택되고 1983년 3월에 발효되었다. 이것은 동구권 · 서구권 국가가 함께 참여하여 대기환경을 다룬 최초의 다자간 환경협약이다. 구체적 규제사항은 없고, 과학 · 기술정보 교환을 촉진하고 대기 오염물질의 방출을 절감하기 위한 방향을 제시하고 있다.

175 **MAI** Multilateral Agreement on Investment

다자간 투자 협정

제조업 직접투자뿐 아니라 금융투자도 투자범위에 포함시키고 투자자 및 투자에 대한 내국민 대우와 최혜국 대우, 핵심인력의 자유로운 이동, 민영화 때 외국투자자 참여를 보장하자는 것이 주요 내용이다.
우리나라는 경제 협력 개발 기구(OECD) 가입 초청 이후인 1996년 10월부터 MAI에 참여하였다. 제조업뿐만 아니라 금융시장도 전면 개방하는 효과를 가져와 '제2의 우루과이 라운드(UR) 협상'이라고도 한다.

176 **우루과이 라운드** UR, Uruguay Round

세계 각국의 관세 · 비관세 장벽을 철폐하는 것을 목적으로 하는 다자간 무역 협상

1986년 9월에 116개국이 참가하여 우루과이 푼타 델 에스테에서 시작되어, 1994년 모로코에서 최종 협정문이 조인되어 완전히 타결되었고 그 결실로 1995년부터 세계무역기구(WTO)가 출범했다.

177 그린라운드 GR, Green Round
환경 문제 다자간 협상

국제적으로 합의된 환경 기준을 만든 다음, 이에 미달하는 무역상품에 대해서는 상계 관세 부과 등 각종 제재 조치를 가한다.

178 기술라운드 TR, Technology Round
각국 정부의 자국의 연구·개발·투자에 대한 자원정책을 국제적으로 표준화시키려는 움직임

우루과이 라운드, 그린라운드에 이어 제3의 국제질서로 대두되었다. 기술에 대해서 개도국이 무임승차하는 것을 차단하고, 신기술을 개발하는 것을 억제하는 것이다. 세계적인 신국제기술규범의 구축과 각국의 기술적 요소가 *공정무역 차원에서 장애가 되지 않도록 다자간 협상을 통해 다루자는 것이다.

> **공정무역** 미국이 보호주의를 점차 강화하면서 등장한 용어로, 미국의 수출 확대를 위한 수단으로 설정

179 블루라운드 BR, Blue Round
각국의 근로 조건을 국제적으로 표준화하고 무역과 연계시키려는 목적으로 추진되는 다자간 협상

1994년 *국제 노동 기구(ILO)를 중심으로 논의되기 시작하였으며, 아동노동과 강제노동을 금지하는 등 국제 노동 기구의 규범을 충족시키지 못하는 국가의 상품을 규제하려는 것이 주된 내용이다. 노동라운드라고도 하며, 핵심적 노동기준으로 결사의 자유·단체 교섭권·아동노동착취 금지·강제노동 금지·고용차별 금지를 제시하고 있다.

> **국제 노동 기구(ILO)** 1919년 베르사유 조약에 의해 국제연맹과 더불어 설립된 국제기구로, 복지향상과 노동자의 국제적 보호를 목적으로 한 유엔의 전문기구. 우리나라는 1991년에 가입

180 반부패라운드 anticorruption round
부패를 없애고 국가 간에 공정한 무역질서를 확립하려는 다자간 노력

국제 상거래에서 외국 공무원에게 뇌물을 주는 관행을 없애자는 국제적 합의이다. 1997년 5월 OECD 각료이사회에서 구체적인 형사처벌규정을 담은 국제 협약을 제정하고 각 회원국은 국내 입법조치를 시행토록 하는 권고안을 채택하였다.

01 _____은(는) 수출 · 수입이 원칙적으로 금지된 형태에서 점진적 자유화 추진방식의 하나로 일부 개방이 가능한 부문을 시작으로 협상을 통해 개방가능한 부문을 점차적으로 확대하는 방식을 말한다.

02 _____은(는) 일반적으로 개발 도상국 중에서 경제 성장률과 산업화가 빠르게 진행되고 있는 국가의 시장이다. 자본 시장이 급성장한다는 것은 그 해당 국가의 경제력이 급성장하고 개방화가 급진전되고 있다는 것을 반증하는 의미이기도 하다.

03 _____은(는) 수출국과 수입국 간의 거래 중간에 제3국의 중개업자가 개입된 무역을 말한다. 일반적으로 무역거래 업체가 아직 발달하지 못한 개발 도상국을 대상으로 중개업자의 활동이 이루어진다.

04 세계 각국의 관세 · 비관세 장벽을 철폐하는 것을 목적으로 하는 다자간 무역 협상을 _____(이)라고 한다.

05 해외여행자나 수입업자의 의뢰로 일정 조건하에 금액 · 기간 등 그들의 신용을 보증하기 위해 은행이 발행하는 보증서는 _____(이)다.

06 _____은(는) 출고물량 또는 수입물품의 물량에 따라 세율을 결정하는 제도다. 상품에 대해 부과하는 내국세나 관세로, 상품의 수량이나 중량을 과세 기준으로 한다.

07 _____은(는) 환매매 당사자들이 현물환 매매와 동시에 같은 금액의 선물환 매매를 교차적으로 행하는 거래를 말한다. 외국환 거래 방식의 하나로, 통화스왑거래(currency swaps), 체인지오버(changeover)라고도 한다.

08 _____은(는) 환시세의 절하로써 자국상품의 대외경쟁력을 강화시켜 수출보조금의 급부와 동일한 효과를 나타내는 일을 말한다. 과세환시세의 절하율이 국내물가의 등귀율보다 높을 것을 전제로 한다.

09 _____은(는) 경제 활동의 예외사항을 허용해 주고, 별도의 다른 혜택을 부여해 주는 경제 특별 구역을 말한다. 입주 외국인 투자기업에는 각종 규제를 완화해 주는 특혜를 부여하고 있다.

10 _____은(는) 한 국가가 다른 특정국가에 대해 직 · 간접 교역, 투자, 금융 거래 등 모든 부문의 경제교류를 중단하는 조치다.

CHOICE

☐ 중개 무역
☐ 스왑거래
☐ 신용장
☐ 경제 자유구역
☐ 포지티브 시스템
☐ 엠바고
☐ 이머징마켓
☐ 우루과이 라운드
☐ 종량세
☐ 환덤핑

정답

01 포지티브 시스템
02 이머징마켓
03 중개 무역
04 우루과이 라운드
05 신용장
06 종량세
07 스왑거래
08 환덤핑
09 경제 자유구역
10 엠바고

01 한국공항공사, 삼성전자, 연합뉴스TV

다음 중 관세에 대해 설명한 것으로 옳지 않은 것은?

① 중요한 국내 산업을 보호하려 할 때 긴급 관세를 부과한다.
② 무역 상품에 부과되는 세금이다.
③ 수입품의 일정한 수량을 기준으로 부과하는 관세는 슬라이딩 관세다.
④ 일정한 계절에만 부과하는 계절 관세는 대부분 농작물에 적용된다.

02 대구광역시교육청, 대구도시철도공사, YTN, 대전MBC, SBS

특정 품목의 수입이 급증하여 국내 산업에 커다란 손실을 입힐 것으로 판단되는 경우 일시적으로 발동하는 긴급 수입제한조치는?

① 스왑거래   ② 세이프가드
③ 펠리 수정법   ④ 보호 무역주의

03 국민연금공단, 한국보훈복지의료공단, 삼성, 한겨레신문

다음 중 우리나라와 자유 무역협정을 맺고 있지 않은 나라는?

① 미국   ② 일본
③ 칠레   ④ 싱가포르

04 강원도개발공사, LG, SBS

다보스포럼에 대한 설명으로 옳지 않은 것은?

① 세계경제포럼의 별칭이다.
② 세계 오피니언 리더들의 모임이다.
③ 매년 4월 중국 휴양지에서 개최된다.
④ 하버드대학의 클라우스 슈밥이 창립했다.

05 기아자동차, 인천교통공사, LG, 교육청

다음 중 수출국과 수입국 간의 거래 중간에 제3국의 중개업자가 개입된 무역은?

① 중계 무역
② 삼각 무역
③ 중개 무역
④ 스위치 무역

06 전북개발공사, YTN, CBS, 동부

세계 각국의 관세·비관세 장벽을 철폐하는 것을 목적으로 하는 다자간 무역 협상은?

① 기술라운드
② 그린라운드
③ 블루라운드
④ 우루과이 라운드

07 한국공항공사, 삼성전자, 연합뉴스TV

국내 산업을 보호하고 물가를 안정시키기 위해 정부가 관세율을 인상·인하할 수 있도록 한 관세는?

① 탄력 관세
② 보복 관세
③ 긴급 관세
④ 할당 관세

정답

01	③	02	②	03	②	04	③	05	③	06	④
07	①										

01. 핵심 Tag #무역 #국제 무역 #관세 일반

수입품의 일정한 수량을 기준으로 부과하는 관세는 할당 관세이다. 할당 관세는 수입할당제와 관세의 기술적인 특성을 혼합하여 이 두 가지 정책수단이 개별적으로 실시됨에 따라 발생되는 결함을 보완하기 위하여 마련된 정책수단이다. 관세는 국제 무역에 수입되는 상품에 부과되는 세금이다. 수입되는 상품에 대하여 부과함으로써 수입을 억제하고, 그로 인하여 국내산업의 보호, 국제수지 개선, 수출 촉진 등을 추구한다. 넓은 뜻의 국세에는 내국세와 관세 두 가지가 있다.

02. 핵심 Tag #무역 #무역 일반 #무역 정책

세이프가드(safe guard)에 대한 설명이다. 세이프가드에 의한 제한조치 및 방식, 적용기간, 보상문제 등 관련된 여러 사안에 대하여 당사국이 협의하면 WTO가 최종 결정을 내리게 된다.

03. 핵심 Tag #무역 #국제 무역 #국제 협정 및 기구

우리나라와 자유 무역 협정(FTA, Free Trade Agreement)을 체결·발효한 나라는 ▲칠레(2004) ▲싱가포르(2006) ▲EFTA(2006) ▲아세안(2007, 국가별 상이) ▲인도(2010) ▲유럽연합(2011) ▲페루(2011) ▲미국(2012) ▲터키(2013) ▲호주(2014) ▲캐나다(2015) ▲중국(2015) ▲뉴질랜드(2015) ▲베트남(2015) ▲콜롬비아(2016) ▲중미 4개국(2019)이다.

04. 핵심 Tag #무역 #국제 무역 #국제 협정 및 기구

다보스포럼(Davos Forum)은 세계경제포럼(WEF, World Economic Forum)의 별칭으로, 매년 1월 말 스위스 휴양도시 다보스에서 개최되는 전 세계 오피니언 리더들의 모임이다. 매년 4월 중국 휴양지 보아오에서는 아시아판 다보스포럼인 보아오포럼(BFA, Boao Forum for Asia)이 열린다.

05. 핵심 Tag #무역 #무역 일반 #기초 무역

중개 무역에 대한 설명이다.
- 중계 무역(中繼貿易) : 수출국으로부터 제3국이 물건을 사서 그대로 수입국에 재수출하는 형태의 무역
- 삼각 무역(三角貿易) : 상대국과의 사이에 제3국을 개입시켜 상대국과의 무역 불균형을 제3국과의 무역을 통해서 수지균형을 꾀하는 무역

- 스위치 무역(switch trade) : 수출입 거래는 직접 당사자 간에 이루어지고, 대금결제는 제3국의 업자를 통해 이루어지는 거래

06. 핵심 Tag #무역 #국제 무역 #국제 협정 및 기구

우루과이 라운드(UR, Uruguay Round)에 대한 설명이다. 각국의 시장개방 확대, GATT 체제 강화 등을 목표로 한다. 1986년 우루과이에서 시작해 1994년 모로코에서 완전 타결했다.
- 기술라운드(TR) : 기술개발 지원정책을 국제적으로 표준화시키려는 다자간 협상
- 그린라운드(GR) : 환경문제에 대한 다자간 협상
- 블루라운드(BR) : 근로 조건을 국제적으로 표준화하고 무역과 연계시키려는 다자간 협상

07. 핵심 Tag #무역 #국제 무역 #관세 일반

탄력 관세(彈力關稅)에 대한 설명이다.
- 보복 관세 : 자국 상품에 대해 불리한 대우를 하는 나라의 상품에 대한 보복의 성격을 띤 관세
- 긴급 관세 : 특정 상품이 지나치게 국내에 수입되어 국내 산업이 심각한 피해를 입는다고 판단되는 경우 부과하는 관세
- 할당 관세 : 수입품의 일정한 수량을 기준으로 부과하는 관세

SECTION

3 | 경영

01 경영 일반

핵심Tag #경영 관리 #경영 전략 #조직 구조 #경영 기타

#경영 관리

---

181 3S 운동 3S 運動
표준화, 단순화, 전문화를 통한 생산성 향상 운동

standardization(표준화), simplification(단순화), specialization(전문화)의 머리글자를 따서 이름 붙인 것으로 제품 부품의 규격·종류의 표준화, 제품·작업 방법의 단순화, 직장·노동의 전문화를 통해 생산성을 향상시킨다는 목적을 지닌 운동이다.

---

182 JIT 방식 Just In Time method
적기 생산 방식

재고를 항상 '0'으로 맞추고 다품종 소량 생산 체제에 맞추어 적은 비용으로 고품질의 제품을 생산하여 적시에 제품을 인도하기 위한 생산 방식이다. 제2차 세계 대전 후 일본의 도요타 자동차가 창안한 기법으로 °리드타임을 큰 폭으로 단축시키고, 납기를 준수하며, 재고를 감소시키고, 생산성을 향상시키는 등 여러 효과를 거두었다.

리드타임(lead time) 설계가 끝난 후부터 생산이 시작되기까지의 시간

---

183 SCM Supply Chain Management, 공급망 관리
부품 조달, 생산, 납품, 소매, 재고 관리 등의 과정을 최적화하여 효율적으로 처리할 수 있는 관리 활동

제품의 생산·유통·판매까지의 정보를 컴퓨터망을 활용하여 통합적으로

관리하고, 그 내용을 생산 및 마케팅에 활용하여 기업활동을 보다 효율적으로 지원하는 시스템을 말한다. 기업들은 SCM을 통해 거래 당사자들 간에 정보를 공유하고, 세계화, 시장 역동성, 고객 필요성 등에 대응함으로써 기업의 경쟁력을 강화할 수 있다. 또한 수요예측을 통한 생산으로 재고를 줄일 수 있어서 비용을 절감하게 된다.

184 6시그마 6sigma
1987년 모토로라의 근로자 마이클 해리가 창안하고, 제너럴일렉트릭(GE)의 전설적인 인물 잭 웰치에 의해 유명해진 혁신적인 품질경영 기법

시그마(sigma)는 그리스 문자로 표준편차(standard deviation)를 나타내며, *프로세스의 질을 나타내는 척도가 되기도 한다. 즉, 결함 없는 작업을 수행할 수 있는 프로세스 능력을 수치화한 것이라고 할 수 있는데, 6시그마 품질 수준이라고 하면 100만 개 중 3~4개의 불량이 발생하는 것을 말한다. 이는 1980년대 말 미국의 모토로라(Motorola)에서 품질혁신운동으로 시작되었으며, 이후 제너럴일렉트릭(General Electric)·소니(Sony) 등이 채택함으로써 널리 알려지게 되었다. 우리나라에서도 삼성·LG 등에서 도입한 바 있다.

프로세스(process) 일이 처리되는 경로나 공정

185 100PPM 인증 제도 100PPM 認證制度
제품 100만 개 중에 불량품 수가 100개 이하임을 인증하는 제도

제품의 불량률을 100만 개 중 100개 이하로 줄이자는 '100PPM 품질혁신운동'을 확대·발전시킨 제도로 세계에서 가장 엄격한 기준을 갖춘 순수 국산 품질인증제도이다. 100PPM 인증을 받은 기업은 대외 홍보 활동에 100PPM *로고를 사용할 수 있으며 자동화 설비 자금 지원, 단체수의 계약 시 납품 물량 우선 배정 등 여러 가지 특혜를 받을 수 있다.

로고(logo) 둘 이상의 문자를 짜 맞추어 특별하게 디자인하거나 레터링을 한 것

186 ZD 운동 Zero Defects movement
무결점 운동

1960년대에 미국 기업이 미사일의 납기 단축을 위해 벌인 운동이 계기가 되어 보급된 운동이다. 종업원들의 주의와 연구를 통해 작업상 발생하는 모든 결함을 없애는 데 협력해 나가는 운동이다. 이는 QC(품질관리) 기법을 일반 관리 사무에까지 확대 적용한 것이며, 고객 만족도를 향상시키기 위해 종업원에게 동기를 부여함으로써 자발적인 행동을 유도하고자 하는 데 그 목적이 있다.

187 **TQM** Total Quality Management, 전사적 품질경영
고객 만족, 인간성 존중, 사회 공헌을 중시하는 경영 철학

1980년대 초반 미국을 비롯한 유럽 지역을 중심으로 발전한 경영철학이다. 기업의 경쟁 우위를 확보하고 제품 및 서비스 설계, 공정 설계, 구매, 품질 보증 등의 문제를 해결하는 품질 중심의 기업 문화를 창출해 고객 만족을 지향하는 시스템을 말한다. 또한 고객 지향 품질관리 활동을 품질관리 책임자에 *국한하는 것이 아니라 마케팅, 생산, 노사관계 등 기업의 모든 분야 구성원이 의식을 개혁하여 품질관리의 실천자가 되어야 함을 전제로 한다. 즉, 전사적 품질경영의 목적은 고객 만족이며, 제품과 서비스의 지속적인 개선을 통해 고품질의 제품을 제공하고 경쟁력을 확보하고자 하는 경영 체계라고 할 수 있다.

국한(局限) 범위를 일정한 부분에 한정함

함께 나오는 용어

TQC(Total Quality Control, 전사적 품질관리)
기업 활동의 전반적인 품질을 높여 고객 만족을 달성하기 위한 경영 방식으로 설계, 제조, 판매, 총무, 인사 등 기업의 모든 부문에서 품질관리를 이해하고 품질 향상을 위해 노력하는 것을 말한다.

188 **윤리 경영** 倫理經營
기업 경영에서 '기업 윤리'를 최우선의 가치로 두고 투명하고 공정하며 합리적인 업무 수행을 추구하는 경영 이념

기업의 목적은 이익의 극대화이지만 사회적 책임을 수행하지 못하는 기업은 한순간에 문을 닫을 수도 있는 것이 현실이다. 이 때문에 최근 윤리 경영은 선택이 아닌 필수적 과제가 되고 있다.

189 **리엔지니어링** reengineering
업무 재구축

1990년 『하버드 비즈니스 리뷰』를 통해 마이클 해머(Michael Hammer)가 처음으로 도입한 개념으로, 기업의 체질 및 구조와 경영 방식을 근본적으로 재설계하여 경쟁력을 확보하는 경영 혁신 기법이다. 작업*공정의 검토 후 필요 없는 부분을 폐지한다는 점에서 직원의 감원이 필수적인 다운사이징과는 차이가 있다.

공정(工程) 일이 진척되는 과정이나 정도

190 **다운사이징** downsizing
기업의 감량 경영

조직의 슬림화를 통해 능률의 증진을 추구하는 경영 기법을 말한다. 즉, 불
필요하고 불합리한 본사의 임원이나 지원 부서를 축소 또는 제거함으로써
의사소통을 원활하게 하여 신속한 의사 결정을 도모하는 것이 목적이다.

191 **델파이 기법** delphi technique
전문가의 경험적 지식을 통한 문제 해결 및 미래 예측을 위한 기법

미래를 예측하거나 기존 자료가 부족한 특정한 문제에 관해 전문가들의 *견
해를 이끌어내고 종합하여 집단적 판단으로 정리하는 일련의 절차다.
1948년 미국의 랜드연구소에서 개발되어 IT, 연구 개발, 교육, 군사 등 다
양한 분야에서 활용되고 있다. 문제를 냉정하고 객관적으로 검토할 수 있다
는 장점과, 참여자 선정이 어렵고 많은 시간이 소요된다는 등의 단점을 함
께 갖고 있다.

견해(見解) 자신의 의견이나
생각

192 **경영정보시스템** MIS, Management Information System
기업 경영에서 경영에 대한 관련 정보의 수집 · 전달 · 처리 · 저장 · 이용이 신속하고 정확하
게 이루어질 수 있도록 편성한 전체 시스템 또는 네트워크

기업의 경영관리에 필요한 정보를 신속하고 정확하게 수집 · 가공하여 필요
에 따라 기업의 모든 조직원에게 제공해주는 시스템을 말한다. 이는 컴퓨터
에 의한 자료처리기능과 정보를 전달하는 통신시스템, 경영방침을 결정하
는 의사결정시스템 등 세 가지가 통합되어 구성된다.

193 **ERP** Enterprise Resource Planning, 전사적 자원관리
기업의 경영 및 관리 업무를 위해 구축된 통합정보 시스템

기업 내 인적 · 물적 자원의 활용도를 극대화하기 위해 인사정보 시스템, 재
무정보 시스템, 생산관리 시스템 등을 하나로 통합하여 운영하는 경영혁신
기법을 말한다. 이는 경리, 영업, *재고 관리 등의 업무에 관련된 데이터를
수집하고 해석함으로써 보다 나은 경영판단을 할 수 있도록 도움을 준다.
또한 생산 시간의 손실을 최소화할 뿐만 아니라 시스템상에서의 재고 정확
도를 지속적으로 개선할 수도 있다.

재고 관리 재료나 제품의 적
절한 보유량을 계획하고 통제
하는 일

194 테일러 시스템 Taylor system
과업을 중심으로 한 공장 관리

1895년 테일러(F. W. Taylor)가 공장합리화를 목적으로 주장한 생산에서의 과학적 관리법으로, '과업관리'라고도 한다. 미국 필라델피아의 철강 공장 현장 주임이던 테일러는 시간·동작 연구를 바탕으로 공정한 1일 작업표준량인 과업을 제시해 과업관리를 하고, 노동의욕을 고취시키기 위해 차별적인 성과급 제도를 채택하였다. 그러나 조직구성원을 수동적 존재로 전제하고, 노동조합을 부정하며, 인간 감정을 무시한다는 등의 여러 문제점도 존재한다.

과업(課業) 꼭 해야 할 일이나 임무

195 포드 시스템 Ford system
포드 자동차 회사에서 실시한 컨베이어 시스템을 이용한 대량 생산 시스템

1903년에 설립된 포드 자동차 회사에서 생산효율을 높이고 원가를 절감하기 위해 자동화한 시스템을 말한다. 작업조직을 합리화하여 복잡한 관리사무를 기계화함으로써 동시적으로 진행함에 따라 대량 생산이 가능하여 원가를 절약할 수 있다. 그러나 관리사무의 기계화로 인해 인간을 기계의 일부로 만들었다는 비난도 있다.

196 스캔런 플랜 Scanlon plan
생산성 향상 또는 인건비 절약 등으로 인한 이윤을 근로자에게 상여금 형태로 분배하는 방식

미국의 경영학자 스캔런(J. N. Scanlon)이 고안하였다. 판매금액에 대한 인건비의 비율을 일정하게 정해 놓고, 생산성 향상이나 인건비가 감소한 경우, 그 이익분을 생산장려금 또는 상여금 형태로 노동자에게 지불하는 것을 말한다. 집단능률급 방식으로 인정되고 있으며, 미국의 중소기업을 중심으로 보급되어 있다.

197 호손 실험 Hawthorne experiment
작업능률을 향상시키는 데 필요한 요인을 알아보기 위한 실험

메이요(G. E. Mayo) 교수연구팀은 호손전기 회사 공장에서 일하는 근로자를 대상으로 행한 실험연구에서, 인간의 심리적 안정 등 비공식적인 면이 작업능률에 많은 영향을 끼치는 것을 확인하였다. 이 실험을 통하여 인간의 심리적 안정이 작업능률 향상에 얼마나 중요한지 확인된 이후 인간관계론으로 활발하게 전개되었다.

198 GWP Great Work Place

'일하기 좋은 기업(Great Work Place)'의 약자

GWP의 특징은 조직 내 신뢰가 높고 업무에 대한 자부심이 강하며 즐겁고 보람 있게 일한다는 것이다. 미국의 경영컨설턴트인 로버트 레버링 박사가 뛰어난 성과를 올리는 기업들의 기업문화를 연구하면서 1998년 경제전문지 '포춘(fortune)'에 처음으로 이 용어를 발표하였다.

199 MBO Management By Objective, 목표관리

경영자가 업무 목표를 지시하고 달성 방법은 종업원에게 맡기는 경영 방법

조직의 목표와 개인의 목표를 통합하기 위해 조직 전체의 목표와 각 부문의 목표를 설정하고 그 목표 달성을 중심으로 자율적으로 일을 수행해 가는 것을 말한다. 우리나라에서는 1970년대 업적 향상과 능력 개발 등을 목적으로 기업에 도입되었으며, 근무 성적 *평정의 수단 또는 예산 운영 및 재정 관리의 수단으로도 활용되고 있다.

평정(評定) 평가하여 결정함

200 ABC Activity Based Cost, 활동 기준 원가계산

활동 단위로 세분화된 여러 제품들의 활동소비량에 제조 간접비를 배부하여 제조 원가를 계산하는 방법

전통적 원가계산은 노동시간 등 한 가지 요인을 정하고 그 요인을 기준으로 *제조 간접비를 적용하였으나, 다품종 소량 생산형태를 띠게 되면서 정확한 원가계산을 할 수 없었다. ABC는 이 방식을 보완하여 제조 간접비를 소비하는 활동 분야를 설정하고 각 분야에 서로 다른 경비 배분 기준을 적용하여 제조 원가를 계산한다. 가격책정, 하청, 인증, 개선 등을 측정하는 전략적인 결정을 지원하는 데 사용된다.

제조 간접비 다양한 생산제품의 제조 원가에 연관되어 간접적으로 사용되는 비용. 간접재료비, 간접 노무비, 간접제조경비 등이 있음

201 ROE Return On Equity, 자기자본 이익률

경영자가 주주들이 투자한 자본을 사용해 어느 정도의 이익을 얻었는지를 나타내는 것

주주 지분에 대한 운용 효율을 나타내는 지표로서, 주식시장에서는 투자지표로도 사용된다. *ROE가 높을수록 주가가 높게 형성되는 경향이 있다.

$ROE = \dfrac{순이익}{자기 자본} \times 100$

202 **B2B** Business to Business
기업이 기업을 대상으로 각종 물품을 판매하거나 서비스를 제공하는 전자상거래

기업과 기업 간의 대량 거래로 사이버 공간에서 전자매체를 통해 이루어진다. 공사자재·부품·재료, 공사 입찰 등이 주로 취급되며 대량 구매 후 기업에 판매함에 따라 유통비용 등 비용을 절감할 수 있다.

B2C	기업 대 소비자의 전자상거래 : 인터넷 쇼핑몰 등
C2C	개인 대 개인의 전자상거래 : 인터넷 경매 사이트 등
B2G	기업 대 정부의 전자상거래 : 조달물품의 구매 등
G2C	정부 대 개인의 전자상거래 : 민원의 전산망 처리 등

203 **리콜제도** recall system
기업이 제품의 결함을 발견하여 소비자에게 보상해 주는 제도

결함보상 또는 소환수리라고도 하며, 소비자의 피해를 사전에 방지하고 재발을 막기 위해 도입한 제도이다. 기업이 제품의 결함을 발견하였을 때 이를 소비자에게 통지하고 관련 제품의 수리나 교환 등 조치를 취하도록 하는 것인데, 소비자에 대한 통지는 반드시 공개적으로 신문 또는 방송 등을 통해 *공표하고 DM(Direct Mail)을 발송하여야 한다. 한편 리콜제도는 제조업체가 자발적으로 실시하는 자발적 리콜과 정부가 강제로 실시하는 강제적 리콜로 구분되며, 정부에 의한 강제적 리콜보다는 제조업체가 스스로 시행하는 자발적 리콜이 대부분을 차지하고 있다.

공표(公表) 여러 사람에게 널리 드러내어 알림

#경영 전략

204 **M&A** Merger and Acquisitions
기업인수·합병

*기업합병(merger)과 *기업인수(acquisition)가 결합된 개념으로, 외부적인 경영 자원을 활용하여 기업의 성장을 도모하는 가장 적극적인 경영 전략이다. 즉, 어떤 기업의 주식을 매입하여 소유권을 획득하는 경영 전략으로 목표 기업 경영층과의 합의에 따라 이뤄지는 우호적 M&A와, 경영층이 반대하는 가운데 시장에서 주식을 매입하여 경영권을 장악하는 적대적 M&A가 있다.

기업합병 두 개 이상의 기업들이 하나의 기업으로 합쳐지는 것

기업인수 한 기업이 다른 기업의 소유권을 가지게 되는 것

함께 나오는 용어

차입매수(LBO, Leveraged Buy-Out)
기업을 인수 · 합병(M&A)할 때 매수할 기업의 자산을 담보로 금융기관으로부터 돈을 빌려 매수자금을 조달하는 방법이다. 적은 자기자본으로 매수를 실행할 수 있으나 거액의 차입을 수반하기 때문에 기업매수 후 자기자본비율이 낮아져 신용위험이 급격히 높아질 수 있다는 단점이 있다.

 빈출

205 황금낙하산 黃金落下傘, golden parachute

적대적 M&A를 어렵게 만드는 경영권 보호 기법의 하나로 기존 경영진의 신분을 보장할 수 있도록 사전에 정관에 명시해 놓는 전략

적대적 M&A를 방어하는 대표적인 전략이다. 예컨대 임원의 퇴직 시 거액의 퇴직금 지급 조항을 만들어 놓는다거나 퇴직 후에도 일정 기간 급여를 제공하는 등의 내용을 °정관에 명시해 놓는 것을 말한다. 이로써 경영자의 신분을 보장할 수 있고 기업의 인수 비용을 높임으로써 적대적 M&A를 방어하는 전략으로 활용될 수 있다.

정관(定款) 사단법인의 조직 · 활동을 정한 근본 규칙

206 그린메일 green mail

적대적 M&A를 포기하는 대가로 경영자로 하여금 자신들이 확보한 주식을 높은 가격에 되사도록 강요하는 행위

'협박'을 뜻하는 블랙메일(black mail)을 풍자한 용어로 어떤 기업의 경영권을 위협할 만큼의 주식을 매수한 후, 경영자에게 메일을 보내 자신이 보유한 주식을 시가보다 훨씬 비싸게 되사도록 강요하는 것을 말한다. 한편 이러한 행동을 전문적으로 하는 사람을 '그린메일러(green mailer)'라고 한다.

 빈출

207 백기사 白騎士, white knight

적대적 M&A의 목표 대상이 된 기업에 우호적인 기업 인수자를 일컫는 말

어떠한 기업이 적대적인 M&A의 목표 대상이 되었을 때 이를 피할 수 없을 경우 현재의 경영진에 우호적인 기업 인수자에게 경영권을 넘기게 되는데, 이때의 기업 인수자를 백기사라고 하며, 매수 대상 기업을 인수하거나 적대 세력의 공격을 차단해주기도 한다. 한편 이와 반대로 M&A를 시도하는 공격자의 편에 서서 경영권 °탈취를 돕는 제3자를 흑기사(black knight)라고 한다.

탈취(奪取) 남의 것을 빼앗아 가짐

208 윈윈전략 win-win strategy
두 사업체 모두에 이익이 되는 전략

원래는 미국의 군사 전략을 일컫는 용어로 두 지역에서 일어난 전쟁을 동시에 승리로 이끌 수 있도록 언제라도 최소한도의 병력과 전투기, 전함, 필수 장비를 갖추고 있어야 한다는 개념이다. 그러나 현재는 경제 분야에 도입되어 '두 사업체 모두에 이익이 되는 전략적 제휴' 또는 '회담을 할 때 모두에게 이익이 되도록 하는 방안'이라는 의미로 광범위하게 사용되고 있다.

209 시너지 효과 synergy effect
각 기능의 공동 작용을 통한 상승 효과

각 요소 또는 부분들 간의 공동 또는 협동 작용으로 인해 그 각각이 따로 작용할 때보다 더 많은 생산성과 더 큰 효과를 나타내는 현상을 말한다. 한편 이와 반대로 각 기능이 공동 작용 혹은 협동 작용을 하였으나 오히려 효과가 줄어드는 경우가 있는데 이를 역시너지 효과(anergy)라고 한다.

210 X-Y이론 X-Y theory
맥그리거의 동기 부여 이론

미국의 경영학자 맥그리거(D. M. McGregor)가 제창한 동기 부여 이론으로 전통적 인간관을 X이론, 새로운 인간관을 Y이론으로 설명하였다.
- X이론 : 인간은 원래 일하는 것을 싫어하여 대다수는 강제로 또는 명령에 따라 일을 하며, 책임을 회피하고 *일신의 안전 내지 안정만을 *희구한다. 따라서 경영자는 금전적 보상을 이용하여 유인하고 엄격한 감독, 상세한 명령으로 통제를 강화해야 한다.
- Y이론 : 인간에게 노동은 자기 능력을 발휘하고 자기실현을 이룩할 수 있는 것이므로 놀이와 마찬가지로 자연스러운 것이며, 스스로 정한 목표를 위해 스스로 노력한다. 따라서 경영자는 자율적이고 창의적으로 일할 수 있는 여건을 제공해야 한다.

일신(一身) 자기 한 사람의 몸

희구(希求) 바라고 구함

211 워크아웃 workout
기업 개선 작업

부실기업의 구조조정을 위해 기업과 금융기관이 서로 협의해 진행하는 경영 혁신 활동을 의미하며, 기업가치 회생, 재무구조 개선 작업 등으로 불린다. 기업의 파산보다 사적인 계약협의를 통한 회생이 일자리 보존과 생산 설비 가동에 있어 보다 적은 비용이 소요될 것이라고 판단될 경우에 활용된 다. 일반적으로 은행 대출금의 출자 전환, 상환 유예, 이자 감면, 일부 부채 *탕감 등의 부채 구조조정을 도와주며 기업은 자산 매각, 주력 사업 정비, 계열사 정리 등의 구조조정 노력을 이행해야 한다.

탕감(蕩減) 빚이나 세금 등의 물어야 할 것을 덜어줌

212 **벤치마킹** benchmarking
경쟁업체의 경영방식을 면밀히 분석하여 경쟁업체를 따라잡는 전략

특정 분야에서 우수 상대를 선정하여 다방면에서 비교 분석하고 그들의 뛰 어난 점을 배우면서 자기*혁신을 추구하는 경영기법이다. 이는 우수 기업의 장점을 배워 자기 기업에 맞는 새로운 경영방식을 재창조한다는 점에서 단 순 모방과는 차이가 있다.

혁신(革新) 묵은 제도 · 방법 등을 고쳐서 새롭게 함

#조직 구조

213 **모듈 기업** module corporation
회사 내에 생산 공장이 없거나 최소한의 시설만을 보유하고 부품 또는 완제품을 외부 기업 으로부터 조달해 최종 제품을 판매하는 기업

회사 내에 생산 시설을 구비하지 않고 외부로부터 부품이나 완제품을 조달 받아 최종 제품을 판매하는 기업으로, 디자인과 마케팅 등 경쟁의 핵심 요 소에 집중 투자하여 초일류의 경쟁력을 보유할 수 있다. 이와 같은 이유로 유행에 민감하게 반응하는 패션산업에서 처음 시작되었으며, 대표적인 모 듈 기업으로는 나이키와 리복 등이 있다.

214 **매트릭스 조직** matrix organization
프로젝트 조직과 기능식 조직을 절충한 조직 형태

행렬조직 또는 복합구조라고도 하며, 구성원이 원래 속해 있던 종적인 계열 과 함께 횡적인 팀의 일원으로서 임무를 수행하게 하는 조직 형태를 말한 다. 따라서 매트릭스 조직에서는 한 사람의 구성원이 동시에 두 개의 팀에 속하게 된다. 이 조직의 장점은 조직 내부의 자원을 각 사업부가 효율적으 로 사용할 수 있고 외부 환경 변화에 신속하게 대응할 수 있다는 점이며, 단 점으로는 두 팀의 상사에게 보고하고 통제를 받는 이중적 구조 때문에 갈등 을 유발할 수 있다는 점을 들 수 있다.

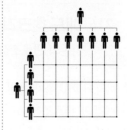

215 주식회사 株式會社, corporation
주식을 발행하여 설립된 회사

자기가 인수한 주식의 금액을 한도로 출자 의무를 질 뿐, 회사의 채무에 대해서는 전혀 책임을 지지 않는 간접 *유한 책임 사원으로만 구성된 회사를 말한다. 주식은 유가 증권의 형태를 취하여 양도가 자유롭고, 주주는 유한 책임을 지기 때문에 자본조달이 용이하다는 장점이 있다. 따라서 주식회사는 거액의 고정 자본이 필요하고 지속적으로 자금 조달이 필요한 대규모 사업 경영에 적합하다.

유한 책임 사원 회사의 채무에 대하여 자신이 출자한 부분만큼만 책임을 지는 사원

함께 나오는 용어 ·

- **유한 회사(**有限會社, private company**)**
  상행위 및 기타 영리행위를 목적으로 설립한 사단법인이다. 사원 전원이 간접 유한 책임자이며 분화된 기관을 가진다는 점에서는 주식회사와 유사하나, 지분의 양도가 자유롭지 못하고 엄격한 규정이 완화되었다는 점에서는 주식회사와 다르다. 유한 회사의 사원 총수는 50명을 초과하지 못하도록 규정되어 있으나, 특별한 사정이 있어 법원의 인가를 얻은 때에는 이를 초과할 수 있다.
- **합명 회사(**合名會社, ordinary partnership**)**
  2인 이상의 *무한 책임 사원으로 구성되는 인적 대표회사이다. 모든 사원이 무한 책임 사원으로서 채권이 변제기에 변제되지 않았을 때 그 채권액을 변제할 책임을 진다. 또한 다른 사원의 동의를 얻지 못하면 그 지분의 전부 또는 일부를 타인에게 양도할 수 없다. 또한 입사·퇴사 시 다른 사원의 동의를 요한다. 따라서 인적 신뢰관계가 있는 소수인의 공동기업에 적합하다.

무한 책임 사원 회사의 채무에 대해 채권자에게 직접 연대하여 무한의 책임을 부담하는 사원

- **합자 회사(**合資會社, limited partnership**)**
  무한 책임 사원과 유한 책임 사원으로 조직된 회사이다. 합명 회사에서보다 광범위한 투자자들로부터 자본을 조달할 수 있다는 장점을 지닌 회사로 기업 경영은 무한 책임 사원이 담당하며, 유한 책임 사원은 출자에 따른 이익의 분배를 받는다. 유한 책임 사원이 자기 주식을 양도하고자 할 때는 무한 책임 사원 전원의 승낙이 있어야 하며, 사원의 사망도 퇴사의 원인이 되지 못해 상속인이 그 소유 주식을 승계하여 사원이 된다.
- **지주 회사(**持株會社, holding company**)**
  다른 회사의 주식을 소유해 사업 활동을 지배·관리하는 것을 주된 목적으로 하는 회사이다. 이는 다른 회사의 주요 사업 활동에 관해 간섭하고, 그에 관한 결정에 영향력을 행사한다는 것을 의미한다. 법률상 지주 회사는 자산총액이 1000억원 이상이어야 하며, 회사가 소유하고 있는 자회사의 주식 평가액이 당해 회사 자산총액의 2분의 1 이상이어야 한다.

216 애드호크라시 adhocracy
기존의 관료조직을 대체할 미래의 새로운 조직

미국의 미래학자 앨빈 토플러(Alvin Toffler)가 그의 저서 『미래의 충격』에서 *종래의 관료조직(bureaucracy)을 대체할 미래의 조직을 가리키는 말로 사용한 용어이다. 애드호크라시는 전문적인 훈련에 의해 유연하게 기능별로 분

종래(從來**)** 이전부터 지금까지

화된 횡적 조직으로, 고정적·반영구적인 관료조직으로 해결할 수 없는 새로운 문제들을 해결할 수 있도록 상황에 맞게 전문 요원들이 팀을 구성하여 문제를 해결해 가는 특성을 지닌다.

217 라인스태프조직 line and staff organization
직계조직에 스태프조직을 가미한 조직

라인조직과 스태프조직의 단점을 보완하고 장점을 더욱 살리기 위한 혼합 조직 형태로 라인은 직계조직을 의미하며, 스태프는 참모조직으로서 전문 지식을 갖고 라인에 조언하는 역할을 한다. 이러한 조직은 지휘·명령의 *일원화를 유지하면서도 개인의 전문적 지식이나 견해가 충분히 활용될 수 있다는 장점을 갖는다. 상급에서 하급으로 연결되어 명확한 책임과 권한이 따르는 영업부와 생산부는 라인에 해당하고 기획실이나 총무부, 인사부 등은 스태프에 해당한다.

일원화(一元化) 하나로 됨, 하나로 만듦

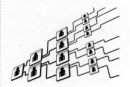

함께 나오는 용어

- **직계조직**(line organization)
  가장 단순하고 오랜 역사를 지닌 조직으로 의사명령이 최고경영자로부터 조직말단까지 직선적으로 연결되는 조직 형태
- **스태프조직**(staff organization)
  대규모조직의 상층부에서 전문적 지식과 기술로써 조언과 자문을 하는 수평적 조직 형태

218 벤처 캐피탈 venture capital
고도의 기술력을 소유하고 있으나 경영 기반이 약한 벤처 비즈니스에 대해 주식 취득 등의 형식으로 투자하는 기업 또는 그 자본

좋은 아이디어와 기술력을 가지고 있어 장래성은 있지만 아직 경영 기반이 약해 일반 금융기관에서 융자를 받기 어려운 *벤처 비즈니스에 대해 주식 취득 등을 통해서 투자하는 기업이나 기업의 자본 그 자체를 말한다. 주식을 취득한 후에는 해당 회사가 코스닥에 등록되거나 증권거래소에 상장이 되기를 기다려 주식을 처분함으로써 투자금을 회수한다. 또는 M&A(기업인수·합병) 등을 통해 투자한 지분을 팔기도 한다. 이는 담보가 없는 투자로서 실패할 경우 투자금을 전혀 회수할 수 없어 위험성이 크지만, 투자한 기업이 성공할 경우에는 큰 수익을 얻을 수 있는 고위험·고수익의 투자라고 할 수 있다.

벤처 비즈니스(venture business) 신기술이나 노하우 등을 개발하여 이를 사업으로 이끄는 창조적인 기술 집약형 기업

219 아웃소싱 outsourcing
기업 업무 중 일부를 외부에 위탁해 처리하는 것

기업은 중심 업무에만 집중하고 중요도가 떨어지는 업무는 기업 외부의 제 3자에게 위탁해 처리하는 것으로, 미국 기업이 제조업 분야에서 활용하기 시작하였지만 현재는 경리, 인사, 신제품 개발, 영업 등 모든 분야로 확대되고 있다. 아웃소싱의 장점은 주력 업무에 경영 자원을 집중하고 핵심 역량을 강화시킬 수 있으며, 조직을 슬림화·유연화시키고, 시너지 효과에 의한 새로운 부가 가치를 창출할 수 있다는 점이다. 그러나 외부에 업무를 위탁함으로써 품질 불량이나 납기 지연의 문제가 발생할 수 있고, 기업 문화 및 직업 문화를 *와해시켜 업무에 대한 의욕이나 열정을 식게 만들 수 있다는 단점도 갖는다.

와해(瓦解) 계획이나 조직 등이 무너지는 것

220 독립채산제 獨立採算制, self-financing
모기관으로부터 재정을 분리해 운영하는 제도

산하기관의 재정을 모기관의 재정으로부터 분리해 운영하는 제도 또는 공기업이 국가나 지방 자치 단체의 재정에서 분리되어 독자적으로 경영하는 것을 말한다. 즉, 오늘날의 독립채산제는 경제적인 자주성의 확립과 국가의 계획성이라는 두 원리를 결합하는 것으로 이해된다.

221 프랜차이즈 franchise
상호, 특허 상표, 기술 등을 보유한 가맹본부가 가맹점들에게 상표의 사용권, 제품의 판매권, 기술 등을 제공하고 대가를 받는 사업 방식

계약을 통해 기술을 보유한 프랜차이저(franchisor : 본사)가 프랜차이지 (franchisee : 가맹점)에게 기술을 *전수하는 시스템으로 프랜차이지의 입장에서는 소규모 자본만으로 사업 운영이 가능하며, 안정적인 수익을 올릴 수 있다는 장점이 있다.

전수(傳授) 기술·지식 등을 전해 줌

222 히든챔피언 hidden champions
숨은 *강소기업

독일의 경제학자 헤르만 지몬(Hermann Simon)이 그의 저서 『히든챔피언』에서 주장한 개념으로 '일반인들에게 잘 알려지지 않은 기업', '세계 시장 시

강소기업(强小企業) 작지만 강한 기업

장 점유율 3위 이내 또는 소속 대륙 시장 점유율 1위 기업', '매출액 40억달러 이하인 기업'의 조건을 충족한 기업을 뜻한다. 즉, 규모가 작아 일반인들에게 잘 알려지지 않은 기업이지만 적절한 전략을 개발·적용함으로써 세계적인 경쟁력을 지닌 기업이라는 뜻을 갖고 있다.

헤르만 지몬은 2009년 당시 우리나라에도 25개가량의 히든챔피언 기업이 있다고 하였으며, 그 예로 절삭공구 생산기업 YG1, 완구 생산기업 오로라월드, 헤어드라이어 생산기업 유닉스전자 등을 꼽았다.

223 트러스트 trust
독점적 기업 결합

기업합동 또는 기업합병이라고도 한다. 시장 *독점의 목적으로 동일 부문의 여러 기업체가 각 기업의 독립성을 상실하고 합동하는 것을 말한다. 시장 지배를 목적으로 하는 점에서 카르텔과 비교되지만, 각 기업이 법률적·경제적으로 독립성을 유지하는 카르텔에 비해 트러스트는 법률적·경제적으로 독립성을 잃는다는 점에서 차이가 있다.

독점(獨占) 어떤 물건이나 권리, 이익 등을 혼자서 모두 가짐

224 카르텔 cartel
시장을 통제하기 위한 목적으로 동종 또는 유사 산업 분야의 기업들이 연합하는 것

기업 상호 간의 경쟁 제한이나 완화를 위해 독립된 기업들이 연합하는 것을 말한다. 즉, 기업 상호 간의 협의로 가격이나 생산량, *출하량 등을 정해 경쟁을 피하고 동시에 이윤을 확보하려는 목적으로 조직하는 연합이다. 카르텔은 카르텔 협정에 의하여 성립되며, 협정에 의하여 일부 활동을 제약받지만 법률적·경제적으로 각 기업의 독립성은 유지된다. 우리나라에서는 「독점규제 및 공정거래에 관한 법률」에 의거해 카르텔을 원칙적으로 금지하고 있다.

출하량(出荷量) 생산자가 생산품을 시장으로 내어보낸 양

함께 나오는 용어

신디케이트(syndicate)
공동판매 카르텔을 뜻한다. 카르텔에서 협정을 체결하고 공동판매소를 만들어 판매하는 가장 *고도화된 카르텔의 형태이다. 카르텔은 본래 협정 가격을 정하고 수량을 제한하지만 그것이 지켜지지 않는 경우가 많은데, 이를 막기 위해 가맹기업의 제품을 한 장소에서 판매하는 공동판매소를 설치한다. 신디케이트의 종류로는 신디케이트가 살 사람의 주문을 받아들여 이것을 각 가맹회사에 할당하는 중개공동판매, 주문의 인수와 할당뿐만 아니라 각 가맹회사로부터 위탁받아 스스로 판매하는 위탁공동판매, 모든 제품을 각 가맹회사로부터 매입하여 이것을 공동판매기관이 판매하는 매입공동판매 등이 있다.

고도화(高度化) 정도가 높아짐

225 콘체른 konzern
기업 결합

재벌 또는 기업 집단이라고도 하며, 법률상으로는 독립된 법인 형태를 유지하고 있으나 경영상으로는 실질적으로 결합되어 있는 기업 결합 형태를 말한다. 일반적으로 거대 기업이 여러 산업의 다수 기업을 지배할 목적으로 형성된다.

226 빅딜 big deal
기업에서 대형 사업의 맞교환

글자 그대로 '큰 거래'로서 주요 사업에 대한 기업 간의 맞교환을 의미한다. 부실기업의 정리, 주력기업의 통·폐합 및 *매각, 외국기업에 넘기는 것까지 빅딜의 범위에 포함된다. 정부는 거대 기업에 대해 과잉중복투자를 해소하고 경쟁력 없는 사업을 퇴출시킬 수 있도록 빅딜을 적극 권유하는 편이다.

매각(賣却) 물건을 팔아 버림

#경영 기타

227 종업원지주제 從業員持株制
기업이 경영 방침 및 관계법령 등을 통해 자사 종업원에게 특별한 조건과 방법으로 자사 주식을 분양·소유하게 하는 제도

제1차 세계 대전 후 산업 민주화의 과정 속에서 생긴 제도로, 증권시장 상장 시 발생하는 소유 주식에 대한 시세차익을 종업원들에게 돌아가게 하는 재산증식수단으로 적극 활용하고 있다. 종업원 주식매입제도·우리사주제라고도 한다.

기업은 *공로주·*의결권 제한·*양도 제한 등의 방법을 통하여 종업원들을 이익배당에 참여시키고 있다. 상법상 일정 주식을 확보할 경우 각종 권한을 누릴 수 있으므로 우리사주조합이 전체 주식 중 지분을 얼마나 확보하는가는 극히 중요하다. 종업원의 참여 방법으로는 개별 참여 방식과 공동 참여 방식이 있다.

공로주 주식회사 설립 과정이나 경영상 공로에 보답하는 의미로 무상이나 액면금액으로 교부되는 주식

의결권 제한 의결권이 제한되어 경영에 간섭하지 못하고 투자의 목적으로만 보유하는 주식

양도 제한 주로 소자본 기업의 경우 주식 양도를 제한하여 주식 매점을 방어하려는 주식

함께 나오는 용어
• 개별 참여 방식 종업원이 각자 개별적으로 독립해서 주식을 매입
• 공동 참여 방식 자사주 투자회를 결성해 회원이 되고 회원의 공동출자로 자사주를 매입

228 카니벌라이제이션 cannibalization
기업의 자기잠식을 나타내는 용어

선출시된 제품보다 기능이나 디자인 면에서 탁월한 후속 제품이 출시되면서 해당 기업의 선출시 제품 시장을 *잠식하는 상황을 말한다. 또는 해외의 값싼 노동력으로 제작한 저가 상품이 국내 시장에서 제작한 고가 제품을 밀어내는 경우도 이에 해당한다.

잠식(蠶食) 남의 것을 조금씩 침략하여 먹어 들어감

229 OJT On the Job Training
직장 내 교육훈련

기업 내 종업원 교육훈련 방법의 하나로, 종업원이 직무에 *종사하면서 지도 교육을 받는 것을 말한다. 교육 시 업무 수행이 중단되는 것은 아니기 때문에 시간의 낭비가 적다는 장점이 있다. 반면 지도자의 높은 자질이 요구되며 교육훈련 내용의 체계화가 어렵다는 단점도 있다. OJT의 대상은 주로 작업직이지만 관리직이나 전문직에도 적용시킨다.

종사(從事) 어떤 일을 일삼아 함

230 인사고과 人事考課, merit rating
직장 내에서 감독자가 일정한 기준에 따라 종업원의 근무 성적을 평정하는 것

근무평정이라고도 하며 직장 내에서 감독자가 업무 수행과 관련한 종업원의 집무 태도와 능력, 성격 등을 평가하는 제도이다. 이를 이용하여 임금을 조정하고, 종업원의 특성이나 결함을 파악해 *적재적소에 배치하며, 적절한 지도와 교육을 통해 인사의 합리화·능률화를 기할 수 있다. 단, 인사고과를 행함에 있어 종업원 각자에 대한 감독자의 객관적 평가가 행해지기 어렵다는 단점이 있다.

적재적소(適材適所) 어떤 일에 적당한 재능을 가진 자에게 적당한 지위나 임무를 맡김

231 CI Corporate Identity
기업 이미지 통합 작업

기업의 이미지를 통합하는 작업으로 자기 기업의 사회에 대한 *사명, 역할, 비전 등을 명확히 하여 기업 이미지나 행동을 하나로 통일시키는 역할을 한다. 즉, 사외적으로는 동일 회사의 여부를 상대에게 식별시키고 사내적으로는 기업의 존재 의의를 인식시키는 역할을 하는데, 주로 시각 이미지로 표현할 수 있는 기업 로고나 상징(symbol) 마크로써 나타낸다.

사명(使命) 맡겨진 임무

232 다면평가제 多面評價制
다양한 측면에서 조직원을 평가하는 인사평가 제도

우리나라에는 1990년대 말부터 도입된 제도이다. 상사가 조직원을 평가하는 하향식 평가에서 상사의 주관과 *편향에 따라 평가 결과가 달라질 수 있다는 문제점을 보완하기 위해 도입된 것으로 360도 평가라고도 한다. 다면평가제는 상사의 평가뿐만 아니라 부하직원의 상사에 대한 평가, 동료직원의 상호 평가, 때에 따라서는 고객의 평가까지 이루어진다. 평가하는 주체가 다양하므로 공정성과 객관성을 신뢰할 수 있고, 결과에 대한 반발도 적다는 장점이 있다. 그러나 정부는 2010년부터 공공기관에서 다면평가의 결과를 인사에 반영하지 않고 참고용으로만 활용하고 있다.

편향(偏向) 한쪽으로 치우치는 것

233 자선자본주의 philanthrocapitalism
막대한 부를 지닌 자본가들의 통 큰 자선활동

자선을 뜻하는 'philanthropy'와 자본주의를 의미하는 'capitalism'의 합성어다. '인류의 잠재력 증진과 다음 세대 모든 어린이의 평등 구현'을 위해 자신의 페이스북 지분 99%를 기부하겠다고 밝힌 마크 저커버그 페이스북 창업자가 자선자본주의를 실천한 대표적 인물이다.

▲ 마크 저커버그 페이스북 창업자

자선자본주의를 보는 시각

긍정	• 부의 집중·기회의 불평등 속에서 자본주의 폐단을 줄일 수 있음 • 일부 자산가에게 몰려있는 자본이 인류공동체를 위해 쓰임
부정	• '소외된 이웃'을 위한 자선이 아닌 특정 가치의 실현을 위한 사회 개입 행위임 • 사회적 어젠다가 극소수 부자의 사적인 투자 활동으로 결정됨

234 한계기업 限界企業
재무구조가 부실해져 영업 활동을 통해 이자(금융비용)조차 감당하지 못하고 결국 경쟁력을 잃게 돼 도태되는 기업

한계기업이 늘면 이들 기업에 돈을 빌려주는 은행까지 위험에 처할 수 있어 은행권의 부실 위험이 커진다. 또한 경제 성장 제약, 대내외 충격 시 대규모 부실 발생, 금융시스템의 불안 등의 부작용도 있다.

235 솔로 이코노미 solo economy
1인 가구가 증가하면서 기업들이 이들을 겨냥한 제품을 집중적으로 내놓은 현상

솔로 이코노미의 핵심인 4S는 'Small, Smart, Selfish, Service'이다. 즉, 소비자들은 더 작고, 똑똑한 제품을 소비하며, 우리가 아닌 나를 위한 소비를 한다는 것이다. 1~2인 가구의 확대로 종전에 보지 못했던 새로운 유형의 서비스업이 등장해 내수시장의 변화를 이끌 것으로 전망된다.

236 흑자도산 黑字倒産
기업의 재무제표상 수지균형이 잡혀 있는데도 도산하는 것

재무제표상에는 흑자를 보이고 있는데, 회전 자금의 *변통이 어려워 부도가나 도산하는 것을 말한다. 금융 긴축의 결과 거래처가 도산하거나 은행이어음 할인을 막아 예측했던 자금이 들어오지 않을 경우 흑자도산이 발생할수 있다. 결과적으로 과도한 설비 투자 또는 거액의 불량 채권과 재고를 안고 있을 때 흔히 발생한다고 할 수 있다.

변통(變通) 돈이나 물건 등을 돌려씀

237 실버달러 silver dollar
고령 은퇴자들의 높은 구매력을 의미

전 세계적으로 인구의 고령화가 가속화되면서 고령 은퇴자들(실버계층)이최대 소비계층으로 부각되고 있다. 2015년 10월 뱅크오브아메리카(BOA)메릴린치가 보고서를 통해 베이비붐 세대의 구매력을 실버달러로 표현했다. 보고서에 따르면 미국과 영국의 전체 소비에서 50세 이상이 차지하는비중은 각각 60%와 50%로 나타났다.

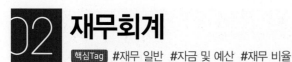

02 재무회계
핵심Tag #재무 일반 #자금 및 예산 #재무 비율

#재무 일반

238 손익 분기점 損益分岐點, break-even point
매출액과 그 매출을 위해 소요된 총비용이 일치되는 점

이익도 손실도 발생하지 않는 지점을 말한다. 따라서 매출액이 손익 분기점을초과하면 이익이 발생하고 손익 분기점에 미달하면 손실이 발생하게 된다.

239 재무제표 財務諸表, financial statement
기업의 경영 성적과 재정 상태를 기록 · 계산한 회계 보고서

일정 기간 동안 기업의 경영 성적과 재정 상태를 기록 · 계산한 회계 보고서로, 기업이 소유하고 있는 자산과 부채 및 기업 자본의 재정 상태 등을 명확하게 하는 것이 그 목적이다. 재무제표의 범위에 관하여 「상법」에서는 재산목록, 재무상태표, 영업 보고서, 포괄손익계산서, 준비금과 이익이나 이자 배당에 관한 의안을 규정하고 있으며, 기업회계원칙 또는 재무제표규칙에서는 재무상태표, 포괄손익계산서, 이익 잉여금 처분계산서 또는 *결손금 처리계산서, 각 부속명세표를 규정하고 있다.

결손금(缺損金) 기업의 경영활동 결과 순자산이 감소하는 경우 그 감소분을 누적하여 기록한 금액

함께 나오는 용어

- **연결재무제표(聯結財務諸表, consolidated financial statements)**
  독립된 법인이지만 경제적으로 유기적 관계에 있는 기업을 일괄하여 하나의 기업으로 보고 작성한 재무제표이다. 연결재무상태표와 연결포괄손익계산서로 구성되며, 자회사를 갖고 있는 모회사가 작성한다. 작성 대상은 지배회사가 지분을 50% 이상 소유하면서 경영권을 행사하거나, *지분을 30% 초과해 소유하면서 최대주주인 계열사이다. 또한, 모회사와 자회사 간 또는 자회사 간의 지분 합계가 30%를 넘어설 경우도 작성 대상에 포함된다. 한편 연결재무제표는 경영 실적을 잘 반영한다는 장점이 있는 반면 개별 기업의 고유 정보 파악과 내부 거래 실체 파악의 어려움도 가지고 있다.

지분(持分) 공유물 또는 공유 재산에 있어서 공유자 각자가 소유하는 몫

- **결합재무제표(結合財務諸表, combined financial statement)**
  특정인이 2개 이상의 기업을 운영하는 경우 회사 간 내부 거래를 제거하고 개별 재무제표를 수평적으로 결합한 재무제표이다. 지배 회사와 종속 기업의 지분율만을 감안한 연결재무제표 방식이 그룹 전체의 재무 상태나 경영 성과를 제대로 나타내지 못한다는 단점이 지적되어 사용하게 된 방법이다. 기업들은 전체 계열사와 금융업, 비금융업 등 3개 부문에서 재무제표를 작성해야 하며 그 종류는 재무상태표, 포괄손익계산서, 현금흐름표와 결합자본변동표 등 4가지이다. 또한 계열사 간 내부 지분율과 상호 빚보증 현황 및 계열사 간 담보 제공과 상호 자금 대차관계를 *일목요연하게 표로 작성해야 한다.

일목요연(一目瞭然) 잠깐 보고도 환하게 알 수 있을 정도로 분명하고 뚜렷함

240 재무상태표 財務狀態表, statement of financial position
일정 시점에 있어서 기업이 보유하고 있는 자산 · 부채 · 자본을 보여 주는 보고서

일정한 시점에서 기업의 재무상태를 나타내는 재무제표의 한 형식으로서 자산, 부채 및 자본의 계정과목을 왼쪽(*차변, debtor)과 오른쪽(*대변, creditor)으로 나누어 자세한 내역을 알려주는 정태표이다. 재무상태표의 차변 항목은 대변 항목(재무활동)을 통해 조달한 자금을 활용하는 내역을 나타내고 있으며, 대변 항목은 기업의 자산을 취득하기 위해 조달한 자금의 원천인 타인자본과 자기자본으로 구성되어 있다.

차변(借邊) · 대변(貸邊) 복식 회계에서 좌측을 차변, 우측을 대변이라 함. 보통 차변에는 자산의 증가와 비용의 발생, 부채와 자본의 감소가 기록되며, 대변에는 자산의 감소, 수익의 발생, 부채와 자본의 증가가 기록됨

241 포괄손익계산서 包括損益計算書, statement of comprehensive income
일정 기간 동안의 총비용과 수입을 비교하여 손익의 정도를 밝히는 계산서

한 기업의 일정 기간 동안 손익을 대비하여 경영 성과를 나타내는 표를 말한다. 이는 재무상태표와 함께 경영활동에 의한 순손익을 계산하는 것으로 두 계산에 의한 순손익액은 같아야 한다. 포괄손익계산서는 기업의 수익성을 판단할 수 있고, 미래의 순이익을 예측할 수 있으며, 경영 분석의 중요한 자료로 활용될 수 있다는 장점이 있다. 반면 기업의 가치 변동에 대한 설명이 어렵고, 경영 성과에 대한 회계 담당자의 주관이 개입될 여지가 많다는 단점을 지닌다.

242 선입선출법 先入先出法, first-in first-out method
장부상 먼저 입고된 것부터 순차적으로 출고되는 것으로 간주하여 출고 단가를 결정하는 원가주의 평가방법

매입순법(買入順法)이라고도 한다. 실제 출고 순서에 관계 없이 장부상 먼저 입고된 것부터 순차적으로 출고되는 것으로 간주하여 출고 단가를 결정한다. 이는 장기간 보관 시 품질이 떨어지거나 판매 가치가 사라지는 재고자산의 경우에 물량의 흐름과 원가의 흐름을 일치시키기 위해 많이 사용된다. 이 방법은 재고품의 평가액이 *시가에 비교적 가깝고 디플레이션이 발생하였을 때 이익이 과대 계상되지 않는다는 장점이 있다. 인플레이션이 발생하였을 때는 과대이익을 계상할 수 있고 계산이 복잡하다는 단점도 지닌다.

시가(市價) 시장에서 매매되는 상품의 가격

함께 나오는 용어

후입선출법(後入先出法, last-in first-out method)
나중에 구입했던 물품을 먼저 출고한 것처럼 하여 출고품이나 재고품의 원가를 계산하는 방법이다. 선입선출법과 대비되는 방법으로, 재고품의 기말재고가 기초재고와 같을 경우 기말재고품에 기초재고품의 원가를 부여함으로써 당기의 총구입 원가를 당기의 총출고량으로 나누어 당기의 출고품 원가를 계산하는 것이다. 이 방법은 인플레이션 기간에 가공이익을 배제하는 데 유리하며 비용과 수익의 대응 원칙에 의한 손익계산이라는 점이 장점이다.
그러나 기말재고는 가장 먼저 취득한 단가로 평가되므로 가격변동이 심할 때에는 기말시가와 현저하게 차이가 나는 평가액이 되고, 기말재고와 기초재고가 같을 경우에만 동일가격 수준에서 비용과 수익의 대응이 성립한다는 점 등의 단점도 있다.

243 경제적 부가 가치 EVA, Economic Value Added
기업의 영업이익에서 법인세·금융·자본비용 등을 제외한 금액

투자된 자본을 제외하고 실제 이익이 얼마인가를 보여 주는 경영 지표다. EVA가 클수록 기업에 대한 투자 가치가 높다는 것을 의미한다. 새로운 투자에 대한 사전 검증과 사후 평가까지 할 수 있다는 점에서 기업의 투자나 경영 성과를 보다 근본적으로 파악할 수 있는 유용한 판단 기준을 제공해 준다. 그러나 고객 만족도, 내부 평가, 성장성에 대해서는 알 수 없다는 단점이 있다.

244 분식결산 粉飾決算, window dressing settlement
기업의 회계 장부를 고의적으로 조작하는 것

분식회계라고도 하며, 재무상태표나 포괄손익계산서에 °계상하는 항목의 금액을 거짓으로 꾸며 이익을 조작하는 것을 말한다. 가공 이익을 계상할 때는 보통 재고자산이나 토지 등의 고정 자산을 과대 계상하는 방법, 제조 원가나 일반 관리비 등의 비용과 차입금·충당금 등의 부채를 누락시키고 위장된 가공거래처와의 가공매출을 계상하는 방법 또는 차년도 귀속분을 미리 앞당겨서 매출로 계상하는 방법 등을 이용한다.

계상(計上) 계산하여 올림

함께 나오는 용어

분식회계(粉飾會計, window dressing settlement)
기업이 재정 상태나 경영 실적을 실제보다 좋게 보이게 할 목적으로 부당한 방법을 통해 자산이나 이익을 부풀려 계산하는 것이다. 가공의 매출을 기록한다든지 비용을 적게 계상하거나 누락시켜 결산 재무재표상의 수치를 고의로 왜곡시키는 등의 방법이 이용된다. 이와 반대로 세금 부담이나 근로자에 대한 임금 인상을 피하기 위해 실제보다 이익을 적게 계상하는 경우는 '역분식회계(逆粉飾會計)'라고 한다. 분식회계는 주주와 채권자들의 판단을 왜곡시킴으로써 손해를 끼치는 범죄행위다.

245 감가상각 減價償却, depreciation
고정 자산의 경제 가치 소실을 계산하는 것

기업이 사용하는 기물이나 설비 등의 고정 자산은 해가 지날수록 점차 소모되는데, 정확한 기간손익을 산출하기 위해서는 고정 자산의 취득원가 중 당기에 가치가 감소되어 비용화된 부분과 가치가 남아 있는 부분을 구분해야 한다. 바로 이러한 절차를 감가상각이라 하며, 감가상각에 의해 계산된 비용을 감가상각비라고 한다.

#자금 및 예산

246 감채 기금 減債基金, sinking fund
채권을 상환하기 위해 적립하는 자금

기금은 수입에서 조성하며, *불입 액수는 미결제 부채에 대한 일정 비율 또는 이윤에 대한 일정 비율로 결정한다. 이는 일반 회계 또는 특별 회계로부터 전입되어 특별히 관리·운영되며, 곧바로 채권 회수에 사용할 수도 있다. 그러나 일반적으로 감채 기금의 관리인들은 이 기금을 공개시장에 투자해 보존할 수 있는 채권을 구입하여 저축하고 수익은 다시 기금으로 적립한다.

불입(拂入) 돈을 내는 것

247 유동 자산 流動資産 · 고정 자산 固定資産
일반적으로 1년 내에 현금 전환이 가능한 자산과 불가능한 자산을 구분하여 일컫는 말

보통 1년을 기준으로 구분하는데, 그 기간 안에 현금으로 전환이 가능하면 유동 자산, 전환이 불가능하면 고정 자산으로 구분한다. 이러한 구분에 따라 유동 자산에는 현금, 예금, 유가 증권, 외상 매출금, 상품, 원재료 등이 해당하고 고정 자산에는 토지, 기계·설비, 건물, 특허권, 영업권 등이 해당한다.

248 대손 충당금 貸損充當金, allowance for bad debts
외상 매출금 · 대부금 등이 회수되지 않고 손실되는 것에 대비하여 설정하는 충당금

매출채권 중 기말까지 미회수액으로 남아 있는 금액에서 회수가 불가능할 것으로 추정되는 금액을 비용 처리하기 위해 설정하는 계정을 말한다. 이는 당해 기간 손익 계산의 적정을 기하고, 보유 채권의 평가를 적정하게 하며, 장래 발생할 것으로 예상되는 *대손에 대비해 기업 재정의 안정을 유지하는 것이 그 목적이다.

대손(貸損) 외상 매출금·대부금 등이 회수되지 않아 손실이 되는 것

249 유보 이익 留保利益, retained income
사업에 재투자하기 위해 기업이 보유하고 있는 순이익의 누적액

주주에게 지급할 배당금이나 외부에 처분할 금액, 자본으로 대체하기 위해 내부에서 조작한 금액을 제외하고, 추후 사업에 재투자하기 위해 기업이 보유하고 있는 부분을 말한다. 다른 말로 이익 잉여금이라고도 하며, 대차대조표에서 주주지분의 일부분으로 기록된다.

250 제로베이스 예산 zero based budget
제로를 출발점으로 하여 편성하는 예산 제도

미국의 사무기기업체 제록스사가 처음으로 도입한 예산편성 방법으로 우리나라는 1983년부터 채택하였다. 이는 예산규모의 무질서한 팽창과 경직화를 방지하고자 기득권이나 관습에 사로잡히지 않는 입장을 취하며, 매년 제로를 출발점으로 하여 과거 실적이나 효과, 정책의 우선순위를 엄격히 결정해서 예산을 편성한다.

#재무 비율

251 레버리지 비율 leverage ratio
기업이 타인 자본에 의존하고 있는 정도를 나타내는 비율

기업이 타인 자본에 의존하고 있는 정도와 타인 자본이 기업에 미치는 영향을 측정하는 모든 비율을 말하며, 부채성 비율이라고도 한다.
레버리지 비율은 다음과 같은 의미가 있다. 먼저 채권자의 입장에서 볼 때 소유자가 제공하는 자본은 채권에 대한 안전도를 나타내는 것이므로 소유자가 총자본의 일부만을 제공한 경우 채권자는 기업의 위험을 부담하게 된다. 또한 타인 자본으로 자금 조달이 이루어짐으로써 소유자는 일정한 투자만으로 기업을 지배할 수 있다는 이점을 갖는다. 타인 자본 의존도가 높은 기업일수록 투자 위험이 커지므로 극단적으로 높은 레버리지는 *도산의 원인이 될 수 있다는 사실을 알아야 한다.

도산(倒産) 재산을 모두 잃고 망함

252 유동 비율 流動比率, current ratio
유동 부채에 대한 유동 자산의 비율

기업의 채무 지불 능력을 판단하기 위해서 사용하는 분석 지표로 유동 부채에 대한 유동 자산의 비율로 나타내며, 이 비율이 높을수록 지불 능력이 크다고 할 수 있다. 일반적으로 200% 이상을 양호한 상태로 본다. 한편, 기업의 *유동성이 필요 이상으로 크다는 것은 이 부분만큼을 다른 곳에 투자하여 수익을 올릴 수 있는 기회를 상실하고 있다는 것을 의미하기도 한다.

유동성(流動性) 기업의 자산 또는 채권을 손실 없이 현금화할 수 있는 정도

253 당좌 비율 當座比率, quick ratio
유동 부채 합계액에 대한 당좌 자산 합계액의 비율

현금, 예금, 매출채권, 유가 증권 등으로 구성된 당좌 자산 합계액을 외상매입금, 단기차입금 등의 유동 부채 합계액으로 나누어서 얻는 비율로서 기업의 단기 채무 지급 능력을 평가하는 지표이다. 일반적으로 당좌 비율이 100% 이상일 때 양호하다고 판단하며, 이 비율이 너무 높으면 수익을 내는데 자산을 투자하지 않는다고 판단되어 그 기업의 수익성이 떨어진다고 볼수 있다.

254 고정 비율 固定比率, fixed ratio
자기 자본에 대한 고정 자산의 비율

고정 자산을 자기 자본으로 나눈 비율로 나타내며, 일반적으로 100%가 표준이다. 100% 이하를 양호한 상태로 보며, 비율이 낮을수록 안정도가 높다고 할 수 있다.
한편, 고정 자산은 *환금할 수 없고 또 여기에 투자한 자산의 회수도 오랜 기간이 걸리므로 가능한 자기 자본으로 조달하고 타인 자본에 의존하지 않는 것이 바람직하다.

환금(換金) 물건을 팔아서 돈으로 바꿈

255 유보율 留保率, reserve ratio
*이익 잉여금과 *자본 잉여금의 합계 금액을 납입자본금으로 나눈 비율

기업의 설비 확장 또는 재무구조의 안정성을 위해 어느 정도의 사내 유보가 되어 있는가를 나타내는 지표이다. 유보율이 높을수록 불황에 대한 적응력이 높고 무상증자 가능성도 높아 비교적 안정성이 높다고 할 수 있다.

이익 잉여금(利益剩餘金) 영업 활동에서 얻어진 이익을 바탕으로 한 잉여금

자본 잉여금(資本剩餘金) 자본 거래에 따라 생기는 잉여금

256 부채 비율 負債比率, debt ratio
회사의 부채 총액을 자기자본액으로 나눈 비율

기업의 일정 시점에서 재무 안정성 또는 지불 능력의 정도를 판정하는 데 사용되는 지표로, $\frac{타인\ 자본}{자기\ 자본} \times 100$의 계산식을 이용하여 구한다. 일반적으로 100% 이하를 바람직한 상태로 보며, 100% 이상인 경우에는 부채가 자기 자본을 웃돌고 있다는 의미로 받아들인다.

257 매출액 경상 이익률 賣出額經常利益率, ordinary income rate on selling amount
매출액에서 차지하는 경상 이익의 비율

기업 실적이 양호한지를 판단하는 양적 분석 지표로서 매출액에서 차지하는 *경상 이익의 비율을 말한다. 기업 회계 원칙에 의해 당기순이익이라고도 불리며, $\frac{경상\ 이익}{매출액} \times 100$으로 그 값을 구한다.

경상 이익(經常利益, ordinary profit) 영업이익+영업 외 수익−영업 외 비용

258 총자본 이익률 ROA, Return On Assets
기업이 사용한 총자본에 대한 연간 이익의 비율

$\frac{당기순이익}{총자본} \times 100$의 산출식을 이용하며, 그 값이 높을수록 기업의 수익이 양호함을 나타낸다. 단, 업종별·규모별로 차이가 있음에 유의해야 한다.

함께 나오는 용어 --------------------------------

자기자본이익률(ROE, Return On Equity)
경영자가 기업에 투자된 자본으로 어느 정도의 이익을 올리고 있는가를 나타내는 비율로, 자기자본수익률이라고도 한다. '당기순이익/자기자본×100'의 계산식을 이용하고, 이 비율이 높다면 이익을 많이 내는 기업으로 판단되어 주가가 높게 형성되므로 투자 지표로서 활용되기도 한다.

03 마케팅
핵심Tag #마케팅 전략 #마케팅 종류 #마케팅 방식

#마케팅 전략

259 마케팅믹스 marketing mix
상품(product), 장소(place), 가격(price), 판촉(promotion) 등의 요소를 활용하여 마케팅 효과를 최대화하는 전략

기업이 설정한 마케팅 목표의 달성을 위해 여러 요소를 활용하여 최상의 경영 상태를 유지하는 마케팅 전략을 말한다. 일반적으로 상품(product), 판매 장소(place), 가격(price), 판촉(promotion) 등의 요소를 사용하는데, 이를 마케팅믹스의 4P라고 한다.

260 블루오션 전략 blue ocean strategy
경쟁이 없는 미개척 분야를 선점하여 그 분야를 주도해 수익을 창출하는 전략

기존 시장을 경쟁이 치열하다는 의미에서 레드오션(red ocean)이라고 하는데, 이와 반대로 새롭게 *창출한, 경쟁이 없는 시장을 블루오션(blue ocean)이라고 한다. 즉, 현재 존재하지 않아서 경쟁이 없는 산업을 *개척하여 그 안에서 높은 수익과 빠른 성장을 이루자는 것이 바로 블루오션 전략이라고 할 수 있다.

창출(創出) 처음으로 지어내거나 만들어냄

개척(開拓) 새로운 분야 등을 엶

함께 나오는 용어

퍼플오션(purple ocean) 레드오션(red ocean)과 블루오션(blue ocean)을 조합한 신조어로서 발상의 전환과 기술 개발, 서비스 혁신을 통해 기존과 다르게 창출된 시장

261 블랙박스 전략 black box strategy
기술 공개를 막기 위해 특허출원을 하지 않고 기술을 숨기는 전략

기업이 특허출원을 할 경우 동종 경쟁업체가 이를 모방하여 기술이 공개됨으로써 자사의 기술 지배력이 떨어지는 것을 막기 위해 핵심 기술의 특허출원을 하지 않는 것을 말한다. 특허를 *도용한 업체와의 분쟁이 발생할 경우 수년간의 법정 분쟁으로 많은 경비가 소요될 수 있고, 특허출원으로 인한 *로열티 수입보다 독보적인 기술력을 이용한 경제적 가치가 더 높다는 판단에서 나온 전략이라고 할 수 있다. 미공개된 검은 상자에 숨겨둔다는 의미에서 블랙박스 전략이라는 명칭이 붙었다.

도용(盜用) 남의 명의나 물건을 몰래 씀

로열티(royalty) 특허권·상표권 등을 갖고 있는 사람에게 그 사용료를 지불하는 것

262 PB Private Brand 상품
자체 개발 상품

유통업체가 제조업체로부터 상품을 저렴하게 공급받아 유통업체가 자체 개발한 상표를 붙여 판매하는 상품으로, PL(Private Label)상품 또는 OL(Own Label)상품이라고도 한다. PB상품은 유통구조가 상대적으로 단순하여 중간 유통 *마진이 줄어들고, 마케팅 비용이 들지 않기 때문에 소비자는 저렴하게 상품을 구입할 수 있다는 장점이 있다. 또한 유통업체에서는 상품에 대한 소비자의 평가를 빠르게 파악할 수 있고, 제조업체에서는 유통업체의 광대한 유통망을 통해 국내 또는 해외에 판매할 상품을 개발해 판매할 기회를 얻을 수 있다.

마진(margin) 중간 이윤

263 포지셔닝 positioning

기업이나 제품에 대한 마케팅믹스를 통해 그 상품을 시장에 있어서 특정한 위치에 설정하는 일

1969년 잭 트라우트(Jack Trout)가 발표한 논문에서 처음 사용한 용어로 상품의 특성 및 경쟁상품과의 관계, *자사의 기업 이미지 등 각종 요소를 평가·분석하여 그 상품을 시장에 있어서 특정한 위치에 설정하는 것을 말한다. 즉, 소비자에게 경쟁자의 제품이나 서비스와 다르게 인식되도록 필요한 마케팅믹스 요인들을 조합하는 활동이다.

자사(自社) 자신이 속해 있는 회사

더 알고가기 ┈┈┈┈┈┈┈┈┈┈┈┈┈┈┈┈┈┈┈┈┈┈┈┈┈┈

포지셔닝 수립의 5단계
- 1단계 : 소비자 분석을 통해 소비자 욕구와 기존 제품에 대한 불만족 원인을 파악하는 단계이다.
- 2단계 : 경쟁자 확인 단계로, 도입 제품의 경쟁 상대를 파악한다. 이때 표적시장의 설정에 따라 경쟁자가 달라진다.
- 3단계 : 경쟁사 제품의 포지션 분석 단계로, 경쟁사 제품이 소비자들에게 어떻게 인식되고 평가되고 있는지 파악한다.
- 4단계 : 자사 제품의 포지션 개발로 경쟁사 제품에 비해 소비자 욕구를 더 잘 충족시킬 수 있는 자사 제품의 포지션을 결정한다.
- 5단계 : 포지셔닝의 확인 및 리포지셔닝 단계로, 포지셔닝 전략이 실행된 후 자사 제품이 목표한 위치에 포지셔닝되었는지 확인한다.

264 제품수명주기 製品壽命週期, product life cycle

하나의 제품이 시장에 도입되어 폐기되기까지의 과정

수명은 제품의 성격에 따라 각기 다르지만 대체로 도입기, 성장기, 성숙기, 쇠퇴기의 과정으로 구분되며 그 시기의 특징은 다음과 같다.
- **도입기** : 새로운 제품이 시장에 도입되는 단계로, 아직 제품의 가치가 인정되지 않고 시장성이 낮아서 이익 실현이 어려운 단계이다.
- **성장기** : 제품의 가치가 인정되고 산업 수요가 급속히 신장되어 이익률이 상승하는 단계이다. 후반기로 갈수록 이익률 감소 경향을 보인다.
- **성숙기** : 산업 수요가 거의 포화 상태가 되어 신규 수요 대신 대체 매입 수요가 대부분을 차지한다. 이익률의 감소 경향이 여전하여 원가 절감의 중요성이 커지는 단계이다.
- **쇠퇴기** : 주력 제품의 자리에서 밀려나고 당해 제품을 중심으로 경쟁은 완화된다. 그에 따라 *조업도는 점차 저하되고 결국은 제품라인에서 제외되는 단계이다.

조업도(操業度) 일정 기간에 생산 설비를 이용하는 정도

#마케팅 종류

265 하이엔드 마케팅 high-end marketing
극소수의 최상류층을 상대로 한 명품 판매 활동

고소득층의 증가로 소비패턴이 급속히 고급화되면서 생겨난 마케팅 기법으로 극소수의 최상류층을 목표로 한 고급 브랜드 판매 활동이다. 주품목은 외제차, 고가 명품 브랜드에서 최근 홈쇼핑, 백화점 등 여러 분야로 확대되었다.

함께 나오는 용어
귀족 마케팅(noblesse marketing)
VIP고객을 대상으로 차별화된 서비스를 제공하는 마케팅 기법

266 매스클루시비티 massclusivity
소수만을 대상으로 맞춤 생산 방식에 의해 제공되는 고급품 또는 고급 서비스

대중(mass)과 특별 취급(exclusivity)의 합성어다. 매스티지(masstige)와 같이 대중화된 명품에 만족하지 못하는 소비자들이 자신만을 위한 차별화된 제품이나 서비스를 요구해 만들어진 상품이나 서비스이다.

267 폭포 효과 waterfall effect
오피니언 리더층을 공략하는 마케팅 기법

목표 소비자의 정상인 °오피니언 리더층에 마케팅력을 집중하면 그 효과가 마치 산꼭대기에 물을 쏟아부었을 때 그 물이 스스로 산 아래로 흘러 내려가는 것처럼 자연스럽고 빠르게 전체로 퍼져 나간다는 데서 붙여진 명칭이다.

오피니언 리더(opinion leader)
집단 내에서 다른 사람들의 태도나 행동 등에 큰 영향을 미치는 사람

함께 나오는 용어
• 샤워 효과(shower effect) · 분수 효과(fountain effect)
  백화점 판매 촉진을 위한 마케팅 기법으로 위층에 소비자들을 유인할 수 있는 상품을 배치함으로써 위층의 고객 집객 효과가 아래층에까지 영향을 미쳐 백화점 전체의 매출이 상승하는 효과를 샤워 효과라고 하며, 이와 반대로 아래층에 유인 상품을 배치하여 고객들을 위층으로 올라오도록 유인하는 것은 분수 효과라고 한다.

• 디드로 효과(Diderot effect)
  물건을 하나 갖게 되면 그에 어울리는 상품을 계속 사게 되는 현상이다. 제품 간에 조화를 추구하려는 욕구가 소비를 부르면서 충동구매로 이어지는 것이다. 프랑스의 계몽사상가 드니 디드로(Denis Diderot, 1713~84)가 한 에세이에서 친구가 멋진 붉은색 겉옷을 선물했는데, 여기에 잘 어울리는 책상으로 바뀌게 되었고, 그 다음에는 벽걸이 등 모든 가구와 인테리어를 그 붉은 겉옷에 어울리게끔 바꿨다는 일화를 소개한 데서 비롯된 말이다.

268 임페리얼 마케팅 imperial marketing
높은 가격과 좋은 품질로써 소수의 고급 수요층을 공략하는 판매 기법

가격파괴와는 정반대의 개념이다. 이 전략은 유럽의 자동차 시장에서 비롯된 것으로, 최근에는 주류업계에서 고급 소주를 개발하는 것과 같이 다른 업종으로 빠르게 확산되고 있다.

269 매스티지 masstige
고가의 명품을 일반 대중이 비교적 쉽게 살 수 있도록 만들어 새로운 브랜드로 내놓는 것

대중(mass)과 명품(prestige product)의 합성어로 명품의 대중화 현상을 의미하며, 2003년 미국의 경제잡지 『하버드 비즈니스 리뷰』에서 처음 소개된 용어이다. 중산층의 소득 증대로 명품 브랜드 상품과 서비스를 원하는 새로운 소비층이 생겨나자, 가격은 저렴한 편이면서도 명품이 제공하는 감성적인 만족을 제공하는 새로운 브랜드로서 매스티지가 탄생하게 된 것이다. 이들은 명품보다 가격이 저렴하고 대량 생산이 가능하다는 특징을 갖는다.

270 디마케팅 demarketing
기업이 고객의 수요를 의도적으로 줄이는 마케팅 기법

1971년 필립 코틀러(Philip Kotler)가 처음 사용한 개념으로, 고의로 고객의 수요를 줄이는 마케팅 기법을 말한다. 이로써 제품에 대한 이미지와 브랜드 가치를 향상시키고, 특정 고객들의 충성도를 강화시킬 수 있다. 담배, 의약품 등의 포장이나 광고에 경고 문구를 삽입하거나, 금융기관에서 *휴면계좌를 정리하고 채무 규모가 적정 수준을 넘은 고객의 거래 및 대출한도 등을 제한하는 것이 디마케팅의 한 예이다.

휴면계좌(休眠計座) 입·출금이 자유로운 예금 중 일정기간 이상 거래가 없는 계좌

271 체리피커 cherry picker
'신포도 대신 체리만 골라먹는 사람'이라는 뜻으로, 기업의 상품이나 서비스를 구매하지 않으면서 부가서비스 혜택을 통해 실속을 차리기에만 관심을 두는 '얌체 소비자'를 말함

소비자 입장에서 체리피커는 똑똑한 소비를 하는 것이지만, 기업들 입장에서는 최소 비용으로 최대 혜택을 챙겨가는 '얌체 고객'이다. 따라서 심한 경우 블랙리스트를 작성하여 업계 공동으로 대응하는 디마케팅(demarketing)을 시행하기도 한다.

272 프로슈머 마케팅 prosumer marketing
소비자가 제품에 대한 아이디어를 제안하거나 직접 제품 개발에 참여하는 마케팅 기법

미래학자 앨빈 토플러(Alvin Toffler)가 그의 저서『제3의 물결』에서 처음으로 사용한 단어로, 프로슈머(prosumer)란 기업의 생산자(producer)와 소비자(consumer)를 합성하여 만든 단어이다. 즉, 프로슈머 마케팅이란 소비자가 직접 상품의 개발을 요구하며 아이디어를 제안하고 기업은 이를 수용하여 신제품을 개발하는 것으로 고객 만족을 최대화시키는 전략이라고 할 수 있다. 컴퓨터나 가구 관련 기업에서 공모전 등을 개최하여 소비자의 아이디어를 수용하는 것이 한 예이다.

273 풀마케팅 pull marketing
광고 · 홍보 활동에 고객들을 직접 주인공으로 참여시키는 마케팅 기법

업체의 광고나 홍보 활동에 고객들을 직접 주인공으로 참여시킴으로써 고객들의 마음을 끌어당겨 구매심리를 부추기는 마케팅 기법이다. 예컨대 신제품을 출시하면서 전국 모델선발대회를 개최하여 고객이 제품 홍보에 적극적으로 참여하도록 '유도하는 것 등이 풀마케팅 전략의 하나다.

유도(誘導) 꾀어서 이끎

274 걸리시 마케팅 girlish marketing
소녀 취향을 가진 소비자를 겨냥한 마케팅 기법

성년이 된 후에도 10대 소녀처럼 어려 보이고 싶은 욕구를 가진 걸리시 소비자(girlish consumer)를 겨냥한 패션, 화장품, 문구류 등에 주로 이용되는 마케팅 기법이다. 제품의 '외양을 더 귀엽게 만들거나, 소녀들이 좋아하는 만화 캐릭터를 넣고 소녀같은 느낌을 주는 핑크색 또는 파스텔 계열의 색상을 사용하는 등 제품의 기능보다 디자인에 더 신경쓰는 방식으로 이루어진다.

외양(外樣) 겉모양

275 버즈 마케팅 buzz marketing
입소문 마케팅

소비자들이 상품이나 서비스에 관해 다양한 인적 네트워크를 통해 교류한 사용 후기나 정보 등이 마케팅에 이용되는 것을 말한다. 매스미디어를 이용한 광고나 홍보 등과 달리 고객 상호 간에 양방향으로 전파된다는 특징을 갖는다.

276 노이즈 마케팅 noise marketing
고의로 구설수에 오르도록 하거나 화젯거리를 만들어 소비자들에게 인지도를 높이고자 하는 마케팅 기법

소음이나 잡음을 뜻하는 '노이즈(noise)'를 고의로 조성하여 소비자들의 호기심을 불러일으키는 마케팅 기법으로 특히 단기간에 최대한 인지도를 높이기 위한 경우에 사용된다. 이 경우 고의로 조성한 *구설수가 긍정적인 영향을 미치든 부정적인 영향을 미치든 상관은 없으며 그저 소비자들의 호기심을 상승시키는 데에만 목적이 있다.

구설수(口舌數) 남에게 시비하거나 헐뜯는 말을 듣게 될 운수

277 플래그십 마케팅 flagship marketing
시장에서 이미 성공을 거둔 특정 상품에 초점을 맞추어 판촉활동을 하는 마케팅 기법

다국적기업이나 대기업 등 초일류 이미지를 지닌 회사와의 정면 대결을 피하기 위해 *구사하는 전략으로, 시장에서 이미 성공을 거둔 특정 브랜드를 중심으로 마케팅 활동을 집중하는 것을 말한다. 즉, 한 회사에서 여러 브랜드를 시장에 출시하고 그중 가장 인기가 높은 특정 브랜드를 중심으로 판촉활동을 집중하는 것이다. 그렇게 함으로써 특정 브랜드에 대한 소비자들의 긍정적 이미지를 다른 관련 상품으로 확대 전파하여 매출을 극대화할 수 있다.
대표적인 플래그십 마케팅의 사례로 1998년 조선맥주의 하이트가 시장에서 성공하자 사명을 하이트맥주(주)로 변경한 것을 들 수 있다.

구사(驅使) 말이나 수법 등을 능숙하게 다루어 사용

278 퍼플카우 마케팅 purple cow marketing
인상적이고 계속 화제가 되는 제품을 개발하여 초기 소비자를 장악하는 마케팅 기법

2003년 세스 고든(Seth Godin)이 그의 저서 『Purple Cow』에서 처음 사용한 용어로서, 대부분의 소가 누런색이므로 보랏빛 소가 있다면 이는 주목할 만한 가치가 있고 기존의 것보다 새롭고 흥미진진하다는 의미로 사용하였다. 즉, 초기 사용자의 마음만 *장악한다면 이후의 마케팅은 초기 사용자들이 내는 입소문만으로 충분하므로 다른 제품과 확연히 차별되는 독보적인 제품을 기획·판매해야 한다는 마케팅 기법을 말한다.

장악(掌握) 세력 등을 온통 잡음

279 앰부시 마케팅 ambush marketing
교묘하게 규제를 피해 수행하는 마케팅 기법

*매복 마케팅 또는 기생 마케팅이라고도 한다. 'ambush'는 매복·잠복이라는 뜻으로 이러한 명칭이 붙은 이유는 스폰서의 권리가 없는 자가 스폰서인 것처럼 가장하여 마케팅 활동을 펼치는 모습이 마치 적의 눈을 피해 유리한 지형에 숨어있는 것과 비슷하기 때문이다. 앰부시 마케팅의 주된 방법은 행사 중계방송의 TV 광고를 구입하거나 공식스폰서인 것처럼 혼란을 주기 위해 개별 선수나 팀의 스폰서가 되는 것이다.

매복(埋伏) 상대편의 동태를 살피거나 불시에 공격하려고 일정한 곳에 몰래 숨어 있음

280 니치 마케팅 niche marketing
틈새시장을 찾아 공략하는 마케팅 기법

니치(niche)란 빈틈 또는 틈새의 의미로, 마치 틈새를 비집고 들어가는 것과 같다는 뜻에서 붙여진 명칭이며 틈새 마케팅이라고도 한다. 즉, 특정한 성격을 가진 소규모의 소비자를 대상으로 하는 판매 기법을 말한다.
예를 들어 왼손잡이용 가위나 남성 전용 미용실 등이 이에 해당하는데, 중소기업에 있어 이러한 니치 마케팅은 새로운 시장 형성 후 경쟁적 *우위를 지킬 수 있다는 점에서 의의를 갖는다.

우위(優位) 남보다 유리한 위치 또는 입장

281 동시화 마케팅 synchro marketing
불규칙적 수요 상태에서 바람직한 수요의 시간패턴에 실제 수요의 시간패턴을 맞추기 위한 마케팅 기법

계절적 요인이나 시간적 요인 등으로 인해 규칙적이지 않은 *수요 상태에서 수요의 평준화를 맞추기 위한 마케팅 기법이라고 할 수 있다. 예를 들어 통화량이 많지 않은 심야 시간의 통화 요금을 할인해주거나, 관광지 등에서 비성수기에 숙박 요금을 할인해주거나, 전자제품 매장에서 겨울철에 에어컨을 세일하는 것 등이 동시화 마케팅에 해당한다고 할 수 있다.

수요(需要) 일정한 가격으로 상품을 사려는 욕구

282 물해전술 物海戰術
짧은 기간 내에 큰 홍보 효과를 거두기 위해 물량공세를 펴는 마케팅 기법

신제품 출하 시 또는 재고 처분이 어려운 경우 일부 소비자들에게 신제품을 무료로 나누어 주거나 큰 폭으로 할인해 제품을 판매하는 등 *물량공세로써 단시일 내에 큰 홍보 효과를 거두고자 하는 마케팅 기법이다. 신문이나 방송 등 대중매체를 통한 광고와 함께 사용되기도 한다.

물량공세(物量攻勢) 목적을 이루고자 막대한 인력을 동원하거나 막대한 돈과 물품을 쓰는 일

283 컨시어지 마케팅 concierge marketing

고객이 원하는 바를 집사나 개인비서처럼 챙겨주는 호텔서비스가 일반 기업의 마케팅에 접목된 것

컨시어지(concierge)란 원래 중세 시대의 하인이나 하녀를 일컫던 말로, 현대에서는 호텔업이나 관광업에서 고객의 개인적인 요구나 요청에 적극적으로 대응하는 일종의 *집사 서비스를 의미하는 용어로 사용되고 있다.

이러한 컨시어지 서비스가 일반 기업의 마케팅에 접목된 것을 컨시어지 마케팅이라고 하며 백화점에서 개인의 쇼핑을 대신해주는 퍼스널 쇼퍼(personal shopper), 고객이 필요한 제품이나 서비스를 미리 파악해 직접 찾아가 제공하는 방문판매사원, 금융업계의 개인재무설계사 등을 대표적인 컨시어지 마케팅으로 볼 수 있다.

집사(執事) 주인 옆에 있으면서 그 집 일을 맡아보는 사람

284 그린 마케팅 green marketing

자연 환경을 보전하고 생태계의 균형을 중시하는 시장 접근 전략

자연보호와 환경 오염 방지로써 삶의 질 향상에 초점을 맞춘 마케팅 기법으로, 1980년대 초 유럽에서 환경을 덜 손상시키는 1회용 기저귀, 세제, 건전지 등의 녹색제품을 판매하며 시작되었다. 그린 마케팅을 더욱 효율적으로 추진하려면 기업 구성원 모두가 사회 전체의 복지 향상·삶의 질적 향상에 *중추적 역할을 한다는 사명감을 확립하고, 환경사업에 적극적으로 참여해 환경 투자를 활성화해야 한다.

중추(中樞) 사물의 중심이 되는 중요한 부분 또는 자리

285 고객관계관리 CRM, Customer Relationship Management

고객과 관련된 자료를 분석·통합하여 고객 특성에 기초한 마케팅 활동을 계획·지원·평가하는 과정

소비자들을 자신의 고객으로 만들어 이를 유지하고자 하는 목적을 가진 경영기법으로, 고객정보를 분석·통합하여 각 개인에게 차별화 및 개인화된 상품과 서비스를 제공함으로써 기업의 수익성을 극대화하는 전략이다. 이 방법은 신규 고객 창출보다는 기존 고객의 관리에 초점을 맞추고 있으며 신규 고객 획득, 우수 고객 유지, 고객 가치 증진, 잠재 고객 활성화, 평생 고객화와 같은 *사이클을 통하여 고객을 적극적으로 관리하고 유도한다.

사이클(cycle) 순환 과정

286 고객경험관리 CEM, Customer Experience Management
상품이나 해당 기업에 대한 고객의 전반적인 경험을 전략적으로 관리하는 마케팅 기법

고객경험관리는 콜롬비아 비즈니스 스쿨의 번트 슈미트(Bernd H. Schmitt) 교수가 그의 저서 『CRM을 넘어 CEM으로』에서 처음 소개한 개념이다. 고객의 생각과 느낌에 초점을 맞춰 매장 방문, 구입, 구입 후 이용 등 단계별 고객의 경험을 토대로 데이터베이스(DB)를 구축하고, 이로써 고객이 기업과 만나는 모든 접점에서 만족스러운 경험을 갖도록 해주어 해당 기업이나 제품에 대한 긍정적인 이미지를 갖게 하고 이것이 구매로 연결될 수 있도록 하는 경영 전략이라고 할 수 있다.

287 해피콜 happy call
인사차 하는 방문이나 고객 서비스 증진 등을 통해 판매 활동을 활성화시키는 간접 마케팅 기법

특별한 목적이나 권유 없이 고객을 만나며 원활한 인간관계를 지속적으로 유지함으로써 판매 활동을 증진시키는 간접 마케팅 기법의 하나이다. 이는 고객 관리가 수월하고, 횟수가 거듭되면 직접 판매와도 연결시킬 수 있다는 장점이 있다.

보험금 지급 및 보험료 납입·대출 서비스, 컴퓨터 애프터 서비스, 사은품 운송, 우수 제안 고객에 대한 무료 오일 교환권 제공, 물품 발송 후 전화나 메일로 확인하는 절차 등이 해피콜 마케팅의 한 예이다.

#마케팅 방식

288 팝업스토어 pop-up store
짧게는 하루에서 길게는 한두 달 정도로 짧은 기간 동안 한시적으로 운영하는 매장

인터넷 웹페이지에서 잠시 떴다가 사라지는 팝업창과 비슷하다는 데서 팝업스토어란 이름이 붙었다. 팝업스토어는 '입소문 마케팅'에 유리하고, 브랜드의 특징을 자세히 알릴 수 있다는 장점이 있어 미국, 일본, 유럽 등 해외 유통시장에서 유행하고 있다. 국내에서도 마케팅의 일환으로 팝업스토어를 활용하는 기업들이 늘고 있다.

289 오픈 프라이스제 open price system
제품의 가격을 최종 판매업자가 결정하여 판매하는 제도

실제 판매가보다 부풀려 소비자가격을 표시한 뒤 할인해 주는 권장소비자 가격제의 *폐단을 근절하기 위해 도입한 제도로, 대리점 등 최종 판매업자가 가격을 결정하여 판매하는 것을 말한다. 우리나라는 1999년 9월부터 TV 등 가전제품이나 책상, 소파, 정장, 운동화 등 32종에 대해 오픈프라이스제를 적용하였고, 2010년 7월부터는 이 제도를 확대·도입하여 라면, 아이스크림, 과자 등 247개 품목에 추가·적용했지만 1년 만에 폐지했다. 이 제도는 장기적으로 볼 때 소비자는 저렴하게 제품을 구매할 수 있고, 사업자는 경쟁적으로 가격을 표시해 판매할 수 있으므로 모두에게 이익이 증대할 것이라는 목적으로 도입되었으나, 가격 경쟁력이 낮은 영세 지역의 슈퍼에서는 오히려 손해를 볼 수 있고 가격표시가 없어 소비자의 혼란을 가중시킬 수 있다는 우려가 부작용으로 나타났다.

> **폐단(弊端)** 옳지 못한 경향 또는 해로운 현상

함께 나오는 용어

그린 프라이스(green price)
제품 가격에서 거품을 제거하고 무분별한 할인을 막기 위해 제 값을 붙여 팔되, 연중 1~2회 정해진 특별 기간에만 세일을 하는 제도를 말한다. 판매 업체에서 제품에 운영비나 마진을 붙여 높은 가격을 책정해 놓고 수시로 세일을 하는 기존의 판매 방식에서 벗어나, 처음부터 제품의 가격에 거품을 뺀 현실적 가격으로 책정한다는 취지다.

290 카테고리 킬러 category killer
분야별 전문 할인 매장

주요 특징으로는 독자적 상품 개발력, 저렴한 가격 확립, 체계적인 고객 관리 등을 들 수 있으며, 국내 대표적인 카테고리 킬러로는 전자제품 판매점인 하이마트, 건강·뷰티 용품을 파는 올리브영 등이 있다. 예전에는 주로 가구나 가전제품, 카메라, 완구류 등의 분야를 위주로 형성되었으나 현재는 업태나 업종의 제한 없이 다양한 분야에서 널리 이용된다.

291 킬러앱 killer app
등장하자마자 경쟁 상품을 몰아내고 시장을 완전히 재편하는 제품이나 서비스

애플 아이폰처럼 사회 전체에 막대한 영향을 미치는 상품이나 서비스를 말한다. 시장에 나오자마자 시장을 *재편해 경쟁 상품을 몰아내고 단기간에 초기 투자 비용의 수십 배 이상을 회수할 수 있다.

> **재편(再編)** 다시 편성함

292 얼리어답터 early adopter

신제품에 대한 정보를 다른 사람보다 먼저 접하고 가장 먼저 제품을 구입하는 첫 번째 소비자군

1972년 에버렛 로저스(Everett M. Rogers) 교수가 그의 저서 『혁신의 확산』에서 처음으로 언급한 용어이다. 얼리어답터는 세상의 변화에 민감하고, 호기심이 많으며, 관심 분야에서 남보다 앞서 더 많은 정보를 얻는 것에서 기쁨을 느끼는 소비자로 자기만족에 머물지 않고 인터넷 등에서 모임을 만들어 활동을 한다.

01 ☐☐☐☐☐☐은(는) 적대적 M&A의 목표 대상이 된 기업에 우호적인 기업 인수자를 일컫는 말이다.

02 인상적이고 계속 화제가 되는 제품을 개발하여 초기 소비자를 장악하는 마케팅 기법을 ☐☐☐☐☐☐(이)라고 한다.

03 ☐☐☐☐☐☐은(는) 적대적 M&A를 어렵게 만드는 경영권 보호 기법의 하나로 기존 경영진의 신분을 보장할 수 있도록 사전에 정관에 명시해 놓는 전략이다.

04 ☐☐☐☐☐☐은(는) 적대적 M&A를 포기하는 대가로 경영자로 하여금 자신들이 확보한 주식을 높은 가격에 되사도록 강요하는 행위이다.

05 작업능률을 향상시키는 데 필요한 요인을 알아보기 위한 실험은 ☐☐☐☐☐☐(이)다. 이 실험을 통하여 인간의 심리적 안정이 작업능률 향상에 얼마나 중요한지 확인된 이후 인간관계론으로 활발하게 전개되었다.

06 ☐☐☐☐☐☐은(는) 시장을 통제하기 위한 목적으로 동종 또는 유사 산업 분야의 기업들이 연합하는 것을 말한다.

07 ☐☐☐☐☐☐은(는) 제품의 가격을 최종 판매업자가 결정하여 판매하는 제도다. 실제 판매가보다 부풀려 소비자가격을 표시한 뒤 할인해 주는 권장소비자가격제의 폐단을 근절하기 위해 도입했다.

08 ☐☐☐☐☐☐은(는) 업무 재구축을 말한다. 기업의 체질 및 구조와 경영 방식을 근본적으로 재설계하여 경쟁력을 확보하는 경영 혁신 기법이다. 작업공정의 검토 후 필요 없는 부분을 폐지한다는 점에서 직원의 감원이 필수적인 다운사이징과는 차이가 있다.

09 ☐☐☐☐☐☐은(는) 기업이 타인 자본에 의존하고 있는 정도와 타인 자본이 기업에 미치는 영향을 측정하는 모든 비율을 말하며, 부채성 비율이라고도 한다.

10 재벌 또는 기업 집단이라고도 하며, 법률상으로는 독립된 법인 형태를 유지하고 있으나 경영상으로는 실질적으로 결합되어 있는 기업 결합 형태를 ☐☐☐☐☐☐(이)라고 한다.

CHOICE

- ☐ 리엔지니어링
- ☐ 호손 실험
- ☐ 백기사
- ☐ 황금낙하산
- ☐ 콘체른
- ☐ 카르텔
- ☐ 그린메일
- ☐ 레버리지 비율
- ☐ 퍼플카우 마케팅
- ☐ 오픈 프라이스제

정   답

- 01 백기사
- 02 퍼플카우 마케팅
- 03 황금낙하산
- 04 그린메일
- 05 호손 실험
- 06 카르텔
- 07 오픈 프라이스제
- 08 리엔지니어링
- 09 레버리지 비율
- 10 콘체른

01 한국서부발전, 서울특별시도시철도공사, STX

100만 개 중 3~4개의 불량이 발생하는 것을 목표로 하는 품질경영 기법은?

① 3S
② 6시그마
③ 100PPM
④ 싱글PPM

02 한국소비자원

재고를 남겨두지 않고 필요할 때 적기에 제품을 생산하는 생산 방식과 관계있는 회사는?

① 도요타
② 포드
③ 삼성전자
④ GE

03 인천교통공사

다음 중 아웃소싱에 대한 설명으로 옳지 <u>않은</u> 것은?

① 조직이 슬림화·유연화된다.
② 외부 환경에 대한 적응력을 높일 수 있다.
③ 각 부문·기능 간 상호 밀접한 관계가 형성된다.
④ 기업의 업무 중 일부를 외부 기업에 위탁하여 처리하는 것을 말한다.

04 KBS

고객 만족, 인간성 존중, 사회 공헌을 중시하는 전사적 품질경영을 나타내는 영문 약자는?

① TQM
② TQC
③ SQC
④ QC

05 삼성, MBN

기능이나 디자인 면에서 탁월한 후속 제품이 출시되면서 해당 기업이 먼저 출시한 제품의 시장을 잠식하는 상황을 일컫는 말은?

① 카테고리 킬러
② 카니벌라이제이션
③ 트레이딩 업
④ 매스티지

06 한국산업인력공단, 한국전력공사, 대구도시철도공사

뛰어난 업체를 선정하여 기술이나 경영 방식을 배운 후 자사의 경영과 생산에 합법적으로 응용하는 방식을 무엇이라고 하는가?

① 벤치마킹
② 리엔지니어링
③ 다운사이징
④ 리스트럭처링

07 MBC, 한국전력공사, 한국토지주택공사

1960년대 미국의 경영학자 맥그리거가 주장한 이론으로 인간은 원래 일하는 것을 싫어하고, 수동적이며, 소극적이어서 명령받은 일밖에는 하지 않는다는 내용의 이론은?

① X이론
② Y이론
③ Z이론
④ W이론

08 부산경제진흥원, 한국소비자원, 서울시복지재단

전문가의 경험적 지식을 통한 미래 예측 기법은?

① 명목 집단법
② 브레인라이팅
③ 델파이 기법
④ 브레인스토밍

09 국민연금공단, 한국공항공사

다음 중 유동 자산에 해당하지 <u>않는</u> 것은?

① 예금   ② 현금
③ 건물   ④ 상품

10 한국수력원자력, 우리은행

레버리지 비율이란?

① 기업의 수익 창출 능력을 나타내는 비율
② 기업의 소유 자산들이 얼마나 효율적으로 이용
   되고 있는가를 추정하는 비율
③ 기업이 타인 자본에 의존하고 있는 정도를 나
   타내는 비율
④ 기업이 단기에 상환해야 하는 부채에 대한 변
   제 능력을 평가하는 재무 비율

11 KT&G, 국민체육진흥공단, 새마을금고연합회

기업이 전년도의 실적을 토대로 하지 않고 원점으
로부터 출발하여 신년도의 업무 계획을 세우고 채
택된 계획에 대해서만 예산을 편성하는 방식과 관
련된 것은?

① 제로섬   ② 제로옵션
③ 제로디펙트   ④ 제로베이스

12 NH농협, KB국민은행

재무제표의 범위에 관하여 기업 회계 원칙에서 규
정하는 범위에 해당되지 <u>않는</u> 것은?

① 정산표
② 재무상태표
③ 포괄손익계산서
④ 이익 잉여금 처분계산서

13 서울특별시도시철도공사

(A)와 (B)에 들어갈 용어가 바르게 연결된 것은?

> 재고자산의 평가 방법 중 인플레이션 시에는
> (A)을, 디플레이션 시에는 (B)을 적용
> 하는 것이 합리적이다.

| (A) | (B) |
| ① 선입선출법 – 이동평균법 |
| ② 이동평균법 – 후입선출법 |
| ③ 선입선출법 – 후입선출법 |
| ④ 후입선출법 – 선입선출법 |

14 삼성

일정 시점에서의 기업의 재무 상태를 나타낸 정태 표를 무엇이라고 하는가?

① 재무상태표
② 포괄손익계산서
③ 현금흐름표
④ 이익 잉여금 처분계산서

15 영화진흥위원, 한국마사회

마케팅믹스의 4P에 해당하지 <u>않는</u> 것은 무엇인가?

① Product   ② Place
③ People   ④ Price

16 대한주택보증, 충북개발공사

기업의 상품이나 서비스를 구매하지 않으면서 혜택만 챙겨가는 소비자를 일컫는 용어는?

① 체리피커   ② 안티슈머
③ 블랙컨슈머   ④ 트레저헌터

17 한국공항공사, 삼성, MBN, SBS

다음 빈칸에 들어갈 말로 알맞은 것은?

> 호프집을 경영하는 가게 주인 김 씨는 올림픽 기간에 수익을 끌어올리기 위해 올림픽 정식 후원 업체가 아니면서, 호프집 홍보물에 스포츠 이벤트와 비슷한 문구를 써 마치 관련업체라는 인상을 주는 _____ 마케팅 방법을 적용하기로 했다.

① 노이즈   ② 엠부시
③ 스텔스   ④ 니치

18 한국전력공사, 한국수자원공사

제품 수명 주기에서 성숙기의 특성에 해당하지 <u>않</u>는 것은?

① 최대 이익 산출
② 과점 상태의 경쟁
③ 가장 낮은 원가
④ 공격 전략적 경쟁 형태

19 한국중부발전

신기술 특허 출원과 관련해 경쟁 업체에서 모방하여 기술이 공개될 것을 우려하여 특허 출원을 하지 않는 것을 무엇이라고 하는가?

① 블라인드 전략
② 벤치마킹 전략
③ 블루오션 전략
④ 블랙박스 전략

20 한국서부발전, 대신증권, 뉴시스, 삼성

카르텔(cartel)과 트러스트(trust)에 대한 설명으로 옳은 것은?

① 법률적 · 경제적인 독립성의 유무에 차이가 있다.
② 카르텔은 서로 다른 분야의 기업들이 연합하는 형태이다.
③ 트러스트는 공동 판매소를 만들어 판매하는 형태이다.
④ 우리나라에서는 카르텔을 법적으로 허용하고 있다.

정답

01	②	02	①	03	③	04	①	05	②	06	①
07	①	08	③	09	③	10	③	11	④	12	①
13	④	14	①	15	③	16	①	17	②	18	①
19	④	20	①								

01. 핵심 Tag #경영 #경영 일반 #경영 관리

시그마는 원래 정규분포에서 표준편차를 나타내는 것으로 6표준편차인 100만 개 중 3~4개의 불량률을 추구한다는 의미에서 붙여진 명칭이다.

02. 핵심 Tag #경영 #경영 일반 #경영 관리

재고를 남겨두지 않고 필요할 때 적기에 제품을 생산하는 생산 방식은 JIT(Just In Time) 방식을 말하며 JIT 방식은 일본 도요타 자동차가 창안한 생산 방식이다.

03. 핵심 Tag #경영 #경영 일반 #조직 구조

모든 기능이 내부화되었을 때의 여러 기능별 조직과의 협력 관계가 일부 업무의 아웃소싱으로 인해 상실될 수도 있다. 따라서 아웃소싱은 부문·기능 간의 조정능력과 통합 능력을 상실시킬 수 있는 위험 인자이기도 하다.

04. 핵심 Tag #경영 #경영 일반 #경영 관리

전사적 품질경영은 'Total Quality Management'의 약자인 TQM으로 나타낸다. TQC(Total Quality Control)는 전사적 품질관리, SQC(Statistical Quality Control)는 통계적 품질관리, QC(Quality Control)는 품질관리의 약자이다.

05. 핵심 Tag #경영 #경영 일반 #경영 기타

카니벌라이제이션(cannibalization) 또는 자기잠식효과라고도 한다. 해외의 값싼 노동력으로 제작한 저가 상품이 국내 시장에서 제작한 고가 제품을 밀어내는 경우도 이에 해당한다.

06. 핵심 Tag #경영 #경영 일반 #경영 전략

벤치마킹(benchmarking)은 특정한 분야에서 우수한 상대를 선정하여 여러 면에서 비교 분석하고 그들의 뛰어난 점을 배우면서 부단히 자기 혁신을 추구하는 경영기법이다.

07. 핵심 Tag #경영 #경영 일반 #경영 전략

X이론은 인간은 원래 일하는 것을 싫어하여 대다수는 강제로 또는 명령에 따라 일을 하며, 책임은 회피하고 일신의 안전 내지 안정만을 희구한다는 내용이다.

08. 핵심 Tag #경영 #경영 일반 #경영 관리

전문가의 경험적 지식을 통한 문제 해결 및 미래 예측을 위한 기법은 델파이 기법(delphi technique)이다. 이는 자료가 부족한 문제에 관해 전문가들의 견해를 통해 집단적 판단으로 정리하는 절차다.

09. 핵심 Tag #경영 #재무회계 #자금 및 예산

일반적으로 1년 내에 현금으로 전환이 가능한 자산을 유동 자산, 불가능한 자산을 고정 자산이라고 하는데 건물, 토지, 특허권 등은 고정 자산에 해당한다.

10. 핵심 Tag #경영 #재무회계 #재무 비율

레버리지 비율(leverage ratio)이란 기업이 타인 자본에 의존하고 있는 정도와 타인 자본이 기업에 미치는 영향을 측정하는 모든 비율을 말한다.

11. 핵심 Tag #경영 #재무회계 #자금 및 예산

제로베이스 예산은 매년 제로(0)를 출발점으로 하여 과거의 실적이나 효과, 정책의 우선순위를 엄격히 사정해서 예산을 편성한다.

12. 핵심 Tag #경영 #재무회계 #자금 및 예산

재무제표의 범위에 관하여 기업회계원칙 또는 재무제표규칙에서는 재무상태표, 포괄손익계산서, 이익 잉여금처분계산서 또는 결손금처리계산서, 각 부속명세표를 규정하고 있다.

13. 핵심 Tag #경영 #재무회계 #재무 일반

인플레이션 기간에는 가공 이익을 배제하는 데 유리한 후입선출법을, 디플레이션 기간에는 이익이 과대 계상되지 않는 선입선출법을 사용하는 것이 유리하다.

14. 핵심 Tag #경영 #재무회계 #재무 비율

재무상태표는 일정한 시점에서 기업의 재무 상태를 나타내는 것으로, 일정 시점에서의 모든 자산을 차변과 대변에 기재한 정태표이다.

15. 핵심 Tag #경영 #마케팅 #마케팅 전략

마케팅믹스는 마케팅 효과를 최대화하는 마케팅 전략으로 Product(제품), Place(유통경로), Price(판매가격), Promotion(판매촉진)의 앞글자를 따서 4P라고도 한다.

16. 핵심 **Tag** #경영 #마케팅 #마케팅 종류

체리피커(cherry picker)란 '신포도 대신 맛있는 체리만 골라먹는 사람'이라는 뜻으로 기업의 상품이나 서비스를 구매하지는 않으면서 부가서비스 혜택을 통해 실속 차리기에만 관심을 두고 있는 소비자를 말한다. 소비자 입장에서 체리피커는 똑똑한 소비를 하는 것이지만, 기업 입장에서는 최소 비용으로 최대 혜택을 챙겨가는 '얌체고객'인 셈이다.

② 안티슈머(anti sumer) : 충분한 구매력은 있으나 개인적·사회적인 이유로 소비를 회피하거나 거부하는 소비자를 말한다.

③ 블랙컨슈머(black consumer) : 부당한 이익을 취하고자 고의적·상습적으로 악성 민원을 제기하는 소비자를 말한다.

④ 트레저헌터(treasure hunter) : 보물을 찾듯이 정보력을 바탕으로 적극적으로 상품을 발굴하는 소비자를 말한다.

17. 핵심 **Tag** #경영 #마케팅 #마케팅 종류

엠부시 마케팅(ambush marketing)은 교묘히 규제를 피해가는 마케팅 기법으로 '매복 마케팅'이라고도 한다.

① 노이즈 마케팅(noise marketing) : 상품을 의도적으로 각종 구설수에 오르도록 만들어 인지도를 높이는 마케팅 기법이다.

③ 스텔스 마케팅(stealth marketing) : 잡지·TV 광고 등 일반적 매체의 광고에 식상해 있는 소비자들의 생활 속에 직접 파고들어 눈치채지 못하는 사이에 구매 욕구를 자극하는 마케팅 방식이다. 레이더에 잡히지 않는 전투기 스텔스의 이름을 차용했다.

④ 니치 마케팅(niche marketing) : niche란 '틈새'를 뜻하는 단어로서, 니치 마케팅이란 기존 시장에서 판매되지 않고 있는 제품이나 특정 소비계층에 집중해 시장의 빈틈을 공략하는 마케팅 기법이다.

18. 핵심 **Tag** #경영 #마케팅 #마케팅 전략

제품 수명 주기에서 최대 이익을 산출하는 시기는 성장기이다. 성숙기에는 산업 수요가 거의 포화 상태가 되어 신규 수요 대신 대체 매입 수요가 대부분을 차지하며, 이익률의 감소 경향이 여전하여 원가 절감의 중요성이 커지는 단계이다. 또한 소비자들의 구매율이 감소하기 때문에 기업 간 경쟁이 치열하다고 할 수 있다.

19. 핵심 **Tag** #경영 #마케팅 #마케팅 전략

블랙박스 전략(black box strategy)에 대한 설명이다.

20. 핵심 **Tag** #경영 #경영 일반 #경영 기타

카르텔과 트러스트는 시장 지배라는 동일한 목적을 가지고 있지만, 각 기업이 법률적·경제적으로 독립성을 유지하는 카르텔에 비해 트러스트는 법률적·경제적으로 독립성을 잃는다는 점에서 차이가 있다.

SECTION

4 | 금융

01 금융 기초

핵심Tag #주요 금융기관 #금융 제도 #금융 상품 #자금 및 금리

#주요 금융기관

293 중앙은행 中央銀行, central bank
한 국가의 금융 제도의 중심이 되는 은행

발권 은행, 은행의 은행, 정부의 은행, 금융 통제 등의 기능을 하는 은행으로서, 우리나라는 한국은행이 그 역할을 하고 있다. 각국의 중앙은행으로는 미국의 연방준비제도(Fed), 영국의 잉글랜드은행, 독일의 독일연방은행, 프랑스의 프랑스은행 등이 있다.

▲ 이주열 한국은행 총재

더 알고가기

중앙은행의 기능
- **발권 은행** 한 국가의 법정통화인 은행권을 독점적으로 발행한다.
- **은행의 은행** 일반 금융기관에 대한 어음의 재할인이나 담보 대출을 통해 자금을 공급한다.
- **정부의 은행** 국고금의 수납·지출·보관, 국채의 발행·상환 등의 업무를 담당하며, 대정부 대출 기능도 갖고 있다.
- **금융 통제** 금리정책, 공개시장운영, 지급준비율정책 등을 활용하여 금융을 통제하는 기능을 수행한다.

294 특수은행 特殊銀行, special bank
일반은행의 기능을 보완하고 이를 통해 국민 경제의 균형적 발전을 도모하기 위해 특별법에 의해 설립된 은행

일반은행이 자금을 공급하기 어려운 국민 경제의 특수 부문에 대하여 필요한 자금을 공급해주는 기능을 하는 은행으로 정부의 전액 또는 일부 *출자

출자(出資) 자금을 냄

로 설립된 은행이다. 우리나라의 특수은행으로는 한국산업은행, 중소기업
은행, 농·축·수협의 신용사업부문 등이 있다.

295 금융지주회사 金融持株會社
다른 회사의 주식을 소유하여 사업 활동을 지배하는 것을 주요 사업으로 삼는 회사

금융지주회사는 금융기관의 주식이나 지분을 보유하면서 그 회사를 지배하
는 회사로, 은행, 증권, 보험사 등의 금융기관을 자회사로 거느릴 수 있다.
1999년에 공정거래법 개정과 함께 2000년 금융지주회사법이 제정되면서
우리나라에 금융지주회사 설립이 허용되었다. 이후 신한, 우리, 하나, KB
국민 등 국내 4대 은행이 모두 금융지주회사로 전환했다.

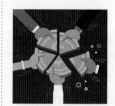

금융지주회사는 금융 겸업화와 특정 업무 특화를 통해 은행의 경쟁력을 높
일 수 있다는 장점이 있으나, 서로 다른 영업부문 간에 사업비효율을 초래
할 수 있다는 문제점도 있다.

296 국제부흥개발은행 IBRD, International Bank for Reconstruction and Development
제2차 세계 대전 이후 각국의 전쟁 피해 복구와 개발을 위해 설립된 국제금융기관

1944년 브레튼우즈 협정에 근거하여 1946년 6월에 발족한 국제금융기관으
로 정식 명칭은 국제부흥개발은행이며, 세계은행이라고도 한다. 본래 목적
은 제2차 세계 대전 이후 각국의 경제 부흥과 개발 촉진이었지만, 현재는
주로 개발 도상국의 공업화를 위해 5~6%의 이율로 융자를 행하고 있다. 우
리나라는 1955년에 세계은행에 가입하였으며, 1970년에 대표이사국으로
˙선임되었고 1985년 제40차 총회가 서울에서 개최되었다.

선임(選任) 여러 사람 중 어떤
임무를 맡을 사람을 골라냄

297 배드뱅크 bad bank
금융기관의 부실채권이나 부실자산만을 사들여 처리하는 전문기관

은행에 부실자산 또는 부실채권이 발생한 경우 은행이 단독 또는 정부기관
등과 공동으로 배드뱅크를 자회사로 설립하며, 배드뱅크는 부실채권 또는 자
산을 넘겨받아 그것들을 정리하는 업무를 한다. 즉, 자산을 매각하거나 이것
을 담보로 하여 유가 증권을 발행하는 등의 방법으로 대출금을 회수하며, 배
드뱅크에 부실채권이나 부실자산을 넘긴 금융기관은 ˙굿뱅크가 된다.

굿뱅크(good bank) 부실채권
이나 부실자산을 배드뱅크에
넘기고 우량채권, 우량자산만
을 확보한 금융기관

298 BIS Bank for International Settlements, 국제결제은행

1930년 '국제결제은행에 관한 조약'에 근거하여 주요국의 공동 출자로 스위스 바젤에 설립된 국제은행

제1차 세계 대전 후 독일의 배상 문제를 처리할 목적으로 미국, 유럽 국가 등 12개국이 공동 출자하여 설립되었으며, 현재는 각국 중앙은행의 협력을 촉진하는 기관으로 금융 정책 조정, 국제 통화 문제에 관한 토의·결정 등에 중요한 역할을 수행하고 있다. 한편 BIS의 은행감독위원회는 1988년 7월 전 세계적으로 진행돼 온 금융 혁신 및 경쟁 심화에 따른 은행들의 리스크 증대에 대처하기 위해 은행의 '자기자본비율 규제에 관한 국제적 통일 기준을 설정했다.

> **자기자본비율**(自己資本比率)
> 금융기관의 총자산 중 자기자본의 비율을 말하며, '자기자본/위험가중자산×100'의 공식을 이용하여 산출

 빈출

299 세계 3대 신용평가사
무디스, 스탠더드 앤드 푸어스, 피치 3곳

세계 신용평가 시장의 95%를 차지하고 있는 무디스(Moody's investors service), 스탠더드 앤드 푸어스(S&P, Standard&Poor's), 피치(Fitch) 3곳을 말한다. 이들 기관은 채무상환능력 등을 종합적으로 평가하여 국가별로 등급을 발표한다. 이들이 국가나 기업에 매기는 신용평가는 국제금융시장에서 막강한 영향력을 행사한다.

함께 나오는 용어

국가신용등급(國家信用等級, sovereign credit rating)
한 국가의 정치, 경제, 문화, 군사 등을 평가하여 그 국가가 채무를 이행할 능력과 의사가 얼마나 있는지를 등급으로 표시한 것을 말한다.

#금융 제도

300 컨소시엄 consortium
국제차관단. 여러 국가들이 어떤 한 국가에 차관을 제공하고자 협의에 따라 형성하는 것

제2차 세계 대전 후 선진공업국이 저개발국가의 경제를 원조하기 위해 도입한 차관 제공 형식을 말한다. 본래 컨소시엄은 공통의 목적을 위한 협회나 조합을 뜻하는데, 기업 인수 시 유가 증권의 발행액 규모가 너무 커서 단독으로 인수하기 어려울 때 여러 인수업자가 함께 설립하는 인수조합을 컨소시엄이라고 한다. 또한 정부나 공공기관이 추진하는 대규모 사업에 여러 업체가 하나의 회사 형태로 참여하는 것도 컨소시엄이라고 일컫는다.

301 **신용부도스와프** CDS, Credit Default Swap
투자자에게 채권을 발행한 기업이나 국가 등이 부도가 나더라도 원금을 상환받을 수 있도록 보장한 금융파생상품

CDS 금리가 높아졌다는 것은 그만큼 국가 신용도가 나빠져 국외채권을 발행할 때 비용이 많이 든다는 것을 의미한다. CDS 매수자는 매도자에게 보험금 성격의 일정한 수수료를 지불하는데, 이를 CDS 프리미엄이라고 한다. 통상 CDS 프리미엄이 10% 이상이면 부도 위험에 직면한 것으로 볼 수 있다.

302 **모라토리엄** moratorium
국가가 경제·정치적인 이유로 긴급 사태가 발생한 경우 외국에서 빌려온 차관에 대해 일시적으로 채무 상환을 연기하는 것

채무를 상환할 의사가 있다는 점에서 °디폴트와는 차이가 있다. 모라토리엄을 선언하면 국가의 신용이 하락하여 대외 경상거래에 갖가지 장애가 뒤따르며, 이에 따라 수출이 감소하고 물가는 상승하며 화폐 가치는 급락하게 된다. 또한 대규모 실업사태가 발생하고 구조조정의 고통이 장기화되며, 외채 사용도 엄격히 통제되는 등의 부작용이 있다.

디폴트(default) 채무국이 일방적으로 파산을 선고함으로써 채무 반제를 거부하는 것

303 **개인워크아웃** Individual workout
개인이 법원에 파산신청을 내기 전에 채무를 일부 탕감해주거나 만기를 연장해 개인에게 신용회복의 기회를 주는 제도

빚을 갚을 의지가 있지만 여력이 없는 사람들을 구제할 목적으로 시행되고 있다. 금융위원회는 국민행복기금 가접수 개시에 따른 후속 조치로 신용회복위원회가 운영하는 프리워크아웃과 개인워크아웃을 대폭 확대하기로 했다. 개인워크아웃은 총 채무액 15억원 이하에 3개월 이상 연체자를 대상으로 한다.

함께 나오는 용어
프리워크아웃(pre-workout)
단기연체자의 채무를 신용회복위원회와 채권금융회사 간 협의를 거쳐 조정해주는 제도로, '사전채무조정'이라고도 한다. 실업, 휴업, 폐업, 재난, 소득감소 등으로 정상적 채무상환이 어려운 이들이 늘어나면서 금융회사의 건전성이 저하되는 것을 예방하고자 마련되었다. 신용회복위원회의 프리워크아웃은 총 채무액 15억원 이하·연체 30일 초과 90일 미만인 자를 대상으로 한다.

304 프로젝트 파이낸싱 PF, Project Financing
금융기관 등이 프로젝트의 사업성을 담보로 대출을 해주는 금융 기법

일체의 *담보 없이 특정 프로젝트의 미래 수익성을 보고 자금을 대출해주는 것으로, 자본주로부터 대규모 자금을 모집하고 사업 종료 후 일정 기간 발생한 수익을 지분율에 따라 투자자들에게 나누어 주는 방식으로 운영된다. 금융기관은 프로젝트 자체에서 나오는 수익으로 대출금을 상환받게 된다.

담보(擔保) 만약의 경우, 채무 불이행 시 채무 변제 확보 수단으로 채권자에게 제공하는 것

305 머니 론더링 money laundering
부정한 자금을 여러 구좌로 옮겨 자금의 출처를 알 수 없도록 하는 것

비자금이나 *탈세, 뇌물, 마약 밀매 등을 통해 형성된 부정한 돈을 여러 구좌를 거치는 동안 합법자금으로 전환하여 자금의 출처를 숨기고 일반 시장에 사용해도 신원이 발각되지 않도록 하는 행위를 말한다. 일명 돈세탁이라고도 한다. 이를 방지하기 위한 국제 협력체로는 1989년 7월에 경제 협력 개발 기구(OECD)의 산하기구로 설치된 자금세탁방지금융대책기구가 있다.

탈세(脫稅) 납세자가 세금의 일부 또는 전부를 내지 않는 일

306 캐리트레이드 carry trade
저금리로 빌린 자금으로 다른 국가의 특정 유가 증권 혹은 상품에 투자하는 거래

금리가 낮은 국가에서 빌린 돈으로 수익이 높은 다른 국가에 투자하는 것을 말한다. 이는 투자가 성공할 시에는 고수익을 거둘 수 있으나, 저금리로 빌린 자금을 갚을 시기에 환율이 높아진다면 손실이 발생할 수도 있다. 대표적인 캐리트레이드로 일본의 엔화를 빌려 투자하는 엔캐리트레이드, 미국 달러화를 빌려 투자하는 달러캐리트레이드, 유로화를 빌려 투자하는 유로캐리트레이드가 있다.

307 뱅크런 bank run
은행의 대규모 예금인출사태

금융시장이 극도로 불안해 예금주들이 은행에 맡긴 돈조차 제대로 받을 수 없을지도 모른다는 공포심을 느낄 때 발생한다. 뱅크런이 발생하면 은행은 당장 돌려줄 돈이 바닥나게 되는 패닉 상태에 빠질 수 있다. 한 국가에서 발생한 대규모 뱅크런이 곧바로 인접국으로 전염되는 현상을 '뱅크런 도미노(bank run domino)'라고 한다.

308 **디폴트** default
공사채나 은행융자 등에 대해 원리금을 지불할 수 없는 상황

채무자가 계약에 정해진 대로 °원리금 지불 의무를 이행할 수 없는 상황에 처한 것을 말한다. 채무자가 기업인 경우에는 경영 부진이나 °도산 등이 그 원인이 되고, 국가인 때에는 전쟁, 혁명, 내란, 보유 외환 고갈 등에 따른 대외 지불 불능이 원인이 된다.

원리금(元利金) 원금과 이자

도산(倒産) 사업에 실패하여 기업이 쓰러짐

309 **양도성예금증서** CD, Certificate of Deposit
은행이 정기예금에 대해 발행하는 양도 가능한 무기명 예금증서

은행에서 발행되고 주로 증권시장을 통해 유통되며, 무기명의 예금증서이 므로 예금자는 이를 제3자에게 자유로이 °양도할 수 있다. 그러나 예금자 보호를 받을 수 없으며 만기일까지 변경이나 해지가 불가능하다는 단점도 지니고 있다. 우리나라의 경우 정식으로 양도성예금증서가 발행되기 시작 한 것은 1984년 6월부터였다.

양도성예금증서는 보통 최저 500만원부터 최소 30일 이상 270일까지 발행 이 가능해 규모가 큰 자금의 단기투자에 적합하다. 발행시장보다 유통시장 의 수익률이 높기 때문에 유통시장을 통한 투자가 유리한 반면 은행들이 기 업에 대출해줄 때 대출금의 일부를 정기예금으로 강제시키는 이른바 '꺾 기'의 수단으로 °악용되는 경우도 있다.

양도(讓渡) 권리나 이익을 다 른 사람에게 넘겨줌

악용(惡用) 나쁘게 이용함

함께 나오는 용어

꺾기(구속성예금)
기업이 은행으로부터 대출을 할 때 일정한 금액을 강제로 예금하도록 하는 것으로써, 기업 은 대출금 전액을 받지 못하면서도 그에 대한 이자를 지급해야 한다. 이로써 은행은 표면상 나타나는 대출금리 이상으로 실질금리를 인상한 효과를 갖게 된다.

310 **지급준비율** 支給準備率, cash reserve ratio
은행이 예금자의 예금 인출에 대비하여 중앙은행에 의무적으로 적립해야 하는 비율

지급준비율의 원래 목적은 예금주의 청구권에 대응하여 충분한 자금을 확 보하는 것이었으나, 현재는 예금은행의 법정 지급준비율을 변경시킴으로써 통화량 조절의 수단으로 이용되고 있다. 즉, 지급준비율을 높이면 중앙은행 에 적립해야 할 돈이 많아져 시중 자금이 줄어들고, 지급준비율을 낮추면 중앙은행에 적립해야 할 돈이 적어져 시중 자금이 늘어나게 된다.

#금융 상품

311 재형저축 財形貯蓄
'근로자재산형성저축제도'의 준말로서 정부가 금리·세제 혜택 등 정책지원을 통해 근로자들의 장기저축과 재산형성을 돕기 위해 도입한 저축 제도

1995년 국가 재원 부족 등을 이유로 폐지됐다가 2013년 18년 만에 부활하였다. 재형저축 가입 대상자는 총급여액이 5000만원 이하인 근로자나 종합소득 금액이 3500만원 이하인 개인사업자다. 소득 요건은 가입 시점에만 충족시키면 되고 2015년 12월을 끝으로 판매가 중지됐다.

312 역모기지론 reverse mortgage loan
주택을 담보로 일정 금액을 연금으로 지급받는 제도

특별한 소득원이 없으나 주택을 소유하고 있는 고령자가 주택을 담보로 하여 사망할 때까지 자택에 거주하면서 노후 생활 자금을 연금 형태로 지급받고, 사망 시에는 금융기관이 담보로 잡힌 주택을 처분하여 그동안의 대출금과 이자를 *상환하는 제도이다.

상환(償還) 빚 또는 공채를 갚음

함께 나오는 용어

모기지론(mortgage loan)
주택자금을 대출해준 은행이 해당 주택을 담보로 주택저당증권(MBS)을 발행하여 이를 중개기관에 팔아 대출 자금을 회수하는 제도로서, 중개기관은 주택저당증권을 다시 투자자에게 판매하고 그 대금을 금융기관에 지급하게 된다. 모기지론의 종류로는 주택 구입 자금 대출과 주택 담보 대출의 두 가지가 있고, 대출 한도에는 제한이 없으며, 기간이 최장 30년에 이른다는 점에서 기존의 주택 담보 대출과 차이가 있다.

313 서브프라임모기지 subprime mortgage
비우량 주택 담보 대출

신용등급이 낮은 저소득층을 대상으로 하여 주택 자금을 빌려주는 미국의 주택 담보 대출 상품을 말한다. 미국에서는 주택 담보 대출이 일반 개인들의 신용등급에 따라 크게 3종류로 나뉘는데, 가장 높은 신용등급은 프라임(prime), 가장 낮은 신용등급은 서브프라임(subprime), 그 중간 등급은 알트에이(Alt-A : Alternative-A) 모기지이다. 서브프라임모기지는 신용등급이 낮아 높은 금리가 적용된다. 2004년 미국 부동산 버블이 꺼지면서 서브프라임모기지 대출금이 회수불능 사태에 빠져 대형 금융사의 파산으로 이어졌다.

함께 나오는 용어

블랙스완(black swan)

매우 예외적인 현상으로, 발생 가능성이 거의 없어 보이지만 일단 발생하면 예기치 못한 충격과 엄청난 파급 효과를 가져오는 사건을 가리키는 말이다. 2007년 투자전문가 나심 니콜라스 탈레브가 저서 『검은 백조(The black swan)』를 통해 서브프라임 모기지 사태를 예견하며 사용해 유명해졌다.

314 방카슈랑스 bancassurance

은행(banque)과 보험(assurance)의 합성어로 은행과 보험사가 상호 협력하여 은행 업무와 보험사의 업무를 한 곳에서 제공하는 것

우리나라에서는 2003년 8월에 도입된 시스템으로, 은행과 보험사, 증권사 등이 상호 협력하여 상품을 판매하고 관리하는 것을 말한다. 소비자들은 한 번의 금융기관 방문으로 다양한 금융 서비스를 받을 수 있고, 은행을 통해 보다 싼 보험 상품을 구입할 수 있으며, 은행은 전국적으로 위치한 점포망을 바탕으로 보험시장에 진출해 수수료 수입을 올릴 수 있다. 또한 보험사도 판매 채널 *다각화를 통해 영업력을 강화할 수 있다는 장점이 있다.

다각화(多角化) 동시에 여러 방면이나 부문에 걸치도록 하는 것

함께 나오는 용어

어슈어뱅킹(assurebanking)

보험(assurance)과 은행(banking)의 합성어로 방카슈랑스와 반대의 개념을 갖는다. 즉, 보험사가 은행을 자회사로 두거나, 은행 상품을 판매하는 보험사를 말한다.

315 시드머니 seed money, 종잣돈

부실기업을 정리할 때 덧붙여 해주는 신규 대출

부실기업을 정리할 때 기준 대출을 장기 *저리로 하여도 인수하려는 기업이 없기 때문에 추가로 신규 대출을 해주는 것을 말한다. 새로운 열매를 맺기 위해 뿌려지는 씨앗인 종자에 비유하여 종잣돈이라고 불리기도 한다.

저리(低利) 싼 이자

316 프라이빗 뱅킹 PB, Private Banking

금융기관이 거액 자산가를 대상으로 고객의 자산을 종합 관리해주는 서비스

금융기관이 고객의 예금 관리부터 재테크에 이르기까지 1 대 1로 종합적인 관리를 해주는 고객 서비스를 말한다. 거액 예금자의 수는 전체 고객 수에 비해 극히 적지만, 수신고로 볼 때는 그 비중이 엄청나기 때문에 갈수록 프라이빗 뱅킹 시장이 커질 것으로 보인다.

317 랩어카운트 wrap account, 자산종합관리계좌

증권회사에서 고객의 자산 규모와 투자 성향 및 위험 수용도를 파악하여 적당한 금융상품 등에 투자해주고 수수료를 받는 것

금융자산관리사가 직접 투자와 자산 관리를 책임지는 일임형의 전 단계라고 할 수 있다. 1975년 미국에서 처음 시행되었으며, 1998년 12월 일본에 도입되었고, 우리나라에서는 2001년 초 금융감독원이 *자문형 랩어카운트의 판매를 승인하면서 시행되었다.

자문형 금융자산관리사가 투자에 대한 조언과 자문 역할만을 수행할 뿐, 실제 주문은 고객이 직접 하는 방식

318 노란우산공제

가입 대상자인 영세한 소기업이나 소상공인이 생계 위협에 처할 경우 가입 기간이나 연령에 관계 없이 즉시 공제금을 지급받을 수 있는 제도

중소기업중앙회가 2007년 9월부터 운영하고 있는 제도로 가입 대상자가 매월 일정 부금을 내고 폐업, 사망, 노령 등으로 생계 위협에 처할 경우 일시금으로 공제금을 즉시 지급받을 수 있는 제도이다. 또한 공제금은 법에 의해 *압류로부터 보호되므로 사업주에게 실질적인 혜택을 준다.

압류(押留) 체납자의 재산에 대해 법원이 행하는 강제 처분

319 햇살론 sunshine loan

2010년 7월부터 판매된 서민전용 대출상품

저신용·저소득 시민에게 연 8~11%대의 저금리로 사업운영자금·창업자금·긴급생계자금을 대출해 주는 것이다. 금융위원회가 서민지원 정책의 일환으로 만들었으며, 대출 대상은 연소득 3500만 원 이하이거나, 신용등급이 6~10등급이고 연 소득 4500만 원 이하인 농림어업인, 무등록·무점포 자영업자, 근로자 등이다.

#자금 및 금리

320 핫머니 hot money

국제 금융시장으로 이동하는 단기 자금

국제 금융시장에서의 단기 자본 이동 및 그 자본을 가리키는 말로 각국의 단기금리·환율 차이에 의한 투기적 목적과 정치적·경제적으로 불안정한

나라에서 통화 불안을 피하기 위해 안정된 나라로 이동하는 자금도피의 목적으로 사용된다. 핫머니는 자금 이동이 일시에 대량으로 이루어지고 자금이 *유동적인 형태를 취하므로, 외환의 수급 관계를 크게 동요시켜 국제 금융시장의 안정을 저해하는 반면 고도성장을 하는 국가에서는 개발자금으로 활용되기도 한다.

유동적(流動的) 끊임없이 흘러 움직임

321 **콜금리** call rate
금융기관 상호 간에 남거나 모자라는 자금을 단기적으로 빌려주거나 빌릴 때 적용되는 금리

금융기관이 예금 인출, 어음 교환 결재, 내국환 결재 등에 차질이 없도록 준비하는 지급준비금의 과부족을 단기적으로 조절하는 시장을 콜시장(call market)이라고 하며, 이때 거래되는 자금을 콜머니(call money), 콜머니의 거래 금리를 콜금리(call rate)라고 한다.

322 **프라임레이트** prime rate
은행 등 금융기관이 우량 기업 또는 단골 기업에 적용하는 최우대금리

원래 미국에서 1930년대 대공황 직후 은행이 손실을 입지 않는 최저 대출 금리를 의미하였으나, 현재는 은행이 신용도가 높거나 단골인 기업에 대출할 때 적용하는 최우대금리를 말한다. 이는 개인이나 사업체의 대출 이율을 결정하는 기준이 되며, 당시의 경제 사정을 나타내는 지표로 사용되기도 한다.

323 **실효금리** 實效金利, effective interest rate
강제 예금을 요구당했을 때 *차입하는 측이 실질적으로 부담하는 금리

기업이 금융기관에서 대출을 받을 때 대출금 중 일부를 강제로 예금하게 되는 경우(꺾기)에도 예금액에 대한 이자까지 부담해야 하는데 이를 실효금리라고 한다. 예컨대, 한 기업이 금융기관으로부터 100만원을 대출받고 강제로 10만원을 예금하였다면 그 기업이 실제로 사용할 수 있는 금액은 90만원이지만 100만원에 대한 이자를 부담해야 하는 것이다. 이때 부담하는 이자의 이율이 바로 90만원에 대한 실효금리라고 할 수 있다.

차입(借入) 돈이나 물건 등을 꾸어들이는 일

324 리보금리 LIBOR, London Inter-Bank Offered Rates

런던의 신뢰도가 높은 일류 은행들이 자기들끼리의 단기적인 자금 거래에 적용하는 대표적인 단기금리

런던 금융시장에서 우량 은행 간 단기자금을 거래할 때 적용하는 금리로서, 세계 각국의 국제 간 금융 거래에 기준금리로 활용되고 있다. 한편 신용도가 낮을 경우에는 리보금리에 몇 퍼센트의 가산금리가 붙는데, 이것을 ˚스프레드라고 하며, 이는 금융기관의 수수료 수입이 된다. 그러나 2012년 리보금리 산정과정에서 대형은행들의 조직적인 담합으로 리보금리가 조작되었음이 드러나 신뢰도가 크게 하락하였다. 결국, 영국 금융청은 2021년까지 리보금리를 폐기하고 새로운 기준금리를 도입하겠다고 발표했다.

스프레드(spread) 국제금융 거래에 있어서 기준이 되는 리보금리와 실제금리와의 차이

주식 · 채권 · 펀드

핵심Tag #주식 일반 #주가 변동 #주식 제도 및 지표 #채권과 어음 #펀드

#주식 일반

325 코스닥 KOSDAQ, Korea Securities Dealers Automated Quotation
대한민국의 장외 주식거래시장

미국의 나스닥(NASDAQ)을 본떠 중소기업과 벤처기업들이 증시에서 사업자금을 보다 원활히 조달할 수 있도록 하기 위해 1996년 7월에 개설된 대한민국의 주식시장을 말한다. 여기서는 매매를 위한 장소가 따로 없이 불특정 다수자가 컴퓨터와 통신망을 이용해 장외거래 주식을 매매하는 전자거래시스템을 이용하며, 거래소시장에 비해 고위험·고수익의 특징을 갖는다.

326 나스닥 NASDAQ, National Association of Securities Dealers Automated Quotation
미국의 장외 주식거래시장

미국의 기술주 중심 주식시장으로 우리나라의 코스닥, 일본의 ˚자스닥 등이 이를 본떠 만들어졌다. 고위험·고수익의 특징이 있으며, 설립 초기 적자 상태의 기업도 가능성이 있다면 주식시장에 참여할 수 있도록 하고 있다. 마이크로소프트, 인텔, 애플 등 유명 하이테크 기업이 다수 등록되어 있다.

자스닥(JASDAQ, Japan Association of Securities Dealers Automated Quotation) 일본의 장외 주식거래시장

327 주가지수 株價指數, stock price index
일정 시기의 주식 가격을 100으로 하고 그에 대해 비교 시점의 주가를 산출한 주가의 지수

주가지수는 주가의 변동을 나타내는 지수로서 주식시장 전체의 흐름을 반영하는 지표라고 할 수 있다. 또한 물가나 경기지수와 같이 경제 상황도 알려주며, 다른 금융상품과의 수익률 비교 척도가 되기도 한다. 계산 방법은 크게 다우-존스 평균 방법과 시가 총액식 방법으로 구분된다.

함께 나오는 용어

• 다우-존스 평균 주가(Dow-Jones averages)
미국의 다우-존스사에서 매일 발표하는 주가지수로 세계적으로 가장 잘 알려진 주가지수이다. 상장 종목 중 일부 우량주들의 단순 주가 평균을 낸 후 주식 분할, *권리락 등의 변동 요인을 제거하여 산출한다.

• 시가 총액식 주가지수(aggregate value of listed stock)
다우-존스 평균 주가의 단점을 보완하고 전체 시장의 정확한 주가 수준을 반영하기 위해 산출한 지수로, 전 상장종목별로 그날 종가에 상장주식의 수를 곱하고 이를 합계한다. 이는 주식시장의 규모를 나타내주며 주식시장의 국제 비교 등에 이용된다.

*권리락(權利落, exrights, right off) 신주인수권이나 신주의 무상교부권이 없어진 것

328 코스피 KOSPI, Korean Composite Stock Price Index
대한민국 종합 주가지수

유가 증권시장본부에 상장된 종목들의 주식 가격을 종합적으로 표시한 *수치로서 시장 전체의 주가 움직임을 측정하는 지표로 이용된다.

*수치(數値) 계산하여 얻은 수

$$\text{KOSPI} = \frac{\text{비교 시점의 시가 총액}}{\text{기준 시점의 시가 총액}} \times 100 \ (1980년 1월 4일 기준 시점)$$

329 상장주식 上場株式
증권거래소에 등록되어 매매되고 있는 주식

상장(上場)이란 주식 거래를 위해 증권거래소에 등록하는 것으로, 상장주식이라 함은 증권거래소에 등록되어 증권시장에서 자유롭게 매매되는 주식인 것이다. 부실기업이 상장된다면 심각한 사회문제를 초래할 수 있으므로 증권거래소에서는 투자자 보호를 위해 코스닥 일반기업의 경우 기업 설립 후 *경과 연수 3년 이상, 기준 시가총액 90억원 이상, 자기자본 30억원 이상, 이익 규모는 당기순이익 20억원 이상 또는 매출액 100억원 이상 등의 엄격한 상장 기준을 설정해놓고 있다.

*경과(經過) 시간이 지나감

330 주가수익률 PER, Price Earning Ratio
특정 주식의 주가를 1주당 순이익으로 나눈 값

주가를 1주당 순이익으로 나눈 수치로 주가의 적정 수준을 평가할 때 사용되는 지표이다. 주가를 1주당 연간 세공제 후 이익금으로 나누어 산출한다. 주가수익률이 높으면 해당 주식의 성장성이 인정되어 주가가 상대적으로 높다는 것을 의미하며, 반대의 경우 주가가 상대적으로 낮다는 것을 의미하므로 주가수익률이 낮은 주식은 향후 주가가 상승할 가능성이 크다고 볼 수 있다.

함께 나오는 용어

주당순이익(EPS, Earning Per Share)
한 해 동안 1주(株)가 벌어들인 순이익으로, 산출 방법은 *당기순이익을 주식의 수로 나누어 구한다. 따라서 당기순이익의 규모가 늘면 주당순이익은 높아지고, 주식의 수가 많아지면 주당순이익은 낮아지게 된다. 주당순이익이 높다면 그 기업의 경영 실적이 양호하다는 의미이므로 그만큼 투자 가치가 있다고 할 수 있다.

> **당기순이익(當期純利益)** 한 기업이 일정 기간 동안의 수익에서 모든 지출 비용을 공제하고 순수하게 남은 이익

331 상한가 上限價 · 하한가 下限價
하루 동안 오르내릴 수 있는 주식 가격의 등락폭

한국 주식시장은 기준 전일 종가 기준 30%로 제한한다. 증권시장에서 하루의 거래가 마감할 때의 개별 주식 가격이 가격제한폭에 따른 하루에 오를 수 있는 최고 한도까지 올랐을 때를 상한가라고 하고, 그와 반대로 하루에 내릴 수 있는 최저 한도의 가격 하한선까지 내렸을 때를 하한가라고 한다.

함께 나오는 용어

가격제한폭(價格制限幅)
주가가 급변하여 발생할 수 있는 혼란을 막기 위해 전일 종가를 기준으로 하루 동안 오르내릴 수 있는 최대한의 상승폭과 하락폭을 정해놓은 것을 말한다.

332 우회상장 back-door listing
장외기업이 어떤 이유로 상장을 위한 절차를 거치지 않고 바로 상장되는 것

일종의 편법으로서, 비상장기업이 합병이나 주식 교환, 제3자 배정 유상증자 등의 방법으로 증권거래소나 코스닥시장에 상장된 기업의 경영권을 인수하여 상장되는 것을 말한다. 일명 백도어리스팅(back-door listing)이라고도 한다. 이는 기업인수 · 합병의 한 흐름으로 자리 잡고 있기는 하나, 일부 자격에 *미달되는 기업이 악용하는 경우가 있어 주주 또는 일반 투자자들이 피해를 입을 수 있다는 단점도 있다.

> **미달(未達)** 어떤 기준에 아직 이르지 못함

333 포트폴리오 portfolio
투자자가 가지고 있는 유가 증권 일람표

원래는 서류가방, 자료 수집철, 작품집 등을 의미하는 단어이나, 증권 용어로 사용할 때는 투자자가 가지고 있는 주식·사채 등의 *일람표를 뜻한다. 이는 항상 분산투자를 전제로 하며, 포트폴리오 구성이라 함은 투자의 위험을 최소화하기 위해 주식을 분산 투자한다는 의미를 갖는다.

일람표(一覧表) 여러 가지 사항을 한 번에 알 수 있도록 정리해 놓은 표

334 윈도드레싱 window dressing
기관투자가들이 결산기를 앞두고 보유 종목의 종가 관리를 통해 펀드 수익률을 끌어올리는 것

분기 말, 기관투자자들이 보유하고 있는 주식의 평가 가치를 높이기 위해 해당 종목의 주가를 조작적으로 높이는 것으로서, 특정 종목을 집중 매수하여 인위적으로 가격을 끌어올리는 것이 일반적인 방법이다. 한편으로는 수익률 마이너스 종목을 처분하기도 한다. 우리나라에서는 윈도드레싱이 일반적으로 사용되고 있는 방법이지만 미국에서는 주가 조작의 불법행위로 *간주되어 처벌 대상이 되며 '포트폴리오 펌핑(portfolio pumping)'이라고 불린다.

간주(看做) 그렇다고 여김

335 블루칩 blue chip
대형 우량주

주식시장에서 건전한 재무구조를 유지하고 있다고 판단된 회사의 주식을 일컫는 말로, 포커 게임에서 백색칩, 적색칩, 청색칩 가운데 청색이 가장 높은 것에서 유래하였다. 블루칩은 성장성이나 수익성, 안정성이 높은 한 국가의 대표 주식들로 구성되며 자본금 규모가 큰 것이 특징이다. 우리나라의 경우 삼성전자, 현대자동차, 포스코 등의 주식을 블루칩으로 꼽고 있다.

함께 나오는 용어
- **옐로우칩**(yellow chip) 블루칩만큼은 못하지만 양호한 경영 실적에 기초하여 높은 수익 증가율이 기대되는 주식을 말한다.
- **레드칩**(red chip) 홍콩 증시에 상장된 중국 기업의 주식을 말한다.
- **블랙칩**(black chip) 석유나 탄광 등과 관련된 주식을 말한다.
- **블로우칩**(blow chip) 블루칩(blue chip)과 옐로우칩(yellow chip)의 합성어로 옐로우칩과 블루칩의 중간 단계라고 할 수 있다. 즉, 준우량주보다는 조금 더 높은 단계이지만 아직 블루칩의 반열에는 오르지 못한 주식을 말한다.

336 기관투자가 機關投資家, institutional investor
개인 혹은 법인들의 여유 자금을 주식, 채권에 전문적으로 투자하는 법인 형태의 투자가

법인주주 또는 투자기관이라고도 한다. 각종 은행, 생명보험회사, 손해보험회사, 투자신탁회사 등을 기관투자가의 한 종류로 볼 수 있는데 우리나라에서는 국민연금공단, 한국수출입은행, 농·수·축협 중앙회 등이 이에 해당한다. 이들은 투자 자금량이 많고 정보의 수집과 분석 능력이 뛰어나 철저한 분산투자를 도모할 수 있으므로 증권시장에 미치는 영향력이 매우 크고, 개인 투자자에 비해 우위에 있다고 할 수 있다. 또한, 증권 인구의 *저변을 확대하는 역할을 하여 주가 급등락을 막아주는 역할도 수행한다.

저변(底邊) 어떤 분야에 있어 밑바탕을 이루는 부분

337 스톡옵션 stock option
자사 주식을 매입할 수 있는 권한

근로자로 하여금 일정 주식에 대한 매입이나 처분할 권한을 부여함으로써 근로의식을 *고취시키고 기업을 활성화하기 위해 마련된 제도이다. 자사 주식을 시세보다 적은 금액에 구입하여 일정 기간이 경과하면 임의대로 처분할 수 있기 때문에 자금이 부족한 벤처기업 등은 이를 활용하여 유능한 인력을 장기간 확보할 수 있다. 스톡옵션은 능력을 중심으로 하여 제공된다는 점에서 직급이나 근속연수를 중심으로 하여 제공되는 우리사주조합제도와는 차이가 있다.

고취(鼓吹) 용기와 기운을 북돋우어 일으킴

#주가 변동

338 블랙먼데이 black Monday
미국 뉴욕에서 주가 대폭락이 있었던 1987년 10월 19일 월요일을 일컫는 말

1987년에 미국 뉴욕의 다우-존스 평균 주가가 전일 대비 22.6% 폭락한 날이 월요일이었기 때문에 *명명되었다. 이 영향으로 세계적으로 주가폭락이 이어졌고, 미국 경제에 대한 불신감까지 생겨났다. 이 같은 주가 대폭락의 원인은 무역 적자, 경제 환경 변화, 세제 개혁안, 지속된 고주가 현상, 금리 상승에 대한 불안감 등이 복합된 결과라고 보고 있다.

명명(命名) 이름을 지어 붙임

339 더블 위칭 데이 double witching day
선물과 옵션 만기가 겹치는 날

witching은 '마력이 있는, 마법이 횡행하는'이란 의미를 갖고 있는 단어로, 선물과 *옵션의 만기가 겹치면서 일어날 변화에 대해서 아무도 예측할 수 없다는 뜻에서 위칭 데이(witching day)라는 단어가 생겨났다. 더블은 선물과 옵션 두 개의 주식시장 파생상품이 겹쳐 있음을 의미한다. 이는 주식옵션이 따로 있는 미국 수식시장에서 사용되는 용어인 '트리플 위칭 데이'에서 파생되었다.

옵션(option) 미리 정해진 기간에 미리 정해진 가격으로 특정 자산을 사거나 팔 수 있는 권리

함께 나오는 용어

트리플 위칭 데이(triple witching day)
주가지수 선물, 주가지수 옵션, 개별주식 옵션 등의 만기일이 동시에 겹치는 날을 말한다. 주가지수 선물 만기일은 3, 6, 9, 12월 둘째 주 목요일이고, 주가지수 옵션과 개별주식 옵션 만기일은 매월 둘째 주 목요일이므로 3, 6, 9, 12월 둘째 주 목요일은 세 상품이 동시에 겹치는 만기일이 된다. 이 날에는 주가의 움직임을 예상하기 힘들기 때문에 세 마녀(witch)가 심술을 부린다는 뜻에서 트리플 위칭 데이라고 한다.

340 서머랠리 summer rally
6~7월의 초여름에 나타나는 강세의 주식장

일반적으로 매년 초 강세의 주식장이 시현되면서 4월에 들어서는 배당금 지급, 노사분규, 각종 학자금 등 주식시장에서 *악재가 노출되며 주가가 큰 폭으로 하락하여 5월에도 이어지는 경향을 보인다. 이와 같은 하락세가 2개월 이상 지속되면서 진정 국면에 진입하기 시작하여 6월부터 반등장세가 나타나는데 이처럼 6~7월의 여름철에 일어나는 현상이어서 서머랠리라고 불린다.

악재(惡材) 시세를 하락시키는 원인이 되는 조건

341 1월 효과 —月效果, January effect
주식시장에서 1월의 주가가 다른 달에 비해 많이 상승하는 특이 현상

일반적으로 한 해가 지나가고 새로운 해가 시작되면 주가 상승의 기대 심리에 따라 주식시장에 돈이 몰림으로써 실제로 주가가 상승하게 되는데 이를 1월 효과라고 한다. 그러나 매년 1월 효과가 나타나는 것은 아니고, 통계상 다른 달에 비해 1월의 주가 상승률이 높기 때문에 붙여진 이름이다.

342 사이드카 sidecar
프로그램 매매호가 관리 제도

선물시장의 등락폭이 갑자기 커질 경우 현물시장에 영향을 미치는 것을 막기 위해 도입한 제도이다. 선물 가격이 전일 종가 대비 5% 이상 상승하거나 하락하여 1분간 지속될 때 발동하며, 주식시장 프로그램 매매호가의 효력이 5분간 정지되었다가 5분이 지나면 자동으로 해제되는 식으로 운영되다가 2015년부터 코스닥 선물 가격이 6% 이상(현물은 3% 이상) 상승 또는 하락이 1분간 지속될 때 주식시장 프로그램 매매호가의 효력이 5분간 정지되는 식으로 전환됐다. 2020년 3월 12일 코로나19로 코스피가 장중 5% 이상 폭락하면서 약 8년 5개월 만에 유가증권시장 매도 사이드카가 발동했다.

343 서킷브레이커 circuit breaker
종합주가지수나 선물 가격이 큰 폭으로 변동하였을 때 시장에 미치는 영향을 최소화하기 위해 도입한 제도

종전까지는 코스피 또는 코스닥지수가 전일 종가 대비 10% 이상 하락한 상태가 1분 이상 지속될 경우 모든 주식 거래를 20분간 정지하며, 20분이 지나면 10분간 호가를 접수해서 매매를 재기시키는 식으로 운영됐다. 2015년부터는 지수가 8%, 15%, 20% 하락 시 각각 서킷브레이커를 단계적으로 발동하게 되며 3단계 발동 시 당일 거래가 정지되는 방식으로 바뀌었다. 이는 투자자의 무분별한 매매를 막아 시장에의 영향을 최소화하기 위함이다. 서킷브레이커는 원래 회로 차단기에서 유래한 용어로서 전기 회로에 과부하가 걸리지 않도록 자동으로 회로를 정지시켰다가 다시 동작하도록 한 장치다. 2020년 3월 13일 코로나19로 국내 증시 주가가 폭락하면서 한국 증시 사상 최초로 코스닥시장에 이어 코스피시장에서도 서킷브레이커가 발동했다.

344 깡통계좌
담보유지비율이 100% 미만인 계좌

다른 말로 적자계좌라고도 한다. 깡통계좌가 발생하게 되는 직접적인 원인은 주가의 *폭락이지만, 근본적인 원인은 증권회사가 주식을 살 돈을 꾸어주고 나중에 주식을 팔아서 그 빚을 갚도록 하는 주식외상거래제도라고 할 수 있다. 주식 가격이 상승한다면 똑같은 돈으로 투자자는 꾼 돈 비율만큼 이득을 보게 되지만, 반대로 떨어진다면 큰 손실을 입게 된다.

폭락(暴落) 물건 값이나 주가가 갑자기 큰 폭으로 떨어짐

함께 나오는 용어

담보유지비율(maintenance requirement rate of collateral)
신용거래 시 융자로 매수한 주식이나 대주에 의하여 매도한 주식, 신용거래보증금으로 납부한 대용증권의 시세 변동으로 인한 담보가액의 하락을 막기 위해 당해 신용거래 융자액 또는 신용거래 대주 시가 상당액 이상으로 담보를 유지하도록 정해진 비율을 말한다. 우리나라의 현재 담보유지비율은 융자 또는 대주시가 상당액의 최소 140%로 정하고 있으며, 이에 미달할 경우 증권사가 지체 없이 투자가로부터 추가 담보를 징수하거나 증권사가 주식을 처분할 수 있도록 하고 있다.

345 골든크로스 golden cross · 데드크로스 dead cross
주가 예측 지표

- 골든크로스(golden cross) : 단기 주가 •이동 평균선이 장기 주가 이동 평균선을 아래로부터 위로 급속히 돌파하는 상황을 일컫는 말이다. 강세시장으로의 강력한 전환 신호로 해석하여 주식 매수 시기로 본다.
- 데드크로스(dead cross) : 단기 주가 이동 평균선이 장기 주가 이동 평균선을 위로부터 아래로 급속히 돌파하는 상황을 일컫는 말이다. 약세시장으로의 강력한 전환 신호로 해석하여 주식 매도 시기로 본다.

이동 평균선(moving average) 일정 기간 동안의 주가를 합계하여 그 기간으로 나눈 값인 주가 이동 평균을 그래프로 이어서 만든 선

346 콘탱고 contango · 백워데이션 backwardation
선물 가격이 현물 가격보다 높은 정상시장 · 그 반대인 역조시장

•선물 가격이 현물 가격보다 높거나 결제월이 멀수록 높아지는 상태를 콘탱고(정상시장)라고 한다. 선물은 일반적으로 이자, 창고, 보험료 등 보유비용이 소요되므로 현물보다 가격이 높다. 반대로 현물 가격이 선물 가격보다 높은 것은 백워데이션(역조시장)이라고 한다.

선물(先物) 품질, 수량, 규격 등이 표준화되어 있는 상품 또는 금융 자산을 미리 결정된 가격으로 미래 일정 시점에 인도 · 인수할 것을 약정한 거래

347 공매도 空賣渡, short stock selling
주식을 소유하지 않고 매도 주문을 내는 것

현재 주식을 소유하지 않고 있음에도 향후 주가가 하락할 것을 예상하고 주식을 빌려 판 뒤 실제 주가가 하락하면 같은 종목을 싼 값에 되사서 차익을 챙기는 매매 기법이다. 그러나 이 경우 반드시 수익을 보는 것만은 아니다. 주가 하락을 예상한 것과 달리 주가가 상승하게 되면 공매도한 투자자는 손해를 보게 되며 결제일에 주식을 입고하지 못하면 결제불이행 사태가 발생할 수도 있다.
우리나라 주식시장에서는 원칙적으로 무차입 공매도가 허용되지 않으나 외국인과 기관 투자자에게 예외적으로 공매도를 허용한다.

348 데이트레이딩 day trading
초단타 매매 기법

단어 그대로 하루 만에 주식을 사고판다는 의미를 지닌 단어이다. 증권시장 개장 후 1시간과 폐장 직전 1시간 동안 가장 많이 이루어지는데, 주가의 흐름을 지켜보다 거래량이 많고 주가의 등락폭이 큰 주식을 저가에 매입한 뒤 가격이 조금 오르면 곧바로 처분하여 *시세 차익을 얻는 방법이다. 따라서 데이트레이딩을 하는 사람들은 당일 주가 분석에만 관심이 있을 뿐 투자 대상 기업의 영업 실적에는 관심을 두지 않는다. 이는 미국에서 시작되어 아시아 지역까지 확산되었고, 우리나라에서는 1998년 4월부터 당일 매매가 허용되었다. 사이버증권거래의 편리성으로 인해 데이트레이딩은 더욱 확산되고 있다.

시세(時勢) 일정한 시기의 물건 가격

349 출자전환 出資轉換, debt-equity swap
기업 부채를 주식으로 전환하는 기업 재무구조 개선 방법

금융기관이 기업에 대출한 금액의 일부 또는 전부를 해당 기업에 출자하여 기업의 주식을 취득하는 것으로, 보통 금융기관이 기업의 대출금을 회수하지 않고 기업의 주식과 맞교환하는 방식으로 이뤄진다. 출자전환은 기업이 *부채를 축소하여 손쉽게 기업의 재무구조를 개선할 수 있다는 장점이 있는 반면에 기업 경영진의 교체 가능성이 확대되고 기업 부실이 금융기관 부실로 이어질 수 있다는 단점도 지닌다.

부채(負債) 남에게 진 빚

350 주식매수청구권 株式買受請求權, appraisal rights of dissenting shareholders
주주총회에서 다수결로 결의된 어떤 사안에 대해 반대하는 주주가 회사에 대해 보유 주식의 매수를 요구할 수 있는 권리

대주주의 횡포로부터 소액주주를 보호하기 위해 마련된 제도로서, 영업의 양도·*양수, 경영위임, 합병 등 주주총회의 특별한 결의에만 해당된다. 회사가 자금력이 부족하여 매수청구권을 받아들이지 못했을 경우에는 주주총회의 결의가 무효가 된다. 미국법상의 제도가 기원이며, 주식회사의 자본 충실을 해칠 우려가 있으나 주주들의 이익 보호를 위해 크게 두 가지 경우에 한해 인정하고 있다.
첫째, 주주의 주식양도의 자유가 제한되는 경우와 둘째, 회사의 근본적인 구조 변경 시 주주가 반대 의사를 갖는 경우가 그것이다. 이는 정관에 의해 박탈하지 못하고 회사의 동의나 승낙이 필요치 않다.

양수(讓受) 넘겨받음

351 증권집단소송제 證券集團訴訟制
기업이 주주들에게 손해를 입혔을 때 주주 대표가 기업을 상대로 승소하면 다른 주주들에게도 동일하게 손해배상을 해주는 제도

기업의 분식회계, 부실감사, 허위공시, 주가조작, 내부자거래, 신탁재산 불법 *운용 등으로 인하여 주주들이 손해를 입었을 때, 대표로 1명이 기업을 상대로 소송을 제기하여 승소하면 모든 주주들이 소송을 할 필요 없이 똑같이 손해배상을 받을 수 있는 제도이다.

이는 소액주주들의 권익을 보호하기 위한 제도로 소송 대상은 상장기업과 등록기업에 한하며, 소송을 하기 위해서는 주주 50명 이상이 해당 기업이 발행한 유가 증권 총수의 1만분의 1 이상을 보유해야 한다는 조건이 따른다. 이는 기업 경영의 투명성 확보라는 긍정적인 효과를 갖는다.

> **운용(運用)** 무엇을 움직이게 하거나 부리어 씀

352 수권자본제도 授權資本制度, authorized capital system
주식회사의 설립 시에 주식의 일부만을 발행하고 잔여 부분에 대한 신주 발행권은 이사회에 위임하는 제도

회사 설립 시에 *정관에 기재된 자본 총액에 해당하는 모든 주식을 발행하지 않고 일부 발행과 인수에 의해 회사를 설립한 후, 회사 존립 중 이사회의 결의에 의해 잔여 주식을 발행하여 자기자본을 증식시킬 수 있는 주식회사의 자본제도이다. 이는 회사 설립을 용이하게 하고 자본 조달의 기동성과 편이성이 있으나 채권자의 보호 소홀과 회사의 재산적 기초가 약화될 위험성이 있다.

> **정관(定款)** 법인의 목적이나 조직, 업무 등에 관한 규칙을 적은 문서

#채권과 어음

353 글로벌본드 global bond
특정 지역의 투자자들만을 대상으로 발행되는 것이 아니라 미국, 유럽, 아시아 등 전 세계 투자자들을 대상으로 발행되는 채권

일반적으로 10억달러 이상의 대규모 자금이 필요한 경우에 발행하기 때문에 주로 각국 정부나 세계은행(IBRD)에서 미국 달러화 표시로 발행되며, 리보금리와 *미국 재무부채권금리가 기준금리로 사용된다. 글로벌본드는 미국의 양키본드, 유럽의 유로달러본드, 일본의 사무라이본드 등을 동시에 발행하는 효과가 있으며, 대규모의 기채가 가능하고, 유동성이 높다는 장점이 있다.

> **미국 재무부채권(TB, Treasury Bond)** 미국 연방정부의 재정 적자 보전을 위하여 재무부가 발행하는 만기 5년 이상의 양도 가능한 국채

354 공채 公債, public bond

국가 또는 지방공공단체가 재정상 필요한 자금을 조달하기 위해 민간 부문으로부터 화폐적 신용을 차용할 때 발생하는 채무

정부가 조세수입만으로 경비를 *조달하기 어려울 때 이를 보전하기 위해 공채를 발행하는데 자금 조달이 용이하고, 금융시장의 조절이 가능하며, 상환 기간에 따라 국가의 부담이 분산되고, 수요 창출로 인한 경기의 활성화를 촉진할 수 있다는 장점이 있다. 그러한 이유로 소비와 투자를 촉진시키기 위한 수단으로 발행하기도 한다. 그러나 물가 상승의 위험성이 있고 상환 시 재정이 악화될 수 있다는 단점도 존재한다.

조달(調達) 자금이나 물자 등을 대어줌

더 알고가기

공채의 종류

- **발행 주체에 따른 종류** 국채(국가 발행), 지방채(지방공공단체 발행)
- **기채국에 따른 종류** 외채, 국내채
- **상환 기간에 따른 종류** 단기공채(5년 이하), 장기공채(5년 이상)
- **소화방법에 따른 종류** 강제공채, 임의공채
- **기타공채** 직접공채(정부가 직접 발행·상환하는 공채), 임시채(공공법인 또는 준정부기관이 발행하지만 정부가 보증해야 하는 공채), 수익공채(고속도로 통행료 징수, 공공사업, 교통기관에서 얻는 수입 등 정부투자 수익기관의 수입으로 상환하는 공채)

355 사채 社債, corporate bond

주식회사가 자금 조달을 위해 일반 대중에게 모집하는 채무

주식회사가 자금을 조달하기 위해 일반 대중에게 채무를 지고 이에 대해 발행하는 유가 증권으로 이사회의 *결의로 발행된다. 이는 기업 자금 조달의 주된 수단으로 활용되고 있는데, 일정한 상환 기간이 존재하며 회사의 수익에 관계 없이 일정한 이율에 의해 이자를 지급해야 한다. 또한 만약의 경우 회사가 해산될 때에 주주보다 우선하여 원리금 전액을 받을 수 있는 특권이 있어 투자가에게는 단기 투자의 대상이 될 수도 있다.

결의(決議) 의논하여 결정함

더 알고가기

사채의 종류

1. **보통사채** 원리금 지급에 대한 담보 유무에 따라 담보부사채와 무담보사채로 나뉜다.
2. **특수사채**
   - 일정 조건하에 주식으로 전환될 수 있는 전환사채
   - 발행 회사의 신주를 인수할 수 있는 권리가 부여된 신주인수권부사채
   - 이자 외에 이익 배당에도 참여 가능한 이익참가부사채
   - 발행 회사가 소유하고 있는 상장유가 증권과의 교환을 청구할 수 있는 교환사채

356 CB Convertible Bond, 전환사채

발행 후 일정 기간이 지나면 발행 회사의 주식으로 전환할 수 있는 사채

일정한 기간이 지나면 채권 보유자의 청구가 있을 때 발행 회사의 주식으로 전환할 수 있는 권리가 주어진 사채를 말하는데, 일반적으로 사채 발행 후 3개월부터 가능하다. 전환사채는 회사의 영업 성적이 부진한 때에는 전환하지 않은 상태에서 사채로서의 확정이자를 받을 수 있고, 호전되면 주식으로 전환하여 가격 변농에 따라 이익을 얻을 수도 있는 사채와 주식의 중간 형태인 것이다. 즉, 전환사채를 가지고 있는 사람은 사채의 확실성과 주식의 투기성을 함께 누릴 수 있고, 회사로서는 사채의 모집이 용이하여 편리한 자금 조달 방법이 될 수 있다.

전환사채를 주식으로 전환하고자 할 때에는 사채권자가 주주명부 폐쇄기간을 제외하고는 전환 기간 중 언제든지 회사에 전환청구서를 제출한 때 효력이 발생하며, 전환된 사채는 소멸하고 새로이 주식이 발행된다.

357 신주인수권부사채 BW, Bond with Warrant

사채 발행 후 일정 기간 내에 약정 가격으로 당해 발행 회사에 일정 수 또는 일정 금액에 해당하는 신주를 매입할 수 있는 권리가 부여된 사채

회사채 형식으로 발행되며 일정한 기간이 지나면 약정된 가격으로 주식을 청구할 수 있는 권리가 부여된 사채를 말한다. 사채와 신주인수권의 분리 여부에 따라 분리형과 비분리형으로, 행사 청구 방법에 따라 °현금 납입형과 °대용 납입형으로 구분할 수 있다.

발행 회사 측에는 자금 조달 촉진의 한 방법이 될 수 있고, 투자자 측에는 사채의 이자 소득과 주식의 배당 소득, 주가 상승에 따른 이익을 동시에 꾀할 수 있게 해준다는 장점이 있다. 한편, 신주인수권부사채는 신주인수권을 행사하여도 전환사채와 달리 사채 자체는 소멸되지 않는다.

> **현금 납입형** 신주인수권 행사에 의하여 발행되는 신주의 대금을 현금으로만 납입하고 사채는 그대로 존속하는 것
>
> **대용 납입형** 신주의 인수권을 행사하려는 자의 청구가 있을 때 신주인수권부사채의 상환에 갈음하여 그 발행가액으로 신주의 발행가액 전액을 납입에 충당하는 것

358 오페라본드 opera bond

선택형 교환사채

'Out Performance Equity Redeemable in Any asset'의 약어로서 2개 이상의 금융기관 주식을 담보로 채권을 발행하고, 일정한 기간이 지난 후 특정 은행 주식으로 바꿀 수 있는 권리가 부여되는 °교환사채의 일종이다. 오페라본드를 소지한 자는 주가가 가장 높은 은행의 주식으로 교환 청구를 할 수 있으므로 투자 위험을 줄일 수 있다는 장점이 있다.

> **교환사채(EB, Exchangeable Bond)** 채권을 보유하고 있는 투자자가 일정한 기간이 경과한 후에 발행사가 보유하고 있는 다른 기업의 주식으로 교환할 수 있는 권리가 붙은 사채

359 하이브리드채권 hybrid bond
만기가 없고 은행의 청산 시까지 상환 의무가 없는 은행의 자본 조달 수단

주식과 채권의 중간 성격을 가지고 있다. 주식처럼 *만기가 없고 매매가 가능하며, 채권처럼 매년 확정 이자를 받을 수 있다. 우리나라에는 2003년 4월에 도입되었는데 유상 증자보다 발행이 쉽고, 기본 자본으로 인정받을 수 있으며, 청산 시 원리금 상환 부담이 없다는 장점이 있어 은행의 재무 건전성을 높이기 위한 방법의 하나로 사용되고 있다. 단, 은행 파산 시 채권 소지자는 원리금을 돌려받는 순서가 가장 뒤로 밀리고, 중도 해약 시에는 원금을 찾을 수 없다.

> **만기(滿期)** 기한이 다 참

360 외평채 外平債, foreign exchange equalization bond
외환 보유액 확충을 위해 정부가 발행한 채권

환율 안정을 목적으로 조성되는 외국환평형기금을 조달하기 위해 정부가 발행하는 외국환평형기금채권의 *약칭으로, 발행 한도는 기획재정부장관 건의를 통해 국회에서 결정하며, 발행과 운용 사무는 한국은행이 담당한다. 원화와 외화 표시 두 가지로 발행되며 원달러 환율이 급락하면 원화 표시 외평채를, 원달러 환율이 급등하면 외화 표시 외평채를 발행하여 원화 가치를 안정시키는 역할을 한다.

> **약칭(略稱)** 정식 명칭을 간략히 줄인 것

361 후순위채권 後順位債券, subordinated bond
채권 발행 기업이 파산했을 경우 돈을 받을 수 있는 순서가 가장 나중인 채권

채권을 발행한 기업이 파산했을 경우 사채의 *변제 순위에 있어 주식보다는 우선하지만 다른 채권보다는 변제 순위가 늦은 것으로, 신용이 극히 좋은 경우에만 발행 가능하다. 중간에 변제 요청이 불가능하고 상환 기간이 5년 이상이기 때문에 자기자본으로 계산해 준다. 따라서 후순위채 발행은 곧 자기자본비율의 상승을 의미한다. 발행 기업의 자산과 수익에 대한 청구권이 약하며, 투자자에게 높은 표면 금리를 제시한다는 특징을 갖는다.

> **변제(辨償)** 남에게 진 빚을 갚는 것

362 RP Repurchase Paper, 환매조건부채권
일정 기간이 지나면 일정 가격으로 되사들인다는 조건부 판매 채권

금융기관이 일정한 기간이 지나면 일정한 가격으로 되사들인다는 조건을 붙여 판매하는 채권으로, 소액투자자의 채권시장 참여를 활성화시키고, 금융기관 간에는 일시적인 자금 부족을 해소시켜 주기 위해 만들어진 상품이다. RP는 중도 환매할 경우 수수료를 지불해야 하므로 불이익을 받을 수 있고, 예금자 보호 대상에는 해당하지 않지만 대부분이 국채 또는 예금보험공사에서 보증하는 채권이며, *실세금리에 가까운 채권을 매입하는 것과 마찬가지이므로 수익률이 매우 높은 편이다. 또한 자신의 계획에 맞추어 자금을 예치 또는 환매할 수도 있다.

실세금리(實勢金利) 시장 안에서 돈의 실질적 가치를 가장 잘 반영하는 금리

363 DR Depositary Receipt, 주식예탁증서
외국에서 본국의 주식 대신 유통되는 증권

외국에서 자국 주식을 거래하려면 주식의 수송, 법률, 언어, 통화 차이 등의 문제로 원활한 유통이 어렵다. 이를 해결하고자 외국의 예탁기관으로 하여금 해외 현지에서 발행하게 하여 *원주에 대한 소유권을 인정하고, 원주와 상호 전환이 가능하도록 한 주식 대체 증서를 DR이라고 한다. DR은 외환 자금을 환리스크 없이 조달할 수 있고, 국내에서의 주식 소유 비율에 대한 변동 없이 자금 조달이 가능하며, 일반적으로 국내 주가를 상승시키는 효과가 있다.

원주(原株) 원래의 주식

364 ELS Equity Linked Securities, 주가연계증권
특정한 주식의 가격 또는 지수와 관련하여 수익률이 결정되는 금융상품

투자 자금의 일부는 국공채에 투자하여 원금을 일부 보장하고, 나머지는 주식에 투자하여 주가 또는 지수의 변동에 따라 만기 지급액이 결정되는 증권이다. 원금의 손실 정도에 따라 원금 보장형, 원금 부분보장형, 원금 조건부 보장형으로 구분되며, *장외파생금융상품에 대한 영업 허가를 받은 증권사에서만 ELS를 만드는 것이 가능하다. 따라서 투자자는 반드시 증권거래 계좌가 있어야 가입할 수 있다.

장외파생금융상품(over the counter derivatives) 거래소를 통하지 않고 쌍방 간의 협정에 의해서 거래되는 파생상품

365 CP Commercial Paper, 기업어음
자금 조달의 목적으로 기업이 발행하는 어음 형식의 단기 채권

1981년 기업의 단기 자금 조달을 용이하게 하기 위해 도입한 것으로서 기업과 투자자 사이의 자금 수급 관계 등을 고려하여 금리를 자율 결정하고 어음 기간에는 제한이 없다. CP는 신용도가 높은 우량기업이 자기신용으로 발행하며, 중도 해약하는 경우 양도성예금증서(CD)보다 높은 해지 수수료를 부과한다.

366 팩터링 factoring

금융기관이 기업으로부터 매출 채권을 매입하고 이를 바탕으로 기업에 자금을 빌려주는 제도

기업의 외상 매출 채권을 매입하여 대금 회수를 행하는 채권 인수업으로 물품 대금을 매출자에게 선지급해 주고 업체의 신용 조사, 매출 기업의 회계 관리 등 신용에 관한 모든 책임을 진다. 이는 기업들이 상거래 대가로 현금 대신 받은 매출 채권을 신속히 현금화하여 기업 활동을 돕자는 목적에서 도입된 제도로 우리나라에서는 1980년 이래 전자제품 등 일부 상거래에 도입되어 1985년부터 *급신장하였다. 대출한도는 매입 채권 액면의 100%까지 가능하나 해당 기업의 매출 규모나 신용도에 따라 낮아질 수 있다.

급신장(急伸張) 세력이나 규모가 매우 빠르게 늘거나 커짐

367 환어음 bill of exchange

어음의 발행인이 제3자에 대하여 일정 기일에 어음에 기재된 금액을 어음 소지자에게 지급하도록 위탁하는 어음

환어음은 국제 간의 송금거래, 특히 화환(貨換) 거래에 가장 많이 쓰이는 결제 방식으로 어음의 발행인이 아닌 제3자가 어음 금액의 지급 의무를 지게 된다. 따라서 발행인, 수취인, 지급인의 3인이 기본적 요소가 되며, 지급인은 인수(引受)라는 별도의 어음 행위를 통해 어음의 채무를 부담하게 된다. 어음의 효력을 발생하기 위해서는 반드시 일정한 형식을 갖추어야 하는데 환어음의 표시, *무조건 지급위탁문언의 표시, 지급인 및 지급 만기일의 표시, 수취인 및 지급지의 표시, 발행일 및 발행지의 표시, 발행인의 기명날인 등을 반드시 기재해야 한다. 환어음은 보통 두 통이 발행되며, 두 통 중 하나가 결제되면 나머지 하나는 자동으로 효력이 상실된다.

무조건 지급위탁문언 (unconditional order in writing) 어음상의 지급인은 본 어음을 제시하는 자에게 무조건 표시된 금액을 지급하라는 발행인의 지시

368 약속어음 promissory note

어음의 발행자가 일정 금액을 일정 시기에 일정 장소에서 지불할 것을 약속한 어음

환어음과 함께 보편적인 대금 지급 및 신용 창출 수단으로 이용되는 것으로서, 어음을 발행한 사람이 어음을 소지한 사람에게 어음의 금액을 지급하겠다는 약속을 하는 증권이다. 어음의 양도가 가능하며, 담보에 의해 보증되기도 한다.
약속어음은 어음을 발행한 사람이 어음 금액의 지급 의무자로 확정되므로 어음의 발행인과 수취인만 있으면 약속어음 관계가 형성되며, 일반적으로 상품의 *매주가 약속어음을 발행하고 매도자는 이것을 은행에서 *할인받아 자금의 회수를 도모한다.

매주(買主) 물건을 사는 사람 즉, 구매자

할인(割引, discount) 어음시장에서의 할인이란 기한부 어음을 매입하는 것. 예를 들어, 60일 만기 어음이라면 액면 금액에서 60일간의 이자를 공제하고 대금을 지급하게 됨

369 유전스빌 usance bill
어음을 인수한 후 금액을 지급받을 때까지의 기간이 정해진 어음

무역 대금 결제에서 많이 이용되고 있다. 수입업자는 정해진 어음 지급 기간까지 수입화물을 처분하여 그 매각 대금으로 어음을 결제할 수 있고, 수출업자는 적기에 상품을 수출할 수 있을 뿐 아니라 대금 회수도 원활하게 이루어지기 때문이다.

유전스(usance) 어음 기간을 뜻하는 말

370 표지어음 cover bill
금융기관에서 기업의 *진성어음을 바탕으로 고객들에게 새로 발행하는 어음

금융기관이 보유하고 있는 각종 어음을 근거로 액면을 분할 또는 통합하거나 기간을 조정해서 고객들에게 적절한 이자를 주고 파는 것을 말한다. 은행, 투자금융회사, 상호저축은행에서 취급하고 있으며 안정성, 환금성, 수익성이 높은 편이다. 또한 어음 만기도 91~180일 사이에서 협의하여 조정할 수 있어 일반 투자가들에게 인기 있을 뿐 아니라 금융기관에도 어음 할인 자금을 신속하게 회수할 수 있다는 이점을 가져다준다.

진성어음 기업들이 상거래 시 대금의 결제를 위해서 발행하는 어음

#펀드

371 하이일드펀드 high yield fund
수익률은 높지만 신용등급이 낮은 채권에 50% 이상을 투자하는 펀드

신용등급이 BB+ 이하인 채권과 B+ 이하인 기업어음, 즉 투자부적격 채권에 50% 이상을 투자하여 운용함으로써 고수익을 얻고자 하는 고수익·고위험 펀드로서 만기까지 중도 환매가 불가능한 폐쇄형이다. 주식을 30%까지 편입할 수 있어 주식형으로 분류되나 현실적으로는 투신사들이 주식편입 비중을 매우 낮게 운용하고 있어 공사채형 펀드로 간주되고 있다.

함께 나오는 용어

정크본드(junk bond)
신용등급이 높았던 기업이 경영 악화 또는 실적 부진으로 인하여 신용등급이 급격히 낮아졌을 때 과거 그 기업이 발행했던 채권을 말하는 용어였으나, 최근에는 성장성은 있으나 신용등급이 낮은 중소기업이 발행한 채권이라는 의미까지도 포함하고 있다. 정크본드는 수익률이 매우 높지만 발행기관의 신용도가 너무 낮기 때문에 투자에 대한 위험성이 매우 높고, 그러한 이유로 고수익 채권(하이일드 본드) 또는 열등채(low quality bond)라고도 불린다.

372 뮤추얼펀드 mutual fund
회사형 투자신탁

소액 투자자들의 자금을 모아 투자 회사를 설립하여 채권·주식 등에 투자하고 그 수익을 나누어주는 주식회사 방식으로 운영되는 펀드이다. 투자자들은 수익자인 동시에 그 회사의 주주가 된다. 투자자가 원할 때는 언제든지 주식을 매매할 수 있고, 펀드의 가입과 탈퇴가 자유로워 자산의 유동성이 높으며, 회사의 주식 수는 수시로 변화한다. 뮤추얼펀드의 종류로는 보통주펀드, 균형펀드 및 채권, 우선주펀드가 있으며, 보통주펀드의 규모가 가장 크다.

함께 나오는 용어
리츠(REITs, Real Estate Investment Trusts)
부동산 관련 투자를 전문으로 하는 뮤추얼펀드이다. 전문 펀드매니저들이 일반인과 기관투자가들로부터 투자금을 받아 이를 부동산이나 부동산 관련 유가 증권 등에 투자하여 그 수익을 투자자들에게 *배당하는 상품으로, 일반 부동산에 투자하는 일반리츠와 기업의 구조조정용 부동산에 투자하는 CR리츠로 구분된다. 리츠는 연평균 수익률이 은행의 정기예금 금리보다 높고, 주식시장에 상장되어 있어 환금성(換金性)이 뛰어나며, 투자 대상이 부동산이기 때문에 원금 손실 가능성이 적다는 장점이 있다.

배당(配當) 일정한 기준에 따라 나누어줌

373 탄소펀드 carbon fund
청정 개발 사업에 투자하여 탄소 배출권을 만들어 수익을 내는 펀드

투자금을 온실 가스 감축 사업에 투자하고 여기서 발생하는 수익을 투자자들에게 배분하는 방식으로 운용하는 펀드를 말한다. 온실가스 *저감 사업 결과 발생한 온실가스 배출권의 판매가 바로 교토의정서에서 정의한 탄소펀드의 주수익원이 된다. 기업들이 기술 개발 또는 공정 개선을 통해 궁극적으로 온실가스를 감축하고 이것으로 다시 수익을 거둔다는 측면에서 환경적·경제적으로 의의를 갖는다.

저감(低減) 낮추어 줄임

374 벌처펀드 vulture fund
부실기업이나 부실채권에 투자하여 수익을 올리는 자금

자금난으로 경영 위기에 처한 부실기업을 싼값에 인수하여 경영을 정상화시키고 비싼 값으로 되팔아 단기간에 고수익을 올리는 자금으로, 썩은 동물의 고기를 먹고 사는 대머리독수리(vulture)에서 그 이름을 따오게 되었다. 손해를 보았을 때는 투자자들이 책임을 져야 하는 위험 부담이 있지만, 잠재적으로 큰 이익이 보장되는 고위험·고수익의 특징을 가지며, 유가 증권·자산 등 매입 대상이나 수량에 제한을 받지 않는다.

375 헤지펀드 hedge fund
개인모집 투자신탁

소수의 투자사들로부터 개별적으로 자금을 모아 '파트너십(partnership)'이라고 불리는 공동체를 결성한 뒤, 카리브해의 버뮤다와 같은 조세 도피 지역에 위장 회사를 설립하여 운영한다. 파는 금액과 사는 금액을 동일하게 하여 시장 변동에 따른 거래 손실의 책임을 피할 수 있기 때문에 헤지펀드라고 불린다. 한편, 헤지펀드는 파생금융상품을 교묘하게 조합하여 도박성이 큰 신종 상품을 개발함으로써 국제금융시장을 *교란시킨다는 지적을 받고 있기도 하다.

교란(攪亂) 어지럽게 하거나 혼란스럽게 만듦

376 인덱스펀드 index fund
지수에 투자하는 펀드

주가지수에 영향력이 큰 종목들 위주로 포트폴리오를 구성하여 지수의 움직임에 맞춰 수익률을 제공하도록 운용하는 상품으로서 1970년대 초 금융시장이 발달하면서 위험 회피 전략이나 차익 실현을 위한 수단으로 부각되어 왔다. 이는 상대적으로 운용 비용이 적게 들어 *액티브펀드에 비해 수수료율이 낮으며, 분산 투자로 인해 위험은 낮고 보수가 적어 장기 투자에 적합하다고 할 수 있다. 그러나 시장이 침체될 때는 이와 함께 펀드의 수익률도 동반 하락한다는 점도 고려해야 한다. 우리나라에는 KOSPI, KOSPI200 등의 인덱스를 추종하는 펀드가 있다.

액티브펀드(active fund) 시장 초과 수익률을 얻기 위해 적극적이고 과감하게 종목을 선정하고 운용하는 펀드

377 사모펀드 PEF, Private Equity Fund
소수의 투자자(기관투자자)로부터 자금을 모아 주식이나 채권 등에 투자하여 운용하는 펀드

*공모펀드와 다르게 운용에 제한이 없어 자유로운 운용이 가능하지만 한편으로 재벌들의 계열사 지원이나 내부자금 이용수단, 불법 자금이동 등에 악용될 수도 있다.

공모펀드 공개적으로 특정하지 않은 많은 투자자로부터 자금을 모으는 것

378 펀드런 fund run

주식의 급락이 거듭되면서 펀드 투자자들이 펀드 가입 계약을 해지하고 투자한 돈을 회수하기 위해 일시에 펀드 환매를 요청함으로써 대량의 투자 자금이 이탈되는 현상

이는 금융시장이 극도로 불안한 상황일 때 은행의 예금 지급 불능 사태를 우려하여 가입자들이 일시에 은행으로 달려가 예금을 인출하는 뱅크런(bank run)에서 유래되었다. 펀드런 상황에서 모든 구성원들의 피해를 최소화할 수 있는 방법은 모두가 *환매를 자제하는 것이다.

환매(還賣) 사들인 물건을 되파는 것

03 통화 · 화폐 · 환율

핵심Tag #통화 일반 #화폐 #환율 제도

#통화 일반

빈출

379 환율 換率, exchange rate

서로 다른 종류의 통화 교환 비율

외화 1단위를 얻기 위해 지불해야 하는 자국 통화의 양으로, 한 나라 통화의 대외가치를 나타내는 자국통화와 외국통화의 교환 비율을 말한다. 일반적으로 환율은 외환시장에서 외환에 대한 수요와 공급에 의해서 결정되는데 국민 소득, 물가 상승률, 금리 차, 정치적 불안정성 여부 등과 같은 요인들도 영향을 미친다.

더 알고가기

- (원-달러)환율 상승=원화 평가 절하=원화 가치 하락 수출 증가, 수입 감소, 물가 상승, 경상 수지 개선, 외채 상환 부담 가중
- (원-달러)환율 하락=원화 평가 절상=원화 가치 상승 수출 감소, 수입 증가, 물가 하락, 경상 수지 악화, 외채 상환 부담 감소

380 양적완화 QE, Quantitative Easing

경기부양을 위해 국채 매입 등의 수단으로 시장에 유동성을 직접 공급하는 정책

금리 인하를 통한 경기부양 효과가 한계에 도달했을 때 중앙은행이 국채 매입 등을 통해 시중에 유동성을 공급하는 정책이다. 즉, 금리 인하의 여지가

없는 제로금리 수준에 이르러서도 시중의 자금경색 현상이 완화되지 않을 경우 인위적으로 통화량 공급 자체를 확대하는 '변칙수단'이라고 할 수 있다. 통화 가치를 하락시킴으로써 수출 경쟁력을 높이는 것이 주된 목적이며, 이러한 한 나라의 양적완화는 다른 나라의 경제에도 영향을 미칠 수 있다. 예를 들어, 미국이 양적완화를 시행하면 달러 공급이 증가해 달러 가치가 절하(달러 약세)된다. 반면에 한국 원화 가치는 높아져 한국 제품의 가격이 상승한다. 여기에 달러 약세로 인한 투기자금이 원자재로 몰리면서 국제 원자재 가격 상승까지 맞물린다면 한국의 대미수출은 타격이 불가피하다. 2014년 10월 29일 미국 정부는 경기 회복에 따라 양적완화를 공식 종료했다. 2020년 3월 23일 미국 연방준비제도는 코로나19로 무너진 경제를 살리기 위해 무제한 양적완화를 하기로 결정했다.

함께 나오는 용어

- **아베노믹스(Abenomics)**
아베 신조 전 일본 총리가 내세운 대규모 양적완화 정책을 일컫는다. 엔화 공급량을 대폭 확대해 엔화 가치를 떨어트려서 수출 경쟁력을 확보하고 일본 경기를 부양하겠다는 것이다. 아베노믹스로 인해 엔저(低)현상은 수출 경쟁국인 우리나라에 큰 부담을 주었다.

- **테이퍼링(tapering)**
테이퍼링은 양적완화(QE) 조치의 점진적인 축소를 의미하는 신조어다. 벤 버냉키 당시 미 연방준비제도(Fed) 의장이 2013년 5월 23일 의회 증언에서 언급하며 글로벌 금융시장의 키워드로 등장했다. 테이퍼링은 같은 긴축이지만 금리 인상을 의미하는 '타이트닝 (tightening)'과 달리 양적완화 정책 속에 자산 매입 규모를 줄여나가는 방식으로 해석된다.

▲ 아베 신조 전 일본 총리

381 공개시장운영 公開市場操作, open market operation
중앙은행이 공개시장에 개입하여 유가 증권을 시장 가격으로 매매하거나, 금융기관을 상대로 매매하는 것

중앙은행의 유효한 금리 정책 수단 중의 하나로 공개시장운영을 통해 시중의 자금을 늘리거나 줄일 수 있다. 즉, 시장의 통화량이 과잉 상태일 때는 중앙은행이 보유한 유가 증권을 매각하여 시장으로부터 자금을 거두어들이고, 시장의 통화량이 부족할 때는 시중에서 유가 증권을 매입하여 자금을 방출하는 방법을 사용한다. 한편, 우리나라는 유가 증권시장이 미발달하여 본격적인 공개시장운영은 이루어지지 못하고 있으나 금융기관을 대상으로 한 한국은행 통화안정증권 및 국공채 매매조작, *통화안정증권의 일반 매출이 실시되고 있다. 과거에는 공개시장조작이라고 불렀다.

통화안정증권(通貨安定證券, monetary stabilization bond) 중앙은행이 시중 통화량을 조절할 목적으로 금융기관과 일반인을 대상으로 발행하는 유가 증권

함께 나오는 용어

재할인율조정정책(再割引律調整政策)
중앙은행이 금융기관에 빌려주는 자금의 금리를 조절하여 금융기관의 대출 이자율이 이에 따르도록 함으로써 자금의 양적 조절을 꾀하려는 정책을 말한다. 중앙은행이 재할인율을 인상하면 통화량이 감소하고, 반대로 재할인율을 인하하면 통화량이 증가한다.

382 금융통화위원회 金融通貨委員會, monetary board

「한국은행법」에 의해 설치된 통화의 운영과 관리에 관한 정책 수립 담당 기구

「한국은행법」에 의해 한국은행 안에 설치되어 한국은행의 통화 신용 정책에 관한 주요 사항을 심의·의결하는 정책 결정 기구이다. 한국은행 총재 및 부총재를 포함하여 총 7인의 위원으로 구성되는데 한국은행 총재는 금융통화위원회 의장을 겸임하며 국무회의 심의를 거쳐 대통령이 임명한다. 부총재는 총재의 추천에 의해 대통령이 임명하며, 다른 5인의 위원은 각각 기획재정부 장관, 한국은행 총재, 금융위원회 위원장, 대한상공회의소 회장, 전국은행연합회 회장 등의 추천을 받아 대통령이 임명한다.

총재의 임기는 4년이고 부총재는 3년으로 각각 1차에 한하여 *연임할 수 있으며, 나머지 금융통화위원의 임기는 4년으로 연임할 수 있다.

> **연임(連任)** 임기가 끝난 사람이 다시 그 자리에 머무는 것

383 국제 통화 기금 IMF, International Monetary Fund

외환 시세 안정, 외환 제한 철폐, 자금 공여 등을 통해 가맹국의 고용 증대, 소득 증가, 생산 자원 개발에 기여하는 국제금융기구

*브레튼우즈 협정을 근거로 하여 1945년 설립된 UN 산하 국제금융기구이다. 본부는 미국 워싱턴에 있으며, 가맹국의 출자로 공동 기금을 만들어 이것을 각국이 이용함으로써 각국의 외화 자금 조달을 원활히 하고 나아가서 세계 각국의 경제적 번영을 가져오도록 하는 것이 목적이다. 가맹국은 크게 외환 거래를 자유화하지 않는 국가인 14조국과 외환 거래를 자유화한 국가인 8조국으로 나뉘는데, 우리나라는 1955년 8월 14조국에 가입하였다가 1988년 11월에 8조국으로 옮겼다.

> **브레튼우즈 협정(Bretton woods agreement)** 1944년 미국의 브레튼우즈에서 각국 대표들의 협의에 의해 채택된 국제금융기구에 대한 협정으로, 이를 근거로 하여 IMF(국제 통화 기금)와 IBRD(국제부흥개발은행)가 창설됨

384 통화량 通貨量, money supply

민간부문이 보유하는 현금통화와 통화성 예금의 합계

금융기관 이외의 민간부문이 보유하는 현금통화, 예금통화, *준통화 등의 잔고로서 통화공급량이라고도 한다. 이때, 현금통화는 중앙은행에서 발행한 화폐 발행액으로부터 중앙은행 이외의 금융기관이 보유하는 *시재금을 뺀 것이며, 통화성 예금은 요구불예금에서 미청산 타점(他店) 수표액을 뺀 것이다.

한편, 통화량이 너무 많을 경우에는 인플레이션이 초래되고, 통화량이 너무 적을 경우에는 디플레이션이 초래되므로 통화량의 적정 수준 유지를 항상 고려해야 한다.

> **준통화(準通貨, near money)** 바로 현금화하기 힘든 저축성 예금이나 국내 거주자의 외화 예금
>
> **시재금(時在金, vault cash)** 은행이 보유하고 있는 현금

385 총통화 總通貨

총통화 = 통화량 + 저축성예금(준통화)

통화량에 정기적금, 정기예금과 같은 은행의 저축성예금과 거주자 외화예금을 포함시켜 계산한다. 저축성예금과 거주자 외화예금을 포함시킨 이유는 약간의 이자 소득을 포기하거나 환전 수수료 등을 지급할 경우 현금화가 수월하다는 점 때문이다. 우리나라에서는 총통화를 기준으로 매년 그 증가 목표를 설정하고 이를 관리하여 적정 수준의 통화 공급을 하고 있다.

386 기축통화 基軸通貨, key currency

국제 간의 결제나 금융 거래 시 통용되는 통화

미국의 트리핀 교수가 처음 주장한 용어로 국제 결제나 금융 거래의 *기축이 되는 특정국의 통화를 일컫는 말이다. 다른 말로 국제통화라고도 한다. 예전에는 기축통화로 영국의 파운드가 사용되었으나 현재는 미국 달러, 일본 엔, 유럽 유로가 상용되고 있으며 기축통화로 사용되는 통화를 보유한 국가를 기축통화국이라고 한다. 한편, 기축통화로 통용되기 위해서는 통화의 자유 교환성 또는 자유 대체성의 보유, 통화 가치의 안정성 보장, 국제결제통화로서의 높은 수요도와 공급도 등을 갖추어야 한다.

기축(基軸) 어떤 사상이나 조직 등의 토대 또는 중심이 되는 곳

387 통화스와프 currency swaps

서로 다른 통화를 약정된 환율에 따라 일정한 시점에 서로 교환하는 외환거래를 의미함

국가 간의 통화스와프 협정은 두 나라가 자국 통화를 상대국 통화와 맞교환하는 방식으로 이루어진다. 만약 어느 한 나라에 외환위기가 발생하면 통화스와프를 체결한 상대국이 외화를 즉각 융통해줌으로써 외화 *유동성 위기를 넘길 수 있다.

유동성(流動性, liquidity) 자산을 현금으로 바꿀 수 있는 정도

388 펀더멘털 fundamental

한 나라의 경제가 얼마나 건강하고 튼튼한지를 나타내는 용어

'기초경제여건'이라고도 하며, 펀더멘털은 국가 경제 상태를 표현하는 데 있어 가장 기초적인 자료가 되는 주요 거시경제지표들이 많이 포함된다. 대표적으로 경제 성장률, 물가상승률, 경상 수지가 이에 해당한다.

389 리디노미네이션 redenomination
화폐 단위 변경

화폐, 채권, 주식 등의 실질 가치는 그대로 두고 액면을 동일 비율의 낮은 숫자로 변경하는 조치를 말한다. 이를 실시할 경우 거래 편의 제고, 통화의 대외적 위상 상승, 인플레이션 기대 심리 억제, 지하 *퇴장 자금의 양성화 촉진 가능성 등의 장점이 있는 반면 새 화폐 제조와 컴퓨터 시스템·자동 판매기·장부 변경 등에 대한 큰 비용이 발생하고, 물가 상승의 우려가 있으며, 불안 심리를 초래할 가능성이 있다.

퇴장(退藏) 화폐 등을 사용하지 않고 묵혀둠

390 본원통화 本源通貨, reserve base
중앙은행이 화폐 발행의 독점적 권한을 통해 공급한 지폐, 동전 등의 통화

본원통화량은 화폐 발행액과 예금은행이 중앙은행에 예치한 지급준비 예치금의 합계로 측정하며 중앙은행의 예금은행에 대한 대출 시, 외환 매입 시, 중앙은행에 보유하고 있는 정부 예금 인출 시 등의 경우에 본원통화가 공급된다. 공급된 통화의 일부가 예금은행으로 환류되면 예금은행은 지급 준비를 위해 중앙은행에 예치하거나 시재금으로 보유하며 나머지를 대출 또는 유가 증권 매입 등으로 운용하고 이러한 과정이 반복되며 신용과 예금을 창출한다. 따라서 본원통화는 모든 통화 공급의 기초가 되며, 통화관리정책 수행에 중요한 지표로 사용된다.

391 본위화폐 本位貨幣, standard money
법으로 정해진 분량의 금이나 은을 함유하는 주화

화폐 발행 시에는 반드시 어떤 기준의 확립이 필요하며 그 기준이 되는 화폐 단위를 본위라고 한다. 그리고 이 본위를 어떠한 것에서 구하느냐에 따라 본위제도가 달라지는데 일정한 본위제도에 의해 발행된 화폐를 본위화폐라고 하며, 이는 화폐를 만드는 소재인 금속의 가치를 기준으로 하여 다른 재화들의 가치를 재는 *가치 척도 및 가격 기준의 역할을 한다.

가치 척도(價値尺度) 가치를 재는 기준

392 **수표** 手票, check
일정한 금액의 지급을 의뢰하는 증권

은행 등의 수표 발행인이 지급인에 대하여 수취인 또는 소지인에게 일정 금액의 지급을 *위탁하는 증권을 말한다. 수표의 발행인은 은행 등에 당좌예금 계정을 가지고 있어야 하며 금액, 지급인 명칭, 지급지, 발행일 및 지역, 서명 등을 기재해야 한다. 일반적으로 수표는 무기명식이라 쉽게 양도할 수 있다. 금전 지급의 위탁 증권이라는 점에서는 환(換)어음과 같으며 그 법적 성질과 형식도 유사하다. 단, 수표의 기본 이념은 유통성의 확보에 있다.

위탁(委託) 맡기어 부탁함

더 알고가기

수표의 종류

- **자기지시수표**(自己指示手票, cashier's check) 일반적으로 자기앞수표라고 하며, 수표의 발행인이 자기를 지급인으로 정하여 발행한 수표를 말한다.
- **당좌수표**(當座手票, current check) 수표의 발행인이 당좌거래가 있는 은행에서 수표자금(당좌예금잔액, 당좌차월한도액)의 범위 내에서 발행하는 수표를 말한다.
- **가계수표**(家計手票, personal check) 일정한 자격을 갖춘 개인이 은행에 가계종합 예금계좌를 개설한 후 일정한 금액의 한도 내에서 발행하는 수표를 말한다.
- **횡선수표**(橫線手票, crossed check) 도난 또는 분실 방지를 위해 발행인(또는 소지인)이 수표의 표면에 두 줄의 평행선을 그은 수표를 말한다.
- **송금수표**(送金手票, remittance check) 은행이 그 본지점이나 거래 은행을 상대로 하여 송금의 목적으로 발행한 수표를 말한다.
- **여행자수표**(旅行者手票, traveler's check) 해외 여행자의 현금 분실 · 도난 등의 위험을 피하기 위해 여행 중 경비를 지불할 때 현금 대신 이용할 수 있는 수표를 말한다.
- **국고수표**(國庫手票, treasury check) 국고금의 기본 지급 수단으로 사용되는 수표를 말한다.

393 주요 국가 화폐 단위

달러($)	미국, 뉴질랜드, 싱가포르, 오스트레일리아, 캐나다, 타이완 등
유로(€)	그리스, 독일, 룩셈부르크, 몰타, 벨기에 등
페소($)	멕시코, 아르헨티나, 칠레, 콜롬비아, 쿠바, 필리핀 등
엔(¥)	일본
파운드(£)	영국, 레바논, 이집트 등
실링(shilling)	소말리아, 케냐 등
루피(rupee)	네팔, 스리랑카, 인도, 파키스탄 등
원(₩)	한국, 북한
위안(¥)	중국
헤알	브라질

394 빅맥지수 big mac index

맥도널드 햄버거인 '빅맥(big mac)' 가격에 기초하여 각 나라의 구매력 평가를 비교하는 경제지표

영국 경제 전문지 『이코노미스트』가 매 분기마다 120여 개국의 물가 수준과 통화 가치를 비교해 작성·발표하는 주요 지수로서, 세계적으로 품질·크기·재료가 표준화되어 있는 미국 맥도널드사의 햄버거인 '빅맥'의 가격을 기준으로 하기 때문에 이 같은 이름이 붙여졌다.

빅맥지수는 ˙일물일가 법칙과 ˙구매력 평가설을 전제로 한 산출 방식인데, 이론상으로 시장 환율과 적정한 환율 사이의 차이를 보여주며 실제 환율이 빅맥지수보다 높으면 미국 달러화에 비해 저평가, 낮으면 미국 달러화에 비해 고평가되었다고 본다.

일물일가 법칙(一物一價法則, law of one price) 동일한 상품은 어떤 시장에서든지 그 가격이 같아야 한다는 것

구매력 평가설(購買力平價說, theory of purchasing power parity) 국가 간 통화의 교환 비율은 각국의 화폐가 자기 나라에 가지는 구매력의 비율에 의해 결정된다는 환율 결정 이론

함께 나오는 용어

- 스타벅스지수(starbucks index) 다국적 브랜드인 스타벅스의 판매 상품인 카페라테(tall size)의 가격을 기준으로 한 구매력 평가 환율지수. 빅맥지수와 마찬가지로 일물일가 법칙과 구매력 평가설을 전제함
- 아이팟지수(iPod index) 애플사의 아이팟(iPod) 가격을 비교해 각국의 통화 가치를 비교하는 지수
- 신라면지수 전 세계에서 판매되고 있는 농심사의 신라면 1봉지의 가격을 달러로 환산하여 국가 간 물가 수준과 통화 가치를 비교한 지수. 단, 현지에서 식품을 제조하는 맥도널드나 스타벅스에 비해 완제품을 수출하므로 운송거리, 시장 규모, 유통망 등이 지수에 영향을 준다는 한계점을 갖고 있음

#환율 제도

395 고정환율제도 固定換率制度, fixed exchange rate system

정부가 환율을 일정 수준으로 고정시키는 제도

환율 변동을 전혀 인정하지 않거나 그 변동 폭을 극히 제한하는 환율제도로서, 19C 말~20C 초 ˙금본위제도하에서의 환율제도가 가장 전형적인 고정환율제도이다. 이는 환율이 안정적으로 유지됨에 따라 경제 활동의 안정성이 보장되어 대외 거래를 촉진시킬 수 있으나, 환율의 조정을 통한 국제 수지의 조정이 제약되어 있어 대외 부문의 충격이 물가 불안 등 국내 경제를 불안정하게 할 수도 있다.

금본위제도(金本位制度) 화폐 한 단위와 금 일정량의 가치가 등가관계를 유지하는 본위제도

함께 나오는 용어

변동환율제도(變動換率制度, floating exchange rate system)
외환시장에서 외환의 수요와 공급에 의해 환율이 결정되도록 하는 제도이다. 외환의 수요와

공급에 따라 자유로이 환율을 변동시켜 국제 수지의 균형을 달성하기 위한 제도로서, 변동 폭을 규제하지 않고 통화 당국이 외국환시장에 개입하지 않는 자유변동환율제도와, 일정한 범위 내에서 환율의 변동을 인정하며 환율이 심하게 오르내릴 때 통화 당국이 시장에 개입하는 제한적 변동환율제도로 구분된다. 변동환율제도는 환율의 실세를 반영하여 융통성 있게 변동할 수 있는 장점이 있으나, 교역 당사자로 하여금 환율 변동으로 인해 생길 수 있는 손해를 부담하게 하여 국제 거래를 저해하게 한다는 점과, *환투기의 가능성이 있을 때에는 환율이 불안정해진다는 단점이 있다.

환투기(換投機) 외환 시세의 상승으로 인한 매매 차익을 목적으로 행하는 환매매

396 관리통화제도 管理通貨制度, managed currency system
국가의 정책 목적에 따라 통화량을 관리 조절하는 제도

한 국가의 통화량을 금본위제도(金本位制度)하에서처럼 금보유량 증감에 관련시키지 않고 통화 관리 당국의 *재량에 의해 조절해 나가는 제도로 고정환율제도와 자유변동환율제도 각각의 장점을 결합한 형태라고 할 수 있다. 즉, 환율이 외환 시장의 수급 상황에 따라 변동되도록 하되 중앙은행이 적정하다고 판단하는 수준에서 환율을 안정시키기 위해 수시로 외환 시장에 개입하여 환율 수준을 관리한다. 지급준비율제도, 금융정책, 공개시장정책 등의 방법으로 통화 공급량을 인위적으로 조작하여 국내 물가 및 외환시세를 안정시키고 고용을 증대시키고자 함이 목적이며, 1931년에 영국의 금본위제도 붕괴 이후 세계 각국에서 이 제도를 채택하게 되었다.

재량(裁量) 자신의 생각 또는 판단에 따라 일을 처리함

397 킹스턴 체제 Kingston system
1973년에 변동환율제로 이행한 이래의 국제 통화 제도

1976년 1월 자메이카 수도 킹스턴에서 열린 국제 통화 기금(IMF) 20개국 잠정위원회에서 합의한 국제통화상의 협력 체제로, 회의가 열린 곳의 지명을 따서 붙여진 이름이다. 회의의 주된 내용은 IMF 가맹국 경제 여건에 적당한 변동환율제도의 자유로운 선택과 금의 공정가격 철폐 및 *특별인출권(SDR) 기능 강화, IMF의 신용 제도 확충과 이용 조건 개선 등이다.
한편, IMF 가맹국은 자국이 채택할 환율제도를 IMF에 보고해야 하고, 세계 경제가 안정적일 때는 회원 85% 이상의 찬성이 있을 경우 조정 가능한 고정환율제로 복귀할 수 있다.

특별인출권(特別引出權, special drawing rights) IMF 가맹국이 국제 수지 악화로 인해 경제가 어려워졌을 때 무담보로 필요한 만큼의 외화를 인출할 수 있는 권리

398 브레튼우즈 체제 Bretton Woods system
1944년 7월 미국 뉴햄프셔주 브레튼우즈에서 체결된 국제통화질서

44개 연합국 대표들이 참석하여 전후의 국제통화질서를 규정하는 협정을 체결한 곳의 지명에서 따온 용어이다. 이 협정의 기본 이념은 고정환율과 금환본위제를 통하여 외환 금융시장을 안정시키고, 자유 무역을 활성화시키는 데에 있다. 따라서 이 협정을 근본으로 하여 각국에 필요한 외화를 공급하는 국제 통화 기금(IMF)과 전후 부흥과 후진국개발을 위한 세계부흥개발은행(IBRD)이 창설되었다. 그러나 1971년 8월 닉슨 미 대통령의 달러화의 '금태환 정지 선언으로 주요 선진국 통화제도가 변동환율제도로 이행함으로써 사실상 브레튼우즈 체제는 종식되었다고 할 수 있다.

금태환(金兌換, gold conversion) 한 나라의 중앙은행이 그 나라가 발행한 통화에 대하여, 일정한 평가에 의해 금과의 교환을 보증하는 것

04 산업 일반
핵심Tag #산업 종류 #산업 제도 #농수산업 #산업 기타

#산업 종류

399 클라크의 산업구조
영국의 경제학자 클라크가 분류한 산업구조

영국의 경제학자 클라크(C. Clark)가 그의 저서 『경제진보의 제조건』에서 산업구조에 대해 제1차 산업, 제2차 산업, 제3차 산업으로 분류한 것이다. 그는 한 나라의 경제가 발달할수록 제1차 산업의 비중은 작아지고 제2차, 제3차 산업이 차지하는 비중이 커진다고 주장하였다.
클라크의 산업구조상 제1차 산업에는 농업, 목축업, 수산업, 임업 등의 원시산업이 해당하고, 제2차 산업에는 광업, 건설업, 제조업 등의 가공산업이 해당하며, 제3차 산업에는 상업, 운수업, 금융업, 보험업, 통신업, 자유업, 창고업 등의 서비스업이 해당한다.

더 알고가기
- **1.5차 산업** 1차 산업과 2차 산업의 중간 성격을 가지고 있는 산업. 농수산물가공업 등
- **2.5차 산업** 2차 산업과 3차 산업의 중간 성격을 가지고 있는 산업. 단순한 제조업 중심의 2차 제품이 아닌 소프트웨어로 무장한 제품을 만드는 것
- **4차 산업** 정보, 의료, 교육서비스 산업 등 지식집약형 산업
- **5차 산업** 취미, 오락, 패션 산업

400 리스산업 lease industry
시설 임대산업

기업체가 기계 · 설비를 조달할 때 이를 자사에서 직접 구입하지 않고, 리스 회사가 구입하여 기업에 장기 대여하고 수수료를 받는 시설 대여 제도를 리스라고 하며, 이러한 산업을 리스산업이라고 한다. 렌털산업과 비슷하지만 다른 점은 렌털의 대상자가 불특정 다수이고 임대기간이 비교적 짧은 데 비하여, 리스는 주로 기업 등 특정한 이용자를 대상으로 3~5년이라는 장기간에 걸쳐서 임대한다는 점이다. 대상이 되는 물건으로는 각종 공장의 생산 설비, 사무기기, 의료기기, 자동차, 선박 등 기업이 사용하는 기계나 설비의 대부분이 포함된다.

리스료는 세법상 전액 *손비 처리되므로 비용이 절감되고, 물건의 임대차 방식이기 때문에 부채 비율을 악화시키지 않고도 설비를 조달할 수 있으며, 일시에 큰 금액의 구입 자금이 필요하지 않다. 또한, 언제나 필요할 때 최신의 기계나 설비를 이용할 수 있다는 이점이 있어 많은 기업에서 사용하고 있는 방식이며 점차 발전하고 있다.

손비(損費) 일정 기간 동안 기업의 생산 · 판매 활동 중에 따른 이익 창출 과정에서 발생하는 비용

401 기간산업 基幹産業, key industry
한 국가의 경제 기초를 이루는 산업

한 국가의 산업구조상 상당한 비중을 차지하고 있는 산업으로 기초산업이라고도 한다. 대표적인 기간산업으로 철강, 목재, 금속 등 다른 산업의 *원자재로서 널리 사용되는 물자를 생산하는 산업이나 석탄, 석유, 전력 등 경제 활동에 불가결한 에너지를 공급하는 산업이 있다. 기간산업은 한 국가의 산업 활동 중 없어서는 안 될 중요한 산업으로, 개인의 이익 추구 대상이 되지 못하도록 일반적으로 국가가 직접 소유하고 운용하는 경우가 많다.

원자재(原資材) 원료가 되는 자재

402 실버산업 silver industry
노령층을 대상으로 하여 각종 상품 또는 편의시설 등을 생산 · 제공하는 산업

노인 인구가 급증하며 이와 더불어 구매력이 있는 중산층 노인 인구가 증가함에 따라 노후 생활에 적합한 물적 자원과 서비스를 제공하는 *영리사업을 말한다. 노인이라는 말의 부정적인 이미지를 없애고자 은발(銀髮)과 연관지어 실버(silver)라는 단어를 사용하였다. 실버산업에는 노인 전용 주택, 노인 병원, 노인용 의료기기 등 노령층을 겨냥한 모든 상품이 포함된다.

영리(營利) 이윤을 추구하는 행위

403 정맥산업 靜脈産業
산업쓰레기를 해체, 재생, 재가공하는 산업

우리 몸에서 불순한 혈액을 새롭게 재생산하기 위해 심장으로 되돌려 보내는 역할을 하는 정맥처럼 산업 폐기물을 수거하여 새롭게 재가공한다 하여 붙여진 이름이다. 예컨대 돼지의 배설물에서 돼지의 사료를 재생산한다거나, 농업 폐기물을 수거하여 플라스틱이나 세제 등을 만들어내는 산업이 이에 해당한다.

함께 나오는 용어

도시광산업(都市鑛山業, urban mining)
폐기된 전자 부품이나 쓰레기 중에서 비싼 값의 금속 자원을 다시 회수해 내는 신종사업을 말한다. 휴대 전화 · 컴퓨터 등 폐가전제품에서 가격이 비싼 금속을 추출한 후 재가공해서 판매하는 것으로, 도시인들이 사용하다 버린 폐가전제품에서 자원을 얻는다고 해서 도시광산업이라는 이름이 붙여졌다. 폐가전제품을 재가공하여 사용하는 것은 일반 광석에 비해 금속 함유량이 높아 경제적이며, 환경 오염을 줄일 수 있다는 점에서도 의의가 있다. 그러나 도시광산업을 활성화시키기 위해서는 폐가전제품의 적법 처리 및 회수량 극대화가 필수적이므로 이에 대한 대책 방안이 마련되어야 한다.

404 3D업종 3D industry
힘들고, 더럽고, 위험한 산업을 일컫는 말

제조업, 건축업, 광업 등과 같이 힘들고(difficult), 더럽고(dirty), 위험한 (dangerous) 분야에서 일하는 것을 *기피하는 현상이 발생하면서 생겨난 용어이다.

기피(忌避) 꺼리어 피함

함께 나오는 용어

4D업종(4D industry)
기존의 더럽고(dirty), 힘들고(difficult), 위험한(dangerous) 분야의 업종을 뜻하는 3D 업종에 원거리(distant)가 더해진 것으로 대표적으로 원양 업계를 일컫는다.

405 5S서비스 5S service
전통적인 서비스업 외에 새로 개발된 5가지 서비스 산업을 일컫는 말

- 섭스티튜트(substitute) 서비스 : 기업이나 개인의 업무 대행
- 소프트웨어(software) 서비스 : 컴퓨터 시스템의 사용, 유지 관리, 프로그램
- 시큐리티(security) 서비스 : 개인 또는 기업의 안전 · 생명 · 재산 보호
- 사회적(social) 서비스 : 복지사업 등을 통한 사회 보장 확립
- 특수(special) 서비스 : 변호사, 의료, 사설학원

#산업 제도

406 산업재산권 産業財産權, industrial property
특허권, 실용신안권, 디자인권, 상표권

각종 산업 활동에 의해 발명된 진보성 있는 기술에 대한 권리로서 특허권, 실용신안권, 디자인권, 상표권의 4권리를 총칭하며 이들을 통상 '특허'라고 한다. 특허청에 등록을 하여 취득하며 선출원주의(先出願主義)가 적용되지만, 이는 등록을 한 국가에서만 보호되는 권리이므로 각국에 따로 출원해야 한다.

- **특허권(特許權, patent)** : 산업재산권 가운데 가장 고도의 기술성을 가진 것으로 특허의 존속 기간은 출원일로부터 20년이다. 특허로 등록되기 위해서는 산업상 이용 가능성, 신규성, 진보성의 세 가지 요건을 갖추어야 한다.
- **실용신안권(實用新案權, utility model right)** : 기존 물품을 개량하여 실용성과 유용성을 높인 고안을 출원하여 부여받는 권리로, 1999년 7월부터 심사를 거치지 않고 일정한 형식만 갖추면 실용신안권을 *허여한다. 존속 기간은 출원일로부터 10년이다.
- **디자인권(design right)** : 물건의 형상, 모양, 색채 또는 이들을 결합한 것을 산업에 이용할 수 있도록 새로운 고안을 한 자에게 부여하는 독점적·배타적인 권리로, 존속 기간은 디자인권 설정등록의 출원일로부터 20년이다.
- **상표권(商標權, trade mark right)** : 상품을 생산, 제조, 가공 또는 판매하는 자가 자기의 상품을 동종의 타인 상품과 구별하기 위하여 그 상품에 대한 사용을 표시하는 기호나 문자, 도형 등으로 표상하는 상표를 특허청에 출원해 등록함으로써 부여받는 전용권을 말한다. 전용 기간은 10년이며, 기간 만료 후 10년씩 더 갱신할 수 있다.

허여(許與) 어떤 권한이나 자격, 칭호 등을 허락하는 것

함께 나오는 용어

노하우(know-how)
기술의 사용 또는 응용 방법에 있어서의 비밀 지식이나 경험을 의미한다. 특허화되지 않은 발명이나 비법, 축적된 기술이나 경험 등이 노하우에 해당한다. 유형적 노하우로는 청사진이나 견본 등을, 무형적 노하우로는 방식, 정보, 개인적 숙련 등을 예로 들 수 있다.

407 품질인증마크 品質認證 mark

정부나 공신력 있는 기관이 일정한 기준을 갖고 제품의 품질을 검사하여 그 우수성을 인정해주는 제도

- KS마크 : 「산업표준화법」에 따라 정부가 정한 한국산업표준규격으로 대부분 공산품의 치수, 성분, 재질, 품질 등을 규격 요건에 포함시킨다. 한편 기준에 미달할 때에는 판매 방지 등의 제재를 받을 수 있다.
- 전마크 : 감전이나 화재 등의 위험이 있는 전기용품에 대하여 「전기용품안전 관리법」이 규정하는 기준에 맞게 생산된 제품에 주어진다.
- 검마크 : 압력밥솥, 유모차, 브레이크 부동액, 물놀이 기구 등의 제품에 ˙하자가 발생하였을 때 인명이나 재산상의 피해가 우려되는 상품 또는 주유소 연료 계량기 등 KS규격이 없어 KS마크를 받지 못했거나 공업진흥청이 인정하는 품마크를 받지 못한 경우에 공업진흥청이 이들 공산품의 안전도를 평가하여 인정해주는 검사필증이다.
- 열마크 : 난로, 보일러, 가스레인지 등 열 관련 제품의 안정성과 품질을 보증하고자 에너지관리공단이 심사를 거쳐 부여하는 마크이다.
- Q마크 : 해당 업체가 ˙원사, 의류, 전기, 화학, 생활용품, 유화시험 검사소 등 6개의 민간시험검사소에 신청하여 품질 기준에 합격하면 부여하는 마크이다. 임의적 표시 사항이지만, 하자가 발생할 경우 환불보상제도가 적용된다.
- GD(Good Design)마크 : 한국디자인포장센터가 KS, 품, 검마크를 얻은 제품 중 디자인이 뛰어난 제품에 부여하는 마크이다.
- 태극마크 : 한국 귀금속 감정센터가 일정한 기준을 통과하여 우수한 귀금속이라고 평가함으로써 귀금속에 부여하는 마크이다.
- EMI(ElectroMagnetic Interference)마크 : 세탁기, TV모니터, 냉장고 등 가전제품에서 발생하는 유해 전자파를 억제하는 장치가 부착되었다는 표시로 부착하는 마크이다.
- 환경마크 : 생산 및 소비 과정에서 상대적으로 오염을 덜 일으키거나 자원을 절약할 수 있는 제품에 부여하는 마크이다.

> 하자(瑕疵) 흠, 결점

> 원사(原絲) 직물의 원료가 되는 실

408 국가통합 인증마크 KC

13개 법정 강제 인증마크를 하나로 통합한 것

'제품 안전'이라는 똑같은 목적을 가지고 있어도 부처마다 다른 마크의 인증 시 소요되는 시간과 비용을 줄이고, 국제 신뢰도를 높이기 위해 13개 법정 강제 인증마크를 국가통합 인증마크 하나로 통합한 것이다. 2009년 7월 1일부터 지식경제부가 도입하였으며 2011년 1월 1일부터 환경부, 방송통

신위원회 등 8개 전 부처로 확대 · 실시되었다.

KC마크의 형상은 K와 C를 하나로 연결하여 국제적 통합성을 강조하고, 워드타입을 심볼형태로 형상화하여 인증마크로서의 속성을 표현하고 있으며, KC마크로 통합된 이전 13개의 법정 강제 인증마크는 다음과 같다.

마크	이름	대상품목	인증기관(시험기관)
	공산품안전인증 마크	가속눈썹(가속눈썹용 접착제 포함), 물휴지 등 총 18개 품목	한국화학융합시험연구원
	공산품자율안전 확인 마크	등산용 로프, 쇼핑카트 등 총 47개 품목	한국화학융합시험연구원
	어린이보호포장	광택제의 보호포장, 방향제의 보호포장 등 총 7개 품목	한국화학융합시험연구원
	승강기인증마크	조속기, 비상 정지 장치 등 총 5개 품목	한국산업기술시험원
	전기안전인증 마크	전선, 케이블 및 코드류 등 총 250개 품목	한국산업기술시험원
	고압가스용기 (검마크)	압력조정기, 호스 등 총 13개 품목	한국가스안전공사
	정보통신기기 인증	전화기, 케이블모뎀 등 총 69개 품목	국립전파연구원
	에너지소비효율 등급	전기냉장고, 전기세탁기 등 총 22개 품목	한국에너지공단
	품질검사필증 (물마크)	정수기 1개 품목	한국정수기공업협동조합
	안전인증	안전모, 가설기자재 등 총 23개 품목	한국산업안전보건공단
	가스용품 (검마크)	용기, 냉동기 등 총 10개 품목	한국가스안전공사
	계량기검정마크	판수동 저울, 가스미터 등 총 18개 품목	한국품질시험원
	소방용품검정 마크	수동펌프식 소화용구, 누전경보기 등 총 30개 품목	한국소방산업기술원

409 산업클러스터 industrial cluster

기업, 대학, 연구소 등이 특정 지역에 모여 네트워크를 구축함으로써 시너지 효과를 내는 산업집적지

비슷한 업종을 영위하는 관련 기관 및 기업들이 한 지역에 모여 서로의 정보와 지식을 공유함으로써 *시너지 효과 창출을 목표로 하는 것으로 산업집적지라고도 한다. 기존 공단이 기업 간의 연관성보다는 비용 절감을 주목적으로 한 집적지였던 데 비해 산업클러스터는 시너지 효과 창출을 목적으로 한 서로 연관성 있는 기업들의 집적지라는 차이가 있다. 비용 절감을 주목적으로 일정한 물리적 공간에 기업 등을 입주시킨 기존 공단은 기업 간 연관성이 낮아 입주 업체 간 시너지 효과가 작았다.

미국의 실리콘밸리가 산업클러스터의 대표적인 성공 사례라 할 수 있으며, 우리나라에서는 대덕 연구단지를 들 수 있다.

시너지 효과(synergy effect)
각 요소 또는 부분들 간의 협동 작용으로 인해 그 각각이 따로 작용하는 경우에 비해 더 많은 생산성과 더 큰 효과를 나타내는 현상

함께 나오는 용어

식품산업클러스터(food industrial cluster)
현대 사회에서 1차 농수산물이 식품 공급에서 차지하는 비중이 감소함으로써 전통 기술 및 첨단 과학의 접목을 통해서 고부가 가치를 창출할 수 있는 신성장산업으로의 육성이 필요하게 되었다. 이에 농축산물을 가공하는 식품회사와 패키징, 마케팅 등을 맡는 전문 지원기관, 대학 등 연구기관, 정부 측 지원기관이 네트워크를 형성하고 고부가 가치를 창출하여 최적의 경제 효과를 내는 식품산업 집적지대인 식품산업클러스터가 중요해졌다.
세계의 대표적인 식품산업클러스터로는 네덜란드의 푸드밸리(food valley), 덴마크의 외레순 클러스터(oresund cluster) 등이 있고, 우리나라도 동북아시아 식품 시장의 허브가 되는 것을 목표로 익산 왕궁리에 2017년 익산국가식품클러스터 FOODPOLIS를 오픈했다. FOODPOLIS는 food와 acropolis의 합성어로 식품과 관련된 모든 것이 한자리에 모인 도시를 의미한다.

410 프랜드 FRAND

한 기업의 특허가 기술 표준으로 채택되면 타 회사들이 그 특허를 쓰고자 할 때 특허권자가 공정하고 합리적이며 비차별적으로 협의해야 한다는 조건

이는 표준 특허를 가진 업체가 무리한 요구를 해서 제품 생산을 방해하는 것을 막기 위한 장치로서, '공정하고, 합리적이고, 비차별적'이라는 뜻의 'Fair, Reasonable And Non-Discriminatory'를 조합한 약자다. FRAND는 삼성-애플 간 특허소송에서 삼성에 대한 애플 측의 방어 논리로 사용되었다.

411 국제품질보증제도 國際品質保證制度

국제 표준화 기구(ISO)가 제품 또는 서비스를 공급하는 공급자의 품질 시스템을 평가해 품질보증 노력과 신뢰성을 인정하는 제도

국제 표준화 기구(ISO)가 1987년 제정한 '품질경영 및 품질보증에 관한 품질보증모델' 국제규격에 의해 채택된 제도로 ISO 9000 시리즈라고도 한다. 제품이나 서비스의 설계, 생산 시설, 시험 검사, 고객 서비스 등의 인증 대상을 어디까지 포함시키느냐에 따라 ISO 9001, ISO 9002, ISO 9003, ISO 9004의 4가지로 구분하여 사용하였으나, 2000년부터 가장 포괄적 규격인 ISO 9001로 통합·단일화되었다.

#농수산업

412 녹색혁명 綠色革命, green revolution

개발 도상국의 식량 증산을 위한 품종 개량 등의 농업 기술 혁신

곡물류 품종 개량 등의 농업 기술 혁신을 통해 개발 도상국 농업의 생산성을 향상시키는 것을 일컫는 말로, 1944년 말 미국 록펠러 재단의 전문가들이 멕시코에서 소맥 생산을 획기적으로 증대시킨 것이 그 효시이다.
이어 1960년대부터 미국을 중심으로 하여 활발한 연구가 진행되며 필리핀과 멕시코에서 쌀과 밀의 신품종이 개발되었고, 이의 보급으로 아시아 여러 나라에서 비약적으로 생산량이 늘어나 식량 자급을 달성하게 되었는데 이를 녹색혁명이라 부르게 된 것이다. 그러나 이들 신품종의 도입에 있어서 대량의 비료와 농약의 필요성, *연작에 따른 *지력 저하, 투자 비용에 대한 부담감 등이 문제가 되고 있다.

연작(連作) 해마다 같은 땅에 같은 작물을 이어 짓는 것

지력(地力) 농작물을 길러낼 수 있는 땅의 힘

413 두레

한국 농촌 사회의 전통적인 공동 노동 조직

우리나라의 전통 농업 사회에서 힘든 노동을 함께 나누기 위해 짜여진 공동 노동 조직을 말한다. 이는 조선 후기 이앙법이 전개되면서 보편적인 농민 생활 풍습으로 정착되었으며 두레 조직이 바탕이 된 *두레밥, *두레기와 같은 농민 생활 풍습을 발전시키기도 하였다. 두레는 주로 모내기, 김매기, 타작 등 많은 인력이 합심하여 일을 해야 하는 논농사 경작의 전 과정에 적용되어 왔는데, 1950년대 말을 끝으로 사실상 찾아볼 수 없게 되었다.

두레밥 두레에 참여한 사람들이 차례로 지어 공동으로 먹는 밥

두레기 두렛일을 할 때 풍악을 울리면서 세우고 가는 농기(農旗)

414 농산물가격지지제도 農産物價格支持制度, farm-price-support system
공급 과잉, 소비 부진 등의 이유로 농산물 가격 하락 시 정부가 농가의 실제 받는 가격을 보장하는 제도

농산물 가격이 대폭 하락하였을 때 농업 재생산의 위협, 농민 생활수준의 저하, 구매력의 격감 등 경제 일반에 생기는 위기 현상을 방지하기 위해 정부가 농가의 실제 받는 가격을 보장하는 제도이다. 농가의 실제 받는 가격을 보장하는 방법으로는 정부의 잉여농산물 매입, 정부의 농산물 가격 하락분 지불, 국가 기금을 이용한 가격 조절 등이 있다.

함께 나오는 용어

이중곡가제(二重穀價制, double grain price system)
정부가 쌀, 보리 등의 곡물을 농민으로부터 비싼 값에 매입하여 소비자에게는 이보다 낮은 가격으로 판매하고 그 차액을 정부재정으로 부담하는 제도를 말한다. 이는 농가경제의 안정과 일정 수준의 농산물 생산 유지, 소비자의 가계 부담 감소, 물가의 안정에 그 목적이 있다.

415 다각농업 多角農業, diversified farming
몇 가지 작물이나 부문을 조합하여 행하는 농업 경영 방식

곡물, 채소, 축산 등 2가지 이상의 생산 부문이 복합적으로 결합된 농업 경영 방식으로 복합경영이라고도 한다. 다각농업은 동일한 시기에 경작되어야 하는 2가지 작목을 선택할 수는 없으며, 작물의 생물학적 특성상 서로 보완적인 생산부문을 결정해야 한다. 그렇게 함으로써 '농한기 없이 토지의 이용을 고도화할 수 있고, 지력을 증강시킬 수 있으며, 노동력을 합리적으로 이용할 수 있다.

농한기(農閑期) 농사일이 바쁘지 않아 한가로운 때로, 보통 벼농사 중심의 영농에서 추수 후부터 다음 모내기까지의 기간

416 세계 4대 어장 世界四大漁場
세계에서 어획량이 가장 많은 4개의 어장을 일컫는 말

• 북동 대서양 어장 : 동그린란드 해류와 북대서양 해류가 만나 조경수역이 발달하고 대구, 청어 등 어족(魚族)자원이 풍부하며, 유럽 대륙이 가까이에 있어 세계적인 어장으로 발전하였다.
• 북서 대서양 어장 : 캐나다를 중심으로 뉴잉글랜드 근해에 이르는 어장으로, 멕시코 만류와 래브라도 한류가 만나 어종이 풍부하다. 주로 캐나다와 미국 어선들이 활동하는 어장이다.
• 북동 태평양 어장 : 베링 해협에서 캐나다와 미국 서해안에 걸쳐 발달한 어장으로, 소비 시장이 멀어 통조림 등의 수산 가공업이 더 발달하였다.

- 북서 태평양 어장 : 캄차카 반도 근해를 중심으로 일본과 우리나라 근해를 거쳐 동중국해에 이르는 어장으로, 쿠릴 한류와 쿠로시오 난류가 만나 세계 제1의 *어획량을 자랑한다.

어획량(漁獲量) 수산물을 잡거나 채취한 양

417 파시 波市
풍어기 때 해상에서 열리는 생선 시장

*풍어기 때 특정 어류가 많이 잡히는 어장에서 어선과 상선이 모여 일시적으로 형성하는 시장을 말한다. 어족은 거의 일정한 시기와 장소에서 잡히는 경우가 많은데 조기는 3~4월에 전라북도 부안군(扶安郡) 위도와 4~5월에 황해도 연평도 근해에서 대량으로 잡히고, 오징어는 2~6월에 울릉도와 영덕군 근해에서 풍어를 이룬다. 이때 바다 위에 시장이 형성되어 어선과 상선이 거래하는 것을 파시라고 한다. 또한 파시가 열리는 광경을 파시풍(波市風)이라고 한다.

풍어기(豊漁期) 물고기가 가장 많이 잡히는 시기

#산업 기타

418 BTO Build Transfer Operate
수익형 민자사업, build(건설), transfer(이전), operate(운영)의 첫 글자를 조합해 만든 용어

민간 자본을 활용하여 사회기반 시설을 건설함으로써 조기에 양질의 서비스를 제공하는 것을 목적으로 민간 부문이 건설하고 이를 운영하는 민자사업을 말한다. 민간 사업자는 시설 건설 후 주무관청에 소유권을 양도하고 관리 운영권을 부여받으며, 그 관리 운영권을 바탕으로 사용료를 받아 투자비를 *회수하게 된다. 민간 사업자가 해당 사업을 진행하고 운영할 때 어느 정도의 자율성이 보장된다는 장점이 있지만, 수익 변동이 잦다는 단점도 있다.

회수(回收) 도로 거두어들임

419 BTL Build Transfer Lease
임대형 민자사업. build(건설), transfer(이전), lease(임대)의 첫 글자를 조합해 만든 용어

민간 부문이 공공시설을 건설한 뒤 소유권을 국가 또는 지방 자치 단체로 이전하고, 정부로부터 받는 임대료를 통해 투자비를 회수하는 민간자본유치사업을 말한다. 이는 수익형 민자사업에 비해 민간 사업자의 사업 자율성이 다소 떨어지지만, 정부로부터 지급받는 *임대료를 통해 일정한 수익을 올릴 수 있다.

임대료(賃貸料) 물건이나 건물 등을 빌려주고 받는 돈

420 OEM Original Equipment Manufacturing, 주문자상표부착생산
주문자가 요구하는 상표명으로 부품이나 완제품을 생산하는 것

물건을 주문한 회사가 생산자 회사에 주문자의 상표를 부착한 상품을 제작할 것을 의뢰하여 상품을 생산하는 방식으로 전기·기계 부품이나 자동차 부품에서 많이 시행되고 있다. 주로 생산 설비만 있는 기업이 다른 나라 기업으로부터 주문받은 상품을 만들어 납품할 때 이용하며 상표권과 영업권은 주문업체가 갖고 납품업체는 생산만 한다. 주문자는 생산 원가를 줄일 수 있고, 생산자는 안정적인 *판로를 확보할 수 있다는 장점이 있다.

판로(販路) 상품이 팔리는 방면이나 길

421 NATM공법 New Austrian Tunneling Method 工法
신 오스트리아 터널 공법

1956년 오스트리아에서 개발한 터널굴착 공법으로, 굴착한 터널의 안쪽에서 천장 위의 지표쪽과 터널의 벽면을 향해 2~3m 길이의 고정봉을 일정 간격으로 박아놓고 그 위에 콘크리트를 뿜어 입혀서 천장이 받는 압력을 막아내는 공법이다. *굴진 속도가 빠르고, 지질이 단단한 바위층의 산악터널에서부터 도시의 지하터널까지 지질에 관계 없이 터널 시공이 가능하여 활용범위가 넓어지고 있다.

굴진(掘進) 굴 모양을 이루면서 땅을 파 들어가는 것

함께 나오는 용어

PC공법(Precast Concrete 工法)
기후나 계절의 영향을 받지 않는 공장에서 모형틀에 콘크리트를 흘려 부어 만든 다음 현장으로 운반하여 조립하는 공법을 말한다. PC공법은 품질이 고르고, 현장에서 만든 콘크리트에 비해 현장 노동을 줄이며, *공기를 단축시킬 수 있고, 현장 투입 인력 절감과 작업 환경개선으로 사고를 예방할 수 있다는 장점이 있다. 그러나 접합 부위의 처리 미흡으로 인하여방수와 방음, 단열 등 주거 성능이 저하될 수 있고, 공장에서 제작하여 현장으로 운반해서조립해야 하므로 운송비와 조립비가 발생한다는 단점이 있다.

공기(工期) 공사하는 기간

422 용적률 容積率, floor area ratio
대지 면적에 대한 연면적의 비율

건축물에 의한 토지 이용도를 나타내는 척도로서 대지 면적에 대한 연면적의 비율로 나타내며, 하나의 대지에 2층 이상의 건축물이 있는 경우에는 이들의 바닥 면적을 모두 합계한 것이 연면적이 된다. 용적률은 대통령령으로 정하는 기준에 따라 특별시·광역시·시 또는 군의 조례로 세부 기준을 정하는데, 이는 고층의 건축물을 건축함으로써 일정한 땅에서 많은 터를 확보함과 동시에 도시 전체에 많은 *공지 공간을 확보하기 위해서다.

공지(空地) 빈 땅

423 건폐율 建蔽率, building coverage ratio
대지 면적에 대한 건축 면적의 비율

대지 면적에 대한 건물 바닥 면적인 건축 면적 비율을 말하는 것으로서 건축물의 층수와는 무관하며, 대지에 건축물이 둘 이상 있는 경우에는 이들 건축 면적의 합계로 한다.

건폐율을 규제하는 것은 각 건물 용지에 최소한의 공지를 확보하여 *일조와 통풍을 양호하게 하고, 화재 또는 비상 시 연소를 차단하며, 재해 시 피난하기 쉽도록 하기 위함이다. 한편, 건폐율은 용적률과 함께 법이 정하는 범위 내에서 제한을 완화할 수도 있다.

일조(日照) 해가 내리쬠

424 블랙아웃 blackout
발전소나 송전소, 변전소 등의 고장이나 전력 과부하로 특정 지역에서 대규모로 전기가 완전히 끊기는 현상

전기 수요가 일시적으로 폭증해 공급 능력을 뛰어넘을 때 특정 지역에서 발생하는 정전 상태를 말한다. 냉방수요가 폭증하는 여름과 난방수요가 집중되는 겨울철에 발생할 가능성이 높다. 우리나라에서는 2011년 9·15 전력대란으로 '블랙아웃'이라는 용어가 처음 등장하였고, 2012년 12월 전력예비율이 위험수준으로 떨어지면서 전국이 블랙아웃 위기에 직면한 적이 있다.

전국 규모로 완전히 정전이 되는 상태는 '토털 블랙아웃(total blackout)'이라고 하며, 토털 블랙아웃을 막기 위해 지역별로 전력을 돌아가며 차단시키는 것을 '롤링 블랙아웃(rolling blackout, 순환정전)'이라고 한다. 대도시의 블랙아웃은 엄청난 피해를 불러오는데, 지난 2003년 5000만 명을 암흑에 빠뜨렸던 미국 동북구 블랙아웃 당시 피해액이 무려 6조원에 달하였다.

전력수급 경보 단계

구분	상황
준비	예비전력 400만~500만kW 수준
관심	예비전력 300만~400만kW 수준
주의	예비전력 200만~300만kW 수준
경계	예비전력 100만~200만kW 수준
심각	예비전력 100만kW 미만 수준

425 스마트 그리드 smart grid
스마트와 그리드의 합성어로 지능형 전력망을 뜻하는 차세대 에너지 신기술

기존의 전력망에 정보통신기술(IT)를 접목해 에너지 네트워크와 통신 네트워크가 합쳐진 지능형 전력망이다. 전력공급자와 소비자가 실시간으로 전기사용 관련 정보를 주고받음으로써 에너지 사용을 최적화할 수 있는 차세대 전력망이다. 전력망을 디지털화함으로써 소비자는 스마트미터라는 개별 전력관리장치를 통해 전력의 수요 공급 상황에 따라 변동하는 가격 등의 관련 정보를 확인하고 실시간으로 에너지원을 선택할 수 있게 된다.

426 세계 3대 유종 世界三大油種
국제 원유 가격의 기준이 되고 있는 서부 텍사스 중질유, 브렌트유, 두바이유

• 서부 텍사스 중질유(WTI, West Texas Intermediate) : 미국 서부 텍사스와 오클라호마주(州) 일대에서 생산되는 미국의 대표적인 원유로, 미국석유협회(API)의 비중 측정 단위인 API도에 의해 품질이 결정된다. 대표적인 경질유이며, 황의 함량이 낮고, 원유 정제 시 고가의 휘발유와 나프타 등 고급 유류가 많이 생산되어 국제원유시장에서 가장 높은 가격을 형성한다. 그러나, 주로 미국 내에서 소비되는 ˚원유로서 수출 요건이 제한적이다.

• 브렌트유(Brent oil) : 영국 북해 지역에서 생산되는 원유로 서부 텍사스 중질유보다는 품질이 떨어지고, 두바이유보다는 품질이 뛰어나 그 중간 가격을 형성한다. 유럽과 아프리카 지역에서 거래되는 원유 가격의 기준 유종이 되며, 런던의 국제석유거래소(IPE)에서 주로 선물로 거래된다.

• 두바이유(Dubai oil) : 아랍에미리트의 두바이 지역에서 생산되는 원유로, 주로 극동지역으로 수출되며 중동산 원유의 가격 기준이 된다. 상대적으로 저렴한 가격과 지리적인 이점 때문에 아시아 국가들이 일반적으로 사용하는 원유이며, 우리나라는 대부분의 원유를 중동 지역에서 수입하므로 유가가 두바이유에 큰 영향을 받는다.

원유(原油) 정제하지 않은 석유

427 셰일가스 shale gas
지표면 아래에 모래와 진흙이 단단하게 굳어진 퇴적암층(셰일층) 안에 있는 가스

석유처럼 한 지역에 치중되어 있지 않고 전 세계에 고르게 퍼져 있으며, 향후 지구가 100여 년간 쓸 수 있을 정도로 매장량이 막대해 차세대 에너지원으로 주목받고 있다. 지하 1000~3000m의 깊은 셰일층에 매장되어 있기 때문에 최근까지 거의 개발되지 못했지만 2000년대 들어 기술의 발달로 미국에서 생산이 급증하고 있다.

01 ☐☐☐☐☐은(는) 금융기관이 기업으로부터 매출 채권을 매입하고 이를 바탕으로 기업에 자금을 빌려주는 제도다.

02 ☐☐☐☐☐은(는) 경기부양을 위해 국채매입 등의 수단으로 시장에 유동성을 직접 공급하는 정책이다.

03 은행(banque)과 보험(assurance)의 합성어로 은행과 보험사가 상호 협력하여 은행 업무와 보험사의 업무를 한 곳에서 제공하는 것을 ☐☐☐☐☐ (이)라고 한다.

04 국가가 경제·정치적인 이유로 긴급 사태가 발생한 경우 외국에서 빌려온 차관에 대해 일시적으로 채무 상환을 연기하는 것을 ☐☐☐☐☐(이)라고 한다.

05 현재 주식을 소유하지 않고 있음에도 향후 주가가 하락할 것을 예상하고 주식을 빌려 판 뒤 실제 주가가 하락하면 같은 종목을 싼값에 되사서 차익을 챙기는 매매기법은 ☐☐☐☐☐(이)다.

06 ☐☐☐☐☐은(는) 기관투자가들이 결산기를 앞두고 보유 종목의 종가 관리를 통해 펀드 수익률을 끌어올리는 것을 가리킨다.

07 ☐☐☐☐☐은(는) 소액 투자자들의 자금을 모아 투자 회사를 설립하여 채권·주식 등에 투자하고 그 수익을 나누어주는 주식회사 방식으로 운영되는 펀드를 말한다.

08 ☐☐☐☐☐은(는) 런던의 신뢰도가 높은 일류 은행들이 자기들끼리의 단기적인 자금 거래에 적용하는 대표적인 단기금리다.

09 ☐☐☐☐☐은(는) 주택을 담보로 일정 금액을 연금으로 지급받는 제도를 말한다.

10 ☐☐☐☐☐은(는) 금융기관의 부실채권이나 부실자산만을 사들여 처리하는 전문기관이다.

CHOICE

☐ 배드뱅크
☐ 모라토리엄
☐ 역모기지론
☐ 방카슈랑스
☐ 윈도드레싱
☐ 리보금리
☐ 공매도
☐ 팩터링
☐ 뮤추얼펀드
☐ 양적완화

정답

01 팩터링
02 양적완화
03 방카슈랑스
04 모라토리엄
05 공매도
06 윈도드레싱
07 뮤추얼펀드
08 리보금리
09 역모기지론
10 배드뱅크

01　한국전력기술

팩터링(factoring)에 대한 설명으로 옳은 것은?

① 단기자금 조달을 목적으로 도입된 기업 어음의 일종이다.
② 사금융 등의 금융 거래를 막기 위해 도입된 제도이다.
③ 채권을 보유한 투자자가 일정 기간 경과 후 발행사가 보유한 타 기업의 주식으로 교환할 수 있는 권리가 붙은 사채를 말한다.
④ 금융기관이 기업의 매출 채권을 매입하고 이를 바탕으로 기업에 자금을 빌려주는 제도이다.

02　LG, 한국남부발전, 한국산업인력공단, 국민건강보험공단, 매일경제

다음 중 환율이 하락할 때 일어나는 현상으로 옳지 않은 것은?

① 수출이 감소한다.
② 경상 수지가 악화된다.
③ 국내 물가가 하락한다.
④ 외채 상환 부담이 증가한다.

03　한국중부발전, 인천국제공항공사, 교육청, 대구도시철도공사

다음 용어와 그에 대한 설명이 바르게 연결된 것은?

① 머니 론더링 – 은행 차관
② 모라토리엄 – 지불 유예
③ 모럴해저드 – 돈세탁
④ 뱅크론 – 도덕적 해이

04　스포츠서울, KORAIL, 서울보증보험, 서울교통공사

회사의 경영에 기여하거나 기여할 능력이 있는 임직원에게 부여하는 권한으로 자사의 주식을 발행 당시의 시세보다 훨씬 낮은 가격으로 매입할 수 있도록 하는 것은?

① 수권자본제도
② 우리사주조합제도
③ 후순위채권
④ 스톡옵션

05　조선일보, MBN

트리플 위칭 데이와 관련 없는 것은?

① 선물
② 옵션
③ 기준금리
④ 만기일

06　KDB산업은행, 한국경제TV, 아시아경제, KBS, 우리은행

현재 주식을 소유하지 않고 있음에도 향후 주가 하락을 예상하고 주식을 빌려서 팔고, 주가가 하락하면 같은 종목을 싼값에 되사서 차익을 챙기는 매매 기법은?

① 공매도
② ELS
③ 골든크로스
④ 데드크로스

07　코리아헤럴드, 한국환경공단, SBS

기업이 주주들에게 손해를 입혔을 때 주주 대표가 기업을 상대로 승소하면 다른 주주들에게도 동일하게 손해배상을 해주는 제도를 무엇이라고 하는가?

① 증권집단소송제
② 소수주주권
③ 대표소송제
④ 이중주주대표소송제

08　한국방송광고진흥공사, 삼성, 연합인포맥스

국제 금융시장을 이동하는 단기 자금을 일컫는 말은?

① 콜론
② 콜머니
③ 핫머니
④ 쿨머니

09　한국남부발전, 한국경제, 한국일보, 헤럴드경제, 이데일리

콜금리에 대한 설명으로 바르지 않은 것은?

① 금융통화위원회에서 결정한다.
② 일반적으로 단기 실세금리 지표로 활용되고 있다.
③ 디플레이션 상황에서는 콜금리를 낮춰 경기를 활성화시킨다.
④ 인플레이션 상황에서는 콜금리를 낮춰 시중자금을 회수한다.

10 한국도로공사, GS건설, 광주MBC, 교육청

민간이 공공시설을 건설하고 정부가 이를 임대해서 사용하는 민간투자 방식은?

① BTL   ② BTO

③ BOO   ④ BTC

11 국민연금공단, 한국농어촌공사, 현대건설, 서울경제신문, MBN

다음 중 양적완화에 대한 설명으로 옳지 <u>않은</u> 것은?

① 중앙은행이 국채 매입 등을 통해 유동성을 시중에 직접 푸는 정책이다.

② 자국의 수출경쟁력을 강화시키는 것이 주목적이다.

③ 금리인하보다 더 강력한 경기부양 대책이다.

④ 미국은 2016년 1월부터 4차 양적완화를 시행했다.

12 제주MBC, 이데일리, 연합뉴스

화폐 가치에 대한 변동 없이 화폐의 액면가를 절하시키는 것을 무엇이라 하는가?

① 리플레이션   ② 리디노미네이션

③ 디스인플레이션   ④ 인플레이션갭

13 NH농협, 서울경제신문, SBS

서로 다른 통화(通貨)를 미래의 특정일 또는 특정기간에 약정된 환율에 따라 상호 교환하는 외환거래를 무엇이라 하는가?

① 통화스와프   ② 고정환율제도

③ 페그제도   ④ 팩토리시스템

14 교육청, 국가정보원

다음 중 채무불이행을 뜻하는 말은?

① 디폴트   ② 워크아웃

③ 모라토리엄   ④ 모럴해저드

15 부산경제진흥원, SGI서울보증, 신한은행, 서울경제

신용 불량자의 채무 중 일부를 탕감해 주거나 상환 기간을 연장해주어 신용 회복의 기회를 주는 제도는?

① 개인 파산   ② 개인 워크아웃

③ 개인 회생   ④ 개인 면책

16 NH농협, 한국마사회, 국민건강보험공단, 기업은행, 한국전력공사

시장의 통화량이 과잉 상태일 때는 중앙은행이 보유한 유가 증권을 매각하고, 시장의 통화량이 부족할 때는 시중에서 유가 증권을 매입함으로써 물가와 경기에 영향을 주는 정책은?

① 출자 총액 제한   ② 공개시장운영

③ 재할인율 조정   ④ 지급준비율 조정

17 KBS, 문화일보, 국민일보

표준 특허를 가진 업체가 무리한 요구로 제품 생산을 방해하는 것을 막기 위한 장치는?

① 프랜드   ② 턴키

③ 상표권   ④ 칩 시크

18 삼성, 한국수력원자력

다음은 무엇에 대한 설명인가?

> • 주문자상표부착생산
> • 선진국이 인건비가 저렴한 동남아 등 제3국의 공장을 이용하여 제품을 생산하는 방식

① EMS   ② ODM

③ OEM   ④ PL

19 한국보훈복지의료공단, SBS

다음 중 세계 3대 유종이 <u>아닌</u> 것은?

① 아랍라이트   ② 브렌트유

③ 서부 텍사스 중질유   ④ 두바이유

정답

01	④	02	④	03	②	04	④	05	③	06	①
07	①	08	③	09	④	10	①	11	④	12	②
13	①	14	①	15	②	16	②	17	①	18	③
19	①										

01. (핵심Tag) **#금융 #주식·채권·펀드 #채권과 어음**

팩터링(factoring)은 기업의 외상 매출 채권을 매입하여 대금 회수를 행하는 채권 인수업으로, 기업들의 외상 매출 채권을 신속하게 현금화하여 기업 활동을 돕자는 목적에서 도입된 제도이다.

02. (핵심Tag) **#금융 #통화·화폐·환율 #정책 일반**

환율이 하락하면 수출품 가격의 상승으로 수출이 감소하고 수입품 가격의 하락으로 수입이 증가하기 때문에 경상 수지가 악화되나, 국내 물가가 함께 하락하고 기업의 외채 상환 부담이 줄어드는 장점도 있다.

03. (핵심Tag) 금융 **#금융 기초 #금융 제도**

① 머니 론더링(money laundering) : 돈세탁
③ 모럴해저드(moral hazard) : 도덕적 해이
④ 뱅크론(bank loan) : 은행 간의 차관

04. (핵심Tag) **#금융 #주식·채권·펀드 #주식 일반**

스톡옵션(stock option)은 자사 주식을 매입할 수 있는 권한으로, 능력을 중심으로 하여 제공된다는 점에서 직급이나 근속연수를 중심으로 하여 제공되는 우리사주조합 제도와는 차이가 있다.

05. (핵심Tag) **#금융 #주식·채권·펀드 #주가 변동**

트리플 위칭 데이(triple witching day)는 주가지수 선물과 주가지수 옵션, 개별주식 옵션 등 3가지 금융 상품의 만기일에 동시에 겹치는 날로서 주가의 움직임을 예상하기 힘들다.

06. (핵심Tag) **#금융 #주식·채권·펀드 #주식 제도 및 지표**

공매도(空賣渡)란 주식을 소유하지 않고 매도 주문을 내는 것을 말한다.

07. (핵심Tag) **#금융 #주식·채권·펀드 #주식 제도 및 지표**

기업의 분식회계, 부실감사, 허위공시, 주가조작, 내부자 거래, 신탁재산 불법 운용 등으로 인하여 주주들이 손해를 입었을 때, 대표로 1명이 기업을 상대로 소송을 제기하여 승소하면 모든 주주들이 소송을 할 필요 없이 똑같이 손해배상을 받을 수 있는 제도를 증권집단소송제라

고 한다.

08. (핵심Tag) **#금융 #금융 기초 #자금 및 금리**

핫머니는 국제 금융시장에서의 단기 자금 이동을 말하는 것으로 각국의 단기금리 차이, 환율 차이에 의한 투기적 목적과 국내의 통화 불안을 피하기 위한 목적으로 사용된다. 쿨머니는 핫머니에 대비되는 개념으로 공익적 사업을 사적 이윤을 추구하는 기업 형태로 운영하며 장기간에 걸쳐 이익을 추구하는 미래지향적 자본을 뜻한다.

09. (핵심Tag) **#금융 #금융 기초 #자금 및 금리**

화폐 가치가 하락하여 물가가 전반적이고 지속적으로 상승하는 인플레이션 상황에서는 콜금리를 올려서 시중 자금을 회수한다.

10. (핵심Tag) **#금융 #산업 일반 #산업 기타**

BTL(Build Transfer Lease)은 임대형 민자사업으로 민간 부문이 공공시설을 건설한 뒤 소유권을 국가 또는 지방 자치 단체로 이전하고, 정부로부터 받는 임대료를 통해 투자비를 회수하는 민간 자본 유치 사업을 말한다.

11. (핵심Tag) **#금융 #통화·화폐·환율 #정책 일반**

양적완화(QE, Quantitative Easing)란 경기부양을 위해 국채를 매입하는 방식으로 시장에 유동성을 공급하는 정책을 말한다. 이는 중앙은행의 정책금리가 제로수준에 근접하거나 정책금리 조정 파급효과가 금융 불안 등의 이유로 잘 작동하지 않는 예외적 상황에서 발표된다. 미국의 양적완화 정책은 2014년 10월에 종료됐다.

12. (핵심Tag) **#금융 #통화·화폐·환율 #정책 일반**

리디노미네이션(redenomination)은 새로운 화폐 단위명을 만들어 이전의 화폐 단위명을 바꾸는 것으로, 화폐 개혁이라고도 한다. 이는 대규모 인플레이션 이후 화폐 단위를 낮춰 계산이나 기장(記帳) 등의 일상적 수속을 간략화하기 위해 실시한다. 우리나라는 지금까지 2차례에 걸쳐 리디노미네이션을 단행했다. 우선 1953년에 화폐 단위를 100분의 1로 낮추고 호칭을 '원'에서 '환'으로 바꿨으며(100원→1환), 1962년에는 화폐 단위를 10분의 1로 내리고 호칭을 '환'에서 다시 '원'으로 변경했다(10환→1원).

① 리플레이션(reflation) : 디플레이션에서 벗어난 뒤 심각한 인플레이션까지는 이르지 않은 상태로, 통화재팽창이라고도 한다.
③ 디스인플레이션(disinflation) : 인플레이션을 극복하기 위한 경제조정 정책으로, 통화 증발을 억제하고

재정·금융 긴축을 실시하는 것을 말한다.

④ 인플레이션갭(inflation gap) : 완전 고용 소득수준을 초과한 유효 수효를 말한다.

13. (핵심 **Tag**) #금융 #통화·화폐·환율 #화폐

통화스와프(currency swaps)란 두 나라가 금융시장 불안 등 외환위기 상황에 대비해 자국통화를 상대국의 통화와 맞교환하는 방식을 말한다.

② 고정환율제도(固定換率制度) : 환율 변동을 전혀 인정하지 않거나 변동 폭을 극히 제한하는 제도이다.

③ 페그제도(peg system) : 기축통화에 대해 자국통화의 교환비율을 고정시켜 놓고 이를 고시한 다음 이 비율로 무한정 교환해주기로 약속하는 제도이다.

④ 팩토리시스템(factory system) : 제품을 만들 때 공장이라고 하는 하나의 작업장에서 분업을 통해 빠른 속도로 물건을 생산해내는 것을 말한다. 다른 말로 공장제 공업이라고 하며, 이로써 상품의 대량 생산이 가능해졌다.

14. (핵심 **Tag**) #금융 #금융 기초 #금융 제도

디폴트(default)는 채무자가 계약에 정해진 대로 이자 지불이나 원리금을 상환할 수 없는 상태를 말한다.

② 워크아웃(workout) : 기업가치 회생작업을 가리키는 말로, 채권금융기관이 기업의 재무구조를 개선하고 채무상환능력을 높이는 작업을 말한다.

③ 모라토리엄(moratorium) : 국가가 외국에서 빌려온 차관에 대해 일시적으로 채무상환을 연기하는 것으로 '지불유예'라고도 한다.

④ 모럴해저드(moral hazard) : 계약 당사자 간에 발생하는 정보의 비대칭성으로 인해 상대를 배려하지 않고 책임을 다하지 않는 행태로 '도덕적 해이'라고도 한다.

15. (핵심 **Tag**) #금융 #금융 기초 #금융 제도

부실기업 회생 제도를 가리키는 말인 워크아웃을 개인에게도 적용하여 일정 자격자에게 대출 원리금을 감면해주고, 상환 기간을 연장하는 등의 방법으로 신용 회복의 기회를 주는 제도를 개인 워크아웃이라고 한다.

16. (핵심 **Tag**) #금융 #통화·화폐·환율 #정책 일반

중앙은행이 공개시장에 개입하여 유가 증권을 시장 가격으로 매매하거나 금융기관을 상대로 매매하는 것을 공개시장운영(공개시장조작)이라고 하며, 이는 중앙은행의 유효한 금리 정책 수단으로 사용된다.

17. (핵심 **Tag**) #금융 #산업 일반 #산업 제도

프랜드(FRAND)는 한 기업의 특허가 기술 표준으로 채택되면 타 회사가 그 특허를 쓰고자 할 때 공정하게 합리적으로 협의해야 한다는 조건이다.

18. (핵심 **Tag**) #금융 #산업 일반 #산업 기타

OEM(Original Equipment Manufacturing)은 주문자 상표 부착 생산 또는 주문자 위탁 생산이라고도 하며, 주로 세계적인 브랜드를 가진 대기업에서 사용한다. 높은 인건비 때문에 가격 경쟁력에서 뒤지는 선진국이 인건비가 저렴한 동남아 등 제3국의 공장을 이용하여 제품을 생산하는 방식 등이 있다.

① EMS(Electronics Manufacturing Service) : 자사 상표 없이 다수업체로부터 수탁 받아 동일 라인에서 생산만 전문으로 하는 '전자 제품 생산 전문 기업'을 말한다.

② ODM(Original Development Manufacturing, Original Design Manufacturing) : 주문자의 요구에 따라 생산만 하는 OEM과 달리 개발력을 갖춘 제조업체가 제품의 개발, 생산 등 전 과정을 맡아서 처리하는 '제조자 개발 생산, 제조자 설계 생산'을 말한다.

④ PL(Private Label) : 대형 마트가 제조업체에 생산을 주문해 자체 상표를 붙여 판매하는 것으로 PB(Private Brand)라고도 한다. 마케팅이나 유통 비용이 절약되므로 저렴한 가격에 구매할 수 있다는 게 장점이다.

19. (핵심 **Tag**) #금융 #산업 일반 #산업 기타

세계 3대 유종으로 국제 원유 가격의 기준이 되는 유종은 미국 서부 텍사스 중질유, 북해산 브렌트유, 아랍에미리트의 두바이유이다.

에듀윌이
너를
지지할게

ENERGY

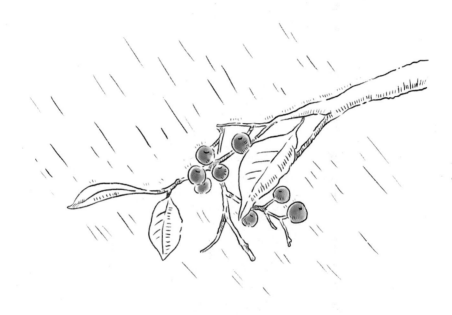

대추가 저절로 붉어질 리는 없다

저 안에
태풍 몇 개,
천둥 몇 개,
벼락 몇 개

– 장석주, 「대추 한 알」, 이야기꽃

사회

한눈에 모아보는 핵심Tag 맵 📍

SECTION 1. 사회 · 노동 · 교육

01 사회
\# 사회 일반
\# 사회 현상
\# ○○족(생활방식)
\# 사회 제도
\# 인구와 도시
\# 사회 단체
\# 사회 기타

02 노동
\# 실업
\# 직업 계층
\# 노동자 권리와 쟁의
\# 노동 조건과 형태

03 교육
\# 교육 일반
\# 교육 제도

SECTION 2. 환경 · 보건

01 환경
\# 국제환경기구
\# 국제환경협약
\# 환경 현상
\# 환경에너지

02 보건
\# 보건 일반
\# 질병

SECTION

사회 · 노동 · 교육

01 사회

핵심Tag #사회 일반 #사회 현상 #OO족(생활방식) #사회 제도 #인구와 도시 #사회 단체 #사회 기타

#사회 일반

---

001 아노미 anomie
공통된 가치나 질서가 상실된 무규범 · 무질서의 혼돈 상태

무법 · 무질서의 상태를 뜻하는 그리스어 아노미아(anomia)에서 유래된 것으로, ˚뒤르켐이 『사회분업론』(1893)과 『자살론』(1897)에서 사용한 용어이다. 그에 의하면 사회적 분업의 발달로 사회의 유기적 연대는 강화되지만, 사회의 전체적 의존관계가 교란되어 무규범 · 무질서의 아노미 상태에 빠지게 된다고 한다.

뒤르켐(Emile Durkheim, 1858 ~1917) 사회학의 학파를 형성시킨 프랑스의 사회학자이자 교육학자

뒤르켐의 자살론

사회적 통합도에 따라	이기적 자살	개인과 사회의 결합력이 약할 때의 자살(예 현실 부적응자의 자살)
	이타적 자살	사회적 의무감이 지나치게 강할 때의 자살(예 자살특공대)
사회적 규제에 따라	아노미적 자살	급격한 사회 변동으로 무규범 · 무질서 상태에 빠졌을 때의 자살(예 사회 질서의 심각한 붕괴로 인한 자살)
	숙명적 자살	개인이 사회에 의해 과도하게 규제될 때의 자살(예 노예의 자살)

002 **주변인** 周邊人, marginal man
둘 이상의 사회 집단 사이에서 어느 쪽에도 소속하지 못하는 사람

둘 이상의 이질적 사회 집단이나 문화에 속해 있으면서도 그 경계에 위치하여 어느 쪽에서도 귀속할 수 없는 사람을 말한다. 언어, 문화적 습관 등의 차이에 따라 나타나는데 미국 동양계 2세, 유럽의 유대인, 이민 등 다른 문화와 접촉한 사람들이 여기에 해당한다.

˙경계인 또는 한계인이라고도 하는데, 원래 속해있던 집단의 문화를 쉽게 버릴 수 없고 새로운 집단의 문화에 아직 적응하지 못한 경우에 이러한 현상이 나타날 수 있다.

경계인(境界人)
• 새로운 집단에 적응하지 못하고 불안한 행동양식을 보이는 사람
• 쿠르트 레빈(1890~1947)이 사용한 심리학 용어

003 **게마인샤프트** gemeinschaft
게젤샤프트(이익 사회)에 대치되는 개념으로, 혈연·지연·애정 등의 본질 의지를 바탕으로 하는 공동 사회

독일의 사회학자 F.퇴니에스가 주장한 것으로, 선택 의지(Kürwille)와 상대되는 ˙본질 의지(Wesenwille)에 입각한 사람들의 목적적·전인격적(全人格的) 결합체를 의미한다. 이러한 게마인샤프트는 전통이나 관습, 종교 등이 강력히 지배하고 정서적 일체감을 공유하고 있는 폐쇄적인 사회에서 성립되어 지속된다. 그러나 사회가 확대·개방됨에 따라 게마인샤프트시대(공동 사회)는 게젤샤프트시대(이익 사회)로 변화되어 간다.

본질 의지
• 공동 사회를 성립하게 하는 근본 요소로, 사고작용보다 의지작용에 의해 지배됨
• 공감이나 습관 등의 자연적 욕구 등에서 나타나 일체성·관습·종교 등의 사회적 형태로 구체화됨

004 **게젤샤프트** gesellschaft
게마인샤프트(공동 사회)에 대치되는 개념으로, 선택 의지를 바탕으로 하는 이익 사회

독일의 사회학자 F.퇴니에스가 주장한 것으로, 그에 의하면 게젤샤프트란 ˙선택 의지(Kürwille)에 입각한 사람들의 수단적·일면적 결합체를 의미한다. 기업, 국가, 단체 등과 같이 선택에 의해 만들어진 사회로, 경제적이고 정치적인 이익을 중요시한다. 게젤샤프트는 근대 사회에서 게마인샤프트시대 다음으로 성립하며, 이익 사회의 특성상 사람들 사이의 긴장관계와 개인의 원자화 및 사회적 소외를 초래한다.

선택 의지
• 공동 사회를 지배하는 '본질 의지'와 대비되는 개념으로, 이익 사회를 성립시키는 본질적 요소
• 합리적으로 사고하고 이해득실에 따라 행동하려는 의지를 의미
• 협약(協約)·정치(政治)·여론(輿論) 등의 사회적 형태로 나타남

005 제1차 집단 primary group 과 제2차 집단 secondary group
- 제1차 집단 : 대면적 접촉에 의한 친밀한 결합체
- 제2차 집단 : 간접적 접촉에 의한 공식적 결합체

미국의 사회학자 *C.H.쿨리는 사회 집단을 접촉방식의 기준으로 제1차 집단과 제2차 집단으로 구분하였다.

제1차 집단	• 대면적 · 직접적 접촉에 의한 친밀한 결합체 • '우리'라고 표시되는 강한 소속감과 일체감을 공유 • 가족, 유희집단, *근린집단, 동아리 등
제2차 집단	• 형식적 · 간접적 접촉에 의한 공식적 결합체 • 집단적 인간감정은 쇠퇴하나 현대생활에 있어 필요한 집단 • 기업체 · 정당 · 조합 등

C. H. 쿨리(C. H. Cooley, 1864~1929) 미국의 사회학자로, 개인과 집단은 사회의 양면으로 분리되어 생각할 수 없다고 주장

근린집단(neighborhood group) 이웃 주민들과 형성된 집단으로 주로 농촌에서 형성되며 도시에서는 반상회 같이 인위적 집단으로 이루어짐

006 귀속지위 歸屬地位 와 성취지위 成就地位
- 귀속지위 : 개인의 의사나 능력 등과 상관없이 선천적으로 갖게 되는 지위
- 성취지위 : 개인의 의사나 능력 등에 의해 후천적으로 성취하는 지위

사회적 신분에 관한 *R.린턴의 구분으로, 그는 사회적 신분을 출신에 의한 귀속지위와 업적에 의한 성취지위로 나누었다. 근대 사회 이전에는 세습적 신분과 같은 귀속지위가 중시됐으나, 근대로 오면서 점차 성취지위가 중요시되고 있다.

R. 린턴(R. Linton, 1893~1953)
- 미국의 인류학자로, 인류학과 심리학 및 사회학 이론의 종합을 시도
- 대표적 저서로 『인성의 문화적 배경』이 있음
- 인성의 기본 유형으로 지위인성 개념을 제시

구분	귀속지위	성취지위
의의	개인의 의사나 능력 등과 상관없이 사회 속에서 선천적으로 갖게 되는 지위	개인의 의사나 능력 등에 의해 후천적으로 갖게 되는 지위
특징	선천적, 수동적, 운명적	후천적, 능동적, 획득적
결정요인	성별, 혈연관계, 인종	조력, 재능, 업적
시대반영	전근대 사회	현대 사회
예	귀족, 왕족, 남자, 여자 등	대표이사, 변호사, 판사, 작가 등

빈출

007 매슬로의 욕구단계설 Maslow's hierarchy of needs
인간의 욕구를 중요도에 따라 5단계로 분류한 동기이론

*매슬로가 주장한 이론으로 '욕구 5단계설'이라고도 하며, 인간의 욕구를 5단계로 분류하여 하나의 욕구가 충족되어야만 다음 단계의 욕구로 나아갈 수 있다는 이론이다. 즉, 선행 욕구가 충분히 충족되었을 때에만 다음 단계의 욕구로 나아갈 수 있게 된다.

욕구 5단계

단계	욕구	내용
1단계	생리적 욕구	가장 기본적인 의식주에 관한 욕구로, 성적 욕구까지 포함한다.
2단계	안전 욕구	생리적 욕구가 충족된 후에 나타나는 욕구로, 신체적·정서적으로 자신의 안전을 추구하려는 욕구를 말한다.
3단계	애정 욕구	가족, 친구, 친척 등 원하는 집단에 소속되어 귀속감과 애정을 느끼고 싶어 하는 욕구를 말한다.
4단계	권력 욕구	타인에게 인정받으려는 욕구로, 자기존중의 욕구라고도 한다.
5단계	자아실현 욕구	자신의 목표를 실현하여 만족을 얻으려는 욕구를 말한다. 다른 욕구와는 달리 욕구가 충족될수록 더욱 증대되는 경향을 보여 '성장욕구'라고도 한다.

매슬로(Abraham H. Maslow, 1908~1970)
- 미국의 심리학자, 철학자
- 인본주의 심리학을 주도 및 창설
- 주요 저서 : 『이상심리학 원리』(1941), 『인간의 동기와 성격』(1954) 등

008 유리천장 glass ceiling
성차별이나 인종차별 등의 이유로 충분한 능력을 갖춘 사람의 고위직 진출을 막는 보이지 않는 장벽

1970년 미국의 유력 경제주간지인 '월스트리트저널'이 만들어낸 신조어로, 여성·소수인종·성적 소수자·장애자 등이 충분한 능력이 있음에도 불구하고 승진 등에서 차별을 받는 상황을 비유적으로 나타낸 것이다.

009 5대 사회악
궁핍, 질병, 무지, 불결, 태만

5대 사회악이란 궁핍(want), 질병(disease), 무지(ignorance), 불결(squalor), 태만(idleness)을 말하는데, *베버리지 보고서(Beveridge report)에서 처음 사용되었다. 이 보고서에서는 사회 보장이 지향하는 것은 궁핍 해소라고 하였다.

베버리지 보고서(Beveridge report) 영국의 경제학자이며 사회 보장 제도의 아버지라고 불리는 베버리지(1879~1963)가 사회 보장에 관한 문제를 조사·연구한 보고서

010 노블레스 오블리주 noblesse oblige
높은 사회적 신분에 상응하는 높은 도덕적 의무

사회 고위층 인사에게 요구되는 높은 수준의 도덕적 의무이다. 초기 로마 시대에 왕과 귀족들이 보여 준 투철한 도덕의식과 솔선수범하는 공공정신에서 비롯되었다.

011 개인의 사회화
자신이 속한 사회에 적합한 행동양식이나 생활방식을 습득해 가는 과정

C.I.바너드는 기업 및 조직 내에서 개인의 사회화를 개인의 개인화 (individualization)에 대비되는 개념으로 보았는데, 개인이 타인과의 사회적 관계를 통해 사회나 문화에 적절하고 바람직한 가치 규범을 습득해 가는 과정을 말한다. 즉, 사회의 교육을 통해 자신이 속한 사회에 참여해 가는 과정으로, 사회적 측면에서는 각 구성원에게 문화를 전달하고 개인적 측면에서는 자아를 형성하는 기능을 한다.

함께 나오는 용어

사회화(社會化, socialization)
개인의 사회화와 구별되어야 할 개념으로, 자본주의 사회를 사회주의 사회로 전환시키는 사회적 변혁을 의미한다. 마르크스(Marx)는 *사적 유물론에서 역사 발전과정을 '원시공산제 → 노예제 → 봉건제 → 자본주의 → 사회주의(공산주의)'의 다섯 단계로 구분하였는데, 이러한 역사 발전과정 자체가 사회화의 과정인 것이다.

사적 유물론(史的唯物論) 마르크스주의의 근거가 되는 역사관으로, 역사가 발전하는 원동력은 관념이 아니라 물질적인 것이라는 이론

012 사회적 자본 social capital
사회 구성원들이 힘을 합쳐 공동 목표를 효율적으로 추구할 수 있게 하는 자본

사람과 사람 사이의 협력과 사회적 거래를 촉진시키는 일체의 신뢰, 규범 등 무형의 사회적 자산을 총칭한다. 미국 정치학자 로버트 퍼트넘의 정의에 따르면, 사회적 자본이란 '신뢰, 규범이나 네트워크 등 행동의 조정을 촉진하는 것으로서 사회의 능률을 높일 수 있는 사회구조의 특징'이다.

013 시행착오설 施行錯誤說, trial and error theory
시행착오의 과정에서 성공한 것은 강화시키고, 실패한 것은 약화시키면서 학습이 이루어진다는 이론

미국의 심리학자 에드워드 손다이크가 '문제상자'의 실험을 통해 발견한 *S-R 이론을 말한다. 문제상자에 가두어진 동물은 여러 가지 반응을 시도하다가 우연히 상자의 문을 열고 탈출하게 되는데, 다시 상자에 가두고 탈출하는 과정을 반복하는 동안 성공한 반응은 남고, 실패한 반응은 약화되어 점차 탈출하는 데 소요되는 시간이 단축된다는 것이다.

S-R 이론(S-R theory) 자극 S(Stimulus)와 그에 대한 반응 R(Response)이 결합하여 이루어지는 학습이론

014 깨진 유리창 이론 broken windows theory

깨진 유리창 하나를 방치해 두면 그로부터 범죄가 확산된다는 이론

건물의 깨진 유리창을 그대로 방치해 두면 지나가는 행인들은 관리를 포기한 건물로 판단하고 돌을 던져 나머지 유리창까지 모조리 깨뜨리게 되고, 나아가 그 건물에서는 다른 강력 범죄가 일어날 확률도 높아진다는 이론이다. 사소한 무질서를 방치하면 큰 문제로 이어질 가능성이 높다는 의미를 담고 있다.

015 낙관계수

0부터 1 사이의 값으로 표시되는 낙관적 견해의 지수

˙의사결정 시 얼마만큼의 낙관적인 견해를 가지고 있는가를 0부터 1 사이의 값으로 나타낸 지수로, 1에 가까울수록 낙관이고 0에 가까울수록 비관이다. 의사결정은 항상 낙관 또는 비관의 어느 하나로 결정되는 것이 아니라 두 가지 측면이 함께 고려되는데, 후르비츠는 이러한 점을 반영하여 낙관계수라는 개념을 사용하였다.

의사결정(decision making) 목적을 효과적으로 달성하기 위해 위험도 또는 확실성을 고려하여 둘 이상의 대체 가능한 대안을 선택 및 결정하는 과정

016 다원적 무지 pluralistic ignorance

어떤 문제에 대해 소수의 의견을 다수의 의견으로 잘못 인지하거나, 다수의 의견을 소수의 의견으로 잘못 인지하는 현상

1920년대에 플로이드 알포트 등의 사회심리학자들에 의해 처음 사용된 개념으로, 집단적 오해 또는 대중적 착각을 말한다. 즉, 타인과의 의사소통이 원활하지 않거나 ˙매스미디어 등에 의한 정보 왜곡으로 소수의 의견을 자신의 의견과 상관없이 다수의 의견이라고 생각하는 것을 말한다.

매스미디어(mass media) 불특정 다수를 대상으로 정보를 전달하는 대중매체(大衆媒體)

017 소프트노믹스 softnomics

소프트화 사회의 존재방식

'soft(부드러운)'와 'economics(경제학)'의 합성어로, ˙소프트화 경제가 진전되는 경제 사회에 관한 연구를 말한다. 지식과 정보의 가치가 높아지고 경제적·사회적으로 소프트화가 진행됨에 따라 경제 운영방식도 이에 맞춰 바꿔야 한다는 주장에서 나온 용어이다. 종래의 물적·양적 생활 중심에서 소프트화 사회로의 이행과정을 검토하는 수단으로 소프트화율이 사용되고 있다.

소프트화 경제 3차 산업(상업, 금융, 통신사업 등)이 차지하는 비율이 증대됨과 동시에 기술 발전으로 고품질 제품을 생산할 수 있는 제조업의 구조 변화를 뜻함

018 24절기 二十四節氣

태양의 황도상 위치에 따라 계절의 변화를 나타낸 것으로, 황도에서 춘분점을 기점으로 15°
간격으로 점을 찍어 총 24개의 절기로 구분

24절기는 *천구상에서 태양의 위치가 황도 0°, 15°, 30°, 45° … 300°가 되는
지점을 통과하는 순간을 기준으로 구분한 것으로, 중국 주(周)나라 때 화북
지방의 기후를 잘 나타내기 위한 것이었다. 따라서 우리나라의 기후와는 약
간 차이가 날 수 있으나, 태양의 움직임을 기준으로 하고 있으므로 양력으
로는 매년 같은 날, 혹은 하루 정도의 차이를 두고 돌아온다.

천구(天球)
• 하늘 위의 천체를 말함
• 눈에 보이는 우주의 공간을
구형

24절기의 구분(양력 기준)

계절	절기	일자	내용	주요 세시풍속
봄 (春)	입춘 (立春)	2월 4일 또는 5일	봄의 시작	쥐불놀이, 널뛰기, 윷놀이, 연날리기, 부럼 깨물기, *귀밝이술, 더위 팔기, 줄다리기
	우수 (雨水)	2월 18일 또는 19일	봄비가 내리고 싹이 틈	
	경칩 (驚蟄)	3월 5일 또는 6일	개구리가 겨울잠에서 깨어남	영등할머니, 볏가릿대 허물기, 머슴날, 콩볶기, 좀생이 보기
	춘분 (春分)	3월 20일 또는 21일	낮이 길어짐	
	청명 (淸明)	4월 4일 또는 5일	봄 농사 준비	한식 묘제, *삼짇날, 화전놀이, 장담그기
	곡우 (穀雨)	4월 20일 또는 21일	농사비가 내림	
여름 (夏)	입하 (立夏)	5월 5일 또는 6일	여름의 시작	초파일, 연등, 등띄우기, 줄불놀이
	소만 (小滿)	5월 21일 또는 22일	본격적인 농사 시작	
	망종 (芒種)	6월 5일 또는 6일	씨 뿌리기 시작	단오, 단오부채, *쑥호랑이, 천중부적, 단오치장, 창포, 그네뛰기, 씨름, 봉숭아 물들이기
	하지 (夏至)	6월 21일 또는 22일	낮이 연중 가장 긴 시기	
	소서 (小暑)	7월 7일 또는 8일	더위의 시작	*유두천신, 삼복, 천렵
	대서 (大暑)	7월 22일 또는 23일	더위가 가장 심함	
가을 (秋)	입추 (立秋)	8월 7일 또는 8일	가을의 시작	칠석고사, 백중날, 백중놀이, 호미씻이, 두레길쌈
	처서 (處暑)	8월 23일 또는 24일	더위가 식고 일교차 큼	

귀밝이술 정월 대보름에 마시는 술

삼짇날 음력 3월 초사흗날

쑥호랑이 헝겊이나 쑥으로 만든 호랑이 형상으로 단옷날 머리 장식용으로 사용

유두천신 유둣날 오전에 올리는 제사

	백로 (白露)	9월 7일 또는 8일	이슬이 내리기 시작	벌초, 추석차례, 거북놀이, 소멕이놀이, 강강술래	
	추분 (秋分)	9월 23일 또는 24일	밤이 길어짐		
	한로 (寒露)	10월 8일 또는 9일	찬이슬이 내리기 시작	˚중양절, 중양제사	중양절 음력 9월 9일로 세시 명절 중 하나
	상강 (霜降)	10월 23일 또는 24일	서리가 내리기 시작		
	입동 (立冬)	11월 7일 또는 8일	겨울의 시작	말날, 시제, 성주고사	
	소설 (小雪)	11월 22일 또는 23일	얼음이 얼기 시작		
겨울 (冬)	대설 (大雪)	12월 7일 또는 8일	겨울 큰 눈이 옴	동지, 동지고사, 동지차례	
	동지 (冬至)	12월 21일 또는 22일	밤이 가장 긴 시기		
	소한 (小寒)	1월 5일 또는 6일	가장 추운 때	납일, 제석, ˚묵은세배, 나례, 수세	묵은세배 섣달 그믐날 웃어 른에게 해를 마감하는 인사로 하는 절
	대한 (大寒)	1월 20일 또는 21일	겨울 큰 추위		

019 촌수 寸數
친족 간 혈통관계의 멀고 가까움을 수치로 표시한 것

'손의 마디'라는 뜻으로 친등(親等)이라고도 하며, 촌수가 적을수록 근친임을 나타낸다. ˚방계(傍系)를 계산하기 위한 것이기 때문에 직계 혈족에 관하여는 일반적으로 촌수를 사용하지 않는다.

방계(傍系) 형제 또는 자매, 숙부모, 백부모 등 법률로 8촌 이내의 혈족을 말함

주요 촌수(친가)

관계	촌수	관계	촌수
부모, 자식	1촌	고모	3촌
형제자매	2촌	종형제(사촌)	4촌
조부(할아버지)	2촌	증조(큰할아버지)	4촌
백숙부(큰아버지)	3촌	종백숙부(당숙)	5촌
조카(형제자매의 자식)	3촌	종질(사촌조카)	5촌

더 알고가기

촌수계산법
- 직계 혈족 간에는 촌수를 사용하지 않고 세(世)나 대(代)를 쓴다.
- 아버지와 어머니는 핏줄로 연결된 관계가 아니므로 촌수가 없다.

020 고희 古稀

나이 70세 또는 70세에 이른 것을 축하하는 의례

희수(稀壽)라고도 하며, 중국 당(唐)나라 시인 두보(杜甫)의 「곡강시(曲江詩)」에 나오는 "인생칠십고래희(人生七十古來稀)"에서 유래한 말이다.

나이별 호칭

나이	호칭	의미	동의어·유의어
15세	지학(志學)	학문에 뜻을 두는 나이	성동(成童)
20세	약관(弱冠)	관례를 치러 성인이 되는 나이	약령(弱齡), 약년(弱年), 방년(芳年), 방령(芳齡), 묘령(妙齡), 묘년(妙年)
30세	이립(而立)	가정이나 사회에 어느 정도 기반을 닦는 나이	
40세	불혹(不惑)	세상 일에 흔들리지 않을 나이	
50세	지천명(知天命)	하늘의 뜻을 알게 되는 나이	
60세	이순(耳順)	무슨 일이든 이해가 되는 나이	
61세	화갑(華甲)	일갑자(60년)가 돌아온 나이(61세가 되는 해의 생일)	환갑(還甲), 주갑(周甲), 환력(還曆), 회갑(回甲)
62세	진갑(進甲)	62세가 되는 해의 생일	
70세	고희(古稀)	옛날부터 드문 나이	종심(從心), 희수(稀壽)
77세	희수(喜壽)	오래 살아서 기뻐하는 나이	
80세	산수(傘壽)	산(傘)을 파자(破字)하면 팔(八)+십(十)이 되므로 산수(傘壽)는 80을 의미	팔순(八旬), 팔질(八耋)
88세	미수(米壽)	쌀 미(米)를 파자하면 팔(八)+팔(八)이 되어 88세의 별칭으로 사용	
90세	졸수(卒壽)	졸(卒)을 초서(草書)로 쓰면 아홉 구(九)와 열 십(十)을 세로로 합한 모양이 됨	구순(九旬)
99세	백수(白壽)	백(白)은 일백 백(百)에서 '한 일(一)'을 뺀 것으로, 100-1=99가 되기 때문에 99세의 별칭으로 사용	
100세	상수(上壽)	장수한 것을 상·중·하로 나누었을 때 가장 많은 나이	

인생칠십고래희(人生七十古來稀) '인생은 기껏 살아본들 70세는 옛날로부터 드물다'란 승구 중 古(고) 자와 稀(희) 자만을 써서 '古稀(고희)'란 단어를 만들어 70세를 대신해 씀

#사회 현상

021 핌피 현상 PIMFY, Please In My Front Yard
수익성 있는 사업을 내 지방에 유치하겠다는 지역 이기주의 행동

Please In My Front Yard의 약어로 '제발 우리 앞마당에'라는 뜻이다. 대표적인 핌피 현상으로는 대전시와 충청남도가 호남고속철도 노선을 서로 유치하고자 대립한 행동 또는 대구시민들이 삼성 승용차 공장의 유치를 기대했다가 부산 신호공단으로 결정된 후에 삼성제품 *불매 운동을 했던 행위가 있다. 님비 현상(NIMBY)과 함께 지역 이기주의에 해당한다.

불매 운동(不買運動) 특정 상품을 의도적으로 구매하지 않는 분위기를 조성하고, 일정 기간 구매하지 않는 행위로 특정 국가나 제조업체에 대한 불만이나 항의의 의사를 행동으로 보여주는 행위

함께 나오는 용어

• **님비 현상(NIMBY, Not In My Backyard)**
'내 뒷마당에서는 안 된다'는 뜻으로, 핵 폐기물·산업 폐기물 등의 처리 시설, 쓰레기 소각장, 장애인 시설, 화장터, 교도소 등의 혐오 시설 또는 땅값의 하락이 우려되는 시설의 설치를 공공의 필요성이 있음을 인정하고 그 설치를 찬성하지만 자기 주거 지역에는 이러한 시설들이 들어서지 않도록 하는 행동이다. 님비 현상에 대한 대안으로 다양한 혜택 제공이 필요하며, 관용과 이해의 정신이 근본적인 해결책이다.

• **바나나 현상(BANANA, Build Absolutely Nothing Anywhere Near Anybody)**
'어디에든 아무것도 짓지 마라'는 뜻으로, 쓰레기 매립지나 핵 폐기물 처리장 등의 시설들을 자기가 사는 지역권 안에는 절대 설치하면 안 된다는 지역 이기주의이다.

022 님투 현상 NIMTOO, Not In My Terms Of Office
공직자가 자신의 임기 중에 일을 무리하게 진행시키지 않고 무사안일하게 시간이 흐르기만 기다리는 현상

Not In My Terms Of Office의 약어로 '나의 공직 재임기간 중에는 안 된다'는 뜻이다. 공직자가 자신의 임기 중에 쓰레기 매립지나 하수처리장 등 주민들의 민원 발생을 피하기 위하여 그 설치를 회피하며 임기를 끝마치려는 것을 말한다. 이 현상은 대부분 *레임 덕과 함께 나타나며, 공직자들은 눈앞의 일처리보다는 차기 정권의 향방에 관심을 갖는다.

레임 덕(lame duck) 다리를 저는 오리라는 뜻으로, 임기 만료를 앞둔 공직자의 업무수행 능력 저하를 가리키는 말

함께 나오는 용어

핌투 현상(PIMTOO, Please In My Terms Of Office)
'나의 공직 재임기간 중에 해 달라'는 뜻으로, 공직자가 자신의 임기 중에 월드컵 경기장, 사회 복지 시설 등 선호 시설을 유치하려는 현상을 말한다.

023 하우스푸어 house poor
집을 소유한 빈곤층을 뜻함

집을 소유하고는 있지만 주택 마련을 위한 대출로 생긴 이자와 원리금을 갚느라 빈곤하게 사는 사람들을 뜻한다. 주택 가격이 계속 상승할 것이라는 기대감을 바탕으로 무리하게 대출을 받아 집을 장만한 사람들은 부동산 시장이 침체되고 집값이 떨어질 경우 하우스푸어의 고통을 겪게 된다. 2008년 미국 경제위기는 서브프라임 모기지론 부실 사태로 생겨난 하우스푸어들로부터 비롯되었으며, 우리나라도 부동산 시장에서 하우스푸어가 심각한 문제로 여겨지고 있다.

024 렌트푸어 rent poor
하우스푸어의 전세판

급증하는 전세금을 감당하는 데 소득의 대부분을 지출하느라 저축할 여력도 없고, 여유도 없는 사람들을 일컫는 말이다. 렌트푸어는 하우스푸어와 달리 집도 갖고 있지 않기 때문에 더욱 힘든 처지에 놓여 있다. 한편, 비싼 전셋값 때문에 집을 구하지 못하여 부모와 함께 사는 '신(新)캥거루족'이 등장하는 등 심각한 전세난으로 많은 신조어가 생겨났다.

025 뉴리치 현상 new rich phenomenon
실제로는 서민층에 해당하지만 중류층이라고 생각하는 현상

서민층에서 나타나는 중류의식 확산 현상으로, 상대적으로 낮은 정도의 수입에도 스스로를 중류층이라고 생각하는 현상을 말한다. 이 현상은 개인의 생활 수준 인식과 중류개념 사이의 괴리에서 비롯된다.

함께 나오는 용어

뉴푸어 현상(new poor phenomenon)
뉴리치 현상에 반대되는 것으로, 실제 경제수준은 중류이면서도 스스로 여유가 없는 서민층으로 느끼는 신빈곤 현상을 말한다. 한국은 1998년 국제통화기금(IMF) 관리체제 이후 뉴리치 현상이 사라지고, *내핍형 소비를 하면서 뉴푸어 현상이 나타나고 있다.

내핍(耐乏) 물자가 없는 것을 참고 견디는 것

026 스퀴즈드 미들 squeezed middle

'쥐어짜인 중산층'이라는 뜻으로, 물가상승과 임금동결, 공공지출 삭감 등으로 타격을 입은 저소득층과 중산층을 비유하는 말

2011년 당시 에드 밀리밴드 영국 노동당 당수가 언론을 통해 처음 사용한 용어이다. 이 용어는 그해 영국 옥스퍼드 사전이 선정한 '올해의 단어'로 선정되었다.

027 J턴 현상

지방에서 올라온 도시 노동자가 다시 출신지와 가까운 지방도시로 돌아가는 현상

지방에서 대도시로 취직한 노동자가 도시생활에 *염증을 느껴 출신지로 돌아가려 하지만, 출신지에는 고용기회가 적어 출신지까지 돌아가지 않고 상대적으로 고용기회가 많은 출신지 근처의 지방도시로 돌아가는 현상을 말한다. U턴 현상과는 구별되는 개념이다.

염증(厭症) 싫은 생각이나 느낌

함께 나오는 용어

U턴 현상
대도시에 취직한 지방 노동자가 출신지로 되돌아가는 현상을 말한다. 주로 도시생활 부적응, 공장의 지방진출, 지방 임금수준의 상승 등이 원인이 되고 있다. 출신지 근처의 지방도시가 아니라 출신지로 돌아간다는 점에서 J턴 현상과 구별된다.

028 코쿠닝 현상 cocooning syndrome

위험한 외부 세상보다는 안전한 집이나 교회 등에서 구성원과 함께 안락을 추구하거나 여가를 즐기는 현상

마케팅 컨설턴트 *페이스 팝콘이 1981년 처음 사용한 용어로, 그는 "사람들이 마치 누에고치(cocoon)처럼 자신을 보호하기 위해 외출을 삼가고 보호장비 구입에 열을 올리고 있다"라고 지적하였다. 미국에서는 9·11 테러 이후 코쿠닝 현상이 더욱 심화되었는데, 사회로부터의 도피라는 부정적인 측면과 가정의 결속강화라는 긍정적인 측면이 동시에 존재한다. 이 현상은 가정의 결속강화라는 측면에서 패밀리 레스토랑, 가족 여행, 가족 패션 등 가정 중심의 소비문화를 강화시키며 산업계에도 적지 않은 영향을 미쳤다.

페이스 팝콘(Faith Popcorn)
· 미래 생활양식의 변화를 예측하는 컨설턴트
· 1974년 컨설팅 회사를 설립하여 5000여 명의 라이프스타일을 기록한 탤런트 뱅크 구축

029 인간소외 현상 人間疎外現狀
과학기술의 발전에 따른 인간성 상실로 자신이 사회로부터 소외되었다고 느끼는 현상

현대 산업 사회에서 물질적 생활은 윤택해졌지만 인간이 본래 가지고 있던 인간성을 박탈당하여 점차 *물질만능주의, 개인주의 등 비인간화되어가고 있는 현상을 말한다.

물질만능주의 산업화와 자본주의의 이행으로 정신적 가치보다는 물질적 가치를 중요시하는 풍조가 만연해지면서 상품과 돈을 최고의 가치라고 생각하는 것을 뜻함

030 고독한 군중
또래집단이나 친구집단(peer group)의 눈치를 보면서 그들로부터 격리되지 않으려고 노력하는 타자(외부)지향형(other directed type)의 현대인

*D. 리스먼이 그의 저서 『고독한 군중(The Lonely Crowd)』(1950)에서 사용한 용어이다. 리스먼은 이 책에서 인간 유형을 크게 3가지로 나누었는데, 고독한 군중은 현대의 고도산업화 사회에 있어 타자들로부터 인정받지 못하는 것을 두려워하고 타인으로부터 격리되지 않으려고 노력하는 타자(외부)지향형 인간을 말한다. 즉, 고독한 군중은 외적으로는 외향적이고 사교적이나 내적으로는 자신 안의 고립감에 빠져 고민하는 사람들이다.

D. 리스먼(David Riesman, 1909~2002)
- 미국의 사회학자로 생화학과 법학을 전공
- 1947년 사회과학 교수 부임 후 1980년 은퇴
- 주요 저서 : 『군중의 모습』(1952), 『개인주의 재고찰』(1954) 등

리스먼의 3가지 인간 유형

전통지향형 (tradition directed type)	원시적 전통 사회에서 전통과 과거를 행위 모형의 주요 기준으로 삼는 유형
내부지향형 (inner directed type)	19C의 초기 가족에 의하여 일찍부터 학습으로 내면화된 도덕과 가치관이 인간 행위의 주요 기준으로 작용
타자(외부)지향형 (other directed type)	현대 사회에서 또래집단·친구집단(peer group)의 눈치를 보면서 그들의 영향에 따라 행동하는 유형

031 이지메
집단 속에서 힘이 약한 자를 대상으로 여러 명의 가해자가 지속적으로 괴롭히는 행위

'괴롭히다'는 의미를 지닌 일본어 '이지메루(いじめる)'에서 파생된 말로, 집단 내의 특정한 대상을 집단 전체나 다수가 특별한 이유 없이 지속적으로 괴롭히는 행위를 말한다. 이지메의 대상이 되는 사람을 미국이나 영국에서는 '불링(bullying)', 한국에서는 '왕따'라고 부른다.

함께 나오는 용어

불리사이드(bullycides)
인터넷 공간에서 불특정 다수에 의해 괴롭힘을 당하는 '사이버 왕따(cyber bullying)'의 피해자들이 정신적 충격으로 자살하는 '따돌림 자살'을 말한다.

032 베르테르 효과 Werther effect
유명인 등의 자살 후 그것을 모방한 자살이 잇달아 일어나는 현상

독일의 괴테가 1774년 출간한 소설인『젊은 베르테르의 슬픔(Die Leiden des jungen Werthers)』에서 유래한 것으로, 유명인이나 자신이 롤모델로 삼고 있던 사람 등이 자살할 경우 그 사람과 동일하게 자살을 실행하는 현상이다. 1974년 미국의 사회학자 필립스가 이름을 붙인 것으로, 동조자살(copycat suicide) 또는 모방자살이라고도 한다.

033 페미니즘 feminism
정치, 경제, 사회 등의 모든 부분에서 여성의 권리를 회복하려는 여성해방운동

라틴어 'femina(여성)'에서 유래된 것으로, 자본주의 또는 남성 중심적인 *가부장제로 인해 억압받고 있는 여성을 해방시키고자 하는 운동을 말한다. 여성에 대한 모든 사회적 차별을 부정하고, 남녀평등을 주장하며, 종래 불평등하게 취급되고 있는 부분에 대한 변화를 추구한다.

> **가부장제(家父長制)** 가부장이 가족에 대한 지배권을 행사하는 가족 형태. 또는 그런 지배 형태

034 노비즘 nobyism
이웃이나 사회에 손해가 발생하더라도 자신에게 손해가 되지 않으면 무관심한 현상

철저한 *개인주의에 입각한 사고로, 자신에게 손해가 되지 않는다면 비록 그것이 다른 사람이나 사회에 손해가 된다고 하더라도 관심을 가지지 않는 현상을 말한다. 즉, 공공장소나 이웃의 집 앞에 쓰레기를 버리는 것은 상관하지 않지만, 자신의 집 앞에 쓰레기를 버리는 것은 절대 허용하지 않는 현상이 이에 해당한다.

> **개인주의(個人主義, individualism)** 자본주의 이후 출현한 행위로 국가와 사회로부터 개인의 활동에 대한 자유와 절대적인 권한을 인정하는 사상

035 루키즘 lookism
외모에 지나치게 집착하는 외모지상주의

미국 뉴욕 타임스의 칼럼니스트인 새파이어가 지난 2000년 인종·성별·종교·이념 등에 이어 새롭게 지적한 차별 요소이다. 외모에 지나치게 집착하는 외모지상주의 경향 또는 그러한 사회 풍조를 말한다. 오늘날 많은 사람들이 외모가 취업·승진·결혼 등 인생의 전반에 걸쳐 성패를 좌우한다고 믿어, 성형수술이나 다이어트 등 외모를 가꾸는 데 지나치게 많은 시간과 노력을 기울이고 있다.

036 빈 둥지 증후군 empty nest syndrome
중년의 주부가 느끼는 자기의 정체성에 대한 상실감

남편은 바쁜 직장일로 무관심하고 자녀들은 성장하여 *세대 차이를 이유로 상대해 주지 않아 애정의 보금자리라 여겼던 가정이 빈 둥지가 된 듯한 상실감을 말하며, 공소증후군(空巢症候群)이라고도 한다. 집안살림, 자녀교육, 남편 뒷바라지 등으로 여성의 사회참여가 활발하지 못한 사회에서 심각한 문제가 되고 있다.

세대 차이 구세대와 신세대 사이의 감정 또는 가치관의 차이

037 파랑새 증후군 bluebird syndrome
현실에 만족하지 못하고 항상 새로운 이상만을 추구하는 병적인 증세

벨기에의 작가 *모리스 마테를링크의 동화 『파랑새(L'Oiseau Bleu)』에서 유래한 것으로, 미래의 행복만 꿈꾸고 현재의 삶에는 크게 관심이 없는 병적인 증세를 말한다. 빠른 사회적 변화에 적응하지 못하거나, 현재의 직업에 만족하지 못하고 항상 직장을 옮겨 다니는 직장인을 일컫는 용어로 사용되고 있다.

모리스 마테를링크(Maurice Maeterlinck, 1862~1949)
• 벨기에의 시인, 극작가, 수필가
• 1911년 노벨문학상 수상
• 주요 저서 : 『파랑새(L'Oiseau Blue)』, 『발렌 왕녀』, 『꿀벌의 생활(La Vie des Abeilles)』 등

함께 나오는 용어

• 피터팬 증후군(peter pan syndrome)
육체적으로는 어른이 되었지만 여전히 어린이로서 대우받고 보호받기를 원하는 심리를 말한다. 마마보이나 정부에 의존하려는 기업을 일컫기도 한다.

• 모라토리엄 인간
모라토리엄(moratorium)이란 '일시 정지' 또는 '유예'란 의미로, 성인으로서의 사회적 책무를 수행할 수 있는 능력이 있음에도 이를 유예시키는 청년층을 모라토리엄 인간이라 말한다.

038 낙인 효과 stigma effect
다른 사람으로부터 부정적인 낙인이 찍힘으로써 실제 그렇게 되는 현상

전과 등 과거의 나쁜 경력이 특정인을 평가하는 데 영향을 미치고, 나쁜 사람으로 낙인 찍힌 사람은 의식·무의식적으로 평가받은 대로 행동하게 되는 것을 말한다. 즉, 특정인을 범죄자로 인식하면 결국 그 사람은 범죄자가 된다는 이론이다. 이와 반대로 타인이 자신을 긍정적으로 생각해주었을 때 기대에 부응하기 위해 노력함으로써 긍정적인 결과를 만들어내는 것을 '피그말리온 효과(pygmalion effect)'라고 한다.

039 헤일로 효과 halo effect
어떤 사람이나 사물을 평가할 때 선입관, 고정관념, 편견 등으로 객관성이 결여되는 현상

●헤일로 효과란 사람이나 사물 등 일정한 대상을 평가하면서 그 대상에 대한 일반적인 견해가 대상의 구체적인 특성을 평가하는 데 영향을 미치는 현상을 말한다. '광배 효과(光背效果)' 또는 '후광 효과'라고도 한다.

어떤 사람의 첫인상이 좋으면 그 사람의 지능이나 성격도 좋다고 평가하는 경우나 그 반대의 경우, 또는 포장이 세련된 제품을 고급품으로 인식하는 경우 등이 이에 해당한다.

헤일로(halo) 그림 등에서 사람의 머리나 몸 주위에 둥글게 그려지는 후광

#○○족(생활방식)

빈출

040 딩크족 DINK族
의도적으로 자녀를 두지 않은 맞벌이 부부

'Double Income No Kids'의 준말로, 사회적 성공이나 육아에 대한 부담 등을 이유로 의도적으로 자녀를 두지 않은 맞벌이 부부를 말한다. 이들은 육아에 소요되는 비용과 시간을 사회적 성공을 위해 투자하고, 상대방의 자유와 자립을 존중하며 일하는 삶에서 보람을 찾으려고 한다.

여피족 이후 ●미국의 베이비 붐 세대의 생활양식이나 가치관을 대변하는 용어이다.

미국의 베이비 붐(baby boom)
• 미국에서 제2차 세계 대전 후 1945년~1960년에 태어난 세대
• 출생률이 급격히 증가하였을 때 태어난 세대로 미국 사회의 소비문화를 주도

결혼 관련 신조어

듀크(DEWK)족	• 'Dual Employed With Kids'의 준말 • 자녀가 있는 맞벌이 부부를 의미
FIT족	• 'Free Intelligent Tribe'의 준말 • '나홀로족'을 자청하는 전문직 독신자들을 의미

---

041 딘트족 DINT族
수입은 두 배이나 돈 쓸 시간이 없는 신세대 맞벌이 부부

'Double Income No Time'의 준말로, 맞벌이로 수입은 두 배이나 바쁜 업무로 인해 시간이 없어 소비를 못하는 맞벌이 부부를 지칭하는 말이다. 뛰어난 컴퓨터 활용능력과 정보 수집 능력을 보유한, 20C 말 정보 혁명기에 새로운 인간군으로 등장한 이들을 겨냥해 예술공연이나 쇼핑몰 등이 영업시간을 연장하고 컴퓨터·정보통신 기업들은 첨단 제품의 개발에 주력한 바 있다. 시대는 변했지만 딘트족은 우리 사회에 여전히 존재하고 있다.

빈출

042 **여피족** yuppie族
도시에서 전문직에 종사하는 고수입의 젊은 인텔리

Young(젊음), Urban(도시형), Professional(전문직)의 머리글자를 딴 YUP에서 나온 용어로, 도시에서 전문직에 종사하는 고수입의 젊은 *인텔리를 말한다. 이들은 개인의 취향을 중요시하고, 여유가 있는 등 기성세대와는 다른 가치관을 가지고 있다.

인텔리 지적 노동을 생산하는 사회 계층, 즉 지식인층을 뜻함

함께 나오는 용어

더피(duppies)족
여피족(yuppies)에서 앞의 'y'만 depressed(우울한)의 'd'로 바꾼 것으로, 경기침체로 인해 원하는 직장을 찾지 못하고 임시직으로 근근이 생활하고 있는 도시 전문직을 의미한다.

043 **욘족** YAWN族
젊은 나이에 부자가 되었지만 평범한 삶을 추구하는 사람들

'Young And Wealthy but Normal'의 준말로, 30대~40대의 젊은 나이에 부자가 되었지만 요트나 제트기를 즐기기보다는 가족에 충실하며 평범하게 사는 사람들을 말한다. 대표적 인물인 빌 게이츠는 소박한 옷차림을 즐기고 '빌앤멜린다 게이츠 재단'을 설립해 자선 사업을 펼치고 있다.

빌앤멜린다 게이츠 재단(Bill & Melinda Gates foundation)
• 세계적인 민간 자선 재단으로 2000년에 설립하여 활발한 사회공헌 활동을 펼치고 있음
• 운영 목적 : 빈곤 퇴치, 의료 지원 확대, 에이즈 전염 확산 방지 등

삶의 방식에 따른 ○○족

로하스(LOHAS)족	• 'Lifestyles Of Health And Sustainability'의 준말 • 건강을 염두에 두고 합리적이고 친환경적인 소비형태를 지향함
인스피리언스 (insperience)족	• 집안을 뜻하는 'indoor'와 경험을 뜻하는 'experience'의 합성어 • 집안을 다양한 공간으로 꾸미고 삶을 즐기는 사람들을 의미

044 **코쿤족** cocoon族
외부 세상보다는 자신만의 안전한 공간에 머물려는 칩거증후군의 사람들

'cocoon(누에고치)'에서 파생된 용어로, 복잡하고 위험한 외부세상으로부터 도피하여 자신만의 공간에서 안락함을 추구하려는 '나홀로족'을 말한다. 그들은 자동차나 방에 음악감상실 수준의 음향기를 구비하여 음악을 감상하거나 컴퓨터를 통해 세상과 접촉한다. 이들은 안정된 수입원을 가지고 있고, 업무능력이 뛰어나며, 스트레스 해결 및 자기충전의 방법을 가지고 있는 것이 특징이다.

045 네스팅족 nesting族
사회적 성공보다 가정의 화목을 중요시하는 사람들

'nest(둥지)'에서 파생된 용어로, 돈·명예보다 화목한 가정이나 집안 가꾸기에 열중하는 신가정주의를 말한다. 오늘날 '가족 해체에 대한 반발과 여가 중시 풍조가 겹쳐 등장한 개념으로, 가족여행이나 기념일, 가족 간의 대화를 중요시한다.

가족 해체(家族解體) 가족 구성원 사이의 대립으로 인하여 가정이 파괴되고 사회적 기능 장애가 나타나는 현상

046 슬로비족 slobbie族
천천히 하지만 더욱 훌륭하게 일하는 사람들

'slow but better working people'의 의미로, 빠르게 돌아가는 현대생활의 속도를 늦추어 보다 천천히 그리고 느긋하게 살려는 사람들을 말한다.
고액 연봉을 받으며 직장을 옮겨 다니는 '잡 노마드족과 달리 뛰어난 실력을 갖추고 있으면서도 낮은 소득을 감수한 채 한 직장을 고수하며 살아간다.

잡 노마드족(job nomad族)
job(직업)과 nomad(유랑하는 유목민)의 합성어로, 적성이나 성격에 맞는 직업을 찾아서 이곳저곳 직장을 옮겨 다니는 사람들

함께 나오는 용어

• 웰빙(well-being)
육체적·정신적 건강의 조화를 통해 행복하고 아름다운 삶을 추구하는 것이다. 물질적으로는 풍요롭지만 정신적으로는 빈곤한 현대 산업 사회의 병폐에 대한 자각에서 시작됐다. 이러한 웰빙을 추구하는 사람들을 '웰빙족'이라고 부른다.

• 슬로푸드(slow food)
조리하거나 먹는 과정에 많은 시간이 걸리는 음식이다. 간편하게 조리해서 바로 먹을 수 있는 '패스트푸드(fast food)'에 반대되는 것이다. 맛의 표준화를 지양하고 나라별·지역별 특성에 맞는 전통적이고 다양한 식생활 문화를 계승 발전시키자는 운동으로, 웰빙의 한 형태이다.

047 히피족 hippie族
인간성 회복, 자연에의 귀의를 주장하며 탈사회적(脫社會的) 행동을 하는 사람들

1966년 미국 샌프란시스코에서 청년층이 주도해 시작된 것으로, 인간성을 압살하는 기존의 사회질서나 물질문명을 거부하고 인간성 회복, 자연에의 귀의를 주장하며 자신의 행복에 최대의 관심을 가지고 있는 사람들을 말한다. 긴 머리에 특이한 옷차림(미니스커트, 맨발, 부츠)과 특이한 장식품(목걸이, 굵은 벨트)을 하고 있으며, 대도시 안에서나 교외에 히피 빌리지(hippie village)를 형성하기도 한다.

048 시피족 CIPIE族
개성있고 합리적이며 전문성이 있는 소비를 지향하는 젊은이

Character(개성), Intelligence(지성), Professionalism(전문성)의 머리글자를 딴 CIP에서 나온 말로, '심플 라이프'를 추구하는 젊은이들을 말한다. 시피족은 무계획적 소비 생활이나 감각적인 문화가 아닌 합리적인 소비를 지향하며 자신에게 잘 어울리고 적당한 가격의 제품을 선호한다.

심플 라이프(simple life) 허세로 가득한 생활을 지양하고 자연스러운 생활을 지향하는 생활상

049 뉴하드워커 new hard worker
급여나 휴일보다는 꿈과 낭만이 있는 일에 매력을 느끼는 세대

무조건 일만 열심히 하는 하드워커가 아니라 자신의 꿈과 낭만을 실현할 수 있는 일에 열정을 다하는 세대이다. 이들이 중시하는 것은 본업의 내용, '사풍, 장래의 비전, 연수 제도의 순으로 나타나고 있다.

사풍(社風) 어떠한 기업 및 집단에서 그 안의 사람들의 공통된 기질을 말함

050 좀비족 zombie族
거대한 조직 내에서 무사안일주의에 빠져 주체성 없이 좀비처럼 행동하는 사람들

현대의 관료화된 거대조직 내에서 요령과 처세술만 터득하여 '무사안일주의로 지내려는 소극적 사원을 꼬집는 말이다.

무사안일주의(無事安逸主義) 일을 하려고 하지 않고 편안함만을 추구하는 태도 또는 사고방식

직장·취업에 따른 ○○족

갤러리(gallery)족	회사가 돌아가는 상황을 방관만 하다가 그만둘 때는 미련 없이 떠나는 직장인들을 의미
나토(NATO)족	• 'No Action Talking Only'의 준말 • 회사를 그만두고 다른 직장으로 옮기거나 개인사업을 하겠다는 말만하고 사표를 내지 못하는 직장인들을 의미
프리터(freeter)족	• 'free arbeiter'의 준말 • 필요한 돈이 모일 때까지만 아르바이트를 하고 쉽게 일자리를 떠나는 사람들을 의미
니트(NEET)족	• 'Not in Education, Employment or Training'의 준말 • 학업·취업·가사일을 할 의욕이 전혀 없는 15~34세의 젊은 층을 의미

051 통크족 TONK族
자녀에게 의존하지 않고 부부만의 인생을 추구하는 노인 세대

'Two Only No Kids'의 준말로, 손자·손녀를 돌보던 전통적인 할아버지와 할머니의 역할에서 벗어나 자녀들에게 부양받는 것을 거부하고 부부끼리 독립적으로 취미와 여가활동을 즐기는 노인 세대를 말한다.

052 사이버펑크족 cyberpunk族
세상의 모든 일을 컴퓨터로 해결할 수 있다고 생각하는 컴퓨터 세대

˚사이버네틱스(cybernetics)와 펑크(punk)의 합성어로, 컴퓨터와 사이버 공간을 매개로 새롭게 등장한 미래 지향적인 젊은이들을 말한다. 세상의 모든 일들을 컴퓨터로 해결할 수 있다고 생각하며, 사이버 공간을 돌아다니며 동호인을 규합하고 온라인 파티를 즐긴다.

> **사이버네틱스(cybernetics)** 기계의 제어 시스템을 생물유기체의 신경계와 연관하여 연구하는 학문(인공두뇌학)

053 M세대
모바일 세대(Mobile generation) 또는 밀레니엄 세대(Millennium generation)

휴대전화와 인터넷만 있으면 어디서든 생활이 가능하다고 믿는 세대로, 무선인터넷에 접속하여 정보검색, 쇼핑, 게임 등을 즐긴다.

세대 관련 용어

C세대	어느 한 분야에 중독된 세대(Chemical generation)에서 출발하여 최근에는 자신이 직접 콘텐츠를 생산·소비하는 콘텐츠 세대(Contents generation)를 지칭하는 말
P세대	Participation(적극적인 참여), Passion(열정), Potential power(잠재력)를 바탕으로 사회 ˚패러다임의 새로운 변화를 일으키는 세대

> **패러다임(paradigm)** 동시대를 살아가는 사람들의 사고 및 견해를 지배하는 관점 또는 이론적 틀

054 미 제너레이션 me generation
개인주의 성향이 강해 자기중심적 사고를 하는 세대

자기 또는 관련 집단의 이익 외에는 무관심하고 자신의 욕구 충족만을 바라는 세대를 말한다. ˚낫 미 제너레이션과 함께 1950년대 베이비 붐 세대의 특징을 잘 나타내는 용어이다.

> **낫 미 제너레이션(not me generation)** 잘못되면 모두 남의 탓으로 책임을 전가하는 사람들

#사회 제도

055 사회 보장 제도 social security system
국가가 국민을 보호하고 최소한의 인간다운 생활을 보장하기 위해 실시하는 복지 제도

질병, 장애, 노령, 실업, 사망 등의 사회적 위험으로부터 모든 국민을 보호하고 빈곤을 해소하며 국민 생활의 질을 향상시키기 위하여 제공되는 사회 보험, 공공부조, *사회 복지 서비스 및 관련 복지 제도를 말한다.

사회 복지(social welfare, 社會福祉) 사회 보장 제도를 근거로 하여 국민의 생활을 안정화시키고 제도를 마련하여 아동, 장애인, 노인에 대한 금전적인 서비스 급부 방법 등을 시행하는 활동을 뜻함

함께 나오는 용어

공공부조(公共扶助, public assistance)
빈곤자·장애자·노령자 등 사회적으로 보호해야 할 자에게 최소한의 인간다운 생활을 할 수 있도록 국가가 원조해주는 사회 보장 제도를 말한다. 국가 및 지방 자치 단체가 비용을 부담하여 생활 보호, 의료 보호, 재해 구조 등을 실시한다.

056 영국의 사회 보장 제도
'요람에서 무덤까지'를 충족시켜주는 완벽한 사회 보장 제도

영국 사회 보장 제도의 아버지라고 불리는 *베버리지가 작성한 보고서를 기초로 사회 보장 제도가 시작되었다. 즉, 이전에 통합되지 않은 여러 급여 제도들을 새로운 원칙하에 통합하여 실업, 질병, 출산, 은퇴, 재해, 사망 등 소득상실에 대비한 포괄적 사회 보장 제도를 도입하였다.

베버리지(William Henry Beveridge, 1879~1963)
• 영국의 경제학자
• 1903년 토인비 홀의 부관장으로 임명되면서 실업문제에 대해 연구하기 시작
• 주요 저서 : 『자유사회에서의 완전고용』(1944) 등

함께 나오는 용어

영국병(英國病)
1970년대 영국은 과도한 사회 복지와 노조의 막강한 영향력으로 인한 지속적인 임금상승과 생산성의 저하로 장기적인 경기침체 현상에 시달려야 했는데, 이를 영국병이라고 한다. 1979년 '철의 여인'으로 불린 대처 총리가 집권하면서 저비용·고효율의 경제 개혁으로 영국병은 해소되었다.

057 독일의 사회 보장 제도
소득 재분배를 통해 국민의 후생에 국가가 직접 관여하는 사회 보장 제도를 최초로 시행

저소득층에 대한 국가의 보조를 통해 그들이 중산층의 생활수준을 누릴 수 있도록 하는 것에 중점을 둔 사회 보장 제도로, 국민총생산의 1/3 이상이 사회 보장 혜택으로 돌아가고 있다. 연금 보험·의료 보험·실업 보험·산재 보험·수발 보험의 5대 사회 보험을 근간으로 두고 있다.

058 사회 보험 社會保險, social insurance
국가가 사회적 위험으로부터 국민을 보호하기 위해 강제적으로 실시하는 보험 제도

국가가 일반적인 보험 원리를 적용해 근로자나 그 가족을 상해·질병·노령·실업·사망 등의 위협으로부터 보호하기 위하여 실시하는 제도이다. 사회 보험은 노동 능력의 상실에 대비한 산업재해 보험·건강 보험과 노동기회의 상실에 대비한 연금 보험·실업 보험으로 크게 구분할 수 있다. 사회 보험은 개인 보험과 달리 가입이 강제되며, 보험료도 개인·기업·국가가 서로 분담하는 것이 원칙이다.

059 국민건강 보험 國民健康保險
일상의 질병이나 부상 등에 대해 보험금을 지급하여 개인의 부담을 경감해 주는 사회 보장 제도

국민들이 평소에 보험료를 납부하여 기금을 조성하였다가 질병이나 부상, 사망 등의 보험사고가 발생할 경우 보험금을 지급하여 국민의 부담을 덜어주는 사회 보장 제도를 말한다. 보험료는 각 개인의 경제적 능력에 따라 부과되고, 개별부담과 관계없이 필요에 따라 균등한 급여를 받음으로써 *소득 재분배 기능을 수행한다.

소득 재분배(所得再分配) 사회 보장 제도를 바탕으로 소득의 불균형과 격차를 줄이기 위한 방안으로 시행

060 국민연금 國民年金
정부에 의해서 운영되는 공적연금 제도

국민 개개인이 소득활동을 하는 동안 일정한 보험료를 납입하고, 퇴직, 질병, 사망, 장애 등으로 소득활동이 중단된 경우 본인이나 유족에게 연금을 지급하는 사회 보장 제도를 말한다. 18세 이상 60세 미만이 가입대상이며, *공적연금으로서 법적으로 가입이 강제된다.

공적연금(公的年金) 연금 제도의 운영 주체가 국가일 때, 공적연금이라 함

더 알고가기

주요 국민연금 종류
- **기초연금** : 노령으로 인한 근로 소득 상실을 보전하기 위한 연금. 만 65세 이상, 형편이 어려운 소득 인정액 기준 하위 70% 어르신께 지급
- **유족연금** : 주소득자의 사망에 따른 유족의 소득 상실을 보전하기 위한 연금
- **장애연금** : 질병·사고로 인한 장기 근로 능력 상실에 따른 소득 상실을 보전하기 위한 연금
- **반환일시금** : 연금 수급 요건에 해당하지 않거나, 연금 가입 기간 중 이민을 가는 등의 경우에 청구하여 반환받을 수 있는 연금

061 EITC Earned Income Tax Credit, 근로장려세제
정부가 일정 금액 이하의 저소득 근로자에게 근로 소득 금액에 따라 산정된 근로장려금을 지급하는 제도

일정 금액 이하의 저소득 근로자를 대상으로 소득에 비례한 세액공제액이 소득세액보다 많은 경우 그 차액을 환급해 주는 제도를 말한다. *근로빈곤층이 빈곤상태를 완화하고 소득을 재분배하는 효과를 가져온다. 원천 징수당한 세금을 되돌려 받는다는 점에서 연말 정산과 비슷하나, 세금을 전혀 내지 않은 사람이라 하더라도 공제액과의 차액을 환급받을 수 있다는 점에서 연말 정산과 구별된다.

근로빈곤층(working poor) 갑자기 찾아온 병이나 실업으로 한순간에 빈곤층으로 전락할 가능성이 높은 계층

062 고용보험 雇傭保險
실업자에게 실업 수당을 지급하고 직업 훈련 등을 위한 장려금을 지원하는 사회 보장 제도

노동자가 감원 등의 사유로 실업하게 되었을 때 일정 기간 실업수당을 지급함으로써 생활의 안정과 재취업을 촉진하고 기업에 *직업 훈련 장려금을 지원하는 등 종합적인 보험 제도를 말한다. 근로자가 1인 이상인 사업장은 고용 보험에 가입해야 하며 고용보험료는 고용안정·직업능력개발사업 보험료와 실업 보험료로 나뉜다.

직업 훈련 장려금 직업에 필요한 기술을 배울 수 있도록 취업 및 직업을 구하려는 구직자들에게 지원하는 지원금

063 산업재해보상보험 産業災害補償保險
근로자의 업무상 재해를 신속·공정하게 보상하기 위해 사업주의 가입이 강제되는 사회 보험

「산업재해보상보험법」에 근거하여 근로자의 업무상의 재해를 신속·공정하게 보상하기 위한 사회 보험으로 사업주의 가입이 강제된다. 「산업재해보상보험법」은 「*근로기준법」의 적용대상에 한정되지 않고 모든 사업장에 적용되므로 영세사업주도 보험에 가입할 수 있다.

근로기준법(勤勞基準法) 근로자의 기본권을 보장하고 향상시키기 위해 근로 조건의 기준을 정한 법률

함께 나오는 용어 ···

산재보험급여의 종류

- 요양급여
- 장해급여
- 유족급여
- 장의비
- 휴업급여
- 간병급여
- 상병보상연금
- 직업재활급여

064 긴급복지지원 제도

생계가 갑자기 어려워진 국민에게 국가가 신속하게 생계비, 의료비, 주거비 등을 지원해주는 제도

가장의 사망·실종이나 화재, 가정 내 폭력, 가구 구성원으로부터의 학대·방임 등으로 생계가 갑자기 어려워졌을 때 긴급히 생계비와 의료비, 주거비 등을 정부로부터 지원받을 수 있는 제도를 말한다.

지원 내역(2020년 11월 기준)

생계비	식료품비, 의복비 등 1개월 생계 유지비 1230천원(4인 기준)
의료비	각종 검사, 치료 등 의료서비스 300만원 이내 지원(본인부담금 및 비급여 항목)
주거비	국가·지자체 소유 임시거소 제공 또는 타인 소유의 임시거소 제공(제공자에게 거소사용 비용 지원), 643.2천원 이내(대도시, 4인 기준)
복지시설 이용비	사회 복지시설 입소 또는 이용 서비스 제공(시설운영자에게 입소 또는 이용 비용 지급), 1450.5천원 이내(4인 기준)
교육비	초·중·고등학생 중 수업료 등이 필요하다고 인정되는 사람에게 학비 지원 (초 221.6천원, 중 352.7천원, 고 432.2천원 및 수업료·입학금)
그 밖의 지원	동절기(10월~3월) 연료비 : 월 98천원, 해산비(70만원), 장제비(80만원), 전기 요금(50만원 이내)

065 국민 주택 國民住宅

국가가 일반 서민에게 저렴한 가격으로 임대·분양하는 85㎡(약 25.7평) 이하의 주택

국가·지방자치단체·한국토지주택공사, 지방 공사 등이 서민층의 주택난 문제를 해결하기 위해 `국민 주택기금을 조성해서 저렴한 가격으로 공급하는 85㎡(약 25.7평) 이하의 주택을 말한다.

국민 주택기금(國民住宅基金)
공공임대주택을 확충하기 위해 자금을 마련하여 임대주택 건설을 원활히 진행하기 위해 설립된 기금

함께 나오는 용어

공공주택(구 보금자리주택)
「공공주택 특별법」(구 「보금자리주택 건설 등에 관한 특별법」)에 따라 국가나 지방자치단체, 한국토지주택공사, 주택 사업을 목적으로 설립된 지방 공사 등이 무주택 서민을 위하여 공급하는 국민 주택 규모(전용 면적 85㎡) 이하의 분양 주택과 임대 주택을 말한다.

066 공익사업 公益事業, public utility
공중의 일상생활과 밀접한 관련이 있거나 국민 경제에 미치는 영향이 큰 사업

공공의 이익을 도모하기 위하여 *공중의 일상생활에 불가결한 용역(서비스)을 공급하는 사업으로, 정기노선여객운수사업, 수도·전기·가스·석유 정제 및 석유공급사업, 공중위생 및 의료사업, 은행 및 조폐사업, 방송 및 통신사업을 말한다. 공익사업은 공익성과 사회성의 균형 유지를 위해 소비자보호, 용역의 규제, 노동 쟁의, 지역사회와의 조정 등 여러 문제가 규정된다.

공중(公衆) 일반인, 일반 사람들

함께 나오는 용어

• 필수공익사업(必須公益事業)
공익사업 중 특히 공중의 일상생활과 긴밀히 관련되어 있는 사업을 말한다. 공익사업으로서 그 업무의 정지 또는 폐지가 공중의 일상생활을 현저히 위태롭게 하거나 국민 경제를 현저히 저해하고 그 업무의 대체가 용이하지 아니한 사업을 말한다. 구체적으로 철도(도시철도 포함), 수도·전기·가스·석유 정제 및 석유공급사업, 병원사업, 한국은행, 통신사업을 말한다.

• 필수유지업무(必須維持業務)
필수공익사업의 업무 중 그 업무가 정지되거나 폐지되는 경우 공중의 생명·건강 또는 신체의 안전이나 공중의 일상생활을 현저히 위태롭게 하는 업무를 말한다. *필수유지업무협정은 쟁의 행위 전에 반드시 체결되어 있어야 한다.

필수유지업무협정 노동 쟁의가 발생하더라도 사업장의 업무가 중단되지 않도록 최소한의 인원을 유지하여 업무를 진행하도록 하는 제도

#인구와 도시

067 고령화 사회 aging society
총인구 중에 65세 이상의 인구가 차지하는 비율이 7% 이상인 사회

우리나라의 「고용상 연령차별금지 및 고령자고용촉진에 관한 법률 시행령」에서는 55세 이상을 고령자, 50~54세를 준고령자로 규정(제2조)하고 있으나, UN은 65세 이상의 인구가 총인구에서 차지하는 비율이 7% 이상일 때 고령화 사회라고 보고 있다.

함께 나오는 용어

• 고령 사회와 후기 고령 사회
65세 이상 인구가 총인구에서 차지하는 비율이 14% 이상을 고령 사회(aged society)라고 하고, 65세 이상 인구가 총인구에서 차지하는 비율이 20% 이상을 후기 고령 사회(post-aged society) 혹은 초고령 사회라고 한다. 우리나라의 경우 2017년도에는 65세 이상의 노인 인구가 707만5518명으로 추정되어 전체 인구의 10.3%에 이르렀으며, 2026년에는 전체 인구의 20%에 이를 것으로 추정하고 있다.

• 호모 헌드레드(homo-hundred)
100세 이상의 장수가 보편화되는 시대를 지칭하는 용어다. UN이 2009년 작성한 '세계인구고령화(World Population Aging)' 보고서에서 의학기술 등의 발달로 100세 이상의 장수가 보편화되는 시대를 지칭하면서 만들어진 용어다.

068 노령화 지수 老齡化指數
유소년(14세 이하)인구 100명에 대한 노령(65세 이상)인구의 비율

노령화 지수가 높아질수록 *생산인구보다 부양해야 할 노년 인구가 많아지는 것인데, 보통 노령화 지수가 30을 넘으면 노령화 사회로 분류된다. 인구의 노령화는 생산 능력을 갖고 있는 인구의 감소 및 노인의 사회적·경제적 위치가 약화되면서 사회적 문제로 대두되고 있다.

생산인구 15세에서 64세까지의 인구를 말하는데 '생산 가능인구'라고도 함

069 센서스 census
사회 집단 전체를 대상으로 하는 대규모의 통계 조사

센서스는 다양한 집단을 대상으로 하는 통계 조사라는 뜻이나, 보통 인구 주택 총조사를 의미한다. 인구 주택 총조사는 통계청의 주도로 5년마다 한 번씩 실시되는데, 사전준비에 2년이 걸리며, 조사요원은 약 10만 명, 면접 조사 기간은 9개월, 결과의 집계 분석에는 2년이 소요되는 국내 최대 규모의 통계 조사이다. 지역별 인구와 가구 수는 물론 개인별 특성까지 조사하여 광범위한 내용을 정확히 수집하는 데 목적이 있다.

070 인구 피라미드 population pyramid
인구의 성별·연령별 분포를 나타낸 도표

막대그래프 중앙의 세로축에 1세, 5세, 10세 등의 간격으로 연령을 나타내고 좌우의 가로축에 남녀별 실수(實數)나 구성 비율을 나타낸 도표다. 피라미드형, 종형, *방추형 등으로 구분된다.

인구 피라미드의 유형

피라미드형	• 출생률은 증가하고 사망률은 점차 저하되는 인구의 증가형 • 대체로 후진국들이 이에 속함
종형	• 출생률·사망률이 모두 낮고 인구증가가 정체 상태인 정지형 • 대체로 선진국들이 이에 속함
방추형	사망률이 낮아 인구증가율은 정체 상태이나 출생률이 더욱 낮아 인구가 감퇴하는 감소형(항아리형)
별형	• 생산 연령 인구의 도시 전입으로 20대에서 50대 사이의 인구가 많은 형태 • 전입형 또는 도시형이라고도 함
표주박형	• 생산 연령 인구의 전출에 의해 20대에서 50대 사이의 인구가 적은 형태 • 전출형 또는 농촌형이라고도 함

방추형 가운데가 불룩하고 양쪽의 끝이 뾰족한 물레의 가락과 비슷한 모양

방추형

071 토머스 맬서스 Thomas Robert Malthus, 1766~1834
영국의 경제학자로 생존을 위해 인구증가를 억제해야 한다는 『인구론』의 저자

토머스 맬서스는 그의 저서 『인구론』에서 인구는 *기하급수적으로 증가하나 식량은 *산술급수적으로 증가하므로 인구와 식량 사이에 필연적인 불균형이 발생하고, 결국 이것이 기근·빈곤·악덕으로 이어진다고 하였다. 이러한 불균형과 인구증가를 억제하는 방법으로 성적 억제, 결혼 연기, 출산율 감소 등의 도덕적 억제를 들었다.

기하급수적 숫자가 늘어나는 양이 천문학적으로 많은 것

산술급수적 늘어나는 숫자의 차이가 일정한 간격으로 커지는 것

072 에코폴리스 ecopolis, 자연생태도시
사람과 자연환경이 조화를 이루며 공생할 수 있는 체계를 갖춘 미래형 도시

'ecology(생태)'와 'polis(도시)'의 합성어로, 1992년 브라질의 리우데자네이루에서 개최된 *리우회의 이후 도시개발·도시 계획·환경계획 분야에서 새로이 대두된 개념이다.
'환경적으로 건전하고 지속 가능한 개발'이라는 전제 아래, 도시 지역의 환경 문제를 해결하고 환경보전과 개발을 조화시키기 위한 방안의 하나이다. 구체적으로 기존의 신도시보다 2배 이상의 녹지를 조성하는 것, 무공해 발전시설인 태양열발전소 및 풍력발전시스템을 도입하는 것, 에너지를 자급자족하는 것, 도시 내 야생 동물의 이동경로를 확보하는 것 등이 있다.

리우회의(Rio Conference) 정식명칭은 유엔환경개발회의(UNCED)로, 1992년 브라질의 리우데자네이루에서 개최된 지구환경회의

073 테크노폴리스 technopolis, 고도기술 집적 도시
균형 있는 지역발전을 위해 지방도시의 근교에 조성된 기술 중심의 기업군이나 학문적 연구시설이 집중된 도시

'technology(기술)'와 'polis(도시)'의 합성어로, 1970년 후반 일본이 산업고도화 정책을 추구하는 과정에서 채택한 용어이다. 공업발전이 뒤떨어진 지방의 고급 인력들이 쾌적한 환경 속에서 첨단과학 연구에 전념할 수 있도록 하고, 이들의 연구성과를 자체 지역 내의 기업체에서 *산업화함으로써 산업구조의 고도화와 지방도시의 균형적 발전을 도모하는 것을 말한다.

산업화
- 1차 산업 → 2차 산업 → 3차 산업
- 핵가족화, 도시인구집중현상, 과학기술발전, 부의 창출 등
- 부작용 : 환경파괴, 인간소외 등 사회 갈등 현상이 발생

> **함께 나오는 용어**
>
> 메트로폴리스(metropolis)
> 라틴어인 'meter(mother)'와 'polis(city)'의 합성어로, 정치·경제·정보 등의 기능을 통합하는 인구 100만 이상의 거대 도시를 말한다.

074 베드타운 bed town
휴식과 수면을 위해 만들어진 대도시 부근의 주거 지역

1925년 시카고 대학의 E. W. 버제스가 주장한 것으로, 도시 내부의 지역배열을 중심업무지대·점이지대·노동자 주택 지대·중류 주택 지대·정기 통근권자 지대의 5개 지대로 분류하였을 때 정기 통근권자 지대를 말한다. 베드타운은 중심업무지대에 종사하는 부유층이 거주하는 고급 주택지구이다. 우리나라의 경우 일산이나 분당 등의 *위성 도시들이 이에 해당한다.

위성 도시 인구의 대도시 집중을 피하기 위하여 대도시 외곽지대에 건설된 중소도시

더 알고가기

버제스의 동심원이론
미국의 사회학자 E. W. 버제스는 도시의 구조를 중심업무지대, 점이지대(추이지대), 노동자 주택 지대, 중류 주택 지대, 정기 통근권자 지대로 분류하고 중심업무지대를 중심으로 도시는 방사선적으로 확대된다고 하였다.

075 공동화 현상 空洞化現象, 도넛화 현상
도시 중심부의 상주인구는 감소하고 도시 주변의 상주인구는 뚜렷하게 증가하여 상주인구의 분포가 도넛 형태와 유사하게 되는 현상

공업화의 진전으로 도심의 주간 인구는 계속 증가하는 반면, 소음·대기오염·교통혼잡·땅값 상승 등의 문제로 도심의 *상주인구는 감소하여 공공기관이나 상업기관만 남게 되는 도심 인구의 공동화(空洞化) 현상을 말한다. 이러한 현상이 점차 심해지면 도심 외곽에서의 출퇴근으로 인한 교통난의 비능률로 인해 다시 도시로 돌아가는 현상이 나타난다. 이와 같이 공동화 현상은 인구의 증가 분포도가 도넛 형태로 된다는 점에서 도넛화 현상 또는 회귀 현상이라고도 한다.

상주인구 하나의 지역에 주소를 두고 항상 거주하는 인구

076 스프롤 현상 sprawl phenomena
도시의 급격한 발전으로 인해 도시 주변이 무질서하게 확대되는 현상

고도경제성장에 따른 도시의 급속한 발전이 대도시 주변의 무계획적 건설, 지가의 앙등, 교통량의 폭주, 환경 오염 등의 문제를 발생시키는 현상을 말한다. 도시발전에 상응하는 도시계획이나 정비사업이 이루어지지 않았을 때 발생하며, 우리나라의 경우 1971년 도시계획법을 제정하여 *개발제한구역을 지정하고 있다.

스프롤(sprawl) '제멋대로 퍼져 나가다', '넓은 지역에 걸치다'의 뜻

개발제한구역 도시의 경관을 정비하고, 환경을 보전하기 위해서 설정된 녹지대로, 그린벨트(greenbelt)라고도 함

077 슬로시티 slow city
느리고 조용히 사는 삶을 추구하는 공동체운동

'느린 도시'라는 뜻으로 *치타슬로(cittaslow)라고도 한다. 1999년 이탈리아의 그레베 인 키안티(Greve in Chiantti)에서 시작된 것으로, 자연 속에서 살면서 마을의 고유 먹거리와 지역의 고유 문화를 느끼며 삶의 질을 향유하자는 운동이다. 인구 5만 명 이하의 소도시로 관광지로 개발될 가능성이 높다.

치타슬로(cittaslow) 영어와 이탈리아어의 합성어로 국제 공식용어임

더 알고가기
우리나라의 슬로시티
2020년 12월 기준으로 총 16곳이 지정돼 있으며, ▲신안 ▲완도 ▲담양 ▲하동 ▲예산 ▲남양주 ▲전주 ▲상주 ▲청송 ▲영월 ▲제천 ▲태안 ▲영양 ▲김해 ▲서천 ▲목포 등이다.

#사회 단체

078 참여연대 people's solidarity for participatory democracy
시민참여 · 시민연대 · 시민감시 · 시민대안을 목적으로 하는 시민운동 단체

1994년 9월 10일 시민참여 · 시민연대 · 시민감시 · 시민대안을 목적으로 시민들이 연대해 결성한 권력 감시운동 및 시민권리 찾기 운동 등을 주로 하는 시민운동 단체를 말한다. 참여연대의 중요한 활동 기능으로는 권력의 책임성 · 공정성 · 투명성에 있으며 활동경비 전액을 회원의 회비와 재정사업 등 시민의 힘으로 마련한다. 조직은 최고 의결기구인 총회와 운영위원회, 집행위원회 등으로 구성되어 있다.
권력의 횡포로부터 시민의 권리를 보호하고, 사법 · 기업 등 감시 및 견제 활동을 추진하며, 국민복지기본선 확정, 부패방지종합대책 수립, 소액주주의 경영참가 방안 마련 등 각종 대안을 연구 · 수립하는 역할을 하고 있다.

079 해비타트 habitat
무주택 서민에게 희망의 보금자리를 제공하는 사랑의 집 짓기 운동

미국의 변호사인 밀러드(Millard)와 그의 부인 풀러(Linda Fuller)가 1976년 창설한 초교파적인 민간 기독교운동 단체로, 무주택 서민들의 주거문제 해결을 위한 목적으로 설립되었다. 모든 과정은 자원봉사를 통해 이루어지며, 지어진 집들은 무주택 가정에 무이자 · 비영리 원칙으로 저가 판매된다.

080 MRA Moral Re-Armament, 도덕재무장운동

기독교 정신을 바탕으로 인종과 계층을 초월한 도덕을 재무장하고 세계 평화를 수립하려는 윤리적 평화운동

1921년에 미국의 종교활동가 부크맨(Buchman, F.)이 제창하였다. 1938년에 정식으로 발족하여 *제2차 세계 대전 후 전성기를 맞았으며, 오늘날에 세계적인 조직으로 발전하였다. 무사(無私) · 순결 · 사랑 · 정직 4가지를 신조로 하며, 인종 · 종교 · 계급 · 국적의 구별 없이 화합할 것을 수상하였다. 우리나라는 1948년에 정식으로 한국본부가 설립되었고, 1965년과 1966년 서울에서 MRA 세계대회와 아시아대회를 개최함으로써 전국적으로 확산되었다.

제2차 세계 대전 1939~1945년까지 독일 · 이탈리아 · 일본을 중심으로 한 세력과 영국 · 프랑스 · 미국 · 소련 등을 중심으로 한 연합국 사이에 벌어진 세계 전쟁

081 NPO Non-Profit Organization, 비영리민간단체

공공의 이익을 목적으로 하는 비영리민간단체

특정인의 이해와 영리를 목적으로 운영되고 있는 영리조직과 대비되는 개념으로, 일반 사회의 공익을 목적으로 설립, 운영되고 있는 비영리민간단체를 말한다. 전문적 지식과 다양한 정보를 제공하기 때문에 입법 · 사법 · 행정 · 언론에 이어 '제5의 힘'으로 불리기도 한다.

주로 정부, 기업, 개인으로부터 기부금, 보조금, 회비 등을 받아 운영되며 학교, 종교기관, 사회 복지기관, 연구기관, 자원봉사대, 환경 보호단체 등이 이에 해당한다. 우리나라에서는 2000년 4월부터 「비영리민간단체지원법」이 시행되어 법률에 의하여 인정된 공식조직에 해당한다.

082 디그니타스 dignitas

합법적으로 안락사를 도와주는 단체

'존엄'을 뜻하는 라틴어 '디그니타스(dignitas)'에서 유래한 것으로, 불치병으로 고통을 겪고 있는 환자들의 합법적인 *안락사를 도와주는 비영리단체를 말한다. 스위스 취리히에서 설립된 단체로, 타인의 안락사를 간접적인 방법으로 지원하는 것이 허용되는 스위스의 법에 따라 운영되고 있다. 즉, 의사가 환자에게 수면제나 극약 등을 처방해 주고 환자가 스스로 약을 먹어 목숨을 끊도록 하고 있는데, 스위스에 있는 디그니타스병원은 외국인도 받고 있다.

안락사(安樂死)
· 생존의 가능성이 없는 환자의 고통을 덜어 주기 위해 인위적으로 죽음에 이르게 하는 것
· 환자에게 독극물 투여 등의 방법으로 사망의 시기를 앞당기는 '능동적(적극적) 안락사'와 환자에게 부착되어 있는 인공호흡기 등 인위적인 생명연장 장치를 제거하는 '수동적(소극적) 안락사'가 있음

#사회 기타

083 세계의 동성결혼 허용 현황

연도	동성결혼 허용 국가(2020년 6월 기준)
2000	네덜란드
2003	벨기에
2005	캐나다, 스페인
2006	남아프리카공화국
2009	노르웨이, 스웨덴
2010	아르헨티나, 아이슬란드, 포르투갈
2012	덴마크
2013	브라질, 잉글랜드·웨일스, 프랑스, 뉴질랜드, 우루과이
2014	룩셈부르크, 스코틀랜드
2015	핀란드 아일랜드(세계 최초로 국민 투표를 통해 동성결혼 허용), 미국
2016	콜롬비아, 그린란드
2017	호주, 몰타, 독일
2019	오스트리아, 대만(아시아 최초로 동성결혼 허용), 북아일랜드, 에콰도르
2020	코스타리카

084 크라우드 펀딩 crowd funding
온라인을 통해 일반 대중으로부터 십시일반으로 자금을 조달하는 모금 형식

모금 주체가 모금 용도에 대한 기획을 제시하고 일정 기간 기부를 받아 목표액을 달성하면 기부된 금액으로 프로젝트를 진행하는 것을 말한다. 문화예술 분야의 활성화에 기여하고 있다.

085 데마고기 demagogy
특정한 문제에 대하여 대중의식을 선동하기 위하여 유포시키는 허위정보

데마고기는 일반적으로 특정한 집단·세력 또는 그것을 대표하는 인물 등을 무너뜨릴 목적으로 대중 사이에 유포시키는 허위정보를 의미하므로, 단순한 소문이나 유언비어와는 구별된다. 즉, 소문은 한정된 소수 사이에서 발생하는 것이어서 대중성이 결여되어 있고, 유언비어는 반드시 의도적인 날조나 허위의 정보를 의미하는 것은 아니라는 점에서 데마고기와 구별된다.

086 레드존 red zone
「청소년보호법」에 근거한 청소년 통행금지구역

윤락가, 유흥주점, 숙박업소 등 청소년 유해환경으로부터 청소년들을 보호하기 위하여 자치단체장이 지정한 청소년 통행금지구역을 말한다. 레드존은 청소년의 통행이 원천적으로 금지되거나 일정한 시간 동안 제한받게 된다. 경찰과 관계공무원은 통행금지 시간대에 청소년의 출입을 원천적으로 제지하거나 구역 밖으로 퇴거시킬 수 있으며, 경계선에는 다른 지역과 뚜렷이 구분되도록 빨간 줄이 그어진다.

함께 나오는 용어
- 블루존(blue zone)
  청소년들이 안전하게 활동할 수 있는 안전지대로, 서울시내 각 구청마다 1곳 이상씩 설정되어 청소년들을 보호·선도하는 활동을 한다. 이곳에서는 문구점이나 약국, 음식점 등 건전한 업소들이 '청소년 지킴이 업소'로 선정되고, 통·반장이나 학교육성회원, 청소년선도위원, 학부모, 교사 등이 '지킴이'로 선정되어 청소년을 보호하거나 선도하는 활동을 한다.
- 스쿨존(school zone, 어린이보호구역)
  초등학교 및 유치원 학생들의 안전한 통학공간을 확보하고 교통사고를 예방하기 위하여 차량의 통행을 제한하거나 금지하는 구역을 말한다. 어린이보호구역으로 지정된 경우 학교주변 반경 500m에 안전표지를 설치하고, 이 지역을 통과하는 차량들은 20~30km 이하의 속도로 서행하여야 한다. 또한 도로에는 과속방지용 턱을 설치하고, 통제시간(등·하교 시)에는 학부모, 교직원 이외의 일반차량은 출입이 통제된다.

087 앰버 경고시스템 amber alert system
어린이 유괴사건이 발생한 경우 고속도로 전자표지판·방송·휴대 전화 등을 통해 납치범을 공개 수배하는 시스템

1996년 미국 텍사스주(州)의 알링턴에서 유괴되어 잔혹하게 살해된 9세 어린이의 이름(앰버 해거먼)에서 유래된 제도이다. 어린이 유괴사건이 발생할 경우 공개 수배를 통해 시민의 제보를 유도하는 시스템을 말한다.

088 프로파일러 profiler
용의자의 성격, 행동유형 등을 분석하여 도주경로나 은신처 등을 추정하는 수사관

범죄심리분석관 또는 범죄심리분석요원이라고도 하며, 일반적 수사 기법으로는 해결하기 힘든 연쇄살인사건 등의 중범죄 수사에 투입된다. 범죄의 정황이나 단서들을 분석하여 용의자의 성격, 행동유형, 성별, 연령, 취향 등을 추론함으로써 수사 방향을 설정하고 용의자의 범위를 좁히는 데 기여한다.

02 노동

핵심Tag #실업 #직업 계층 #노동자 권리와 쟁의 #노동 조건과 형태

#실업

089 산업예비군 産業豫備軍, industrial reserve army
노동을 절약하는 자본집약적인 생산방법의 도입으로 실업하게 된 노동력

자본주의의 발달로 노동을 절약하는 '자본집약형 산업이 도입되었는데, 이로 인해 노동의 총수요가 감소되었다. 노동력 총수요의 감소로 발생한 상대적 과잉노동력을 산업예비군이라고 한다. 마르크스는 이를 자본주의 발전에 따르는 필연적 산물이라고 보았으며 '완전실업자, 반실업자, 구호대상자가 모두 이에 해당한다.

> **자본집약형 산업** 산업 생산에 필요한 생산요소(토지, 노동, 자본) 중에서 자본(기술)의 비율이 다른 생산요소에 비해 높은 산업
>
> **완전실업자(完全失業者)** 노동 능력과 취업 의사를 갖고 구직활동을 하고 있는 실업자

빈출
090 실업 失業, unemployment
노동할 의사와 능력을 가진 사람이 노동의 기회를 얻지 못하고 있는 상태

노동할 의사와 능력은 있으나 여러 가지의 이유로 인해 자기의 능력에 상응하는 노동의 기회를 얻지 못하고 있는 상태, 즉 노동력을 행사할 수 있는 사람이 완전히 고용되지 않은 상태를 말한다. 실업은 사회불안요소로 개인에게 정신적 고통을 주며 사회생활 및 가정생활을 하는 데 어려움이 된다. 실업의 원리에 대한 이론으로 J. M. 케인스의 '유효수요의 이론과, K. 마르크스의 산업예비군(産業豫備軍) 이론이 있는데 여기서 케인스는 비자발적 실업이 없는 상태가 완전 고용의 상태라고 주장하였다.

실업의 종류에는 경기적 실업, 구조적 실업, 마찰적 실업, 기술적 실업, 자발적 실업, 잠재적 실업 등이 있다.

유효수요의 이론(theory of effective demand) 케인스의 고용이론의 기본이 되는 원리로 사회 경제 활동의 수준을 결정하는 기준은 소비와 투자로 이루어지는 유효수요의 크기라고 주장함

함께 나오는 용어 ....

고용률과 실업률
- **고용률** : 노동법상 최저 근로연령인 15세 이상의 생산가능 인구 중 취업자가 차지하는 비율로 실질적인 고용 창출 능력을 나타낸다. 다른 말로 '취업인구 비율'이라고 한다.
- **실업률** : 일할 능력과 취업할 의사가 있는 사람(경제 활동 인구) 가운데 일자리가 없는 사람들이 차지하는 비율이다. 이 때문에 실업률 통계에서 자발적인 실업자나 구직 단념자는 비(非)경제 활동 인구로 분류되어 제외된다. 고용률이 낮으면 실업률이 높아지는 것이 일반적이다.
- * 고용률은 실업률 통계에서 제외되는 비경제 활동 인구 수를 포함해 계산하므로, 구직을 단념했거나 노동시장에 빈번히 들어오고 나가는 반복실업 등에 의해 실제보다 실업률이 과소 추정되는 문제를 해소한다.

- 고용률(%) = (취업자 수/15세 이상 인구)×100
- 실업률(%) = (실업자 수/경제 활동 인구)×100

091 경기적 실업 cyclical unemployment
경기악화로 나타나는 실업으로 대규모로 일어남

자본주의 경제에 있어 '경기악화로 인한 총수요의 부족'으로 나타나는 실업을 말한다. 경기악화 시 발생하고 경기가 호전되면 해결되지만, 보통 장기적인 성격을 갖고 있어 사회적으로 많은 피해를 끼친다. 노동의 의사와 능력은 있지만 노동의 기회를 갖지 못하는 비자발적 실업에 해당하며, 우리나라의 경우 IMF 구제 금융 당시 발생한 대규모의 명예퇴직이 이에 해당한다.

함께 나오는 용어

IMF(International Monetary Fund, 국제통화기금)
1945년에 설립되어 세계은행(IBRD)과 함께 업무를 개시한 국제금융기구이다. 설립 목적으로는 세계 무역의 안정화, 고용증대, 생산 지원 개발 등이 있으며 활동으로는 외환 시세 안정·외환제한 철폐·자금 공여 등을 지원하고 있다. 1997년 12월 3일 외환위기를 겪으며 IMF에 자금지원 양해각서를 체결한 바 있다. 이 과정에서 많은 회사들의 부도처리와 대량해고가 발생하였다.

092 구조적 실업 structural unemployment
경제구조의 변화로 특정 노동력에 대한 수요가 감소되어 발생하는 실업

산업구조의 고도화와 급격한 기술발전으로 낮은 기술수준의 기능인력에 대한 수요가 감소하여 발생한다. 즉, 직장에서 필요로 하는 기술적 측면과 근로자가 보유하고 있는 기술 차이 때문에 특정 직업의 노동수요가 감소하면서 발생하는 비자발적 실업을 말한다.
경기변동에 의한 일시적 실업이 아니라 경제구조의 변화에 따른 장기적·만성적 실업으로, 실업자의 규모가 크고 경기가 회복되더라도 해결되지 않는다는 특징이 있다.

093 마찰적 실업 frictional unemployment
노동의 수요와 공급 간에 소통이 제대로 이루어지지 않아 발생하는 실업

노동의 수요와 공급이 일시적으로 조화되지 않아 발생하는 실업으로, 이사 등으로 인한 일시적 실업이나 특정 생산재의 부족으로 인한 일시적 실업 등이 이에 해당한다. 노동시장의 수요와 공급 과정에서 근로자의 자발적 선택에 의해 일시적으로 발생하는 실업이므로 자발적 실업에 해당한다. 이는 고용정보 획득의 어려움을 해결하는 방법과 이직의 방지를 위한 근로 복지제도의 확충, 고용차별을 해소하는 방법 등을 통해 줄이도록 해야 한다.

094 기술적 실업 technological unemployment
기술진보로 인해 노동력에 대한 수요가 감소하여 발생하는 실업

기술이 진보되면서 실물 생산력이 향상됨에 따라 노동수요가 감소하여 발생하는 실업으로, 마르크스의 산업예비군과 가장 비슷하여 마르크스형 실업이라고도 한다. ˚노동집약형 산업에서 노동절약형 기술의 진보로 기존의 노동력이 기계로 대체되면서 노동자가 필요하지 않게 된 경우에 발생한다.

노동집약형 산업 자본집약형 산업의 반대 개념으로, 생산에 필요한 생산 요소(토지, 노동, 자본) 중에서 노동의 비율이 다른 생산 요소에 비해 높은 산업

095 자발적 실업 voluntary unemployment
노동의 의사와 능력이 있음에도 현재의 임금 수준에서는 스스로 일을 하지 않는 실업

구조적 실업이나 경기적 실업 같은 비자발적 실업에 대비되는 개념으로, 좀 더 나은 일자리를 찾으면서 당분간 실업의 상태에 있는 것을 말한다. 경제 발전에 따른 ˚완전 고용화, 소득 수준의 향상, 여가활용에 대한 관심증대 등으로 인해 자발적 실업이 증가하기도 한다.

완전 고용(full employment) 취업을 원하고 노동의 의지와 능력을 갖추고 있는 구직자들이 모두 고용되는 상태

096 잠재적 실업 latent unemployment
생계유지를 위해 일시적으로 만족스럽지 않은 다른 직업에 종사하고 있는 상태

노동의 의사와 능력이 있으나 정상적인 취업기회가 없어 생계유지를 위해 일시적으로 저소득·저생산의 직업에 취업하고 있는 상태를 말한다. 사실상 실업 상태와 다름없으나, 취업하고 있는 것처럼 위장되어 있기 때문에 ˚위장 실업이라고도 하며, 실업통계에는 실업으로 기록되지 않는다.

위장 실업(disguised unemployment) 직장을 다니던 근로자가 해고 후 전에 다니던 곳보다 좋지 않은 직업에 종사하거나 고용된 상태

#직업 계층

097 르네상스칼라 renaissance collar
다양한 경험을 가지고 인터넷 사업에서 두각을 나타내는 사람들

르네상스 시대의 ˚레오나르도 다 빈치처럼 다양한 경험을 가지고 변화에 신속히 대응하여 인터넷 사업에서 두각을 나타내는 사람들을 말한다. 대표적인 인물로는 미국의 보보스족, 빌 게이츠 등이 있다. 오늘날에도 각계의 전문가들이 자신의 전문성을 살려 인터넷 사업에 뛰어 들고 있다. 즉, 만화가가 애니메이션 포털사이트를 운영하거나 의류 디자이너가 인터넷 의류쇼핑몰을 운영하는 것 등이 이에 해당한다.

레오나르도 다 빈치(Leonardo da Vinci, 1452~1519)
• 르네상스 시대의 이탈리아를 대표하는 천재적 예술가
• 주요 작품 : 「최후의 만찬」, 「모나리자」, 「동굴의 성모」, 「동방박사의 예배」 등

함께 나오는 용어

• **보보스**(bobos)족 물질적 풍요를 의미하는 부르주아(bourgeois)와 정신적 풍요를 의미하는 보헤미안(bohemian)의 합성어. 미국의 상류 계급으로서 1990년대의 젊은 부자를 상징함

• **부르주아** *봉건 사회가 타파되고 자본제 생산 양식에 입각해 발생한 자본가 계급을 가리킴

• **보헤미안** 사회의 관습에 구애받지 않고 자유분방한 생활을 하는 예술가·문학가·배우·지식인들을 가리킴

봉건 사회(feudal society) 토지를 소유한 영주가 농민에게 토지를 대여하는 방식의 농노제를 기반으로 성립된 주종관계를 말하는데, 이는 권력 및 신분제 질서 유지를 위한 수단으로 작용

098 일렉트로칼라 electro collar

컴퓨터 기술에 대해 뛰어난 능력을 가지고 있는 엘리트 집단

정보화 사회에서 컴퓨터의 활용 분야가 확대되고 활용 방법이 복잡해짐에 따라 컴퓨터 기술을 능숙하게 다룰 수 있는 사람들이 각광받게 되었으며, 이들을 '일렉트로칼라'라고 한다. 즉, 컴퓨터 기술로 무장된 엘리트 집단을 뜻하며, 이들의 활동 분야에 따라 웹디자이너, *멀티미디어PD 등 여러 가지 새로운 직종이 생겨나고 있다.

멀티미디어PD(multimedia ProDucer) 멀티미디어 콘텐츠에 들어갈 타이틀 제작에서 시나리오 작성, 음향 등 완성 작품을 만들어내기 위해 멀티미디어의 전반적인 제작을 총괄하는 전문직업인

099 핑크칼라 pink collar

생계를 꾸려가기 위해 일터로 뛰어든 여성

1970년대 미국에서 주로 점원이나 비서직 등 단순 노무직에 종사하는 여성들을 남성 육체노동자를 뜻하는 '블루칼라'에 대비해 부르던 용어였다. 하지만 여성의 교육수준과 사회진출이 활발해지면서 가정의 생계를 위해 사회로 진출하는 여성을 통칭하는 뜻으로 의미가 넓어졌다. 오늘날에는 많은 고학력 여성들이 전문직에 종사하게 됨에 따라 섬세하고 유연한 여성 인력을 뜻하는 말로 사용되고 있다.

100 골드칼라 gold collar

두뇌와 정보(아이디어와 창조적 사고)로 정보화 시대를 이끌어가는 전문직 종사자

학력, 경력 등과 상관없이 두뇌와 정보를 가지고 새로운 가치를 창조하여 정보화 시대를 이끌어가는 능력위주의 전문직 종사자이다. 즉, 적성에 맞는 분야에서 반짝이는 아이디어로 자신만이 할 수 있는 일을 하는 사람들을 말한다. 마이크로소프트사의 빌 게이츠나 영화감독 *스티븐 스필버그 등이 이에 해당한다.

스티븐 스필버그(Steven Spielberg)
• 미국의 영화감독, 제작자, 각본가, 프로듀서로 40년간 SF, 어드벤처 영화 제작의 원형을 이루는 데 기여함
• 주요 작품 : 「E.T」(1982), 「인디애나 존스」(1984), 「쉰들러 리스트」(1993) 등

101 그레이칼라 gray collar
화이트칼라(white collar)와 블루칼라(blue collar)의 중간층

과학기술의 발달과 생산공정의 컴퓨터화로 *블루칼라(blue collar)와 *화이트칼라(white collar)의 구별이 점차 없어지면서 생겨난 용어이다. 컴퓨터, 오토메이션장치의 감시·정비, 일반 전자장비와 관련된 것 등의 업무에 종사하는 근로자들이 그레이칼라에 해당한다.

블루칼라(blue collar) 작업현장에서 일하는 노동자

화이트칼라(white collar) 샐러리맨이나 사무직 노동자

102 논 칼라 세대 non collar generation
손에 기름을 묻히거나 서류에 매달리지 않는 컴퓨터 세대

무색 세대로, 손에 기름을 묻히는 것도 아니고 서류에 매달려 있지도 않은 컴퓨터 세대를 말한다. *후기 산업 사회의 컴퓨터 세대로, 스스로 노동자라는 인식이 약해 노동조합의 존재를 인정하지 않으려는 경향이 강하다.

후기 산업 사회(post-industrial society) 사회학자 다니엘 벨 (D. Bell)이 사용한 신조어로 산업 사회 이후 나타난 정보화 사회 또는 탈산업 사회를 뜻함

#노동자 권리와 쟁의

103 노동3권 勞動三權
헌법상 노동자에게 인정되는 기본권으로 단결권, 단체 교섭권, 단체 행동권을 의미

근로자의 권익과 근로 조건의 향상을 위하여 헌법상 보장되는 기본권으로, *단결권, *단체 교섭권, *단체 행동권을 말한다. 공무원인 근로자는 법률로 인정된 자(단순노무에 종사하는 공무원 등)를 제외하고는 노동3권이 인정되지 않으며, 국가·지방 자치 단체·국공영기업체·방위 산업체·공익사업체 또는 국민 경제에 중대한 영향을 미치는 사업체에 종사하는 근로자의 단체 행동권은 법률이 정하는 바에 의하여 이를 제한하거나 인정하지 않을 수 있다.

단결권 근로자가 근로 조건을 유지·개선하기 위하여 단결할 수 있는 권리
단체 교섭권 노동조합이 사용자와 근로 조건의 유지·개선에 관해 교섭할 수 있는 권리
단체 행동권 근로자가 근로 조건의 유지·개선을 위하여 사용자에 대항하여 단체적인 행동을 할 수 있는 권리

104 근로기준법 勤勞基準法
근로 조건의 기준을 정하고 있는 법

「헌법」에 따라 근로 조건의 기준을 정함으로써 근로자의 기본적 생활을 보장·향상시키며 균형 있는 국민경제의 발전을 꾀하는 것을 목적으로 하는 법을 말한다. 상시 5명 이상의 근로자를 사용하는 모든 사업 또는 사업장에 적용되며, *근로 계약 중 이 기준에 미치지 못하는 근로 조건을 정한 부분은 무효이다.

근로 계약 노동을 제공하는 근로자와 임금을 지급하는 사용자 간의 계약자유의 원칙에 입각하여 체결되는 계약

더 알고가기

「근로기준법」상 임금

- 임금 : 사용자가 근로의 대가로 근로자에게 임금, 봉급, 그 밖에 어떠한 명칭으로든지 지급하는 모든 금품을 말한다.
- 평균 임금 : 산정하여야 할 사유가 발생한 날 이전 3개월 동안에 그 근로자에게 지급된 임금의 총액을 그 기간의 총 일수로 나눈 금액을 말한다.

105 남녀고용평등과 일·가정 양립 지원에 관한 법률
남녀고용평등을 실현하고 근로자의 일과 가정의 양립을 지원하기 위해 제정한 법

고용에서 남녀의 평등한 기회와 대우를 보장하고 *모성 보호와 여성 고용을 촉진하여 남녀고용평등을 실현함과 아울러 근로자의 일과 가정의 양립을 지원함으로써 모든 국민의 삶의 질 향상에 이바지하기 위해 제정된 법을 말한다. 기존의 「남녀고용평등법」이 2008년부터 이 법으로 변경되어 시행되고 있다.

> **모성 보호** 임신, 출산, 수유라고 하는 여성 고유의 본성에 근거하여 모체를 보호하고 다음 세대의 사회 성원을 건강하게 재생산할 수 있도록 보장하여 주는 사회적 보호 조치

106 국제노동헌장 International Labor Charter
노동자의 권리나 근로 시간 등 노동의 지도원리에 관한 국제 조약

1919년 6월 28일 성립된 베르사유 조약 제13편(노동편)에 있는 조약으로, 노동이 단순한 상품이 아니라는 점과 노동자의 단결권, 적정임금, 1일 8시간·주 48시간제, 아동 노동의 금지와 연소자 노동의 제한, 남녀 동일 노동·임금 등이 규정되어 있다.

107 노동조합 labor union
근로자가 자주적으로 근로 조건 등의 향상을 위해 조직하는 단체

근로자가 주체가 되어 자주적으로 단결하여 근로 조건의 유지·개선 기타 근로자의 경제적·사회적 지위 향상을 위한 목적으로 조직된 단체 또는 그 연합단체를 말한다. 노동조합은 사용자의 일방적 지배를 완화하여 사업장 안의 지배관계를 상하관계가 아닌 대등관계로 변화시키는 역할을 하며, 기업 측과 단체 협약을 체결하고 노동자의 근로 환경 조건을 개선하는 등 단체교섭의 권한을 갖는다.

더 알고가기

노동조합에 가입할 수 있는 공무원의 범위

- 6급 이하의 일반직 공무원
- 6급 이하의 일반직 공무원에 상당하는 *별정직 공무원
- 특정직 공무원 중 6급 이하의 일반직 공무원에 상당하는 외무행정·외교정보 관리직 공무원

> **별정직(別定職)** 특별히 법률이 정한 규정이 없는 경우 국가 및 지방공무원법의 적용을 받지 않는 공직

108 오픈숍 open shop
근로자가 노동조합에 대한 가입 여부를 자유롭게 결정할 수 있는 제도

근로자가 노동조합에 대한 가입 여부를 자유롭게 결정하고, 노동조합에서 탈퇴하거나 제명당해도 종업원 자격을 상실하지 않는 제도를 말한다. 즉, 사용자는 노조 조합원뿐만 아니라 노조에 가입하지 않은 노동자까지 자유롭게 고용하되 근로 조건의 차별을 두지 않는다. 우리나라는 공무원을 제외한 모든 근로자에게 오픈숍을 인정하고 있으며, 이를 위반하여 근로자에게 불이익을 주는 사용자의 행위를 '부당 노동 행위'로 규정하고 있다.

109 클로즈드숍 closed shop
사용자가 근로자를 고용할 때 노동조합 가입을 고용 조건으로 하는 제도

오픈숍(open shop)에 반대되는 개념으로, 사용자는 노동조합에 가입된 근로자만을 고용해야 하고, 만일 근로자가 노동조합을 탈퇴하거나 제명된 경우 해고해야 하는 제도를 말한다. 직업별 조합이 노동시장을 완전히 지배하기 위하여 채택한 제도이나 기술진보로 인한 직종의 다양화, 미숙련 근로자의 다량유입, 산업별 조합의 등장으로 퇴보하였다.

직업별 조합 동일직업·동일직종에 종사하는 근로자가 산업·기업의 구별 없이 개인 가맹의 형태로 결성한 노동조합

산업별 조합 같은 종류의 산업에 종사하는 근로자가 직종·기업을 초월하여 결성한 노동조합

110 유니언숍 union shop
사용자가 근로자를 고용할 때에는 자유이나, 일단 고용되면 일정 기간 내에 노동조합에 가입해야 하는 제도

사용자가 근로자를 고용할 때에는 조합원인지 여부와 무관하게 고용할 수 있으나, 일단 고용된 근로자는 일정 기간 내에 노동조합에 가입해야 하며, 만약 이를 준수하지 않거나 노동조합으로부터 제명되거나 탈퇴한 경우 해고되는 제도를 말한다.

조합원 노동조합에 가입하고 근로 조건의 환경개선 등과 관련하여 활동하는 사람

111 노동 쟁의 勞動爭議, labor dispute
노동관계 당사자 간의 근로 조건에 관한 분쟁

노동조합과 사용자 또는 사용자단체(노동 관계 당사자) 간에 임금·근로 시간·복지·해고 기타 대우 등 근로 조건의 결정에 관한 주장의 불일치로 인하여 발생한 분쟁상태를 말한다. 노동 관계 당사자는 노동 쟁의가 발생할 때에는 이를 어느 한 쪽이 상대방에게 서면으로 통보하여야 하며, 노동위원회

노동위원회 노사 간 권리분쟁에 대한 판정, 노사 간 이익분쟁에 대한 조정·중재를 주된 임무로 하는 합의제 행정기관

는 관계 당사자 중 어느 한 쪽이 노동 쟁의의 조정을 신청한 때에 지체없이 조정을 개시하여야 한다.

더 알고가기

노동 쟁의의 종류

- 파업 : 근로를 거부하는 것
- 태업 : 근로를 게을리하는 것
- 보이콧 : 회사의 상품이나 회사와 거래 관계에 있는 제3자의 상품에 대한 불매 운동
- 피케팅 : 플래카드, 피켓, 확성기 등을 사용하여 파업에 동참할 것을 호소하는 것
- 직장폐쇄 : 사용자가 일정 기간 직장을 폐쇄하는 것

112 부당노동행위 不當勞動行爲, unfair labor practice
사용자가 근로자의 정당한 노동3권 행사를 방해하는 행위

사용자가 근로자나 노동조합의 정당한 노동운동을 방해하는 행위를 말한다. 투명하고 균형있는 노사관계를 정립하고 노동조합이 *어용노조가 되는 것을 방지하기 위하여 1935년 미국의 「와그너법」에서 처음으로 채택되었다. 현행 「노동조합 및 노동관계조정법」은 5종류의 부당노동행위를 규정하고 있으며, 사용자의 부당노동행위로 권리를 침해당한 근로자 또는 노동조합은 노동위원회에 그 구제를 신청할 수 있다.

어용노조(御用勞組) 사용자로부터 자주적이지 못하고 사용자의 의도대로 움직이는 노동조합

더 알고가기

부당 노동 행위의 유형

① 노동조합에 가입·조직·활동 시 불이익을 주는 행위
② 노동조합의 불가입 또는 탈퇴를 고용 조건으로 하는 행위
③ 정당한 이유없이 단체 협약이나 단체 교섭을 거부하는 행위
④ 노동조합을 지배하거나 이에 개입하는 행위와 노동조합의 경비를 원조하는 행위
⑤ 근로자의 정당한 단체행위나 부당노동행위에 대한 신고·증언에 대해 불이익을 주는 행위

113 피케팅 picketing
쟁의 행위를 효과적으로 수행하기 위하여 파업에 참가하지 않은 근로희망자들의 직장출입을 저지하고 파업에 동참할 것을 호소하는 행위

사용자 측에 대해 좀 더 효과적으로 압력을 가하기 위해 사업장 또는 공장 입구에서 *플래카드를 들고 확성기 등을 이용하여 파업에 참가하지 않은 근로자들의 직장출입을 감시하고 파업에 동참할 것을 호소하는 행위를 말한다. 사업장 업무의 효율성을 저하시키는 피케팅은 사용자 측에 경제적으로 큰 손해를 입히므로 파업의 효과가 크게 나타난다.

플래카드(placard) 기다란 천을 장대에 걸어 높이 달아 놓은 표지물 또는 현수막

114 동맹 파업 同盟罷業, strike
근로자가 집단적으로 노무제공을 거부하는 쟁의 행위

근로자가 그들의 주장을 관철하기 위하여 집단적으로 노무제공을 거부하는 쟁의 행위를 말한다. 합법적인 동맹 파업에 대해서는 법률상 책임(형사책임 및 민사책임)이 면제되나, 헌법이 보장하는 *쟁의권 행사의 범위를 일탈하는 폭력 및 파괴행위에 대해서는 책임이 면제되지 않는다.

쟁의권(爭議權) 노동자가 자신들의 권리를 보장하고 주장을 관철시키기 위해 동맹 파업을 결성할 수 있는 권리

더 알고가기

동맹 파업의 종류

- **부분파업** : 특정 기업이나 일부 분야에서만 행하는 파업
- **지역파업** : 일부 지역에서만 행하는 파업
- **총파업** : 전국적으로 산업 전반에 걸쳐 행하는 파업
- **들고양이파업** : 사업장 단위로 노동조합 규약이나 본부지령에 위반하여 행하는 자연발생적 파업

115 사보타주 sabotage
근로자가 고의적으로 사용자의 사유 재산을 파괴하거나 업무를 게을리하는 쟁의 행위

중세 유럽 농민들이 영주의 부당한 처사에 항의하여 사보(sabot : 나막신)로 추수한 농작물을 짓밟은 데서 유래한 말로, 우리나라에서는 흔히 *태업(怠業)이라고 한다. 파업과는 달리 노무제공을 전면적으로 거부하는 것이 아니라 형식상으로는 작업에 참여하지만 불량품 생산, 원자재 과소비, 시설파괴 등을 통해 작업 능률을 저하시키는 것을 말한다.

태업(怠業) 작업의 능률을 저하시키는 쟁의 행위

116 직장폐쇄 職場閉鎖, lock out
노동 쟁의 시 사용자가 자기의 주장을 관철시키기 위하여 직장을 폐쇄하는 것

「노동조합 및 노동관계조정법」이 인정하고 있는 사용자 측의 쟁의 수단으로, 노동조합이 *쟁의 행위를 개시한 경우 사용자 측은 사업장으로부터 근로자들을 축출하고 임금의 지급을 면하기 위하여 직장폐쇄를 할 수 있다. 직장폐쇄는 임금을 지급하지 않는 경제적 압력수단이기 때문에 진정한 의미의 노사대등을 실현하기 위하여 「노동조합 및 노동관계조정법」은 노동조합이 쟁의 행위를 개시한 이후에만 직장폐쇄를 할 수 있도록 제한하고 있다.

쟁의 행위(爭議行爲) 노동 쟁의 발생 시 노조와 기업 측에서 본인들에게 이익이 되는 방법으로 분쟁을 해결하기 위해 업무운영을 방해하는 행위

117 노동조합 및 노동관계조정법

근로 조건의 유지·개선과 노동 쟁의를 예방·해결함으로써 산업평화의 유지와 국민경제의 발전에 이바지하기 위해 제정한 법

「헌법」에 의한 근로자의 단결권·단체 교섭권·단체 행동권을 보장하여 근로 조건의 유지·개선과 근로자의 경제적·사회적 지위의 향상을 도모하고, 노동관계를 공정하게 조정하여 노동 쟁의를 예방 및 해결함으로써 산업평화의 유지와 국민경제의 발전에 이바지하기 위해 제정한 법을 말한다. 총칙, 노동조합, 단체 교섭 및 단체 협약, 쟁의 행위, 노동 쟁의의 조정, 부당노동행위, 보칙, 벌칙의 8장으로 구성되어 있다.

118 노사 협의회 努使協議會

근로자와 사용자가 참여와 협력을 통하여 근로자의 복지 증진과 기업의 건전한 발전을 도모하기 위하여 구성하는 협의 기구

1980년에 제정된 「노사협의회법」이 1996년 「근로자 참여 및 협력증진에 관한 법률」로 개정됨에 따라 이 법에 근거하여 설치된 노사 협의 기구이다. 근로 조건에 대한 결정권이 있는 사업이나 사업장 단위로 설치하여야 하나, 상시 30명 미만의 근로자를 사용하는 사업이나 사업장은 설치하지 않아도 된다. 협의회는 근로자와 사용자를 대표하는 같은 수의 위원으로 구성하되, 각 3명 이상 10명 이하로 구성한다.

119 긴급조정권 緊急調整權

쟁의 행위가 현저히 국민경제를 해하거나 국민의 일상생활을 위태롭게 할 위험이 현존하는 경우 고용노동부장관이 내리는 조정 결정

고용노동부장관은 쟁의 행위가 공익사업에 관한 것이거나 그 규모가 크거나 그 성질이 특별한 것으로서 현저히 국민경제를 해하거나 국민의 일상생활을 위태롭게 할 위험이 존재하는 경우에는 긴급조정을 결정할 수 있다. 고용노동부장관의 긴급조정 결정이 *공표된 때에는 즉시 쟁의 행위를 중지하여야 하며, 공표일부터 30일이 경과하지 아니하면 쟁의 행위를 재개할 수 없다.

공표(公表) 여러 사람에게 널리 드러내어 알림

120 생디칼리즘 syndicalism
노동자 계급의 직접적인 행동을 통해 사회를 개조하고자 하는 노동조합주의 운동

정당과 선거 및 의회 등의 정치운동을 배척하고 총파업과 무장봉기 등의 직접적 행동에 의해 정부를 타도하고 노동조합이 산업통제권을 장악하여 사회개조를 실현하고자 하는 사상으로 '혁명적 조합주의'라고도 한다. 이들은 노동자 계층 이외에 다른 사회세력과의 결합을 거부하고 사회문제를 노동자 계급의 주도로 해결하고자 하였다.

121 와그너법 Wagner act
근로자의 노동3권을 침해하는 사용자의 부당 노동 행위를 금지하기 위해 제정된 법

1935년 뉴딜 정책의 일환으로 제정된 미국의 노동조합보호법으로, 당시 이 법률의 제안자인 당시 상원의원 'R. F. 와그너'의 이름을 따서 「와그너법」이라고 한다. 이 법은 근로자의 단결권 및 단체 교섭권을 보호하기 위하여 부당노동행위 제도와 '교섭단위제도를 설정하는 등 미국 노동법 사상 가장 혁명적인 법령으로 평가받고 있다.

교섭단위제도(交涉單位制度) 한 직장에 2개 이상의 노동조합이 존재할 경우, 단체 교섭을 행할 대표를 결정하는 제도

122 태프트-하틀리법 Taft-Hartley act
「와그너법」의 폐단을 시정하기 위해 1947년에 제정된 미국의 노사관계법

「와그너법」의 제정으로 미국의 노동운동은 획기적인 발전을 하였으나, 공산주의자들의 노동조합 침투현상과 노동조합의 비대화에 따른 대규모 파업 등으로 반노동조합의 분위기가 형성되자 이를 시정하기 위해 제2차 세계대전 후 「태프트-하틀리법」이 제정되었다. '입안자인 상원의원 태프트와 하원의원 하틀리의 이름을 딴 것으로, 정식명칭은 「노사관계법」이다.

입안자 토론과 연구 및 조사를 바탕으로 사실에 입각한 정책 내용을 세우는 사람

더 알고가기

「태프트-하틀리법」의 주요내용
- 노동조합의 부당 노동 행위 금지
- 클로즈드숍(closed shop)의 금지[유니온숍(unoin shop)만 인정]
- 노동 쟁의에 대한 긴급조정제도 도입
- 각 주에 대한 노동입법권 부여
- '연방공무원과 정부기업 종업원의 파업 금지
- 노동조합 간부의 '공산당원이 아니라는 선서서'의 제출 의무

연방공무원 각각의 독립적인 성격을 띠는 국가와 지방 정부의 통합으로 이루어진 정부에 종사하는 사람들

123 AFL-CIO 미국노동총연맹산업별조합회의
미국에서 설립된 자율적 노동조합의 연합조직

근로자의 노동 환경 조건을 개선하고 전반적으로 고용을 통제하기 위한 목적으로 설립되었다. 제2차 세계 대전 때 통합된 이후 공산주의 반대, 노동단체 조직의 확대, 노동 환경 개선, 단체 교섭 역할의 증대 등을 표방하고 미국의 *직능 · 인종별 노동자의 권익을 보호하기 위한 활동을 벌이고 있다.

직능(職能) 직업이나 직무에 따른 고유한 기능이나 역할

#노동 조건과 형태

124 탄력적 근로시간제 彈力的勤勞時間制
일정 기간을 평균하여 법정근로시간을 초과하지 않는 범위 내에서 특정일의 근로 시간을 탄력적으로 운용하는 제도

- 2주 단위 탄력적 근로시간제 : 근로기준법에 따라 2주 이내로 적용 시 1주 최장 근로 시간은 48시간을 초과하지 아니하는 범위에서 특정한 주나 특정한 날에 *법정근로시간을 초과하여 근로하게 하고 초과근로수당의 지급을 면제받는 제도이다. 연장 · 휴일 근무 12시간을 포함할 경우 주당 최대 60시간까지 근무가 가능하다.
- 3개월 단위 탄력적 근로시간제 : 3개월 적용 시 특정 주의 근로 시간은 52시간을, 특정일의 근로 시간은 12시간을 초과할 수 없도록 규정돼 있다. 다만 연장 · 휴일근무 12시간을 포함할 경우 주당 최대 근로 시간은 64시간까지 가능하다. 한편, 경제사회노동위원회는 2019년 2월 19일 탄력적 근로시간제의 단위기간을 최대 6개월로 확대하는 합의안을 도출했다.

법정근로시간 「근로기준법」상 1주간의 근로 시간은 휴게시간을 제외하고 40시간을 초과할 수 없고, 1일의 근로 시간은 휴게시간을 제외하고 8시간을 초과할 수 없음. 다만 당사자 간에 합의하면 1주간에 12시간을 한도로 근로 시간을 연장할 수 있음

함께 나오는 용어

- 플렉스타임제(flextime) 출퇴근 시간을 자유롭게 조절할 수 있는 제도로, 부서 간 업무협조를 위해 누구나 출근해서 일해야 하는 시간인 코어타임(core time)을 전제로 한다.
- 퍼플칼라(purple collar) 가정과 일의 양립이 가능할 수 있도록 근무 시간과 장소를 유연하게 선택할 수 있는 직업군을 말하며, 퍼플잡(Purple Job)이라고도 한다.

---

125 잡셰어링 job sharing
근로자 1인당 근무 시간을 단축하여 일자리를 나누는 것

사업장의 잉여 노동력을 해고하는 대신 1인당 근로 시간을 감축하여 여러 사람이 함께 일을 나누어 처리하는 노동형태를 말한다. 우리나라의 경우 *정리해고에 대한 대안으로 제시되기도 하였다.

정리해고 회사의 경영상의 어려움이나 양수 · 양도 · 합병 등을 사유로 해고하는 것

126 임금피크제 salary peak
일정 연령이 되면 정년을 보장하는 대신 임금을 삭감하는 제도

˙일자리 나누기의 한 형태로, 일정 연령이 된 근로자의 임금을 삭감하는 대신 정년까지 고용을 보장하는 제도를 말한다. 사업주 입장에서는 인건비 절감, 숙련 근로자의 노하우 획득의 효과, 근로자 입장에서는 고용안정의 효과, 정부 입장에서는 실업해소, 고용창출의 효과가 있다. 우리나라에서는 2003년 신용보증기금을 시작으로 삼성전자, SK텔레콤 등에서 이를 적용하고 있다.

> **일자리 나누기**(work sharing) 근로 시간 단축 및 임금 동결 등 취업을 할 수 있는 자리를 창출하는 것으로, 워크셰어링 (work sharing)과 잡셰어링(job sharing)으로 구분함

127 아웃플레이스먼트 outplacement
해고 근로자에게 재취업이나 창업을 지원해주는 재취직 알선 제도

직장과 유사한 사무환경에서 실직자에 대한 상담이나 직업교육을 진행하고, 개인의 적성과 능력을 정확히 파악한 뒤 알맞은 일자리를 알선하는 제도를 말한다. 1967년에 미국의 DBM社(Drake Beam Morin Inc.)가 처음 고안하여 도입한 제도로, 오늘날 선진국에서는 일반화되어 있다. 이 제도를 통해 기업은 해고에 따른 도의적 부담감으로부터 자유로울 수 있고, 근로자는 실직의 충격을 완화할 수 있으며, 정부는 실업기간 단축에 따른 사회적 비용을 줄일 수 있다.

128 주 5일 근무제 週五日勤務制
1주일에 5일 동안만 근무하고 나머지 이틀은 쉬는 제도

주당 노동시간이 40시간 이상을 초과할 수 없어 1일 8시간씩 주 5일을 근무하는 제도로, 주 40시간 근무제라고도 한다. 2008년 7월부터는 20인 이상 사업장에서 실시되고 있으며, 20인 미만 사업장은 2011년을 기한으로 ˙대통령령이 정하는 날부터 시행됐다. 2018년 7월 1일 주당 법정 근로 시간을 기존 68시간에서 52시간(법정근로 40시간+연장근로 12시간)으로 단축(종업원 300인 이상의 사업장과 공공기관 기준)하는 내용의 주 52시간 근무제가 시행됐다.

> **대통령령** 대통령이 발하는 명령으로 법규의 성질 및 효력에 따라 법규명령과 행정명령으로 구분

함께 나오는 용어

워라밸(work-life balance)
'일과 삶의 균형'이라는 뜻으로, 개인의 일과 생활이 조화롭게 균형을 유지하고 있는 상태를 의미한다.

129 최저임금제도 最低賃金制度
국가가 임금액의 최저한도를 결정하고 사용자에게 그 지급을 법적으로 강제하는 제도

근로자에 대하여 임금의 최저수준을 보장하여 근로자의 생활안정과 노동력의 질적 향상을 꾀함으로써 국민경제의 건전한 발전에 기여하기 위한 제도를 말한다. 우리나라는 1988년부터 시행되었으며, 현행법상 1인 이상 근로자를 사용하는 사업장에 대해 적용된다. 2021년 기준 최저임금은 8720원이다.

130 통상임금 通常賃金
근로자에게 정기적으로 지급되는 월급, 주급, 일급, 시급 등을 총칭해 말하는 것

기본급 외에 직무수당과 직책수당, 기술수당, 면허수당, 위험수당, 벽지수당, 물가수당 등 사업주가 일률적으로 지급하는 임금이 모두 포함되지만, 근로실적에 따라 변동 지급되는 임금은 포함되지 않는다. 「근로기준법 시행령」 6조에 규정되어 있으나 '정기적, 일률적으로 지급하는 급여'라고 추상적으로 표현되어 있어 적용 범위를 놓고 논란이 있다.

131 총액임금제 總額賃金制
총액임금을 기준으로 노사가 임금인상률을 결정하는 제도

고용노동부가 1992년 「임금교섭지도지침」을 통해 발표한 임금 정책으로, 임금의 편법 인상을 막기 위한 것이다. *총액임금에는 기본급, 정기상여금, 직무수당, 연월차수당 등 지급금액이 확정되어 있는 모든 수당이 포함되지만 연장근로수당, 야간근로수당, 휴일근로수당, 성과급적 상여금 등 확정되어 있지 않은 수당은 제외된다.

> **총액임금** 근로자가 1년간 지급받는 기본급, 각종 수당, 상여금 등을 합산하여 12로 나눈 액수

132 물가연동제 物價連動制, indexation
임금이나 금리 등을 물가에 따라 조절하는 제도

은행 예금, 임금, 가격 및 이자율 등을 *물가 지수(index)에 연동시켜 물가상승 시 명목가치와 실질가치의 차이로 발생되는 경제상의 불공평을 제거하려는 제도를 말한다. 물가 지수에 맞춘다는 의미에서 인덱싱(indexing)이라고도 하며, 인플레이션이 심한 브라질 등에서 전면적으로 실시한 바 있다.

> **물가 지수** 일정시점의 물가를 기준으로 그 후 비교시점의 물가변동을 백분율로 표시한 것으로 화폐 가치의 척도가 됨

함께 나오는 용어
물가연동 임금제도 임금을 고정시켜 놓는 것이 아니라 물가의 변동에 따라 임금을 조절하여, 물가상승으로 인한 실질소득의 감소를 보완하기 위한 제도

133 최저취업연령 最低就業年齡

「근로기준법」상 취업할 수 있는 최저연령

「근로기준법」상 15세 미만인 자, 「초·중등교육법」에 따른 중학교에 재학 중인 18세 미만인 자는 근로자로 채용하지 못한다. 다만, 고용노동부장관이 발급한 *취직인허증을 지닌 경우에는 근로자로 채용할 수 있다. 취직인허증은 본인의 신청에 따라 의무교육에 지장이 없는 경우에는 직종(職種)을 지정해야만 발행할 수 있다.

취직인허증(就職認許證) 만 15세 미만인 자는 원칙적으로 근로자로 채용하지 못하지만, 만 13~14세 청소년의 경우 지방노동관서에서 발급하는 취직인허증을 받으면 근로자로 채용할 수 있음

134 고용허가제 雇庸許可制

고용노동부장관이 사업자에게 외국인 근로자를 합법적으로 고용할 수 있도록 허가하는 제도

사업자가 내국인 근로자를 고용할 수 없음을 입증하여 고용노동부장관의 허가를 받은 경우 합법적으로 외국인 근로자를 채용할 수 있는 제도를 말한다. 외국인 근로자의 취업기간은 입국한 날로부터 3년이며, 1년 단위로 갱신이 가능하다. 노동허가를 받은 외국인 근로자는 「노동관계법」의 적용에 있어서 내국인 근로자와 동등한 대우를 받는다.

135 황견계약 黃犬契約, yellow dog contract

근로자가 노동조합에 가입하지 않거나 탈퇴할 것을 조건으로 하는 근로 계약

근로자의 노동조합 가입을 사전에 제한하는 것으로 비열계약(卑劣契約)이라고도 한다. 「헌법」이 보장하고 있는 단결권을 침해하는 것으로, 「노동조합 및 노동관계조정법」은 이를 부당노동행위로 규정하여 금지하고 있다.

136 비정규직 근로 형태의 종류

근로자	특징
시간제근로자	한 주에 36시간 이하로 일하도록 정한 근로자
파견제근로자	임금을 지급하고 고용관계가 유지되는 고용주와 업무지시를 하는 사용자가 일치하지 않는 경우에 해당하는 근로자
일일근로자	근로 계약을 하지 않고 일거리가 생겼을 때 며칠에서 몇 주씩 일하는 근로자
기간제근로자	일용직·임시직·촉탁직 등 일정한 기간을 정한 근로 계약에 의하여 근로하고 있는 근로자, 기간의 약정이 없는 무기계약 근로자(정규직)에 대비해 계약직근로자라고도 함

용역근로자	용역업체에 고용돼 해당업체의 지휘 아래 그 업체와 용역계약을 맺은 다른 업체에서 근무하는 근로자(청소용역, 경비용역 등)
특수형태근로자	독자적인 사무실이나 점포 등을 보유하지 않으면서 비독립적 형태로 업무를 수행하는 근로자(배달, 운송, 판매 등)

137 감정노동 emotional labor

직장인이 사람을 대하는 일을 수행할 때 자신의 감정과 무관하게 조직에서 바람직하게 여기는 감정을 행해야 하는 노동

미국의 사회학자 엘리 러셀 혹실드가 처음 사용한 용어로, 접객을 주로 하는 서비스 업종 노동자가 고객에 맞추기 위해 억지로 친절한 말투나 웃음을 보여야 하는 경우가 이에 해당한다. 감정노동자는 '스마일마스크 증후군(smile mask syndrome)'이라는 일종의 우울증에 빠질 수 있으며, 이 경우 소화불량, 불면증 같은 증세에 시달리며 자살충동을 느끼기도 한다. 감정노동으로 생긴 문제가 장기간 해결되지 않을 경우 강한 스트레스를 느끼게 되고, 심할 경우 식욕·성욕이 저하되고 정신질환이나 자살에 이를 수도 있다.

138 3S업종

임금이 적고, 규모가 작으며, 단순한 일을 하는 업종

2000년대에 새롭게 등장한 용어로 보통 생산직에 종사하는 노동자가 속해 있는 중소기업에 해당된다. 즉, 임금이 적고(Small pay), 규모가 작으며(Small size), 단순 작업(Simple work)을 하는 업종을 의미한다.

139 스마트워크 smart work

정보통신기술을 활용해 시간과 장소에 얽매이지 않고 업무를 수행하는 근무형태

종래의 사무실 개념을 벗어나 언제 어디서나 편리하게 효율적으로 일할 수 있도록 하는 미래지향적인 업무 환경을 의미한다. 모바일 기기를 이용해 업무를 수행할 수 있는 모바일 오피스나 영상회의 시스템을 활용하는 원격근무, 재택근무 등이 해당된다. 최근 들어 클라우드 기반 모바일 오피스와 소셜서비스를 연계한 스마트워크가 기업들로부터 주목받고 있다. 이는 시간과 장소의 제약 없이 업무를 수행하는 유연한 근무형태이다. 재택근무, 이동근무 등 온라인 원격근무는 물론 사업장 간이나 사업장 내의 원격 협업도 포함된다.

03 교육

핵심Tag #교육 일반 #교육 제도

#교육 일반

---

140 몬테소리운동 Montessori movement
이탈리아의 여류 교육자인 몬테소리가 제창한 과학적 유아교육운동

1907년 몬테소리가 로마에 창설한 '어린이의 집(Casa dei Bambini)'이라는 유아학교에서 처음으로 몬테소리법을 실천함으로써 시작되었다. 정돈된 환경에서 아동의 자기활동을 철저하게 계발시키고 감각의 연마를 위해 특별한 '교구를 고안하여 아동들이 이 교구를 자유로이 사용하게 함으로써 자주성을 높이고, 교사는 좋은 관찰자로서의 역할만을 하는 것이 몬테소리법의 특징이다.

교구(教具) 학습을 구체화·직관화하고 효과적으로 지도하기 위해 사용하는 도구

---

141 아동 중심주의 兒童中心主義
어린이는 학습의 주인공이자 교육을 받을 주체라고 하는 교육에 대한 신념

- 유럽 : 아동을 교육의 주체로 인식한다. 18C 루소에 의해 정립돼 페스탈로치 등의 실천으로 심화되고, 20C 초 스웨덴의 케이와 미국의 듀이에 의해 부활하였다.
- 한국 : 8·15 광복 이후 전통적인 유교교육과 일제의 식민지교육에서 벗어나 민주적인 신교육을 도입하여 아동 중심주의 교육으로 전환해 왔다.

---

142 IQ Intelligence Quotient
지능 검사 결과로 지능의 정도를 총괄하여 나타내는 수치

지능의 발달정도를 조사하여 표시하는 데 이용되며, 지능 지수라고도 한다. 이것은 지능 검사의 결과로 얻은 정신 연령을 실제 연령으로 나눈 수치에 100을 곱하여 구한다.

지능 검사는 1905년 프랑스 심리학자인 알프레드 비네에 의해 처음 고안되었고, 미국 스탠퍼드 대학의 루이스 터먼 교수가 이를 발전시켜 1916년 '스탠퍼드-비네' 방식을 선보였다. 이후 제1차 세계 대전 참전을 계기로 스탠퍼드-비네방식을 응용한 필기식 집단 지능 검사를 통해 언어·수리·추리·공간지각력 등 4가지 요소로 구성된 지능 검사의 원형이 갖추어졌다.

143 EQ Emotional Quotient
감성 지수 혹은 감정적 지능 지수

EQ는 마음의 지능 지수라고도 하며, 미국의 행동심리학자인 대니얼 골맨 (D. Goleman)의 저서 『감성지수(Emotional Intelligence)』에서 유래되었다. EQ 는 자신과 타인의 감정을 이해하는 능력과 삶을 풍요롭게 하는 방향으로 감 정을 통제할 줄 아는 능력을 의미한다.

EQ가 높은 사람은 갈등 상황에 직면했을 때 감정적 대응을 자제함과 동시 에 그 상황을 분석하고 자신의 처지를 정확하게 인식할 수 있다. 또한 타인 에 대한 공감적인 이해가 높기 때문에 집단 내에서 조화를 유지하고 다른 사람들과 서로 협력할 수 있는 사회적 능력이 높다고 할 수 있다.

함께 나오는 용어

- **NQ(Network Quotient)**
  인간관계를 얼마나 잘 유지하고 운영하는지를 나타내는 공존지수이다.
- **BQ(Brilliant Quotient)**
  지능(Brain)·아름다움(Beauty)·행동력(Behavior) 등 3B를 합하여 수치화한 인간의 능력을 나타내는 용어로, 내적·외적으로 인간이 얼마나 뛰어난지를 보여주는 명석지수이다.
- **SQ(Spiritual Quotient)**
  의미와 가치의 문제를 다루고 해결하는 창조적 지능을 측정하는 지수로, IQ나 EQ가 특정 한 환경의 테두리 안에서 적절하게 행동하게 하는 일종의 적응 능력인 데 비해, SQ는 규 칙이나 상황을 바꿀 수 있는 창조적 능력이다.
- **MQ(Moral Quotient)**
  양심에 어긋나지 않게 행동하는 도덕지수로, 이것은 가정에서의 순응교육만으로는 길러 지지 않고, 아이들 스스로 다른 사람들과 어떻게 하면 잘 지낼 수 있는가를 보고 듣고 겪 는 과정에서 길러지고 변화된다. MQ 계발에 있어 가장 중요한 시기는 초등학교 시기라고 할 수 있다.
- **EnQ(Entertainment Quotient)**
  타인을 즐겁게 만드는 엔터테인먼트 능력을 뜻하는 용어로, 실질적으로 EnQ는 직장의 성 공과 치열한 경쟁에서 살아남게 해 주는 역할을 한다. 재미있는 사람일수록 삶의 태도가 긍정적이어서 어려운 상황에서도 재치 있게 이겨 내고, 조직의 분위기를 신나고 흥겹게 조성하여 업무 효율을 높여주기 때문이다.

144 마인드 맵 mind map
인간의 생각을 지도를 그리는 것처럼 이미지화하여 사고력, 창의력, 기억력을 한 단계 높이 는 두뇌 개발 기법

마인드 맵은 1960년대 영국의 토니 부잔이 그림과 상징물을 활용해 배우는 것이 훨씬 더 효과적이라는 발상하에 인간 두뇌의 특성을 고려해 만들었다. 기억력이나 학습법 이외에도 기업의 업무능력을 향상시키는 데에도 효과적 이라고 알려져 있다.

145 브레인스토밍 brainstorming

여러 사람이 모여 문제 해결을 위한 다양한 아이디어를 자유롭게 제시하고, 이러한 아이디어들을 취합·수정·보완해 독창적인 아이디어를 찾아내는 방법

한 가지 문제를 집단적으로 토의하고 자유롭게 의견을 말하는 가운데 독창적인 아이디어를 창출하는 방법으로, 1941년 미국의 한 광고대리점에서 처음 시작되었다. 이 방식은 소집단의 효과를 살리고 끊임없는 아이디어의 '연쇄 반응'을 불러일으키기에 적합한 회의방법이다. 개인의 독단적인 의사결정은 자칫 팀 분위기를 폐쇄적인 쪽으로 유도할 수 있으므로, 활발하고 개방적인 분위기에서 이루어질 수 있는 '브레인스토밍 기법'은 팀의 창조성을 촉진하기에 좋은 회의방법이다. 성공적인 브레인스토밍을 위해 염두에 두어야 하는 것에는 다음의 것들이 있다.

연쇄 반응(連鎖反應) 하나의 반응이 다른 반응을 일으키고 그것이 다른 것으로 번져서 계속되는 반응

- **평가의 금지 및 보류** : 자신이나 타인의 의견에 대하여 아이디어가 다 나올 때까지 판단하거나 비판하는 것을 의도적으로 금지한다.
- **자유분방한 사고** : 어떤 생각이든 자유롭게 표현하고 또한 거침없이 받아들일 수 있어야 한다.
- **양산** : 질보다는 양에 관심을 가지고 무조건 많이 내려고 노력한다.
- **결합 및 개선** : 자기가 남들이 내놓은 아이디어를 결합시키거나 개선하여 제3의 아이디어를 내보도록 노력한다.

#교육 제도

146 입학사정관제 入學査定官制

대학이 입학업무만 담당하는 전문가인 '입학사정관'을 육성·채용·활용함으로써 대학이나 모집단위별 특성에 따라 보다 자유로운 방법으로 학생을 선발하는 제도

입학사정관은 학생부 외에도 개인 환경, 특기, 대인관계, 논리력, 창의력 등 잠재력까지 종합적으로 평가하여 합격 여부를 가린다. 원래 미국에서 시행하고 있는 제도로 우리나라의 경우 2008학년도 서울대 등이 시범적으로 도입하였고, 2009학년도에는 고려대와 한양대, 성균관대, 경희대 등으로 확대 실시되었다. 입학사정관 전형에서는 객관적으로 점수화될 수 있는 수능과 내신 등은 최소한으로 반영되고, 학생의 가능성과 같은 입학사정관의 주관적인 판단이 합격 여부를 결정짓는 중요 요인이 된다.

입학사정관(入學査定官) 고교 및 대학의 교육 과정을 분석하여 관련 정보, 자료를 축적·관리하고 효과적인 전형 방법을 연구 개발하며 제출된 전형 자료를 심사, 평가하여 지원자의 입학 여부를 결정하는 사람

147 평생 교육 平生教育

인간이 출생해서 사망할 때까지 인생의 전 생애에 걸쳐 가정 교육, 학교 교육, 사회 교육이 전체로서 유기적으로 통합되어야 한다는 교육관

학교의 정규 교육 과정을 제외한 학력보완교육, 성인 기초·문자해득교육, 직업능력 향상교육, 인문교양교육, 문화예술교육, 시민참여교육 등을 포함하는 모든 형태의 조직적인 교육 활동을 말한다.

즉, 학교 교육 이외에도 가정 교육·사회 교육 등을 망라하여 연령에 한정을 두지 않고 전 생애에 걸쳐 교육으로 조직화되어야 한다는 것으로, 1967년의 유네스코 성인교육회의에서 제창한 교육론이다. 「헌법」 제31조에서는 이를 받아들여 '국가는 평생 교육을 진흥하여야 한다'고 하였으며, 그 제도와 운영 및 재정 등에 관한 사항은 법률로 정하도록 규정하였다.

148 대안학교 代案學校

공교육 제도의 문제점을 해결하고자 만들어진 종래의 학교 교육과는 다른 학교

서구 교육계에서는 19~20세기 산업화 과정에서 기계부속품으로 변하는 인간성을 자연 그대로 회복하려는 대안으로 1960년대 이후 대안학교 설립 붐이 일었다.

우리나라의 경우 억압적인 입시교육에서 벗어나 좀 더 다채롭고 자유로우며 자연친화적인 교육을 받을 수 있도록 가르치는 학교를 가리키며, 1980년대부터 입시지옥과 청소년 범죄, 폭력이 판치는 비인간적 학교에 대한 반발을 계기로 대안학교 운동이 본격화됐다.

획일적인 공교육 제도에서 탈피하여 교육목적과 학생수준 등에 따라 자유롭고 다양하게 교육 과정과 학습방법 등을 운영한다.

149 석좌 제도 碩座制度

기부금을 통해 교육이나 연구 활동에 탁월한 업적이 있는 학자의 연구 활동을 지원하는 제도

대학교수의 연구 활동 또는 대학의 연구 기능을 촉진하고 특정분야의 연구 성과를 높이기 위하여 실시한다. 영국과 미국은 석좌 제도가 가장 널리 보급되어 있는 나라로, 이들 국가가 현대학문의 첨단을 걷고 있는 것도 이러한 석좌 제도에 힘입은 바가 크다.

조선 시대의 *사가독서도 일종의 석좌 제도라 할 수 있으며, 우리나라의 경우 1985년에 이 제도가 도입되었다.

사가독서(賜暇讀書) 조선 시대 인재양성을 목적으로 젊은 문신들에게 휴가를 주어 학문에 전념하게 한 제도

150 로스쿨 law school
법률가 양성을 위한 법학 전문 대학원

미국에서는 법률 이외의 과목(사회·인문·자연과학 등 어떤 것도 무관)을 전공한 본과 졸업자를 전형하여 3년제의 로스쿨에서 법률교육을 시행한다. 일부 로스쿨에서는 특별히 우수한 학생이거나 예외적인 경우에 한하여 대학 3년 수료자의 입학을 인정하는 경우도 있다.

한국의 경우 기존의 사법시험을 통한 법조인 양성 제도를 개선하기 위하여 2009년 3월부터 로스쿨 제도를 도입하였다. 로스쿨은 인가 기준에 따른 3년제 법학 전문 대학원으로 운영되며, 입학생은 최소 6학기 이상을 이수하면 변호사 자격시험에 응시할 수 있다. 이에 따라 기존의 사법고시는 2009년부터 로스쿨 제도와 병행하여 실시되다가 2017년 12월 31일에 폐지되었다.

더 알고가기

로스쿨 제도의 취지
법학이라는 **"실학(實學)**"을 배우기 전에 실용과는 직접적 관계가 적은 학문을 이수하게 함으로써, 사회의 변천과 더불어 발생하는 새로운 문제를 법적으로 처리할 능력을 갖춘 법률가를 양성하는 것이다. 미국의 많은 주(州)에서 미국법조인협회(American Bar Association)가 정한 기준에 부합하는 로스쿨 졸업을 사법시험의 수험 요건으로 하고 있다.

실학(實學) 실제로 소용되는 학문

01 [   ](이)란 수익성 있는 사업을 내 지방에 유치하겠다는 행동을 말한다.

02 [   ]은(는) 위험한 외부 세상보다는 안전한 집이나 교회 등에서 구성원과 함께 안락을 추구하거나 여가를 즐기는 현상이다.

03 [   ]은(는) 정치, 경제, 사회 등의 모든 부분에서 여성의 권리를 회복하려는 여성해방운동으로 여성에 대한 모든 사회적 차별을 부정하고 남녀평등을 주장하며, 종래 불평등하게 취급되고 있는 부분에 대한 변화를 추구한다.

04 [   ] 효과란 유명인이나 자신이 롤모델로 삼고 있던 사람 등이 자살할 경우 그 사람과 동일하게 자살을 실행하는 현상을 말한다.

05 [   ]은(는) 사회적 성공이나 육아에 대한 부담 등을 이유로 의도적으로 자녀를 두지 않은 맞벌이 부부를 말한다.

06 UN은 65세 이상의 인구가 총인구에서 차지하는 비율이 7% 이상일 때 [   ](이)라고 보고 있다.

07 [   ]은(는) 모금 주체가 모금 용도에 대한 기획을 제시하고 일정 기간 기부를 받아 목표액을 달성하면 기부된 금액으로 프로젝트를 진행하는 것이다. 문화예술 분야의 활성화에 기여하고 있다.

08 [   ]은(는) 노동의 수요와 공급이 일시적으로 조화되지 않아 발생하는 실업으로, 이사 등으로 인한 일시적 실업이나 특정 생산재의 부족으로 인한 일시적 실업 등이 이에 해당한다.

09 [   ]은(는) 헌법상 노동자에게 인정되는 기본권으로 단결권, 단체교섭권, 단체 행동권을 의미한다.

10 [   ]은(는) 대학이 입학업무만 담당하는 전문가인 '입학사정관'을 육성·채용·활용함으로써 대학이나 모집단위별 특성에 따라 보다 자유로운 방법으로 학생을 선발하는 제도이다.

CHAPTER 02
사회

CHOICE

- □ 페미니즘
- □ 핌피 현상
- □ 베르테르
- □ 코쿠닝 현상
- □ 입학사정관제
- □ 노동3권
- □ 마찰적 실업
- □ 크라우드 펀딩
- □ 고령화 사회
- □ 딩크족

정　답

- 01 핌피 현상
- 02 코쿠닝 현상
- 03 페미니즘
- 04 베르테르
- 05 딩크족
- 06 고령화 사회
- 07 크라우드 펀딩
- 08 마찰적 실업
- 09 노동3권
- 10 입학사정관제

01 한국남부발전

낙관계수에 관한 설명 중 옳지 않은 것은?

① 의사결정 시 얼마만큼의 낙관적인 견해를 가지고 있는가를 나타내는 지수이다.

② 0부터 10 사이의 값으로 나타내며, 10에 가까울수록 낙관이고 0에 가까울수록 비관이다.

③ 의사결정은 낙관과 비관이라는 두 가지 측면이 함께 고려되는 것이다.

④ 낙관계수를 이용하여 최댓값과 최솟값으로 실현치를 계산 후 실현치의 최대 대안을 선택한다.

03 한국수력원자력, 한국전기안전공사, 삼성, 제주MBC

어떤 사람이나 사물을 평가할 때 어느 한 측면의 특질이 다른 특질에까지 영향을 미치는 것을 무엇이라고 하는가?

① 스프롤 현상

② 고착관념

③ 헤일로 효과

④ 기저 효과

02 한국토지주택공사, 새마을금고, 국민연금공단

도시의 급격한 발전으로 인해 도시 주변이 무질서하게 확대되는 현상을 무엇이라고 하는가?

① 공동화 현상

② 스프롤 현상

③ 시티홀 현상

④ 도시화 현상

04 방송통신심의위원회, 제주MBC

사소한 무질서를 방치하면 큰 문제로 이어질 가능성이 높으므로 경범죄부터 발본색원해야 한다는 범죄심리학 이론을 무엇이라고 하는가?

① 바나나 현상

② 베르테르 효과

③ 코쿠닝 현상

④ 깨진 유리창 이론

05 한국철도공사, 전주시시설관리공단

중년의 주부가 느끼는 자기 정체성에 대한 상실감을 무엇이라고 하는가?

① 빈 둥지 증후군
② 파랑새 증후군
③ ADD증후군
④ 베르너증후군

06 문화일보, 청주MBC

이웃이나 사회에 손해가 발생하더라도 자신에게 손해가 되지 않으면 무관심한 현상을 무엇이라고 하는가?

① 님비 현상
② 핌피 현상
③ 노비즘
④ 코쿠닝 현상

07 한국문화예술위원회, 두산, 서울신문

다음 중 님비 현상에 해당하지 <u>않는</u> 것은?

① 핵폐기물처리장 설치 반대
② 쓰레기매립장 설치 반대
③ 화장장 설치 반대
④ 행정수도이전 철회 촉구

08 한국공항공사, MBN

수익시설 등 모든 사람들이 좋아하는 시설을 적극적으로 자기 지역에 유치하려고 하는 현상을 무엇이라고 하는가?

① 님비 현상
② 핌피 현상
③ 바나나 현상
④ 코쿠닝 현상

09 한국토지주택공사, 한국사회적기업진흥원

외모지상주의와 가장 관련이 깊은 것은?

① 루키즘
② 알파걸
③ M세대
④ 신데렐라 콤플렉스

10 한국장애인고용공단, 한국일보, KBS

전통적인 가족체계가 흔들리는 것을 가족에 대한 사랑으로 극복하고자 하는 현상은?

① 바나나 현상
② 노비즘
③ 코쿠닝 현상
④ 빈 둥지 증후군

11 한국일보, 대한장애인체육회, 새마을금고, 대구MBC

다음 중 용어에 대한 설명으로 잘못된 것은?

① 논 칼라 – 손에 기름을 묻히는 것도 아니고 서류에 매달려 있지도 않은 컴퓨터 세대

② 좀비족 – 무사안일주의에 빠져 주체성 없이 로봇처럼 행동하는 사람들

③ 여피족 – 도시에서 전문직에 종사하는 고수입의 젊은 인텔리

④ 히피족 – 인간성 회복, 자연에의 귀의를 주장하며 탈사회적 행동을 하는 사람들

⑤ 딩크족 – 자녀에게 의존하지 않고 부부만의 인생을 추구하는 노인세대

12 한국수력원자력, 한겨레신문, NH농협, 교육청

다음 중 용어에 대한 설명이 바르게 짝지어진 것은?

① 클로즈드숍 – 사용자가 근로자를 고용할 때 노동조합의 가입을 고용 조건으로 하는 제도

② 오픈숍 – 사용자가 근로자를 고용할 때에는 자유이나, 일단 고용되면 일정 기간 내에 노동조합에 가입해야 하는 제도

③ 유니언숍 – 근로자가 노동조합에 대한 가입 여부를 자유롭게 결정할 수 있는 제도

④ 비즈니스유니언 – 사회주의 체제 안에서 노동 조건의 개선에만 임무를 한정하는 노동조합

13 조선일보, 매일경제, MBC, 하나은행, 국민건강보험공단

노동3권의 하나로 노동조합이 사용자와 근로 조건의 유지·개선에 관하여 교섭할 수 있는 권리를 무엇이라고 하는가?

① 단결권

② 단체 결정권

③ 단체 행동권

④ 단체 교섭권

14 한국산업인력공단

국가가 국민의 퇴직, 질병, 사망, 장애 등으로 소득 활동이 중단되는 경우를 대비하여 전 국민을 대상으로 시행하는 제도는?

① 건강 보험

② 국민연금

③ 고용 보험

④ 산재 보험

15 한국사회적기업진흥원

양심에 어긋나지 않게 행동하는 도덕지수는?

① EQ

② NQ

③ SQ

④ MQ

정답

01	②	02	②	03	③	04	④	05	①	06	③
07	④	08	②	09	①	10	③	11	⑤	12	①
13	④	14	②	15	④						

01. 핵심 Tag #사회 · 노동 · 교육 #사회 #사회 일반

낙관계수는 0부터 1 사이의 값으로 표시되는 낙관적 견해의 지수로, 1에 가까울수록 낙관이고 0에 가까울수록 비관이다.

02. 핵심 Tag #사회 · 노동 · 교육 #사회 #인구와 도시

스프롤 현상이란 도시의 급속한 발전이 대도시 주변의 무계획적 건설, 지가의 앙등, 교통량의 폭주, 환경 오염 등의 문제를 발생시키는 현상을 말한다.

03. 핵심 Tag #사회 · 노동 · 교육 #사회 #사회 현상

헤일로 효과란 사람이나 사물 등 일정한 대상을 평가하면서 그 대상에 대한 일반적인 견해가 대상의 구체적인 특성을 평가하는 데 영향을 미치는 현상을 말하며, 이를 후광 효과라고도 한다.

04. 핵심 Tag #사회 · 노동 · 교육 #사회 #사회 일반

깨진 유리창 이론은 깨진 유리창 하나를 방치해 두면 그로부터 범죄가 확산된다는 이론이다.

05. 핵심 Tag #사회 · 노동 · 교육 #사회 #사회 현상

남편은 바쁜 직장일로 무관심하고, 자녀들은 성장하여 세대 차이를 이유로 상대해 주지 않아 애정의 보금자리라 여겼던 가정이 빈 둥지가 된 듯한 상실감을 공소 증후군 또는 빈 둥지 증후군이라고 한다.

06. 핵심 Tag #사회 · 노동 · 교육 #사회 #사회 현상

철저한 개인주의에 입각한 사고(思考)로, 자신에게 손해가 되지 않는다면 비록 그것이 다른 사람이나 사회에 손해가 된다고 하더라도 전혀 관심을 가지지 않는 현상을 노비즘이라고 한다.

07. 핵심 Tag #사회 · 노동 · 교육 #사회 #사회 현상

님비 현상이란 혐오시설을 자기 지역에 유치하는 것을 반대하는 지역 이기주의(地域利己主義) 현상을 말한다. 그러나 행정수도를 유치하려 하거나 그 이전을 반대하는 지역 이기주의는 핌피 현상에 해당한다.

08. 핵심 Tag #사회 · 노동 · 교육 #사회 #사회 현상

핌피 현상이란 'Please In My Front Yard(제발 내 집 앞뜰에 부탁해요)'의 준말로 고속철도, 도서관, 공원, 행정기관 등 지역에 이익이 되는 시설이나 사업을 적극적으로 유치하려는 지역 이기주의 현상을 말한다.

09. 핵심 Tag #사회 · 노동 · 교육 #사회 #사회 현상

루키즘이란 외모가 취업, 승진, 결혼 등 인생의 전반에 걸쳐 성패를 좌우한다고 믿고, 외모에 지나치게 집착하는 경향 또는 그러한 사회 풍조를 말한다.

10. 핵심 Tag #사회 · 노동 · 교육 #사회 #사회 현상

코쿠닝 현상이란 위험한 외부 세상보다는 안전한 집 등에서 안락을 추구하거나 여가를 즐기는 현상을 말하는데, 사회로부터의 도피라는 부정적인 측면과 가정의 결속 강화라는 긍정적인 측면이 동시에 존재한다.

11. 핵심 Tag #사회 · 노동 · 교육 #사회 #○○족(생활방식)

딩크족(Dink族)이란 의도적으로 자녀를 두지 않는 맞벌이 부부를 말한다. ⑤번의 내용은 통크족(TONK族)에 관한 내용이다.

12. 핵심 Tag #사회 · 노동 · 교육 #노동 #노동자 권리와 쟁의

② 유니언숍에 대한 설명이다. ③ 오픈숍에 대한 설명이다. ④ 사회주의가 아닌 자본주의 체제 안에서 노동 조건의 개선에만 임무를 한정하는 노동조합이다.

13. 핵심 Tag #사회 · 노동 · 교육 #노동 #노동자 권리와 쟁의

단체 교섭권이란 노동조합이 사용자와 근로 조건의 유지 · 개선에 관하여 교섭할 수 있는 권리를 말한다.

14. 핵심 Tag #사회 · 노동 · 교육 #사회 #사회 제도

국민연금(國民年金)이란 국민 개개인이 소득활동을 하는 동안 일정한 보험료를 납입하고, 퇴직, 질병, 사망, 장애 등으로 소득 활동이 중단된 경우 본인이나 유족에게 연금을 지급하는 사회 보장 제도를 말한다.

15. 핵심 Tag #사회 · 노동 · 교육 #교육 #교육 일반

MQ(Moral Quotient)란 양심에 어긋나지 않게 행동하는 도덕지수로, 가정에서의 순응교육만으로는 길러지는 것이 아니라, 아이들 스스로 다른 사람들과 어떻게 하면 잘 지낼 수 있는가를 보고 듣고 겪는 과정에서 길러진다.

SECTION

2 | 환경 · 보건

환경

핵심Tag #국제환경기구 # 국제환경협약 # 환경 현상 # 환경에너지

#국제환경기구

151 UNEP United Nations Environment Program, 유엔환경계획
국제환경활동을 촉진 · 조정 · 활성화하기 위해 설립된 UN의 전문 기구

1972년 세계 각국의 정상들이 모여 개최한 "인간환경회의'에서 지구 환경 문제를 다루기 위한 UN 전문 기구를 만들기로 합의한 결과 유엔환경계획 (UNEP)이 설립되었다. 환경 분야에 있어서 국제적 협력을 촉구하고, 국제적으로 중요한 환경 문제에 대해 각국의 주의를 환기시키며, 지구환경상태를 점검하는 역할을 한다.

인간환경회의(UNCHE)
· 1972년 6월 5일 스웨덴 스톡홀름에서 열린 국제적 환경회의(=스톡홀름회의)
· 유엔환경계획의 설립을 합의하고, 이 날을 기념하기 위해 6월 5일을 세계환경의 날로 제정

152 유엔환경개발회의 UNCED, United Nations Conference on Environment and Development
1992년 브라질의 리우데자네이루에서 개최된 지구환경회의

1992년 브라질의 리우데자네이루에서 지구환경문제를 논의하기 위해 개최된 회의를 말한다. 114개국 국가정상, 183개국 정부대표, 3만여 명의 환경 전문가 및 민간환경단체 대표 등이 참여한 최대의 환경회의로 'Earth Summit' 또는 '리우회의'라고도 한다. '환경적으로 건전하고 '지속 가능한 개발(environmentally sound and sustainable development)'을 주제로 향후 지구 환경 보전의 기본 원칙이 될 '리우선언'과 그 실천계획인 '의제 21'을 채택하였다.

지속 가능한 개발(sustainable development) WCED(환경과 개발에 관한 세계위원회)에서 발표한 「우리의 미래」에서 지속 가능한 개발을 '미래의 세대가 필요로 하는 욕구를 충족시킬 능력을 손상시키지 않으면서 지금의 현 세대의 욕구를 충족시키는 개발'이라고 정의함

리우선언과 의제 21

리우선언	• 환경 및 개발에 관한 리우데자네이루 선언(Rio de Janeiro declaration on environment and Development)의 약칭으로, 27개의 행동 원칙으로 구성되어 있다. • 주요 내용으로는 환경 파괴에 대한 책임 부여, 지구 생태계의 보존, 환경 훼손 방지에 대한 연구, 환경 분쟁의 평화적 해결 등이 있다.
의제 21 (Agenda 21)	• 리우선언에 따른 각국 정부의 구체적 행동강령으로, 1개 전문과 사회경제·자원의 보존 및 관리·그룹별 역할·이행 수단 등 4개 부문의 39개 장으로 구성되어 있다. • 총 2500여 개의 권고 내용을 담고 있는데, 자연자원의 보전과 관리를 위한 지침뿐만 아니라 사회·경제적 이슈까지 폭넓게 다루고 있다.

153 녹색기후기금 GCF, Green Climate Fund
기후 변화 특화 기금

선진국들이 기금을 마련하여 개발 도상국의 온실가스 감축과 기후 변화 적응을 지원하는 최초의 기후 변화 특화 기금이다. GCF는 지구 온난화 방지를 위해 모든 온실가스의 인위적 방출을 규제하는 유엔기후변화협약(UNFCCC)의 목적과 일맥상통한다. 우리나라가 2012년 10월 최초로 유치한 대형 국제기구(인천 송도국제도시에 사무국 위치)이기도 하다.

154 청정개발체제 CDM, Clean Development Mechanism
선진국과 개발 도상국이 공동으로 추진하는 온실가스 감축사업

전 세계적으로 심화되고 있는 지구 온난화 현상을 완화시키기 위해 선진국과 개발 도상국이 공동으로 추진하는 온실가스 감축사업으로, 2005년 2월 발효된 교토의정서 12조에 구체적 이행 전략의 하나로 규정됐다.
온실가스 감축 목표를 부여받은 선진국들이 감축 목표가 없는 개발 도상국에 온실가스 감축 사업을 실시하도록 도와주고, 여기서 달성한 온실가스 감축량을 선진국의 감축 목표에 포함시키는 것이 주요 내용이다. 이렇게 하면 선진국은 저비용으로 온실가스 감축 목표를 달성하고, 개발 도상국은 선진국으로부터 기술과 재정 지원을 받아 지속적 발전을 기대할 수 있다.

155 국제환경규격 ISO 14000
기업의 환경경영체제를 평가하여 인증해 주는 국제환경표준화 인증규격

기업 활동 전반에 걸쳐 어느 정도 환경을 고려하여 운영되고 있는지를 *ISO(국제표준화기구)가 인증해 주는 제도를 말한다. 기업이 단순히 해당 환경법규나 국제기준을 준수했는지를 평가할 뿐만 아니라, 경영 활동 전 단계에 걸쳐 환경방침·추진 계획·실행 및 시정 조치·지속적 개선 등의 포괄적인 환경경영도 실시하고 있는지를 평가한다.

ISO(국제표준화기구) 전기와 전자 공학 분야를 제외한 모든 부문의 국제표준화를 추진하는 기구

156 내셔널트러스트 national trust
자연환경과 문화유산의 보존을 위한 시민환경운동

내셔널트러스트는 보호할 가치가 있는 자연자원이나 문화유산을 시민들의 자발적인 모금이나 기부·증여를 통해 소유권을 확보하여 영구히 보존하는 시민환경운동으로, '국민신탁운동'이라고도 한다. 정식 명칭은 '역사명승지와 자연경승지를 위한 내셔널트러스트'이다.

함께 나오는 용어

한국내셔널트러스트
우리나라에서는 그린벨트 해제에 대한 방안으로 2000년 1월에 한국내셔널트러스트가 발족되었으며, 강화군 매화마름 군락지, 미술사학자인 혜곡 최순우 고택, 희귀동물 서식지인 동강 제장마을 등을 보호하기 위한 환경운동을 전개했다.

157 로마 클럽 the club of rome
공해·자원난·인구난 등 세계 문제를 해결하기 위해 결성한 국제 민간연구 단체

1968년 정계·재계·학계의 지도급 인사가 이탈리아 로마에서 결성한 국제 민간연구 단체로, 제네바에 본부를 두고 있다. 특정 국가의 이해나 이데올로기에 치우침이 없이, 인류가 직면한 자원 고갈, 공해에 의한 환경 오염, 개발 도상국의 인구증가, 핵무기 개발에 따른 인간 사회의 파괴 등의 세계 문제에 대하여 해결책을 모색하는 것을 목적으로 삼고 있다.

158 그린피스 greenpeace
핵 실험 반대와 자연보호운동을 목적으로 하는 환경단체

그린피스(greenpeace)는 *BIG4에 속하는 환경단체로, '녹색의 지구(green)'와

'평화(peace)'를 결합한 것이다. 1971년 캐나다 밴쿠버 항구에 12명의 환경 보호운동가들이 모여 결성하였으며, 현재는 국제적인 환경보호 단체이다. 본래 프랑스 핵 실험을 반대하기 위하여 발족하였으며, 방사성 폐기물의 해양 투기 저지 운동뿐만 아니라 고래보호 단체로도 유명하다. 본부는 네덜란드 암스테르담에 있다.

BIG4
· 세계 민간 환경보호운동을 주도하고 있는 4개의 단체
· 그린피스(greenpeace), 제3 세계네트워크(Third World Network), 지구의 벗(friends of earth), 세계자연보호기금(WWF)

#국제환경협약

 빈출

159 유엔기후변화협약 UNFCCC, United Nations Framework Convention on Climate Change
지구 온난화에 따른 이상 기후 현상을 예방하기 위한 국제 협약

1992년 6월 브라질의 '리우회의'에서 채택된 협약으로, 정식 명칭은 '기후변화에 관한 유엔 기본협약'이다. '리우환경협약'이라고도 하는데, 탄산가스, 메탄, 이산화질소, 염화불화탄소 등 *온실가스의 방출을 제한하여 지구 온난화를 방지하고자 하는 데 그 목적이 있다. 1997년 협약을 이행하기 위하여 교토의정서가 만들어졌다.

온실가스
· 지상에서 복사되는 에너지를 일부 흡수함으로써 온실효과를 일으키는 기체
· 수증기나 이산화탄소 외에 이산화질소 · 염화불화탄소 · 메테인 등이 있음

 빈출

160 교토의정서 京都議定書, Kyoto protocol
1992년 체결된 유엔기후변화협약의 부속 의정서

유엔기후변화협약의 구체적 이행 방안으로, 2005년 2월 16일에 발효되었다. 교토의정서의 핵심은 *지구 온난화를 막기 위해 이산화탄소(CO_2), 메탄(CH_4), 아산화질소(N_2O), 불화탄소(PFC), 수소화불화탄소(HFC), 불화유황(SF_6) 등의 여섯 가지 온실가스의 배출량을 줄여야 한다는 것이다. 교토의정서의 2차 공약기간이 종료되는 2020년 이후인 2021년 1월부터는 *파리기후변화협약이 적용된다.

구분	파리기후변화협약	교토의정서
개최국	프랑스 파리(2015년 12월 12일 채택)	일본 교토(1997년 12월 채택)
대상 국가	195개 협약 당사국(한국, 2030년 배출전망치 대비 37% 감축안 발표)	주요 선진국 37개국(한국, 감축 의무 없음)
적용 시기	2020년 이후 신(新)기후체제	2005~2020년까지 기후 변화 대응 방식 규정

지구 온난화 온실가스의 증가로 해수면이 상승하면서 지구의 기온이 올라가는 현상

파리 기후변화협약(Paris Climate Change Accord)
· 2015년 12월 프랑스 파리에서 개최된 제21회 유엔기후변화협약 당사국총회에서 채택. 선진국과 개도국 간 구분 없이 모든 국가가 동참하는 온실가스 감축을 위한 신기후체제
· 도널드 트럼프 미국 행정부는 2019년 11월 4일 파리기후변화협약 탈퇴를 UN에 통보함. 협약 규정에 따르면 탈퇴 절차 돌입 후 1년이 지나야 탈퇴가 공식 발효되기 때문에 미국은 2020년 11월 4일 공식 탈퇴 효력이 발효됨. 미국의 협약 탈퇴가 공식화됨에 따라 지구촌 온실가스 감축 노력에 차질이 빚어질 가능성이 커져 우려가 높아지고 있음

161 CBD Convention on Biological Diversity, 생물다양성협약
지구상의 생물종을 보호하기 위한 국제 협약

1992년 유엔환경개발회의에서 채택된 것으로, 생물다양성의 보전, 생물자원의 지속 가능한 이용, 생물자원을 이용하여 얻어지는 이익의 공평한 분배를 목적으로 한다. ˚환경영향평가제도의 도입, 생물에 대한 각종 개발의 악영향 최소화, 생물에 대한 유전공학기술의 공동소유 등을 주요 내용으로 한다. 기술선진국의 영향력이 큰 기후변화협약과 달리, 생물자원이 풍부한 개발 도상국의 영향력이 큰 협약이다.

환경영향평가제도 환경 오염에 관한 사전예방 제도로 대규모로 개발되는 정부·민간 사업을 계획할 경우 환경 오염을 유발하는 원인을 미리 검토 및 분석하여 환경 오염을 최소화하는 것을 목적으로 하는 제도

162 생물안전의정서 protocol for biosafety
유전자변형생물체(LGMO)의 교역을 규제하는 의정서

1992년 유엔환경개발회의에서 채택된 '생물다양성협약'의 정신에 기초한 것으로, 유전자변형생물체의 국가 간 이동을 규제하는 최초의 국제 협약이다. 1999년 콜롬비아 카르타헤나 회의에서 제안되었기 때문에 '카르타헤나 의정서'라고도 하며, LGMO 수입 시 사전통보 및 동의절차, 위해성 평가 및 관리, LGMO의 운반·저장·이용 방법의 표시, 바이오 안정성 정보센터의 운영 등에 관한 사항을 규정하고 있다.

함께 나오는 용어

유전자변형생물체(LGMO)
LGMO는 'Living Genetically Modified Organisms'의 준말로, 유전공학기술을 이용해 기존의 ˚육종방법으로는 나타날 수 없는 형질이나 유전자를 지니도록 개발된 유기물을 말한다. 일반적으로 'GMO'라고도 한다. 최초의 유전자조작식품은 무르지 않는 토마토였으며, 오늘날 유전자변형 콩이나 옥수수 등 그 종류가 다양하다.
초기에는 지구촌의 기아 문제를 해결할 '제2의 ˚녹색혁명'으로 크게 환영받았지만 점차 인체에 대한 유해성 여부가 문제시되었다.

육종방법(breeding method) 수준 높은 품종을 개발하기 위한 기술 개발 능력

녹색혁명(綠色革命) 다양한 품종을 개발하여 식량이 부족한 개발 도상국에 농업 기술을 보급하여 식량증대를 획득하려는 농업개혁을 뜻함

163 런던협약 London dumping convention
폐기물이나 기타 물질의 해양투기로 인한 해양오염을 방지하기 위한 국제 협약

1972년 채택되어 1975년에 효력이 발생하였으며, 우리나라는 러시아의 동해 핵폐기물 투기사건을 계기로 1992년에 가입해 1994년부터 효력이 발생하였다. 1993년부터는 기존의 ˚고준위 방사성 폐기물에 적용된 해양투기 금지를 저준위 방사성 물질을 포함한 모든 방사성 폐기물의 해양투기 금지로 확대하였고, 1996년부터는 산업폐기물의 해양투기도 금지하고 있다.

고준위 방사성 폐기물(high-level radioactive waste) 핵을 만드는 물질 및 연료를 다시 처리하는 공장에서 나오는 방사선의 세기가 아주 강한 폐기물

164 몬트리올의정서 Montreal protocol
오존층 파괴물질의 사용을 규제하는 국제 협약

정식 명칭은 "오존층을 파괴시키는 물질에 대한 몬트리올의정서'이다. 1974년 에어컨 냉매로 쓰이는 염화불화탄소(CFCs)의 사용규제에 관한 논의에서 시작되어, 1989년에 몬트리올의정서가 발효되었다. 몬트리올의정서는 96개 특정물질에 대한 감축 일정을 담고 있으며, 프레온가스와 할론의 경우 선진국에서는 각각 1996년과 1994년부터 사용이 금지되었고, 개발 도상국은 2010년부터 사용이 금지되었다.

오존층(ozone layer)
- 성층권에서 많은 양의 오존을 함유하고 있는 두께 약 20km의 층
- 생물에 해를 끼치는 자외선의 대부분이 오존층에서 흡수됨

165 바젤협약 Basel convention
유해폐기물의 국가 간 교역을 규제하는 국제 협약

카이로 지침을 바탕으로 1989년 3월 스위스 바젤에서 세계 116개국 대표가 참석한 가운데 채택된 협약으로, 1992년 5월 5일 정식으로 발효되었다. 유해폐기물의 국가 간 이동 시 교역국은 물론 경유국에까지 사전통보를 의무화하여 유해폐기물의 불법적 이동을 막는 데 그 목적이 있다. 개발 도상국이 선진국의 폐기물 처리장이 되어서는 안 된다는 위기의식에서 발안된 것이므로, 다른 국제 협약과 달리 선진국이 아니라 아프리카 77개국이 주도하고 있다.

카이로 지침 1987년 6월 채택된 '유해폐기물의 환경적으로 건전한 관리를 위한 카이로 지침과 원칙'

166 람사르협약 Ramsar convention, 국제습지조약
국제적으로 중요한 습지와 습지의 자원을 보전하기 위한 국제환경협약

1971년 이란의 람사르(Ramsar)에서 체결된 협약으로, 정식 명칭은 '물새서식지로서 특히 국제적으로 중요한 습지에 관한 협약(The Convention on Wetlands of International Importance, especially as Waterfowl Habitat)'이다. 우리나라는 1997년에 101번째로 가입했으며, 2008년에는 경상남도 창원에서 '건강한 습지, 건강한 인간'을 주제로 한 제10차 람사르 총회가 열렸다.

습지(濕地) 여러 종류의 생물들의 주요한 서식지가 되는 곳, 담수 또는 기수로 덮여 있는 지역으로 습기가 많고 축축한 토지를 말함

167 오염자 부담 원칙 PPP, Polluter Pays Principle
환경 오염 방지비용은 오염 발생원자가 부담해야 한다는 원칙

환경 자원의 합리적인 이용과 배분을 조장하는 동시에 국제 무역이나 투자의 부작용을 방지하기 위하여 환경 오염 방지비용은 오염 발생원자가 부담해야 한다는 것으로, 1972년 '경제협력개발기구(OECD)의 환경위원회가 가맹국에 권고한 원칙이다. 이에 따라 우리나라의 「환경정책기본법」, 「대기환경보전법」, 「소음·진동관리법」, 「폐기물관리법」 등은 환경 오염자에게 비용을 부담시키고 있다.

경제협력개발기구(OECD)
- 회원국 간의 경제 발전 및 경제 문제에 대해 공동으로 모색하기 위한 국제협력기구
- 유럽경제협력기구(OEEC)를 확대·개편한 것으로 유럽 이외에 미국, 캐나다 등도 회원국에 포함

168 DNS제도 Debit for Nature Swap
개발 도상국의 대외채무와 환경보전을 교환하는 제도

토머스 러브조이가 1984년 제안한 것으로 오염물질의 배출이 많은 개발 도상국의 대외채무를 선진국이나 국제민간환경보호단체가 변제해 주는 대신 개발 도상국은 변제된 채무액만큼 자국의 자연보호에 투자하는 자연보호채무상계제도를 말한다.

169 생태학적 난민 ecological refugee
환경 파괴로 인해 발생하는 난민

유엔환경계획(UNEP) 등에서 전쟁 '난민과 구별하기 위해 사용하기 시작한 용어로, 환경 파괴로 초래된 가뭄, 홍수, 해일, 사막화 등에 의해 발생하는 난민을 말한다. 매년 홍수, 가뭄, 해일 등의 기상 이변으로 세계 곳곳에서 수만 명이 목숨을 잃거나 수백만에 달하는 생태학적 난민이 발생하고 있다.

난민(難民) 기상 이변으로 발생한 재난 또는 전쟁으로 경제적 곤궁에 처한 사람들

170 침묵의 봄 silent spring
농약의 남용이 봄을 침묵시킨다는 레이첼 카슨의 환경 저서

미국의 생태학자 레이첼 카슨의 저서인 『침묵의 봄』에서 비롯된 말로, 저자는 농약의 남용이 생태학적 위기를 초래하여 작은 새가 지저귀는 봄을 침묵시켜 버린다고 경고하고 있다.
그는 이 책에서 드린계 농약과 유기 염소계 농약인 'DDT, 'BHC 등의 잔류 농약이 동물 조직에 축적되고 식물 연쇄 작용으로 그 피해가 확대된다는 점과 발암성 물질은 다음 세대에게도 피해를 준다는 점 등을 지적했다.

DDT 방역용, 농업용에 사용되는 살충제로 인체에 쌓이는 성질이 있어 암을 유발할 위험성이 높은 농약 중 하나임

BHC 전 세계적으로 사용이 금지된 유기합성살충제

171 골드만 환경상 the goldman environmental prize

환경 분야에서 크게 공헌한 시민 환경운동가에게 수여되는 상

1990년 미국 골드만 재단이 제정한 상으로, *멸종위기종의 보전, 파괴된 생태계의 복원, 시민의 환경의식 고취 등 환경 보호나 환경향상에 높은 업적을 이룬 사람에게 수여한다. 세계 6대주에서 각 1명씩 선정하며, 수상자에게는 6만달러의 상금이 지급된다. 우리나라의 경우 1995년 4월 당시 환경운동연합의 최열 사무총장이 상을 수상한 바 있다.

멸종위기종(endangered species)
동·식물의 개체 수가 크게 감소하여 사라질 위기에 처해 있는 생물종

CHAPTER 02 · 사회

#환경 현상

 빈출

172 높새바람

봄과 여름 사이에 태백산맥에서 영서지방으로 불어오는 고온 건조한 바람

동해의 습한 공기는 태백산맥을 올라가면서 기온이 낮아지고 구름을 형성하여, 산 정상에서 가지고 있던 수증기를 비 또는 눈으로 내려 보낸다. *푄 현상의 일

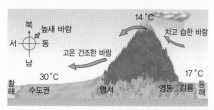

종으로, 건조해진 공기는 다시 태백산맥을 내려오면서 기온이 높아지는데, 이렇게 형성된 고온 건조한 바람을 높새바람이라고 한다. 이러한 높새바람은 영서지방의 농작물을 말라 죽게 하는 등 악영향을 미친다.

푄 현상(Föhn現象)
• 지중해의 습한 바람이 알프스 산을 넘으면서 고온 건조한 바람으로 변하는 현상
• 북미의 록키 산지에서는 치누크(chinook)라고도 불림

---

173 열대성 저기압 熱帶性低氣壓

열대 지방의 해양(위도 5~10°)에서 발생하는 중심 기압이 960hPa 이하인 저기압

강한 바람과 폭우를 동반하여 많은 인명 및 재산 피해를 발생시키는 열대성 저기압은 그 발생 지역에 따라 태풍, 허리케인, 사이클론, 윌리윌리 등으로 다르게 불린다.

▲ 열대성 저기압

더 알고가기 ⋯⋯⋯⋯⋯⋯⋯⋯⋯⋯⋯⋯⋯⋯⋯⋯⋯⋯⋯⋯ 빈출

발생 지역에 따른 열대성 저기압의 명칭

• 허리케인(hurricane) : 북대서양, 카리브해, 멕시코만, 북태평양 동부에서 발생하는 것
• 사이클론(cyclone) : 인도양, 아라비아해, 벵골만 등에서 발생하는 것
• 윌리윌리(willy-willy) : 호주 부근 남태평양에서 발생하는 것
• 태풍(typhoon) : 북서태평양 필리핀 근해에서 발생하는 것

174 엘니뇨 El Niño
해수면의 온도가 평년보다 0.5℃ 이상 높은 상태가 5개월 이상 지속되는 고수온 현상

엘니뇨는 스페인어로 '남자아이' 또는 '아기 예수'를 의미하는데, 크리스마스를 전후하여 엘니뇨 현상이 나타나기 때문에 붙여진 이름이다. 주로 남아메리카 페루 및 에콰도르의 서부 열대 해상에서 발생하며, 정확한 원인은 아직 밝혀지지 않고 있다. 이 지역은 해수의 *용승으로 연중 수온이 낮아 좋은 어장이 형성되어 있었으나 알 수 없는 원인으로 용승이 줄어들며 엘니뇨 현상이 발생하고 있다.

용승(湧昇, upwelling) 200~300m 중층의 차가운 바닷물이 여러 가지 원인에 의하여 해면으로 솟아오르는 현상

함께 나오는 용어

라니냐(La Niña)
스페인어로 '여자아이'라는 뜻인데 엘니뇨와는 반대로 해수면의 온도가 평년보다 0.5℃ 이상 낮은 상태가 5개월 이상 지속되는 저수온 현상을 말한다.

175 온실 효과 greenhouse effect
지구를 둘러싼 가스층으로 인해 지구의 기온이 상승하는 현상

화석 연료의 사용 증가로 배출된 이산화탄소 등의 가스가 지구를 둘러쌈으로써 지구 표면에서 나오는 *복사 에너지가 대기를 빠져나가기 전에 흡수되어 지구의 기온이 상승하는 현상을 말한다. 지구 표면의 대기가 복사 에너지를 빠져나가지 못하게 하여 온실처럼 태양열을 저장하는 역할을 하기 때문에 붙여진 이름이다. 오늘날 온실 효과로 인한 지구 온난화 현상에 따라 겨울이 짧아지고 극지방의 빙산들이 녹아 해수면이 상승하여 육지의 면적이 감소하며, 홍수나 가뭄 등의 기상 이변이 속출하여 *사막화가 빠르게 진행되고 있다.

복사 에너지(radiant energy) 온도가 높은 물체는 방사선을 방출하는데 이러한 전자파를 복사하여 방출되는 에너지를 말함

사막화
• 자연적 가뭄이나 인위적 산림벌채·환경 오염 등으로 토지가 사막화되어 가는 현상
• 해마다 전 세계적으로 600만ha(헥타르)가 사막화되어 가고 있음

176 열섬 현상 heat island
도심의 온도가 도심 주변 지역보다 높아지는 현상

녹지 면적의 감소, 각종 인공 시설물의 증가, 각종 대기 오염물질의 배출로 인해 도심 지역이 도심 주변지역보다 기온이 높아

지는 현상을 말한다. 도심의 등온선이 섬의 등고선과 비슷하게 생겨 열섬 현상이라고 불린다. 반복적인 열섬 현상은 *열대야 현상을 초래하기도 한다.

열대야(熱帶夜, tropical night) 야간의 최저 기온이 25℃ 이상인 밤으로, 우리나라의 경우 대개 장마 후 고온다습한 북태평양 고기압이 발달했을 때 나타남

177 적조 赤潮, red tide
플랑크톤의 급속한 증가로 바다나 강 등의 색깔이 바뀌는 현상

*물의 부영양화로 플랑크톤이 급속하게 증가하고, 그 증가된 플랑크톤의 색깔에 따라 바다나 강 등의 색깔이 다르게 보이는 현상을 말한다. 흔히 붉은색으로 바뀌는 경우가 많아 '적조'라고 하지만 오렌지색이나 적갈색, 갈색이 되기도 한다. 적조 현상으로 급속하게 증가한 플랑크톤을 미생물이 분해하기 위해서는 많은 산소가 소비되고, 결국 수중의 용존산소량이 부족하게 되어 어패류 등의 대량 폐사가 발생한다.

물의 부영양화 정체된 수역에 유기물질(질소, 인 등)이 과도하게 공급되어 발생하는 수질 악화 현상

178 다이옥신 dioxin
무색, 무취의 맹독성 화학 물질

2개의 산소 원자에 2개의 벤젠 고리가 연결되어 있고, 그 이외에 염소가 결합되어 있는 방향족 화합물이다. 청산가리보다 1만 배나 강한 독성을 가지고 있는 독극물로, 베트남전에 사용된 *고엽제의 주성분이다. 주로 석탄, 석유, 담배 등을 태우거나 농약 등 화학 물질을 만드는 공장에서 발생한다. 화학 구조가 매우 안정하여 상온에서 색깔이 없는 결정으로 존재하며 극성이 없어 물에 잘 녹지 않는다. 대신 지방에 잘 녹기 때문에 몸 속에 들어가면 오줌으로 배설되지 않고 지방 조직에 반영구적으로 축적되어 기형아 출산, 암 유발, 신경계 마비 등의 증상을 유발한다.

고엽제(枯葉劑)
- 나뭇잎의 성장을 억제하는 다이옥신 계열의 제초제
- 베트남전에서 정글 속 적군의 근거지를 제거할 목적으로 사용

179 스모그 smog
대기 속의 오염물질이 안개처럼 보이는 현상

smoke(연기)와 fog(안개)의 합성어로, 도시나 공업지대의 대기 중 오염물질이 지표 가까이에 쌓여 안개처럼 보이는 현상을 말한다. 눈을 아프게 하고 폐나 호흡기 계통에 질병을 유발하기도 한다.

더 알고가기
스모그의 유형
- **런던형 스모그** 1952년 12월 5일부터 9일까지 수천 명의 사망자를 낸 스모그(런던사건)로, 공장의 배기가스나 석탄 사용으로 인한 매연이 주원인이다.
- **로스앤젤레스형 스모그** 1940년대에 발생한 것으로 초기 석탄이 연소되면서 나타난 스모그와 달리 이 스모그는 석유가 연소되면서 발생되었다. 1951년 하겐 스미트(A. J. Haagen Smit)에 의해 알려진 것으로 **광화학 스모그'라고도 하며, 자동차의 배기가스 등 석유계 연료가 주원인이다.

광화학 스모그 자동차 배기가스 등에 함유되어 있는 질소산화물과 탄화수소 등이 강한 자외선을 받아 옥시던트라는 유해한 산화물이 만들어져 형성되는 스모그

180 석면 asbestos
마그네슘과 규소를 포함하고 있는 광물질

내화·단열·절연성이 뛰어나 석면방직업, 건설업, 자동차 브레이크라이닝 제조업, 조선업, 슬레이트 제조업 등에서 주로 사용되어 왔다. 그러나 공기 중에 떠도는 미세한 석면섬유가 폐 내에 축적될 경우 만성 기관지염과 '석면폐증, 폐암을 유발시켜 '소리없는 살인자(silent killer)'로 불린다.

석면폐증(石綿肺症) 석면에 의하여 폐의 섬유화를 초래하는 질병

181 산성비 acid rain
'수소이온농도지수(pH)가 5.6 미만인 비

자동차에서 배출되는 질소산화물이나 공장 등에서 배출되는 황산화물이 수증기와 만나면 질산이나 황산으로 변하게 되는데 이것이 산성비가 된다. 일반적으로 빗물은 pH 5.6~6.5 정도의 약산성이지만 산성비는 pH가 5.6 미만이다. 산성비는 토양을 산성화시켜 굳게 만들고 식물 성장에 필요한 성분을 제거한다.

수소이온농도지수(pH) 물질의 산성과 알칼리성의 정도를 나타내는 수치로, 수소 이온이 많아질수록 pH는 낮아지고 산성에 가까워짐. 중성의 순수한 물은 pH가 7이며, pH가 7보다 작은 용액은 산성이고 pH가 7보다 큰 용액은 알칼리성임

182 미나마타병 minamata disease
일본의 미나마타시에서 발생한 수은에 의한 공해병

1932년부터 '신일본질소비료'의 미나마타 공장에서 '메틸수은이 함유된 폐수를 충분히 정화하지 않고 방류해 이곳의 물고기를 먹은 인근 주민들이 수은 중독에 걸린 사건이다. 수은 중독은 주로 중추신경에 문제를 발생시키는데 사지마비, 경련, 언어장애, 정신착란 등의 증상이 나타나며, 심한 경우 결국 사망에 이른다.

메틸수은(methylmercury) 메틸의 성질과 수은이 결합된 것으로 미나마타병의 발생 원인 물질이며 농약을 분해해도 생성되는 물질

183 이타이이타이병 itai-itai disease
일본의 도야마현에서 발생한 카드뮴에 의한 공해병

'미츠이(三井) 금속광업'의 가미오카 광산에서 아연을 제련할 때 광석에 포함되어 있던 카드뮴을 제거하지 않고 그대로 강에 버린 것이 원인이 되어 발생한 공해병으로 뼈가 쉽게 물러지는 특징이 있다. 물러진 뼈는 골절이 쉽게 발생하고 이로 인해 환자들이 '이타이, 이타이('아프다, 아프다'의 일본어)'라고 한 데서 이름이 붙여졌다. 미나마타병 등과 함께 '일본 4대 공해병 중 하나이다.

일본 4대 공해병
• 구마모토의 미나마타병
• 니이가타의 미나마타병
• 요카이치의 대기 오염
• 도야마의 이타이이타이병

184 새집 증후군 sick house syndrome
새로 지은 건물의 거주자들이 느끼는 두통, 천식, 피부염 등의 질환

새 건물을 지을 때 사용하는 건축 자재 등에서 발생되는 유해 물질, 특히 접착제에서 많이 발생되는 *포름알데히드와 톨루엔 등으로 인해 발생되는 두통, 눈·코·목의 자극, 기침, 가려움증, 현기증, 피로감, 집중력 저하 등의 증상들을 말한다.

포름알데히드 자극적인 냄새와 환원성이 강한 메탄올을 산화시켜서 얻은 기체

#환경에너지

185 대체 에너지 alternative energy resources
화석 연료를 대체할 수 있는 새로운 에너지

화석 연료(석유)가 점차 고갈되어 감에 따라 세계 각국은 이를 대체할 새로운 에너지 개발에 힘쓰고 있다. 특히 1973년 *제1차 오일 쇼크와 1978년 제2차 오일 쇼크 이후 석유를 대체할 수 있는 에너지원에 대한 관심은 더욱 커지게 되었다. 구체적으로 원자력, 석탄, 천연가스, 태양열, 수력, 지열, 풍력 등이 있다.

제1차 오일 쇼크 1973년 10월 16일 페르시아만의 6개 석유수출국들이 석유수출국기구(OPEC) 회의에서 원유 고시 가격을 17% 인상하자 중동산 원유 가격이 1년 만에 4배 가까이 인상된 사건(제4차 중동전쟁의 영향)

---

186 그린벨트 greenbelt, 개발제한구역
도시의 경관정비와 환경보전을 위해 설정된 녹지대

1950년대 영국에서 시작된 것으로, 도시의 무분별한 개발을 제한하여 도시 주변의 녹지 공간을 확보하고 자연환경을 보전하는 데 목적이 있다. 그린벨트 내에서는 건축물을 신축하거나 *증축하는 행위, 용도 변경, 토지의 형질 변경 및 토지 분할 등의 행위가 제한되나, 개발제한구역의 지정 목적에 위배되지 않는 범위 내에서 허가권자의 허가를 얻어 국민생활의 편익을 위한 최소한의 개발 행위는 할 수 있다.

증축(增築) 미리 건축된 건물에 덧붙여서 면적을 늘리거나 높이는 것을 말함

더 알고가기
우리나라의 그린벨트
우리나라는 1971년 서울을 포함한 수도권 일부가 그린벨트로 처음 지정된 이후 8차에 걸쳐 14개 도시권이 그린벨트로 묶였다. 그러나 그린벨트 전면 해제를 선거공약으로 내걸었던 김대중 정부가 들어서면서부터 그린벨트 해제 움직임이 시작되었다.

187 블루벨트 blue belt
수산자원 보호지역 및 청정해역

육지의 그린벨트에 대응되는 것으로, 바다의 *수자원을 보호하기 위하여 설정해 놓은 수산자원 보호지역을 말한다. 우리나라의 경우 한려수도 일대와 서해안 일부가 블루벨트에 해당한다.

수자원(水資源) 농업, 공업, 발전용 따위의 자원이 되는 물

188 녹색성장 green growth
녹색기술을 통한 에너지 자립과 일자리 창출

이명박 정부가 제시한 국가비전으로, 에너지 자원을 절약하고 효율적으로 사용하여 기후 변화와 환경 훼손을 줄이고 에너지 자립을 이루며, 청정에너지와 녹색기술의 연구개발을 통하여 경제 위기를 타개하고 신성장 동력과 일자리를 창출한다는 개념이다. 우리나라는 2010년 6월 녹색성장과 관련하여 *GGGI를 설립하였다. 녹색성장이라는 개념은 2000년 1월 「이코노미스트」지가 최초로 언급하였고, 다보스포럼(Davos Forum, 세계경제포럼)을 통하여 널리 사용되기 시작하였다.

GGGI(Global Green Growth Institute, 글로벌녹색성장연구소) 우리나라가 주도한 최초의 국제기구로, 녹색성장에 대한 해결책을 제시하고 지속 가능한 개발을 촉진하여 글로벌 동반성장을 추구함. 반기문 전 유엔 사무총장이 2018년부터 의장을 맡고 있음

189 중수도 中水道
한 번 사용한 수돗물을 재활용할 수 있도록 처리하는 시설

*상수도와 하수도의 중간에 위치한다는 의미에서 붙여진 이름으로, 산업배수, 생활배수, 하수 등을 처리하여 수세식 화장실용수, 에어컨 냉각용수, 청소용수, 세차용수, 살수용수, 조경용수(연못, 분수 등), 소방용수 등의 잡용도로만 사용되기 때문에 '잡용수'라고도 한다. 중수도는 수돗물 소비량과 하수 발생량을 감소시켜, 물 부족 현상을 완화하고 수질 보전에 기여한다.

상수도(上水道) 일반적으로 보건위생 및 섭취한 음식을 소화하는 것을 목적으로 한 급수설비를 말함

02 보건

핵심Tag #보건 일반 #질병

#보건 일반

190 제대혈 臍帶血, cord blood
출산 때 탯줄(제대)에 있는 혈액

제대혈에는 백혈구와 적혈구·혈소판 등을 만드는 *조혈모세포가 다량 함유되어 있으며, 연골과 뼈·근육·신경 등을 만드는 줄기세포도 들어 있어 의학적으로 가치가 매우 높다. 제대혈은 분만 시 산모나 아기에게 전혀 부담을 주지 않으면서 약 70~100ml 정도를 채취할 수 있는데, 그 안에 들어 있는 조혈모세포의 양은 골수의 약 500~1000ml 속에 들어 있는 것과 같다. 골수를 이식하는 것보다 부작용이 적고 수술 성공률도 높아 적극적으로 활용된다. 이러한 장점 때문에 제대혈을 채취하여 냉동 보관하는 제대혈 은행이 운영되고 있다.

현재 제대혈이나 조혈모세포 이식을 통해서 치료가 가능한 질병은 백혈병이나 재생불량성 빈혈과 같은 난치성 혈액 질환 등이며 당뇨병, 심근 경색증, 퇴행성관절염, 알츠하이머병 등의 치료에도 이용될 것으로 기대하고 있다.

조혈모세포(造血母細胞) 골수에서 대량 생산되는 적혈구, 백혈구, 혈소판을 생성하는 필수 이식 세포

191 HACCP Hazard Analysis Critical Control Point
식품의 안전성, 건전성 및 품질을 확보하기 위한 식품위생관리시스템

식품 원재료의 생산에서 최종 소비자의 섭취까지 전 단계에 걸쳐 위해 물질로 식품이 오염되는 것을 사전에 방지하기 위하여 위해 요소를 규명하고 이를 중점적으로 관리하기 위한 식품위생관리시스템을 말하며, '해썹' 또는 '해십'이라고 부른다.

1959년 *NASA(미항공우주국)의 요청으로 미생물학적으로 안전한 우주식량을 만들기 위해 필스버리(Pillsbury)사와 미육군 나틱(Natick) 연구소가 공동으로 실시한 것이 최초이다. 1993년 FAO·WHO의 국제식품규격위원회는 HACCP을 식품위생관리지침으로 채택하였다.

NASA(미항공우주국) 항공우주의 개발 및 계획을 추진하는 정부기관으로 1958년 미국에서 설립함

CHAPTER 02
사회

SECTION 2_환경·보건 **331**

192 트랜스지방산 trans fatty acid
식물성 기름에 수소를 첨가하여 가공식품을 만들 때 생기는 지방산

불포화 지방산인 식물성 기름의 보존성을 증가시키기 위해 포화 지방산으로 만드는 과정에서 *산패(酸敗)를 억제하기 위해 수소를 첨가하는데, 이때 트랜스지방산이 생긴다. 트랜스지방산은 체중을 늘게 하고 몸에 나쁜 콜레스테롤인 저밀도지단백(LDL)을 증가시키는 대신, 좋은 콜레스테롤인 고밀도지단백(HDL)을 감소시켜 동맥 경화, 협심증, 심근 경색 등을 유발시킨다.

산패(酸敗) 공기 속에 오래 방치된 유지(지방)가 산성이 되어 불쾌한 냄새가 나고, 맛이 나빠지며 색깔이 변하는 현상

더 알고가기
트랜스지방산이 많이 들어 있는 음식
- 유지 : 마가린, 쇼트닝 등
- 과자 : 파이, 쿠키, 팝콘 등
- 기타 : 인스턴트 식품, 튀김, 유제품, 어육 제품 등
- 빵 : 햄버거, 도넛, 피자, 케이크 등
- 양념 : 마요네즈 등

193 프로포폴 propofol
페놀계 화합물로 흔히 수면마취제라고 불리는 정맥마취제

수술 시 전신 마취를 유도하거나 수면내시경 등을 할 때 사용된다. 신경 전달 물질에 관련하여 작용하는 GABAA 수용체에 영향을 주어 중추 신경을 빠르게 억제한다. 불면증을 없애고, 피로를 해소할 뿐 아니라 환각을 일으키는 효과가 있어 우리나라에서는 향정신성 의약품(마약류)으로 지정해 관리하고 있다. 과다 투여할 경우 일시적인 호흡 마비로 사망에 이를 수도 있다.

194 뇌사 腦死, brain death
뇌의 기능이 완전히 정지되어 회복이 불가능한 상태

사고와 판단을 맡고 있는 *대뇌 피질은 물론 맥박·호흡 등 기본적인 생명활동을 주관하는 뇌간(腦幹)까지 파괴되어 뇌의 기능이 완전히 정지된 상태를 말한다. 식물인간은 뇌간 기능이 남아 있어 인공호흡으로 장기간 생명을 연장할 수 있으나, 뇌사자는 대사기능이 저하되어 1주일 이내에 사망한다. 심장 이식 수술 시 가능한 한 신선한 심장이 필요하기 때문에 심장사뿐만 아니라 뇌사도 사망의 기준으로 삼아야 한다는 논의가 있었다.
우리나라는 2000년부터 「장기 등 이식에 관한 법률」을 시행하여 공식적으로 뇌사를 인정하고 있다.

대뇌 피질(大腦皮質) 여러 세포층으로 이루어진 대뇌의 표면을 구성하고 있는 뇌 또는 척수에 신경 세포가 밀집되어 짙게 보이는 회백질 부분

195 안락사 安樂死, euthanasia
생존의 가능성이 없는 환자의 고통을 덜어주기 위하여 인위적으로 죽음에 이르게 하는 일

안락사에는 환자에게 '독극물 투여 등의 방법으로 사망의 시기를 앞당기는 '능동적 안락사(적극적 안락사)'와 환자에게 부착되어 있는 인공호흡기 등 인위적인 생명 연장 장치를 제거하는 '수동적 안락사(소극적 안락사)'가 있다. 세계적으로 능동적 안락사는 허용되지 않으나 수동적 안락사는 일정한 조건으로 허용되어야 한다는 경향이 있다. 우리나라는 안락사를 법적으로 금지하고 있다.

독극물(毒劇物) 황산 또는 사이안화나트륨 등의 독성이 강한 물질을 뜻함

더 알고가기
안락사의 요건
•사기(死期)가 임박하였을 것, 심한 육체적 고통을 제거할 방법이 없을 것, 본인의 자유로운 의사에 의한 동의가 있을 것, 정당한 방법에 의할 것

사기(死期) 세상을 하직할 때, 또는 죽음이 다가오는 때를 뜻함

196 포괄수가제 DRG, Diagnosis Related Group
환자에게 제공되는 의료 서비스의 양과 질에 상관없이 질병에 따라 미리 정해진 일정액의 진료비를 동일하게 지급하는 제도

2013년 7월부터 종합병원급 이상의 의료기관에서 확대 시행되고 있다. 의료기관에 입원 시 어떤 질병의 치료를 위해 내원하였는지에 따라 정해진 금액에 합병증 및 입원일수를 적용하여 계산한 진료비만을 부담하게 된다.

197 바이오리듬 biorhythm
인간의 신체(身體) · 감정(感情) · 지성(知性)에 있어서 주기율(週期律)

1906년 독일의 W. 프리즈가 환자의 기록 카드를 조사한 결과 발견한 이론으로, 생물시계 · 체내시계라고도 한다. 신체(physical) · 감정(sensitivity) · 지성(intellectual)의 머리글자를 따서 PSI 학설이라고도 하며, 이에 의하면 인간의 신체 · 감정 · 지성에는 규칙적인 주기가 있다고 한다. 즉, 남자와 여자는 각각 남성인자(신체 리듬 : P)와 여성인자(감정 리듬 : S)에 의해서 지배되며, 남성인자에는 23일, 여성인자에는 28일의 주기가 있다는 것이다.

198 화학적 거세 化學的 去勢, chemical castration

성도착증 환자에게 약물 투여와 심리 치료를 병행해 성기능을 일정 기간 강제적으로 약화시키는 조치

화학적 거세(성 충동 약물치료 제도)는 2011년 7월부터 시행되었으며, 적용 대상은 성범죄자 중 19세 이상의 성도착증 환자로서 재범 위험성이 있는 사람이다.

법 시행 초기에는 16세 이하 피해자에게 성범죄를 저지른 경우에만 화학적 거세를 신청할 수 있도록 하였다. 또한 처벌 대상도 재범 위험성이 높은 소아성애자 등으로 제한되었다. 하지만 「성폭력범죄자의 성 충동 약물 치료에 관한 법률」이 개정되면서 피해자의 나이 제한 요건을 없애 성인을 대상으로 한 성범죄자에게도 화학적 거세가 가능해졌다. 또한 부칙에 소급 적용 단서를 달아 시행일 이전에 성범죄를 저지른 경우에도 화학적 거세를 신청할 수 있도록 하였다.

#질병

199 법정감염병 法定感染病

「감염병의 예방 및 관리에 관한 법률」 제2조에 규정되어 있는 감염병

구분	특징	감염병명
제1급 감염병	생물테러감염병 또는 치명률이 높거나 집단 발생의 우려가 커서 발생 또는 유행 즉시 신고하여야 하고, 음압격리와 같은 높은 수준의 격리가 필요한 감염병	에볼라바이러스병, 마버그열, 라싸열, 크리미안콩고출혈열, 남아메리카출혈열, 리프트밸리열, 두창, 페스트, 탄저, 보툴리눔독소증, 야토병, 신종감염병증후군, 중증급성호흡기증후군(SARS), 중동호흡기증후군(MERS), 동물인플루엔자 인체감염증, 신종인플루엔자, 디프테리아
제2급 감염병	전파가능성을 고려하여 발생 또는 유행 시 24시간 이내에 신고하여야 하고, 격리가 필요한 감염병	결핵, 수두, 홍역, 콜레라, 장티푸스, 파라티푸스, 세균성이질, 장출혈성대장균감염증, A형간염, 백일해(百日咳), 유행성이하선염(流行性耳下腺炎), 풍진(風疹), 폴리오, 수막구균 감염증, b형헤모필루스인플루엔자, 폐렴구균 감염증, 한센병, 성홍열, 반코마이신내성황색포도알균(VRSA) 감염증, 카바페넴내성장내세균속균종(CRE) 감염증, E형간염

제3급 감염병	발생을 계속 감시할 필요가 있어 발생 또는 유행 시 24시간 이내에 신고하여야 하는 감염병	파상풍, B형간염, 일본뇌염, C형간염, 말라리아, 레지오넬라증, 비브리오패혈증, 발진티푸스, 발진열, 쯔쯔가무시증, 렙토스피라증, 브루셀라증, 공수병, 신증후군출혈열, 후천성면역결핍증(AIDS), 크로이츠펠트-야콥병(CJD) 및 변종크로이츠펠트-야콥병(vCJD), 황열, 뎅기열, 큐열(Q熱), 웨스트나일열, 라임병, 진드기매개뇌염, 유비저(類鼻疽), 치쿤구니야열, 중증열성혈소판감소증후군(SFTS), 지카바이러스 감염증
제4급 감염병	제1급감염병부터 제3급감염병까지의 감염병 외에 유행 여부를 조사하기 위하여 표본감시 활동이 필요한 감염병	인플루엔자, 매독(梅毒), 회충증, 편충증, 요충증, 간흡충증, 폐흡충증, 장흡충증, 수족구병, 임질, 클라미디아감염증, 연성하감, 성기단순포진, 첨규콘딜롬, 반코마이신내성장알균(VRE) 감염증, 메티실린내성황색포도알균(MRSA) 감염증, 다제내성녹농균(MRPA) 감염증, 다제내성아시네토박터바우마니균(MRAB) 감염증, 장관감염증, 급성호흡기감염증, 해외유입기생충감염증, 엔테로바이러스감염증, 사람유두종바이러스 감염증

200 AIDS Acquired Immune Deficiency Syndrome, 후천성면역결핍증
체내의 면역 기능을 저하시켜 각종 감염 등을 동반한 증후군을 발생시키는 전염병

HIV-1(Human Immunodeficiency Virus-1, 에이즈 바이러스)이 면역 기능을 조절하는 T세포 중 "보조 T세포(helper T cell)'를 공격하여 면역 기능을 저하시킴으로써 각종 감염증, 발열, 오한, 설사, 심한 피로감, 피부증세, 신경증세, 심장질환, 전신성 소모 증후군 등을 발생시키는 전염병을 말한다. 주로 성관계, 수혈, 감염된 여성의 출산 등으로 전염되며, 음식이나 물, 공기 등을 통해서는 전염되지 않는다.

함께 나오는 용어

HIV(Human Immunodeficiency Virus, 인체면역결핍바이러스)
인간의 면역체계를 무너뜨려 생명을 위협하는 AIDS(후천성면역결핍증)를 일으키는 병원체다. 에이즈 환자의 생존 기간을 연장시켜줄 수 있는 약제로 항레트로바이러스제가 있는데, 이를 처방받지 않으면 보통 1년 이내에 사망하게 된다.

보조 T세포(helper T cell)
- 림프구(백혈구의 한 종류)의 일종으로 다른 세포의 활동에 많은 도움을 주는 세포
- 스스로는 세포 독성 작용이나 식세포 작용을 하지 못하고 감염된 (체)세포나 항원을 죽이지도 못하나, B세포의 항체 생산과 세포 독성 T세포의 활성화, 대식세포를 비롯한 식세포의 항박테리아 활동 촉진 등에 필수적인 세포

201 파킨슨병 Parkinson's disease
도파민의 분비가 감소되어 뇌세포가 점점 괴사하는 질병

1817년에 파킨슨이 최초로 보고하였기 때문에 붙여진 이름으로, '진전(振顫) 마비'라고도 한다. 뇌의 흑질(黑質, substantia nigra)의 *뉴런이 환경적·유전적인 원인에 의하여 손상되어 도파민 분비에 문제가 생겨 발병한다. 주로 50세 전후에 발병하는데, 손발이 떨리고 근육이 경직되는 증상이 일어난다. 머리를 앞으로 내밀고 몸통과 무릎이 굽은 특이한 굴곡 자세를 취하고, 보폭이 짧아지며, 대화나 눈을 깜박이는 것도 어려워진다. 이 병의 발병률은 1000명 중 한 명 이상 꼴로 나타나며, 유전적인 요인에 의해 발병하는 것은 드물게 나타나는 것으로 알려졌다. 중국의 지도자 덩샤오핑과 미국의 권투선수 무하마드 알리가 앓았던 병이기도 하다.

뉴런(neuron)
- 신경 세포와 돌기, 신경 섬유 등으로 구성된 정보 전달의 기본 단위
- 신경신호를 만들고 이를 전달하는 기능을 수행

202 알츠하이머병 alzheimer's disease
치매의 주요 원인인 퇴행성 뇌질환

뇌의 *신경 세포가 퇴화되고 뇌가 축소되어 인격장애와 치매에 이르는 불치병이다. 주로 노인 세대에 나타나는 치매의 원인 중 하나로 초기에는 이름·날짜·장소 등을 잊게 되고, 심해지면 용변, 식사, 의복착용 등 일상생활의 행동조차도 잊게 된다. 우울증세, 인격의 황폐화, 격한 행동 등의 정신의학적인 증세도 동반되며, 발병 후 서서히 진행되어 결국은 죽음에 이르게 된다. 아직까지 알츠하이머병을 완치할 수 있는 방법은 없다.

신경 세포(神經細胞) 신경계를 구성하는 기본 단위. 뉴런

203 사스 SARS
2003년 동남아시아에서 발생하여 전 세계로 확산된 중증급성호흡기증후군

2003년 3월에 미국인 사업가가 사망하면서 사스에 대한 첫 보고가 나왔고, 이후 그를 치료하던 사람들까지 모두 감염되면서 확산됐다. 사스는 갑자기 38℃ 이상의 고열이 나면서 기침과 호흡 곤란 증세를 보이는 전염병으로, WHO는 이 질병을 'SARS(Severe Acute Respiratory Syndrome)'라고 부르고 있다. 감염자의 90%는 1주일 안에 쉽게 회복되지만, 노인이나 만성질환자와 같은 허약자의 경우에는 중증으로 진전되어 약 3.5%가 사망한다. 원인 병원체는 *코로나 바이러스의 변종으로 알려져 있으며, 주로 감염된 사람과의 접촉에 의하여 전파된다. 2003년 세계 여러 나라에서 약 3000여 명이 감염되었으며 많은 사람들이 사망하였다.

코로나 바이러스(corona virus) 사스(SARS)의 원인이었던 바이러스로 닭에서 발생된 질환이 개, 돼지 등에게 확산되면서 사람에게까지 병을 유발시키는 호흡기 질환

204 신종 인플루엔자A H1N1
사람 · 돼지 · 조류 인플루엔자 바이러스가 혼합된 새로운 형태의 바이러스

처음에는 '돼지 인플루엔자(돼지독감)'로 불렸으나, 돼지와의 관련성이 밝혀지지 않아 '신종 인플루엔자A(H1N1)'로 통일하여 부르게 되었다. 2009년 4월 처음 발견되었으며, 멕시코와 미국 등지에서 발생하여 전 세계적으로 확산됐다. 감염된 사람의 기침이나 재채기, 감염된 사람과의 접촉 등을 통하여 전파되며, 70℃ 이상으로 가열하면 바이러스는 모두 사멸한다. 일반적으로 증상이 발생하기 하루 전부터 발생 후 7일까지 전염력이 있으며, 확진 환자의 경우 발열, 오한, 두통, 기침, 인후통, 콧물, 근육통, 관절통, 구토, 설사 등의 증상이 나타난다. 치료제로는 인플루엔자 치료제인 '오셀타미비르(oseltamivir : "타미플루의 일반명)'와 '자나미비르(zanamivir : 릴렌자의 일반명)'가 있다.

타미플루 바이러스를 증식시키는 효소 기능을 막아 치료 효과를 내는 항바이러스제이며, 증상이 발생한 뒤 48시간 안에 복용해야 효과가 큼. 1996년 미국 제약회사 길리어드 사이언시스(Gilead Sciences)에서 개발함

205 구제역 □蹄疫, foot-and-mouth disease
발굽이 2개인 우제류 가축에서 발생하는 급성전염병

발굽이 2개인 소 · 돼지 등의 우제류 가축에서 발생하는 전염병을 말한다. 초기에 고열(40~41℃)을 동반하고 거품 섞인 침을 흘리며, 입 · 발굽 주변에 물집이 생기면서 앓다가 죽는다. 치사율이 50~55%에 달하나, 특별한 치료법이 없어 감염된 가축은 모두 소각하거나 매장해야 한다. 우리나라의 경우 2000년 파주에서 발생하여 충청도 지역으로 확산되면서 막대한 피해를 입은 바 있으며, 2011년 2월 경기, 대구, 충북, 경남 등 구제역이 전국적으로 확산되면서 이에 대한 방안으로 백신 예방 접종을 실시하였으나 300만 마리 이상의 가축이 매몰되거나 살처분되어 축산농가에 막대한 피해를 끼치기도 하였다. 하지만 사람에게는 감염되지 않고, 감염된 고기를 사람이 먹는다 하더라도 인체에는 전혀 영향이 없다.

206 뎅기열 dengue fever
모기에 의해 전파되는 바이러스성 열병

뎅기열이란 "황열모기로 알려진 이집트숲모기(Aedes aegypti)나 아시아호랑이모기로 알려진 흰줄숲모기(A. albopictus)가 옮기는 바이러스에 의해 발생하는 열병으로, '브레이크본열(breakbone fever)'이라고도 한다. 초기에는 감기 증세와 비슷하다가 갑자기 고열과 함께 심한 두통, 관절통, 근육통 증세를 보인다. 예방 접종 백신이나 특별한 치료제가 없다.

황열모기(yellow fever) 황열 바이러스에 의한 급성열성질환인 황열은 매개체인 모기가 질병을 감염시키며 출혈 · 황달 등이 증상으로 나타남

207 AI Avian Influenza, 조류 인플루엔자
조류에 감염되는 인플루엔자 바이러스에 의한 전염병

닭·칠면조와 같은 가금류와 야생 조류 등에만 감염되는 것으로 보고되어 왔으나, 1997년 홍콩에서 발생된 조류 인플루엔자로 인해 사람에게도 전염된다는 사실이 밝혀졌다. *병원성(病原性)에 따라 고병원성, 약병원성, 비병원성 3종류로 구분되며, 고병원성은 제1종 가축전염병으로 사람에게도 전염된다. 주로 조류의 분비물을 직접 접촉하는 경우 전염되며, 38℃ 이상의 고열, 기침, 인후통, 호흡 곤란 등의 증상을 보인다. 75℃ 이상에서 5분 이상 가열하면 바이러스는 완전히 사멸되므로 닭이나 오리고기를 충분히 익혀 먹으면 조류 인플루엔자를 예방할 수 있다.

병원성(病原性) 병을 유발시키는 미생물이 침투하여 질병을 일으키는 원인이 되는 것

208 광우병 狂牛病, bovine spongiform encephalopathy
미친 소처럼 행동하다가 죽어가는 전염성 뇌질환

소의 뇌조직에 스펀지처럼 작은 구멍이 생기며 흐물흐물해지는 병으로, 공식 명칭은 '우해면양뇌증(BSE)'이다. 갑자기 미친 소처럼 포악해지고 정신이상과 거동불안 등의 증상을 보이기 때문에 '광우병'이라고 부른다. 동물이나 사람에게 있는 *프리온(prion)'이라는 단백질이 변형됨에 따라 발병하는 것으로 추정되며, 새끼에게 유전되지는 않는다. 광우병에 걸린 소의 고기를 사람이 먹을 경우 인간광우병(변종크로이츠펠트-야곱병, vCJD)이 발병할 수 있다.

더 알고가기
광우병 특정 위험물질(SRM)
광우병을 유발하는 변형 프리온이 많이 들어 있는 7가지 부위로, 소의 뇌와 두개골, 눈, 혀, 척추, 편도, 회장원위부 등을 말한다.

프리온(prion)
- 단백질(protein)과 비리온(virion : 바이러스 입자)의 합성어
- 변형된 프리온은 양에게 스크래피라는 질병을, 소에게는 광우병(BSE)을, 인간에겐 변종 크로이츠펠트-야곱병(vCJD)을 발생시킴
- 단백질임에도 불구하고 그 자체가 전염성을 가지고 스스로 복제를 함

209 탄저병 炭疽病, anthracnose
탄저균의 감염으로 발생하는 전염병

온도와 습도가 높을 때 발생하는 탄저균에 의한 질병으로 사람이 질병에 걸린 경우 계출전염병이라 하고, 동물은 법정전염병이라 하여 이들 모두 탄저라고 한다.
- 식물의 탄저병 : 잎·줄기·과실 등에 갈색 또는 흑갈색의 반점이 생기는 병으로, 낙과(落果)의 원인이 된다. 특히 고추·벼·콩·까치콩·완두·오이·시금치·쑥갓·마 등의 농작물에 많은 피해를 입히는데, 피해 작물이 발생했을 때는 되도록 빨리 제거해 *전염원이 되지 않도록 해야 한다.

전염원(infection source) 어떠한 질병을 발생시키는 맨 처음의 병원체

동물의 탄저병 : 탄저균이 묻어 있는 풀 등을 먹은 동물에게 전염되고, 탄저균에 감염된 동물의 고기나 털을 통해 사람에게 전염된다. 탄저병은 감염된 개체와의 접촉에 의해 생기는 피부 탄저병, 오염된 음식을 섭취한 후 생기는 소화기 탄저병, 탄저 포자의 흡입에 의해 생기는 호흡기 탄저병 3가지가 있다. 감염증상은 두통, 구토, 호흡곤란, *청색증이며, 감염 직후 24~48시간 내에 항생제를 투여하지 않으면 95% 이상이 사망할 정도로 치사율이 높다.

청색증(cyanosis) 피부와 점막에 푸른빛이 나는 현상으로 미세 혈관에 산소 포화도가 떨어지면서 발생

210 근위축성측색경화증 ALS, Amyotrophic Lateral Sclerosis
근육이 위축되는 질병

척수 신경 또는 *간뇌의 운동세포가 서서히 파괴되어 이 세포의 지배를 받는 근육이 위축되는 질병을 말한다. 1930년대 근위축성측색경화증으로 진단받고 2년 후 사망한 미국의 유명한 야구선수의 이름을 따 '루게릭병(Lou Gehrig's disease)'이라고도 한다. 영국의 세계적 천문학자 스티븐 호킹이 이 병을 앓아 널리 알려진 질병이다. 팔다리와 얼굴 주위의 근육이 위축되고 뻣뻣해지나, 정신 작용에는 영향을 미치지 않는다.

간뇌(間腦)
- 대뇌와 소뇌 사이에 존재하는 작은 뇌
- 내장·혈관과 같은 자율 신경을 관리

211 라임병 lyme disease
진드기에 의해 전파되는 세균성 감염증

*스피로헤타과 *보렐리아 속에 속하는 세균에 의해 발병하는 질병으로, 감염된 진드기에 물려 감염된다. 이 병이 처음 발견된 미국 코네티컷주의 도시 올드라임에서 붙여진 이름으로, 제2의 에이즈(AIDS)로 불린다. 처음에는 물린 부위에서부터 빨갛게 발진이 번져 나가며, 두통과 오한, 발열, 피로, 권태감, 근육과 관절의 통증 등의 증상이 동반된다.
치료제로는 항생제가 쓰이는데, 어른에게는 테트라시클린, 어린이에게는 페니실린을 사용한다.

스피로헤타(spirochaetales) 기생성이 없는 세균으로 하수 또는 오수에서 서식함

보렐리아(borrelia) 여러 동물에 기생하며 사람, 동물, 조류 등에 재귀열을 일으키는 세균

212 O-157
장출혈성대장균감염증

대장균 표면에 있는 단백질 O항원의 여러 가지 혈청학적 타입 중 157번째로 발견되어서 붙여진 이름으로, 병원성 대장균의 한 종류이며 식중독의 원인균에 해당한다. 초기 증상은 설사, 발열 등 일반 식중독과 비슷하나, 대장균이 증식하면서 배출하는 독소로 장출혈과 *용혈성 요독증을 일으킨다. 65℃ 이상의 열을 가하면 모두 죽기 때문에 물은 끓여 마시고 음식은 반드시 익혀서 먹어야 한다.

용혈성 요독증 적혈구가 파괴되고, 콩팥 기능의 장애로 몸 안의 노폐물이 오줌으로 빠져나오지 못하고 핏속에 들어가 중독을 일으키는 병증

213 브루셀라병 brucellosis
브루셀라균의 감염으로 발생되는 전염병

가축과 사람 모두에서 발병되며, 주로 소·산양·돼지의 생식 기관과 *태막(胎膜)에 염증을 수반하여 유산과 불임증을 일으킨다. 브루셀라균에 감염된 가축과 접촉하거나 멸균처리가 안 되어 있는 유제품을 먹으면 사람에게 전염될 수 있으며, 발열이나 관절통 등의 증상을 나타낸다. 그러나 사람의 간에는 전염되지는 않는다.

태막(胎膜) 태아를 보호하고 영양을 공급하는 태반을 이루고 있는 막을 의미함

214 렙토스피라증 leptospirosis
렙토스피라 속 나선균에 의한 감염증의 총칭

가을철 농촌에서 자주 발생하는 법정전염병으로, *매개동물은 주로 야생 들쥐이다. 렙토스피라균은 피부를 통해 바로 신체로 침입할 수는 없지만, 매개동물의 배설물과 이것이 혼합된 물, 흙에서 벼 수확 시 손·발 등의 피부 상처와 코·입 속의 점막 등을 통해 침입한다. 어느 장소에서나 발생할 수 있으며 어업·축산업·광업에 종사하는 사람들에게서 주로 나타난다. 감염 초기에는 발열, 두통, 오한 등 감기와 비슷한 증세를 보이며, 발병자의 약 10%가 사망하는 치명적인 질병이다. 치료는 항생제 투여 요법을 쓴다. 렙토스피라증은 MAT(Microscopic Agglutination Test) 검사 방법을 통해 규칙적으로 일주일에 두 번 이상씩 검사하면 감염 여부를 확인할 수 있다.

매개동물(媒介動物) 일반적으로 둘 사이의 병원체를 이동 및 운반하는 역할을 하는 동물을 말함

215 이코노미클래스증후군 economy class syndrome
좁은 좌석에서 장시간 비행하는 경우 발생하는 폐혈전색전증

비행기 좌석 중 이코노미클래스 같은 좁은 좌석에 장시간 계속 앉아 있는 경우 다리의 정맥에 혈전·혈괴가 생기고, 이것이 폐동맥을 막아 호흡 곤란이나 심폐 정지 등을 유발하는 *폐혈전색전증을 말한다. 1등석이나 2등석과 달리 비좁은 3등석(economy class) 승객에게서 주로 발생하기 때문에 '이코노미클래스증후군'이라고 한다. 이를 예방하려면 수시로 물을 마시고 스트레칭을 하며 좌석 사이의 통로를 걷는 등의 운동을 해야 한다.

폐혈전색전증
- 다리의 굵은 정맥에 생긴 혈액 응고물이 혈류를 타고 폐동맥 혈관에 가서 막힌 증상
- 숨이 차고 가슴에 통증, 객혈, 기침, 저혈압, 졸도, 의식 소실, 사망 등을 초래할 수 있음

216 외상 후 스트레스 장애 post traumatic stress disorder
신체·생명을 위협하는 심각한 상황에 직면한 후 나타나는 정신적인 장애

천재지변, 전쟁, 사고, 폭행, 강간 등 신체적 손상이나 생명을 위협하는 심각한 상황에 직면한 후 발병한 정신적 장애가 1개월 이상 지속되는 질병을 말한다. 정신적 장애는 개인에 따라 충격 후 바로 나타나기도 하지만, 수일에서 수년이 지난 후에 나타나기도 한다. 주로 과민반응, 불면, 충격의 재경험, 감정회피, 마비 등의 증상이 나타나며, 알코올이나 약물남용, 자해·자살, 대인관계 장애 등의 반응을 보이기도 한다.

217 VDT증후군 VDT syndrome
장시간 동안 컴퓨터를 사용하는 경우 발생하는 두통, 시각장애 등의 증세

사무자동화로 브라운관이 부착된 *VDT가 많이 사용됨에 따라 컴퓨터 등의 디스플레이를 장시간 보면서 작업하는 사람들에게 나타나는 두통이나 시각 장애 등의 증세를 말한다. 구체적으로 눈이 피로해지거나 아픈 증상, 눈이 침침해지거나 시력이 떨어지는 증상, 머리가 아프거나 무거워지는 증상, 구토나 불안감 증상 등이 나타난다. 이를 예방하기 위해서는 컴퓨터 사용 후 일정 시간 휴식을 취해야 한다.

VDT(Video Display Terminal)
데이터나 도형이 표시되는 스크린으로 구성된 컴퓨터 단말기

함께 나오는 용어

테크노스트레스(techno-stress)
컴퓨터를 조작하는 것에 불안감을 느껴 회사를 그만두거나 우울증에 빠지는 컴퓨터 불안형과 컴퓨터 없이는 회사업무를 할 수 없는 의존형으로 분류된다.

01 ◻◻◻◻◻◻(이)란 핵 실험 반대와 자연보호운동을 목적으로 하는 환경단체로, 본부는 네덜란드 암스테르담에 있다.

02 ◻◻◻◻◻◻은(는) 1992년 체결된 유엔기후변화협약의 부속 의정서로 핵심은 지구 온난화를 막기 위해 이산화탄소, 메탄, 아산화질소, 불화탄소, 수소화불화탄소, 불화유황 등의 여섯 가지 온실가스의 배출량을 줄여야 한다는 것이다.

03 ◻◻◻◻◻◻은(는) 유해폐기물의 국가 간 교역을 규제하는 국제 협약으로 개발 도상국이 선진국의 폐기물 처리장이 되어서는 안 된다는 위기의식에서 발안된 것이므로, 다른 국제 협약과 달리 선진국이 아니라 아프리카 77개국이 주도하고 있다.

04 ◻◻◻◻◻◻은(는) 국제적으로 중요한 습지를 보전하기 위한 국제환경협약으로 정식 명칭은 '물새서식지로서 특히 국제적으로 중요한 습지에 관한 협약'이다.

05 ◻◻◻◻◻◻은(는) 해수면의 온도가 평년보다 0.5℃ 이상 높은 상태가 5개월 이상 지속되는 고수온 현상이다.

06 ◻◻◻◻◻◻은(는) 화석 연료를 대체할 수 있는 새로운 에너지로 구체적으로 원자력, 석탄, 천연가스, 태양열, 수력, 지열, 풍력 등이 있다.

07 ◻◻◻◻◻◻은(는) 한 번 사용한 수돗물을 재활용할 수 있도록 처리하는 시설로 수돗물 소비량과 하수 발생량을 감소시켜, 물 부족 현상을 완화하고 수질 보전에 기여한다.

08 ◻◻◻◻◻◻은(는) 출산 때 탯줄(제대)에 있는 혈액이다. 백혈구와 적혈구·혈소판 등을 만드는 조혈모세포가 다량 함유되어 있으며, 연골과 뼈·근육·신경 등을 만드는 줄기세포도 들어 있어 의학적으로 가치가 매우 높다.

09 ◻◻◻◻◻◻은(는) 페놀계 화합물로 흔히 수면마취제라고 불리는 정맥마취제다.

10 ◻◻◻◻◻◻은(는) 체내의 면역 기능을 저하시켜 각종 감염 등을 동반한 증후군을 발생시키는 전염병이다.

CHOICE

◻ AIDS
◻ 중수도
◻ 제대혈
◻ 프로포폴
◻ 대체 에너지
◻ 엘니뇨
◻ 람사르 협약
◻ 바젤협약
◻ 그린피스
◻ 교토의정서

정   답

01 그린피스
02 교토의정서
03 바젤협약
04 람사르 협약
05 엘니뇨
06 대체 에너지
07 중수도
08 제대혈
09 프로포폴
10 AIDS

01 경향신문

다음 법정감염병 중 제1급에 해당하지 <u>않는</u> 것은?

① 디프테리아   ② 에볼라 바이러스병

③ 결핵   ④ 신종인플루엔자

02 aT한국농수산식품유통공사, 한국전력공사, 부산일보, 뉴스1

적조 현상에 대한 설명으로 옳지 <u>않은</u> 것은?

① 바다나 강 등의 색깔이 바뀌는 현상을 말한다.

② 적조 현상을 일으키는 주원인은 유독성 금속이다.

③ 적조는 정체 해역에서 잘 일어나는 현상이다.

④ 적조 현상이 발생하면 수중의 용존산소량이 부족하게 되어 어패류 등의 대량 폐사가 발생한다.

03 국립공원공단, 한겨레신문

다음 중 다이옥신에 대한 설명으로 옳지 <u>않은</u> 것은?

① 무색, 무취의 맹독성 화학 물질이다.

② 강한 독성을 가지고 있는 독극물이다.

③ 베트남전에 사용된 고엽제의 주성분이다.

④ 화학적으로 불안정하여 다른 물질과 쉽게 결합한다.

04 YTN

식품 원재료의 생산에서 최종 소비자의 섭취까지 전 단계에 걸쳐 위해 물질로 식품이 오염되는 것을 사전에 방지하기 위하여 위해 요소를 규명하고 이를 중점적으로 관리하기 위한 식품위생관리시스템은?

① FDA   ② ESI

③ HACCP   ④ KGMP

05 대한장애인체육회

파킨슨병에 대한 설명으로 옳지 <u>않은</u> 것은?

① 뇌의 신경 세포가 퇴화되고 뇌가 축소되어 인격장애와 치매에 이르는 불치병이다.

② 주로 50세 전후에 발병하는데, 손발이 떨리고 근육이 경직되는 증상이 일어난다.

③ 머리를 앞으로 내밀고 몸통과 무릎이 굽은 특이한 굴곡 자세를 취하고, 보폭이 짧아진다.

④ 중국의 지도자 덩샤오핑과 미국의 권투선수 무하마드 알리가 앓았던 병이다.

핵심Tag로 흐름을 한 번에 기억하는 **정답과 해설**

정답

| 01 | ③ | 02 | ② | 03 | ④ | 04 | ③ | 05 | ① |

01. (핵심 Tag) #환경·보건 #보건 #질병

결핵은 제2급 감염병에 해당한다.

02. (핵심 Tag) #환경·보건 #환경 #환경 현상

적조(red tide)는 정체된 수역에 유기 물질(질소, 인 등)이 과도하게 공급되어 플랑크톤이 급속하게 증가함으로써 발생한다.

03. (핵심 Tag) #환경·보건 #환경 #환경 현상

화학 구조는 매우 안정하여 상온에서 색깔이 없는 결정으로 존재하며, 극성이 없어 물에 잘 녹지 않는다.

04. (핵심 Tag) #환경·보건 #보건 #보건 일반

HACCP(Hazard Analysis Critical Control Point)이란 식품의 안전성, 건전성 및 품질을 확보하기 위한 식품 위해 요소 중점 관리 기준을 말하며, '해썹' 또는 '해십'이라고 부른다.

05. (핵심 Tag) #환경·보건 #보건 #질병

파킨슨병은 도파민의 분비가 감소되어 뇌세포가 점점 괴사하는 질병이다. 뇌의 신경 세포가 퇴화되고 뇌가 축소되어 인격장애와 치매에 이르는 불치병은 알츠하이머병이다.

에듀윌이
너를
지지할게

ENERGY

풍랑은 영원하지 않습니다.
터널은 무한하지 않습니다.
견디면 다 지나갑니다.

지나고 보면 그 시간이 유익입니다.

– 조정민, 『고난이 선물이다』, 두란노

정치

한눈에 모아보는 핵심Tag 맵 ⌖

SECTION 1. 정치 · 외교 · 안보

01 정치 일반
\# 국가의 구성 요소
\# 민주주의
\# 정치사상과 이론

02 통치 구조
\# 국회와 입법
\# 대통령

03 선거 제도
\# 선거 형태
\# 선거 원칙 및 권리
\# 선거 현상

04 외교
\# 국제기구와 조약
\# 국제 정치
\# 세계의 분쟁 지역

05 안보
\# 군사 용어
\# 국제 안보
\# 핵무기 용어
\# 북한과 통일

SECTION 2. 법률

01 법 일반
\# 법률의 기초
\# 법률의 분류
\# 기타 법적 용어

02 헌법
\# 헌법 원리
\# 헌법의 권리
\# 헌법의 적용

03 민법
\# 민법 기초
\# 법률 행위
\# 물권과 채권
\# 친족 관련 민법

04 형법
\# 형법의 기초
\# 범죄 구성 요건
\# 형벌의 종류

05 소송법
\# 소송법 이론
\# 소송의 절차
\# 수사
\# 재판

SECTION

1 | 정치 · 외교 · 안보

01 정치 일반

핵심Tag #국가의 구성 요소 #민주주의 #정치사상과 이론

#국가의 구성 요소

---

001 국가의 3요소 三要素
국민, 영토, 주권

국가란 주권에 의한 통치조직을 가지고 일정한 영토에 살고 있는 다수의 사람들로 이루어진 집단을 말한다.

---

002 국적 國籍
한 나라의 국민으로서의 신분을 얻거나 국민이 될 수 있는 자격

「대한민국헌법」은 국민이 되는 요건을 법률로 정한다는 국적법정주의를 규정하고 있다. 그리하여 「국적법」이 제정·시행되고 있으며 단일국적주의, 부모양계혈통에 의한 *속인주의, 부부개별국적주의를 원칙으로 한다. 출생에 의해 국적을 취득하는 것을 선천적 취득이라고 하는데, 여기에는 속인주의와 *속지주의가 있다.

우리 「국적법」은 속인주의를 원칙으로 속지주의를 보충한다. 부모가 모두 분명하지 않거나 국적이 없는 때 대한민국에서 출생한 자 및 대한민국에서 발견된 기아는 대한민국 국적을 취득한다. 출생 이외의 사실에 의한 국적의 취득을 후천적 취득이라고 하며 인지, 귀화, 국적 회복 등의 경우가 있다.

속인주의 독일, 일본, 스위스 등이 채택하고 있으며, 이는 부모의 국적을 자(子)의 국적으로 정하는 것으로 혈통주의라고도 함

속지주의 영국, 미국 등이 채택하고 있으며, 이는 자가 출생한 지역을 국적으로 정하는 것으로 출생지주의라고도 함. 속지주의는 부모의 국적과는 무관하게 결정됨

---

003 국민의 3대 의무 三大義務
납세의 의무(헌법 제38조), 국방의 의무(헌법 제39조), 교육의 의무(헌법 제31조)

「대한민국헌법」은 국민의 의무와 권리를 규정하고 있다. 납세의 의무, 국방

의 의무, 교육의 의무, 근로의 의무, 재산권 행사의 의무, 환경 보전의 의무가 있는데, 이 중에 납세의 의무, 국방의 의무, 교육의 의무를 국민의 3대 의무라 일컫는다. 한편 교육, 근로, 재산권 행사, 환경 보전은 의무인 동시에 권리에 해당한다.

004 **3권 분립** 三權分立

국가 권력의 집중과 남용을 방지하기 위하여, 입법·행정·사법의 세 가지로 국가의 통치권을 분리한 후 각각 개별 기관에 이것을 분담시켜 상호 간 견제와 균형을 유지시키는 통치 조직 원리

국가의 통치권을 입법·행정·사법의 세 가지로 나누어 이를 서로 분리시켜 각각 독립 기관인 국회·정부·법원에 맡겨 서로 견제하여 독재를 방지하고 국민의 자유와 권리를 보장함으로써 국민의 의사를 통치 작용에 반영시키려는 정치 조직의 원리이다.

˙로크가 제일 먼저 2권(입법·행정) 분립을 주장하였고, 몽테스키외가 그의 저서『법의 정신』을 통해 완성하였다. 3권 분립 이론을 처음으로 받아들인 것은 1787년 미국 연방 헌법이었으며 1791년 프랑스 헌법도 이를 채택했다. 영국은 대헌장(마그나카르타), 권리 청원, 권리 장전 등에 의해 헌법적 원칙이 문서화됨으로써 3권 분립이 서서히 형성됐다.

로크(John Locke) 철학자이자 정치사상가로 『인간오성론』이라는 저서를 남겼으며, 명예혁명을 대변하고 민주주의의 뿌리가 되는 이론을 주장

#민주주의

005 **민주주의** 民主主義, democracy

국민이 권력을 가지고 그 권력을 스스로 행사하는 제도와 그런 정치를 지향하는 사상

민주주의는 그리스어인 'demokratia'에서 유래한 것으로서 'demo(국민)'와 'kratos(지배)'의 합성어로, 그 뜻을 합쳐 '국민의 지배'를 뜻한다. ˙켈젠은 국민에 '의한' 정치가 민주주의라고 주장하였고, 아들러는 국민을 '위한' 정치가 민주주의라고 하였다. 민주주의의 이상적인 모습은 국민에 '의한' 통치를 그 수단과 방법으로 하면서 그에 의하여 실현되는 이념 및 목적이 국민 전체의 이익을 '위한' 경우이다.

켈젠(H. Kelsen) 순수 법학을 제창한 자로 파시즘과 마르크스주의를 비판함

함께 나오는 용어

• **직접 민주주의** 시민권을 가진 자가 다수결의 원칙에 따라 권한을 행사하여 정치적 결정을 내리는 정부형태(국민 표결, 국민소환제)
• **간접 민주주의** 국민 개개인의 의견인 선거를 통해 대표들을 선출하고 그들을 통하여 정치적 결정을 대신하게 하는 방식(대의제, 정당 정치)
• **사회적 민주주의**(경제적 민주주의) 정부의 형태와는 상관없이 사회적·경제적 평등에 초점을 기울이는 민주주의

006 전자 민주주의 電子民主主義, electronic democracy
정보통신 기술을 통해 시민들이 직접 정치 과정에 참여하는 새로운 형태의 민주주의

인터넷을 통한 여론 수렴과 선거 캠페인, 전자공청회, 시민의 정책결정 참여 등 일련의 정치적 행위가 모두 전자 민주주의에 포함되며, 궁극적으로는 직접 민주주의의 실현 가능성을 높이는 것이 목표다. 전자 민주주의는 전통적인 산업화 사회에서 대의 민주주의로 선출된 국민의 대표들이 국민의 이익을 대변하지 못하고 여러 부작용을 낳게 됨에 따라 대안으로 논의되기 시작하였다.

007 정보 민주주의 情報民主主義, information democracy
정보화 사회에서 정보 기본권을 중시하여 프라이버시의 권리, 알권리, 정보 사용권, 정보 참가권 등의 정보 기본권을 중심으로 전개되는 민주주의

- 프라이버시권(right of privacy) : 개인의 승낙 없이 사생활에 관한 정보가 다른 사람에게 알려지지 않을 권리이다.
- 알권리(right to know) : 국민이 국가의 기밀정보를 알 수 있는 권리이며, 국민 각자가 국정에 관한 정보를 요구하는 권리이다.
- 정보 사용권(right to utilize) : 모든 정보를 자유로이 사용할 수 있는 권리이며, 이것이 확보되면 국가나 대기업에 의한 정보 독점이 해소된다.
- 정보 참가권(right to participate) : 중요한 *정보원 관리에 참가하는 것과 정부의 중요한 정책결정에 참가하는 권리가 있다.

정보원(情報員) 정보에 관한 일을 하는 사람

008 프랑스 인권 선언 人權宣言
프랑스 혁명 때 제헌국민회의가 인간으로서 누려야 할 권리를 공포한 선언

정식 명칭은 '인간 및 시민의 권리 선언'이며, 전문(前文) 및 17조로 이루어져 있다. 이 선언의 근본사상은 *근세의 자연법 사상과 계몽사상을 통해 자라난 인간해방의 이념으로서, 인간의 기본권 보장과 권력 분립을 보장하는 내용으로 구성되어 있다. 자유와 권리의 평등(제1조), 압제에 대한 저항권(제2조), *주권 재민(제3조), 사상·언론의 자유(제11조), 소유권의 신성불가침(제17조) 등 인간의 기본권과 근대 시민 사회의 정치이념이 명확히 표현되어 있다.

근세의 자연법 사상 이전의 자연법은 신의 뜻을 최고의 가치로 둔데 비하여 근세의 자연법 사상은 합리주의를 기초로 하여 이성을 신의 뜻보다 우위에 두는 것이 특징이며, '신일지라도 자연법을 변경할 수 없다'고 함

주권 재민 국가의 주권은 국민에게 있음

009 란츠게마인데 landsgemeinde
스위스의 직접 민주제에 의한 최고 의결 기구

스위스 북동부 아펜첼이너로덴주와 중부 글라루스주의 최고 *의결 기구로서 참정권을 가진 주민이 매년 한 번씩 광장에 모여 주법을 표결하거나 주지사, 주 정부 각료 등을 선출하는 등 중요한 일들을 논의하고 결정한다. 8개 주에서 행해지다가, 적용 측면에서 생기는 어려움으로 인해 6개 주에서는 폐지되었다. 1990년부터 헌법에 의거하여 여성도 참여할 수 있게 되었으며, 참석한 사람 모두가 의견을 표시하는 직접 민주제 형태이다.

> 의결 기구 의사를 결정하는 기관을 가리키는 말

010 타운홀 미팅 town hall meeting
공직자 또는 선거입후보자가 시민들에게 주요 정책에 대해 설명하고, 그들의 의견을 듣는 비공식적 공개 회의

공직자나 선거후보자가 지역 사회의 주민들을 초대하여 중요 정책이나 이슈에 관련하여 설명하면서 자신의 견해를 피력하고, 주민들을 설득하는 과정이다. 이 과정에서 주민들은 자신들의 목소리를 전달할 수 있으며 이는 실제로 정책에 반영 및 참고된다. 정해진 진행 방식은 없으며 참가자의 수에 따라 그룹으로 나누기도 하고 누구든지 참석하여 토론할 수 있다. 이는 직접 민주주의가 실천되는 제도로 미국 참여 민주주의의 중요한 역할을 한다.

#정치사상과 이론

011 야경국가 夜警國家
국가가 치안, 질서 유지 및 개인의 안녕 등 최소한의 역할만 수행해야 한다는 국가관

국가가 마치 야경(夜警)처럼 치안, 질서 유지 및 개인의 자유를 보장하는 등 최소한의 역할만 수행해야 한다고 하는 *자유방임주의에 밑바탕을 둔 국가관이다. 독일의 사회주의자 F.라살은 자본의 자유 경쟁만이 최대다수의 최대행복을 보장하는 최적배분을 가져올 수 있다고 하였다.

> 자유방임주의 경제 활동의 자유를 최대한 보장하며, 국가의 간섭을 제한하려는 경제 정책으로, 애덤 스미스 등의 고전파 경제학자들이 체계화함. 애덤 스미스는 '보이지 않는 손'에 의하여 경제 활동이 원활히 일어날 것이며, 효율적으로 부의 배분이 실현될 것이라고 주장

함께 나오는 용어
- **작은 정부(small government)** 정부의 규모를 축소하여 민간에 자율성을 주는 정책. 애덤 스미스와 리카도의 자유주의 고전경제학에서 주장했으며, 국가가 개인 사회의 안녕과 치안, 질서유지에만 공권력을 행사하고 그 외의 것들은 자연적 조화에 맡기자는 내용
- **복지 국가(welfare state)** 국가가 적극적으로 민간에 개입하는 것을 강조하는 것으로 야경국가와 반대되는 개념. 국민 전체의 복지 향상과 확보 및 행복 추구를 목표로 함

012 포퓰리즘 populism

정치, 경제, 사회, 문화면에서 본래의 목적보다 대중의 인기를 얻는 것을 목적으로 하는 정치 형태

대중주의, 인기영합주의 등으로도 불리며, *엘리트주의와는 반대되는 개념이다. 소수 집권세력이 권력 유지를 위하여 다수의 일반인을 이용하는 것을 가리키기도 하고, 일반 대중을 정치에 동원시켜 권력을 유지하는 정치 체제를 말하기도 한다. 포퓰리즘은 미국의 포퓰리스트당(Populist Party)에서 나온 말이다. 1891년 포퓰리스트당은 당시 미국의 양대 정당으로서 민주당(Democratic Party)과 공화당(Republican Party)에 대항해 농민과 노조의 지지를 얻기 위한 정책을 내세웠는데, 이 정책은 경제적 합리성을 무시한 정책이었으며, 단지 그들에게 표를 얻기 위한 선심 공약이었다. 대표적인 예로 제2차 세계 대전 이후에 노동대중의 지지를 얻어 당선된 아르헨티나의 페론 정권을 들 수 있다.

엘리트주의 사회를 엘리트와 대중의 부류로 나누어 사회의 중심이 엘리트라고 보는 것을 말함. 사회지배계급인 엘리트에 의하여 정책 등이 결정되고, 정치적으로 무능한 대중을 엘리트가 지배하는 엘리트 중심의 계층적·하향적 통치 질서를 중시

013 네포티즘 nepotism

자신의 친척들에게 관직, 지위 등을 주는 친족중용주의

족벌주의라고도 하며, 이는 조카(nephew)와 편애(favoritism)의 합성어이다. 로마 교황이 자신의 사생아에게 중요한 지위를 준 데서 시작되었다. 네포티즘은 교황이 자신의 권력을 더욱 강화시키기 위하여 일어나는 현상이기도 했지만, 이 외에도 각 곳에서 볼 수 있다. 그 대표적인 예로 이탈리아 파시스트의 무솔리니 정권이 있고, 동양에서는 정계를 넘어 산업기구에까지 만연하였다.

014 네오마르크시즘 neo-Marxism

1920년대 이후 이탈리아의 그람시, 헝가리의 루카치 등이 주장한, 정통파 마르크스주의의 분파 사상

신마르크스주의라는 뜻으로 정통 마르크스주의를 비판하며 등장하였으며, 1930년대 독일의 프랑크푸르트학파로 불린 호르크하이머를 중심으로 한 *신좌익 사상을 가리킨다. 이는 유럽의 신좌익 운동에 사상적 영향을 끼쳤다.

신좌익=뉴 레프트(new left) 마르크스주의를 근거로 하여 개혁을 주장하는 이념. 그 대표적인 학파로는 프랑크푸르트 학파가 있음

015 스케이프고트 scapegoat
정부가 대중 조작을 위해 마련한 일종의 희생양

스케이프고트는 속죄를 위한 재물, 희생양 등의 의미를 갖고 있다. 정부가 대중의 불만 및 공포 등으로 발생하는 증오, 반감을 그 원인이 되는 행위에 돌리지 않고, 다른 관심의 대상을 만들어 전가시킴으로써 불만을 해소시킬 때, 새로 만들어진 대상을 가리키는 말이다. 구체적인 예로 나치스 정권하의 유대인 또는 미국의 흑인을 들 수 있다.

CHAPTER 03
정치

016 파워 엘리트 power elite
실력으로 권력을 얻은 권력 담당자

1956년 C. W. 밀스의 저서 『파워 엘리트(The Power Elite)』에서 시작된 말이다. 여기서 밀스는 정치, 경제, 군사의 담당자가 파워 엘리트에 의해 독점되어, 그들이 서로 연합하기에 이르렀다고 한다. 이와는 대조되는 개념으로 혈연관계로 인해 권력을 얻게 된 *블러드 엘리트가 있다.

블러드 엘리트 고위층, 지배 계층에 있는 자와의 혈연관계로 인해 자신도 지위와 권력을 얻게 된 자를 일컫는 말로, 재벌 2세가 이에 포함됨

017 매카시즘 McCarthyism
정치 · 사회적으로 다른 의견을 가진 이들(정치적 반대자), 집단을 공산주의자 또는 공산주의 추정 세력으로 매도하려는 태도

제2차 세계 대전 후 냉전이 심각해지고 공산 세력이 급격하게 팽창하자 미국 사회에는 공산주의에 대한 위기의식이 만연하였다. 이때 미국 공화당 상원의원이었던 J. R. 매카시가 타당하고 구체적인 근거 없이 "국무성 안에 205명의 공산주의자가 있다"는 발언(1950년 2월)을 하였다. 이를 계기로 당시 미국 각계의 진보적 성향 인사들이 광범위하게 검거되거나 탄압받았다.

018 마키아벨리즘 Machiavellism
정치 목적을 달성하기 위해서는 수단과 방법을 가리지 않는 것을 의미함

마키아벨리의 1512년 저서 『군주론』에서 나온 용어로 정치는 도덕과 종교로부터 독립성을 가지므로 정치 목적의 달성을 위해서는 혹여나 수단이 도덕에 반하거나 종교에 반하더라도 정당화시킬 수 있다는 정치적 사상이다. 이러한 사상을 가진 사람을 '마키아벨리스트'라고 부른다.

019 도미노 이론 domino theory
한 국가가 공산화되면 그 나라의 주변 국가들도 도미노처럼 번져 공산화된다는 이론

맨 앞의 말을 쓰러뜨리면 뒤의 말들이 이어 쓰러지는 도미노처럼 한 국가가 공산화되면 주변 국가들도 공산화되는 것을 가리키는 이론이다. 미국의 국무장관 J. F. 덜레스가 처음으로 이 용어를 사용하였으며, 1954년 아이젠하워 정부의 경제 원조를 정당화하기 위한 수단으로 쓰였다. 월남이 공산화가 되면 그 주변 국가들도 공산화될 것이니, 이를 막기 위하여 월남의 고 딘 디엠 정권을 원조해야 한다고 주장하였다.

함께 나오는 용어
역도미노 이론
한 국가가 *민주화되면 그 나라의 주변 국가들도 도미노처럼 번져 민주화된다는 이론

민주화 국가의 주권이 국민에게 있고 국민을 위해 정치하는 것이 널리 퍼지는 것을 말함

020 미란다 Miranda
피통치자가 맹목적으로 정치 권력자들을 찬미하고 복종하는 상황

미란다는 *셰익스피어의 희곡 『템페스트(The Tempest)』의 여주인공 이름에서 유래한 용어로, 극 중의 미란다는 세상 물정을 모르는 순수한 존재이며 정치적으로 원수 관계임에도 불구하고 퍼디난도를 무조건적으로 사랑하는 모습으로 그려진다. 피통치자가 맹목적으로 정치권력에 대해 신성함을 표하고 그들을 찬미하고 복종하는 상황을 가리키는 말이다.
정치 권력자들이 슬로건이나 특별한 날을 지정하여 기념한다든지, 건축·미술·음악 등의 예술을 통하여 피통치자로 하여금 그들의 권력에 복종하게 하고 찬미하게 하는 등 다양한 방법을 동원한다.

셰익스피어(William Shakespeare, 1564~1616) 극작가이자 시인으로 『로미오와 줄리엣』, 『햄릿』, 『베니스의 상인』 등의 작품을 남겼으며, 영국 최고의 문학가로 평가됨

함께 나오는 용어
• 크레덴다(Credenda) 권력의 존재를 피지배자에게 이성적으로 설득시키고 권력이 존속하는 것에 동의하게 함으로써 권력을 정당화·합리화하는 것을 말한다. 즉, 크레덴다는 정부에 대한 복종, 존경, 희생, 합법성의 독점에 대한 인정 등을 끌어내는 것이다.
• 메리엄(C. E. Merriam) 미란다와 크레덴다를 '권력의 초석'이라고 규정하고, 이것에 실패할 경우 물리적 강제와 폭력에 의한 지배가 나타난다고 경고하였다.

021 사회 계약설 社會契約說
국가나 정부 권력은 근원이 국민의 동의에 있으며, 개인의 자유 및 권리와 재산수호가 목적이라는 17~18C 정치 이론

17~18C 자연법론자인 홉스(T. Hobbes) · 로크(J. Locke) · 루소(J. J. Rousseau) 등에 의하여 주장된 것으로, 계약설 또는 국가 계약설이라고도 한다. 자연 상태를 만인의 만인에 대한 투쟁이라 생각한 홉스는, 사람들이 자연권을 지배자에게 위양함으로써 평화적인 상태로 들어갈 수 있다고 주장하여, 17C 절대 왕정제 이론을 성립시켰다. 로크는 입헌 군주제 이론을 선도하였는데, 계약에 의해서도 생명 · 자유 · 재산 등의 자연권은 지배자에게 위양할 수 없다고 주장하였다. 루소는 인간 불평등의 원인은 사유 재산 때문이라고 생각하여, 사회 계약에 입각하여 각인이 자유와 평등을 누릴 수 있는 자연 상태를 구상하였다. 즉, 인민의 일반 의지로서의 국가가 개인의 자유와 평등을 보장할 수 있는 정치 체제를 구축해야 한다고 주장하여 프랑스 혁명의 이론적인 근거를 만들었다.

022 쇼비니즘 chauvinism
배타적 · 맹목적 · 광신적 · 호전적 애국주의

프랑스의 연출가 코냐르의 『삼색모표』라는 작품에 나오는 나폴레옹 군대의 니콜라 쇼뱅이라는 병사의 이름에서 유래하였다. 그는 나폴레옹 1세를 신과 같이 맹목적으로 숭배하였으며, 극단적 민족주의자였다. 즉, 쇼비니즘이란 조국의 이익을 위해서는 비합리적이고 부당한 방법과 수단을 동원해서라도 이를 감행하는 배타적 · 맹목적 · 광신적 · 호전적 애국주의를 뜻한다. 이는 *징고이즘과 같은 선상에 있다.

징고이즘(jingoism) 타 집단에 대해 배타적이고 자신의 이익만을 바라는 맹목적인 심리 상태. 편협한 애국주의, 맹목적 애국주의, 배타적 애국주의 등의 말과 대체될 수 있으며 광신적 대외강경주의자, 저돌적 주전론자까지 포함하는 개념

023 치킨게임 chicken game
어느 한쪽이 양보하지 않을 경우 양쪽이 모두 파국으로 치닫게 되는 극단적인 상황

국제 정치학에서 사용하는 게임 이론 가운데 하나다. 1950년대 미국 젊은이들 사이에서 유행하던 자동차 게임의 이름으로, 한밤중에 도로의 양쪽에서 두 명의 경쟁자가 자신의 차를 몰고 정면으로 돌진하다가 충돌 직전에 핸들을 꺾는 사람이 지는 경기이다. 핸들을 꺾은 사람은 겁쟁이, 즉 치킨으로 몰려 명예롭지 못한 사람으로 취급받는다. 어느 한쪽도 핸들을 꺾지 않을 경우 게임에서는 둘 다 승자가 되지만, 결국 충돌함으로써 양쪽 모두 자멸하게 된다. 1950~1970년대 미국과 소련 사이의 극심한 *군비 경쟁을 꼬집는 용어로 차용되면서 국제 정치학 용어로 굳어졌다. 그러나 오늘날에는 정치학뿐 아니라 여러 극단적인 경쟁으로 치닫는 상황을 가리킬 때도 인용된다.

군비 경쟁 무기를 개발하고, 군사 시설 또는 장비 등을 구비해 놓으며 전쟁을 대비하고, 준비하는 국가들 간의 경쟁

024 뉴라이트 new right

20C 중·후반에 등장한 다양한 형태의 보수·우익 성향의 단체나 운동을 지칭

1980년대에 등장하여 영국의 대처, 미국의 레이건 행정부의 정책기조인 신자유주의 정책을 이룬 사상으로, *자유주의와 *보수주의가 결합된 사상이다. 즉 보수우파(라이트)를 계승하되 새로이 태어나겠다는 뜻을 담고 있다. 대처와 레이건 행정부는 케인스주의가 내세웠던 복지 국가가 재정 부채, 사회 활력 저하 등의 부작용을 낳았다고 규정하고 이를 극복하고자 작은 정부, 공기업 민영화, 사회 복지 축소, 시장기능 강화 등의 정책을 시행하였다. 국내에서도 2004년경부터 수구·부패 이미지로 점철된 기존 우파 세력의 한계를 극복하겠다며 활성화되었다. 현재 국내의 신보수주의 운동 진영으로는 2007년 출범한 '뉴라이트 전국연합(구 명칭 자유주의연대)', '시대정신', '바른사회시민회의' 등이 있다.

자유주의 뉴라이트에서 자유주의는 개인주의·제한적인 작은 정부·자유시장이라는 전통적인 자유주의 가치로 구성됨

보수주의 뉴라이트에서 보수주의는 사회·종교·도덕적 보수주의에 기초한 사회적 질서와 권위의 확립을 강조함

02 통치 구조

핵심Tag #국회와 입법 #대통령

#국회와 입법

025 국회 國會

국민이 선출한 의원을 구성 요소로 하며 입법·재정·일반 국정에 관한 권한을 갖는 의사결정기관

1. 국회의 권한

입법에 관한 권한	• 헌법개정 제안·의결권 • 법률제정·개정권 • 조약체결·비준동의권
재정에 관한 권한	• 예산안 심의·확정권 • 결산심사권 • 기금심사권 • 재정입법권 • *계속비 의결권 • 예비비지출승인권 • 국채동의권 • 국가의 부담이 될 계약체결에 의한 동의권

계속비 국가의 대규모 계획이 실행되었음에도 불구하고 중간에 국회의 의결을 얻지 못하여 중지되는 것을 막기 위해 미리 국회의 의결을 얻어 오랜 기간 걸쳐 지출하는 경비

일반 국정에 관한 권한	• 국정감사 · 조사권 • 헌법기관 구성권 • 탄핵소추권 • 긴급명령, 긴급재정경제처분 · 명령 승인권 • 계엄해제 요구권 • 일반사면에 대한 동의권 • 선전포고 및 국군의 해외파견 또는 외국군대의 대한민국 영역 안에서의 주류에 대한 동의권 • 국무총리 · 국무위원 해임건의권 • 국무총리 · 국무위원 · 정부위원 출석요구권 및 질문권

▲ 국회의사당

2. 국회의 회기

명칭	시기	회기
정기 국회	매년 1회 9월 1일(공휴일일 경우 그 다음날)	100일 이내
임시 국회	• 2, 4, 6, 8월 각 1일 • 대통령 또는 국회 재적의원의 4분의 1 이상이 요구 시 • 국회 재적의원 4분의 1 이상이 국정조사 요구 시	30일 이내

3. 국회 의결 정족수

의결 정족수	안건
10인 이상	법률안 제출
20인 이상	원내 교섭 단체 구성
30인 이상	일반 의안 수정 동의, 위원회 해임
50인 이상	예산안 수정 동의
재적 1/5 이상	본회의 · 위원회 의사 정족수(회의를 여는 데 필요한 수)
출석 과반수	국회 회의 비공개 결정
재적 1/4 이상	국회 임시회 소집 요구, 전원위원회 개최 요구, 전원위원회 의결 정족수
재적 1/3 이상	해임건의안 발의, 대통령 이외의 탄핵소추 발의, 위원회 · 공청회 및 청문회 개최 요구
재적 과반수 출석, 출석 과반수 찬성	법안, 결의안 등 일반 의결 정족수
재적 과반수 출석, 출석 2/3 이상	법률안 재의결
재적 과반수	계엄해제 요구, 해임 건의, 대통령 이외의 탄핵소추 의결, 헌법개정안 발의, 국회의장 · 부의장 선출, 대통령 탄핵소추 발의
재적 2/3 이상	헌법개정안 의결, 국회의원 제명 또는 무자격 결정, 대통령 탄핵소추 의결

026 **국회의원** 國會議員, congressperson
국민에 의해 선출된 국회의 구성원

1. 선거

선거권	18세 이상
피선거권	25세 이상
임기	4년
21대 국회 의원정수	300인(지역구 253인, 비례 대표 47인)

- 「대한민국헌법」에는 '국회의원의 수는 법률로 정하되, 200인 이상으로 한다.'고 규정되어 있다.
- 「공직선거법」에는 '국회의 의원정수는 지역구 국회의원과 *비례 대표 국회의원을 합하여 300인으로 한다. 하나의 국회의원 지역선거구에서 선출할 국회의원의 정수는 1인으로 한다.'고 규정되어 있다.
- 지역구 국회의원 : 당해 국회의원 지역구에서 유효투표의 다수를 얻은 자를 당선인으로 결정한다.
- 비례 대표 국회의원 : 비례 대표 국회의원선거에서 얻은 득표 비율에 따라 정당별로 배분한다.

비례 대표 정당의 득표율에 비례하여 정당이 미리 만들어 놓은 국회의원 후보 명단에 있는 자에게 순서대로 그 자격을 주는 방식

2. 특권

불체포 특권	• 국회의원은 현행범인 경우를 제외하고는 회기 중에 국회의 동의 없이 체포 또는 구금되지 아니한다. • 국회의원이 회기 전에 체포 또는 구금된 때에는 현행범이 아닌 한 국회의 요구가 있으면 회기 중에 석방된다.
면책 특권	국회의원은 국회에서 직무상 행한 발언과 표결에 관하여 국회 외에서 책임지지 아니한다.

3. 의무

헌법상의 의무	국회법상의 의무
• 겸직금지의무 • 청렴의무 • 국익우선의무 • 지위남용금지의무	• 품위유지의무 • 국회의 본회의와 위원회 출석의무 • 의사에 관한 법령·규칙 준수의무

4. 국회의원 징계의 종류·요건

국회의원 징계의 종류에는 공개회의에서의 경고, 공개회의에서의 사과, 30일 이내의 출석 정지, 제명 등이 있다. 공개회의에서의 경고·사과의 경우에는 윤리특별위원회(지방의회는 징계자격 특별위원회)에서 그 문안을 작성하여 보고서와 함께 이를 의장에게 제출하여야 한다. 30일 이내의 출석 정지의 경우에는 그 출석 정기 기간에 해당하는 '국회의원 수당 등에 관한 법률'의 규정에 의한 수당 및 입법활동비·특별활동비는 그 2분의 1을 감액한다. 제명은 재적의원 3분의 2 이상의 찬성이 있어야 하며,

그 외의 징계는 재적의원 과반수 출석과 출석의원 과반수의 찬성으로 의
결한다. 징계를 의결한 경우 의장은 공개회의에서 이를 선포해야 한다.
징계로 제명된 자는 그로 인하여 결원된 의원의 보궐 선거에는 입후보할
수 없다.

027 국회의장 國會議長

대외적으로 국회를 대표하는 입법부의 *수장이며, 대내적으로 국회의 질서 유지·의사정
리·사무를 감독하는 자

- 의장의 임기는 2년으로 한다.
- 의장은 국회를 대표하고 의사를 정리하며, 질서를 유지하고 사무를 감독
  한다.
- 의장은 위원회에 출석하여 발언할 수는 있으나 표결에는 참가할 수 없다.
- 의장은 국회에서 무기명 투표로 선거하되 재적의원 과반수의 득표로 당
  선된다.
- 국회 관례상 원내 1당 다선 의원이 국회의장을 맡는 경우가 대부분이다.

수장(首長) 조직을 지배하고
통솔하는 사람

028 대의제 代議制, representation

국민이 스스로 선출한 대표자를 통해 국가 권력을 행사하는 정치 제도

근대 국가는 넓은 영토와 많은 인구, 그리고 복잡한 기능을 가지기 때문에
직접 민주제의 실현이 기술적으로 곤란하므로, 국민 스스로가 대표를 선출
하여 그들로 하여금 정치를 하도록 하는 민주 정치의 한 형태를 대의제라고
한다. 그러나 *행정 국가화 현상, 의회의 전문성 부족에 기인한 입법 기능의
약화 등으로 국민의 대표로 구성된 의회가 제 기능을 하지 못하는 현상이
나타나게 되었으며, 이를 대의제의 위기라고 한다. 대의제의 위기를 극복하
기 위해 국민 투표, *국민 발안, *국민소환제 등의 도입과 의회의 전문성을
강화하기 위한 상임위원회 제도, 국회 입법 활동에 대한 지원을 강화한다.

행정 국가화 현상 복지 국가
를 지향하는 과정에서 행정부
의 역할 증대

국민 발안 국민이 직접 헌법
개정안이나 중요한 법률안을
제출할 수 있는 제도

국민소환제 국가 또는 지방
자치 단체의 공직에 있는 사
람을 그 임기 중에, 국민 또는
주민이 투표에 의해서 해직시
키는 제도

029 국회의 일반 국정에 관한 권한
국정감사 · 조사권, 헌법기관구성권, 탄핵소추권 등의 권한

1. 국정감사 · 조사권
① 「대한민국헌법」 제61조 제1항은 '국회는 국정을 감사하거나 특정한 국정사안에 대하여 조사할 수 있으며 이에 필요한 서류의 제출, 증인의 출석과 증언이나 의견의 진술을 요구할 수 있다.'라고 규정하고 있다.

② 국회의 국정운영의 실태를 파악, 입법 및 예산심의를 위한 자료의 수집, 국정의 잘못된 부분을 적발 · 시정함으로써 입법 · 예산심의 · 국정통제 기능의 효율적인 수행을 도모한다.

③ 국정감사권은 제9차 개정헌법에 의하여 1988년 부활되었으며, 국회는 매년 9월 10일부터 20일간 국정전반에 대하여 감사를 실시한다. 국정조사는 국정의 특정사안을 대상으로 수시로 조사할 수 있다.

2. 헌법기관 구성권
대법원장 · 헌법 재판소장 · 국무총리 · 감사원장 · 대법관 임명동의권, 헌법 재판소 재판관(3인) · 중앙 선거 관리 위원회 위원(3인) 선출권

3. 탄핵소추권 빈출
① 대상
대통령 · 국무총리 · 국무위원 · 행정각부의 장 · 헌법 재판소 재판관 · 법관 · 중앙 선거 관리 위원회 위원 · 감사원장 · 감사위원 기타 법률이 정한 공무원

② 사유
㉠ 직무집행에 있어서 헌법이나 법률을 위배한 때
  • 직무와 관계없는 사생활과 관련된 사항, 취임 전 · 퇴임 후의 행위 등은 제외된다. 다만, '탄핵소추 절차가 개시된 이후 탄핵소추를 면탈할 목적으로 임명권자가 그 자를 전직시킬 경우의 직무행위는 포함된다.
  • 법률에는 법률과 동일한 효력을 가진 조약 · 긴급재정경제처분에 의한 명령 등이 포함된다.
㉡ 위법행위에는 고의 · 과실을 요하지 아니하며, 법률의 무지로 인한 위법행위도 포함된다.
  • 해임건의권과는 달리 정치적 무능 · 정책결정상의 과오는 제외된다.

③ 절차
㉠ **소추** : 국회는 재적의원 3분의 1 이상의 발의와 재적의원 과반수의 찬성으로 탄핵소추를 의결한다. 다만, 대통령의 경우 재적의원 과반수의 발의와 재적의원 3분의 2 이상의 찬성으로 의결한다.
㉡ **심판** : 탄핵심판기관인 헌법 재판소는 재판관 6인 이상의 찬성으로 탄핵을 결정한다.

탄핵소추 대통령, 국무총리, 법관 등의 고위공무원이 잘못을 할 경우 국회에서 위법을 고발하는 것

④ 효과
- ㉠ 소추의결 : 헌법 재판소의 탄핵심판이 있을 때까지 권한행사가 정지된다.
- ㉡ 심판재정 : 헌법 재판소의 탄핵결정은 공직으로부터 파면함에 그치나 이에 의하여 민사·형사책임이 면제되지는 아니한다.

4. 기타 권한 ^{빈출}

긴급명령, 긴급재정경제처분·명령 승인권	• 대통령은 처분·명령을 한 때에는 지체 없이 국회에 보고하여 승인을 얻어야 한다. • 국회의 승인을 얻지 못한 때에는 그때부터 효력을 상실한다.
계엄해제 요구권	국회가 재적의원 과반수의 찬성으로 계엄의 해제를 요구한 때에는 대통령은 이를 해제하여야 한다.
일반사면에 대한 동의권	국회는 대통령의 사면권 행사를 견제하고 권한남용을 방지하기 위하여 일반사면에 대한 동의권을 가진다.
선전포고 및 국군의 해외파견, 외국군대 주류에 대한 동의권	대통령의 선전포고, 국군의 외국에의 파견 또는 외국군대의 대한민국 영역 안에서의 주류에 대한 동의권을 가진다.
국무총리·국무위원해임건의권	• 국회는 국무총리·국무위원을 대상으로 직무집행상의 위법행위는 물론 정치적 무능·정책결정상의 과오가 있는 경우 해임을 건의할 수 있다. • 재적의원 3분의 1 이상의 찬성으로 발의되며 재적의원 과반수의 찬성으로 의결한다. • 법적 구속력이 없어 대통령의 해임행위를 구속하지 못한다.
국무총리·국무위원·정부위원 출석요구권 및 질문권	• 국회(본회의)나 그 위원회의 요구가 있을 때에는 국무총리·국무위원 또는 정부위원은 출석·답변하여야 한다. • 국무총리 또는 국무위원이 출석요구를 받은 때에는 국무위원 또는 정부위원으로 하여금 출석·답변하게 할 수 있다.

030 예산 豫算

1년 회계연도에 있어서 국가의 세입·세출에 대한 예정적 계획

예산은 국민의 부담인 조세를 전제로 하며, 방대하고 다양한 국가기능을 수행하여 국민 경제에 미치는 영향이 지대하다. 국회의 예산안 심의·확정은 예산결정 과정에 국민의 의사를 반영하는 것이며, 국가의 중대한 재정작용을 적절히 통제하여 그 효율성과 질을 제고하기 위한 것이다.

함께 나오는 용어

시퀘스터(sequester)
미국 정부의 자동예산삭감 제도를 가리키는 말이다. 미국 정부가 재정적자 누적을 막기 위해 시행하는 조치로, 다음 회계연도에 허용된 최대적자 규모를 초과할 경우 정부의 재정지출을 자동적으로 삭감하는 제도이다. '시퀘스터(sequester)'란 '격리하다'라는 뜻을 가진 말로, 법률 분야에서는 법원의 재산 가압류 절차를 가리키며 재정 분야에서는 '일괄삭감'이라는 의미로 사용된다.

031 예산안 심의 절차 豫算案審議節次

| 제출 | ┈ | 회부 | ┈ | 상임위원회
예비심사 | ┈ | 예산결산특별위원회
종합심사 | ┈ | 본회의
심의, 의결 | ┈ | 정부 이송 및 공고 |

- **제출** : 정부는 예산안을 편성하여 회계연도 개시일 90일(헌법상·국가재정법상은 120일) 전까지 국회에 제출하여야 한다.
- **회부** : 의장은 예산안을 소관상임위원회에 회부하고, 소관상임위원회는 예비심사를 하여 국회의장에게 보고한다.
- **상임위원회 예비심사** : 각 '상임위원회는 예산안이 회부되면 '예산안 상정 → 제안 설명 → 전문 위원 검토보고 → 대체 토론(소위원회 심사) → 찬반토론 → 의결(표결)'의 순서로 심사한다.
- **예산결산특별위원회 종합심사**
  - 의장은 상임위원회의 예비심사를 거친 예산안을 예비심사보고서를 첨부하여 예산결산특별위원회에 회부한다.
  - 예산결산특별위원회 심사절차 : 제안 설명 → 전문 위원 검토보고 → 종합정책질의 → 부별심사 또는 분과위원회 심사 → 예산안조정소위원회 심사 → 찬반토론 → 의결(표결)
  - 종합정책질의 : 국무위원 전원을 대상으로 국정전반에 대하여 각 위원의 질의와 관계국무위원의 답변으로 진행한다.
  - 부별심사 : 각 상임위원회별 예비심사 결과를 보고받은 다음 위원들의 질의와 관계국무위원의 답변으로 진행한다.
  - 예산안조정소위원회 심사 : 종합정책질의, 부별심사과정에서 나타난 위원들의 질의 및 요구사항, 소관상임위원회 예비심사 결과를 토대로 예산안을 종합 조정하고 단일의 수정안을 마련하여 예산결산특별위원회 전체 회의에 보고한다.
- **본회의 심의·의결** : 예산결산특별위원회의 심사를 거친 예산안은 본회의에서 재적의원 과반수의 출석과 출석의원 과반수의 찬성으로 의결한다.
- **정부 이송 및 공고** : 국회가 의결한 예산은 정부에 이송되어 대통령이 공고한다.

상임위원회 국회나 지방의회에서 본회의에 부의하기 전에 그 소관에 해당되는 의안·청원 등을 심사하는 위원회

▲ 국회 본회의장

032 정당 政黨, political party
국민의 이익을 위하여 책임 있는 정치적 주장이나 정책을 추진하고 공직선거의 후보자를 추천·지지함으로써 국민의 정치적 의사 형성에 참여함을 목적으로 하는 국민의 자발적 조직

정당은 수도에 소재하는 중앙당과 특별시·광역시·도에 각각 소재하는 시·도당으로 구성한다. 정당은 정권 획득을 목적으로 결성된 조직이며, 정치적 이슈를 형성하고 이것을 정책으로 '공약화함으로써 유권자의 지지를 호소한다.

공약 정치에 관한 일에 대하여 미리 약속하는 것으로 이를 참고로 국민들은 선거에서 입후보자 등을 결정

033 교섭 단체 交涉團體
국회의 중요 안건을 위해 의원들로 이루어진 단체

교섭 단체는 원내 교섭 단체라고도 하며, 국회에서 의사진행에 관련해 중요한 안건을 협의하는 것을 목적으로 하여 일정한 수 이상의 의원들로 이루어진 의원단체를 말한다. 국회에 20인 이상의 소속의원을 가진 정당은 하나의 교섭 단체가 된다.

그러나 다른 교섭 단체에 속하지 않는 20인 이상의 의원으로 따로 교섭 단체를 구성할 수 있다. 각 교섭 단체의 대표의원은 그 단체의 소속의원이 연서·날인한 명부를 의장에게 제출하여야 하며, 그 소속의원에 이동이 있거나 소속정당의 변경이 있을 때에는 그 사실을 의장에게 보고하여야 한다. 교섭 단체는 발언자의 비율을 결정하는 데 그 기준이 되고, 상임·특별 각 위원회의 위원은 각 교섭 단체 소속 의원 수의 비율에 따라서 의장이 선임함이 원칙이다. 또한 교섭 단체 내에 소속 의원의 입법 활동을 보좌하는 것을 목적으로 하는 정책연구위원을 둔다.

034 회기계속원칙 會期繼續原則
국회 회기 중 의결되지 않은 안건을 폐기하지 않는다는 원칙

회기계속원칙은 국회의원의 임기가 만료된 때에는 적용되지 않는다. 국회가 회기 중에 한하여 활동할 수 있지만 매 회기마다 독립된 별개의 국회로서가 아니라 국회의원의 임기 중에는 일체성을 갖는 국회로 존재한다는 뜻이다.

035 회기불계속원칙 會期不繼續原則
국회 회기 중 의결되지 않은 안건은 다음 회기에도 계속되지 않는다는 원칙

의회는 회기마다 독립성을 가지고 활동하여 그 다음 회기에 새로운 의원이 생겨날 수도 있으며, 정세는 매번 변화하며 융통성 있는 운영이 요구되므로 한 사안이 그 회기 중에 의결되지 아니하였다고 하여 다음 회기로 계속된다면 문제가 발생한다. 따라서 다음 회기에서 그 의안이나 동의를 심의하기 위해서는 새롭게 제안하거나 절차를 밟아야 한다. 예외적으로 필요하다고 인정되는 경우에 한해 의회의 결의로써 *계속 심의에 회부한다. 회기 중 의결되지 않은 의안 등은 심의 미결로 되어 제안되지 않은 것과 동일한 결과가 발생되고 의안으로서의 효과는 모두 소멸·폐기되는 것이 원칙이다.

계속 심의 의회에서 의결되지 않은 안건을 폐회 중에 위원회의 심의를 거쳐 다음 회기로 넘기는 것

036 섀도 캐비닛 shadow cabinet
야당에서 정권을 잡았을 경우에 대비하여 각료 후보로 조직한 내각

원뜻은 영국 *야당의 최고 지도부였다. 영국은 양대 정당제가 발달되어 있어 야당이 정권을 잡았을 경우에 대비하여 수상 이하 각 각료 후보로 조직한 멤버를 정해둔다. 실제로 야당이 정권을 잡게 되면 그 멤버로 내각을 구성한다.

야당 정권을 잡지 못한, 여당 이외의 정당

037 필리버스터 filibuster
의회에서 고의로 합법적인 방법을 이용하여 의사진행을 방해하는 행위

의회에서 소수파 의원들이 다수파의 독주를 막거나 고의로 합법적인 방법을 이용하여 의사진행을 방해하는 것을 가리킨다. 법안의 통과·의결 등을 막기 위해 발언시간을 고의로 늘리는 것, *유회(流會), *산회(散會)의 동의, 불신임안 제출, 투표의 지연 등이 예이다.

유회 성원 미달 등의 이유로 회의가 성립하지 않는 것

산회 회의가 끝나고 서로 흩어짐

038 캐스팅 보트 casting vote
의회의 표결에서 가부동수인 때에 의장이 가지는 결정권

캐스팅 보트란 의회의 표결에서 *가부동수인 때에 의장이 가지는 결정권 혹은 2대 정당 양쪽 세력이 거의 같은 경우에 제3당의 투표로 승패를 결정하는 것을 말한다. 우리나라 국회는 가부동수인 때에는 *부결된 것으로 본다.

가부동수 투표 등에서 개표 결과 찬성과 반대가 같을 때를 이르는 말

부결 안건을 받아들이지 않기로 결정하는 것을 이르는 말

039 스핀닥터 spin doctor
정부 수반 또는 고위 관료의 측근으로, 여론을 수렴·조작하는 정치 전문가

정부의 대변인 역할을 담당하는 정치 전문가로서 정책을 시행하기에 앞서 국민들의 의견을 종합하여 대통령에게 이를 설명하고, 설득하는 일을 하며, 정부 수반 또는 고위 관료에게 유리한 여론을 조성하며 홍보 및 선전한다.

040 폴리페서 polifessor
정치를 뜻하는 '폴리틱스(politics)'와 교수를 의미하는 '프로페서(professor)'의 합성어

정치권에 진출해 정치적 욕망을 실현하려는 '정치 참여 교수'를 뜻한다. 학문적 성과와 전문성을 정치에 접목시켜 사회 발전에 기여한다는 긍정적 측

면도 있지만, 학문연구 풍토를 저해하고 학계의 권력지상주의를 부추긴다는 비판도 강하다.

#대통령

041 대통령 大統領, president
국가의 원수이며, 외국에 대하여 국가를 대표하는 자

의무	• 국가의 독립 · 영토의 보전 · 국가의 계속성과 헌법을 수호할 책무를 진다. • 조국의 평화적 통일을 위해 성실할 의무를 진다. • 대통령은 국무총리 · 국무위원 · 행정각부의 장 기타 법률이 정하는 공사의 직을 겸할 수 없다.
선출	• 대통령은 국민의 보통 · 평등 · 직접 · 비밀 선거에 의하여 선출한다. • 최고득표자가 2인 이상인 때에는 국회의 재적의원 과반수가 출석한 공개회의에서 다수표를 얻은 자를 당선자로 한다. • 대통령후보자가 1인일 때에는 그 득표 수가 선거권자 총수의 3분의 1 이상이 아니면 대통령으로 당선될 수 없다. • 대통령으로 선거될 수 있는 자는 국회의원의 피선거권이 있고 선거일 현재 40세에 달하여야 한다.
임기	• 대통령의 임기는 5년으로 하며, 중임할 수 없다. • 임기가 만료되는 때에는 임기만료 70일 내지 40일 전에 후임자를 선거한다.
궐위	• 대통령이 *궐위된 때 또는 대통령 당선자가 사망하거나 판결 기타의 사유로 그 자격을 상실한 때에는 60일 이내에 후임자를 선거한다. • 대통령이 궐위되거나 사고로 인하여 직무를 수행할 수 없을 때에는 국무총리, 법률이 정한 국무위원의 순서로 그 권한을 대행한다.

(빈출) 권한	국가원수로서 권한	• 긴급 처분 · 명령권 • 계엄 선포권 • 국민 투표 부의권
	행정부 *수반으로서 권한	• 행정에 관한 최고 결정권 및 지휘권 • 법률 집행권 • 국가 대표 및 외교에 관한 권한 • 정부 구성권 • 공무원 임면권 • *국군 통수권 • 재정에 관한 권한 • *영전 수여권
	입법권	• 국회 임시회의 집회 요구권 • 국회 출석 발언권 • 헌법 개정에 관한 권한 • 법률안 제출권과 거부권 및 공포권 • 명령 제정권
	사법권	• 위헌 정당 해산 제소권 • 사면 · 감형 · *복권에 관한 권한

궐위 직위 또는 관직의 자리가 빈 것

수반(=우두머리) 행정부에서 가장 높은 위치에 있는 자

국군 통수권 국가의 군대 전체를 지휘하고 통솔하는 권한으로, 대통령제에서는 대통령에게 주어지는 권리임

영전 수여권 국가를 위해 큰 공적을 세운 자에게 특수한 법적 지위를 수여할 권리

복권 법률상의 자격 또는 권리를 상실한 사람이 그 자격이나 권리를 다시 찾는 것

042 대통령의 권한 행사 중 국회의 동의와 승인

국회의 동의를 얻어야 하는 경우	• 조약의 체결 · 비준 • 일반사면 • 국무총리, 감사원장, 대법원장, 헌법 재판소장의 임명 • ˚예비비설치 • ˚선전 포고 및 강화 • 국군의 해외 파병 • 외국 군대의 국내 주둔 • ˚국채모집
국회의 승인을 받아야 하는 경우	• 예비비의 지출 • 긴급명령 • 긴급재정경제처분 및 명령
국회에 통고하여야 하는 경우	계엄선포

예비비 예산 편성 시 예측하기 어려운 비용으로 예산 외의 지출 또는 예산 부족 시 쓰려고 준비해 두는 비용

선전 포고 공식적으로 상대 국가에 전쟁을 선포하는 것

국채 국가가 재정상 필요에 의해 국가의 신용으로 설정하는 금전상의 채무

함께 나오는 용어

헌법상 주요 공직자 임기

임기	직책
2년	국회의장, 국회부의장, 검찰총장
4년	국회의원, 감사원장 · 감사위원, 지방 자치 단체장 · 지방 자치 의원
5년	대통령
6년	대법원장 및 대법관, 선거관리위원회 위원, 헌법 재판소 재판관
10년	일반법관

043 대통령기록물 大統領記錄物
「대통령기록물 관리에 관한 법률」에 따라 대통령 재임 시에 남긴 각종 기록

「대통령기록물 관리에 관한 법률」은 국정 운영의 투명성과 책임성을 높이기 위해 기록물을 작성하도록 하고 있다. 「대통령기록물 관리에 관한 법률」 제17조 제4항에 따라 보호기간 중에는 다음 각 호의 어느 하나에 해당하는 경우에 한하여 최소한의 범위 내에서 열람, 사본 제작 및 자료 제출을 허용하며, 다른 법률에 따른 자료 제출의 요구 대상에 포함되지 아니한다.

1. 국회 재적의원 3분의 2 이상의 찬성 의결이 이루어진 경우
2. 관할 고등법원장이 해당 대통령지정기록물이 중요한 증거에 해당한다고 판단하여 발부한 영장이 제시된 경우. 다만, 관할 고등법원장은 열람, 사본 제작 및 자료 제출이 국가 안전 보장에 중대한 위험을 초래하거나 외교관계 및 국민경제의 안정을 심대하게 저해할 우려가 있다고 판단되는

▲ 청와대

경우 등에는 영장을 발부하여서는 아니 된다.

3. 대통령기록관 직원이 기록관리 업무수행상 필요에 따라 대통령기록관의 장의 사전 승인을 받은 경우

044 국무위원 國務委員
정부의 최고 정책 심의기관인 국무회의의 구성원

국무위원은 국정에 관하여 대통령을 보좌하고, 국무회의의 구성원으로서 국정을 심의하며, 그 인원은 15인 이상 30인 이하로 한다. 국무위원은 *정무직으로 하며 의장에게 의안을 제출하고 국무회의의 소집을 요구할 수 있다. 또한 국무회의에 출석·발언하고, 그 심의에 참가할 권한과 의무가 있다. 임명은 국무총리의 제청으로 대통령이 하며, 군인은 현역을 면한 후가 아니면 국무위원으로 임명될 수 없다.

국무총리는 국무위원의 해임을 대통령에게 건의할 수 있고, 국회도 국무위원의 해임을 대통령에게 건의할 수 있다. 이 해임 건의는 국회 재적의원 3분의 1 이상의 발의에 의하여 국회 재적의원 과반수의 찬성이 있어야 한다. 또한 대통령이 궐위되거나 사고로 인하여 직무를 수행할 수 없을 때에는 국무총리 다음으로 법률이 정한 국무위원의 순서로 그 권한을 대행한다.

정무직 선거를 통한 취임이나 임명 시 국회의 동의가 필수적인 직무

045 국가안전보장회의 NSC, National Security Council
국가의 안전 보장을 위하여 자료를 수집하고, 방지책을 연구하는 자문 기관

대통령 *자문 기관이자 국무회의의 전심기관으로 대통령을 의장으로 하며, 국무총리, 외교부장관, 통일부장관, 국방부장관, 국가정보원장, 행정안전부장관, 대통령비서실장과 외교안보 등을 담당하는 비서관이 참여한다. 대통령은 국가의 안전 보장에 관한 대외 정책, 군사 정책, 국내 정책의 수립에 관하여 국무회의의 심의 전에 이 기관을 통해 자문을 거쳐야 하지만, 그렇지 않더라도 법적으로 그 효력에는 영향을 미치지 않는다.

자문 기관 집행 기관 또는 의결 기관과 대응하는 것으로 대통령, 집행 기관 등의 자문에 전문적인 지식과 견해로 도움을 주는 기관

046 국민경제자문회의 國民經濟諮問會議

국민 경제 발전을 위한 중요 정책 수립에 관하여 대통령의 자문에 응하기 위해 설립된 기구

「대한민국헌법」 제93조 및 국민경제자문회의법에 의거하여 1999년 설립되었으며 대통령을 의장으로 부의장 1명과 30명 이내의 민간위촉위원, 5명의 당연직 위원, 중앙행정 기관 및 출연연구기관장 등의 지명위원으로 구성된다. 주요 기능은 국민 경제 발전을 위한 전략 및 주요 정책 방향의 수립, 국민 복지의 증진과 균형·발전을 위한 제도의 개선과 정책의 수립, 국민 경제의 대내외 주요 현안 과제에 대한 정책 대응 방향의 수립에 관한 자문 등이다.

047 정부조직도 政府組織圖

2020년 12월 기준 문재인 정부의 조직도는 아래와 같다.

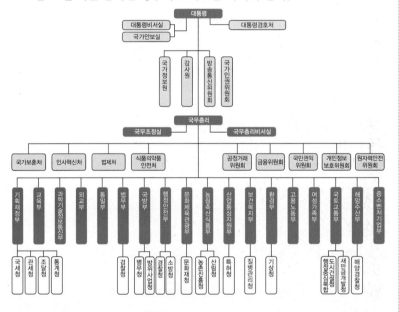

048 국가 인권 위원회 國家人權委員會

개인의 인권을 보호하고 인간의 존엄과 가치를 구현하기 위해 설립된 국가 기구

국가 인권 위원회는 2001년 11월 26일, 시민단체 등의 요청에 따라 설립되어 인권 침해를 방지하고 그에 따른 시정·권고, 인권교육 프로그램 개발의 역할을 하는 국가 기구이다. 개인의 인권을 보호하고 인권 보호의 수준을 높임으로써 인권보호 신장을 통한 민주 사회를 실현하는 데 목적이 있다.

049 감사원 監査院
공무원과 행정 기관의 직무를 감찰하기 위하여 설립된 대통령 직속의 정부기관

감사원은 원장을 포함하여 7명의 감사위원으로 구성된다. 감사원장은 국회의 동의를 얻어 대통령이 임명한다. 감사원의 조직은 감사위원회의, 원장의 지휘하에 감사사무를 처리하는 사무처, 소속기관인 감사교육원, 자문 기구인 부정방지대책위원회가 있으며 최고 의사결정기관은 감사위원회의이다. 주로 국가의 세입·세출의 결산검사, 국가·지방 자치 단체·정부투자기관 및 기타 법으로 정한 단체의 회계검사, 행정 기관의 사무 및 공무원의 직무 감찰 등의 업무를 수행하며, 위법사실이나 직무의 불이행을 발견할 경우 고발 또는 시정을 요구할 수 있다. 감사원의 독립성이 요구되는 기관이므로 이를 보장하기 위하여 법률로 규정하고 있다.

050 공무원公務員의 의무義務

- **선서의 의무** : 공무원은 취임할 때에 소속기관장 앞에서 국회 규칙, 대법원규칙, 헌법 재판소규칙, 중앙 선거 관리 위원회 규칙 또는 대통령령으로 정하는 바에 따라 선서하여야 한다.
- **성실의 의무** : 법령을 준수하며 성실히 직무를 수행하여야 한다.
- **복종의 의무** : 직무를 수행할 때 상관의 직무상 명령에 복종하여야 한다.
- **직장 이탈 금지** : 소속 상관의 허가 또는 정당한 사유가 없으면 직장을 이탈하지 못한다.
- **친절·공정의 의무** : 국민 전체의 봉사자로서 친절하고 공정하게 직무를 수행하여야 한다.
- **종교 중립의 의무** : 종교에 따른 차별 없이 직무를 수행하여야 한다.
- **비밀 엄수의 의무** : 재직 중은 물론 퇴직 후에도 직무상 알게 된 비밀을 엄수하여야 한다.
- **청렴의 의무** : 직무와 관련하여 직접적이든 간접적이든 사례·증여 또는 향응을 주거나 받을 수 없다.
- **품위 유지의 의무** : 직무의 내외를 불문하고 그 품위가 손상되는 행위를 하여서는 아니 된다.
- **˙영리 업무 및 ˙겸직 금지** : 공무 외에 영리를 목적으로 하는 업무에 종사하지 못하며 소속기관장의 허가 없이 다른 직무를 겸할 수 없다.
- **정치 운동의 금지** : 정당이나 그 밖의 정치단체의 결성에 관여하거나 이에 가입할 수 없다.
- **집단 행위의 금지** : 노동운동이나 그 밖에 공무 외의 일을 위한 집단 행위를 하여서는 아니 된다.

영리 업무 재산상의 이익을 목적으로 하는 업무

겸직 직업을 2개 이상 갖는 것

051 공무원의 공가公暇
공무원의 공식적인 휴가

행정 기관의 장은 소속 공무원이 다음에 해당하는 경우에는 이에 직접 필요한 기간 동안 공가를 허가하여야 한다.

- 「병역법」이나 기타 다른 법령에 의한 징병검사 · 소집 · 검열점호 등에 응하거나 동원 또는 훈련에 참가할 때
- 공무에 관하여 국회 · 법원 · 검찰 기타 국가기관에 •소환된 때
- 법률의 규정에 의하여 투표에 참가할 때
- 승진 · 전직시험에 응시할 때
- 원격지간의 전보 발령을 받고 부임할 때
- 「산업안전보건법」 제43조에 따른 건강진단 또는 「국민건강보험법」 제47조에 따른 건강검진을 받을 때
- 「혈액관리법」에 따른 헌혈에 참가할 때
- 「공무원 인재개발법 시행령」 제32조에 의한 외국어능력시험에 응시할 때
- 올림픽 · 전국체전 등 국가적인 행사에 참가하는 때
- 천재 · 지변 · 교통차단 기타의 사유로 출근이 불가능할 때
- 「공무원의 노동조합 설립 및 운영 등에 관한 법률」 제9조에 따른 교섭위원으로 선임되어 단체교섭 및 단체협약의 체결에 참석할 때
- 「검역법」 제5조에 따른 오염지역 또는 오염인근지역으로 공무국외출장, 파견 또는 교육훈련을 가기 위해 검역감염병의 예방접종을 할 때

소환 법원이 피고인이나 증인에게 법원 등의 곳에 출석할 것을 강제하는 것

052 파킨슨의 법칙 Parkinson's law
업무의 양과 상관없이 진급을 위한 발판으로 부하를 채용함으로 인해 공무원의 수가 계속 늘어난다는 법칙

영국의 학자 파킨슨이 제창한 사회 생태학적 법칙으로, 업무의 양이나 필요성과 상관없이 진급을 위한 발판으로 부하직원을 채용함으로써 공무원의 수가 끊임없이 늘어난다는 법칙이다. 어떤 일이든 주어진 시간을 다 소진할 때까지 일을 미루는 현상을 일컫는 말로 쓰이기도 한다.

053 백서 白書, white paper
정부의 소관 사항에 대한 공식 보고서

영국 정부의 공식 보고서 명칭에서 유래하였으며, 표지의 색이 백색이라 붙여진 명칭이다. 이후 공식 문서의 명칭으로 쓰이고 있으며, 경제백서, 노동백서 등이 그 예이다.

빈출

054 엽관제 獵官制

선거에서 이긴 정당이 선거운동원과 정당에 대한 충성도가 높은 지지자에게 승리에 대한 대가로 관직 임명이나 다른 혜택을 주는 관행

구분	내용	
의의	• 선거를 일종의 전쟁으로, 관직을 •전리품으로 비유하여 선거에서 이긴 정당이 관직을 마음대로 경질할 수 있다는 것이다. • 1829년 미국의 앤드류 잭슨 대통령에 의해 엽관제가 제도적으로 확립되었다.	**전리품(戰利品)** 전쟁 시 상대에게서 빼앗은 것들
장점	• 정당이념의 철저한 실현이 가능 • 공무원의 높은 충성심 확보가 가능 • 강력한 정책추진과 정책변동에 대한 대응성이 빠름 • 공직경질을 통해 관료주의를 미연에 방지 • 국민의 지지를 받은 정당의 정당원이 관직에 임명됨으로써 민주통제의 강화와 행정의 민주화가 가능	
단점	• 매관매직과 같은 부정부패와 행정기강의 문란을 초래할 가능성이 높음 • 행정의 무책임성 조장 • 정권교체에 따른 대량경질은 행정의 안정성과 계속성을 저해함	**매관매직** 돈 등의 물질로 관직을 얻어내도록 하는 것

함께 나오는 용어 ────────────────────────────•

실적주의
공직임용이 당파성이나 정실, 혈연, 지연 대신에 능력, 자격, 실적으로 이루어지는 것

055 관료제 官僚制

행정관이 일정한 법이나 규칙에 따라 조직을 관리하고 운영하는 계층적 조직 형태

20C 대중 민주주의가 나타나면서 사회적 이해관계가 다양해지고 대규모 조직체의 출현으로 정부활동이 증대되는 등 정책의 전문화 및 규격화가 필요하게 되자, 정책의 입안과 실시에 있어 행정전문가의 역할이 증대하게 되면서 관료제가 필요하게 되었다. 많은 양의 업무를 법규에 따라 비정의적(非情誼的)으로 처리하므로, 기능적 측면에서 볼 때 관료제는 합리적 측면과 병리적 측면을 모두 가지고 있다.

전문화 · 계층제 · 분업화 · 비정의성 · 표준화된 규칙 이용은 관료제의 합리적 측면이다. 반면 관료제가 소수 지배자들의 일방적인 지배 형태로 나타날 경우 형식주의 · 무사안일 · 비밀주의 등이 출현하는데, 이를 관료주의라 하며 관료제의 병리적 측면이라고 한다.

056 페이고 paygo
새로운 재정 지출 사업 추진 시 재원대책을 의무적으로 마련해야 하는 원칙

페이고는 '번만큼 쓴다(Pay As You Go)'를 줄인 말로, 지출이 필요한 새로운 입법을 하려 할 때 이에 상응하는 세입 증가나 법정지출 감소 등 *재원조달 방안이 동시에 입법화되도록 의무화하는 것을 말한다.

재원(財源) 재정수입의 원천 또는 재정수입의 항목

057 개방형 임용제 開放型任用制
정부 내의 직책을 민간에 개방하는 제도

'개방형 공무원' 또는 '개방형 직위제'라고도 불리며, *폐쇄형 공무원 임용제와 대응되는 개념이다. 그 대상은 주로 1급에서 3급의 실·국장급 직위이며, 공개경쟁을 통해 임용되는 식이다.

폐쇄형 공무원 임용제 내부에서 승진심사를 하거나 시험을 치러 충원하는 방식의 공무원 임용제

058 인구 주택 총조사 人口住宅總調査, census
지역별 인구와 가구수, 개인별 특성에 관한 정보를 수집하는 인구 총조사와 주택의 현황을 파악하는 주택 총조사를 이르는 말

이는 국내 최대 규모의 통계조사로 5년을 주기로 실시되며, 면접조사 기간은 9개월이다. 그러나 사전 준비를 하는 데 2년, 결과 집계분석을 하는 데 2년이 소요된다. 먼저 시·도별로 조사를 실시하고, 그 결과를 통계청으로 넘겨 입력, 집계 및 분석한다. 그 분석 결과는 4차례에 걸쳐 통계청에 의해 공개된다. 인구 총조사는 지역별 인구와 가구수, 개인별 특성에 관한 정보를 조사하고, 수집하는 데 그 의의가 있다. 또한 주택 총조사는 주택의 총수, 종류, 특성 등 주택의 현황을 파악하여 정책의 수립 및 집행에 기초가 되는 자료를 제공하는 데 이용된다. 인구의 조사대상에는 해외취업자나 유학생, 대한민국에 거주 중인 외국인, 외교관, 외국 군인과 그 가족은 제외되며, 그 외의 대한민국 전 지역에 걸쳐 살고 있는 대부분의 사람이 조사대상이다.

03 선거 제도

핵심Tag #선거 형태 #선거 원칙 및 권리 #선거 현상

#선거 형태

059 오픈 프라이머리 open primary
대통령 등 공직 후보자를 선발할 때 일반 국민이 직접 참여하여 선출하는 방식

미국에서 유래하였으며, 대통령 후보 선출권을 등록된 당원에게만 주는 것이 아니라 당원이 아닌 일반 국민들에게 주는 것으로, 개방형 경선제, 국민형 경선제라고 한다. 오픈 프라이머리는 *혼합형, *완전 개방형 등으로 운영된다. 이는 일반 국민이 선거에 참여할 수 있는 기회를 확대하여 참여 민주주의를 실현할 수 있지만, 등록한 당원의 지위를 실추시키고, 그 존재 의미가 약화된다는 단점이 있다. 등록된 당원만 투표할 수 있는 형태는 폐쇄형(closed) 프라이머리라고 한다.

혼합형 당원 여부에 상관없이 등록만 하면 참여할 수 있는 형태

완전 개방형 국민 누구나 참여할 수 있는 형태

060 플레비사이트 plebiscite
국가의 중요한 정책을 결정할 때 국민이 직접 참여하는 제도

직접 민주제의 한 모습으로, 정치적 중요 사건에 관해 국민 투표를 하는 제도이다. 영토의 변경, 병합 또는 새로운 통치자가 그 권력의 정통성을 얻기 위하여 행하는 상황 등 중대한 정치적 사안에 대하여 국민 투표를 활용하는 것이다. 이는 항구적인 일종의 정치 상태를 창출하는 데 쓰이는 제도이다. 한편, 비슷한 개념으로 *레퍼렌덤이 있는데, 이는 법안에 대한 승인 또는 거부를 국민 투표로 정하는 것이다.

플레비사이트는 고대 로마 공화정의 민회에서 시행하였고 근세 나폴레옹 1세 및 나폴레옹 3세가 정권을 잡기 위한 목적으로 실시하였다. 1933년 독일의 국제연맹 탈퇴 사안, 1934년에 있었던 히틀러의 총통 취임 등도 플레비사이트에 의하여 결정되었다. 1993년 4월 25일 보리스 옐친 러시아 대통령은 국민의 신임을 묻기 위한 목적으로 국민 투표를 실시하였는데 이것 역시 플레비사이트를 활용한 것이라 할 수 있다.

레퍼렌덤(referendum) 헌법이나 법률안 등에 대한 승인 또는 거부를 정하는 국민 투표

061 교차 투표 交叉投票, cross voting
의안 표결 시 자신이 속한 정당의 당론과 상관없이 유권자의 의사 또는 의원 자신의 소신에 따라 투표하는 것

미국의 국회의원은 지역대표의 성격을 띠고 있기 때문에 출신 선거구 유권자의 의사를 따라야 한다. 의원들은 유권자의 이익을 *당론에 우선시키므로 소속 의원을 정당이 구속하는 것은 사실상 가능하지 않다. 즉, 자신이 속한 정당의 당론이 아닌 다른 정당의 당론에 찬성하는 교차 투표가 일반적이다. 그러나 우리나라의 경우에는 각 정당의 당론이 유권자의 의사나 의원의 소신에 우선하기 때문에 당론의 심한 분열이 있는 몇 개의 법안에 대해서만 부분적으로 교차 투표가 인정된다. 또한 당론에 따르지 않고 의원 자신의 소신에 따라 투표를 한 경우에는 소속정당에서 징계 조치를 취하는 경우가 발생한다. 즉, 교차 투표가 실질적으로 보장되지 않는다.

당론 정당의 의견 또는 논의

062 주민 투표 住民投票
선거 이외의 정책상 중요한 사항에 관하여 주민이 행하는 투표

국가적 차원에서 국민을 대상으로 실시할 경우에는 '국민 투표'라 부른다.

대상		주민에게 과도한 부담을 주거나 중대한 영향을 미치는 지방 자치 단체의 주요 결정 사항으로서 그 지방 자치 단체의 조례로 정하는 사항
청구 요건	주민	주민 투표 청구권자 총수의 20분의 1 이상 5분의 1 이하의 범위 안에서 조례로 정하는 수 이상의 서명
	지방 의회	재적의원 과반수 출석과 출석의원 3분의 2 이상의 찬성
효과		주민 투표에 부쳐진 사항은 주민 투표권자 3분의 1 이상의 투표와 투표인 과반수의 득표로 확정되며, 지방 자치 단체는 확정된 내용에 따라 행정·재정상의 조치를 취함

063 주민소환제 住民召還制
선거직 공무원 가운데 부적격한 자를 임기가 끝나기도 전에 파면시키는 제도

주민들이 지방 자치 체제의 행정처분이나 결정에 심각한 문제점이 있다고 판단할 경우, 단체장을 통제할 수 있는 제도이다. 우리나라에서는 「주민소환에 관한 법률」이 2007년부터 시행돼 주민소환제가 도입되었다.

064 비례 대표제 比例代表制
두 개 이상의 정당이 있을 경우 각 정당의 득표 수에 비례하여 당선자를 선출하는 선거 제도

비례 대표제는 다수 대표제나 소수 대표제의 단점을 보완하기 위해 고안된 제도로서, 정당의 득표 수에 비례하여 당선자를 선출하는 선거 제도이다. 소수당에도 그 득표비례에 따라 의석을 부여하기 때문에 다수당의 횡포를 방지할 수 있다. 또한 *사표를 방지할 수 있고 여론을 공정하게 반영할 수 있다.

사표(死票) 선거 때 낙선한 후보자를 지지한 표

함께 나오는 용어

- **다수 대표제(多數代表制)**
  하나의 선거구에서 대표를 선출함에 있어 가장 많은 표를 얻은 자를 당선자로 정하는 선거 제도이다. 절차가 비교적 간단하여 시간이 절약되는 장점이 있으나, 다수의 의견만 채택되고 소수의 의견은 전혀 반영되지 않는 단점이 있다. 이 제도에는 과반수를 득표한 사람을 당선자로 정하는 절대다수 대표제와 한 표라도 많이 얻은 자를 당선시키는 비교다수 대표제가 있다.

- **소수 대표제(少數代表制)**
  하나의 선거구에서 2인 이상의 당선자를 뽑는 중·대선거구제다. 다수당의 의석 독점을 막고 소수당에도 의석을 확보할 수 있도록 하는 당선자 결정 방식이다. 비교적 사표가 적게 나오고 소수의 의견도 반영할 수 있으나, 당선자 결정 절차 등 선거관리가 복잡하고 다수당 난립으로 정국이 불안해질 수 있다.

- **지역 대표제(地域代表制)**
  선거구를 지역별로 정하여 대표자를 선거하는 제도이다.

- **직능 대표제(職能代表制)**
  직업별로 선거인단을 만들어 대표자를 선거하는 제도이다.

065 보궐 선거 補闕選擧
대통령 또는 국회의원이 임기 중에 사망 등의 사유로 궐원 또는 궐위가 생긴 때 실시하는 선거

지역구 국회의원·지역구 지방 의회 의원 및 지방 자치 단체의 장에 *궐원 또는 궐위가 생긴 때에는 보궐 선거를 실시한다. 대통령권한대행자는 대통령이 궐위된 때에는 지체 없이 중앙 선거 관리 위원회에 이를 통보하여야 하며, 그 자격을 상실한 때에는 60일 이내에 후임자를 선거한다. 국회의원에 궐원이 생긴 때에는 국회의장이 대통령 및 중앙 선거 관리 위원회에 이를 통보하여야 한다. 지방 의회 의원에 궐원이 생긴 때에는 지방의회의장이 당해 지방 자치 단체의 장과 관할 선거구 선거 관리위원회에 이를 통보하여야 하며, 지방 자치 단체의 장이 궐위된 때에는 궐위된 지방 자치 단체의 장의 직무를 대행하는 자가 당해 지방의회의장과 관할 선거구 선거 관리위원회에 이를 통보하여야 한다.

궐원(闕員) 인원이 차지 않고 모자랄 때의 상황 또는 그 인원

#선거 원칙 및 권리

066 선거권 選擧權
각종 공직선거에서 국가의 중요 공무원을 선출하는 선거인단에 참여할 수 있는 국민의 권리 또는 자격

- 선거권은 국민의 기본권인 참정권의 대표적인 권리 중 하나이다.
- 모든 국민은 법률이 정하는 바에 의하여 선거권을 가진다(헌법 제24조).
- 선거권에는 국회의원 선거권(헌법 제41조)과 대통령 선거권(헌법 제67조), 지방 의회 의원 및 지방 자치 단체장의 선거권(공직선거법 제15조)이 있다.
- 선거권은 국민이 국가에 대하여 가지는 공권이므로 포기나 양도는 할 수 없으며, 대리행사도 인정되지 아니한다.

더 알고가기
선거 기간과 선거일

구분	대통령 선거	국회의원 선거	지방 의회 의원 및 지방 자치 단체장의 선거
선거 기간의 의의	후보자 등록 마감일의 다음 날부터 선거일까지	후보자 등록 마감일 후 6일부터 선거일까지	
선거 기간	23일	14일	
선거일	임기만료일 전 70일 이후 첫 번째 수요일	임기만료일 전 50일 이후 첫 번째 수요일	임기만료일 전 30일 이후 첫 번째 수요일

067 피선거권 被選擧權
선거에서 당선인이 될 수 있는 국민의 기본권

1. 연령 및 제한
- **대통령** : 선거일 현재 5년 이상 국내에 거주하고 있는 40세 이상의 국민은 대통령의 피선거권이 있다. 이 경우 공무로 외국에 파견된 기간과 국내에 주소를 두고 일정 기간 외국에 체류한 기간은 국내거주 기간으로 본다.
- **국회의원** : 25세 이상의 국민은 국회의원의 피선거권이 있다.
- **지방 의회 의원 및 지방 자치 단체의 장** : 선거일 현재 계속하여 60일 이상 당해 지방 자치 단체의 관할구역 안에 주민등록이 되어 있는 주민으로서 25세 이상의 국민은 그 지방 의회 의원 및 지방 자치 단체의 장의 피선거권이 있다. 이 경우 60일의 기간은 그 지방 자치 단체의 설치·폐지·분할·합병 또는 구역 변경에 의하여 중단되지 아니한다.

2. 피선거권이 없는 경우
- 선거일 현재 25세 미만인 사람
- 선거사범으로서 법이 정한 시한이 지나지 않은 자
- 금고 이상의 형의 선고를 받고 그 형이 실효되지 아니한 자
- 법원의 판결 또는 다른 법률에 의하여 피선거권이 정지되거나 상실된 자

068 선거의 4대 원칙
보통 선거, 평등 선거, 직접 선거, 비밀 선거

첫째, 보통 선거는 일정한 연령에 달하면 누구든지 선거권을 갖는 제도로, 이와 대응되는 개념에는 제한 선거가 있다. 둘째, 평등 선거는 누구든지 1인 1표의 투표권을 가지며, 그 가치는 동일함을 전제로 하는 선거로, 이와 대응되는 개념에는 차등 선거가 있다. 셋째, 직접 선거는 선거인이 직접 피선거인을 뽑는 선거를 말하며, 이와 대응되는 개념에는 간접 선거가 있다. 넷째, 비밀 선거는 선거인이 누구에게 표를 던졌는지 알 수 없도록 하는 제도를 말하며, 이와 대응되는 개념에는 공개 선거가 있다.

069 선거공영제 選擧公營制
선거의 공정성을 목적으로 하여 공직선거운동을 선거관리기관의 주관에 맡기거나 선거 경비 중 일부분을 국가 또는 지방 자치 단체가 부담하게 하는 제도

선거공영제는 선거 운동을 국가나 지방 자치 단체가 관리하여 선거 운동의 과열을 막고, 선거 경비의 일부 또는 전부를 국가가 부담함으로써 능력은 있지만 재력이 없는 자에게 입후보의 기회를 제공하며, 선거의 공정성을 확보하는 측면에서 큰 장점을 가진다. 반면 *포말정당의 난립이나 군소정당의 군립 및 국민의 조세 부담 증가 등의 문제점을 안고 있다. 우리나라에서는 제3공화국 때부터 실시되고 있다.

포말정당 선거를 위해 생겼다가 거품(포말)처럼 사라지는 정당

더 알고가기 ···•
- 기탁금 전액 보전
  후보자가 당선되거나 사망한 경우와 유효투표 총수의 100분의 15 이상을 득표한 경우
- 기탁금 100분의 50에 해당하는 금액보전
  후보자가 유효투표 총수의 100분의 10 이상 100분의 15 미만을 득표한 경우

070 중앙 선거 관리 위원회 中央選擧管理委員會

선거와 국민 투표의 공정한 관리 및 정당에 관한 사무를 처리하기 위하여 설치된 헌법상의 독립기관

- 중앙 선거 관리 위원회는 대통령이 임명하는 3인과 국회에서 선출하는 3인, 대법원장이 지명하는 3인의 위원으로 구성한다. 위원장은 위원 중에서 *호선한다.
- 위원의 임기는 6년으로 한다.
- 위원은 정당에 가입하거나 정치에 관여할 수 없다.
- 위원은 탄핵 또는 금고 이상의 형의 선고에 의하지 아니하고는 파면되지 아니한다.
- 중앙 선거 관리 위원회는 법령의 범위 안에서 선거관리·국민 투표관리 또는 정당 사무에 관한 규칙을 제정할 수 있으며, 법률에 저촉되지 아니하는 범위 안에서 내부규율에 관한 규칙을 제정할 수 있다.

호선(互選) 조직의 구성원들이 서로 투표하여 그 조직 구성원 중에서 어떠한 사람을 뽑는 것

071 선거구 選擧區

대표자를 선출하기 위한 기초 선거 단위

구분	소선거구제	중선거구제	대선거구제
개념	한 선거구에서 1명의 대표자를 선출하는 것	한 선거구에서 2~5명의 대표자를 선출하는 것	한 선거구에서 2명 이상 다수의 대표자를 선출하는 것
특징	선거구가 좁기 때문에 후보의 자질을 평가하기가 수월하며 투표율이 높다.	새로운 정당이 출현하기 쉬우며, 선거구가 넓기 때문에 지명도 있는 자를 선출하는 데 유리하다.	
단점	선거 운동의 과열을 초래할 수 있으며, 사표가 많다.	투표율이 낮고, 선거관리가 어려우며 군소정당의 난립으로 정국이 불안해질 우려가 있다.	

072 게리맨더링 gerrymandering

특정 정당 혹은 특정 후보자에게 유리하도록 자의적으로 선거구를 정하는 것

게리맨더링이라는 말은 1812년 미국 매사추세츠주 주지사 E. 게리의 이름과 *선거구를 분할한 모양이 도롱뇽과 유사하다고 해서 나온 말인 샐러맨더(salamander : 도롱뇽)의 합성어이다. 이는 E. 게리가 자신이 속한 공화당에 유리하도록 자의적으로 선거구를 정한 것을 반대당에서

선거구 독립하여 선거할 수 있는 단위구역을 말하며 소선거구와 중·대선거구로 분류

비꼬는 말에서 시작되었다. 그 후 게리맨더링은 특정 정당 혹은 특정 후보자에게 유리하도록 선거구를 정하는 것을 지칭하게 되었다.

073 국민소환제 國民召還制, recall
선거에 의하여 선출된 대표 중에서 유권자들이 부적격하다고 생각하는 자를 임기가 끝나기 전에 국민 투표에 의하여 파면시키는 제도

국민 파면·국민 해직이라고도 불리는 국민소환제는 고대 그리스에서 시작되었다. 지금에 와서는 스위스와 일본 등에서 채택하고 있는 제도이다. 이 제도의 이론적 근거는 국민이 선임하였기 때문에 해임도 같은 방법으로 하여야 한다는 데 있는데, 선거 인구가 폭발적으로 증가하였고, 국민들의 정치에 대한 관심 부족 및 행정 기능의 확대 등으로 인하여 그 기능을 상실하고 있는 추세이다.

#선거 현상

074 스윙보터 swing voter
'마음이 흔들리는 투표자'라는 의미로, 플로팅보터(floating voter) 혹은 부동층 유권자

선거가 있을 때마다 정치적 이념에 맞추어 특정 정당의 후보를 지지하기보다는 투표 당시의 이슈나 자신의 이해관계에 따라 지지 성향이 달라진다는 의미다. 대부분 이념적으로 중도성향인 사람들로 미국에서는 보통 흑인 등 유색·소수인종 중에 스윙보터가 많다. 이들은 정치에 대한 불신과 혼란이 심해 투표를 쉽게 포기하기도 한다.

075 밴드왜건 효과 band-wagon effect, 편승 효과
다수의 선택에 무작정 따르게 되는 현상

밴드왜건이 연주하면서 지나가면 사람들이 그저 호기심 때문에 아무런 목적의식 없이 모여드는데, 그것을 본 사람들이 무작정 뒤따르게 되면서 군중이 점점 불어나는 것을 비유하여 붙여진 용어이다.
어떤 재화에 대한 수요가 증가하면 대중이 그 트렌드에 따라서 그 재화를 구매하여 수요를 더욱 증가시키는 효과 및 정치 집단이 유권자들에게 어필하기 위하여 사용하는 유세 장치를 가리킨다. 이를 이유로 '밴드왜건에 올라타다'라는 말이 생겨났는데, 특정 정치 집단의 후보를 지원하는 자가 되는 것을 의미하는 말이다.

076 브래들리 효과 Bradley effect
선거 여론 조사 당시에는 지지율이 높게 나왔던 유색 인종 후보가 실제 선거에서는 낮은 득표율을 얻는 현상

1982년 미국 캘리포니아주의 주지사 선거에서 민주당의 흑인 후보 브래들리가 여론 조사와 달리 실제 선거에서 패한 데서 비롯된 용어다. 상당수 백인들이 인종적 편견을 숨기기 위해 투표 전에는 흑인 후보를 지지한다고 진술하지만 실제 투표장에서는 백인 후보를 찍는 경향이 있다.

077 로그롤링 logrolling
서로 도와 투표 거래를 하는 행위

'통나무 굴리기'라는 경기에서 온 뜻으로, 이 경기는 두 사람이 통나무 위에 올라가 그것을 굴려서 둘이 호흡을 맞추지 않으면 떨어지게 되는 경기이다. 이 경기처럼 로그롤링은 서로 도와 협상하여 공동의 목표를 성취하기도 하고, 시차를 두고 협조하기도 하는 것이다. 또한 부수혜택 제공형이라고 하여 서로 도와주는 조건하에 사안과 관련이 없는 이익을 거래하는 형태도 있다. 주로 미국 의회에서 볼 수 있으며, 구체적인 예로 A안건에 대해 찬성해주는 조건으로 상대의 B법안에 대해 찬성투표를 해주는 투표 거래 행위, 희망하는 위원회에의 배정, 파티에의 초청 등을 들 수 있다. 로그롤링은 '서로 등 가려운데 긁어주기' 또는 '호의의 교환'이라고도 일컬어진다.

078 매니페스토 운동 manifesto movement
공약의 실현 가능성을 구체적으로 따져보도록 이를 수치화하는 운동

매니페스토란 선거에서 후보들이 유권자의 지지를 얻기 위하여 제시하는 공약들이 당선 후 지켜지지 않는 것을 방지하기 위하여 그 구체적인 이행 가능성, 예산 확보의 근거 등을 제시한 공약을 말한다. 평가 기준은 5가지로, 공약의 구체성(specific), 검증 가능성(measurable), 달성 가능성(achievable), 타당성(relevant), 기한 명시(timed)가 있으며, 이들의 첫글자를 딴 '스마트(SMART)지수'로써 공약을 분석하고 평가하게 된다.
또한 공약의 지속성(sustainability), 자치력 강화(empowerment), 지역성(locality), 후속조치(following)의 첫 글자를 따서 셀프(SELF)지수도 평가 기준이 된다. 이 평가를 통해 후보자의 공약에 대한 이행 책임을 묻고 다음 선거에 반영한다.

04 외교

핵심Tag #국제기구와 조약 #국제 정치 #세계의 분쟁 지역

#국제기구와 조약

079 UN United Nations, 국제연합

제2차 세계 대전 이후 전쟁 방지와 평화유지를 위해 설립된 국제기구

국제연맹의 정신을 이어 평화를 유지하고 전쟁을 방지함과 동시에 인류복지의 향상을 목적으로 1945년 국제연합헌장에 의해서 설립되었다. 총회·안전보장이사회·경제사회이사회·신탁통치이사회·국제사법재판소·사무국의 6개 주요 기관과 17개의 전문 기구가 있으며, 본부는 미국 뉴욕에 있다. 1991년 9월 남·북한이 UN에 동시에 가입하였다. 현재 제9대 UN 사무총장은 포르투갈 외교관 출신인 안토니오 구테헤스(Antonio Guterres, 1949~)다.

더 알고가기

유엔 사무총장의 지위와 역할
- 유엔의 수석 행정관이며, 어떤 국가나 기구의 지시나 영향을 받지 않는 국제공무원이다.
- 임기는 5년이며 연임이 가능하다.
- 사무국을 포함하여 산하 기구 직원의 *인사권과 유엔 예산을 집행하는 권한을 가진다.
- 외국 방문 시 국가원수에 해당하는 예우를 받는다.
- 국제 분쟁 예방을 위한 조정과 중재의 권한을 가진다.

인사권(人事權) 인사 문제를 다룰 수 있는 권한

유엔안보리 비상임이사국
임기 시한이 2019~2020년인 유엔안전보장이사회(안보리) 비상임이사국은 남아프리카공화국, 인도네시아, 벨기에, 독일, 도미니카공화국이며 임기 시한이 2020~2021년인 비상임이사국은 니제르, 튀니지, 베트남, 에스토니아, 세인트빈센트 그레나딘이다. 임기는 2년이며 매년 유엔 총회에서 5개국씩 선출되는데 각 지역 그룹별로 의석이 할당되어 있다. 투표에 참가한 유엔 회원국 3분의 2 이상의 지지를 얻어야 선출되며 연임은 불가능하다.

유엔인권고등판무관사무소(OHCHR)
유엔인권고등판무관사무소(OHCHR, Office of the United Nations High Commissioner for Human Rights)는 세계 각국의 인권 보호와 계몽을 목적으로 활동하는 유엔 산하 기구다. 스위스 제네바에 본부를 두고 500여 명의 직원들이 일하고 있다. 국제 인권 전문 기구 설치를 요구하는 미국 등의 제안에 따라 1993년 유엔 총회에서 결의를 통해 설립이 결정되었다. 조직의 지도자인 고등판무관은 유엔 사무차장급으로, 유엔인권이사회와 협력하여 유엔의 인권 문제에 대한 활동을 지원한다.

유엔난민기구(UNHCR)
유엔난민기구(UNHCR, United Nations High Commissioner for Refugees)는 세계 난민 문제의 항구적인 해결을 목적으로 설립된 유엔 산하기관이다. 난민에 대해 인도적·사회적 입장에서 국제적 보호를 요청하며 인도주의에 입각해 난민의 국제적 보호와 귀환, 재정착 등을 지원한다. 난민 구제를 위한 자금조달, 난민캠프 설치, 운영, 관리도 맡고 있다. 유엔난민고등판무관사무소, 유엔난민최고대표사무소라고도 한다.

080 EU European Union, 유럽연합
유럽공동체가 1993년 11월 1일 발효된 유럽통합조약에 따라 재탄생한 연합기구

EC(유럽공동체)의 새로운 명칭으로, 마스트리히트 조약(1992.2.7. 체결, 1993.11.1. 발효)에 따라 창설되었다. 본부는 벨기에 브뤼셀에 있고, 정상회의는 연 2회 개최된다. 그리스·네덜란드·덴마크·독일·룩셈부르크·벨기에·스웨덴·스페인·아일랜드 등 총 27개(영국 탈퇴)의 회원국으로 구성되어 있다.

081 G5·G6·G7·G8·G14·G20
세계 주요 국가가 모여 국제 금융이나 경제 위기 대책 등 세계 경제 문제에 대해 논의하는 국제기구

Group of 7 (G7)

- G5 : 미국, 프랑스, 영국, 독일, 일본
  - 1974년 석유 파동을 계기로 선진국들이 대책을 논의하고자 구성(1975년)하였다.
- G6 : G5(미국, 프랑스, 영국, 독일, 일본)+이탈리아
- G7 : G6(미국, 프랑스, 영국, 독일, 일본, 이탈리아)+캐나다
  - 1976년 7개국으로 확대되었으며, 매년 정상회의와 재무장관회의가 개최된다.
  - 경제 문제, 소련의 아프가니스탄 침공, 항공기 납치 문제, 인질 문제, 난민 문제 등 정치·외교 문제의 논의가 다루어졌다.
- G8 : G7(미국, 프랑스, 영국, 독일, 일본, 이탈리아, 캐나다)+러시아
  - 1997년 경제 분야는 G7 체제가 유지된 채로, 정치 분야에서 러시아가 참여하는 G8이 설립되었다.
- G14 : 미국, 프랑스, 영국, 독일, 일본, 이탈리아, 캐나다, 러시아, 브라질, 인도, 중국, 남아프리카공화국, 멕시코, 사우디아라비아
- G20 : 미국, 프랑스, 영국, 독일, 일본, 이탈리아, 캐나다, 유럽연합(EU) 의장국, 러시아, 브라질, 인도, 중국, 남아프리카공화국, 멕시코, 사우디아라비아, 대한민국, 호주, 터키, 아르헨티나, 인도네시아
  - 1999년 금융위기의 해결책, 세계화와 고령화 등 경제 문제를 협의하였다.
  - 2008년 국제적 경제 위기를 극복하기 위하여 기존 G20의 활용이 효과적이라는 판단에 따라, 재무장관과 중앙은행 총재 모임에서 정상회의로 격상되었다.

함께 나오는 용어

G2(Group of 2)
미국과 중국, 양대 강국을 가리킨다. 미국이 국제정치 무대에서 유일한 초강대국이었던 1990년대를 지나 2000년대 중반에 들어 중국이 신흥강국으로 부상하면서 등장한 용어다.

082 UNICEF United Nations International Children's Emergency Fund, 국제연합국제아동구호기금
아동의 보건·영양·교육에 대한 각국의 노력을 지원할 목적으로 창설된 국제 기금

UNICEF(유니세프)는 1946년에 창설되었고 미국 뉴욕에 본부가 있다. 제2차 세계 대전 이후 전쟁피해국 아동들을 구제하기 위하여 설립된 '국제연합 제아동비상기금'으로부터 UNICEF라는 명칭이 유래했다. 위급사태에 처해 있는 아동들, 특히 개발 도상국 아동들의 복지계획에 대하여 관심을 가져왔 으며, 의료사업개발과 의료진의 훈련, 교육기관 신설과 교사훈련 등 여러 복지사업들을 추진한다. 활동경비는 개인과 각국 정부의 자발적인 기부에 의하여 충당된다.

083 IDU International Democratic Union, 국제민주연합
자유주의적 이념과 민주주의적 사회의 실현을 목표로 하는 세계 정당 단체

1983년 좌익계 정당기구인 *SI에 대항하기 위하여 설립된 세계 정당 단체 다. 전체주의를 배격하고 자유주의적 이념과 민주주의적 사회의 실현을 목 표로 한다. 2년마다 당수회의가 열리며, 본부는 노르웨이 오슬로에 있다.

> **SI** Socialist International(사 회주의 인터내셔널)의 약자로 국제적 공산주의운동에 대항 하고 사회 민주주의를 옹호하 는 각국의 정당 단체

084 IPU Inter-Parliamentary Union, 국제 의원 연맹
의회제도의 확고한 정착을 위해 각국 의회 및 의원들 간의 대화와 공동 노력을 추구하는 국제의회기구

1889년 파리에서 국제 평화 및 협력의 촉진, 의회 제도 정착, 민주 제도의 확립 등을 목적으로 하여 설립되었다. 본부는 스위스 제네바에 있고, 2020 년 기준 179개의 회원국이 있으며, 우리나라도 1964년에 *가맹하였다.

> **가맹(加盟)** 동맹 또는 연맹 등 에 가입하는 일

085 난민 조약 難民條約
난민의 인권을 보호하기 위하여 제반사항을 규정한 조약

본국으로부터 보호받지 못하는 *난민의 권리를 인도주의적 차원에서 보장 해 주기 위해, 1951년 7월 제네바에서 26개국이 이 조약을 체결하였고 1954년 4월 발효되었다. 이 조약에서 말하고 있는 난민의 지위를 인정받기 위해서는 인종·종교·국적·특정 사회 집단의 구성원 신분 또는 정치적 의 견을 이유로 받은 박해의 공포를 증명해야 하며, 국적국 밖에 있어야 하고, 박해의 공포 때문에 본국으로 돌아갈 수 없다는 조건을 충족시켜야 한다.

> **난민(難民)** 인종, 종교, 정치, 사상 등의 차이로 본국의 박 해를 피해 다른 지역이나 국 외로 도주하는 사람들

086 국제 사면 위원회 AI, Amnesty International
국가 권력에 의해 처벌당하고 핍박받는 각국 정치범들을 구제하기 위하여 설치된 국제 기구

중대한 인권 학대를 종식하고 예방하며 권리를 침해받는 이들을 위하여 정의를 요구하고자 행동하고 연구를 수행하는 것을 목적으로 설립된 국제 기구로, 흔히 국제엠네스티로 불린다. 국제 인권 기구 분야에서 가장 오랜 역사를 지니고 있고 인지도도 높다.

087 외교관계에 관한 빈협약
외교사절의 직무, 특권, 면제에 관한 국제 협약

1961년 4월 18일 빈에서 채택되었고, 1964년 4월 24일 효력이 발생하였으며, 1971년 1월 27일 우리나라에 대해서도 효력이 발생하였다. 전문과 53조로 이루어져 있으며 영어, 러시아어, 프랑스어, 중국어, 스페인어로 작성되어져 있다.

[외교사절의 주요 직무]
- 접수국에서 '파견국을 대표한다.
- 접수국에서 파견국 및 그 국민의 이익을 국제법상 인정되는 범위 내에서 보호한다.
- 접수국의 정부와 외교 교섭을 행한다.
- 적법한 수단에 의하여 접수국 내의 정세와 동향을 조사·확인하고, 이를 파견국 정부에 보고한다.
- 파견국과 접수국 간의 우호관계를 촉진하고, 양국의 경제·문화·과학적 교류를 발전시킨다.

[외교사절 등의 불가침권]
- 외교사절단의 공관은 불가침이며, 공관장의 '관저도 불가침 보호를 받는다.
- 외교사절단의 공문서는 불가침이다.
- 외교사절 및 외교직원의 개인적 서류와 서신문도 불가침이다.
- 외교사절은 접수국의 형사재판권·민사재판권·행정재판권 및 증언으로부터 원칙적으로 면제되며, 과세권으로부터도 원칙적으로 면제된다.

> **접수국** 외교사절을 받아들이는 국가
>
> **파견국** 외교사절을 파견하는 국가
>
> **관저** 정부에서 장관급 이상의 고위관리직들에게 준 집

088 범죄인 인도 犯罪人引渡
어떤 국가에서 범죄를 저지르고 다른 국가로 도망하였을 때, 그 범죄인을 인도하여 주기로 규정한 조약

어떤 국가에서 살인, 방조, 통화 위조 등의 중대한 범죄를 저지르고 다른 국가로 도망하였을 때, 다른 국가에까지 재판권이 미치지 못하기 때문에 사전에 양국 간의 범죄인을 인도하도록 하는 조약을 체결한다. *정치범인 경우에는 조약이 있더라도 인도하지 않는 국가가 대부분이다.

정치범 법에 위반되는 목적 또는 수단에 의한 정치행위를 한 자 또는 그 범죄이며 확신범임. 공산주의자, 사회주의자는 사상범이라 하고, 단순히 현 체제에 불응하는 경우에는 단순 정치범이라 함

089 브릭스 BRICS
급성장하는 브라질, 러시아, 인도, 중국, 남아프리카공화국 등을 하나의 경제권으로 묶은 개념

브릭스(BRICS)는 브라질(Brazil), 러시아(Russia), 인도(India), 중국(China), 남아프리카공화국(Republic of South Africa)의 합성어다. 전문가들은 2030년 즈음에는 브릭스가 세계 최대의 경제 국가로 성장할 것으로 전망한다. 이들 국가는 거대한 영토와 많은 인구, 풍부한 지하자원 등을 가지고 있으며, 수요와 *구매력이 급속도로 증가하고, 외국인 투자가 활발히 이루어지고 있다. 2011년 2월 남아프리카공화국(Republic of South Africa)이 제5의 회원국으로 가입하면서 기존 BRICs에서 BRICS로 의미가 확장되었다.

구매력 어떤 국가나 단체 또는 개인이 재화나 용역을 살 수 있는 재력

090 발트 3국 Baltic states
발트 해 남동 해안에 위치한 에스토니아, 라트비아, 리투아니아 간의 연합

18C에 러시아의 영토가 되었다가 1918년에 독립하여 세 공화국이 되었으며, 1934년에는 발트 3국 동맹을 체결하였다. 그러나 1940년에 소련에 합병되었고, 1991년 9월 4일 러시아연방 최고회의에서 승인됨으로 인하여 독립하였다.

091 베세토 벨트 BESETO belt
한국, 중국, 일본의 수도를 하나의 경제 단위로 묶는 3국의 경제권역

베세토는 중국, 한국, 일본의 수도인 베이징(Beijing), 서울(Seoul), 도쿄(Tokyo)의 앞음절의 합성어이다. 1993년 10월 도쿄에서 열린 세계수도시장회의에서 당시 이원종 서울시장이 제기하였으며, 세계 경제 중심이 동북아시아 3국을 중심으로 이루어질 것이니 이에 대비하자는 주장이었다.

092 친디아 Chindia
급성장하는 중국(China)과 인도(India)를 하나의 경제권으로 묶은 개념

친디아는 중국(China)과 인도(India)의 합성어다. 경제학자들은 중국이 빠른 경제 성장을 통해 경제 규모가 2030년쯤에는 미국과 유럽 전체의 경제를 합한 수준이 될 것이라고 예상하며, 인도 또한 2020년 즈음에는 세계 5위 안에 들 것이라고 전망한다.

093 MOA Memorandum Of Agreement, 합의각서
조약에 관한 국제 협약에 의한 국가 간의 합의

양해각서(MOU) 체결 후 이에 대한 사항을 구체적으로 명시화하여 계약한 것으로 볼 수 있다. 의미상으로 양해각서와 크게 다르지 않으나, 당사국 간에 합의 사항을 문서화하여 양해각서를 체결한 후, 이에 대한 세부 조항이나 구체적인 이행 사항 등을 구체화시켜 계약을 맺음으로써 법적 구속력을 가진다. 최근에는 양해각서의 내용 그대로를 합의각서로 체결하는 경우가 종종 있어, 양해각서와 합의각서를 같은 의미로 사용하기도 한다.

094 MOU Memorandum Of Understanding, 양해각서
당사국 간의 외교 교섭으로 합의된 내용을 확인하고 기록하기 위해 정식 계약 체결 이전에 문서화한 것

본 조약의 후속 조치를 목적으로 작성하거나 국가 간의 외교 교섭 결과에 따라 서로 양해된 사항을 확인하고 기록하기 위해서 작성한다. 공식적으로는 법률적 구속력을 갖지 않지만, 국가 간에 체결하는 양해각서의 경우는 법 조약과 동일한 효력을 갖기도 한다.
양해각서가 일반기관이나 사기업 간 다양한 문서의 형태로 이루어질 수 있는데, 이를 포괄적 의미의 양해각서라고 한다. 이 또한 법적 구속력을 갖지 않고, 효력은 전자의 양해각서와 유사하다.

095 아그레망 agrément
외교사절을 파견할 때 주재국의 사전 동의 내지 승인을 가리키는 외교 용어

아그레망을 받은 사람은 페르소나 그라타(persona grata)라고 한다. 반면 주재국은 이유에 따라 파견국의 외교사절을 거부할 수도 있는데, 이처럼 아그레망을 받지 못한 사람은 페르소나 논 그라타(persona non grata)라고 한다. 주

재국이 페르소나 논 그라타를 통고하면 파견국은 해당 관계자를 소환하거
나 공관 직무를 종료시켜야 한다.

096 아타셰 attaché

외국에 대한 정보수집 혹은 외국공관장의 업무를 보조하기 위하여 각 부처에서 공사관으
로 파견되는 전문직원

외국공관장의 업무를 보조하거나 외국에 대한 정보수집을 위해 대사관이나
공사관으로 파견되는 전문직원을 말하며, 올림픽 경기 대회에서는 수행원
이라는 뜻으로 사용된다. 수행 업무에 따라 특별한 권한과 의무를 지니며,
대사관 주재 과학아타셰라 하면 대사관원으로 근무하는 과학정보담당관을
뜻하고, 커머셜아타셰(commercial attaché)는 상무관, 밀리터리아타셰(military
attaché)는 육군무관, 네이벌아타셰(naval attaché)는 해군무관을 말한다.

더 알고가기

스포츠 분야에서의 아타셰(올림픽 경기 대회의 수행원)
스포츠 분야에서는 IOC(International Olympic Committee, 국제올림픽위원회)가 대회를 개최할
때 각국 대표자의 준비를 손쉽게 하기 위하여 각국 조직위원회의 이름으로 임명하는 수행원
을 말한다. 이들은 참가한 팀이 여행을 계획할 때 조언을 해주고 여행 준비를 지원하는 임무
를 하며, 이외에도 이의신청이나 입장권·초대권을 분배하는 일을 한다.

097 하이폴리틱스 high politics

정치·군사안보 중심의 외교

로우폴리틱스(low politics)에 대응하는 용어로, 하이폴리틱스는 국가의 주권
과 생존에 직결된 국방과 안보 중심의 외교 정책이다. 제2차 세계 대전 이
후 20여 년간의 국제정치는 하이폴리틱스 위주였으나, 1970년대부터 로우
폴리틱스가 국제관계에 영향을 미치는 주요 요인이 되고 있다.

로우폴리틱스(low politics) 경
제 문제 중심의 외교

098 집단적 자위권 集團的自衛權

밀접한 우호관계를 가진 국가들 사이에 어떤 한 국가가 제3국으로부터 무력 공격을 받으면
다른 국가가 이를 자국에 대한 무력 공격과 동일한 것으로 간주하여 제3국에 반격할 수 있
는 권리

한·미 상호 방위 조약은 전형적인 집단적 자위권을 보장하는 안전 보장 조
약이다. 일본은 그동안 평화헌법에 따라 이 권리를 행사할 수 없다는 헌법
해석을 유지해왔으나 평화헌법 해석을 바꿔 집단적 자위권 행사를 기도하
고 있다.

99 전방위 외교 全方位外交
이념에 관계없이 모든 나라와 외교 관계를 수립하려는 외교 정책

정치와 경제의 분리원칙을 내세운 일본이 이념과 상관없이 중국·소련 등 사회주의 국가와 통상관계를 수립하였던 것이 전방위 외교의 대표적인 사례다. 한국의 경우 제6공화국부터 미국·일본 등 서방국가 중심의 외교에서 탈피하고 사회주의 국가에 대한 외교(북방외교)를 강화하기 시작하였다. 이 정책은 북방대륙과 연결되어 있는 한국의 지정학적 상황을 고려할 때, 북방 국가와 관계를 개선하는 것이 이익이라는 판단에 기초하였다. 그 결과 1989년 헝가리·폴란드와 수교하였고, 1990년에는 구소련, 1992년 중국·베트남과 대사급 외교 관계를 맺었다.

100 공적개발원조 ODA, Official Development Assistance
선진국의 정부나 공공기관이 개발 도상국의 경제 발전과 복지 증진을 돕기 위한 목적으로 공여하는 증여나 차관으로, 정부 개발 원조라고도 불림

ODA를 실시할 때는 유엔 헌장의 원칙(주권, 평등, 내정불간섭 등)과 양국 관계, 상대국의 요청 등을 모두 고려한다. 유엔의 ODA 권고 목표치는 실질 국민총소득(GNI) 대비 0.7%인데 비해 한국 정부의 2018년 기준 ODA 규모는 0.14%로 크게 미치지 못한다. 이 때문에 세계 경제에서 한국이 차지하는 위상에 비해 도의적인 책무를 등한시하고 있다는 비판이 제기된다.

#국제 정치

101 패권주의 霸權主義
강력한 군사력으로 세계를 지배하려는 강대국의 *제국주의적 대외 정책을 중국이 비난하면서 출현한 용어

패권이란 '무력으로 천하를 다스리는 자의 권력'이라는 의미로, 이 용어는 소련의 체코슬로바키아 침공을 중국이 비난한 것을 1968년 *신화사에서 보도하면서 쓰이기 시작하였다. 중국이 말하는 패권주의의 예는 미국의 한국에 대한 영향력 강화, 일본에서의 군사기지 강화, 구소련의 월남전 이후 아시아에서 집단 안전 보장을 실현시키려고 하는 움직임 등을 들 수 있다.

제국주의(帝國主義) 다른 민족·국가의 영토에 자국의 정치적·경제적 지배권을 넓히려는 국가의 충동이나 정책

신화사(新華社) 중화인민공화국 국무원에 속해있는 통신사

102 워터게이트 사건 Watergate affair

닉슨 대통령의 공화당 행정부가 민주당 전국위원회 본부에 도청을 하려다 발각된 미국의 정치 스캔들

닉슨 대통령의 공화당 행정부가 재집권을 위하여 민주당 전국위원회 본부가 있던 워터게이트 빌딩에 침입하여 도청 장치를 설치하려다가 발각된 사건이다. 이 사건 초기에 닉슨 대통령은 도청 장치 설치 사건과 백악관과는 관계가 없다는 주장을 펼쳤지만 사건의 진상이 규명됨에 따라 대통령보좌관 등이 관계하고 있었음이 드러나고 닉슨 대통령 또한 무마공작에 나섰던 사실이 밝혀졌다. 결국은 1974년 대통령 *탄핵 결의가 가결되고 임기 도중 최초의 미국 대통령 사임으로 이어진 희대의 정치 스캔들이다.

탄핵 대통령, 국무총리, 행정부 고급공무원, 법관 등과 같은 신분이 보장되어 있는 공무원이 위법행위를 하였을 경우에 국회의 소추에 의하여 이를 처벌하거나 파면하는 준사법적 절차

103 코커스 caucus

미국의 특수한 형태의 정당 집회

코커스란 제한된 숫자의 정당 간부나 선거인단이 모여 공직선거에 출마할 후보자를 선출하거나 지명대회에 참석할 대의원을 선출하는 모임을 말한다. 미국의 23개 주에서 시행되고 있으며, 지역 선거구에 있는 학교나 교회, 공공 도서관 등에서 열린다.

민주당과 공화당 각각 다른 방식으로 진행되는데, 민주당의 경우에는 토론을 먼저 진행하고, 후에 후보의 팻말 아래 집결하고 지지율 15%가 되지 않는 후보를 지원한 당원은 후보 재선택을 할 수 있다. 15% 이상의 지지율을 얻은 후보를 지지한 당원 역시 후보 재선택을 할 수 있다. 최종 지지율이 15% 미만인 후보는 대의원을 획득하지 못한다.

공화당은 당원들이 모여 후보 캠프별로 연설을 들은 다음, 거수 혹은 지지하는 후보를 적는 방식으로 진행된다. 집결한 후 결과를 통해 전체 코커스의 1위 후보에게 카운티 선거에 참가할 대의원을 몰아주는 승자독식 방식이다.

함께 나오는 용어

승자독식제(勝者獨食制)
주(州)별로 직접 투표를 통해 다수의 표를 얻은 후보가 해당 주에 할당된 선거인단을 전부 차지하는 미국만의 특이한 선거 제도이다. 미국 독립 당시 각 주가 연방정부에 대해 독자적인 주권과 위상을 갖게 하자는 취지에서 도입된 이후 현재까지 유지되고 있다. 직접투표 비율에 따라 후보별(정당별) *선거인단 수가 정해지는 것이 아니라, 다수의 표를 얻은 후보가 선거인단 전부를 차지하는 선거 제도이다. 이는 선거인단 선거에서 이긴 후보가 해당 주의 선거인단 수만큼 대선표를 얻게 된다. 그러나 이 경우 지지율이 높은 유권자가 선거인단 수에서 모자라 선거에서 지는 경우가 발생할 수 있다. 실제로 2000년 대통령 선거 때 공화당의 부시(George Walker Bush) 후보보다 민주당 후보가 전체 유권자 투표에서는 50만 표나 앞섰지만, 선거인단 투표에서 267 대 271표로 뒤져 패배한 적이 있다.

선거인단(選擧人團) 국가 수반이나 정부 수반을 간접선거의 방식으로 선거할 때, 그 선거권을 소유한 선거인들로 이루어진 단체

104 네오뎀 neodems
미국의 선거에서 민주당에 영입된 공화당 성향의 인물

2006년 미국 정계에서 딕 체니 당시 부통령 등 강경파를 중심으로 하는 네오콘이 패배를 하고, 미국 정치에서 새로운 중심으로 떠올랐던 세력이다. '네오뎀'은 '새로운'이라는 뜻의 '네오'와 '민주당원'이라는 뜻의 '데모크라트'의 합성어이며, 2006년 11월 7일 시행된 중간 선거에서 민주당에 대거 영입된 공화당 성향의 인물을 가리킨다.

105 네오콘 neocons
공화당을 중심으로 한 미국의 신보수주의자들

네오 콘서버티브(neo-conservatives)를 줄여쓴 것으로 공화당을 중심으로 한 미국의 신보수주의자들을 일컫는 용어이다. 힘이 곧 정의라는 믿음으로, 군사력을 기초로 미국이 세계의 패권국으로 떠오르는 것을 목적으로 했다. 부시 정권의 당시 핵심 인물인 체니 부통령, 울포위츠 국방부 부장관, 럼스펠드 국방부장관, 리비 부통령 비서실장 등이 대표적인 인물이다. 현재도 미국의 정계·언론계와 각종 *싱크탱크 등에서 영향력을 크게 행사하고 있다. 이들 중에는 유대인이 많은 것이 특징이다.

싱크탱크(think tank) 두뇌를 자본으로 하는 지식집단. 두뇌를 조직적으로 활용하여 다양한 분야에서 지식을 얻어내며, 각종 연구 및 개발을 함

106 데탕트 détente
미국과 구소련을 중심으로 한 동·서 진영 간 긴장 완화

데탕트는 완화·휴식을 의미하는 프랑스어이다. 제2차 세계 대전 이후 미국을 주축으로 한 자본주의 진영과 소련 중심의 사회주의 진영을 양극으로 하는 냉전 체제가 수립되었다가 1960년대 말을 기점으로 바뀌기 시작하였다. 일본과 서독이 급속도로 성장하였고, 제3세계가 대두하였으며, 중국, 영국, 프랑스 등의 국가에서 핵무기를 보유하면서 국제 질서가 양극 체제에서 다극 체제로 변모하였다. 1969년 미국의 "닉슨 독트린'의 발표 및 1970년 전략 무기 제한 협정(SALT) 교섭 등으로 국제관계의 긴장이 완화되는 분위기가 조성되었다. 동서 간의 데탕트가 절정에 이른 것은 1975년 7월 헬싱키에서 '유럽안보협력회의 35개국 정상회담'이 개최된 때이다.

닉슨 독트린 1970년 미국의 대통령 닉슨이 내세운 외교전략으로, 평화를 위한 교섭의무, 우호국과의 협력 등을 원칙으로 함

107 제4세계 第四世界
비자원 개발 도상국

제4세계란 개발 도상국 중에서도 석유와 같은 유력한 자원을 가지지 못한 그룹에 속한 국가를 일컫는 말이다. 미국 · 러시아(구소련)의 초강대국을 제1세계, 일본과 유럽을 제2세계, 중국을 포함한 개발 도상국을 제3세계라 한다. 1973년 *석유 파동으로 석유자원을 갖지 못한 개발 도상국이 심각한 타격을 받게 되자, 이들 국가들을 제3세계로 파악하는 것이 어렵다고 봄으로써 1974년 4월 국제연합 자원특별총회에서 이 용어를 사용하기 시작하였다. 즉, 개발 도상국 중에서 석유와 같은 유력한 자원은 없으나 사회 개발이 어느 정도 진척된 나라들을 제4세계라고 하고, 그보다도 더 빈곤한 국가들을 제5세계 또는 최빈국이라 한다.

석유 파동(oil shock) 1973년부터 1974년까지 1차로 국제석유가격이 오르고, 이후 1978년부터 1980년에 2차로 국제석유가격이 인상되고, 원유 생산이 제한됨으로 인하여 세계 각국에 경제적 혼란이 일어난 사건

108 무슬림 형제단 muslim brothers

1928년 '진정한 이슬람 가치의 구현과 확산'을 목표로 이집트 수에즈 이스마일리야에서 설립된 세계 최대 규모의 이슬람 근본주의 단체

전 세계에서 가장 오래되고 약 1000만 명에 이르는 회원 수를 지닌 이슬람 운동 조직으로 알려져 있다. 이슬람교 경전인 코란에 충실하며, 궁극적으로는 이슬람 율법인 샤리아를 국법으로 제정하는 것을 목표로 삼고 있다.

109 남순강화 南巡講話

덩샤오핑(鄧小平)이 1992년 우한, 선전, 주하이, 상하이에 이르는 중국 남부 지역을 시찰한 뒤 발표한 담화에서 사회주의식 시장 경제를 통한 개혁 · 개방을 주창한 것

덩샤오핑은 "자본주의에도 계획이 있고 사회주의에도 시장이 있다"며 이념 논쟁을 일축하고 경제 개방 정책을 추진하였다. "흰 고양이든 검은 고양이든 쥐만 잘 잡으면 된다"는 덩샤오핑의 '흑묘백묘론(黑猫白猫論)'이 남순강화에서 등장하였다. 이는 사회주의적 방식, 자본주의적 방식 가릴 것 없이 경제적 성장만 이루어지면 된다는 이론이다.

110 무라야마 담화 村山談話

일본의 전후 50주년을 기념하는 1995년 종전 기념일에서 당시 총리였던 무라야마 도미이치(村山富市)가 발표한 담화

강제동원 피해자에 대한 보상 문제와 군 위안부에 대한 문제는 언급하지 않았지만 외교적으로는 일본 식민 지배에 대한 가장 적극적인 사죄로 알려져 있다. 이후 일본의 모든 정권들이 무라야마 담화를 계승한다는 입장을 밝혔지만, 1990년대 경제 불황 이후 일본 사회의 전반적인 보수화로 인하여 사실상 계승되지는 않았다.

111 <u>코소보 사태</u> Kosovo conflict

세르비아 정부군과 신유고연방으로부터 분리·독립을 요구하는 알바니아계 코소보 주민 사이에서 벌어진 유혈 충돌 사태

코소보는 유고연방과는 별개의 자치주였으나, 신유고연방을 결성하는 과정에서 세르비아가 코소보를 강제로 합류하려 하자 코소보 자치주는 강력하게 반발하였다. 코소보는 전 인구의 80%가 알바니아계 주민이며, 1998년 3월 코소보의 알바니아 분리주의 반군들이 세르비아 경찰을 공격하면서 사태는 시작되었다. 이

에 대한 보복으로 세르비아 정부는 알바니아계 주민들을 대상으로 이른바 '인종청소'라는 무자비한 작전을 감행하였다. 미국과 유럽연합(EU) 회원국들은 나토(NATO) 병력으로 세르비아를 공습해 슬로보단 밀로셰비치 대통령의 항복을 받아내었으며 밀로셰비치를 유엔 전범재판소로 보냈다. 2008년 2월 코소보 의회는 일방적으로 독립을 선언하였으나 세르비아는 이를 인정하지 않고 *국제 사법 재판소에 이의를 제기하였다. 그러나 국제 사법 재판소는 '코소보의 독립 선언이 국제법을 비롯한 유엔안보리 결의안 및 다른 어느 법률에도 위반하지 않는다'고 하여 코소보의 손을 들어 주었다. 미국을 비롯한 대다수의 유럽 국가들이 코소보 독립을 지지하는 가운데, 러시아는 반대, 그리스나 루마니아 등은 우려를 표명하고 있어 코소보는 현재까지도 미승인국가에 속한다.

국제 사법 재판소(ICJ, International Court of Justice)
- 국가 간의 법률적 분쟁을 재판을 통해 해결하기 위해 설립된 국제사법기관으로, 국제연합의 주요 상설기관 중 하나
- 재판소는 유엔의 주된 6개 기구 중 유일하게 미국 뉴욕이 아닌 네덜란드 헤이그에 위치
- 재판소는 15명의 판사로 구성되며 임기는 9년이고 유엔총회와 안전보장이사회에 의해 선출
- 공식 언어는 영어와 불어

112 댜오위다오 釣魚島

대만에서 약 200km, 일본 오키나와에서 약 300km 정도 떨어져 있는 섬

일본에서는 센카쿠(尖閣) 열도라고 한다. 주변 해역에 천연가스와 석유가 풍부하게 매장되어 있으며, 중국과 일본이 서로 영유권을 주장하며 분쟁을 일으키고 있다.

113 배타적 경제 수역(EEZ) 排他的經濟水域, Exclusive Economic Zone

자국 연안으로부터 200해리까지의 모든 자원에 대해 독점적 권리를 행사할 수 있는 국제 해양법상의 바다 면적

배타적 경제 수역(EEZ)은 유엔 해양법협약에 의해 1994년 12월에 발효되어 1995년 12월 정기국회에서 비준하였다. EEZ 내에서는 수면으로부터 해저 하토층(대륙붕 포함)에 이르기까지 생물 및 무생물 자원의 개발과 이용, 해수와 해풍을 이용한 에너지 생산, 인공 섬

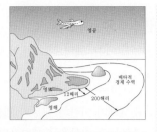

과 구조물 설치, 해양조사 및 해양환경보호 등에 관한 *연안국의 관할권이 인정된다. 타국 어선이 주권국의 허가 없이 EEZ를 통행하는 것은 가능하나, EEZ 내에서 조업하기 위해서는 주권국의 허가를 받아야 한다. EEZ는 통상 인접국의 EEZ와 겹치는 경우가 빈번하여 *경계획정 분쟁이 발생하기 때문에, 어떤 나라가 일방적으로 선포한다고 해서 즉각 EEZ 권리가 인정되는 것은 아니다. 일본이 독도에 대한 *영유권을 주장하는 것도 독도를 포함하여 자신들의 EEZ를 넓히기 위해서이다.

연안(沿岸) 바다·호수·하천 등과 접해 있는 육지 부분

경계획정(境界劃定) 경계 따위를 명확히 구별하여 정함

영유권(領有權) 일정한 영토에 대한 해당 국가의 관할권

함께 나오는 용어

- **영해기선(領海基線)**
  영토의 관할권을 확정할 때 기본이 되는 기선으로서, 통상기선과 직선기선으로 구분된다. 통상기선(normal baseline)이란 썰물 때의 저조선을 말한다. 직선기선(straight baseline)이란 우리나라 남해안이나 서해안과 같이 해안선의 굴곡이 심하고 육지 부근에 많은 섬이 산재해 있을 때, 육지의 돌출부 또는 가장 바깥쪽의 섬들을 직선으로 연결한 것이다. 우리나라의 경우 동해안은 통상기선을, 서·남해안은 직선기선이 영해법에 의해 채택되고 있다.
- **영해(領海)**
  영토에 인접한 수역으로 연안국의 통치권이 미치는 바다의 범위이다. 연안해, 내해(內海), 만(灣), 해협 등으로 구성되며, 해수면이 가장 낮은 썰물 때의 해안선을 기준으로 폭 3해리까지가 보통이지만 국가에 따라 6해리, 12해리를 주장하기도 한다. 1978년 4월부터 우리나라는 영해를 12해리로 선포하였다. 영해에서는 자국의 국적을 가진 선박만이 조업이 가능하고, 주권국의 허가가 있어야 타국적 선박의 통행이 가능하다.

114 캠프 데이비드 협정 Camp David Accords
이집트와 이스라엘이 체결한 평화 조약

1978년 9월 5일에서 17일, 카터 미국 대통령이 이집트와 이스라엘의 평화 교섭을 위하여, 미국 메릴랜드주 캠프 데이비드의 대통령 산장으로 사다트 이집트 대통령과 베긴 이스라엘 수상을 초청하고, 회담을 하였다. 그리하여 1979년 3월 말 이집트와 이스라엘의 평화 조약이 체결되었다. 이후에는 팔레스타인 자치권 교섭이 다시 이루어졌으나 이스라엘의 팔레스타인 탄압이 이어지며 교섭은 진전을 보지 못하였다.

115 호르무즈 해협 Hormuz 海峽
페르시아만과 오만만을 잇는 해협으로 전 세계 원유 생산 및 교역량의 20%가 통과하는 요충지

2012년 미국을 비롯한 서구 세계가 이란의 핵무기 개발을 경고하며 경제제재 조치를 가하자 이란은 호르무즈 해협을 봉쇄하겠다고 맞서 분쟁지로 떠올랐다. 너비는 약 50km, 최대수심은 190m이며 해협 북구에 호르무즈, 라라크 등의 섬이 위치하고 있다.

05 안보

핵심Tag #군사 용어 #국제 안보 #핵무기 용어 #북한과 통일

#군사 용어

116 사드 THAAD, Termianl High Altitude Area Defense
적의 중장거리 미사일을 격추하기 위한 목적으로 미국이 제작한 공중방어 시스템

고고도미사일방어체계의 줄임말이며 사드라고 읽는다. 기존 패트리어트 방어체계가 저고도에서 탄도 미사일을 요격한다면 THAAD는 대기권 밖의 고(高)고도에 있는 탄도 미사일을 격추한다. 1991년 걸프전 당시 이라크의 스커드미사일 공격에 대한 방어망체제의 구축 요청에 따라 개발됐다. 요격 고도는 40~150km, 최대 사거리는 200km다. 2017년 경북 성주에 4기가 실전 배치됐으며 중국의 반발로 경제 보복이 가해졌다.

117 SOFA Status Of Forces Agreement, 한미 행정 협정
1966년 7월 체결된 미군에 관한 우리나라와 미국 간의 협정

정식 명칭은 '대한민국과 아메리카 합중국 간의 상호 방위 조약 제4조에 의한 시설과 구역 및 대한민국에서의 '합중국 군대의 지위에 관한 협정'이다. 1953년 7월 휴전이 성립된 후 한미 상호 방위 조약 제4조에 따라 미국 군대가 계속 주둔하였고, 이러한 미국 군대의 법적 지위에 관한 한미 양국 간의 합의가 필요하게 되어 SOFA가 체결되었다.

합중국(合衆國) 연합 국가를 말하는 것으로, 첫 번째 의미는 미국을 뜻하고 두 번째 의미로는 유럽합중국을 가리킴

118 광개토대왕함 廣開土大王艦
KDX-1 계획으로 건조된 우리나라 최초의 한국형 구축함

1986년에 시작된 *KDX-1 계획에 의한 것으로, 1996년 10월 28일 대우중공업 옥포조선소에서 *진수되었고 1998년 7월 31일 한국해군에 인도되었다. 총 톤수 3900t급, 순항 속력 18kn, 최대 속력 30kn, 승선 인원은 286명이다.

KDX-1 계획 미국산 구축함 대신 국내에서 설계·건조된 한국산 구축함을 확보하기 위한 사업

진수(進水) 조선소에서 만들어진 선박을 바다에 띄워 안전한 운항을 기원하기 위해 진행하는 의식

119 전시작전통제권(WOC) Wartime Operational Control
전쟁 발발 시 군대의 작전을 지휘·통제할 수 있는 권한

6·25 전쟁 발발 직후인 1950년 7월 17일 이승만 대통령은 *맥아더 국제연합 사령관에게 작전지휘권을 위임하였고, 그 후 1978년 11월 한미 연합 사령부가 창설되면서 작전통제권은 다시 한미 연합 사령관에게 위임되었다. 1994년 12월 1일 평시작전통제권은 한국군에 환수되었으나, 전시작전통제권은 아직도 한미 연합 사령관이 행사하고 있다. 따라서 방어준비태세 중 데프콘 4 이하인 경우에는 한국군이 작전통제권을 행사하고, 데프콘 3~데프콘 1 상태에서는 한미 연합 사령부가 작전통제권을 행사한다.

맥아더(Douglas MacArthur)
- 미국 군인으로 UN군 최고 사령관
- 제2차 세계 대전 당시 군사령관으로 대일작전을 지휘 후 필리핀 탈환에 성공함
- 6·25 전쟁 발발 후 인천상륙작전을 지휘하여 전세를 역전시킴

더 알고가기 ·····

- 작전통제권의 행사

방어준비태세	상황	작전통제권의 행사
데프콘 5	군사적 위협이 없는 안전한 상태	한국군
데프콘 4	적과 대립하고 있으나 군사개입의 가능성이 없는 상태	
데프콘 3	적의 *도발 징후로 군사개입의 가능성이 있는 상태	한미 연합 사령부
데프콘 2	공격 준비태세를 강화하려는 움직임이 있는 상태	
데프콘 1	전쟁이 임박하여 전쟁 계획 시행을 위한 준비가 요구되는 최고 준비태세	

도발 정당한 이유 없이 상대방을 건드려 사건을 일으키는 행위

- 전시작전통제권의 환수
노무현 정부 시절에 전시작전통제권 반환을 요청하였고, 2012년에 돌려받았다. 그러나 우리 국방이 아직 미군의 도움 없이는 취약하다는 판단 아래 2010년 이명박 정부가 2015년 이후에 반환할 것으로 합의했다가, 2014년 박근혜 정부에서 북핵 위협을 이유로 무기한 연기됐다. 2020년 현재 문재인 정부에서 조기 환수를 추진 중이다.

120 NLL Northern Limit Line, 북방한계선

1953년 정전 직후 클라크 주한 유엔군 사령관이 북한과 협의 없이 일방적으로 설정한 해상 경계선

1953년 ˚정전 협정에서 남북 간의 육상 경계선만 설정하고 해상경계선은 설정하지 않았는데, 당시 유엔군 사령관이던 클라크가 정전협정 직후 북한과의 협의 없이 일방적으로 설정한 해상경계선이다. 이에 대해 북한은 아무런 이의를 제기하지 않고 있다가 1973년에 서해 5개 섬(백령도-대청도-소청도-연평도-우도) 주변 수역이 북한 연해라고 주장하면서부터 잦은 충돌이 일어나고 있다.

정전 협정(停戰協定) 1953년 판문점에서 6·25 전쟁의 평화적 해결을 위해 모든 군사적 행위를 정지한 협정

121 DMZ DeMilitarized Zone, 비무장 지대

국제 조약이나 협약에 의해서 무장이 금지된 지역

군대의 주둔, 무기의 배치, 군사 시설의 설치 등이 금지되고, 출입이 엄격히 통제된 지역을 말한다. 주로 적대국 간에 발생할 수 있는 무력 충돌을 방지하거나, ˚운하·하천 등의 국제 교통로를 확보하기 위해서 설치되는데, 우리나라는 휴전선으로부터 남·북으로 각각 2km의 지대가 이에 해당한다. 출입 통제로 자연 상태가 잘 보존되어 있기 때문에 생태계 연구의 학술적 가치가 높다.

운하(運河) 내륙에 있는 선박 또는 농지의 관개 배수 및 용수를 원활히 하기 위해 만든 수로

122 방공 식별 구역 ADIZ, Air Defense Identification Zone

영공을 방위할 수 있도록 비행물체를 식별하여 위치를 확인하고, 필요시 군사상의 위협을 평가하기 위하여 공군작전사령관이 합참의장의 승인을 받아 설정하는 구역

ADIZ는 영공(領空)과는 별개의 개념으로 이를 선포할 수 있는 국제법적 권한을 명시한 국제법 규정은 존재하지 않는다. 영공이 아니므로 외국 군용기의 무단 비행이 금지되지는 않는다. 다만 자국 국가 안보에 위협이 될 경우 퇴각을 요청하거나 격추할 수 있다고 사전에 국제 사회에 선포해 놓은 구역에 불과하다. 아울러 민간 항공기는 국제 민간 항공 기구(ICAO) 차원에서 설치·운용하는 비행 정보 구역(FIR)의 통제를 받기 때문에 군이 설치·운용하는 방공 식별 구역의 적용을 받을 가능성은 거의 없다. 한국 방공 식별 구역은 KADIZ라고 한다.

123 프레데터 predator
지상 목표물 탐색을 위해 미국 공군이 개발한 최첨단 무인 정찰기

미국 공군의 무인 정찰기 개발 프로그램인 티어(Tier) 계획에 따라 개발된 무인 정찰기로, 티어 Ⅰ·Ⅱ·Ⅲ으로 나뉜다. 프레데터(predator)는 '약탈자 또는 포식자'라는 뜻으로, 티어 Ⅱ 기종의 별명이다. 악천후에도 정확한 위치 정보를 수집할 수 있는 기상 레이더와 4km 밖에서 교통신호를 식별할 수 있는 2대의 고해상도 컬러 비디오카메라, 적외선 탐지장치 및 위성 제어 장치 등 최첨단 장비를 갖추고 있다.

124 핫라인 hot line
1963년 미국의 워싱턴(백악관)과 구소련의 모스크바(크렘린) 사이에 개통된 직통 전화

쿠바 미사일 위기를 계기로 사고나 오해로 인해 발생할 수 있는 우발적 전쟁을 막기 위해 설치된 미·소 간의 직통 전화를 말한다. *케네디(Kennedy)와 흐루쇼프(Khrushchyov) 사이의 합의로 설치되었기 때문에 두 사람 이름의 머리글자를 따서 'KK라인'이라고도 한다. 현재는 관계자 간 직통 전화를 일반적으로 지칭하는 말로 쓰인다.

케네디(John Fitzgerald Kennedy)
- 미국의 제35대 최연소 대통령
- 주요 업적 : 소련과 부분적으로 핵 실험금지조약을 체결, 진보를 위한 동맹 결성, 평화봉사단 창설 등

더 알고가기

쿠바 미사일 위기
소련이 미국에서 불과 145km 떨어진 쿠바에 미사일 기지를 건설하려 하자 미국이 소련의 철수를 요구하며 쿠바 해상을 봉쇄한 사건으로, 1962년 10월 22일부터 11월 2일까지 미국과 소련의 합의가 이루어지는 동안 전 세계는 핵 전쟁의 공포에 떨어야 했다.

125 드론 drone
미국 공군의 무인 공격기. 최근에는 무인기로 통칭

원래 정찰을 위한 정보 수집용으로 개발됐지만 지상군을 대체할 수 있을 정도로 공격적 성향이 강화되었다. 1990년대 중반 코소보 사태 당시 처음으로 투입됐으며 최근 대(對)테러 전쟁에서 활용되었다.
아군의 인명 피해가 없다는 장점 때문에 사용이 확대되고 있으나, 민간인을 오폭하는 경우가 많아 비판을 받고 있다.

126 NATO North Atlantic Treaty Organization, 북대서양 조약 기구

제2차 세계 대전 후 동유럽에 주둔하고 있던 소련군과 군사적 균형을 맞추기 위하여 체결한 북대서양 조약의 수행기구

1949년 북대서양 조약을 기초로 하고, 3D(방위·침략 저지·화해) 정책을 기본 정책으로 하여 미국, 캐나다와 유럽 10개국 등 12개국이 참가해 발족시킨 *집단 방위 기구'를 말한다. 2020년 기준 회원국은 30개국으로 늘었다. 냉전 체제하에서 구소련을 중심으로 한 동구권의 위협에 대항하기 위해 창설한 것인데, 1955년 서독까지 NATO에 가입하자 소련 등 공산권은 이에 대한 대항 조치로 '바르샤바 조약 기구'를 창설하였다.

집단 방위 기구 회원국 중 어느 한 국가에 대한 공격을 전 회원국에 대한 공격으로 간주하여 대처하는 방위형태

127 SALT Strategic Arms Limitation Talks, 전략 무기 제한 협정

1969년 이래 미국과 구소련(러시아) 사이에 진행되고 있는 전략 무기 제한 협정

미국과 구소련은 SALT를 통해 대륙간 탄도 미사일의 수량을 제한해왔고, 1982년 전략 무기 감축 협정이 채결된 뒤로는 대륙간 탄도 미사일의 수량뿐만 아니라 탑재되는 탄두도 감축 대상이 됐다. SALT는 3단계로 나누어져 있으며 그 내용은 다음과 같다.

SALT Ⅰ	• 1969~1972년에 체결된 협정 • 방어용 전략 무기와 공격용 전략 무기의 제한에 관한 협정
SALT Ⅱ	• 1972~1979년에 체결된 협정 • 양측이 보유할 수 있는 ICBM(대륙간 탄도 미사일), *SLBM, ASBM(공대지 탄도 미사일) 및 중폭격기의 총수를 2250기로 제한
SALT Ⅲ	• 1982년 SALT를 재개하면서 그 명칭을 START(Strategic Arms Reduction Talks, 전략 무기 감축 협상)로 변경 • 전략 무기의 수를 제한하는 것에서 한걸음 더 나아가 이를 감축할 것을 제안

SLBM(잠수함 발사 탄도 미사일) 잠수함에 장착되어 있는 무기를 말하는 것으로 목표 지점에 근접하게 다가가서 발사할 수 있으며 다른 무기들에 비해 탐지하기가 어렵다는 장점을 갖고 있음

128 START Strategic Arms Reduction Talks, 전략 무기 감축 협정

미국과 구소련 사이에 맺은 전략 무기 감축 협정

1982년 6월 제네바에서 시작된 미국과 구소련의 전략 무기 감축을 위한 교섭을 말한다. 종래 SALT가 전략 무기의 제한에 머무르는 것에 비하여 START는 적극적으로 전략 무기의 감축을 다루었다는 점에 의미가 있다.

START Ⅰ	• 1991년 미국의 부시 대통령과 구소련의 *고르바초프 대통령 사이의 협정 • 양국이 보유한 ICBM(대륙간 탄도 미사일) 등 장거리 핵무기를 향후 7년간 각각 30%와 38% 줄인다는 것이 핵심 내용

고르바초프(Mikhail Sergeyevich Gorbachyev)
• 구소련 당시 최초 대통령, 공산당 서기장, 정치가
• 소련, 동유럽의 개혁과 개방, 즉 페레스트로이카를 기반으로 하여 세계 질서에 큰 영향을 끼침
• 1990년 노벨평화상 수상

START Ⅱ	• 1993년 미국의 부시 대통령과 러시아의 옐친 대통령 사이의 협정 • 전략 무기의 3분의 2를 감축하고, 핵탄두를 3500기 수준으로 줄이는 것이 핵심내용
START Ⅲ	• 2000년 스위스 제네바에서 협상 • 핵탄두를 각각 2000기 선으로 줄여나가는 것이 핵심내용

129 미사일방어체제(MD) Missile Defence
대륙간 탄도 미사일의 공격에 대한 방어체제

이란·이라크·북한·리비아 등 위험국으로 분류된 제3세계 국가들이 대륙간 탄도 미사일로 미국 본토나 해외 미군기지를 공격할 경우 *요격 미사일을 발사해 우주 공간에서 요격하여 파괴하는 미사일 방어전략을 말한다.

요격 미사일 레이더망에 걸린 대륙간 탄도유도탄을 따라가서 격파하는 미사일

130 악의 축 an axis of evil
부시 전 미국 대통령이 테러를 지원하는 국가를 총칭하여 사용한 말

2002년 당시 부시 미국 대통령이 테러와의 전쟁을 선포하면서 사용한 용어로 국제 사회에 위협이 되는 국가를 지칭한다. 이전에는 단지 *불량국가나 테러지원국으로 지칭해 왔던 부분이 새롭게 바뀌어 이후 미국은 '악의 축'으로 지목받은 국가에 대해 정권 교체를 요구하는 등 압박을 가하였다. 악의 축으로 언급된 국가로는 이라크, 이란, 북한이 있으며, 모두 국제 테러 지원과 대량살상무기(WMD) 개발, 억압적 체제 등과 같은 공통점이 있다. 그러나 미국의 이해관계를 위주로 한 일방적 규정의 측면도 부인할 수 없다.

불량국가 생물무기, 화학무기, 핵무기를 보유하거나 테러 행위에 동참한 혐의가 있는 국가를 지칭

131 아시아안보회의 Asia Security Summit
2002년에 영국 국제전략문제연구소(IISS, International Institute For Strategic Studies)가 설립한 국제회의

아시아-태평양 지역 국방부문 최고 관리들의 신뢰 구축 및 실제적인 협력을 촉구하기 위한 대화를 목적으로 한다. 해마다 정기적으로 아시아-태평양 지역의 안보전문가 및 국방부 고위관료들이 모여 국방·안보 분야의 정책을 논의한다. 참여국은 우리나라를 포함한 아시아 27개국으로 구성되어 있으며, 매년 싱가포르 샹그릴라 호텔에서 회의가 개최돼 '샹그릴라 대화'라고도 부른다.

132 PKO Peace Keeping Operations, 평화유지활동
국제적인 분쟁을 평화적으로 해결하기 위한 국제연합의 특별활동

유엔(UN)이 관계 당사국의 동의를 얻어 *유엔 평화 유지군(PKF)이나 정전감시단 등을 현지에 파견하여 휴전이나 정전의 감시 또는 치안 유지의 임무를 담당하는 것을 말한다. 분쟁 당사국의 동의를 전제로 하며, 분쟁 당사국에 대해 공정한 중립을 지켜야 하고, 무력 사용이 가능하며 국제연합 사무총장의 지휘를 받는다.

유엔 평화 유지군(PKF)
- 분쟁지역에 주둔하는 유엔 회원국의 부대로 중대 단위 이상의 병력
- 평화유지 임무에 국한되고, 무력행사는 자위를 위한 범위 내에서만 가능

#핵무기 용어

133 IAEA International Atomic Energy Agency, 국제 원자력 기구
원자력의 평화적 이용과 국제적 공동관리를 위해 설립한 국제기구

1970년에 발효된 핵 확산 금지 조약(NPT)에 따라 핵무기 비보유국은 IAEA와 평화적 핵이용 활동을 위한 안전협정을 체결해야 하고, IAEA는 핵무기 비보유국이 핵연료를 군사적으로 전용되는 것을 방지하기 위해 핵무기 비보유국의 핵물질 관리 실태를 점검하고 현지에서 직접 사찰할 수 있다.

134 핵사찰 核査察
핵무기 개발의 의혹이 있는 핵 확산 금지 조약(NPT) 가입국에 대해 국제 원자력 기구(IAEA)가 행하는 사찰

1974년 IAEA에 가입한 북한은 1993년에 특별 핵사찰을 요구받자 탈퇴를 선언하였으나 다음 해 미국과의 *경수형 원자로에 대한 합의로 탈퇴는 보류되었다. 그러나 2002년 10월 북한의 고농축 우라늄 프로그램에 대한 의심이 증폭되면서 제네바 합의는 붕괴했고, 북한은 2003년 1월 또다시 NPT 탈퇴를 선언했다.

경수형 원자로(輕水型原子爐)
일반적으로 발전형원자로에 사용하는 감속재와 냉각재의 물을 뜻하는 것으로 경수로라고도 함

더 알고가기

핵사찰의 유형

임시사찰	NPT 가입국이 IAEA에 신고한 핵시설과 핵물질 미보유 현황이 실제와 맞는지를 확인하기 위해 실시하는 일반사찰
통상사찰	핵물질과 핵시설의 변동 상황을 점검하기 위해 정기적으로 실시하는 사찰로 1년에 3~4차례 실시
특별사찰	임시사찰이나 통상사찰의 결과 의심할 만한 정황이 있는 경우 IAEA가 일방적으로 실시할 수 있는 사찰

135 핵보유국 nuclear-weapon states
1967년 1월 1일 이전에 핵무기를 보유했거나 폭발시킨 국가

핵 확산 금지 조약(NPT)에 의한 핵보유국은 미국, 러시아, 영국, 프랑스, 중국이 있다. 그 밖에 다른 국가는 NPT상 모두 비핵보유국에 해당한다.

136 핵우산 核雨傘, nuclear umbrella
핵보유국이 동맹을 맺은 비핵보유국을 핵공격으로부터 보호해 주는 것

핵무기를 보유하지 않은 국가들이 핵무기를 보유하는 것을 방지하기 위한 것으로, 핵무기를 보유하지 않은 국가들은 동맹 관계에 있는 핵무기 보유 국가의 핵우산 아래로 들어가게 된다. 우리나라는 *한미 상호 방위 조약에 의하여 미국의 핵우산 아래에 들어가 있다.

한미 상호 방위 조약 6·25 전쟁 이후 휴전 협정 시기에 한반도의 전쟁위기에 대처하기 위한 방안으로 체결된 조약

함께 나오는 용어

고농축 우라늄(HEU, Highly Enriched Uranium)
핵연료나 핵무기로 쓰기 위해 원자로에 쓰이는 우라늄의 방사성 동위 원소인 우라늄 − 235의 비율을 20% 이상으로 높인 농축 우라늄이다. '고농축 우라늄'을 가지고 있다는 것은 핵무기로 사용하기 위해 천연 우라늄을 농축시켰다는 의미다.

137 KEDO Korean peninsula Energy Development Organization, 한반도 에너지개발기구
북한 핵개발 중단의 대가로 미국이 제공하기로 한 경수로 건설을 위해 설립된 기구

북한 핵개발 중단의 대가로 미국이 제공하기로 한 1000MW급 경수로 2기를 건설하기 위해 1995년 설립된 기구이다. 회원국으로 한국, 미국, 일본, 유럽연합(EU), 아르헨티나, 칠레, 체코, 인도네시아 등이 있다.

138 제네바 군축 회의 CD, Conference on Disarmament
핵무기, 대량살상무기, 재래식 무기, 군사 예산 감축 등을 대상으로 한 세계 유일의 다자간 군축 협상기구

1979년 40개국의 참여 하에 유엔 산하기관으로 설립되었다. 제네바 군축 회의의 주도로 1968년 핵 확산 금지 조약(NPT), 1993년 화학무기 금지 조약(CWC), 1996년 포괄적 핵 실험 금지 조약(CTBT) 등이 체결되었다. 1996년 6월 남북한을 포함해 23개국이 가입했고, 2020년 기준 회원국은 총 65개국이다.

139 WMD Weapons of Mass Destruction, 대량살상무기
생화학무기, 핵무기 등 짧은 시간에 대량의 인명을 살상할 수 있는 무기

생화학무기·중장거리미사일·핵무기 등과 같이 짧은 시간 안에 많은 인명을 살상할 수 있는 대량살상무기 내지 대량파괴무기를 말한다. 2004년 UN 안전보장이사회에서는 WMD(대량살상무기) 확산을 방지하는 결의문을 채택하였고 이들 무기의 강력한 파괴력과 막대한 피해 때문에 핵 확산 금지 조약(NPT), *생물무기 금지 협약(BWC), 화학무기 금지 조약(CWC) 등 여러 국제협약에서 대량살상무기의 개발을 금지하고 있다.

생물무기 금지 협약(BWC) 바이러스나 세균 등에 있는 감염 요소를 제조하고 포탄 및 무기에 장착하여 사람, 동·식물을 감염시키는 생물무기에 대한 금지협약

140 ABC무기 Atomic Biological Chemical and Weapons, 화생방 무기
핵(Atomic)무기, 생물학(Biological)무기, 화학(Chemical)무기의 준말

전쟁 시기에 한정된 지역 안에서 벌어지는 비인도적이고 무차별적인 대량학살을 자행하는 불법무기를 말하는 것으로, 화생방(*CBR) 무기라고도 한다. 핵무기 개발 이후에 방사능과 독가스 등 화력에 의한 파괴력에 의존하지 않고 대량으로 살상하는 효과를 낼 수 있다는 점에 따라 방사성·원자, 생물학, 화학무기를 통합한 용어이다. 제1차 세계 대전 시기에 일부 국가의 사용으로 국제적으로 큰 문제가 되었으나 제2차 세계 대전 이후에 상대의 보복 우려 등으로 정규무기로는 편성되지 않았다. ABC무기는 물리적인 파괴력과 막대한 피해 때문에 핵 확산 금지 조약(NPT)이나 협약을 통해 그 사용이 금지되어 왔으나, 미군이 베트남 전쟁에서 살포한 고엽제나 핵을 보유하지 않은 국가에서는 게릴라 진압용 무기 등처럼 지속적으로 개발되어 왔다.

CBR(Chemical Biological and Radiological warfare) 화학무기, 생물학무기, 핵무기 등을 이용하는 전쟁 또는 무기

141 ICBM Intercontinental Ballistic Missile, 대륙간 탄도 미사일
5500km 이상의 사정거리를 가진 장거리 전략미사일

사정거리 5500km 이상인 장거리 미사일에 보통 메가톤급 핵탄두를 장착하고 있다. 1957년 8월 러시아가 미국에 앞서 개발하였고, 미국은 1959년에 실용화하였다. 현재 ICBM을 공식적으로 보유한 국가는 미국, 영국, 프랑스, 러시아, 중국 5개국뿐이며 모두 *다탄두화를 지녔다. 핵탄두 탑재가 가능한 탄도 미사일을 보유한 국가는 앞서 언급한 5개국 이외에 인도, 파키스탄, 이스라엘, 북한이다.

다탄두(MIRV, Multiple Independently targetable Re-entry Vehicle) 한 기의 미사일에 여러 개의 핵탄두를 탑재하고 각각의 탄두가 미리 설정된 목표를 공격하는 핵미사일

더 알고가기

미사일은 사정거리에 따라 ▲대륙간 탄도 미사일(ICBM, 사거리 5500km 이상) ▲중거리 탄도 미사일(IRBM, 1000~5500km) ▲준중거리 탄도 미사일(MRBM, 1000~3000km) ▲단거리 탄도 미사일(SRBM, 1000km 이하)로 구분된다.

142 **북한** 北韓

한반도 북쪽의 사회주의 정권

정식 명칭은 조선민주주의인민공화국(Democratic People's Republic of Korea)이며, 국제 사회에서는 보통 북조선(North Korea)으로 표기하기도 한다.

- 수도 : 평양
- 국가 지도자 : 김정은 국무위원회 위원장
- 국기 : 인공기(북한에서는 '공화국 국기'라고 함)
- 국화 : 목란
- 국보 1호 : *평양성

평양성
- 북한의 국보 1호로, 6C 중엽에 완성된 고구려 시대의 마지막 수도
- 평양 중구역과 모란봉 구역에 걸쳐있고 내성, 중성, 외성, 북성으로 이루어져 있음

---

143 **UN의 대북제재결의안 2094호**

2013년 북한의 3차 핵 실험에 대해 UN안전보장이사회가 취한 제제 조치

북한은 2013년 2월 12일 3차 핵 실험을 실시하였다. 이에 *UN안전보장이사회는 2013년 3월 7일(현지시간) 북한의 핵 실험에 대해 대북제재결의안 2094호를 채택하였다.

특히 제재결의안 2094호는 북한의 핵무기와 탄도 미사일 프로그램, 무기수출과 연계된 금융 거래를 차단하고 관련 서비스를 중단하도록 의무화하고 있다. 또한 의심스러운 화물이 실린 것으로 추정되는 항공기의 이·착륙과 영공통과를 불허하도록 촉구하는 내용이 포함되어 이전의 제재안들보다 내용이 대폭 강화된 것으로 평가받고 있다. 북한의 최근 핵 실험은 2017년 9월 3일 제6차 핵 실험이었고 이에 대해 UN은 대북제재결의안 제2375호를 채택해 유류를 제재 대상에 포함시켰다.

UN안전보장이사회 국제평화와 안전유지에 필요한 행동을 취할 책임과 권한을 가지는 국제연합의 핵심기관으로, 5개 상임 이사국과 10개 비상임 이사국으로 구성되며, 상임 이사국은 거부권 행사가 가능함

---

144 **4자 회담** 四者會談

한반도 정전 협정을 평화 협정으로 대체할 목적으로 남북한이 협정의 당사자가 되고 미국과 중국이 관련국으로 참여하는 회담

6·25 전쟁 후 정전 협정은 *교전 당사자인 미국(UN군), 중국, 북한 사이에 체결된 것으로, 여기에 남한이 참여하여 4개국이 기존의 정전 협정을 평화 협정으로 대체하고자 하는 회담을 말한다.

1997년 제네바에서 1차 회담을 가진 이래 1999년까지 6차에 걸쳐 회담을 진행하였지만 이후 별다른 진전이 없었다.

교전(交戰) 적대적인 관계를 맺고 있는 국가 사이에 일어난 전쟁

145 6자 회담 六者會談, the six-party talks

북한의 핵문제를 평화적으로 해결하기 위해 남한, 북한, 미국, 러시아, 일본, 중국이 참여하는 회담

2003년 제1차 회담 이래 2007년까지 총 6차례 회담이 중국 베이징(北京)에서 개최되었다. 2007년 제6차 회담에서 2007년 말까지 북한이 핵시설을 불능화하고 핵 프로그램을 신고하는 대신 미국은 북한에 대해 테러지원국 명단 삭제, *적성국무역법에 따른 제재 해제, 5개국의 중유 100만t에 해당하는 경제적 보상 등을 내용으로 하는 '10·3 합의'가 채택되었다. 그러나 2008년 12월 핵검증의정서 채택 실패로 결렬되었다.

적성국무역법
• 특정한 나라를 경제적으로 고립시키기 위해 1917년 제정된 미국 연방법
• 적성국으로 규정된 나라에 자산동결, 교역금지, 경제적 제재 조치를 취함

146 7·4 남북 공동 성명

1972년 통일의 원칙에 대해 남북한이 동시에 발표한 공동 성명

1972년 7월 4일 박정희 정부 당시 이후락 남한 중앙정보부장과 김영주 북한 *노동당 조직지도부장이 서울과 평양에서 동시에 발표한 공동 성명으로, 자주·평화·민족대단결의 3대 원칙을 공식적으로 천명하였다. 남북 공동 성명의 구체적인 내용은 다음과 같다.
• 남북 문제의 자주적 해결
• 남북 문제의 평화적 해결
• 사상·이념·제도를 초월한 민족적 대단결 도모
• 상호 중상 비방과 무력 도발 금지
• 다방면에 걸친 교류 실시
• 남북 적십자 회담 실시에 대한 적극적 협조
• 서울과 평양 간 직통 전화 설치
• 남북 조절 위원회의 구성과 운영

노동당 북한의 사회 질서 및 유지, 그리고 군대를 통제하기 위해 설립한 북한 최고의 권력 기구

147 6·15 남북공동선언

2000년 당시 김대중 대통령과 김정일 국방위원장이 남북정상회담에서 합의한 선언

2000년 6월 13일부터 15일까지 분단 55년 만에 처음 만난 남·북한의 두 정상이 평양의 *백화원 영빈관에서 회담을 가진 후 민족 통일에 대해 합의한 5개 항의 선언으로 구체적인 내용은 다음과 같다.
• 남과 북은 나라의 통일 문제를 그 주인인 우리 민족끼리 서로 힘을 합쳐 자주적으로 해결해 나가기로 한다.

백화원 영빈관(百花園迎賓館) 1983년에 건립된 북한의 대표적인 국빈급 외국인 숙소로 100여 종의 꽃이 피어 있어 백화원이라 함

- 남과 북은 나라의 통일을 위한 남측의 연합제안과 북측의 낮은 단계의 연방제안이 서로 공통성이 있다고 인정하고 앞으로 이 방향에서 통일을 지향시켜 나가기로 한다.
- 남과 북은 올해 8·15에 즈음하여 흩어진 가족, 친척 방문단을 교환하며 '비전향 장기수 문제를 해결하는 등 인도적 문제를 조속히 풀어 나가기로 한다.
- 남과 북은 경제 협력을 통하여 민족경제를 균형적으로 발전시키고 사회·문화·체육·보건·환경 등 제반 분야의 협력과 교류를 활성화하여 서로의 신뢰를 다져 나가기로 한다.
- 남과 북은 이상과 같은 합의 사항을 조속히 실천에 옮기기 위하여 빠른 시일 안에 당국 사이의 대화를 개최하기로 한다.

비전향 장기수(非轉向長期囚)
정치공작원, 포로, 남파간첩, 재일동포 등으로 분류되어 있는 사람들로 사상을 전향하는 것을 거부한 채 복역한 장기수

148 10·4 남북공동선언
2007년 당시 노무현 대통령과 김정일 국방위원장이 남북정상회담에서 합의한 선언

2007년 10월 4일 평양의 백화원 영빈관에서 남북 정상이 공동으로 합의한 선언으로, '2007 남북정상선언' 또는 '남북관계 발전과 평화번영을 위한 선언'으로도 불린다. 10·4 남북공동선언에서 합의한 8개 기본조항은 다음과 같다.
- 6·15 남북공동선언을 적극 구현하여 통일 문제를 자주적으로 해결한다.
- 남과 북은 상호 존중과 신뢰관계를 확고히 하고, 남북관계를 통일 지향적인 방향으로 발전시킨다.
- 남과 북은 군사적 적대관계를 종식시키고 한반도에서 긴장 완화와 평화를 보장하기 위해 대화와 협상으로 문제를 해결하도록 한다.
- 남과 북은 직접 관련된 3자 또는 4자 정상들이 한반도 지역에서 만나 종전을 선언하는 문제를 추진하기 위해 협력해 나가기로 한다.
- 남과 북은 경제 협력사업을 원활히 추진하기 위해 "남북 경제 협력 추진위원회'를 부총리급 '남북 경제 협력 공동위원회'로 격상한다.
- 남과 북은 역사, 언어, 교육, 과학기술, 문화예술, 체육 등 사회·문화 분야의 교류와 협력을 발전시켜 나가고, 이를 위해 먼저 백두산 관광을 실시하고 백두산과 서울 간 직항로를 개설한다.
- 남과 북은 이산가족을 위해 영상편지 교환 사업을 실시하고, 금강산 면회소를 만들어 상시적으로 이산가족을 상봉시킨다.
- 남과 북은 이 선언을 이행하기 위하여 1차 남북 총리회담을 11월 중에 서울에서 개최하기로 한다.

남북 경제 협력 추진위원회
2000년 12월 제4차 장관급회담에서 구성되었으며 철도, 개성공업단지 등 각 분야별로 남북이 문제가 되는 부분을 서로 협의하여 처리하고 있음

149 남북 교차 승인 南北交叉承認
남한과 북한의 어느 한 쪽만 승인하던 나라들이 나머지 다른 한 쪽도 승인하는 것

미국과 일본이 북한을 승인하고, 러시아와 중국이 남한을 승인하여 국제 정세의 긴장 완화를 도모하는 것으로, 냉전 시기인 1969년 일본의 국제정치학자 가미야 후지가 구상하였다.

150 합영법 合營法
북한이 외국의 자본과 기술을 유치하기 위해 제정한 합작 투자법

1984년 북한이 외국 자본·기술의 북한 투자를 활성화하기 위해 제정한 합작 투자법으로, "조선합작경영법'이라고도 한다. 그러나 「합영법」이 외국의 투자를 끌어 오는 데 실패하자 법제를 보완하면서 합영법 시행규칙을 개정(1992년)하였고, 1994년에는 최고인민회의 상설회의 결정을 거쳐 (신)「합영법」을 제정하였다.

조선합작경영법(朝鮮合作經營法) 현대 기술 도입, 국제 시장 경쟁력 확보, 과학연구 등 북한에서의 외국인 투자를 활성화하기 위해 만들어진 법제

151 한반도 신뢰프로세스
박근혜 정부의 대북정책 기조 중 하나로서 튼튼한 안보를 바탕으로 한반도에 평화를 장착시키고 나아가 통일 기반을 구축하려는 정책

2012년 '핵안보정상회의 개최 기념 국제학술회의' 기조연설에서 당시 새누리당(현 국민의힘) 비상대책위원장이었던 박근혜 대통령이 '새로운 한반도 신뢰프로세스'라는 제목으로 연설문을 발표했다. 박 대통령은 이 연설문에서 북한의 핵보유는 결코 용납할 수 없으며 한반도와 동북아에서의 신뢰 구축이 서로 긍정적인 영향을 주고받을 때 북핵 문제의 해결이 가능하다고 주장했다. 이에 북한의 비핵화를 유도하기 위한 원칙으로 ▲서로 약속을 지키며 신뢰를 쌓고 ▲인도적 문제나 호혜적 교류 사업은 지속적으로 이루어져야 하며 ▲남북 간에 신뢰가 진전되면 다양한 경제 협력 사업과 북한의 인프라 사업으로 확대한다는 세 가지 내용을 제시했다.

152 경의선 京義線
서울과 신의주를 잇는 복선 철도

러·일 전쟁을 계기로 1906년 4월 3일 일본에 의해 개통된 철도로, 남한의 서울과 북한의 신의주를 잇는다. 1951년 6월 12일 운영이 중단되었다가 2000년 6월 남북정상회담에서 경의선 복원 사업이 논의된 후 2003년 6월

14일 경의선 연결식이 *군사 분계선(MDL)에서 열렸다. 2007년 정기적으로 운행되었던 경의선은 2008년 금강산 관광객 피살 사건 이후 신의주역까지의 운행이 중단되었다. 문재인 정부에서 연결 복원을 추진 중이다.

군사 분계선(MDL) 1953년 정전 협정 때 결정된 경계선, 즉 휴전선으로 군사 분계선을 기준으로 남북 양쪽 2km에 비무장지대를 설치함

> **함께 나오는 용어** ────────────────●
>
> **개성공단(開城工團)**
> 2000년 8월 한국의 현대아산(주)과 북한의 김정일 국방위원장이 합의하면서 추진된 공업특구로, 정부는 2016년 2월 북한의 핵 도발에 대응해 개성공단 전면 중단을 선언했다.

153 4 · 27 판문점선언 板門店宣言
2018년 문재인 대통령과 김정은 북한 국무위원장이 남북정상회담에서 합의한 선언

4 · 27 판문점선언은 2018년 4월 27일 문재인 대통령과 김정은 북한 국무위원장이 판문점 평화의 집에서 발표한 남북정상회담 합의문으로 정식 명칭은 남북관계 발전과 평화번영을 위한 선언이다. ▲핵 없는 한반도 실현 ▲연내 종전 선언 ▲남북공동연락사무소 개성 설치 ▲이산가족 상봉 행사 추진 등의 내용이 포함됐다. 두 정상은 2018년 9월 19일에도 평양에서 정상회담을 갖고 "역사적인 판문점선언 이행을 위한 군사분야 합의서'를 채택했다.

역사적인 판문점선언 이행을 위한 군사분야 합의서
일체의 적대행위 전면중지, 비무장 지대의 평화지대화, 서해 북방한계선 일대 평화수역 조성, 다양한 분야의 교류협력, 상호 군사적 신뢰구축을 위한 다양한 조치 마련 등을 합의

154 최고인민회의 最高人民會議
북한의 입법기관이자 최고 주권기관

1948년 발족한 북한의 최고 주권기관으로, 우리나라의 국회와 같이 입법권을 행사한다. 회의는 정기회의와 임시회의로 구분되는데, 정기회의는 1년에 1~2차례, 임시회의는 최고인민회의 상설회의가 필요하다고 인정할 때 또는 대의원 전원의 3분의 1 이상의 요청이 있을 때 소집할 수 있다. 형식상 법률의 제정 · 개정, 정책의 수립 · 수정, 주요 인사의 임명동의 등의 권한이 있으나, 실질적으로 김정은이나 당의 결정을 *추인하는 역할을 한다.

추인(追認) 보편적으로 어떠한 행위 또는 사건이 일어난 후 그 행위나 사건에 대해 동의하는 것

155 주체사상 主體思想
'사람이 모든 것의 주인이며 모든 것을 결정한다'는 철학적 원리를 기초로 한 북한 조선노동당의 유일 지도사상

1930년 김일성이 창시하였다고 북한에서 주장하는 사상으로, 인간의 속성을 자주성, 창조성, 의식성으로 보지만 자기 운명을 스스로 개척해 나가는 것이 아니라 김일성이나 김정일과 같은 *수령을 중심으로 결속해야 한다고 주장한다. 결국 주체사상은 김일성 지배체제와 김정일 후계체제를 위한 사상이었다. 김정은 체제에서 '김일성–김정일주의'로 정식화됐다.

수령 주체사상에 입각하여 사상적 비전을 갖고 사회 혁명을 이끌어가는 조선민주주의공화국의 국가원수를 지칭하는 용어

156 선군절 先軍節
북한에서 매년 8월 25일에 선군정치를 시작한 것을 기념하는 국가적 명절이자 휴식일

북한은 김정일 국방위원장이 1960년 8월 25일, 6·25 전쟁 당시 서울에 처음 입성한 '류경수 제105탱크사단'을 방문한 것을 그의 선군혁명 영도의 출발점이라고 선전하며, 2010년부터 이날을 선군절로 정해 기념하고 있다.

157 대포동미사일
북한의 중거리 탄도 미사일

1998년 8월 31일 북한이 발사한 3단식 미사일로, 미국 국방성이 이 미사일을 발견한 지역[대포동(大浦洞), 지금의 무수단리]의 지명을 따서 붙인 이름이다. *노동 1호보다 사정 거리가 훨씬 더 길고 대형인 탄도 미사일이다.

대포동미사일 종류

구분	추진체	사정 거리	동체 지름	발사 중량
*대포동 1호	액체 2단 로켓	1500~2500km	1.3m	2만7000kg
대포동 2호	액체 2단 로켓	3500~6700km	2.4m	6만kg
*2호 개량형	• 1·2단 : 액체 연료 • 3단 : 고체 연료	• 사정 거리는 약 1만km 추정 • 탄두 무게를 달리하면 1만5000km까지 가능하여 미국 본토도 사정권에 들어감		

노동 1호 베이징, 상하이, 재일 미군 기지를 공격할 수 있는 구소련의 스커드미사일을 탑재한 북한의 중거리 탄도 미사일. 1993년 5월 발사. 북한에서는 '화성 7호'라고 부름

대포동 1호 1998년 발사된 북한의 첫 장거리 미사일로, 북한은 '광명성 1호'라고 부름

2호 개량형 2012년 12월 3단 분리에 성공. 북한은 '은하 3호'라고 부름

더 알고가기
북한은 2007년 구소련의 SLBM(잠수함 발사 탄도 미사일)을 모방해 개발한 IRBM(중거리 탄도 미사일)인 '무수단 미사일'을 실전 배치했다. 이를 토대로 2016년 2월 ICBM(대륙간 탄도 미사일) '광명성' 발사 성공, 같은 해 8월 SLBM '북극성' 시험발사에 일부 성공했다. 이 기술을 적용해 신형 고체추진 IRBM인 '북극성 2형'을 만들어, 2017년 2월 시험발사했다. 2017년 11월에는 미국 본토 타격이 가능한 ICBM인 화성 15호 시험발사에 성공했다.

158 북미정상회담 北美頂上會談
2018년 도널드 트럼프 미국 대통령과 김정은 북한 국무위원장이 진행한 회담

북미정상회담은 2018년 6월 12일 도널드 트럼프 미국 대통령과 김정은 북한 국무위원장이 싱가포르 카펠라 호텔에서 진행한 정상회담이다. ▲완전한 비핵화 ▲평화체제 보장 ▲북미 관계 정상화 추진 ▲6·25 전쟁 전사자 유해송환 등 4개 항목이 포함된 공동합의문에 서명했다. 북미정상회담은 1953년 분단협정 이후 65년 만이다. 두 정상은 2019년 2월 27~28일 베트남 하노이에서 2차 북미정상회담을 열었으나 북한이 핵 폐기를 거부해 결렬됐다.

01 [   ]은(는) 자신의 친척들에게 관직, 지위 등을 주는 친족 중용주의, 족벌 정치를 이르는 말이다. 로마 교황이 자신의 사생아에게 중요한 지위를 준 데서 시작되었다.

02 [   ]은(는) 정치 목적의 달성을 위해서는 혹여나 수단이 도덕에 반하거나 종교에 반하더라도 정당화시킬 수 있다는 정치적 사상이다.

03 [   ]은(는) 야당에서 정권을 잡았을 경우에 대비하여 각료 후보로 조직한 내각을 말한다. 1907년 영국 보수당의 A.체임벌린이 사용하면서 시행된 제도로 '그늘의 내각' 또는 '그림자 내각'이라는 뜻이다.

04 정치에 관한 국민의 의사와 여론을 수렴하여 정책에 반영하는 역할을 하며, 정부 수반 또는 고위 관료의 의사를 언론을 통하여 전달하고, 그 대변인 역할을 담당하는 정치 전문가를 [   ](이)라고 한다.

05 공무원의 수가 그들의 업무의 양이나 필요성과 상관없이 진급을 위한 발판으로 부하직원을 채용함으로써 끊임없이 늘어난다는 법칙은 [   ](이)다.

06 [   ]은(는) 지출이 필요한 새로운 입법을 하려 할 때 이에 상응하는 세입 증가나 법정지출 감소 등 재원조달 방안이 동시에 입법화되도록 의무화하는 것을 말한다.

07 [   ]은(는) 특정 정당 혹은 특정 후보자에게 유리하도록 자의적으로 선거구를 정하는 것이다.

08 [   ]은(는) '마음이 흔들리는 투표자'라는 의미로 선거가 있을 때마다 정치적 이념에 맞추어 특정 정당의 후보를 지지하기보다는 투표 당시의 이슈나 자신의 이해관계에 따라 지지 성향이 달라진다는 의미다.

09 [   ]은(는) 일본에서는 센카쿠(尖閣) 열도라고 한다. 주변 해역에서는 천연가스와 석유가 풍부하게 매장되어 있으며, 중국과 일본이 서로 영유권을 주장하며 분쟁을 일으키고 있다.

10 [   ]은(는) 군대의 주둔, 무기의 배치, 군사시설의 설치 등이 금지되고, 출입이 엄격히 통제된 지역을 말한다. 우리나라는 휴전선으로부터 남·북으로 각각 2km의 지대가 이에 해당한다.

CHOICE

- 게리맨더링
- 페이고
- 섀도 캐비닛
- DMZ
- 댜오위다오
- 네포티즘
- 파킨슨 법칙
- 스핀닥터
- 마키아벨리즘
- 스윙보터

정 답

01 네포티즘
02 마키아벨리즘
03 섀도 캐비닛
04 스핀닥터
05 파킨슨 법칙
06 페이고
07 게리맨더링
08 스윙보터
09 댜오위다오
10 DMZ

CHAPTER 03
정치

01 교육청, 신한은행

다음 빈칸에 들어갈 말로 적절한 것은?

> ( )은(는) 민주당 전국위원회 본부 빌딩을 말하며, 닉슨 대통령의 공화당 행정부가 재집권을 위하여 ( )에 침입하여 도청장치를 설치하려다가 발각된 사건을 ( ) 사건이라 한다.
>
> 이 사건 초기에 닉슨 대통령은 도청장치 설치 사건과 백악관과는 관계가 없다는 주장을 펼쳤지만 사건의 진상이 규명됨에 따라 대통령보좌관 등이 관계하고 있었음이 드러나고 닉슨 대통령 또한 무마 공작에 나섰던 사실이 밝혀졌다. 결국은 대통령 탄핵 결의가 가결되고 임기 도중 최초의 대통령 사임으로 이어진 희대의 정치 스캔들이다.

① 섀도 캐비닛   ② 도미노
③ 코커스   ④ 워터게이트

02 신용보증재단중앙회, YTN, SK, 청주MBC, 인천국제공항공사, 국민체육진흥공단

다음 빈칸에 들어갈 말로 적절한 것은?

> ( )이(가) 연주하면서 지나가면 사람들이 그저 호기심을 채우기 위한 목적 외의 아무런 목적의식 없이 모여드는데 그것을 본 사람들이 또 그쪽으로 몰려들면서 그곳에 무엇인가 있다는 생각을 하게 되고 무작정 뒤따르게 되면서 군중이 점점 불어나는 것을 비유하여 붙여진 용어이다. 어떤 재화에 대한 수요가 증가하면 대중이 그 트렌드에 따라서 그 재화를 구매하여 수요를 더욱 증가시키는 효과 및 정치 집단이 유권자들에게 어필하기 위하여 사용하는 유세 장치를 가리킨다.

① 밴드왜건   ② 게리맨더링
③ 스윙보터   ④ 마키아벨리즘

03 KBS, 국민일보, 국립공원관리공단

의회에서 고의로 합법적인 방법을 이용하여 의사 진행을 방해하는 것은?

① 필리버스터   ② 로그롤링
③ 란츠게마인데   ④ 하이폴리틱스

04 연합뉴스, 근로복지공단, 한국관광공사, 교육청, 한겨레신문

다음 빈칸에 들어갈 숫자가 바르게 짝지어진 것은?

> • 국회의 정기회는 법률이 정하는 바에 의하여 매년 (㉠)회 집회되며, 국회의 임시회는 대통령 또는 국회 재적 의원 (㉡) 이상의 요구에 의하여 집회된다.
> • 정기회의 회기는 (㉢)일을, 임시회의 회기는 (㉣)일을 초과할 수 없다.

	㉠	㉡	㉢	㉣
①	1	$\frac{1}{2}$	200	20
②	1	$\frac{1}{2}$	200	30
③	1	$\frac{1}{4}$	100	20
④	1	$\frac{1}{4}$	100	30

05 한국중부발전, 한국기술교육대학교, SBS

충성도 높은 지지자를 관직에 임명하는 것은?

① 엽관제   ② 관료제
③ 실적주의   ④ 스핀닥터

06 국민연금공단, 이랜드, 매일경제신문, EBS

다음 중 대통령에 관한 사항으로 옳지 않은 것은?

① 대통령이 궐위된 때 또는 대통령 당선자가 사망하거나 판결 기타의 사유로 그 자격을 상실한 때에는 60일 이내에 후임자를 선거한다.

② 임기가 만료되는 때에는 임기만료 70일 내지 40일 전에 후임자를 선거한다.

③ 대통령의 임기는 5년으로 하며, 중임할 수 없다.

④ 대통령으로 선거될 수 있는 자는 국회의원의 피선거권이 있고 선거일 현재 45세에 달하여야 한다.

07 한국공항공사, 한국남부발전, 삼성, SBS, MBN

다음 중 오픈 프라이머리(open primary)에 대한 설명으로 옳지 않은 것은?

① 상향식 공천에 부합하는 제도이다.

② 역선택을 방지할 수 있다는 장점이 있다.

③ 개방형 국민경선제 또는 완전 국민경선제라고 부른다.

④ 당원과 비당원의 차이를 두지 않아 정당 정치의 실현이 어려워지는 단점이 있다.

08 국민체육진흥공단, 롯데, 국민연금공단, KB국민은행

국가가 치안, 질서 유지 및 개인의 안녕 등 최소한의 역할만 수행해야 한다는 국가관은?

① 야경국가 ② 복지 국가
③ 경찰국가 ④ 법치국가

09 한국가스공사, 한국산업단지공단, 뉴스1, 매일경제

다음 중 면책 특권에 대한 설명으로 옳지 않은 것은?

① 국회의원은 국회에서 직무상 행한 발언과 표결에 관하여 국회 외에서 책임을 지지 않는다는 특권이다.

② 1689년 영국의 권리 장전에 기원을 두고 있다.

③ 국회 안에서 한 발언을 국회 밖에서 다시 발언하였을 때에도 이 특권이 적용된다.

④ 미국 헌법에서 최초로 특권화 하였다.

10 대구도시철도공사, 서울교통공사, KORAIL, 경향신문

다음 중 국회의 승인을 받아야 하는 것은?

① 조약의 체결 · 비준 ② 예비비 설치
③ 계엄 선포 ④ 긴급 명령

11 경상대학교병원, 현대건설, 국민일보

대표제에 대한 설명으로 바르지 않은 것은?

① 비례 대표제 – 두 개 이상의 정당이 있을 경우 각 정당의 득표 수에 비례하여 당선자를 선출하는 선거 제도

② 다수 대표제 – 하나의 선거구에서 대표를 선출함에 있어 가장 많은 표를 얻은 자를 당선자로 정하는 선거 제도

③ 소수 대표제 – 하나의 선거구에서 2인 이상의 당선자를 뽑는 중 · 대선거구제를 기반으로 하여 다수당의 의석 독점을 막고 소수당에게도 의석을 확보할 수 있도록 하는 당선자 결정 방식

④ 직능 대표제 – 선거구를 지역별로 정하여 대표자를 선출하는 선거 방법

12 국가정보원, 새마을금고, YTN

당 3역(黨三役)에 해당하는 자를 바르게 고른 것은?

> ㉠ 대변인 ㉡ 원내대표
> ㉢ 사무총장 ㉣ 정책위의장
> ㉤ 간사

① ㉠, ㉡, ㉢   ② ㉠, ㉡, ㉣
③ ㉡, ㉢, ㉣   ④ ㉢, ㉣, ㉤

13 서울특별시농수산식품공사, 수도권매립지관리공사, 한국전력공사, 연합뉴스, 문화일보

다음 지문의 빈칸에 들어갈 국가들로 옳은 것은?

> 브릭스(BRICS)는 (㉠), (㉡), (㉢),
> (㉣), 남아프리카공화국의 합성어로, 2003년
> 미국의 증권회사 골드먼삭스그룹의 보고서에서
> 처음 사용된 용어이다. 전문가들은 2030년 즈음
> 에는 브릭스가 세계 최대의 경제 국가로 성장할
> 것으로 전망한다. 이들 국가는 거대한 영토와 많
> 은 인구, 풍부한 지하자원 등을 가지고 있으며,
> 수요와 구매력이 급속도로 증가하고, 외국인 투
> 자가 활발히 이루어지고 있다.

① 브라질, 러시아, 인도, 캐나다
② 브라질, 루마니아, 인도, 중국
③ 브라질, 러시아, 아일랜드, 중국
④ 브라질, 러시아, 인도, 중국

14 한국보훈복지의료공단, 국민연금공단, CJ, EBS, 시사저널

다음 내용에 해당하는 선거 제도는?

> • 일정 연령에 도달한 모든 국민에게 주는 선거
> 권이다.
> • 역사적으로 노동자, 농민, 여성 등이 오랜 기간
> 투쟁하여 획득한 선거권이다.

① 보통 선거   ② 비밀 선거
③ 직접 선거   ④ 평등 선거

15 우리은행, 교육청

국회의원에 대한 설명으로 옳지 않은 것은?

① 국회의원의 임기는 5년으로 하며, 중임할 수
 없다.
② 국회의원은 국회에서 직무상 행한 발언과 표결
 에 관하여 국회 외에서 책임을 지지 아니한다.
③ 국회의원은 청렴의 의무가 있다.
④ 국회의원은 국가 이익을 우선하여 양심에 따라
 직무를 행한다.

16 하나은행, KBS

난민 조약에 대한 설명으로 옳지 않은 것은?

① 본국으로부터 보호받지 못하는 난민의 권리를 인도주의적 차원에서 보장해 주기 위해, 1951년 7월 제네바에서 26개국이 이 조약을 체결하였고 1954년 4월 발효되었다.

② 난민이란 인종, 종교, 정치, 사상 등의 차이로 본국의 박해를 피해 다른 지역이나 국외로 도주하는 사람들로, 통상적인 외국인과 구별하여 보호하고 그 권리를 보호해 주도록 하고 있다.

③ 이 조약에서 말하고 있는 난민의 지위를 인정받기 위해서는 인종·종교·국적·특정 사회집단의 구성원 신분 또는 정치적 의견을 이유로 받은 박해의 공포를 증명해야 하며, 국적국 밖에 있어야 하고, 박해의 공포 때문에 본국으로 돌아갈 수 없다는 조건을 충족시켜야 한다.

④ 난민을 적극적으로 받아들일 의무 조항이 있으며, 불법 입국한 난민이라도 일정한 조건을 충족하면 형벌을 가할 수 없다.

17 인천교통공사, aT한국농수산식품유통공사, 헤럴드경제

선심성 공약으로 대중을 호도하여 권력을 유지·쟁취하려는 정치형태를 일컫는 말은?

① 포퓰리즘
② 쇼비니즘
③ 섀도 캐비닛
④ 필리버스터

18 HUG주택도시보증공사, 새마을금고, 경향신문

국회에서 교섭 단체의 구성이 가능한 의원수는?

① 10명
② 20명
③ 25명
④ 30명

19 현대자동차, NH농협, 한국토지주택공사

오해로 인한 우발적 전쟁을 막기 위해 설치된 미·소 간의 직통 전화를 무엇이라고 하는가?

① cool line
② hot line
③ red line
④ blue line

20 경향신문, 뉴시스, 채널A

다음 중 4·27 판문점선언에 포함된 내용이 아닌 것은?

① 개성공단 재개
② 이산가족 상봉
③ 연내 종전 선언
④ 핵 없는 한반도

정답

01	④	02	①	03	①	04	④	05	①	06	④
07	②	08	①	09	③	10	④	11	④	12	③
13	④	14	①	15	①	16	④	17	①	18	②
19	②	20	①								

01. (핵심 **Tag**) #정치 · 외교 · 안보 #외교 #국제 정치

워터게이트에 대한 설명이다.

02. (핵심 **Tag**) #정치 · 외교 · 안보 #선거 제도 #선거현상

밴드왜건에 대한 설명이다.

03. (핵심 **Tag**) #정치 · 외교 · 안보 #통치 구조 #국회와 입법

필리버스터는 의회에서 소수파 의원들이 다수파의 독주를 막거나 고의로 합법적인 방법을 이용하여 의사진행을 방해하는 것을 가리킨다.

04. (핵심 **Tag**) #정치 · 외교 · 안보 #통치 구조 #국회와 입법

국회의 정기회는 법률이 정하는 바에 의하여 매년 1회 집회되며, 국회의 임시회는 대통령 또는 국회 재적 의원 4분의 1 이상의 요구에 의하여 집회된다(헌법 제47조 제1항). 정기회의 회기는 100일을, 임시회의 회기는 30일을 초과할 수 없다(헌법 제47조 제2항).

05. (핵심 **Tag**) #정치 · 외교 · 안보 #통치 구조 #대통령

엽관제는 선거에서 이긴 정당이 선거운동원과 정당에 대한 충성도가 높은 지지자에게 승리에 대한 대가로 관직에 임명 등 혜택을 주는 관행이다.

06. (핵심 **Tag**) #정치 · 외교 · 안보 #통치 구조 #대통령

대통령으로 선거될 수 있는 자는 국회의원의 피선거권이 있고 선거일 현재 40세에 달하여야 한다.

07. (핵심 **Tag**) #정치 · 외교 · 안보 #선거 제도 #선거 형태

오픈 프라이머리는 대통령 등의 공직 후보를 선발할 때 일반국민이 직접 참여하여 선출하는 방식으로 완전 국민경선제 또는 개방형 국민경선제라고 한다. 하지만 오픈 프라이머리는 후보 선출권을 소속 당원에 한정시키지 않고 당적이 없는 일반국민들이 직접 후보를 선출하기 때문에 역선택을 방지할 수 없다는 단점이 있다. 즉, 누구나 경선 투표에 참여할 수 있는 만큼 투표자가 자신이 지지하는 다른 정당 후보의 당선을 위해 일부러 경쟁력이 취약한 후보를 선택하는 역선택이 발생할 수 있다. 또한 일반 국민들이 후보 선정에 참여하기 때문에 당원의 역할이 약화되고 장기적으로 정당 기능이 축소될 수 있다.

08. (핵심 **Tag**) #정치 · 외교 · 안보 #정치 일반 #정치사상과 이론

야경국가는 국가가 마치 야경처럼 치안, 질서 유지 및 개인의 자유를 보장하는 등 최소한의 역할만 수행해야 한다고 하는 자유방임주의에 밑바탕을 둔 것이다.

09. (핵심 **Tag**) #정치 · 외교 · 안보 #통치 구조 #국회와 입법

국회 안에서 한 발언을 국회 밖에서 다시 발언하였을 때에는 이 특권이 적용되지 않는다.

10. (핵심 **Tag**) #정치 · 외교 · 안보 #통치 구조 #대통령

국회의 승인을 받아야 하는 것에는 예비비의 지출, 긴급명령, 긴급재정경제처분 및 명령이 있다. 국회의 동의를 얻어야 하는 경우는 ① 조약의 체결 · 비준, ② 예비비 설치, 일반사면, 국무총리 · 감사원장 · 대법원장 · 헌법재판소장의 임명, 선전포고 및 강화, 국군의 해외 파병, 외국 군대의 국내 주둔, 국채 모집이 있다. ③ 계엄선포는 국회에 통고하여야 한다.

11. (핵심 **Tag**) #정치 · 외교 · 안보 #선거 제도 #선거 형태

선거구를 지역별로 정하여 대표자를 선출하는 선거방법은 지역 대표제라 하고, 직능 대표제란 직업별로 선거인단을 만들어 대표자를 선거하는 제도이다.

12. (핵심 **Tag**) #정치 · 외교 · 안보 #통치 구조 #국회와 입법

당 3역(黨三役)은 하나의 정당에 중추적인 역할을 수행하는 원내대표, 사무총장, 정책위의장을 말한다.

- 원내대표 : 국회 내에서 소속의원들을 통솔하고, 원내(院内)에서의 당무(黨務)를 맡아보며, 소속 의원들의 의사를 사전에 종합 · 통일하여 각 교섭 단체 간에 교섭할 때 당을 대표하여 활동하는 정당의 간부 의원
- 사무총장 : 당의 조직을 관리하고 일상 업무의 집행을 총괄하는 자
- 정책위의장 : 당의 이념과 기본 정책의 연구 및 입안을 위한 정책위원회의 의장

13. (핵심 **Tag**) #정치 · 외교 · 안보 #외교 #국제기구와 조약

브릭스(BRICS)는 브라질(Brazil), 러시아(Russia), 인도(India), 중국(China), 남아프리카공화국(Republic of South Africa)의 합성어이다.

14. (핵심 **Tag**) #정치 · 외교 · 안보 #외교 #국제기구와 조약

① 위의 내용은 보통 선거에 대한 설명이다. 역사적으로 보면 선거권은 성별, 재산 등 여러 가지 조건을 충족하는 경우에 주어졌다. 그러나 오랜 투쟁의 결과 연령만이 자격 조건으로 남게 되었다.

15. 핵심 Tag #정치·외교·안보 #통치 구조 #국회와 입법

국회의원의 임기는 4년으로 한다(헌법 제42조).

16. 핵심 Tag #정치·외교·안보 #외교 #국제기구와 조약

④ 난민을 적극적으로 받아들일 의무 조항은 없으나, 불법 입국한 난민이라도 일정한 조건을 충족하면 형벌을 가할 수 없도록 하고 있다.

17. 핵심 Tag #정치·외교·안보 #정치 일반 #정치사상과 이론

포퓰리즘(populism)은 대중주의, 인기영합주의 등으로도 불린다.

② 쇼비니즘(chauvinism) : 배타적·맹목적·광신적·호전적 애국주의를 말한다.

③ 섀도 캐비닛(shadow cabinet) : 야당에서 정권을 잡을 경우에 대비하여 각료 후보로 조직한 내각으로 '그림자 내각'이라고도 한다.

④ 필리버스터(filibuster) : 의회에서 고의로 합법적인 방법을 이용하여 의사진행을 방해하는 것을 말한다.

18. 핵심 Tag #정치·외교·안보 #정치 일반 #정치사상과 이론

국회에서 20인 이상의 소속의원을 가진 정당은 하나의 교섭 단체가 된다. 그러나 다른 교섭 단체에 속하지 아니하는 20인 이상의 의원으로 따로 교섭 단체를 구성할 수 있다(국회법 제33조 제1항).

19. 핵심 Tag #정치·외교·안보 #안보 #군사 용어

핫라인(hot line)이란 우발적 전쟁을 막기 위해 미국의 워싱턴(백악관)과 구소련의 모스크바(크렘린) 사이에 설치된 직통전화를 말한다.

20. 핵심 Tag #정치·외교·안보 #안보 #북한과 통일

4·27 판문점선언(남북관계 발전과 평화번영을 위한 선언)에는 ▲핵 없는 한반도 실현 ▲연내 종전 선언 ▲남북공동연락사무소 개성 설치 ▲이산가족 상봉 행사 추진 등의 내용이 포함됐다.

SECTION

2 | 법률

01 법 일반

핵심Tag #법률의 기초 #법률의 분류 #기타 법적 용어

#법률의 기초

159 법정지위法定地位와 연령年齡

- 「형법」상 미성년자 : 14세 미만
- 「민법」상 미성년자 : 19세 미만
- 선거권 행사 : 18세 이상
- 부모 동의 없이 약혼 또는 혼인 가능 : 19세 이상(18세는 부모 동의 필요)
- 주민등록증 수령 : 17세 이상
- 군대 입대 : 18세 이상
- 병역 의무자 징병 검사 : 19세 이상

160 권리 權利, right
일정한 이익을 누릴 수 있는 법률상의 힘

법에서 필수적인 개념이며, 구별개념으로 권한, 권원, 권능 등이 있다. 권리의 본질에 대하여는 °의사설, °이익설, 권리법력설 등이 있으며, 일정한 이익을 누릴 수 있도록 법이 인정하는 힘이라고 보는 권리법력설이 가장 유력하다. 권리에는 공권과 사권이 있다.

의사설 권리의 본질에 대하여 법에 의해 부여된 의사의 힘으로 보는 학설

이익설 권리의 본질에 대하여 법에 의해 보호되는 이익이라고 보는 학설

161 법적 안정성 法的安定性
법에 의하여 보호, 보장되는 사회생활의 안정성

법적 안정성을 위해 법은 그 내용을 명확히 해야 하며 자주 변경되지 않아야 한다.
- **결정의 요구** : 결정이 올바른가를 판단하기 전에 결정 자체가 내려져야 함
- **법의 실정화** : 법의 결정에는 일정한 형식이 갖추어져야 함
- **빕직 결정의 안정성** : 법을 담당하는 기관의 결정은 임의로 취소·변경되어서는 안됨

162 법의 흠결
법으로 규정되어야 할 사항임에도 불구하고 법이 존재하지 않는 것

법은 입법기술상의 한계를 가지고 있으며, 법의 발생 및 변경 등의 이유로 법의 흠결을 불가피하게 동반한다. 법의 흠결이 없다는 것은 불가능하며, 특별히 성문법주의에서는 자주 일어나는 현상이다. 이를 보완하기 위하여 특별법을 제정하기도 하고, 포괄적인 규정인 일반조항을 두기도 한다. 이 외에도 법의 공백을 메우기 위한 불문법을 수용하게 된다.

163 법 적용 法適用 의 원칙 原則
상위법·특별법·신법 우선의 원칙, 법률 불소급의 원칙

- **상위법 우선의 원칙** : 상위법과 하위법이 대립하는 경우 상위법을 하위법에 우선하는 원칙
- **특별법 우선의 원칙** : 일반법과 특별법이 대립하는 경우 특별법을 일반법에 우선하는 원칙
- **신법 우선의 원칙** : 구법과 신법이 대립되는 경우 신법이 구법에 우선하는 원칙
- **법률 불소급의 원칙** : 행위 시의 법률에 의하여 범죄를 구성하지 아니하는 행위로 소추되지 아니하며, 새롭게 제정된 법이나 개정된 법률, 즉 사후 입법으로 *소급하여 적용할 수 없다는 원칙이다. 그러나 예외적으로 전쟁이나 혁명 이후에 이 원칙이 배제되는 경우가 있다. 8·15 광복 후 일제강점기 반민족행위를 행한 사람에 대한 처벌을 위해 특별법을 제정하여 소급 적용한 사례나 4·19 혁명 이후 3·15 부정 선거 관련자 등에 대한 처벌을 위해 특별법을 제정하여 소급 적용한 사례 등이 그것이다.

소급 과거에까지 영향을 미침

164 과실책임의 원칙
손해에 대한 배상을 구함으로써 과실의 책임을 묻는 원칙

어떤 손해가 다른 사람의 행위에 기인한 것이고 또한 그것이 행위자의 일정한 정신작용에 기한 것인 경우에, 그 손해에 대한 배상을 구함으로써 과실의 책임을 묻는 원칙을 말한다. 이를 뒤집어 보면 자기 행위의 결과로 타인에게 손해가 발생하였더라도 그 결과가 자기의 일정한 정신작용에 기한 것이 아니라면 그 손해에 대한 배상책임을 지지 않는다고 할 수 있다.

165 유권 해석 有權解釋, authentic interpretation
국가 혹은 법을 해석할 권한 있는 기관에 의해 행하여지는 법의 해석

*학리 해석, *문리 해석과 대응되는 개념으로 공권적 해석, 강제적 해석이라고도 불린다. 해석을 행하는 기관에 따라 입법 해석·행정 해석·사법 해석으로 나눌 수 있다.

- 입법 해석 : 입법 자체에 의한 해석을 말하는 것으로 예를 들면「도로교통법」에서 '자동차전용도로라 함은 자동차만이 다닐 수 있도록 설치된 도로를 말한다'라는 규정을 들 수 있다.
- 행정 해석 : 행정관청에 의하여 행해지는 해석으로 경찰이「도로교통법」을 실제로 적용하여 법을 위반한 자에게 벌금을 물리거나 단속하는 경우를 생각할 수 있다.
- 사법 해석 : 구체적인 소송 사건에 법을 적용함에 있어서 법원에 의하여 행하여지는 해석으로 판결 속에 나타나는 것이 일반적이고, 최종적인 구속력을 가지며 보통 판결의 형식으로 이루어진다.

학리 해석 학문에서의 원리나 이론에 비중을 두는 해석

문리 해석 법 해석 가운데 가장 기초적인 단계의 해석 방법으로, 법문에 비중을 두는 해석

166 가정법원 家庭法院
가사 사건의 분쟁을 조정하고, 소년 관련 사건을 전문으로 취급하는 법원

가사 사건의 경우는 일반「민법」과는 다르게 국민 개인의 사생활에 국가가 어느 정도까지 개입해야 할지에 대해 고민해야 하고, 타인과 타인 간의 관계와 가족 간의 관계에서는 서로 다른 잣대와 평가가 필요하다는 점에서 이를 전문적으로 취급하는 가정법원이 필요하다. 또한 소년범죄 역시 그 시작이 가정의 문제에서 출발한다는 의미에서 가사 사건과 긴밀한 관계를 인정하고 가정법원에서 취급한다.

167 법의 분류

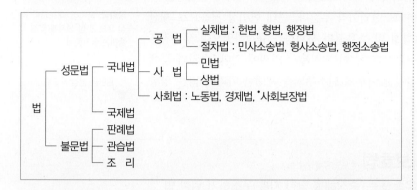

사회보장법 공법과 사법의 중간 영역

168 성문법 成文法
문서의 형식을 갖춘 법

성문법은 제정법이며, 입법기관에 의해 제정된 법을 제정법이라 한다. 불문법과는 대립되는 개념이고, 문서의 형식을 갖춘 법이다. 성문법에는 헌법·법률·명령·조약·규칙·조례 등이 있다.

성문법은 입법이 복잡하고, 유동하는 사회에 빠르게 대응하지 못하는 단점이 있지만, 법 생활의 안정성을 유지할 수 있는 장점을 지니기 때문에 오늘날 대부분의 국가에서는 '성문법주의'를 취하고 있다.

169 불문법 不文法
문장의 형식이 아닌 법

성문법과 반대되는 개념으로 관습법, 판례법, 조리 등이 있다.

• 관습법 : 사회생활 속에서 관행적으로 행해지는 관습이 *법적 확신을 가지게 된 것을 말한다.

• 판례법 : 법원의 동일한 판결이 반복되면서 만들어진 법으로 법적 구속력은 부인되지만 사실상의 구속력을 갖는다.

• 조리 : 사물의 본질 또는 법의 일반원리로 경험칙, 사회통념, 신의성실 등의 표현과 일맥상통하고, 법 흠결 시 재판의 준거 등의 역할을 한다.

법적 확신 관행을 지켜야 한다는 신념

170 바이마르 헌법 Weimarer verfassung
1919년 8월 11일에 제정된 독일 공화국 헌법

1919년 8월 11일에 국민의회가 바이마르에서 열렸고, 이곳에서 제정된 독일 *공화국 헌법을 바이마르 헌법이라 부른다. 근대 헌법상 처음으로 재산권 행사의 공공복리 적합성 및 소유권의 사회성을 규정하였으며 생존권을 보장하고 경제조항을 규정하였다. 이는 히틀러 정권에 의한 *수권법 등에 의해 거의 유명무실해졌지만 이후에 민주주의를 채택한 나라에 많은 영향을 주었다.

공화국 국민이 대표자를 직접 또는 간접 선거에 의해 선출하는 국가형태

수권법 법률을 정립할 수 있는 권한을 행정부에 위임하는 법

171 범죄피해자보호법 犯罪被害者保護法
범죄 피해자의 유족 또는 *중장해를 당한 자를 구조하기 위한 법

「범죄피해자보호법」은 범죄 피해자 보호·지원의 기본 정책 등을 정하고 타인의 범죄행위로 인하여 생명·신체에 피해를 받은 사람을 구조함으로써 범죄 피해자의 복지 증진에 기여함을 목적으로 한다. 범죄 피해자는 범죄 피해 상황에서 빨리 벗어나 인간의 존엄성을 보장받을 권리가 있다. 또한 범죄 피해자의 명예와 사생활의 평온은 보호되어야 한다.

범죄 피해자는 해당 사건과 관련하여 각종 법적 절차에 참여할 권리가 있으며, 국가 및 지방 자치 단체는 범죄 피해자의 피해 정도 및 보호·지원의 필요성 등에 따라 상담, 의료 제공, 구조금 지급, 법률구조, 취업 관련 지원, 주거지원, 그밖에 보호에 필요한 대책을 마련하여야 한다.

중장해 부상 또는 질병이 치유된 때(그 증상이 고정된 때를 포함)의 신체상의 장해로서 대통령령이 정하는 경우를 말함. 예를 들면 두 눈이 실명된 경우, 씹는 기능과 말하는 기능을 완전 영구히 잃은 경우, 신경계통의 기능 또는 정신에 뚜렷한 장해가 남아 항상 간호를 받아야 하는 경우 등이 있음

172 최진실법 친권자동부활금지제
미성년 자녀의 친권을 가진 한쪽 부모가 사망한 경우 나머지 한쪽 부모에게 자동으로 넘어가는 것이 아니라 가정법원의 심사를 거쳐 친권자를 선정하도록 한 「민법」 개정안

이 법은 이혼 후 자녀를 데리고 있던 아버지나 어머니가 사망할 경우 다른 한쪽 부모에게 친권이 자동승계되던 것을 법적으로 금지하는 내용을 담고 있다. 단독 친권자가 사망하거나 친권을 상실할 경우 가정법원이 필수적으로 생존 부모의 양육 능력 등을 심사해 친권자로 결정하도록 함으로써 친권 승계가 부적절한 경우 조부모 등 다른 적합한 사람을 미성년후견인으로 선임할 수 있게 하였다. 이는 2008년 배우 최진실 씨가 사망하면서 전 남편 조성민 씨에게 자녀들의 친권이 넘어가게 되자, 아이들을 더 잘 돌볼 수 있는 외할머니가 친권을 가져야 한다는 사회적 논란에서 비롯된 개정안이다.

173 국가보안법 國家保安法

국가의 안전을 위태롭게 하는 반국가활동을 규제함으로써 국가의 안전과 국민의 생존 및 자유를 확보함을 목적으로 하는 법

「국가보안법」(국보법)상의 주요 범죄유형은, 반국가단체의 구성 등의 죄, 목적수행죄, 자진지원죄, 금품수수죄, 잠입 · 탈출죄, 찬양 · 고무 등의 죄, 회합 · 통신죄, 편의제공죄, 불고지죄, 특수직무유기죄, 무고 · 날조죄 등이다.

#기타 법적 용어

174 플리바게닝 plea bargaining

피의자가 자신의 혐의를 인정하거나 타인에 대한 증언을 하면 검찰 측이 형량을 낮춰주는 제도

유죄답변거래, 유죄협상제도, 사전형량조정제도라고도 불리며, 우리나라에는 현재 공식적으로 도입되지 않았다. 미국의 형사 재판 절차에 있는 것으로 수사 비용의 절감 및 사건을 쉽게 해결한다는 장점이 있다.

175 이원권 以遠權, beyond right

국가와 국가가 서로 항공협정을 체결하고 상대방의 공항을 경유하여 여객 또는 화물을 운송할 수 있는 권리

이는 두 국가만 서로 협정한다고 해서 되는 것이 아니라 또 다른 한 국가와 그 두 국가가 각각 협정을 해야만 각 국가 간에 이원권이 행사되는 항공노선이 개설될 수 있다. 항공의 자유 중 제5의 자유라고 불리기도 한다.

176 디지털 포렌식 digital forensic

PC나 노트북, 휴대폰 등 각종 저장매체 또는 인터넷상에 남아 있는 각종 디지털 정보를 분석해 범죄 단서를 찾는 수사기법

범죄수사에서 적용되고 있는 과학적 증거 수집 및 분석기법의 일종으로, 각종 디지털 데이터 및 통화기록, 이메일 접속기록 등의 정보를 수집 · 분석하여 DNA · 지문 · 핏자국 등 범행과 관련된 증거를 확보하는 수사기법을 말한다. 현대인들은 생활 속에서 자신도 모르게 디지털 기기와 항상 접해 있어 디지털 포렌식이 범죄수사에 널리 활용되고 있다.

177 법정계량단위 法定計量單位, weight and measure units by law
계량법에서 규정한 물상의 상태의 양을 측정할 때 쓰이는 계량단위

계량의 기준이 되는 단위는 기본단위·유도단위·보조단위 및 특수단위로 구분한다.

구분	개념	단위
기본 단위	기본이 되는 7개의 단위	• 길이 : 미터(m) • 질량 : 킬로그램(kg) • 시간 : 초(s) • 전류 : 암페어(A) • 온도 : 켈빈(K) • 물질량 : 몰(mol) • 광도 : 칸델라(cd)
유도 단위	기본단위의 조합 또는 기본 단위 및 다른 유도단위의 조 합에 의하여 형성되는 단위	• 넓이 : 제곱미터($㎡$) • 속도 : 미터 퍼 세컨드(m/s) • 방사선 : 래드(rad) • 부피 : 세제곱미터($㎥$) • 주파수 : 헤르츠(Hz)
보조 단위	기본단위 및 유도단위를 십 진배수나 분수로 표기하는 것	• 데카(da) : 10^1 • 킬로(k) : 10^3 • 기가(G) : 10^9 • 테라(T) : 10^{12} • 밀리(m) : 10^{-3} • 나노(n) : 10^{-9}
특수 단위	특수한 계량의 용도에 쓰이 는 단위	• 해리 : 1해리＝1852m • 헥타르(ha) : $1ha=1hm^2=10^4m^2$ • 다인(dyn) : $1dyn=1g \cdot cm/s^2=10^{-5}N$ • 가우스(G) : $1G=10^{-4}T$

178 혐연권 嫌煙權
비흡연자의 생명 및 건강을 보호하기 위하여 공공장소 등에서 흡연을 규제하는 권리

흡연자에게 흡연의 자유를 긍정하는 전제하에 비흡연자의 생명과 건강을 보호하기 위하여 직장 및 공공장소 등에서 흡연하는 것을 규제하는 권리로, 그 근거는 간접흡연의 해로움이다. 담배를 피우지 않더라도 주변에서 피우는 담배연기 때문에 폐암 및 후두암, 심장병 등이 발병할 위험성이 있다.

179 존 스쿨 john school
성 매수 초범자의 재범 방지를 위한 교육프로그램

1995년 미국 샌프란시스코의 SAGE라는 시민단체와 사법 당국의 추진 하에 성 구매 초범 남성의 재발 방지를 위한 프로그램이 개발되었다. 미국, 캐나다 등 일부 선진국에서 실시되고 있으며, 성구매자들의 대부분이 본인의 이름을 흔한 이름 존이라고 하는 데서 명칭을 따왔다. 한국에도 2005년 도입되어 성매수자가 초범인 경우에 이 과정을 이수하도록 하고 전과기록이 남지 않도록 *기소유예를 해주며, 그 과정은 하루에 8시간씩 이루어진다.

기소유예 범인의 연령·성행, 지능과 환경, 피해자에 대한 관계, 범행동기·수단과 결과, 범행 후의 정황 등을 참작하여 소추할 필요가 없다고 사료될 때 공소를 제기하지 않는 검사의 처분

02 헌법

핵심Tag #헌법 원리 #헌법의 권리 #헌법의 적용

#헌법 원리

180 대한민국헌법 大韓民國憲法
대한민국의 최고 기본법

1987년 10월 27일 국민 투표에 의하여 개정되었으며, *민정·*경성·*성문헌법의 단일법전이다. 1948년 7월 17일 제헌 국회에서 제정된 이후 9차의 개정을 거쳤다. 조문은 총강, 국민의 권리와 의무, 국회, 정부, 법원, 헌법재판소, 선거관리, 지방 자치, 경제, 헌법개정 순으로 이루어져 있으며, 그 앞에는 전문이 위치하고 있다. 총 130개의 조문과 6개의 부칙으로 구성되어 있다.

민정 헌법 국민의 의사에 따라 제정한 헌법

경성 헌법 연성 헌법과 대응하는 개념으로, 개정 절차가 복잡하게 되어 있는 헌법

성문 헌법 문서의 형식을 갖춘 헌법

더 알고가기

「대한민국헌법」 전문(前文)
유구한 역사와 전통에 빛나는 우리 대한국민은 3·1 운동으로 건립된 대한민국 임시 정부의 법통과 불의에 항거한 4·19민주이념을 계승하고, 조국의 민주개혁과 평화적 통일의 사명에 입각하여 정의·인도와 동포애로써 민족의 단결을 공고히 하고, 모든 사회적 폐습과 불의를 타파하며, 자율과 조화를 바탕으로 자유민주적 기본질서를 더욱 확고히 하여 정치·경제·사회·문화의 모든 영역에 있어서 각인의 기회를 균등히 하고, 능력을 최고도로 발휘하게 하며, 자유와 권리에 따르는 책임과 의무를 완수하게 하여, 안으로는 국민생활의 균등한 향상을 기하고 밖으로는 항구적인 세계평화와 인류공영에 이바지함으로써 우리들과 우리들의 자손의 안전과 자유와 행복을 영원히 확보할 것을 다짐하면서 1948년 7월 12일에 제정되고 8차에 걸쳐 개정된 헌법을 이제 국회의 의결을 거쳐 국민 투표에 의하여 개정한다.

181 헌법의 기본원리
국민주권주의, 기본권존중주의, 권력분립주의, 평화통일주의, 세계평화주의, 문화국가주의, 복지국가주의

- **국민주권주의** : 대한민국의 주권은 국민에게 있고, 모든 권력은 국민으로부터 나온다.
- **기본권존중주의** : 모든 국민은 인간으로서의 존엄과 가치를 가지며, 행복을 추구할 권리를 가진다. 국가는 개인이 가지는 불가침의 기본적 인권을 확인하고 이를 보장할 의무를 진다.
- **권력분립주의** : 입법, 행정, 사법의 3권으로 분류되어 의회, 정부(또는 내각), 법원이 상호 견제하고 균형을 이룬다.
- **평화통일주의** : 대한민국은 통일을 지향하며, 자유민주적 기본질서에 입각한 평화적 통일 정책을 수립하고 이를 추진한다.
- **세계평화주의** : 대한민국은 국제평화의 유지에 노력하고 침략적 전쟁을 부인한다.
- **문화국가주의** : 국가는 전통문화의 계승·발전과 민족문화의 창달에 노력하여야 한다.
- **복지국가주의**
  - 모든 국민은 인간다운 생활을 할 권리를 가진다.
  - 모든 국민은 건강하고 쾌적한 환경에서 생활할 권리를 가지며, 국가와 국민은 환경보전을 위하여 노력하여야 한다.
  - 근로조건의 기준은 인간의 존엄성을 보장하도록 법률로 정한다.
  - 국가유공자·˙상이군경 및 ˙전몰군경의 유가족은 법률이 정하는 바에 의하여 우선적으로 근로의 기회를 부여받는다.
  - 혼인과 가족생활은 개인의 존엄과 양성의 평등을 기초로 성립되고 유지되어야 하며, 국가는 이를 보장한다.

> **상이군경** 전투 또는 공무 중에 다친 군인과 경찰
>
> **전몰군경** 전쟁 중 상대와의 싸움에 의해 죽게 된 군인과 경찰

182 헌법 재판소의 관장사항

- 법원의 제청에 의한 법률의 위헌 여부 심판
- 탄핵의 심판
- 정당의 해산 심판
- 국가기관 상호 간, 국가기관과 지방 자치 단체 간 및 지방 자치 단체 상호 간의 권한쟁의에 관한 심판
- 법률이 정하는 헌법소원에 관한 심판

▲ 헌법 재판소

183 헌법개정 절차

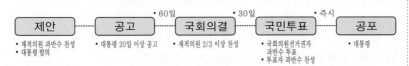

제안	공고	·60일 국회의결	·30세 국민투표	·즉시 공포
·재적의원 과반수 찬성 ·대통령 발의	·대통령 20일 이상 공고	·재적의원 2/3 이상 찬성	·국회의원선거권자 과반수 투표 ·투표자 과반수 찬성	·대통령

- **제안**
  - 대통령은 국무회의의 심의를 거친다.
  - 헌법개정은 국회재적의원 과반수 또는 대통령의 발의로 제안된다.
- **공고**
  제안된 헌법개정안은 대통령이 20일 이상의 기간에 이를 공고하여야 한다.
- **국회의 의결**
  국회는 헌법개정안이 공고된 날로부터 60일 이내에 의결하여야 하며, 국회의 의결은 재적의원 3분의 2 이상의 찬성을 얻어야 한다.
- **국민 투표**
  - 국회를 통과한 헌법개정안은 30일 이내에 국민 투표에 부쳐 국회의원 선거권자 과반수의 투표와 투표자 과반수의 찬성을 얻으면 확정된다.
- **공포**
  - 헌법개정이 확정되면 대통령은 즉시 이를 공포하여야 한다.

184 **법관** 法官, judge

「헌법」과 「법원조직법」이 정한 바에 따라 임명되어 사법부를 구성하고 대법원과 각급 법원에서 재판사무를 담당하는 공무원

법관은 대법원장과 대법관, 일반법관으로 분류된다. 대법원장은 국회의 동의를 얻어 대통령이 임명하고, 대법관은 대법원장의 제청으로 국회의 동의를 얻어 대통령이 임명한다. 판사는 대법관회의의 동의를 얻어 대법원장이 임명한다. 대법원장, 대법관의 임기는 6년으로 하며, 판사의 임기는 10년으로 한다. 대법원장은 중임할 수 없지만, 대법관과 판사는 연임할 수 있다. 대법원장의 정년은 70세, 대법관의 정년은 70세, 판사의 정년은 65세로 한다. 법관은 탄핵결정·금고 이상의 형의 선고에 의하지 아니하고는 파면되지 아니하며, 징계처분에 의하지 아니하고는 정직·감봉 또는 불리한 처분을 받지 아니한다.

185 일사부재의 ―事不再議
부결된 안건은 같은 회기 중에 다시 발의 또는 제출하지 못한다는 원칙

「국회법」제92조는 '부결된 안건은 같은 회기 중에 다시 발의 또는 제출하지 못한다'고 규정하고 있다. 이미 결정된 안건에 관하여 같은 회기 중에 다시 발의 또는 제출하게 되면 회의의 원활한 운영을 방해할 수 있기 때문에 이와 같은 원칙을 두었다. 특히 소수파에 의한 의사방해 배제가 가장 큰 목적이다.

186 조세 법률주의 租稅法律主義
법률의 근거 없이 조세를 부과하거나 징수할 수 없다는 원칙

조세 법률주의의 목적은 국민의 재산권을 보장하고, 법률생활의 안정을 기하려는 것이며, '과세요건법정주의, 과세요건명확주의, 소급과세금지의 원칙, 합법성의 원칙을 그 내용으로 한다.「헌법」제38조는 '모든 국민은 법률이 정하는 바에 의하여 납세의 의무를 진다'고 규정하고 있으며, 제59조는 '조세의 종목과 세율은 법률로 정한다'고 규정함으로써 조세 법률주의를 선언하고 있다. 여기에는 과세대상, 과세표준, 납세의무자 등 조세의 부과와 징수에 관한 구체적인 사항이 포함된다. 그러나 지방세는 예외적으로「지방세법」이 일반적 기준을 정하고 있지만, 구체적인 부과ㆍ징수에 관하여는 지방 자치 단체가 조례로 정한다.

과세요건법정주의 세율, 납세자, 과세물건과 귀속, 과세표준 등 납세의무를 성립ㆍ변경ㆍ소멸시키는 조세실체법적 사항 및 조세의 부과ㆍ징수절차에 관한 조세절차법적 사항, 조세구제, 처벌에 대한 사항을 법률에 규정하여야 한다는 원칙

#헌법의 권리

187 참정권 參政權
국민이 직ㆍ간접의 방법으로 국가 정치에 참여하는 권리

정치적 자유권이라고도 하며, 구체적인 권리로 선거권, 피선거권, 국민 투표권, 국민심사권, 공무원 및 배심원이 되는 권리 등이 있다. 과거에는 특권 계층만 참정권을 가졌으나, 프랑스 및 미국의 인권 선언을 시작으로 일반 국민들이 참정권을 가졌다. 우리 헌법에는 선거권, '공무 담임권, 국민 투표권 등을 규정하고 있다.

공무 담임권 국가나 지방 자치 단체 기관의 구성원으로 공공의 업무를 담당하는 권리

188 자연권 自然權
사람이 태어날 때부터 자연적으로 가지는 천부의 권리

역사적인 형성 혹은 실정법에 의해 창설된 권리와 반대되는 개념으로 자연법사상을 기반으로 확립되었으며, 천부인권이라 한다. 우리 「헌법」 제10조에는 '모든 국민은 인간으로서의 존엄과 가치를 가지며, 행복을 추구할 권리를 가진다. 국가는 개인이 가지는 불가침의 기본적 인권을 확인하고 이를 보장할 의무를 진다'라고 규정하고 있다.

구체적인 내용으로는 평등권, 신체의 자유권, 재산권의 보장 등이 있고, 또한 제37조 제1항에는 '국민의 자유와 권리는 헌법에 열거되지 아니한 이유로 경시되지 아니한다'라고 규정하고 있으며, 제2항에는 '국민의 모든 자유와 권리는 국가안전보장·질서유지 또는 공공복리를 위하여 필요한 경우에 한하여 법률로써 제한할 수 있으며, 제한하는 경우에도 자유와 권리의 본질적인 내용을 침해할 수 없다'고 하면서 그 제한과 한계를 규정하고 있다.

함께 나오는 용어

기본권 헌법이 규정한 천부인권

189 사회권 社會權
국민이 인간다운 생활을 하기 위하여 필요한 사회적 보장책을 국가에 요구할 수 있는 권리

사회적 기본권, 생존권적 기본권, 사회권적 수익권, 생활권적 기본권 등으로도 불리며, 모든 사회구성원이 인간다운 생활을 하고, 최저한의 생존을 보장하기 위해 국가에 사회적 보장책을 요구하는 권리이다. 우리 헌법은 교육을 받을 권리, 근로의 권리, 노동3권, 인간다운 생활권, 환경권, 건강한 생활을 할 권리 등의 사회적 기본권을 규정하고 있다.

190 평등권 平等權
모든 국민이 법 앞에서 평등한 대우를 받아야 함을 선언한 헌법상의 기본권

「헌법」 제11조 제1항에는 '모든 국민은 법 앞에 평등하며, 성별·종교 또는 사회적 신분에 의하여 정치적·경제적·사회적·문화적 생활의 모든 영역에 있어서 차별을 받지 아니한다'고 선언하고 있다. 그 주체는 모든 국민이고, 외국인도 '상호주의 원칙하에 평등권을 가진다. '법 앞의 평등'에서의 법은 헌법·법률·명령·규칙 등의 성문법뿐만 아니라 관습법 등 불문법을 포함한다. 평등권은 인간의 불가침적 천부인권이며, 그 자체가 독립된 기본적 인권의 성격을 지니기도 하지만 다른 기본권들의 보장의 기초가 되는 기본권 중의 기본권이다.

상호주의 상대국이 자국을 대우하는 정도에 따라 외국인에게 자국인과 동일한 권리를 줄 것인지, 권리를 제한할 것인지를 결정하는 원리

191 자유권 自由權
국가가 개인의 자유로운 영역에 관해 간섭하지 않도록 개인이 갖는 헌법상의 기본권

「헌법」 제10조는 '모든 국민은 인간으로서의 존엄과 가치를 가지며, 행복을 추구할 권리를 가진다. 국가는 개인이 가지는 불가침의 기본적 인권을 확인하고 이를 보장할 의무를 진다'고 규정하였고, 제37조는 '국민의 자유와 권리는 헌법에 열거되지 아니한 이유로 경시되지 아니한다. … 자유와 권리의 본질적인 내용을 침해할 수 없다'고 선언하고 있다. 자유권은 생명권, 신체를 훼손당하지 아니할 권리, 신체의 자유 등 인신에 관한 자유권, 사생활의 비밀과 자유의 불가침 등 사생활에 관한 자유권, 종교의 자유, 양심의 자유, 언론·출판의 자유 및 집회·결사의 자유 등 정신적 활동에 관한 자유권, 재산권, 직업선택의 자유 등 경제생활에 관한 자유권으로 분류될 수 있다. 미국 헌법을 기초한 토머스 제퍼슨이 남긴 "신문 없는 정부보다 정부 없는 신문을 택하겠다"는 헌법에 보장된 자유권을 잘 표현한 말이다.

192 인격권 人格權
성명, 초상, 생명, 신체, 자유, 정조 등 인격적 이익에 관한 권리

우리 「민법」은 타인의 신체, 자유, 명예를 침해하면 불법행위를 구성한다고 규정하고 있다. 이외의 다른 인격적 이익도 이를 침해하면 불법행위가 성립한다. 타인의 성명, 초상을 무단으로 사용하거나 정조를 침해하는 행위, 생활을 방해하는 행위 등이 불법행위가 되는 것을 보면 알 수 있다.

193 신원권 伸寃權
가족의 원한을 풀어줄 수 있는 권리

국가에 의한 권력남용이나 *유린에 의해 인권에 대한 부당한 침해가 발생한 경우에 그 배상을 요구하고, 사실을 바로잡아 그 원한을 풀어줄 수 있는 권리를 말한다. 침해가 발생하기 전의 상태로 되돌려 놓는 원상회복과 부당한 침해의 재발방지에 그 목적을 두고 있다. 신원권의 법적 근거는 국제인권규약에서 찾을 수 있다. T. 반 보벤이 제출한 「인권과 기본적 자유를 부당하게 침해당한 희생자의 복권 및 배상 등 원상회복권리에 대한 연구」에는 금전적, 비금전적, 육체적, 정신적 배상을 적시하였다. 비금전적 배상의 내용으로 사실규명과 공개적 책임 인정, 처벌, 희생자 및 가족과 증인들에 대한 보호, 희생자에 대하여 애도, 희생자에 대한 지원 및 필요기관 설치, 재발 방지를 위한 방법 모색이 있다.

유린 타인의 권리 또는 인격 등을 무시하는 행동

194 청원권 請願權
국민이 국가 기관에 대하여 자신의 요구를 청할 수 있는 권리

영국의 *권리 청원과 *권리 장전에서 처음으로 국민의 권리로서 보장되었다. 「헌법」제26조는 '모든 국민은 법률이 정하는 바에 의하여 국가기관에 문서로 청원할 권리를 가진다. 국가는 청원에 대하여 심사할 의무를 진다'고 규정하고 있다.

「헌법」제26조의 규정에 의한 청원권 행사의 절차와 청원의 처리에 관한 사항을 규정함을 목적으로 청원법이 제정되었으며 그 내용은 다음과 같다.

- 청원을 제출할 수 있는 기관은 국가기관, 지방 자치 단체와 그 소속기관, 법령에 의하여 행정권한을 가지고 있거나 행정권한을 위임 또는 위탁받은 법인·단체 또는 그 기관이나 개인이다.
- 청원은 피해의 구제, 공무원의 위법·부당한 행위에 대한 시정이나 징계의 요구, 법률·명령·조례·규칙 등의 제정·개정 또는 폐지, 공공의 제도 또는 시설의 운영, 그 밖에 국가기관 등의 권한에 속하는 사항의 경우에 할 수 있다.
- 청원을 수리한 기관은 성실하고 공정하게 청원을 심사·처리하여야 하며, 청원을 관장하는 기관이 청원을 접수한 때에는 특별한 사유가 없는 한 90일 이내에 그 처리결과를 청원인에게 통지하여야 한다.
- 누구든지 타인을 *모해할 목적으로 허위의 사실을 적시한 청원을 하여서는 아니 된다.
- 누구든지 청원을 하였다는 이유로 차별대우를 받거나 불이익을 강요당하지 아니한다.
- 동일인이 동일한 내용의 청원서를 동일한 기관에 2건 이상 제출하거나 2 이상의 기관에 제출한 때에는 나중에 접수된 청원서가 이를 반려할 수 있다.
- 청원은 청원인의 성명과 주소 또는 거소를 기재하고 서명한 문서로 하여야 한다.

권리 청원 청교도 혁명에 의해 얻어진 국민의 인권에 관한 선언

권리 장전 명예혁명에 의해 얻어진 국민의 인권에 관합 선언

모해 꾀를 써서 타인을 해롭게 함

195 초상권 肖像權
자신의 모습에 대한 독점을 인정하는 인격권

자신의 얼굴 및 모습이 승낙 없이 촬영당하거나 전시되었을 경우에 손해배상청구권을 인정하는 권리이다. 초상권에는 인격권으로서의 초상권과 *퍼블리시티권과 유사한 재산권으로서의 초상권이 있다.

퍼블리시티권 자신의 성명 또는 초상을 상업적으로 이용하고 통제할 수 있는 권리

196 사면권 赦免權
국가원수가 자비를 베풀어 형벌을 면제하는 직권

사면은 *은전권에서 유래되었으며 사법권의 독립에 대한 예외적 현상의 일종이다. 이는 일반사면과 특별사면이 있는데, 일반사면은 형의 *언도의 효력이 상실되며 형의 언도를 받지 않은 자에 대하여는 공소권이 상실된다. 특사라고도 줄여서 표현되는 특별사면은 법무부장관이 상신하여 국무회의의 심의를 거쳐 대통령이 행하며, 형의 집행이 면제된다.

은전권 군주국가시대에 군주가 베푸는 자비

언도 선고

197 묵비권 默秘權, right of silence
피고인이나 피의자, 증인이 진술을 거부할 수 있는 권리

「헌법」 제12조에는 '형사상 자기에게 불리한 진술을 강요당하지 아니한다', 「형사소송법」 제283조의2 제1항은 '피고인은 진술하지 아니하거나 개개의 질문에 대하여 진술을 거부할 수 있다'고 규정하고 있다. 「헌법」은 불리한 진술이라는 제한을 두고 있지만, 「형사소송법」은 이익·불이익을 불문하고 묵비권을 행사할 수 있다. 검사 또는 사법경찰관은 피의자를 *신문하기 전에 일체의 진술을 하지 아니하거나 개개의 질문에 대하여 진술을 하지 아니할 수 있다는 것 등을 알려주어야 한다.

신문 증인, 피의자, 반대당사자 등에게 법원, 수사기관, 소송당사자가 하는 질문으로, 증인신문, 당사자신문, 피고인신문, 피의자신문 등이 있음

#헌법의 적용

198 탄핵 彈劾, impeachment
대통령·국무총리·법관 등 신분이 보장되어 있는 공무원의 위법행위에 대해 처벌, 파면하는 제도

탄핵이란 대통령·국무총리·국무위원·행정각부의 장·헌법 재판소 재판관·법관·중앙 선거 관리 위원회위원·감사원장·감사위원 기타 법률이 정한 공무원이 그 직무집행에 있어서 헌법이나 법률을 위배한 때에 국회의 소추·심판에 의하여 또는 국회의 소추에 의한 다른 국가기관의 심판에 의해 이를 처벌하거나 파면하는 준사법적 절차를 말한다. 탄핵소추는 국회 재적의원 3분의 1 이상의 발의가 있어야 하며, 그 의결은 국회 재적의원 과반수의 찬성이 있어야 한다. 다만, 대통령에 대한 탄핵소추는 국회 재적의원 과반수의 발의와 국회 재적의원 3분의 2 이상의 찬성이 있어야 한다. 탄핵소추의 의결을 받은 자는 탄핵심판이 있을 때까지 그 권한행사가 정지된다. 탄핵결정은 공직으로부터 *파면함에 그친다. 그러나 이에 의하여 민사상이나 형사상의 책임이 면제되지는 아니한다.

파면 징계 중 공무원의 신분을 박탈하는 것

199 법률제정절차 法律制定節次

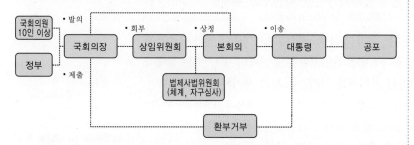

- **제안**
  - 제안권자 : 국회의원, 정부
  - 국회의원 : 10인 이상의 찬성
  - 정부 : 국무회의 심의를 거쳐 대통령이 서명하고, 국무총리·관계 국무
    위원이 부서한다.
- **회부** : 국회의장은 법률안이 제출되면 소관 상임위원회에 회부하여 심사
  하게 한다.
- **상임위원회 심사** : 위원회는 회부된 법률안에 대하여 위원회 *상정 → 제안
  자 취지 설명 → 전문 위원 검토보고 → 대체토론 → 소위원회 심사보고
  → 축조심사 → 찬반토론 → 의결(표결)의 순서로 심사
- **법제사법위원회 체계·자구심사** : 위원회의 심사를 마친 법률안은 법제사
  법위원회에 회부되어 체계·자구심사를 거치게 된다.
- **전원위원회 심사** : 위원회의 심사를 거치거나 위원회가 제안하는 주요 의
  안에 대해서는 재적의원 4분의 1 이상의 요구가 있으면 의원 전원으로 구
  성되는 전원위원회의 심사를 거친다.
- **본회의 심의·의결** : 체계·자구심사를 거친 법률안은 본회의에 상정되어
  심사보고, 질의·토론을 거쳐 재적의원 과반수의 출석과 출석의원 과반
  수의 찬성으로 의결된다.
- **정부 이송** : 국회에서 의결된 법률안은 정부에 *이송되어 15일 이내에 대
  통령이 공포한다.
- **대통령의 거부권 행사** : 법률안에 이의가 있을 때에는 대통령은 정부 이송
  후 15일 이내에 이의서를 붙여 국회로 환부하고, 그 *재의를 요구할 수 있
  다. 재의 요구된 법률안에 대하여 국회가 재적의원 과반수의 출석과 출석
  의원 3분의 2 이상의 찬성으로 전과 같은 의결을 하면 그 법률안은 법률
  로서 확정된다.
- **공포** : 대통령은 법률안이 정부에 이송된 지 15일 이내에 공포하여야 한
  다. 법률로 확정된 후 5일 이내에 대통령이 이를 공포하지 않을 경우 국
  회의장이 공포한다. 법률은 특별한 규정이 없으면 공포한 날로부터 20일
  을 경과함으로써 효력을 발생한다.

상정 토의할 안건을 내놓는
것

이송 소송사건을 그 계속한
법원이 재판에 의해 다른 법
원으로 옮기는 것

재의 이미 결정한 사항에 대
해 같은 기관이 두 번째로 심
사하거나 의결하는 것

200 헌법소원 憲法訴願
기본권의 침해를 받은 당사자가 헌법 재판소에 구제를 신청하는 일

- **청구 사유** : 헌법소원심판청구라고 하며, 권리구제형 헌법소원과 규범통제형 헌법소원이 있다. 권리구제형 헌법소원은 공권력의 행사 또는 불행사로 인하여 헌법상 보장된 기본권을 침해받은 자가 제기하는 것이며(다만, 다른 법률에 구제절차가 있는 경우에는 그 절차를 모두 거친 후가 아니면 청구할 수 없음), 규범통제형 헌법소원은 법원에 위헌법률심판제청신청이 *기각된 때 그 신청을 한 당사자가 헌법 재판소에 제기하는 것이다.
- **청구 기간** : 권리구제형 헌법소원심판은 그 사유가 있음을 안 날부터 90일 이내에, 그 사유가 있은 날부터 1년 이내에 청구하여야 한다. 다만, 다른 법률에 의한 구제절차를 거친 헌법소원의 심판은 그 최종결정을 통지받은 날로부터 30일 이내에 청구하여야 한다. 규범통제형(위헌심사형) 헌법소원심판은 위헌 여부 심판의 제청신청을 기각하는 결정을 통지받은 날부터 30일 이내에 청구하여야 한다.
- **국선대리인** : 헌법소원심판을 청구하고자 하는 자가 변호사를 대리인으로 선임할 자격이 없는 경우에는 헌법 재판소에 국선대리인을 선임하여 줄 것을 신청할 수 있다.

> **기각** 소송이 이유 없거나 적법하지 않다고 판단될 때 법원이 내리는 선고

201 집시법 集示法
적법한 집회·시위를 최대한 보장하고 위법한 시위로부터 국민을 보호함으로써 집회·시위의 권리보장과 공공의 안녕질서가 적절히 조화되도록 하는 것을 목적으로 한 법

「집회 및 시위에 관한 법률」의 줄임말로, 누구든지 폭행, 협박, 그 밖의 방법으로 평화적인 집회 또는 시위를 방해하거나 질서를 문란하게 하여서는 아니 된다. 집회 또는 시위의 주최자 및 질서유지인은 특정한 사람이나 단체가 집회나 시위에 참가하는 것을 막을 수 있다. *옥외집회나 시위를 주최하려는 자는 신고서를 옥외집회나 시위를 시작하기 720시간 전부터 48시간 전에 관할 경찰서장에게 제출하여야 한다.

> **옥외집회** 천장이 없거나 사방이 폐쇄되지 않은 장소에서 여는 집회

민법

핵심Tag #민법 기초 #법률 행위 #물권과 채권 #친족 관련 민법

#민법 기초

202 민법 民法, civil law

형식적 의미의 민법전과 사람들에게 일반적으로 적용되는 사법

민법은 형식적 의미의 민법과 실질적 의미의 민법으로 구분된다. 민법은 형식적으로는 성문법전, 즉 민법전을 가리키는 말이며, 실질적으로는 사람들에게 일반적으로 적용되는 사법, 즉 일반사법을 의미한다. 그리고 민법은 실체법으로 권리, 의무의 발생·변경·소멸과 기타 법률관계의 판단기준을 정한다.

203 민법의 3대 원칙

[근대]

- **소유권절대의 원칙** : 개인에게 소유권의 독점적 배타성을 인정한다.
- **사적 자치의 원칙** : 개인의 의사에 따라 권리를 취득하고 상실한다.
- **자기 책임의 원칙** : 자기에게 책임 있는 사유로 인한 행위에 의하여 손해가 발생한 경우에만 책임을 지우며, 그렇지 않을 경우에는 책임을 지지 않는다.

[현대]

- **재산권의 공공성 고려** : 빈부의 격차 문제 등을 해결하고자 '재산권의 행사는 공공복리에 적합하도록 하여야 하며, 재산권의 한계를 법률로 정한다'고 규정하였다.
- **계약 공정의 원칙** : 빈부의 격차로 인하여 부당한 계약이 성립하게 되면 형식적인 계약 자유의 원칙이 무너지므로 국가의 개입이 불가피하게 되어서 수정된 원칙이다.
- **무과실책임의 원칙** : 일정한 경우 과실이 없더라도 배상책임을 지게 하는 원칙이다. 우리 민법은 원칙적으로 과실책임주의를 규정하고 있지만, 특별한 경우에 손해배상액의 경감 청구를 인정하고 있을 뿐만 아니라 제한된 범위 내에서 무과실책임을 인정하고 있다.

사적 자치의 원칙
=개인 의사 자치의 원칙
=법률행위 자유의 원칙
=계약 자유의 원칙

CHAPTER 03

정치

204 청구권 請求權
특정인이 다른 특정인에 대해 일정한 행위를 할 것을 요구할 수 있는 권리

채권과 물권 또는 신분권을 기초로 하는 권리로, 예를 들면 매매계약이 체결되면 대금청구권이나 이행청구권이 생기는 경우를 들 수 있다. 공작물매수청구권, 매매대금감액청구권 등은 청구권이라 불리지만 그 내용은 *형성권이다.

형성권 권리자의 일방적 의사표시에 의해 법률관계가 발생, 변경, 소멸하는 권리

#법률 행위

205 계약자유의 원칙
계약에 의한 법률 관계는 법의 테두리 안에서 철저하게 당사자의 자유를 존중한다는 원칙

*계약자유의 내용으로는 계약을 맺을 것인지의 여부를 자유롭게 결정할 수 있는 계약체결의 자유, 계약을 체결함에 있어 당사자가 계약의 상대방을 선택할 수 있는 상대방선택의 자유, 당사자가 원하는 대로 계약의 내용을 정할 수 있는 계약내용의 자유, 특정한 방식에 얽매이지 않고 당사자의 자유를 존중하여 계약의 형식을 결정할 수 있도록 하는 방식의 자유를 들 수 있다.

계약(契約) 일정한 법률효과의 발생을 목적으로 서로의 의사를 표시함

---

206 법률행위의 무효
법률행위가 성립한 때부터 법률상 당연히 그 효력이 발생하지 않는 것으로 확정되는 것

법률행위가 무효가 되는 경우는 의사무능력, 강행규정에 위반된 법률행위, 사회질서에 반하는 법률행위, 불공정한 법률행위, 진의 아닌 의사표시, 허위표시 등이 있다. 무효에는 절대적 무효와 상대적 무효, 당연 무효와 재판상 무효가 있다. 절대적 무효는 모든 사람에게 무효를 주장할 수 있으며, 상대적 무효는 선의의 제3자 등 일정한 사람에게는 대항할 수 없다. 재판상 무효는 소에 의해서만 무효를 주장할 수 있는 경우를 말한다. 또한 법률행위의 전부가 무효인 전부무효와 일부만이 무효인 일부무효가 있다. 법률행위의 무효는 확정적이면 확정적 무효, 추인 등에 의해 소급적으로 유효가 될 수 있는 *유동적 무효로 나뉜다.

유동적 무효 법률행위가 무효이지만 추인에 의해 행위시에 소급하여 유효로 될 수 있는 것을 말한다. 예를 들면 국토이용관리법상의 규제구역에 속하는 토지의 거래 시 허가를 받기 전의 상태를 유동적 무효상태라고 하고 토지거래허가를 배제하거나 잠탈하는 내용의 계약인 경우 확정적 무효가 되며, 허가를 받으면 그 계약은 소급하여 유효가 됨

함께 나오는 용어 ·····················

법률행위의 취소
일단 유효하게 성립한 법률행위의 효력을 무능력 또는 의사표시의 착오·하자를 이유로 취소권자의 의사표시에 의하여 행위 시에 소급하여 무효로 하는 것. 취소권은 추인할 수 있는 날로부터 3년 내에, 법률행위를 한 날로부터 10년 내에 행사하여야 함

207 제한능력자 制限能力者
권리·의무를 갖기 위한 행위를 혼자서 할 수 있는 능력을 가질 수 없는 자

행위능력을 가질 수 없는 자를 제한능력자라고 한다. 「민법」상 제한능력자에는 미성년자·피성년후견인·피한정후견인·˙피특정후견인이 있다. 제한능력자의 행위는 취소할 수 있어 무효가 될 우려가 있다. 제한능력자의 법률행위는 취소하지 않는 한 유효하다. 법률행위의 취소권을 제한능력자 측만 가지므로, 「민법」은 제한능력자의 상대방을 보호하기 위해 상대방에게 ˙확답을 촉구할 권리(최고권), ˙철회권, ˙거절권을 부여하고 있다.

함께 나오는 용어

- **미성년자(未成年者)**
  만 19세에 달하지 않은 자로, 미성년자가 법률행위를 함에는 법정대리인의 동의를 얻어야 한다. 그러나 권리만을 얻거나 의무만을 면하는 행위는 독자적으로 유효하게 법률행위를 할 수 있으며 동의 없이 독자적으로 한 행위는 미성년자나 그의 법정대리인이 취소할 수 있다. 법정대리인이 범위를 정하여 처분을 허락한 재산은 미성년자가 임의로 처분할 수 있고 법정대리인은 미성년자가 아직 법률행위를 하기 전에는 동의와 허락을 취소할 수 있다. 우리 민법은 미성년자가 혼인한 때에 성년자로 의제하는 규정을 두고 있다.

- **피성년후견인(被成年後見人)**
  정신적 제약으로 사무처리능력이 지속적으로 결여된 사람에 대하여 본인, 배우자 등의 청구에 의하여 가정법원으로부터 성년후견개시의 심판을 받은 자이다. 질병, 장애, 노령, 그 밖의 사유로 인한 정신적 제약으로 사무를 처리할 능력이 지속적으로 결여된 사람에 대하여 가정법원은 본인의 의사를 고려하여 성년후견개시를 심판하여야 한다(「민법」 제9조). 피성년후견인의 법률행위는 취소할 수 있지만, 일상생활에 필요하고 그 대가가 과도하지 아니한 법률행위는 취소할 수 없고, 가정법원은 취소할 수 없는 피성년후견인의 법률행위의 범위를 정할 수 있다. 가정법원은 성년후견개시의 원인이 소멸된 경우에는 청구권자의 청구에 의하여 성년후견종료의 심판을 하여야 한다.

- **피한정후견인(被限定後見人)**
  정신적 제약으로 사무처리 능력이 부족하여 본인, 배우자 등의 청구에 의하여 가정법원으로부터 한정후견개시의 심판을 받은 자이다. 피한정후견인은 한정후견인의 동의를 받은 행위의 범위 안에서 법률행위를 할 수 있으나, 그 행위의 범위는 청구권자의 청구에 의하여 변경될 수 있으며, 한정후견인의 동의 없이 한 법률행위는 취소할 수 있다. 다만, 일상 생활에 필요하고 그 대가가 과도하지 아니한 법률행위에 대하여는 그러하지 아니하다.

피특정후견인(被特定後見人) 정신적 제약으로 일시적 후원 또는 특정한 사무에 관한 후원이 필요한 사람에 대하여 본인 등의 청구에 의하여 가정법원으로부터 특정후견의 심판을 받은 사람

확답을 촉구할 권리 취소행위의 추인 여부 답변이 없으면 취소나 추인 효과를 발생하게 하는 권리

철회권 상대방이 제한능력자 측의 추인 전까지 계약의 의사표시를 철회하는 권리

거절권 상대방 있는 단독행위에 대하여 상대방이 제한능력자의 의사표시를 거절하는 권리

208 책임무능력자 責任無能力者
형사 미성년자 혹은 심신상실자 등 사물 변별 능력이 없거나 의사 결정 능력이 없는 자

우리 「형법」 제9조는 '14세가 되지 아니한 자의 행위는 벌하지 아니한다'고 규정함으로써 형사 미성년자를 책임무능력자로 본다. 또한 제10조 제1항에서는 '심신장애로 인하여 사물을 변별할 능력이 없거나 의사를 결정할 능력이 없는 자의 행위는 벌하지 아니한다'고 규정함으로써 ˙심신상실자를 책임무능력자로 본다.

심신상실 심신장애로 인하여 변별력과 의사 능력이 없는 상태

209 권리남용금지 權利濫用禁止
권리의 행사를 함에 있어서 법률 사회의 목적에 어긋나는 부당한 행위는 금지한다는 원칙

우리 「민법」 제2조 제2항에는 '권리는 남용하지 못한다'고 규정하고 있다. 권리남용의 요건은 주관적 요건과 객관적 요건이 있다. 주관적으로는 그 권리행사의 목적이 오직 상대방에게 고통을 주고 손해를 입히려는 데 있을 뿐 행사하는 사람에게 아무런 이익이 없을 경우여야 하고, 객관적으로는 그 권리행사가 사회질서에 위반된다고 볼 수 있어야 한다. 비록 그 권리행사에 의하여 권리행사자가 얻는 이익보다 상대방이 잃을 손해가 현저히 크다 하여도 그러한 사정만으로는 권리남용이라 할 수 없다.

210 신의성실 信義誠實의 원칙
권리의 행사와 의무의 이행은 신의에 좇아 성실히 하여야 한다는 원칙

법률관계의 당사자는 상대방의 신뢰에 반하지 않도록 신의와 성실에 따라 행동할 것이 요구되는데, 이러한 도덕적 평가를 법적 가치판단의 내용으로서 도입한 것이 신의성실의 원칙이다. 사정변경의 원칙, 모순행동금지의 원칙, '실효의 원칙은 신의칙에서 파생되었다. 신의성실의 원칙에 위배된다는 이유로 그 권리행사를 부정하기 위하여는 상대방에게 신의를 공여하였다거나 객관적으로 보아 상대방이 신의를 가짐이 정당한 상태에 이르러야 한다.

실효의 원칙 권리자가 자신의 권리를 상당한 기간 동안 행사하지 않아 상대방으로 하여금 앞으로 그 권리주장을 예상치 못하게 하였음에도 불구하고 사후에 이 신뢰를 깨고 권리를 주장하는 경우 이를 허용하지 않는다는 원칙

211 주물 主物과 종물 從物
- 주물 : 물건의 소유자가 그 물건의 상용에 이바지하기 위하여 자기 소유인 다른 물건을 이에 부속되게 한 때, 그 물건
- 종물 : 주물에 부속된 다른 물건

주유소 건물과 주유기, 백화점 건물과 지하에 설치된 전화교환 설비, 횟집과 수족관 등이 주물과 종물 관계에 있는 대표적인 예다.
주물의 설명에서 '상용(常用)에 이바지한다'는 것은 사회관념상 계속하여 주물 자체의 경제적 효용을 높이는 관계에 있다는 것을 의미한다. 그렇기 때문에 주물의 효용과 관계없는 주물의 소유자(사람)의 편익에 필요한 선풍기, 냉장고, 전화, 침구 등은 종물이 아니다. 종물은 주물의 처분에 따라 그 효력이 미치는 것이 특징이다. 그러나 종물은 주물의 처분에 따른다는 「민법」 제100조 제2항은 임의 규정이므로 종물을 주물의 처분에 영향받지 않게 하는 약정은 가능하다.

212 원물과 과실

- 원물(元物) : 과실을 발생시키는 물건
- 과실(果實) : 물건으로부터 생기는 경제적 수익

민법은 과실을 천연과실과 법정과실로 나누고 있는데, 천연과실이란 물건의 용법에 의하여 수취하는 산출물을 말하고, 이는 원물로부터 분리되는 때의 수취권자에게 귀속된다. 또한 법정과실이란 물건의 사용대가로 받는 금전, 기타 물건을 말한다. 예를 들면 임료, 지료, 이자 등을 들 수 있다.

213 물권의 종류

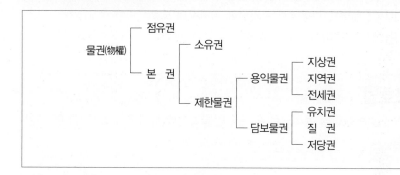

함께 나오는 용어

- **소유권** 물건을 전면적으로 지배할 수 있는 권리
- **제한물권** 소유권에 대한 제한 위에 성립하고 또 그 내용도 제한되는 물권
- **용익물권** 일정한 목적을 위하여 타인의 물건을 사용 · 수익하는 물권
- **지상권** 타인의 토지에 건물을 소유하기 위하여 그 토지를 사용하는 권리
- **지역권** 설정행위에서 정한 일정한 목적을 위하여 타인의 토지를 자기 토지의 편익에 이용하는 물권
- **전세권** 전세금을 지급하고 타인의 부동산을 점유하여 사용 · 수익하는 물권
- **담보물권** 채권의 담보를 위하여 물건의 교환가치를 얻는 제한물권
- **유치권** 타인의 물건을 점유하는 자가 그 물건에 관하여 생긴 채권을 가지면 그 채권을 변제받을 때까지 그 목적물을 유치할 수 있는 권리
- **질권** 채무의 변제를 받을 때까지 그 채권의 담보로 채무자로부터 인도받은 재산권을 유치하다가, 변제가 없으면 우선변제를 받는 물권
- **저당권** 채무담보를 위해 채무자가 제공한 부동산의 점유를 이전받지 않고 관념상 지배하다가, 변제가 없으면 우선변제를 받는 물권

214 공시(公示)의 원칙
물권 변동 관계는 항상 외부에서 인식할 수 있도록 공시 방법을 갖춰야 한다는 원칙

공시(公示)의 방법으로는 부동산은 등기, 동산은 점유·인도, 「입목에 관한 법률」의 적용을 받는 수목의 집단에 관한 등기, 수목의 집단이나 *미분리과실에 관한 관습법상의 명인방법, 특별법의 적용을 받는 동산에 관한 등기 또는 등록 등이 있다. 공시의 효과는 권리 변동의 효력, 공신력, 추정력이 있다.

미분리과실 원물로부터 분리되지 않은 천연과실을 말하며 수목에서 분리되지 않은 열매가 그 예

215 공신(公信)의 원칙
거래 시 일정한 공시 방법을 신뢰한 자가 있을 경우에, 그 공시 방법이 진정한 권리관계와 일치하지 않더라도 공시된 대로의 권리관계를 인정하는 원칙

진정한 권리자의 보호와 선의의 제3자 보호 간의 충돌 상황에서 거래의 대상에 따라 달리 취급한다. 부동산물권의 변동에서는 진정한 권리자의 보호를 중시하고 동산물권의 변동에서는 선의취득을 인정한다.

216 주택임대차보호법 住宅賃貸借保護法
국민 주거생활의 안정을 보장함을 목적으로 주거용 건물의 임대차에 관하여 「민법」에 대한 특례를 규정한 법률

「주택임대차보호법」은 *강행규정으로 이에 위반된 약정으로서 임차인에게 불리한 것은 그 효력이 없다. 임대차는 그 등기가 없는 경우에도 임차인이 주택의 인도와 주민등록(또는 전입신고를 한 때)을 마친 때에는 그 다음 날부터 제3자에 대하여 효력이 생긴다.

강행규정 당사자의 의사와 상관없이 강제성을 띤 규정으로 그 적용을 배제할 수 없음

217 시효 時效
어떠한 사실상태가 일정 기간 계속된 경우에, 진정한 권리관계와 일치하는지 여부를 묻지 않고 사실상태를 존중하여 일정한 법률효과를 발생시키는 제도

시효에는 권리행사라는 외관이 일정 기간 계속된 경우에 권리취득의 효과가 발생하는 '취득시효'와 권리불행사라는 사실상태가 일정 기간 계속된 경우에 권리소멸의 효과가 발생하는 '소멸시효'가 있다. 시효제도를 인정하는 이유는 일정한 사실상태가 오래 지속되면 그 기간 동안 증거 인멸의 우려가 있고 권리관계가 밝혀지기 쉽지 않으므로 진정한 권리관계와 일치하는지 여부와 상관없이 사실상태를 존중하기 위함이다.

218 상계 相計

쌍방이 서로 같은 종류를 목적으로 한 채무를 부담한 경우에 그 쌍방의 채무의 이행기가 도래한 때에 대등액을 소멸하게 하는 의사표시

상계는 상대방에 대한 의사표시로 하며, 이 의사표시에는 조건 또는 기한을 붙이지 못한다. 각 채무의 이행지가 다른 경우에도 상계할 수 있다. 그러나 상계하는 당사자는 상대방에게 상계로 인한 손해를 배상하여야 한다. 또한 *소멸시효가 완성된 채권이 그 완성 전에 상계할 수 있었던 것인 경우에도 상계할 수 있다.

소멸시효 권리불행시라는 사실상태가 일정 기간 계속된 경우에 권리소멸의 효과가 발생하는 제도

219 공탁 供託

변제·담보·보관 등의 목적으로 금전, 유가 증권 기타의 물품을 공탁소 또는 일정한 자에게 보관을 위탁하는 것

공탁은 변제공탁·담보공탁·보관공탁·특수공탁이 있다. 「민법」 제487조 이하의 공탁은 변제공탁으로서, 변제자가 변제의 목적물을 채무의 이행에 갈음하여 공탁소에 임치하고 채무를 면하는 제도이다.

220 보증 채무 保證債務

주된 채무에 대하여 종된 채무

보증 채무는 주채무자가 채권자에게 이행하지 아니하는 채무를 보증인이 대신 이행하는 채무를 말한다. 보증인이 변제를 하고 나면 주채무자에 대한 구상권을 가진다. 보증은 장래의 채무에 대하여도 할 수 있는 것이 특징이다.

221 연대 채무 連帶債務

보증인이 채권자에 대하여 주채무자와 연대하여 채무를 부담하는 채무

연대보증인 중 1인이 채무의 전액이나 자기의 부담부분 이상을 변제하였을 때에 그 연대보증인은 다른 보증인에 대하여 구상권을 가진다. 다른 보증인 중 이미 자기의 부담부분을 변제한 자가 있을 때에는 그에게는 구상권을 갖지 않는다.

222 매매 賣買

당사자 일방이 재산권을 상대방에게 이전할 것을 약정하고, 상대방이 이에 대하여 대금을 지급할 것을 약정함으로써 성립하는 낙성·쌍무·불요식의 유상 계약

매도인은 매수인에 대하여 매매의 목적이 된 권리를 이전하여야 하며 매수인은 매도인에게 그 대금을 지급하여야 한다. 또한 매매의 목적이 된 권리가 타인에게 속한 경우에는 매도인은 그 권리를 취득하여 매수인에게 이전하여야 한다. 한편 매매계약에 관한 비용은 당사자 사이에 특별한 특약이 없으면 당사자 쌍방이 균분하여 부담하도록 한다.

223 구상권 求償權

본래 채무자를 대신해 변제를 한 사람이 그 본래 채무자에 대하여 가지는 상환청구권

구상권은 본래 채무자를 대신해 *변제를 한 사람이 그 본래 채무자에 대하여 가지는 상환청구권으로, 우리 「민법」에는 여러 경우에 구상권을 규정하고 있다.

- 어느 연대 채무자가 변제 기타 자기의 출재로 공동면책되었을 때 다른 *연대채무자의 부담 부분에 대하여 구상권을 행사할 수 있다.
- 주채무자의 부탁으로 보증인이 된 자가 과실 없이 변제 기타의 출재로 주채무를 소멸하게 한 때에 주채무자에 대하여 구상권을 행사할 수 있다.
- 저당부동산의 제3취득자가 저당권자에게 변제한 경우에는 채무자에게 반환을 청구할 수 있다.
- *한정승인자가 공고나 *최고를 *해태하는 등의 이유로 다른 상속채권자나 *유증받은 자에 대하여 변제할 수 없게 된 때에는 한정승인자가 그 손해를 배상하여야 하는데, 이 경우 변제를 받지 못한 상속채권자나 유증받은 자는 그 사정을 알고 변제를 받은 상속채권자나 유증받은 자에 대하여 구상권을 행사할 수 있다.
- 타인을 사용하여 어느 사무에 종사하게 한 자 혹은 그 사무를 감독하는 자는 피용자가 그 사무집행에 관하여 제3자에게 가한 손해를 배상할 책임이 있다. 이 경우 사용자 또는 감독자는 피용자에 대하여 구상권을 행사할 수 있다.
- 공작물의 설치 또는 보존의 하자 및 수목의 재식 또는 보존에 하자가 있는 경우로 인하여 타인에게 손해를 가한 때에는 공작물점유자가 손해를 배상할 책임이 있는데, 이 경우에 점유자 또는 소유자는 그 손해의 원인에 대한 책임 있는 자에 대하여 구상권을 행사할 수 있다.

변제 채무자나 제3자가 급부를 실현하여 채권을 소멸시키는 행위

연대 채무 보증인이 채권자에 대해 주채무자와 연대하여 채무를 부담하는 채무

한정승인(限定承認) 상속인이 상속으로 인하여 취득할 재산의 한도에서 피상속인의 채무와 유증을 변제할 것을 조건으로 하는 상속 승인

최고 상대방에게 일정한 행위를 요구하는 의사의 통지

해태 어떤 법률 행위를 할 기일을 이유 없이 넘겨 책임을 다하지 아니하는 일

유증 유언으로 재산을 증여하는 것

#친족 관련 민법

224 인지 認知
생부나 생모가 혼인 외의 출생자에 대하여 법률상 친자관계를 발생시키는 행위

혼인 외의 자는 인지를 해야 비로소 부모와의 관계가 형성된다. 부모의 혼인이 무효인 때에는 출생자는 혼인 외의 출생자로 본다. 혼인 외의 출생자는 그 부모가 혼인한 때에는 그때로부터 혼인 중의 출생자로 본다.

225 면접 교섭권 面接交涉權
부부의 이혼으로 양육하는 자 외의 부모가 자녀와 연락하고 만날 수 있는 권리

부부가 이혼하는 경우에는 부모 중 어느 한쪽이 자식에 대한 양육권을 가진다. 당사자의 협의로 양육권자를 결정할 수 있고, 협의가 되지 않을 경우 혹은 협의가 불가능한 경우에는 당사자의 청구에 따라 가정법원이 개입하여 이를 결정하거나 변경할 수 있다. 면접 교섭권은 양육권자가 결정된 후에 부부의 이혼으로 양육하는 자 외의 부모가 자녀와 주기적으로 연락하고 만날 수 있는 권리를 말한다. 이 권리는 인간이라면 누구나 가지는 당연한 권리이자 천륜으로서 특별한 사유가 없는 한 제한할 수 없다. 그러므로 부부 당사자가 어느 한쪽의 면접 교섭권을 허락하지 않는 계약을 체결한 경우라 하더라도 이는 '무효이다. 그러나 '자의 복리를 위하여 필요한 때에는 당사자의 청구에 의하여 면접교섭을 제한하거나 배제할 수 있다.'고 규정하고 있다.

무효 법률행위가 성립한 때부터 법률상 당연히 그 효력이 발생하지 않는 것으로 확정된 것

226 친족 親族
배우자, 혈족 및 인척

우리 「민법」 제777조는 친족의 범위를 8촌 이내의 혈족, 4촌 이내의 인척, 배우자로 정하고 있다. 자기의 직계존속과 직계비속을 직계혈족이라 하고 자기의 형제자매와 형제자매의 직계비속, 직계존속의 형제자매 및 그 형제자매의 직계비속을 방계혈족이라 한다. 혈족의 배우자, 배우자의 혈족, 배우자의 혈족의 배우자를 인척이라 한다.

직계혈족은 자기로부터 직계존속에 이르고 자기로부터 직계비속에 이르러 그 세수를 정한다. 방계혈족은 자기로부터 동원의 직계존속에 이르는 세수와 그 동원의 직계존속으로부터 그 직계비속에 이르는 세수를 통산하여 그 촌수를 정한다. 배우자의 혈족에 대하여는 배우자의 그 혈족에 대한 촌수에 따르고, 혈족의 배우자에 대하여는 그 혈족에 대한 촌수에 따른다.

227 혼인의 취소 · 무효 사유

[취소 사유]

- 혼인적령(만 18세)을 위반한 때
- 동의를 요하는 혼인(미성년자 · 피성년후견인의 혼인)의 경우 동의 없이 혼인한 때
- 근친혼금지 규정에 위반한 때(단, 8촌 이내의 혈족 사이의 혼인은 무효사유)
- 중혼금지규정에 위반한 때
- 혼인 당시 당사자 일방에 부부생활을 계속할 수 없는 악질 기타 중대 사유가 있음을 알지 못한 때
- 사기 또는 강박으로 인하여 혼인의 의사표시를 한 때

[무효 사유]

- 당사자 간에 혼인의 합의가 없는 때
- 8촌 이내의 혈족(친양자의 입양 전의 혈족을 포함한다)관계가 있는 때
- 당사자 간에 직계인척관계가 있거나 있었던 때
- 당사자 간에 양부모계의 직계혈족관계가 있었던 때

중혼 이미 배우자가 있음에도 불구하고 또 혼인을 하는 것을 말하며, 우리 「민법」 제810조(중혼금지규정)에 위배되며 이는 혼인취소사유에 해당됨

228 실종 선고 失踪宣告

부재자의 생사불명상태가 일정 기간 계속된 경우에 가정법원의 선고에 의하여 부재자를 사망한 것으로 보고 종래의 주소나 거소를 중심으로 한 법률관계를 확정하는 제도

오랜 기간 생사를 알 수 없는 경우, 사망했을 확률이 높음에도 불구하고 그 증명의 어려움 때문에 방치해두면 그를 둘러싼 법률관계가 불안정하고, 남아 있는 배우자는 재혼도 못하고, 상속도 어려운 상태가 되기에 종래의 주소나 *거소를 중심으로 한 법률관계를 법원이 확정시켜야 할 필요성에서 생겨난 제도이다.

거소 일정 기간 동안 임시로 계속 거주하는 곳이지만 주소와는 다른 개념

거소를 주소로 보는 경우
- 주소를 알 수 없을 때
- 국내에 주소가 없는 자

229 친양자제 親養子制

양자를 혼인 중의 자로 인정하는 제도

친양자를 하려는 자가 요건을 갖추어 가정법원에 친양자 입양의 청구를 하여야 하며, 이에 가정법원은 친양자로 될 자의 복리를 위하여 그 양육상황, 친양자 입양의 동기, 양친의 양육능력 그 밖의 사정을 고려하여 친양자 입양이 적당하지 아니하다고 인정되는 경우에는 기각할 수 있다. 청구를 하기 위해서는 3년 이상 혼인 중인 부부로서 공동으로 하여야 하며, 친양자로 될 자가 미성년자이어야 한다. 또한 친양자로 될 자의 친생부모가 동의해야 하

며, 법정대리인의 입양승낙이 요구된다. 친양자는 부부의 혼인 중의 출생자로 '간주하며, 입양 전의 친족관계는 친양자 입양이 확정된 때에 종료한다. 양친, 친양자, 친생의 부 또는 모나 검사는 일정한 사유가 있을 경우에 가정법원에 파양을 청구할 수 있다.

간주(=본다=의제한다) 완전히 같은 의미가 아닌 개념을 동일하게 취급하는 것으로 이에 대한 반증이 있더라도 법률적 효과를 소멸시키지 않는 것이 특징이며, 추정과 비교 개념

230 유류분 遺留分

상속인이나 일정 범위의 근친을 위해 법률상 유보된 상속재산의 일정부분

「민법」은 피상속인이 유언 또는 증여를 통해 재산을 처분할 수 있도록 규정하고 있다. 이 경우 일정한 범위의 유족을 보호하는 차원에서 법률상 일정액을 유보해 두는 제도가 유류분 제도이다. 규정된 한도를 넘는 유증이나 증여가 있을 때에는 상속인이 그 일정비율의 재산을 반환 청구할 수 있다.

231 상속 相續

상속자와 피상속자 사이에 일정한 친족적 신분관계가 있을 경우 사망 혹은 일정한 법률상의 원인으로 인한 재산상 법률관계의 포괄적 승계

상속인의 범위는 4촌 이내의 방계혈족까지이고(「민법」제1000조 제1항 제4호), 배우자의 상속순위는 부부 간에 평등하게 규정되어 있으며(제1003조), 기여분제도(제1008조의2)로 공동상속인 간의 형평을 기하도록 하였다. 또한 동순위상속인 간의 상속분은 균등하고(제1009조 제1항), 배우자의 상속분을 확대하였으며(제1009조 제2항), '특별연고자에 대한 분여제도(제1057조의2) 등을 통하여 남녀평등, 부부평등, 상속인 간의 공평을 도모할 수 있도록 규정하고 있다.

특별연고자 피상속인과 생계를 같이 했던 자 또는 내연관계·사실상의 자, 양자 등의 관계인 자 또는 간호·요양자 등의 특별한 연고가 있었던 자

더 알고가기

· 상속의 순위
  ① '피상속인의 직계비속(제1000조 제1항 제1호). 태아는 상속순위에 관하여 이미 출생한 것으로 본다(제1000조 제3항).
  ② 피상속인의 직계존속(제1000조 제1항 제2호)
  ③ 피상속인의 형제자매(제1000조 제1항 제3호)
  ④ 피상속인의 4촌 이내의 방계혈족(제1000조 제1항 제4호). 동순위 상속인이 수인인 때에는 최근친을 선순위로 하고 동친 등의 상속인이 수인인 때에는 공동상속인이 된다(제1000조 제2항).

피상속인 자신의 사망에 의해 상속인에게 상속의 목적이 되는 재산인 권리와 의무를 승계시키는 사람

232 **한정승인** 限定承認
상속인이 상속받을 재산의 한도에서 변제할 것을 조건으로 하는 상속승인

한정승인이란 상속인이 상속으로 인하여 취득할 재산의 한도에서 피상속인의 채무와 유증을 °변제할 것을 조건으로 하는 상속승인을 말한다. 상속인이 한정승인을 함에는 상속인이 상속 개시 있음을 안 날로부터 3개월 이내에 상속재산의 목록을 첨부하여 법원에 한정승인의 신고를 하여야 한다. 또한 상속인이 수인인 때에 각 상속인은 그 상속분에 응하여 취득할 재산의 한도에서 그 상속분에 의한 피상속인의 채무와 유증을 변제할 것을 조건으로 상속을 승인할 수 있다.

변제 채무자나 제3자가 급부를 실현하여 채권을 소멸시키는 행위

04 형법

핵심Tag #형법의 기초 #범죄 구성 요건 #형벌의 종류

#형법의 기초

233 **범죄 성립의 3요소**
구성요건해당성, 위법성, 책임성

- **구성요건해당성** : 어떤 행위가 법이 규정한 범죄성립 요건에 일치하는 것을 말한다.
- **위법성** : 구성 요건에 해당하는 행위가 법질서 전체에 충돌하는 경우를 말한다.
- **책임성** : 구성 요건에 해당하는 위법한 행위를 한 행위자에 대한 비난가능성을 말한다.

234 **죄형법정주의** 罪刑法定主義
법률 없으면 범죄 없고 형벌도 없다는 원칙

범죄가 성립되고 처벌을 하기 위해서는 미리 성문의 법률에 규정되어 있어야 한다는 원칙이다. 이는 근대형법의 기본원리이자, 헌법적 원칙이다.

더 알고가기

죄형법정주의의 내용

- 법률주의 : 범죄와 형벌은 성문의 법률로써 규정되어야 한다.
- 명확성의 원칙 : 구성 요건과 형벌을 법관이 자의적으로 해석하고, 판단하는 것을 막기 위하여 명확하게 규정해야 한다는 원칙이다.
- 소급효금지의 원칙 : 피고인에게 불리한 경우, 범죄행위 이후의 입법을 소급하여 적용하는 것을 금지하는 원칙이다.
- 유추해석금지의 원칙 : 법률에 규정이 없음에도 불구하고 유사한 사례를 유추하여 해석하는 것을 금지하는 것으로, 피고인에게 불리하게 형벌을 과하거나 형을 가중하는 것을 막기 위한 원칙이다.

235 가석방 假釋放

*자유형의 집행 중에 있는 자가 개전의 정이 현저하다고 인정되는 경우에 형기 만료 전에 조건부로 수형자를 석방하고, 취소 또는 실효됨이 없이 일정 기간이 경과한 때에는 형의 집행이 종료된 것으로 간주하는 제도

가석방은 불필요한 형의 집행 기간을 단축함으로써 수형자의 사회복귀를 앞당기고 행형과정에 있어서 수형자의 사회복귀를 위한 자발적이고 적극적인 노력을 촉진하기 위한 제도이다.

자유형 범죄자의 자유를 박탈하는 형벌로, 징역·금고 및 구류 등이 이에 해당됨

더 알고가기

가석방의 요건

- 개전의 정이 현저해야 한다.
- 무기형은 20년, 유기형은 형기의 3분의 1을 경과하여야 한다.
- 벌금 또는 과료의 병과가 있으면 금액을 완납해야 한다.

가석방의 효과

가석방의 처분을 받은 후 그 처분이 실효 또는 취소되지 아니하고 가석방 기간을 경과한 때에는 형의 집행을 종료한 것으로 본다.

236 선고유예 宣告猶豫

경미한 범죄의 경우 일정 기간 형의 선고를 유예하고 유예 기간을 특정 사고 없이 경과하면 *면소된 것으로 간주하는 제도

선고유예는 1년 이하의 징역이나 금고·자격정지 또는 벌금의 형을 선고한 경우이어야 하며, 개전의 정상이 현저해야 한다. 또한 자격정지 이상의 형을 받은 전과가 없어야 한다. 선고유예의 판결을 할 것인지의 여부는 법원의 재량이지만 유예 기간은 항상 2년이다.

면소 법원의 소송절차를 종결시키는 것

237 집행유예 執行猶豫

형을 선고하고 정상을 참작하여 일정 기간을 경과하면 집행을 유예하고 선고의 효력을 잃게 하는 제도

3년 이하의 징역 또는 금고의 형을 선고할 경우 범인의 연령, 성행, 지능과 환경, 피해자에 대한 관계, 범행의 동기, 수단과 결과, 범행 후의 정황을 참작하여 그 정상에 참작할 만한 사유가 있는 때에는 1년 이상 5년 이하의 기간 형의 집행을 유예할 수 있다. 다만 금고 이상의 형을 선고한 판결이 확정된 때부터 그 집행을 종료하거나 면제된 후 3년까지의 기간에 범한 죄에 대하여 형을 선고하는 경우에는 집행유예를 선고할 수 없다.

238 공소시효 公訴時效

일정한 기간의 경과로 형벌권을 소멸시키는 제도

「형사소송법」제326조는 '공소의 시효가 완성되었을 때에는 판결로써 면소의 선고를 하여야 한다'고 규정하고 있다. 공소가 제기된 범죄는 판결의 확정이 없이 공소를 제기한 때로부터 25년을 경과하면 공소시효(사형 해당 범죄)가 완성한 것으로 간주한다.

#범죄 구성 요건

239 정범과 공범

- 정범(正犯) : 자기의 범죄를 스스로 행위하는 자 – 간접정범, 공동정범, 합동범, 동시범
- 공범(共犯) : 타인의 범죄를 교사 또는 방조하는 자 – 교사범, 종범

- **공동정범** : 2명 이상이 공동으로 범행한 경우 그 각자를 말한다.
- **간접정범** : 어느 행위로 인하여 처벌되지 아니하는 자 또는 과실범으로 처벌되는 자를 교사 또는 방조하여 범죄행위의 결과를 발생하게 한 자를 말한다.
- **교사범** : 타인에게 범죄실행을 결의하고 이 결의에 의해 범죄를 실행하게 하는 자를 말한다.
- **종범** : 타인의 범죄를 방조한 자로, 범행실행결의를 강화하거나 범죄 실현을 용이하게 한 자를 말한다.
- **필요적 공범** : 2인 이상의 참가를 요구하는 범죄이다.
- **집합범** : 동일한 목표를 실현하기 위하여 다수인이 같은 방향에서 공동으로 작용하는 범죄, *소요죄, *다중불해산죄 등과 같이 동일한 법정형이 부

소요죄 다중이 집합하여 폭행, 협박 또는 손괴의 행위를 함으로써 성립하는 범죄

다중불해산죄 폭행, 협박 또는 손괴의 행위를 목적으로 군중이 집합하여 그를 단속할 권한이 있는 공무원으로부터 3회 이상의 해산명령을 받고 해산하지 아니함으로써 성립하는 범죄

도박죄 재물로써 도박함으로써 성립하는 범죄

수뢰죄 공무원 또는 중재인이 그 직무에 관하여 뇌물을 수수·요구 또는 약속함으로써 성립하는 범죄

과된 경우와 내란죄, 반국가단체구성죄와 같이 다른 법정형이 부과된 경우가 있다.

- **대항범** : 다수인이 서로 대립방향의 행위를 통해 동일한 목표를 실현하는 범죄, *도박죄, *수뢰죄, *증뢰죄, 낙태죄, 범인도피죄, 음화반포죄 등이 대표적인 예이다.

증뢰죄 뇌물을 약속·공여 또는 공여의 의사를 표시하거나 또는 이러한 행위에 공할 목적으로 제3자에게 금품을 교부하거나 그 정을 알면서 교부를 받음으로써 성립하는 범죄

240 공동정범 共同正犯
2명 이상이 공동으로 범행한 경우 그 각자

공동정범의 성립 요건으로는 범행에 대한 공동의 의사와 공동가공의 사실이 있다. 먼저 범행에 대한 공동의 의사는 의사연락으로 충분하고 반드시 명시적일 필요는 없다. 공동정범 성립의 객관적 요건인 공동가공의 사실은 공동의 전체범행계획에 따른 범행의 일부분에 대한 행위분담을 뜻한다. 우리 「형법」은 공동정범 각자를 그 죄의 정범으로 처벌한다고 규정하고 있다. 공동의 의사를 초과하여 범행을 실행한 자는 단독정범의 책임을 져야 한다. *중지미수의 경우에는 공동행위자 중 1명의 중지로 충분한 것이 아니라 범죄 자체가 기수에 이르지 않을 것을 요구한다. 또한 공동정범자가 범죄실행을 교사 또는 방조했을 경우에는 교사 및 방조행위가 공동정범에 흡수되는 것으로 본다. 또한 *공모공동정범 성부 여부가 논의되는데, 그 내용은 2명 이상이 범죄 모의에는 참여하였으나 그 중 일부가 실행 단계에 참여하지 않은 경우에 모두를 공동정범으로 처벌할 수 있는가 하는 문제이다.

중지미수 범인이 자의로 실행에 착수한 행위를 중지하거나 그 행위로 인한 결과의 발생을 방지하는 경우

공모공동정범 수인이 공모하여 그 가운데 일부가 공모에 따라 범죄의 실행행위에 나아간 때에 실행행위를 분담하지 아니하고 단순히 공모에 참가한 데 그치는 자에게도 공동정범이 성립한다는 이론

241 간접정범 間接正犯
어느 행위로 인하여 처벌되지 아니하는 자 또는 과실범으로 처벌되는 자를 교사 또는 방조하여 범죄행위의 결과를 발생하게 한 자

우리 「형법」 제34조 제1항은 '어느 행위로 인하여 처벌되지 아니하는 자 또는 과실범으로 처벌되는 자를 교사 또는 방조하여 범죄행위의 결과를 발생하게 한 자는 교사 또는 방조의 예에 의하여 처벌한다.'고 규정하고 있다. 예를 들면 정을 인식하지 못하는 제3자를 이용하여 *기망하여 재물 또는 재산상의 이익을 편취한 경우에는 간접정범의 형태에 의한 소송사기죄가 성립하게 된다. 또한 자기의 지휘·감독을 받는 자를 교사 또는 방조하여 범죄행위의 결과를 발생하게 한 자의 경우 형을 가중하고 있다.

기망(欺罔) 허위의 사실을 말하거나 진실을 은폐함으로써 상대방을 착오에 빠지게 하는 행위

242 교사범 敎唆犯
타인으로 하여금 범죄실행을 결의하고 실행하도록 하는 자

'교사'란 범죄의사가 없는 타인에게 범죄실행을 결의하게 하는 것을 말한다. 그러므로 이미 확고한 범죄를 결의한 '피교사자에게 범죄를 실행하도록 하는 행위는 교사라고 보지 않는 것이 판례이다. 교사의 유형에는 '간접교사, '재교사, '연쇄교사가 있으며 그 가벌성에 대한 여러 가지 학설이 존재한다. 통설과 판례는 가벌성을 긍정하는 것이 바람직하다고 하고 있다. 교사자가 미수에 그치게 할 의사를 가진 경우에는 고의를 부정한다. 이에 미수의 교사인 함정수사에 대해 기회제공형은 유죄설, 무죄설, 공소기각설 등의 대립이 있지만 유죄설이 다수설이다(미수범, 불가벌). 우리 「형법」은 교사범을 죄를 실행한 자와 동일한 형으로 처벌하도록 규정하고 있다.

피교사자 교사자에 의해 교사받은 자

간접교사 타인에게 제3자를 교사하여 범죄를 실행하게 하는 교사

재교사 피교사자가 직접 실행하는 것이 아니라 제3자를 교사하여 그 자로 하여금 실행하게 하는 교사

연쇄교사 교사가 순차적으로 여러 사람을 통하여 이루어진 교사

243 확신범 確信犯
종교적·정치적·도덕적 의무 등의 확신에 의해 행하여진 범죄 또는 그 범인

사상범·정치범 등의 범죄는 보통 확신범의 성격을 띠고 있다. 확신범인은 자신의 행위가 위법하다는 인식 자체가 있다고 보아야 하는지가 문제가 되고, 위법성의 인식이 있다고 하더라도 자신이 믿고 있는 신념에 따른 행동으로 인한 범죄이기 때문에 기대가능성, 즉 확신범인에게 그 행동을 하지 않을 가능성을 기대할 수 있는지 등의 문제가 생긴다. 또한 확신범인에게 보통의 형벌을 과하는 것이 적당한지의 여부, '보안처분·부정기형이 필요하지 않을까 하는 등의 문제가 생긴다.

보안처분 범인이 다시 범행을 하지 않도록 교육을 하거나 보호처분을 하는 것으로 형벌과는 차이가 있음

244 미필적 고의 未必的故意
범죄 결과의 발생가능성을 불확실한 것으로 표상하면서 이를 용인하고 있는 경우

범죄 사실의 발생가능성에 대한 인식이 있음은 물론 나아가 범죄사실이 발생할 위험을 용인하는 내심의 의사가 있어야 한다.

함께 나오는 용어

- 확정적 고의
  확실히 인식하고 그 결과를 적극적으로 의욕하는 행위자의 내심상태를 말한다.
- 불확정적 고의
  결과의 발생, 행위의 대상 등을 확실하게 결정하지 않은 상태에서 결과 발생을 인용하거나, 불특정대상에 대해 결과가 발생하기를 의욕하는 경우를 말한다. 미필적 고의는 이에 포함된다.

245 책임조각사유 責任阻却事由
「형법」상 범죄의 성립 요건인 책임을 면하게 하는 사유

「형법」에 있어서의 책임은 적법행위의 *기대가능성이 있었음에도 불구하고 위법하게 행위한 경우에 대한 비난가능성을 의미한다. '책임 없으면 형벌 없다.'는 원칙하에 행위가 결과를 가져왔다 할지라도 행위자에게 비난가능성이 없으면 처벌하지 않는다. 책임조각사유란 비난가능성의 여지는 있지만 특별한 *기대불가능성을 이유로 그 책임비난을 조각하는 경우이다. 책임조각사유에는 저항할 수 없는 폭력 등으로 인한 *강요된 행위, 과잉방위, 과잉피난 등이 있다.

기대가능성 행위자가 적법행위를 할 것을 기대할 수 있는 경우

기대불가능성 행위자가 적법행위를 할 것을 기대할 수 없는 경우

강요된 행위 저항할 수 없는 폭력이나 자기 또는 친족의 생명 신체에 대한 위해를 방어할 방법이 없는 협박에 의하여 강요된 행위

246 위법성조각사유 違法性阻却事由
구성 요건에 해당하는 행위가 어떠한 조건을 갖추면 마치 처음부터 적법한 행위였던 것처럼 평가되는 것

우리 「형법」은 *정당방위, 긴급피난, 자구행위, 피해자 승낙, 정당행위 등의 위법성조각사유를 규정하고 있다. 위법성조각사유에 해당하여 위법성이 조각이 되면, 행위자는 형벌을 받지 않게 되고, 피해자는 정당방위로 대항할 수가 없게 된다. 또한 그 행위가 위법하지 않다는 평가를 받게 되므로, 교사범과 종범도 부정된다.

정당방위 자기 또는 타인의 법익에 대한 현재의 부당한 침해를 방위하기 위한 행위

247 긴급피난 緊急避難
자기 또는 타인의 법익에 대한 현재의 위난을 피하기 위한 상당한 이유 있는 행위

긴급피난이 성립되기 위해서는 자기 또는 타인의 법익에 대한 현재의 위난, 위난을 피하기 위한 행위, 상당한 이유가 필요하다. 긴급피난은 정당방위보다 현재성의 범위가 넓기 때문에 계속적이고 지속적인 침해의 위험이 있을 때에도 현재성을 인정한다.

또한 정당방위는 부당한 공격에 대한 대응으로 공격을 해온 자에 대해서 방위행위를 할 수 있는 반면, 긴급피난은 부당하지 않은 침해에 대해서도 할수 있는 것이 특징이다. 위난을 발생케 한 자 밖의 자에 대해서도 피난행위를 할 수 있다는 점에서 정당방위와는 다르다.

248 형벌의 종류

사형, 징역, 금고, 자격상실, 자격정지, 벌금, 구류, 과료, 몰수

사형	범죄자의 생명을 박탈하는 것을 내용으로 하는 형벌로, 형무소 내에서 교수하여 집행한다.
징역	수형자의 신체적 자유를 박탈하는 것을 내용으로 하는 형벌로, 수형자를 교도소 내에 구치하여 정역(노역)에 복무하게 한다.
금고	수형자의 신체적 자유를 박탈하는 것을 내용으로 하는 형벌로, 교도소 내에 구치한다. 징역은 정역을 부과하지만 금고는 과실범·정치범 등 명예를 존중해 줄 필요가 있기 때문에 의무적인 정역을 부과하지 않는다. 다만 수형자의 신청이 있으면 정역을 부과할 수 있다.
자격상실	일정한 형의 선고가 있으면 그 형의 효력으로서 당연히 일정한 자격이 상실되는 것을 말한다.
자격정지	일정 기간 동안 일정한 자격의 전부 또는 일부를 정지시키는 것을 말한다.

249 배임죄 背任罪

타인의 사무를 처리하는 자가 그 임무에 위배하는 행위로써 재산상의 이익을 취득하거나 제3자로 하여금 이를 취득하게 하여 본인에게 손해를 가하는 범죄

배임죄에서 타인의 사무라 함은 신임관계에 기초를 둔 타인의 재산의 보호 내지 관리의무가 있을 것을 그 본질적 내용으로 한다. 또한 사무처리를 함에 있어서 독립성이 있어야 하며, 본인의 지시에 따르기만 하는 사자(使者)와는 구분된다. 업무상의 임무에 위배하여 배임죄를 범한 자는 형이 가중되며, 미수범도 처벌한다. 단순배임의 경우 형량은 5년 이하의 징역 또는 1500만원 이하의 벌금에 처하며, 업무상배임죄의 경우 10년 이하의 징역 또는 3000만원 이하의 벌금에 처한다.

배임죄와 횡령죄 배임죄와 횡령죄는 모두 타인에 대한 신임관계의 배신이라는 점에서 공통점을 갖는다. 그러나 배임죄는 재산상의 이익을 객체로 하고, 횡령죄는 재물을 객체로 한다는 점에서 차이가 있음

250 횡령죄 橫領罪

타인 재물을 보관하는 자가 그 재물을 횡령하거나 반환을 거부하는 범죄

업무상의 임무에 위배하여 횡령죄를 범한 자는 형이 가중되며, 미수범도 처벌한다. 우리 판례는 횡령죄를 저지른 자가 기망의 수단을 쓴 경우에는 횡령죄만 인정한다.

251 모욕죄 侮辱罪

공연하게 사람을 모욕함으로써 성립하는 범죄

「형법」제311조는 '공연히 사람을 모욕한 자는 1년 이하의 징역이나 금고 또는 200만원 이하의 벌금에 처한다'고 규정하고 있으며「형법」제107조 제 2항, 제108조 제2항에서도 외국원수에 대한 모욕죄 및 외국사절에 대한 모욕죄를 각각 규정하고 있다. 일반모욕죄는 피해자의 고소가 있어야 기소할 수 있는 진고죄고, 외국원수나 외국사절에 대한 모욕죄는 반의사불벌죄이다. 친고죄의 고소 기간은 범인을 알게 된 날로부터 6개월이며, 이를 경과하면 고소하지 못한다. 하지만 일각에서는 모욕죄를 두는 것 자체가 표현의 자유를 억압하는 것이라는 논란이 있다.

252 친고죄 親告罪

범죄 피해자의 고소 · 고발이 있어야만 공소를 제기할 수 있는 범죄

우리「형법」은 피해자 혹은 피해자의 가족의 명예훼손 등의 불이익이 발생할 수 있는 범죄 혹은 경미한 범죄의 경우 그 범죄 피해자의 *고소 · *고발이 없을 때 이는 소송조건이므로 이에 위반되면 공소를 기각해야 할 필요가 있다는 규정을 두고 있다. 「형법」상 친고죄에 해당하는 범죄는 사자명예훼손죄, 모욕죄, 비밀침해죄, 업무상 비밀누설죄, 친족상도례가 적용되는 친족간 재산범죄 및 권리행사방해죄 등이 있다. 2013년「형법」은 강간죄, 강제추행죄 등 성범죄에 대해 고소가 있어야 공소를 제기할 수 있도록 한 규정(「형법」제296조 및 제306조)을 삭제하였다. 친고죄 규정을 폐지한「형법」은 2013년 6월 19일부터 발생한 (19세 이상 성인을 대상으로 한) 강간, 강제추행 사건 등 성폭력 사건의 경우 피해자가 따로 고소하지 않아도 수사기관이 성폭력범죄자에 대해 공소를 제기해 처벌할 수 있도록 하고 있다.

고소(告訴) 범죄의 피해자, 그의 법정대리인 기타 고소권자가 수사기관에 범죄사실을 신고하여 그 소추를 구하는 의사표시

고발(告發) 범인, 피해자나 고소권자가 아닌 제3자가 수사기관에 범죄사실을 신고하여 그 소추를 구하는 의사표시

253 반의사불벌죄 反意思不罰罪

피해자가 가해자의 처벌을 원하지 않을 경우에 그 의사에 따라 처벌할 수 없는 범죄

피해자의 의사와 상관없이 *소추는 가능하나, 피해자가 명시적으로 가해자의 처벌을 원하지 않을 경우에 그 의사를 존중하여 처벌할 수 없다. 또한 처벌 의사표시를 철회한 경우에는 *공소기각 판결을 내려야 함을「형사소송법」에 명시하고 있다. 반의사불벌죄에는「형법」의 외국원수에 대한 폭행 · 협박 등의 죄, 외국사절에 대한 폭행 · 협박 등의 죄, 외국의 국기 · 국장 모독죄, 단순 · 존속폭행죄, 과실치상죄, 단순 · 존속협박죄, 사자명예훼손을 제외한 명예훼손죄 및 출판물 등에 의한 명예훼손죄 등이 있다.

소추 재판을 요구하는 행위

공소기각 법원이 형식적 소송조건의 흠결을 이유로 실체적 심리에 들어가지 않고 소송을 종결시키는 형식적 재판

254 불고지죄 不告知罪

반국가행위를 한 자라는 정을 알면서 수사기관 또는 정보기관에 고지하지 아니한 죄

반국가단체를 구성하거나 이에 가입한 자, 반국가단체의 구성원 또는 그 지령을 받은 자가 그 목적수행을 위한 행위를 한 때, 반국가단체나 그 구성원 또는 그 지령을 받은 자를 지원할 목적으로 자진하여 외환유치, 여적, 모병이적, 시설제공이적 등의 행위를 한 자라는 정을 알면서 수사기관 또는 정보기관에 고지하지 아니한 자는 「국가보안법」 제10조에 따라 5년 이하의 징역 또는 200만원 이하의 벌금에 처한다.

255 몰수 沒收

범죄 반복의 방지나 범죄에 의한 이득의 금지를 목적으로 범죄행위와 관련된 재산을 박탈하는 재산형

몰수에는 필요적 몰수와 임의적 몰수가 있는데, 필요적 몰수는 배임수재죄의 취득한 재물, 뇌물죄의 뇌물, 아편에 관한 죄의 아편·몰핀·그 화합물·아편흡식기 등으로 반드시 몰수해야 하는 것을 말한다. 임의적 몰수는 몰수의 여부가 법관의 재량에 맡겨져 있는 것을 말한다.

더 알고가기

몰수의 대상
• 범죄행위에 제공하였거나 제공하려고 한 물건
• 범죄행위로 인하여 생하였거나 이로 인하여 취득한 물건
• 위의 대가로 취득한 물건

몰수의 요건
• 범인 이외의 자의 소유에 속하지 않아야 한다.
• 범죄 후 범인 이외의 자가 정을 알면서 취득한 물건이어야 한다.
• 공소시효가 완성되어 유죄선고를 할 수 없는 경우에는 몰수할 수 없다.

몰수의 효과 국가에 귀속시킨다.

재산형(財産刑)의 종류

종류	내용
벌금 (罰金)	형법에 규정된 형벌의 일종이다. 5만원 이상의 금전적 이익의 박탈을 내용으로 한다.
과료 (科料)	범죄인에게 일정한 금액의 지불의무를 강제적으로 부담하게 한다는 점에서 벌금형과 동일하지만, 경미한 범죄에 대해 부과되며 그 금액이 2000원 이상 5만원 미만으로 적다.
몰수 (沒收)	범죄의 반복을 막거나 범죄로부터 이득을 얻지 못하게 할 목적으로 범행과 관련된 재산을 박탈해 국고에 귀속시키는 제재이다.
추징금 (追徵金)	범죄행위로 얻은 물건이나 범죄행위의 보수로 얻은 물건의 대가 따위를 몰수할 수 없을 때에 그에 대신하여 징수하는 금전을 말한다.

공소시효 검사가 공소를 제기하지 않고 일정한 기간이 경과하였을 경우 국가의 소추권을 소멸시키는 제도. 공소시효가 완료된 때에는 면소의 판결을 해야 함

256 추징 追徵

> 몰수의 대상물의 전부 또는 일부를 몰수하기 불능한 때에 몰수에 갈음하여 그 가액의 납부를 명령하는 사법처분

몰수의 취지를 관철하기 위한 일종의 사법처분이나, 실질적으로는 *부가형의 성질을 가진다. 몰수하기 불능한 때라 함은 소비·혼동·훼손·분실·양도·*선의취득 등으로 판결 당시에 사실상 또는 법률상 몰수할 수 없는 경우를 말한다. 공농피고인이 여럿일 경우에는 개별적으로 추징을 해야 하는데, 이때 개별적으로 알 수 없는 경우에는 평등하게 분할하여 추징한다.

부가형 다른 형에 부가하여서만 과할 수 있는 형벌로, 몰수가 유일한 부가형으로 규정

선의취득 무권리자로부터 권리를 취득했더라도 제3자가 권리의 외관을 신뢰하고 거래한 경우에는 그 권리의 취득을 인정하는 제도

더 알고가기

징벌적 추징
공범자가 실제로 얻은 이익에 대해서만 추징하는 것이 아니라 각자에게 가격 전부를 추징하는 경우를 말한다.
• 「관세법」상의 추징
• 「마약류 관리에 관한 법률」 위반죄에서 추징
• 「외국환거래법」 위반죄에서 추징
• 「특정경제범죄 가중처벌 등에 관한 법률」상의 재산국외도피행위에서 추징
• 「밀항단속법」상의 추징

257 징계 懲戒

> 공무원의 위법 및 직무태만 등의 행위에 대한 제재

공무원이 「국가공무원법」 및 이에 따른 명령을 위반한 경우, 직무상의 의무(다른 법령에서 공무원의 신분으로 인하여 부과된 의무를 포함)를 위반하거나 직무를 태만히 한 때, 직무의 내외를 불문하고 그 체면 또는 위신을 손상하는 행위를 한 때에는 징계의결을 요구하여야 하고 그 징계의결의 결과에 따라 징계처분을 하여야 한다.

징계처분		내용
중징계	파면	공무원의 신분을 박탈한다. 퇴직수당은 50% 삭감한다.
	해임	공무원의 신분은 박탈하되 퇴직수당은 25% 감액한다.
	강등	1계급 아래로 직급을 내리고 공무원의 신분은 보유하나 3개월간 직무에 종사하지 못하며 그 기간 중 보수의 전액을 감한다.
	정직	1개월 이상 3개월 이하의 기간으로 하고, 정직 처분을 받은 자는 그 기간 중 공무원의 신분은 보유하나 직무에 종사하지 못하며 보수의 전액을 감한다.
경징계	감봉	1개월 이상 3개월 이하의 기간 동안 보수의 3분의 1을 감한다.
	견책	전과(前過)에 대하여 훈계하고 회개하게 한다.

05 소송법

핵심Tag #소송법 이론 #소송의 절차 #수사 #재판

#소송법 이론

258 인 두비오 프로 레오 in dubio pro reo
의심스러운 것은 피고인에게 유리하게

「형사소송법」상의 증명에 관한 법언으로 피고인을 유죄로 하기 위해서는 의심의 여지가 없을 정도의 유죄 입증이 필요하며, 입증하지 못할 경우에는 되도록 피고인에게 유리하게 해석하여야 한다는 원칙이다. 그러므로 피고인은 일단 무죄로 추정하여야 한다는 것이 일반적이며, *거증 책임을 검사에게 넘기는 것이다. 따라서 검사의 유죄 주장에 대한 적극적인 증명이 없을 경우 피고인은 무죄가 되는 것이다.

거증 책임 증거를 제출하여야 하는 의무를 가진 자가 이를 제출하지 않을 때 입게 되는 어떠한 사실의 존부에 대하여 증거의무자의 증거가 불충분하거나 증거를 제출하지 않은 경우에 입게 되는 소송상의 불이익

259 알리바이 alibi
피고인이 범행 당시 자신의 상황을 입증함으로써 범행과 무관함을 입증하는 방법

현장부재증명, 부재증명이라고도 하며, 피의자 또는 피고인이 범행 당시 범죄 현장 이외의 장소에 있었음을 주장하여 자신과 범행이 무관함을 입증하는 방법이다. 알리바이에 대한 거증 책임을 누구에게 지울 것인가에 대한 견해가 대립한다. 「형사소송법」상 검사가 거증 책임을 지는 것이 원칙적이며, 이에 대해 피의자 또는 피고인이 자신의 무죄를 입증하기 위해 *본증에 대한 *반증으로 보는 것이 일반적이다.

본증 거증 책임이 있는 자가 제출하는 증거

반증 본증에 의하여 증명하려는 사실의 존재를 부인하기 위해 제출하는 증거

260 기소독점주의 起訴獨占主義
검사만이 공소를 제기할 수 있는 권한을 가진다는 원칙

기소독점주의는 검사가 사적인 감정이나 특수사정 등에 지배되지 않고 국가적 입장에서 일관성 있게 공소권 행사의 공정을 기하는 것이 가능하다. 그러나 검사가 외부압력이나 관료주의에 의한 자의적이고 독단적인 공소권 행사를 할 우려가 발생한다. 「검찰청법」제10조는 검사의 부당한 불기소처분에 대하여 불복이 있는 고소인·고발인의 항고권을 인정하고 있다. 「형사소송법」은 기소독점주의에 대한 우려를 줄이기 위해 그 규제책을 마련하고 있다. 재판상의 준기소절차, 경찰서장에 의한 즉결심판의 청구 등이 그 예이다. 그러나 재판상의 준기소절차는 공무원의 직권남용죄에 대해서만 국

한되어 있으므로 그 한계가 있다. 또한 경찰서장에 의한 즉결심판의 청구는 기소독점주의의 폐단을 막는 제도라고 볼 수 없다.

261 기소편의주의 起訴便宜主義
기소·불기소에 있어 검사에게 재량의 여지를 인정하는 제도

소송조건을 구비하였으며 공소를 제기할 만한 혐의가 있을지라도 무조건 기소하는 것이 아니라 기소·불기소에 있어 검사에게 재량의 여지를 인정하는 제도를 말한다. 기소편의주의에서는 공소를 하고 난 후일지라도 취소할 수 있으며, 우리 「형사소송법」 제255조 제1항에서도 제1심 판결의 선고 전까지 공소의 취소가 가능하다고 규정하고 있다. 뿐만 아니라 「형사소송법」 제247조는 범인의 연령·성행, 지능과 환경, 피해자에 대한 관계, 범행동기·수단과 결과, 범행 후의 정황에 따라 공소를 제기하지 않을 수도 있다고 규정하고 있다. 검사는 제반 사정을 합리적으로 판단한 후 기소 여부를 결정하고 그 결과 구체적 정의를 실현할 수 있다. 반면에 검사의 자의나 정치적인 압력에 영향을 받을 우려가 있어 주의를 기울여야 한다.

262 불고불리의 원칙 nemo iudex sine actore
소 없는 곳에 재판도 없다는 원칙

검사의 공소제기가 있을 때에만 법원이 심판할 수 있다는 형사소송의 원칙으로 법원은 검사가 공소를 제기하여야만 비로소 그 기소한 범죄사실에 대하여 *심리를 개시할 수 있고, 공소장에 기재된 사실과 동일성이 있는 사건만을 심판할 수 있다. 검사가 피고인에게 사기의 혐의가 있다고 기소를 했는데 심리 결과 사기를 인정할 만한 증거는 없고 그와 동일성이 없는 다른 범죄에 관한 증명이 인정되는 경우에는 그 범죄에 관해 유죄를 선고할 수 없다. 또한 A를 기소한 경우에 심리결과 A 이외의 *공범인 B의 범죄를 인정할 만한 증거가 있을 경우에도 B를 처벌할 수는 없다. 불고불리의 원칙에 위반하면 *항소 이유가 된다.

심리 법원이 법률관계 및 사실관계를 조사·심사하는 행위

공범 타인의 범죄를 교사 또는 방조하는 자로 교사범과 종범이 있음

항소 제1심 판결에 대한 상급 법원에 상소

263 일사부재리 —事不再理
판결이 내려진 확정 판결에 대해 두 번 이상 공소의 제기를 허용하지 않는다는 원칙

어떤 사건이 유무죄가 가려지고 판결이 난 경우에 그 판결의 *기판력의 효과를 존중하여 동일한 사건에 대해 두 번 이상 공소의 제기를 허용하지 않는다는 원칙으로, 만일 다시 공소가 제기된 경우에는 실체적 소송조건이 흠결된 것이므로 면소의 판결을 선고한다. 「형사소송법」상의 원칙이다.

기판력 확정된 판결의 내용이 당사자와 법원에 대하여 구속력을 가지는 소송법상의 효력

264 공판중심주의 公判中心主義
모든 심증을 공판 과정에서 형성된 심증만을 기초로 사건의 실체를 심판하는 원칙

현행 「형사소송법」은 중요 사건에 대해 예심을 청구하여 예심판사가 증거를 수집하는 예심제도를 폐지하고, 재판에서 모든 증거자료를 공판에 집중시켜 공판정에서 형성된 *심증만을 토대로 사안의 실체를 심판하는 원칙인 공판중심주의를 확립하였다. 그 기본 원칙으로 *공개주의와 구두변론주의, 집중심리주의, 공소장일본주의 등이 있다.

심증 재판의 사실관계 여부에 관하여 법관이 가지는 생각 또는 확신의 정도

공개주의 일반 국민이라면 누구든지 재판의 심리 및 판결을 방청할 수 있도록 재판을 공개하는 원칙

#소송의 절차

265 공판절차 公判節次
법원이 피고사건에 대하여 심리·재판하고 당사자는 변론을 행하는 단계

공소가 제기되어 사건이 법원에 계속된 이후 그 소송절차가 종결될 때까지 공판법원에 의해 행해진 모든 절차를 광의의 공판절차라 한다. 공판절차 가운데 특히 공판기일의 심판 절차를 협의의 공판절차라고도 한다.

266 상소 上訴
미확정 재판에 대하여 상급법원에 구제를 구하는 불복신청제도

상소는 법원의 재판에 대한 불복신청이므로 검사의 처분에 대한 불복신청인 검찰항고, 재정신청은 상소가 아니다. 또한 미확정의 재판에 대한 것이므로 확정재판에 대한 비상구제절차인 재심 또는 비상상고는 상소가 아니다. 그리고 상소는 상급법원에 대한 구제신청이므로, 재판을 한 당해 법원이나 동급법원에 대하여 구제를 구하는 이의신청이나 약식명령, 즉결심판에 대한 정식재판의 청구도 상소가 아니다. 상소는 재판의 주문에 관한 것이어야 하고, 재판의 이유만을 다투기 위하여 상소하는 것은 허용되지 않는다.

함께 나오는 용어

재정신청(裁定申請)
국가기관인 검사가 고소나 고발 사건을 불기소하는 경우, 그 결정에 불복한 고소인 또는 고발인이 법원에 그 결정이 타당한지를 다시 묻는 것을 말한다. 재정(裁定)이란 옳고 그름을 판단해 결정한다는 뜻이다. 다시 말해 고소를 한 사람이 검사로부터 공소를 제기하지 않겠다는 통지를 받은 뒤 해당 검사가 소속된 지방검찰청 소재지를 관할하는 고등법원에 이게 옳은 일인지 다시 판단해서 결정해달라고 신청하는 것이다.

267 항소 抗訴
제1심 판결에 대한 상급법원에 상소

항소란 하급법원에서 받은 제1심의 판결에 대하여 불복할 때 그 재판이 확정되기 전에 그 파기 또는 변경을 위해 상급법원인 고등법원 또는 지방법원 합의부에 다시 재판을 청구하는 것이다. 주된 목적은 잘못된 판결로 인한 불이익을 제거하기 위함이다. 항소의 대상이 되는 것은 제1심 ˚종국 판결이므로 결정, 명령에 대하여는 항소하지 못한다. 종국 판결과 함께 항소하는 것은 가능하다. 「가사소송법」상 항소법원은 항소가 이유 있는 때에도 가정법원의 심판을 존중하는 차원에서 사회정의와 형평의 이념에 배치되거나 가정평화와 미풍양속의 유지에 적합하지 아니하다고 인정할 때에는 항소를 기각할 수 있다.

종국 판결(終局判決) 소 또는 상소에 의해 소송사건의 전부나 일부에 관하여 심급을 완결시키는 판결

268 상고 上告
제2심 판결에 대한 상소

제2심 판결에 대하여 불복이 있으면 대법원에 상고할 수 있다. 다만, 원심판결이 인정한 사실에 대하여 법령을 적용하지 아니하였거나 법령의 적용에 착오가 있는 때 혹은 원심판결이 있은 후 형의 폐지나 변경 또는 사면이 있는 때에는 예외적으로 제1심 판결에 대해서도 상고가 허용되는 경우가 있다.

269 항고 抗告
법원의 결정에 대한 상소

항고는 법원의 결정에 대한 상소를 말하며, 여기서 말하는 법원은 수소법원이다. 항소와 상고가 종국 재판에 대한 불복수단인 반면, 항고는 수소법원이 판결에 이르는 과정에서 문제되는 절차상의 사항에 관하여 행한 종국 전재판에 대하여 불복하거나 결정의 형식으로 행하는 각종의 종국 재판에 대한 불복방법이다. 항고는 법이 특히 필요하다고 인정하는 경우에 한하여 허용되고, 그 절차도 상소에 비하여 간이화되어 있다. 항고는 일반항고와 특별항고(˚재항고)로 분류되며, 일반항고에는 보통항고와 즉시항고가 있다.

재항고 항소법원·항고법원, 고등법원의 결정에 대하여 대법원에 제기하는 항고를 말하며, 재정신청에 대한 고등법원의 재정결정에 대해서는 불복할 수 없음. 재항고는 항소법원·항고법원, 고등법원의 결정에 대해서는 재판에 영향을 미친 헌법, 법률, 명령 또는 규칙의 위반이 있음을 이유로 하는 때에 한하여 제기할 수 있음

270 민사소송 民事訴訟
개인과 개인 간에 발생하는 분쟁을 법원이 국가의 재판권에 의해 강제적으로 해결 또는 조정하기 위한 법률 절차

민사소송은 개인과 개인 간에 발생하는 분쟁을 해결하는 제도인 조정·중재와 구별되는데, 그 구별기준은 강제적 요소의 유무이다. 민사소송은 국가의 재판권에 의해 강제적으로 분쟁을 해결하는 것이 특징이다.

문화가 발달하기 이전에는 자신의 권리에 대한 침해가 발생했을 경우에 *자력구제를 하였는데, 이는 약자를 보호할 수 있는 수단이 아니며 사회의 안정을 위해서는 국가의 개입이 필요하였다.

근대 국가에 이르러 자력구제를 부정하고 국가기관인 법원에 국민 개인의 권리를 보호하도록 민사소송이 성립하였다. 이는 개인과 개인 간에 발생하는 분쟁을 해결하기 위한 법이므로 공법상의 형사소송·행정소송과 반대되는 개념이다.

자력구제 권리를 실현함에 있어 법률상의 절차에 의하지 않고, 자기 스스로의 힘에 의하는 것을 이르는 말

271 민중소송 民衆訴訟
국가 또는 공공기관이 법률에 위반되는 행위를 한 경우에 시정을 요구하는 소송

민중소송은 자기의 법률상의 이익이 침해된 경우에 제기하는 것이 아니라 국가 또는 공공기관이 법률에 위반되는 행위를 한 경우에 국민의 권리와 이익을 구제하기 위하여 그 시정을 요구하는 소송을 말한다.

#수사

272 고발 告發
범인, 피해자나 고소권자가 아닌 제3자가 수사기관에 범죄사실을 신고하여 그 소추를 구하는 의사표시

누구든지 범죄가 있다고 사료하는 때에는 고발할 수 있고, 공무원은 그 직무를 행함에 있어 범죄가 있다고 사료하는 때에는 고발하여야 한다. 그러나 자기 또는 배우자의 직계존속을 고발하지는 못한다. 고발은 서면 또는 구술로써 검사 또는 사법경찰관에게 하여야 하며, 검사 또는 사법경찰관이 구술에 의한 고발을 받은 때에는 조서를 작성하여야 한다.

공무원의 직권남용, 불법체포, 불법감금 및 폭행, 가혹행위에 대하여 고발을 한 자가 검사로부터 공소를 제기하지 아니한다는 통지를 받은 때에는 그 검사 소속의 지방검찰청 소재지를 관할하는 고등법원에 그 당부에 관해 *재정신청을 할 수 있다.

재정신청 고소를 한 자가 검사로부터 공소를 제기하지 아니한다는 통지를 받은 때에 그 검사 소속의 지방검찰청 소재지를 관할하는 고등법원에 그 불기소처분의 당부를 가려 달라고 신청하는 제도

273 고소 告訴
범죄의 피해자, 그의 법정대리인 기타 고소권자가 수사기관에 범죄사실을 신고하여 그 소추를 구하는 의사표시

고소는 피해자나 고소권자가 아닌 제3자가 하는 고발과 구분되며, 단순한 범죄피해신고 또는 전말서의 제출 등에 비하여 소추 및 처벌을 요구하는 적극적 의사표시이다. *친고죄는 고소가 없으면 기소 및 심리를 할 수 없는 것이 특징이다.

친고죄 피해자 혹은 피해자 가족의 명예훼손 등의 불이익이 발생할 수 있는 범죄 혹은 경미한 범죄의 경우(사자명예훼손죄, 모욕죄 등)에 **피해자의 고소·고발이 있어야만 공소**를 제기할 수 있음

274 미란다 원칙 Miranda warning
검찰과 경찰이 피의자를 연행할 때 반드시 변호인단 선임권, 진술거부권 등 피의자의 권리를 고지해야 한다는 원칙

아무리 강력한 범죄를 저지른 피의자라 할지라도 피의자 권리를 고지하지 않고 체포된 사실이 재판과정에서 드러나게 되면 모든 혐의가 무효가 되는 피의자 인권보호 장치이다. 1963년 3월, 미국 애리조나주 피닉스 시경찰은 당시 에르네스토 미란다를 납치 및 강간 혐의로 체포하였다. 미란다는 2시간의 신문 후에 처음의 무죄 주장과는 다르게 범행을 인정하는 구두자백과 범행 자백자술서를 제출하였다. 그러나 재판과정에서 자백을 번복하고, 진술서를 증거로 인정하는 것에 이의를 제기하였다. 또한 미국 헌법에 보장된 불리한 증언을 하지 않아도 될 권리와 변호사의 조력을 받을 권리의 침해를 이유로 하여 연방대법원에 상고를 청원하였다. 1966년 연방대법원은 미란다가 진술거부권, 변호인선임권 등의 권리를 고지받지 못했다는 이유하에 무죄를 선고하였다. 우리 「헌법」과 「형사소송법」에서도 '체포 또는 구속의 이유'를 고지하도록 규정하고 있다.

275 별건구속 別件拘束
본건에 대하여는 구속의 요건이 구비되지 않아 구속의 요건이 구비된 별건으로 구속하는 것

본래는 구속영장에 기재된 피의사실 또는 공소사실에 대하여만 영장의 효력이 미친다. 그러므로 *본건에 대하여 구속사유가 없어 *별건으로 구속하는 것은 자백강요나 수사 편의만을 위한 것이므로 영장주의에 위배되는 위법수사로 보아야 한다. 그러나 별건구속은 수사기관이 중대한 사건에 관하여 유력한 증거를 수집할 수 없는 경우 증거가 확보되어 이미 구속의 요건이 구비된 경미한 사건으로 체포 또는 구속한 후에 시간을 두고 본건을 조사하는 수사방법이다. 예를 들어 살인사건이나 정치인의 부정축재가 중대한 사건이라면 폭력사건이나 탈세사건이 경미한 사건이라 할 수 있다.

본건 수사기관이 의도하는 사건수사

별건 영장발부가 가능한 다른 사건

276 불기소처분 不起訴處分
검사의 수사 결과 사건에 대해 공소를 제기하지 아니하는 처분

검사는 고소 또는 고발 있는 사건에 관하여 공소를 제기하지 아니하는 처분을 한 때에는 그 처분한 날부터 7일 이내에 서면으로 고소인 또는 고발인에게 그 취지를 통지하여야 하며, 피의자에게 즉시 그 취지를 통지하여야 한다. 또한 7일 이내에 공소를 제기하지 않는 이유에 대하여 서면으로 설명하여야 한다. 검사의 불기소처분에 불복하는 고소인이나 고발인은 그 검사가 속한 지방검찰청 또는 지청을 거쳐 서면으로 관할 고등검찰청 검사장에게 •항고할 수 있다. 이 경우 해당 지방검찰청 또는 지청의 검사는 항고가 이유 있다고 인정되면 그 처분을 경정하여야 한다.

항고 법원 결정에 대한 상소

277 구속적부심 拘束適否審
법원이 피의자 구속의 정당 여부를 다시 심사해 구속이 부당하다고 판단된 경우에 구속된 피의자를 석방하는 제도

구속적부심의 발생연도는 정확히 알 수 없으나 1215년 영국의 '마그나카르타(magna carta)' 이전으로 알려져 있다. 1679년 영국의 인신보호법에서 유래되어 각국의 헌법에 채택되었다. 구별개념으로 보석이 있는데, 보석은 검사의 기소 이전에 판사의 재량에 따라 석방하는 제도이다.
구속적부심은 적법하지 않은 절차나 권한이 없는 자에 의해 불법으로 •피의자를 구속했을 경우, 그를 구제 및 보호하기 위하여 법원에 인신보호영장을 신청하는 제도이며, 청구권자는 피의자, 변호인, 법정대리인, 배우자, 직계친족, 형제자매나 가족, 동거인 또는 고용주가 있다. 피해변제, 합의고소취소 등 구속 후의 사정변경으로 인한 석방도 이에 포함된다.
구속적부심이 청구된 경우 법원은 48시간 이내에 구속자를 심문하고, 심문후 24시간 이내에 석방 여부를 결정해야 한다.

피의자 범죄의 혐의가 인정됨으로써 정식 형사사건이 되었을 때 수사의 대상이 되는 자

278 기소유예 起訴猶豫
범죄를 저지른 사람에 대하여 공소를 제기하지 않는 검사의 처분

검사는 범인의 연령, 성행, 지능과 환경, 피해자에 대한 관계, 범행의 동기, 수단과 결과, 범행 후의 정황을 참작하여 공소를 제기하지 아니할 수 있다. 이와 같이 기소유예를 인정하는 입법주의를 기소편의주의라고 하며, 이에 반대되는 개념을 기소법정주의라고 한다. 「검찰청법」은 고소인·고발인에게 검사의 기소유예처분에 대하여, 고등검찰청 또는 검찰총장에 항고 또는 재항고를 할 수 있도록 규정하고 있다.

279 구속영장 拘束令狀

피의자, 피고인, 증인을 일정한 장소에 인치하는 영장

피고인을 구인 또는 구금함에는 구속영장을 발부하여야 한다. 구속영장에는 피고인의 성명, 주거, 죄명, 공소사실의 요지, 인치구금할 장소, 발부연월일, 그 유효기간과 그 기간을 경과하면 집행에 착수하지 못하며 영장을 반환하여야 할 취지를 기재하고 재판장 또는 *수명법관이 서명날인하여야 한다.

피고인의 성명이 분명하지 아니한 때에는 인상, 체격, 기타 피고인을 특정할 수 있는 사항으로 피고인을 표시할 수 있으며, 피고인의 주거가 분명하지 아니한 때에는 그 주거의 기재를 생략할 수 있다. 구인한 피고인을 법원에 인치한 경우에 구금할 필요가 없다고 인정한 때에는 그 인치한 때로부터 24시간 내에 석방하여야 한다.

> **수명법관** 일정한 사항을 처리하는 합의부의 구성원인 법관

280 긴급체포 緊急逮捕

중대한 범죄 혐의가 있는 피의자를 수사기관이 법관의 체포영장을 발부받지 않고서 체포하고 사후에 영장을 발부받는 제도

검사 또는 사법경찰관은 피의자가 사형·무기 또는 장기 3년 이상의 징역이나 금고에 해당하는 죄를 범하였다고 의심할 만한 상당한 이유가 있고, 피의자가 증거를 *인멸할 염려가 있는 때 혹은 도망가거나 도망할 우려가 있는 경우에 긴급을 요하여 지방법원판사의 체포영장을 받을 수 없는 때에는 그 사유를 알리고 영장 없이 피의자를 체포할 수 있다. 이 경우 긴급을 요한다 함은 피의자를 우연히 발견한 경우 등과 같이 체포영장을 받을 시간적 여유가 없는 때를 말한다.

검사 또는 사법경찰관이 피의자를 체포한 경우 피의자를 구속하고자 할 때에는 지체 없이 검사는 관할지방법원판사에게 구속영장을 청구하여야 하고, 사법경찰관은 검사에게 신청하여 검사의 청구로 관할지방법원판사에게 구속영장을 청구하여야 한다.

> **인멸** 흔적도 없이 사라짐 또는 그렇게 사라지게 함

281 재정신청 裁定申請

고소를 한 자가 검사로부터 공소를 제기하지 아니한다는 통지를 받은 때에 그 검사 소속의
지방검찰청 소재지를 관할하는 고등법원에 그 당부에 관한 재정을 신청하는 절차

소추권 행사의 공정을 위한 제도로, 재정신청을 하려면 항고를 거쳐야 한다. 다만 항고 이후 재기수사가 이루어진 다음에 다시 공소를 제기하지 아니한다는 통지를 받은 경우, 항고 신청 후 항고에 대한 처분이 행하여지지 아니하고 3개월이 경과한 경우, 검사가 •공소시효 만료일 30일 전까지 공소를 제기하지 아니하는 경우는 그러하지 아니하다.

공소시효 일정한 기간의 경과로 형벌권을 소멸시키는 제도

재정신청을 하려는 자는 항고기각 결정을 통지받은 날 또는 위의 예외의 사유가 발생한 날부터 10일 이내에 지방검찰청검사장 또는 지청장에게 재정신청서를 제출하여야 한다. 다만, 검사가 공소시효 만료일 30일 전까지 공소를 제기하지 아니하는 경우에는 공소시효 만료일 전날까지 재정신청서를 제출할 수 있다. 재정신청서에는 재정신청의 대상이 되는 사건의 범죄사실 및 증거 등 재정신청을 이유 있게 하는 사유를 기재하여야 한다.

#재판

282 심급 審級

하급법원의 재판 결과에 대하여 상급법원에 불복신청을 하는 경우의 법원 간의 상하관계

법원 간의 상하관계를 두어 하급법원의 재판결과에 대하여 상급법원에 불복신청을 허용하고, 같은 사건을 반복하여 상급법원에 심판하게 하는 경우의 법원 간의 상하관계를 심급이라 한다. 우리나라는 3심급제를 원칙으로 한다. 3심급 가운데 제1심과 제2심은 •사실심이고, 제3심은 •법률심이다. 군사법원에 관한 사건은 보통군사법원·고등군사법원·대법원의 3심급제도이며, 정당해산과 선거소송에 관한 소송은 단심제로 대법원에서만 재판을 받는다.

사실심 사실문제도 판단하는 심급

법률심 법률문제만 판단하는 심급

구분	민사, 형사 사건의 심급제도	행정 사건의 심급제도
1심	• 지방법원 및 지원합의부 • 지방법원 및 지원 단독	행정법원
2심	• 고등법원 • 지방법원 본원 합의부	고등법원
3심	대법원	대법원

283 국민참여재판 國民參與裁判
우리나라에서 2008년 1월부터 실시한 배심원 재판 제도를 일컫는 말

국민이 배심원 혹은 예비배심원이 되어 재판에 참여하는 것으로 2007년 「국민의 형사재판 참여에 관한 법률」이 통과·공포되었으며 2008년에 시행되었다. 배심원은 만 20세 이상의 국민 가운데 무작위로 선정되며, 형사재판에서 피고인의 유무죄에 관해 평결을 내린다. 그러나 배심원의 평결이 법적 구속력을 가지는 것은 아니다.

284 배심제 陪審制
일반 시민 가운데 선출된 배심원이 기소 혹은 재판에 참여하는 제도

배심제는 영미권 국가에서 활용되는 제도로, 대배심과 소배심으로 분류된다. 소배심은 사실문제를 심의하는 것이며, 대배심은 정식재판에 회부할 것인지를 결정하는 것을 말하며, 기소배심이라고도 불린다. 우리나라에서는 2008년을 시작으로 배심제와 참심제의 절충형인 국민참여재판제도를 시행하였다. 시민 가운데 선출된 배심원이 재판에 참여하기는 하지만, 사실문제에 대한 판단만을 할 수 있고 소송의 지휘, 증거조사, 법률의 해석 및 적용은 직업재판관이 한다. 그 의미는 배심원은 유무죄평결을 할 수 있을 뿐 양형의 결정은 재판부에게 맡겨져 있다는 뜻이다.

285 즉결심판 卽決審判
경미한 범죄에 대하여 정식 절차를 거치지 않는 약식재판

지방법원, 지원 또는 시·군법원의 판사는 즉결심판 절차에 의하여 피고인을 20만원 이하의 벌금, 구류 또는 과료에 처할 수 있다. 즉결심판은 관할경찰서장 또는 관할해양경찰서장이 관할법원에 즉결심판청구서를 제출하여 이를 청구한다. 즉결심판 절차에 의한 심리와 재판의 선고는 공개된 법정에서 행하되, 그 법정은 경찰관서(해양경비안전관서 포함) 외의 장소에 설치되어야 한다. 피고인이 기일에 출석하지 아니한 때에는 개정할 수 없다. 그러나 벌금 또는 과료를 선고하는 경우에는 피고인이 출석하지 아니하더라도 심판할 수 있다.

01 ☐☐☐☐☐은(는) 죄에 해당하는 형벌의 정도를 정하는 것으로서 판사의 권한이다. 이는 법과 그에 따른 형벌의 공정한 행사라는 측면에서 중요성이 있다.

02 ☐☐☐☐☐은(는) 미성년 자녀의 친권을 가진 한쪽 부모가 사망한 경우 나머지 한쪽 부모에게 자동으로 친권이 넘어가는 것이 아니라 가정법원의 심사를 거쳐 친권자를 선정하는 친권자동부활금지제를 일컫는다.

03 ☐☐☐☐☐은(는) 자신의 얼굴 및 모습이 승낙 없이 촬영당하거나 전시되었을 경우에 손해배상청구권을 인정하는 권리이다.

04 ☐☐☐☐☐은(는) 사물의 본질 또는 법의 일반원리로서 경험칙, 사회통념, 신의성실 등의 표현과 일맥상통하고, 법 흠결 시 재판의 준거 등의 역할을 한다.

05 ☐☐☐☐☐은(는) 생부나 생모가 혼인 외의 출생자에 대하여 법률상 친자관계를 발생시키는 행위다. 혼인 외의 자는 이 행위를 해야 비로소 부모와의 관계가 형성된다.

06 「민법」은 피상속인이 유언 또는 증여를 통해 재산을 처분할 수 있도록 규정하고 있다. 이 경우 일정한 범위의 유족을 보호하는 차원에서 법률상 일정액을 유보해 두는 제도를 ☐☐☐☐☐ 제도라고 한다.

07 ☐☐☐☐☐이(가) 성립하기 위해서는 범죄사실의 발생가능성에 대한 인식이 있음은 물론 나아가 범죄사실이 발생할 위험을 용인하는 내심의 의사가 있어야 한다.

08 ☐☐☐☐☐은(는) 「형사소송법」상의 증명에 관한 법언으로 피고인을 유죄로 하기 위해서는 의심의 여지가 없을 정도의 유죄 입증이 필요하며, 입증하지 못할 경우에는 되도록 피고인에게 유리하게 해석하여야 한다는 원칙이다.

09 ☐☐☐☐☐은(는) 검사의 공소제기가 있을 때에만 법원이 심판할 수 있다는 형사소송의 원칙으로 법원은 검사가 공소를 제기하여야만 비로소 그 기소한 범죄사실에 대하여 심리를 개시할 수 있고, 공소장에 기재된 사실과 동일성이 있는 사건만을 심판할 수 있다.

10 ☐☐☐☐☐은(는) 적법하지 않은 절차나 권한이 없는 자에 의해 불법으로 피의자를 구속했을 경우, 그를 구제 및 보호하기 위하여 법원에 인신보호영장을 신청하는 제도이다.

CHOICE

□ 구속적부심
□ 인 두비오 프로 레오
□ 초상권
□ 미필적 고의
□ 조리
□ 최진실법
□ 인지
□ 양형
□ 불고불리의 원칙
□ 유류분

정 답

01　양형
02　최진실법
03　초상권
04　조리
05　인지
06　유류분
07　미필적 고의
08　인 두비오 프로 레오
09　불고불리의 원칙
10　구속적부심

01 기업은행, 전주MBC

확정 판결에 두 번 이상 공소의 제기를 허용하지 않는다는 원칙은?

① 회의 공개의 원칙   ② 일사부재의의 원칙

③ 회기 계속의 원칙   ④ 일사부재리의 원칙

02 한국전력공사, 교육청

범죄가 성립되고 처벌을 하기 위해서는 미리 성문의 법률에 규정되어 있어야 한다는 원칙으로, 근대 형법의 기본 원리는?

① 영장주의   ② 죄형법정주의

③ 일사부재리의 원칙   ④ 불고불리의 원칙

03 한국환경공단, 매일경제, 국제신문

검찰과 경찰이 피의자를 연행할 때 반드시 변호인단 선임권, 진술거부권 등 피의자의 권리를 고지해야 한다는 원칙은?

① 불고불리의 원칙   ② 신의성실의 원칙

③ in dubio pro reo   ④ 미란다 원칙

04 한국농어촌공사, 수도권매립지관리공사

본래 채무자를 대신해 변제를 한 사람이 그 본래 채무자에 대하여 가지는 상환 청구권은?

① 구상권   ② 신원권

③ 청원권   ④ 자연권

05 한국마사회, 일간스포츠, 한국일보, KBS

청원권에 대한 설명 중 옳지 <u>않은</u> 것은?

① 청원권은 영국의 권리 청원과 권리 장전에서 처음으로 국민의 권리로서 보장되었다.

② 청원은 법률이 정하는 바에 의해 국가기관에 문서로 청원해야 한다.

③ 청원할 권리는 국가기관 및 행정 기관에 있다.

④ 청원을 제출할 수 있는 기관에는 국가기관, 지방 자치 단체와 그 소속기관, 법령에 의하여 행정 권한을 가지고 있거나 행정 권한을 위임 또는 위탁받은 법인·단체 또는 그 기관이나 개인이 있다.

CHAPTER 03 정치

06　한국산업인력공단, 청주MBC

다음 중 법관에 대한 설명으로 옳지 않은 것은?

① 판사의 임기는 6년으로 한다.
② 대법원장의 정년은 70세로 한다.
③ 판사의 정년은 65세로 한다.
④ 징계처분에 의하지 아니하고는 불리한 처분을 받지 아니한다.

07　국민체육진흥공단, 국민일보

다음 중 긴급피난에 대한 설명으로 옳지 않은 것은?

① 자기 또는 타인의 법익에 대한 현재의 위난을 피하기 위한 상당한 이유 있는 행위를 말한다.
② 긴급피난은 정당방위보다 현재성의 범위가 넓다.
③ 부당한 공격에 대한 대응으로 공격을 해온 자에 대해서만 방위행위를 할 수 있다.
④ 위난을 발생케 한 자 밖의 자에 대해서 피난행위를 할 수 있다.

08　국민연금공단, 국민건강보험공단, 근로복지공단

다음 중 유권 해석에 대한 설명으로 옳지 않은 것은?

① 국가 혹은 법을 해석할 권한 있는 기관에 의해 행하여지는 법의 해석이다.
② 학리 해석, 문리 해석과 유사한 개념이다.
③ 공권적 해석, 강제적 해석이라고도 불린다.
④ 해석기관에 따라 입법 해석·행정 해석·사법 해석으로 나눌 수 있다.

09　한겨레신문, 뉴시스

다음 중 국민참여재판제도에 관한 설명으로 옳지 않은 것은?

① 우리나라에서는 2008년 1월부터 실시되었다.
② 국민이 배심원 혹은 예비 배심원이 되어 재판에 참여하는 것이다.
③ 배심원은 만 20세 이상의 국민 가운데 무작위로 선정된다.
④ 피고인의 유무죄에 관해 평결을 내릴 뿐만 아니라 배심원의 평결은 법적 구속력을 가진다.

10　연합뉴스, 조선일보, 한국일보

다음 중 헌법소원에 대한 설명으로 옳지 않은 것은?

① 헌법소원은 공권력의 행사 또는 불행사로 인하여 「헌법」상 보장된 기본권을 침해받은 자가 헌법 재판소에 구제를 신청하는 것이다.
② 헌법소원 심판은 그 사유가 있음을 안 날부터 1년 이내에 청구하여야 한다.
③ 다른 법률에 의한 구제절차를 거친 헌법소원의 심판은 그 최종 결정을 통지받은 날로부터 30일 이내에 청구하여야 한다.
④ 헌법소원 심판은 위헌 여부 심판의 제청 신청을 기각하는 결정을 통지받은 날부터 30일 이내에 청구하여야 한다.

11 한국공항공사, 한국무역협회, 부산일보, 대한석탄공사

제2심 판결에 대하여 불복이 있어 대법원에 상소하는 것은?

① 상고　　　　　② 항고
③ 상소　　　　　④ 항소

13 도시개발공사, 교육청,

징계에 대한 설명으로 옳지 않은 것은?

① 공무원이 「국가공무원법」 및 이에 따른 명령을 위반한 경우, 직무상의 의무를 위반하거나 직무를 태만히 한 때, 직무의 내외를 불문하고 그 체면 또는 위신을 손상하는 행위를 한 때에는 징계 처분을 하여야 한다.
② 감봉은 1개월 이상 3개월 이하의 기간 동안 보수의 3분의 1을 감한다.
③ 강등은 1계급 아래로 직급을 내리고 공무원신분은 보유하나 3개월간 직무에 종사하지 못하며 그 기간 중 보수의 전액을 감한다.
④ 정직은 전과(前過)에 대하여 훈계하고 회개하게 한다.

14 경기신용보증재단, YTN, 광주은행

기소유예에 관한 설명 중 옳지 않은 것은?

① 범죄를 저지른 사람에 대하여 공소를 제기하지 않는 검사의 처분을 말한다.
② 「검찰청법」은 고소인·고발인에게 검사의 기소유예처분에 대하여, 고등검찰청 또는 검찰총장에 항고 또는 재항고를 할 수 있도록 규정하고 있다.
③ 검사는 범인의 연령, 성행, 지능과 환경, 피해자에 대한 관계, 범행의 동기, 수단과 결과, 범행 후의 정황을 참작하여 공소를 제기하지 아니할 수 있다.
④ 기소유예를 인정하는 입법주의를 기소법정주의라고 하며, 이에 반대되는 개념을 기소편의주의라고 한다.

12 신용보증재단중앙회, 농협, 동아일보, 연합뉴스, 한국전력공사

다음 중 헌법 재판소의 관장사항이 아닌 것은?

① 명령·규칙의 위헌 여부 심판
② 탄핵의 심판
③ 정당의 해산 심판
④ 법률이 정하는 헌법소원에 관한 심판

15 한국장애인고용공단, 한국마사회, GS칼텍스, CBS, 청주MBC

다음 중 친족의 범위가 <u>아닌</u> 것은?

① 8촌 이내의 혈족
② 배우자
③ 배우자의 5촌 형제
④ 4촌 이내의 부·모계 혈족의 배우자

17 한국토지주택공사, 시사저널, EBS

기소편의주의란?

① 모든 심증을 공판 과정에서 형성된 심증만을 기초로 사건의 실체를 심판하는 원칙
② 검사만이 공소를 제기할 수 있는 권한을 가진 다는 원칙
③ 기소·불기소에 있어 검사에게 재량의 여지를 인정하는 제도
④ 검사의 공소 제기가 있을 때에만 법원이 심판 할 수 있다는 형사소송의 원칙

16 HUG 주택도시보증공사

다음 중 제한물권에 속하지 <u>않는</u> 것은?

① 지상권
② 전세권
③ 저당권
④ 소유권

18 금융감독원, 한국공항공사, 헤럴드경제, 기업은행

민사재판에서 가해자의 행위가 악의적·반사회적일 경우 실제 손해액보다 훨씬 더 많은 손해배상을 하게 하는 제도를 무엇이라 하는가?

① 추가 손해배상제
② 불공정 손해배상제
③ 징벌적 손해배상제
④ 관습적 손해배상제

정답

01	④	02	②	03	④	04	①	05	③	06	①
07	③	08	②	09	④	10	②	11	①	12	①
13	④	14	④	15	③	16	④	17	③	18	③

01. 핵심Tag #법률 #소송법 #소송법 이론

일사부재리의 원칙은 「형사소송법」상 판결이 내려진 확정 판결에 대해 두 번 이상 공소의 제기를 허용하지 않는다는 원칙이다.

02. 핵심Tag #법률 #형법 #형법의 기초

죄형법정주의는 범죄와 형벌이 법률에 규정되어 있어야 한다는 원칙이다.

03. 핵심Tag #법률 #소송법 #수사

아무리 강력한 범죄를 저지른 피의자라 할지라도 피의자 권리를 고지하지 않고 체포된 사실이 재판 과정에서 드러나게 되면 모든 혐의가 무효가 되는 피의자 인권보호 장치이다.

04. 핵심Tag #법률 #민법 #물권과 채권

구상권은 연대 채무자가 변제 기타 자기의 출재로 면책되었을 때 다른 연대 채무자의 부담부분에 대하여 행사할 수 있다.

05. 핵심Tag #법률 #헌법 #헌법의 권리

청원권은 국민이 국가기관에 대하여 자신의 요구를 청할 수 있는 권리이다. 즉 청원할 권리는 국민에게 있다.

06. 핵심Tag #법률 #헌법 #헌법의 적용

대법원장, 대법관의 임기는 6년으로 하며, 판사의 임기는 10년으로 한다.

07. 핵심Tag #법률 #형법 #범죄의 구성 요건

정당방위는 부당한 공격에 대한 대응으로 공격을 해온 자에 대해서 방위행위를 할 수 있는 반면, 긴급피난은 부당하지 않은 침해에 대해서도 할 수 있는 것이 특징이다.

08. 핵심Tag #법률 #법 일반 #법률의 기초

학리 해석, 문리 해석과 대응되는 개념이다.

09. 핵심Tag #법률 #소송법 #재판

국민참여재판제도는 형사재판에서 피고인의 유무죄에 관해 평결을 내린다. 그러나 배심원의 평결이 법적 구속력을 가지는 것은 아니다.

10. 핵심Tag #법률 #헌법 #헌법의 적용

헌법소원 심판은 그 사유가 있음을 안 날부터 90일 이내에, 그 사유가 있은 날부터 1년 이내에 청구하여야 한다.

11. 핵심Tag #법률 #소송법 #소송의 절차

상고 : 제2심 판결에 대한 상소
항고 : 법원의 결정에 대한 상소
상소 : 미확정 재판에 대하여 상급 법원에 구제를 구하는 불복신청제도
항소 : 제1심 판결에 대한 상급 법원에의 상소

12. 핵심Tag #법률 #헌법 #헌법 원리

헌법 재판소의 관장사항은 법원의 제청에 의한 법률의 위헌 여부 심판, 탄핵의 심판, 정당의 해산 심판, 국가기관 상호 간, 국가기관과 지방 자치 단체 간 및 지방 자치 단체 상호 간의 권한쟁의에 관한 심판, 법률이 정하는 헌법소원에 관한 심판이다.

13. 핵심Tag #법률 #형법 #형벌의 종류

견책은 전과에 대하여 훈계하고 회개하는 것이고, 정직은 1개월 이상 3개월 이하의 기간으로 하고, 정직 처분을 받은 자는 그 기간 중 공무원의 신분은 보유하나 직무에 종사하지 못하며 보수의 전액을 감한다.

14. 핵심Tag #법률 #소송법 #수사

기소유예를 인정하는 입법주의를 기소편의주의라고 하며, 이에 반대되는 개념을 기소법정주의라고 한다.

15. 핵심Tag #법률 #민법 #친족 관련 민법

우리 「민법」 제777조는 8촌 이내의 혈족, 4촌 이내의 인척, 배우자를 친족으로 정하고 있다. 인척이란 혈족의 배우자, 배우자의 혈족, 배우자의 혈족의 배우자를 말한다.

16. 핵심Tag #법률 #민법 #물권과 채권

소유권은 물건을 전면적으로 지배할 수 있는 권리로서 본권은 소유권과 제한물권으로 구분된다.

17. 핵심Tag #법률 #소송법 #소송법 이론

①은 공판중심주의, ②는 기소독점주의, ④는 불고불리의 원칙에 대한 설명이다.

18. 핵심Tag #법률 #형법 #형벌의 종류

피해자의 손해에 상응하는 액수만을 보상하는 '보상적 피해배상제'와 달리 '징벌적 손해배상제'는 반사회적 행위를 금지시키고 그와 유사한 행위의 재발을 막기 위해 실제 피해액보다 훨씬 더 많은 고액을 부과한다.

CHAPTER 03 정치

에듀윌이
너를
지지할게

ENERGY

내가 꿈을 이루면
난 다시 누군가의 꿈이 된다.

[1권] 찾아보기 Index

숫자로 찾아보기

1월 효과	217
10 · 4 남북공동선언	405
100PPM 인증 제도	161
24절기	266
3 · 1 운동	087
3D업종	240
3S업종	307
3S 운동	160
3권 분립	349
3대 영양소	058
4 · 27 판문점선언	407
4대 보험	030
4자 회담	403
4차 산업 혁명	016
5 · 18 민주화 운동	088
5G	062
5S서비스	240
5대 사회악	263
6 · 15 남북공동선언	404
6 · 25 전쟁	088
6시그마	161
6자 회담	404
7 · 4 남북 공동 성명	404
77그룹	155

영어로 찾아보기

A
ABC	165

ABC무기	402
AFL−CIO	303
AI	338
AIDS	335
AIIB	019
APEC	151
ASEAN	046

B
B2B	166
BIS	204
BSI	122
BTL	247
BTO	247
BWI	122

C
CB	223
CBD	322
CI	175
CIF	143
CP	225

D
DMZ	396
DNS제도	324
DR	225
DSR	025

E

EDI	141
EITC	282
ELS	225
EMU	154
EQ	309
ERP	163
EU	044

F

FOB	144
FTA	152

G

G5 · G6 · G7 · G8 · G14 · G20	382
G7	046
GDP	119
GDP 디플레이터	121
GNI	120
GNP	119
GNP 디플레이터	121
GPI	119
GWP	165

H

HACCP	331
HDI	120

I

IAEA	400
ICBM	402
ICJ	044
IDU	383
ILO	045
IMF	045
IPU	383
IQ	308

IS	048
ITU	045

J

JIT 방식	160
J커브 효과	102
J턴 현상	271

K

KEDO	401

L

LPGA	072

M

M&A	166
MAI	155
MBO	165
MOA	386
MOU	386
MRA	289
M세대	279

N

NAFTA	152
NATM공법	248
NATO	398
NGO	039
NI	120
NLL	396
NNP	120
NPO	289
N스크린	063

O

O−157	340
OECD	153
OEM	248

OJT 175
OPEC 151

P

PB 상품 185
PER 024
PI(개인 소득) 119
PI(물가 지수) 122
PKO 400
PPL 071

R

ROE 165
RP 224

S

SALT 398
SCM 160
SOFA 394
START 398
SWOT 분석 020

T

TPP 045
TQM 162

U

UHD 063
UN 381
UNEP 318
UNICEF 383
UN의 대북제재결의안 2094호 403

V

VDT증후군 341

W

WMD 402
WTO 153

X

X–Y이론 168

Z

ZD 운동 161

한글로 찾아보기

ㄱ

가계 소득 118
가득률 139
가변 자본 108
가석방 445
가수요 110
가정법원 418
가처분 소득 118
간접세 127
간접정범 447
갈라파고스 증후군 111
감가상각 180
감사원 369
감정노동 307
감채 기금 181
갑종 근로 소득세 128
강화도 조약 086
개발수입 134
개방형 임용제 372
개인워크아웃 205
개인의 사회화 264
거미집 이론 107
건폐율 249
걸리시 마케팅 189

게리맨더링	378	공개시장운영	231
게마인샤프트	261	공급의 탄력성	112
게임 이론	102	공동정범	447
게젤샤프트	261	공동화 현상	287
경기 대책	116	공매도	219
경기 동향 지수	121	공무원의 의무	369
경기 변동	116	공무원의 공가	370
징기적 실업	293	공민왕	084
경상 수지	134	공소시효	446
경영정보시스템	163	공시의 원칙	438
경의선	406	공신의 원칙	438
경제 5단체	099	공익사업	284
경제고통지수	099	공적개발원조	388
경제 성장률	115	공직자 임기	043
경제 원칙	098	공채	222
경제 자유구역	142	공탁	439
경제적 부가 가치	180	공판절차	456
경제 주체	098	공판중심주의	456
경제특구	142	과실책임의 원칙	418
경제 활동 인구	099	과전법	084
계약자유의 원칙	434	관료제	371
고객경험관리	193	관리통화제도	237
고객관계관리	192	관세	144
고노 담화	048	관세 동맹	146
고독한 군중	272	관세 양허	146
고령화 사회	284	광개토 대왕	082
고발	458	광개토대왕함	395
고소	459	광우병	338
고용보험	282	광해군	085
고용허가제	306	교사범	448
고정 비율	183	교섭 단체	363
고정환율제도	236	교역 조건	141
고조선	082	교차 투표	374
고희	268	교토의정서	321
골드만 환경상	325	구글세	019
골드칼라	295	구매력평가 기준 GDP	116
골든크로스 · 데드크로스	219	구상권	440
골든타임	027	구상 무역	135
골디락스	017	구속영장	461

구속적부심	460	그레셤의 법칙	102
구제역	337	그레이칼라	296
구조적 실업	293	그렉시트	026
국가보안법	421	그리니치 천문대	059
국가안전보장회의	367	그린라운드	156
국가의 3요소	348	그린 마케팅	192
국가 인권 위원회	368	그린메일	167
국가통합 인증마크 KC	242	그린벨트	329
국무위원	367	그린피스	320
국민건강 보험	281	근로기준법	296
국민경제자문회의	368	근위축성측색경화증	339
국민소환제	379	글로벌본드	221
국민연금	281	금오신화	079
국민의 3대 의무	348	금융실명제	023
국민 주택	283	금융지주회사	203
국민참여재판	463	금융통화위원회	232
국민행복기금	031	기간산업	239
국세 · 지방세	126	기관투자가	216
국적	348	기소독점주의	454
국제노동헌장	297	기소유예	460
국제부흥개발은행	203	기소편의주의	455
국제 사면 위원회	384	기술라운드	156
국제원자력기구	058	기술적 실업	294
국제 통화 기금	232	기저 효과	117
국제품질보증제도	245	기준금리	025
국제환경규격	320	기초연금	031
국회	356	기축통화	233
국회선진화법	039	기펜의 역설	102
국회의원	358	기회비용	101
국회의 일반 국정에 관한 권한	360	기후변화협약	035
국회의장	359	긴급복지지원 제도	283
권리	416	긴급조정권	301
권리남용금지	436	긴급체포	461
귀속지위와 성취지위	262	긴급피난	449
규모의 경제	098	김연경	071
규장각	085	김영란법	039
규제 샌드박스	016	김환기	069
그래미 어워드	067	깡통계좌	218
그래핀	063	깡통주택	029

깨진 유리창 이론   265

ㄴ

나르시시즘   078
나스닥   212
낙관계수   265
낙인 효과   274
난민 조약   383
남남문제   148
남남협력   148
남녀고용평등과 일·가정 양립 지원에 관한 법률   297
남미자유무역지대   153
남북 교차 승인   406
남북 단일팀   073
남북문제   149
남순강화   391
내국신용장   143
내셔널트러스트   320
네스팅족   277
네오뎀   390
네오마르크시즘   352
네오콘   390
네포티즘   352
넷플릭스   062
노동3권   296
노동 쟁의   298
노동조합   297
노동조합 및 노동관계조정법   301
노란우산공제   210
노령화 지수   285
노블레스 오블리주   263
노비안검법   083
노비즘   273
노사 협의회   301
노쇼   028
노이즈 마케팅   190
노자의 무위자연설   074
녹다운 방식   136
녹색기후기금   319

녹색성장   330
녹색혁명   245
논 칼라 세대   296
농산물가격지지제도   246
농어촌특별세   128
높새바람   325
뇌사   332
누진세   127
눔프 현상   028
뉴라이트   356
뉴리치 현상   270
뉴하드워커   278
니체   076
니치 마케팅   191
님투 현상   269
다각농업   246
다면평가제   176
다보스포럼   154
다산 정약용   075
다운사이징   163
다원적 무지   265
다이옥신   327
당좌 비율   183
대기 오염물질의 장거리 이동에 관한 협약   155
대손 충당금   181
대안학교   311
대외의존도   137
대의제   359
대체 에너지   329
대통령   365
대통령과 국회 동의   040
대통령기록물   366
대통령의 권한   042
대통령의 권한 행사 중 국회의 동의와 승인   366
대통령제   041
대포동미사일   408
대한민국헌법   423
다오위다오   392
더블딥   018

더블 위칭 데이	217
데마고기	290
데이트레이딩	220
데카르트 마케팅	021
데탕트	390
델파이 기법	163
뎅기열	337
도덕적 해이	113
도미노 이론	354
도스토옙스키	081
독립신문	087
독립채산제	172
독일의 사회 보장 제도	280
동맹 파업	300
동시화 마케팅	191
동인지	080
두레	245
드론	397
디그니타스	289
디마케팅	188
디지털 방송	062
디지털 포렌식	421
디폴트	207
딘트족	275
딥러닝	064
딩크족	275

ㄹ

라인스태프조직	171
라임병	339
란츠게마인데	351
람사르협약	323
랜섬웨어	061
랩어카운트	210
러다이트 운동	090
런던협약	322
레드존	291
레 미제라블	081
레버리지 비율	182

레임덕	040
레퍼런스 폰	060
렌트추구행위	115
렌트푸어	270
렙토스피라증	340
로그롤링	380
로렌츠 곡선	124
로마 클럽	320
로스쿨	312
롱테일 법칙	022
루게릭병	038
루키즘	273
르네상스	089
르네상스칼라	294
리디노미네이션	234
리보금리	212
리세션	117
리셋 증후군	029
리쇼어링	021
리스본 조약	149
리스산업	239
리엔지니어링	162
리콜제도	166
링크시스템	136

ㅁ

마스트리히트 조약	149
마인드 맵	309
마찰적 실업	293
마케팅믹스	184
마키아벨리즘	353
매니페스토 운동	380
매매	440
매스클루시비티	187
매스티지	188
매슬로의 욕구단계설	262
매출액 경상 이익률	184
매카시즘	353
매트릭스 조직	169

매판 자본	109		민법의 3대 원칙	433
맹자	074		민사소송	458
머니 론더링	206		민주주의	349
메르코수르	046		민중소송	458
메이지유신	090		밀리시버트	057
멘델의 법칙	058			
면접 교섭권	441		**ㅂ**	
명목 임금 · 실질 임금	116		바이럴 마케팅	022
모듈 기업	169		바이마르 헌법	420
모라토리엄	205		바이오리듬	333
모스크바 3상 회의	088		바젤협약	323
모욕죄	451		바트 경제권	150
목적세	127		반부패라운드	156
몬테소리운동	308		반야심경	077
몬트리올의정서	323		반의사불벌죄	451
몰수	452		발트 3국	385
무라야마 담화	391		발해	083
무슬림 형제단	391		방공 식별 구역	396
무죄추정의 원칙	052		방카슈랑스	209
무환수출	139		배드뱅크	203
묵가사상	074		배심제	463
묵비권	430		배임죄	450
문화누리카드	032		배타적 경제 수역(EEZ)	392
물가연동제	305		백기사	167
물권의 종류	437		백년 전쟁	089
물해전술	191		백서	370
뮤추얼펀드	228		밴드왜건 효과	379
미나마타병	328		뱅크런	206
미란다	354		버블 현상	114
미란다 원칙	459		버즈 마케팅	189
미사일방어체제(MD)	399		버핏세	129
미세먼지 비상저감조치	036		벌처펀드	228
미세 플라스틱	037		범죄 성립의 3요소	444
미스트	150		범죄인 인도	384
미장센	066		범죄피해자보호법	420
미 제너레이션	279		법관	425
미켈란젤로	068		법률제정절차	431
미필적 고의	448		법률행위의 무효	434
민법	433		법의 분류	419

법의 흠결 417
법적 안정성 417
법 적용의 원칙 417
법정감염병 334
법정계량단위 422
법정지위와 연령 416
베드타운 287
베르테르 효과 273
베블런 효과 107
베세토 벨트 385
벤처 캐피탈 171
벤치마킹 169
별건구속 459
병인양요 086
병행수입제 135
보궐 선거 375
보아오 아시아 포럼 153
보이지 않는 손 101
보증 채무 439
보호 무역주의 138
복점 · 과점 · 다점 110
복합불황 118
본원통화 234
본위화폐 234
부가 가치세 127
부당노동행위 299
부메랑 현상 138
부채 비율 183
북미정상회담 408
북한 403
분식결산 180
불고불리의 원칙 455
불고지죄 452
불기소처분 460
불문법 419
불의 고리 059
붉은 깃발법 016
브래들리 효과 380
브레인스토밍 310

브레튼우즈 체제 238
브루셀라병 340
브룸의 기대이론 029
브릭스 385
블랙먼데이 216
블랙박스 전략 185
블랙스완 017
블랙아웃 249
블랙프라이데이 023
블록 경제 150
블록체인 061
블루라운드 156
블루벨트 330
블루오션 전략 185
블루칩 215
비관세 장벽 146
비교 생산비설 137
비례 대표제 375
비정규직 근로 형태의 종류 306
비트겐슈타인 077
비핵화 관련 용어 049
빅딜 174
빅맥지수 236
빈곤의 악순환 114
빈 둥지 증후군 274
빌보드 차트 067

ㅅ

사드 394
사면권 430
사모펀드 229
사물인터넷 063
사보타주 300
사서오경 073
사스 336
사이드카 218
사이버펑크족 279
사채 222
사회 간접 자본 109

사회 계약설	354	선군절	408
사회권	427	선입선출법	179
사회 보장 제도	280	선하증권	140
사회 보험	281	선행지표	122
사회적 자본	264	성문법	419
산성비	328	세계 3대 신용평가사	204
산업예비군	292	세계 3대 유종	250
산업재산권	241	세계 4대 어장	246
산업재해보상보험	282	세계의 동성결혼 허용 현황	290
산업클러스터	244	세계 책의 날	081
삼강오륜	074	세이의 법칙	107
삼면등가의 원칙	118	세이프가드	138
삼별초	084	세종과학기지	060
상계	439	세컨더리 보이콧	019
상고	457	센서스	285
상사중재	143	셰익스피어의 4대 비극	081
상소	456	셰일가스	250
상속	443	소비 인플레이션	111
상장주식	213	소비자 기대 지수	123
상한가 · 하한가	214	소비자 동향 지수	123
새집 증후군	329	소비자 물가 지수	123
생디칼리즘	302	소비자파산	124
생물안전의정서	322	소셜 덤핑	147
생산비 법칙	105	소프트노믹스	265
생산의 3요소	100	손익 분기점	177
생태학적 난민	324	솔로 이코노미	176
섀도 캐비닛	364	쇼비니즘	355
서머랠리	217	수권자본제도	221
서브프라임모기지	208	수소연료전지차	037
서킷브레이커	218	수요 공급의 법칙	100
서해5도	051	수요의 탄력성	112
석면	328	수입선 다변화	135
석좌 제도	311	수입 유전스	136
석패율제	044	수출보험제도	140
선거공영제	377	수표	235
선거구	378	슈퍼 301조	139
선거권	376	스낵컬처	028
선거의 4대 원칙	377	스마트 계약	061
선고유예	445	스마트 그리드	250

스마트워크	307	실버산업	239
스모그	327	실업	292
스미싱	064	실종 선고	442
스왑거래	141	실효금리	211
스윙보터	379	심급	462
스캔런 플랜	164	싱크홀	036
스케이프고트	353	쑨원의 삼민주의	090
스퀴즈드 미들	271		
스태그플레이션	018	**ㅇ**	
스톡옵션	216	아그레망	386
스톡홀름 증후군	078	아노미	260
스튜어드십 코드	021	아동 중심주의	308
스페셜 올림픽	072	아시아안보회의	399
스프롤 현상	287	아웃소싱	172
스피노자	077	아웃플레이스먼트	304
스핀닥터	364	아타셰	387
스필오버 효과	112	악의 축	399
슬로비족	277	안락사	333
슬로시티	288	알리바이	454
승수 이론	104	알츠하이머병	336
시너지 효과	168	애드호크라시	170
시드머니	209	앨빈 토플러	103
시진핑	091	앰버 경고시스템	291
시퀘스터	026	앰부시 마케팅	190
시피족	278	야경국가	351
시행착오설	264	약속어음	226
시효	438	양도성예금증서	207
신석기 시대	082	양적완화	230
신용부도스와프	205	어부사시사	079
신용장	142	얼리어답터	195
신원권	428	에볼라 바이러스	059
신윤복	069	에코스패즘	113
신의성실의 원칙	436	에코폴리스	286
신자유주의	103	에피쿠로스학파	076
신종 인플루엔자A	337	엔트로피	057
신주인수권부사채	223	엘니뇨	326
신진 사대부	084	엘렉트라 콤플렉스	078
신채호	088	엠바고	151
실버달러	177	엠부시 마케팅	022

엥겔 계수	017	워크아웃	168
엥겔의 법칙	106	워터게이트 사건	389
여피족	276	원물과 과실	437
역대 대통령	041	원자력	057
역모기지론	208	원천 과세	128
연금 제도	031	월드컵 축구대회	073
연대 채무	439	웨어러블 컴퓨터	061
연불 수출	140	위법성조각사유	449
연암 박지원	075	위키리크스	050
열대성 저기압	325	윈도드레싱	215
열섬 현상	326	윈윈전략	168
엽관제	371	유권 해석	418
영국의 사회 보장 제도	280	유네스코 유산	065
예산	361	유니언숍	298
예산안 심의 절차	362	유동 비율	182
오염자 부담 원칙	324	유동성함정	113
오존층	059	유동 자산·고정 자산	181
오페라본드	223	유로존	025
오페라의 유령	067	유류분	443
오프 더 레코드	070	유리천장	263
오픈숍	298	유보율	183
오픈 프라이머리	373	유보 이익	181
오픈 프라이스제	194	유엔기후변화협약	321
온실 효과	326	유엔환경개발회의	318
올림픽	072	유전스빌	227
옵션	024	유치권	054
와그너법	302	유효 수요	109
완전 경쟁시장	111	윤동주	080
외교관계에 관한 빈협약	384	윤리 경영	162
외부 경제효과	114	을미사변	087
외상 후 스트레스 장애	341	을사조약	087
외평채	224	의존 효과	108
욘족	276	이머징마켓	151
용비어천가	079	이상	080
용익물권	054	이원권	421
용적률	248	이중섭	069
우루과이 라운드	155	이지메	272
우회상장	214	이코노미클래스증후군	341
우회생산	110	이타이이타이병	328

인간소외 현상 272
인격권 428
인공위성 060
인구 주택 총조사 372
인구 피라미드 285
인덱스펀드 229
인 두비오 프로 레오 454
인사고과 175
인상주의 068
인지 441
인플레이션 갭 · 디플레이션 갭 125
인플레이션 헤지 125
일렉트로칼라 295
일물일가의 법칙 106
일반특혜 관세제도 147
일본의 대한 수출 규제 3개 품목 048
일사부재리 455
일사부재의 426
임금피크제 304
임페리얼 마케팅 188
입학사정관제 310

ㅈ

자발적 실업 294
자선자본주의 176
자연권 426
자연실업률가설 125
자유권 428
잠재 성장률 115
잠재적 실업 294
잡셰어링 303
장수왕 083
재무상태표 178
재무제표 178
재정신청 462
재형저축 208
재화 100
적조 327
전방위 외교 388

전시작전통제권 395
전시 효과 105
전자 민주주의 350
정당 362
정당방위 055
정당해산 심판 054
정맥산업 240
정범과 공범 446
정보 민주주의 350
정부조직도 368
제1차 집단과 제2차 집단 262
제2차 세계 대전 091
제4세계 390
제네바 군축 회의 401
제대혈 331
제로베이스 예산 182
제품수명주기 186
제한능력자 435
조세 법률주의 426
조세피난처 130
조현병 038
존 스쿨 423
좀비족 278
종량세 147
종업원지주제 174
종합부동산세 128
죄수의 딜레마 077
죄형법정주의 444
주 5일 근무제 304
주가수익률 214
주가지수 213
주물과 종물 436
주민소환제 374
주민 투표 374
주변인 261
주식매수청구권 220
주식회사 170
주요 국가 화폐 단위 235
주체사상 407

주택임대차보호법	438
준조세	129
줄기세포	058
중개 무역	136
중수도	330
중앙 선거 관리 위원회	378
중앙은행	202
즉결심판	463
증권집단소송제	221
지급준비율	207
지니 계수	124
지소미아	047
지식재산권	054
직장폐쇄	300
직접세	126
직지심체요절	066
집단적 자위권	387
집시법	432
집행유예	446
징계	453
징벌적 손해배상제	056
징비록	085

ㅊ

참여연대	288
참정권	426
책임무능력자	435
책임조각사유	449
천경자	070
청교도 혁명	090
청구권	434
청와대 국민청원	039
청원권	429
청정개발체제	319
체리피커	188
초상권	429
촌수	267
총액임금제	305
총자본 이익률	184

총통화	233
최고인민회의	407
최소시장접근	148
최저임금제도	305
최저취업연령	306
최진실법	420
추징	453
출자전환	220
치킨게임	355
친고죄	451
친디아	386
친양자제	442
친족	441
침묵의 봄	324

ㅋ

카니벌라이제이션	175
카르텔	173
카테고리 킬러	194
카피레프트	055
칸트	076
캐리트레이드	206
캐스팅 보트	364
캐시	150
캠프 데이비드 협정	393
컨소시엄	204
컨시어지 마케팅	192
케언즈 그룹	154
케인스	103
코소보 사태	392
코스닥	212
코스피	213
코커스	389
코쿠닝 현상	271
코쿤족	276
콘체른	174
콘탱고·백워데이션	219
콜금리	211
크라우드 펀딩	290

클라크의 산업구조	238	팝업스토어	193
클로즈드숍	298	패권주의	388
킬러앱	194	패널티킥	072
킹스턴 체제	237	패리티 가격	108
		패킷	062
ㅌ		팩터링	226
타운홀 미팅	351	퍼블리시티권	052
타임오프 제도	034	퍼플카우 마케팅	190
탄력적 근로시간제	303	펀더멘털	233
탄소발자국	036	펀드런	230
탄소펀드	228	페르소나 논 그라타	047
탄저병	338	페미니즘	273
탄핵	430	페이고	372
태프트-하틀리법	302	펠리 수정법	138
테일러 시스템	164	평등권	427
테크노폴리스	286	평생 교육	311
토머스 맬서스	286	포괄손익계산서	179
통상임금	305	포괄수가제	333
통크족	279	포드 시스템	164
통화량	232	포지셔닝	186
통화스와프	233	포지티브 시스템	140
퇴계 이황	075	포트폴리오	215
투자자-국가 소송	056	포퓰리즘	352
트랜스지방산	332	폭포 효과	187
트러스트	173	폴리페서	364
트리핀 딜레마	024	표지어음	227
트릴레마	117	풀마케팅	189
특수은행	202	품질인증마크	242
특혜 관세	146	프라이빗 뱅킹	209
		프라임레이트	211
ㅍ		프랑스 인권 선언	350
파랑새 증후군	274	프랜드	244
파레토 최적	101	프랜차이즈	172
파블로 피카소	068	프레데터	397
파시	247	프로보노	027
파워 엘리트	353	프로슈머 마케팅	189
파킨슨병	336	프로젝트 파이낸싱	206
파킨슨의 법칙	370	프로파일러	291
판소리	068	프로포폴	332
팔만대장경	066		

플라톤	076	햇살론	210
플래그십 마케팅	190	행복주택	031
플래시몹	028	헌법개정 절차	425
플레비사이트	373	헌법소원	432
플리바게닝	421	헌법의 기본원리	424
피구 효과	117	헌법 재판소	053
피선거권	376	헌법 재판소의 관장사항	424
피케팅	299	헤일로 효과	275
피터팬 증후군	030	헤지펀드	229
핀테크	064	핵셔-오린 정리	137
필리버스터	364	헬레니즘	089
필립스 곡선	126	현대 혁명	091
핌피 현상	269	혐연권	422
핑크칼라	295	협상 가격차	108
		형벌의 종류	450
ㅎ		호르무즈 해협	394
하우스푸어	270	호손 실험	164
하이브리드채권	224	혼인의 취소 · 무효 사유	442
하이엔드 마케팅	187	홀드백	071
하이일드펀드	227	화이트리스트	047
하이폴리틱스	387	화학적 거세	334
한강	080	확신범	448
한계기업	176	환경 호르몬	037
한계 소비 성향	111	환덤핑	148
한계 효용 균등의 법칙	105	환어음	226
한계 효용 체감의 법칙	104	환율	230
한반도 신뢰프로세스	406	황견계약	306
한정승인	444	황금낙하산	167
합리적 기대 이론	104	황병기	067
합영법	406	회기계속원칙	363
핫라인	397	회기불계속원칙	363
핫머니	210	횡령죄	450
항고	457	후순위채권	224
항소	457	훈민정음 해례본	065
해비타트	288	흑자도산	177
해피콜	193	흥선 대원군	086
핵보유국	401	희소성의 원칙	105
핵사찰	400	히든챔피언	172
핵우산	401	히피족	277

MEMO

취업에 강한 에듀윌 시사상식

78개월 베스트셀러

1위

2020·2021
2년 연속 우수콘텐츠잡지 선정!

우수콘텐츠잡지
2021

• 월별 Cover Story

• 정치 · 경제 · 사회 등 분야별 최신상식

• 취업트렌드 & 꿀팁을 알려주는 생생 취업정보

• 최신 논술 분석! ISSUE & 논술 · 찬반

• 다양한 교양을 만나는 사상 · 역사 · 예술 · 과학 칼럼

정기구독 안내

구독료

• 6개월 정기구독   ~~60,000원~~   ▶   54,000원
• 12개월 정기구독   ~~120,000원~~   ▶   108,000원

※ 매달 배송비 무료

▼ 정기구독 신청

신청방법

• 인터넷: 에듀윌 도서몰(book.eduwill.net) 〉 월간 시사상식 정기구독

• 전   화: 02) 397-0178 (평일 09:30~18:00/토 · 일 · 공휴일 휴무)

베스트셀러 1위 761회 달성!*
에듀윌 취업 교재

3년 연속 취업 교육 1위!* 합격자수 2,557% 수직 증가!*

| 공기업 NCS | 쏟아지는 100% 새 문항*

월간 NCS
NCS BASIC 기본서 | NCS 모듈형 기본서
NCS 모듈학습 2021 Ver. 핵심요약집

NCS 통합 봉투모의고사
NCS 통합 기본서
PSAT형 NCS 자료해석 실전 380제

한국철도공사 · 부산교통공사
서울교통공사 | 5대 철도공사·공단
국민건강보험공단 | 한국전력공사

한수원+5대 발전회사
한국수자원공사 | 한국수력원자력
한국토지주택공사 | IBK 기업은행

NCS, 59초의 기술 시리즈
NCS 6대 출제사 기출PACK
NCS 결정적 기출문제집

| 대기업 인적성 | 온라인 시험도 완벽 대비!

대기업 인적성 통합 기본서

GSAT 삼성직무적성검사

LG그룹 인적성검사

SKCT SK그룹 종합역량검사
롯데그룹 L-TAB

농협은행
지역농협

취업상식 1위!*

월간 시사상식

多통하는 일반상식
상식 통합대비 문제풀이집

공기업기출 일반상식
언론사 기출상식 | 기출 금융상식

자소서부터 면접까지!

면접관이 말하는 NCS 자소서와
면접_사무·행정/전기 | NCS 자소서&면접

끝까지 살아남는
대기업 자소서

* 온라인4대 서점(YES24, 교보문고, 알라딘, 인터파크) 일간/주간/월간 13개 베스트
  셀러 합산 기준 (2016.01.01~2021.05.09)
* 2021 대한민국 브랜드만족도 취업 교육 1위 (한경비즈니스)
  2020, 2019 한국브랜드만족지수 취업 교육 1위 (주간동아, G밸리뉴스)
* 에듀윌 취업 수강생 공기업/대기업 서류, 필기, 면접 전형별 합격자 인증 건수
  (총집계/총합계) (2015~19년도/2020년도)

* 에듀윌 취업 코레일 봉투모의고사, 공기업 NCS 통합 봉투모의고사,
  서울교통공사 봉투모의고사 교재 해당 (2021년 상반기 출간 교재 기준)
* YES24 수험서 자격증 취업/상식/적성검사 취업/면접/상식 베스트셀러 1위
  (2020년 2월 월별 베스트)
* YES24 국내도서 해당 분야 월별, 주별 베스트 기준

eduwill

2021 공기업/대기업 **관리형** 학원!

에듀윌
취업 아카데미
강남캠퍼스

3년 연속 취업 교육 1위, 에듀윌이 만든 취업 전문 교육기관

2021 대한민국 브랜드만족도 취업 교육 1위(한경비즈니스) / 2020, 2019 한국브랜드만족지수 취업 교육 1위(주간동아, G밸리뉴스)

취준저격
합격패키지

NCS·자소서
면접·일대일컨설팅

✚

자소서/면접
1:1 컨설팅

기업별·직무별
프리미엄 컨설팅

✚

24/7
취준감빵생활

24시간 주7일관리
압박관리·강제퇴원

에듀윌 취업 아카데미
강남캠퍼스

· 운영시간 : [월~금] 09:00 ~ 22:00 [토/일/공휴일] 09:00 ~ 18:00
· 주소 : 서울 강남구 테헤란로 8길 37 한동빌딩 1, 2층
· 상담 및 문의 : 02)6486-0600

취업, 공무원, 자격증 시험준비의 흐름을 바꾼 화제작!

에듀윌 히트교재 시리즈

에듀윌 교육출판연구소가 만든 히트교재 시리즈!
YES24, 교보문고, 알라딘, 인터파크, 영풍문고 등 전국 유명 온/오프라인 서점에서 절찬 판매 중!

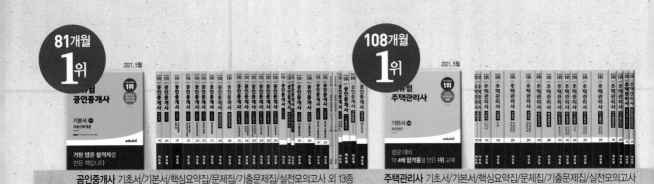

공인중개사 기초서/기본서/핵심요약집/문제집/기출문제집/실전모의고사 외 13종

주택관리사 기초서/기본서/핵심요약집/문제집/기출문제집/실전모의고사

7·9급공무원 기본서/단원별 기출&예상 문제집/기출문제집/기출팩/실전, 봉투모의고사

공무원 국어·영어·한국사 매일 기출한자/문법 필기노트/기출 영단어/빈출 문법/매일 3문 독해/한국사 파이널/흐름노트

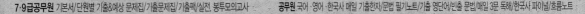

7급공무원 PSAT 기본서/기출문제집

계리직공무원 기본서/문제집/기출문제집

군무원 기출문제집/모의고사

경찰공무원 기본서/기출문제집/모의고사/면접

소방공무원 기출문제집/모의고사

맞춤형 화장품 조제관리사

검정고시 고졸/중졸 기본서/기출문제집/실전모의고사/총정리

사회복지사(1급) 기본서/기출문제집/핵심요약집

직업상담사(2급) 기본서/기출문제집

경비 기본서/기출/1차 한권끝장/2차 모의고사

전기기사 필기/실기/기출문제집

전기기능사 필기/실기

※ YES24 수험서 자격증 공인중개사 베스트셀러 1위 (2011년 12월, 2012년 1월, 12월, 2013년 1월~5월, 8월~12월, 2014년 1월~5월, 7월~8월, 12월, 2015년 2월~4월, 2016년 2월, 4월, 6월, 12월, 2017년 1월~12월, 2018년 1월~12월, 2019년 1월~12월, 2020년 1월~12월, 2021년 1월~5월 월별 베스트, 매월 1위 교재는 다름)

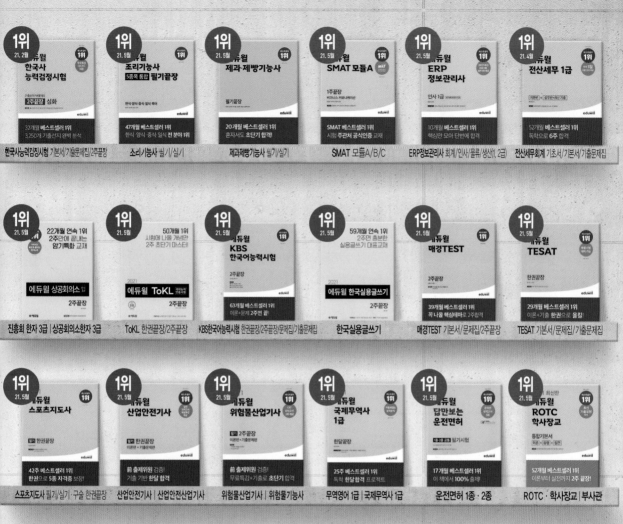

1위 21.2월 에듀윌 한국사 능력검정시험 2주끝장 심화 | 32개월 베스트셀러 1위 3,250개 기출선지 완벽 분석
한국사능력검정시험 기본서/기출문제집/2주끝장

1위 21.5월 에듀윌 조리기능사 5종목 통합 필기끝장 | 한식·양식·중식 일식 핵심 | 47개월 베스트셀러 1위 한식 양식 중식 전 분야 1위
조리기능사 필기/실기

1위 21.5월 에듀윌 제과·제빵기능사 필기끝장 | 20개월 베스트셀러 1위 혼자서도 초단기 합격!
제과제빵기능사 필기/실기

1위 에듀윌 SMAT 모듈A 1주끝장 비즈니스 커뮤니케이션 | 인사 1급 | SMAT 베스트셀러 1위 시험 주관처 공식인증 교재
SMAT 모듈A/B/C

1위 21.5월 에듀윌 ERP 정보관리사 | 10개월 베스트셀러 1위 핵심만 모아 단번에 합격
ERP정보관리사 회계/인사/물류/생산(1, 2급)

1위 21.4월 에듀윌 전산세무 1급 이론편 | 실무편·해설 기출 | 52개월 베스트셀러 1위 독학으로 6주 합격
전산세무회계 기초서/기본서/기출문제집

1위 21.5월 에듀윌 상공회의소 2주끝장 | 22개월 연속 1위 2주만에 끝내는 암기특화 교재
진흥회 한자 3급 | 상공회의소한자 3급

1위 21.5월 2021 에듀윌 ToKL 2주끝장 | 50개월 1위 시험에 나올 개념만 2주 초단기 마스터
ToKL 한권끝장/2주끝장

1위 21.5월 에듀윌 KBS 한국어능력시험 2주끝장 | 63개월 베스트셀러 1위 어론+문제 2면 끝!
KBS한국어능력시험 한권끝장/2주끝장/문제집/기출문제집

1위 21.5월 2021 에듀윌 한국실용글쓰기 2주끝장 | 59개월 연속 1위 2주면 충분한 실용글쓰기 대표교재
한국실용글쓰기

1위 21.5월 에듀윌 매경TEST 2주끝장 | 39개월 베스트셀러 1위 꼭 나올 핵심테마로 2주합격
매경TEST 기본서/문제집/2주끝장

1위 21.5월 에듀윌 TESAT 한권끝장 | 29개월 베스트셀러 1위 이론+기출 한권으로 올킬
TESAT 기본서/문제집/기출문제집

1위 21.5월 에듀윌 스포츠지도사 필기 한권끝장 | 42주 베스트셀러 1위 한권으로 5종 자격증 보장!
스포츠지도사 필기/실기/구술 한권끝장

1위 21.5월 에듀윌 산업안전기사 필기 한권끝장 이론편+기출문제편 | 前 출제위원 검증! 기출 기반 한달 합격
산업안전기사 | 산업안전산업기사

1위 21.5월 에듀윌 위험물산업기사 필기 2주끝장 이론편+기출문제편 | 前 출제위원 검증! 무료특강+기출로 초단기 합격
위험물산업기사 | 위험물기능사

1위 21.5월 에듀윌 국제무역사 1급 한달끝장 | 25주 베스트셀러 1위 독학 한달합격 프로젝트
무역영어 1급 | 국제무역사 1급

1위 21.5월 에듀윌 답만보는 운전면허 1종·2종 필기시험 | 17개월 베스트셀러 1위 이 책에서 100% 출제
운전면허 1종·2종

1위 21.5월 에듀윌 ROTC 학사장교 통합기본서 이론+유형+실전 | 52개월 베스트셀러 1위 이론부터 실전까지 2주 끝장!
ROTC·학사장교 | 부사관

1위 20.2월 에듀윌 시사상식 06 | 취업에 강한 취업상식 78개월 베스트셀러 1위
월간시사상식 | 일반상식

에듀윌 월간 NCS 06
월간 NCS

1위 21.5월 에듀윌 공기업 NCS 통합 기본서 | 공사공단 NCS 베스트셀러 1위 모듈/피듈/PSAT형 한권 완성!
NCS 통합 기본서/모듈형 기본서/봉투모의고사

1위 20.7월1주 에듀윌 PSAT형 NCS 자료해석 실전 380제 | 베스트셀러 1위 PSAT형 자료해석 1권 끝장!
PSAT형 NCS 자료해석 380제

2021 신간 에듀윌 NCS 6대 출제사 기출PACK | 최근 3개년 기출패턴 분석 어떤 출제사든 이 책으로!
NCS 6대 출제사 기출PACK

1위 21.4월 2021 에듀윌 코레일 한국철도공사 NCS+전공 봉투모의고사 5+2회 | 물체득 100% 새 문항
한국철도공사 기본서/봉투모의고사

1위 20.9월 3주 2021 에듀윌 국민건강보험공단 NCS+법률 봉투모의고사 4·3회 | 하반기 기출복원 모의고사 수록
국민건강보험공단 기본서/봉투모의고사

1위 21.4월 2021 에듀윌 한국수자원공사 NCS+전공 봉투모의고사 4·1회
한국전력공사 | 한수원 | 수자원

1위 21.5월 2021 에듀윌 부산교통공사 NCS+전공 봉투모의고사 4회+전공 | 사직시험 시험범위 긴급 반영!
서울교통공사 | 부산교통공사 | 철도공사·공단

1위 20.11월 2021 에듀윌 GSAT 삼성직무적성검사 수리·추리 봉투모의고사 4·1회
GSAT 기본서/봉투모의고사/파이널

1위 21.5월 에듀윌 SKCT SK그룹 종합역량검사 기본서 | 16개월 베스트셀러 1위 공채·수시채용 5일 완성!
LG | SKCT | CJ

1위 21.3월 에듀윌 끝까지 살아남는 대기업 자소서 | 최종 합격을 만든! 자소서 멘토링
NCS | 대기업 자소서&면접

※ YES24 수험서 자격증 주택관리사 베스트셀러 1위 (2011년 3월, 9월, 12월, 2012년 1월, 3월~12월, 2013년 1월~5월, 8월~11월, 2014년 2월~8월, 10월~12월, 2015년 1월~5월, 7월~12월, 2016년 1월~12월, 2017년 1월~12월, 2018년 1월~12월, 2019년 1월~12월, 2020년 1월~7월, 9월~12월, 2021년 1월~5월 월별 베스트, 매월 1위 교재는 다름)
※ YES24 국내도서 해당분야 월별, 주별 베스트 기준

- 취업 1위, 공무원 1위, 경찰공무원 1위, 소방공무원 1위, 계리직공무원 1위, 군무원 1위, 전기기사 1위, 한국사능력검정시험 1위, 검정고시 1위, 전산세무회계 1위, 건축기사 1위, 토목기사 1위, 경비지도사 1위, 직업상담사 1위, KBS한국어시험 1위, 실용글쓰기 1위, 매경TEST 1위, 한경TESAT 1위, ERP정보관리사 1위, 재경관리사 1위, 산업안전기사 1위, 국제무역사 1위, 무역영어 1위, 전기기능사 1위, 물류관리사 1위, 도로교통사고감정사 1위, 유통관리사 1위, 위험물기능사 1위, 위험물산업기사 1위, IT자격증 1위, 정보처리기사 1위, 컴퓨터활용능력 1위, 공인중개사 1위, 주택관리사 1위, 사회복지사1급 1위, 소방설비기사 1위, 소방시설관리사 1위, 행정사 1위, 부동산실무 1위 (2021 대한민국 브랜드만족도 교육 부문, 한경비즈니스)
- 공인중개사 최다 합격자 배출 공식 인증 (한국의 기네스북, KRI 한국기록원 / 2019년 인증, 2021년 현재까지 업계 최고 기록)

eduwill

에듀윌
시사상식 동영상
매달 0원

취업 전문가 이종학 교수 상식 특강

| 어려운 이슈를 명쾌하게! | + | 시험에 나오는 상식만 빠르게! |

동영상 특강 보기
· 에듀윌 홈페이지 도서몰(book.eduwill.net) 내 동영상강의실 Click
· 에듀윌 시사상식 App 다운 〉 동영상강의 Click

이종학 교수
· 에듀윌 취업 상식 대표교수

단 3초, 기대평 작성하고 인강 할인쿠폰 받자!

모든 취업 인강 1만원 할인!
10,000

※ 에듀윌 취업 전 강의 대상

이벤트 참여 방법 (이벤트 참여자 100% 즉시 제공)

모바일 QR 코드 접속 → 에듀윌 취업사이트 로그인
PC www.eduwill.net → 공기업 · 대기업 취업 클릭 → 인강 할인쿠폰 100% 제공 배너 클릭

※ 보다 자세한 사항은 에듀윌 이벤트 페이지를 확인해주세요.
※ 유효기간: 2021년 12월 31일

1위 상식 월간지가 모바일에 쏙!

에듀윌
시사상식 앱

☑ 매월 업데이트 되는 HOT 시사뉴스

☑ 20개 분야 1007개 시사용어 사전

☑ 취업전문가의 명쾌한 무료 상식특강

확! 달라진 에듀윌 시사상식 앱

QR코드를 스캔 후 해당 아이콘 클릭하여 설치 or
구글 플레이스토어나 애플 앱스토어에서 '에듀윌 시사상식'을 검색하여 설치

※YES24 수험서 자격증 취업/상식/적성검사 취업/면접/상식 베스트셀러 1위 (2020년 02월 월별 베스트)

2021 최신판

에듀윌 多통하는 일반상식

2권 　분야별 일반상식(과학/문화·스포츠/인문학/역사)

+ 기출복원문제

P A R T

03

분야별 일반상식

(과학/문화·스포츠/인문학/역사)

: 분야별 일반상식으로 광범위한 상식
완벽 마스터

CHAPTER 01   과학

CHAPTER 02   문화 · 스포츠

CHAPTER 03   인문학

CHAPTER 04   역사

과학

핵심Tag로 엮은 목차! 한눈에 흐름을 읽자!

한눈에 모아보는 핵심Tag 맵 📍

SECTION 1. 기초과학

01 물리
물리의 기초
물질과 힘

02 화학
원자력
화학공학

03 생물
생명
유전

04 지구과학
지구과학 기초
지형과 대기

05 우주과학
우주과학 기초
탐사선과 인공위성

06 첨단과학
첨단과학 이론
첨단기술
한국 과학기지

SECTION 2. 컴퓨터 · IT

01 컴퓨터
컴퓨터의 기초
하드웨어 · 소프트웨어
데이터와 바이러스
기타 컴퓨터 용어

02 정보통신
네트워크
정보통신망 · 장치
IT 기술

03 인터넷
인터넷 기술과 규약
네티즌 사회 현상
해킹
전자상거래

SECTION

기초과학

물리

핵심Tag #물리의 기초 #물질과 힘

#물리의 기초

001 상대성 이론 theory of relativity
자연법칙이 관성계에 대해 불변하고, 시간과 공간이 관측자에 따라 상대적이라는 이론

독일 태생의 유대계 미국 물리학자 아인슈타인에 의해 주장된 것으로 특수 상대성 이론과 일반 상대성 이론을 총칭하여 일컫는 말이다.

▲ 태양과 지구에 의한 시공간의 왜곡

- **특수 상대성 이론**(1905) : 뉴턴의 역학과 맥스웰의 전자기 이론 사이의 모순을 시공간의 사고방식에 새로운 개념을 도입하여 해결한 것이다. 모든 좌표계에서 빛의 속도는 항상 일정하고 자연법칙은 불변하므로 시간과 물체의 운동은 관찰자에 따라 상대적이라는 것이 이 이론의 중심 내용이다.
- **일반 상대성 이론**(1916) : 뉴턴의 만유인력 대신 상대성 이론을 확장하여 좌표계의 변환을 가속도 운동을 포함한 일반 운동까지 일반화하여 설명한다.

---

002 옴의 법칙 Ohm's law
도선에 흐르는 전류의 세기는 전압에 비례하고 저항에 반비례한다는 법칙

1826년 독일의 물리학자 옴이 발견했는데, 전기 회로 내의 전류, 전압, 저항 사이의 관계를 나타내는 데 있어서 매우 중요하다.

$$V = IR$$
(전압의 크기 : V, 전류의 세기 : I, 전기 저항 : R)

003 등속도 운동 等速度運動
물체가 일정한 속력과 일정한 방향으로 이동하는 운동

물체에 작용하는 외력이 없거나 작용하는 *알짜힘(합력)이 0일 때, 물체는 등속도 운동을 한다.

속력이 일정하지만 운동 방향이 변하는 것은 등속도 운동이 될 수 없으며, 등속도 운동을 할 때에는 가속도가 0이고 물체에 가해지는 힘도 0이 된다.

알짜힘(net force) 실제로 물체의 운동 상태를 바꾸는 힘으로, 물체에 작용하는 모든 힘의 벡터를 합한 것. 이를 합력이라고도 함

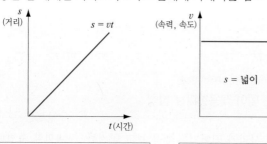

$$\text{기울기} = \frac{\Delta s}{\Delta t} = v \,(\text{속력, 속도})$$

$$\text{넓이} = vt = s \,(\text{거리, 변위})$$

함께 나오는 용어
뉴턴의 운동법칙

관성의 법칙 (뉴턴의 운동 제1법칙)	• 물체에 작용하는 외력이 없거나 작용하는 알짜힘(합력)이 0일 때, 정지한 물체는 계속해서 정지해 있고, 운동하던 물체는 계속 등속직선(등속도) 운동을 하려는 성질을 가지는데, 이를 '관성의 법칙'이라고 한다. • 관성은 물체의 질량이 클수록 크다. • 버스가 출발할 때 승객들이 뒤로 쏠리는 현상, 그리고 급정거할 때는 승객들이 앞으로 쏠리는 현상이 대표적인 관성의 법칙에 해당한다.
가속도의 법칙 (뉴턴의 운동 제2법칙)	• 가속도는 속도가 더해지는 정도를 나타내는 물리량으로, 가속도(a)는 힘(F)에 비례하고 질량(m)에 반비례하는데, 이를 '가속도의 법칙'이라고 한다. • $F(N) = ma,\ a = \dfrac{F}{m}$ 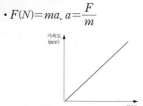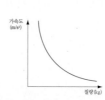 • 일정한 질량을 가진 물체의 가속도는 알짜힘에 비례한다.
작용과 반작용의 법칙 (뉴턴의 운동 제3법칙)	• 물체 A가 물체 B에 힘을 미치면(작용) 물체 B도 물체 A에 동일 직선상의 크기는 같고 방향은 반대인 힘(반작용)을 동시에 미치는데, 이를 '작용과 반작용의 법칙'이라고 한다. • 작용·반작용은 두 물체가 접촉 또는 떨어져 있는 경우에도 성립하며, 힘의 작용점은 서로 다른(상대방) 물체에 있다. • 로켓 항진을 예로 들어 보면, 로켓이 가스를 밀어내는 것은 작용에 해당하고, 분출 가스가 로켓을 밀어내는 것은 반작용에 해당한다.

▲ 로켓 항진

004 플레밍의 법칙 Fleming's rule
1885년 영국의 물리학자 플레밍에 의해 발견된 전류, 자기장, 도선의 운동에 관한 법칙

- **플레밍의 왼손 법칙** : 전류가 흐르고 있는 도선에 대하여 자기장이 미치는 힘의 방향을 나타내는 법칙을 말한다(전동기의 원리).
- **플레밍의 오른손 법칙** : 자기장에서 도선(導線)을 움직일 때 유도 기전력(誘導起電力)에 유도되는 전류의 방향을 나타내는 법칙을 말한다(발전기의 원리).

005 만유인력의 법칙 law of universal gravitation
모든 물체 사이에는 서로 당기는 힘이 작용한다는 법칙

아이작 뉴턴이 1687년에 사과나무에서 사과가 떨어지는 것을 보고 발견한 것으로, 우주의 모든 물체 사이에는 서로 당기는 힘이 작용한다는 법칙이다. 당기는 힘의 크기는 두 물체의 질량의 곱에 비례하고, 두 물체 사이의 거리의 제곱에 반비례한다. 인간이 땅 위를 걸어 다닐 수 있는 것이나, 사과가 땅으로 떨어지는 것은 모두 만유인력이 있기 때문이다.

아이작 뉴턴(Newton, 1642~1727) 영국의 물리학자·수학자·천문학자·근대 이론과학의 선구자

006 아르키메데스의 원리 Archimedes' principle
부력의 원리. 액체나 기체 속에 있는 물체는 그 물체가 차지한 액체나 기체의 부피 무게만큼의 부력을 받는다는 원리

물체를 유체(액체나 기체)가 가득 담긴 그릇에 넣었을 때, 물체가 밀어내어 넘친 유체의 무게와 그 물체가 뜨려는 힘은 같다는 원리를 말한다. 물이 담긴 그릇에 어떤 물체를 넣었을 때, 유체의 무게보다 가벼운 물체는 뜨고, 유체의 무게보다 무거운 물체는 가라앉는데, 이것은 부력의 원리에 의한 것이다. 결국 물체를 유체에 넣으면 물체의 무게와 밀어낸 유체의 무게가 같아질 때까지 물체는 가라앉게 된다.

▲ 부력의 원리를 보여주는 '부표'

007 카오스 이론 chaos theory
무질서하고 불규칙해 보이는 것에도 일정한 질서와 규칙이 있다는 이론

혼돈을 뜻하는 그리스어인 'chaos'에서 유래된 것으로, 겉으로 보기에는 무질서하고 불규칙해 보이는 혼돈 속에도 나름대로 일정한 질서와 규칙이 있다는 이론이다.

작은 변화가 결과적으로 엄청난 변화를 초래할 수 있다는 나비 효과(butterfly effect)를 토대로 하여 연구된 이론인데, 증권 시장에서 주식 가격의 변화, 나뭇잎의 '낙하 운동, 물의 난류 현상, 회오리바람, 태풍이나 지진 메커니즘 등이 대표적인 예이다.

낙하 운동(落下運動) 하늘과 땅 사이의 공중에서 땅의 표면에 낙하시킨 물체의 운동

▲ 회오리바람

함께 나오는 용어

나비 효과(butterfly effect)
미국의 기상학자 에드워드 로렌츠(E. Lorentz)가 1961년 기상 관측을 하다가 발견한 것으로, 브라질(또는 중국)에 있는 나비의 날갯짓이 미국 텍사스에 돌풍(토네이도)을 발생시킬 수도 있다는 이론이다. 이 이론은 후에 물리학에서 말하는 카오스 이론(chaos theory)의 토대가 되었다.

#물질과 힘

008 표면 장력 表面張力, surface tension
액체 속 분자들의 응집력으로 액체 표면이 최소화되는 현상

액체를 구성하는 분자는 서로 끌어당기는 인력이 있기 때문에 액체는 유한한 크기를 갖는다. 또한 물방울이 둥근 모양이 되는 것이나, 컵에 물을 가득 부었을 때 표면이 둥근 모양이 되는 것은 그 안에 있는 물 분자들이 주변의 분자들에 의해 잡아당겨지고 있기 때문이다.

009 쿼크 quark
내부 구조가 없어 더 작은 그 무엇으로 분리될 수 없는 궁극적인 기본 입자

원자는 원자핵과 전자로 이루어져 있고 원자핵은 다시 양성자와 중성자로 구성되어 있는데, 이 양성자와 중성자를 이루는 것이 쿼크이다.

현재 발견된 쿼크는 업 쿼크, 다운 쿼크, 참 쿼크, 스트레인지 쿼크, 톱 쿼크, 보텀 쿼크의 6종이다.

010 마하 M, mach
공기 중에서 움직이는 물체의 속력을 음속을 기준으로 나타내는 단위

오스트리아의 과학자 에른스트 마하(Ernst Mach)가 도입한 개념으로서, 마하 1은 음속과 같은 속도이며 시속 약 1224km에 해당한다. 마하수(mach number)라고도 하고, 기호는 M으로 표시한다.

011 열의 이동 방식
열의 이동 방식에는 전도·복사·대류가 있으며, 고온에서 저온으로 이동함

전도(傳導)	• 열이 물질의 이동을 수반하지 않고 고온 부분에서 저온 부분으로 전달되는 현상 • 금속 막대의 한쪽 끝을 가열하면 가열되는 부분부터 차례대로 뜨거워지는 현상
복사(輻射)	• 발생원에서 나온 에너지가 전도 물질을 거치지 않고 직접 전달되는 현상 • 뜨거운 난로 앞에서 몸이 따뜻해지는 현상
대류(對流)	• 유체의 온도가 높아지면 *부력이 커져서 위로 올라가고, 온도가 낮은 부분은 아래로 내려오면서 열이 전달되는 현상 • 물을 끓일 때 뜨거워진 물은 위로 올라가고 차가운 물은 아래로 내려오는 현상

부력(浮力) 액체나 기체 내에 있는 물체가 그 물체에 작용하는 압력 때문에 중력에 반하여 위로 뜨려는 힘

012 빛이 매개 물질을 통과할 때 나타나는 현상
빛이 어떤 매개 물질을 통과할 때 나타나는 반사·굴절·분산·산란 등의 현상

• 반사(反射) : 일정한 방향으로 나아가던 파동이 매개 물질의 표면에 부딪혀서 나아가던 방향을 반대로 바꾸는 현상을 말한다.
• 굴절(屈折) : 파동이 한 매개 물질에서 다른 매개 물질로 들어갈 때 경계면에서 그 진행 방향이 바뀌는 현상을 말한다.
• 분산(分散) : 파장이 다른 여러 개의 빛이 프리즘을 통과할 때 여러 색의 띠로 갈라지는 현상을 말한다.
• 산란(散亂) : 파동이 물체와 충돌하여 여러 방향으로 흩어지는 현상을 말한다.

▲ 굴절의 예

013 광각 렌즈 wide angle lens
카메라 렌즈의 초점 거리가 화면 대각선의 길이보다 짧은 렌즈

표준 렌즈는 대중적으로 사용하는 필름의 대각선 길이와 비슷한 40~60mm 렌즈이나, 광각 렌즈는 이보다 초점 거리가 짧다. 육안과 비슷하게 보이도록 제작된 표준 렌즈의 *사각(寫角)이 40~60°인 데 비해, 광각 렌즈의 사각은 60~80°로 보다 넓은 각도를 촬영할 수 있어 원근감이 강조된다. '어안 렌즈'는 초광각 렌즈로 시야가 180°를 넘기 때문에 상이 원형으로 일그러져 맺힌다.

사각(寫角) 찍을 대상에 대한 카메라의 위치나 렌즈의 각도

02 화학

핵심Tag #원자력 #화학공학

#원자력

014 방사선 放射線, radioactive rays
방사성 원소가 붕괴할 때 방출되는 알파선(α선)·베타선(β선)·감마선(γ선)

우라늄, 플루토늄과 같은 방사성 원소들이 붕괴하여 다른 원소로 바뀌게 될 때 방출하는 몇 가지 입자나 전자기파를 '방사선'이라고 한다. 방사선에는 알파선(α선)·베타선(β선)·감마선(γ선) 세 가지가 있고, 측정 단위는 라드(rad), *렘(rem), 뢴트겐(R) 등이 있다. 이들은 생물학·의학·물리학·공학 등의 분야에서 다양하게 응용되고 있는데, 방사선 사용에 따른 방사성 폐기물의 처리는 사회적인 문제가 되고 있다.

렘(rem) 인체에 방사선이 투여될 때 그 정도를 표시하는 단위

015 방사성 원소 放射性元素, radioactive element
동위 원소 중에 방사능이 있어 스스로 방사선을 방출하고 붕괴하는 원소

우라늄, 플루토늄과 같이 원자량이 매우 크고 핵이 너무 무거워 불안정한 상태에 있는 원소를 말한다. 이들 원소들은 핵이 너무 무거워 불안정하기 때문에 알파선(α선)·베타선(β선)·감마선(γ선)을 방출하면서 안정한 원소로 변하게 된다. 이를 위해 여러 번의 붕괴를 거치는데, 이 과정은 우라늄 계열, 토륨 계열, 악티늄 계열 중 어느 하나에 속하게 되고, 이 계열에 따라 최종 도달하는 원소가 정해진다. 방사성 원소는 자연에 존재하는 천연 방사성 원소와 핵반응을 통해 만들어지는 인공 방사성 원소로 나뉜다.

▲ 우라늄 광석

더 알고가기
- **자연적으로 존재하는 방사성 원소** 우라늄, 라듐, 토륨
- **인공적으로 만들어진 방사성 원소** 넵투늄, 테크네튬, 프로메튬

016 원자로 原子爐, nuclear reactor
에너지를 얻기 위해 핵분열을 지속적으로 발생시키고 제어할 수 있도록 설계된 장치

1942년 물리학자 페르미가 미국의 시카고대학교 실험실에서 만든 것이 최초이다. 핵폭발이 있게 되면 순간적으로 다량의 에너지가 방출되는데, 이를 에너지 자원으로 이용하기 위해 연쇄 반응을 천천히 일어나게 한 것이 원자로이다. 원자로는 연료막대와 감속재, 제어봉, 냉각재, 구조재 및 계측제어기기 등으로 이루어진다.

017 원자력 原子力, atomic power
원자핵 반응을 인위적으로 제어하여 변환을 일으킴으로써 방출되는 에너지

인위적으로 원자핵 변환을 일으킴으로써 이용 가능한 에너지로 빼낸 것을 말한다. 그 방법에는 우라늄·플루토늄·토륨 등과 같은 무거운 원소의 원자핵을 분열시키는 핵분열과, 중수소(重水素) 등과 같은 가벼운 원소의 원자핵을 *융합시키는 핵융합이 있다. 핵분열을 이용한 것으로는 원자 폭탄·원자로가 있고, 핵융합을 이용한 것으로는 수소 폭탄이 있다.
핵분열은 원자력 발전에 이용하고 있지만, 핵융합은 에너지원으로 이용할 수 있는 방법이 아직 확립되어 있지 못하다.

융합(融合) 녹여서 하나로 합침

▲ 일본 나가사키 원자 폭탄

018 핵융합 核融合, nuclear fusion
가벼운 원자핵이 모여서 하나의 무거운 원자핵을 형성하는 현상

수소, 중수소, 삼중수소 등 가벼운 원자핵이 융합하여 더 무거운 원자핵이 되는 과정에서 거대한 에너지를 방출하는 현상이다. 이와 같은 핵융합에는 1억℃ 이상의 온도가 필요한데, 태양과 같은 항성은 그 에너지를 핵융합에서 얻는다. 이 과정을 이용하면 수소 폭탄을 만들 수 있다. 주 연료인 중수소는 물에서 추출할 수 있기 때문에 무한하며(30L의 물에서 약 1g의 중수소를 추출할 수 있는데, 이는 약 9500L의 가솔린이 가진 에너지 양과 같다), 유해한 방사능도 적다.

더 알고가기

제1~4의 불
- 제1의 불 : 일반적으로 사용하는 불
- 제2의 불 : 전기
- 제3의 불 : 원자력
- 제4의 불 : 핵융합

019 중수로 重水爐, heavy water reactor
천연 우라늄을 연료로 하고 중수(D₂O)를 감속재와 냉각재로 사용하는 열 중성자 원자로

원자력을 발전시킬 때 원자로에서 발생하는 엄청난 열을 식히기 위해서는 차가운 물이 필요하다. 이때 냉각수로 보통의 증류수(H_2O)를 사용하면 경수로이고, 중수(D_2O)를 사용하면 중수로이다. 중수로는 중수를 만드는 데 큰 비용이 든다는 단점이 있으나, 경수(輕水)에 비해 중성자를 감속시키는 작용이 뛰어나고, 천연 우라늄을 연료로 사용할 수 있어 경제적이며, 많은 양의 *플루토늄을 얻어낼 수 있다는 장점이 있다.

플루토늄
- 원소기호 Pu, 원자번호 94 이며, 명왕성(pluto)의 이름을 따서 명명
- 우라늄과 비슷한 성질을 시닌 방사성 원소로, 원자로의 연료와 핵무기의 재료로 사용

020 반감기 半減期, half life
방사성 원소 또는 소립자가 붕괴하거나 다른 원소로 변할 경우, 그 원소의 원자 수가 최초의 반으로 줄어드는 데 걸리는 시간

현재는 여러 분야에서 쓰이고 있으나, 최초 개념은 어떤 방사성 원소가 붕괴되어 방사선이 원래 값의 절반이 되는 데 걸리는 시간을 의미하였다. 온도나 압력 등의 외부 조건에 영향을 받지 않고, 핵종에 따라 고유한 값을 가지기 때문에 방사성 핵종의 특유한 성질을 나타내는 물리량의 하나이다. 라듐226의 반감기는 약 1602년, 우라늄238은 약 45억 년이다. 고고학에서 암석이나 화석의 나이를 측정하는 데 이를 이용하고 있다.

021 동위원소 同位元素, isotope
원자 번호는 같지만 질량수가 다른 원소

원소의 화학적 성질은 그 원소를 구성하고 있는 원자의 원자핵 내에 있는 양성자의 수, 즉 원자 번호에 의해 결정된다. 동위원소란 이러한 양성자의 수는 같고 중성자의 수가 다른 원자핵으로 이루어지는 원소를 말한다. 즉, *주기율표에서 같은 위치에 있는(=원자 번호가 같은) 원소를 말한다. '아이소토프' 또는 '동위체(同位體)'라고도 하는데, 영국의 화학자 소디가 그 개념을 확립시킴과 동시에 이 명칭을 붙였다. 지각과 대기 중에 있는 원소의 대부분은 몇 가지 동위원소가 혼합된 것인데 그 혼합비는 거의 일정하다.

주기율표 러시아의 멘델레예프가 처음 제안한 것으로, 원자 번호가 증가하는 순으로 행을 구성하고 화학적 성질이 유사한 것끼리 열을 구성하여 배열한 표

022 광섬유 光纖維, optical fiber
빛의 전송을 목적으로 하는 섬유 모양의 *도파관

석영 유리나 플라스틱 등의 투명한 유전체(誘電體)를 가늘고 길게 뽑아서 만든 섬유이다. 그 단면을 보면 중심에 코어(core)라고 하는 굴절률이 높은 매질이 있고, 그 주변을 클래딩(cladding)이라고 하는 굴절률이 낮은 매질이 덮고 있다. 광섬유에서 빛이 전파할 때 클래딩은 거울처럼 빛을 반사하고, 이 반사된 빛은 다시 코어 속을 전파하여 다시 클래딩으로 가서 반사되는 과정을 반복하는데, 코어와 클래딩의 경계면에서 반사만 일으키고 굴절이 일어나지 않아 빛이 방출되지 않고 광섬유의 끝부분까지 도달된다.

광섬유는 중심부의 빛이 감쇠되지 않고 원거리까지 전파되기 때문에 장거리 통신에 많이 이용되는데, 광섬유를 여러 가닥 묶어서 케이블로 만든 것을 '광케이블'이라고 한다.

도파관 도체로 만든 속이 빈 도관으로, 전기 에너지나 신호를 전송하기 위한 전송로의 일종

023 플라스마 plasma
기체를 고온으로 가열하면 발생하는 전자와 이온의 분해 상태

기체 상태의 물질을 고온으로 가열하면 원자와 분자 간에 격렬한 충돌이 일어나게 되어 이온핵과 자유 전자로 분해된다. 기체의 상당 부분이 이온화되면 고체·액체·기체와는 전혀 다른 성질을 띠게 되는데, 이를 '플라스마'라고 한다. 고체, 액체, 기체와 더불어 '제4의 물질 상태'로 불린다. 형광등과 네온사인, 오로라 등이 플라스마가 나타내는 빛이라고 볼 수 있다. 대체 에너지로 개발하기 위한 연구도 진행되고 있다.

▲ 태양 플라스마

024 나프타 naphtha
원유를 증류해 얻어지는 탄화수소의 혼합물로 이루어진 기름으로, 각종 석유 화학 제품의 기초 원료

원유를 35~220℃로 가열하여 증류하면 액화 석유 가스(*LPG)와 등유 사이에서 휘발성·가연성이 높은 액체 상태의 탄화수소가 정제된다. 이를 내연기관의 연료가 아닌, 석유 화학 원료 등으로 사용할 경우를 '나프타'라고 한다. 나프타를 분해하면 에틸렌·프로필렌·부탄·방향족 등이 생기며, 여기에서 석유 화학 반응을 거치면 합성수지·합성 고무·합성 섬유 등을 제조할 수 있다.

LPG(Liquefied Petroleum Gas) 원유와 함께 나오는 프로판가스나 부탄가스를 압축해 액화한 것

025 바이오에너지 bioenergy

태양광을 이용하여 *광합성하는 유기물(주로 식물체) 및 이를 소비하여 생성되는 모든 생물 유기체(바이오매스)를 통해 얻을 수 있는 에너지

식물유기물 또는 동물유기물을 직접 연소시키거나 발효시키면 메탄·에탄올·수소와 같은 에너지를 얻을 수 있는데, 이를 '바이오에너지'라고 한다. 여기서 에너지 이용의 대상이 되는 생물체를 총칭하여 '바이오매스'라고 한다. 바이오에너지는 자원이 풍부하고 재생이 가능하며 환경 오염이 적다는 장점이 있으나, 자원이 산재해 있고 다양한 자원에 따른 이용 기술 개발에 어려움이 있다는 단점도 있다.

대표적인 바이오에너지에는 다음과 같은 것들이 있다.

• 바이오에탄올 : 옥수수·사탕수수 등의 당분을 발효시켜 만든 것으로, 휘발유 대신 사용할 수 있다.

• 바이오디젤 : 대두유·팜유 등에서 기름을 추출해 만든 것으로, 경유 대신 사용할 수 있다.

• 바이오가스 : 가축의 분뇨·음식물 쓰레기 등에서 생산되는 메탄가스 등이 있다.

광합성 녹색식물이 이산화탄소와 물을 원료로 하여 자신이 필요로 하는 에너지(탄수화물)를 만들어 내는 과정

03 생물

핵심Tag #생명 #유전

#생명

026 멜라토닌 melatonin

수면 주기, 생체 리듬 조절, 시차 적응 등에 관여하는 호르몬

멜라토닌은 포유류·조류·파충류·양서류 등에서 생성되는데, 사람은 *솔방울샘에서 분비된다. 낮밤의 길이나 계절에 따른 일조 시간 변화 등의 광주기를 감지하여 생체 리듬에 관여한다.

멜라토닌의 생성량은 나이와 시간에 따라 다르다. 즉, 멜라토닌은 밤에 많이 생성되고 낮에는 덜 생성되며, 어린이에게서 더 많이 만들어지고 성인기에는 적게 만들어진다. 이것으로부터 어린이나 청소년들이 성인보다 더 오래 잠을 자려는 경향이 있는 것과 밤이 되면 졸리기 시작해서 아침에는 잠에서 깨는 것을 설명할 수 있다.

솔방울샘
• 척추동물의 뇌의 중앙에 있는 내분비선
• 두부의 피부를 통과하여 들어오는 광(光)을 감지하여 생체 리듬에 관여하는 호르몬을 형성

027 물질대사 物質代謝, metabolism
물질의 분해나 합성과 같이 생명 유지에 필요한 에너지를 만들기 위해 생물체 내에서 일어나는 화학 반응

모든 생물은 자신에게 필요한 물질을 흡수하고, 이를 합성 또는 분해하면서 생명 활동에 필요한 에너지를 얻으며, 이 과정에서 생기는 노폐물을 배출하기도 한다. 이처럼 생물체가 자신의 생명 유지를 위해 진행하는 모든 화학 반응과 이에 수반되는 에너지 변환을 '물질대사'라 한다. 물질대사에는 동화 작용과 이화 작용이 있다.

- 동화 작용 : 빛 또는 화학 에너지를 이용해 저분자물질을 고분자 물질로 합성하는 과정을 말하며, 에너지의 흡수(흡열 반응)가 일어난다(예 광합성, 단백질 합성 등).
- 이화 작용 : 고분자 물질을 저분자물질로 분해하는 과정을 말하며, 에너지의 방출(발열 반응)이 일어난다(예 세포 호흡, 소화 등).

028 DNA DeoxyriboNucleic Acid
세포 내에서 생물의 유전 정보를 보관하는 물질

DNA는 •유전자의 본체를 이루는 물질로, 모든 살아 있는 세포에서 볼 수 있고 유전 형질을 전달하는 복잡한 유기화학적 분자 구조로 염색체의 주성분이다. 결합되어 있는 염기에 의해 구분되는 네 종류의 뉴클레오타이드가 중합되어 이중 나선 구조를 이룬다. 인간의 경우 23쌍의 염색체로 이루어져 있는데, 이 안에 약 30억 개의 염기쌍이 들어 있다.

유전자(遺傳子, gene) 부모에서 자식으로 대를 이어 물려주는 특징을 만들어 내는 인자

함께 나오는 용어
RNA 세포 내 단백질 합성에 관여하는 고분자량의 복합 화합물을 말한다. 하나의 나선이 길게 꼬여 있는 구조이며 DNA의 일부가 전사되어 만들어진다. 몇 종류의 바이러스에서 RNA는 DNA 대신 유전자로서 기능하기도 하지만, 대부분의 생물은 DNA가 유전자의 역할을 하고 RNA는 단백질을 합성하는 과정에 작용할 뿐이다.

029 스트랜딩 stranding
해양 동물들이 갑작스럽게 육지로 올라와 집단적으로 죽음에 이르는 현상

고래나 물개 등 해양 동물이 스스로 해안가 육지로 올라와 전혀 움직이지 않고 먹지도 않으며 죽음에 이르는 좌초(stranding) 현상을 말한다. 이와 같은 현상은 꽤 오래 전부터 나타난 것으로 보이며, 최근에도 뉴질랜드, 호주, 스페인 등 세계 곳곳의 인근 해역에서 고래들이 해안으로 올라와 죽는 현상이 빈번하게 발생하고 있다.

해양 동물들의 스트랜딩 현상은 질병으로부터 종족을 보존하기 위한 자기 희생이라는 주장과 천적에게 쫓겨 육지까지 밀려왔다는 주장, 바다 오염이나 먹이 고갈에 의한 생태계의 위협이라는 주장, 인간들이 사용하는 음파 탐지기에 의한 방향 감각 상실에서 발생했다는 주장 등이 있으나, 아직까지 정확하게 원인이 확인되지 않고 있다.

030 혈소판 血小板, blood platelet
혈액 응고나 지혈 작용에 관여하는 혈구의 일종

혈액은 혈장과 혈구로 구분되고, 혈구는 다시 *적혈구·백혈구·혈소판 등으로 구분된다. 혈소판은 골수의 거대 핵세포로부터 생성되며, 10일 정도가 지나면 파괴된다. 특정한 형태를 이루고 있지 않으며, 출혈이 생기면 혈관을 폐쇄시키고 응고 인자를 제공하는 역할을 한다. 관련 질병으로 혈소판 감소증, 재생 불량성 빈혈 등이 있다.

적혈구 혈액 세포 중 가장 많은 수를 차지하며, 적혈구 세포질 내부의 헤모글로빈이 산소와 결합하여 체내의 다른 조직에 산소를 운반

031 인슐린 insulin
이자(췌장)의 베타(β)세포에서 분비되어 혈당량을 조절하는 호르몬

인슐린은 혈당량, 즉 혈액 속 포도당의 양을 일정하게 유지시키는 역할을 하는데, 혈당량이 높아지면 분비되어 혈액 내 포도당을 세포에서 글리코겐의 형태로 저장시키고 혈당량이 낮아지면 인슐린 분비를 멈추고 간에서 포도당을 방출시킨다. 인슐린을 제대로 만들어내지 못하게 되면 당뇨병이 발생한다. 당뇨병 환자를 치료하기 위해서 초기에는 돼지·소·양 등의 췌장에서 추출한 인슐린을 주입하였으나, 현재는 유전공학적으로 생산한 인슐린을 사용하고 있다.

032 테라토마 teratoma
피부, 근육, 신경세포 등 다양한 세포와 조직으로 이루어진 기형 종양

여성의 난소, 남성의 정소 등 생식 세포에 주로 발생하며, 난소에 생긴 테라토마에는 체모와 치아가 발달하기도 한다. 테라토마는 배아줄기세포의 분화 능력을 검증하는 데 이용되기도 한다. 만들어진 배아줄기세포가 다양한 종류의 세포와 조직으로 분화하여 테라토마를 형성해야 완전한 배아줄기세포임을 입증할 수 있다.

#유전

033 멘델의 법칙 Mendel's law
멘델이 완두콩을 이용한 교배 실험에서 밝혀낸 유전 법칙

- **우열의 법칙** : *순종인 두 대립 형질(우성과 열성)의 개체를 교배시켰을 때, 잡종 제1대(F1)에서는 우성의 형질만 나타나고 열성의 형질은 나타나지 않는다는 법칙을 말한다.
- **분리의 법칙** : F1에서 교배가 일어나면 짝을 이루던 대립 유전자들은 서로 분리되어 F2의 형질이 3 : 1의 비율로 분리되어 나타나는 법칙을 말한다.
- **독립의 법칙** : 두 쌍 이상의 대립 형질이 유전될 경우에도 각각 우열의 법칙과 분리의 법칙을 만족시키며 유전된다는 법칙을 말한다.

순종(純種) 다른 계통이 섞이지 않은 순수한 집단 혹은 개체

034 돌연변이 突然變異, mutation
생물체에서 어버이의 계통에 없던 새로운 형질이 나타나 유전되는 현상

네덜란드의 유전학자 휘호 더프리스(Hugo de Vries)가 달맞이꽃에서 발견하였다. 돌연변이는 자연적으로 우연히 발생하거나 방사선·화학 물질 등과 같은 외부 요인에 의해 발생한다. 진화론적 관점에서는 생물학적 다양성 증대에, 유전학적 관점에서는 유전자 치료에 응용할 수 있다는 점에서 의미가 있다.

035 마스터 유전자 master gene
배아줄기세포가 신체의 특정한 기관 세포로 분화할 수 있도록 세포들에게 명령을 내리는 특정 유전자

배아줄기세포는 신체의 어떤 기관으로도 전환될 수 있는 만능 세포로, 수정란이 2주일 동안 자궁 속에서 세포 분열한 뒤 구체적 장기(臟器)를 형성하기 이전에 분화를 멈춘 배아 단계의 세포를 말한다. 마스터 유전자의 명령에 따라 배아줄기세포는 뇌, 뼈, 피부 등 특정한 신체의 기관 세포로 분화를 한다. 배아줄기세포는 1998년 미국에서 처음으로 분리되었으나, 이 줄기세포가 신체 각 기관으로 분화하도록 세포들에게 명령을 내리는 특정 유전자의 존재는 찾아내지 못하다가, 2003년 5월 영국과 일본 과학자들에 의해 마스터 유전자가 발견되었다.

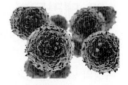

▲ 배아줄기세포

함께 나오는 용어

• **줄기세포**

각 신체조직으로 분화 능력을 갖추고 있는 만능 세포이다. 세포가 각 조직으로서의 특성을 갖추게 되는 과정을 분화라 하는데, 아직 특정한 세포로 분화가 진행되지 않은 상태이나 모든 종류의 세포로 분화할 수 있는 미분화 세포를 말한다. 줄기세포는 다시 배아줄기세포와 성체줄기세포로 나뉜다. 배아줄기세포는 모든 기관으로 분화할 수 있으나, 성체줄기세포는 그 능력이 제한적이어서 모든 조직으로 분화할 수는 없다. 따라서 성체줄기세포에 비해 배아줄기세포의 활용 가치가 훨씬 높다. 다만 윤리적인 문제로 인해 연구에 제약이 많다.

• **배아줄기세포**

수정한 지 14일이 안 된 배아 내부에서 떼어낸 세포를 말한다. 모든 조직의 세포로 분화할 수 있는 능력을 지니고 있으며, 이론상 무한정 세포 분열을 할 수 있기 때문에 손상된 신체 조직의 재생에 이용할 수 있을 것이라는 기대가 크다.

036 반성 유전 伴性遺傳, sex-linked inheritance
성염색체에 있는 유전자에 의해 일어나는 유전 현상 중 하나

반성 유전은 주로 X염색체 위에 유전자가 있어서 성염색체가 XX인 여성보다는 XY염색체를 가진 남성에게서 발생할 확률이 높은 유전이다. 예컨대 색맹 유전자는 X염색체에 들어 있어 XX염색체를 가진 여성의 경우 두 개의 X염색체 모두에 색맹 유전자가 들어 있어야 색맹이 되지만, XY염색체를 가진 남성의 경우에는 X염색체 하나에만 색맹 유전자가 들어 있으면 바로 색맹이 된다. ˚혈우병도 반성 유전에 해당하는데, 여성은 태아일 때 치사에 이르게 되므로 유전에 의한 혈우병은 남성에게만 나타난다.

혈우병
• 혈액 질환의 일종으로, 혈액이 응고되지 않는 병
• 작은 출혈에도 피가 멎지 않으며, 외상이 없어도 발목 등 관절 부위에서 출혈이 반복됨

037 유전자변형작물 GMO, Genetically Modified Organism
유전공학기술을 이용해서 형질이나 유전자를 변형시킨 농산물

특정 작물에 없는 유전자를 인위적으로 결합시켜 새로운 특성의 품종으로 개발한 작물로, 병충해에 강한 내성을 키우거나 생산성을 늘리기 위한 목적으로 상품화되고 있지만 인체에 미치는 영향을 두고 안전성 논란도 제기된다.

함께 나오는 용어

LMO(Living Modified Organism, 유전자변형생물체)
현대생명공학기술을 이용하여 생물종의 유전물질을 인위적으로 변형시킨 생물체를 포괄적으로 지칭하며, 농업 분야에서는 농산물의 생산량 증대, 품질 향상 등을 목적으로 주로 사용되고 있다.

04 지구과학

핵심Tag #지구과학 기초 #지형과 대기

#지구과학 기초

038 판 구조론 plate tectonics
지구는 여러 개의 판으로 이루어져 있고 이들의 움직임으로 화산 활동과 지진이 일어난다는 이론

지구 내부는 암석권과 연약권으로 이루어져 있는데, 암석권은 연약권 위에 떠 있으며 판이라 불리는 조각으로 나뉘어져 있다. 암석권은 10여 개의 주요 판과 다수의 작은 판으로 이루어져 있으며, 이 판들은 연약권에서 일어나는 *맨틀 대류를 따라 이동하게 된다. 그 결과 판과 판 사이의 경계에서는 두 판의 상호 작용으로 지진, 화산 활동, 조산 운동 등의 지각 변동이 활발하게 일어난다. 판 구조론은 지구과학의 혁명을 일으켰으며, 현재는 거의 모든 과학자들에게 받아들여지고 있다.

맨틀(mantle) 지구의 지표로부터 깊이 약 30km의 모호로비치치 불연속면에서 약 2900km의 구텐베르크 불연속면까지를 가리키는 용어

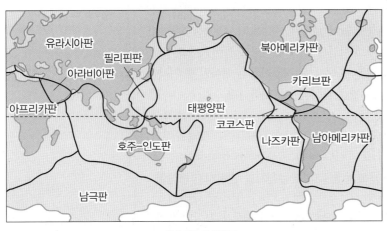

▲ 세계 주요 판의 분포

039 가이아 이론 gaia theory
지구를 환경과 생물로 구성된 하나의 유기체로 보는 이론

가이아 이론은 영국의 과학자 제임스 러브록이 1978년 『지구상의 생명을 보는 새로운 관점』이라는 저서에서 주장한 가설이다. 가이아(Gaia)란 그리스 신화에 등장하는 대지의 여신을 가리키는 말인데, 러브록은 이것에 착안해서 살아 있는 지구를 가리키는 말로서 가이아를 사용했다. 가이아 이론은 지구가 생물과 환경이 상호 작용하는 유기체임을 강조하며 자체의 정화력

과 유지 복원력을 갖는다고 본다. 가이아 이론은 하나의 가설에 지나지 않지만, 지구 온난화 현상 등 오늘날 지구 환경 문제와 관련하여 새롭게 주목을 받고 있다.

040 표준시 標準時, standard time
본초 자오선을 기준으로 특정 국가 내에서 공통으로 사용하는 시간

태양의 일주 운동에 기초한 태양시는 한 나라 안에서도 각 지방의 경도에 따라 다른데, 편의상 특정 지방의 평균시를 전국이 공통으로 사용하는 것을 '표준시'라고 한다. 지구상의 각 지점은 경도가 달라지면 시간도 달라지는데, 그리니치 천문대의 *본초 자오선을 기준으로 하여 세계의 지방 표준시를 정하게 되어 있다. 지구 둘레 360°를 하루 24시간으로 나누면 경도 15°마다 1시간씩 차이가 나게 되므로 동서로 길이가 긴 나라는 여러 개의 표준시를 쓴다. 우리나라는 동경 135°를 기준으로 하고 있으며, 세계 표준시(그리니치시)보다 9시간 빠르다.

본초 자오선 영국 런던의 그리니치 천문대를 지나는 원(경선). 경도를 측정하는 기준이 되며, 이를 기준점인 0°로 하여 동경 180°, 서경 180°로 나눔

041 자오선 子午線, meridian
천구의 남극과 북극, 천정과 천저 4개의 지점을 통과하는 큰 원

자오선은 관측 지점에 고정시켜 생각할 수 있는 기준선으로, 천체의 방위각(方位角)·시각(時角)을 측정하는 기준이 된다. 천체가 자오선을 통과할 때 남중이라 하며, 고도는 극대값이 된다. 자오선은 경도를 표시할 때 사용되며, 경도 15°마다 1시간의 시차가 생긴다. 예컨대 45번째 자오선은 동경 45° 또는 서경 45°를 나타낸다.

042 푸코의 진자 Foucault's pendulum
1851년 물리학자인 푸코가 지구의 자전을 증명하기 위해 사용한 진자

*단진자(單振子)의 일종이다. 정지된 시계판 위에서 최초 9시와 3시 사이를 왕복하도록 추를 운동시키면, 시간이 지나면서 점차 10시와 4시 사이, 11시와 5시 사이, 12시와 6시 사이를 왕복하게 된다. 즉, 시계판은 정지하고 있으나 지구의 자전으로 인해 진자의 진동면이 지구의 자전 방향과 역방향으로 회전하게 된다. 북반구에서는 시계 방향으로, 남반구에서는 시계 반대 방향으로 추가 회전한다.

단진자(單振子) 길이가 고정되어 있고 질량을 무시할 수 있는 실에 추를 달아서 지면과 수직인 면 위에서 진동하도록 만든 진자

043 외쿠메네 ökumene
인간이 장기적으로 생활할 수 있는 육지 지역

고대 그리스인들이 인간이 거주하는 세계에 대하여 외쿠메네라는 이름을 붙인 데서 유래한다. 기후와 식량 생산 가능성 등이 외쿠메네인지를 판단하는 기준이 된다. 이와 반대로 인간이 살지 못하는 지역을 '아뇌쿠메네'라고 한다. 오늘날에는 빙설기후지역·사막기후지역·˚설선 이상의 고산지역 등만이 아뇌쿠메네로 남아 있다.

설선(雪線) 만년설의 하한선으로, 사철 눈이 녹는 부분과 녹지 않는 부분의 경계선을 말함

#지형과 대기

---

044 대륙붕 大陸棚, continental shelf
해안으로부터 시작하여 수심 200m까지의 완만한 경사의 해저 지형

해저 지형은 해안으로부터 깊이 순으로 대륙붕·˚대륙 사면·˚대륙대·심해저(대양저)로 나뉘는데, 대륙붕은 해안으로부터 수심 약 200m까지의 경사가 완만한 지형을 말한다. 해수면의 상승과 파도의 침식 작용에 의해 운반된 퇴적물이 쌓여서 만들어진 지형으로, 바닷속에 있지만 대륙 지각의 일부분이다. 해저 지형에서 차지하는 비율은 약 7.5%이지만, 좋은 어장이 형성되고 석유나 천연가스가 매장되어 있으며 퇴적물 속에 광물 자원이 있어 해저 지형 중 경제적 가치가 가장 높다.

대륙 사면 대륙붕에서 먼바다 쪽으로 갈 때 존재하는 급격한 경사면

대륙대 대륙붕에서 먼바다 쪽으로 갈 때 존재하는 비교적 평탄한 지역

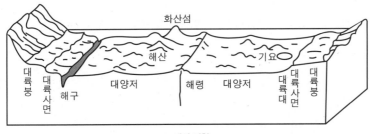

▲ 해저 지형

---

045 침수 해안 沈水海岸, shoreline of submergence
해수면 상승(침수 해안) 또는 지반 침강(침강 해안)으로 인해 육지가 해수면보다 낮아져서 만들어진 해안

침수 해안 또는 침강 해안은 다시 리아스식 해안과 피오르 해안으로 나뉜다.
- 리아스식 해안 : 하천 침식으로 형성된 V자 모양의 골짜기가 해수면 상승 또는 지반 침강으로 침수되어 형성된 해안을 말한다. 섬이 많고 해안선이

복잡하게 형성되어 있어 항구나 양식업이 발달했다. 우리나라의 황해안·남해안, 스페인의 북서 해안이 대표적이다.

- **피오르 해안** : 빙하에 의해 침식된 U자 모양의 골짜기가 해수면 상승 또는 지반 침강으로 침수되어 길고 좁은 만을 형성한 해안을 말한다. 노르웨이의 북서 해안이 대표적이다.

함께 나오는 용어

이수(융기) 해안 해수면 하강(이수 해안) 또는 지반 융기(융기 해안)로 인해 형성된 단조로운 해안선. 우리나라의 동해안이 대표적임

---

046 선상지 扇狀地, alluvial fan
하천 상류의 골짜기 입구에서 유속 감소로 토사가 퇴적되어 형성된 부채꼴 모양의 퇴적지형

산악지형에서 빠르게 흐르던 물이 경사가 완만한 산기슭에 이르러 흐름이 느려지면서 자갈, 모래 등이 퇴적되어 생긴 부채꼴 모양(원뿔형)의 경사지를 말한다. 한반도는 오랫동안 *침식 작용을 받은 노년기 지형이기 때문에 선상지의 발달이 미약하나 구례, 사천, 해미, 석왕사 등에서는 아직 선상지의 모습이 남아 있다.

침식 작용 빗물·바람 등이 그의 운동에 따라 지표층을 깎는 작용

---

047 칼데라 caldera
화산 폭발 후 화산 중심부가 함몰하여 형성된 함몰 지대

칼데라는 화산 폭발 후 대량의 마그마가 분출하여 빠져나왔기 때문에 상부가 함몰하여 형성된 화구이며, 일반적인 화산의 경우 화구의 지름이 1km 이내인 데 비해 칼데라는 지름이 3km 이상인 화구라는 점이 특징이다. 우리나라에서는 백두산의 천지(天池)와 울릉도의 알봉 분지·나리 분지가 칼데라이고, 한라산의 백록담은 화구에 해당한다.

▲ 백두산 천지

---

048 와디 wadi
호우 시에만 유수가 생기고 평소에는 말라 있는 건조 지역의 간헐천

'건곡'이라고도 하며, 평소에는 유수가 없는 마른 골짜기를 이루다가 호우 시에는 유수가 생기는 *간헐천(間歇川)을 말한다. 하상(河床)은 평탄하고 지하수면에 가깝기 때문에 오아시스가 발달하며, 교통로로 이용된다. 사하라, 아라비아반도에서는 아랍어로 하곡(河谷)이라는 뜻의 '와디', 남아프리카에서는 '동가(donga)', 북아메리카에서는 '아로요(arroyo)'라고 부른다.

간헐천(間歇川) 비가 올 때만 흐르는 하천 또는 하상이 지하수면 위에 있어 일년 중 특정 기간만 흐르는 하천

049 해발 기준점 海拔基準點
해발 고도 측정 시에 기준이 되는 해수면

물이 가득 차는 만조 때 수면과 물이 빠져나간 간조 때 수면의 중간 선을 해발 0m로 하며, 그 기준 지역은 인천 앞바다이다. 그러나 만조와 간조의 중간 선을 측정한다는 것도 쉬운 일이 아니므로 1913~1916년에 걸쳐 4년간 해수면 높이를 꾸준히 측정하여 평균치를 얻어낸 것을 0m로 하고 있다. 이로부터 26.6871m 고도의 인하공업전문대학교에 수준 원점(水準原點) 표지석을 세우고 이를 기준으로 해발 고도를 측정하고 있다.

050 성층권 成層圈, stratosphere
지표면에서 높이 약 10~50km까지의 대기층

높이 약 10km의 대류권 계면부터 약 50km의 성층권 계면까지 뻗어 있는 지구 대기권의 한 부분으로 오존층을 포함하고 있다. 지표면에 가까울수록 온도가 상승하는 *대류권과 반대로 높이에 따라 기온이 증가한다. 성층권은 대기가 안정되고 대류운동이 없어 비행기의 항로로 이용된다.

대류권
- 대기권의 가장 아래층으로, 지표면에서 약 10km 정도까지의 대기
- 대기가 불안정하고 대류운동이 매우 활발하여 기상현상이 발생함

051 역전층 逆轉層, inversion layer
기온이 고도에 따라 낮아지지 않고 높아지는 현상이 일어나는 기층

대기는 상층부로 갈수록 지표면에서 받는 *복사 에너지가 감소하기 때문에 평균 100m당 기온이 0.5~0.6℃씩 낮아지는 것이 일반적이다. 그러나 기온이 고도에 따라 낮아지지 않고 오히려 높아지는 대기층이 생기기도 하는데, 이를 '역전층'이라고 한다.

역전층은 낮 동안 뜨겁게 달궈진 지표면이 밤이 되면서 빠르게 냉각되면서 대기의 온도보다 낮아지기 때문에 발생한다. 역전층에서는 대기 오염 물질이 상층부로 확산되지 못하고 지면 부근에 머무르기 때문에 이슬, 서리, 스모그 현상 등이 발생한다.

복사 에너지
- 물체가 온도에 따라 방출하는 전자기파의 에너지
- 온도가 높을수록 많은 에너지를 방출
- 고온의 물체는 적외선과 가시광선을 모두 방출하지만 저온의 물체는 적외선만 방출

05 우주과학

핵심Tag #우주과학 기초 #탐사선과 인공위성

#우주과학 기초

052 빅뱅 이론 big bang theory, 대폭발 이론
우주가 어떤 한 점에서 탄생한 후 대폭발이 일어나 팽창하여 오늘의 우주에 이르렀다는 이론

약 100~200억 년 전에 초고밀도의 어떤 물질이 폭발하여 오늘날과 같은 우주가 형성되었고, 우주의 팽창은 현재 가속화되고 있다는 이론이다. 프리드만과 르메트르의 연구를 토대로 1940년대 가모가 오늘날의 대폭발 이론을 체계화하였다. 빅뱅 이론은 먼 은하일수록 우리 은하계로부터 빠르게 멀어진다는 사실, 초단파 배경복사(3K의 우주배경복사) 등을 근거로 한다. 현재 우주나 행성들의 탄생을 설명할 수 있는 가장 가능성이 높은 우주 표준 이론으로 받아들여지고 있다.

053 허블의 법칙 Hubble's law
먼 우주로부터 오는 빛의 적색 이동은 거리에 비례한다는 법칙

1929년 미국의 허블이 외부 은하의 스펙트럼 사진을 촬영한 결과 발견한 것으로, 스펙트럼에서 나타나는 *적색 이동은 그 거리에 비례한다는 법칙을 말한다. 도플러 효과에 의하면 적색 이동은 광원이 관측자로부터 멀어질 때 생기며, 그 이동의 크기는 후퇴속도에 비례한다. 그러므로 허블의 법칙은 외부 은하의 후퇴 속도가 그것들까지의 거리에 비례함을 보여 주며, 상대론적 우주 팽창설의 관측적 근거가 되었다. 이에 따라 외부 은하까지의 거리는 그 은하에 대한 스펙트럼의 적색 이동을 측정하여 구하며, 허블의 법칙이 주로 사용되고 있다.

적색 이동
• 여러 가지 원인으로 색이 장파장 쪽으로 이동하는 것 (=적색 편이)
• 천체 물리학에서 도플러 효과에 의해 스펙트럼선이 장파장(red) 쪽으로 편향되는 현상

$$Vr = H \times r \; (Vr : 은하의\ 후퇴\ 속도,\ H : 허블상수,\ r : 은하까지의\ 거리)$$

함께 나오는 용어 ·····························•

허블상수
멀리 떨어진 은하의 속도와 거리 사이의 관계에서 나타나는 비례 상수로, 우주의 팽창 비율을 나타내 준다.

054 태양계 太陽系, solar system
태양과 태양의 중력에 붙잡혀 태양 주위를 돌고 있는 천체들이 이루는 체계

태양계는 *항성인 태양과 항성의 주위를 공전하는 *행성, 행성 주위를 공전하는 위성, 소행성, 혜성, 유성 등으로 구성된다. 이 중 태양은 태양계 질량의 99.86%에 해당한다. 행성은 크게 2가지로 나뉘는데, 주로 암석과 금속으로 구성된 지구형 행성(수성, 금성, 지구, 화성)과 대량의 수소와 헬륨으로 구성된 목성형 행성(목성, 토성, 천왕성, 해왕성)이 그것이다.

항성 태양처럼 내부의 핵융합 반응을 통해 빛을 내고 공전하지 않는 천체

행성 항성 주위를 돌며 항성의 빛을 반사하는 천체

함께 나오는 용어

슈메이커-레비 혜성(shoemaker-levy comet)
발견자의 이름을 붙여 명명한 혜성으로, 얼음덩어리로 이루어졌다. 공식 명칭은 1993년에 발견한 5번째 혜성이라는 의미에서 '슈메이커-레비 1993e'이며, '슈메이커-레비 9'로도 불린다. 1994년 7월 16일부터 22일까지 21개의 핵이 목성의 남반구에 충돌하여 거대한 충돌 흔적을 남기고 사라졌다. 이때 충돌의 폭발력은 6조 톤의 *TNT에 해당하는 것으로 추측되고 있다.

TNT
· 트리니트로톨루엔(TriNi-Trotoluene)의 준말로, 다이너마이트를 지칭
· 군용표준폭약으로 톨루엔에 질산과 황산의 혼합물을 작용시켜 얻는 화합물

055 블랙홀 black hole
별이 폭발할 때 극단적인 수축으로 인해 밀도와 중력이 매우 커진 천체

아인슈타인의 *일반 상대성 이론에 근거하여 영국의 우주물리학자인 스티븐 호킹이 주장한 이론이다. 우주가 대폭발하거나 별이 폭발하면 극단적인 수축이 일어나는데, 이로 인해 만들어진 밀도와 중력이 매우 큰 천체를 '블랙홀'이라고 한다. 블랙홀은 부피에 비해 질량이 매우 크고, 그 안의 중력은 무한대가 되므로 에너지·물질·입자 등은 물론이고 빛조차 빠져나오지 못한다. 빛이 빠져나오지 못하므로 블랙홀 자체를 볼 수는 없다. 한편, 인류 최초로 블랙홀 관측에 성공한 사건지평선망원경(EHT, Event Horizon Telescope) 연구진은 2019년 4월 10일 관측한 블랙홀을 공개해 큰 화제를 모았다. 블랙홀은 우리가 볼 수 없지만 EHT는 블랙홀의 그림자를 통해 관측에 성공했다.

일반 상대성 이론 1916년 아인슈타인이 특수 상대성 이론을 확장하여 가속도를 가진 임의의 좌표계에서도 상대성이 성립하도록 체계화한 이론

056 밴앨런대 van allen belt
적도 상공을 중심으로 고리 모양으로 지구를 감싸고 있는 강한 방사능대

1958년 미국의 물리학자 밴 앨런 교수가 *익스플로러 위성의 관측 결과를 분석하여 발견하였다. 내대와 외대로 나누어 지구의 자극(磁極)축에 대하여 회전 대칭형을 이루고 있는 방사능대이다. 태양에서 방사된 전하(電荷) 입자가 지구의 자기장에 잡혀서 생성된 것으로 태양 활동과 밀접한 관계가 있는 것으로 알려져 있다.

익스플로러 위성 미국에서 발사한 일련의 과학 관측용 인공위성

#탐사선과 인공위성

057 인공위성 artificial satellite
지구의 둘레를 공전하는 인공 물체

로켓을 사용하여 대기권 밖으로 쏘아올린 인공의 물체로, 지구의 둘레를 원
또는 타원 궤도로 공전한다. 즉, 인공위성은 지구 밖으로 상당히 멀리 떨어
져 나갈 수 있지만 지구의 중력 때문에 결국 지구 쪽으로 다시 되돌아오게
되며, 지구가 당기는 인력과 회전에 의한 원심력이 평행을 이루어 타원 궤
도로 지구를 공전하게 되는 것이다. 최초의 인공위성은 1957년 10월 4일에
(구)소련이 쏘아올린 스푸트니크 1호이고, 우리나라 최초의 인공위성은
1992년 8월 11일에 발사한 우리별 1호(KITSAT-1)이다.

더 알고가기

인공위성의 종류

비행 궤도의 고도에 따른 구분	• 정지 위성 : 적도 상공 3만5786km에 위치해, 위성의 속도가 지구자전 속도와 같아 지구에서 볼 때 멈춰 있는 것 처럼 보이는 위성 • 이동 위성 : 정지 위성의 궤도 이외의 궤도를 비행하는 위성
사용 목적에 따른 구분	통신 위성, 방송 위성, 기상 위성, 지구 관측 위성, 군사 위성 등

058 스푸트니크 1호 SPUTNIK-1
1957년 10월 4일 (구)소련이 발사한 세계 최초의 무인 인공위성

러시아어로 '동반자'라는 뜻의 스푸트니크는 무게 83.6kg으로 금속구에
4개의 안테나가 달린 모양이다. 근지점 228km, 원지점 947km의 지구 궤도
를 96.2분을 주기로 한 바퀴씩 돌았다. 스푸트니크 1호의 발사 성공은 과학
기술적인 측면에서는 큰 성과인 동시에, 소위 '스푸트니크 쇼크'를 일으켜,
미국과 (구)소련의 우주 개발 경쟁을 촉발시켰다.

059 디스커버리호 discovery
미항공우주국(NASA)이 컬럼비아호·챌린저호에 이어 개발한 미국의 세 번째 유인 우주 왕복선(스페이스 셔틀)

1984년 8월 30일 발사된 우주 왕복선이다. 우주 정거장에 인력과 장비를
실어 나르는 한편, 고장난 인공위성이나 각종 우주장비를 수리하고 회수하
는 임무를 수행했다. 2011년 3월 마지막 비행을 마치고 귀환했다.

060 SOHO SOlar and Heliospheric Observatory, 소호
태양의 내부 구조를 관찰하기 위하여 유럽과 미국이 공동으로 제작한 태양 탐사선

1995년 12월 12일 태양으로부터 나오는 빛의 세기와 변화를 자세히 측정하여 태양의 내부 구조를 알아내기 위한 목적으로 발사한 태양 탐사선이다. 지구에서 1500만km 떨어진 라그랑주점에서 탐사를 진행하였으며, 맥너트(mcnaught) 혜성 관찰을 비롯하여 수많은 혜성을 발견하는 성과를 거두었다. 1998년에는 최초로 태양의 화염이 태양 내부에서 지구에서와 비슷한 지진을 일으킬 수 있는 지진파를 만들어 낸다는 사실을 발견하기도 하였다.

061 소유즈호 soyuz
우주 정거장에 우주비행사를 전송시키거나 귀환시키는 러시아의 유·무인 우주선

1967년 4월 23일 소유즈 1호가 처음 발사된 이래 소유즈호는 살류트(salyut)와 미르(mir) 우주 정거장에 연결되어 우주비행사를 전송하거나 귀환시키는 임무를 담당하고 있다. '우주 정거장과 도킹할 때 사용하는 도킹 장치가 있는 궤도선, 우주선을 발사할 때나 지구로 귀환할 때 사용하는 사령선, 전원·식수·산소공급장치들이 갖추어진 기계선으로 이루어져 있다.

2001년 4월 28일에 발사된 '소유즈 TM32'는 역사상 최초로 관광객을 태우고 국제우주 정거장으로 우주여행을 떠나기도 하였다. 한국항공우주연구원과 러시아연방우주청과의 계약에 따라 2008년 4월 8일에 발사된 '소유즈 TMA-12호'에는 한국 최초의 우주인인 이소연 씨가 탑승하였다.

우주 정거장
• 사람이 장기간 머물면서 실험, 관측, 우주선에 연료보급 등을 할 수 있도록 지구 궤도에 건설된 인공위성
• 최초의 우주 정거장은 러시아의 살류트(salyut)와 소유즈 10호가 결합된 것

062 NASA National Aeronautics and Space Administration, 미항공우주국
미국의 우주 탐사 활동과 우주선에 관한 연구·개발을 담당하는 대통령 직속 기구

소련이 1957년 인류 최초의 인공위성 스푸트니크 1호를 성공적으로 발사시키자 이에 충격을 받은 미국이 소련의 우주 개발을 따라잡기 위해 1958년에 설립한 우주항공연구개발기관을 말한다. 43년간 항공 관련 연구를 해왔던 NACA(National Advisory Committee for Aeronautics)의 연구소들과 8000여 직원을 인수해 설립하였으며, 미국과 다른 기관의 우주 관련 사업들을 흡수하여 미국의 모든 우주 계획을 담당하고 있다. 1969년 아폴로 11호를 통해 최초로 달에 사람을 보냈고, 1990년대는 화성 등 행성 탐사를 위해 무인 로봇탐사선들을 보냈으며, 다른 국가들과 함께 국제우주 정거장('ISS)을 건설하였다.

ISS(International Space Station)
미국과 러시아 등 세계 16개국에서 참여하여 1998년에 건설이 시작된 국제우주 정거장

063 **우리별 1호** KITSAT-1
우리나라가 쏘아올린 최초의 인공위성

우리나라 연구팀과 영국 서레이 대학이 공동 설계·제작하여 1992년 8월 11일에 발사한 우리나라 최초의 과학실험위성이다. 이로써 우리나라는 세계에서 25번째 인공위성 보유국이 되었다. 주 임무는 지구 표면 촬영, 우주선 측정, 음성 데이터·화상 정보 교신 등의 실험이다. 1993년에는 한국과학기술원 인공위성연구센터가 우리별 1호 개발 중에 획득한 기술을 활용해 우리별 2호(KITSAT-2)를 국내에서 개발하여 발사에 성공하였으며, 1999년 5월 26일에는 우리나라 고유의 위성 모델이라고 할 수 있는 우리별 3호(KITSAT-3)를 발사하였다.

064 **무궁화 1호** KOREASAT-1
우리나라 최초의 방송·통신 위성

우리나라의 위성 통신과 위성방송사업을 담당하기 위해 발사된 통신 위성으로, 한국통신의 주관하에 미국의 제너럴 일렉트릭사가 제작하였다. 1995년 8월 5일 미국 플로리다의 케이프 케너베럴 발사장에서 발사되었으며, 2005년 12월 그 임무를 종료하고 궤도 이탈 작업을 시행하였다. '무궁화 2호', '무궁화 3호'를 거쳐 2006년 8월 22일에는 '무궁화 5호'가 발사되었다. 2010년엔 올레 1호(무궁화 6호)가 발사되었고, 2017년에는 무궁화 7호가 발사되었다.

무궁화 5호 2006년 8월 22일 태평양 적도 공해상에서 발사한 우리나라 최초의 민·군 공용 통신 위성. 이로써 한국은 세계 10위권의 위성 보유국이 되었음. 한국에서 불행의 숫자인 4를 피해 무궁화 5호로 명명

065 **아리랑위성 1호** KOMPSAT-1
우리나라 최초의 다목적 실용 위성

국가 정밀 지도 제작, 해양 관측, 우주 환경 관측 등에 이용하기 위해 국내에서 처음으로 개발된 다목적 실용 위성이다. 국가 정밀 지도 제작, 지리 정보 시스템 분야, 국토 관리 분야 외에도 기상 예측, 환경 오염, 수해, 산불 감시, 조난 구조 등 재해 예방 분야에 사용됐다. 한국항공우주연구원의 주관하에 1994년부터 국내 기업과 미국의 TRW사가 공동으로 개발에 착수하여 1999년 12월 21일 미국 반덴버그 공군 기지에서 발사하였다.

066 나로호 羅老號, KSLV-1
과학기술위성 2호를 탑재한 한국 최초의 우주 발사체

'나로'는 '나로우주센터가 있는 외나로도(外羅老島)의 지명에서 따온 것으로, 한국 최초의 우주 발사체 'KSLV(Korea Space Launch Vehicle)−1'의 명칭 공모에서 선정된 이름이다. 한국 국민의 꿈과 희망을 담아 우주로 뻗어나가길 바라는 의미가 내포되어 있다.

2009년 8월 25일 과학기술위성 2호를 탑재하고 전남 고흥군 외나로도에 위치한 나로우주센터에서 발사되었으나, 목표 궤도 진입에 실패하였다. 이후 몇 차례의 발사 실패와 연기 후 2013년 1월 30일 오후 4시에 성공적으로 발사되었고 정상 궤도에 안착했음이 확인되었다. 나로호는 1단 액체 엔진과 2단 고체 킥모터로 이루어진 2단형 발사체로, 1단 로켓은 러시아가 개발하고 상단 로켓은 국내 기술로 개발하였다.

나로우주센터(naro space center) 전라남도 고흥군 외나로도에 위치한 대한민국의 첫 번째 우주센터

06 첨단과학

핵심Tag #첨단과학 이론 #첨단기술 #한국 과학기지

#첨단과학 이론

067 사이버네틱스 cybernetics
기계의 제어 시스템을 생물 유기체의 신경계와 연관하여 연구하는 학문

키잡이 또는 조타수를 뜻하는 그리스어 'kybernetes'에서 유래된 용어로, 생물 및 기계를 포함하는 '계(系)에서 제어와 통신 문제를 종합적으로 연구하는 학문을 말한다. '인공두뇌학'이라고도 하며, 정보 이론·자동 제어 이론·자동컴퓨터 이론으로 대변할 수 있다.

오늘날 인공 지능·복잡계·제어계·정보 이론·학습조직·수학체계 이론·시뮬레이션·시스템 공학이라는 이름으로 점점 전문화되고 있는 수많은 주제들을 총칭할 때 쓰이고 있다.

계(系) 물리학이나 화학에서 일정한 상호 작용이나 서로 관련이 있는 물체들의 집합체

068 감성공학 感性工學, human sensibility ergonomics
제품을 설계할 때 인간의 특성과 감성을 구체적으로 반영하는 공학기술

1988년 시드니 국제인간공학 학회에서 '감성공학'으로 명명되었는데, 그

기본 철학은 인간 중심의 설계이다. 외부의 물리적 자극에 대한 쾌적함·안락함 또는 불쾌함·불편함 등의 복합적인 감성을 과학적으로 측정·분석하여 이를 제품이나 환경 설계에 공학적으로 적용시켜 더욱 편리하고 쾌적하며 안전한 인간의 삶을 도모하려는 기술이다.

069 메카트로닉스 mechatronics
기계 공학·전기 공학·전자 공학을 복합적으로 적용하는 새로운 개념의 공학

mechanics(기계 공학)와 electronics(전자 공학)의 합성어로서, 공학의 여러 분야가 복합된 학문을 말한다. 지능형 로봇이나 반도체·디스플레이 제조장비, 각종 자동화장비의 기반이 되는 기술이다. 한 나라의 제조업 경쟁력을 좌우하는 핵심기술이라 할 수 있다.

070 퍼지 이론 fuzzy theory
불확실함의 양상을 수학적으로 다루는 이론

1965년 미국 버클리대학교의 L. A. 자데(Zadeh) 교수가 도입한 퍼지 집합의 사고방식을 기초로 하고 있다. 모든 것을 참과 거짓으로 명확히 구분하는 이분법의 논리에 따르는 현재의 컴퓨터는 사람 말의 뜻을 올바르게 파악하여 인간처럼 추론하여 연상하는 것이 어렵다. 이에 따라 진위를 명확하게 구분하기 힘든 개념을 다루는 시스템의 연구가 계속되어 왔다. yes(1), no(0) 등으로 나눌 수 있는 디지털적 발상이 아닌 중간 영역에 착안한 것이다. 퍼지 이론을 적용하면 사람의 판단에 보다 가까운 *추론(推論)이 가능하기 때문에 로봇·지하철 자동운행 시스템, 공장의 기기제어, 의료진단 등에 응용할 수 있다.

추론(推論) 어떤 판단을 이유로 다른 판단을 끌어 냄

#첨단기술

071 나노기술 NT, Nano Technology
10억 분의 1 수준의 정밀도를 요구하는 극미세 가공 과학 기술

원자나 분자 정도의 작은 크기 단위에서 물질을 합성하고, 조립·제어하며 혹은 그 성질을 측정, 규명하는 기술을 말한다. 일반적으로는 크기가 1 내지 100nm(나노미터) 범위인 재료나 대상에 대한 기술을 나노기술로 분류한다. 나노는 난쟁이를 뜻하는 그리스어 '나노스'에서 유래하였다.

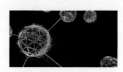

072 탄소나노튜브 carbon nanotube
탄소 6개로 이루어진 육각형들이 서로 연결되어 긴 대롱 모양을 이루고 있는 미세한 분자

1991년 일본의 통신·전기 회사(NEC)의 이지마 박사가 전자 현미경으로 탄소 덩어리를 분석하는 과정에서 발견하였다. 탄소나노튜브는 지름이 수십 *나노미터의 탄소 원자로 이루어진 소재이다. 강도는 철강보다 100배나 뛰어나고, *전기 전도율은 구리와 비슷하며, 열전도율도 다이아몬드만큼이나 좋다. 탄소나노튜브는 그 지름에 따라 도체가 되기도 하고 반도체가 되기도 하는 성질이 있음이 밝혀지면서 차세대 반도체 물질로 각광을 받고 있다. 이를 활용하면 반도체와 평판 디스플레이·연료 전지·초강력섬유·생체센서 등 다양한 분야에 활용이 가능해 만능 소재로 불린다.

나노미터(nm) 10억 분의 1m, 머리카락 굵기의 10만 분의 1

전기 전도율 도체에 흐르는 전류 크기를 나타내는 상수

더 알고가기

전기 전도율에 따른 물질의 분류

도체	• 전기나 열에 대한 저항이 매우 작아 전기나 열을 잘 전달하는 물체(=전도체) • 은·구리·알루미늄 등이 이에 해당
부도체	• 전기 또는 열에 대한 저항이 매우 커서 전기나 열을 잘 전달하지 못하는 물체 • 플라스틱, 종이, 나무, 유리, 고무, 흙 등이 이에 해당
반도체	도체와 부도체의 중간 영역에 속하는 것으로, 순수한 상태에서는 부도체와 비슷한 특성을 보이지만 불순물의 첨가에 의해 전기 전도율이 늘어나는 물체

073 IPTV Internet Protocol TV
인터넷을 이용하여 방송 등을 텔레비전 수상기로 제공하는 서비스

인터넷과 텔레비전의 융합이라는 점에서 *디지털 컨버전스의 한 유형에 해당한다. 공중파 방송이나 케이블 방송 또는 위성 방송과는 달리 시청자가 자신이 원하는 시간에 보고 싶은 프로그램만 볼 수 있다는 점이 특징이다. 이는 곧 TV 방송의 주도권이 방송사나 중계업자로부터 시청자에게 넘어감을 의미한다.

디지털 컨버전스
• 하나의 기기와 서비스에 모든 정보통신기술을 융합한 상품
• 유선과 무선의 융합, 통신과 방송의 융합, 온라인과 오프라인의 융합 등이 있음

074 OLED Organic Light Emitting Diode, 유기발광다이오드
형광성 유기 화합물에 전류가 흐르면 빛을 내는 발광 현상을 이용하여 만든 유기 물질

OLED 픽셀은 직접 빛을 내기 때문에 빛의 표현 범위가 LCD보다 더 크며 LCD보다 훨씬 빠른 응답 속도를 가지고 있어 동영상을 구현할 때 잔상이 거의 나타나지 않는다. 또한 자연광에 가까운 빛을 내고, 에너지 소비량도

적다. 구동 방식에 따라 PMOLED(Passive Matrix OLED : 수동형 유기발광다이오드)와 AMOLED(Active Matrix OLED : 능동형 유기발광다이오드)로 나누어진다.

075 태양광 발전 太陽光發電, solar photovoltaic power generation
발전기의 도움 없이 태양 전지를 이용하여 태양빛을 전기 에너지로 변환시키는 발전 방식

태양 전지에 빛에너지가 투입되면 전자의 이동이 일어나서 전류가 흐르고 전기가 발생하는 원리를 이용하는 것이다. 태양광을 이용하므로 무공해이고 연료비가 들지 않으며, 햇빛이 있는 곳이면 어디든 설치할 수 있다는 장점이 있다. 반면에 전력생산량이 일조량에 의존한다는 점, 넓은 설치 장소가 필요하다는 점, 초기 투자비와 발전 단가가 높다는 점 등의 단점이 있다.

076 온누리호 onnuri
한국해양연구소 소속의 우리나라 최초의 종합해양조사선

1992년 취항한 우리나라 최초의 종합해양조사선으로, 길이 63.8m·너비 12m·무게 1422t·속도 14.5kn이다. 우리나라 주변해역의 탐사는 물론 태평양 심해저 광물 자원 탐사와 남극 해역 조사 등에 참여해 왔다. 해저 등고선 지도를 10m 간격으로 작성할 수 있으며, 바다 밑의 지층 10km까지 지질 구조 분석도 가능하다.

077 에버원 ever-1
국내 최초의 인조인간 로봇

일본에 이어 세계 2번째로 개발된 인조인간 로봇(안드로이드)이다. 키 160cm, 몸무게 50kg인 에버원은 우리나라 20대 초반 여성의 평균적인 신체 특징을 가졌다. 한국생산기술연구원이 2001년부터 연구비 150억원, 연인원 200명의 인력을 투입해 제작하기 시작하여 2006년에 선보였으며, 그 후속 모델인 연예인 로봇 '에버투 뮤즈(ever-2 Muse)'를 제작하였다. 팔과 얼굴을 구현하기 위해 35개의 초소형 *모터와 제어기가 투입되어 상반신이 자유자재로 움직인다.

모터(motor) 움직임을 일으키는 기기

#한국 과학기지

078 세종과학기지 世宗科學基地
남극대륙 사우스셰틀랜드 제도의 킹조지 섬 남서쪽 해안에 위치한 상설 과학 연구기지

남극은 천연가스나 석유, 철광석과 같은 천연자원과 크릴새우 등 수산 자원이 풍부하다는 점, 생물학·기상학·지구 물리학 등 기초 과학 분야의 거대한 실험장이란 점에서 세계 각국이 앞다퉈 기지를 건설하고 있다. 세종과학기지의 운영 및 연구수행 결과 한국은 1989년 남극조약협의당사국(ATCP)의 지위를 획득하였고, 1990년 남극과학연구위원회(SCAR) 정회원국으로 승격되면서 남극 관련 문제들에 대한 *발언권을 강화할 수 있게 되었다.

발언권 회의에서 자신의 의견을 말할 수 있는 권리 또는 발언에 대한 권위나 영향력

079 다산과학기지 茶山科學基地
북극에 있는 우리나라의 과학기지

한국해양연구소가 2002년 4월 29일 노르웨이의 영토인 북극 스발바드 군도의 니알슨에 건립한 과학기지이다. 이로써 우리나라는 북극에 기지를 설치한 세계 12번째 국가이자, 세계 8번째로 남극과 북극에 모두 기지를 보유한 국가가 되었다. 현재 기지 건물은 프랑스와 공동으로 사용하며 연구원들이 일정 기간 동안 체류하면서 북극의 기후 변화와 빙하, 생물종, 해류, 자원 등에 대한 연구를 할 수 있다.

080 이어도 해양과학기지 離於離島海洋科學基地
제주특별자치도 남서쪽에 위치한 수중섬 이어도에 있는 무인 종합 해양과학기지

2001년 한국해양연구원이 기상 관측과 해양 자원 연구를 목적으로 수중 암초 지대인 이어도(파랑도)에 설치한 해양 구조물이다. 여기에 설치된 여러 관측장치에서 수집된 자료는 무궁화 위성을 통해 한국해양연구원과 기상청에 실시간으로 제공된다.

01 _____은(는) 수소, 중수소, 삼중수소 등 가벼운 원자핵이 융합하여 더 무거운 원자핵이 되는 과정에서 거대한 에너지를 방출하는 현상이다.

02 _____은(는) 1957년 10월 4일 (구)소련이 발사한 세계 최초의 무인 인공위성이다.

03 _____은(는) 우주가 어떤 한 점에서 탄생한 후 대폭발이 일어나 팽창하여 오늘의 우주에 이르렀다는 이론이다.

04 액체 속 분자들의 응집력으로 액체 표면이 최소화되는 현상을 _____ (이)라고 한다. 물방울이 둥근 모양이 되는 것이나, 컵에 물을 가득 부었을 때 표면이 둥근 모양이 되는 것은 이 때문이다.

05 _____은(는) 형광성 유기 화합물에 전류가 흐르면 빛을 내는 발광 현상을 이용하여 만든 유기물질로, 구동 방식에 따라 PMOLED와 AMOLED로 나누어진다.

06 _____은(는) 자연법칙이 관성계에 대해 불변하고, 시간과 공간이 관측자에 따라 상대적이라는 이론이다.

07 _____은(는) 고래나 물개 등 해양 동물이 스스로 해안가 육지로 올라와 전혀 움직이지 않고 먹지도 않으며 죽음에 이르는 좌초 현상을 말한다.

08 _____은(는) 높이 약 10km의 대류권 계면부터 높이 약 50km의 성층권 계면까지 뻗어 있는 지구 대기권의 한 부분으로 오존층을 포함하고 있다.

09 _____은(는) 남극대륙 부근의 섬에 위치한 상설 과학 연구기지다. 북극에는 다산과학기지가 있다.

10 _____(이)란 태양광을 이용하여 광합성하는 유기물(주로 식물체) 및 이를 소비하여 생성되는 모든 생물유기체를 통해 얻을 수 있는 에너지를 말한다.

CHOICE

□ 상대성 이론
□ 표면 장력
■ 핵융합
□ OLED
□ 스트랜딩
□ 바이오에너지
□ 성층권
□ 빅뱅 이론
□ 스푸트니크 1호
□ 세종과학기지

정　답

01　핵융합
02　스푸트니크 1호
03　빅뱅 이론
04　표면 장력
05　OLED
06　상대성 이론
07　스트랜딩
08　성층권
09　세종과학기지
10　바이오에너지

01   한국전력공사

전류가 흐르는 전선이 자기장을 통과하면 전선 주위에 힘이 작용하는데, 이때 힘의 방향과 전류의 방향 간의 관계를 나타내는 법칙을 무엇이라고 하는가?

① 플레밍의 법칙   ② 옴의 법칙
③ 관성의 법칙   ④ 만유인력의 법칙

02   한국환경공단, 한국서부발전, SK건설

잔의 높이보다 조금 더 높게 물을 따르더라도 물이 넘치지 않고 표면이 둥글게 되는데, 이때 표면에 작용하는 힘을 무엇이라고 하는가?

① 원심력   ② 부력
③ 만유인력   ④ 표면 장력

03   한국토지주택공사, MBC

다음 설명 중 옳지 않은 것은?

① 밀도란 부피의 단위당 질량을 나타내는 값인데, 기름이 물 위에 뜨는 것은 밀도 때문이다.
② 동위 원소란 질량수는 같지만 원자 번호가 다른 원소를 말한다.
③ 플라스마는 고체, 액체, 기체와 더불어 제4의 물질 상태로 불린다.
④ 액체에서 기체로, 기체에서 액체로 변하는 시점의 온도를 임계 온도라고 한다.

04   한국마사회, 삼성, 한국보훈복지의료공단, 롯데

다음 중 멘델의 법칙에 해당하지 <u>않는</u> 것은?

① 우열의 법칙   ② 분리의 법칙
③ 보존의 법칙   ④ 독립의 법칙

05   KB국민은행

리아스식 해안에 대한 설명으로 옳지 <u>않은</u> 것은?

① 침수 해안의 일종이다.
② 하천에 의해 침식된 육지가 침강하거나 해수면이 상승해 만들어진 해안이다.
③ 섬이 많고 해안선이 복잡하게 형성되어 있어 항구나 양식업이 발달했다.
④ 우리나라 동해가 대표적인 리아스식 해안이다.

06   한국토지주택공사, 서울신문

밴앨런대에 대한 설명으로 옳은 것은?

① 대기권을 둘러싸고 있는 오존층을 말한다.
② 지구를 둘러싸고 있는 대기층 중 태양에서 방출된 자외선 등의 방사 에너지를 흡수하여 이온화된 부분을 말한다.
③ 적도 상공을 중심으로 고리 모양으로 지구를 감싸고 있는 강한 방사능대를 말한다.
④ 고도가 높아질수록 온도가 올라가는 현상이 나타나는 기층을 말한다.

07   국민연금공단, 부산경제진흥원, 삼성, 국민일보

다음 설명 중 옳지 <u>않은</u> 것은?

① 인간과 기계 및 장치의 구조 중 제어·통신과 관련된 종합적인 과학을 사이버네틱스라고 한다.
② 메카트로닉스란 기계공학·전기공학·전자공학을 복합적으로 적용하는 새로운 개념의 공학을 말한다.
③ 인간의 특성과 감성을 구체적인 제품 설계에 반영하는 공학 기술을 감성공학이라고 한다.
④ 다산과학기지는 남극대륙 사우스셰틀랜드 제도의 킹조지 섬 남서쪽 해안에 위치한 상설 과학 연구기지이다.

08   한국전력공사, 시사저널

다음 설명 중 옳지 <u>않은</u> 것은?

① 블랙홀 이론을 처음 주장한 사람은 아인슈타인이다.
② 나로 우주센터는 우리나라 최초의 우주발사체 발사기지이다.
③ 세계 최초의 인공위성은 스푸트니크 1호이다.
④ 국제 우주 정거장과 도킹하여 고장난 인공위성을 보수하거나 회수하는 우주선은 디스커버리 호이다.

정답

| 01 | ① | 02 | ④ | 03 | ② | 04 | ③ | 05 | ④ | 06 | ③ |
| 07 | ④ | 08 | ① | | | | | | | | | |

01. 핵심**Tag** #기초과학 #물리 #물리의 기초

플레밍의 법칙(fleming's rule)은 전류, 자기장, 도선의 운동에 관한 법칙이다. 여기에는 전자 유도에 의해 생기는 유도 전류의 방향을 나타내는 오른손 법칙과, 자기장에서 전류가 받는 힘의 방향을 나타내는 왼손 법칙이 있다.

02. 핵심**Tag** #기초과학 #물리 #물질과 힘

표면 장력이란 액체 속 분자들의 응집력으로 액체 표면이 최소화되는 현상을 말한다. 물방울이 둥근 모양이 되는 것이나, 컵에 물을 가득 부었을 때 표면이 둥근 모양이 되는 것은 그 안에 있는 물 분자들이 주변의 분자들에 의해 잡아당겨지고 있기 때문인데, 이를 표면 장력이라고 한다.

03. 핵심**Tag** #기초과학 #화학 #화학공학

동위 원소란 원자 번호는 같지만 질량수가 다른 원소를 말한다.

04. 핵심**Tag** #기초과학 #생물 #유전

멘델의 법칙에는 우열의 법칙, 분리의 법칙, 독립의 법칙이 있다.

05. 핵심**Tag** #기초과학 #지구과학 #지형과 대기

우리나라의 황해안·남해안, 스페인 북서 해안이 대표적 리아스식 해안이다. 우리나라 동해는 빙하에 의해 침식된 U자 모양의 골짜기가 해수면 상승 또는 지반 침강으로 침수되어 길고 좁은 협만을 형성한 피오르 해안이다.

06. 핵심**Tag** #기초과학 #우주과학 #우주과학 기초

③ 1958년 미국의 물리학자 밴 앨런 교수가 익스플로러 위성의 관측 결과를 분석하여 발견한 밴앨런대에 대한 설명이다.
① 오존층, ② 전리층, ④ 역전층에 대한 설명이다.

07. 핵심**Tag** #기초과학 #첨단과학 #한국 과학기지

남극대륙 사우스셰틀랜드 제도의 킹조지 섬 남서쪽 해안에 위치한 상설 과학 연구기지는 세종과학기지이다. 다산과학기지는 한국해양연구소가 2002년 4월 29일 노르웨이의 영토인 북극 스발바드 군도의 니알슨에 건립한 과학기지이다.

08. 핵심**Tag** #기초과학 #우주과학 #우주과학 기초

블랙홀이란 별이 폭발할 때 극단적인 수축으로 인해 밀도와 중력이 매우 커진 천체를 말하는데, 아인슈타인의 일반 상대성 이론에 근거하여 영국의 우주물리학자인 스티븐 호킹이 주장한 이론이다.

SECTION

컴퓨터 · IT

01 컴퓨터

핵심Tag #컴퓨터의 기초 #하드웨어 · 소프트웨어 #데이터와 바이러스 #기타 컴퓨터 용어

#컴퓨터의 기초

081 컴퓨터의 발달 순서

MARK-1(마크-1) > ENIAC(에니악) > EDSAC(에드삭) > EDVAC(에드박) > UNIVAC-1(유니박) > IBM701

기종	개발 연도	개발자	기능
MARK-1 (마크-1)	1944년	에이컨	• 최초의 전기 기계식 계산기 • 1초에 덧셈을 3번 수행 • 프로그래밍에 종이테이프 사용
ENIAC (에니악)	1946년	모클리 &에커트	• 10진법 체계를 이용한 전자식 자동 계산기 • 매초에 5000번 연산처리 가능 • 프로그래밍에 배선판 사용
EDSAC (에드삭)	1949년	윌크스	• 최초의 프로그램 내장 방식의 컴퓨터 • 에니악과 같이 10진법 사용
EDVAC (에드박)	1950년	모클리 &에커트	• 에니악을 개량해 만든 전자 계산기 • 프로그램 내장 방식 및 2진법 사용
UNIVAC-1 (유니박-1)	1951년	모클리 &에커트	• 최초의 상업용 컴퓨터 • 미국의 인구조사국에서 사용
IBM701	1952년	IBM	• IBM이 최초로 상업적 판매를 위해 개발한 컴퓨터 • IBM700 시리즈가 인기를 끌어 IBM은 전 세계 컴퓨터 시장의 최강자로 부상

▲ ENIAC(에니악)

082 컴퓨터 computer

전자 회로를 이용하여 자동으로 정보를 처리하고 그 결과를 제공해주는 기계

계산한다는 뜻의 라틴어 'computare'에서 유래한 용어로, 입력된 정보를 정해진 과정대로 처리하고 그 결과를 제공해주는 기계를 말한다. 내부에 저장된 프로그램에 의해 제어받으며 여러 종류의 실질적인 계산 작업을 수행할 수 있다. 주요 구성 요소로는 입·출력 장치, 기어 장치, 연산 장치, 제어 장치가 있으며, 정확성·신속성·대용량성·˚범용성·˚호환성의 특징을 갖는다.

범용(汎用) 여러 분야 또는 용도로 널리 쓰는 것

호환(互換) 서로 교환함

더 알고가기

컴퓨터의 5대 기능
- 입력 기능 컴퓨터 외부의 데이터를 컴퓨터 내부로 읽어오는 기능
- 출력 기능 컴퓨터 내부의 정보를 컴퓨터 외부로 꺼내는 기능
- 기억 기능 프로그램이나 데이터를 저장하는 기능
- 연산 기능 사칙 연산을 하는 기능
- 제어 기능 입·출력, 기억, 연산 등을 제어하고 감독하는 기능

083 중앙 처리 장치 CPU, Central Processing Unit

컴퓨터 시스템에 부착된 모든 장치를 제어하는 장치

인간의 두뇌에 해당하는 것으로, 컴퓨터 시스템에 부착된 모든 장치에 명령을 내리고 동작을 제어하는 장치이다. 중대형 컴퓨터에서는 중앙 처리 장치라고 하지만 소형 컴퓨터에서는 '마이크로프로세서(micro processor)' 또는 '프로세서'라고도 한다. 중앙 처리 장치는 비교·판단·˚연산을 담당하는 논리 연산 장치와, 명령어의 해석과 실행을 담당하는 제어 장치로 구분된다.

연산(演算) 식이 나타낸 일정한 규칙에 따라 계산

더 알고가기

중앙 처리 장치의 구성

논리 연산 장치	가산기(adder)	각종 덧셈을 수행
	누산기(accumulater)	산술과 논리 연산의 결과를 일시적으로 기억하는 레지스터
	레지스터(register)	중앙 처리 장치에 있는 일종의 임시 기억 장치
제어 장치	프로그램 계수기 (program counter)	프로그램의 수행 순서를 제어
	명령 레지스터 (instruction register)	현재 수행 중인 명령어의 내용을 임시 기억
	명령 해독기 (instruction decoder)	명령 레지스터에 수록된 명령을 해독하여 수행될 장치에 제어 신호를 보냄

▲ 중앙 처리 장치

084 픽셀 pixel, 화소
모니터 화면을 구성하는 최소 단위

pixel은 'picture element'를 줄인 말로, 텔레비전이나 컴퓨터 모니터, 사진 등을 구성하는 가장 작은 단위를 말한다. 이를 '화소'라고도 하는데, 화면 전체의 화소수가 많으면 많을수록 이미지가 깨끗하고 선명하게 보이며, 이것을 '해상도'가 높다고 표현한다.

만약 어떤 모니터의 해상도가 1920×1080이라면, 가로 1920개의 픽셀과 세로 1080개의 픽셀로 화면이 구성되어 있다는 의미이다.

085 램 RAM, Random Access Memory
컴퓨터의 주기억 장치, 컴퓨터의 메모리

데이터나 프로그램을 자유롭게 읽고 쓸 수 있는 기억 장치로, 현재 사용 중인 프로그램이나 데이터가 저장되어 있다. 찾는 자료가 있는 위치까지 차례로 찾아가지 않고 특정 위치에 직접 자료를 쓰고 읽을 수 있기 때문에 °액세스 속도가 빠르지만, 기억 장소의 사용 효율이 떨어진다.

램에는 전원을 주는 한 기억을 보존하는 SRAM(Static Random Access Memory)과 전원이 켜진 상태에서도 시간이 흐름에 따라 기억이 흐려지는 DRAM(Dynamic Random Access Memory)이 있다.

액세스(access) 접근

086 롬 ROM, Read Only Memory
기록된 데이터를 읽을 수는 있지만 다시 기록할 수는 없는 메모리

기록된 데이터를 필요할 때마다 읽을 수는 있지만 바꾸어 쓸 수는 없는 컴퓨터의 판독 전용 기억 장치로, 전원이 끊겨져도 정보가 없어지지 않는 비휘발성(nonvolatile) 기억 장치이다. 롬에는 주로 기본 입·출력 시스템(BIOS), 글자 °폰트, 자가 진단 프로그램(POST) 등이 저장되어 있다.

폰트(font) 문자의 크기나 글자의 모양새

087 비트 bit, binary digit
2진법의 최소 단위, 정보의 양을 나타내는 최소 단위

2진법의 최소 단위 내지 정보의 양을 나타내는 최소 단위로 사용된다. 컴퓨터의 기억 장치는 모든 신호를 2진법으로 고쳐서 기억하므로 숫자 0과 1을 표시하는 2진법 1자리가 비트이다. 8개의 비트가 모이면 1byte가 된다.

088 입력 장치 · 출력 장치

- 입력 장치 : 컴퓨터에 데이터를 입력하기 위해 사용되는 장치
- 출력 장치 : 컴퓨터에서 처리한 결과를 인간이 알 수 있는 언어로 출력하기 위해 사용되는 장치

입력 장치	키보드 (key board)	• 컴퓨터의 가장 기본적인 입력 장치 • 한글, 영문자, 숫자, 특수문자(비문자)와 기능키로 이루어져 있음
	마우스 (mouse)	• 컴퓨터 화면 위에서 커서 또는 아이콘 등을 이동시킬 때 사용하는 입력 장치 • 동작 방법에 따라 기계식(볼식) · 광학식 · 광학 기계식 등으로 구분함
	스캐너 (scanner)	그림이나 사진 등의 영상 정보에 빛을 비춘 후 반사되는 빛의 차이를 감지하여 디지털 그래픽 정보로 변환해 주는 장치
	라이트 펜 (light pen)	• 빛을 인식할 수 있는 모니터의 특정 부분을 눌러 해당 점의 위치를 컴퓨터에 입력하는 장치 • 펜 모양으로 그림을 그리거나 메뉴를 선택할 때 사용
	태블릿 (tablet)	평면판 위의 임의의 위치를 펜으로 접촉해 컴퓨터에 입력할 수 있도록 한 장치
출력 장치	모니터 (monitor)	• 입력한 내용이나 처리된 결과를 사람이 알아볼 수 있도록 보여주는 장치
	프린트 (print)	• 컴퓨터로 작성한 결과물을 종이에 출력해 주는 장치 • 잉크젯 프린터, 레이저 프린터
	플로터 (plotter)	용지의 크기에 제한 없이 고해상도 출력이 가능한 장치

#하드웨어 · 소프트웨어

089 하드웨어 hardware
컴퓨터 시스템을 구성하는 물리적 부품 내지 기계적 장치

컴퓨터를 활용하기 위한 각종 프로그램을 총칭하는 소프트웨어(software)에 대응하는 개념으로, 기억 장치 또는 입 · 출력 장치 등 컴퓨터 시스템에 관한 기계적 부분의 총칭이다. 우수하고 좋은 성능을 지니고 있다 해도 이를 충분히 활용할 수 있도록 소프트웨어가 뒷받침되어 있지 않다면 그 기능을 발휘할 수 없다. 하드웨어는 중앙 처리 장치와 주변 장치로 구분된다.

중앙 처리 장치	주기억 장치 + 제어 장치 + 연산 장치
주변 장치	입 · 출력 장치 + 보조 기억 장치

090 시스템반도체 system semiconductor
전자기기 시스템을 작동하는 데 사용되는 반도체의 총칭

다양한 기능을 집약한 시스템을 하나의 칩으로 만든 반도체를 말한다. 메모리·프로세서·소프트웨어 등을 하나로 통합한 것으로 컴퓨터의 CPU(중앙처리 장치)가 대표적이다. 칩 하나로 복잡한 여러 기능을 일괄 처리할 수 있고 가볍고 작아 각종 시스템의 크기를 줄일 수 있다.
최근 스마트폰, 태블릿 PC 등의 모바일 기기 열풍과 함께 수요가 증가하는 추세이다.

091 소프트웨어 software
하드웨어를 사용하기 위한 프로그램

기계장치부에 해당하는 하드웨어에 대응하는 개념으로, 하드웨어를 사용하기 위한 각종 명령의 집합체를 말한다.
일반적으로 '프로그램'이라고도 불리며 크게 시스템 소프트웨어와 응용 소프트웨어로 구분된다.

시스템 소프트웨어	• 하드웨어를 *제어하고 운영하는 프로그램 • 운영 체제(UNIX·DOS 등), 컴파일러(C·FORTRAN 컴파일러 등), 입·출력 제어 프로그램 등 • 통상 컴퓨터 하드웨어를 제작하는 회사들이 만들어 공급
응용 소프트웨어	• 어떤 특정 업무를 보다 편리하게 처리하기 위해 만들어진 프로그램 • 사무 자동화, 수치연산, 게임 등

제어(制御) 기계·설비 등을 목적에 맞도록 조절

092 그룹웨어 groupware
컴퓨터 네트워크로 연결된 작업장에서 공통의 업무를 수행하고 있는 구성원들의 그룹 작업을 지원하기 위한 소프트웨어

개인용 소프트웨어와 반대되는 개념으로 기업이나 공공기관, 단체 등의 구성원들이 컴퓨터 네트워크로 연결된 작업장에서 서로 협력하여 업무 효율을 높이기 위해 사용하는 소프트웨어를 말한다. 주로 전자 메일, 전자 게시판, 자료실, 전자결재, 커뮤니티, *원격회의 등에 이용되며, 대표적인 프로그램으로는 마이크로소프트사의 익스체인지(exchange) 등이 있다.

원격회의(teleconference) 서로 다른 장소에 있는 사람들 사이에 원격통신을 통해 행해지는 전자 모임

함께 나오는 용어

인트라넷
인터넷 기술과 통신 규약은 동일하지만, 외부와 단절되어 조직 내부에서만 사용하는 근거리 통신망을 말한다. 인트라넷은 조직 내부 고유의 시스템을 이용하기 때문에 정보 공유가 쉽다는 장점이 있다.

093 펌웨어 firmware
롬(ROM)에 저장되어 하드웨어를 제어하는 마이크로 프로그램의 집합

프로그램이라는 관점에서는 소프트웨어와 동일하지만, 롬(ROM)에 저장되어 하드웨어를 제어·관리한다는 점에서 하드웨어와 밀접한 관계를 가지고 있어 소프트웨어와 하드웨어의 특성을 모두 가지고 있다고 할 수 있다. 이러한 펌웨어로 만들어진 프로그램을 '마이크로 프로그램'이라고 한다.

094 전자서명
전자 문서의 작성자 신원과 문서 내용에 대한 승인을 확인해주는 전자 형태의 서명

일반 문서에 수기로 서명·날인하는 것과 동일하게 전자 문서에 대해 전자적 방법으로 서명하는 것을 말한다. 전자서명은 서명자의 신원을 확인하고 전자 문서 내용에 대한 그 사람의 승인을 나타낼 목적으로 사용되며 대표적인 용도는 인터넷 뱅킹 등의 금융 거래, 인터넷 민원 서비스, 인터넷 쇼핑 등이다.
국가가 지정한 공인인증기관에서 발행하는 *공인인증서가 대표적인 전자서명에 해당한다.

공인인증서 전자상거래에 있어 신원 확인, 문서의 위·변조 방지 등을 목적으로 공인인증기관(CA)이 발행하는 전자적 정보(전자상거래용 인감 증명서). 한편, 우리나라의 공인인증서는 2020년 12월 10일부터 폐지됨

함께 나오는 용어

디지털서명 공개 키 암호 방식(비대칭적 암호 체계)을 이용한 전자서명의 한 종류로, 인터넷 쇼핑이나 사이버 금융 거래 등에서 생길 수 있는 정보 유출을 줄이는 데 효과적이다.

095 플러그 앤 플레이 PnP, Plug & Play
컴퓨터에 주변기기를 설치하면 바로 실행이 되는 기능

'꽂아서(plug) 바로 사용(play)한다'는 뜻으로, 윈도 95 *운영 체제가 발표되면서 부각된 컴퓨터의 중요한 기능이다. 즉, 컴퓨터에 프린터나 사운드 카드 등 하드웨어를 설치했을 때 별도의 조작 없이 운영 체제가 자동으로 실행되는 기능을 말한다. 이러한 기능을 발휘하기 위해서는 운영 체제, 주변 기기, 바이오스 프로그램 등이 모두 플러그 앤 플레이를 지원하는 것이어야 한다.

운영 체제(OS) 컴퓨터의 응용 프로그램이 효율적으로 실행될 수 있도록 알맞은 환경을 제공하는 소프트웨어

096 스풀 SPOOL, Simulataneous Peripheral Operation On-Line
주변 장치와 컴퓨터의 처리 속도 차를 극복하기 위한 하드 디스크의 임시저장 방식

컴퓨터 중앙 처리 장치(CPU)의 명령을 자기 디스크 장치에 저장하고, 그 명령을 주변 장치로 전달하여 처리하는 방식으로, 컴퓨터와 주변 장치가 연결되어 있을 때 처리 속도의 대기 시간 발생을 없애는 것이다.

주로 프린터나 카드˙판독기 등에 이용되는데, 인쇄할 내용을 먼저 하드 디스크에 저장하고 CPU의 여유 시간에 백그라운드 작업을 통해 인쇄를 한다. 따라서 인쇄 중이라도 다른 응용프로그램을 실행하는 포그라운드(foreground) 작업이 가능하다.

판독기(判讀機) 어떠한 형태로 기록된 자료를 감지·식별하여 컴퓨터에 이용하기 편리한 형태로 변환하는 장치

함께 나오는 용어
포그라운드 작업·백그라운드 작업
터미널을 이용해 사용자와 대화를 진행하며 실행되는 작업을 포그라운드(foreground) 작업이라 하고, 그렇지 못한 작업을 백그라운드(background) 작업이라 한다.

#데이터와 바이러스

097 데이터베이스 database
특정 조직의 사람들이 공유할 목적으로 통합하여 관리하는 데이터의 집합

여러 사람들이 공동으로 사용하기 위해 여러 자료 파일을 통합하여 자료 항목의 중복을 없애고 자료를 구조화하여 저장한 '자료의 집합체'를 말한다. 데이터베이스는 자료의 검색과˙갱신의 효율성을 높여 준다.

갱신(更新) 변경된 사실에 따라 기존 내용을 추가하거나 변경 또는 삭제하는 일

더 알고가기
데이터베이스의 특성
· 같은 자료를 중복하여 저장하지 않는다.
· 컴퓨터가 액세스하여 처리할 수 있는 저장장치에 수록된 자료이다.
· 임시로 모아 놓은 데이터나 단순한 입·출력 자료는 포함되지 않는다.
· 같은 데이터라 할지라도 공동 사용자의 목적에 따라 다르게 사용할 수 있다.

098 빅 데이터 big data
데이터의 생성 양·주기·형식 등이 방대한 데이터 또는 데이터를 수집·분류·분석하는 도구와 분석기법

데이터의 생성 양·주기·형식 등이 방대한 데이터를 뜻한다. 또는 이런 데이터를 수집·분류·분석하는 도구와 플랫폼, 분석기법 등을 포괄하는 뜻으

로도 사용된다. 빅 데이터를 규정하는 3대 요소는 방대한 데이터의 양 (Volume)·다양한 형태(Variety)·초단위의 빠른 생성 속도(Velocity) 등 '3V'로 나타낼 수 있으며, 네 번째 특징인 가치(Value)를 더해 '4V'라고도 한다.

빅 데이터는 즉각적으로 분석 가능한 신속성이 있고, 과거부터 현재까지의 상황 분석이 용이해 변화를 쉽게 추적할 수 있으며, 제한된 표본이 아닌 전체 모집단을 대상으로 할 수 있다는 대표성으로 의사 결정의 정확도를 높일 수 있다는 장점이 있다.

099 클라우드 서비스 cloud service
사용자의 콘텐츠나 정보 등을 온라인 서버에 저장해두고 사용할 수 있는 서비스

PC와 같은 저장 매체가 아닌 온라인에 소프트웨어와 데이터를 저장해두고 필요할 때마다 접속해 사용하는 서비스다. 값비싼 컴퓨터 장비도 필요 없이 클라우드 서비스 제공 업체의 서버를 활용해 소프트웨어나 저장 공간을 빌려 쓰고 사용한 만큼 요금을 내기 때문에 시스템 유지나 장비 구입 비용을 절감할 수 있다. 클라우드의 이름은 복잡한 전산 시스템이 '구름(cloud·클라우드)' 속에 있는 것처럼 잘 보이지 않는데서 나왔다.

100 디버깅 debugging
프로그램의 오류를 발견하고 그 원인을 밝히는 작업

디버그(debug)는 원래 '해충을 잡다'라는 뜻으로, 프로그램의 오류를 벌레 (bug)에 비유하여 오류를 발견하고 이를 수정하는 작업의 의미로 사용되고 있다. 디버깅의 방법에는 프로그래머가 직접 사용해보면서 확인하는 '테이블 디버깅'과 '디버깅 소프트웨어를 이용하는 '컴퓨터 디버깅'이 있다.

프로그램 개발과정의 마지막 단계에서 이루어지며, 대부분의 프로그램 개발에 있어 반드시 거쳐야 할 과정이다.

디버깅 소프트웨어 프로그램 중의 오류를 검출하기 위한 소프트웨어를 말하며, 디버거 (debugger)라고도 함

101 스턱스넷 stuxnet
폐쇄망으로 운영되는 산업 자동화 제어 시스템을 마비시키기 위해 제작된 컴퓨터 바이러스

발전소, 공항, 철도 등 폐쇄망으로 운용되는 주요 기간 시설을 공격하는 강력한 컴퓨터 바이러스로 이른바 '사이버 미사일'로 불린다. 기존 컴퓨터 바이러스처럼 데이터를 빼내거나 시스템을 마비시키는 것이 아니라 특정 제어 시스템에 침투해 시설의 설비를 통제하는 '최초의 사이버 전쟁 무기'로 평가된다.

102 컴퓨터 바이러스 computer virus
컴퓨터의 운영체계나 데이터에 손상을 입혀 정상적인 작동을 방해하는 프로그램

일반 프로그램과 동일한 프로그램의 한 종류로, 컴퓨터의 작동을 방해하거나 저장된 자료를 파괴하고 자신을 복제하여 다른 컴퓨터로 전염시키는 프로그램을 말한다. 바이러스에 감염되면 컴퓨터의 성능이 저하되기 때문에 부팅 시간이나 처리 속도가 현저히 지연된다.

바이러스 감염을 예방하기 위해서는 정품 소프트웨어를 사용하고, 외부에서 가져온 저장 매체나 다운받은 프로그램은 사용하기 전에 반드시 백신 프로그램으로 바이러스 감염 여부를 확인하여야 한다.

부팅(booting) 컴퓨터를 시동하는 작업

더 알고가기
악성코드의 종류

'멀웨어(malware)' 또는 '악성 프로그램(malicious program)'이라고도 한다. 컴퓨터에 악영향을 끼칠 수 있는 모든 소프트웨어를 총칭하는 것으로, 자기 복제 능력과 감염 대상 유무에 따라 아래와 같이 구분할 수 있다.

바이러스	• 윈도의 정상 파일을 위·변조하여 실행 파일을 실행 시 감염됨 • 대표적으로 win32/virut 등이 있음
웜	• 네트워크로 유포되며, 윈도의 취약점 등을 통해 감염됨 • 대표적으로 win32/conficker.worm 등이 있음
트로이목마	• 백도어의 역할을 하는 악성코드로 사용자의 정보가 유출됨 • 대부분의 악성코드를 차지하고 있으며, 대표적으로 onlinegamehack이 있음
스파이웨어	• 스파이(spy)와 소프트웨어(software)의 합성어로 다른 사람의 컴퓨터에 침입하여 개인의 중요한 정보를 빼가는 프로그램. 무료 프로그램을 다운로드 받을 때 함께 설치됨 • 원치 않은 사이트로 이동하게 하는 등 사용자를 불편하게 함
유해가능 프로그램	• 스파이웨어와 비슷하나, 배포 사이트가 공개되어 있고 언인스톨러(uninstaller)가 제공되어 사용자 선택에 의해 설치되나 불필요한 프로그램 중 하나임 • 대표적으로 reward 프로그램이 있음

#기타 컴퓨터 용어

103 바이오 컴퓨터 bio computer
인간의 뇌를 모방하여 만든 컴퓨터

인간의 뇌가 수행하는 학습·기억·추리·판단·산술 등 고도의 정보처리 시스템을 적용한 컴퓨터를 말한다. 현재 사용하는 컴퓨터가 실리콘을 이용

바이오칩(biochip)
• 효소, 단백질, 항체, DNA, RNA, 세포 등과 같은 생체

한 반도체 소자를 주요 부품으로 하는 반면, 바이오 컴퓨터는 현재의 반도체 회로 기술을 그대로 이용하는 것뿐만 아니라, 단백질·DNA·RNA 등 유기물을 컴퓨터 소자로 이용하는 것도 가능하다. 단백질과 유기분자, 아미노산 결합물을 이용한 °바이오칩(biochip)을 컴퓨터 소자로 이용하는 것이 대표적인 예이다.

유기물과 반도체와 같은 무기물을 조합하여 기존의 반도체 칩 형태로 만든 것
• 집적밀도가 높아 초소형·초고밀도·초고속 컴퓨터의 실현이 가능하지만 제약 요소가 많아 아직 실용화되지 못함

104 유니코드 unicode
컴퓨터에서 세계 각국의 언어가 통일된 방법으로 표현될 수 있도록 제안된 국제 문자 부호 체계

코드의 1문자당 영어는 7비트, 비영어는 8비트, 한글이나 일본어는 16비트의 값을 지니는데, 데이터의 교환을 원활하게 하기 위해 이를 모두 16비트로 통일한 국제 문자 부호 체계(UCS, Universal Code System)를 말한다. 전 세계 많은 언어들의 통일된 언어코드가 존재하지 않아 불편함이 따르자 전 세계적으로 통일된 언어코드를 만들어야 한다는 움직임이 시작됐고 그 결과로 만들어진 것이다. 유니코드는 전 세계에서 사용하는 많은 언어의 문자와 특수기호에 대해 각각 코드값을 부여하고 있으며, 최대로 수용할 수 있는 문자 수는 6만5336자이다.

105 버스 bus
컴퓨터 내부에서 정보를 주고받는 전기적 통로

컴퓨터 내부의 회로에서 중앙 처리 장치(CPU)와 주기억 장치, 입·출력 장치 간에 정보를 전송하는 데 공용으로 사용하는 전기적 통로를 말한다. 버스는 사용 용도에 따라 내부 버스, 외부 버스, 확장 버스로 구분된다.

106 가상기억 장치 virtual memory
주기억 장치처럼 사용하는 보조 기억 장치의 일부분

컴퓨터가 실행하는 프로그램 양이 많아져서 주기억 장치 내에 모두 수용할 수 없는 경우, 보조 기억 장치 내에 특별한 영역을 만들어서 주기억 장치처럼 사용하는 것을 말한다. 가상기억 장치를 통해 주기억 장치의 물리적 용량의 한계를 극복할 수 있을 뿐만 아니라 전체 시스템의 처리 속도도 향상시킬 수 있다.

02 정보통신

핵심Tag #네트워크 #정보통신망·장치 #IT 기술

#네트워크

107 게이트웨이 gateway
근거리통신망(LAN)에서 데이터를 받아들이거나 내보낼 때 중개 역할을 하는 장치

각각의 네트워크는 다른 네트워크와 구별되는 프로토콜로 데이터를 전송하므로 다른 프로토콜을 사용하는 네트워크와 직접 연결하면 데이터를 공유할 수 없다. 따라서 이러한 경우 각각의 네트워크를 *중개해주는 게이트웨이가 필요하다. 인터넷으로 보내온 전자 우편을 PC통신 서비스에서 받아볼 수 있는 것도 인터넷과 PC통신 서비스 회사의 통신망을 중개하는 게이트웨이가 있기 때문이다.

중개(仲介) 제3자가 두 당사자 사이에서 어떤 일을 주선하는 일

108 데이터 통신 data communication
컴퓨터와 각종 기기 사이에 2진법으로 표시된 디지털 형태의 정보를 전송하는 것

전기 통신 회선을 통해 컴퓨터의 본체와 기타 기기를 연결하여 정보를 송·수신하고 처리하는 것을 말한다.
오늘날 대부분의 정보가 컴퓨터를 통한 *2진법 정보이므로 데이터 통신과 정보통신이 동일한 개념으로 사용되고 있다.

2진법 0과 1 두 개의 숫자만을 이용하는 수 체계로, 라이프니츠가 발명

109 프로토콜 protocol, 통신 규약
다른 컴퓨터 간에 정보를 교환할 때 그 통신 방법에 대한 규약

컴퓨터 사이 또는 컴퓨터와 단말기 사이에서 정보 교환이 필요한 경우 이를 원활하게 하기 위하여 정한 통신 규약, 즉 상호 간의 접속이나 절단 방식·통신 방식·자료의 형식·오류 검출 방식·코드 변환 방식·전송 속도 등에 대하여 정한 것을 말한다. 컴퓨터의 *기종이 다르면 통신 규약도 다르기 때문에 상호 간 정보통신을 하려면 각각 표준 프로토콜을 설정해야 한다. 인터넷에서 사용하고 있는 대표적인 표준 프로토콜에는 TCP/IP가 있다.

기종(機種) 기계의 종류

110 텔넷 telnet
원격지의 컴퓨터를 자신의 컴퓨터처럼 사용할 수 있도록 해주는 원격 제어 서비스

인터넷을 통하여 원격지의 컴퓨터에 접속하여 자신의 컴퓨터처럼 프로그램을 실행하거나 시스템 관리 작업을 할 수 있도록 해주는 *원격 제어 서비스를 말한다. 사용자는 이러한 텔넷의 기능을 통해 전 세계의 다양한 온라인 인터넷 서비스를 이용할 수 있다. 현재는 월드와이드웹(WWW)에 밀려 위상이 많이 떨어졌다.

원격 제어(telecontrol) 전기 제품, 댐의 전력 및 수위 감시, 발전소 등 사람이 직접 가서 처리할 수 없는 부분을 컴퓨터 시스템을 통해 해결하는 것을 말함

111 BPS Bit Per Second
1초 동안 전송할 수 있는 비트(bit)의 수를 나타내는 단위

데이터 통신에서 데이터의 전송 속도를 나타내는 단위로, 1초 동안 전송할 수 있는 모든 비트(bit)의 수를 의미한다. 예컨대 1200bps라고 하면 1초당 1200비트를 전송할 수 있다는 의미이다.

112 ISDN Integrated Services Digital Network, 종합 정보 통신망
음성·문자·영상 등의 다양한 데이터를 디지털화된 하나의 통신 회선으로 전송하는 통신 서비스

디지털 방식에 의하므로 빠르고 저렴하게 통신 서비스를 제공할 수 있어 고도 정보화 사회의 기반이 되고 있다. 미국에서는 민간통신회사가 개별적인 디지털 통신망 실현을 지향하고 있으나, 한국과 유럽에서는 국가적으로 *일원화된 디지털 통신망 실현을 지향하고 있다.

일원화(一元化) 하나로 됨

113 엑스트라넷 extranet
고객이나 협력업체 등 기업과 기업을 인트라넷으로 연결한 정보 시스템

고객이나 협력업체 등과의 관계를 증진시키기 위해 기업의 내부 통신 시스템인 인트라넷에 고객이나 협력업체 등을 포함시킨 통신 구조로, 인트라넷을 확장한 개념이다. 엑스트라넷의 이용으로 정보를 창출하는 데 시간을 절약할 수 있으며 제품을 개발하는 데 속도가 붙을 수 있다는 장점이 있으나 정보를 보내는 사람과 받는 사람이 근접한 거리에 있어야 하고 중간에 장애물이 없어야 한다는 제한이 있다. 엑스트라넷은 웹, 인터넷, 그룹웨어 애플리케이션, 방화벽 등 4가지 기술에 의존하고 있다.

114 인트라넷 intranet
인터넷 기술과 통신 규약을 활용하여 기업 내부의 업무를 처리하는 정보 시스템

종래 사용해오던 각종 정보 시스템을 인터넷을 이용하여 사용할 수 있도록 수정하여 재개발한 시스템으로, 이를 이용하여 별도의 통신망 없이 어디서든 자신이 속한 조직의 정보 시스템을 사용할 수 있다. 즉, 종래 사내 정보 전달을 위해 사용하던 전용 회선을 인터넷으로 대체한 것으로, 적은 비용으로 큰 성과를 얻을 수 있고 조직 내·외의 정보를 통합하기 쉽다.

이처럼 주위에 조각처럼 흩어져 있는 조직 정보들을 하나로 통합할 수 있다는 특징을 갖고 있는 인트라넷은 거래처와의 자료를 교환하는 송·수신 시스템의 기능을 쉽게 사용할 수 있어 상호적으로 정보를 공유할 수 있는 기회가 많이 주어지지만 전용 회선이 아닌 인터넷을 이용하기 때문에 정보의 보안 문제를 해결해야 한다는 결점이 있다.

#정보통신망 · 장치

빈출

115 LTE Long Term Evolution
3세대(3G) 이동 통신 시스템의 기술적 한계를 극복한 4세대 이동 통신 기술

LTE는 기존 3세대(3G)의 이동 통신 기술인 GSM(Global System for Mobile communication)과 WCDMA(Wideband Code Division Multiple Access)를 장기적으로 진화시킨 4세대(4G) 서비스를 의미한다. LTE는 정지 시에 1Gbps, 이동 시에는 100Mbps의 속도로 데이터 전송이 가능하며, 3G를 연동할 수 있다는 장점이 있다.

함께 나오는 용어

- LTE-A(Long Term Evolution-Advanced)
  4세대(4G) 이동 통신 기술인 LTE(Long Term Evolution)보다 데이터 전송 속도가 2배 빠른 서비스이다. 기존에 4세대(4G) 이동 통신임을 표방한 LTE가 엄연한 의미에서는 3.9세대 이동 통신이었다면, LTE-A는 LTE보다 데이터 전송률, 다중 안테나 기술 등을 대폭 향상시킨 '진정한 4세대 이동 통신'이다. LTE-A의 인터넷 다운로드 속도는 이론상 유선 광랜 속도(100Mbps)를 능가하는 150Mbps에 달한다.
- 5G(5th Generation)
  최대속도가 20Gbps에 달하는 이동 통신 기술로, LTE에 비해 최대속도가 빠르고 처리용량이 많다. 강점인 초저지연성과 초연결성을 통해 가상 현실(VR), 자율주행, 사물인터넷(IoT) 기술 등을 구현할 수 있다.

116 LAN Local Area Network, 근거리 통신망

학교, 회사, 연구소 등 한정된 지역 내에서 자료 공유를 목적으로 사용하는 통신망

학교, 회사, 연구소 등 한정된 지역 내에 분산되어 있는 컴퓨터 및 기타 장치를 통신선으로 연결하여, 프로그램이나 파일 또는 주변 장치를 공유할 수 있도록 한 네트워크를 말한다. 구체적으로 LAN에 연결되는 장치에는 서버, 워크스테이션, 개인용 컴퓨터(PC), 레이저 인쇄기, 대형 하드 디스크 등이 있다. 근거리통신이므로 경로 선택이 필요 없고, 광대역 전송매체를 사용하므로 고속통신이 가능하다.

117 ADSL Asymmetric Digital Subscriber Line, 비대칭 디지털 가입자 회선

기존의 전화선을 이용하여 고속의 데이터 통신이 가능한 통신 수단

별도의 회선을 설치하지 않고도 기존에 사용하던 전화선을 이용하여 고속 데이터 통신이 가능한 *비대칭 디지털 가입자 회선을 말한다. 기존의 모뎀은 전화와 데이터 통신을 동시에 할 수 없었고, ISDN(종합 디지털 통신망)은 동시사용이 가능하지만 데이터 통신속도가 많이 떨어졌다. 그러나 ADSL은 음성 데이터는 낮은 주파수 대역을 이용하고 디지털 데이터는 높은 주파수 대역을 이용하여 혼선 없이 고속 데이터 통신이 가능하다. 다운로드 속도가 업로드 속도보다 빠르기 때문에 '비대칭'이라고 한다.

비대칭(非對稱, asymmetry)
각각 물질의 종류를 구별할 수 있는 결정면 사이에서 존재하는 불규칙적인 관계를 말함

함께 나오는 용어

VDSL
'Very high—data rate Digital Subscriber Line'의 약자로 ADSL(비대칭 디지털 가입자 회선)에 이어 등장한 데이터 전송방식이다. 가입자에게 필요한 자료만 뽑아 전송하고 공급 가격이 저렴하다는 장점을 갖고 있다. '초고속 디지털 가입자 회선'이라고 하며, 일반 가정의 기존 전화선을 이용하여 빠른 속도의 *양방향 통신이 가능한 통신망을 말한다. 한편, 광랜과 광케이블 등 기가 속도를 낼 수 있는 인터넷 회선이 대중화되며 ADSL과 VDSL 이용자가 많이 줄었다.

양방향(兩方向, full-duplex)
전송의 효율성이 높은 데이터 통신으로 다른 단말기 간의 데이터 전송이 동시에 이루어지는 방식

118 라우터 router

최적의 IP 경로를 설정하여 서로 다른 네트워크를 중계해 주는 장치

인터넷을 접속할 때 반드시 필요한 장비로서, 서로 다른 프로토콜로 운영하는 통신망에서 정보를 전송하기 위해 가장 적절한 경로를 설정하는 통신장비를 말한다. 즉, 최적의 IP 경로를 설정하여 전송한 후 수신된 정보를 통해 자신의 네트워크와 다른 네트워크 간의 연결점을 결정하는 장비이다. 나아가 통신 흐름을 제어하고, 통신망 내부에 여러 보조 통신망을 구성하는 등 통신망 관리 기능도 수행한다.

119 광대역 통신망 WAN, Wide Area Network
지리적으로 멀리 떨어져 있는 지역을 하나로 연결하는 통신망

케이블을 통해 음성과 동영상 데이터 등을 동시에 전송하는 통신망으로, 1초 동안 200만 개 이상의 전기 신호를 전달할 수 있다. 전 세계를 연결할 수 있으므로 거리상의 제약은 없지만 LAN보다 전송 속도가 느리다.

120 코덱 CODEC, COder-DECoder
아날로그 신호와 디지털 신호 사이의 신호 변환 장치

음성 또는 영상의 신호를 디지털 신호로 변환하는 코더(coder)와 그 반대로 변환시켜주는 디코더(decoder)의 합성어이다. 음성이나 비디오 데이터를 컴퓨터가 처리할 수 있도록 디지털 신호로 변환해 주고 그 데이터를 컴퓨터 모니터에 본래대로 재생시켜 주는 소프트웨어이다. 주로 동영상 편집이나 재생 프로그램에 많이 사용되며, 대표적인 코덱 프로그램에는 MPEG, MOV, DivX, AVI, RLE, RA 등이 있다.

121 VAN Value Added Network, 부가 가치 통신망
통신 회선을 소유하고 있는 사업자로부터 통신 회선을 빌려 새로운 가치를 부가하여 다수의 이용자에게 판매하는 통신망

KT와 같이 회선을 소유하고 있는 사업자로부터 회선을 빌려 기존의 정보에 이용자의 요구 사항 등 새로운 부가 가치를 추가하여 다수의 이용자에게 판매하는 통신망을 말한다.

122 CDMA Code Division Multiple Access, 코드분할다중접속
미국의 퀄컴(qualcomm)에서 개발한 디지털 이동 통신 방식

송신자가 코드를 부여한 신호를 확산하여 보내면 수신자는 동일한 코드로 확산된 데이터만을 골라 재생하는 방식을 말한다. 수신된 신호를 역 확산하여 원래의 신호를 만들어내기 위해서는 확산 시 사용한 코드를 정확히 알고 있어야 하므로, 통신의 비밀이 보장되고 통신의 품질이 우수하다. 또한 하나의 주파수 대역을 여러 사용자가 각각 다른 확산용 코드를 가지고 공유하므로 가입자의 수용 용량이 *FDMA(Frequency Division Multiple Access, 주파수분할다중접속)보다 10배가량 증가된다.

FDMA 제한된 주파수 대역폭을 여러 개의 주파수 대역으로 분할하여 각 지구국이 서로 다른 주파수 대역을 사용하게 하는 방식

123 AP Access Point, 접근점

유선 랜에 연결하여 일정한 거리 내에서 무선 랜을 사용할 수 있게 만드는 유무선 인터넷 공유기

외부에서 들어온 통신 라인에 연결하여 전파가 도달하는 거리 내에서 컴퓨터 등의 무선기기를 자유롭게 사용할 수 있도록 만드는 장치를 말한다. 건물의 각 층이나 사무실에 설치하면 해당 층이나 사무실에서 무선으로 자유롭게 이동하면서 설치된 네트워크를 이용할 수 있다. AP가 설치되어 있어 무선 랜을 사용할 수 있는 지역을 '핫 스팟(hot spot)'이라고 한다.

124 와이브로 WIBRO

휴대용 인터넷 단말 장치를 이용하여 언제 어디서나 초고속인터넷을 이용할 수 있는 무선 휴대 인터넷

wireless(무선)와 broadband(초고속인터넷)의 준말로, 무선광대역인터넷 또는 무선초고속인터넷이라고 할 수 있다. 즉, 휴대폰, 노트북, PDA 등의 휴대용 인터넷 *단말 장치를 이용하여 달리는 자동차나 지하철 안에서도 자유롭게 무선초고속인터넷을 이용할 수 있는 서비스이다. 2.3GHz 대역의 주파수를 이용하고, 시속 60km 이상의 이동 상태에서 1Mbps의 전송 속도를 제공하며, 광대역 무선 전송 기술을 사용하여 비대칭 전송을 수행한다는 특징을 가지고 있다. SK텔레콤과 KT가 2006년 세계 최초로 상용서비스를 시작해 12년간 운영했으나, LTE 등에 밀려나며 2018년 12월 31일로 서비스가 종료됐다.

단말 장치(端末裝置) 통신회로를 통해 중앙에 있는 컴퓨터와 연결되어 데이터를 입·출력하는 데 사용하는 장치

125 와이파이 WiFi, Wireless-Fidelity, 무선 랜

무선접속장치(AP)가 설치된 곳의 일정 거리 안에서 초고속인터넷 접속이 가능한 근거리 통신망(LAN)

PDA나 노트북 컴퓨터 등에 무선랜카드를 장착하고, 무선접속장치(AP)가 설치된 곳으로부터 일정 거리 내에서 초고속인터넷을 이용할 수 있게 해주는 서비스를 말한다. 1980년대 말 미국의 프록심(proxim), 심볼(symbol) 등의 무선기기 업체에서 처음으로 사업화하였으나 일반화되지 못하다가, 1999년 9월 미국 무선 랜 협회인 *WECA가 표준으로 정한 IEEE 802.11b와 호환되는 제품에 와이파이 인증을 부여함으로써 급속하게 성장하였다.

WECA Wireless Ethernet Capability Alliance의 준말로, 미국의 무선 랜 협회를 말함. 2002년에 WiFi로 변경

126 근거리무선통신 NFC, Near Field Communication
짧은 거리의 무선 통신을 하기 위한 기술

10cm 정도의 거리에서 낮은 전력으로 단말기 간 데이터를 전송할 수 있으며 정보를 읽고 쓰는 것이 가능한 '비접촉식 근거리무선통신 방식'이다. 스마트폰으로 교통카드를 대신하는 것이 대표적인 NFC 기술이다.

127 비디오텍스 videotex
TV나 전화망을 통해 정보센터의 데이터베이스에 연결하여 필요한 정보를 문자나 그림의 형태로 검색할 수 있는 서비스

여러 가지 정보를 모아 데이터베이스를 구축하고 있는 시스템 운영자의 컴퓨터 시스템에 연결하여 교육·학습·일기예보·스포츠·물가·뉴스 등 필요한 정보를 가정용 컴퓨터 모니터나 텔레비전 수상기를 통해 화상 정보로 제공받는 시스템이다. 이를 '뷰데이터(view data)'라고도 한다.

128 MIDI Musical Instrument Digital Interface
전자 악기 간 또는 전자 악기와 컴퓨터 간의 통신 규약

신시사이저, 리듬 머신, 시퀀서, 컴퓨터 등의 연주 정보를 상호 전달하기 위해 정해진 통신 규약을 말한다. 1982년 오버하인(oberhein)사 등 몇 개 회사의 제안에 따라 전자 악기 디지털 인터페이스 제조업체 협회(MMA)가 결성되어 표준화 작업을 진행하였다. MIDI 규격에서는 표준적인 송·수신 인터페이스 회로와 데이터 *포맷을 정의하고 있으며, 접속에는 5핀인 DIN 커넥터를 사용하여 8비트로 구성되는 연주 데이터를 비동기 방식으로 직렬 전송한다.

포맷(format) 서식

▲ DIN 커넥터

129 모바일 컨버전스 mobile convergence
카메라, MP3, DMB, 게임기 등의 기능이 통합된 휴대용 통신 기기

컨버전스(convergence)는 '한 곳으로 모이다'라는 의미로, 휴대 전화를 중심으로 카메라, MP3, DMB, 게임기 등의 기능이 통합된 휴대용 통신 기기를 말한다. 2000년대 초반 휴대 전화에 다양한 기능들이 추가되면서 사용되기 시작한 용어이다.

모바일 컨버전스는 소비자의 삶을 더욱 편리하고 다양하게 만들어준다는 긍정적 측면이 있는 반면, 소비자들이 원치 않는 제품들마저 선택을 강요당한다는 부정적 측면도 있다.

130 블루투스 Bluetooth
휴대 전화와 휴대 전화 또는 휴대 전화와 PC 간에 무선 데이터 통신을 가능하게 해주는 무선전송 기술

10세기 노르웨이와 덴마크를 통일한 바이킹 헤럴드 *블루투스(Harald Bluetooth, 910~985년)의 이름에서 유래된 것으로, PC와 휴대폰 및 각종 디지털기기 등을 하나의 무선 통신 규격으로 통일한다는 의미가 담겨 있다. 통신 기기 제조회사인 스웨덴의 에릭슨이 1994년부터 연구를 시작하였고, 1998년 노키아, 소니, 마이크로소프트, 도시바, 레노버 등 7개사가 표준화 기구인 블루투스 SGI를 결성하면서 표준화가 시작되었다. 이러한 표준 규격 때문에 세계 어디서나 같은 기술을 이용할 수 있다.

블루투스(bluetooth) 헤럴드 블루투스(Harald Bluetooth)는 블루베리를 즐겨 먹어 치아가 항상 푸른빛을 띠고 있었기 때문에 bluetooth(푸른 치아)라고 불리었다고 함. 처음에는 프로젝트명으로 사용했으나 브랜드 이름으로 발전

131 갈릴레오 프로젝트 galileo project
유럽연합(EU)에서 추진하고 있는 위성항법시스템 구축사업

유럽연합(EU)이 ESA(유럽우주국)와 공동으로 추진하고 있는 세계 최초의 민간용 위성항법시스템이다. 30기의 인공위성 네트워크를 통해 목표물의 위치를 정확히 파악해내는 것을 목표로 하고 있으며, 대표적인 위성항법시스템인 미국의 GPS나 러시아의 GLONASS보다 오차 범위가 좁다.

132 음성 다중 방송 sound multiplex broadcasting

하나의 방송에서 두 가지 이상의 음성으로 변조 방송하고, 수신자가 선택하여 들을 수 있는 방송 방식

FM방송의 스테레오 방송, 텔레비전의 스테레오 방송이나 외국영화에 대한 원어와 모국어의 동시 방송 등이 이에 해당한다. 음성 다중 방송을 하는 경우 시청자들은 어느 하나를 선택하여 청취할 수 있다.

133 RFID Radio-Frequency IDentification, 무선인식시스템

반도체 칩의 데이터를 무선 주파수를 이용하여 읽어내는 인식시스템

IC칩과 무선을 통해 먼 거리에서 정보를 인식하는 기술을 말한다. 생산에서 판매까지의 전 과정을 IC칩에 내장해 무선 주파수로 추적할 수 있어 바코드를 대체할 차세대 인식 기술로 꼽히고 있다. 전자태그, 스마트태그, 전자라벨 등으로도 불린다. 우리나라에서는 현재 대중교통 요금징수 시스템에 사용되고 있으며, 동물 추적장치, 자동차 안전장치 등 여러 분야에서도 활용되고 있다.

▲ RFID에서 사용하는 칩

더 알고가기

RFID의 구성, 작동 과정
- 구성 : RFID는 태그, 안테나, 리더기 등으로 구성된다.
- 작동 과정 : 태그와 안테나는 무선으로 정보를 수미터에서 수십미터까지 보내고, 리더기는 이 신호를 감지하여 해독한 후 컴퓨터로 보내며, 컴퓨터는 인식한 자료를 시스템으로 보내 처리한다.

134 HDTV High Definition TV

기존 텔레비전보다 주사선이 2배 이상 많은 고화질의 텔레비전

기존 텔레비전의 ˚주사선(525~625선)보다 2배 이상 많은 주사선(1,050~1,250선)으로 늘리고 주파수의 대역폭을 확대하여 화면의 선명도가 뛰어난 고화질 텔레비전을 말한다. 화면의 규격(가로·세로 비율)도 기존 텔레비전의 4대 3의 비율에서 5대 3.3의 비율로 변경하였다.
일본 NHK에서 개발하여 1981년에 미국에서 첫 선을 보였으며, 우리나라는 1993년에 세계 2번째로 HDTV용 브라운관을 개발해 2001년부터 HD 방식의 공중파 송출을 본격적으로 서비스했다.

주사선(scanning line)
- 텔레비전의 화면 위를 이동하는 수평방향의 선
- 사진이나 화상을 분해·조립하여 화면을 재생시키는 작용을 함
- 주사선의 수가 많을수록 선명도가 높아짐

135 케이블 TV cable TV
공동 시청 안테나를 통해 수신한 TV신호를 유선을 이용하여 송신하는 텔레비전 방송기구

TV 전파 수신이 곤란한 산간 지대나 *난청 지역에 공동 수신 안테나를 설치하여 수신된 공중파를 유선케이블을 이용하여 TV방송 가입자에게 송신하는 시스템을 말한다. 공중파가 아니라 케이블을 이용한 텔레비전 방송 시스템(유선 방송 시스템)으로, 동축 케이블이나 광섬유케이블을 전송 선로로 사용한다. 오늘날 케이블 TV는 가입자의 다양한 욕구에 따라 단순 중계를 넘어 컴퓨터와 결합한 음성·영상·데이터 서비스까지 제공하고 있다.

난청(難聽) 방송 전파가 잘 잡히지 않아 잘 들을 수 없는 상태

136 LED Light Emitting Diode, 발광 다이오드
화합물 반도체로 만든 다이오드에 전류를 흘려보내 빛을 발산하는 반도체 소자

LED는 아래위에 전극을 붙인 전도 물질에 전류가 흐르면 캐리어(전자와 정공)의 과잉 에너지에 의해 효율적으로 발광하는 구조로 되어 있다. LED는 전기 에너지를 직접 빛에너지로 변환시키므로 전력 소비가 백열전구의 20%에 불과하고, 수명 또한 형광등의 100배인 10만 시간에 달해 한 번 설치하면 교체나 보수가 거의 필요없다.

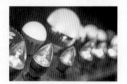

137 OTT Over The Top
인터넷을 통해 TV, 영화, 교육 등 각종 미디어 콘텐츠를 제공하는 서비스

OTT(Over The Top)에서 Top은 TV에 연결되는 셋톱박스다. OTT는 본래 TV 셋톱박스 기반의 동영상 서비스를 의미했지만 최근에는 PC, 스마트폰 등으로 통신·방송사가 제공하는 모든 인터넷 동영상 서비스를 포괄한다. TV 대신 인터넷으로 방송을 시청하는 *코드커팅 현상이 나타나는 등 OTT 서비스가 확산일로이지만 *망중립성 문제 해결이 과제다.

코드커팅(cord cutting) 지상파와 케이블 등 기존 TV 방송 서비스를 해지하고 인터넷 등으로 방송을 보는 시청 행태

망중립성 유무선 통신네트워크를 서비스 사업자에게 평등하게 제공해야 한다는 원칙

OTT 기업·서비스	주요 내용
넷플릭스(netflix)	미국 최대의 온라인 동영상 서비스 제공 기업
훌루(hulu)	NBC 방송, 폭스엔터테인먼트, 디즈니–ABC TV 그룹이 합작해 설립
프라임 비디오 (prime video)	미국 기업 아마존의 OTT 서비스
컴캐스트(comcast)	미국 최대 케이블 방송사업자로서 자사 가입자를 대상으로 OTT 서비스 제공
티빙(tving)	2010년 CJ헬로비전에서 출시한 국내 OTT 플랫폼
웨이브(wavve)	SK텔레콤과 지상파 3사의 OTT 연합 플랫폼으로, 2019년 9월 18일 공식 출범

138 증강현실 AR, Augmented Reality
현실 세계에 3차원의 가상 물체를 겹쳐 보여주는 기술

사용자가 육안으로 보고 있는 현실 장면에 3차원 가상 물체를 중첩해 보여주는 기술이다. 즉, 사용자가 보는 실사 영상에 3차원적인 가상 영상을 겹침(overlap)으로써 가상 화면과 현실 환경의 구분이 모호해지도록 한다는 의미다. 예를 들어 스마트폰 카메라로 주변 거리를 비추면 인근에 있는 상점의 위치나 전화번호 등의 정보가 입체영상으로 표기되는 것이 증강현실을 구현한 사례이다.

139 무어의 법칙 Moore's law
마이크로칩의 밀도가 18개월마다 2배로 늘어난다는 법칙

1965년 페어차일드(fairchild)의 연구원으로 있던 *고든 무어가 마이크로칩의 처리 능력이 18개월마다 2배로 늘어날 것이라고 예측하여 만든 법칙이다. 인터넷 경제 3원칙의 하나로, 장래 반도체의 성능 향상을 예측할 수 있는 기준으로 사용되고 있다.

고든 무어(Gordon Moore)
• 인텔의 공동 창립자이자 명예회장
• 1965년 4월 19일 일렉트로닉스 매거진의 기사에 무어의 법칙을 발표

더 알고가기

인터넷 경제 3원칙
• 메트칼프의 법칙 : 인터넷에서는 적은 노력으로도 커다란 결과를 얻을 수 있다는 법칙
• 거래 비용 이론 : 가치사슬을 지배하는 법칙이라고도 하며, 조직은 계속적으로 거래 비용이 적게 드는 쪽으로 변화한다는 법칙
• 무어의 법칙 : 마이크로칩의 밀도가 18개월마다 2배로 늘어난다는 법칙

140 황의 법칙 Hwang's law
반도체 메모리의 용량이 1년마다 2배씩 증가한다는 법칙

2002년 2월 미국에서 열린 국제반도체회로 학술회의에서 당시 삼성전자의 황창규 기술총괄 사장이 '메모리 신성장론'을 통해 발표한 내용으로, 반도체의 *집적도가 2배 증가하는 시간이 1년으로 단축되었으며, 모바일 기기와 디지털 가전제품 등 non-pc 분야가 이를 주도한다는 것이다. 이 법칙은 무어의 법칙을 능가하는 것으로 반도체 업계의 새 정설로 인정받고 있다.

집적도(集積度) 한 개의 집적회로에 들어 있는 소자의 수

141 디지털 디바이드 digital divide, 정보 격차
디지털기술을 사용하여 새로운 정보기술에 접근할 수 있는 자와 그렇지 못한 자 사이에 경제적·사회적 격차가 심화되는 현상

1990년대 중반 미국에서 처음 사용한 용어로, 정보화 사회에 있어 '정보의 *빈익빈 부익부 현상'을 의미한다. 정보선진국인 미국에서 디지털 경제로 이행되면서 정보 격차가 심화되어 정보를 공유하지 못한 다수의 노동자 계층이 중산층에서 탈락하면서 사회가 극단적으로 양분되는 사태를 말한다.

빈익빈 부익부(貧益貧 富益富)
가난할수록 점점 더 가난해지는 빈익빈과 부자일수록 점점 더 부자가 된다는 부익부의 의미를 갖고 있는 말

142 디지로그 digilog
디지털(digital)과 아날로그(analog)의 합성어로, 디지털 기반과 아날로그 정서가 융합된 첨단기술, 또는 아날로그 시대에서 디지털 시대로 넘어가는 변혁기에 위치한 세대를 의미하는 말

아날로그 문화가 디지털 사회를 더 풍부하게 해준다는 인식을 토대로 첨단 외양에 인간적 정감과 추억이 깃든 상품의 수요가 증가하는 현상을 나타내기도 한다. 아날로그적 감수성과 사고방식은 디지털 사회에서도 여전히 필요한 요소다.

 인터넷

핵심Tag #인터넷 기술과 규약 #네티즌 사회 현상 #해킹 #전자상거래

#인터넷 기술과 규약

143 WWW World Wide Web
HTTP 프로토콜을 사용하는 세계적 인터넷망

*유럽원자핵공동연구소(CERN)의 연구 결과를 효율적으로 공유하기 위하여, 1989년 팀 버너스 리(Tim Berners-Lee)가 제안하여 개발하기 시작하였다. 하이퍼텍스트를 기반으로 하는 WWW는 기존의 인터넷 서비스에 비해 문서 활용에 있어 엄청난 편리성을 제공하기 때문에 인터넷이 급속도로 발전하는 계기가 되었다.

유럽원자핵공동연구소(CERN)
1954년 WWW(World Wide Web)에 대한 개념이 최초로 형성된 물리학 연구소

함께 나오는 용어
HTTP
'HyperText Transfer Protocol'의 약자로, 인터넷에서 *하이퍼텍스트(hypertext) 문서를 교환하기 위하여 사용되는 통신 규약을 말한다. 인터넷 주소에 있어서 'http://www....'는 www로 시작되는 인터넷 주소에서 하이퍼텍스트 문서의 교환은 'http' 통신 규약에 의한다는 것을 의미한다.

하이퍼텍스트(hypertext) 하이퍼링크를 통해 한 문서에서 다른 문서로 즉시 접근할 수 있도록 동적으로 연결되어 있는 문서

144 도메인 네임 domain name
숫자로 되어 있는 IP주소를 영문자로 표현한 것

인터넷에서 호스트 컴퓨터의 위치를 나타내는 IP주소는 숫자로 되어 있는데, 이를 사람들이 인식하기 쉬운 영문자로 표현한 것을 도메인 네임이라고 한다. 예컨대 '211.239.154.223'에 해당하는 IP주소를 도메인 네임으로 나타내면 'www.eduwill.net'이나, 'www.eduwill.co.kr'이 된다. 왼쪽에서 오른쪽으로 갈수록 상위 도메인을 나타내는데, 'www'는 호스트 컴퓨터 이름, 'eduwill'은 소속기관 이름, 'net'이나 'co'는 소속기관 분류, 'kr'은 소속국가를 의미한다.

더 알고가기

소속기관의 분류

co	company의 약자	기업, 상업 기관(서브 도메인)
com	commercial의 약자	기업, 상업 기관(최상위 도메인)
net	network의 약자	네트워크 관련 회사
or	organization의 약자	비영리기관이나 단체
go	government의 약자	정부기관이나 정부조직도상의 기관
re	research의 약자	연구기관이나 단체
ac	academy의 약자	대학이나 대학원
pe	people의 약자	개인

145 애플릿 applet
자바(java) 언어로 만들어진 간단한 기능의 소규모 응용 프로그램

웹브라우저에서만 실행이 되도록 *자바(java) 언어로 만들어진 간단한 기능의 소규모 응용 프로그램을 말한다. 애플릿은 속도 및 용량에 따라 서버의 요청 제한 없이 작업을 수행할 수 있으며 일반 프로그램과 달리 독립적으로 실행할 수 없다. 이를 실행하기 위해서는 웹브라우저와 같은 호스트 프로그램이 필요하다. 웹서핑 중에 볼 수 있는 애니메이션, 간단한 계산, 채팅, 그림 그리기, 날씨, 주가 변화 표시, 문자 발송 등이 이에 해당한다.

자바(java)
- 미국의 선 마이크로시스템스사가 개발한 객체지향형 컴퓨터 프로그래밍 언어
- 고정된 페이지의 모습만 보낼 수 있는 HTML과 달리 자바는 수신자가 실행할 수 있는 프로그램을 전송하는 것도 가능

146 스트리밍 streaming
음성, 영상, 애니메이션 등 멀티미디어 데이터를 다운과 동시에 재생해주는 기술

인터넷에서 음성, 영상, 애니메이션 등의 파일을 하드 디스크 드라이브에 모두 다운로드 받은 후에 재생하는 것이 아니라, 파일을 조금씩 전송받는 동시에 바로 재생시켜주는 기술을 말한다. 전송되는 데이터가 마치 물이 흐르는 것처럼 바로 재생되기 때문에 '스트리밍(streaming)'이라는 이름이 붙여졌으며, 1995년 리얼네트워크사가 개발한 리얼오디오에서 처음으로 선보였다. 파일을 모두 전송받기 전에도 재생을 할 수 있으므로 재생시간이 단축되고, 하드 디스크 드라이브의 용량에 영향을 거의 미치지 않는다.
스트리밍을 지원하는 소프트웨어에는 리얼플레이어나 윈도미디어플레이어 등이 있고, 이를 지원하는 파일확장자에는 ˙asf, ˙wmv, ˙wma, ˙wav, ˙mp3 등이 있다. 인터넷이 발달할수록 점점 더 중요한 위치를 차지하고 있는 기술로, 특히 인터넷 방송이 활성화되는 계기를 마련했다는 평가이다.

asf 고급 스트리밍 시스템 포맷 확장자

wmv 윈도 미디어 비디오 확장자

wma 디지털 음악 데이터 압축 확장자

wav 오디오 파일 포맷의 확장자

mp3 고음질 오디오 압축 포맷 확장자

147 프록시 서버 proxy server
클라이언트와 인터넷 서버 사이에서 중개자 역할을 하는 서버

프록시(proxy)란 ˙대리인을 뜻하는 말로, PC사용자와 인터넷 사이에서 인터넷의 사용을 기록하고 웹사이트에 대한 접근을 차단하는 데 사용된다. 즉, 어떤 웹사이트에 접속을 시도하면, 우선 프록시 서버로 연결하여 데이터를 가져온 다음 이것을 사용자의 PC에 전달함으로써 사용자가 찾고자 하는 데이터를 빠르게 전달할 수 있다. 프록시 서버의 주요 기능에는 방화벽(firewall) 기능과 캐시(cache) 기능이 있다.

대리인(代理人) 남을 대신하여 의사를 전달하는 사람

▲ 방화벽

더 알고가기
프록시 서버(proxy server)의 주요 기능

방화벽(firewall)	컴퓨터의 정보 보안을 위해 정보통신망에 불법적으로 접근하는 것을 차단하는 시스템을 말한다. 음란사이트 등 유해 사이트를 차단하거나 ˙해커의 외부침입을 방지할 때 사용된다.
캐시(cache)	데이터 중 사용자의 요청이 많은 것을 프록시 서버에 저장해 두었다가 사용자의 요청이 있을 경우 신속하게 전달해주는 기능을 말한다.

해커(hacker) 컴퓨터 통신망을 통해 다른 사람의 컴퓨터에 불법으로 침입하여 프로그램이나 데이터를 파괴하는 사람 또는 프로그램을 다루는 기술이 뛰어난 사람

148 핑 ping
원격지에 있는 컴퓨터가 네트워크에 연결되어 정상적으로 작동하는지 여부를 조사하기 위한 프로그램

'packet internet groper'의 약자로, 원격지에 있는 어떤 호스트 컴퓨터에 'ICMP echo request'라는 메시지를 전송하여 *'ICMP echo reply'가 돌아오는지의 여부에 따라 원격 호스트가 정상적으로 작동하는지 여부를 검사하는 프로그램을 말한다. 만일 'ICMP echo reqest'를 송신한 호스트가 정상적으로 작동 중이면 응답할 것이고 정상적으로 작동하지 않으면 응답하지 않을 것이다. 어떤 호스트에 ping을 수행할 수 없는 경우 그 호스트는 FTP나 telnet도 실행할 수 없다.

ICMP(Internet Control Message Protocol) 컴퓨터 운영 체제의 에러 메시지를 전송받는 데 사용되는 프로토콜

149 TCP-IP Transmission Control Protocol-Internet Protocol
서로 기종이 다른 컴퓨터가 인터넷에 연결된 경우 데이터를 전송할 수 있도록 해주는 표준 통신 규약

미국 국방부에서 구축한 전산망인 *알파넷에서 개발한 프로토콜을 말한다. 인터넷 사용이 늘어나면서 미국 방위통신청(DCA)이 모든 알파넷을 이용하는 호스트 컴퓨터를 TCP-IP로 사용하도록 한 것이 계기가 되어 오늘날 표준 통신 규약이 되었다. 표준 통신 규약인 TCP-IP는 원격 로그인, 파일 전송, 전자 우편, 네트워크 관리 등을 가능하게 해준다.

알파넷(ARPANET)
• 미국 국방부 고등 연구 계획 구축 전산망
• 인터넷의 원형으로 최초로 패킷 스위칭 네트워크 시작

150 URL Uniform Resource Locator
인터넷상에서 각종 서비스를 제공하는 자원들의 위치를 나타내는 표준 주소체계

URL은 인터넷상에서 서비스를 제공하는 각 서버에 들어 있는 파일의 위치를 나타내기 위한 것으로, *웹브라우저의 주소창에 접속할 홈페이지의 URL을 입력하여 접속한다. 일반적으로 '프로토콜://정보를 가진 컴퓨터 이름/디렉터리 이름/파일 네임'의 형식으로 나타내는데, 접속해야 될 서비스의 종류, 서버의 위치(도메인 네임), 파일의 위치를 포함한다.

웹브라우저(web browser) 웹(www)을 효과적으로 검색할 수 있게 해주는 것으로, 하이퍼텍스트를 받아서 보여주는 프로그램

151 WAIS Wide Area Information Service
키워드를 사용해 인터넷에 산재되어 있는 정보 중 필요한 정보를 검색해 주는 서비스

클라이언트와 서버 모델에 기초한 것으로, 사용자가 클라이언트를 통해 특정 키워드를 입력하면 서버가 자신의 *데이터베이스를 검색하여 그 결과를 클라이언트에 전송하는 시스템을 말한다. 사용자는 자신이 원하는 정보의 위치를 고려할 필요 없이 다양한 정보를 검색할 수 있고, 자료의 전송도 편리하다는 장점이 있다.
오늘날 다양한 검색 엔진의 발달로 공학, 생명공학, 사회과학 등 전문분야의 정보 검색으로 이용되고 있다.

데이터베이스(database) 기업, 학교, 공공기관 등 대량으로 수집한 자료를 관리하는 시스템

152 아키 archie
익명의 FTP 서버에 공개되어 있는 파일을 검색하는 것을 도와주는 정보 검색 서비스

아키 서버는 사전에 개개의 익명 FTP(파일 전송 프로토콜) 서버로부터 디렉터리 정보를 수집하여 데이터베이스를 구성해 두었다가, 사용자가 아키 클라이언트를 통해 검색을 원하는 파일의 이름을 보내면 그 파일을 보관하고 있는 익명의 FTP 서버를 찾아서 클라이언트로 제공함으로써 사용자가 정보를 쉽게 검색할 수 있게 해준다. 그러나 오늘날 검색 엔진의 발전으로 아키의 사용자는 점점 줄어들고 있다.

FILE
TRANSFER
- CREATIVE DESIGN -

153 웹 2.0 web 2.0
사용자가 정보를 생성하고 공유하는 등 사용자 참여 중심의 인터넷 환경

웹 1.0은 서비스 업자가 제공하는 정보를 사용자가 일방적으로 수신하는 형태였으나, 웹 2.0은 사용자가 직접 데이터나 응용 프로그램을 이용하여 새로운 정보나 서비스를 창출할 수 있다. 웹 2.0의 특징을 잘 나타내 주는 대표적인 것으로는 블로그(blog), 위키피디아(wikipedia), 딜리셔스(del.icio.us), UCC(User Created Content), 구글의 *페이지랭크(pagerank), 아마존의 도서 리뷰 시스템, 이베이(e-Bay)의 평판(reputation) 시스템 등이 있다. 한편, 웹 3.0은 데이터의 의미를 중심으로 서비스되는 시대를 말한다.

페이지랭크(pagerank) 검색엔진 '구글'을 설립한 래리 페이지와 세르게이 브린이 연구 및 개발한 것으로 해당 페이지 문서에 중요도를 부여하여 검색결과 페이지의 우선순위를 결정함

154 쿠키 cookie
사용자의 인터넷 웹사이트의 방문기록을 저장하고 있는 작은 파일

사용자가 특정 웹사이트에 접속하여 사용한 정보를 *하드 디스크에 저장한 임시파일로, 보통 4KB 이하의 작은 텍스트 파일이다. 사용자가 특정 웹사이트에 방문하면서 사용한 아이디, 비밀번호, 검색한 상품 등의 정보가 기록되기 때문에, 다음에 방문했을 때에는 별도의 절차 없이 사이트에 빠르게 접속할 수 있고 자신이 이미 선택한 상품을 바로 구매할 수 있다. 그러나 쿠키에 기록된 정보가 유출되는 경우 개인의 사생활을 침해할 소지가 있어 마이크로소프트는 인터넷 익스플로러 5.0 이상 쿠키 거부 기능을 추가하였다.

하드 디스크(hard disk) 가격의 효율성과 용량이 커서 소형 컴퓨터에 많이 이용되는 컴퓨터 보조기억 장치

155 국제인터넷주소관리기구 ICANN
인터넷 도메인 관리와 정책을 결정하는 도메인 관련 국제최고기구

'Internet Corporation for Assigned Names and Numbers'의 약자로, 1998년 미국 정부가 발간한 「인터넷 주소 운영에 관한 백서」에 의해 미국 상무부에서 주도하던 인터넷 도메인 네임과 IP주소 운영 등의 사항이 비영리 국제기구인 ICANN으로 이관되었다. ICANN의 주요 업무로는 인터넷 도메인이름, IP주소, 프로토콜의 범주와 *포트 번호 할당, 관련 정책결정, 인터넷도메인체계(DNS) 관련 기능감독, 도메인 분쟁의 조율과 중재 등이 있다. 따라서 전 세계 IP주소, 일반 최상위 도메인(.com .net .org .gov .edu 등)과 국가최상위 도메인(.kr .jp .cn 등)은 ICANN이 관리한다. 그리고 국가최상위도메인 중 우리나라를 나타내는 '.kr'은 한국인터넷진흥원(KISA)에서 관리한다.

포트 번호(port number) TCP(전송 제어 프로토콜)나 UDP(사용자 데이터그램 프로토콜)에서 인터넷 사용을 원활히 하기 위한 통신 번호

156 한국인터넷진흥원 KISA
인터넷 주소 관리, 인터넷 서비스 활성화, 해킹·바이러스 대응, 개인정보 보호, 인프라 보호 등의 기능을 수행하는 공공기관

「정보통신망 이용촉진 및 정보보호 등에 관한 법률」 제52조에 근거하여 2009년 7월 23일 설립된 법인으로, 정보통신망의 고도화(정보통신망의 구축·개선 및 관리에 관한 사항은 제외)와 안전한 이용 촉진 및 방송통신과 관련한 국제협력·국외진출 지원을 효율적으로 추진하는 것을 목적으로 한다. 주요 업무로는 정보통신망의 이용 및 보호, 방송통신과 관련한 국제협력·국외진출 등을 위한 법·정책 및 제도의 조사·연구, 정보통신망의 이용 및 보호와 관련한 통계의 조사·분석, 정보통신망의 정보보호 및 인터넷 주소 자원 관련 기술개발 및 표준화 등이 있다.

정보통신망(information network) 인터페이스 및 송·수신 장치, 통신 채널로 구성되어 있는 정보통신망은 컴퓨터 간의 정보와 자료를 교환할 수 있는 원격통신을 뜻함

#네티즌 사회 현상

157 블로그 blog
개인이 자신의 관심사에 따라 자유롭게 글을 올릴 수 있는 개인 웹사이트

웹(web) *로그(log)의 준말로, 일반 개인이 자신의 관심사에 따라 자유롭게 일기, 사진, 기사, 의견 등을 올리거나 개인출판, 개인방송, 각종 커뮤니티 등을 실현할 수 있는 개인 웹사이트를 말한다. 사용방법이 간단하고, 누구나 자신의 생각을 블로그에 올려 다른 사람들과 공유할 수 있으며, 다른 사람이 가지고 있는 유용한 콘텐츠를 쉽게 공유할 수 있어 사용인구가 많다.

로그(log) 컴퓨터 전반적인 작동(오류, 기계 변경, 입출력 등)에 관련된 모든 기록 사항

158 UCC User Created Contents
사용자가 직접 제작한 콘텐츠

전문가가 아닌 일반 사용자가 자신의 미니홈피, 블로그, 카페, 동호회 등에 올릴 목적으로 제작한 콘텐츠를 말한다. 카메라, 휴대 전화, 인터넷 기술 등 정보통신 분야의 발달과 함께 새로운 문화 트렌드로 빠르게 확산되었다. 초기에는 단순히 보고 즐길 수 있는 글과 사진 위주의 콘텐츠가 주를 이루었지만 오늘날에는 정보제공을 위한 동영상 위주의 콘텐츠가 주를 이루고 있다. 대표적인 동영상 포털 사이트로는 미국의 유튜브(youtube) 등이 있다.

159 트위터 twitter
블로그의 인터페이스, 미니홈페이지의 친구 맺기 기능, 메신저 기능을 통합한 미니블로그

2006년 미국의 잭 도시(Jack Dorsey), 에번 윌리엄스(Evan Williams), 비즈 스톤(Biz Stone) 등이 공동으로 개발한 소셜네트워크서비스(SNS, Social Network Service)를 말한다. 스마트폰 등을 통해 하고 싶은 말을 실시간으로 올릴 수 있기 때문에 붙여진 이름이다. 한 번에 쓸 수 있는 최대 글자 수는 280자이다. 실시간 정보의 신속한 유통을 가장 큰 특징으로 하며, 미국의 첫 흑인 대통령 *버락 오바마도 대통령 선거에서 트위터를 이용한 홍보효과를 톡톡히 보았다.

버락 오바마(Barack Hussein Obama) 2009년에 취임한 미국 최초의 흑인 대통령으로 선거 당시 유권자들에게 'Yes, We can(우리는 할 수 있다)'이라는 희망의 메시지로 인종의 한계를 넘어 폭넓은 지지를 얻음

160 유비쿼터스 ubiquitous
사용자가 시간과 장소에 구애받지 않고 자유롭게 네트워크에 접속할 수 있는 정보통신 환경

1988년 미국의 사무용 복사기 제조회사인 제록스의 마크 와이저(Mark Weiser)가 '유비쿼터스 컴퓨팅(ubiquitous computing)'이라는 용어를 사용하면서 처음으로 등장한 개념이다. 컴퓨터에 새로운 기능을 구현하는 것이 아니라 자동차, 냉장고 등 우리 생활에 사용되는 기기에 컴퓨터 기능을 내장하고 이를 무선네트워크로 연결하는 정보기술 패러다임을 말한다.

161 카피레프트 copyleft
지식 재산권에 대한 공유 운동

지식 재산권(저작권)을 의미하는 카피라이트(copyright)에 반대되는 개념으로, 복사(copy)와 내버려두다(left)의 합성어이다. 즉, 어떤 저작물에 대해 저작자가 배타적으로 독점하지 않고 자유롭게 사용할 수 있도록 모든 사람들이 공유하는 것을 말한다. 1984년 미국의 *리처드 스톨먼이 소프트웨어를 자유롭게 사용하자는 운동을 펼치면서 시작됐다.

리처드 스톨먼(Richard Stallman)
- 1974년 프로그램 편집기 이맥스(emacs)를 개발
- 1984년 GNU프로젝트를 통해 소프트웨어의 상업화를 반대하고 상호협력을 주장

162 지식 재산권 知的財産權
지적 창작물에 대한 재산권

문예·연극·음악·예술·방송 및 기타 지적·정신적인 창작물에 대한 배타적 독점적 권리인 저작권과 특허권· *실용신안권·의장권·상표권을 포함하는 산업소유권으로 나누어진다. 최근 첨단 기술과 문화가 발달함에 따라 영업비밀보호권, 반도체칩배치설계보호권 등의 다양한 지식 재산권이 생겨나는 추세다.

실용신안권 산업상 이용할 수 있는 물품의 형상·구조 또는 조합에 관한 고안으로서 특허청에 이를 등록함으로써 효력이 발생하는 권리

163 플래시 몹 flash mob
이메일이나 휴대폰 등을 통해 약속 장소에 모여 약속된 행동을 연출한 후 곧바로 흩어지는 불특정 다수의 군중

*플래시 크라우드(flash crowd)와 스마트 몹(smart mob)의 합성어로, 이메일이나 휴대폰 등을 통해 약속 장소에 모여 짧은 시간 동안 우스꽝스러운 행동을 한 후 곧바로 흩어지는 불특정 다수의 군중을 말한다.

플래시 크라우드(flash crowd) 특정 웹사이트의 접속자가 한꺼번에 폭주하는 현상

164 팝콘브레인 popcorn brain

튀긴 '팝콘'처럼 곧바로 튀어 오르는 것에만 반응할 뿐, 사람의 감정이나 느리게 변화하는 진짜 현실에 대해서는 무감각해진 뇌 구조

팝콘브레인은 컴퓨터, 스마트폰 등 전자기기에 지나치게 의존할 때 발생할 수 있는 것으로 알려졌다. 미국의 한 실험에 따르면 10시간 인터넷을 사용한 사람은 2시간만 사용한 사람보다 뇌의 생각 중추인 회백질의 크기가 크게 줄어들었다고 한다.

165 키보드 워리어 keyboard warrior

키보드 전사, 인터넷 전사

인터넷 공간에서는 거침없는 내용의 게시물을 올리는 등 활발한 활동을 하지만 현실에서는 비활동적이고 소심한 성격의 사람들을 말한다. 즉, 온라인상에서는 무모한 행동을 일삼지만 오프라인에서는 파리 한 마리도 제대로 죽이지 못하는 이들을 풍자하기 위해 사용된 용어이다. 이에 대안으로 2007년 *인터넷 실명제(제한적 본인확인제)를 도입하였으나 표현의 자유를 제한하고 사생활 침해가 우려된다는 반대 의견에 2012년 헌법 재판소의 위헌 판결이 내려지면서 폐지된 바 있다.

인터넷 실명제 인터넷 이용자의 실명과 주민 등록 번호가 확인되어야만 인터넷 게시판에 글을 올릴 수 있는 제도

166 노모포비아 nomophobia

휴대 전화가 없으면 불안감을 느끼는 증상

휴대 전화가 없을 때 느끼는 공포증, 즉 '노 모바일폰 포비아(no mobile-phone phobia)'의 줄임말이다. 스마트폰을 수시로 만지작거리거나 손에 떨어진 상태로 5분 이상을 버티지 못한다면 노모포비아 수준이라고 봐도 무방하다. 휴대 전화를 강제로 빼앗으면 폭력적 행동을 보이는 경우도 있다.

함께 나오는 용어

스마트폰 중독에 관한 용어

- 초미세 지루함(micro boredom) : 지루한 것은 1초도 참을 수 없는 현대인의 조급함을 뜻하는 말
- 크랙베리(crackberry) : 코카인의 일종인 크랙(crack)과 스마트폰 기종인 블랙베리의 합성어로 마약처럼 중독성이 강하다는 뜻
- 쿼터리즘(quarterism) : 한 가지 일에 15분(quarter) 이상 집중하지 못하는 젊은이들의 성향을 나타내는 말

167 웨바홀리즘 webaholism
인터넷 중독증, 인터넷 의존증

월드 와이드 웹을 의미하는 웹(web)과 중독자라는 뜻을 가진 *홀릭(aholic)의 합성어로, 인터넷에 접속하지 않으면 불안감을 느끼는 등 일상생활에서 지나치게 인터넷에 의존하는 증상을 말한다. 인터넷이 급속도로 보급되면서 나타난 정신적·심리적 현상으로, 웨바홀리즘에 빠지면 과도한 인터넷 사용으로 수면부족, 생활패턴의 부조화, 업무능률 및 생산성 저하 등의 현상이 나타난다.

홀릭(aholic) 어떠한 일에 광적으로 중독되어 있는 사람을 일컫는 말

168 디지털 디톡스 digital detox
디지털 기기의 과도한 사용에 따른 부작용을 해소하기 위해 기기로부터 자유로워지고 독서와 명상 등을 즐기는 행동

최근 전 세계적으로 스마트폰 및 SNS 중독이 화두로 떠오르며 스마트폰에서 해방되자는 디지털 *디톡스 붐이 일고 있다. 디지털 기기가 없는 여행상품이나 스마트폰 사용을 제한하는 애플리케이션 등이 대표적인 디지털 디톡스 산업으로 꼽힌다.
2012년 구글의 에릭 슈미트 회장은 보스턴대 졸업식 축사로 디지털 디톡스의 필요성을 강조했고, 애플의 스티브 잡스도 생전 아무런 디지털 기기 없이 사색하는 시간을 즐겼다고 전해진다.

디톡스(Detox) 대체의학적 관점에서 몸 안의 독소를 없애는 일

169 넷카시즘 netCarthyism
불특정 다수의 네티즌들이 특정 개인 또는 사회 등에 무차별적으로 가하는 온라인 폭력

인터넷·온라인 공간에서 문제시되고 있는 특정인에 대한 집단 '마녀사냥' 현상을 말한다. 인터넷(Internet)과 매카시즘[McCarthyism : 1950년대 미국을 강타한 반(反)공산주의 선풍]의 합성어다. 다수의 네티즌들이 특정 개인을 공적으로 삼고 사회적으로 매장하는 현상이 매카시 선풍을 연상시킨다고 해서 생긴 말이다. 이 과정에서 이른바 '신상털기'를 통해 개인정보가 빠르게 퍼지는 것도 인권 침해 우려를 낳고 있다.

170 반크 VANK
이메일을 통해 한국에 관한 모든 것을 알려주는 사이버 외교사절단

'Voluntary Agency Network of Korea'의 준말로, 1999년 1월 1일 탄생한 사

이버 단체이자 한국을 알고 싶어 하는 사람들에게 이메일을 통해 한국에 관한 모든 것을 알려 주는 사이버 관광가이드이다. 외국 네티즌들을 대상으로 한국 홍보사업을 진행하고, '일본해'로 표기된 국제기구나 출판사의 콘텐츠를 '동해'로 수정하는 활동을 펼치고 있다. 또한 해외 사람들과 교류를 주선하여 만남의 장을 마련하는 사이버 외교사절단의 역할을 하고 있다.

171 블루리본 blue ribbon
온라인상에서 표현의 자유를 지키기 위한 운동의 심볼

1995년 미국의회에서 공공통신망에 저속한 자료를 올릴 경우 형사 처벌을 할 수 있다는 「통신품위법」이 통과하자, 이에 반대하는 네티즌들이 '언론 자유의 죽음에 대한 조의'의 의미로 자신의 홈페이지에 파란색 리본그림을 올린 것에서 기원하였다. 이후 세계 각국에서 자국 정부의 언론 *검열이나 통제 등에 반대하는 네티즌들이 블루리본운동을 펼치고 있으며, 우리나라의 블루리본운동은 1996년 4월부터 시작되었다.

검열(檢閱) 국가와 도덕의 질서 유지를 목적으로 출판, 예술, 언론 등에 문제가 되는 내용의 유무를 검사하는 것

#해킹

172 핵티비즘 hacktivism
정치적 노선을 달리 하는 네티즌(netizen)들이 특정 정부의 인터넷 웹사이트를 침범해 정치 구호를 내걸거나 컴퓨터 서버를 무력화하는 것

기존의 컴퓨터 '해킹(hacking)'과 '정치행동주의(activism)'의 합성어로, 정치·사회적 목적을 이루기 위해 해킹을 시도하거나 목표물인 서버(server) 컴퓨터를 무력화하고 이런 기술을 만드는 주의를 뜻한다. 핵티비즘은 자기만족 차원에서 허술한 컴퓨터 보안장치를 뚫던 기존의 해커와는 달리 인터넷과 같은 가상공간을 진보 혁명의 수단으로 여긴다.

173 어나니머스 anonymous
가상에서 활동하는 국제 해커들의 모임

전 세계 온라인 커뮤니티에서 활동하는 국제 해커들의 모임이다. 인터넷 검열 반대와 표현의 자유, 정보 공유를 주장하면서 이러한 가치를 저해한다고 판단되는 국가나 기업, 단체들을 대상으로 사이버공격을 가해 유명해졌다. '익명(anonymous)'이라는 사전적 의미대로 조직을 이끄는 리더와 조직원 역시 철저히 베일에 싸여있다.

▲ 어나니머스의 심볼인 가이 포크스 가면

174 사이버스쿼팅 cybersquatting
투기나 판매의 목적으로 유명인이나 유명단체의 이름을 딴 도메인을 먼저 등록해 놓는 선점 행위

도메인 네임은 전 세계적으로 하나만 존재하여야 한다는 점을 악용하여 이후에 발생될 가능성이 높은 도메인 네임을 미리 등록하는 행위를 말한다. 즉, 인터넷 주소를 공유할 수 없다는 점을 이용하여 나타난 것으로 인터넷 사용의 중요성이 대두되면서 발생한 현상이다. 유명인이나 유명기업 등은 이미 등록된 도메인 네임을 사용하기 위해서는 등록자의 사용허락을 받거나 등록자가 요구하는 사항을 들어줄 수밖에 없어 막대한 비용을 지불해야 하는 경우가 발생한다. 예컨대 미국에서는 1994년 70달러에 등록한 월스트리트닷컴(wallstreet.com)이 1999년 100만달러에 팔리기도 하였다. 우리나라는 「인터넷주소자원에 관한 법률」을 제정하여 판매 또는 영업방해를 목적으로 도메인 네임 *선점 행위(사이버스쿼팅)를 금지하고 있다.

선점(先占) 타인보다 먼저 소유권을 얻어 차지하는 행위

175 피싱 phishing
전자 우편이나 메신저를 통해 불법적인 방법으로 개인의 신용정보를 알아 낸 후 이를 이용하는 사기수법

무작위로 전자 우편이나 메신저를 통해 거짓메일을 발송하여 허위로 만든 금융기관 웹사이트로 접속을 유인한 후 개인의 인증번호, 신용카드번호, 계좌정보 등을 빼내 불법적으로 이용하는 사기수법을 말한다. 개인정보(private data)와 낚시(fishing)의 합성어로, 사용자를 유인하여 개인정보를 낚아채는 것이 낚시와 유사하여 붙여진 이름이다. 최근에는 전화를 이용한 *보이스 피싱(voice phishing), 메신저를 이용한 *메신저 피싱(messenger phishing) 등의 수법이 등장하여 피해자가 속출하고 있다.

보이스 피싱 불특정 다수인에게 전화를 걸어 허위의 사실로 속여 송금을 요구하거나 개인정보를 빼내는 전화사기 수법

메신저 피싱 타인의 메신저 아이디를 도용한 후 본인인 것처럼 가장하여 등록된 지인들에게 메시지를 보내 금전을 요구하는 사기수법

함께 나오는 용어
금융사기수법의 종류

파밍(pharming)	고객이 정상적으로 은행 인터넷 뱅킹 사이트에 접속해도 위조 사이트에 자동으로 이동하도록 만들어 예금을 탈취하는 해킹 수법이다. 은행 고객 컴퓨터에 악성코드 등을 설치해 정상적인 주소를 입력해도 위조 사이트로 이동하게 된다. 가짜 사이트로의 접속을 유도하는 피싱보다 한 단계 진화한 수법이다.
스피어 피싱 (spear phishing)	조직 내의 신뢰받는 특정인을 대상으로 ID 및 패스워드 정보를 요구하는 일종의 피싱이다. 회사의 인력 부서나 기술 부서에서 직원들에게 이름 및 패스워드 업데이트를 요구하는 것처럼 스피어 피싱 행위가 행해지며, 해커는 이로부터 데이터를 획득하여 네트워크에 잠입할 수 있다.

176 스푸핑 spoofing

네트워크에 불법적으로 침입해 사용자의 시스템 권한을 획득한 뒤 정보를 빼가는 해킹 수법

spoof(속이다)에서 유래된 것으로, 네트워크에 불법적으로 침입하여 임의로 웹사이트를 구성해 일반 사용자들의 방문을 유도하고, 인터넷 프로토콜인 TCP/IP의 구조적 결함을 이용해 사용자의 시스템 권한을 획득한 뒤 정보를 빼가는 해킹 수법을 말한다. 예컨대 유명 업체 명의로 스팸메일을 발송하여 사용자들을 가짜 웹사이트로 유도한 후 사용자들이 입력한 정보를 빼가는 것이 이에 해당한다.

함께 나오는 용어

스니핑(sniffing)

sniff(냄새를 맡다)에서 유래한 것으로, 네트워크상에서 지나가는 사용자의 아이디와 비밀번호를 중간에서 잡아내는 도청행위를 말한다.

#전자상거래

177 스팸메일 spam mail

인터넷을 통해 불특정 다수인에게 일방적으로 발송되는 대량의 광고성 메일

컴퓨터 통신망에서 불특정 다수인에게 무차별로 살포하는 광고성 메일로, 이를 원치 않는 사람들은 읽거나 처리하는 데 많은 시간과 비용을 낭비하게 된다. 쓰레기나 다름없다고 하여 '정크메일(junk mail)'이라고도 한다. °ISP와 PC통신업체에서는 필터링을 통해 이를 단속하고 있으며, 스팸메일을 보내는 사람들을 '스패머(spamer)'라고 한다.
이들은 유즈넷 토론그룹과 같은 곳에서 가입자 주소를 모으거나, 타인의 전자우편 주소를 자동으로 모아 메일을 발송하는 스팸 전용 프로그램을 이용하여 스팸메일을 발송한다.

ISP
- 'Internet Service Provider'의 약자로, 개인이나 기업에게 인터넷 접속, 웹사이트 구축, 웹호스팅 등의 서비스를 제공하는 회사를 의미
- 우리나라의 대표적인 ISP에는 KT, SK텔레콤, LG유플러스 등이 있음

더 알고가기

스팸메일의 구분

직접 스팸	스패머가 직접 자신이 이용하는 ISP의 메일 서버를 통해 °불특정 다수인에게 스팸메일을 발송하는 방식을 말한다.
중계 스팸	스패머가 자신이 이용하는 메일 서버 대신 임의의 다른 ISP나 다른 기업의 메일 서버를 중계 서버로 이용하는 방식을 말한다. 중계 스팸은 중계 서버의 사용자가 불특정 다수인에게 스팸메일을 발송하는 것처럼 보이기 때문에 통신업체의 필터링을 피할 수 있다.

불특정(不特定) 어떠한 규정을 특별히 정하지 않은 사람들을 지칭

178 비트코인 bitcoin
미국, 독일 등 세계 정부와 언론에서 주목받은 가상화폐

비트코인은 북미를 중심으로 온라인에서 통용되는 가상화폐로 현금처럼 쓰임새가 확대되고 있다. 2009년 사토시 나카모토라는 필명을 쓰는 사람이 개발했다. 비트코인 주소를 가진 사람들끼리 P2P 기반의 공개 키 암호방식으로 거래되며, 이들끼리는 거리나 시간에 구애받지 않고 직접 송금수수료 없이 거래할 수 있다. 최근에는 비트코인을 미국 달러와 같은 실제 화폐로 바꿔주는 중개 사이트도 생겼으며, 여러 온라인 쇼핑몰에서 실제 화폐처럼 사용할 수 있는 단계까지 왔다. 2017년 하반기 기록적인 가격 등락 폭으로 새로운 투기대상으로 떠오르기도 했다. 하지만 익명성 때문에 불법 약물 거래나 탈세에 악용되기도 한다.

179 P2P Peer to Peer
인터넷에서 개인과 개인의 컴퓨터를 직접 연결하여 파일을 공유할 수 있도록 해주는 시스템

인터넷으로 다른 사용자의 컴퓨터에 접속하여 텍스트 파일, 음악 파일, 동영상 파일 등의 정보를 공유할 수 있는 시스템을 말한다. 개인과 개인이 직접 연결하여 파일을 공유하므로 참여자는 정보 공급자인 동시에 정보 수요자가 된다. 그러나 P2P를 통한 정보공유는 ˚저작권 보호와 관련하여 아직 많은 문제점이 제기되고 있다.

저작권(copyright) 예술, 문학, 음악 등 창작물과 관련하여 그것을 만든 저작자가 가지고 있는 권리

함께 나오는 용어

해적당(the pirate party)
인터넷 불법 다운로드를 옹호하는 정당으로, 2009년 유럽 정치권에 진입한 해적당은 인터넷 정보의 자유로운 공유, 저작권법 빛 특허권의 철폐 등을 주장한다.

180 T-커머스 Television-commerce
인터넷TV를 이용한 전자상거래

텔레비전(television)과 커머스(commerce)의 합성어로, 인터넷 화면을 그대로 TV에 구현하여 인터넷TV를 보는 도중에 자연스럽게 상품구매를 유도하는 방식의 ˚전자상거래를 말한다. 단순한 상품구매뿐만 아니라 뉴스검색, 홈쇼핑, 홈뱅킹, 증권 투자, 원격 의료, 교육, 오락 등도 이용할 수 있다. 간단한 리모콘 조작만으로 누구나 쉽게 이용할 수 있고, 이용자가 늘어감에 따라 서비스 범위도 점차 확대되어 가고 있다.

전자상거래(electronic commerce) 물품 거래, 무역 등 어떠한 상품을 사이버공간에서 거래하는 행위

181 펌 뱅킹 firm banking

기업과 금융기관의 컴퓨터 시스템을 통신회선으로 연결하여 온라인으로 기업의 금융업무를 처리하는 시스템

기업과 은행을 컴퓨터 *전용 회선으로 연결하여 기업에서 은행에 가지 않고 온라인으로 금융업무를 처리하는 금융자동화시스템(FBS)을 말한다. 즉, 은행에 가지 않고 온라인으로 입·출금 내역확인, 급여지급, 자금이체, 출장비·교통비·경조사비 지급 등을 할 수 있다. 펌 뱅킹은 시간과 경비가 절약되고, 현금 분실이나 도난을 방지할 수 있으며, 자금의 흐름을 즉시 파악할 수 있다는 장점이 있다. 반면 전산망에 장애가 발생하면 심각한 경제적 곤란을 겪을 수 있으며 불법 인출이나 거래정보 유출 등으로 개인의 사생활이 침해받을 수 있는 단점도 있다.

전용 회선(專用回線) 통신사용의 계약 체결 후 일대일 또는 일대다의 컴퓨터 통신 연결이 가능하게 하여 전기 통신 사업자에게 독점 사용이 가능하도록 만든 통신 회선 및 임대 회선

함께 나오는 용어

인터넷 뱅킹(internet banking)
*홈뱅킹(home banking)과 펌 뱅킹(firm banking)을 합친 것으로, 인터넷을 통해 은행업무를 처리하는 시스템을 말한다. 펌 뱅킹의 사용자는 기업인 데 비하여 홈뱅킹의 사용자는 주로 개인이다.

홈뱅킹(home banking) 금융정보 통신망의 구축으로 은행 및 금융과 관련된 서비스를 집에서 처리할 수 있는 제도

182 U-커머스 Ubiquitous-commerce

유비쿼터스 환경에서의 전자상거래

유비쿼터스(ubiquitous)와 커머스(commerce)의 합성어로, 사용자가 시간과 장소에 구애받지 않고 자유롭게 네트워크에 접속할 수 있는 정보통신 환경(유비쿼터스)에서 발생하는 전자상거래(commerce)를 말한다. 즉, 개인용 컴퓨터(PC), 휴대 전화, 개인휴대정보단말기(PDA), 디지털 텔레비전 등 인터넷에 접속이 가능한 모든 기기를 통해 발생하는 전자상거래를 통칭하는 것으로, 기존의 *E-커머스, *M-커머스, T-커머스 등을 포함하는 상위 개념이다. U-커머스의 3대 요소는 ▲silence(사일런스) ▲mobile(모바일) ▲wireless(와이어리스)이며, 다양한 디지털 기기의 네트워크를 기반으로 하여 상거래가 진행되어 왔기 때문에 온·오프라인이 통합되는 특성을 갖고 있다.

E-커머스(Electronic-commerce) 전자상거래, 즉 인터넷 등 전자매체를 이용해 상품을 거래하는 행위

M-커머스(Mobile-commerce) 이동 전화기나 개인휴대정보단말기(PDA) 등의 무선 인터넷 기능을 이용한 전자상거래

183 아이핀 I-PIN, Internet Personal Identification Number
인터넷상에서 주민 등록 번호를 대체하는 개인 식별 번호

인터넷상에서 주민 등록 번호를 대신하여 본인임을 확인받을 수 있는 개인 식별 번호를 말한다. 인터넷상에서 주민 등록 번호를 사용할 경우 발생할 수 있는 개인 정보 침해를 방지할 목적으로 2005년 정보통신부(현 산업통상자원부)가 마련한 제도로, 13자리의 난수로 이루어져 있다. 주민번호를 검증된 제3의 인증기관에 통합·보관하고 개인에게 발급된 번호를 대조하는 방식으로 이루어져 있다. 주민 등록 번호와는 달리 생년월일, 성별 등의 정보가 수록되지 않으며, 본인이 원하면 언제든 변경 및 폐지가 가능하다. 2018년 7월부터 공공 아이핀이 민간으로 일원화된다.

184 웹호스팅 web hosting
대형 통신업체나 전문회사가 자신들의 웹 서버를 개인 또는 기업체에 임대하고 관리해주는 인터넷 비즈니스 모델

독자적인 인터넷 서버를 운영하기 어려운 개인이나 기업에게 대형 통신업체나 전문회사가 자신의 인터넷 서버를 임대·관리해주는 사업을 말한다. 'http://www.회사명.co.kr'의 형식을 지닌 홈페이지의 상당 부분이 웹호스팅을 이용하고 있다. 웹호스팅을 이용하면 인터넷 홈페이지를 구축하는 데드는 초기 투자 비용을 대폭 절감할 수 있고 홈페이지의 관리가 쉬워진다는 장점이 있다. 보통 웹호스팅 업체는 고객들에게 도메인 등록 대행, 전자우편계정·'FTP계정·텔넷(telnet)계정 발급 등 각종 데이터 서비스를 제공한다.

FTP(File Transfer Protocol) 인터넷을 통해 한 컴퓨터에서 다른 컴퓨터로 파일을 전송할 수 있도록 해주는 프로그램

185 오픈마켓 open market
개인 또는 소규모 사업체가 중간 유통 이윤을 생략하고 온라인상에서 상품을 거래하는 중개형 인터넷 쇼핑몰

개인이나 소규모 업체가 온라인상에서 개설한 점포를 통해 자유롭게 구매자에게 상품을 판매할 수 있도록 한 전자상거래 사이트를 말한다. 홈쇼핑이나 백화점 등이 운영하는 일반적인 쇼핑몰과 달리 중간 유통마진이 없어 상품을 저렴하게 판매할 수 있다.
대표적인 오픈마켓 사이트로는 아마존, G마켓, 옥션, 인터파크 등이 있다. 이들은 시스템을 제공한 대가로 거래 수수료 수익을 얻는다.

▲ 오픈마켓의 대표적인 기업 '아마존'

01 [_____]은(는) 롬(ROM)에 저장되어 하드웨어를 제어하는 마이크로 프로그램의 집합을 말한다.

02 [_____]은(는) 원격지의 컴퓨터를 자신의 컴퓨터처럼 사용할 수 있도록 해주는 원격 제어 서비스다.

03 [_____]은(는) 무작위로 전자 우편이나 메신저를 통해 거짓메일을 발송하여 허위로 만든 금융기관 웹사이트로 접속을 유인한 후, 개인의 인증번호 · 신용카드번호 · 계좌정보 등을 빼내 불법적으로 이용하는 사기수법이다.

04 컴퓨터에서 세계 각국의 언어가 통일된 방법으로 표현될 수 있도록 제안된 국제 문자 부호 체계를 [_____](이)라고 한다.

05 마이크로칩의 밀도가 18개월마다 2배로 늘어난다는 법칙은 [_____](이)다.

06 [_____]은(는) 기존 3세대(3G)의 이동 통신 기술인 GSM(Global System for Mobile communication)과 WCDMA(Wideband Code Division Multiple Access)를 장기적으로 진화시킨 4세대(4G) 서비스를 의미한다.

07 [_____]은(는) 인터넷에 접속하지 않으면 불안감을 느끼는 등 일상생활에서 지나치게 인터넷에 의존하는 증상을 말한다.

08 [_____]은(는) 폐쇄망으로 운영되는 산업 자동화 제어 시스템을 마비시키기 위해 제작된 컴퓨터 바이러스다.

09 [_____]은(는) 텔레비전이나 컴퓨터 모니터, 사진 등을 구성하는 가장 작은 단위를 말한다. 이를 '화소'라고도 하는데, 화면 전체의 화소수가 많으면 많을수록 이미지가 깨끗하고 선명하게 보이며, 이것을 '해상도'가 높다고 표현한다.

10 [_____]은(는) 디지털 기반과 아날로그 정서가 융합된 첨단기술, 또는 아날로그 시대에서 디지털 시대로 넘어가는 변혁기에 위치한 세대를 의미하는 말이다.

CHOICE

- □ 픽셀
- □ 펌웨어
- □ 스턱스넷
- □ 유니코드
- □ 텔넷
- □ LTE
- □ 무어의 법칙
- □ 디지로그
- □ 웨바홀리즘
- □ 피싱

정 답

01 펌웨어
02 텔넷
03 피싱
04 유니코드
05 무어의 법칙
06 LTE
07 웨바홀리즘
08 스턱스넷
09 픽셀
10 디지로그

CHAPTER 01

과학

01 한국일보, 교육청, 헤럴드경제

마이크로칩의 밀도는 18개월마다 2배로 늘어난다는 마이크로칩의 기술개발 속도에 관한 법칙은 무엇인가?

① 플레밍의 법칙　② 무어의 법칙
③ 황의 법칙　④ 빌게이츠의 법칙

02 한국스탠다드차타드은행, 한국일보

비트에 대한 설명으로 옳지 <u>않은</u> 것은?

① 숫자 0과 1을 표시하는 2진법의 최소 단위이다.
② 정보의 양을 나타내는 최소 단위이다.
③ 8개의 비트가 모이면 1byte가 된다.
④ 기억 장치의 주소 지정 단위로 사용된다.

03 한국토지주택공사, 근로복지공단, SBS, YTN

사용자가 시간과 장소에 구애받지 않고 언제 어디서나 자유롭게 네트워크에 접속할 수 있는 정보통신 환경을 무엇이라 하는가?

① RFID　② 프로토콜
③ 유비쿼터스　④ 디지털 컨버전스

04 한전KPS, 삼성, 아시아경제, MBN, 매일경제

인터넷상의 서버에 프로그램을 두고 필요할 때마다 컴퓨터나 휴대폰 등 단말기로 불러와 사용할 수 있는 웹 기반 소프트웨어 서비스는?

① 클라우드　② MVNO
③ N스크린　④ VoIP

05 근로복지공단, 교육청, 한국감정원

다음 중 전화를 통해 불법적으로 개인정보를 빼내어 범죄에 사용하는 사기 수법을 무엇이라 하는가?

① 스미싱　② 크래킹
③ 보이스피싱　④ 파밍

06 한국전력공사, MBC, 한국토지주택공사

투기나 판매의 목적으로 유명인이나 유명단체의 이름을 딴 도메인을 먼저 등록해 놓는 행위로, 도메인 선점 내지 불법 점유를 의미하는 것은?

① 반크(VANK)
② 아키(archie)
③ 사이버스쿼팅(cybersquatting)
④ 웨바홀리즘(webaholism)

정답

| 01 | ② | 02 | ④ | 03 | ③ | 04 | ① | 05 | ③ | 06 | ③ |

01. (핵심 **Tag**) #컴퓨터·IT #정보통신 #IT 기술

1965년 페어차일드(fairchild)의 연구원으로 있던 고든 무어(Gordon Moore)는 마이크로칩의 용량이 매년 2배로 늘어날 것이라고 발표하였다. 그러나 생각보다 속도가 느려져 1975년 24개월로 수정하였고, 이후 다시 18개월로 수정하였는데, 이를 무어의 법칙이라고 한다.

02. (핵심 **Tag**) #컴퓨터·IT #컴퓨터 #컴퓨터의 기초

기억 장치의 주소 지정 단위는 바이트(byte)이다.

03. (핵심 **Tag**) #컴퓨터·IT #인터넷 #네티즌 사회 현상

유비쿼터스(ubiquitous)에 대한 설명이다.
① RFID(Radio Frequency IDentification) : 태그(tag), 라벨(label), 카드(card) 등에 내장된 반도체 칩의 데이터를 무선 주파수를 이용하여 접촉하지 않고 읽어내는 무선 인식 시스템을 말한다.
② 프로토콜(protocol) : 컴퓨터 간 또는 컴퓨터와 단말기 간에 정보 교환이 필요한 경우 이를 원활하게 하기 위해 정한 통신 규약이다.
④ 디지털 컨버전스(digital convergence) : 디지털 융합이라는 뜻으로, 하나의 기기나 서비스에 모든 정보통신 기술이 융합되는 현상을 말한다.

04. (핵심 **Tag**) #컴퓨터·IT #컴퓨터 #데이터와 바이러스

클라우드(cloud)는 PC 대신 온라인에 소프트웨어와 데이터를 저장해두고 필요할 때마다 접속해 사용하는 서비스이다. 값비싼 컴퓨터 장비가 필요 없이 클라우드 서비스 제공업체의 서버를 활용해 소프트웨어나 저장 공간을 빌려 쓰고 사용한 만큼 요금을 내기 때문에 시스템 유지 비용이나 장비 구입 비용을 절감할 수 있다.
② MVNO(Mobile Virtual Network Operator) : 이동통신망 사업자의 통신망을 임대하여 독자적인 이동 통신 서비스를 제공하는 가상 이동망 사업체
③ N스크린(N screen) : TV나 PC, 태블릿 PC, 스마트폰 등 다양한 기기에서 하나의 콘텐츠를 끊임없이 이용할 수 있게 해주는 서비스
④ VoIP(Voice over Internet Protocol) : 데이터통신용 패킷망을 인터넷폰에 이용해 일반 전화망에서의 통화를 가능하게 해주는 인터넷 전화 기술

05. (핵심 **Tag**) #컴퓨터·IT #인터넷 #해킹

피싱(phishing)은 개인정보(private data)와 낚시(fishing)의 합성어로, 개인 금융정보를 낚아 올린다는 뜻이다. 보이스피싱은 음성(voice)과 피싱(phishing)의 합성어로, 전화를 통한 금융 사기 수법을 말한다.
① 스미싱(smishing) : 휴대 전화 문자 메시지(SMS)와 피싱(phishing)의 합성어로, SMS를 통해 무료쿠폰 제공 등으로 소액결제를 유도해 개인정보를 빼가는 것을 말한다.
② 크래킹(cracking) : 다른 사람의 컴퓨터 시스템이나 통신망에 정당한 권한 없이 침입해 파괴하는 행위를 말한다.
④ 파밍(pharming) : 피싱(phishing)과 농사(farming)의 합성어로, 공식적으로 운영하고 있는 도메인을 탈취하거나 프락시 서버의 주소를 변조함으로써 사용자들이 진짜 사이트로 오인하여 접속하도록 유도한 뒤 개인정보를 빼가는 신종 사기수법이다.

06. (핵심 **Tag**) #컴퓨터·IT #인터넷 #해킹

사이버스쿼팅(cybersquatting)이란 전 세계적으로 도메인 네임은 하나만 존재하여야 한다는 점을 악용하여 장래에 발생할 가능성이 높은 도메인 네임을 미리 등록하는 행위를 말한다.

에듀윌이
너를
지지할게

ENERGY

누구에게나 기회는 오지만 누구나 준비하지 않습니다.
기회를 바란다면 기회가 온 것처럼 준비하면 됩니다.

기회보다 언제나 준비가 먼저입니다.

– 조정민, 『인생은 선물이다』, 두란노

문화 · 스포츠

한눈에 모아보는 핵심Tag 맵 📍

SECTION 1. 문화 · 예술

01 문화유산 · 예술상
문화유산
주요 상

02 영화 · 연극
영화제
영화 장르
기타 용어

03 음악
서양 음악
현대 음악
국악
빠르기

04 미술
미술사조
미술 기타

SECTION 2. 매스컴

01 매스컴 일반
주요 매스컴 이론
여론

02 신문방송
언론보도
신문
방송
방송 기타
언론 기구

03 광고
광고 일반
광고 법칙

SECTION 3. 스포츠

01 스포츠 일반
시합 용어
야구 용어
동계스포츠

02 대회 · 기구
올림픽
국제대회
축구대회
야구대회
테니스대회

03 기타 경기
경기 종류
레저

SECTION

1 | 문화 · 예술

01 문화유산 · 예술상

핵심Tag #문화유산 #주요 상

#문화유산

001 세계 유산 世界遺産, world cultural heritage
인류의 자연 유산 · 문화유산 · 복합유산을 보존하기 위해 세계유산보호협약에 따라 유네스코 세계 유산 목록에 등록한 문화재

˙유네스코 세계 유산에 등재된 한국의 문화유산은 ▲한국의 서원 ▲ 산사, 한국의 산지승원 ▲백제역사유적지구 ▲남한산성 ▲한국의 역사마을 : 하회와 양동 ▲조선 왕릉 ▲제주 화산섬과 용암 동굴 ▲고창, 화순, 강화의 고인돌 ▲경주역사유적지구 ▲창덕궁 ▲수원 화성 ▲해인사 장경판전 ▲종묘 ▲석굴암과 불국사 총 14건이 있다.

> **유네스코(UNESCO)** 교육 · 과학 · 문화 등 여러 분야에서의 세계적인 이해와 협력의 필요를 채우고, 다양한 문화를 보급 · 교류할 의도로 설립된 국제연합전문기구

002 세계 기록 유산 世界記錄遺産, memory of the world
인류 문화 가운데 사회적 · 문화적 · 정신적 가치를 지니거나 세계에 중요한 영향을 끼치는 기록유산을 유네스코 자문회의를 통해 선정한 것

우리나라는 1997년 국보 제70호인 훈민정음(해례본)과 제151호 조선왕조실록이, 2001년 승정원일기와 직지심체요절, 2007년 ˙조선왕조의궤와 합천 해인사 소장 고려대장경판 및 제경판, 2009년 동의보감, 2011년 일성록과 5 · 18 광주 민주화 운동 관련 기록물, 2013년 난중일기와 새마을운동 기록물, 2015년 KBS 특별생방송 '이산가족을 찾습니다' 기록물과 한국의 유교 책판, 2017년 국채 보상 운동 기록물 · 조선통신사에 관한 기록 · 조선왕실 어보와 어책이 유네스코 세계 기록 유산으로 등재되었다.

> **조선왕조의궤** 조선의 왕실이나 정부 주요 행사를 글 · 그림으로 기록한 종합 보고서. 2011년 4월 28일 일제가 강탈해 간 조선왕실의궤 등 1205권의 반환에 대한 '한일도서협정'이 일본 중의원에서 찬성으로 가결됨에 따라 89년 만에 고국으로 돌아오게 됨. 병인양요(1866) 때 프랑스군이 약탈해간 외규장각 도서 298권도 5년 단위 갱신의 대여 방식으로 2011년 모두 반환됨

003 인류무형문화유산 Intangible Cultural Heritage of Humanity
소멸 위기에 처해있는 문화유산의 보존·재생을 위해 유네스코가 선정한 구전 및 무형유산

우리나라는 2001년 종묘제례 및 종묘제례악을 시작으로 판소리(2003), 강릉단오제(2005), 남사당놀이, 강강술래, 영산재, 제주 칠머리당 영등굿, 처용무(2009), 가곡, 매사냥, 대목장(2010), 줄타기, 한산 모시짜기, 택견(2011), 아리랑(2012), 김장문화(2013), 농악(2014), 줄다리기(2015), 제주해녀문화(2016), 씨름(2018), 연등회(2020) 총 21건을 보유하고 있다.

004 종묘제례악 宗廟祭禮樂
종묘의 제향에 연주되는 음악

"종묘제례악무'라고도 하며, 기악, 악장, 춤으로 구성된다. 세종 때 시작되었으며, 보태평과 정대업을 합하여 22곡을 연주한다. 조상의 공덕에 감사함을 표현한 종묘악장을 부른다. 박 등의 타악기를 주선율로 대금 등 현악기의 장식적인 선율을 가미한다. 이 위에 장구 등을 연주해 화려한 가락을 구사한다. 중요 무형 문화재 제1호이며, 유네스코 인류무형문화유산에 등재됐다.

종묘제례(宗廟祭禮)
- 왕실의 전통 제례 의식
- 중요 무형 문화재 제56호
- 2001년 종묘제례 및 종묘제례악으로 유네스코 인류무형문화유산 지정

005 신新 세계 7대 불가사의

중국 만리장성 페루 마추픽추 멕시코 치첸이트사 피라미드

브라질 거대 예수상 이탈리아 콜로세움 인도 타지마할 요르단 고대도시 페트라

함께 나오는 용어

고대 7대 불가사의
- 이집트 기자의 쿠푸왕 피라미드
- 터키 에페소스의 아르테미스 신전
- 그리스 올림피아의 제우스 상
- 이라크 메소포타미아 바빌론의 공중정원
- 이집트 알렉산드리아의 파로스 등대
- 터키 할리카르나소스의 마우솔로스 영묘
- 그리스 로도스 항구의 크로이소스 대거상

▲ 이집트 기자의 쿠푸왕 피라미드

#주요 상

006 아카데미상 academy awards
영화예술과학아카데미상

미국 *영화예술과학아카데미(AMPAS, Academy of Motion Picture Arts and Sciences)가 1929년부터 미국 영화 및 미국에서 상영된 외국 영화를 대상으로 우수 작품과 영화인에 대하여 매해 봄철에 시상하는 미국 영화계의 가장 큰 연례행사 중 하나로 '오스카상'이라고도 한다. 처음에는 12개 부문을 시상하였으나, 지금은 작품·감독·배우·촬영뿐만 아니라 녹음·미술·음악·외국 영화·기록 영화·단편 영화 등의 부문에 걸쳐 시상한다. 상금을 주지는 않지만, '오스카'라는 별칭의 인간 모양 트로피가 수여된다.
2020년 제92회 아카데미 시상식에서 봉준호 감독의 「기생충」이 작품상·감독상·각본상·국제영화상을 수상하며 4관왕을 기록했다. 「기생충」은 한국 영화 최초로 아카데미 시상식에서 수상을 하며 새로운 역사를 썼다.

영화예술과학아카데미 (AMPAS) 더글러스 페어뱅크스 등이 중심이 되어 미국 영화의 질적 향상을 도모하기 위해 1927년에 창립된 기관으로, 매년 우수영화를 선정하여 아카데미상이라는 세계적인 영화상을 수여함

007 대종상 大鐘賞
한국영화의 질적 향상을 목적으로 설치된 한국 영화계의 대표적인 영화상

1958년 *문교부에 의해 실시되던 '국산영화상'을 2회 이후부터 *공보부에서 주관하면서 1961년 대종상으로 명칭을 변경하여 1962년 제1회 시상을 가졌다. 1969년 제8회, 1970년 제9회 때 대한민국 문화예술상(영화 부문)으로 개칭하였다가 1971년 제10회부터 다시 대종상으로 불리기 시작하여 지금까지 이어져오고 있다. 2020년 제56회 시상식에서는 봉준호 감독의 「기생충」이 제40회 *청룡영화상과 더불어 최우수작품상을 차지했다. 한편, 신인감독상을 수상한 김보라 감독의 「벌새」는 세계 유수 영화제에서 28관왕을 달성했다.

문교부 현 교육부

공보부 현 문화체육관광부

청룡영화상
• 1963년 조선일보가 제정한 영화상
• 대종상과 함께 대표적인 한국 영화상으로 꼽힘

008 토니상 tony awards
미국 브로드웨이의 연극·뮤지컬상

1947년에 브로드웨이의 유명 여배우 앙트와네트 페리(Antoinette Perry)를 기념하기 위해 창설된 미국 브로드웨이의 연극상으로, 토니는 그녀의 애칭이다. 미국 최고 권위를 자랑하는 연극·뮤지컬 시상식으로, '뮤지컬·연극계의 아카데미상'이라고 불리며 미국 브로드웨이에 큰 영향력을 미치고 있다. 매년 5월 말에서 6월 초 사이에 최종 발표와 시상식이 열리는데, *스트레이

스트레이트 플레이 일반적인 대화극, 연극

트 플레이(연극 부분)와 *뮤지컬 플레이(뮤지컬 부문)로 나누어 시상한다. 텔레비전 프로그램의 에미상(emmy awards), 영화계의 아카데미상(academy awards), 음악계의 그래미상(grammy awards)과 함께 미국의 해당 분야 최고 권위 상으로 평가된다.

뮤지컬 플레이 음악이 있는 연극 형식으로 음악극, 오페라, 버라이어티 쇼 등을 이르는 말

009 에미상 emmy awards
텔레비전의 아카데미상이라고 불리는 미국 최대의 프로그램 콩쿠르 상

연기, 연출, 작가, 프로그램, 영상, 의상, 분장, 음악, 조명, 영화 편집, 비디오테이프 편집, 녹음 등 여러 분야에 걸쳐 시상하는 미국 최대의 프로그램 콩쿠르 상이다. 1948년에 창설되어 *미국텔레비전예술과학아카데미(ATAS)의 주최로 뉴욕에서 개최된다. 에미(Emmy)란 이름은 이미지 오시콘 튜브(image orthicon tube)의 애칭인 이미(Immy)의 변형이다.

미국텔레비전예술과학아카데미(national Academy of Television Arts and Sciences) 1948년에 텔레비전의 예술과 과학의 발전을 위해 창설된 비영리단체로 각 장르별 텔레비전 우수작품에 에미상을 수여하고 있음

010 퓰리처상 Pulitzer prize
문학과 저널리스트 분야의 뛰어난 작품에 수여하는 미국에서 가장 권위 있는 상

언론인 *조셉 퓰리처(Joseph Pulitzer)의 유언에 따라 1917년 제정된 것으로 컬럼비아 언론대학원의 퓰리처상 선정위원회에서 매년 시·소설·극·저널리즘·역사·전기 등 여러 부문에 걸쳐 대중들에게 공헌한 작품을 선정하여 시상한다. 수상자는 원칙적으로 미국인이어야 하지만 예외적으로 저널리즘부문의 수상자는 미국 신문사에서 활동했다면 반드시 미국인일 필요는 없다.

조셉 퓰리처(Joseph Pulitzer) '뉴욕 월드' 등 여러 신문사를 경영한 헝가리 태생의 언론인으로, 사후 그의 유언에 따라 1917년 퓰리처상이 창설됨

011 노벨상 Nobel prize
인류에 공헌한 사람들에게 수여되는 상

*다이너마이트를 발명한 노벨의 유언에 따라 그의 유산을 기금으로 하여 전년도 인류에 큰 공헌을 한 사람들에게 수여하는 상을 말한다. 1901년에 시작되어 물리학, 화학, 생리의학, 문학, 평화의 5개 부문에 걸쳐 수여되었던 것이, 1969년에 경제학상이 추가되면서 6개 부문으로 늘었다. 수상자 발표는 매해 10월에 이뤄지며 시상식은 노벨의 사망일인 12월 10일 스웨덴의 스톡홀름에서 열린다. 평화상 시상식은 노르웨이의 오슬로에서 열린다. 한편 우리나라에서는 2000년에 김대중 전 대통령이 평화 부문에서 노벨상을 수상하였다.

다이너마이트 노벨이 액상의 니트로글리세린을 규조토, 니트로셀룰로스 등에 흡수시켜 만든 가소성 폭약

▲ 노벨상 메달

02 영화·연극

핵심Tag #영화제 #영화 장르 #기타 용어

#영화제

012 세계 3대 영화제 世界三大映畵祭
베니스 영화제, 칸 영화제, 베를린 영화제를 일컫는 말

영화제 (시작연도)	개최지	수상 작품 및 특징
베니스 (1932년)	이탈리아	가장 오랜 전통을 가진 영화제로 매년 8월 말에서 9월 초에 개최된다. °그랑프리 작품에 황금사자상이 수여되는데, 2020년에는 미국의 클로이 자오 감독의 「노마드랜드」가 수상하였다. 우리나라에서는 임권택 감독의 「씨받이」(1987)로 강수연이 최우수여우주연상을, 「오아시스」(2002)로 이창동 감독이 감독상, 문소리가 신인배우상을 수상하였다. 2004년 「빈집」으로 감독상을 수상한 바 있는 김기덕 감독은 2012년 「피에타」로 황금사자상을 수상하였다.
칸 (1946년)	프랑스	매년 5월에 개최되며, 수상부문으로는 황금종려상(대상), 감독상, 남우주연상, 여우주연상, 심사위원대상, 각본상 등이 있다. 우리나라에서는 이두용 감독이 「물레야 물레야」(1984)로 특별부문상을, 임권택 감독이 「취화선」(2002)으로 감독상을, 박찬욱 감독이 「올드보이」(2004)로 심사위원대상을, 이창동 감독의 「밀양」(2007)으로 전도연이 여우주연상을 수상하였다. 2009년에는 박찬욱 감독이 「박쥐」로 심사위원상을, 2010년에는 이창동 감독이 「시」로 각본상을 수상하였으며, 2019년에는 봉준호 감독이 「기생충」으로 황금종려상을 수상했다.
베를린 (1951년)	독일	매년 2월 중순에 개최되며, 시상부문으로는 황금곰상(최우수작품상), 은곰상, 심사위원대상 등이 있다. 우리나라에서는 김기덕 감독이 「섬」(2000), 「수취인 불명」(2001), 「나쁜 남자」(2002)로 3년 연속 진출하였다. 2011년 단편 영화 부문에서 박찬욱, 박찬경 감독이 「파란만장」으로 황금곰상을, 양효주 감독이 「부서진 밤」으로 은곰상을 수상하였다. 2016년에는 이재용 감독의 「죽여주는 여자」(파노라마 섹션), 이동하 감독의 「위켄즈」(파노라마 다큐멘터리 부문), 윤가은 감독의 「우리들」(제너레이션 경쟁 부문) 등 3편의 한국영화가 공식 초청됐다. 2017년 배우 김민희가 홍상수 감독의 영화 「밤의 해변에서 혼자」로 여우주연상을, 2019년에는 김보라 감독이 「벌새」로 심사위원대상을 수상하였으며, 2020년에는 홍상수 감독이 「도망친 여자」로 은곰상을 수상했다.

그랑프리 불어로 대상을 가리키는 말. 이탈리아의 베니스 국제영화제에서 최고의 상을 그랑프리라고 함

▲ 황금종려상

▲ 황금곰상

함께 나오는 용어

보스턴 국제영화제(boston international film festival)
2011년 제9회 보스턴 국제영화제에서 우리나라 영화 최초로 초청된 김정호 감독의 저예산 영화 「청아」가 대상 격인 최우수작품상을 수상하였다. 「청아」는 심청전을 재해석한 작품이다.

013 모스크바 국제영화제 moscow international film festival
러시아 모스크바에서 개최되는 국제영화제

1959년 정규 개최되었고 칸, 베니스, 베를린과 함께 세계 4대 영화제 중 하나이다. 러시아연방 국가영화위원회와 영화인 동맹에 의해 개최되었으며, 체코의 *카를로비 바리 국제영화제와 교대하면서 홀수 해에만 격년으로 열렸으나, 1999년 이후 매년 6월경에 개최되고 있다. 우리나라에서는 2015년 김윤하 감독의 「스나이퍼의 관찰법」이 단편경쟁 부문에서 한국영화 최초로 최우수상을 받았다. 1989년에는 「아제아제 바라아제」로 강수연이 여우주연상, 「살어리랏다」로 이덕화가 남우주연상(1993), 「지구를 지켜라」로 장준환 감독이 감독상(2003), 「레바논 감정」으로 정영헌 감독이 감독상(2013)을 받은 바 있다. 손현주는 2017년 「보통사람」으로 남우주연상을 수상했다. 2020년에는 정관조 감독이 「녹턴」으로 다큐멘터리 부분 최우수상을 수상했다.

카를로비 바리 국제영화제 (Karlovy Vary International Film Festival) 체코 카를로비 바리에서 열리는 국제영화제로 경쟁을 포함한 비경쟁 영화제로 출범했음. 제3세계 영화들을 소개하며, 동유럽뿐 아니라 유럽의 대표적인 영화제 중 하나로 손꼽힘

014 선댄스 영화제 sundance film festival
독립영화를 위하여 개최되는 미국의 국제영화제

선댄스 영화제는 영화배우 겸 감독인 로버트 레드포드가 유타 주 솔트레이크시티에서 열리던 *군소 영화 제작자들의 작품을 후원하면서 시작되었다. 로버트 레드포드가 「내일을 향해 쏴라(butch cassidy and the sundance kid)」에서 맡았던 주인공 이름을 따서 선댄스협회를 설립하였고, 미국영화제를 흡수하여 선댄스 영화제를 만들었다. 2020년에 한국계 미국인 정이삭 감독이 「미나리」로 심사위원대상을 수상했다.

군소(群小) 작고, 잘 알려지지 않은 집단을 이르는 말

#영화 장르

015 필름 느와르 film noir
범죄와 폭력의 세계를 다룬 영화

'검은'이라는 뜻의 느와르는 용어에서 알 수 있듯이 어두운 분위기의 범죄 영화 혹은 스릴러물로 'B급 영화'들이 주를 이룬다. 1950년대 후반 프랑스 「까이에 뒤 시네마」의 비평가들에 의해 사용되면서 쓰이기 시작한 용어로 *갱, 살인청부업자, 사립탐정 등의 등장과 비정하고 냉혹한 범죄자들의 세계를 그린 것이 특징이다. 대표적인 작품으로는 「현금에 손대지 마라」, 「사형대의 엘리베이터」, 「지하실의 멜로디」 등이 있다.

갱(gang) 폭력적·반사회적·무법적 집단으로 직업적 범죄자를 가리키기도 함

016 케이퍼 무비 caper movie

절도나 강탈을 하는 모습과 과정들을 상세하게 담고 있는 영화로서 범죄 영화의 하위 장르로 분류된다. 즉, 범죄 중에서도 주로 도둑에 관한 내용을 다루며, 다른 말로 '하이스트 필름(Heist film)'이라고도 한다.

017 기록 영화 記錄映畵, documentary film
사실을 기록하는 논픽션 영화

기록 영화는 라틴어 'documentum'에서 유래된 말로 '기록에 의한다'라는 의미를 담고 있다. 그 종류로는 뉴스영화·과학영화·교육영화·PR영화·미술영화·스포츠영화·기행영화 등이 있다.

018 인디즈 indies
독립영화

일반 상업영화와는 달리 대형 영화사에 의존하지 않고 작은 독립프로덕션에 의해 만들어진 영화를 지칭하는 말이다. 개성이 있고 작가 정신에 충실한 작품이 주를 이루고 자본과 권력으로부터 자유로운 것이 특징이다. 탈할리우드적 발상이 짙고 특히 뉴욕을 본거지로 하는 뉴욕 인디즈(new york indies)의 활동이 활발하다. 독립영화는 1980년대부터 부각되기 시작하였다. 짐 자무쉬 감독의 「천국보다 낯선」, 쿠엔틴 타란티노 감독의 「저수지의 개들」과 「펄프 픽션」, 스티븐 소더버그 감독의 「섹스, 거짓말, 그리고 비디오테이프」, 올리버 스톤 감독의 「플래툰」 등이 대표적인 독립영화이다.

▲ 짐 지무쉬 감독

019 호러영화 horror film
공포영화

관객들로 하여금 공포를 느끼게 하는 영화를 호러영화라고 한다. 호러영화는 스플래터 무비(splatter moive), 슬래셔 무비(slasher moive), 흡혈귀 무비(vampire movie), 오컬트 무비(occultism movie), 하드고어 무비(hard-gore movie), 스너프 무비(snuff movie), 크리쳐 무비(creature movie)로 분류할 수 있다.

함께 나오는 용어
• 스플래터 무비(splatter moive) 스크린을 흥건한 피와 흐트러진 살점들로 물들이는 영화를 말한다. 소름끼치는 공포보다는 다소 역겹다고 느껴지는 장면들 가운데 코믹스러운 요소를 가미한다. 스플래터 무비에는 *좀비가 자주 등장한다.

좀비(zombie) 서인도 제도 원주민의 미신과 부두교의 제사장들이 마약을 투여해 되살려 낸 시체에서 유래한 단어로, 살아있는 시체를 가리키는 말

예 「이블데드」, 「데드 얼라이브」 등

- **슬래셔 무비**(slasher moive) '자르다, 베다'라는 뜻을 가진 슬래쉬(slash)에서 온 말로, 슬래셔 무비는 사이코나 살인마 등이 등장하여 살인의 동기나 목적 없이 영화에 나오는 인물들을 모조리 죽여버리는 영화이다.
  예 「사이코」, 「할로윈」, 「13일의 금요일」, 「스크림」 등

- **흡혈귀 무비**(vampire movie) 신의 저주를 받거나 악령에 영혼을 팔아 죽어서도 저승에 가지 못하는 귀신인 흡혈귀를 소재로 하는 영화이다.
  예 「후라이트 나이트」, 「뱀파이어」, 「뱀파이어와의 인터뷰」 등

- **오컬트 무비**(occultism movie) 오컬트는 신비주의, 초자연주의라는 뜻이다. 오컬트 무비는 악마를 숭배하는 집단과 기독교 집단의 대치를 묘사하는 것이 대부분이고 심리 분석 및 형이상학적 소재 등을 통해 신비감을 준다.
  예 「로즈메리의 아기 : 악마의 씨」, 「오멘」, 「엑소시스트」, 「사탄의 인형」 등

- **하드고어 무비**(hard-gore movie) 고어(gore)란 상처에서 나온 피, 핏덩이, 엉킨 피를 의미하는 말로 하드고어 무비는 굉장히 잔인한 것이 특징이다.
  예 「텍사스 전기톱 학살」, 「피를 빠는 변태들」, 「살아있는 시체들의 밤」 등

- **스너프 무비**(snuff movie) 스너프 무비는 영화가 아니라 실제 살인사건을 담은 영상물이다. 성폭행을 하다가 살인을 저지르는 장면을 담은 영상, 테러리스트들의 인질 공개 영상, 아이들을 상대로 한 납치 영상 등이 있다. 이런 필름은 주로 불법 포르노 다운로드 사이트 등 외국의 암시장에서 거래된다.
  예 「떼시스」와 「무언의 목격자」 등이 스너프 무비를 소재로 함

- **크리처 무비**(creature movie) 맹수나 거대한 괴물 따위가 주인공처럼 등장하는 영화를 말한다. B급 호러영화의 하위 장르로 취급했던 크리처 무비를 흥행성 있는 인기 장르로 개척한 영화는 스티븐 스필버그 감독의 1975년작 「죠스」로 평가된다.
  예 한국영화 「괴물」, 「디워」, 「제7광구」 등

▲ 대표적인 크리처 무비 「괴물」

020 **3D영화** three dimension film
3차원 영화, 입체 영화

3D영화는 스테레오식과 시네라마식이 있다. 스테레오식은 시차를 이용하고 두 개의 화상을 융합하며 입체감을 낸 것이고, 시네라마식은 시야 각도에 가까운 화상을 볼 때의 3차원적인 착각을 이용한 것이다. 관객들이 입체감을 느낄 수 있도록 특수 안경을 제공한다.

021 **아이맥스** IMAX
초대형 화면으로 감상하는 영화

'eye maximum'의 줄임말이며, 사람의 시야 한계까지 최대한 크게 영상을 채운다는 의미이다. 영상을 보다 실감나게 하기 위해 스크린을 5도 가량 기울이고 곡선 형태로 설계한 것이 특징이다. 또한 일반 35mm 영화 필름보다 10배나 높은 해상도를 지닌 70mm 필름을 사용해 화질이 매우 선명하고 음향 시스템이 6채널로 구성되어 웅장하다.

022 **몽타주** montage
필름을 모아 하나의 작품으로 결합시키는 편집 기술

몽타주는 '조립'이라는 뜻의 프랑스어 몽테르(monter)에서 파생된 말이다. 몽타주 이론은 따로따로 촬영한 필름 각각을 모아 현실과는 다른 영화적 시간과 공간을 창조하고 거기에 새로운 현실을 구축하여 시각적 리듬과 심리적 감동을 자아내게 하는 데서 영화의 예술성이 성립된다고 본다. 세르게이 에이젠슈타인(Sergei Eisenstein)의 「전함포템킨」에 보여지는 '사자상'의 움직임은 몽타주 이론의 실제 적용컷으로 유명하다.

023 **메이킹 필름** making film
영화, 드라마 등의 촬영과 제작 과정을 담은 영상물

촬영과 제작 중의 에피소드, 촬영 현장, 출연 배우들의 인터뷰, 감독의 기획 의도 및 결말의 뒷이야기, 분장 및 제작자들의 고충 등 영화가 만들어지기까지의 과정을 담은 '다큐멘터리 형식의 영상물을 말한다.

다큐멘터리(기록 영화) 사실을 기록하는 논픽션 영화

024 **누벨바그** nouvelle vague
프랑스 영화계에 일어난 새로운 물결

누벨바그는 프랑스어로 '새로운 물결'이라는 뜻이다. 젊은 영화인들이 새로운 영화 제작을 시작한 것으로, 직업 의식을 갖지 않은 소수의 그룹에 의한 제작이 대부분이다.
줄거리보다는 표현에 중점을 두며 현실과 카메라와의 직접적인 접촉을 중요하게 여기고 즉흥 연출, 장면의 비약적 전개, 완결되지 않은 스토리, 영상의 감각적 표현 등에 의하여 종래의 영화에서 벗어난 것이 특징이다.
대표적인 작품으로는 L. 말의 「사형대의 엘리베이터」, 「연인들」, 샤브롤의 「사촌들」, 「이중 열쇠」, A. 레네의 「히로시마 내 사랑」, F. 트뤼포의 「400번의 구타」, 고다르의 「네 멋대로 해라」 등이 있다.

▲ 장 뤽 고다르 감독

025 **스크린셀러** screenseller
영화의 흥행 성공으로 주목받게 된 원작 소설

영화를 뜻하는 '스크린(screen)'과 '베스트셀러(bestseller)'를 합친 신조어이다. 「레 미제라블」, 「위대한 개츠비」처럼 영화가 개봉된 뒤 다시 주목받게 된 원작을 가리키기도 하고, 그다지 주목받지 못하던 원작이 영화 흥행에 성공하며 다시 주목받는 경우를 말하기도 한다. 최근에는 영화의 개봉 시점에 맞춰 원작 제목을 영화와 똑같이 바꾸거나 영화 스틸컷을 담은 표지로 영화와의 관계를 강조하는 마케팅 기법도 사용되고 있다.

▲ 「레 미제라블」

함께 나오는 용어

드라마셀러(dramaseller)
드라마 속 주인공이 읽었거나 잠시 화면에 스친 책이 인기를 얻는 경우를 말한다.

026 카메오 cameo
영화에서 유명 인사 또는 인기 배우가 아주 짧은 시간 출연하여 하는 연기 또는 그 역할

카메오는 '인상적 장면'이라는 뜻으로 영화나 드라마의 관객들로 하여금 웃음을 자아내고, 의외의 인물의 등장으로 극의 재미를 더해 준다. 그 등장은 몇 초가 될 수도 있으며, 대사가 없는 경우도 있다. 인기 배우가 스스로 자청하여 카메오 출연을 하는 경우도 있는데, 이는 감독에 대한 존경의 표시이며 영화나 드라마를 홍보하는 데 도움을 주는 역할을 한다.

027 스크린쿼터 screen quota
자국 영화 의무 상영 제도

스크린쿼터는 국산영화진흥을 위해 국산 영화를 일정 기준 일수 이상 상영하도록 강제하는 제도적 장치이다. 외국 영화의 우리나라 영화시장 잠식을 막고 다른 한편으로는 자국 영화의 시장 확보를 쉽게 해줌으로써 자국 영화를 보호하고 육성하기 위한 목적을 가진다. 영국에서부터 실시되었으며 우리나라에서는 1967년부터 시행되었다. 1985년에는 연간 상영 일수 2/5 이상과 인구 30만 이상의 시지역의 경우 한국영화와 외국 영화와의 *교호 상영을 각각 의무화하였으며, 2006년 「영화 및 비디오물의 진흥에 관한 법률 시행령」에 따라 연간 의무 상영 일수가 146일에서 73일로 축소되었다.

그러나 이 제도는 긍정적인 명분에도 불구하고 상영 영화를 선택할 권리가 제한된다고 주장하는 극장 측과 할리우드와의 완전 경쟁이 불가능한 현실을 고려해야 한다는 제작자 측의 이해 관계가 엇갈려 제도의 존폐 및 완화·강화를 두고 긴장 관계가 팽팽했다. 현재는 당시의 걱정이 기우가 될 만큼 우리 영화의 높은 수준으로 *1000만 관객 영화가 많아졌다.

교호 상영(交互上映) 서로 번갈아 가며 상영하는 것

1000만 관객 영화(국내, 2020년 12월 기준) 명량(1761만), 극한직업(1626만), 신과 함께－죄와 벌(1441만), 국제시장(1426만), 베테랑(1341만), 도둑들(1298만), 7번방의 선물(1281만), 암살(1270만), 광해, 왕이 된 남자(1232만), 신과 함께－인과연(1227만), 택시운전사(1218만), 태극기 휘날리며(1174만), 부산행(1157만), 변호인(1137만), 해운대(1132만), 실미도(1108만), 괴물(1091만), 왕의 남자(1051만), 기생충(1031만)

028 키노드라마 kinodrama
연극 공연 도중 영화장면을 삽입하는 극

연극에서 표현하기 어려운 야외정경이나 활극장면을 공연 도중 스크린을 통해 보여주는 극으로 연쇄 활동 사진극 또는 연쇄극(連鎖劇)이라고도 한다. 이는 영화와 연극이 병합된 극으로 영화 발전의 한 단계이나 영화라기보다는 연극에 다소 가까운 형태로, 우리나라 최초의 연쇄극은 1919년 단성사에서 공연된 김도산의 「*의리적 구토」이다. 키노드라마는 대중의 호기심을 자극하며 한때 경쟁적으로 만들어졌으나 1923년 무성영화가 등장하면서 사라지게 되었다.

의리적 구토(義理的 仇討) 계모의 박해로 힘든 나날을 보내던 주인공 송산은 이를 참고 인내하였으나 집안의 재산을 차지하기 위한 계모의 계략으로 가문이 위기에 처하자 결국 의형제 죽산, 매초 등과 함께 계모를 응징한다는 내용

029 모놀로그 monolog
극에서 배우의 독백

한 배우가 무대에서 혼잣말을 하는 것으로, 다른 배우의 등장 여부에 상관없이 자신의 마음 속 이야기를 내뱉어 관객들로 하여금 듣게 하는 것을 말한다. 이는 자신의 감정 및 행동의 동기, 이유 등을 이야기하며 자신의 깊은 내면, 심리를 전달하는 방법으로 등장인물의 성격 및 사상, 감정 등을 알 수 있어 극에서 자주 활용된다. 또한 한 사람의 배우가 하는 연극을 '모노드라마(monodrama)'라고 한다.

030 솝 오페라 soap opera
일정한 시간대에 장기적으로 방송되는 연속극(連續劇)

여성들을 주 시청자로 하여 낮 시간대에 방송되던 미국 라디오 연속극의 *스폰서(sponsor)가 주로 비누회사였다는 데서 유래한 말로 연속 방송극 또는 연속드라마라고도 한다. 대개 남녀 간의 애정이나 삼각관계 등을 다룬 통속극으로 1930년대 말부터는 TV와 저녁시간에도 방송되었으며 현재는 일정 시간대에 장기적으로 방송되는 드라마 시리즈를 의미하는 말로 쓰이고 있다. 우리나라 최초의 라디오 솝 오페라는 1956년에 방송된 KBS의 「청실홍실」이며, TV 연속극은 1964년에 방영된 TBC의 「눈이 내리는데」이다.

스폰서(sponsor) 후원자 또는 광고주

03 음악

핵심Tag #서양 음악 #현대 음악 #국악 #빠르기

#서양 음악

031 고전파 음악 classic music
18C 중엽부터 19C 초엽까지 빈을 중심으로 성행하였던 빈 고전파 음악

고전파 음악은 인간의 실체와 정신의 조화를 이루며, 뚜렷·간결하고 명쾌한 형식을 띠었다. 하이든은 소나타 형식과 악기 편성법을 확립하였으며, 모차르트는 소나타 형식을 더욱 발전시켰고, 베토벤은 고전파 음악을 절정에 이르게 했다.

032 관현악 orchestra
관악기, 현악기, 타악기로 함께 연주하는 오케스트라

가장 대표적인 것이 근대의 교향 관현악(symphony orchestra)으로서 관·현·타악기를 포함한 60~120명의 연주자로 이루어지며, 지휘자의 통제 아래 연주된다. 특수한 것으로는 15~30명 정도의 실내 관현악단(chamber orchestra), 현악기만으로 이루어진 현악오케스트라(string orchestra) 등이 있다. 그러나 각 파트가 복수의 연주자를 지니고 있는 점에서 *실내악과는 구별된다. 특히 관현악을 위하여 작곡된 음악을 보통 관현악곡이라고 한다. 관현악은 이 밖에 오페라나 발레 등에서도 없어서는 안 될 구성요소이며, 종교 음악이나 가곡의 반주에도 사용된다.

실내악(chamber music) 실내에서 적은 숫자의 사람들이 모여 연주하는 것으로 1성부 1악기를 원칙으로 하는데, 각 파트가 단독주자에 의해 연주됨

033 교향곡 交響曲, symphony
관현악으로 연주되는 가장 대규모의 악곡

교향곡은 4악장을 기본으로 하는데 제1악장은 소나타 형식의 빠른 악장으로, 이 앞에 장중한 서곡이 오는 경우도 많다. 제2악장은 리트 형식의 완만한 악장이며, 제3악장은 미뉴에트 또는 *스케르초이다. 제4악장은 론도 또는 소나타 형식의 매우 빠른 악장으로 구성되어 있다. '교향곡의 아버지'라고 불리는 F. J. 하이든은 106곡, W. A. 모차르트는 40여 곡의 교향곡을 작곡하였다. L. 베토벤은 「영웅」, 「운명」, 「전원」, 「합창」 등을, 슈베르트는 「미완성」 등의 걸작을 남겼다.

스케르초(scherzo) '해학'이라는 의미로, 빠른 템포의 3박자의 익살스러운 느낌의 악곡 또는 악장

034 오페라 opera
음악, 미술, 문학, 연극, 무용적인 요소 등이 합쳐진 종합무대예술

16C 말 이탈리아에서 일어난 음악극의 흐름을 따르고 있으며, 모든 대사를 노래로 표현한다. '징슈필 계열에 속하는 「마적」, 「마탄의 사수」 등과 민속 오페라 계열의 「팔려간 신부」, 「카르멘」 등은 모든 대사를 노래로 표현하지는 않았지만, 예외적으로 오페라에 포함시키고 있다.

> **징슈필(singspiel)** 노래의 연극이라는 뜻으로, 서로 주고받는 대사에 서정적인 노래가 곁들어진 민속적 오페라

035 프리마 돈나 prima donna
오페라의 여자 주인공역을 맡은 소프라노

'제1의 여인(first lady)'이라는 이탈리아어로 오페라의 여자 주인공을 가리키는 말이다. 이는 오페라 기본배역의 명칭으로, 프리마 돈나에 버금가는 제2의 여자가수는 세콘다 돈나(seconda donna)라고 한다. 이와 함께 프리마 돈나에 해당하는 남자가수는 프리모 우오모(primo uomo)라 칭하는데 이들은 대부분 '카스트라토였다.

> **카스트라토(castrato)** '거세하다'는 뜻의 라틴어 castrare에서 유래한 말로 변성기 전에 거세한 남자 가수를 말함. 이들은 소프라노와 알토의 성역대로 성인 여성에 비해 씩씩하고 순수하며 음역대가 넓은 특징을 가짐

036 팝페라 popera
팝과 오페라의 합성어로 오페라에 팝을 가미하여 부르는 음악

1985년 발매된 「더 로스트 오페라」에 대해 프랑스 일간신문 르몽드에서 가수 키메라를 소개하면서 처음 사용되었으며, 1997년 미국의 유력 일간신문 워싱턴 포스트에서 사용하면서 퍼졌다. 1980년대부터 시작된 '크로스오버를 이은 새로운 장르로 주목을 받았다. 더 많은 대중에게 사랑을 받기 위하여 뮤지컬처럼 다양한 음향장치를 사용하려는 시도도 이어지고 있다.
한국에서의 대표 주자는 임형주를 꼽을 수 있고, 외국 가수로는 사라 브라이트만, 필리파 지오르다노 등이 있다.

> **크로스오버(crossover)** 서로 다른 장르가 섞여 있는 것으로, 클래식과 팝이 어울려져 있는 음악이나, 국악과 양악이 결합된 것을 나타내는 용어에서 시작되어서 다양한 분야에서 쓰임. 크로스오버의 한 형태로 무용, 연극, 뮤지컬 등을 섞어 하는 공연 또는 TV나 컴퓨터 등 미디어의 통합 추진이 있음

037 칸타타 cantata
바로크 시대에 가장 성행했던 대규모 성악곡

'노래한다'라는 뜻의 이탈리아어에서 유래하였으며, 이야기식의 가사를 가진 독창, 합창 등의 성악곡을 말한다. 그리고 가사의 내용에 따라 세속칸타타와 교회칸타타로 구별된다. 독일의 교회칸타타는 교회에서 연주되었던 것으로 성서의 구절과 관련된 것이 많았다. 특히, 바흐의 작품들이 굉장히 많았으며, 그의 칸타타는 처음에 기악의 서주를 지닌 규모가 큰 대위법적인

> **아리아(aria)** 칸타타나 오페라, 오라토리오 등에서의 독창 부분
>
> **레치타티보(recitativo)** 칸타타뿐만 아니라 오페라나 오라토리오 등에 이용되는 창법으로

합창곡을 두고 거기에 몇 개의 °아리아·°레치타티보·중창이 이어지며 단순한 코랄(choral) 합창이 전곡을 맺는 형식이 전형적이다.

038 오라토리오 oratorio
17~18C에 가장 성행했던 대규모의 종교적 극음악

'성담곡'이라고도 하며 성서의 내용을 가졌으며 동작이나 무대 장치가 따르지 않는다. 이탈리아어로 '기도소'라는 뜻이며, 16C 후반에 로마의 성필리포 네리가 기도소의 집회에서 사용한 음악을 시작으로 특정한 음악형식을 가리키게 되었다. 헨델의 「메시아」, 「마카베우스의 유다」, 하이든의 「천지창조」 등이 대표적이며, 멘델스존, F.리스트, 베를리오즈 등이 뛰어난 작품을 남겼다.

▲ 헨델

039 칸초네 canzone
노래 또는 가요를 의미하며 널리 대중이 애창하고 있는 이탈리아의 대중가요

칸초네는 밝고 경쾌하며, 멜로디가 쉬워 기억하기 좋으며, 서정적이고 솔직한 사랑을 표현한 사랑의 노래가 많이 있다. 또한 이야기 부분과 되풀이 부분이 있어 흥이 난다. 대표적인 명곡으로는 「오 솔레 미오」, 「돌아오라 소렌토로」 등이 꼽힌다.

040 레퀴엠 requiem
사자를 위한 미사곡

가톨릭·성공회·루터 교회 등에서 사자(死者)를 위하여 드리는 미사곡을 말한다. '위령 미사' 혹은 '진혼곡'이라고도 하며, 이 말은 라틴어 입당송인 미사곡 「레퀴엠」에서 시작되었다.

041 세레나데 serenade
밤에 연인의 창가에서 부르는 노래

소야곡, 야곡 등으로 불린다. 모차르트의 「돈 조반니」에서는 가짜 조반니가 엘비라를 정원으로 유혹하는 세레나데 '창가로 오라, 그대'를 부르는 장면이 나온다. °슈베르트의 「세레나데」도 들 수 있다.

슈베르트(Franz Schubert, 1797~1828) 가곡의 왕으로 불리는 낭만파 작곡가

042 아카펠라 a cappella
'교회 양식으로'라는 뜻으로, 반주 없이 성악 성부들로만 하는 연주

처음에는 교회 합창 음악에서만 볼 수 있었으나, 오늘날에는 세속 음악에서도 볼 수 있으며 악기를 사용하지 않고 사람의 목소리로 아름다운 화음을 낸다.

#현대 음악

043 퓨전 음악 fusion music
아프리카 원주민들의 토속 음악에 서구의 펑크, 록, 팝 음악을 융합시킨 장르

'퓨전'은 잡종을 뜻하는 말로, 지역과 관습의 배경을 달리하는 음악의 만남으로 새로운 느낌의 리듬을 만들어 내어 국경 없는 음악세계로 대중음악을 한 걸음 앞서 나가게 했다.

044 재즈 음악 jazz music
흑인 음악과 백인 음악의 결합으로 미국에서 생겨난 음악

재즈는 미국 흑인 특유의 감각으로 리듬·프레이징·사운드·블루스 하모니에 느낌을 살리고, 유럽의 전통 수법에 따라 악기를 사용하여 멜로디·하모니를 만들어 냈다.
재즈는 즉흥 연주를 통해 창조적이고 활력이 넘치는 음악을 만들어 내며, '오프 비트'의 리듬에서 나온 스윙감과 연주자 개인의 특성을 살린 사운드와 '프레이징을 통해 독특함을 만들어 낸다.

> **오프 비트(off beat)** '비트를 벗어난다'는 뜻으로 멜로디의 악센트가 자유로운 것을 말함. 주로 4박자의 제2박과 제4박에 악센트를 붙임
>
> **프레이징(phrasing)** 구절법. 즉, 음악의 흐름이 자연스럽도록 악구를 나누는 것

045 레게 reggae
전통적인 흑인 댄스 음악과 미국의 소울 뮤직 등의 요소가 혼합된 형태

1968~1969년 자메이카에서 발생한 대중음악으로, '밥 말리 앤드 더 웨일러스'의 「Catch a Fire」가 발표되면서 레게 음악의 성숙이 이루어졌다. 영국의 E.클랩턴이 말리의 작품 「I shot the Sheriff」를 연주하면서 미국·유럽에서 말리의 인기가 많아졌으며, 레게가 세계 각국의 관심을 받았다.

▲ 밥 말리

046 뉴 웨이브 new wave
반항적이고, 과격한 펑크 록의 반작용으로 일어난 음악

1970년대와 1980년대 초반에 발달한 록 음악의 장르로 반항적이고, 과격한 펑크 록의 반작용으로 일어난 음악이다. 펑크 록의 대표 주자 섹스 피스톨스는 여왕 모독, 거친 무대매너, 지나친 자유분방함 등으로 인하여 대중으로부터 외면을 받기 시작했는데, 그럼에도 불구하고 이 음악에 매력을 느낀 가수들로 하여금 빠른 템포와 전자 음악 등 대중성을 가미한 변형의 °펑크가 나왔다.

펑크(punk) 미국 흑인들의 속어로 '지저분한 냄새'라는 뜻이었으며, 베이스나 기타, 강한 관악기 등을 이용하며, 리듬을 강조하는 것이 특징

047 테크노 음악 techno music
전자 악기와 첨단기기를 이용해 기계음을 반복, 기이하게 변형시켜 만든 전자 음악

컴퓨터, 신시사이저, 시퀀스, 드럼 머신, 샘플러, 미디, 시디믹서 등의 전자 악기와 첨단기기를 이용해서 가수의 목소리보다는 기계음을 반복, 변형시켜 만든 음악이다. °DJ가 턴테이블을 이용해 음악을 변조하는 디제잉, °샘플링, 컴퓨터를 통해 기타·베이스·드럼 등의 사운드를 만들고 이를 배치하는 미디 등을 통해 특색 있는 음악을 만들어 낸다. 테크노 음악은 일렉트로닉 댄스 뮤직(EDM, Electronic Dance Music)의 한 장르다.

DJ 턴테이블을 돌리고, 새로운 소리를 만들어 내며, 자신만의 느낌으로 비트를 만들어 내는 자

샘플링 음악의 일부 구간을 잘라내어 이용하는 것

048 얼터너티브 록 alternative rock
전자 기타 소리 등 독특한 사운드를 담은 음악의 한 장르

'인디'라고도 하며 1980년대에 시작되어 1990년대에 성행했던 음악의 장르로 전자 기타 소리 등 독특한 사운드를 담아 분노와 고통을 표출했다. 얼터너티브 록은 1980년대 °그런지, °브릿팝, 고딕 록, 인디 팝 같은 독립 음악의 다양한 장르로 구성되어 있으며, 너바나의 「Smells like teen spirit」이 전국적으로 인기를 얻으면서 대중들의 관심을 끌었다.

그런지(grunge) 얼터너티브 록에서 나온 음악으로 너바나가 대표적인 밴드임

브릿팝(britpop) 복고풍의 음악으로 서정적이며 감미로운 느낌이 있음

#국악

049 사물놀이 四物놀이
꽹과리·장구·징·북을 연주하는 음악 또는 그 음악에 의한 놀이

사물이란 본래 불교의식에서 사용되던 악기인 °법고, 운판, 목어, 범종의 4가지를 가리키는 말에서 비롯되었으며, 1978년 최초로 사물놀이라는 이름으로 결성된 연주단에 의해서 소개되었다.

법고(法鼓) 사찰의 법당 동북쪽에 달아 놓고 예불 또는 법식을 거행할 때 사용하는 큰 북

050 판소리

중요 무형 문화재 제5호로, 광대 한 명이 고수(鼓手)의 북장단에 맞추어 창극조(唱劇調)로 부르는 노래

개관	내용
발생	17C 전라도 지방의 *서사 무가에서 파생됨
향유층	서민층에서 향유되다가 점차 중인층, 양반층에 이르기까지 폭넓게 향유됨
구성	• 창 : 노래 • 아니리 : 이야기 사설 • 추임새 : 고수가 광대의 구연 의욕을 북돋우기 위한 형식적인 탄성 • 발림(=너름새) : 광대가 하는 보조 동작 • 판소리 구성의 3요소 : 창, 아니리, 발림(=너름새)
특징	음악과 문학이 결합된 극적(劇的) 형태로 서민의식을 반영하는 해학적이고 풍자적인 민중 예술이다. 장면 중심의 구성으로 부분의 독자성이 강해 때로는 앞뒤가 맞지 않는 경우도 있다. 대체로 4음보격의 운문으로 고사성어와 평민들의 일상어, 욕설이 혼재되어 쓰이는 언어적 특징을 보인다.
빈출 판소리 유파	• **동편제** : 섬진강을 중심으로 동쪽 지역(전라도 동북 지역)의 소리. 짧고 분명하게 끊어지는 장단에 리듬 또한 단조로우며 담백한 맛이 나는 남성스러운 소리이다. • **서편제** : 섬진강 서쪽 지역(전라도 서남 지역)의 소리. 동편제에 비해 애절하면서 섬세한 여성적인 소리로 수식과 기교가 많아 듣는 이의 감성을 자극하는 소리이다. • **중고제** : 경기도와 충청도 지역에서 불리는 소리. 동편제와 서편제의 절충된 소리이다.
장단	가장 느린 진양조 장단에서 중모리 장단, 중중모리 장단, 자진모리 장단, 가장 빠른 휘모리 장단으로 구성되어 있다. 그 외 엇모리 장단, 단모리 장단 등이 있다.
빈출 작품	• **판소리 12마당** : 춘향가, 심청가, 흥부가, 수궁가, 적벽가, 변강쇠타령, 배비장타령, 강릉매화타령, 옹고집타령, 장끼타령, 무숙이타령(왈짜타령), 숙영낭자타령(가짜신선타령)으로 숙종 이후 영·정조 시대를 거치면서 정립되었다. • **판소리 6마당** : 고종 때 신재효가 12마당을 6마당으로 정리·개작한 것으로 '춘향가, 심청가, 흥부가, 수궁가, 적벽가, 변강쇠타령'을 말한다. 현재 '변강쇠타령'을 제외한 5마당만 전한다.

함께 나오는 용어

• **더늠**
판소리 명창들이 자신의 장기로 특색 있게 부르는 대목 또는 유파에 따라 계승되어 오는 특징적인 대목이나 음악적 스타일을 가리키는 말이다.

• **바디**
판소리 한 판의 전체적인 짜임새 또는 명창이 한 마당을 스승으로부터 전승받아 음악적으로 다듬어 놓은 소리를 말한다.

• **판소리계 소설**
구비 전승되던 *판소리 사설이 독서물로 정착된 소설로, 기록자의 관점에 따라 다양한 이본이 존재한다.

서사 무가(敍事巫歌) 무속의식에서 구연되는 무조(巫祖)에 대한 이야기로 본풀이라고도 함. 이는 신에 대한 이야기이므로 무속신화에 속하고 구비 전승되므로 구비 서사시에 속하며 고대소설과 판소리에 영향을 줌. 대표적인 서사 무가로는 바리데기와 제석본풀이 등이 있음

판소리 사설 판소리 사설은 4·4조 운문체, 창과 아니리의 반복, 비속어와 고상한 한자성어의 공존, 현재시제의 사용, 부분의 독자성과 장면의 극대화, 풍자와 해학, 골계미 등의 특징을 지님

판소리계 소설	근원설화
춘향전	열녀설화, 신원설화, 도미설화, 암행어사설화, 염정설화
심청전	효녀지은설화, 연권녀설화, 인신공희설화, 거타지설화
흥부전	방이설화, 박타는 처녀
별주부전(토끼전)	구토지설, 용원설화

051 시나위
남도의 무속 음악

'신방곡', '심방곡'이라고도 불리는 남도의 무속 음악이다. 여러 가지 설이 있는데 무속 음악에서 영혼을 달래는 의식으로부터 시작하였다는 설이 가장 지지를 받는다. 시나위는 즉흥적인 허튼가락을 지녔으며, 유동음을 많이 사용한다. 심한 *요성과 *퇴성을 사용하여 슬픈 느낌을 준다.

요성(搖聲) 떠는소리

퇴성(退聲) 꺾는소리

052 범패 梵唄
절에서 재를 올릴 때 부르는 의식 음악

범패는 장단이 없는 단성선율이고, 범음·어산·인도 소리라고도 하며 가곡·판소리와 더불어 우리나라 3대 성악곡 중의 하나로 꼽힌다. 범패는 절에서 재를 올릴 때 부르는 노래와 절 밖에서 *시주를 걷으며 축원하는 노래가 있다.

시주(施主) 불교에서 절 또는 승려에게 대가를 바라지 않고 자비를 베풀고, 물건 등의 재물을 내어 주는 일

#빠르기

053 음악의 빠르기말 tempo signature
(느림 → 빠름) 아다지오 → 안단테 → 안단티노 → 모데라토 → 알레그로 → 프레스토

아다지오(adagio) → 안단테(andante) → 안단티노(andantino)
아주 느리게   느리게   조금 느리게

→ 모데라토(moderato) → 알레그로(allegro) → 프레스토(presto)
보통 빠르기   빠르게   아주 빠르게

국악 國樂 **장단 빠르기**

(느림 → 빠름) 진양조 → 중모리 → 중중모리 → 자진모리 → 휘모리

진양조	가장 느린 장단. 판소리에서 서정적인 대목에 주로 쓰임
중모리	보통 빠르기의 12박자. 판소리에서 담담히 서술하는 대목에 주로 쓰임
중중모리	조금 빠른 12박자. 판소리에서 흥겨운 대목에 주로 쓰임
자진모리	매우 빠른 12박자. 판소리에서 극적이고 긴박한 대목에 주로 쓰임
휘모리	매우 빠른 8박자. 판소리에서 급하고 분주한 대목에 주로 쓰임

04 미술

핵심Tag #미술사조 #미술 기타

#미술사조

055 아르누보 art nouveau

19C 말에서 20C 초까지 유럽과 미국에서 유행한 예술 장식

아르누보는 유럽의 전통 예술에 반발하여 당시 미술계의 풍조를 배경으로 유행한 예술 장식을 말한다. 아르누보의 작가들은 주로 전통으로부터 벗어나 새로운 양식을 창조했다. 종래의 건축·공예는 그 전형을 그리스, 로마 또는 고딕에서 구한 반면, 이들은 과거의 전통 양식을 부정하고 자연형태에서 모티프를 빌려 새로운 표현을 얻고자 노력했다. 또한 유연한 선과 곡선, •당초무늬와 •화염무늬 등을 강조한 반면, 견고한 구축성이라든가 기능에 기초를 둔 합리성이 소홀하여 기능을 무시한 형식주의적이고 탐미적인 장식으로 빠질 위험이 컸기에 오랜 기간 전성기를 누리지는 못했다.

당초무늬 식물의 줄기 또는 덩굴의 모양을 형상화한 무늬

화염무늬 타오르는 불길 모양을 형상화한 무늬

056 포스트모더니즘 post-modernism

후기 산업 사회에서 새롭게 등장한 문화 예술의 경향

대상을 있는 그대로 재현하는 19C 사실주의에 대한 회의로 20C 전반의 모더니즘이 나타났고, 이에 대응하는 포스트모더니즘이 등장하였다. 모더니즘은 새로운 혁신이었으며 보편성을 중시하는 피카소, 포크너 등의 위대한 인물들이 배출되었다. 그러나 지나치게 추상성을 띠고 해석하기 어렵기 때

문에 대중성이 없었다. 이에 개성과 대중성을 강화하여 포스트모더니즘이 나타났으며 이전 사조와의 완전한 대립이 아니라 연속적인 측면을 가졌다. 물론 절대적인 재현은 거부한다. 그 예인 팝 아트는 같은 대상을 반복하여 찍어 내는 식으로 표현하지만 원본을 고유한 상태 그대로가 아닌 '다양성'을 통한 재현을 선보인다. 포스트모더니즘은 개성, 다양성, 대중성, 자율성을 강조하며 광고나 패션 등의 소비문화에도 영향을 준다.

057 팝 아트 pop art
대중문화적 시각 이미지를 미술의 영역 속에 수용한 구상 미술의 한 경향

1950년대 초 영국에서 시작되어 1950년대 중후반 미국에서 확산된 팝 아트는 사회 비판적인 의도를 담고 있으며 1950년대 중반부터는 각종 대중문화적 시각 이미지를 활용하였는데, 이들의 작업이 •다다이즘과 유사한 특징을 가졌다.

▲ 앤디 워홀의 「마릴린 먼로」

다다이즘(dadaism) 모든 전통을 부정하는 반도덕적·반예술적 경향의 문예사조

팝 아트의 대표적 작가로는 앤디 워홀, 리히텐슈타인, 웨셀만, 올덴버그, 인디애너, 라모스 등이 있다. 워홀은 마릴린 먼로, 엘비스 프레슬리 등 인기 스타나 유명 인사의 얼굴에 색채감을 살린 실크스크린 기법을 반복하여 순수 고급 예술의 엘리트주의를 공격하고 예술의 의미를 애매모호하게 만드는 일련의 작품을 발표했다. 팝 아트는 TV, 광고, 매스미디어 등 대중매체 혹은 콜라, 만화 속의 주인공 등 우리 가까운 곳에 있는 소재들을 예술 안으로 받아들임으로써 순수 예술과 대중 예술이라는 이분법적·위계적 구조를 무너뜨렸다. 한편 이를 두고 소비문화에 굴복했다는 평도 있다.

058 입체파 立體派, cubism
20C 초 야수파 운동을 전후해서 일어난 미술 운동

입체파는 파블로 피카소와 조르주 브라크에 의해 시작되었다. 자연을 모방하는 종래의 이론에 반발하여 원근법·단축법·모델링·명암법 등의 전통적 기법을 거부하고 화폭의 2차원적 평면성을 강조한 것이 특징이다. 이들은 대상을 철저히 분해하여 여러 측면을 동시에 묘사하고 •포름(forme)을 존중하며 사실성에 대한 새로운 시각을 제시했다. 새로운 표현 양식의 전조가 된 것은 1907년 피카소가 그린 「아비뇽의 처녀들」이다.

▲ 피카소의 「아비뇽의 처녀들」

포름(forme) 사물의 형태, 형식 전체

059 비디오 아트 video art
텔레비전을 표현 매체로 하는 현대 예술의 한 경향

1970년대부터 성행하였으며 테크놀로지의 예술적 가능성의 추구에서 탄생한 것과 형식주의적인 예술에 대한 반발에서 탄생한 것으로 분류된다. 비디오 아트는 그 형식이 명확하지 않아 영화와 예술의 성격을 둘 다 가지고 있으며, 공간 혹은 환경의 구성과도 연결되어 있어 나아갈 방향이 다양하다. '움직이는 전자회화'라고도 불리며, 미술관이나 화랑에 전시된다. 유명한 작가로는 독일의 시사경제지 「카피탈」에서 세계 100대 작가 중 5대 작가로 선정한 백남준이 있고, 그 외에도 케이드 소니어, 레스 레바인, 비토 아콘시 등이 있다. 백남준의 비디오 아트 작품으로 「다다익선」이 유명한데, 이는 10월 3일 개천절을 의미하는 1003개의 TV 모니터로 이루어져 있다.

▲ 백남준의 「다다익선」

#미술 기타

060 비엔날레 biennale
2년마다 열리는 국제 미술전

비엔날레는 이탈리아어로 '2년마다'라는 뜻으로, 2년마다 열리는 미술전람회 행사를 의미한다. 세계 3대 비엔날레로는 1895년에 발족하여 가장 오랜 역사를 자랑하는 ▲베네치아 비엔날레(이탈리아)와 더불어 ▲상파울루 비엔날레(브라질) ▲휘트니 비엔날레(미국)가 꼽힌다. 1995년 이래 한국의 광주에서도 비엔날레가 개최되었으며 베네치아 비엔날레의 한국관이 개관되고 있다.

함께 나오는 용어
- 트리엔날레(triennale) 3년마다 열리는 미술행사
- 콰드리엔날레(quadriennale) 4년마다 열리는 미술행사

---

061 프레타포르테 prêt-à-porter
＊오트쿠튀르와 양대 산맥을 이루는 세계적인 기성복 박람회

프레타포르테는 '기성품'이라는 뜻으로, 제2차 세계 대전 후 파리에서 시작된 용어이다. 이 기성복 박람회는 파리, 런던, 밀라노, 뉴욕 등지에서 매해 2번씩 개최되어 각국의 디자이너들의 작품을 개시하며 유행을 선도한다.

오트쿠튀르(haute couture) 예술성을 최고 가치로 하는 고급 하이패션 박람회

062 앙데팡당 Independant
*아카데미즘에 반대하는 화가들이 개최한 무심사 미술전람회

19C 후반 프랑스의 미술계에 새롭게 등장한 심사도 시상도 없는 자유출품 전시회이다. 관전 전람회에 반대하여 독립적인 창작품을 전시하기 위해 설립되었으며, 참가비만 내면 그림을 전시할 수 있는 것이 특징이다. 앙데팡당은 19C 말 새로운 미술의 포문을 여는 역할을 했으며, 전통에 얽매인 생각을 깨트리고 심사라는 테두리에서 벗어나 자유로운 시각의 미술을 대중들에게 그대로 전달한 데 의미가 있다.

아카데미즘(academism) 보수적이고 전통을 중시하는 작품

063 스푸마토 sfumato
안개처럼 색의 변화를 느끼지 못하도록 자연스럽고 부드럽게 표현하는 명암법

'연기처럼 사라지다'라는 의미를 가진 'sfumare'에서 유래된 말로, 안개처럼 색의 변화를 느끼지 못하도록 자연스럽고 부드럽게 표현하는 명암법을 말한다. 윤곽선을 뚜렷하게 표현하는 것이 아니라 연하게 표현하거나 없애는 방법을 주로 이용하는데, 이것은 공간감과 원거리감을 느낄 수 있도록 돕는다. 1483년 레오나르도 다 빈치의 「암굴의 성모」에서 아기 몸이 스푸마토로 표현되었다.

▲ 다 빈치의 「암굴의 성모」

064 몽유도원도 夢遊桃源圖
조선 전기 화가 안견이 비단 바탕에 수묵담채로 그린 산수화

▲ 안견의 「몽유도원도」

1447년 작으로 안평대군이 꿈에서 방문한 *무릉도원을 안견에게 이야기하여 그리게 한 것이다. 그 발문을 보면 안견이 그림을 3일 만에 완성하였다고 한다. 안평대군의 시, 제서, 당대 최고 문사들이 쓴 찬문 등이 포함되어 있다. 그림의 줄거리는 통상적인 두루마리와는 다르게 왼편 하단부에서 오른편 상단부로 전개되어 있으며 왼편의 현실 세계와 오른편의 꿈 속 세계의 대조적인 분위기가 잘 구현되어 있다. 이 작품은 자연의 웅장함과 선경의 환상을 아름답게 표현하였으며 후대의 우리나라 산수화 발전에 큰 영향을 끼쳤다.

무릉도원(武陵桃源) 속세를 떠난 이상향으로 경관이 아름다운 곳

065 전위예술 前衛藝術, avant-garde
영미의 *모더니즘과는 다른 계열에 속하는 것으로서 독일과 프랑스를 중심으로 등장한 예술운동

상징주의, 입체파, 초현실주의, 표현주의를 모두 아우르는 전위예술의 '전위'는 본래 군사 용어로 전투 시 맨 앞에 서서 돌진하는 부대를 가리키는 말이었으나 19C 초 계급투쟁의 선봉에 선 정당 및 당원을 뜻하는 정치 용어로 사용되었다. 19C 중반부터 미지의 문제와 대결하여 기존의 예술의 틀을 깨고 예술계의 변화를 일으키는 혁명적 예술 경향 또는 그 운동을 뜻하는 예술 용어로 자리 잡았다.

모더니즘(modernism) 현대적이고 실험적인 경향의 예술을 통칭하는 용어

함께 나오는 용어
아방가르드(avant-garde) 20C 초 유럽을 중심으로 전통기법을 부정하고 새로운 것에 도전하는 혁신적인 예술 경향. 이는 표현주의·입체주의·미래주의·초현실주의·다다이즘·추상파 등을 포괄하는 개념으로 전위예술(前衛藝術)이라고도 함

066 행위 예술 行爲藝術, performance
신체를 이용한 행위를 통하여 예술을 표현하는 양식

신체 예술, 과정 예술, 퍼포먼스, 해프닝, 이벤트 등 다양하게 표현되며, 해프닝이 그 시작이라고 할 수 있다. 그 대표적인 예가 「4분 33초」라는 전위 음악 연주회이다. 해프닝은 연극의 형태를 띠며, 야외나 극장 이외의 장소에서 주로 시연되는 것이 특징이다.

「4분 33초」 4분 33초 동안 연주가 아닌 청중의 소음을 채집하는 행위를 통하여 예술을 표현한 존 케이지의 전위 음악 연주 작품

067 걸개그림
선전 혹은 선동 등을 위해 집회나 시위 현장 등에서 쓰이는 대형 그림

불교의 괘불화에서 이름을 따 '괘화'라고도 하는 걸개그림은, 1980년대 민주화 운동 및 노동 운동과 함께 널리 퍼지기 시작하였다. 이는 전시장이 아닌 현장에서의 미술로, 장소와 시간에 제한을 두지 않기 때문에 대중과 가까이 있는 미술형식이다. 또한 *무대 미술이라고 할 만큼 대형 작품으로 집회나 시위 현장 등에서 시각적인 효과가 큰 색채로 표현되는 것이 특징이다.
걸개그림은 한꺼번에 많은 사람들에게 알릴 수 있으며, 집회나 시위의 목적의식을 강하게 표현하는 데 이용되고 있다. 선거철에 정치인들이 자신을 홍보하는 방법으로도 활용된다. 이에 하나의 예술작품이 아니라 선전도구에 불과하다는 견해도 있어 예술성에 대한 논란이 끊이질 않고 있다.

무대 미술 무대에 있는 장치, 조명, 의상, 소품 등의 대상을 미적 감각으로 표현하는 것을 통칭하는 말. 최근에는 주로 무대 장치와 의상을 이르는 말로 주로 쓰임

01 ☐☐☐☐☐은(는) 안개처럼 색의 변화를 느끼지 못하도록 자연스럽고 부드럽게 표현하는 명암법이다.

02 ☐☐☐☐☐은(는) 바로크 시대에 가장 성행했던 대규모 성악곡이다.

03 ☐☐☐☐☐은(는) 한국영화의 질적 향상을 목적으로 설치된 한국 영화계의 대표적인 영화상으로, 1958년 문교부에 의해 실시되던 '국산영화상'에서부터 시작됐다.

04 국산영화진흥을 위해 국산 영화를 일정 기준 일수 이상 상영하도록 강제하는 제도적 장치를 ☐☐☐☐☐(이)라고 한다.

05 문학과 저널리스트 분야의 뛰어난 작품에 수여되는 미국의 가장 권위 있는 상은 ☐☐☐☐☐(이)다.

06 ☐☐☐☐☐은(는) 프랑스 영화계에서 일어난 새로운 물결이다. 젊은 영화인들이 새로운 영화 제작을 시작한 것으로, 직업 의식을 갖지 않은 소수의 그룹에 의한 제작이 대부분이다.

07 ☐☐☐☐☐은(는) 절도나 강탈을 하는 모습과 과정들을 상세하게 담고 있는 영화로서 범죄 영화의 하위 장르로 분류된다.

08 ☐☐☐☐☐은(는) 파블로 피카소와 조르주 브라크에 의해 시작되었다. 자연을 모방하는 종래의 이론에 반발하여 원근법·단축법·모델링·명암법 등의 전통적 기법을 거부하고 화폭의 2차원적 평면성을 강조한 것이 특징이다.

09 ☐☐☐☐☐은(는) 한 배우가 무대에서 혼잣말을 하는 것으로, 다른 배우의 등장 여부에 상관없이 자신의 마음 속 이야기를 내뱉어 관객들로 하여금 듣게 하는 것을 말한다.

10 ☐☐☐☐☐은(는) 대중문화적 시각 이미지를 미술의 영역 속에 수용한 구상 미술의 한 경향이다. 대표적 작가로는 앤디 워홀, 리히텐슈타인, 웨셀만, 올덴버그, 인디애너, 라모스 등이 있다.

CHOICE
- 누벨바그
- 대종상
- 칸타타
- 입체파
- 스푸마토
- 케이퍼 무비
- 스크린쿼터
- 모놀로그
- 퓰리처상
- 팝 아트

정 답
01 스푸마토
02 칸타타
03 대종상
04 스크린쿼터
05 퓰리처상
06 누벨바그
07 케이퍼 무비
08 입체파
09 모놀로그
10 팝 아트

01 MBC, 국민연금공단, KBS

대중문화적 시각 이미지를 미술의 영역 속에 수용한 구상 미술의 한 경향은?

① 아방가르드 ② 팝 아트
③ 초현실주의 ④ 포스트모더니즘

02 국민체육진흥공단

다음의 괄호에 들어갈 적당한 말을 순서대로 나열한 것은?

> (   )은(는) '노래' 또는 '가요'를 의미하며 널리 대중이 애창하고 있는 (   )의 대중가요이다. 밝고 경쾌하며, 멜로디가 쉬워 기억하기 쉽다. 이에 서정적이고 솔직한 사랑을 표현한 사랑의 노래가 많이 있다. 또한 이야기 부분과 되풀이 부분이 있어 흥이 난다. 대표적인 명곡으로는 「오 솔레 미오」, 「돌아오라 소렌토로」 등이 꼽힌다.

① 오라토리오 – 미국 ② 칸초네 – 이탈리아
③ 칸타타 – 로마 ④ 레게 – 자메이카

03 한국수력원자력, KBS, 스포츠서울, 매일신문

세계 3대 영화제가 아닌 것은?

① 베니스 영화제 ② 칸 영화제
③ 베를린 영화제 ④ 선댄스 영화제

04 경향신문, 경인일보

다음 중 유네스코 인류문화무형유산에 최초로 남북 공동 등재된 것은?

① 씨름
② 한산 모시짜기
③ 택견, 한국의 전통 무술
④ 대목장, 한국의 전통 목조 건축

05 서울교통공사, 동아일보, 한국일보

다음 중 입체파 화가가 아닌 사람은?

① 파블로 피카소 ② 조르주 브라크
③ 페르낭 레제 ④ 빈센트 반 고흐

06 대전MBC, 한국일보, 서울신문, 국가정보원, 스포츠서울

사물놀이의 구성 요소가 아닌 것은?

① 꽹과리 ② 장구
③ 징 ④ 소고

07 조선일보, 한국일보, 한국전력공사

바로크 시대에 가장 성행했던 대규모 성악곡은?

① 칸타타 ② 오라토리오
③ 트리오 ④ 칸초네

08 The-K한국교직원공제회, 현대건설, 전자신문

다음 중 용어와 설명이 옳지 않은 것은?

① 아방가르드 – 기존의 예술의 틀을 깨고 예술계의 변화를 일으키는 혁명적 예술 경향 또는 그 운동
② 콰드리엔날레 – 3년마다 열리는 국제 미술전
③ 몽타주 – 필름을 모아 하나의 작품으로 결합시키는 편집 기술
④ 플라멩코 – 에스파냐의 남부 안달루시아 지방의 집시들의 춤과 음악으로, 오늘날의 스페인 민속무용

09 헤럴드경제, KORAIL

다음 중 노벨상으로만 묶인 것은?

① 물리학, 화학, 생리의학, 문학, 경제학, 평화
② 평화, 물리학, 화학, 과학, 문학, 수학, 경제학
③ 문학, 화학, 경제학, 평화, 천문학, 문화, 물리학
④ 물리학, 화학, 문학, 의학, 평화, 법학, 경제학

10 한국언론진흥재단, KBS, 중앙일보

다음 중 음악의 빠르기말이 느림에서 빠름 순으로
옳게 연결된 것은?

① 안단테 → 안단티노 → 모데라토 → 알레그로
② 안단테 → 알레그로 → 안단티노 → 모데라토
③ 안단티노 → 알레그로 → 모데라토 → 안단테
④ 모데라토 → 안단티노 → 알레그로 → 안단테

11 한국마사회, 한전KPS, 한국감정원, KBS, 중앙일보

다음 중 국악 장단 빠르기가 느림에서 빠름 순으로
옳게 연결된 것은?

① 진양조 → 중중모리 → 중모리 → 자진모리 →
  휘모리
② 중중모리 → 중모리 → 자진모리 → 휘모리 →
  진양조
③ 진양조 → 중모리 → 중중모리 → 자진모리 →
  휘모리
④ 중모리 → 중중모리 → 자진모리 → 휘모리 →
  진양조

12 대전MBC

신(新) 세계 7대 불가사의가 아닌 것은?

① 중국의 만리장성
② 멕시코의 치첸이트사 피라미드
③ 페루의 잉카 유적지 마추픽추
④ 프랑스의 에펠탑

13 한국에너지공단

오페라의 여자 주인공을 부르는 말은?

① 세콘다 돈나(seconda donna)
② 프리마 돈나(prima donna)
③ 프리모 우오모(primo uomo)
④ 카스트라토(castrato)

14 한국산업인력공단, 한국장애인고용공단

다음 중 미국 브로드웨이의 연극상은?

① 그래미상   ② 에미상
③ 오스카상   ④ 토니상

15 SBS, 이데일리, 헤럴드경제

파리, 런던, 밀라노, 뉴욕 등지에서 매해 2번씩 개최
되는 기성복 박람회는?

① 비엔날레   ② 앙데팡당
③ 오트쿠튀르   ④ 프레타포르테

16 MBC, KBS, SBS, 경향신문, 한국일보, 중앙일보, 국민일보

다음 중 판소리 6마당은?

① 장끼타령   ② 변강쇠타령
③ 배비장타령   ④ 숙영낭자타령

CHAPTER 02

문화·스포츠

정답

01	②	02	②	03	④	04	①	05	④	06	④
07	①	08	②	09	①	10	①	11	③	12	④
13	②	14	④	15	④	16	②				

01. (핵심 Tag) #문화·예술 #미술 #미술사조

팝 아트는 TV, 광고, 매스미디어 등 대중매체 혹은 콜라, 만화 속의 주인공 등 우리 가까운 곳에 있는 소재들을 예술 안으로 받아들임으로써 순수 예술과 대중 예술이라는 이분법적·위계적 구조를 무너뜨렸다.

02. (핵심 Tag) #문화·예술 #음악 #서양 음악

이탈리아 대중가요 칸초네에 관한 설명이다.

03. (핵심 Tag) #문화·예술 #영화·연극 #영화제

선댄스 영화제는 독립영화를 다루는 미국의 권위 있는 국제영화제이다.

04. (핵심 Tag) #문화·예술 #문화유산·예술상 #문화유산

2018년에 한반도 고유의 세시풍속 놀이 '씨름'이 사상 처음으로 남북 공동 인류무형문화유산으로 지정됐다.

05. (핵심 Tag) #문화·예술 #미술 #미술사조

입체파 화가의 대표적인 화가로는 파블로 피카소, 조르주 브라크 등이 있으며, 빈센트 반 고흐는 인상파이다.

06. (핵심 Tag) #문화·예술 #음악 #국악

사물놀이는 꽹과리·장구·징·북을 연주하는 음악 또는 그 음악에 의한 놀이를 말한다.

07. (핵심 Tag) #문화·예술 #음악 #서양 음악

칸타타는 '노래한다'라는 뜻의 이탈리아어에서 유래하였으며, 이야기식의 가사를 가진 독창, 합창 등의 성악곡을 말한다.

08. (핵심 Tag) #문화·예술 #영화·연극 #기타 용어

콰드리엔날레는 4년마다 열리는 미술행사이다.

09. (핵심 Tag) #문화·예술 #문화유산·예술상 #주요 상

노벨상은 물리학, 화학, 생리의학, 문학, 평화 5개 부문에 걸쳐 수여되던 것에서 1969년부터 경제학이 새로 추가돼, 현재 6개 부문에서 인류 문명의 발달에 공헌한 사람이나 단체에 수여하고 있다.

10. (핵심 Tag) #문화·예술 #음악 #빠르기

음악의 빠르기말(tempo signature)은 (느림 → 빠름) 아다지오(adagio, 아주 느리게) → 안단테(andante, 느리게) → 안단티노(andantino, 조금 느리게) → 모데라토(moderato, 보통 빠르기) → 알레그로(allegro, 빠르게) → 프레스토(presto, 아주 빠르게) 순이다.

11. (핵심 Tag) #문화·예술 #음악 #빠르기

국악 장단의 빠르기는 (느림 → 빠름) 진양조 → 중모리 → 중중모리 → 자진모리 → 휘모리 순이다.

12. (핵심 Tag) #문화·예술 #문화유산·예술상 #문화유산

신(新) 세계 7대 불가사의에는 중국의 만리장성, 브라질의 거대 예수상, 페루의 잉카 유적지 마추픽추, 요르단의 고대도시 페트라, 이탈리아의 콜로세움, 멕시코의 치첸이트사 피라미드가 있다.

13. (핵심 Tag) #문화·예술 #음악 #서양 음악

프리마 돈나(prima donna)에 대한 설명이다. 제1의 여인(first lady)이라는 이탈리아어로 오페라의 여자 주인공을 가리킨다.

14. (핵심 Tag) #문화·예술 #문화유산·예술상 #주요 상

토니상(tony awards)은 1947년에 브로드웨이의 유명 여배우 앙트와네트 페리(Antoinette Perry)를 기념하기 위해 창설된 미국 브로드웨이의 연극상으로, 연극의 아카데미상이라고 불린다. 매년 5~6월 중 스트레이트 플레이와 뮤지컬 플레이 부문으로 나누어 작품상, 남녀배우상, 연출상 등 총 21개 부문에 대하여 시상한다.

① 그래미상(grammy awards) : 전미레코드예술과학아카데미(NARAS)가 주최하는 대회에서 1년간의 우수한 레코드와 앨범에 수여하는 상으로, 영화계의 아카데미상에 비견된다.

② 에미상(emmy awards) : 텔레비전의 아카데미상이라고 불리는 미국 최대의 프로그램 콩쿠르 상이다.

③ 오스카상(oscar awards) : 미국 최대의 영화상인 아카데미상(academy awards)을 일컫는 말이다.

15. (핵심 Tag) #문화·예술 #미술 기타

프레타포르테(prêt-à-porter)에 대한 설명이다.

① 비엔날레(biennale) : 2년마다 열리는 국제 미술전

② 앙데팡당(independant) : 아카데미즘에 반대하는 화가들이 개최한 무심사 미술전람회

③ 오트쿠튀르(haute couture) : 예술성을 최고 가치로 하는 고급 맞춤복 박람회

16. (핵심 Tag) #문화·예술 #음악 #국악

판소리 6마당은 '춘향가, 심청가, 흥부가(박타령), 수궁가, 적벽가, 변강쇠(가루지기)타령'이며 이 중 변강쇠타령은 전해지지 않고 있다.

판소리 마당

구분	작품	정립 시기
12마당	춘향가, 심청가, 흥부가, 수궁가, 적벽가, 변강쇠타령, 배비장타령, 강릉매화타령, 옹고집타령, 장끼타령, 무숙이타령(왈짜타령), 숙영낭자타령(가짜신선타령)	숙종 이후 영·정조 시대를 거치면서 정립
6마당	춘향가, 심청가, 흥부가, 수궁가, 적벽가, 변강쇠타령(현재 '변강쇠타령'을 제외한 5마당만 전함)	고종 때 신재효가 12마당을 6마당으로 정리·개작

SECTION

2 | 매스컴

01 매스컴 일반

핵심Tag #주요 매스컴 이론 #여론

#주요 매스컴 이론

068 매스미디어 효과 이론 mass communication effects theory
매스미디어가 수용자에 미치는 영향에 대한 이론

˙매스미디어의 효과가 대단히 크다는 '대효과 이론'과 크지도 작지도 않다는 '중효과 이론' 그리고 그리 크지 않다는 '소효과 이론'으로 나뉜다.

매스미디어(mass media)
매스커뮤니케이션을 위한 매체(媒體)

• 대효과 이론

이론	내용
탄환 이론 (bullet theory)	매스미디어의 획일적인 메시지는 원자화되고 고립화된 대중에게 직접적·즉각적·획일적으로 강력한 영향을 미친다는 이론으로 '피하주사 이론' 또는 '기계적 S-R 이론'이라고도 한다.
미디어 의존 이론 (dependency theory)	매스미디어·수용자·사회는 3원적 의존관계로, 현대 사회에서는 수용자들의 매스미디어에 대한 의존도가 높아지고 있어 수용자와 사회에 미치는 매스미디어의 영향력이 매우 크다는 이론이다.
모델링 이론 (modeling theory)	반두라(Albert A. Bandura)의 사회적 학습 이론을 배경으로 등장한 이론으로 수용자들은 매스미디어가 보여주는 행동 양식을 모델로 삼아 행동하기 때문에 매스미디어는 수용자들에게 매우 큰 영향력을 미치고 있다는 주장이다.
침묵의 나선 이론 (spiral of silence theory)	독일의 커뮤니케이션학자 노엘레-노이만(Noelle-Neumann)이 제시한 이론으로 인간들은 자신의 의견이 지배적인 여론과 일치하면 이를 적극적으로 표현하지만 그렇지 않으면 침묵하는 성향이 있어 끊임없이 외적 환경을 관찰하는데, 이때 지배적인 여론을 형성하고 전파하는 데 매스미디어가 강력한 영향력을 행사한다는 것이다.

문화계발 효과 이론 (cultivation theory)	거브너(George Gerbner) 등이 제창한 이론으로 오늘날 대중들은 획일화된 메시지의 텔레비전을 습관적·비선별적으로 시청하고 있기 때문에 매스미디어는 수용자인 대중들에게 관념을 형성시켜 주는 가장 강력한 문화적 도구로서의 기능을 한다는 것이다.

• 중효과 이론

이론	내용
이용과 충족 이론 (uses and gratification theory)	대중은 능동적이고 목적지향적인 존재이므로 자신의 욕구를 충족시키기 위한 방법으로 매스미디어를 선택해 이용한다는 이론이다. 이는 미디어가 수용자에게 무엇을 하느냐가 아니라 수용자들이 미디어로 무엇을 하느냐를 연구한 매스커뮤니케이션의 새로운 접근방식으로 1959년 카츠(Elihu Katz)에 의해 제창되었다.
의제설정기능 이론 (agenda–setting function theory)	맥콤(Maxwell McCombs)과 쇼(Donald Shaw)는 매스미디어가 태도 변화에는 효과가 없지만 어떤 사회적 문제를 강조하여 보도함으로써 그것을 사회의 중요한 이슈로 부각시켜 주는 인지적 측면에서는 효과가 있다고 주장하였다. 즉, 매스미디어가 할애하는 보도의 양과 사회적 문제에 대해 수용자들이 느끼는 중요도 간에는 높은 *상관관계가 있다는 것이다.

• 소효과 이론

이론	내용
선별 효과 이론 (selective influence theory)	수용자들은 능동적인 존재로 매스미디어의 내용을 선별하여 지각하고 파지한다는 것이다. 즉, 매스미디어의 메시지가 자신의 가치관이나 태도와 일치하면 받아들이고 그렇지 않으면 별다른 반응을 보이지 않는다는 이론이다.
2단계 유통 이론 (the two–step flow of communication theory)	수용자들은 사회적 관계를 맺고 있는데 이러한 관계가 미디어의 정보를 중계·수신하는 방식에 영향을 미친다는 이론이다. 즉, 2단계 유통 이론은 매스미디어의 정보나 영향력이 1단계로 의견 지도자(opinion leader)를 거쳐서 2단계로 대중들에게 전달된다는 것이다.
제한 효과 이론 (limited effects theory)	1960년에 조셉 클래퍼(Joseph Klapper)에 의해 공식화된 이론으로 매스미디어의 효과는 강력한 것이 아니라 개인의 선택적 과정과 집단 규범, 의견 지도자의 역할 등과 같은 중개 요인들이 기존의 태도나 가치·신념을 강화시키는 제한적인 효과를 가진다는 주장이다.

상관관계(相關關係) 두 가지 사물이나 사상 사이의 유사 정도 또는 두 가지 중 한쪽의 변화에 따라 다른 한쪽이 변화하는 관계를 이르는 말

069 맥루한의 미디어 결정론 media determinism
인간의 행동은 커뮤니케이션의 '내용'이 아니라 '매체'에 의해서 결정된다는 이론

매체와 매체의 의미를 선구적으로 해석한 세계적인 미디어 비평가인 •마샬 맥루한(Marshall Mcluhan)은 그의 저서 『미디어의 이해(understanding media)』에서 '미디어는 메시지(message)'라는 유명한 말을 남겼다. 이는 미디어가 전달하는 것은 그 내용과는 전혀 다른 '미디어 그 자체의 특질'이라는 것이다. 또한 그는 메시지와 채널의 결합으로 생기는 미디어의 힘을 '마사지(massage)'에 비유하여 미디어가 인간의 촉각을 자극할 것이라고 주장하였다.

마샬 맥루한(Marshall Mcluhan) 캐나다 출신의 미디어 이론가이자 문화 비평가. 미디어 비평계의 초석을 세움

함께 나오는 용어

- **인지균형 이론(cognitive consistency theory)**
  인간은 이성적인 동물로 사회현실에 대한 모순적인 인지를 회피하고 균형을 유지하려는 속성을 지니고 있다는 하이더(F. Heider)의 이론이다. 즉, 인간은 현실과 현재의 이미지를 지지하는 정보는 받아들이고 이에 반하는 정보는 거부하여 안정된 상태를 유지하려고 노력한다는 것이다.

- **인지부조화 이론(theory of cognitive dissonance)**
  페스팅거(L. Festinger)가 주장한 이론으로 인간은 인지체계의 내적 일관성을 유지하려고 노력한다는 이론이다. 즉, 두 개의 인지요소 중 어느 한 인지요소의 반대가 바로 다른 인지요소인 경우 인간은 심리적으로 불편한 부조화 상태를 해소하고 조화를 이루기 위해 힘쓴다는 것이다.

- **발전 이론(development theory)**
  사회변화의 과정을 커뮤니케이션의 과정으로 파악한 러너(D. Lerner)는 저개발된 제3세계 국가들의 전통적 가치관이 정치참여와 경제 활동의 걸림돌이 된다고 파악하고 이들 국가의 발전을 위해서는 서구의 커뮤니케이션 미디어의 확장이 필요하다고 주장하였다.

- **문화제국주의론(cultural imperialism theory)**
  서구 자본주의 국가에서 제3세계로 유입되는 상품에 담긴 자본주의적 가치가 제3세계 국가들의 전통적 고유문화를 지배하여 경제적·정치적·문화적으로 종속시킨다는 실러(H. Schiller)의 이론으로 매스미디어는 이 과정을 조직적으로 수행하는 데 가장 강력한 수단으로 활용된다.

070 핫미디어 hot media · 쿨미디어 cool media
정보의 •정세도(精細度)와 수용자의 참여도에 따른 미디어의 2가지 유형

커뮤니케이션 학자 마샬 맥루한은 정보의 정세도와 수용자의 참여도에 따라 미디어를 크게 핫미디어와 쿨미디어 2개의 유형으로 구분하였다. 정보의 양이 많고 논리적인 ▲핫미디어(hot media)는 수용자의 참여 여지가 부족한 반면, 직관적이며 감성적인 ▲쿨미디어(cool media)는 정보의 양이 불분명하고 빈약하여 수용자들의 적극적인 참여가 이루어진다. 신문·잡지·라디오·영화·사진처럼 한 가지 감각에만 집중하는 매체들은 핫미디어에, 텔레비전·전화·만화처럼 여러 감각을 이끌어내는 매체들은 쿨미디어에 속한다.

정세도(精細度) 선명도 또는 명확한 정도를 의미하며 영어로는 definition이라고 함

071 뉴미디어 new media
정보·통신 기술의 발전으로 새롭게 등장한 미디어

뉴미디어란 *일렉트로닉스에 의존하여 새롭게 등장한 미디어 또는 기존 매체에 다른 매체의 기술이나 아주 새로운 기술을 결합시켜 진보한 미디어로 파악할 수 있다. 정보의 전달 수단에 따라 그 종류를 살펴보면 케이블 TV, 비디오텍스, 근거리정보통신망(LAN), 부가 가치 통신망(VAN) 등과 같은 유선계와 위성 방송, 텔레텍스트, 정지화방송, 직접 위성 방송(DBS), 고품위 TV(HDTV), 팩시밀리 방송과 같은 무선계, 비디오디스크, 광디스크, 비디오테이프 등과 같은 패키지계로 나눌 수 있어 기존의 신문·라디오·TV 등과 다른 성격을 지닌다.

일렉트로닉스(electronics) 전자공학, 전자기술 등과 같이 전자의 응용에 관한 학문과 기술의 총칭

072 매스컴 masscom
불특정 다수의 일반대중을 대상으로 매스미디어를 통해 대량의 정보를 전달하는 것

1940년대 미국에서 처음 사용된 매스컴은 'mass communication'의 준말로 오늘날 국제적인 용어로 정착되었다. 이는 연설이나 강의와 달리 신문, 영화, 잡지, 텔레비전 등 대규모의 독점적인 조직을 가진 전달자가 일반적인 대다수 수용자에게 일방통행적으로 정보를 전달한다는 특징을 지닌다.

함께 나오는 용어

4매스(4mass)
- mass production(대량 생산)
- mass selling(대량 판매)
- mass communication(대량 전달)
- mass consumption(대량 소비)

073 커스컴 cuscom
특정 소수의 사람을 상대로 정보를 전달하는 것

단골을 뜻하는 'custom'과 통신을 뜻하는 'communication'의 합성어로 '커스텀 커뮤니케이션(custom communication)'이라고도 한다. 이는 *유선 방송이나 케이블 TV와 같이 정보를 접하고자 하는 소수의 사람들에게 정보를 전달하는 것을 말한다.

유선 방송(有線放送) 유선전기 통신시설을 이용하여 수신자에게 송신하는 다채널방송

074 언론의 4이론

언론의 체제와 그에 따른 통제방식에 대한 이론을 역사적 변천과정에 따라 분류한 것

이론	내용
권위주의 이론 (authoritarian theory)	미디어는 국가의 통치이념을 국민들에게 전달·전파하는 것으로 민간이 미디어를 운영하지만 반드시 국가나 정부로부터 허가와 *검열을 받아야 한다. 만약 그 내용이 국가의 통치이념에 어긋날 경우 허가를 취소하고 책임자를 처벌한다는 이론이다.
자유주의 이론 (libertarian theory)	로크와 루소의 계몽주의 사상을 바탕으로 인간은 자유롭고 합리적인 존재이므로 언론은 정부로부터 아무런 제약 없이 '자유로운 사상의 시장'으로서의 역할을 담당해야 한다는 이론이다.
소비에트 공산주의 이론 (Soviet communist theory)	마르크스의 정치철학에 입각하여 모든 매스미디어는 당에 의해 소유되고 당의 산하 기관으로서 국가의 정책 수행과 공지 활동 및 선전·선동 도구의 기능을 한다고 보는 이론으로 실행 면에서 레닌과 스탈린의 영향을 받았다.
사회책임주의 이론 (social responsibility theory)	1947년 허친스위원회에서 제시된 것으로 민주주의의 수행을 위해서 언론은 국민들에게 모든 종류의 정보와 의견을 제공하고 국민들 스스로 결정을 내리도록 해야 한다는 이론이다. 즉, 언론은 정부로부터 자유롭지만 국민에 대해서는 책임을 져야 한다는 것이다.

검열(檢閱) 사상 통제나 치안 유지를 위해 공권력이 언론·출판·보도·예술 등의 내용을 사전에 검사하는 제도

함께 나오는 용어

제4부
민주주의 사회에서 언론의 기능과 역할이 입법·사법·행정 3부와 견줄 만하다고 하여 생긴 말로서 제4권력, *제4계급(第四階級)이라고도 한다.

제4계급(第四階級, fourth estate) 언론 및 기자를 서구 봉건제의 성직자·귀족·평민 3계급과 대비하여 지칭하는 말로 오늘날 국민의 알권리와 관련하여 정치의 감시자인 제4계급의 역할과 책임이 강조됨

075 퍼블릭 액세스 public access

일반대중이 직접 기획하고 제작한 영상물을 그대로 방영하는 것

방송에 대한 시민의 직접 참여로 시청자가 직접 제작한 영상물을 그대로 상영해주는 방식을 말한다. 이는 1960년대 말 캐나다에서 처음 시작되어 현재는 미국, 독일 등 여러 국가에서 널리 활용하고 있으며 우리나라에서는 '시청자 참여프로그램'·'시청자 제작방송 프로그램' 등의 용어로 불리고 있다.

함께 나오는 용어

• 액세스 채널(access channel)
방송운영자 외의 일반 대중들이 자유롭게 이용할 수 있는 채널을 말한다. 즉, 수용자가 참여하거나 지역 주민들이 직접 제작한 프로그램을 방영해주는 채널로 'PEG(Public·Educational·Governmental) 채널'이라고도 한다. RTV, 소출력 라디오 방송 등이 대표적이며 이러한 액세스 채널은 점차 거대화·독점화되고 있는 매스미디어를 견제하는 동시에 쌍방향 커뮤니케이션을 가능하게 해주며 프로그램의 다양성을 진작시켜 준다는 점에서 의미를 지닌다.

• 액세스 프로그램(access program)

시청자가 직접 만들거나 참여하는 프로그램으로 아래와 같은 4가지 유형으로 구분되나 실제로는 이 4가지를 결합한 하나의 채널이나 지역 액세스 채널로 축소·운영되고 있다.

유형	내용
˚공중 액세스 (public access)	지역 사회의 주민들 누구나 참여하여 프로그램을 제작·방송할 수 있는 채널
교육 액세스 (educational access)	케이블로 학교 교실과 집을 연결하여 집에 있는 학생들도 학교 강의를 들을 수 있도록 한 채널
정부 액세스 (governmental access)	세금 납부안내, 시의회의 의제, 취업 알선, 교통 정보, 각종 문화, 오락시설 등의 공지를 통해 정부와 납세자 사이의 연결 고리 역할을 하는 채널
임대 액세스 (leased access)	케이블 운영자의 지역 사회 채널 독점을 막기 위해 개인이나 집단이 서비스나 광고 목적으로 임대하여 이용할 수 있는 채널

공중(公衆) 일반 사람들, 일반인을 가리키는 말

076 옴부즈맨 제도 ombudsman system

책임 있는 언론과 대중의 권익 보호를 위한 자율규제제도

1809년 스웨덴에서 국민을 대신해 정부나 기업, 단체 등의 활동을 감시하고 견제하는 행정 감찰 제도로 창안된 옴부즈맨 제도는 이후 언론·기업 등 사회 각 분야에 도입되어 시청자와 소비자의 불만을 수렴하고 시정하는 제도로 발전하였다.

국내 방송사들도 「열린TV 시청자세상」, 「TV비평 시청자데스크」 등 시청자와의 대화, 시청자의 불만 조사 및 수렴, 그에 대한 제작진의 입장을 표명하는 옴부즈맨 프로그램을 제작 방영하고 있다.

077 미디어 임페리얼리즘 media imperialism

선진 자본주의 국가가 세계 정보시장을 독점하고 있는 상황을 이르는 말

미국을 비롯한 몇몇 서방국가가 주변국인 개발 도상국으로 자본주의의 사회구조나 가치관, 생활 양식 등의 내용을 담은 미디어를 수출함으로써 주변국의 사회구조와 가치관, 생활 양식을 지배한다는 것이다. 즉, 몇몇 선진 자본주의 국가가 정보의 유통을 독점하여 세계 정보질서를 지배한다는 것으로 '정보'제국주의' 또는 '문화제국주의'라고도 한다.

제국주의(imperialism) 정치적·경제적·군사적으로 다른 민족이나 국가를 정복해 영토를 확대하려는 침략적 국가 정책

078 교차소유 交叉所有, cross-ownership
개인이나 기업이 두 가지 종류 또는 그 이상의 커뮤니케이션 산업을 소유한 형태

개인이나 기업이 두 가지 종류 또는 그 이상의 미디어를 소유한 형태로 예를 들면 신문사 소유자가 TV 방송국이나 케이블 TV를 동시에 소유하는 것으로 "겸영(兼營)"이라고도 한다. 지금까지 소수 언론에 의한 시장 독점과 소유권 집중을 방지하고 언론의 다양성을 보장하기 위해 법률로 규제해 왔으나 2009년 이후 시장의 개방과 정보통신산업의 발달로 규제가 완화되어 종합편성채널 등 상대 산업에 대한 상호진출을 허용하고 있다.

겸영(兼營) 둘 이상의 사업을 같이 경영하는 것

#여론

079 액세스권 right of access to mass media
시민이 매스미디어에 자유로이 접근하여 비판이나 반론을 제기할 수 있는 권리

매스미디어에 대한 액세스권은 1967년 미국의 제롬 배런(Jerome A. Barron)이 "언론 자유가 제대로 실현되려면 매스미디어가 그 참된 소유자인 독자와 시청자에게로 되돌아가야 한다"고 주장하며 처음 제기되었다. 매스미디어로부터 소외된 일반 대중들이 자유롭게 미디어에 접근하여 이를 이용할 수 있는 권리로 오늘날 정보공개법이나 반론권 등과 결부되어 다양한 실현방법이 논의되고 있다.

구체적으로 살펴보면 ▲신문·잡지·방송 등에 의견이나 반론을 청구할 수 있는 권리, ▲매스미디어에 대해 비판이나 요구를 할 수 있는 권리, ▲신문·잡지 등의 편집이나 방송 프로그램에 참가하여 자신의 의견을 표현할 수 있는 권리, ▲매스미디어의 경영에 참여를 요청할 수 있는 권리 등이 있다.

080 알권리 right to know
국민이 모든 종류의 정보를 자유롭게 알 수 있는 권리

1945년 미국 AP통신사의 켄트 쿠퍼(Kent Cooper)가 뉴욕의 한 강연에서 사용한 용어로 국민이 모든 종류의 정보와 사상을 방해받지 않고 요구하는 동시에 접근할 수 있는 권리를 말한다.

함께 나오는 용어

선샤인법(sunshine act)
1976년 미국에서 제정된 '햇빛 속의 정부법(Government in the Sunshine Act)'으로 국민들의 알권리를 위해 행정 기관의 정책결정과정이나 심의과정을 국민들에게 공개하도록 규정한 정보자유법이다. 단, 국가의 안보나 사생활 침해 등에 관한 사항은 예외로 규정하고 있다.

081 반론권 反論權, right of reply

언론의 불공정한 보도에 의해 *명예훼손을 당한 사람이 반론할 수 있는 권리

액세스권의 한 유형으로 개인의 인격권을 보호하고 알권리를 보장하기 위한 제도적 장치이다. 즉, 신문·잡지·방송 등의 언론보도나 논평에 의해 피해를 입은 사람이 해당 언론에 대해 반박문이나 정정문을 게재하거나 방송하도록 요구할 수 있는 권리를 말한다. 이에는 보도가 사실과 다를 경우 이를 정정해 주도록 요구하는 ▲정정권과 사실 여부와 상관없이 언론에 나간 주장 등에 관한 반론을 무료로 실어주도록 요구할 수 있는 ▲반박권이 있다.

더 알고가기

언론중재 및 피해구제 등에 관한 법률

언론보도로 인해 침해된 명예나 권리, 법익에 관한 다툼을 조정하고 중재하기 위한 법률로 언론중재법(言論仲裁法)이라고도 한다. 4장 34조로 이루어져 있으며 3장에서 침해에 대한 구제로 정정보도청구권, 반론보도청구권, *추후보도청구권의 절차에 대해 명시하고 있다.

> **명예훼손(名譽毀損)** 공공연하게 타인의 명예를 떨어뜨리는 사실 또는 허위 사실을 지적하는 일

> **추후보도청구권** 언론에서 범죄혐의 및 형사상 조치를 받았다고 보도된 자가 그에 대한 형사절차에서 무죄판결 또는 이와 동등한 형태로 종결된 경우 언론사에 이 사실에 관한 추후보도의 게재를 청구할 수 있는 권리로 해명권이라고도 함

082 정보 공개 제도 情報公開制度

국민 누구나 국가가 보유하고 있는 정보를 열람할 수 있는 제도

국민 누구나 공공기관이 보유하고 관리하는 정보에 대해 *열람할 수 있는 제도로, 국민의 알권리를 보장하고 국정에 대한 국민 참여와 국정 운영의 투명성을 확보하기 위해 제정된 법이다. 공공기관은 공개 청구를 받은 날로부터 10일 이내에 가부(可否)를 결정하여 청구인에게 통지하여야 하며 비공개 결정 통지를 받은 청구인은 이의신청 및 행정심판을 통해 권리구제를 받을 수 있다. 단, 국익 및 개인의 사생활에 지장을 초래할 수 있는 정보 등은 비공개 대상 정보로 규정하고 있다.

> **열람(閱覽)** 책, 문서 등을 두루 훑어보거나 조사하면서 봄

더 알고가기

비공개 대상 정보(공공기관의 정보 공개에 관한 법률)
• 다른 법률 또는 법률이 위임한 명령에 의하여 비밀 또는 비공개 사항으로 규정된 정보
• 국가안전보장·국방·통일·외교관계 등에 관한 사항으로서 공개될 경우 국가의 중대한 이익을 현저히 해할 우려가 있다고 인정되는 정보
• 공개될 경우 국민의 생명·신체 및 재산의 보호에 현저한 지장을 초래할 우려가 있다고 인정되는 정보
• 진행 중인 재판에 관련된 정보와 범죄의 예방, 수사, 공소의 제기 및 유지, 형의 집행, 교정, 보안 처분에 관한 사항으로서 공개될 경우 그 직무수행을 현저히 곤란하게 하거나 형사피고인의 공정한 재판을 받을 권리를 침해한다고 인정할 만한 상당한 이유가 있는 정보

083 발롱데세 ballon d'essai
여론의 동향을 탐색하기 위해 흘려보내는 정보

기상상태의 관측을 위해 띄우는 시험기구(試驗氣球, trial balloon)에서 비롯된 기상용어로, 현재는 기업이나 정치권이 여론의 동향을 탐지하기 위해 고의로 또는 의식적으로 흘려보내는 정보나 의견을 의미한다.

084 프레스 캠페인 press campaign
여론 환기를 목적으로 신문에 특정 문제를 연속적으로 보도하는 활동

사회악이나 정치부패 등의 문제에 대해 신문이 여론 환기를 목적으로 지면이나 조직을 동원하여 일정 기간 연속적으로 행하는 언론·보도활동을 말한다. 신문은 이러한 프레스 캠페인을 통해 일정한 주장을 사회에 알리고 대중의 의견과 태도를 바꾸어 찬반(贊反)에 대한 조직적 행동을 사회에 정착시키고자 노력한다.

085 여론 조사소 poll
개별 면접이나 질문을 통해 정치·사회·문화 전반에 대한 대중들의 공통된 의견을 조사하는 기관

여론 조사소	내용
갤럽 여론 조사소 (gallup poll)	1935년에 갤럽이 설립한 회사로 시장 조사에 이용하던 방법을 활용한 새로운 여론 조사 기법으로 정확한 분석과 예측을 가능하게 하여 미국은 물론 세계적으로 잘 알려진 여론 조사기관이다.
해리스 여론 조사소 (harris poll)	1956년에 루이스 해리스(Louis Harris)가 설립한 미국의 여론 조사 기관으로 1960년 존 F. 케네디 대통령과 1992년 클린턴 대통령의 당선을 예측하여 세계적으로 유명해졌다.

086 RDD Random Digit Dialing
전화 여론 조사 기법 가운데 '무작위 임의전화걸기' 방식

전화 여론 조사의 방식 가운데 지역번호와 국번을 제외한 마지막 4자리를 무작위로 생성해 전화를 하는 방식으로 '임의번호걸기' 방식이라고도 한다. 전화번호부에 등록되지 않은 전화번호까지 조사할 수 있기 때문에 기존 전화 여론 조사보다 신뢰도가 높다.

02 신문방송

핵심Tag #언론보도 #신문 #방송 #방송 기타 #언론 기구

#언론보도

087 데스크 desk
언론사에서 기사의 취재와 편집을 지휘하는 사람 또는 직위

언론사에서 기자들에게 취재를 지시하고 입고된 원고를 선별하여 제목을 붙이고 지면을 구성하는 등 편집을 총괄하는 책임기자 또는 그런 업무를 담당하는 각 부서의 차장을 일컫는 말이다.

088 게이트 키퍼 gatekeeper
언론 기관이나 언론인에 대한 별칭

사회에서 일어나고 있는 각종 사건에 관한 정보들이 유통하는 채널에서 그 관문(gate)을 지키면서 어떤 뉴스는 신문에 보도해 독자들에게로 흐르게 하고 또 어떤 것은 차단하는 등의 *취사선택을 하는 수문장(守門將, gatekeeper)이라는 뜻에서 언론 기관이나 언론인을 이렇게 부른다. 이러한 게이트 키퍼들이 어떻게 뉴스를 선택하고 있는가를 밝혀 보려는 연구들을 게이트 키퍼 연구라고 하는데, 그 연구 결과들을 보면 기자들이 어떤 뉴스를 취사선택할 때, 발행인이나 상사(上司)와 사회적 압력 등에 상당히 영향을 받게 되어, 결과적으로 독자들에게 공정하고 사실적인 정보를 제공하지 못하는 것으로 나타난다.

그래서 기버(Gieber)는 "오늘날 우리가 신문으로부터 얻는 대부분의 뉴스란 신문사가 여러 가지의 내외적 통제에 따라 지면에 게재키로 결정한 것에 지나지 않는다."라고까지 말한다.

취사선택(取捨選擇) 여럿 가운데서 쓸 것은 쓰고 버릴 것은 버려서 골라잡음

더 알고가기
게이트 키퍼의 또 다른 뜻
자살 위험 대상자를 조기에 발견해 전문기관의 상담 및 치료를 받을 수 있도록 연계하고, 위급상황에서 자살 위험 대상자의 자살 시도를 방지하기 위해 지속적으로 관리·지원하는 사람을 게이트 키퍼라고 한다.
이들 게이트 키퍼는 자살 위험성이 높은 고위험군 대상자를 조기에 발견하여 전문기관의 상담 및 치료를 받을 수 있도록 중간에서 연결해 주거나, 자살 위기 상황의 발생 시 신속한 대응으로 자살 시도를 방지하는 등, 자살을 예방하기 위해 지속적인 관리·지원을 담당한다. 자살 위험 대상자와 자살예방센터 사이에 중간다리 역할을 한다는 의미로 붙여진 이름으로, '생명사랑지킴이'라고도 한다.

CHAPTER 02

문화·스포츠

089 데드라인 deadline
신문기사나 방송대본의 최종 원고 마감 시간

신문기사나 방송대본 등의 원고 마감 시간으로 이를 넘기게 되면 신문이나 방송에 차질이 생기므로 언론사에서는 데드라인을 생명처럼 여기고 있다.

090 헤드라인 headline
독자의 눈길을 끌기 위해 기사의 내용을 압축한 신문의 표제

광고의 *캐치프레이즈와 같은 뜻으로 시간에 쫓기는 독자들에게 표제만 보아도 무슨 내용인지 알 수 있도록 본문의 내용을 압축하여 시선을 끄는 신문기사의 제목을 말한다.

캐치프레이즈(catchphrase) 광고 등에서 남의 주의를 끌기 위한 문구나 표어

> **함께 나오는 용어**
> • 드롭 헤드라인(drop headline) 헤드라인 밑에 쓰여 헤드라인을 보충 설명하는 부주제
> • 레이블 헤드라인(label headline) 상품명을 헤드라인으로 한 광고로 소형광고에서 많이 쓰임

091 칼럼 column
신문·잡지 등에서 시사문제나 사회풍속을 촌평하는 난(欄)이나 그 기사

대개 익명(匿名)으로 뉴스의 핵심을 풍자(諷刺)하거나 꼬집어서 독자들에게 공감과 흥미를 주는 정기적인 단평란(短評欄)을 칼럼이라고 하며, 이를 신문에 기고하는 사람을 *칼럼니스트(columnist)라고 한다.

칼럼니스트(columnist) 신문이나 잡지 등에서 칼럼을 담당하여 집필하는 사람

092 르포르타주 reportage
사실에 관한 보고기사 또는 기록문학

보고자의 주관을 섞지 않고 특별한 사건이나 현장에서의 체험을 생동감 있고 박진감 넘치게 객관적으로 서술한 현지 보고나 기사 또는 *다큐멘터리 수법으로 사실을 충실하게 묘사·기록한 문학 형식을 가리키는 말로 '르포'라고도 한다. 「특파원 보고 세계는 지금」 등과 같이 필름이나 테이프에 의한 기록보고 프로그램의 경우 '르포르타주 프로그램' 또는 '르포 프로'라고 한다.

다큐멘터리(documentary) 실제로 있었던 어떤 사건을 극화하지 않고 필름·테이프로 기록한 것으로 주제와 줄거리가 있는 기록물을 말함

093 엠바고 embargo
뉴스기사의 보도를 일정 시간까지 유보하는 것

본래는 한 나라가 특정 국가에 대해 모든 경제교류를 중단하는 °통상금지(通商禁止)를 뜻하는 경제 용어이나 언론에서는 어떤 뉴스의 보도를 일정 시간까지 유보하는 것 또는 이러한 요청을 의미한다. 이처럼 °해금(解禁)시간 후에 공개하도록 요청하는 것을 흔히 '엠바고를 단다'라고 한다.

통상금지(通商禁止) 국가 사이에 일어나는 무역을 금지한다는 의미로 금수조치(禁輸措置)라고도 함

해금(解禁) 금지한 것을 풂

더 알고가기
엠바고의 종류

종류	내용
보충취재용 엠바고	정부기관의 발표처럼 복잡하고 전문적인 내용에 대해 보충취재가 필요할 때 발표 전에 취재원과 취재기자의 합의에 의해 이루어지는 경우
조건부 엠바고	뉴스가치가 있는 사건이 확실히 존재하나 정확한 시간을 예측하기 어려울 때 그 사건이 일어난 이후에 보도한다는 조건으로 보도자료를 미리 제공받는 경우
공공이익을 위한 엠바고	국가의 안전과 이익에 직결되거나 인명과 관련된 사건이 진행 중일 경우 사건 해결 시까지 보도를 중지하는 경우
관례적 엠바고	외교관례를 존중하여 주재국 정부의 °아그레망(agrement) 부여가 있을 때까지 인사이동 등에 관한 보도를 일시적으로 중지하는 경우

아그레망(agrement) 현지 정부가 타국의 외교사절 부임에 동의하는 것으로 외교사절 임명 전에 상대국의 이의 유무를 조회하는 것

094 플러시 flush
통신사가 뉴스의 한 포인트를 계약된 언론사에 속보하는 것

플러시를 받은 신문사는 호외(號外)를 발행하고, 방송국은 방영 중인 프로그램을 중단하고 임시 뉴스 속보를 내보낸다.

095 스쿠프 scoop
다른 경쟁 언론사보다 앞서 독점 입수·보도하는 특종기사

다른 신문사나 방송국에 앞서 독점 보도하는 특종기사로 '비트(beat)'라고도 한다. 뉴스 제공자가 은폐하거나 왜곡시키고 있는 사안의 실태를 폭로하거나 발표하려는 사항을 빨리 입수하여 보도하는 것 외에도 이미 공표된 사실이지만 조명되지 않았거나 새로운 문제점을 찾아 그 이면을 새롭게 밝혀주는 기사도 이에 속한다.

096 저널리즘 journalism
시사적 문제에 대한 보도와 논평 및 해설 등의 언론 활동

저널리즘의 종류	내용
센세이셔널리즘 (sensationalism)	매스미디어의 상업주의에서 나온 센세이셔널리즘은 범죄와 성에 관한 기사 및 스캔들과 같이 대중의 원시적 본능을 자극하는 흥미본위의 보도경향을 일컫는 말로 대중 획득에 매우 유효한 수단이다.
옐로 저널리즘 (yellow journalism)	범죄사건 · 스캔들 · 가십 · 성문제 등과 같은 원시적 본능을 자극하는 흥미본위의 선정주의적 경향을 띠는 저널리즘을 말한다. 「뉴욕 월드」 일요판에 연재 중이던 '옐로 키드(Yellow Kid)'란 만화의 주인공 이름에서 유래한 말로 황색언론이라고도 하며, 이러한 경향의 신문을 옐로 페이퍼(yellow paper), 옐로 프레스(yellow press), 황색신문, 황색지라고 한다.
경마 저널리즘 (horse race journalism)	후보자의 자질이나 정책같이 유권자의 선택에 필요한 본질적인 내용보다 후보자의 득표 전략이나 현재의 우열에 대한 여론조사 및 후보자 간의 °합종연횡(合從連橫)과 같은 흥미위주의 게임적 요소만을 집중적으로 보도하는 것으로 마치 객석에서 경마를 구경하듯 후보자들의 득표 상황만을 집중적으로 보도하는 저널리즘을 말한다.
포토 저널리즘 (photojournalism)	언어 대신 사진을 통해 사건을 보도하거나 기사를 보충하는 저널리즘으로 픽토리얼 저널리즘(pictorial journalism)이라고도 한다. 유명한 포토 저널리즘 주간지로는 「라이프(Life)」와 「룩(Look)」이 있다.
그래프 저널리즘 (graph journalism)	사진을 중심으로 편집된 간행물로 주로 뉴스 다큐멘트를 다루며 사회 문제나 패션 · 미술 · 영화 소개까지 포함하고 있다. 미국의 「라이프(Life)」와 프랑스의 「파리 마치(Paris Match)」가 대표적이다.
하이프 저널리즘 (hype journalism)	오락거리만 있고 정보는 전혀 없는 새로운 유형의 뉴스를 가리키는 말이다.
가차 저널리즘 (gotcha journalism)	'딱 걸렸어'라는 'I've got you'의 줄임말로 특정 정치인의 실수나 해프닝을 꼬투리 잡아서 집중적으로 보도하는 저널리즘을 가리키는 말이다. 이러한 꼬투리 잡기식의 보도는 사안의 맥락과 상관없이 독자의 관심을 유발시키는 흥미위주의 내용을 반복하기 때문에 문제가 되고 있다.
하이에나 저널리즘 (hyena journalism)	살아 있는 권력에 대해서는 순한 양처럼 보도하다가 상황이 바뀌면 힘없고 이빨 빠진 맹수들만 공격하는 하이에나처럼 극단적인 용어를 동원하여 죽은 권력을 공격하는 보도 행태를 이르는 말이다.
크로니 저널리즘 (crony journalism)	언론인들의 윤리 부재와 관행이라는 °미명(美名) 아래 친분이 있거나 영향력 있는 인사와 관련된 나쁜 뉴스는 무시하는 보도 행태를 말한다.

합종연횡(合從連橫**)** 중국 전국시대의 최강국인 진(秦)과 연(燕) · 제(齊) · 초(楚) · 한(韓) · 위(魏) · 조(趙)의 6국 사이의 외교 전술로 소진(蘇秦)의 합종설과 장의(張儀)의 연횡설을 이르는 말

미명(美名) 그럴듯한 명분 또는 그럴싸하게 내세운 이름

팩 저널리즘 (pack journalism)	취재방법이나 시각 등이 획일적이어서 개성이 없는 저널리즘으로 패거리 저널리즘이라고도 한다. 이는 특정 기관이나 정당의 출입기자들이 정보원들과 오랜 시간 함께하면서 그들의 시각에서 취재하는 보도 양상으로 신문의 질적 저하와 신뢰도 하락을 가져오는 요인이 되었다. 우리나라의 경우 과거 관계기관의 '보도지침'이나 '협조요청' 등의 은밀한 압력에 의해 팩 저널리즘이 양산되었다.
파라슈트 저널리즘 (parachute journalism)	전쟁보도와 같이 뉴스거리가 있는 곳이라면 어디든지 날아가서 즉각적으로 기사를 제공하는 보도 형태로 필요한 지점에 인력을 투입한다는 의미에서 낙하산 저널리즘이라고 한다. 흔히 현지 사정을 잘 모르면서 기자가 가지고 있는 선입견에 따라 기사를 작성하는 행태를 지적할 때 사용된다.
블랙 저널리즘 (black journalism)	감추어진 이면의 사실을 드러내는 정보활동으로 개인이나 집단의 약점을 확보하여 보도하겠다고 위협하거나 특정 이익을 위해 보도하여 이득을 취하는 저널리즘을 말한다.
제록스 저널리즘 (Xerox journalism)	문서를 자동으로 복사하는 제록스 복사기를 통해 극비 문서를 몰래 복사하여 발표하는 저널리즘을 뜻하는 말로 비합법적이고 안이한 취재방법이나 폭로기사 일변도의 언론 경향을 가리키는 말이다.
체크북 저널리즘 (checkbook journalism)	시청률과 구독률 상승을 위해 취재경쟁이 과열되면서 언론사가 취재원에게 제보나 인터뷰의 대가로 거액의 돈을 제공하는 저널리즘으로, 수표 저널리즘이라고도 한다. 주로 연예인이나 스포츠스타 등 유명인사들의 은밀한 사생활 관련 기사들이 대부분이다.
뉴 저널리즘 (new journalism)	1960년대 기존의 객관적인 저널리즘의 단편성과 *피상성을 비판하면서 사건을 보다 구체적으로, 때로는 기자의 주관을 곁들여 심층적 · 해설적으로 보도하자는 저널리즘으로 소설가의 기법과 방식을 활용하여 숨겨진 진실을 묘사한다.
퍼블릭 저널리즘 (public journalism)	1988년 미국의 대통령 선거 보도에 실망한 언론인들에 의해 주도된 저널리즘으로 대중을 단순한 소비자가 아닌 시민으로 보고 이들을 토론의 장으로 이끌어내어 시민들의 정치 참여에 기여한 보도경향을 말한다. 이는 독자들에게 지역 사회의 일원으로서 지역공동체의 문제에 관심을 갖고 직접 참여하도록 유도하여 민주주의의 활성화에 많은 영향을 미쳤다. 다른 말로 *시민 저널리즘(civic journalism)이라고도 한다.
비디오 저널리즘 (video journalism)	기술의 발전으로 장비가 소형화되고 가격이 저렴해지면서 취재 · 촬영 · 편집 등의 모든 과정을 1명의 비디오 저널리스트(VJ, Video Journalist)가 도맡아 제작하는 것으로 솔로 저널리즘이라고도 한다. 저예산으로 기존의 영상물이 다루기 힘들었던 환경 · 자연 · 인권 · 인종 · 지역 문제 등을 심도 있게 제작할 수 있어 VJ를 통한 방송사의 외주제작이 증가하고 있는 추세이다.
PD 저널리즘 (ProDucer journalism)	PD들이 취재 · 구성하는 보도 프로그램으로 사실을 보도하는 기자와 달리 사실 이면의 숨겨진 진실을 보도하는 데 초점을 둔 저널리즘이다. 대표적인 PD 저널리즘 프로그램에는 MBC「PD수첩」, SBS「그것이 알고 싶다」등이 있다.

피상(皮相) 겉으로 드러나는 현상 또는 진상(眞相)을 추구하지 않고 표면만 보고 내리는 판단을 의미

시민 저널리즘(civic journalism) 통신 기술의 발달에 의해 시민이 저널리즘의 주체가 되어 언론을 만들어가는 저널리즘. 1인 미디어 또는 스트리트 저널리즘(street journalism)이라고도 함. 휴대 전화, 디지털카메라, 무선 인터넷 사용이 활성화되면서 블로그나 인터넷 생중계 등 1인 저널리즘의 영향력이 더욱 확대되고 있음

종류	내용
디스코 뉴스 (disco news)	• 뉴스의 본질보다는 모양새에 비중을 둔 텔레비전 저널리즘을 비판하는 말로 텔레비전 뉴스가 내용의 정확성·진실성·신속성보다는 시청자에게 보여지는 옷차림, 얼굴 표정, 화면 효과 등 스타일에 치중하는 경향을 가리킨다. • 사실 보도에 역점을 두고 뉴스의 참 가치를 강조하는 정보 저널리즘이나 뉴스의 재미와 소비적 가치를 강조하는 스토리 저널리즘과는 또 다른 유형으로, 마치 디스코장에 들어가면 귀가 터질 듯이 계속되는 빠른 템포의 광적 음악을 피할 수 없는 것처럼 오락만 있고 정보는 전혀 없는 저널리즘을 말한다.
스폿 뉴스 (spot news)	사건 현장에서 얻어진 생생하고 간단한 뉴스로 스폿 뉴스(spot news)가 입수되면 °스테이션 브레이크(station break)에 곧 방송하거나 방송 중이던 프로그램을 잠시 중단하고 즉시 방송한다. 일종의 토막 뉴스로 °°핫 뉴스(hot news)라고도 한다.
인스턴트 뉴스 (instant news)	• 기자는 기사를 작성하거나 보도할 때 비판적이면서도 객관적인 시각을 유지해야 한다. 그러나 인스턴트 뉴스는 뉴스 제공자가 원정보(news source)를 자신들에게 유리한 방향으로 손질할 필요가 없을 정도로 완벽하게 가공해 완성된 형태로 제공하여 취재기자가 이를 그대로 보도하는 것을 말한다. • 대표적인 사례로 미국에서 열린 '취재기자 데스크회의'에서 기자들이 1986년 우주왕복선 챌린저호의 참사를 둘러싸고 미항공우주국(NASA)의 거의 손댈 필요 없는 완벽한 인스턴트 기사를 그대로 보도하여 참사 가능성을 미리 예견하지 못했다는 자기비판을 들 수 있다.
패스트 뉴스 (fast news)	• 주문하자마자 바로 나오는 패스트푸드처럼 신속하게 소비할 수 있도록 장황한 논평이나 긴 해설 없이 그래픽과 화보를 이용하여 속보성의 최신 뉴스를 집중적으로 보도하는 뉴스를 말한다. 이를 활용한 대표적인 신문으로는 집약적인 논설과 그래픽·화보가 돋보이는 「USA투데이」가 있다. • 이러한 패스트 뉴스는 °트위터(Twitter)를 비롯한 뉴미디어의 발달로 더욱 가속화되고 있는 추세이다.
슬로 뉴스 (slow news)	주류 언론에 비하여 오보가 적고 가지런히 정리된 뉴스를 말한다. 또한 속보와 달리 이미 유통되고 있는 이야기나 책들도 슬로 뉴스의 일종으로 본다.
스트레이트 뉴스 (straight news)	• 논평이나 기자의 의견을 넣지 않고 객관적 입장에서 사건·사고의 내용을 가감 없이 있는 그대로 보도하는 뉴스로 대부분의 보도기사가 이에 속한다. 스트레이트 뉴스 진행은 대개 아나운서나 뉴스 리더가 맡는다. • 이와 달리 논평이나 기자의 의견이 첨가된 기사는 '피처 기사(feature story)'라고 한다.
뉴스쇼 (news show)	기자의 목격 보도와 현장 보도가 중심이 되는 종합뉴스를 말한다. 뉴스쇼의 진행자인 앵커맨은 단순한 뉴스 낭독자에 그치는 것이 아니라 때에 따라서 인터뷰를 하거나 뉴스를 분석·논평하기도 한다.

스테이션 브레이크(SB, Station Break) 한 프로그램이 끝나고 다음 프로그램이 시작될 때까지의 시간으로, 이때 국명고지나 광고를 함. 국명고지(station identification)란 라디오나 텔레비전 방송사의 이름을 알리는 것으로 스테이션 브레이크 때 10초 동안 방송국의 호출부호·채널·출력 등을 알리는데 텔레비전의 경우 하루에 20회 정도 방송됨. 규정상 프로그램의 시작 전에 송출해야 함

핫 뉴스(hot news) 최신의 소식이나 기사로, 방송의 경우 기자가 현장에서 직접 보도하는 뉴스. 최신 속보성 뉴스로 스폿 뉴스(spot news)라고도 함

트위터(Twitter) 블로그의 인터페이스(interface)에 미니홈피의 친구맺기 기능과 메신저 기능이 합쳐진 소셜 네트워크 서비스(SNS, Social Network Service)로 이용자들은 PC는 물론 모바일 인터넷을 통해서도 의견을 주고받을 수 있음

경성(硬性) 뉴스 (hard news)	• 즉각적인 기쁨이나 흥미는 주지 않지만 상당한 시간이 흐른 뒤에 지연된 보상(delayed reward)을 주는 뉴스로 현실 사회에 적응하고 대처하는 데 필요한 정보나 지침에 관한 뉴스를 말한다. • 세제개혁이나 교육제도 변화, 국제관계, 정치, 경제, 사회과학 등 비중이 큰 뉴스가 많으며 다른 말로 '하드 뉴스' 또는 '경질적 뉴스'라고도 한다.
연성(軟性) 뉴스 (soft news)	• 국제적·국내적·지역적 문제들과 관련 없는 스포츠나 연예, 오락, 스캔들 등 인간 흥미에 관한 뉴스나 기사로 수용자에게 즉각적 보상(immediate reward)을 주는 뉴스를 말한다. • 시간에 쫓기지 않고 중요성이 덜하며 •리드(lead)에서 요약되지 않는 스타일로 보도되는 뉴스로, '소프트 뉴스' 또는 '연질적 뉴스'라고도 한다.

리드(lead) 뉴스에서 표제(또는 부제)와 본문 사이에 본문의 내용을 요약한 짧은 문장

098 통신사 通信社, news agency
각종 사건들에 대한 뉴스나 자료 등을 수집해서 언론 기관에 제공해주는 조직체

통신사는 독자적인 취재조직을 가지고 사회에서 일어나는 각종 사건들에 대한 뉴스나 자료 등을 수집해 신문사·방송국 및 •보도 기관에 제공해주는 기구이다. 신문사나 방송국은 자력으로 뉴스나 기사자료 등을 수집하고는 있지만 전 세계의 뉴스를 수집하는 것이 경비나 시간, 인력면에서 어렵기 때문에 독립된 통신사들과 계약을 맺고 뉴스를 제공받고 있다. 통신사가 제공하는 기사는 비교적 신속하고 공정하며 국가 간의 이해 증진에 도움을 주지만 몇 개의 국제통신사가 전 세계의 뉴스를 독점하고 있어 뉴스와 대중들의 사고를 획일화시키는 등의 문제점을 가지고 있다. 국내 대표 통신사로는 연합뉴스, 뉴시스, 뉴스1 등이 있다.

보도 기관(報道機關) 신문사, 방송국 등과 같이 보도를 목적으로 하는 시설이나 조직

더 알고가기

세계 4대 통신사
• **AP**(Associated Press) 1846년 창설된 세계 최대의 미국 통신사. 본사는 뉴욕에 있으며 발행 부수에 따라 회원사가 납부하는 분담금으로 운영되는 비영리법인으로 활동함
• **UPI**(United Press International) 1907년에 창설된 미국의 국제통신사. 제1·2차 세계 대전 중의 보도 활동을 통해 국제통신사로 성장함
• **AFP**(Agence France-Presse) 1835년에 세계 최초로 창설된 뉴스 통신사이자 프랑스의 대표적인 국제통신사. 파리에 본사를 두고 있음
• **로이터**(Reuters) 1851년 로이터에 의해 창설된 영국의 국제통신사. 경제·외교 분야의 기사에 전문성을 보이며 19여 개 언어로 서비스하고 있음

▲ AP통신 홈페이지

그 외 통신사
• **타스**(TASS) 러시아의 국영통신사. 한때 100여 개의 지사를 가진 세계적 통신사로 정부의 정책과 입장을 구소련의 모든 신문과 라디오, 텔레비전에 독점 공급하였으나 소련 붕괴 이후 관영통신사로서의 기능을 상실함
• **신화사**(Xinhua news agency) 정식 명칭은 신화통신사(新華通訊社)로 1929년 창설된 중국의 관영통신사

099 신문의 종류

신문의 종류	내용
퀄리티 페이퍼 (quality paper)	발행부수는 적지만 교양 있는 사람이나 사회의 지식인을 대상으로 객관적이고 공정한 정보와 논평에 주안점을 둔 고급지로 프레스티지 페이퍼(prestige paper) 또는 엘리트 페이퍼(elite paper)라고도 한다. 퀄리티 페이퍼는 권위를 인정받으며 사회적 영향력이 크다는 점에서 대중의 호기심을 자극하여 관심을 끄는 데 중점을 둔 대중지(大衆紙)와 대비된다. 예 미국의 「뉴욕타임스」, 「월스트리트저널」, 「워싱턴 포스트」와 영국의 「타임스」 등
대중지 (大衆紙)	대중의 호기심을 자극하고 관심을 끄는 데 중점을 둔 신문으로 매스 페이퍼(mass paper) 또는 파퓰러 페이퍼(popular paper)라고도 한다.
무가지신문 (free newspaper)	신문사나 그 *방계 회사(傍系會社)가 광고 수입 위주로 제작하여 독자들에게 무료로 배포하는 신문으로 배포지역을 세분화하여 한정된 지역에 한하여 발행되므로 소규모 광고주들을 흡수하는 동시에 독자들의 연령별·지역별 특성에 적합한 기사와 광고를 보여준다는 장점을 지닌다. 예 「메트로」
스트리트 페이퍼 (street paper)	특정 계층의 한정된 독자를 대상으로 광고를 유치한 비용으로 제작하여 무료로 배포하는 잡지로, 기존 매체들과 달리 이미지를 중심으로 실험적인 사진과 독특한 편집 형식 및 서점 등의 유통경로를 거치지 않아 언더그라운드 잡지라고도 한다. 주로 패션이나 문화정보를 담은 신세대 문화정보지다. 예 2010년 7월에는 *홈리스(homeless)를 지원하기 위한 「빅이슈코리아(the big issue korea)」가 발간됨

방계 회사(傍系會社) 어느 회사의 계통(系統)을 이어받기는 했지만 자회사(子會社)보다는 그 관계가 밀접하지 않고 지배권도 덜 미치는 회사

홈리스(homeless) 살 집이 없어서 길거리에서 자는 사람들로 노숙자라고도 함

100 타블로이드 신문 tabloid paper
보통 신문의 1/2 크기의 신문

타블로이드란 기사를 요약·압축한다는 뜻으로 일반 신문 크기인 *블랭킷판(blanket size)의 1/2 크기의 신문을 말한다. 대표적인 신문으로는 1903년 영국에서 창간된 「데일리 미러」와 1919년 미국에서 창간된 「뉴욕데일리 뉴스」가 있다. 타블로이드 신문은 신문의 보급과 대중화에 크게 공헌하였으며 전문지·기관지·사보(社報)·무가지신문 등에 많이 이용되고 있다.

블랭킷판(blanket size) 보통 일간신문의 1페이지 크기로 B판 전지를 4절한 것

101 신문의 날
신문의 사명과 책임을 자각하고 강조하기 위해 제정한 기념일

한국 최초의 민간신문인 「독립신문(獨立新聞)」 창간일인 4월 7일을 기념하여, 신문의 사명과 책임을 자각하고 자유와 품위 등을 강조하기 위해 제정된 날이다.

독립신문(獨立新聞) 독립정신을 높이기 위해 서재필이 정부로부터 자금 지원을 받아 1896년 4월 7일에 창간한 우리나라 최초의 민간신문이자 한글 신문. 4면 중 3면은 한글 전용으로, 마지막 1면은 영문판으로 편집·발행되다가 1897년에 국문판과 영문판으로 분리·발행됨

함께 나오는 용어

방송의 날
매년 9월 3일에 실시하는 우리나라의 방송기념일이다. 1947년 미국 애틀랜틱 시티에서 열린 국제무선통신회의에서 한국이 독립국가로서 독자적인 호출 부호(呼出符號)인 HL을 배당받은 날로, 우리 방송의 국적 회복일을 기념하고 문화 향상과 공공복지에 대한 방송의 역할을 국민들에게 알리며 방송인으로서 공공봉사를 다짐하기 위해 제정된 날이다.

102 ABC 제도 Audit Bureau of Circulations
신문판매부수공사 제도

신문이나 잡지 등의 발행부수를 조사하여 인증하는 제도로 매체사가 간행물 발행부수나 접촉자수를 ABC 기구에 보고하면 객관적인 방법과 기준을 통해 이를 조사·확인하여 결과를 공개한다. ABC 제도를 통해서 공개되는 자료는 객관적인 광고요금 책정의 기준으로 활용되며 신문의 경영합리화와 광고주들의 광고전략 효율화 및 건전한 시장경쟁을 유도한다.
1914년 미국에서 세계 최초로 설립된 이후 1989년 세계에서 23번째로 한국 ABC 협회가 창립되었다. 우리나라의 ABC 협회는 비영리 사단법인으로 발행사, 광고주, 광고회사 3자로 구성되어 있다.

103 세계신문협회 WAN, World Association of Newspapers
전 세계 신문 발행인·편집인들로 구성된 언론사 경영자들의 국제언론단체

1948년 국제신문발행인협회(FIEJ)로 발족한 이후 1996년 5월 총회에서 현재의 세계신문협회로 개칭하였다. 세계의 언론자유 창달과 회원간 교류 증진을 목적으로 국제 언론 상황 감시, 제3세계 언론인 보호, 언론사 간 상호협력, 아프리카 국가들의 인권 침해 및 언론·검열 금지 등의 활동을 하고 있다. 특히 제3세계 언론인 보호를 위해 매년 핍박받는 언론인에게 '황금펜상'을 수여하고 있으며, 어린 학생들의 읽기·쓰기능력 강화를 위해 NIE (Newspapers In Education) 프로그램의 확산을 위한 국제협력을 적극 추진하고 있다.

검열(檢閱) 사상 통제나 치안 유지를 위해 공권력이 언론·출판·보도·예술 등의 내용을 사전에 검사하는 제도

세계 주요 신문	내용
타임스 (The Times)	「The Times of London」의 약칭으로 1785년 런던에서 발행된 영국의 대표적인 신문이다. 1788년 상업적인 뉴스와 스캔들 기사를 곁들여 발행하기 시작하였으나 1803년 *주필 T. 번스와 J. 딜레인의 도움을 받아 영국의 권위 있는 신문으로 성장하였다.
뉴스 오브 더 월드 (News of the World)	1843년 영국 런던에서 발행된 대중적인 일요신문으로 일반 대중을 독자층으로 오락·스포츠·연예 등 흥미 위주의 기사를 주로 다루며 정치적으로는 중립적인 입장을 취하는 전국지이다. 2011년 머독 회장의 도청 파문으로 폐간됐다.
뉴욕 타임스 (The New York Times)	1851년 뉴욕에서 발간된 미국의 대표적인 일간신문으로 1912년에 위험을 무릅쓰고 타이타닉호의 침몰 장면을 다각도로 취재해 신문의 권위를 세웠으며 1971년에는 미국방부의 베트남 비밀문서 '펜타곤문'을 입수, 특집 보도하여 명성을 높였다. 일관성 있는 주장으로 정치 및 국제 문제에 관한 기사로 정평이 나 있다.
타임 (Time)	1923년 발행된 미국의 대표적인 시사 주간지로 세계 각국에서 일어나고 있는 시사 문제에 관해 간결하게 요약한 수십 개의 짧은 기사들로 구성되어 있다. 내신·외신·경제·교육·과학·법률·의학·종교·스포츠 등 모든 분야를 망라하는 풍부한 읽을거리로 미국에서 가장 영향력 있는 시사해설지이다.
워싱턴 포스트 (The Washington Post)	1877년 워싱턴에서 민주당계 기관지로 창간된 조간신문으로 1889년 F. 해튼과 B. 윌킨스에게 매각된 이후 민주당의 색채에서 벗어나 선정주의와 사교기사에 치중했으나 1933년 금융업자 유진 마이어(Eugene Meyer)에게 경영권이 넘어간 이후 독립적인 논설과 정확한 보도기사로 실추된 명예를 회복하며 1973년 닉슨을 사임하게 한 *워터게이트 사건 보도로 퓰리처상을 수상하였다.
뉴스위크 (Newsweek)	1933년 뉴욕에서 발행된 미국의 시사 주간지로 「워싱턴 포스트」의 자매지이다. 사건을 객관적으로 신속·정확·생생하게 보도하는 것으로 정평이 나 있다. 초기에 경쟁지인 「타임」지의 편집 체제를 모방하는 듯하였으나 현재는 「타임」보다 사진을 많이 게재하고 해외뉴스 비율을 낮게 조정하는 등 점차 특색을 살려가고 있다.
인터내셔널 헤럴드 트리뷴 (International Herald Tribune)	1887년 파리에서 발간된 영자 일간신문으로 유럽에 거주하는 미국 국적의 사업가와 유럽을 여행하는 미국 관광객들을 대상으로 미국의 정치·경제·주식시황·스포츠 등을 소개하는 고급 정론지이다.
라이프치거 차이퉁 (Leipziger Zeitungen)	1660년 독일에서 발간된 세계 최초의 일간신문으로 이후 구미 각국에서 일간지들이 다투어 발행되면서 근대 신문의 기초가 구축되었다.

주필(主筆) 신문사, 잡지사 등에서 편집 방향을 결정하는 최고 책임자

워터게이트 사건(watergate affair) 닉슨 대통령의 공화당 행정부가 베트남전에 반대의사를 표명한 민주당 전국위원회 본부에 도청을 시도하려다 발각된 미국의 정치 스캔들

월스트리트저널 (Wall Street Journal)	1889년 다우존스사의 C. H. 다우가 기업과 금융관계 기사를 전문적으로 보도하고자 창간한 미국의 경제신문으로 세계적으로 영향력이 큰 경제지이다. 신속하고 정확한 보도와 심층적인 취재가 특징이며, 사설은 미국 금융경제의 중심지인 월가(街)의 의견을 대변한다.
프라우다 (Pravda)	러시아어로 진리를 뜻하는 프라우다(Pravda)는 1912년에 러시아 혁명세력의 기관지로 창간되어 끊임없는 탄압 속에서 ˚정간(停刊)과 ˚복간(復刊)을 반복하였다. 러시아의 국영 일간신문으로 당 노선의 해설에 역점을 둔다.
르몽드 (Le Monde)	1944년 드골이 이끄는 새 정부의 명령에 따라 의견 수렴의 수단으로 프랑스 파리에서 간행된 일간신문이다. 창간 초기부터 권력으로부터 독립하여 자유롭게 소신 있는 견해를 피력한 타블로이드판 신문이다.
피가로 (Le Figaro)	1826년 발행된 프랑스에서 가장 오래된 보수계 신문으로 에밀 졸라, 공쿠르 형제 등 일류 작가를 기용하고 유명인사와의 대담 방식을 최초로 도입한 정치 논설 중심의 일간지이다.
인민일보 (人民日報)	1948년 베이징에서 발행된 중국공산당 중앙위원회의 기관지로 정치성을 띤 기사들과 정부당국이나 당 지도자들의 연설 및 정치적 해설 등을 주로 실으며 중국공산당의 주장을 대내외에 표명하는 사설을 매우 중시한 신문이다.
파이낸셜 타임스 (Financial Times)	영국의 국제 비즈니스 신문이다. 런던 본사에서 발행되는 공신력 있는 아침 신문으로, 영국, 미국, 유럽대륙, 아시아에 현지 영문판이 있다. 2015년 일본 닛케이에 인수되었으며 각국 정부의 재정 정책에 큰 영향을 미친다.
요미우리신문 (讀賣新聞, Yomiuri)	일본 내 발행 부수가 가장 많은 우파 일간지다. 1874년 창간 이후 현재 800만 부 가량 발행한다. 1977년 이후 전국 1위 신문으로, 개헌과 군사력 강화를 추진하는 일본 주류 우파의 대변지 역할을 한다.
가디언 (The Guardian)	1821년 창간된 영국의 신문이다. 진보 성향의 대표적인 영국 유력지 중 하나로서 보수 성향의 또 다른 영국 유력지인 「타임스」와 대척점을 이룬다.

정간(停刊) 감독관청의 명령으로 신문이나 잡지 등의 정기간행물 발간을 일시적으로 중지함

복간(復刊) 간행이 중지·폐지된 출판물을 다시 간행함

#방송

105 공영 방송 公營放送, public broadcasting
공공의 복지를 목적으로 공기업이나 공공기관에서 운영하는 방송

시청자들로부터 징수하는 수신료 등을 주재원(主財源)으로 하여 영리가 아닌 공공복지를 목적으로 하는 방송을 말한다. 영국의 BBC, 일본의 NHK 및 한국의 KBS, EBS, MBC 등이 이에 속한다. 이와 달리 기업체가 이윤을 목적으로 일정한 대가를 받고 행하는 방송은 ˚상업 방송(商業放送)이라고 한다.

상업 방송(商業放送) 영리를 목적으로 운영하는 방송

106 CATV CAble TeleVision, 유선 방송
유선전기 통신시설을 이용하여 수신자에게 송신하는 다채널 방송

난시청 지역의 해소를 위해 마스터 안테나(master antenna)를 설치하여 수신된 TV 방송국의 전파를 유선으로 각 가정에 공급하는 CATV는 한 개의 주파수로 1채널의 TV 방송만을 하는 기존의 방송국과 달리 하나의 케이블로 수십 채널의 TV 방송을 동시에 선택적으로 수신할 수 있고, 각종 테이터 전송이나 음악방송 등의 추가정보를 가입자에게 서비스할 수 있다는 점에서 21세기를 선도하는 미래의 통신 시스템으로 각광받고 있다.

▲ 마스터 안테나

함께 나오는 용어

- **내로캐스팅(narrowcasting)**
  지역적·계층적으로 한정된 시청자를 대상으로 하는 방송이다. TV보다 많은 채널을 수용할 수 있는 CATV의 발전에 따라 한정된 지역이나 소수민족을 위한 뉴스·스포츠·영화·종교 등의 전문화된 서비스를 제공하는 내로캐스팅(narrowcasting)이 등장하게 됐다.
- **블랭킷 에어리어(blanket area)**
  방송에서의 난시청 지역이다. 담요로 둘러싸인 지역이라는 뜻으로 두 개의 방송국 전파가 중복되어 어느 쪽의 방송도 수신할 수 없는 난시청 지역 또는 한 방송국의 송신용 안테나가 너무 인접해 있어 다른 방송은 잘 들리지 않는 지역을 의미다.

107 종합편성채널 綜合編成 channel
모든 장르의 방송 프로그램을 편성할 수 있는 채널

케이블 TV와 위성 방송 등을 통해 뉴스·교양·드라마·스포츠·오락 등 모든 장르의 방송 프로그램을 편성할 수 있는 채널로서 '종편'이라고 줄여 부른다. 2009년 미디어법 개정 후 2011년 개국했다.
현재 종편 사업자는 중앙일보(JTBC), 조선일보(TV조선), 동아일보(채널A), 매일경제(MBN) 등이 있다. 지상파와 같이 모든 장르를 편성하고 있지만 가입한 가구에 한해서만 시청할 수 있다는 점이 차이점이다. 또한 지상파와 달리 중간광고가 허용되고 24시간 동안 방송할 수 있다.

108 IPTV Internet Protocol TeleVision
인터넷 서비스망을 이용하여 다양한 콘텐츠를 제공하는 양방향 텔레비전 서비스

셋톱박스를 통해 초고속 인터넷망을 TV에 연결하여 시청자가 편리한 시간에 보고 싶은 프로그램을 선택해 볼 수 있는 텔레비전 서비스로 기존의 지상파 생방송도 시청할 수 있다.
이는 인터넷 방송처럼 주문형 비디오(VOD), '전자 프로그램 안내(EPG),

전자 프로그램 안내(EPG, Electronic Program Guide) TV 프로그램의 방송 시간, 내용, 출연자 정보 등을 보여주는 방송 프로그램 안내 서비스

ˊT-커머스(television commerce), 방송 프로그램 연동형 데이터 서비스 등 통신과 방송 기능을 모두 포함하는 새로운 형식의 양방향 TV이다.

> **T-커머스(Television commerce)**
> TV를 이용한 전자상거래

109 DMB Digital Multimedia Broadcasting
디지털 멀티미디어 방송

이동 중에도 ˊ휴대용 단말기를 통해 고음질·고화질 방송을 즐길 수 있어 '손 안의 TV'로 불리는 DMB는 크게 위성 DMB와 지상파 DMB로 구분된다.

> **휴대용 단말기(handy terminal)**
> 이동 중에도 손에 들고 입력 조작할 수 있는 소형 단말장치

- 위성 DMB(S-DMB, Satellite Digital Multimedia Broadcasting)

  위성 DMB용 방송센터에서 위성으로 프로그램을 송출하면 위성에서 전파를 통해 이를 전국의 DMB 단말기에 뿌려주는 방식으로, 위성을 이용해 송출하는 일종의 모바일 방송이다. 위성 DMB 사업은 2002년 SK텔레콤과 일본 MBCo가 사업협력 계약을 맺고 추진하기 시작하여, SK텔레콤, 삼성전자 등 150개 업체에서 참여해 설립한 TU 미디어가 사업권을 획득했다. TU 미디어는 2005년 1월 10일 시험방송을 시작으로 5월 1일부터 본 방송을 서비스했지만 적자 심화로 2012년 7월 사업을 접었다.

- 지상파 DMB(T-DMB, Terrestrial Digital Multimedia Broadcasting)

  지상에서 주파수를 이용하여 프로그램을 전송하는 방송으로 비어 있는 VHF 12번 채널은 KBS·MBC·SBS 3개 방송사가, 8번 채널은 U1 미디어(舊KMMB)·한국DMB-CBS·YTN DMB가 이용하여, 2005년 12월 우리나라에서 세계 최초로 본 방송을 시작하였다. 세계 여러 나라에서 통용되는 DMB라는 약어 외에도 우리나라의 지상파 DMB만을 지칭하는 T-DMB라는 공식 약어가 국제적으로 인정받았다.

110 PIP TV Picture In Picture television
한 화면에서 두 개 이상의 채널을 별도의 창으로 시청할 수 있는 TV

텔레비전 수상기 화면에서 본 화면과 별도로 다른 채널을 작은 창으로 동시에 시청할 수 있는 TV로 '화면 속 화면'이라고도 한다. 이때 배경이 되는 쪽을 모화면이라 하고 작게 표시되는 쪽을 PIP라고 한다. 이 기능은 동시에 두 개 이상의 채널을 시청할 수 있다는 장점이 있지만 화면의 일부가 가려진다는 단점도 가지고 있다.

111 다원 방송 多元放送, multi-organization broadcast program
두 지점 이상의 중계방송을 키 스테이션에서 하나로 묶어 방송하는 방식

일상적인 교통방송은 물론 운동경기나 행사 중계 및 총선거의 개표실황 중계방송 때 사용되는 방식으로 신호를 보내는 지점의 수에 따라 "이원 방송(二元放送)' 또는 '삼원방송(三元放送)'이라고 한다. 이는 여러 국의 스튜디오나 중계 지점에 마이크나 TV 카메라를 설치해두고 키 스테이션(key station)에서 이를 컨트롤하여 하나의 프로그램으로 완성하여 방송하는 것으로 통신 위성의 발달로 자주 이루어지고 있다.

이원 방송(二元放送, bilateral broadcasting) 두 지역의 방송국 중계 프로그램을 하나의 프로그램으로 묶어 방송하는 것

112 키 스테이션 key station
네트워크의 중심이 되어 네트워크 프로그램을 '송출하는 중앙 방송국

모국(母局) 또는 중앙국이라고도 하는 키 스테이션은 네트워크의 중심이 되어 방송순서의 편성과 제작, 송출을 담당하는 방송국을 말한다. 일반적으로 프로그램 제작 면이나 광고주의 소재 관계로 인해 대도시의 방송국이 키 스테이션이 되는 경우가 많은데 우리나라의 경우 서울에 있는 방송국이 키 스테이션이다. 키 스테이션이 송출한 프로그램을 받아 방송하는 국을 어플리에이트(affiliate)국이라고 한다.

송출(送出) 물품이나 전기, 전파 등을 기계적으로 전달하는 것으로 방송국의 스튜디오에서 송신소 등으로 프로그램을 흘려보내는 것

함께 나오는 용어

- 네트워크 프로그램(network program)
  네트워크를 통해 전국적으로 방송되거나 방송될 프로그램을 가리키는 말이다. 줄여서 '네트 프로'라고도 한다.
- 로컬 프로그램(local program)
  각 지방 방송국들이 독자적으로 제작하여 해당 지역에만 방송하는 프로그램을 말한다. 지역사회와 밀접한 지방뉴스, 일기예보, 교통뉴스 등이 이에 해당한다.
- 위성 방송국(satellite station)
  키 스테이션으로부터 프로그램을 받아 신호를 확장하여 각 지역에 재방송하는 방송국으로 부스터 스테이션(booster station)이라고도 한다. 난시청 지역을 커버하기 위한 중계 전문의 소전력 방송국이다. 채널은 본국과 같은 것을 사용한다.

113 MMS Multi-Mode Service
지상파 다채널 서비스

MMS는 디지털 신호 압축 기술을 이용해 기존 채널을 여러 개로 쪼개 운영하는 다채널 서비스를 말한다. 예를 들어 KBS1 TV에 배정된 주파수를 KBS1-1, KBS1-2, KBS1-3 등 여러 채널로 분할해 방송을 내보내는 식이

다. 방송통신위원회는 *EBS 2TV를 시작으로 MMS를 비롯한 UHD 혁신 서비스를 단계적으로 확대해나갈 방침이다.

EBS 2TV 국내 최초 지상파 MMS로, 2015년 2월부터 시범방송 중인 무료 교육방송

114 문자 다중 방송 teletext
텔레비전 전파의 틈새를 이용해 문자 · 도형 등의 정보를 정지화로 방송하는 시스템

문자 다중 방송은 텔레비전 화면에 신호를 보내지 않는 전파의 순간적인 틈새를 이용해 뉴스나 일기예보, 청각장애자를 위한 자막 등을 문자나 도형 정보로 내보내는 것으로 '텔레텍스트(teletext)'라고도 한다.

문자 다중 방송의 방식으로는 단시간 내에 보낼 수 있는 정보량은 적지만 한자나 임의의 도형을 전송하는 데 적합한 패턴(pattern)방식과 정보량은 많지만 수신기의 값이 비싼 코드(code)방식, 그리고 둘의 장점을 합친 하이브리드(hybrid)방식이 있다. 국내에서는 1990년 KBS의 '코인즈'에서 처음 문자 다중 방송을 실시했다.

115 정지화 방송 靜止畵放送, still picture broadcasting
정지화면과 음성으로 구성된 정지화 프로그램을 일반 TV의 전파로 내보내는 방송

텔레비전 방송전파 한 채널분의 전용주파수를 이용하여 사진 · 도형 · 문자 등과 같은 정지화면과 음성으로 구성된 정지화 프로그램 40~50종류를 동시에 내보내 수신자가 프로그램을 선택하여 시청할 수 있는 방송을 말한다. 이에 적합한 프로그램으로는 주식시황 · 교통정보 등의 온라인형, 뉴스 · 일기예보의 수시갱신형, 교육 · 교양프로그램의 패키지형 등이 있다.

116 직접 위성 방송 DBS, Direct Broadcast Satellite systems
중계소를 거치지 않고 직접 수신자의 가정으로 전달되는 위성 방송

직접 위성 방송(Direct Broadcast Satellite systems)은 적도 상공 약 3만6000km의 정지궤도에 있는 *방송 위성을 이용하여 직접 가정의 수신 안테나에 전파를 보내는 방송 서비스로 *고스트(ghost)가 없는 깨끗한 영상을 수신할 수 있어 난시청 해소에 도움을 준다. 아날로그 텔레비전 방송의 VHF(초단파), UHF(극초단파)보다 한층 더 높은 주파수대인 SHF를 사용해 문자 다중 방송, 다채널 정지화 방송, PCM 방송, 고품위 텔레비전 방송 등의 광대역 서비스가 가능하다. 통신 위성(CS)이 특정 통신사업자의 지구국에 대한 송신이 목적이라면 방송 위성(BS)은 각 가정의 수신기에 직접 전파를 보내는 것이 목적이다.

방송 위성(放送衛星) 직접 가정의 수상기로 전파를 발사하여 방송하는 인공위성

고스트(ghost) 텔레비전 화면에 나타나는 상이 겹치는 현상으로 다중상이라고도 함. 이는 방송국으로부터의 직접파 이외에 산이나 건물 등에 의한 반사파가 직접파의 통로보다 길어서 생기는 잔상

117 데이터 방송 data broadcasting
음성·영상 방송이 아닌 부호와 데이터 형태로 정보를 전달하는 방송

방송의 디지털화가 가능해지면서 방송전파에 그래픽과 문자 위주의 디지털 신호를 전송하면 수신장치가 이를 자동으로 해독·처리하여 그 결과를 수신자가 직접 받아보거나 그 정보를 통해 다른 기계를 제어하는 방송을 말한다. 데이터 방송은 시청자가 능동적으로 방송에 참여할 수 있는 쌍방향 뉴미디어인 동시에 텔레비전 전파 중 사용하지 않은 남은 대역을 활용한 서비스이므로 다양한 정보를 무료로 즐길 수 있다는 장점이 있다.

118 디지털 방송 digital broadcasting
방송 신호를 디지털화하여 디지털 방식의 전송 시스템으로 송·수신하는 방송

기존의 아날로그 방송이 하나의 전파에 하나의 영상만 실을 수 있고 음성은 다른 전파로 보내야 했다면, 디지털 방송은 정보의 신호를 부호화해 압축하여 보내기 때문에 하나의 전파에 복수(複數)의 영상이나 음성을 보낼 수 있고 손상된 신호 정보의 복원이 가능하여 잡음 없이 고화질·고음질의 방송을 실현할 수 있다. 이는 쌍방향 운용과 재생, 축적이 가능한 멀티미디어 시대의 핵심적 방송기술이다.

우리나라에서는 2000년에 시범방송을 시작으로 2001년부터 KBS·MBC·SBS 등의 방송사들이 디지털 방송을 실시하고 있으며 2012년부터 아날로그 방송을 종료하고 전면 디지털 방송을 실시했다. 이러한 디지털 방송을 시청하기 위해서는 디지털 텔레비전 전용으로 설계된 텔레비전 수상기나 °셋톱박스(set top box)를 준비해야 한다.

셋톱박스(set top box) 텔레비전 위의 설치된 상자라는 뜻으로 기존의 아날로그 TV를 디지털 TV로 바꿔주는 하드웨어. 이 셋톱박스에 전화선과 케이블 TV망, ADSL 등의 통신 회선을 연결하면 컴퓨터 없이도 손쉽게 인터넷 검색이 가능

함께 나오는 용어

- 디지털 TV(digital television)
  방송국에서 보내는 아날로그 신호를 디지털 신호로 바꾸어 고화질·고음질의 재생은 물론 여러 가지 기능을 추가할 수 있는 텔레비전 수상기다.

- HDTV(High Definition TV)
  16 : 9의 화면비와 돌비 디지털 서라운드 오디오를 지원하며, 기존 아날로그 TV(analog television)보다 4~5배 정도 화질이 깨끗한 고선명 디지털 TV이다.

- SDTV(Standard Definition TV)
  기존 아날로그 TV보다 2배 정도 화질이 깨끗하며 특정한 화면비는 지정되어 있지 않은 표준 디지털 TV다. HDTV보다 주파수 대역폭을 적게 차지해 데이터 방송·동시방송·VOD(주문형 비디오)와 같은 상호 서비스를 동시에 지원하는 데 용이한 방식이다.

119 디지털 오디오 방송 DAB, Digital Audio Broadcasting
CD 수준의 고음질은 물론 문자 · 그래픽 · 동화상까지 전송이 가능한 오디오 방송

지상파를 이용하여 기존의 AM · FM 방송과 같은 단순한 오디오 서비스를 뛰어넘어 콤팩트디스크(CD) 수준의 고음질에 문자 · 그래픽 · 동화상까지 전송이 가능한 오디오 방송을 말한다. 이는 유럽에서 아날로그 주파수 변조(FM) 방송을 디지털로 전환하기 위하여 개발한 디지털 오디오 방송의 명칭으로 EUREKA 147이라고도 한다. 일반적으로는 지역적으로 무료 방송을 실시하는 지상파 방송을 가리키지만 넓게는 위성과 지상망을 활용하여 멀티미디어 유료 방송을 실시하는 위성 DAB도 포함된다.

120 미국의 3대 방송네트워크 three major broadcasting network of the united states
NBC · CBS · ABC를 일컫는 말

- NBC(National Broadcasting Company)

  1926년 RCA(Radio Corporation of America)가 설립한 미국에서 가장 오래된 방송사이다. 설립 당시에는 레드(red) 네트워크와 블루(blue) 네트워크, 두 개의 전국 네트워크를 운영하였으나 1943년 동일인이 2개 이상의 전국 네트워크를 소유하지 못하게 한 연방통신위원회의 규칙에 따라 블루 네트워크(ABC 방송사의 전신)를 *매각(賣却)하였다. NBC는 사건 취재와 논평은 물론 쇼와 영화, 모험, 드라마 등 여러 부문에 강한 면모를 보여주고 있다.

- CBS(Columbia Broadcasting System)

  1927년에 개국하여 1931년에 미국 최초로 텔레비전 정기 방송을, 1951년에 세계 최초로 컬러텔레비전 상업 방송을 시작하였다. 시류(時流)에 민감하게 반응하며 당대 유명 스타들을 대거 기용하여 1976년 ABC가 선두로 나서기 전까지 미국의 3대 네트워크 중 최고의 시청률과 수익을 자랑한 방송사이다.

- ABC(American Broadcasting Company)

  1943년 에드워드 노블(Edward J. Noble)이 NBC의 라디오 방송국 체인이었던 블루 네트워크(Blue Network)를 구입해 설립한 방송사로 1965년 회사명을 ABC로 개명하였다. ABC는 텔레비전 프로그램을 영화 제작사들에게 의뢰하여 프로그램의 퀄리티(quality)를 높였으며 젊은 성인층을 위한 프로그램을 편성하여 1950~1970년 중반까지 젊은 시청자층을 대상으로 한 *프라임타임(prime time) 시리즈에서 시청률 1위를 기록하였다. 또한 낮 시간 편성과 스포츠에도 강세를 보이고 있다.

매각(賣却) 물건을 팔아 버림이라는 뜻으로 처분(處分)이라고도 함

프라임타임(prime time) 시청률이 가장 높은 주 시청 시간대

• NHK(Nippon Hoso Kyokai, Japan broadcasting corporation)

1925년 라디오 방송을 시작으로 1953년 텔레비전 방송, 1959년 교육방송을 시작한 일본 방송의 구심점 역할을 하고 있는 `공영 방송(公營放送)이다. 방송문화연구소와 방송여론 조사연구소, 종합 및 기초 기술연구소를 가지고 있으며 일본 방송체계의 구심점이 되어 국내외로 송출하는 방송 서비스를 운영하는 전국 규모의 공공사업체이다.

1984년 위성 제1텔레비전으로 시작하여 현재는 두 개의 위성 방송 채널을 가지고 있으며 운영은 시청료에 의존하고 있다.

공영 방송(公營放送) 공공의 복지를 목적으로 공기업이나 공공기관에서 운영하는 방송

• CNN(Cable News Network)

1980년 WTBS의 소유자인 터너(Ted Turner)가 설립한 미국 최초의 24시간 뉴스 전문채널이다. CNN은 통신 위성을 이용하여 1981년 레이건 대통령 저격 사건, 1985년 TWA 항공기 납치 사건, 1986년 우주 왕복선 참사 사건, 1991년 걸프전쟁 등 세계 곳곳에서 일어나는 사건들을 신속하게 전달하고 있으며 운영은 광고 수입에 의존하고 있다.

• BBC(British Broadcasting Corporation)

1922년에 설립되어 1927년 국영 방송이 된 영국의 공영 방송으로 라디오 방송을 시작으로 1936년에는 텔레비전 방송을, 1971년에는 공개대학(open university) 프로그램을 제작하여 방송하고 있다. 일체의 광고 수입 없이 시청료만을 재원으로 운영되는 공영 방송이므로 기술·재무·프로그램·전파 규제·수신료 결정 등에서 정부의 규제를 받고는 있지만 제2차 세계 대전 때 공정한 `전황(戰況)보도가 가능할 만큼 방송의 자율성을 최대한 보장받고 있다.

전황(戰況) 전쟁의 상황이나 형편

• 알 자지라(Al Jazeera)

아랍 최대의 24시간 위성 뉴스 방송으로 카타르의 부호 알 타니 일가의 투자로 1996년에 개국한 민간 방송이다. 알 자지라는 서구 언론매체에서 경험을 쌓은 기자들을 선별해 아랍인의 관점에서 중동 문제를 보도하는 한편 아랍권 지도자들을 비판하는 거침없는 보도로 중동에 방송 혁명을 일으켰다는 평가를 받고 있다. 2001년 9·11 테러사건과 관련하여 테러를 저지르지 않았다는 빈 라덴의 첫 성명과 2003년 이라크전에서 포로로 붙잡힌 미국 병사의 인터뷰 및 2004년 이라크 무장 단체들의 외국인 인질 살해 위협 장면 등을 방송하며 세계인의 이목을 집중시켰다.

함께 나오는 용어

CNN 효과(CNN effect)
24시간 뉴스 전문 TV인 CNN이 전 세계의 주요 사건·사고를 신속하고 생생하게 현장 중계함으로써 해당 국가들의 정책 결정에 큰 영향을 미친다고 하여 나온 말이다.

122 컬러텔레비전 송수신 방식
NTSC · PAL · SECAM 등의 컬러텔레비전 표준방식

- NTSC 방식(National Television System Committee method)

  1953년에 연방통신위원회(FCC)의 승인을 얻어 미국의 NTSC에서 1954년부터 정식 방송한 컬러텔레비전의 전송방식으로, °주사선이 525개이며 흑백텔레비전에 양용되어 흑백 수상기로도 컬러 방식을 수상할 수 있다는 장점이 있다. 단, 고도의 대역압축을 위해서 전송회로의 고성능이 요구되며 간혹 전송로에서 색이 변하거나 수상기에서 색상과 채도를 조정해야 한다는 단점이 있다. 미국을 비롯하여 한국과 일본, 캐나다 등이 이 방식을 채택했다.

- PAL 방식(Phase Alternation Line system)

  서독의 텔레풍켄(Telefunken)사가 1967년에 개발한 컬러텔레비전의 전송방식으로, 초당 30°프레임인 NTSC보다 프레임에서는 뒤지지만 수평주사선이 625개로 더 많아 해상도가 좋고 색 변형이 적다. 또한 전송로에서 생기는 위상 왜곡을 최소화하였으며 방송 설비에 고도의 규격이 필요 없다는 장점을 가지고 있다. 그러나 NTSC 방식에 비해 수상기가 다소 비싸다는 단점이 있다. 이 방식은 독일을 비롯한 영국·스웨덴·중국 등 전세계의 50%가 채택하여 사용하고 있다.

- SECAM 방식(SEquential Couleur Avec Memoire system)

  프랑스와 소련이 1967년에 개발한 컬러텔레비전의 전송방식으로, 주사선이 625개이며 2개의 색차신호 성분을 주사선마다 바꾸어 송출하는 선순차 방식을 채택하여 색상이 안 변하고 시간 정확도가 높으며 수상기의 색 조정이 필요 없다는 장점이 있다. 그러나 해상도가 다소 떨어지며 흑백 수상기로는 수신할 수 없다는 단점이 있다. 프랑스와 러시아를 비롯해 유럽의 동구권과 아프리카의 프랑스어권 등에서 채택했다.

주사선(走査線, scanning line) 텔레비전이나 사진 전송 등에서 화상(畵像)을 이루고 있는 점을 차례로 이은 수평방향의 선으로 주사선의 수가 많을수록 선명도가 좋음

프레임(frame) 영화 필름, 텔레비전, 연속만화 등 연속해서 제작되는 화상의 한 토막

더 알고가기
디지털 TV 방송 전송방식

구분	내용
ATSC 방식 (Advanced Television System Committee)	아날로그 전송방식인 NTSC를 이어받은 미국의 디지털 TV 전송방식으로 하나의 °캐리어에 많은 영상 데이터를 실어 나르는 것이 특징이다. 유럽 방식에 비해 전송 속도가 빠르고 PC와 호환성은 높으나 산악지역 등의 수신율은 떨어진다. 우리나라에서는 1997년 논란 끝에 ATSC 방식을 채택하였다.
DVB 방식 (Digital Video Broadcasting)	아날로그 전송방식인 PAL에서 발전한 유럽의 디지털 TV 전송방식으로 여러 개의 캐리어에 데이터를 나눠서 운반하는 것이 특징이다. 신호의 부호 및 압축은 MPEG-2를 사용하고 있으며 미국의 방식에 비해 고스트 현상과 난시청 지역이 적다.

캐리어(carrier) 텔레비전이나 라디오 신호를 전송하는 주파

123 AM·FM·PCM 방송
진폭 변조 방식·주파수 변조 방식·펄스 부호 변조 방식

구분	내용
AM 방송 (Amplitude Modulation broadcasting)	• 반송 주파수(搬送周波數)의 폭을 음성전파로 변조시켜서 방송하는 진폭 변조 방식으로 소리나 TV의 영상을 전송하는 데 사용되는 가장 오래 된 방식이다. • 이는 반송파에 신호를 단순히 혼합하여 겹치는 방식으로 1000kHz 전후 의 중파대(中波帶) 전파를 이용하므로 중파 방송(中波放送)이라고도 한다.
FM 방송 (Frequency Modulation broadcasting)	• 초단파와 극초단파를 이용하여 진폭을 일정하게 유지하면서 주파수를 음성의 강도에 따라 변화시키는 주파수 변조 방식으로 잡음과 *혼신(混 信)이 적어 스테레오 방송에 적합하다. • 단, 초단파대이므로 전파의 도달 거리가 짧고 송신기나 수신기의 구조 가 복잡하다는 단점이 있다.
PCM 방송 (Pulse Code Modulation broadcasting)	• 음성이나 영상 등의 아날로그 신호를 디지털 신호로 바꾸어서 방송하 는 펄스 부호 변조 방식으로 기존의 방송 방식에 비해 잡음에 강하고 고품질의 방송이 가능하다. • 그러나 넓은 주파수 대역을 필요로 하기 때문에 SHF(Super High Frequency)대나 EHF(Extremely High Frequency)대 주파수를 사용하는 위성 방송에서 가능한 방식이다.

*혼신(混信) 통신이나 방송 수신 시 송신국 이외의 방송이나 송신 신호가 들리는 일

124 전파의 종류

전파의 종류	내용
VHF (Very High Frequency, 초단파)	주파수 30~300*MHz, 파장 1~10m의 전파로 중파나 단파에 비해 직진 성이 강해 전리층 반사를 거의 받지 않아 동일 주파수를 사용하는 TV국 이 근거리에 있어도 혼신(混信)을 일으키는 일이 적다. VHF는 육상·해 상, 항공 단거리 통신, 텔레비전·라디오(FM) 방송, 해상·항공 무선 *항 행(航行) 업무와 레이더 등에 사용된다.
UHF (Ultra High Frequency, 극초단파)	주파수 300~3000MHz, 파장 10~100cm까지의 전파로 VHF보다 파장 이 짧고 직진성이 강해 잡음 등의 영향을 적게 받으며 보다 많은 채널을 가질 수 있어 지방방송에서 주로 사용된다. 그러나 강한 직진성으로 인 해 장애물로 인한 수신 불능 상태가 생기기 쉽고 전파 감쇠(減衰)가 커서 고감도 안테나가 필요하며 방송국이나 중계국 수를 VHF 방송의 경우보 다 몇 배 증가시켜야 하는 등의 단점이 있다.

1MHz = 1000kHz

*항행(航行) 배나 항공기 등이 항로를 다님

125 전파 월경 電波越境, spillover
방송 위성의 전파가 본래 의도한 서비스 지역을 넘어 주변국까지 영향을 미치는 현상

방송 위성에서 발사된 전파가 의도한 서비스권 밖으로 나가는 것으로 '스필오버(spillover)'라고도 한다. 이는 비록 의도적인 유출은 아니라 하더라도 인접국가의 정치·문화에 커다란 영향을 미치기 때문에 국제적인 문제가 될 소지가 있어 *전파규칙에 국제적인 조정 절차가 규정되어 있다. 한편 경제학에서 스필오버는 어떤 요소의 생산 활동이 그 요소의 생산성이나 다른 요소의 생산성 증가를 불러와 경제 전체의 생산성을 높이는 현상을 의미하는 것으로 '일출효과(溢出效果)'라고도 한다.

전파규칙(radio regulations) 국제전기통신협약(ITU)에 부속되어 있는 업무 규칙의 하나로 전파 통신의 용어와 정의, 9KHz~ 275GHz 주파수의 업무별 분배, 주파수의 조정, 혼신, 조난 통신 등에 관한 규정과 기준이 정해져 있음

#방송 기타

126 **파일럿 프로그램** pilot program
편성이 확정되기 전에 전시용으로 제작하는 견본 프로그램

시청자나 광고주의 반응을 보기 위해서 특정 프로그램 전체나 프로그램의 한 코너를 시험적으로 제작하는 샘플 프로그램을 말한다. 방송사들은 봄·가을 정기편성에 앞서 명절 연휴 전후로 3~4개의 파일럿 프로그램을 띄우는데 이때 반응이 좋은 프로그램은 정규 프로그램으로 편성한다. 파일럿 프로그램은 실험적으로 만들기 때문에 정규 프로그램에 비해 통상적으로 2배 이상의 제작비가 들어가는 것이 관례이다.

함께 나오는 용어

스탠바이 프로그램(stand-by program)
공연 또는 스포츠 중계가 날씨 등의 사정으로 인해 방송을 할 수 없게 되거나 공연이나 경기가 예상보다 빨리 끝나는 경우, 이를 대비하기 위해 미리 준비해 놓은 프로그램을 말한다. 다른 말로 '레인코트 프로그램(raincoat program)' 또는 '*필러(filler)'라고도 한다.

필러(filler) 방송에서 프로그램과 프로그램 사이의 시간을 메우기 위한 필름 또는 신문이나 잡지에서 페이지 틈을 메우기 위한 짧은 기사

---

127 **클리킹 현상** clicking 現象
리모콘에 의한 텔레비전 시청 형태

텔레비전 채널을 바꾸는 현상의 원인은 다음과 같다.

원인	내용
soft clicking	시청자가 보고 있던 프로그램이 재미가 없어서 채널을 자주 바꾸는 현상
hard clicking	시청자가 언제 보아도 흥미·재미가 없는 프로그램에 제재를 가하는 현상
lovely clicking	시청자가 하나의 프로그램이 아닌 여러 프로그램에 흥미를 느껴 어느 것도 놓치지 않으려고 이리저리 채널을 바꾸는 현상
rational clicking	시청자가 채널을 이리저리 돌리다가 선택을 한 다음에 채널을 바꾸는 현상

128 MC Master of Ceremonies
라디오 · TV 프로그램의 사회자

MC는 그 역할에 따라 다음과 같이 분류된다.

구분	주요 역할
앵커맨 (anchorman)	종합뉴스의 진행자로 단순히 뉴스 전달만을 하는 것이 아니라 뉴스에 대한 논평과 뉴스 아이템에 대한 취재지시 및 편집을 담당하는 사람을 말한다. 다른 말로 '앵커퍼슨(anchorperson)'이라고 하며, 여성의 경우 '앵커우먼(anchorwoman)'이라고 한다.
뉴스 캐스터 (news caster)	뉴스 진행자로 직접 기사를 읽거나 기자가 리포트할 뉴스 아이템을 소개해주는 사람으로, 영국에서는 '프리젠터(presenter)'라고 한다.
뉴스 리더 (news reader)	기자가 작성한 기사를 단순히 전달하는 사람으로, '아나운서(announcer)'라고도 한다.
체어맨 (chairman)	토론 프로그램의 사회자로 중립적인 입장에서 객관성을 유지하며 찬반 토론을 진행하는 사람을 말한다.
모더레이터 (moderater)	토론 프로그램의 사회자로, 찬반 토론을 이끄는 체어맨과 달리 융통성을 가지고 다양한 의견을 다듬고 조정해주는 일반적인 토크 프로그램 진행자를 말한다.

129 크로마키 chroma-key
색채의 불현효과(不現效果)를 이용한 텔레비전의 화면 합성 기법

미국의 NBC사, RCA사 등에서 고안한 것으로 컬러텔레비전의 *RGB 신호를 이용하여 잘라내고 싶은 피사체와 배경을 분리한 후 그것을 다른 화면에 합성하는 기법을 말한다. 크로마키의 전경은 보통 울트라마린 블루(ultramarine blue)를 배경으로 촬영하고, 끼워 넣는 전경은 울트라마린 블루를 포함하지 않는 것으로 촬영한다.

RGB 신호(RGB signal) 적(R) · 녹(G) · 청(B)의 색 신호이다. 빛의 3원색인 적 · 녹 · 청을 신호화하여 RGB 모델이 채용되어 있는 텔레비전 수상기나 모니터에 전송하여 영상을 재현

함께 나오는 용어

가상 스튜디오(virtual studio)
스튜디오 카메라, 크로마 세트, 컴퓨터 그래픽으로 만든 가상 세트를 크로마키 합성 기술로 조합하여 만들어낸 3차원 영상화면을 말한다. 이때 실제 출연자는 청색 또는 녹색으로 만들어진 아무 것도 없는 크로마 판 앞에서 전후, 좌우로 이동하며 촬영하는데 적은 비용과 시간으로 원하는 상황을 자유자재로 제작 · 변경할 수 있다.

130 시청률 視聽率, rating
주어진 시간에 얼마나 많은 사람들이 시청·청취했는가를 백분율로 나타낸 것

- 시청 가구율(HUT) = $\dfrac{\text{텔레비전 사용 가구 수}}{\text{전체 텔레비전 소유 가구 수}} \times 100$

- 프로그램 시청률 = $\dfrac{\text{프로그램 시청 가구 수}}{\text{전체 텔레비전 소유 가구 수}} \times 100$

- 시청자 점유율 = $\dfrac{\text{시청률}}{\text{시청 가구율(HUT)}} \times 100$

131 피플미터 people meter
개인별 시청 상황까지 확인 가능한 시청률 조사방법

이전의 시청률 조사에서 사용되었던 •오디미터(audimeter)가 각 가정의 텔레비전이 켜져 있는 시간과 채널만 확인할 수 있었다면, 피플미터(people meter)는 선정된 가구의 TV 수상기에 피플미터라는 전자감응장치를 달아 TV를 켜고 끄는 것은 물론 어떤 채널을 보고 있는지 중앙의 컴퓨터가 모두 체크해 자동으로 집계하는 시청률 조사방법이다.

오디미터(audimeter) 미국의 닐슨사가 텔레비전의 시청 상황을 조사하기 위해 개발한 자동기록장치로, 지역마다 임의로 추출된 표본 가정의 TV 수상기에 설치하여 시청률을 조사하는 데 사용

132 라퓨터 raputer
라디오 청취자가 인터넷을 이용해 생방송에 참여하는 것

'라디오(radio)'와 '컴퓨터(computer)'의 합성어로 청취자가 라디오를 들으면서 인터넷을 이용해 자신의 생각이나 의견을 작성하여 수시로 방송에 참여하는 쌍방향 방송을 말한다. 현재 라디오 방송에서는 인터넷을 통해 실시간으로 올라오는 청취자들의 의견을 확인하고 이를 방송에 반영하고 있다.

133 인터캐스트 intercast
컴퓨터에서 텔레비전 방송과 인터넷 정보를 동시에 볼 수 있는 새로운 방송 기술

'인터넷(internet)'과 '방송(broadcast)'의 합성어로 컴퓨터로 텔레비전을 시청하면서 방송사에서 보내는 데이터와 같은 인터넷 정보를 함께 볼 수 있는 새로운 방송 기술이다. 이는 텔레비전 방송국이 방송 프로그램을 디지털 번호로 바꿔 전파에 실어 보내면 텔레비전 수신용 카드를 장착한 인터캐스트 컴퓨터가 이를 전송받아 컴퓨터 화면에 띄워주는 것으로 텔레비전 화면에 나오는 상품을 주문하거나 공연 티켓을 예매할 때 유용하다.

134 팟캐스팅 podcasting
인터넷에서 영상이나 음원을 휴대 기기 등으로 내려받아 감상하는 맞춤형 개인미디어

애플 아이팟(iPod)의 'Pod'과 방송(broadcasting)의 'casting'이 결합된 신조어로 인터넷을 통해 영화나 드라마, 음원 등의 콘텐츠를 *MP3 플레이어나 *PMP 등의 휴대 기기로 내려받아 감상하는 서비스를 말한다. 팟캐스팅(Podcasting)은 RSS 2.0 XML 또는 RDF XML 파일 포맷을 사용하여 파일을 제공하며, 사용자가 매번 미디어를 선택하거나 찾아 들어가는 방식이 아닌 구독 방식으로 이루어진다는 점에서 다른 온라인 미디어와 차이점을 가진다.

MP3 플레이어(MPEG audio layer-3 player) MP3 형식의 파일을 재생하는 음향기. MP3란 고음질 오디오 압축 기술이나 그렇게 압축한 파일

PMP(Portable Multimedia Player) 음악·동영상 재생 및 디지털카메라 기능까지 갖춘 휴대용 멀티미디어 재생기

135 캐티즌 catizen
인터넷 방송을 즐기는 사람들

인터넷 방송을 뜻하는 '캐스트(cast)'와 시민을 뜻하는 '시티즌(citizen)'의 합성어로 언제, 어느 때라도 자신이 원하는 프로그램을 골라 접속만 하면 볼 수 있는 인터넷 방송을 즐기는 사람들을 가리키는 말이다.

136 e—랜서 e-lancer
*사이버 공간에서 영업과 작업을 수행하는 21C형 프리랜서

'일렉트로닉(electronic)'과 '프리랜서(freelancer)'의 합성어로 주로 인터넷 사이트에서 콘텐츠를 구성하는 웹디자인·웹프로그래밍·DB설계 등의 IT분야가 전체 일감의 70%를 차지하고 있으며 통역·번역·타이핑·컨설팅·이벤트 프로모션·온라인 비즈니스·통계·분석·홍보 등의 분야도 점차 그 수요가 늘어나고 있다.

사이버 공간(cyberspace) 컴퓨터에서 실제와 비슷하게 구축한 가상 공간

137 루퍼트 머독 Keith Rupert Murdoch
세계적인 미디어 재벌

미국의 월스트리트저널, 뉴욕포스트, 영국의 타임스, 폭스 방송, 호주의 오스트레일리언 등 52개국에서 780여 종의 사업을 펼치고 있는 오스트레일리아 출신의 뉴스코퍼레이션(News Corporation Ltd.) 대표로 지구촌의 정보통신부장관 또는 언론 재벌이라는 평가를 받고 있는 인물이다.

▲ 루퍼트 머독

138 유러비전 eurovision
유럽방송연맹(EBU)이 운영하는 서·북유럽 국가 간의 텔레비전 국제 중계 네트워크

서로 국경을 접하고 있어 여러 가지 면에서 공동의식이 강한 유럽에서 유럽 방송 연맹(EBU)에 가입된 국가 간의 텔레비전 방송 중계를 유러비전이라고 한다. 파리에서 송출한 텔레비전 프로그램을 런던이나 암스테르담에서 시청할 수 있는 식이다. 이때 중계하는 방송 프로그램은 올림픽이나 대관식과 같은 특별한 이벤트 방송이다.

유럽방송연맹(EBU, European Broadcasting Union) 1950년에 방송기관의 이익보호와 방송에 관한 제반 문제 연구촉진, 정보교환 및 서로의 차이점에 대한 해결모색을 목적으로 설립된 서유럽 방송기관들의 국제적 방송 조직. 주 업무는 각 나라 안팎의 뉴스 소개와 유러비전의 운영

더 알고가기
마이크로 회선을 이용한 텔레비전 국제 중계 네트워크
- 유럽 방송 연맹(EBU)이 운영하는 유러비전(eurovision)
- 동유럽 국가들의 방송단체인 국제 방송 기구(OIRT)가 설립한 인터비전(intervision)
- 노르웨이·스웨덴·덴마크·핀란드·아이슬란드, 북유럽 5개국을 연결하는 노르드비전 (nord-vision)

139 신디케이트 syndicate
여러 분야의 작가나 비평가, 만화가들이 연합하여 신문사·방송국 등에 저작물을 배급하는 방식

공동 판매 *카르텔을 뜻하는 신디케이트는 생산 단계의 독립성은 유지하되 판매를 일원화하여 독점적인 시장 지배력을 향유할 수 있는 저작물 배급 방식으로, 독립적인 작가들이 모여 구성하는 것과 언론매체가 기존에 가지고 있는 자신의 저작물을 바탕으로 설립하는 두 가지 경우가 있다.

카르텔(cartel) 동일 업종의 기업이 가격과 생산량 등의 협정을 통해 형성하는 독점형태 또는 그 협정을 의미

140 V칩 Violence chip
폭력 프로그램 수신 차단 장치

V는 폭력을 의미하는 'violence'의 약자로 소비자가 TV수신기 내부에 설치된 V칩에 입력한 프로그램의 등급을 초과하는 내용을 차단해주는 장치이다. 미국에서는 1996년 통신품위법에 따라 폭력과 외설 및 저속한 언어 정보의 송신을 규제하기 위해 1998년까지 미국에서 생산되는 모든 *텔레비전 수상기에 이 장치의 장착을 의무화하였다.

텔레비전 수상기(television receiver) 방송되는 비디오 신호를 수신하여 화상으로 변화시키는 장치

141 MPEG Moving Picture Experts Group
동영상전문가그룹 또는 이 그룹에서 제정한 영상 압축 표준 규격

MPEG은 동영상을 압축하고 코드로 표현하는 방법의 표준을 만드는 동영상전문가그룹으로 문자보다 많은 *메모리를 차지하는 음성과 영상 정보의 효율적인 저장과 처리를 위해 파일의 크기를 줄이는 압축 기술에 대한 관심이 커지면서 1988년에 설립되었다. 이 그룹에서 정립한 표준 규격을 바탕으로 관련 업계에서 호환가능한 칩을 개발한다. 비디오CD에는 MPEG-1이, HDTV · DVD · 디지털 위성 방송에는 MPEG-2가, 양방향 멀티커뮤니케이션 · 이동영상전화 · 멀티미디어 데이터베이스 서비스 · 컴퓨터 그래픽 등에는 MPEG-4가 이용되고 있다.

메모리(memory) 기억장치

142 SNG Satellite News Gathering
통신 위성을 이용한 TV 중계 시스템

SNG는 이동방송국이나 소지구국처럼 자체적으로 송수신이 가능한 시스템으로 위성이동중계라고도 한다. 이는 취재현장에서 핸디용 송신기로 통신위성을 향해 영상과 음성을 발사하여 키 스테이션 통제센터로 영상을 보내는 이동형 방송 송신 위성지구국이라고 할 수 있다. 1985년 후지 TV가 *JAL기 추락 때, 1991년 CNN이 걸프전에서 이 시스템을 이용해 신속하게 영상을 전달하여 화제가 되었다. 사용하는 주파수는 14~16GHz이다.

JAL기 추락 1985년 8월 12일 일본항공(JAL) 소속 보잉 747 점보기가 비행 중 추락하여 탑승자 524명 중 520명이 사망한 사고

#언론 기구

143 국제언론인협회 IPI, International Press Institute
각국의 언론사 사장 · 발행인 · 편집 간부 · 보도 간부 등으로 구성된 국제언론단체

언론인의 *UN으로 불리며 언론자유를 수호하기 위해 1951년에 결성된 국제언론인협회(International Press Institute)는 세계 각국의 언론사 사장 · 발행인 · 편집 간부 · 보도 간부 등 2000여 명의 회원이 가입되어 있는 국제언론단체다. 각국의 국내 활동을 위해서 가입국마다 국내위원회를 두고 있으며 본부는 오스트리아 빈에 있다.
한국은 1950년대 후반부터 가입을 추진했지만 당시 자유당 정권의 언론탄압으로 인해 언론의 자유가 없다는 이유로 거부당하다 4 · 19 혁명 이후인 1961년에 IPI한국위원회가 설립됐다.

UN(United Nations, 국제연합) 전쟁방지와 평화유지를 위해 설립된 국제기구로 평화유지활동, 군비축소활동, 국제협력활동 등을 수행함

함께 나오는 용어 •

워치 리스트(watch list)
국제언론인협회(IPI)는 연 2회 이사회를 열어 정부의 언론통제가 심한 나라를 선정하여 언론
자유탄압 감시대상국인 '워치 리스트'에 올린다.

144 **국제기자연맹** IFJ, International Federation of Journalists
언론의 자유와 기자들의 권익옹호를 위한 국제언론기구

제2차 세계 대전 이후 냉전이 격화될 무렵 국제기자기구(International Organization of Journalists)에 가입되어 있던 자유주의 국가 언론인들이 국제기자기구가 공산국가들에 의해 냉전의 도구로 이용되자 탈퇴하여 1952년에 설립한 순수 일선 기자들의 국제언론기구이다.

국제기자연맹은 언론자유창달과 기자 권익옹호 및 자질향상 등을 목적으로 활동하고 있으며 1999년부터는 국제언론인보호기금(International Safety Fund)을 설립하여 폭력에 희생당한 언론인과 그 유가족들을 지원하고 있다. 가입자격은 신문노조의 기능을 가진 단체여야 하는데 한국기자협회는 1966년 제8차 베를린 총회에서 정회원으로 등록되었다.

145 **국제기자기구** IOJ, International Organization of Journalists
기자의 권익보호와 회원 단체의 친목도모를 위한 공산국가 기자들의 국제언론기구

1946년 덴마크 코펜하겐에서 동서 양 진영의 기자들이 모여 창립한 국제언론기구로 '국제저널리스트기구'라고도 한다. 그러나 1947년 체코 프라하에서 열린 제2회 대회에서 공산국가 기자들이 주도권을 장악하면서 냉전을 강화시키는 도구로 이를 이용하자 자유국가 기자들이 탈퇴하여 1952년에 별도로 국제기자연맹(IFJ)을 창설하면서 세력이 크게 저하되었다.

146 **내셔널 프레스 클럽** NPC, National Press Club
워싱턴에 있는 세계 각국의 신문·방송·통신 특파원들의 친선단체

회원들의 취재 활동에 관한 편의를 제공하고 친목도모를 위해 1908년에 설립됐다. 언론사 특파원들이 단체로 방미(訪美)하는 외국 *수뇌(首腦)들을 클럽 오찬에 초청하여 연설을 듣고 질의·응답하는 것을 주 행사로 삼고 있다. 우리나라의 역대 대통령들도 이곳에서 연설하였으며, 미국 대통령들은 W. 월슨 대통령 이후 내셔널 프레스 클럽의 명예회원으로 가입하는 것을 불문율로 여기고 있다. 연설 내용은 내셔널 퍼블릭 라디오를 통해 전국으로 방송된다.

수뇌(首腦) 조직이나 단체의 핵심 자리의 인물

147 관훈 클럽 寬勳 club
언론 연구 및 친목도모를 목적으로 하는 중견 언론인들의 모임

1957년 서울 종로구 관훈동에서 창립된 현존하는 가장 오래된 언론단체로, 언론의 창달을 위한 연구와 저술의 지원과 해외 연수 사업, 각계 지도자를 초빙한 토론회 개최 등의 일을 한다.

148 인텔샛 INTELSAT
범세계적인 상업통신 위성기구

세계의 모든 지역이 차별 없이 효율적이고 경제적인 국제위성통신 서비스를 받을 수 있도록 1973년 정부 간 협정에 의해 발족된 국제전기통신 위성기구이다. 미국 워싱턴에 본부를 두고 태평양·대서양·인도양 상공에 정지궤도 위성을 배치하여 국제 통신에 이용할 수 있도록 함은 물론 위성 중계기 임차를 통해 각국의 국내 통신에도 이용할 수 있도록 하였다.
1965년에 최초의 상업용 통신 위성으로 INTELSAT 1호(Early Bird)를 쏘아 올린 후 50여 개의 위성으로 세계 전 지역에 인터넷, 방송, 전화, 정보통신 등의 상업적 서비스를 제공하고 있다.

149 NTSC National Television System Committee
미국에서 텔레비전의 송·수신 방식을 결정하는 위원회

미국에서 텔레비전의 송·수신 방식을 결정하는 위원회로, 여기에서 결정된 TV 방송 시스템이 NTSC 방식이다. 우리나라에서는 컬러텔레비전 방송을 개시하기 전 방송 규격에 대해 논의한 후 1980년 NTSC 방식을 채택했다. 흑백과 컬러를 모두 *수상할 수 있다는 장점이 있으나, 고도의 대역 압축을 위해서 전송 회로의 고성능이 요구된다. NTSC 방식은 독일이 제안한 PAL 방식, 프랑스가 제안한 SECAM 방식과 함께 세계의 3대 방송 규격 중의 하나이다.

수상(受像) 텔레비전·사진 전송 등에서 신호로 받은 사물의 상을 재생하는 일

더 알고가기

세계 3대 방송 규격

NTSC 방식	미국의 컬러텔레비전 송·수신 방식으로, 초당 30프레임과 525개의 주사선을 사용한다.
PAL 방식	독일의 컬러텔레비전 송·수신 방식으로, 초당 25프레임과 625개의 주사선을 사용한다.
SECAM 방식	프랑스의 컬러텔레비전 송·수신 방식으로, 초당 25프레임과 625개의 주사선을 사용한다.

03 광고

핵심Tag #광고 일반 #광고 법칙

#광고 일반

150 PPL Product PLacement, 간접 광고
영화, 드라마 등에 자사의 특정 제품을 등장시켜 간접적으로 홍보하는 것

영화나 드라마 등의 등장인물이 기업의 특정 제품을 사용하거나, 제품을 그 안에 배치함으로써 간접적으로 홍보하는 것을 말한다. PPL은 기업에는 홍보 효과를 주는 것과 함께 드라마나 영화의 제작에는 중요한 수입원이 되기도 하지만, 극 중 상황과 어울리지 않는 노출이나 과도한 남발에 대한 부정적인 의견도 있다.

더 알고가기

국내 지상파 방송의 PPL 규정
- 대상 : 교양 또는 오락에 관한 방송프로그램
- 크기 : 화면의 4분의 1 미만
- 시간 : 해당 방송프로그램 시간의 100분의 5 이내
- 고지 의무 : 방송프로그램 시작 전에 광고가 포함되어 있음을 자막으로 표기하여 시청자가 명확하게 알 수 있도록 할 것
- 준수 사항 : 광고가 방송프로그램의 구성에 영향을 미치지 아니하며, 해당 상품을 언급하거나 구매를 권유하지 아니할 것

151 미디어 렙 media rep
방송광고 판매대행사

매체를 뜻하는 'media'와 대표자를 의미하는 'representative'의 합성어로 방송사의 위탁을 받아 광고주에게 광고를 판매하고 대행 수수료를 받는 회사를 말한다. 방송사가 광고주에게 압력을 가해 광고를 얻어 내거나 광고주가 광고를 미끼로 방송사에 영향력을 행사하는 것을 막아주는 장점이 있다.

152 제4매체 第四媒體
신문·잡지·DM광고 등 인쇄광고 이외의 판매 촉진적인 인쇄물 또는 문헌류

신문광고, 잡지광고, DM광고 등과 같은 인쇄광고 이외의 판매촉진을 위한 브로슈어, 기관지, 카탈로그, POP광고용 인쇄물, 뉴스레터 등을 말한다.

종류	내용
키치 광고 (kitsch advertisement)	감각적이고 가벼운 것을 좋아하는 신세대 취향의 광고로 상품에 대한 설명보다는 기호와 이미지를 사용하여 언뜻 보아서는 무슨 내용인지 전혀 감이 안 잡히는 광고를 말한다.
멀티스폿 광고 (multi-spot advertisement)	동일한 상품에 대해 다양한 소재로 여러 편을 제작해 한꺼번에 내보내는 광고방식으로 동일한 상품에 대해 여러 편의 광고를 차례로 내보내는 시리즈 광고와 차별성을 지닌다. 멀티스폿 광고는 소비자 타깃이 넓거나 광고 물량이 많아 같은 광고가 반복 상영될 경우 매일 같은 광고를 접해야 하는 지루함을 덜어준다.
티저 광고 (teaser advertising)	티저(teaser)란 본래 남자를 애타게 하는 여자, 짓궂게 괴롭히는 사람이라는 뜻으로 주로 신제품 출시 전에 회사명·상품명을 감추거나 제품의 일부분만 보여주어 소비자들의 궁금증을 유발시킨 후 서서히 또는 일시에 그 베일을 벗기는 광고기법이다.
애드버토리얼 (advertorial)	광고를 뜻하는 'advertisement'와 논설을 뜻하는 'editorial'의 합성어로 신문·잡지 등에 기사형태로 실리는 광고를 말한다. 이는 언뜻 보아 편집 기사처럼 보이나 기사 전체가 광고주의 사업에 유리하게 구성되어 있으며 회사명과 상품명도 넌지시 표현되어 있어 논설식 광고 또는 '광고 기사'라고도 한다.
인포머셜 (informercial)	정보를 뜻하는 'information'과 광고를 뜻하는 'commercial'의 합성어로 상표나 상품 관련 정보를 10~30분 단위로 구체적으로 충분하게 제공하여 소비자의 이성적인 구매 욕구를 유발하는 정보광고(情報廣告)를 말한다. 이는 상품 애호도가 낮은 소비자들에게 큰 효과를 발휘하여 미국에서 *CM전용 채널이 다수 등장하였다.
PPL 광고 (Products in PLacement advertising)	영화나 드라마 등에 특정 제품을 소품으로 노출시켜 광고 효과를 노리는 간접 광고로 영상물 제작 시 중요한 수입원인 동시에 협찬사 역시 브랜드 홍보를 할 수 있어 일석이조이다. 그러나 극과 전혀 상관없는 제품이나 너무 과도한 노출은 시청자에게 거부감을 일으키며 극의 질을 떨어뜨린다는 비판을 받는다.
시즐 광고 (sizzle advertising)	시즐(sizzle)은 쇠고기를 구울 때 나는 소리 지글지글의 의성어로 시즐 광고란 병 따는 소리, 맥주를 컵에 따르는 소리, 보글보글 끓는 소리, 바삭바삭한 과자를 먹는 소리 등 제품의 핵심 포인트가 될 만한 소리를 활용하여 구매 욕구를 일으키는 광고기법을 말한다.
버추얼 광고 (virtual advertising)	컴퓨터 그래픽을 이용해 가상의 이미지를 방송 프로그램 도중에 끼워 넣는 광고기법으로 '가상광고(假想廣告)'라고도 한다. 야구경기의 경우는 주로 홈 플레이트 바로 뒤의 벽면, 골프의 경우는 잔디, 축구의 경우는 센터서클에 브랜드 로고나 상징물을 위치시키는 형태로 많이 이용되고 있다.
배너 광고 (banner advertisement)	인터넷 사용자가 급증하면서 인터넷 사이트를 활용한 새로운 광고 형태로 사용자가 배너를 클릭하면 관련 사이트로 자동 연결되며 방문자수·회원수·클릭수 등을 기준으로 광고료가 책정된다. 흔히 직사각형의 막대모양을 하고 있어 '막대광고'라고도 한다.

CM(Commercial Message) 프로그램과 프로그램 사이에 삽입되는 전파 매체용 광고로 미국에서는 커머셜(commercial)이라고 함

네거티브 광고 (negative advertisement)	죽음·성·범죄·화재·혐오동물 등 부정적이고 터부시되는 소재를 활용하여 강한 시각적 충격을 던지는 광고기법을 말한다.
스테이션 광고 (station advertising)	방송국이 자국의 이미지와 •오디언스(audience)를 창출하기 위해 자기 방송국을 광고하는 것으로 앞으로 더욱 본격화될 전망이다.
애드버커시 광고 (advocacy advertising)	기업이 소비자들에게 신뢰받기 위해 자신들의 기업활동이나 이윤획득의 적정성을 홍보하는 광고로 '옹호광고' 또는 '주장광고'라고도 한다.
DM 광고 (Direct Mail advertising)	전망이 있는 구매자의 획득 및 상시 구매자의 유지 등을 목적으로 우편을 이용해 선정된 특정인에게 직접적·계획적으로 광고물을 전달하는 것으로 개개의 전망구입자에게 직접적으로 작용한다는 장점이 있으나 우편요금의 부담이 크다는 단점이 있다. 다른 말로 '우편광고', '우송광고', '통신광고'라고도 한다.
POP 광고 (Point Of Purchase advertisement)	소비자가 최종적으로 상품을 구입하는 판매점 주변에서 전개되는 광고로 옥외간판, 윈도 디스플레이, 카운터 진열광고, 바닥 진열광고, 선반 및 벽면 진열광고, 천장에 늘어뜨린 광고, 패키지 등 직접적인 구매촉진의 역할을 하는 광고를 말한다. 모빌이나 포스터 등이 대표적이며 '구매시점 광고' 또는 '판매시점 광고'라고도 한다.
•서브리미널 광고 (subliminal advertising)	의식할 수 없다는 뜻의 서브리미널(subliminal)은 반응이 일어날지 안 일어날지 모를 한계점 이하의 자극을 주기 위하여 아주 짧은 순간의 영상이나 음성을 통해 광고를 하는 것으로 '잠재의식광고(潛在意識廣告)' 또는 '하의식광고'라고도 한다.
트레일러 광고 (trailer advertising)	따라다니는 것이란 뜻을 지닌 트레일러(trailer)는 영화관에서 상영 예정인 장편 극영화 소개를 위한 예고편에서 유래한 것으로 메인 광고 뒤에 붙어 '자매품 ○○○'의 식으로 다른 제품을 알리는 맛보기 광고이다. 주로 스낵류·빙과류·제과류에서 사용되는데 한 광고에 여러 제품을 다룰 수 있어 광고비 절감 효과를 주지만 주목도가 낮아질 위험이 있어 고가품에서는 활용되지 않는다.
더블업 광고 (double effect of advertisement)	특정 제품을 소품으로 활용하는 광고로 주 광고 제품 외의 제품도 선전할 수 있어 '광고 속의 광고'라고도 한다. 예를 들어 인기 TV 드라마를 활용한 외식업 광고나 음료수를 이용한 냉장고 광고 등이 이에 속한다.
조인트 광고 (joint advertising)	둘 이상의 광고주가 공동으로 실시하는 광고로 '공동광고(共同廣告)', '협동광고(cooperative advertising)'라고도 한다.
레트로 광고 (retrospective advertising)	레트로(retro)는 회상, 추억이라는 뜻을 지닌 'retrospect'의 준말로, 이는 과거에 대한 향수를 느끼게 하는 광고로 '회고광고' 또는 '추억광고'라고도 한다.
무드 광고 (mood advertising)	제품을 소유하거나 서비스를 받을 때 느낄 수 있는 만족감과 즐거움, 행복 등을 무드로 표현한 광고로 원초적인 욕망을 자극하기 위하여 화장품이나 패션 제품, 음료 등의 광고에 많이 사용되는 기법이다.

오디언스(audience) 청중 또는 관객을 뜻하는 말로 매스컴에서는 시청자, 청취자 등을 의미

서브리미널 광고 잠재의식 광고로 1957년 미국의 동기조사전문가인 Vicary가 상영 중인 필름에 중복해서 '콜라를 마시자', '팝콘을 먹자'라고 하는 광고를 3000분의 1초로 매 5초 169회씩 6주간 영사한 결과 영화관 내 매점에서 두 상품의 매출액이 급증했다고 하여 화제가 됨

▲ 서브리미널 광고

154 어카운트 이그제큐티브 AE, Account Executive
광고 기획 담당자

광고대행사와 광고주 사이의 연락은 물론 기획업무를 담당하는 대행사의 책임자로 광고주의 전권(全權)과 책임을 가지고 광고의 예산 배분·매체 선정·주제 검토 등을 원활하게 실시하여 광고주가 기대하는 광고를 제작하는 총책임자이다. AE가 광고활동 전반을 도맡아 대행하는 제도를 'AE 제도'라고 한다.

155 CPM Cost Per ˙Mille
특정 매체가 1000명 또는 1000세대 노출에 도달하는 데 드는 비용

1000회의 광고 노출에 지불하는 광고비로 '정액제 광고(定額制廣告)'라고도 하며 보통 웹 페이지 첫 화면 상단이나 하단의 배너 광고비를 기준으로 측정한다.

Mille 1000(thousand)을 뜻하는 라틴어

#광고 법칙

156 5I의 법칙 principle of 5I
광고 카피라이팅(copywriting)의 기본 법칙

광고 ˙카피 제작의 기본 룰인 Idea, Impact, Interest, Information, Impulsion 의 머리글자를 딴 것으로, 풀이하면 광고 카피는 아이디어(Idea)에서 시작하여 직접적인 임팩트(Impact)의 관점에서 지속적인 흥미(Interest)를 주는 메시지로 구성되어야 하는 동시에 고객에게 필요한 정보(Information)를 충분하고 정확하게 제시하면서 충동을 불러일으키는 힘(Impulsion)을 갖추어야 한다는 것이다.

카피(copy) 광고 원고를 가리키는 광고 용어로, 카피를 쓰는 사람은 카피라이터(copywriter)라고 함

157 3B 법칙 principle of 3B
광고의 ˙일러스트레이션(illustration)을 선정할 때의 일반적인 원칙

광고의 주목률을 높이기 위해서 사람들에게 친근감을 주는 Baby(아기), Beast(동물), Beauty(미인)를 활용해야 한다는 것으로 이들 제재의 앞 글자를 따서 3B라고 한다. 그러나 이는 하나의 지침일 뿐 상품과 예상고객, 브랜드에 따라 맞지 않을 수도 있다.

일러스트레이션(illustration) 신문·잡지·서적·광고 등의 인쇄물에서 내용을 보완하고 독자의 시선을 끄는 삽화로 일러스트라고도 함

158 아이드마 법칙 principle of AIDMA
소비자의 구매심리과정(購買心理過程)을 활용한 광고 제작의 기본 원칙

광고 판매에 있어서 잠재고객이 구매하기까지의 심리적 과정으로 A는 주의 (Attention), I는 흥미(Interest), D는 욕구(Desire), M은 기억(Memory), A는 행위(Action)를 뜻한다. 다시 말해서 주의를 끌고 흥미를 주어 욕구를 일게 한후 마음에 새겨 두었다가 결국 사게 만든다는 것이다.

함께 나오는 용어

아이사스 법칙(principle of AISAS)
온라인 공간을 통한 상품구매가 활발해지면서 생겨난 마케팅 모델로 A는 주의(Attention), I는 흥미(Interest), S는 검색과 평가체크(Search), A는 행동(Action), S는 공유(Share)를 뜻한다. 이는 기존의 아이드마(AIDMA) 법칙에 검색과 평가체크, 공유의 개념이 첨가된 것이다.

159 비즈싱크 vizthink
시각적인 생각이나 사고방식

시각을 의미하는 'visual'과 사고를 의미하는 'think'의 합성어로 시각적인 생각이나 사고방식을 의미한다.
이는 구두(口頭) 메시지를 시각적 그래픽으로 구현하는 것으로 쉽게 말해서 카피라이터가 시각적으로 그리는 스피치라고 할 수 있다.

160 비주얼 스캔들 visual scandal
사람들의 이목을 끌기 위한 시각표현법

이질적인 이미지를 결합하거나 동물·상품의 의인화 및 위치의 전도(顚倒) 등을 통해 사람들의 이목을 끄는 방법으로 독창적이면서도 간결·명확하게 셀링 포인트(selling point)를 시각화하는 표현법이다.

셀링 포인트(selling point)
판매하고자 하는 상품이나 서비스가 지니고 있는 특질 가운데서 소비자의 상품구매욕구를 일으키는 것

161 마케팅 믹스 marketing mix
마케팅 목표를 효과적으로 달성하기 위한 종합적인 전략 및 전술

기업이 설정한 시장 표적(market target)에 마케팅 활동을 집중하기 위하여 사용하는 모든 투입 변수 등을 기업의 환경과 상황에 맞게 배합하여 마케팅 효과를 최대화하는 마케팅 전략으로 Product(제품), Place(유통경로), Price(판매가격), Promotion(판매촉진)의 앞 글자를 따서 4P라고도 한다.

01 ⬚⬚⬚⬚⬚은(는) 책임 있는 언론과 대중의 권익 보호를 위한 자율규제 제도로, 1809년 스웨덴에서 국민을 대신해 정부나 기업, 단체 등의 활동을 감시하고 견제하는 행정 감찰 제도로 창안됐다.

02 ⬚⬚⬚⬚⬚은(는) 다른 경쟁 언론사보다 앞서 독점 입수·보도하는 특종 기사이다.

03 ⬚⬚⬚⬚⬚은(는) 기업이나 정치권이 여론의 동향을 탐지하기 위해 고의로 또는 의식적으로 흘려보내는 정보나 의견을 의미한다.

04 청취자가 라디오를 들으면서 인터넷을 이용해 자신의 생각이나 의견을 작성하여 수시로 방송에 참여하는 쌍방향 방송을 일컬어 ⬚⬚⬚⬚⬚(이)라고 한다.

05 네트워크의 중심이 되어 네트워크 프로그램을 송출하는 중앙 방송국을 ⬚⬚⬚⬚⬚(이)라고 한다.

06 ⬚⬚⬚⬚⬚은(는) 색채의 불현효과(不現效果)를 이용한 텔레비전의 화면 합성 기법이다.

07 ⬚⬚⬚⬚⬚은(는) 정보·통신·기술의 발전으로 새롭게 등장한 개념으로, 일렉트로닉스에 의존하여 새롭게 등장한 미디어 또는 기존 매체에 다른 매체의 기술이나 아주 새로운 기술을 결합시켜 진보한 미디어, 두 가지로 파악할 수 있다.

08 ⬚⬚⬚⬚⬚은(는) 두 개의 방송국 전파가 중복되어 어느 쪽의 방송도 수신할 수 없는 난시청 지역 또는 한 방송국의 송신용 안테나가 너무 인접해 있어 다른 방송은 잘 들리지 않는 지역을 의미한다.

09 ⬚⬚⬚⬚⬚은(는) 방송에 대한 시민의 직접 참여로 시청자가 직접 제작한 영상물을 그대로 상영해주는 방식을 말한다.

10 ⬚⬚⬚⬚⬚은(는) 소비자의 구매심리과정을 활용한 광고 제작의 기본 원칙이다. 주의를 끌고 흥미를 주어 욕구를 일게 한 후 마음에 새겨 두었다가 결국 사게 만든다는 것이다.

CHOICE

- ☐ 뉴미디어
- ☐ 퍼블릭 액세스
- ☐ 발롱데세
- ☐ 옴부즈맨 제도
- ☐ 스쿠프
- ☐ 라퓨터
- ☐ 크로마키
- ☐ 키 스테이션
- ☐ 아이드마 법칙
- ☐ 블랭킷 에어리어

정답

- 01 옴부즈맨 제도
- 02 스쿠프
- 03 발롱데세
- 04 라퓨터
- 05 키 스테이션
- 06 크로마키
- 07 뉴미디어
- 08 블랭킷 에어리어
- 09 퍼블릭 액세스
- 10 아이드마 법칙

01 방송통신심의위원회, MBC, YTN, 연합뉴스

일정 시간까지 어떤 기사에 대하여 한시적으로 보도를 중지하는 것은?

① 엠바고
② 게이트키핑
③ 퍼블릭 액세스
④ 오프 더 레코드

02 MBC, 조선일보, 한겨레, 경향신문

다음 중 반론권에 대한 설명으로 옳지 않은 것은?

① 언론의 불공정한 보도에 대해 반론할 수 있는 권리이다.
② 「언론중재 및 피해구제 등에 관한 법률」에 구제에 대한 절차가 명시되어 있다.
③ 액세스권의 한 유형으로 개인의 인격권과 알 권리를 보장하기 위한 제도적 장치이다.
④ 반론권 중 반박권은 보도가 사실과 다를 경우 이를 정정해주도록 요구하는 권리이다.

03 KORAIL, 한국환경공단

다음 중 클리킹 현상에 대한 세부 설명으로 잘못된 것은?

① soft clicking − 시청자가 보고 있던 프로그램이 재미가 없어서 채널을 자주 바꾸는 것
② hard clicking − 시청자가 언제 보아도 흥미가 없는 프로그램에 제재를 가하는 것
③ rational clicking − 시청자가 채널을 이리저리 돌리다가 선택을 한 다음에 채널을 바꾸는 것
④ lovely clicking − 시청자가 채널을 바꾸는 행위 자체를 즐기는 것

04 조선일보, 스포츠서울, KBS, EBS, 국립공원공단, 한국동서발전, 한국전력공사

기사 형태로 실리는 광고를 가리키는 말은?

① 인포머셜(informercial)
② 애드버토리얼(advertorial)
③ 네거티브 광고(negative advertisement)
④ 트레일러 광고(trailer advertising)

핵심Tag로 흐름을 한 번에 기억하는 **정답과 해설**

정답

| 01 | ① | 02 | ④ | 03 | ④ | 04 | ② | | | |

01. (핵심 **Tag**) #매스컴 #매스컴 일반 # 언론 보도

엠바고(embargo)에 대한 설명이다. ④ 오프 더 레코드는 기록에 남기지 않는 비공식 발언으로, 정보 제공자가 정보를 제공할 때 보도하지 않을 것을 약속하고 제보하는 것을 말한다.

02. (핵심 **Tag**) #매스컴 #매스컴 일반 #여론

반박권은 사실 여부와 상관없이 언론에 나간 주장에 대한 반론을 요구할 수 있는 권리이다.

03. (핵심 **Tag**) #매스컴 #신문방송 #방송 기타

lovely clicking은 시청자가 하나의 프로그램이 아닌 여러 프로그램에 흥미를 느껴 어느 것도 놓치지 않으려고 이리저리 채널을 바꾸는 현상을 말한다.

04. (핵심 **Tag**) #매스컴 #광고 #광고 일반

언뜻 보아 편집 기사처럼 보이는 광고로 기사 전체가 광고주에게 유리하게 구성되어 있으며 회사명과 상품명도 넌지시 표현되어 있어 논설식 광고 또는 광고 기사라고도 한다.

CHAPTER 02 문화·스포츠

SECTION

3 | 스포츠

 스포츠 일반

핵심Tag #시합 용어 #야구 용어 #동계스포츠

#시합 용어

162 **리그전** league match
참가팀들이 동일한 시합 수로 골고루 대전하여 순위를 결정하는 경기방식

참가팀 전부가 일정 기간 동안 같은 시합 수로 각 팀과 골고루 대전하여 그 성적에 따라 순위를 결정하는 경기방식으로 순위 결정까지 다소 시간이 걸리기는 하지만 모든 참가팀들이 평등한 시합 기회를 가진다는 장점이 있다.

> • 리그전의 시합 수 : $\dfrac{n(n-1)}{2}$[n은 참가팀 수]

163 **토너먼트** tournament
경기의 승자끼리 시합하여 우승자를 결정하는 경기방식

패자는 탈락하고 승자끼리 승자전을 벌여 최후의 우승자를 결정하는 경기방식으로 8강, 4강처럼 시합을 거듭할수록 시합 수가 줄어들어 참가자가 많더라도 비교적 단시간 내에 우승자를 결정할 수 있다는 장점이 있다. 그러나 아무리 뛰어난 팀이라 하더라도 한 번이라도 지게 되면 다른 팀과 대전할 기회를 잃게 되므로 ˙시드(seed)법을 활용하기도 한다.

> • 토너먼트의 시합 수 : n-1[n은 참가팀 수]

시드(seed) 토너먼트 경기의 대진표를 작성할 때 선수나 팀의 실적과 데이터 등을 분석하여 초기에 같은 팀 멤버나 강자들끼리 붙지 않도록 조정하는 것

164 서든 데스 sudden death
축구나 미식축구 등의 경기에서 정규시간 안에 승부가 나지 않은 경우 연장전에서 먼저 득점하는 팀이 승리하는 경기방식

정규시간 안에 승부가 나지 않은 경우 연장전에 들어가는데 이때 먼저 득점하는 팀이 승리하는 경기방식이다. 이는 1993년 선수들의 체력 소모를 줄이고 보다 공격적인 경기로 게임의 박진감을 주기 위해 호주세계청소년축구대회에서 처음 도입된 것으로 1998년 프랑스월드컵에서 정착되었다. 그러나 국제 축구 연맹(FIFA)은 2004년 유럽축구선수권대회를 마지막으로 '골든골' 제도를 폐지하고 연장 전후반 각각 15분씩 경기를 치르는 전통방식으로 경기규칙을 개정하였다. 만약 연장에서도 승부가 나지 않을 경우에는 '승부차기로 승자를 결정하게 된다.

골든골(golden goal) 골이 터지는 순간 모든 것이 끝난다고 하여 서든 데스 골(sudden death goal)이라고 하나 어감이 좋지 않아 골든골(golden goal)이라고 함

승부차기 축구에서 골로 승부가 나지 않을 경우, 양 팀에서 각각 일정한 수의 선수가 페널티킥을 차서 승부를 결정하는 일

165 엔트리 entry
경기에 출전하는 선수 명단

경기에 출전하는 선수들의 명단으로 '참가자' 또는 '참가자 명단'이라고도 한다. 경기 중 '더그아웃(dugout)에는 이 엔트리에 명시된 선수들과 감독(監督), 코치(coach), 트레이너(trainer), 배트 보이(bat boy)만이 들어갈 수 있다.

더 알고가기
스포츠경기와 팀당 인원수

종목	인원수	종목	인원수
비치발리볼	2명	야구	9명
농구	5명	소프트볼	10명
게이트볼	5명	축구	11명
배구	6명	크리켓	11명
아이스하키	6명	미식축구	11명
핸드볼	7명	럭비	15명

더그아웃(dugout) 선수대기석 또는 선수대기실이라고 하는 더그아웃은 벤치(bench)와 같은 의미로 출전선수 등이 경기장에서 활동하지 않을 때 들어가 있어야 할 시설. 이와 함께 구원투수가 경기에 나가기 전에 준비 운동을 하는 곳은 불펜(bullpen)이라고 함

166 어드밴티지 룰 advantage rule
반칙으로 인한 벌칙이 반칙을 당한 팀에게 불리할 경우 플레이를 그대로 속행시키는 규칙

축구 · 럭비 경기 등에서 반칙을 범한 수비 팀에게 벌칙을 주는 것이 반칙을 당한 팀에게 오히려 불이익을 줄 경우 경기를 계속 진행시키는 규칙을 말한다.

167 해트 트릭 hat trick
축구나 하키 등의 경기에서 1명의 선수가 1경기에서 3득점을 올리는 것

20C 초 영국의 국기(國技)인 크리켓 경기에서 3명의 타자를 연속으로 삼진 아웃시킨 투수에게 모자(hat)를 수여한 데에서 유래한 것으로, 1명의 선수가 1경기에서 3득점을 할 때 또는 한 팀이 연속으로 3년 우승할 때 쓰는 말이다.

168 리베로 libero
배구와 축구 경기에서 수비선수를 이르는 말

종목	내용
배구	수비전문선수로 서브나 블로킹을 할 수 없으며 같은 팀 선수들과 구별되는 유니폼을 착용한다. 후위지역에서만 경기를 하는데 전위지역이나 코트 밖에서 리베로가 오버핸드로 올린 볼은 네트 상단보다 높은 곳에서 공격할 수 없다.
축구	자유인이라는 뜻의 이탈리아어로 중앙수비수이면서 중거리 슈팅이나 패스로 공격에도 적극 가담하는 선수를 말한다. 다른 말로 스위퍼(sweeper)라고도 한다.

169 프리 에이전트 FA, Free Agent
자유계약선수제도 또는 자유계약선수

1974년 메이저리그의 A. 메서스미스와 D. 맥넬리가 FA(Free Agent) 신분을 요구하여 등장한 용어로 이들은 2년 여의 법정소송 끝에 등록일수 172일을 채운 7년차 선수들에게 FA 자격을 준다는 합의를 이끌어냈다. 이 기간을 채워 자유계약 자격을 얻은 선수들은 원하는 팀을 골라 이적할 수 있는 권리를 가진다. 자유계약선수를 영입하는 구단은 영입선수의 원소속 구단에게 일종의 보상을 하는데 미국의 경우 원소속 팀에게 *드래프트 권한을 양도한다. 우리나라의 경우는 원소속 팀에게 영입선수가 받은 전년도 연봉의 200%와 구단의 *보호선수 외 1명을 내주어 보상하는데 이때 보상선수를 원하지 않을 경우 영입선수의 전년도 연봉의 300%를 지급해야 한다.

함께 나오는 용어

- 루키(rookie)
  체스(chess)의 루크(rook)에서 유래한 말로 팀에 새로 입단한 신인선수를 말한다.
- MVP(Most Valuable Player)
  시즌을 통해 가장 우수한 기량과 성적을 올린 최우수선수(最優秀選手)를 말한다.
- 샐러리 캡(salary cap)
  한 팀의 연봉 총액이 일정액을 넘지 못하게 제한하는 제도로 선수들의 지나친 몸값 상승을 막고 부유한 구단의 우수선수 독점으로 인한 팀 간 실력 불균형을 방지하기 위해 *NBA에

드래프트(draft system)
일정한 기준에 따라 프로팀 입단선수들을 모아 각 팀의 대표들이 선발회를 구성한 후 각 팀이 순차적으로 후보자를 1회씩 뽑는 신인선수 선발제도. 이 시스템은 과도한 스카우트 경쟁을 방지하고 각 팀의 실력평준화를 도모할 수 있다는 장점이 있음

보호선수 FA 선수를 영입하는 팀이 영입 선수의 전 소속 팀에게 1명의 보상선수를 내줄 때 제외되는 선수

NBA(National Basketball Association) 미국프로농구협회

서 처음으로 도입되었다. 그러나 슈퍼스타급 선수의 경우 계약자유원칙의 기본권이 침해될 소지가 있으므로 '래리 버드 룰' 등의 예외조항을 두어 샐러리 캡을 보완하고 있다.

170 와일드카드 wild card
출전자격을 얻지 못했지만 특별히 출전이 허용된 팀 또는 선수

카드게임에서 자유패나 만능패를 의미하는 와일드카드는 그 의미가 확장되어 출전자격을 얻지 못했지만 특별히 출전이 허용된 팀 또는 선수를 부르는 말로 사용되고 있다. 과거의 경력이나 우수한 성적을 고려하여 선발하는 경우가 많다.
컴퓨터에서는 한 디렉터리(directory) 내 여러 개의 파일이 존재하거나 파일명의 뒷부분을 명확하게 알지 못할 때 임의로 사용하는 명령어인 *(모든 문자), ?(문자 하나) 등을 의미한다.

171 트리플 크라운 triple crown
여러 운동경기에서 3개 부문 또는 3개 대회를 휩쓴 경우를 이르는 말

1930년 경주마 갤런트 폭스가 °미국의 3대 경마 레이스에서 우승한 뒤 1935년 새끼인 오하마가 다시 3대 레이스에서 우승을 차지한 것에서 유래한 말이다.

미국의 3대 경마 레이스 켄터키 더비대회, 벨몬트 스테이크스대회, 프리크니스 스테이크스대회를 일컫는 말

종목	내용
야구	타자는 타율·타점·홈런부문에서, 투수는 방어율·다승·탈삼진부문에서 동시에 1위를 차지하는 경우를 가리키는 말로 삼관왕(三冠王)이라고도 한다.
농구	득점과 리바운드, 어시스트를 10개 이상 기록하는 것을 말한다.
배구	한 경기에서 서브 득점과 블로킹(blocking), 백어택(back attack)을 3개 이상 기록하는 경우를 말한다.
프로축구	정규리그, 리그컵, 각 나라의 FA컵, 지역별 챔피언스리그 중 3개 대회를 우승하는 경우를 말한다.
프로골프	한 해에 3개국의 최고 메이저대회인 브리티시오픈골프선수권대회, US오픈골프선수권대회, 캐나디언오픈골프선수권대회에서 우승하는 경우를 말한다.

함께 나오는 용어 ⋯⋯⋯⋯⋯⋯⋯⋯⋯⋯⋯⋯⋯⋯⋯⋯⋯⋯⋯•

트리플 더블(triple double)
농구 경기에서 한 선수가 한 경기 안에 득점, 리바운드, 어시스트, 가로채기, 블록슛 가운데 3개 부문을 2자릿수 이상 기록하는 것으로 2개 부문에서 2자릿수 이상 기록하면 더블더블, 4개 부문에서 2자릿수 이상 기록하면 쿼드러플 더블이라고 한다.

172 프랜차이즈 플레이어 franchise player
지역을 대표하는 구단의 간판선수

철저한 연고제를 따르는 메이저리그에서 프랜차이즈(franchise)는 야구단이 있는 본거지라는 뜻으로 지역권을 의미하며, 프랜차이즈 플레이어는 이러한 야구팀을 구성하는 데 핵심적인 역할을 하는 선수를 말한다. 즉, 지역을 대표하는 구단의 간판스타로 프랜차이즈 스타(franchise star)라고도 한다.

173 펀치 드렁크 punch drunk
복싱선수처럼 뇌에 많은 충격을 받은 사람에게 주로 나타나는 뇌세포손상증

뇌에 잦은 충격을 받는 복싱선수들 대부분이 겪는 증상으로 혼수상태, 정신불안, 기억상실과 같은 급성증세 외에도 치매, 반신불수 등의 만성증세가 나타나며 심한 경우 생명을 잃기도 한다. 세계 헤비급 챔피언 '복싱 영웅' 무하마드 알리도 이 증세로 고생하다 2016년 타계했다. 1982년 WBA 라이트급 타이틀전에서 얼굴에 많은 타격을 입은 우리나라 김득구 선수도 뇌사상태에 빠져 결국 숨졌는데 이 사건을 계기로 기존 15라운드가 12라운드로 축소되고 *스탠딩 다운제가 도입되었다.

스탠딩 다운(standing down)
권투에서 펀치를 맞아 쓰러지지는 않았지만 다운으로 인정하여 선 채로 카운트하는 것

더 알고가기
권투 용어

용어	내용
KO (Knock Out)	권투에서 다운된 선수가 10초 안에 일어나 경기를 다시 시작하지 못하는 상태를 말한다.
TKO (Technical Knock Out)	한쪽 선수가 부상을 당했거나 그 밖의 이유로 경기 속행이 불가능한 경우 주심이 시합을 중단시키고 승패를 선언하는 것이다.
RSC (Referee Stop Contest)	프로권투의 TKO를 아마추어에서는 RSC라고 한다. 이는 실력 차가 너무 현격한 경우 보조자가 항복을 의미하는 타월을 던질 때 또는 더 이상 시합을 속행할 수 없는 부상이라고 판단되는 경우에 심판이 내리는 판정이다.

174 도핑 테스트 doping test
운동경기에서 선수가 경기능력 향상을 위해 금지약물을 복용했는지 검사하는 것

도핑(doping)은 운동경기에서 선수가 경기능력 향상을 목적으로 금지약물을 복용하는 것으로, 선수의 건강을 해치는 것은 물론 정정당당하게 인간의 능력을 겨뤄야 하는 스포츠정신에도 위배되어 1968년 프랑스 그레노블 동계

올림픽에서부터 정식으로 도핑 테스트가 실시되었다.

175 스포츠 중재 재판소 CAS, Court of Arbitration for Sport
각종 국제스포츠대회에서 일어나는 판정·약물복용·선수자격 시비 등의 분쟁을 심판하는 독립기구

사마란치 전 국제올림픽위원회(IOC) 위원장의 제안으로 1984년에 창설된 CAS는 어떤 단체의 감독도 받지 않는 독립기구로 스포츠법과 중재 분야의 전문가 300여 명이 중재위원으로 활동하며, 각종 국제대회에서 일어나는 판정·약물복용·선수자격 시비 등의 분쟁을 심판·관리하고 있다. 매년 400여 건의 분쟁들이 이곳에서 다뤄지고 있다.

#야구 용어

176 평균자책점 ERA, Earned Run Average
야구경기에서 투수의 9이닝당 자책점

야구경기에서 투수를 평가하는 지표 중 하나로, 투수의 9˚이닝당 자책점으로 나타낸다. 투수를 평가하는 가장 중요한 지표 중 하나지만 등판 경기 수나 상대의 타력, 수비력 등의 차이를 반영하기 힘들다는 단점이 있다. '방어율(防禦率)'이라는 용어를 사용하기도 하는데 일본식 야구 용어라는 지적에 따라 최근 들어 평균자책점으로 바꿔 쓰고 있다.

> **이닝(inning)** 야구에서 한 회(回)를 이르는 말. 두 팀이 한 번의 공격과 한 번의 수비를 하는 단위

• 평균자책점의 계산 공식 : (투수의 자책점×9)÷전체 투구 이닝 수

177 클린업 트리오 cleanup trio
야구경기에서 세 명의 강타자 3, 4, 5번을 가리키는 말

청소, 소탕이라는 의미의 클린업(cleanup)은 장타를 쳐서 ˚누상(壘上)에 있는 주자를 홈으로 깨끗이 불러들인다는 의미로 팀에서 3명의 강타자인 3, 4, 5번을 가리키는 말이다. 그중에서도 특히 4번 타자는 가장 힘이 좋고 타격이 뛰어나 '클린업 히터(hitter)' 또는 '클린업 배터(batter)'라고 한다.

> **누상(壘上)** 1루, 2루, 3루의 베이스 위

함께 나오는 용어

핀치히터(pinch-hitter)
경기종료시점이나 공격의 중요한 시점에 득점을 올리기 위해서 지명선수 대신 타석에 들어서는 타자로 지명대타(指名代打) 또는 대타자(代打者)라고도 한다. 단, 지명타자는 상대 선발 투수가 바뀌지 않는 한 그 투수에 대해 1번의 타격은 마쳐야만 대타자로 교체가 가능하다.

178 퍼펙트게임 perfect game
야구경기에서 단 한 명의 주자도 출루시키지 않고 승리한 경기

한 명의 투수가 무안타, 무사사구, 무실책으로 단 1명의 주자도 출루하는 것을 허용하지 않고 승리한 경기를 말한다. 1880년 웨체스터의 리치먼드(Lee Richmond)가 최초로 달성한 이후 2019년 시즌까지 메이저리그에서 단 23명의 투수만이 성공했을 만큼 투수들에게는 영광스런 꿈의 기록이다. 일본프로야구에서는 1950년 재일교포 투수 이팔용이 사상 첫 퍼펙트게임을 달성했다.

함께 나오는 용어 ⎯⎯⎯⎯⎯⎯⎯⎯⎯⎯⎯⎯⎯⎯

- 노히트 노런(no hit no run)
  최소 9이닝(inning) 동안 투수가 상대팀에게 단 하나의 안타와 득점도 허용하지 않고 승리한 경기를 말한다. *히트 바이 피치트 볼(hit by pitched ball), *베이스 온 볼스(base on balls), 실책으로 인한 출루는 안타에 의한 것이 아니므로 노히트 노런으로 본다.

- 완봉(完封)
  상대팀에게 단 1점도 주지 않고 전 이닝을 던진 승리투수에게 주어지는 기록으로 노히트 노런과 퍼펙트게임도 완봉의 일종이다. 셧아웃(shutout)이라고도 하며 *완투(完投)와 완봉의 횟수가 높을수록 투수의 가치는 높아진다.

히트 바이 피치트 볼(hit by pitched ball) 몸에 맞는 볼로 데드볼(dead ball)이라고도 함

베이스 온 볼스(base on balls) 타자가 4개의 볼을 골라 1루에 나가는 것으로 사구(四球) 또는 볼넷이라고도 함

완투(完投) 한 투수가 교체 없이 한 경기를 끝까지 던지는 것

179 닥터 K Dr. K
탈삼진왕을 부르는 별칭

야구에서 탈삼진왕을 가리키는 말로 'K'는 삼진을 의미한다. 이는 1860년 「뉴욕 헤럴드」의 M. J. 켈리가 기존에 SO(struck out)로 표기하던 삼진을 희생타(sacrifice hit) S와 혼동하지 않도록 'strike'의 과거형인 'struck'의 뒷글자 K로 기록하면서 굳어진 표현이다.

180 사이영상 Cy Young award
미국 투수 사이 영(Cy Young)을 기념하여 그 해의 최우수투수에게 수여하는 상

1890~1911년까지 22년 동안 개인통산 511승을 올린 전설적인 투수 사이 영(Cy Young)을 기념하기 위해서 1956년에 제정된 상으로 1966년까지 *메이저리그의 양대 리그를 통합해 1명의 선수에게만 수여하다 이후부터 내셔널리그와 아메리칸리그별로 수여하고 있다.

수상자의 선정은 전미야구기자협회(BBWAA) 회원의 투표로 이루어지는데 기자단은 각각 1~3위 순으로 투수 이름을 적고 1위에게는 5점, 2위에게는 3점, 3위에게는 1점을 부여하여 총점이 가장 높은 선수를 뽑는다.

메이저리그(MLB) 미국 프로야구의 양대 리그인 내셔널리그(National League)와 아메리칸리그(American League)를 이르는 말로 빅리그(Big League)라고도 함

181 빈볼 bean ball
투수가 고의적으로 타자의 머리를 향해 던지는 위협구

bean은 타자의 머리를 뜻하는 속어로, 빈볼은 투수가 타자를 위협하기 위해 고의로 타자의 머리를 향해 던지는 일종의 위협구이다. 1920년 클리블랜드의 레이 채프먼은 뉴욕 양키스 칼 메이스의 투구에 맞아 사망했다. 이에 대해 메이저리그는 2001년부터 빈볼을 던지는 투수를 즉각 퇴장시키는 제로 톨러런스 룰(zero tolerance rule)을 적용해 이를 엄격하게 규제하고 있다.

182 퀄리티스타트 QS, Quality Start
야구경기에서 선발로 등판한 투수가 6이닝 이상 공을 던지고 3점 이하의 자책점을 기록하는 투구 내용

퀄리티스타트의 달성 여부는 현대 야구에서 선발투수의 능력을 평가하는 중요한 기준이 되고 있다. 류현진은 한화 이글스 소속이던 2010년, 29경기 연속(단일 시즌 23경기 연속) 퀄리티스타트를 기록하며 비공인 세계 기록을 보유하고 있다.

183 사이클링 히트 cycling hit
한 선수가 한 게임에서 1루타, 2루타, 3루타, 홈런을 모두 친 경우를 일컫는 말

야구경기에서 한 선수가 한 게임에서 순서에 상관없이 1루타, 2루타, 3루타, 홈런을 모두 친 경우로 '히트 포 더 사이클(hit for the cycle)' 또는 '올마이티 히트(almighty hit)'라고도 한다. 국내 프로야구에서는 1982년 6월 12일 삼미 슈퍼스타를 상대로 삼성 라이온즈의 오대석이 처음으로 달성하였다.

184 히트 앤드 런 hit and run
투수의 동작과 동시에 주자는 달리고 타자는 공을 치는 작전

공격 시 주자의 확실한 진루와 더블 플레이(double play)를 막기 위해서 주자는 투수의 투구 동작과 동시에 다음 베이스로 내달리고 타자는 투수의 공을 무조건 때리는 작전을 말한다. 또한 주자와 타자가 사전에 약속한 상태에서 주자는 다음 베이스로 무조건 달리고 타자는 번트를 통해 주자의 진루를 돕는 작전을 '번트 앤드 런(bunt and run)'이라고 한다.

185 20-20 클럽 20-20 club
한 선수가 한 시즌에 홈런 20개와 도루 20개를 달성한 경우를 가리키는 말

한 시즌에 홈런 20개와 도루 20개를 기록한 선수에게 부여하는 야구 용어로 장타력과 함께 빠른 발과 센스가 있어야 달성 가능하다. 이와 마찬가지로 30-30 클럽은 한 시즌에 홈런 30개와 도루 30개를 성공한 경우다.

186 낫 아웃 not out
투수가 던진 세 번째 스트라이크를 포수가 놓쳐 삼진 아웃이 되지 않은 상태를 일컫는 말

투 스트라이크 이후 투수가 던진 세 번째 스트라이크를 포수가 빠뜨려 삼진 아웃이 되지 않은 경우로 타자는 1루로 뛸 수 있다. 따라서 수비 측은 타자에게 *태그(tag)를 하거나 타자보다 앞서 1루로 공을 보내 아웃시켜야 한다. 정식 명칭은 스트라이크 아웃 낫 아웃(strike out not out)으로 노 아웃이나 원 아웃일 때는 1루에 주자가 없는 경우만, 투 아웃일 때는 주자 유무에 상관없이 낫 아웃으로 인정된다. 1루에 주자가 있고 노 아웃이나 원 아웃일 때는 수비측이 세 번째 스트라이크를 고의로 빠뜨려 병살을 유도할 수 있으므로 낫 아웃이 성립되지 않는다.

태그(tag)
- 야구에서 야수가 손이나 글러브로 공을 잡은 상황에서 주자를 터치아웃하거나 누(壘)를 터치하는 일
- 프로 레슬링 등의 경기에서 두 선수가 번갈아 상대와 겨루는 일

187 그라운드 홈런 ground home run
장내(場內) 홈런

펜스를 넘지 못한 타구를 수비팀이 실책 없이 처리하는 동안 타자가 홈인(home in)하여 득점하는 경우로 정확한 용어로는 '인사이드더파크홈런(inside the park home run)'이라 하고 홈런으로 기록한다.

함께 나오는 용어

- **신시내티 히트(Cincinnati hit)**
  쉽게 처리할 수 있는 타구를 수비끼리 서로 미루다가 만들어진 안타를 일컫는 말이다.
- **스퀴즈 플레이(squeeze play)**
  주자가 3루에 있을 때 득점을 올리기 위해서 타자가 기습번트를 하는 것으로 타자는 1루를 밟지 못하고 아웃되더라도 희생타로 기록되어 타점을 인정받는다.
- **인필드 플라이(infield fly)**
  내야지역에 높이 뜬 공으로 내야플라이라고 한다. 이때 심판이 수비 팀이 일부러 공을 놓쳐 더블 플레이를 시도하는 것을 방지하기 위해 내야플라이 선언을 하면 타자는 자동으로 아웃 처리된다.

188 핫 코너 hot corner
야구경기 중 강한 타구가 많이 날아오는 3루를 가리키는 말

1880년 신시내티의 3루수 힉 카벤트가 거의 몸을 뚫을 듯한 *라이너(liner)를 7회나 잡아낸 것을 본 신문기자가 붙인 말에서 유래한 용어로, 강하고 불규칙한 타구가 자주 날아가는 3루를 가리키는 야구 용어이다.

라이너(liner) 거의 지면과 평행하게 일직선으로 빠르게 날아가는 센 공으로 '라인드라이브(line drive)'라고도 함

189 콜드 게임 called game
5회 이상 진행된 경기에서 심판에 의해 경기종료가 선언된 경기

5회 이상 진행된 경기에서 일몰이나 폭우 등으로 경기를 진행할 수 없거나 양팀 간의 점수차가 너무 커 더 이상 경기를 계속할 필요가 없을 때 심판이 경기종료를 선언하는 경우를 말한다. 심판이 경기의 일시중단을 선언하고 후에 속행하는 *서스펜디드 게임(suspended game)도 이에 해당되며, 5회 이전에 경기중단을 선언하면 노 게임(no game)이 된다. 5회 이후에 종료가 선언되어 정식경기로 인정될 경우에는 종료 때까지의 개인과 팀 기록은 모두 공식기록으로 인정되며 득점이 같아 타이게임이 선언된 경우에는 승리와 패전투수의 기록만 제외하고 모두 인정된다.

서스펜디드게임(suspended game) 야구경기에서 규정 이닝(inning) 전에 주심이 일시 정지를 선언한 경기. 법률이나 리그 규약에 따른 시간제한, 조명 시설의 고장 또는 본거지 구단이 관리하고 있는 경기장의 기계 장치 고장, 일몰, 일기불순 등이 원인임. 후에 중단된 경기를 속행(續行)함

190 몰수 게임 forfeited game
한 쪽 팀이 규칙을 위반하여 경기 진행이 어려운 경우 주심이 경기 종료를 선언하는 경기

선수 부족이나 경기 거부 및 지나친 반칙과 고의적인 지연, 항의 등으로 경기 진행이 어렵다고 판단되는 경우 과실이 없는 팀에게 주심이 승리를 선언하는 경기로 '몰수 경기(沒收競技)', '몰수 시합(沒收試合)'이라고도 한다.

191 더블헤더 double header
한 팀이 하루에 동일한 상대팀과 연속해서 두 경기를 치르는 것

정규시즌 안에 불가피하게 노 게임(no game)이 선언된 경기나 취소된 경기를 치르기 위해서 한 팀이 동일한 상대팀과 첫 번째 경기를 끝내고 20분 휴식 후 곧바로 두 번째 경기를 치르는 것으로, '트윈 빌(twin bill)' 또는 '연속 경기'라고도 한다. 첫 번째 경기는 연장 없이 9회까지만 진행되며 한국프로야구에서는 2004년 시즌을 끝으로 폐지돼 원칙적으로 실시하지 않으나, 필요 시 더블헤더를 시행할 수 있는 규정이 마련되어 있다.

192 케네디 스코어 kennedy score
야구경기의 8 대 7 스코어를 가리키는 말

1960년에 대통령 출마를 선언한 존 F. 케네디(John F. Kennedy)가 민주당 대통령 후보 경선에서 가장 재미있는 야구경기 스코어를 물어보는 질문에 8 대 7이라고 대답한 것에서 유래한 말이다.

193 승부치기
야구경기에서 연장 10회까지 승부가 나지 않은 경우 11회부터 무사에 주자 2명을 1루와 2루에 보내고 공격을 진행하는 경기방식

경기시간 단축을 위해 국제야구연맹(IBAF)이 제안한 경기방식으로 승부치기에 처음 내보내는 주자를 팀에서 결정할 수 있어 *타순 조정이 가능하다. 11회에서도 승부가 나지 않으면 연장 12회에서도 승부치기를 하는데 이때 11회에서 끝난 타순을 이어서 시작한다. 다시 말해서 7번 타자에서 연장 11회 공격이 끝난 경우 연장 12회에서는 8번 타자부터 공격을 시작하고 6번과 7번 타자가 각각 1루와 2루 주자로 서게 된다.

타순(打順) 타격순서의 준말로, 야구에서 공을 치는 선수의 순서

함께 나오는 용어
알파(alpha) 후공(後攻)팀의 득점이 선공(先攻)팀의 득점보다 많아 9회말을 할 필요 없이 경기가 끝나는 경우

#동계스포츠

194 컬링 curling
스톤(stone)을 표적 안으로 미끄러뜨려 득점을 겨루는 경기

4인으로 구성된 두 팀이 얼음 경기장 위에서 넓적한 스톤(Stone)을 표적을 향해 미끄러뜨려 득점을 겨루는 겨울 스포츠이다. 먼저 각 팀이 번갈아가면서 하우스(house)라 불리는 원 속의 표적을 향해 스톤을 미끄러뜨린다. 이때 두 명의 스위퍼(sweeper)가 스톤의 이동 경로를 따라 함께 움직이면서 브룸(broom)이라 불리는 솔을 이용해 스톤의 진로를 조절하며 스톤이 목표 지점에 최대한 가깝게 멈추도록 센터라인을 닦는다. 이를 통해 마지막에 스톤을 하우스에 얼마나 가깝게 멈추었는가로 득점을 계산하게 된다. 스톤의 위치 선정과 경로 선택에 매우 복잡한 전략과 사고가 필요하기 때문에 '얼음 위의 체스'라고도 불린다.

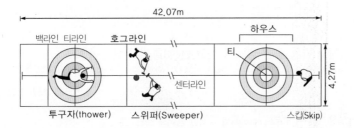

195 쇼트트랙 스피드스케이팅 short track speed skating
111.12m의 트랙에서 펼치는 스피드스케이팅 경기

400m 트랙에서 스피드와 기록을 겨루는 롱트랙 스피드스케이팅과 달리 111.12m의 비교적 짧은 트랙에서 가장 먼저 결승선을 통과하면 승리하는 경기로 보통 쇼트트랙이라고 한다. 따라서 경기에서 승리하기 위해서는 파워와 지구력은 물론 테크닉과 순발력, 상대선수를 견제하는 팀플레이 및 짜임새 있는 레이스 운영 등이 요구된다. 1992년 제16회 프랑스 알베르빌 동계올림픽에서 정식종목으로 채택되었다. 동계올림픽 종목 중 우리나라가 금메달을 가장 많이 보유하고 있다.

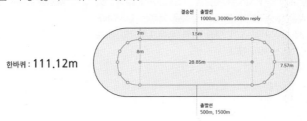

196 봅슬레이 bobsleigh
브레이크와 핸들이 장착된 특수 썰매를 타고 경사진 얼음코스를 활주하는 경기

1924년 제1회 프랑스 샤모니 동계올림픽부터 정식종목으로 채택된 경기로 방향을 조종할 수 있는 특수 썰매를 타고 경사진 얼음코스를 최대한 빨리 활주하여 그 시간을 겨루는 경기이다. 맨 앞의 선수가 핸들로 방향을 조종하고 맨 나중에 탑승하는 선수가 브레이크맨 역할을 하며, 한 명이라도 썰매에서 떨어지면 실격 처리된다. 남자 4인승 경기만 치러지다 1932년에 남자 2인승 경기, 2002년에 여자 2인승 경기가 추가되었다.

197 스키 ski
길고 평평한 *활면(滑面)에 신발을 붙인 장비를 신고 눈 위를 활주하는 스포츠

종목	내용
노르딕 스키 (nordic skiing)	북방(北方)을 뜻하는 노르드(nord)에서 유래한 용어로 낮은 언덕과 평지로 이루어진 북유럽 스칸디나비아 지역에서 발달한 스키이다. 1924년 제1회 동계올림픽대회부터 정식종목으로 채택되었으며 거리경기와 점프경기 그리고 이 두 가지를 결합한 복합경기가 있다.
알파인 스키 (alpine skiing)	근대스키를 정립한 한스 슈나이더(H. Schneider)의 고향에서 유래한 용어로 가파른 산악지형인 알프스에서 발달한 스키이다. 활강(downhill), 회전(slalom), 대회전(giant slalom) 등의 종목이 있으며 1936년 제4회 독일동계올림픽에서 정식종목으로 채택되었다.
크로스컨트리 스키 (cross-country skiing)	노르딕 스키 종목 중 하나로 눈 덮인 산과 들의 정해진 코스를 스키를 신고 가능한 빨리 완주하는 경기이다.
프리스타일 스키 (freestyle skiing)	설원의 곡예로 불리는 프리스타일 스키는 1960년대 변혁을 갈망하던 젊은이들이 전통적인 스키에서 벗어나 박진감과 짜릿함을 찾는 과정에서 시작된 것으로 *백플립이나 트위스트, 턴 기술과 같은 공중곡예를 통해 예술성을 겨루는 경기이다. 세부 종목으로 에어리얼 스키, 모굴 스키, 슬로프스타일, 하프파이프, 스키크로스 등이 있다.

활면(滑面) 매끈한 표면

백플립(backflip) 공중제비

함께 나오는 용어

바이애슬론(biathlon)
둘을 의미하는 'bi'와 운동경기를 뜻하는 'athlon'이 결합된 말로 18C 후반 노르웨이와 스웨덴의 국경지역에서 양국의 수비대가 스키와 사격을 겨룬 군인들의 스포츠에서 유래한 운동경기이다. 1960년 제8회 동계올림픽에서 정식종목으로 채택되어 동계올림픽의 근대 2종경기라고 불린다.

198 루지 luge
하늘을 보고 썰매에 누운 채 얼음 트랙을 활주하는 경기

알프스 산지의 썰매놀이에서 유래한 스포츠로 1964년 제9회 인스부르크 동계올림픽에서 정식종목으로 채택되었다. *루지선수는 하늘을 보고 썰매에 누운 채 스파이크가 부착된 장갑과 썰매의 날과 연결된 쿠펜(kufen)으로 속도와 방향을 조종하여 정해진 얼음 트랙을 활주하는데 이때 소요시간이 가장 적은 선수가 승리하는 경기이다.

루지(luge) 프랑스어로 썰매를 뜻함

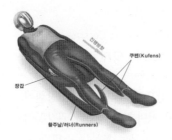

02 대회 · 기구

[핵심Tag] #올림픽 #국제대회 #축구대회 #야구대회 #테니스대회

#올림픽

199 패럴림픽 paralympic
신체 · 감각 장애를 가진 운동선수들이 참가하는 장애인올림픽대회

나란히 선다는 'Parallel'과 'Olympics'의 합성어인 패럴림픽(Paralympic)은 신체가 건강한 사람들의 올림픽에 대응되는 장애인들의 올림픽으로, 1964년 도쿄장애인올림픽 이후 공식 용어로 사용되고 있다. 이는 영국 루트비히 구트만(Ludwig Guttmann) 박사가 제2차 세계 대전에서 척수장애를 입은 군인들의 재활을 위해 1948년 26명의 하지 마비자를 대상으로 경기를 실시한 것에서 유래한 것으로 지금은 모든 신체 장애인들이 참가하는 대회가 되었다. 하계 · 동계올림픽을 마친 후 2주 내에 10일간 열리며, 우리나라는 1968년 제3회 이슬라엘 텔아비브장애인올림픽대회 때부터 참가하기 시작하였다. ▲패럴림픽은 ▲올림픽 ▲스페셜 올림픽과 함께 국제올림픽위원회(IOC)가 인정하는 3대 올림픽이다.

함께 나오는 용어

스페셜 올림픽(special olympic)
지적발달 장애인들의 스포츠 축제로, 신체 장애인들이 참가하는 장애인올림픽(패럴림픽, paralympic)과는 구분된다. 케네디 대통령의 여동생이자 사회사업가인 유니스 케네디가 1968년 미국에서 창시했다. 승패보다는 도전과 노력에 의미를 두기 때문에 1 · 2 · 3위에게 메달이 수여되는 것은 물론 참가선수 모두에게 리본을 달아준다.

200 국제올림픽위원회 IOC, International Olympic Committee
올림픽 경기 대회의 정기적인 개최를 총괄하는 국제 조직

1894년 °쿠베르탱(Pierre de Coubertin) 남작의 제창으로 파리의회에서 창설된 국제기구이다. 고대 올림픽의 전통을 이어받아 아마추어 경기를 권장하며 4년마다 개최되는 올림픽 경기 대회를 총괄하는 기구로 본부는 스위스 로잔에 있다.

매년 1회 열리는 총회에서는 올림픽 개최지 선정, 수익금 배분, 헌장개정 등 올림픽 전반에 걸친 주요사항의 최종적인 결정과 임원 및 위원 선출이 이루어지는데 선발된 IOC(International Olympic Committee) 위원은 스포츠계 최고의 명예직으로 국제적인 예우를 받게 된다. 현재 IOC 위원장(임기 8년, 무보수 명예직)은 2013년 9월에 선출된 독일의 토마스 바흐(Tomas Bach)이다.

쿠베르탱(Pierre de Coubertin)
근대 올림픽 경기의 창시자로 IOC를 창설하고 올림픽의 발전에 일생을 바친 프랑스인

빈출

201 올림픽 경기 대회 olympic games
국제 올림픽 위원회(IOC)가 4년마다 개최하는 국제스포츠대회

고대 그리스인들의 °제전(祭典)에서 유래한 올림픽 경기는 그리스가 로마인의 지배를 받기 시작하면서 막을 내렸다. 그 후 인간완성과 세계평화를 이상으로 한 쿠베르탱 남작의 노력으로 1894년 국제 올림픽 위원회(IOC)를 창설하고 그리스 아테네에서 제1회 근대 올림픽 대회를 개최하였다. 우리나라는 올림픽에 참가한 지 28년째인 1976년 제21회 몬트리올올림픽에서 양정모 선수가 레슬링에서 올림픽 사상 첫 금메달을 획득하였으며 1988년에는 서울에서 올림픽을 개최하였다.

제전(祭典)
• 제사 의식
• 문화, 예술, 체육 등과 관련하여 성대하게 열리는 축제

더 알고가기

• **올림픽 표어**
올림픽의 표어는 '보다 빠르게, 보다 높게, 보다 강하게(Citius, Altius, Fortius)'이다. 이는 근대올림픽을 제창한 쿠베르탱이 아르퀼대학의 학장인 헨리 디데옹의 말을 인용한 것으로 스포츠를 통한 인간의 완성과 국제평화의 증진을 이상으로 하는 올림픽 정신과 상통한다.

• **오륜기**
파랑, 노랑, 검정, 초록, 빨강의 다섯 개 동그라미로 구성된 오륜(五輪)마크로 올림픽기를 부르는 말이다. 1914년 쿠베르탱이 창안한 것으로 고리로 엮인 다섯 개의 동그라미는 전세계 국기에 보편적으로 가장 많이 쓰이는 색상을 의미한
다. 오륜기는 올림픽 폐막식 때 개최 도시의 시장이 차기 개최 도시의 시장에게 넘겨주어 다음 올림픽이 열릴 때까지 차기 개최 도시의 시청에서 보관된다.

• **선수단의 입장**
관례에 따라 고대 올림픽의 발상지인 그리스 선수들이 제일 먼저 입장하고 이후 알파벳 순서에 따라 선수단이 차례로 입장한 후 개최국이 마지막으로 입장한다.

• 역대 (하계)올림픽 개최지

연도	회	개최지
1896년	제1회	그리스 *아테네
1900년	제2회	프랑스 파리
1904년	제3회	미국 세인트루이스
1908년	제4회	영국 *런던
1912년	제5회	스웨덴 스톡홀름
1916년	제6회	제1차 세계 대전으로 무산
1920년	제7회	벨기에 앤트워프
1924년	제8회	프랑스 파리
1928년	제9회	네덜란드 암스테르담
1932년	제10회	미국 로스앤젤레스
1936년	제11회	독일 베를린
1940년	제12회	제2차 세계 대전으로 무산
1944년	제13회	제2차 세계 대전으로 무산
1948년	제14회	영국 런던
1952년	제15회	핀란드 헬싱키
1956년	제16회	호주 멜버른
1960년	제17회	이탈리아 로마
1964년	제18회	일본 도쿄
1968년	제19회	멕시코 멕시코시티
1972년	제20회	독일(서독) 뮌헨
1976년	제21회	캐나다 몬트리올
1980년	제22회	소련 모스크바
1984년	제23회	미국 로스앤젤레스
1988년	제24회	대한민국 *서울
1992년	제25회	스페인 바르셀로나
1996년	제26회	미국 애틀랜타
2000년	제27회	호주 시드니
2004년	제28회	그리스 아테네
2008년	제29회	중국 베이징
2012년	제30회	영국 런던
2016년	제31회	브라질 *리우데자네이루
2020년	제32회	일본 도쿄(코로나19 영향으로 1년 연기)
2024년	제33회	프랑스 파리
2028년	제34회	미국 LA

아테네올림픽 최초의 근대올림픽

런던올림픽 우리나라가 정식으로 참가한 대회로 복싱과 역도에서 각각 동메달 1개씩을 획득

서울올림픽 서울올림픽은 전후에 고도성장한 한국을 세계에 알리는 기회였으며 좌우진영이 불참한 앞선 대회들과는 달리 동·서가 한자리에 모여 평화를 노래한 대축전으로 평가 받음

리우데자네이루올림픽 2016년 브라질 리우데자네이루 하계올림픽에서 ▲골프, ▲7인제 럭비가 정식종목으로 새롭게 채택됨

202 동계올림픽대회 olympic winter games
4년마다 개최되는 겨울철 경기 국제스포츠대회

1921년 국제올림픽위원회(IOC)에서 개최를 추진하여 1924년 프랑스 샤모니에서 최초로 개최되었다. 우리나라에서는 2018년에 평창에서 동계올림픽이 개최되었다.

WINTER SPORT

함께 나오는 용어

역대 동계올림픽 개최지

연도	회	개최지
1924년	제1회	프랑스 샤모니
1928년	제2회	스위스 생모리츠
1932년	제3회	미국 레이크플래시드
1936년	제4회	독일 가르미슈파르텐키르헨
1940년	–	제2차 세계 대전으로 무산
1944년	–	제2차 세계 대전으로 무산
1948년	제5회	스위스 *생모리츠
1952년	제6회	노르웨이 오슬로
1956년	제7회	이탈리아 코르티나담페초
1960년	제8회	미국 스쿼밸리
1964년	제9회	오스트리아 인스부르크
1968년	제10회	프랑스 그르노블
1972년	제11회	일본 삿포로
1976년	제12회	오스트리아 인스부르크
1980년	제13회	미국 레이크플래시드
1984년	제14회	유고슬라비아 사라예보
1988년	제15회	캐나다 캘거리
1992년	제16회	프랑스 알베르빌
1994년	제17회	노르웨이 릴레함메르
1998년	제18회	일본 나가노
2002년	제19회	미국 솔트레이크시티
2006년	제20회	이탈리아 토리노
2010년	제21회	캐나다 밴쿠버
2014년	제22회	러시아 소치
2018년	제23회	대한민국 평창
2022년	제24회	중국 베이징
2026년	제25회	이탈리아 밀라노, 코르티나담페초

생모리츠 동계올림픽 제2차 세계 대전으로 인해 12년 만에 개최된 대회로 우리나라가 처음으로 참가한 동계올림픽. 전범국인 독일과 일본은 초청되지 않음

203 프레올림픽 pre-olympic
올림픽 대회가 열리기 전에 개최지의 준비 상태를 점검하기 위해 열리는 비공식 대회

올림픽 개최 예정지에서 대회가 열리기 1년 전에 경기 시설이나 운영 상태 등을 점검하기 위하여 거행되는 비공식 국제 경기 대회를 통틀어 이르는 말로, 국제 스포츠계에 잘 알려져 있는 관용(慣用) 명칭이다. 그러나 국제 올림픽 위원회(IOC)에서는 올림픽은 4년에 한 번 열리는 대회라는 이유로 프레올림픽이라는 명칭의 사용을 금하고 있다.

#국제대회

204 아시아 경기 대회 asian games
아시아올림픽평의회(OCA)가 4년마다 주최하는 아시아 국가들의 국제스포츠대회

아시아 국가들의 우호증진과 세계평화를 목적으로 4년마다 열리는 종합스포츠대회로 '아시안게임'이라고도 한다. 인도의 IOC 위원인 손디의 제안으로 1949년 아시아 경기 연맹(AGF, Asian Games Federation)을 창설하고 1951년 제1회 인도 뉴델리아시아 경기 대회가 개최되었다. 경기는 올림픽 경기 대회가 열리지 않는 중간 해에 4년에 한 번씩 개최되며 1958년 제3회 도쿄아시아 경기 대회 때부터 영원한 전진(Ever Onward)이라는 공식 슬로건이 사용되었다. 1982년 대회 발전을 위해 상설기구인 아시아올림픽평의회(OCA, Olympic Council of Asia)를 창설하고 제10회 대회부터 OCA가 대회를 주관하게 되었다.
우리나라는 1986년 제10회 서울아시아 경기 대회, 2002년 제14회 부산아시아 경기 대회, 2014년 제17회 인천아시아 경기 대회를 개최했다.

아시아(Asia) 동반구(東半球)의 북부에 위치한 유라시아 대륙의 중부와 동부를 포괄하는 세계 최대의 대륙으로, 세계 육지의 약 3분의 1(면적 : 4439만1162km²)을 차지하며 세계 인구의 2분의 1 이상을 보유한 지역

함께 나오는 용어
동아시아 경기 대회(east asian games)
스포츠를 통해 동아시아 국가들의 단합을 목적으로 한 종합스포츠대회로 '동아시아게임'이라고도 함

205 세계육상선수권대회 world championship in athletics
국제 육상 경기 연맹(IAAF)에서 홀수년마다 개최하는 세계대회

1983년부터 육상을 통한 세계인들의 우호증진과 경기력 향상을 위해 IAAF에서 개최하는 세계대회로 월드컵, 올림픽과 함께 세계 3대 스포츠로 불린다. 현재 홀수년마다 개최되며 남자는 24종목, 여자는 23종목을 치른다.

206 유니버시아드 universiade
국제대학스포츠연맹(FISU)이 2년마다 주최하는 국제학생스포츠대회

1949년 설립된 국제대학스포츠연맹(FISU, Fédération Internationale du Sport Universitaire)에서 대학스포츠의 발전과 스포츠를 통한 전 세계 학생들의 교류를 목적으로 2년마다 주최하는 학생스포츠대회이다. 1957년 서방 측의 FISU와 동구권의 UIE(Union Internationale des Etudiants)가 연합하여 개최한 파리대회를 시초로 1959년 제1회 이탈리아 토리노대회가 개최되었는데 이 때 처음으로 유니버시아드라는 명칭이 사용되었다. 참가자격은 대회가 열리는 해의 1월 1일을 기준으로 만 17~28세 미만의 대학생이나 2년 이내의 대학졸업자들이다. 우리나라는 1997년 무주·전주 동계유니버시아드와 2003년 대구 하계유니버시아드를 개최하였으며 2015년 *광주 하계유니버시아드를 개최하였다.

광주 하계유니버시아드 2009년 5월 캐나다 에드먼턴과 대만 타이베이를 제치고 집행위원들로부터 410점 만점에 397점을 획득하여 2015년 하계유니버시아드 개최지로 선정됨

함께 나오는 용어

마스터스 경기 대회(masters競技大會)
세계마스터스연맹(WMA)이 주최하는 중장년층을 위한 국제스포츠대회로 1985년 캐나다 토론토에서 제1회 대회가 개최되었다.

207 국제 육상 경기 연맹 IAAF, International Association of Athletics Federations
세계 육상 경기를 주관하는 국제 조직

1912년 육상 경기의 발전을 위해 창설된 IAAF(International Association of Athletics Federations)는 세계 기록 공인제도와 국제 공통의 경기규칙을 결정하는 국제기구로 세계선수권대회, 세계청소년선수권대회, 세계실내선수권대회, 세계하프마라톤선수권대회 등을 주관하며 경기에서 정치·종교·민족적 차별을 두지 않는다. 1936년 총회에서 바람에 민감한 100m·200m·110m 허들·멀리뛰기·삼단 점프 등의 종목은 뒷바람의 평균 초속이 2m 이내일 경우에만 기록을 공인하기로 결정하였으며, 본부는 모나코에 있다.

208 세계 4대 마라톤대회
로테르담 마라톤대회, 보스턴 마라톤대회, 뉴욕 마라톤대회, 런던 마라톤대회

대회	내용
로테르담 마라톤대회 (marathon rotterdam)	1981년에 개최된 마라톤대회로 시청 앞 광장을 출발해 시내로 돌아오는 순환코스이다. 매년 4월에 개최하며 국적과 직업별로 순위를 매긴다는 점이 특징이다.

보스턴 마라톤대회 (boston marathon)	1897년부터 개최된 세계적인 마라톤대회로 매년 4월 *애국자의 날에 미국 혁명의 시발지인 보스턴에서 경기가 열린다. 올림픽을 제외하고 1997년부터 참가자의 자격을 제한하는 유일한 대회로 일정 기간 동안 공인 마라톤대회에서 3시간 이내의 성적으로 완주한 18세 이상 45세 이하의 사람만 참가할 수 있으며 참가인원도 1만5000명으로 제한된다. 또한 1896년에 개최된 올림픽 경기 대회 다음으로 오래된 마라톤대회로 보스턴 서쪽의 매사추세츠주 홉킨턴을 출발하여 보스턴 시내에 이르는 편도코스를 달리는데 결승점 10km를 앞두고 심장 파열 언덕(heartbreak hill)이라고 불리는 오르막길로 유명하다. 이 대회에서 2001년 이봉주가 우승을 차지하였다.
뉴욕 마라톤대회 (new york marathon)	1970년 뉴욕도로달리기클럽(NRRC)의 주관으로 탄생한 뉴욕 마라톤대회는 매년 11월 첫 번째 일요일에 스테이튼섬 베란자노 다리를 출발하여 센트럴파크 67번가에 도착하는 세계 마라톤대회이다.
런던 마라톤대회 (london marathon)	1956년 멜버른올림픽 장애물경기 금메달리스트인 크리스 브라시어의 제안으로 시작된 마라톤대회로 1981년 3월에 개최된 이후 매년 4월 셋째 토요일에 그리니치 공원을 출발하여 템스 강을 따라 버킹엄궁 앞으로 골인하는 편도코스를 달린다. 11~17세 학생들을 위한 4.2km의 미니마라톤과 장애인을 위한 휠체어마라톤도 같이 진행한다.

애국자의 날 1775년 4월 19일 영국군이 보스턴을 공격한다는 급보를 듣고 주민들이 무기를 들고 맞서 싸움으로써 미국 독립 전쟁의 도화선이 된 날로 4월 셋째 월요일임

209 골프 4대 메이저대회

4대 메이저대회를 모두 석권하는 것을 '그랜드슬램(grand slam)'이라고 하며, 여러 해에 걸쳐 4대 메이저대회를 석권한 경우는 '커리어그랜드슬램(career grand slam)' 또는 '생애 그랜드슬램'이라고 한다.

구분	대회	
*PGA의 4대 메이저대회	• 마스터스 • 디 오픈 챔피언십	• US오픈 • PGA챔피언십
*LPGA의 4대 메이저대회	• US여자오픈 • AIG 위민스 오픈 • KPMG 위민스 PGA 챔피언십 • ANA 인스퍼레이션	

PGA(Professional Golfers' Association) 남자프로골프협회

LPGA(Ladies Professional Golf Association) 여자프로골프협회

함께 나오는 용어

세계 3대 국가대항전 골프대회
- 라이더컵(ryder cup) 2년마다 개최하는 미국과 유럽의 남자골프대항전
- 프레지던츠컵(the presidents cup) 라이더컵이 개최되지 않는 해에 격년으로 열리는 미국 팀과 인터내셔널팀(유럽 제외)의 남자골프대항전. 2015년에는 아시아 최초로 인천 송도에서 개최됨
- 월드골프챔피언십(WGC) 월드컵대회 국제프로골프투어연맹(International Federation of PGA Tous)이 주관하는 국제 골프대회

210 세계 3대 국제바둑선수권대회
동양증권배바둑대회, 잉창치배바둑대회, 후지쓰배바둑대회

대회	내용
동양증권배 (東洋證券杯) 바둑대회	1989년 동양증권이 창설한 바둑선수권대회로 3회 대회부터 세계대회로 격상되었다. 세계 6개국에서 각국을 대표하는 선수 24명을 선발하여 토너먼트로 최종 우승자를 가리는데 대국 규정은 제한시간 각 3시간에 1분 *초읽기 10회, 덤은 5집 반이다. 3회 대회에서 우리나라의 이창호 6단이 타이완의 린하이펑(林海峰) 9단을 3 대 2로 물리치고 만 16세에 최연소 세계바둑챔프에 올랐다. 1998년까지 열렸고 2020년 기준 한국에서 주최하는 기전은 삼성화재배, LG배가 있다.
잉창치배 (應昌期杯) 바둑대회	1988년 타이완의 부호 잉창치가 창설한 바둑선수권대회로 4년마다 개최되며 대국 규정은 제한시간 3시간 30분에 35분 3회, 1회당 벌점 2점, 덤 8점(7집 반)이다. 우승자에게 40만달러, 준우승자에게 10만달러 등의 상금이 주어지는 세계 최대 규모의 프로바둑대회로 1회 대회에서 우리나라의 조훈현 9단이 중국의 녜웨이핑(聶衛平) 9단을 3 대 2로 꺾고 우승하였다.
후지쓰배 (富士通杯) 바둑대회	1988년 일본에서 창설된 가장 오래된 바둑선수권대회로 매년 7개국의 24명이 참가하여 우승자를 가렸었다. 대국 규정은 제한시간 3시간에 1분 초읽기 10회, 덤 5집 반이다. 우승자에게는 2000만엔, 준우승자에게는 700만엔의 상금이 주어지는데 1회 대회에서 일본의 다케미야 마사키(武宮正 樹) 9단이 우승하였다. 2011년 24회를 마지막으로 후지쓰배의 폐회가 공식적으로 발표되었다.

초읽기 바둑에서 둘 차례가 된 기사의 제한 시간이 5분이나 10분밖에 남지 않았을 때 시간이 흐르는 것을 초 단위로 알려주는 것

211 세계피겨스케이팅선수권대회 world figure skating championships
국제빙상연맹(ISU)이 주최하는 피겨스케이팅 국제대회

올림픽과 함께 국제빙상연맹(ISU)이 주관하는 대회 중 가장 비중이 높은 국제대회로 여자 싱글, 남자 싱글, 페어, 아이스댄싱 4종목으로 구성되어 있으며 매년 시즌이 마무리되는 3월에 열린다. 2013년 여자 싱글부문에서 우리나라의 *김연아 선수가 우승을 차지하였다.

함께 나오는 용어

- **그랑프리 파이널**(GPF, Grand Prix Final)
  국제빙상연맹(ISU)이 주관하는 미국의 스케이트 아메리카(Skate America), 캐나다의 스케이트 캐나다(Skate Canada), 프랑스의 트로피 에릭 봉파르(Trophee Eric Bompard), 러시아의 로스텔레콤 컵(Rostelecom cup), 중국의 컵 오브 차이나(Cup of China), 일본의 NHK 트로피(NHK Trophy)의 6개 예선전을 종합한 최종 우승자를 뽑는 대회로 여자 싱글, 남자 싱글, 페어, 아이스댄싱 4종목으로 구성되어 있다. 6개의 예선전에는 12명(12팀)이 출전하는데 직전 시즌에 열린 세계선수권대회의 성적을 토대로 1·2·3위, 4·5·6위는 서로 같은 대회에 출전하지 않도록 시드를 배정한다. 한 선수(한 팀)는 대개 6개 대회 중 2개의 대회에 출전하며 출전한 대회의 순위와 총점을 합산하여 가장 좋은 성적을 낸 6명(6팀)만이 그랑프리 파이널에 진출하여 우승자를 가린다.

김연아(金姸兒)
- 2009년 4대륙 피겨스케이팅선수권대회 우승, 2009년 세계피겨스케이팅선수권대회 우승, 2010년 동계올림픽 여자 싱글 챔피언으로 우리나라에 피겨스케이팅으로 올림픽 메달을 안겨준 최초의 선수
- 2010년 밴쿠버동계올림픽에서는 쇼트프로그램 78.50점, 프리스케이팅 150.06점으로 총점 228.56점으로 세계 최고 기록을 경신
- 2014년 소치동계올림픽 이후 현역에서 은퇴

- 유럽 피겨스케이팅선수권대회(european figure skating championships)
  국제빙상연맹(ISU)이 승인한 유럽 국가 선수들이 참여하는 국제대회로 매년 2월에 개최되며 여자 싱글, 남자 싱글, 페어, 아이스댄싱 4종목으로 구성되어 있다. 또한 각 나라당 출전권 규정이 있는데 한 국가에서 1선수(혹은 팀)가 출전하여 2위 내에 입상하면 다음해 유럽 선수권 출전권은 3장이며, 10위 내에 입상하면 2장이 주어진다. 또한 한 국가에서 2선수(혹은 팀)가 출전하여 두 선수의 순위 합이 13위 내면 다음해 유럽 선수권 출전권은 3장이며, 두 선수의 순위 합이 28위 내면 2장이 주어진다.

212 F1 그랑프리 Formula One GRAND PRIX
국제 자동차 연맹(FIA)이 규정을 제정하고 FOM(Formula One Management)이 운영하는 세계 최고의 자동차경주대회

1950년 영국 실버스톤서킷(silverstone circuit)에서 처음으로 개최된 자동차경주대회로 정식명칭은 'FIA 포뮬러1 월드 챔피언십(FIA formula one world championship)'이며 줄여서 F1이라고 한다. 포뮬러(formula)는 한 개의 좌석에 노출된 4개의 바퀴를 가진 경주용 자동차를 이용한 °온로드 경기로 F1은 포뮬러 경주 중 최고 수준의 대회이다.

F1 그랑프리는 올림픽과 월드컵에 버금가는 세계 최대의 스포츠 쇼로 일정 기간 계약한 서킷에서 3월부터 11월까지 열리는데 각 나라에서 열리는 레이스에는 개최국의 이름을 붙여 부른다. 2010년에는 우리나라를 포함하여 19개국에서 개최되었으며 우리나라 전남 영암에서 개최된 대회의 명칭은 2010 FIA 포뮬러1 대한민국 그랑프리이다.

온로드 경기 자동차 경주는 잘 포장된 서킷에서 이뤄지는 온로드 경기와 비포장도로에서 이뤄지는 오프로드·랠리 경기로 나뉨

213 NFL National Football League
미국프로미식축구리그

1920년 미국프로미식축구협회에서 1922년 미국프로미식축구리그(NFL)로 개명하고, 1970년 아메리칸풋볼리그(American Football League)를 통합한 NFL은 현재 내셔널풋볼컨퍼런스(NFC, National Football Conference)의 16개 팀과 아메리칸풋볼컨퍼런스(AFC, American Football Conference)의 16팀이 참가하는 프로미식축구리그이다. 각 컨퍼런스는 동부 4팀, 서부 4팀, 남부 4팀, 북부 4팀으로 구성되어 있으며 각 팀들은 정규시즌으로 16경기를 통해 동부·서부·남부·북부지구의 우승팀을 가린다. 이후 우승팀을 제외한 컨퍼런스 내 상위 2개 팀이 와일드카드로 플레이오프에 진출하여 토너먼트 방식으로 경기를 치르고 난 후 각 컨퍼런스 우승팀이 °슈퍼볼(super bowl)에서 단 한 번의 경기로 챔피언을 뽑는다.

슈퍼볼(super bowl) 미국프로미식축구리그의 NFC, AFC 컨퍼런스의 우승팀이 벌이는 프로미식축구챔피언결정전으로 경기가 열리는 매년 1월 마지막 일요일을 슈퍼 선데이(super sunday)라고 함. 1967년 텔레비전 방송을 시작한 후 해마다 시청률 70% 이상을 기록하는 인기 프로그램

214 NBA National Basketball Association
미국프로농구협회

1949년 두 개의 프로농구리그인 NBL과 BAA를 통합한 NBA가 창설되었다. NBA는 총 30개 팀이 소속된 미국프로농구리그로 각 *디비전으로 구성된 동부 *컨퍼런스와 서부 컨퍼런스로 나뉜다. 각 컨퍼런스의 상위 8개 팀이 플레이오프에 진출하여 토너먼트 방식으로 컨퍼런스의 우승자를 정하고, 동부·서부 컨퍼런스의 1위 팀이 NBA챔피언십에서 최종 우승자를 가린다.

디비전(division) 각 리그 내의 지구별 그룹을 부르는 명칭

컨퍼런스(conference) 스포츠에서 연맹을 의미함

#축구대회

215 월드컵 축구대회 FIFA World Cup
국제 축구 연맹(FIFA)이 4년마다 주최하는 세계축구선수권대회

아마추어와 프로의 구분 없이 선수 개인의 국적에 따라 출전하는 경기로 지역예선을 통해 선정된 32개국이 본선에서 토너먼트로 우승자를 뽑는다. 제1회 대회는 1930년 우루과이에서 개최되었으며 우리나라는 아시아국가로는 최초로 통산 10회, 연속 9회 월드컵 본선에 올랐다. 또한 아시아국가 최초로 2002년 한일월드컵에서 4강에 진출하였다.

더 알고가기
• 역대 월드컵 개최국과 우승국(* : 우리나라가 본선 진출한 대회)

연도	회	개최국	우승국
1930년	제1회	우루과이	우루과이
1934년	제2회	이탈리아	이탈리아
1938년	제3회	프랑스	이탈리아
1950년	제4회	브라질	우루과이
1954년	제5회	스위스*	독일(서독)
1958년	제6회	스웨덴	브라질
1962년	제7회	칠레	브라질
1966년	제8회	잉글랜드	잉글랜드
1970년	제9회	멕시코	브라질
1974년	제10회	독일(서독)	독일(서독)
1978년	제11회	아르헨티나	아르헨티나
1982년	제12회	스페인	이탈리아
1986년	제13회	멕시코*	아르헨티나

1990년	제14회	이탈리아*	독일(서독)
1994년	제15회	미국*	브라질
1998년	제16회	프랑스*	프랑스
2002년	제17회	한국·일본*	브라질
2006년	제18회	독일*	이탈리아
2010년	제19회	남아공*	스페인
2014년	제20회	브라질*	독일
2018년	제21회	러시아*	프랑스
2022년	제22회	카타르	
2026년	제23회	북중미 (캐나다, 멕시코, 미국)	

- **FIFA 센추리클럽**(FIFA Century Club)

  센추리(century)는 숫자 100으로 FIFA 센추리클럽은 FIFA가 *A매치에 100회 이상 출전한 선수들을 지칭하는 모임이다.

  A매치 최다 출전 기록 보유자는 이집트의 미드필더 아메드 하산이며, 센추리클럽에 가입한 한국 남자 선수는 ▲차범근 ▲홍명보 ▲황선홍 ▲유상철 ▲김태영 ▲이운재 ▲이영표 ▲박지성 ▲이동국 ▲기성용 ▲김호곤 ▲조영증 ▲박성화 등이 있다.

A매치 국가 대표팀 간의 정식경기로 FIFA랭킹 산정의 기준임. 대륙컵 및 월드컵의 예선·본선 경기는 가점이 부여됨

216 **FIFA** Fédération Internationale de Football Association

세계 축구경기를 통할(統轄)하는 국제 축구 연맹(國際蹴球聯盟)

축구경기의 발전과 단일화된 경기규칙의 제정 및 회원국 간의 우호증진을 위해 1904년 프랑스의 제창으로 설립된 단체이다. 스위스 취리히에 본부를 두고 각종 국제축구대회를 주관하고 있으며 2007년부터는 개최하는 모든 대회의 명칭을 월드컵(world cup)으로 통일하였다. 우리나라는 1947년에 가입하여 2002년 FIFA 월드컵대회를 일본과 공동개최하였으며 아시아에서는 최초로 월드컵 4강 신화를 이룩하였다.

> **함께 나오는 용어**

FIFA가 주관하는 국제대회
- 월드컵(FIFA World Cup)
- 여자월드컵(FIFA Women's World Cup)
- *U-20 월드컵(FIFA U-20 World Cup)
- *U-20 여자월드컵(FIFA U-20 Women's World Cup)
- *U-17 월드컵(FIFA U-17 World Cup)
- *U-17 여자월드컵(FIFA U-17 Women's World Cup)
- 풋살월드컵(FIFA Futsal World Cup)
- 클럽월드컵(FIFA Club World Cup)
- 비치사커월드컵(FIFA Beach Soccer World Cup)
- FIFA e월드컵(FIFA eWorld Cup)

U-20 월드컵·U-20 여자월드컵 만 20세 이하 축구선수들의 경기로 우리나라는 2010 FIFA U-20 독일여자월드컵에서 3위를 차지

U-17 월드컵·U-17 여자월드컵 만 17세 이하 축구선수들의 경기로 우리나라는 2010 FIFA U-17 트리니다드토바고여자월드컵에서 우승

217 유럽축구선수권대회 UEFA European Football Championship
유럽축구연맹(UEFA)이 4년마다 개최하는 유럽지역 축구 국가대항전

유럽축구연맹(UEFA, Union of Europran Football Associations)이 월드컵이 없는 짝수년에 개최하는 유럽지역의 축구대회이다. 1960년 프랑스 대회를 시작으로 4년마다 열리며 EURO 뒤에 개최년도를 붙여 'EURO 20××' 등의 약칭으로 불린다. *홈앤드어웨이(home and away) 방식으로 예선을 통과해 본선에 오른 24개국이 6개조로 나뉘어 리그전을 벌인 후 각 조의 1, 2위 팀이 토너먼트로 16강전을 치러 우승팀을 가린다.

홈앤드어웨이(home and away) 방식 자기 팀의 홈코트에서 경기를 치른 후 상대팀의 홈코트에서 경기를 하는 방식

218 UEFA 챔피언스리그 UEFA Champions League
유럽축구연맹(UEFA)이 주관하는 유럽을 대표하는 클럽축구대회

유럽 각국의 프로축구리그 우승팀과 이전 대회 우승팀이 참가하는 유럽을 대표하는 *클럽축구대회로 1955년 프랑스 스포츠 일간지 「레퀴프(L'Equipe)」의 편집자 가브리엘 아노(Gabriel Hanot)의 제안에 의해 시작되었다. 유럽축구연맹(UEFA)의 주관으로 매년 7월경에 예선을 시작하여 다음해 5월경까지 이어지는 경기로 홈경기와 원정경기를 치룬 후 점수가 높은 팀이 올라가는 홈앤드어웨이로 결승전은 단판승부이다.

클럽축구(club蹴球) 클럽을 중심으로 이루어지는 축구

함께 나오는 용어

UEFA 유로파리그(UEFA Europa League)
유럽축구연맹(UEFA) 가맹국의 프로축구리그 상위 팀들이 참여하는 축구대회로 'UEFA컵'이라고도 한다. 홈앤드어웨이 녹다운 토너먼트방식을 통해 우승자를 가린다.

219 코파아메리카 copa america
남미축구연맹(CONMEBOL)이 주관하는 남미축구선수권대회

월드컵보다 역사가 깊은 코파아메리카는 남미축구연맹(CONMEBOL, Confederación Sudamericana de Fútbol)이 설립된 1916년 아르헨티나대회를 시작으로 4년마다 개최되는 남미월드컵이다. 그러나 남아메리카 팀에만 국한하지 않고 미국, 멕시코, 일본 등을 초청하여 경기를 치르며 축구 강국인 브라질과 아르헨티나, 우루과이 등이 참가하여 전 세계인들의 관심을 받는 대회이다.
남미축구선수권대회인 코파아메리카는 유럽축구선수권대회와 함께 세계 축구의 양대 흐름을 파악할 수 있는 기회를 제공하고 있다.

220 AFC 아시안컵 AFC Asian Cup
아시아축구연맹(AFC)이 4년마다 개최하는 아시아지역 국가들 간의 축구대회

1956년 아시아축구연맹(AFC, Asian Football Confederation)의 주관 아래 제1 회 홍콩대회를 시작으로 4년마다 개최되는 AFC 아시안컵은 2007년 같은 해에 열리는 하계올림픽과 유럽축구선수권대회 등을 고려하여 한 해 앞당겨 동남아 4개국(말레이시아, 베트남, 인도네시아, 태국)에서 공동으로 개최되었다. 24개국이 본선에서 6개조로 나뉘어 리그전을 펼쳐 각 조의 상위 2개 팀과 3위 팀 중 상위 4팀이 16강에 올라 '토너먼트로 우승국을 가린다.

우리나라는 1956년 · 1960년에 우승을, 1972년 · 1980년 · 1988년 · 2015년 에 준우승을 차지하였다.

토너먼트(tournament) 패자는 탈락하고 승자끼리 승자전을 벌여 최후의 우승자를 결정하는 경기방식으로 비교적 단시간 내에 우승자를 결정할 수 있다는 장점이 있음

221 세계 3대 축구리그
이탈리아 세리에 A, 영국 프리미어리그(EPL), 스페인 라리가를 일컫는 말

세계 3대 축구리그는 20개 클럽들이 각각 홈앤드어웨이 방식으로 38경기를 치른 후 승점을 통해 우승자를 가린다. 승점은 우승 시 3점, 무승부 시 양팀에 1점씩 주어진다. 최근에는 3대 리그에 세리에 A 대신 독일의 프로축구 1부 리그인 분데스리가를 넣기도 한다.

리그	내용
세리에 A (Serie A)	• 이탈리아 프로축구 1부 리그 • 모든 경기는 일요일에 치르는 것이 원칙임 • 정규시즌이 끝나면 1부 리그 하위 4개 클럽과 2부 리그 상위 4개 클럽이 각각 자리를 바꿈
프리미어리그 (Premier League)	• 영국의 프로축구 1부 리그 • 정규시즌이 끝나면 1부 리그 하위 3개 클럽이 2부 리그로 강등되고 2부 리그 상위 2개 클럽과 3~6위 팀의 플레이오프 우승팀 1개 클럽이 1부 리그로 승격됨
라리가 (La Liga)	• 스페인의 프로축구 1부 리그[정식 명칭은 프리메라 디비시온 (Primera Division)] • 정규시즌이 끝나면 1부 리그 하위 3개 클럽과 2부 리그 상위 3개 클럽이 자리를 바꿈

영국의 프로축구 잉글랜드리그, 스코틀랜드리그, 북아일랜드리그, 웨일즈리그로 구성되어 있으며, 이들 모두 프리미어리그라는 용어를 사용함

더 알고가기

세계 4대 축구리그
세계 3대 축구리그인 ▲세리에 A, ▲프리미어리그, ▲라리가에 독일의 프로축구 1부 리그인 ▲분데스리가(Bundesliga)를 포함시켜 '세계 4대 축구리그' 또는 '유럽 축구 4대 리그'라고 한다.

#야구대회

222 메이저리그 MLB, Major League Baseball
미국 프로야구의 양대 리그인 내셔널리그와 아메리칸리그를 이르는 말

내셔널리그(National League) 15개 팀과 아메리칸리그(American League) 15개 팀으로 구성되어 있는 미국 프로야구의 양대 리그를 일컫는 말로 '빅리그(Big League)'라고도 한다. 철저한 연고지 제도를 가진 메이저리그는 각 리그별로 동부·중부·서부지구로 나뉘어 정규시즌을 치른 후 각 지부 1위 3팀과 2위팀 가운데 최고 승률의 1팀을 포함한 4팀이 포스트시즌에 들어간다. 5전 3선승제의 디비전시리즈로 펼쳐지는 포스트시즌에서 우승한 2팀이 7전 4선승제의 리그 챔피언시리즈를 통해 리그 우승자를 가린다. 이렇게 선발된 각 리그의 우승팀은 메이저리그의 최종 우승자를 뽑기 위한 7전 4선승제의 '월드시리즈에 들어가게 된다.

더 알고가기
리그의 종류

리그	내용
마이너리그 (minor league)	메이저리그 아래 단계의 하위 리그로 선수들의 수준에 따라 트리플 A(AAA), 더블 A(AA), 싱글 A(A), 루키(rookie)리그로 구분된다.
인터리그 (inter league)	대중들의 관심을 불러일으키기 위해 1997년에 도입된 리그로 내셔널리그 소속 팀과 아메리칸리그 소속 팀 간에 벌어지는 경기를 말한다.
스토브리그 (stove league)	스토브(stove)에 둘러앉아 선수들의 몸값과 트레이드(trade)를 논의한 것에서 유래했다. 프로야구 시즌이 끝난 겨울철에 각 구단이 선수들의 연봉협상과 스카우트를 위해 활발히 움직이는 것을 말한다.

월드시리즈(World Series)
• 1903년 처음 개최된 월드시리즈는 내셔널리그 우승팀과 아메리칸리그 우승팀이 7전 4선승제로 메이저리그 최종 우승팀을 결정하는 경기
• 1919~1921년에는 9전 5선승제로 경기를 치르기도 했지만 이후 7전 4선승제로 굳어졌으며 1904년과 1994년을 제외하고는 매년 빠짐없이 개최됨

223 지하철시리즈 subway series
뉴욕을 연고지로 한 프로야구팀의 월드시리즈를 부르는 별칭

지하철시리즈는 지하철로 경기가 펼쳐지는 두 팀의 홈구장을 오가면서 관전할 수 있다고 해서 붙여진 이름이다. 1921년 뉴욕 양키스(new york yankees)와 뉴욕 자이언츠(new york giants)의 월드시리즈를 시작으로 1956년 뉴욕 양키스와 '브루클린 다저스(brooklyn dodgers)의 월드시리즈까지 모두 13번 펼쳐졌으나 한동안 없었다가 2000년 뉴욕 메츠(new york mets)와 뉴욕 양키스의 경기로 44년 만에 이루어졌다.

브루클린 다저스(brooklyn dodgers) 현재 로스앤젤레스 다저스(Los Angeles Dodgers)의 전신

더 알고가기

야구시리즈의 별칭

별칭	대전(對戰)팀
맥주시리즈	1982년 세인트루이스 카디널스와 밀워키 브루어스 경기
셔틀시리즈	1986년 보스턴 레드삭스와 뉴욕 메츠 경기
베이(bay, 灣)시리즈	1988년 오클랜드 애슬레틱스와 샌프란시스코 자이언츠 경기
전철시리즈	1998년 LG 트윈스와 현대 유니콘스의 한국시리즈
너구아웃시리즈	1993년 OB 베어스와 LG 트윈스의 준플레이오프
전자시리즈	1997년 LG 트윈스와 삼성 라이온즈의 플레이오프

224 월드 베이스볼 클래식 WBC, World Baseball Classic
4년마다 개최되는 국제야구대회(2009년 제2회 대회 이후로 4년마다 개최됨)

메이저리그 선수들도 참여하는 프로야구 국가대항전으로 일종의 야구 월드컵이다. 팀당 투수 12명을 포함하여 총 27명이 참가하는 경기로 리그전을 통해 준결승 팀을 선발한 후 토너먼트 방식으로 우승자를 가린다. 2006년 처음 개최된 제1회 대회에는 한국을 비롯하여 *16개국이 참가해 일본이 우승을 차지했으며, 우리나라는 2009년 개최된 제2회 대회에서 일본에 이어 준우승을 차지하였다.

제1회 대회 16개 참가국 한국, 일본, 중국, 대만, 미국, 캐나다, 멕시코, 호주, 이탈리아, 남아프리카공화국, 푸에르토리코, 쿠바, 파나마, 네덜란드, 도미니카공화국, 베네수엘라

225 4대 전국고교야구대회
4대 고교야구대회인 청룡기, 봉황대기, 황금사자기, 대통령배를 일컫는 말

4대 고교야구대회는 청룡기(조선일보), 봉황대기(한국일보), 황금사자기(동아일보), 대통령배(중앙일보)로 모두 신문사가 주최하고 있다. 이외 고교야구대회로 대붕기(대구매일신문) 등이 있다.

#테니스대회

226 테니스 4대 메이저대회
윔블던 · US오픈 · 프랑스오픈 · 호주오픈 테니스대회를 일컫는 말

국제테니스연맹(ITF, International Tennis Federation)이 관장하는 4대 메이저 대회에서 모두 우승하는 것을 '그랜드슬램(grand slam)'이라고 하며, 그랜드 슬램을 달성한 선수가 그 해의 올림픽 대회에서도 우승한 경우를 '그랜드그 랜드슬램(grand grand slam)'이라고 한다. 최초로 그랜드슬램을 달성한 선수 는 1938년 미국의 돈 벗지이며, 최초로 그랜드그랜드 슬램을 달성한 선수 는 1988년 독일의 슈테피 그라프이다.

대회	내용
윔블던 (Wimbledon)	정식 명칭은 All England Tennis Championship으로 전영오픈(全英Open) 테니스선수권대회라고도 한다. 1877년부터 런던의 윔블던에서 개최된 대회로 1968년에 프로들에게 오픈되었다. 4대 메이저대회 중 가장 오래되었으며 잔디코트에서 경기가 진행된다.
US오픈 (US Open)	1881년 US National Championships라는 이름으로 시작하여 1965년 US오픈으로 개칭한 대회로 4대 메이저대회 중 윔블던 다음으로 역사가 깊다. 1970년 최초로 *타이브레이크(tie break)제도를 도입하였으며 4대 메이저대회의 시즌 피날레를 장식하는 대회로 총 상금이 가장 많다. 경기코트는 잔디코트에서 클레이코트, 하드코트 순으로 바뀌었다.
프랑스오픈 (French Open)	1891년 시작한 대회로 1968년 프로들에게 오픈되었다. 불에 구운 붉은 벽돌가루로 제작한 앙투카코트(en-tout-cas court)에서 경기가 진행된다.
호주오픈 (Australian Open)	1905년 처음 개최된 대회로 1969년 프로에게 오픈되었다. 호주 여러 도시의 잔디코트에서 대회가 개최되다 1988년부터 Australian National Tennis Centre의 하드코트에서 경기를 진행하고 있다.

타이브레이크(tie break)
- 게임 듀스(deuce)의 경우 2 게임 이상을 연속으로 선취 해야 세트를 얻을 수 있는 규정으로 인해 경기가 무한정 오래 지속되는 것을 방지하기 위해 도입된 제도
- 게임스코어가 6 대 6이 되었을 때 마지막 한 게임으로 승패를 결정짓는 방법
- 두 선수가 번갈아 서브를 넣어 12포인트 중 7포인트를 선취하는 사람이 승리함

---

227 데이비스컵테니스대회 davis cup match
국제테니스연맹(ITF)이 주관하는 남자테니스 국가대항전

1900년 미국의 테니스 대표선수 *데이비스가 제안한 경기로 700달러의 순 은제 우승컵을 기증한 그의 이름을 따서 데이비스컵테니스대회라고 한다. 처음에는 영국과 미국의 국가대항경기였으나 이후 프랑스, 벨기에 등이 참 가하였고 1912년부터 국제테니스연맹(ITF)이 주관하는 대회가 되었다. 3일 동안 2단식, 1복식, 2단식 순으로 5세트 경기를 치르며 예선을 거쳐 본 선에 오른 16개국이 우승을 가리게 된다. 우승국과 우승자, 스코어는 데이 비스컵에 매년 새겨지며 우승컵은 우승국가가 1년 동안 보관한다.

데이비스(P. Davis) 필리핀 총독 등을 지낸 미국의 정치가이자 테니스 선수로 국제테니스선수권대회의 우승컵인 데이비스컵을 기증함

함께 나오는 용어

페더레이션컵테니스대회(federation cup match)
국제테니스연맹(ITF)이 주관하는 여자테니스 국가대항전으로 '페드컵(fed cup)'이라고도 한다. 남자테니스 선수들의 데이비스컵에 자극받아 호주의 호프만 부인이 제안하여 1963년 영국에서 개최되었다.

03 기타 경기

핵심Tag #경기 종류 #레저

#경기 종류

228 육상 경기 陸上競技, athletics
달리고 뛰고 던지는 인간의 신체를 이용한 가장 기본적인 움직임에서 시작된 스포츠

육상은 수영과 더불어 가장 원초적인 스포츠이다. 인간의 생존 수단이었던 달리기, 뛰기(점프하기), 던지기 등의 동작이 스포츠화된 것으로 볼 수 있다. 육상이 스포츠화된 최초의 기록은 고대 올림픽으로, 192.27m의 운동장을 뛰는 달리기와 멀리뛰기, 원반던지기, 창던지기 등의 종목이 있었다.
육상 경기는 크게 트랙 경기, 필드 경기, 혼성 경기, 도로 경기로 구분된다.

육상 경기의 종류		세부 종목
트랙 경기		단거리달리기, 중거리달리기, 장거리달리기, 장애물달리기, 이어달리기
필드 경기	도약경기	멀리뛰기, 높이뛰기, 세단뛰기, 장대높이뛰기
	투척경기	창던지기, 원반던지기, 포환던지기, 해머던지기
혼성 경기	3종 경기	100m 달리기, 포환던지기, 높이뛰기
	5종 경기	멀리뛰기, 원반던지기, 200m 달리기, 창던지기, 1500m 달리기
	10종 경기	100m 달리기, 멀리뛰기, 포환던지기, 높이뛰기, 400m 달리기, 110m 허들, 창던지기, 장대높이뛰기, 원반던지기, 1500m 달리기
도로 경기		경보, 마라톤

함께 나오는 용어

- **제로섬 게임**(zero-sum game) 축구나 농구처럼 승자의 득점과 패자의 실점을 모두 합하면 제로가 되는 경기. 육상은 이에 해당되지 않음
- **앵커맨**(anchor man) 릴레이 경기의 최종 주자로 가장 발이 빠른 사람이 담당함

229 골프 golf

일반적으로 18홀(hole)에 공을 쳐서 타수가 가장 적은 사람이 이기는 구기 종목

• 골프 코스(golf course)

홀의 구성요소		역할
티그라운드 (teeing ground)		티잉 그라운드라고도 하며 각 홀의 출발구역으로 특별히 손질한 평탄한 지면을 말한다.
스루더그린 (through the green)	페어웨이 (fairway)	잔디를 짧게 깎아 공을 타격하기 좋게 한 구역을 말한다.
	러프 (rough)	페어웨이 이외의 잡초(雜草), 관목(灌木), 수림(樹林) 등으로 이루어진 비정비(非整備)지대를 말한다.
그린 (green)		홀이 뚫려 있는 지역으로 퍼팅을 할 수 있도록 잔디를 짧게 깎아 잘 다듬은 지역을 말한다.
해저드 (hazard)	벙커 (bunker)	움푹 패인 곳에 모래가 깔려 있는 부분으로 *골프 클럽을 놓을 수 없어 볼을 탈출시키기 어려운 장애물이다.
	워터해저드 (water hazard)	바다, 호수, 하천, 연못 등의 수역(水域)으로 난이도와 조경을 위한 장애물이다.

• 골프 용어

골프 용어	내용
샷(shot)	공을 공중으로 멀리 한 번 치는 것
퍼트(put)	그린 위에서 공을 홀에 넣기 위해 치는 것
티업(tee up)	각 홀(hole)의 제1타를 치기 위해 티(tee)에 공을 올리는 것
티샷(tee shot)	각 홀에서 처음 치는 샷으로 경기를 시작할 때 티에 올린 공을 치는 것
파(par)	티를 출발하여 홀을 마칠 때까지 정해진 기준타수
버디(birdie)	한 홀에서 기준타수(par)보다 1타 적은 타수로 *홀인(hole in)하는 것
이글(eagle)	한 홀에서 기준타수보다 2타 적은 타수로 홀인하는 것
알바트로스(albatross)	한 홀에서 기준타수보다 3타 적은 타수로 홀인하는 것으로 미국에서는 이를 더블이글(double eagle)이라고 함
보기(bogey)	한 홀에서 기준타수보다 1타 많은 타수로 홀인하는 것
더블보기(double bogey)	한 홀에서 기준타수보다 2타 많은 타수로 홀인하는 것
트리플보기(tripple bogey)	한 홀에서 기준타수보다 3타 많은 타수로 홀인하는 것
홀인원(hole in one)	티샷이 그대로 홀에 들어가는 것
오버 파(over par)	기준타수보다 많은 타수
이븐 파(even par)	기준타수와 동일한 수의 타수
언더 파(under par)	기준타수보다 적은 타수

골프 클럽(golf club) 골프채를 의미하는 골프 클럽은 공을 타격하는 헤드(head)와 골프채의 막대부분인 샤프트(shaft)로 구성됨. 헤드는 모양과 재질에 따라 볼을 가능한 멀리 보내기 위해 사용하는 우드(wood)와 알맞은 거리에 따라 골라 쓰는 아이언(iron), 그리고 그린에서 골을 홀에 넣기 위해 사용하는 퍼터(putter)로 구분. 각각의 클럽에는 번호가 매겨져 있는데 1번 쪽으로 갈수록 길이가 긴 클럽임

홀인(hole in) 그린 위의 공을 홀에 넣는 것

갤러리(gallery)	골프경기를 관전하러 온 관중들
어프로치 샷(approach shot)	홀컵까지의 거리가 100야드(91m) 이내의 그린에서 *핀(pin)을 향해 치는 것
멀리건(mulligan)	티샷이 잘못되었을 때 벌타 없이 다시 한 번 치게 하는 것으로 정식 골프규칙에는 없는 편법임

핀(pin) 홀을 표시하기 위해 홀컵에 꽂혀 있는 깃대

• 경기방식

종류	내용
스트로크 플레이 (stroke play)	정규 라운드(round)의 총 타수로 승패를 겨루는 경기방식으로 총 타수가 가장 적은 선수가 승리하게 된다. 다른 말로 메달 플레이(medal play)라고도 한다.
매치 플레이 (match play)	각 홀마다 타수의 많고 적음에 따라 승패를 정해 이긴 홀이 많은 선수가 승리하는 경기방식이다.
스킨스게임 (skins game)	1983년 미국의 추수감사절 골프 이벤트에서 시작된 것으로 각 홀(hole)의 1위 선수가 홀마다 걸린 상금을 획득하는 경기방식이다. 동점자가 생길 경우 상금은 다음 홀로 미뤄져 2배가 된다.

230 트라이애슬론 triathlon
인간의 한계에 도전하는 철인3종경기(鐵人三種競技)

3가지 경기를 뜻하는 라틴어 'tri'와 'athlon'의 합성어다. *세계철인3종경기연맹(WTC)이 결성된 후 1978년 하와이에서 첫 국제대회가 개최되었다. 앞에 제시한 총 226.3km를 달리는 풀코스를 킹(king)코스라고 하는데 이를 제한시간인 17시간 이내에 완주하면 철인(iron man)의 칭호를 부여받는다. 일명 로열(royal)코스라고 불리는 단축코스는 1.5km의 수영과 40km의 사이클 및 10km의 마라톤을 펼치는 총 51.5km의 경기로 사회체육의 정착을 위해 실시되고 있다. 우리나라는 1990년에 48번째 회원국으로 가입하여 1991년 제주에서 첫 킹코스 대회를 개최하였다.

세계철인3종경기연맹(WTC, World Triathlon Coperation) 철인코스 경기를 주관하는 기관으로 1978년에 창설됨

함께 나오는 용어

• 데카슬론(decathlon)
1912년 스톡홀름올림픽에서 정식종목으로 채택된 육상 경기 혼성종목 중 하나로 10종경기라고도 한다. 이는 일종의 만능 전사(戰士)를 가리는 경기로 첫날에 100m 달리기, 멀리뛰기, 포환던지기, 높이뛰기, 400m 달리기 경기를 펼치고 둘째 날에 110m 허들, 원반던지기, 장대높이뛰기, 창던지기, 1500m 달리기를 실시하여 국제 육상 경기 연맹(IAAF, International Amateur Athletic Federation)이 정한 점수표에 따라 각 종목의 성적을 점수로 환산한 종합점수로 순위를 결정한다. 1개 종목이 끝날 때마다 개별 선수에게 최소 30분의 휴식시간을 준다.

• 헵타슬론(heptathlon)
여자들의 올림픽 육상 경기 혼성종목으로 2일간 100m 허들, 높이뛰기, 포환던지기, 200m 달리기, 멀리뛰기, 창던지기, 800m 달리기 등의 7종목을 치르는 7종 경기이다.

231 식스맨 six man
농구경기에서 5명의 주전선수 외에 언제든지 투입 가능한 1순위의 후보선수

농구경기에서 5명의 스타팅 멤버를 제외한 벤치 멤버 중에서 *주전선수의 체력저하와 부상 또는 경기흐름 전환 시 언제든지 투입 가능한 1순위 후보선수를 부르는 말로, 제6의 선수라는 뜻으로 식스맨이라 한다.

주전(主戰) 주력(主力)이 되어 싸우는 사람을 이르는 말

232 농구 籠球, basketball 용어

용어	내용
3점 슛 (three-pointer)	*바스켓 중심부에서부터 미국프로농구협회(NBA)는 7.24m, 한국프로농구연맹(KBL)은 6.75m 거리의 반원 바깥쪽에서 던지는 슛을 말한다.
레이업 슛 (lay-up shoot)	러닝 슛(running shoot)의 하나로 골 가까이에서 뛰어 올라 손바닥 위의 공을 링 위에 가볍게 던져 넣는 슛을 말한다.
앨리웁 (alleyoop)	바스켓 근처에서 점프한 선수가 공중에서 공을 패스 받아 발이 땅에 닿기 전에 던지는 슛을 말한다.
덩크 슛 (dunk shot)	높이 점프하여 바스켓 위에서 공을 내리꽂듯이 밀어 넣는 슛으로 NBA에서 덩크 슛을 처음 시도한 선수는 줄리어스 어빙(Julius Erving)이다.
뱅크 슛 (bank shoot)	백보드를 향해 공을 던지는 슛을 말한다.
바스켓 굿 (basket good)	슛 동작 중 상대 수비선수의 파울이 있는 경우 그 슛이 들어가면 점수도 인정받고 1개의 추가 자유투도 받는 것을 말한다.
프리스로 (free throw)	프리스로 라인 뒤에서 누구의 방해도 받지 않고 던지는 자유투로 성공시 1점씩 가산된다.
버저비터 (buzzer beater)	경기종료를 알리는 버저소리와 함께 들어간 슛을 말한다.
인터페어 (interfair)	상대 선수가 슛한 공이 낙하곡선을 그릴 때 건드리면 골인 여부와 상관없이 득점으로 인정하나 상승곡선을 그릴 때 쳐내면 정당한 방어인 *블록슛(block shoot)으로 보는 것을 말한다.
인터셉트 (intercept)	상대팀의 패스를 가로채는 동작으로 가로채기라고도 한다.
아웃렛패스 (outlet pass)	농구경기에서 수비 리바운드를 따낸 즉시 곧바로 상대 진영으로 달려가는 같은 팀 선수에게 던져주는 롱 패스로 속공 플레이에서 주로 사용된다.

바스켓(basket) 농구 백보드 (back board)에 달려 있는 철로 된 링과 거기에 매달려 있는 밑이 뚫린 그물

블록슛(block shoot) 농구경기에서 공격수가 링을 향해 던진 공을 쳐내는 것

▲ 인터셉트

더 알고가기

농구 반칙 용어

구분		세부 내용	
퍼스널 파울 (personal foul)	신체의 부당한 접촉으로 인한 파울로 숫 동작 중 파울이 일어난 경우 그 숫이 들어갔으면 1개의 자유투, 들어가지 않았으면 2개의 자유투, 3점 숫이었으면 3개의 자유투가 주어지며 그 외에는 *사이드라인(sideline)에서 스로인(throw-in)이 주어진다. 또한 파울 횟수 5회를 넘긴 선수는 퇴장된다.	홀딩(holding)	상대 선수를 손으로 잡은 경우
		푸싱(pushing)	상대 선수를 미는 경우
		차징(charging)	공격저지를 위해 상대 선수에게 부딪치는 경우
		트리핑 (tripping)	상대 선수의 다리를 거는 경우
		블로킹 (blocking)	고의로 상대 선수의 진로를 방해하는 경우
		해킹(hacking)	상대 선수를 치거나 때리는 경우
테크니컬 파울 (technical foul)	선수나 팀 관계자 등이 스포츠맨십에 어긋나는 행동을 한 경우에 부여되는 파울로 상대 팀에게 자유투가 주어진다. 최대 2개까지 부과할 수 있는데 두 번째는 무조건 퇴장된다.	• 경기진행을 지연시킨 경우 • 심판의 허락 없이 팀 관계자가 경기장에 들어가는 경우 • 심판에게 불손한 태도를 보인 경우 • 파울을 범한 선수가 손을 들어 파울을 인정하지 않은 경우 • 선수명단의 유니폼 번호가 이중인 경우	
바이얼레이션 (violation)	퍼스널 파울과 테크니컬 파울 이외에 볼 취급을 위반한 경우 부여되는 파울로 상대 팀에게 사이드라인에서 스로인이 주어진다.	*워킹(walking)	공을 드리블하지 않고 3보 이상 이동한 경우
		키킹(kicking)	공을 발로 찬 경우
		더블 드리블 (double dribble)	드리블한 공을 잡은 후 다시 드리블한 경우
		하프라인 (half line)	하프라인 통과 후 자기 편에 의해 다시 자기 코트로 공이 돌아간 경우
		오버 타임 · 3초룰	상대편의 제한구역 안에 3초 이상 머물 경우
		오버 타임 · 5초룰	공을 가진 선수가 5초 이내에 패스나 드리블, 숫을 하지 않은 경우
		오버 타임 · 8초룰	공을 가지고 8초 이내에 자기 진영에서 상대 진영으로 넘어가지 않은 경우
		오버 타임 · 24초룰	24초 이내에 숫을 하지 않은 경우

▲ 퍼스널 파울

사이드라인(sideline) 경기장의 좌우측 한계선으로 터치라인(touchline)이라고 함

워킹바이얼레이션(walking violation) 농구 선수가 공을 가진 채 3보 이상 이동한 경우 부여하는 파울로 상대팀에게 공격권이 넘어간다. 오버스텝(overstep) 또는 트래블링바이얼레이션(traveling violation)이라고도 함

233 지역 방어 zone defence
자신이 맡은 지역을 지키는 수비방식

농구경기에서 자신이 맡은 지역에 상대 선수가 들어오면 방어하고 벗어나면 놓아주는 식의 수비방식이다. 감독의 능력이 큰 변수로 작용하고, 선수 개인의 공격적인 플레이가 많아 경기에 박진감이 넘친다. 2 대 3, 3 대 2, 2 대 1 대 2, 1 대 3 대 1 등의 형태가 있다. 이와 달리 자신이 맡은 선수를 압박 수비하는 것을 '대인 방어' 또는 '맨투맨 수비'라고 한다. *미국프로농구협회(NBA)에서는 지역 방어를 허용하지 않았으나 2001~2002년 시즌부터 도입하였으며, 한국프로농구연맹(KBL)에서도 2002~2003년 시즌부터 부분 허용하였다.

미국프로농구협회(NBA) 총 30개 팀이 소속된 미국프로농구리그

함께 나오는 용어

일리걸 디펜스(illegal defence)
NBA에서 1947년 수비 위주의 소극적 플레이를 견제하기 위해 도입한 지역 방어 금지규정이다. 공이 3초 제한구역 밖에 있을 때 공격선수를 수비하는 선수 이외의 다른 선수들은 제한구역 안에 2.9초 이상 머무를 수 없다. 단, 볼이 제한구역 안에 있거나 슈팅동작이 있는 경우에는 적용되지 않는다.
규정을 위반한 선수에게는 경고가 주어지며 두 번째부터는 *테크니컬 파울이 적용되어 상대 팀에게 자유투 1개와 공격권을 넘겨준다.

테크니컬 파울(technical foul) 선수나 팀 관계자 등이 스포츠맨십에 어긋나는 행동을 한 경우에 부여되는 파울로 상대 팀에게 자유투가 주어지며, 두 번째는 무조건 퇴장됨

234 근대 5종 경기 近代五種競技, modern pentathlon
한 경기자가 사격, 펜싱, 수영, 승마, 크로스컨트리(육상) 5종목을 겨루어 종합점수로 순위를 매기는 경기

BC 708년에 실시된 *고대 5종 경기를 현대에 맞게 발전시킨 것으로 근대 올림픽을 창설한 쿠베르탱의 제안으로 1912년 제5회 대회부터 실시되었다. 한 경기자가 하루 동안 사격, 펜싱, 수영, 승마, 크로스컨트리(육상) 5경기를 순서대로 진행하여 각 종목의 정해진 계산법으로 점수를 합산한 뒤 종합점수가 가장 높은 선수가 우승하는 경기이다.

고대 5종 경기(古代五種競技, pentathlon) 병사들의 종합능력을 테스트하기 위해 만들어진 것으로 제18회 고대올림픽에서 실시한 멀리뛰기, 원반던지기, 창던지기, 달리기, 레슬링 5종목을 말함

235 테니스 경기 운영
포인트 → 게임 → 세트 → 매치의 4단계로 운영

테니스경기는 '포인트(point) → 게임(game) → 세트(set) → 매치(match)'의 4단계로 구성되어 있다. 테니스에서는 경기를 구성하는 최소 단위인 포인트를 부르는 명칭이 있는데 0포인트는 love, 1포인트는 fifteen, 2포인트는 thirty, 3포인트는 forty라고 하며 15 대 15, 30 대 30은 fifteen All, thirty All

이라고 한다. 1포인트만 얻으면 세트를 따게 되는 경우를 세트 포인트라고 하며, 그 세트로 경기의 승패가 정해지는 경우를 *매치 포인트라고 한다. 40 대 40일 경우에는 듀스(deuce)라고 하는데 듀스일 경우에는 두 포인트를 연속해서 따야 이기게 된다. 4포인트를 먼저 따낸 선수가 1게임을 얻게 되고 이렇게 6게임을 선취하면 1세트를 이기게 된다. 매치는 포인트와 게임, 세트가 쌓인 대전 경기로 보통 3세트 2선승을 통해 우승자가 된다.

매치 포인트(match point)
배구, 탁구, 테니스 등의 경기에서 승부를 결정짓는 마지막 1점을 가리키는 말로 배구의 경우를 예로 들면 마지막 세트의 15점째를 뜻함. 또한 테니스의 챔피언십 결승전에서 승부를 결정짓는 마지막 한 포인트는 매치 포인트 외에도 챔피언십 포인트라고 함

함께 나오는 용어

러브 게임(love game)
1포인트도 따지 못한 게임으로 상대방에게 연속으로 4포인트를 내준 게임을 말한다.

236 펜싱 fencing
검(劍)을 가진 두 선수가 찌르기·베기 등의 동작으로 승패를 겨루는 스포츠

검의 종류에 따라 종목이 나뉘며 공식 용어는 모두 프랑스어이다.

종목	내용
플뢰레(Fleuret)	심판의 시작 선언 후 먼저 공격적 자세를 취한 선수에게 공격권이 주어진다. 얼굴, 팔, 다리를 제외한 몸통이 유효 타깃이다.
에페(Épée)	별도의 공격권은 없으며 먼저 찌르는 선수가 득점한다. 상체와 하체 모두가 유효 타깃이다.
사브르(Sabre)	찌르기만 가능한 플뢰레, 에페와 달리 베기와 찌르기가 동시에 가능하다. 유효 타깃은 허리뼈보다 위이며 머리와 양팔도 포함한다.

237 비치발리볼 beach volleyball
해변의 모래 코트 위에서 2인으로 구성된 두 팀이 벌이는 배구

1996년 제26회 애틀랜타올림픽에서 정식종목으로 채택된 해변 최고의 스포츠인 비치발리볼은 경기규칙이 배구와 거의 유사하며 선수들은 수영복 차림에 신발을 신지 않고 경기에 임한다.

238 세팍타크로 sepaktakraw
네트를 사이에 둔 두 팀이 발을 이용해 공을 상대편 코트로 차 넣는 경기

*세팍타크로는 3명으로 구성된 두 팀이 등나무 줄기로 엮은 타크로 공을 땅에 떨어뜨리거나 손과 팔 등을 이용하지 않고 발만으로 상대편 코트에 차 넣어 승패를 겨루는 경기이다. 동남아시아에서 유행한 경기로 1990년 제11회 베이징아시아 경기 대회에서 정식종목으로 채택되었다.

세팍타크로 말레이시아어로 차다라는 뜻의 세팍(sepak)과 공을 뜻하는 타크로(takraw)의 합성어

239 풋살 futsal
가로 20m, 세로 40m의 작은 경기장에서 골문에 공을 차 넣는 경기

축구라는 뜻의 스페인어 'futbol'과 실내라는 뜻의 프랑스어 'salon'의 합성어이다. 1930년 우루과이의 후안 까를로스 세리아니가 창안한 경기로 미니축구라고 불린다. 5명으로 이루어진 두 팀이 가로 20m, 세로 40m의 작은 경기장에서 가로 3m, 세로 2m의 상대편 골문에 공을 넣어 승부를 가리는 경기이다.

240 이종 격투기 異種格鬪技, MMA(Mixed Martial Arts)
다른 종류의 격투 무술을 하는 선수끼리 대결을 펼치는 종합격투기

고대 올림픽 대회의 판크라티온을 원형으로 하는 경기로 선수들이 맨몸으로 링에 올라 상대방이 항복할 때까지 모든 수단을 동원해 상대를 쓰러뜨리는 격렬한 격투기이다. 국부 가격과 눈 찌르기, 물어뜯기 등 몇 가지의 급소 공격 외에는 모든 기술이 허용된다. 대표적인 이종격투기 대회로는 미국의 UFC(Ultimate Fighting Championship)와 일본의 *K-1, 한국의 로드 FC(Road Fighting Championship) 등이 있다.

K-1 일본의 인기 이종 격투기 대회로 서서 하는 타격기인 가라테(karate), 킥복싱(kick boxing), 쿵푸(Kungfu) 등의 알파벳 K와 넘버원을 의미하는 1이 조합된 단어

241 개인 혼영 個人混泳 · 혼계영 混繼泳

• 개인 혼영(個人混泳) : 1925년 배영, *평영, 자유형으로 시작하여 1964년 도쿄올림픽에서 접영이 추가되어 배영, 평영, 자유형, 접영으로 올림픽 종목이 되었다. 이는 한 명의 선수가 일정 거리를 '접영 → 배영 → 평영 → 자유형'의 순서로 헤엄쳐 속도를 겨루는 수영경기로 한 *영법(泳法)으로 100m씩 헤엄치며 반환점에서 다음 영법으로 바꾼다.
• 혼계영(混繼泳) : 네 명의 선수가 '배영 → 평영 → 접영 → 자유형'의 순서로 헤엄쳐 속도를 겨루는 수영경기로 혼합 *경영(混合競泳)이라고도 한다.

평영(平泳, breaststroke) 일명 개구리헤엄으로 두 팔과 양다리를 굽혀 몸 쪽으로 당겼다가 바깥쪽으로 둥글게 펴는 영법

영법(泳法, swimming styles) 헤엄치는 방법으로 다리 동작 · 팔 동작 · 호흡으로 구분되며 종류로는 배영, 평영, 접영, 횡영, 개헤엄 등이 있음

경영(競泳, swimming race) 정해진 거리를 소정의 영법으로 헤엄쳐 속도를 겨루는 수영경기. 다이빙(diving), 수구(水球)와 함께 3대 수상경기 중 하나

#레저

242 대삼관 大三冠
일본의 랭킹 1~3위 기전인 기성·명인·본인방을 모두 휩쓴 기사에게 붙여주는 칭호

일본의 7대 기전(棋戰, 碁戰) 중 빅 3인 1위 기성(棋聖, 기세이), 2위 명인(名人, 메이진), 3위 본인방(本因坊, 혼인보)을 모두 휩쓴 기사에게 붙여주는 칭호로 일본 언론이 만든 조어(造語)이다. 1983년 조치훈 9단이 일본 바둑 역사상 최초로 대삼관을 차지했다.

일본의 7대 기전(棋戰, 碁戰)
일본의 7대 기전을 랭킹 순으로 살펴보면 기성, 명인, 본인방, 십단, 천원, 왕자, 기성(고세이로 발음함)으로 구성됨

더 알고가기

바둑기사의 9계급(별칭)

단수	별칭	단수	별칭
초단	수졸(守拙, 겨우 지킬 줄 안다)	6단	통유(通幽, 그윽한 경지에 이르렀다)
2단	약우(若遇, 어리석지만 나름대로 운영한다)	7단	구체(具體, 골격을 갖추었다)
3단	투력(鬪力, 싸울 힘을 갖췄다)	8단	좌조(坐照, 앉아서 훤히 내다본다)
4단	소교(小巧, 기교를 쓸 줄 안다)	9단	입신(入神, 신의 경지로 다다랐다)
5단	용지(用智, 지혜를 발휘할 줄 안다)		

243 산악그랜드슬램 mountain grand slam
히말라야 8000m급 14좌(座)·7대륙 최고봉·세계 3극점을 모두 등반한 산악인을 이르는 말

세계 최초로 그랜드슬램(grand slam)을 달성한 사람은 우리나라의 고(故) 박영석씨로 2001년에 히말라야 8000m급 14좌를, 2002년에 세계 7대륙 최고봉을 완등하고 2005년에 세계 3극점 원정에 성공하였다.

구분	세부 지명
히말라야 8000m급 14좌	에베레스트산(8848m), K2(8611m), 칸첸중가산(8586m), 로체산(8516m), 마칼루산(8463m), 초오유산(8201m), 다울라기리산(8167m), 마나슬루(8163m), 낭가파르바트산(8125m), 안나푸르나산(8091m), 가셔브롬산 제1봉(8068m), 브로드피크산(8047m), 가셔브롬산 제2봉(8035m), 시샤팡마(8027m)
세계 7대륙 최고봉	유럽의 엘브루즈산(5642m), 아프리카의 킬리만자로산(5895m), 라틴아메리카의 아콩카과산(6959m), 북아메리카의 매킨리산(6194m), 아시아의 에베레스트산(8848m), 오세아니아의 칼스텐츠(4884m), 남극대륙의 빈슨 매시프산(4897m)
세계(지구) 3극점	에베레스트산, 남극점, 북극점

CHAPTER 02

문화·스포츠

01 ▢▢▢▢▢▢은(는) 야구, 농구, 배구, 프로골프 등 여러 운동경기에서 3개 부문 또는 3개 대회를 휩쓴 경우를 이르는 말이다.

02 ▢▢▢▢▢▢은(는) 한 선수가 한 게임에서 1루타, 2루타, 3루타, 홈런을 모두 친 경우를 일컫는 말이다.

03 ▢▢▢▢▢▢은(는) 한 팀이 하루에 동일한 상대 팀과 연속해서 두 경기를 치르는 것으로, '트윈 빌(twin bill)' 또는 '연속 경기'라고도 한다.

04 경기에 출전하는 선수들의 명단으로 '참가자' 또는 '참가자 명단'을 ▢▢▢▢▢▢(이)라고 한다.

05 신체·감각 장애를 가진 운동선수들이 참가하는 장애인올림픽대회를 ▢▢▢▢▢▢(이)라고 부른다.

06 ▢▢▢▢▢▢은(는) 하늘을 보고 썰매에 누운 채 얼음 트랙을 활주하는 경기다. 1964년 제9회 인스부르크 동계올림픽에서 정식종목으로 채택 됐다.

07 ▢▢▢▢▢▢은(는) 이탈리아 세리에 A, 영국 프리미어리그(EPL), 스페인 라리가를 말한다.

08 ▢▢▢▢▢▢은(는) 인간의 한계에 도전하는 철인3종경기다. 수영, 사이 클, 달리기로 구성된다.

09 ▢▢▢▢▢▢은(는) 참가팀들이 동일한 시합 수로 골고루 대전하여 순위를 결정하는 경기방식이다.

10 ▢▢▢▢▢▢은(는) 투수의 동작과 동시에 주자는 달리고 타자는 공을 치 는 작전이다.

CHOICE

☐ 리그전
☐ 엔트리
☐ 히트 앤드 런
☐ 사이클링 히트
☐ 루지
☐ 세계 3대 축구리그
☐ 트리플 크라운
☐ 트라이애슬론
☐ 더블헤더
☐ 패럴림픽

정　답

01　트리플 크라운
02　사이클링 히트
03　더블헤더
04　엔트리
05　패럴림픽
06　루지
07　세계 3대 축구리그
08　트라이애슬론
09　리그전
10　히트 앤드 런

01 경향신문, 문화일보

2018 제21회 러시아 월드컵의 우승국은?

① 프랑스
② 벨기에
③ 잉글랜드
④ 크로아티아

03 국제신문, 한국가스공사

다음 중 연결이 바르지 않은 것은?

① 트라이애슬론 로열코스 － 1.5km 수영, 40km 사이클, 10km 마라톤
② 근대 5종 경기 － 멀리뛰기, 원반던지기, 창던지기, 달리기, 레슬링
③ 헵타슬론 － 100m 허들, 높이뛰기, 포환던지기, 200m 달리기, 멀리뛰기, 창던지기, 800m 달리기
④ 데카슬론 － 100m 달리기, 멀리뛰기, 포환던지기, 높이뛰기, 400m 달리기, 110m 허들, 원반던지기, 장대높이뛰기, 창던지기, 1500m 달리기

04 한겨레, 서울교통공사

그랜드슬램에 대한 설명으로 잘못된 것은?

① 산악그랜드슬램 － 히말라야 8000m급 14좌(座) · 7대륙 최고봉 · 세계 3극점을 모두 등반한 경우
② 야구그랜드슬램 － 1 · 2 · 3루까지 주자가 꽉 찬 상황에서 타자가 만루 홈런을 친 경우
③ 테니스그랜드슬램 － 윔블던테니스선수권대회, US오픈테니스선수권대회, 프랑스오픈테니스선수권대회, 호주오픈테니스선수권대회에서 모두 우승한 경우
④ 골프그랜드슬램 － 라이더컵, 프레지던츠컵, 월드골프챔피언십(WGC), 월드컵대회를 모두 우승한 경우

02 한국공항공사, 스포츠서울, 한국일보, 근로복지공단

트리플 크라운(triple crown)에 대한 설명으로 잘못된 것은?

① 농구경기에서 득점과 리바운드, 어시스트를 5개 이상 기록하는 경우를 말한다.
② 배구경기에서 서브 득점, 블로킹, 백어택을 3개 이상 기록하는 경우를 말한다.
③ 프로축구에서 정규리그, 리그컵, 각 나라의 FA컵, 지역별 챔피언스리그 중 3개 대회를 우승하는 경우를 말한다.
④ 야구경기에서 타자가 타율 · 타점 · 홈런부문에서 동시에 1위를 차지하는 경우를 말한다.

05 중앙일보, 인천국제공항공사, 한국마사회, 대구도시철도공사

다음 중 연결이 잘못된 것은?

① 파(par) – 티를 출발하여 홀을 마칠 때까지 정해진 기준타수

② 보기(bogey) – 한 홀에서 기준타수보다 1타 많은 타수로 홀인하는 것

③ 버디(birdie) – 한 홀에서 기준타수보다 3타 적은 타수로 홀인하는 것

④ 홀인원(hole in one) – 티샷이 그대로 홀에 들어가는 것

06 한국토지주택공사, 삼성, CBS

다음 세계 4대 축구리그와 국가의 연결이 바르지 않은 것은?

① 세리에 A – 이탈리아

② 프리미어리그 – 영국

③ 라리가 – 브라질

④ 분데스리가 – 독일

07 한국보훈복지의료공단, 영화진흥위원회, SBS, MBC

2020 하계올림픽과 2022 동계올림픽 개최지를 짝지은 것으로 옳은 것은?

① 도쿄–베이징

② 도쿄–LA

③ 파리–베이징

④ 파리–북중미

08 MBC, 조선일보, 서울신문, 한국에너지공단

한 명의 선수가 한 경기에서 3득점을 올린 경우를 가리키는 말은?

① 대삼관

② 해트 트릭

③ 트리플 더블

④ 프랜차이즈 플레이어

09 경향신문, 매일경제, 부산교통공사, 삼성

PGA 4대 메이저대회에 속하지 않는 대회는?

① 마스터스

② US오픈

③ 디 오픈 챔피언십

④ 호주오픈

10 한국가스공사, 삼성

축구나 농구처럼 승자의 득점과 패자의 실점을 모두 합하면 제로가 되는 경기를 뜻하는 말은?

① 벌링

② 데카슬론

③ 세팍타크로

④ 제로섬 게임

CHAPTER 02

문화 · 스포츠

정답

01	①	02	①	03	②	04	④	05	③	06	③
07	①	08	②	09	④	10	④				

01. (핵심 Tag) #스포츠 #스포츠 일반 #축구 대회

2018 제21회 러시아 월드컵에서 프랑스가 크로아티아를 꺾고 우승을 차지했다. 3위는 벨기에가 4위는 잉글랜드가 차지했다.

02. (핵심 Tag) #스포츠 #스포츠 일반 #시합 용어

농구경기에서 득점과 리바운드, 어시스트를 10개 이상 기록할 때 트리플 크라운이라고 한다.

03. (핵심 Tag) #스포츠 #기타 경기 #경기 종류

멀리뛰기, 원반던지기, 창던지기, 달리기, 레슬링은 고대 5종 경기이다.

04. (핵심 Tag) #스포츠 #기타 경기 #레저

골프그랜드슬램은 남자의 경우 PGA의 4대 메이저대회(마스터스, US오픈, 디 오픈 챔피언십, PGA챔피언십)를, 여자의 경우 LPGA의 4대 메이저대회(US여자오픈, AIG 위민스 오픈, KPMG 위민스 PGA 챔피언십, ANA 인스퍼레이션)를 모두 석권한 경우를 말한다.

05. (핵심 Tag) #스포츠 #기타 경기 #경기 종류

한 홀에서 기준타수보다 3타 적은 타수로 홀인하는 것은 알바트로스(albatross)이다.

06. (핵심 Tag) #스포츠 #대회 · 기구 #축구대회

세계 4대 축구리그는 이탈리아의 세리에 A, 영국의 프리미어리그, 스페인의 라리가, 독일의 분데스리가이다.

07. (핵심 Tag) #스포츠 #대회 · 기구 #올림픽

2020년 하계올림픽은 일본 도쿄에서, 2022년 동계올림픽은 중국 베이징에서 개최된다. 다만, 도쿄올림픽의 경우 코로나19의 영향으로 개최가 1년 연기됐다. 그러나 대회 명칭은 '2020'을 그대로 유지할 방침이다.

08. (핵심 Tag) #스포츠 #스포츠 일반 #시합 용어

해트 트릭(hat trick)은 영국의 크리켓(cricket) 경기에서 3명의 타자를 연속으로 삼진 아웃시킨 투수에게 수여하는 모자(hat)에서 유래한 말이다.

09. (핵심 Tag) #스포츠 #대회 · 기구 #국제대회

PGA(남자프로골프협회) 4대 메이저대회는 ▲마스터스 ▲

US오픈 ▲디 오픈 챔피언십 ▲PGA챔피언십이다. 호주오픈은 테니스 4대 대회 중 하나다.

10. (핵심 Tag) #스포츠 #기타 경기 #경기 종류

제로섬 게임(zero-sum game)에 대한 설명이다. 육상은 이에 해당되지 않는다.

에듀윌이
너를
지지할게
ENERGY

10분 뒤와
10년 후의
자신의 모습을
동시에 생각하라.

– 피터 드러커(Peter Ferdinand Drucker)

03

인문학

한눈에 모아보는 핵심Tag 맵 📍

SECTION 1.
철학·종교·심리

01 철학
\# 철학 일반
\# 동양 철학
\# 서양 철학

02 종교
\# 종교 일반
\# 서양 종교
\# 한국 종교

03 심리
\# 심리 일반
\# 증후군·효과·법칙

SECTION 2. 문학

01 국문학
\# 문학 개관
\# 고전문학
\# 개화기문학
\# 현대문학

02 세계문학
\# 세계문학 일반
\# 문예사조
\# 문학 작품
\# 세계문학상

SECTION 3.
국어 일반·한자·기타 상식

01 국어 일반
\# 맞춤법
\# 순우리말

02 한자
\# 동자이음어
\# 고사성어
\# 24절기
\# 10간/12지/60갑자
\# 나이 호칭
\# 가족 지칭어

03 기타 상식
\# 최초·최고·최대
\# 숫자별 암기사항
\# 노벨상 수상자

SECTION

1 | 철학 · 종교 · 심리

 철학

핵심Tag #철학 일반 #동양 철학 #서양 철학

#철학 일반

001 **성선설** 性善說
인간의 본성은 선천적으로 착하다고 보는 맹자(孟子)의 인성론

인간의 본성은 원래 착하나 나쁜 환경이나 물욕으로 인해 악하게 된다고 보는 학설로, 사단설(四端說)을 기본으로 한다.

함께 나오는 용어
사단(四端)
인간의 본성에서 네 가지 마음씨가 우러나온다. 즉, 인(仁)에서 우러나는 측은지심(惻隱之心), 의(義)에서 우러나는 수오지심(羞惡之心), 예(禮)에서 우러나는 사양지심(辭讓之心), 지(智)에서 우러나는 시비지심(是非之心)이 그것이다.

002 **성악설** 性惡說
인간의 본성은 선천적으로 악하다고 보는 순자(荀子)의 인성론

인간의 본성은 원래 이기적이고 악(惡)하여, 후천적으로 배움을 통해 선(善)으로 가야 한다고 주장한 학설이다. 성악설은 인간이 출생하면서부터 가지고 있는 감성적(感性的)인 욕망에 주목하고, 그것을 방임하였을 때 사회는 혼란에 빠지기 때문에 예(禮)로써 바로잡아야 한다고 보았다.

003 **경험론** 經驗論
모든 인식과 지식의 근원을 오직 경험에서만 찾으려는 철학적 입장 및 경향

경험을 통해 얻은 증거들로부터 비롯된 지식을 강조하는 이론으로, 특히 감각에 의한 지각을 강조한다. 로크·베이컨·홉스 등이 대표적인 철학자이며, 20C 미국 실용주의로 발전하게 되었다.

004 합리론 合理論
이성적·논리적·필연적인 것을 중시하고 비합리적·우연적인 것을 배척하는 태도

감각석 경험론을 경시하고 논증적 지식을 중시하며, 모든 사물을 판단할 때 이치로 명료하게 생각하는 태도이다. 데카르트, 스피노자, 라이프니츠 등이 대표적인 철학자이다.

005 우상론 偶像論
영국의 경험론 철학자 베이컨이 구분한 4개의 *우상

영국의 철학자 베이컨(F. Bacon)은 사람들의 올바른 판단을 막는 장애 요인으로 선입관과 편견을 들었다. 그는 우상을 아래 4가지로 나눠 설명하였다.

우상(偶像) 선입관과 편견처럼 사람의 마음속에 자리 잡고 있는 권위의 상징을 의미

- **종족의 우상** : 어떤 자연물을 의인화하는 것처럼 인간이라는 종족의 본성에 기초하여 사물을 규정하는 편견
  예 아리스토텔레스의 목적론적 세계관, 새가 노래를 하고 나비가 춤을 춘다.
- **동굴의 우상** : 개인적인 취미, 성격, 환경 등과 같은 특성 때문에 인간은 사실을 있는 그대로 파악하지 못한다는 편견
  예 우물 안의 개구리
- **시장의 우상** : 바르지 못한 언어 사용이나 언어의 진정한 뜻을 잘못 이해하여 생기는 선입견
  예 귀신이라는 단어가 있으므로 실제로 귀신이 있다고 믿음
- **극장의 우상** : 전통이나 권위, 유행 등 잘못된 원칙이나 학설 등을 아무런 비판 없이 수용하고 신뢰하는 것에서 비롯된 선입견
  예 유명인의 말을 무조건 믿음

006 양명학 陽明學
중국 명(明)나라 때 왕양명(王陽明)이 이룩한 신유가철학(新儒家哲學)

명대의 왕양명(王陽明)에 의해 형성된 것으로 주자학을 비판하였으며, 인간 평등관에 기초하여 주체성 존중의 철학을 확립하고 지식과 만물일체의 이상적인 사회를 실현할 것을 주장하였다. *양지의 판단대로 행위를 할 것을 중시하는 실천철학이다.

양지(良知) 옳고 그른 것과 선하고 악한 것을 선천적으로 판별할 수 있는 지력(知力)

007 제자백가 諸子百家
춘추 전국 시대에 활약한 학자와 학파의 총칭

여러 학자들이라는 뜻의 제자(諸子)와 수많은 학파들이라는 의미의 백가(百家)를 총칭하는 것이다. 춘추 전국 시대는 주나라의 봉건 제도와 그에 따르는 질서가 붕괴되는 시기이면서, 경제적·군사적 실력주의의 대두기였다. 구체적으로는 주 왕조의 권위 실추에 따른 제후의 독립과 대립으로 사회·경제·정치상의 일대 변화가 생겼다. 이와 같은 배경에 중국의 사상계는 오히려 최초로 활발해졌고, 수많은 학파와 학자들이 자유롭게 자신의 사상과 학문을 펼쳤다. 일반적으로 제자백가는 유가, 묵가, 법가, 도가, 명가, 병가, 종횡가, 농가, 음양가, 잡가 등으로 분류하고 있다. 이들은 단지 정치, 사회뿐만 아니라 지리, 농업, 문학 등의 학술 활동 전반에 영향을 끼쳤다. 이 중에서 공자의 유가가 제일 먼저 출현하여 인(仁)의 교의를 수립하였다. 그 다음으로 묵자가 겸애(兼愛)를 주창하여 묵가를 일으켰으며, 이윽고 노자·장자 등의 도가와 기타 제파가 나타났다.

함께 나오는 용어

- **유가사상(儒家思想)** 노(魯)나라의 공자(孔子)에 의해 성립되어 맹자(孟子), 순자(荀子) 등에 의해 더욱 구체화되었다. 이 사상의 근본은 인(仁)으로, 임금에게는 충(忠), 부모에게는 효(孝), 형제에 대하여는 제(悌)가 된다. 유가의 주된 사상은 *사서오경(四書五經)에 잘 드러나며, 일상생활을 가족관계와 사회관계에서 고찰하는 실용적인 교리를 창제하였다.

- **도가사상(道家思想)** 우주의 절대적 존재는 무(無), 즉 무위자연설(無爲自然說)을 주장하는 사상이며 노자(老子)와 장자(莊子)를 대표로 한다. 무위(無爲)란 억지로 무엇을 하지 않고 순수하게 자연의 순리에 따르며 사는 것이다. 따라서 노자는 인간이 인위적인 행동을 버리고 무위자연의 이치에 따라 살아간다면 사회적 혼란에서 벗어날 수 있다고 보았다(노자의 무위자연설). 장자는 만물이 상대적이므로 구별하는 것이 의미가 없고 현상(現象)은 모두 연관성을 지닌 하나의 전체(全體)라는 것을 깨달은 정신적 자유의 경지를 제물(祭物)이라 하였다(장자의 제물론).

- **법가사상(法家思想)** 천하를 다스리기 위해서는 덕치(德治)보다는 법치(法治)가 적합하다고 주장하는 사상이다. 이 사상은 순자(荀子)에서 유래하였으며 이후 관자(管子)·신자(申子)·상앙(商鞅)·한비자(韓非子)·이사(李斯) 등이 발전시켰다.

- **묵가사상(墨家思想)** 묵자(墨子)가 제시한 사상으로, 만민평등주의와 박애주의에 기초한 '겸애(兼愛 : 모든 인간을 구별 없이 똑같이 사랑함)'를 강조하였다.

사서오경(四書五經) 『논어』, 『맹자』, 『중용』, 『대학』의 네 개의 경전(사서)과 『시경』, 『서경』, 『역경』, 『예기』, 『춘추』의 다섯 경서(오경)을 말함

008 고증학 考證學
중국의 명(明)나라 말기에서 청(淸)나라 초기에 문헌학과 언어학을 중심으로 일어난 객관적이고 실증적인 고전 연구의 학풍 및 방법

송·명나라 때 성리학이 공리공론(空理空論)과 독단적인 해석에 치우쳐 유학의 원래 사명을 이탈하였으므로 옛 문헌에서 확실한 증거를 찾아 경서(經書) 등을 이론적으로 설명하려는 학문이다. 고염무·황종희 등이 선구자이며, 영·정조 때 나타난 한국 실학에도 직접적인 영향을 주었다.

009 **삼강오륜** 三綱五倫
유교 실천도덕의 기본사상인 삼강과 오륜을 말함

- **삼강(三綱)** : 유교 도덕의 기본이 되는 3가지 강령으로, 군위신강(君爲臣綱)·부위자강(父爲子綱)·부위부강(夫爲婦綱)을 말한다. 이것은 임금과 신하, 어버이와 자식, 남편과 아내 사이에 당연히 지켜야 할 도리를 의미한다.
- **오륜(五倫)** : 인간이 행해야 할 5가지 실천 덕목으로 부자유친(父子有親)·군신유의(君臣有義)·부부유별(夫婦有別)·장유유서(長幼有序)·붕우유신(朋友有信)을 말한다. 이것은 아버지와 아들 사이에는 친함이 있어야 하고, 임금과 신하 사이에는 의리가 있어야 하며, 부부 사이에는 구별이 있되 어른과 어린이 사이에는 차례와 질서가 있어야 하며, 벗과 벗 사이에는 믿음이 있어야 하는 것을 의미한다.

함께 나오는 용어

세속오계(世俗五戒)
사군이충(事君以忠), 사친이효(事親以孝), 교우이신(交友以信), 임전무퇴(臨戰無退), 살생유택(殺生有擇)을 말한다. 신라 진평왕 때 승려 원광이 화랑에게 일러 준 다섯 가지 계율이다. 이것은 충성으로써 임금을 섬기고, 효도로써 어버이를 섬기며, 믿음으로써 벗을 사귀고, 싸움에 임해서는 물러남이 없어야 하며, 산 것을 죽임에는 가림이 있어야 함을 의미한다.

010 **사단칠정론** 四端七情論
조선 중기 성리학자인 퇴계 이황과 기대승 사이에서 일어난 사람의 본성에 대한 논쟁

이황은 이(理)에서 나오는 마음을 사단, 기(氣)에서 나오는 마음을 칠정이라 하여 사람의 마음은 이와 기를 동시에 가지고 있지만 마음의 작용은 이의 발동으로 발생하는 것과 기의 발동으로 생기는 것으로 분류하였다(이기이원론). 반면에 기대승은 이와 기는 관념적으로 구분할 수는 있으나, 마음의 작용에서는 구체적으로 구분할 수 없다고 하였다(이기공발설).

함께 나오는 용어

- **사단(四端)** 측은지심(惻隱之心), 수오지심(羞惡之心), 사양지심(辭讓之心), 시비지심(是非之心)
- **칠정(七情)** 기쁨[喜(희)], 노여움[怒(노)], 슬픔[哀(애)], 두려움[懼(구)], 사랑[愛(애)], 미움[惡(오)], 욕망[欲(욕)]

011 실학 實學

17C 후반부터 19C 전반에 조선에서 실사구시와 이용후생에 관해 연구한 유학의 한 분파로서의 학문

• **실사구시**(實事求是) : 객관적 사실에 입각하여 진리를 탐구하려는 태도이다. 실험과 연구를 거쳐 아무도 부정할 수 없는 객관적 사실을 통해 정확한 판단과 해답을 얻고자 한다. 이는 황종희·고염무·대진 등의 고증학파의 방법론으로부터 출발했다. 이들의 과학적 학문태도는 *공리공론을 배격하고, 마침내 실학이라는 학파를 낳게 하였다.

• **이용후생**(利用厚生) : 생산의 발달과 민생(民生)의 풍요를 지향하는 태도이다. 대표적인 학자로는 홍대용, 박지원, 박제가 등이 있다. 현대적인 시각에서 이용후생을 보면 경제 성장은 이용이며 사회 복지는 후생과 관련 있다고 할 수 있다. 즉, 이용이라는 경제 성장에 의해서 축적된 부(富)를 소득의 균형적 배분이라는 후생의 사회 복지로 전환하여 안정된 사회를 이룩하려는 것이다.

> **공리공론**(空理空論) 실천하지 않는 헛된 이론이나 논의

012 중체서용론 中體西用論

중국 청나라 말기에 유교를 바탕으로 하되 서양의 과학과 기술을 도입하여 부국강병을 꾀하자는 양무운동의 기본 사상

아편 전쟁과 애로호(號)사건 그리고 태평천국 운동을 통해 서구의 압도적인 무력을 체험한 후, 중국의 개화된 관료와 지식인들 사이에서 서양 문명을 받아들여 *부국강병을 이루기 위해 양무운동이 일어났다. 그들은 당시 서양 문명의 도입을 합리화하기 위해 정신적 가치의 면에서는 중국 원래의 유교를 기준으로 삼되 서양의 산업·기술·과학 분야의 우위를 인정하고 이를 도입하여 부국강병을 꾀하자고 주장했다. 이것이 이른바 중체서용론이다. 조선의 **동도서기론**(東道西器論)**, 일본의 **화혼양재**(和魂洋才)**도 사상적 맥락을 같이 한다.

> **부국강병**(富國强兵) 국가의 경제력을 넉넉하게 하고, 군사력을 튼튼하게 하는 것
>
> **동도서기론**(東道西器論) 전통적인 제도와 사상을 기초로 서구적인 기술을 수용하려는 논리
>
> **화혼양재**(和魂洋才) 일본 고유의 정신을 기준으로 서양의 기술을 수용하려는 논리

013 도참사상 圖讖思想

미래에 일어날 사실, 특히 인간생활의 길흉화복(吉凶禍福)이나 성쇠득실(盛衰得失)에 대한 예언 또는 징조를 통칭하는 용어

도(圖)는 미래에 발생할 사건의 상징·표시·신호·징후·전조·암시를 뜻하며, 은어와 밀어의 상징적인 언어를 참(讖)이라고 한다. 결국 도참이란 미래의 길흉화복을 예측하는 예언서라 할 수 있다.

014 계몽주의 啓蒙主義

시민 계급의 대두와 자연과학의 발달을 배경으로 구시대의 사상과 특권에 대항하여 종교적 · 정치적 · 사회적인 여러 전통과 인습의 속박을 타파하기 위한 합리적인 사상

17~18C 봉건사상의 타파를 위해 합리주의적 비판정신에 입각하여 유럽과 신세계 정치, 사회, 철학, 과학 이론 등에서 광범하게 일어난 사회 진보적 · 지적 사상운동이다. 계몽주의 사상가들은 이성을 권위의 요소이자 권위를 판단하는 기준으로 보고 신에 의존하기보다는 인간의 이성을 통해 적법성을 판단할 수 있다고 하였다. 전통적 관습, 의례, 도덕에 대한 비판적 사고가 계몽주의의 핵심이다. 계몽사상은 인간의 존엄과 평등, 자유권을 강조함으로써 유럽의 중세 시대를 지배한 '전제 군주와 신학의 독단 교시 및 종교에서 벗어나고자 했다. 계몽주의자들은 국가가 그 책임을 다하지 않고 민의를 배반한다면 민중이 혁명적인 저항권을 발동해 국가를 교체하거나 폐지할 수 있다고 보았다. 계몽사상은 17~18C 시민 혁명에 지대한 영향을 끼쳤으며 로크, 볼테르, 루소, 칸트 등이 대표적인 철학자이다.

전제 군주(專制君主) 국가의 권력을 개인이 장악하여 그 개인의 의사에 따라 모든 일을 처리하는 전제정치를 하는 군주

015 공리주의 功利主義

18C 말~19C 중반 영국에서 나타난 가치 판단의 기준을 효용과 행복의 증진에 둔 사회사상

- **내용** : 개인의 이익과 쾌락을 추구하는 것을 윤리적 기초로 두고, 이익을 결정하는 척도를 개인의 행복으로 보는 사상이다. 즉, '도덕은 최대 다수의 최대 행복을 목적으로 한다'고 주장한다. 공리주의는 근대 시민 사회의 윤리적 기준이 되었으며, 영국 고전경제학의 사상적 토대와 자본주의 질서 구축의 기초가 되었다. 벤담, 밀 등이 대표적 공리주의자들이다.
- **비판** : 공리주의의 제1원리인 개개인의 사익추구가 공익의 보장과 직결되는 것은 아니며 오히려 배치될 수도 있다는 점에서 비판을 받고 있다.

▲ 제러미 벤담

함께 나오는 용어
- **제러미 벤담**(J. Bentham) '최대 다수의 최대 행복'을 주장한 영국의 사회공리주의 창시자
- **존 스튜어트 밀**(J. S. Mill) 다수결의 지배원리는 다수결의 횡포를 낳을 수 있음을 경고함

CHAPTER 03
인문학

016 실용주의 實用主義

19C 후반 미국을 중심으로, 실제 결과가 가치나 진리를 판단하는 기준이라고 주장하는 철학사상

인간의 사고나 관념은 생활의 도구로서 실용적인 성격을 가질 때에만 가치가 있다고 보는 사상이다. 경험이나 실험적 검증을 통해 객관성을 확보하여야 진리를 판단할 수 있다고 주장하며, 제임스, 듀이 등이 대표적이다.

017 실존주의 實存主義

부조리한 현실 속의 고립된 인간이 극한상황을 극복하고 잃어버린 자아를 발견할 것을 강조하는 사상

제1차 세계 대전, 스페인 내전, 제2차 세계 대전을 통해 유럽 사회는 허무감과 좌절감이 팽배했다. 그 결과 신의 권능, 인간의 이성, 역사의 발전에 대한 근본적인 회의가 생겨났다. 또한 전쟁의 체험, 수용소에 갇혀 있던 사람들의 고발과 증언으로 허망과 절망을 철학적·문학적 고찰의 시작점으로 삼게 되었다.

20C 전반 독일과 프랑스를 위주로 합리주의와 실증주의 사상에 대한 반동으로 일어난 철학사상이며, 부조리한 현실의 허무·절망으로 인한 불안과 초조 속에서도 인간이 극한상황을 극복하여 잃어버린 자아를 발견할 것을 강조한다. 키르케고르·니체·하이데거·야스퍼스·사르트르·카뮈가 실존주의의 대표적인 철학자이다.

018 실증주의 實證主義

경험과 실증적 검증에 기반을 둔 것만이 확실한 지식이라고 보는 인식론적 관점

19C 후반 서유럽에서 나타난 철학적 경향으로 형이상학적 사변을 배격하고 관찰이나 실험 등으로 검증 가능한 지식만을 인정하는 *인식론적·방법론적 태도이다. 콩트, 마하 등이 실증주의의 대표적인 철학자이다.

인식론(認識論) 진리나 지식의 성질과 기원 및 범위에 대하여 탐구하는 철학의 한 부문

019 페이비언 사회주의 fabian socialism

1884년 영국의 *페이비언협회에서 주장한 점진적 사회주의 사상

사회주의는 폭동이나 혁명 없이 점진적으로, 또는 의회에 의해 도입돼야 한다는 이론으로, 1900년 영국 노동당 결성에 중요한 역할을 한 핵심 이념이

페이비언(fabian) 고대 로마에서 한니발과의 결전을 피하고 지연전술을 펼친 파비우스 막시무스 장군의 이름에서 유래

기도 하다. 페이비언협회는 '개인의 자유와 사회 복지를 추구하는 사회주의 자들은 이를 실현하기 위해 반드시 투표와 같은 민주적 방법을 거쳐야 한 다'고 주장하였다.

020 헤브라이즘 hebraism
고대 히브리인의 사상, 문화 및 그 전통

유대교 및 헤브라이 민족들에게서 시작한 종교적이고 금욕적인 기독교 세 계관을 문화사적 입장에서 가리키는 말이다. *헬레니즘과 함께 서양사상을 형성해 온 중요한 사조이기도 하다. 헬레니즘이 이성적·과학적·미적인 데 반하여, 헤브라이즘은 의지적·윤리적·종교적이라고 할 수 있다.

헬레니즘(hellenism) 지중해 연안 시리아·이집트·페르시 아 등지로 그리스 고유의 문 화가 전파된 후 오리엔트 문 화와 융합하여 형성한 세계적 인 성격을 띤 문화

021 교부 철학 敎父哲學
그리스도교 교의(敎義)를 합리적으로 설명하려는 목적하에 생겨난 철학

교회의 이론을 세운 사람(교부)들의 기독교 신학을 바탕으로 하는 철학이다. 시대적으로 2C에 시작하여 아우구스티누스에서 그 절정을 이루었다가 8C 에 이르러 *스콜라 철학으로 전통이 계승되었다.

스콜라 철학(scholasticism) 중 세 기독교 중심의 철학으로 기독교 신앙을 체계적으로 정 리한 후, 이성적인 사유를 통 하여 이를 논증하고 이해하려 했던 철학

022 프랑크푸르트 학파 frankfurter schule
호르크하이머가 프랑크푸르트 대학 내에 설치한 '프랑크푸르트 사회연구소'에 참가한 여 러 학자들과 제2차 세계 대전 후에 재건된 연구소의 제2세대 연구자들을 총칭

마르크스주의의 *교조적인 부분은 지양하되 마르크스의 동기를 계승하여 프로이트의 정신분석학과 미국의 사회학을 접목하여 인간을 노예 상태로부 터 해방시키는, 즉 모든 개인들의 행복을 목표로 하는 '사회비판이론(critical theory)'을 정립하였다. 인간의 이성에 대한 신뢰를 유지한 채 *구조주의와 탈구조주의에 대항하며, 대중문화에 대한 다양한 이론을 전개하였다.
호르크하이머, 아도르노, 폴록, 프롬, 마르쿠제, 노이만, 벤야민 등이 대표 적인 철학자들이며, 2세대로는 하버마스, 슈미트 등을 들 수 있다. 이들은 문화산업이 자본주의 사회에서 고도로 조작적인 기능을 수행하기 위해 필 요에 따라 출현한 것이며, 지배적인 자본계급을 위해 대항적이고 비판적인 의식을 억제하여 순응하게 한다고 주장하였다.

교조적(敎條的) 역사적 환경이 나 구체적 현실과 관계없이 어떠한 상황에서도 절대로 변 하지 않는 진리인 듯 믿고 따 르는 것

구조주의(structuralism) 어떤 사물의 의미는 전체 체계 안 에서 다른 사물들과의 관계에 따라 규정된다는 전제하에, 개인의 행위나 인식 등을 궁 극적으로 규정하는 총체적인 구조와 체계에 대한 탐구를 지향한 현대 철학사상의 한 경향

02 종교

핵심Tag #종교 일반 #서양 종교 #한국 종교

#종교 일반

023 샤머니즘 shamanism
원시적 종교의 한 형태로, 샤먼을 중심으로 한 신앙 체계

주술사인 *샤먼(shaman)이 초자연적 존재(신의 세계, 악령, 조상신 등)와 직접적인 교류를 하며, 그에 의하여 점복(占卜), 예언, 병 치료 따위를 하는 종교적 현상이다. 아시아 지역에서 주로 볼 수 있다.

샤먼(shaman) 신(神)을 불러들이는 무당(巫堂)

더 알고가기
한국의 샤머니즘
한국 무속의 샤머니즘 여부에 대해서는 학자에 따라 긍정·부정으로 학설이 나뉜다. 북부의 *강신무는 시베리아 샤머니즘의 계통이고 남부의 *세습무는 남방계의 주술사 계통이라는 설도 있으나, 무속은 그 전체가 샤머니즘이라는 것이 학계의 통념이다. 한국 무속의 연원은 분명하지 않지만, 고대 사회 때부터 한민족의 주요한 신앙형태였다는 점만은 분명하다. 단군이 무당이라는 설도 있으나, 문헌상에 무속이 분명히 드러나는 것은 삼국 시대이며, 『삼국사기』와 『삼국유사』에서 단편적으로 무당의 기록이 보인다.

강신무(降神巫) 신병을 통해 입문한 무당

세습무(世襲巫) 부모로부터 무당의 신분이나 직능을 물려받아 된 무당

024 토테미즘 totemism
토템신앙에 의해 형성되는 사회체제 및 종교 형태

토템이라는 말의 유래는 북미 인디언 중 하나인 오지브와족이 어떤 종류의 동·식물을 신성시하고, 그것이 자신이 속해 있는 집단과 특수한 관계가 있다고 믿으면서 그 동·식물류를 토템이라 하여 집단의 상징으로 삼은 데 있다. 심리적으로는 각 집단이 특정 토템과 특수한 관계를 맺고 있다고 믿으며, 의례적으로는 토템에 대한 경외나 금기로 표출되고, 사회적으로는 집단의 성원을 통합하면서 동시에 외혼제를 발생하기도 한다.

▲ 캐나다 스탠리공원에 있는 토템

025 카니발리즘 cannibalism
인육을 먹는 풍습을 일컫는 말

카니발리즘은 종교적 제례의식이나 식량 부족 등의 이유로 세계 각지에서 행해졌다. 지역에 따라 인육이 식품의 일종으로 간주되기도 하였는데, 사회적 금기에 대한 통제가 강화되면서 인류의 대표적인 금기로 자리잡았다.

#서양 종교

026 그리스도교 christianity
나사렛 예수를 그리스도(메시아)로 믿고 그의 인격과 교훈을 중심으로 하는 종교

그리스도교의 기점과 근거는 예수 그리스도로서, 예수는 하느님의 아들이며 이 인류의 구원자로 믿는 것을 신앙의 근본 *교의로 삼는다. 그리스도교는 역사적으로 변천을 겪는 동안 로마 가톨릭교회와 동방 정교회(그리스정교회)로 나누어졌다. 16C 종교 개혁을 통해 로마 가톨릭교회는 구교(천주교)와 *개신교(프로테스탄트교회)로 갈라졌다. 우리나라의 경우 특히 신교를 그리스도교라고 한다. 로마 가톨릭교회, 동방 정교회, 개신교가 그리스도교의 3대 분파다.

교의(敎義) 진리로서 공인된 종교상의 가르침

개신교(改新敎, protestantism) 16C 시작된 종교 개혁의 결과로, 로마 가톨릭교회에서 분리하여 성립된 신생 기독교 분파를 일컫는 말

027 가톨릭교 catholicism
로마 교황을 수장으로 하여 그리스도의 정통 교의(敎義)를 믿는 종교

'가톨릭(catholic)'은 그리스어로 '보편적'이라는 의미로, 2C 무렵부터 교회를 나타내는 말로 쓰이기 시작하였다. 단순히 가톨릭이라고 할 때에는 동방 정교회(東方正敎會 : 그리스정교회)까지를 포함하여 지칭하는 말이 되므로, 최고의 직위가 로마 교황인 정통 가톨릭교회와 구별하기 위하여 '로마 가톨릭교회'라고 한다.

우리나라에 전래되면서 처음에는 천주학 같은 학문으로 들어왔으나, 지금은 천주교 혹은 가톨릭이라 부른다.

028 청교도 淸敎徒, puritan
16C 후반 영국 국교회에 반항하여 생긴 개신교의 한 교파

청교도는 16~17C 영국의 칼뱅주의 계열 개신교를 일컫는 말이다. 이들은 타협적인 영국의 종교 개혁이 불완전했다고 이해하고 영국 성공회의 로마 가톨릭적인 잔재를 개혁하고자 하였다. 이들은 도덕적인 순수성을 추구하여 낭비와 사치를 배격하고, 근면을 강조하였다. 신학적으로는 인위적 권위와 전통을 인정하지 않고, 철저하게 성서주의적인 입장을 갖고 있었다.
1620년 영국에서의 종교 박해를 피하기 위해 청교도들은 메이플라워호를 타고 신대륙으로 건너가 미국 건국의 기초를 닦았다. 청교도 문학은 밀턴의 『실낙원』이 대표적이다.

029 **이슬람교** islam
7C 초 아라비아반도 메카에서 마호메트가 유일신인 알라의 예언자로서 세운 종교

기독교·불교와 함께 세계 3대 종교 가운데 하나이며, 성지 *메카(mecca)를 중심으로 아시아·아프리카·유럽 등지에 널리 분포되어 있다. 원래 '이슬람'이란 아라비아어로 '복종하는 것'을 뜻하며, 이슬람교도를 나타내는 '무슬림'도 '귀의한 자'를 의미한다. 이슬람교의 신인 알라는 다신교시대부터 메카의 최고신으로 숭배되어 왔으나, 마호메트(Muhammad, 570~632)에 이르러서는 오직 알라만을 유일신으로 내세우고 다른 모든 신을 부정하였다.

메카(mecca)
· 사우디아라비아 남서부에 있는 홍해 연안의 도시로, 이슬람교의 창시자인 마호메트가 태어난 곳. 이슬람교 최고의 성지
· 메디나(마호메트가 이슬람을 완성한 곳), 예루살렘(마호메트가 세상을 떠난 곳)과 함께 이슬람 3대 성지

함께 나오는 용어
· 『코란(koran)』 마호메트가 천사 가브리엘을 통해 계시를 받은 후부터 유일신인 알라의 말씀을 기록했다는 이슬람교의 경전이다. 이슬람 사회의 통치, 지배 원리로 법의 근원이기도 하다. 아랍어로 '암송하다' 혹은 '읽혀야 할 것'이란 의미이다.
· 라마단(ramadan) 이슬람교에서 이슬람력(曆) 9월에 행하는 약 한 달가량의 금식 기간이다.
· 할랄(halal)·하람(haram) 할랄은 아랍어로 '허용된 것'이란 뜻으로, 이슬람교도인 무슬림이 먹고 쓸 수 있는 제품을 총칭한다. 하람은 '허용되지 않은 것'이란 뜻의 아랍어로 무슬림에게 금지된 음식이나 제품을 말한다. 규율에 따라 도축하지 않거나 자연사한 동물의 고기, 동물의 피와 그 피로 만든 식품, 돼지고기와 돼지의 부위로 만든 음식 등이 해당한다.
· 수니파(sunni)·시아파(shi'a) 이슬람교에서 가장 세력이 큰 양대 분파다. 종파는 '예언자' 마호메트의 정통 후계자를 둘러싼 의견 대립으로 갈라졌다. 오늘날 전체 이슬람교도의 약 90%는 수니파이며 시아파는 이란과 이라크, 시리아, 레바논 등의 소수의 지역에서만 주류를 이루고 있다.

030 **힌두교** hinduism
고대부터 전해 내려오는 브라만교와 복잡한 민간신앙이 융합하여 인도에서 발전한 종교

힌두교는 고대 인도에서 발생하였으며, BC 2000~BC 1500년경 인도로 이주해 온 아리아인들에 의해 형성됐다. 힌두교(hinduism)에서 힌두(hindu)란 '큰 강'을 뜻하는 페르시아 발음인 *신두(sindhu)'에서 유래하였으며 고대 인도의 종교 사상인 *베다(veda)에서 비롯되었다. 여러 신들의 존재를 부정하지 않는 다신교적 일신교로서 교주가 없는 것이 특징이며, 이 종교를 믿는 사람들은 소를 신성하게 여기므로 소고기를 먹지 않는다.

베다(veda) 우주의 원리와 종교적 신앙을 설명하는 철학 및 종교 문헌으로, 인도에서 가장 오래된 신화적 제식문학(祭式文學)

031 **조로아스터교** zoroastrianism
예언자 조로아스터(Zoroaster)의 가르침에 종교적·철학적 기반을 두고, 유일신 아후라 마즈다(Ahura Mazda)를 믿는 고대 페르시아의 종교

고대 페르시아의 철학자이자, 오늘날 예언자로 불리는 조로아스터에 의해 세워진 종교로, *배화교(拜火敎)라고 불리기도 한다. BC 600년경에 오늘날

배화교(拜火敎) 불을 숭배하는 종교

의 이란 전역에 퍼진 후, BC 5C에는 그리스 지방에까지 전해진 것으로 추정한다. 창조신 아후라 마즈다(Ahura Mazda)를 중심으로 선·악의 질서 및 세계를 구분하였다. 이러한 이원론적 교리는 유대교, 이슬람교, 그리스도교에 영향을 주었다.

#한국 종교

032 불교 buddhism
석가모니를 교조로 삼고 그의 설법을 믿는 종교

BC 6C경 인도의 고타마 싯다르타(석가모니)에 의해 시작된 종교이다. 일반적으로 *개조(開祖)로서의 불(佛), 가르침으로서의 법(法) 그리고 이를 따르는 공동체인 승(僧)의 삼보(三寶)로 이루어져 있다. 수행의 궁극적인 목표 또는 1차적인 목표는 깨달음에 도달하는 것이다. 깨달음에 도달하는 것은 *열반(涅槃)에 달하는 것과 동일하며, 불성(佛性)을 깨치는 것과 동일하다.

> **개조(開祖)** 깨달음을 얻어 종파를 연 사람
>
> **열반(涅槃)** 모든 번뇌의 속박에서 벗어나 진리를 깨닫고 불생불멸의 방법을 체득한 경지

함께 나오는 용어

삼보사찰(三寶寺刹)
삼보사찰은 불교에서 귀하게 여기는 3가지 보물을 모시는 사찰로, 경상남도 양산의 통도사(通度寺)·합천 가야산의 해인사(海印寺)·전라남도 순천의 송광사(松廣寺)를 가리킨다.

삼보	불(佛:부처)	법(法:교리)	승(僧:승려)
사찰–보물	통도사 – 진신사리	해인사 – 팔만대장경	송광사 – 16국사

033 대종교 大倧教
단군(檀君)을 시조로 하여 받드는 한국 고유의 종교

근본 교리는 성품(性)·목숨(命)·정기(精)의 삼진귀일(三眞歸一)과 그침(止)·고름(調)·금함(禁)의 3법이다. 종교로 출발하였으나 그 시기가 일제 강점기였으므로, 종교라기보다는 항일독립운동에 더 많은 공헌을 했다고 할 수 있다.

034 삼소회 三笑會
종교 간의 화합과 평화를 위해 불교, 천주교, 원불교의 여성 성직자들이 참여한 모임

'삼소(三笑)'란 중국 동진시대에 세 종교의 석학인 유교의 도연명, 불교의 혜원, 도교의 육수정 등이 종교와 이념의 차이를 떠나 진리의 말씀을 나누며 크게 웃었다는 '호계삼소(虎溪三笑)'에서 따온 말이다. 종교 간 갈등의 벽을 허물고 소외된 이웃과 함께하는 사랑의 실천에 앞장서며, 나아가 세계평화에 기여한다는 목적을 갖고 있다.

03 심리

핵심Tag #심리 일반 #증후군·효과·법칙

#심리 일반

035 리비도 libido

인간이 기본적으로 가지고 있는 본능적인 에너지나 힘을 가리키는 정신분석학 용어. 거대한 무의식적 구조인 *이드에 포함

*프로이트는 리비도가 출생하면서부터 서서히 발달하는 것이며, 사춘기에 갑자기 나타나는 것이 아니라고 하였다. 성본능은 구순기(口脣期)·항문기(肛門期)를 통해 발달하다가 5세쯤에 이르러 억압을 받아 잠재기에 들었다가 사춘기에 다시 성욕으로 나타나는 것에 반해, 리비도는 일생을 통해 새로운 대상에 부착하며 여러 형태의 동기화된 행동으로 표현되고 중도에 발달이 중지되거나 퇴행하는 경우도 있다. 리비도가 대상에 주입되어 축적되는 것을 대상 리비도라 하며 우정, 부자간의 정, 연애 등이 이에 속한다. 자아(自我)에게 주입된 리비도를 자아 리비도(나르시시즘적 리비도)라고 하며 *심기증 등이 이에 해당한다고 할 수 있다.

더 알고가기

정신분석학 관련 주요 개념
• 이드(id, 원초아) 정신의 무의식적인 부분으로, 본능적 욕구를 만족시키고자 함. 자아와 초자아는 이드에서 발전함
• 에고(ego, 자아) 원초아의 욕구를 충족·통제하기 위한 것. 인간 의식의 일부
• 초자아(super ego) 사회문화적 규범이 내면화된 자아. 양심과 도덕성의 원리

이드(id, 원초아) 도덕이나 선악(善惡)의 구분이 없으며 논리적인 사고도 작용하지 않고, 시간관념도 없는 무의식적인 구조. 어린 아기의 정신은 거의 이드로 이루어져 있으며, 이것의 일부가 외계와 접촉한 후 변화하여 자아가 형성됨

프로이트(Sigmund Freud) 정신분석학의 창시자. 인류 최초로 무의식을 발견하고 이것이 우리의 행동과 정서를 규정한다고 주장함. 『꿈의 해석』, 『정신분석입문』 등의 책 저술

심기증(心氣症) 자신의 건강에 대하여 필요 이상으로 염려하는 상태

빈출

036 방어기제 防禦機制

자아가 위협받는 상황에서 감정적 상처로부터 자신을 보호하기 위해 무의식적으로 자신을 속이거나 상황을 다르게 해석하는 심리 의식이나 행위를 가리키는 정신분석학 용어. 일반적으로 부정, 억압, 합리화, 투사, 승화 등의 방법이 있음

• 부정 : 감당하기 어려운 외적 상황을 일단 거부하여 심리적인 상처를 줄이고 보다 효율적으로 대처하도록 돕는 방법이다.
• 억압 : 불쾌한 경험이나 받아들여지기 어려운 욕구, 반사회적인 충동 등을 자신의 의지와는 상관없이 무의식 속으로 몰아넣거나 생각하지 않도록 억누르는 방법이다.
• 합리화 : 정당하지 못한 자기 행동이나 상황에 대하여 그럴 듯한 이유를 붙이고 사실과 다르게 인식하여 자아가 상처받지 않도록 정당화시키는

방법이다. 이러한 방법은 스스로 인정하기 어려운 상황을 자신도 의식하지 못하는 사이에 그럴 듯한 이유를 붙임으로써 자존심이 손상당하거나 죄책감을 느끼는 것에서 벗어나게 해준다.

- **투사** : 자신의 생각이나 감정, 동기 등을 타인에게 돌려서 어려움에 대처하는 방법이다. 예를 들면 자신이 어떤 사람에게 [*]적개심을 가지고 있으면서 오히려 타인이 자신에게 그러한 감정을 가지고 있다고 인지하고, 그것에 대한 책임소재를 타인에게 돌리는 것을 말한다.

적개심(敵愾心) 적과 싸우고자 하는 마음이나 적에 대해 느끼는 분노와 증오

- **승화** : 사회가 허용하는 범위 내에서 반사회적 충동을 나타내는 방법이다. 예컨대 권투나 야구, 축구와 같은 공격적인 스포츠를 함으로써 공격적 충동을 표현할 수 있는 것이다.

037 **트라우마** trauma
과거의 정신적 충격이 현재까지 영향을 미치는 것을 뜻하는 정신의학 용어

'정신적 외상' 혹은 '영구적인 정신 장애를 남기는 충격'을 의미한다. 트라우마는 선명한 시각적 이미지를 동반하는 일이 많다. 이러한 이미지는 오랫동안 기억되어 사고 때와 비슷한 상황이 되었을 때 불안, 우울증, 불면증, 악몽, 두통, 감정마비, 대인기피, 환각현상 등의 증상이 나타나기도 한다.

038 **설단 현상** 舌端 現象
알고 있는 사실이 혀끝에서 맴돌기만 할 뿐 말로 표현되지 않는 현상

이 현상은 여러 정보가 복잡하게 얽혀 있어 기억을 떠올리기 힘들 때, 심리적 압박이나 불안을 느끼거나 무의식적으로 어떤 것을 떠올리지 않으려고 할 때 등 다양한 요인으로 나타나는 일종의 [*]망각 현상이다.

망각(忘却) 어떤 사실을 잊어버림

#증후군 · 효과 · 법칙

039 **스톡홀름 증후군** stockholm syndrome
인질이 인질범에게 동화돼 오히려 그들에게 호감을 갖고 동조하는 비이성적 현상을 뜻하는 범죄심리학 용어

스톡홀름이란 명칭은 1973년 스웨덴 스톡홀름에서 은행에 침입한 4명의 무장강도가 은행 직원들을 볼모로 잡고 6일간 경찰과 대치한 사건에서 유래되었다. 은행 직원들은 처음에 강도들을 두려워했지만 시간이 지나자 범인들에게 호감을 나타냈고 오히려 자신들을 구하려는 경찰을 적대시하였다.

040 뮌하우젠 증후군 munchausen syndrome

타인의 관심을 끌기 위해 실제로는 앓고 있는 병이 없는데도 아프다고 거짓말을 일삼거나 자해 등을 하는 정신질환

1951년 미국의 정신과 의사인 아셔(Richard Asher)가 평소 거짓말하기를 좋아했던 독일 사람 뮌하우젠의 이야기를 *각색한 모험소설『말썽꾸러기 뮌하우젠 남작의 모험』에서 병의 이름을 붙인 것이다. 성장기에 지나치게 보호받거나 상처 입은 사람에게서 주로 나타난다. 자신의 자녀나 애완동물을 학대하여 병원을 찾고, 그것을 통해 자신의 보호본능을 대리만족하는 뮌하우젠 신드롬 바이 프록시 증상의 환자도 있다.

각색(脚色)
- 서사시나 소설 등의 문학 작품을 시나리오나 희곡으로 고쳐 쓰는 것
- 실제로 없었던 것을 흥미나 강한 인상을 주기 위해 사실인 것처럼 꾸미는 것

041 꾸바드 증후군 couvade syndrome

남편이 임신 중인 아내와 함께 식욕 상실, 매스꺼움, 구토 등을 겪는 증상

'알을 품다, 부화하다'의 뜻을 가진 불어 'couver'에서 온 말로, 아내의 임신과 출산 중에 나타나는 남편의 여러 가지 심리적·신체적 증상들을 말한다. 이 증후군은 임신 3개월경에 가장 심하고 점차 약해지다가 임신 말기가 되면 또다시 심해진다.

042 롤리타 증후군 lolita syndrome

어린 소녀에 대해 정서적 동경을 가지거나 성적 집착 혹은 성도착 증세를 보이는 것

러시아 출신의 미국 작가 블라디미르 나보코프의 소설인『롤리타(Lolita)』에서 주인공 험버트는 12살짜리 소녀인 의붓딸 롤리타에게 이끌려 아내를 사고로 죽게 한 후 롤리타를 차지하지만 결국 자신도 파멸하고 만다.
이 소설의 내용처럼 미성숙한 소녀에게 중년 남자가 성적으로 집착하는 것을 '롤리타 신드롬' 혹은 '롤리타 콤플렉스', '님페트'라고 한다.

043 햄릿 증후군 hamlet syndrome

선택 과잉의 시대에 쉽게 의사결정을 내리지 못하고 셰익스피어 희곡의 주인공 햄릿처럼 끊임없이 망설이는 증세

셰익스피어 작품 속에서 햄릿은 "죽느냐 사느냐, 그것이 문제로다"라고 말하는 우유부단한 캐릭터다. 햄릿처럼 정보 과잉의 시대에 넘쳐나는 콘텐츠와 상품들로 쉽게 결단을 내리지 못하고 결정 장애를 앓고 있는 현대인을 빗대어 표현한 말이다.

044 피그말리온 효과 pygmalion effect
타인의 기대나 관심을 받을 경우 그러한 기대에 부응하여 긍정적인 행태를 보이게 되는 현상

그리스 신화에서 조각가 피그말리온이 아름다운 여인상을 조각한 후 그 여인상을 진심으로 사랑하게 되자, 사랑의 여신인 *아프로디테가 그의 사랑에 감동해 여인상에게 생명을 주었다. 이처럼 타인의 기대나 관심으로 인해 결과가 좋아지거나 능률이 오르는 현상을 피그말리온 효과라고 한다.

아프로디테(aphrodite) 그리스 신화에서 나오는 사랑과 미의 여신

045 플라세보 효과 placebo effect
의사가 환자에게 가짜 약을 투여해도 좋아질 것이란 환자의 믿음이 병을 낫게 하는 현상

환자가 의학이나 치료법으로 받아들이지만 심리적 효과를 얻을 수 있을 뿐 치료에 전혀 도움이 되지 않는 가짜 약제를 위약(僞藥) 혹은 플라세보 (placebo)라고 한다.

위약과 관련하여 잘 알려진 심리 현상 중 하나인 플라세보 효과(placebo effect)란 의사가 환자에게 진짜 약이라고 하면서 가짜 약을 투여하더라도 좋아질 것이라고 생각하는 환자의 믿음 때문에 병이 낫는 현상을 말한다. 이것은 제2차 세계 대전 중 약의 부족 때문에 많이 쓰였던 방법이다.

하지만 플라세보 효과를 이용한 위약의 투여는 의료 행위에 있어서 의사와 환자 간의 신뢰를 깨뜨릴 수 있다는 문제점이 있다. 또한 진짜 의약품이 아닌 위약을 투여한 사실을 환자가 알아차렸을 경우, 일부에게는 플라세보 효과와 정반대되는 *노세보 효과가 생길 수 있어서, 이는 환자의 건강 상태를 오히려 악화시키는 요인으로 작용할 수도 있다.

노세보 효과(nocebo effect) 아무리 좋은 약을 복용하더라도 약효가 없다고 생각하여 전혀 약효를 발휘하지 못하는 현상

046 머피의 법칙 Murphy's law
일이 좀처럼 풀리지 않고 계속 꼬이기만 하는 경우에 주로 쓰는 용어

자신이 바라는 것은 이루어지지 않고, 우연히 나쁜 방향으로만 일이 계속 전개될 때 흔히 쓰는 말이다. 예컨대 매일 버스를 타고 출근하다가 그날따라 택시가 타고 싶어서 택시를 탔으나 교통사고가 발생한다든가, 시험 공부를 열심히 하였으나 자신이 놓치고 보지 않은 곳에서 시험 문제가 출제된다든가 하는 것 등이 이에 속한다. 반대로 자신에게 유리한 일이 우연히도 계속해서 일어나는 것을 *샐리의 법칙(Sally's law)이라고 말한다.

샐리의 법칙(Sally's law) 일이 우연히도 자기가 바라는 바대로 진행되는 경우에 주로 쓰이는 말. 예를 들어 약속 시간보다 늦게 장소에 도착했더니 상대방은 자신보다 조금 더 늦게 도착하거나, 시험 공부를 하지 않았는데 시험 직전에 급하게 펼쳐 본 부분에서 시험 문제가 대거 출제된 경우 등이 이에 해당

047 메라비언의 법칙 the law of Mehrabian

대화를 할 때 상대방의 이미지는 대화의 내용과 직접적으로 관계가 없는 비언어적 요소로 결정된다는 커뮤니케이션 이론

미국의 심리학자인 앨버트 메라비언이 주장한 것으로, 이 법칙에 따르면 한 사람으로부터 받는 이미지는 시각이 55%, 청각이 38%의 영향을 미치고 말하는 내용은 겨우 7%만 작용한다. 메라비언의 법칙은 주로 짧은 시간에 좋은 이미지를 심어줘야 하는 서비스 업종에서 중요하게 활용되고 있다.

048 방관자 효과 bystander effect

주변에 사람들이 많을수록 곤경에 처한 사람을 돕지 않게 되는 현상

주변에서 무슨 일이 발생하였을 경우, 곁에서 지켜보기만 할 뿐 전혀 도움을 주지 않는 현상을 '방관자 효과 혹은 구경꾼 효과라고 한다.
사람들이 위기에 처한 사람을 도와주는 데는 여러 요인이 작용하나, 일반적으로 어려움에 처한 사람 주위에 많은 사람들이 있을수록 도와줄 확률은 낮아진다. 이것은 지켜보는 사람이 많으므로 꼭 자신이 아니라도 누군가 도움을 주겠지라는 심리적 요인 때문이며, 이렇듯 자신의 책임을 회피하는 것을 심리학 용어로 '책임분산'이라고 한다.

방관자(傍觀者) 어떤 일에 상관하지 않고 주변에서 지켜보기만 하는 사람

049 고슴도치 딜레마 hedgehog's dilemma

인간관계 초기 상대방과 일정한 거리를 유지하고 자기를 방어하려는 인간의 심리

독일의 염세주의 철학자 아르투르 쇼펜하우어가 쓴 우화에서 유래한 말이다. 고슴도치 무리가 추위를 견디기 위해 서로 몸을 기대어 온기를 나눌 때 지나치게 가까워지면 서로의 침에 찔리고 반대로 지나치게 떨어져 있으면 추운 상태로 있어야 하는 딜레마에 빠진다는 것에서 유래한 말이다.
이와 마찬가지로 자기 자신의 내면의 공허와 단조로움을 견디기 위해 다른 사람과의 소통이라는 욕구가 인간을 모이게 한다. 그러나 곧 인간의 혐오스러운 성질과 결점들이 다시 그들을 떼어놓게 된다.
그 결과 인간은 서로의 몸을 따뜻하게 하고자 하는 욕구를 완전히 만족시키지는 못하지만 서로의 불안정으로 인해 혼란스러운 사교에서 떨어질 수 있는 거리를 찾게 된다. 즉, 일종의 숙명적인 '불가근불가원(不可近不可遠)의 원칙을 견지하게 되는 것이다.

불가근불가원(不可近不可遠)의 원칙 지나치게 멀지도 가깝지도 않는 최적의 대인 거리

01 ☐☐☐☐☐은(는) 타인의 기대나 관심을 받을 경우 그러한 기대에 부응하여 긍정적인 행태를 보이게 되는 현상을 일컫는 말이다.

02 ☐☐☐☐☐은(는) 영국의 경험론 철학자 베이컨이 구분한 종족의 우상, 동굴의 우상, 시장의 우상, 극장의 우상 등 4개의 우상이다. 우상은 선입관과 편견처럼 사람의 마음속에 자리 잡고 있는 권위를 상징한다.

03 ☐☐☐☐☐은(는) 부조리한 현실 속의 고립된 인간이 극한상황을 극복하고 잃어버린 자아를 발견할 것을 강조하는 사상이다.

04 춘추 전국 시대에 활약한 학자와 학파의 총칭을 ☐☐☐☐☐(이)라고 한다.

05 대화를 할 때 상대방의 이미지는 대화의 내용과 직접적으로 관계가 없는 비언어적 요소로 결정된다는 커뮤니케이션 이론은 ☐☐☐☐☐(이)다.

06 ☐☐☐☐☐은(는) 경험과 실증적 검증에 기반을 둔 것만이 확실한 지식이라고 보는 인식론적 관점이다.

07 ☐☐☐☐☐은(는) 의사가 환자에게 가짜 약을 투여해도 좋아질 것이란 환자의 믿음이 병을 낫게 하는 현상이다.

08 ☐☐☐☐☐은(는) 16~17C 영국의 칼뱅주의 계열 개신교를 일컫는 말이다. 이들은 영국의 종교 개혁이 불완전했다고 이해하고, 영국 성공회의 로마 가톨릭적인 잔재를 개혁하고자 했다.

09 ☐☐☐☐☐은(는) 거대한 무의식적 구조인 이드에 포함된 본능적인 에너지나 힘을 가리키는 정신분석학 용어다.

10 ☐☐☐☐☐은(는) 17C 후반부터 19C 전반에 조선에서 실사구시와 이용후생에 관해 연구한 유학의 한 분파로서의 학문이다.

CHOICE

☐ 우상론
☐ 제자백가
☐ 실학
☐ 실존주의
☐ 실증주의
☐ 청교도
☐ 리비도
☐ 피그말리온 효과
☐ 플라세보 효과
☐ 메라비언의 법칙

CHAPTER 03

인문학

정 답

01 피그말리온 효과
02 우상론
03 실존주의
04 제자백가
05 메라비언의 법칙
06 실증주의
07 플라세보 효과
08 청교도
09 리비도
10 실학

01 한국산업안전보건공단, 한국농어촌공사, CJ, 한겨레
사단(四端) 중 사양지심(辭讓之心)과 관련있는 것은?

① 仁　　② 義　　③ 禮　　④ 智

02 한국농어촌공사, 삼성, 매일경제, KT&G
다음 중 오륜(五倫)에 해당하지 <u>않는</u> 것은?

① 군신유의(君臣有義)　② 부부유별(夫婦有別)
③ 장유유서(長幼有序)　④ 부위자강(父爲子綱)

03 한국환경공단, 한국농어촌공사, 서울특별시농수산식품공사, 삼성, MBC
다음 중 서양 철학의 대표적인 사조와 그 사상가를 연결한 것 중 옳지 <u>못한</u> 것은?

① 공리주의 – 벤담
② 계몽주의 – 칸트
③ 실존주의 – 키르케고르
④ 실증주의 – 밀

04 부산경제진흥원, 방송통신심의위원회, NH농협, 삼성, SBS, 조선일보
이슬람교에 대한 설명으로 옳지 <u>않은</u> 것은?

① 7C 초 아라비아반도 메카에서 마호메트가 유일신인 알라의 예언자로서 세운 종교이다.
② 기독교·불교와 함께 세계 3대 종교 가운데 하나이다.
③ 원래 '이슬람'이란 아라비아어로 '반항하는 것'을 뜻하며 이슬람교도를 나타내는 '무슬림'도 '반항하는 자'를 의미한다.
④ 성지 메카를 중심으로 아시아·아프리카·유럽 등지에 널리 분포되어 있다.

05 한국농어촌공사, KT
다음에서 설명하는 방어기제는 무엇인가?

사회가 허용하는 범위 내에서 반사회적 충동을 나타내는 방법이다. 예컨대 권투나 야구, 축구와 같은 공격적인 스포츠를 함으로써 공격적 충동을 표현할 수 있는 것이다.

① 부정　② 억압　③ 합리화　④ 승화

06 국민건강보험공단, 삼성, MBN, 매일경제
인질이 인질범들에게 동화되어 오히려 그들에게 동조하는 비이성적 현상을 가리키는 범죄심리학 용어는?

① 스톡홀름 증후군　② 리마 증후군
③ 뮌하우젠 증후군　④ 꾸바드 증후군

07 한국농어촌공사, KOICA, SK
다음 중 실학사상의 내용으로 옳지 <u>않은</u> 것은?

① 물아일체(物我一體)　② 이용후생(利用厚生)
③ 실사구시(實事求是)　④ 경세치용(經世致用)

08 MBC, KNN, 뉴스1, MBN
의사가 환자에게 가짜 약을 투여해도 좋아질 것이란 환자의 믿음이 병을 낫게 하는 현상은?

① 베르테르 효과　　② 플라세보 효과
③ 고백 효과　　　　④ 피그말리온 효과

09 한국환경공단, 서울신용보증재단, 광주MBC
무슨 일이 발생했을 때 주변에 사람이 많을수록 지켜보기만 할 뿐 곤경에 처한 사람을 돕지 않게 되는 현상을 무엇이라 하는가?

① 플린 효과　　　　② 노세보 효과
③ 방관자 효과　　　④ 공소 증후군

10 조선일보
지문의 밑줄 친 이것은 무엇인가?

<u>이것</u>은 무슬림 여성들이 착용하는 베일 중 하나로 머리와 상반신을 가리기 위해 쓰는 쓰개이다. 스카프나 두건과 비슷하며, 모양에 따라 얼굴을 드러내는 것과 얼굴과 가슴까지 가리는 것 두 가지가 있다.

① 차도르　　　　② 히잡
③ 부르카　　　　④ 아바야

정답

01	③	02	④	03	④	04	③	05	④	06	①
07	①	08	②	09	③	10	②				

01. (핵심 Tag) #철학·종교·심리 #철학 #동양 철학

사단(四端) : 인간의 본성에서 네 가지 마음씨가 우러나온다. 즉, 인(仁)에서 우러나는 측은지심(惻隱之心), 의(義)에서 우러나는 수오지심(羞惡之心), 예(禮)에서 우러나는 사양지심(辭讓之心), 지(智)에서 우러나는 시비지심(是非之心)이 그것이다.

02. (핵심 Tag) #철학·종교·심리 #철학 #동양 철학

부위자강(父爲子綱)은 삼강(三綱)에 해당하는 내용으로 어버이와 자식 사이에 당연히 지켜야 할 도리를 말한다.

03. (핵심 Tag) #철학·종교·심리 #철학 #서양 철학

현대 사조와 사상가
- 공리주의 – 벤담, 밀
- 계몽주의 – 로크, 루소, 칸트
- 실존주의 – 키르케고르, 니체, 하이데거, 야스퍼스, 마르셀, 사르트르
- 실증주의 – 콩트

04. (핵심 Tag) #철학·종교·심리 #종교 #서양 종교

'이슬람'은 아라비아어로 '복종하는 것'을 뜻하며, 이슬람교도를 나타내는 '무슬림'은 '귀의한 자'를 의미한다.

05. (핵심 Tag) #철학·종교·심리 #심리 #심리 일반

승화에 대한 설명이다.
① 감당하기 어려운 외적 상황을 일단 거부하여 심리적인 상처를 줄이고 보다 효율적으로 대처하도록 돕는 방법이다.
② 불쾌한 경험이나 받아들이기 어려운 욕구, 반사회적인 충동 등을 자신의 의지와는 상관없이 무의식 속으로 몰아넣거나 생각하지 않도록 억누르는 방법이다.
③ 정당하지 못한 자기 행동이나 상황에 대하여 그럴 듯한 이유를 붙여 사실과 다르게 인식하여 자아가 상처받지 않도록 정당화시키는 방법이다.

06. (핵심 Tag) #철학·종교·심리 #심리 #증후군

스톡홀름 증후군에 대한 설명이다.
② 인질범들이 정신적으로 인질들에게 동화되어 자신을 인질과 동일시함으로써 공격적인 태도가 완화되는 현상을 가리킨다.
③ 타인의 관심을 끌기 위해 실제로는 앓고 있는 병이 없는데도 아프다고 거짓말을 일삼거나 자해 등을 하는 정신질환을 뮌하우젠 증후군이라고 한다.
④ 남편이 임신 중인 아내와 함께 식욕 상실, 매스꺼움, 구토 등을 겪는 증상을 꾸바드 증후군이라고 한다.

07. (핵심 Tag) #철학·종교·심리 #철학 #동양 철학

장자는 인간이 도의 관점에 있을 때 비로소 자유로울 수 있는 상태를 물아일체(자연과 자신이 하나가 되는 경지)라고 하였다.

08. (핵심 Tag) #철학·종교·심리 #심리 효과 및 법칙

플라세보 효과에 대한 설명이다.
① 유명인의 자살로 인해 동조 자살하는 현상을 베르테르 효과라 한다.
③ 자신의 죄의식을 타인에게 고백한 이후 타인을 도와주는 행동이 줄어드는 현상을 고백 효과라 한다.
④ 타인의 기대나 관심을 받을 경우, 그러한 기대에 부응하여 긍정적인 행태를 보이게 되는 현상을 피그말리온 효과라 한다.

09. (핵심 Tag) #철학·종교·심리 #심리 #효과 및 법칙

방관자 효과란 주변에 사람이 많을수록 곤경에 처한 사람을 돕지 않는 현상을 말한다. 이는 사람이 많으니 꼭 내가 아니어도 누군가 도움을 줄 것이라고 생각하여 자신의 책임을 회피하는 것으로, 심리학 용어로는 책임분산이라고 한다.
① 시각매체의 증가, IQ 테스트의 반복 효과, 영양섭취의 증가, 교육의 확대, 조기교육 등에 의해 전 세계적으로 관찰되고 있는 세대의 진행에 따른 IQ 증가 현상을 말한다.
② 아무리 좋은 약을 복용하더라도 약효가 없다고 생각하여 전혀 약효를 발휘하지 못하는 현상을 말한다.
④ 남편은 바깥일로 바쁘고, 자녀는 진학·취직·연애 등 독립의 길을 밟아가면서 주부는 삶의 보금자리였던 가정이 빈 둥지처럼 여겨져 정체성 상실을 느끼게 된다. 다른 말로 빈 둥지 증후군(empty nest syndrome)이라고 한다.

10. (핵심 Tag) #철학·종교·심리 #종교 #서양 종교

머리와 가슴 일부분만을 가리는 이슬람 전통 복장은 히잡이다. ①, ③, ④는 아랍권의 이슬람 여성들이 온몸에 두를 수 있을 정도의 큰 외투로, 머리부터 검은 천을 둘러 얼굴 전체를 가리는 용도로 외출할 때 사용한다.

SECTION

2 | 문학

국문학

핵심Tag #문학 개관 #고전문학 #개화기문학 #현대문학

#문학 개관

050 문학의 갈래
일정한 기준에 따라 문학 작품을 분류한 것

갈래란 일정한 공통적 특성을 바탕으로 문학 작품을 분류한 것으로 *장르 또는 양식이라고도 한다.

문학의 갈래		세부 갈래
2분법	언어의 형태에 따라	운문문학, 산문문학
	언어의 전달 방식에 따라	구비문학, 기록문학
3분법		시(서정문학), 소설(서사문학), 희곡(극문학)
4분법		시(서정문학), 소설(서사문학), 희곡(극문학), 수필(*교술문학)
5분법		시, 소설, 희곡, 수필, 평론
6분법		시, 소설, 희곡, 수필, 평론, 시나리오

장르(genre) 프랑스어로 문예 양식의 갈래를 뜻함

교술문학(敎述文學) 문학 작품 중 허구의 세계가 아닌 실제 존재하는 사물이나 객관적 사실을 묘사·설명한 작품을 교술이라고 함. 대표적으로 수필이 이에 속함

051 소설의 구성
이야기가 일관성과 통일성을 가지도록 작가가 계획한 틀

유형	특징
단일 구성	하나의 사건(이야기)으로만 전개되는 구성으로 주로 단편소설에 많이 쓰임 예 모파상의 『목걸이』, 김동인의 『감자』

복합 구성	두 가지 이상의 사건(이야기)이 복잡하게 얽혀 전개되는 구성으로 주로 장편소설에 많이 쓰임 예 톨스토이의 『부활』, 도스토옙스키의 『카라마조프가의 형제들』
액자소설	외부 이야기 속에 핵심 이야기인 내부 이야기가 마치 액자의 사진처럼 들어 있는 구성 예 김동인의 『배따라기』, 현진건의 『고향』
옴니버스식 구성	하나의 주제를 중심으로 몇 개의 독립된 짧은 이야기들(서로 다른 등장인물)을 한편의 작품으로 묶은 구성 예 최일남의 『타령』
피카레스크식 구성	독립될 수 있는 여러 개의 이야기들(동일한 등장인물)이 동일한 주제 아래 엮어져 전개되는 구성 예 보카치오의 『데카메론』

더 알고가기

- 소설의 3요소 주제, 구성, 문체
- 소설 구성의 3요소 인물, 사건, 배경
- 소설의 전개 방식 발단 → 전개 → 위기 → 절정 → 결말
- 분량에 따른 소설 분류

구분	내용
장편(掌篇)소설 (=콩트)	200자 원고지 20~30매 이내의 미니 소설 작가의 위트와 해학이 느껴지는 함축성 있는 소설
단편(短篇)소설	200자 원고지 100매 내외의 소설 주제, 구성, 문체가 단일하여 통일된 인상을 줌
중편(中篇)소설	200자 원고지 200~500매 내외의 소설 단편소설과 장편소설의 중간적인 특징을 지님
장편(長篇)소설	200자 원고지 1000매 이상의 소설 주제, 구성, 문체가 복합적으로 드러나며 사회를 총체적으로 그림

052 희곡 戲曲, drama

연극의 대본

무대상연을 전제로 한 문학으로 시간과 공간, 인물 수의 제한을 받는다. 또한 무대 위에서 등장인물의 대사와 행동을 통해 극을 진행하기 때문에 현재 시제를 사용한다.

- 희곡의 3요소 : 해설, 대사(대화, 독백, 방백), 지문
- 희곡의 구성 단위 : 막, 장
- 희곡의 구성 단계 : 발단 → 상승(전개) → 절정(정점) → 하강(반전) → 대단원(결말)

더 알고가기

- 연극의 3요소 희곡, 배우, 관객
- 연극의 4요소 희곡, 배우, 관객, 무대
- 카타르시스(catharsis) 정화 작용. 아리스토텔레스의 『시학(poetics)』에서 나온 용어로 주인공의 비극적 운명을 통해 마음 속에 억압된 슬픔이나 공포의 감정을 해소하고 마음을 정화하는 작용

소설의 전개 방식
- 발단 : 인물과 배경 소개, 사건의 실마리 제공
- 전개 : 사건의 발전
- 위기 : 갈등의 고조
- 절정 : 갈등의 최고조, 사건 해결의 실마리 제공
- 결말 : 갈등 해소, 주인공의 운명 확정

연극(演劇) 서양연극은 무대 위에서 배우가 대사와 행동을 통해 관객들에게 연기를 보여주는 무대 예술인 반면 우리나라 전통극인 민속극은 특별한 무대 장치 없이 시·공간을 자유롭게 활용하고 관객과 악사가 극 중에 개입한다는 점에서 서양연극과 차이를 보임

방백(傍白) 관객에게는 들리나 무대 위의 다른 등장인물에게는 들리지 않는 것으로 약속하고 말하는 대사

053 수사법 修辭法, rhetoric
글을 꾸며서 아름답게 표현하여 독자들에게 감동을 주는 표현법

수사법	내용과 예문
•은유법	'A=B'의 형태로 원관념과 보조관념을 연결하는 표현법 예 나는 나룻배 / 당신은 행인(나 = 나룻배, 당신 = 행인)
직유법	'∼같이, ∼처럼, ∼듯이' 등을 사용하여 원관념과 보조관념을 직접 연결하는 표현법 예 돌담에 속삭이는 햇발같이
대유법	사물의 일부나 그 속성을 통해 전체를 나타내는 표현법 예 칼로 일어선 자는 칼로 망한다.(칼 → 무력, 무기)
풍유법	본뜻을 숨기고 속담이나 격언 등을 이용하여 표현하는 방법 예 까마귀 날자 배 떨어진다더니
반어법	표현하고자 하는 바와 반대로 표현하는 방법 예 나 보기가 역겨워 / 가실 때에는 / 말없이 고이 보내 드리우리다.
역설법	겉으로는 모순되지만 그 속에 진실을 담고 있는 표현법 예 이것은 소리 없는 아우성
언어유희	말이나 문자를 소재로 한 말장난 같은 표현법 예 어 추워라, 문 들어온다. 바람 닫아라. 물 마른다. 목 들여라.

은유법(隱喩法) 원관념은 숨어 있고 보조관념만 드러나는 표현법으로 메타포(metaphor) 또는 암유(暗喩)라고도 함

054 시나리오 scenario
영화의 대본

영화 촬영을 목적으로 창작된 대본으로 주로 대사와 행동을 통해 표현되며 장면 전환이 자유롭다. 최소한의 단위인 장면이 모여 전체 시나리오를 이룬다.

• 시나리오의 종류

구분	내용
창작 시나리오	영화 촬영을 목적으로 쓴 것
각색 시나리오	소설, 희곡, 수필 등을 영화에 맞게 시나리오로 각색한 것
•레제 시나리오	읽기를 목적으로 쓴 시나리오

• 시나리오 용어

용어		내용
S#	scene number	장면번호
NAR.	narration	해설
E.	effect	효과
F.I.	fade in	화면이 점차 밝아짐

레제 시나리오(lese scenario) 연극성보다 문학성을 강조한 독서용 시나리오(희곡)로 레제 드라마(lese drama) 또는 부흐 드라마(Buchdrama)라고도 함. 대표적인 작품으로는 괴테의 『파우스트』 2부가 있음

F.O.	fade out	화면이 점차 어두워짐
O.L.	over lap	화면이 겹치면서 장면이 바뀜=DIS.(dissolve)
C.U.	close up	한 부분이 집중적으로 확대됨
D.E.	double exposure	화면 위에 다른 화면이 겹쳐짐. 이중노출
W.O.	wipe out	화면을 닦아내듯이 없애고 다른 화면으로 바뀜
Ins.	insert	장면 사이에 사진 등이 끼어듦. 삽입 화면
Pan.	panning	움직이는 물체를 따라 카메라를 이동시기면서 촬영하는 것
	montage	따로 따로 촬영한 장면을 한데 배합하여 배열하는 것
	zooming	원경에서 근경, 근경에서 원경으로 확대나 축소를 하는 것

더 알고가기

• 영화 제작의 3요소 시나리오, 배우, 감독
• 삼일치법칙(三一致法則) 아리스토텔레스의 『시학』에서 유래한 것으로 연극은 시간과 장소, 행동이 일치해야 한다는 주장. 즉, 하나의 사건이 동일한 장소에서 하루 안에 이루어져야 한다는 법칙

#고전문학

055 고전문학 분류
운문과 산문으로 구분됨

고전문학은 크게 운문과 산문으로 나눌 수 있다. 운문은 운율이 있는 글로 시가·시문학을 가리키며, 산문은 운문의 반대 개념으로 비정형적으로 운율을 지니지 않은 글이다.

• 운문의 종류 : 고대 가요, 향가, 경기체가, 시조, 악장, 고려 가요, 가사
• 산문의 종류 : 설화, 패관문학, 가전체문학, 건국신화, 고수필, 고소설

056 여수장우중문시 與隋將于仲文詩
을지문덕이 지은 현전하는 최고(最古)의 한시

고구려의 명장 을지문덕이 지은 한시로 반어법(反語法)과 억양법(抑揚法)을 사용하여 살수까지 추격해온 수(隋)나라 장수 우중문을 조롱하고 야유하는 을지문덕의 여유 있는 모습과 기개가 잘 나타나 있다.

057 정읍사 井邑詞
한글로 전해지는 최고(最古)의 가요

행상 나간 남편의 무사귀환을 기원하는 아내의 노래로 한글로 전해지는 가장 오래된 가요이자 현존하는 유일한 백제 가요이다. 조선 시대 궁중음악으로 사용되었으며『악학궤범』에 채록되어 전한다. 또한 후렴구(˚조흥구)를 제외하고 보면 3연 6구로 3장 6구인 시조 형식의 원형을 가진 노래로 국문학상 의의를 지닌다.

더 알고가기
˚고대 가요 작품 개관

작품명	내용
공무도하가 (公無渡河歌)	• 우리나라 최고(最古)의 서정시가 • 물에 빠져 죽은 남편의 죽음을 슬퍼하는 여인의 노래로 집단 가요에서 개인적 서정 가요로 넘어가는 시기의 모습을 잘 보여주는 작품 • 악곡명 : 공후인(箜篌引)
황조가 (黃鳥歌)	• 고구려 유리왕이 실연의 슬픔을 노래한 서정시 • ˚『삼국사기』에 한역(漢譯)되어 전함
구지가 (龜旨歌)	• 김수로왕의 강림 신화 속에 삽입된 고대 가요 • 가락국의 구간(九干)과 수백 명의 사람들이 구지봉에서 임금을 맞이하기 위해 부른 노래로 영신군가(迎神君歌)라고도 함 • 주술적 집단 무가로 후대「해가」에 영향을 줌

조흥구(助興句) 시에서 흥을 돋우고 운율을 형성하기 위해 넣는 구. 주로 민요나 고려 가요, 별곡체 시가에서 흔히 볼 수 있는데 후렴구 또는 여음구라고도 함. 정읍사의 대표적인 조흥구는 '어긔야 어강 됴리 아으 다롱디리'임

고대 가요(古代歌謠) 향가가 생기기 이전의 노래.「공무도하가」,「구지가」,「정읍사」,「황조가」등이 해당

삼국사기(三國史記) 고려 인종 때 김부식이 지은 삼국 시대의 역사서로, 사마천의『사기』를 본떠서 쓴 기전체의 사서.『삼국사기』는 현재까지 남아 있는 우리나라 최초의 관찬사서로 본기(本紀), 연표(年表), 지(志), 열전(列傳)의 50권으로 구성됨

058 향가 鄕歌
향찰(鄕札)로 표기한 신라의 노래

개관	내용
명칭	도솔가, 사뇌가, 시내가, 사내악으로 불림
작가	주로 승려와 화랑
표기	˚향찰
형식	4구체, 8구체, 10구체
내용	연군(戀君), 안민(安民), ˚축사(逐邪), 주술적 · 불교적 내용 등
의의	• 통일 신라 때 성행했던 우리나라 최초의 정형화된 서정시 • 10구체 향가의 '4구+4구+2구(낙구)'의 형태는 훗날 3장 형태의 시조 형식에 영향을 주었는데 특히 낙구의 '아으'와 같은 감탄사는 시조의 종장 첫 음보의 감탄사와 매우 유사함
문헌	『삼국유사』14수,『균여전』11수

향찰(鄕札) 우리 문자가 없던 시기에 한자의 음(音)과 훈(訓)을 섞어 쓴 표기법

축사(逐邪) 사악한 귀신을 내쫓음

10구체 향가 향가의 완성형으로 사뇌가(詞腦歌)라고도 함

더 알고가기

- **삼대목(三代目)**

  진성 여왕 2년에 각간 위홍과 대구 화상이 편찬한 향가집으로 신라 향가의 성세를 과시한 최초의 가집이라는 점에서 의의를 가지나 현재는 전해지지 않고 있다.

- **향가 작품 개관**

출전	작품명	작가	연대	형식	내용
삼국유사	서동요 (薯童謠)	백제 무왕 (百濟武王)	진평왕	4구체	서동이 선화 공주를 아내로 얻고자 아이들에게 퍼트린 *참요(讖謠)적 성격의 동요
	혜성가 (彗星歌)	융천사 (融天師)	진평왕	10구체	혜성이 심대성(心大星)을 범하자 이 노래를 지어 부르니 혜성도 사라지고 왜구도 물러갔다는 *벽사(辟邪)의 노래
	풍요 (風謠)	만성 남녀 (萬城男女)	선덕여왕	4구체	영묘사 장육존상을 만들 때 성 안의 남녀가 진흙을 나르며 부른 노동요
	원왕생가 (願往生歌)	광덕 (廣德)	문무왕	10구체	서방정토에 태어나기를 희망하는 불교 신앙의 노래
	모죽지랑가 (慕竹旨郎歌)	득오 (得烏)	효소왕	8구체	죽지랑의 고매한 인품을 기리고 그를 추모하는 노래
	헌화가 (獻花歌)	견우노옹 (牽牛老翁)	성덕왕	4구체	소를 끌고 가던 노인이 수로부인에게 꽃을 꺾어 바치며 불렀다는 노래
	원가 (怨家)	신충 (信忠)	효성왕	10구체	효성왕이 약속을 지키지 않아 노래를 지어 잣나무에 붙였다는 노래
	도솔가 (兜率歌)	월명사 (月明師)	경덕왕	4구체	두 개의 해가 나타나는 변괴(變怪)를 물리치고자 부른 산화공덕의 노래
	제망매가 (祭亡妹歌)	월명사 (月明師)	경덕왕	10구체	죽은 누이의 명복을 비는 추도의 노래
	안민가 (安民歌)	충담사 (忠談師)	경덕왕	10구체	군(君), 신(臣), 민(民)이 본분을 지키면 나라가 태평하리라는 치국안민(治國安民)의 노래
	찬기파랑가 (讚耆婆郎歌)	충담사 (忠談師)	경덕왕	10구체	기파랑의 고매한 인품을 추모하여 부른 노래
	도천수대비가 (禱千手大悲歌)	희명 (希明)	경덕왕	10구체	눈먼 자식의 눈을 뜨게 해 달라는 노래
	우적가 (遇賊歌)	영재 (永才)	원성왕	10구체	도적을 만나 부른 설도(說道)의 노래
	처용가 (處容歌)	처용 (處容)	헌강왕	8구체	아내를 범한 역신을 물리치기 위해 부른 벽사(辟邪)의 노래
균여전	보현십원가 (普賢十願歌)	균여 (均如)	고려 광종	10구체	불교의 교리를 대중들에게 설파하기 위해 지은 노래

참요(讖謠) 예언하는 노래

벽사(辟邪) 요사스러운 귀신을 물리침

059 건국신화 建國神話
국가의 기원에 관한 신화

국가	신화	내용
고조선	단군 신화	• 우리나라의 건국신화 • 환인(桓因), 환웅(桓雄), 단군(檀君) 삼대에 걸친 이야기로 홍익인간의 이념을 제시함
신라	박혁거세 신화	나정(蘿井) 근처에서 발견한 알에서 태어나 신라의 시조가 된 박혁거세에 관한 이야기
	석탈해 신화	알에서 나와 버려진 뒤 나중에 신라 제4대 왕이 된 석씨 왕조의 시조에 관한 이야기
	김알지 신화	시림(始林)의 나무에 걸렸던 금궤에서 태어난 경주 김씨의 시조 신화
고구려	주몽 신화	동명왕의 출생부터 건국까지의 이야기
가야	수로왕 신화	알에서 태어난 6명 중 가락국의 왕이 된 김해 김씨의 시조 신화

더 알고가기

단군 신화가 실린 책
일연의 『*삼국유사』, 이승휴의 『제왕운기』, 권람의 『응제시주』, 『세종실록지리지』, 『동국여지승람』

삼국유사(三國遺事) 승려 일연이 지은 삼국 시대 역사서로 『삼국사기』를 정사(正史)라고 한다면 『삼국유사』는 야사(野史)라고 할 수 있음. 즉, 이 책에는 건국 이후 삼국 시대까지의 사적(史蹟)과 불교에 관한 내용 및 정사에 실리지 않은 많은 신화와 전설이 수록되어 있어 설화문학서(說話文學書)라고도 불리며 고대 국문학사 연구에 절대적인 가치를 지님

060 경기체가 景幾體歌
고려 중엽부터 조선 초까지 귀족 문인들 사이에서 유행한 시가 양식

신흥 사대부들의 감정과 의식 세계 및 그들의 퇴폐적이고 향락적인 삶을 주로 노래한 경기체가는 3음보, 분절체, '경(景) 긔 엇더ㅎ니잇고'라는 후렴구, 한문구 나열의 특징을 가진다. '경기체가'라는 명칭은 반복되는 후렴구 '경(景) 긔 엇더ㅎ니잇고' 또는 '경기하여(景幾何如)'에서 유래한 것으로, 제목에 '별곡(別曲)'이라는 말이 붙어 '별곡체(別曲體)'라고도 한다. 대표적인 작품으로는 제유의 『한림별곡』, 안축의 「관동별곡」, 권근의 「상대별곡」, 변계량의 「화산별곡」, 정극인의 「불우헌곡」 등이 있다.

한림별곡(翰林別曲) 무신 집권 하에서 벼슬자리에서 물러난 문인들의 풍류적이고 향락적인 생활감정을 현실 도피적으로 읊은 시가로 경기체가의 효시인 이 작품은 시부(詩賦), 서적(書籍), 명필(名筆), 명주(名酒), 화훼(花卉), 음악(音樂), 누각(樓閣), 추천(鞦韆)의 순으로 당시 한림의 생활상을 묘사

061 시조 時調
고려 중엽에 발생하여 고려 말에 완성된 우리나라 고유의 대표적 정형시

초기 시조는 양반들의 전유물로, 주로 유가사상·자연친화적 정서를 담은 평시조가 지어졌다. 이후 시조가 평민들에게도 전파되어 삶의 애환을 진솔하게 드러내거나 해학적으로 풍자하는 사설시조가 탄생했다.

개관	내용
발생	정읍사, 10구체 향가, 고려 가요, 민요 등의 영향으로 발생
명칭	조선 영조 때 명창 *이세춘이 붙인 창곡상의 명칭 '시절가조'에서 유래함
작기	조선 전기에는 주로 양반들이 창작하였으니 영·징조 이후에는 평민들까지 창작함
형식	3장 6구 45자 내외, 3·4조 또는 4·4조의 4음보, 종장 첫 음보는 3음절
종류	• 평시조 : 시조의 기본형. 3장 6구 45자 내외, 3·4조 또는 4·4조의 4음보 • 엇시조 : 평시조의 초장, 중장 중 어느 한 구가 길어진 시조 • 사설시조 : 3장 중 2구 이상이 길어진 시조 • 연시조 : 평시조 2수 이상이 내용상으로 연결된 시조
내용	회고가·절의가(節義歌), *안빈낙도·강호가도, 솔직한 애정 표현 등 다양함
의의	우리나라 고유의 대표적 정형시로 현재까지 창작되고 있음
문헌	『청구영언』, 『해동가요』, 『가곡원류』 등

더 알고가기

대표적 시조집

시조집		연대	편자	특징
조선 시대 3대 시조집	청구영언(靑丘永言)	영조 4	김천택(金天澤)	• 곡조별(曲調別) 분류 • 우리나라 최초의 시조집
	해동가요(海東歌謠)	영조 39	김수장(金壽長)	작가별 분류
	가곡원류(歌曲源流)	고종 13	박효관(朴孝寬) 안민영(安玟英)	곡조별 분류
남훈태평가(南薰太平歌)		철종 14	미상	• 순 국문으로 표기 • 음악적 의도에서 종장 넷째 음보를 생략함

062 용비어천가 龍飛御天歌

조선 6조의 위업을 찬양하고 후대 왕에게 *권계의 뜻을 일깨우는 *악장

세종 27년에 왕명에 의해 정인지·권제·안지 등이 목조, 익조, 도조, 환조, 태조, 태종에 이르는 조선 6조의 행적을 중국 고사에 비유하여 조선 건국의 정당성을 노래한 악장이다. 한글 창제 후 첫 시험으로 이루어진 최초의 한글 문헌으로 총 125장으로 되어 있다.

이세춘(李世春) 삼국 시대부터 전해오던 기곡류의 상사(唱詞)를 시조의 형식으로 부른 최초의 가객(歌客). 조선 후기에는 시조를 창작하고 시조창·가곡창을 잘하던 전문가객(專門歌客)들이 등장했는데, 이들은 시조를 창작하고 부르는 한편 가단을 형성하고 시조집을 편찬하여 시조 부흥에 기여함. 대표적인 가단으로는 김천택·김수장의 경정산가단과 박효관·안민영의 승평계가 있음

안빈낙도(安貧樂道) 가난한 생활 속에서도 편안하게 도를 즐김

권계(勸戒) 잘못된 품성이나 행동, 결점 등을 바로잡음

악장(樂章) 궁중의 여러 의식(儀式)과 행사 및 연례(宴禮)에 쓰인 주악(奏樂)의 가사로 조선 왕조의 체제 확립과 유지를 위해 발생한 목적문학

063 월인천강지곡 月印千江之曲
세종이 지은 악장체의 찬불가

수양대군(首陽大君)이 어머니 소헌왕후(昭憲王后)의 명복(冥福)을 빌고 민중들의 불교 귀의를 위해 지어 올린 『석보상절』을 보고 세종(세종 29년)이 감응하여 몸소 석가모니의 공덕(功德)을 찬양한 노래이다. '월인천강(月印千江)'이란 달로 표현된 석가모니의 교화가 수많은 강, 즉 모든 중생에게 미침을 의미한다. 또한 이 노래도 훈민정음을 사용하여 창작된 노래이다.

064 고려 가요 高麗歌謠
고려 시대 평민들이 부른 민요적 시가

개관	내용
명칭	고려 가요, 고려 속요, 장가, 여요 등으로 불림
작가	주로 평민들이 창작하였으며 대부분 작자 미상임
표기	구비전승(口碑傳承)되다가 한글 창제 이후 채록되어 전함
형식	3음보, 분절체, 후구구의 형식적인 특징을 지님
내용	남녀 간의 사랑, 자연 예찬, 이별의 안타까움, *남녀상열지사 등 다양함
의의	민요에서 형성된 고려 가요는 당대 평민들의 진술한 생활감정을 소박하지만 아름다운 표현과 운율로 표현했다는 점에서 의의를 지님
문헌	『악장가사(樂章歌詞)』, 『악학궤범(樂學軌範)』, 『시용향악보(時用鄕樂譜)』

남녀상열지사(男女相悅之詞) 남녀 간의 애정을 노골적으로 그린 노래로 조선조 학자들이 사리부재(詞俚不載 : 노랫말이 속된 것은 기록하지 않는다)라 하여 문헌에서 삭제. 고려 가요 중 「쌍화점」, 「만전춘」, 「이상곡」 등이 이에 속함

악장가사(樂章歌詞) 고려 시대부터 전해오는 악장(樂章)과 속요(俗謠)를 모아놓은 책으로 현존하는 최고(最古)의 시가집

더 알고가기

• 고려 가요 작품 개관

작품명	내용	출전
*청산별곡 (靑山別曲)	삶의 비애와 고뇌에서 벗어나고 싶은 욕구를 그린 작자 미상의 노래	악장가사 시용향악보
서경별곡 (西京別曲)	대동강을 배경으로 이별의 슬픔을 노래함	악장가사 시용향악보
가시리	사랑하는 사람과의 이별을 안타까워하는 이별의 정한을 노래함	악장가사 시용향악보
정석가 (鄭石歌)	임금의 만수무강과 태평성대를 축원한 후 불가능한 상황을 설정하여 임과의 변함없는 사랑을 노래함	악장가사 시용향악보
동동 (動動)	월별로 자연과 풍습에 따라 임에 대한 자신의 심경을 노래한 월령체(달거리 형식) 노래의 효시	악학궤범
처용가 (處容歌)	향가 「처용가」에서 발전한 벽사(요사스런 귀신을 물리침)의 성격을 띤 희곡적 노래	악학궤범 악장가사

청산별곡(靑山別曲) 고도의 상징적 표현이 사용된 작품으로 이 작품의 작자에 대해서 유랑민, 실연한 사람, 지식인 등 다양한 의견이 있음

사모곡 (思母曲)	부모의 사랑을 호미와 낫에 비유하여 표현한 노래	악장가사 시용향악보
상저가 (相杵歌)	방아를 찧으며 부르는 노동요로 부모에 대한 효성이 드러나는 노래	시용향악보
유구곡 (維鳩曲)	비둘기와 뻐꾸기의 울음을 비교하여 뻐꾸기를 좋아한다는 노래	시용향악보
쌍화점 (雙花店)	남녀 간의 적나라한 애정을 표현한 노래	악장가사
만전춘 (滿殿春)	남녀 간의 애정을 대담하게 표현한 노래	악장가사
이상곡 (履霜曲)	인간의 유한성을 전제로 남녀 간의 진실한 애정을 표현한 노래	악장가사

• 고려 가요의 주요 후렴구
「청산별곡」: 얄리얄리 얄라성 얄라리 얄라   「서경별곡」: 위 두어렁성 두어렁성 다링디리
「가시리」: 위 증즐가 태평성대(太平聖代)   「동동」: 아으 동동(動動)다리
「사모곡」: 위 덩더둥성

065 두시언해 杜詩諺解
두보의 시를 언해(諺解)한 우리나라 최초의 번역 시집

세종 25년에 왕명을 받아 당나라 두보의 시를 유윤겸, 유휴복, 조위 등이 주해하고 성종 때 조위, 의침 등이 번역한 것으로 원명은 『분류두공부시언해(分類杜工部詩諺解)』이다. 두보의 시 전편을 52부로 분류하여 •언해한 것으로 초간본과 중간본 사이의 약 150년이라는 연대차로 인해 국어사 연구에 중요한 자료가 되고 있다.

언해(諺解) 한문을 한글로 번역함

066 훈민정음 訓民正音
세종대왕이 발음기관과 천지인을 본떠 만든 우리나라 고유의 문자

'백성을 가르치는 바른 소리'란 뜻의 훈민정음은 세종대왕이 주체성과 애민정신을 바탕으로 1443년(세종 25년)에 완성하고 3년간의 검토 과정을 거쳐 1446년(세종 28년)에 반포한 우리나라 문자의 명칭이다. 자음은 발음기관을, 모음은 천지인을 본떠서 만든 독창적이고 과학적인 문자로 창제 당시 자음 17자, 모음 11자로 모두 28자였다.

▲ 훈민정음 언해본

함께 나오는 용어

훈민정음 해례본
훈민정음 해설서로 훈민정음의 창제 원리와 초성·중성·종성에 대한 해설과 용례 등을 적음

067 가사 歌辭
고려 말에서 조선 초에 걸쳐 발생한 4음보 연속체 운문

4음보 연속체의 운문으로 행수의 제한이 없다는 점에서 운문에서 산문으로 넘어가는 과도기적 형태로 볼 수 있다. 조선 전기에는 주로 양반 사대부들이 자연에 묻혀 유유자적하는 생활을 노래했다면, 후기로 갈수록 작자층이 여성과 평민층으로 확대되면서 현실적인 문제와 시집살이의 어려움 등 다양한 주제를 노래하기 시작했다. 형식적인 면에서 보면 낙구가 시조의 종장과 동일한 3·5·4·3의 음수율을 지니는 정격가사와 그렇지 않은 변격가사로 구분된다.

더 알고가기

가사 작품 개관

작품명	연대	작가	내용
상춘곡 (賞春曲)	성종	정극인 (丁克仁)	가사의 효시 전북 태인에 은거하면서 그곳의 봄 경치를 읊음
만분가 (萬憤歌)	연산군 4	조위 (曺偉)	유배 가사의 효시 무오사화 때 유배지 순천에서 지음
면앙정가 (俛仰亭歌)	중종 19	송순 (宋純)	고향 담양에 면앙정을 짓고 그 주위의 아름다움과 정취를 노래함 「성산별곡」에 영향을 줌
관동별곡 (關東別曲)	선조 13	정철 (鄭澈)	강원도 관찰사로 부임하면서 *관동팔경을 유람하고 그곳의 자연을 노래한 기행 가사
사미인곡 (思美人曲)	선조 21	정철 (鄭澈)	임금을 사모하는 정을 여인이 지아비를 사모하는 마음에 비유하여 읊은 *충신연주지사(忠臣戀主之詞)
속미인곡 (續美人曲)	선조	정철 (鄭澈)	「사미인곡」의 속편으로 두 작품을 '전후미인곡'이라고 부름. 두 여인의 문답형식으로 되어 있는 연군가
규원가 (閨怨歌)	선조	허난설헌 (許蘭雪軒)	규중(閨中)에서 인종(忍從)만 해야 하는 부녀자의 정한(情恨)을 읊음. 일명 원부사(怨婦辭)라고도 함
고공가 (雇工歌)	선조	허전 (許㙉)	국사를 농사에 빗대어 당시 벼슬아치들의 부정부패를 비판함
고공답주인가 (雇工答主人歌)	선조	이원익 (李元翼)	「고공가」에 대한 답가
태평사 (太平詞)	선조 31	박인로 (朴仁老)	임진왜란 때 병졸들을 위로하고자 태평성대가 다시 돌아왔음을 노래한 가사
선상탄 (船上歎)	선조 38	박인로 (朴仁老)	임진왜란 후 통주사로 부임하여 전쟁의 참상과 평화의 갈망을 노래한 전쟁 가사
누항사 (陋巷詞)	광해군 3	박인로 (朴仁老)	임진왜란 이후 곤궁한 양반의 모습을 구체적으로 형상화하고 *빈이무원(貧而無怨)하는 생활을 노래함

관동팔경(關東八景) 관동지방의 8개 명승지로 강릉의 경포대, 고성의 삼일포, 간성의 청간정, 삼척의 죽서루, 양양의 낙산사, 울진의 망양정, 통천의 총석정, 평해(平海)의 월송정 또는 흡곡(歙谷)의 시중대

충신연주지사(忠臣戀主之詞) 충신이 임금을 사모하는 노래

빈이무원(貧而無怨) 가난하지만 세상에 원망(怨望)이 없음

일동장유가 (日東壯遊歌)	영조 39	김인겸 (金仁謙)	일본에 다녀온 체험을 노래한 기행 가사
연행가 (燕行歌)	고종 3	홍순학 (洪淳學)	청(淸)에 다녀온 체험을 노래한 기행 가사
농가월령가 (農家月令歌)	헌종 10	정학유 (丁學游)	농촌의 연중행사와 다달이 해야 할 일을 읊은 달 거리 노래
우부가 (愚夫歌)	연대 미상	작가 미상	분수를 모르고 허랑방탕한 생활을 하다 패가망신 한 어리석은 한량의 이야기를 통해 교훈을 주는 가사

068 가전체문학 假傳體文學

계세징인(戒世懲人)을 목적으로 사물을 의인화하여 그 일생을 다룬 교술문학

사물을 의인화하여 그 가계와 생애, 인품 및 공과(功過)를 기록한 전기(傳記) 형식의 글로 고려 중기 이후에 발생하였다. '계세징인을 목적으로 사물의 속성과 가치를 주로 다루고 있지만 '가(假)'라는 명칭에서 알 수 있듯이 허구적 성격을 내포하고 있어 설화와 소설의 교량적 역할을 한다.

계세징인(戒世懲人) 세상 사람들을 경계하고 징벌함

더 알고가기

가전체 작품 개관

작품명	의인화 대상	작가	내용	출전
국순전 (麴醇傳)	술	임춘	• 현전하는 가전의 효시 • 술이 사람에게 미치는 영 향과 폐단에 대해 표현함	서하선생집 동문선
공방전 (孔方傳)	엽전(돈)	임춘	돈의 폐해와 재물을 탐하는 것을 경계함	서하선생집 동문선
국선생전 (麴先生傳)	술	이규보	군자의 처신을 경계함	동문선
청강사자현부전 (淸江使者玄夫傳)	거북이	이규보	어진 사람의 행적을 기리며 항상 매사에 신중해야 함을 경계함	동문선
죽부인전 (竹夫人傳)	대나무	이곡	여자의 굳은 절개와 지조를 그림	동문선
저생전 (楮生傳)	종이	이첨	종이의 내력을 통해 글공부 하는 선비들의 행동 규범을 그림	동문선
정시자전 (丁侍者傳)	지팡이	석식영암	사람은 스스로 자기 처지를 알아야 함을 강조함	동문선

069 패관문학 稗官文學

민간에 떠도는 이야기를 한문으로 기록한 문학

고려 시대에 *패관(稗官)들이 항간(巷間)에 떠도는 이야기를 모아 기록한 것을 패관문학이라고 한다. *채록(採錄)하는 과정에서 채록자의 견해가 가미되어 윤색(과장, 미화)되므로 소설의 전신으로 볼 수 있다는 점에서 문학사적인 의의를 지닌다.

고려 문종 때 박인량이 펴낸 최초의 순수 설화집인 『수이전(殊異傳)』은 현재 전해지지 않고 「연오랑 세오녀」, 「호원」 등 9편이 『삼국유사』와 『해동고승전』 등에 전해지고 있다. 그 외 작품집으로는 이규보의 『백운소설(白雲小說)』, 이인로의 『파한집(破閑集)』, 『파한집』을 보충한 최자의 『보한집(補閑集)』, 소악부에 고려 가요가 한역되어 전하는 이제현의 『역옹패설(櫟翁稗說)』 등이 있다.

패관(稗官) 거리에 떠도는 이야기를 수집하던 관리

채록(採錄) 채집하여 기록함

070 고대소설 古代小說

*설화를 바탕으로 한 갑오개혁 이전의 소설. 신소설이 나오기 전까지의 소설을 지칭

일정한 구조를 가진 이야기로 설화, 패관문학, 가전체와 함께 중국 전기(傳奇) 등의 영향으로 발생한 산문문학이다. 처음에는 한문투가 많았으나 점차 국문화되고 낭독하기 좋은 4·4조의 가사체로 변하였다. 이러한 소설은 *방각본(坊刻本)과 필사본(筆寫本)의 형태 또는 세책(貰册 : 책 대여)과 전기수(傳奇叟 : 낭독가)를 통해 유통되었다.

설화(說話) 일정한 구조를 가진 꾸며낸 이야기로 서사문학의 근원. 세부 갈래로 신화, 전설, 민담이 있음

방각본(坊刻本) 상업적인 목적으로 대량 출판된 책

더 알고가기 ·····························•

고대소설 작품 개관

구분		작품
영웅소설	창작 군담소설	유충렬전, 조웅전, 소대성전 등
	역사 군담소설	임진록, 임경업전, 박씨전 등
사회소설		홍길동전, 전우치전 등
가정소설		사씨남정기, 장화홍련전, 창선감의록 등
애정소설		운영전, 채봉감별곡, 숙향전, 부용상사곡, 옥단춘전, 옥루몽 등
빈출 풍자소설		배비장전, 이춘풍전, 두껍전 등
판소리계소설		춘향전, 심청전, 흥부전, 토끼전, 화용도, 배비장전, 장끼전 등
한문소설		호질, 허생전, 양반전, 광문자전, 예덕선생전 등

071 금오신화 金鰲新話
김시습이 지은 최초의 한문소설

민중 사이에서 구전되던 설화, 패관문학, 가전 등의 전통 위에 명나라 구우의 『전등신화』에 영향을 받은 최초의 한문소설인 『금오신화』는 「만복사저포기」, 「이생규장전」, 「취유부벽정기」, 「남염부주지」, 「용궁부연록」의 5편으로 구성되어 있다. 이 소설은 주인공들이 모두 °새자가인(才子佳人)이며 귀신이나 선녀는 물론 저승, 용궁과 같은 비현실적인 °전기적(傳奇的) 요소가 나타난다는 특징을 지닌다.

새사가인(才子佳人) 재주 있는 남자와 아름다운 여자

전기(傳奇) 기이한 이야기를 전함

072 홍길동전 洪吉童傳
허균이 지은 최초의 국문소설

조선 광해군 때 허균이 지은 우리나라 최초의 한글소설이다. 이 소설은 재상가의 °서얼(庶孼)로 태어난 홍길동이 자신의 능력을 펼 수 없는 봉건적 사회 제도와 홍 판서의 첩 초란의 살해 위협으로 인해 집을 나와 활빈당을 결성하여 의적활동을 하다 율도국의 왕이 되는 과정을 그린 영웅소설이자 당대 조선 사회의 °적서 차별(嫡庶差別) 제도와 부패한 정치의 개혁을 주제로 한 저항적 사회소설이다. 아류작으로 「전우치전」이 있다.

서얼(庶孼) 양반의 자식 중 첩의 소생

적서 차별(嫡庶差別) 본부인의 자식인 적자(嫡子)와 그렇지 않은 자식인 서얼(庶孼)을 차별하는 것으로 당시 조선 사회에서 서얼의 경우 대우나 호칭, 사회진출에 제약이 따름

073 구운몽 九雲夢
조선 후기 숙종 때 김만중이 어머니를 위해 지은 환몽 구조의 국문소설

효성이 지극한 김만중이 모친을 위로하기 위해 지은 국문소설이다. 육관대사(六觀大師)의 제자였던 성진(性眞)이 8선녀를 희롱한 죄로 인간 세상에 유배되어 양소유(楊少游)로 태어나 소년 등과하여 하북의 삼진과 토번의 난을 평정하고 승상이 되어 위국공에 책봉되고 부마가 된 후 8선녀의 후신인 8명의 여자들과 차례로 만나 아내로 삼고 영화롭게 살다가 인간세상의 부귀영화가 덧없다는 인생무상을 깨닫고 8선녀와 함께 불문(佛門)에 귀의한다는 내용이다. 이 소설은 '현실(성진)-꿈(양소유)-현실(성진)'의 환몽 구조를 통해 부귀영화가 모두 일장춘몽(一場春夢)임을 드러내는 °몽자류(夢字類) 소설의 효시로 후대 작품인 『옥루몽』, 『옥련몽』 등에 영향을 주었다.

몽자류(夢字類) 소설 제목이 '몽(夢)'으로 끝나는 소설로 '현실-꿈-현실'의 환몽 구조를 지님

함께 나오는 용어

사씨남정기(謝氏南征記) 처첩 간의 갈등을 다룬 김만중의 한글소설로 당시 숙종이 인현왕후를 폐위하고 희빈 장씨를 왕비로 맞아들인 것을 풍자한 작품

074 허생전 許生傳
양반의 무능력을 풍자한 박지원의 한문소설

박지원의 『*열하일기(熱河日記)』 권 10의 「옥갑야화(玉匣夜話)」에 실려 있는 「허생전」은 매점매석이라는 상행위가 성공할 만큼 허약했던 당시 국가 경제와 인재 등용에 있어 실용적이지 못한 양반들의 무능과 허위의식을 풍자한 작품이다.

열하일기(熱河日記) 조선 정조 때 실학자 연암 박지원(朴趾源)이 청나라를 다녀와서 쓴 책으로 그곳의 명사들과 교유(交遊)하며 견문(見聞)한 문물 제도를 풍속·경제·병사·천문·문학 등의 분야로 나누어 기록한 책

더 알고가기
박지원의 한문소설

작품명	내용	출전
호질(虎叱)	도학자들의 위선을 폭로함	열하일기
양반전(兩班田)	양반 사회의 허례허식과 부패상을 폭로함	방경각외전
광문자전 (廣文者傳)	걸인 광문의 순수한 인간성과 대비되는 양반들의 탐욕스러움과 부패를 풍자함	방경각외전
예덕선생전 (穢德先生傳)	똥을 져 나르는 일을 하는 엄행수를 통해 무위도식하며 허욕에 찬 양반들을 풍자함	방경각외전
열녀함양박씨전 (烈女咸陽朴氏傳)	과부의 개가(改嫁)를 금지한 사회 제도를 비판함	연상각선본

075 서포만필 西浦漫筆
김만중이 지은 수필집·비평집

숙종 때 김만중은 『서포만필』에서 중국 중심의 주자주의적 문학관에 반론을 제기하며 송강 정철이 지은 「관동별곡」, 「사미인곡」, 「속미인곡」을 동방의 *이소(離騷)라 칭하고 우리나라의 참된 문장은 이 3편뿐이라고 평가하였다.

이소(離騷) 중국 초나라 때 충신 굴원(屈原)이 남긴 문학 작품으로 동아시아 세계를 대표하는 장편 서정시

함께 나오는 용어

• 수필
  일정한 형식 없이 일상의 체험이나 인생·사회·자연에 대한 견해 등을 주관적·관조적 입장에서 적은 일기체·기행체 등의 글이다. 이를 통해 독자에게 교훈과 감동을 준다.

• 고수필
  개화기 이전까지의 수필을 지칭한다. 한글 창제 이전에는 한문으로 지어지다가, 한글이 보급되면서 17C 이후 한글 수필이 널리 집필되기 시작했다.

076 개화기 주요 신문과 잡지

신문	발행인	창간일	내용
한성순보	민영목	1883	• 최초의 신문 • 관보(官報) 성격의 순한문 *순보(旬報)
*독립신문	서재필, 윤치호	1896	• 최초의 한글 신문 · 민간신문 • 참된 신문의 시초로 주 3회 발간되다 일간지로 전환됨
매일신문	이승만, 유영석, 양홍묵	1898	최초의 순 한글 일간신문
제국신문	이종일	1898	• 한글 일간신문 • 서민들과 부녀자들이 주 독자층임
황성신문	남궁억	1898	• 국한문 혼용 일간신문 • 지식인이 주 독자층으로, 을사조약 체결 시 장지연의 '시일야방성대곡(是日也放聲大哭 : 오늘 목놓아 통곡한다)'을 게재함
대한매일신보	베델(Bethell), 양기탁	1904	• 국한문 혼용 일간신문 • 발행인이 영국인으로 검열을 받지 않아 항일운동의 선봉 역할을 수행함
만세보	오세창	1906	• 천도교(天道敎)에서 발간한 일간신문 • 최초의 신소설인 이인직의 「혈의 누」를 연재함
대한민보	오세창	1909	• 대한협회의 기관신문 • 1면에 시사만화를 연재하고 단편소설에는 삽화를 삽입함

순보(旬報) 열흘마다 발간되는 신문이나 잡지

독립신문(獨立新聞) 독립정신을 높이기 위해 서재필이 정부로부터 자금 지원을 받아 1896년 4월 7일에 창간한 우리나라 최초의 민간신문이자 한글 신문. 4면 중 3면은 한글 전용으로, 마지막 1면은 영문판으로 편집 · 발행되다가 1897년에 국문판과 영문판으로 분리 · 발행

▲ 대한매일신보

077 신체시 新體詩
*갑오개혁(甲午改革) 이후에 등장한 새로운 형태의 시

신체시는 서양문화의 전래에 따라 종래의 정형시에서 근대적 자유시로 넘어가는 과도기적 형태의 시로 개화사상, 남녀평등, 신교육, 자주독립 등의 내용을 자유로운 율조로 노래한 시이다. 최초의 신체시는 1908년 『소년(少年)』 창간호에 발표된 최남선(崔南善)의 「해(海)에게서 소년(少年)에게」이다.

갑오개혁(甲午改革) 고종 31년인 1894년 갑오년에 개화당의 김홍집 등이 재래의 정치 제도와 문물 제도를 근대적으로 개혁한 일

함께 나오는 용어 ....•

해에게서 소년에게
계몽적, 진취적, 예찬적 성격을 지닌 대표적 신체시. 주제는 소년의 시대적 각성과 힘찬 의지임

078 신소설 新小說
고대소설에서 현대소설로 넘어가는 교량적 역할을 하는 새로운 형태의 소설

˚언문일치, 서술의 역전적 구성, 현실적인 배경, 사실적인 인물, 묘사 중심의 서술 등을 통해 개화·계몽사상, 신교육, 미신타파, 남녀평등, 자유연애, 자주독립 등의 내용을 그린 소설을 말한다. 최초의 신소설은 1906년『만세보』에 발표된 이인직의「혈의 누」이며 이외 대표적인 작가와 작품으로는 이인직의「은세계」·「모란봉」, 이해조의「자유종」, 최찬식의「추월색」, 안국선의「금수회의록」등이 있다.

언문일치(言文一致) 구어(口語)와 문어(文語)의 일치, 즉 실제로 쓰는 말과 글로 쓰는 말이 일치한다는 것으로 유길준, 이인직, 최남선, 이광수 등을 거쳐 김동인에 이르러 완성

더 알고가기

신소설 작품 개관

작품명	작가	연도	내용
혈(血)의 누(淚)	이인직	1906	• 최초의 신소설 • 청일 전쟁을 기점으로 옥련의 성장과정을 그린 소설로 신세계에 대한 동경, 자유결혼, 신교육사상의 고취 등을 다룸
은세계(銀世界)	이인직	1908	• 자주독립의 정신을 고취한 정치소설 • 원각사(圓覺社)에서 연극으로 공연됨(신극의 기점)
금수회의록 (禽獸會議錄)	안국선	1908	• 우화소설, 정치소설 • 동물들의 입을 빌려 인간 세상을 풍자함
자유종(自由鍾)	이해조	1910	• 정치 토론소설 • 자주독립, 애국, 여성 해방, 교육 문제 등을 토론형식으로 다룸
추월색(秋月色)	최찬식	1912	봉건 제도 타파와 신교육사상을 다룬 애정소설
모란봉(牡丹峰)	이인직	1913	•「혈의 누」의 하편 • 옥련, 구완서, 서일순의 삼각관계를 그린 애정소설로 미완의 작품
공진회(共進會)	안국선	1915	• 근대 이후 최초의 단편소설집 •「기생」,「인력거꾼」,「시골노인 이야기」가 수록됨

079 서유견문 西遊見聞
우리나라 최초의 국한문 혼용 기행문

1895년 유길준(俞吉濬)이 서양 각국의 정치·교육·사회·역사·경제·군사·풍속·학문 등 광범위한 분야에 걸쳐 기술한 서양 ˚기행문이다. 이 책은 국한문 혼용체를 사용한 최초의 기행문이자 갑오개혁의 사상적 배경이 된 것으로 신문이나 잡지, 국문학 등에 많은 영향을 미쳤다.

기행문(紀行文) 여정, 견문, 감상의 구성을 가지는 기행문은 여행하면서 보고 듣고 느낀 것을 기록한 글로 보통 일기, 서간, 수필 등의 형식을 띰

#현대문학

080 문예사조

문예사조	내용
계몽주의 (啓蒙主義)	1910년대 이광수·최남선 *2인 문단 시대의 문예사조이다. 반봉건주의와 합리수의를 배경으로 개화사상, 신교육, 미신타파, 남녀평등 등의 새로운 가치관을 보급하기 위한 수단으로 문학이 활용되었다.
퇴폐주의 (頹廢主義)	1919년 3·1 운동의 실패로 등장한 퇴폐적·허무적 성격의 문예사조이다. 이는 일종의 병적 낭만주의로 『폐허』를 중심으로 오상순, 황석우 등이 활동하였다.
낭만주의 (浪漫主義)	고전주의와 계몽주의에 대한 반동으로 등장한 문예사조로 비합리적인 인간의 감성 해방과 기존 질서에 대한 반항을 지향한다. 홍사용, 박종화, 이상화 등이 1920년대 동인지 『백조(白潮)』를 중심으로 활동하였다.
사실주의 (寫實主義)	낭만주의에 대한 반동으로 사물을 있는 그대로 정확하게 묘사하려는 과학적·실증적 객관주의 문예사조이다. 대표적인 작품으로는 김동인의 「약한 자의 슬픔」, 현진건의 「빈처」, 전영택의 「천치?천재?」 등이 있다.
자연주의 (自然主義)	다윈(C. Darwin)의 생물학 이론과 텐(H. A. Taine)의 사회환경결정론에 기초하여 생물학적 요인이 인간의 모든 조건을 결정짓는다는 문예사조이다. 이는 객관적이고 진실한 묘사를 중요시하는 넓은 의미의 리얼리즘으로 1920년대 김동인의 「감자」, 염상섭의 「표본실의 청개구리」 등이 대표적인 작품이다.
계급주의 (階級主義)	1920년대 중반 *KAPF를 중심으로 문학을 통한 사회비판과 계급투쟁을 전개한 문예사조이다. 김기진, 박영희, 임화, 이기영 등이 대표 작가다.
모더니즘 (modernism)	1930년대 최재서가 서구의 T. S. 엘리엇 등의 주지주의 문학을 소개하면서 등장한 모더니즘은 지성과 시각적 요소, 실험적인 기법을 중시한 문예사조로 김기림의 「기상도」, 김광균의 「와사등」 등이 대표적인 작품이다.
실존주의 (實存主義)	6·25 전쟁을 계기로 인간 실존의 의미를 추구한 문예사조로, 대표적인 작품으로는 장용학의 「요한시집」, 김성한의 「오분간」 등이 있다.

2인 문단 시대(二人文壇時代) 1910년대 우리나라 문단에서 소설에서는 춘원(春園) 이광수, 시에서는 육당(六堂) 최남선이 주로 활약한 시기를 일컫는 말

백조(白潮) 1922년에 창간된 문예 동인지로 3·1 운동 실패의 영향을 받아 감상적·퇴폐적·낭만적 경향을 띰

카프(KAPF) 조선프롤레타리아예술가동맹의 약칭으로 염군사(焰群社, 1922)와 파스큘라(PASKYULA, 1923) 두 문학단체가 연합하여 결성된 조직

081 무정 無情

우리나라 최초의 현대소설. 1917년 『매일신보(每日申報)』에 연재된 이광수(李光洙)의 장편소설

민족주의 사상과 개화사상, 신교육사상, 자유연애, 미신타파 등의 내용을 언문일치(言文一致)의 문장으로 묘사한 우리나라 최초의 현대소설이자 한국 현대문학의 시발점을 알리는 선구적인 의의를 지닌 작품이다.

함께 나오는 용어

불놀이 1919년 『창조(創造)』 창간호에 발표된 주요한의 작품. 기존의 정형성을 탈피하여 개인의 주관적인 감정을 완전히 자유로운 형식으로 형상화했다는 점에서 우리나라 최초의 근대적 자유시로 평가받고 있음

창조(創造) 1919년에 창간된 우리나라 최초의 순수문예동인지로 1921년 통권 9호로 종간

명칭	발행연도	발행자 및 동인	내용
소년	1908	최남선	• 우리나라 최초의 월간 잡지 • 창간호에 우리나라 최초의 신체시인 최남선의 「해에게서 소년에게」가 실렸으며 1911년에 폐간된 후 후신으로 『샛별』이 발간됨
청춘	1914	최창선, 최남선	우리나라 최초의 월간 종합지
창조	1919	주요한, 김동인, 전영택	• 우리나라 최초의 순수문예동인지 • 구어체와 사실주의 문학을 개척하는 동시에 우리나라 최초의 근대 자유시인 주요한의 「불놀이」를 수록하는 등 본격적인 자유시의 발전에 기여함 • *3대 동인지 중 하나
폐허	1920	고경상, 염상섭, 황석우, 김억	퇴폐적 낭만주의 성향의 문예 동인지
개벽	1920	이돈화, 박영희, 김기진	• 천도교를 배경으로 창간된 월간 종합지 • 항일투쟁을 기본 노선으로 후에 카프(KAPF)의 기관지화됨
장미촌	1921	박종화, 변영로, 황석우, 노자영	• 우리나라 최초의 시 동인지 • 『백조』의 전신
백조	1922	홍사용, 박종화, 현진건, 이상화	낭만주의 경향의 문예 동인지
금성	1923	양주동, 이장희	낭만주의 경향의 시 전문 동인지
조선문단	1924	이광수, 방인근	• 민족주의 경향의 문예지 • 신인추천을 통해 채만식, 최서해, 이은상 등을 문단에 등단시킴
시문학	1930	박용철	프로문학에 반대하며 순수문학을 지향한 시 동인지
삼사문학	1934	신백수, 이시우, 정현웅, 조풍연	• 순수 문예 동인지 • 1934년에 창간하여 34문학이라고 함
시인부락	1936	서정주	• 시 전문 동인지 • 인간 생명에 집중하여 *생명파라고 함
자오선	1937	민태규, 서정주	시 전문 동인지
문장	1939	김연만	• 월간 문학 종합지 • 고전발굴과 민족문학 계승에 주력하였으며 정지용과 이태준의 신인추천을 통해 박두진, 박목월, 조지훈 등을 등단시킴
사상계	1953	장준하	• 월간 종합 교양지 • 정치·경제·사회·문화 전반을 다루며 동인문학상과 신인문학상을 통해 많은 문인들을 배출함

3대 동인지 창조, 폐허, 백조

생명파(生命派) 1930년대 말 목적문학과 기교적이며 감각적인 순수문학을 비판하며 인간 생명의 본연성에 대해 탐구한 시인 유파. 이들은 주로 『시인부락(詩人部落)』을 중심으로 활동했는데 대표적인 작가로는 서정주, 유치환, 김동리, 오장환 등이 있음

현대문학	1955	조연현, 오영수	• 우리나라에서 가장 오래된 월간 순수 문예지 • 현대문학상을 제정하여 한국 문단을 대표하는 많은 문인들을 배출함
창작과 비평	1966	백낙청, 오영근, 한만년	• 계간 문예지 • 창간호부터 가로쓰기와 한자 줄이기, 순한글 찾아쓰기를 단행함
문학과 지성	1970	한만년, 김병익, 김현	• 계간 문예지 • 『창작과 비평』이 사회 문제에 관심을 더보였다면 『문학과 지성』은 문학의 순수성과 형식미학적인 측면을 더 중요시함

계간(季刊, quarterly publication)
1년에 봄·여름·가을·겨울로 나누어 4번 발간하는 정기 간행물. 즉, 3개월에 1번씩 발간되는 간행물

더 알고가기

• 무크운동(mook 運動)

신군부의 언론탄압이 극심했던 1980년대 『창작과 비평』, 『문학과 지성』 등이 폐간된 공백을 메우기 위해 젊은 문학인들이 모여 발간한 잡지형식의 부정기 간행물인 무크(mook)의 붐 현상을 말한다. 무크(mook)는 잡지(magazine)와 책(book)의 합성어로 등록 절차 없이 발간할 수 있어 정부의 감시를 피해 진실에 대한 논의와 문학운동의 장으로서의 역할을 담당했다. 당시 발간된 무크지로는 『실천문학』, 『우리시대의 문학』, 『문학의 시대』, 『5월시』, 『시와 경제』, 『시운동』, 『공동체문화』, 『민중』, 『모퉁이돌』 등이 있다.

실천문학(實踐文學) 언론탄압이 극심했던 신군부 시절 민족지성인들의 목소리를 담아낸 최초의 무크지

• 우리나라의 주요 문학상

문학상	내용
동인문학상 (東仁文學賞)	1955년 김동인(金東仁)의 문학정신과 그 업적을 기리기 위해 사상계사가 제정한 상으로 12회 시상을 끝으로 중단되었다가 1979년 동서문화사를 거쳐 1987년 조선일보사에서 시상을 주관하고 있다. 수상작으로는 김성한의 「바비도」, 성석제의 「황만근은 이렇게 말했다」 등이 있다.
만해문학상 (萬海文學賞)	1973년 창작과비평이 만해 한용운의 작가 정신과 그 업적을 기리기 위해 제정한 문학상으로 등단한 지 10년이 넘은 작가를 대상으로 시상한다. 수상작으로는 신경림의 시집 『농무』, 천승세의 「황구의 비명」·「폭염」, 고은의 시집 『만인보』(3권), 황석영의 「무기의 그늘」, 이문구의 「유자소전」, 신경숙의 「외딴 방」, 박완서의 소설집 『너무도 쓸쓸한 당신』 등이 있다.
오늘의 작가상	민음사에서 주관하는 문학상으로 1977년 『세계의 문학』 창간과 함께 제정되었으며 장편소설 수상작은 단행본으로 출간하고 이에 따른 상금과 인세를 수상자에게 수여한다. 수상작으로는 한수산의 『부초』, 이문열의 『사람의 아들』, 강석경의 『숲속의 방』, 이만교의 『결혼은 미친 짓이다』 등이 있다.
이상문학상 (李箱文學賞)	1977년 이상의 문학 정신을 계승하기 위해 문학사상사가 제정한 문학상으로 수상작품은 『이상문학상 수상작품집』에 수록된다. 수상작으로는 김승옥의 「서울의 달빛 0장」, 박완서의 「엄마의 말뚝 2」, 이문열의 「우리들의 일그러진 영웅」, 신경숙의 「부석사」 등이 있다.
현대문학상 (現代文學賞)	1955년 『현대문학』의 창간과 함께 제정된 문학상으로 시·소설·희곡·비평 부문으로 나누어 시상하며 시·소설 부문의 수상작은 수상작품집을 발간한다. 손창섭, 박경리, 이범선, 김원일, 조정래, 윤흥길, 이문열, 박완서, 박재삼, 황동규, 황지우, 강은교, 정현종, 오태석 등 한국 현대문단을 대표하는 많은 문인들이 수상하였다.

만인보(萬人譜) 노벨문학상 후보자인 고은의 대표적인 작품으로 시인이 역사나 현실에서 만난 다양한 사람들을 형상화한 인물 연작시집. 대표적인 작품으로는 「머슴 대길이」, 「따옥이」, 「땅꾼 도선이」 등이 있음

083 신경향파문학 新傾向派文學
1920년대 자연발생적 계급주의 문학

박영희의 '신경향파의 문학과 그 문단적 지위(『개벽』, 1925)'라는 문학론에서 처음 사용된 용어로 카프(KAPF, Korea Artist Proletarian Federation) 이전의 사회주의 경향의 문학을 말한다.

빈궁문학(貧窮文學)이라고도 하는 신경향파문학은 대부분 가난한 농민이나 노동자가 지주나 권력자와 대립하여 살인·방화와 같은 극단적인 결말을 맞이하는 이야기로, 대표적인 작품으로는 최서해의 「홍염」·「탈출기」, 김기진의 「붉은 쥐」·「젊은 이상주의자의 사」, 이기영의 「가난한 사람들」, 박영희의 「지옥순례」, 조명희의 「낙동강」 등이 있다.

084 경향문학 傾向文學
계급운동의 일환으로 창작된 목적문학

경향문학은 문학 작품을 통해 사회비판과 계급투쟁을 선전·주장하기 위한 수단으로서 문학을 사용하는 것으로 우리나라에서는 카프(KAPF)의 *프롤레타리아문학(proletarian literature)이 이에 속한다. 김기진·박영희를 중심으로 결성된 카프는 기존의 자연발생적 계급문학에서 나아가 뚜렷한 목적을 가지고 무산계급예술운동을 펼쳤는데 이것이 반식민주의운동과 결합되면서 1931년과 1934년 두 차례의 검거사건을 겪게 된다. 이후 일제로부터 직접적인 해산 압력을 받은 카프는 1935년에 결국 해산하게 된다. 대표적인 작품으로는 임화의 「우리 오빠와 화로」, 이기영의 「고향」 등이 있다.

프롤레타리아문학(proletarian literature) 무산계급(無産階級) 문학 또는 프로문학이라고도 함

함께 나오는 용어 ⋯⋯⋯⋯⋯⋯⋯⋯⋯⋯⋯⋯⋯⋯⋯⋯•
동반자작가(同伴者作家)
카프에 가담하지 않으면서 계급운동에 동조하는 입장의 작가들을 지칭하는 말로 유진오, 이효석, 채만식, 유치진 등을 들 수 있다. 그러나 1931년부터 프로문학의 위치가 불안해지면서 프로 작가들조차도 *전향(轉向)하기에 이르렀다.

전향(轉向) 기존의 사상이나 신념·이념을 바꿔 다른 방향으로 나가는 것으로 방향 전환이라고도 함

085 청록파 靑綠波
『청록집』을 공동으로 낸 조지훈, 박두진, 박목월을 일컫는 말

1939년 『문장(文章)』의 추천위원이었던 정지용의 추천으로 시단(詩壇)에 등단한 조지훈, 박두진, 박목월은 1946년 『청록집』을 공동으로 내면서 청록파라는 이름을 갖게 되었다.

이들은 영원한 생명의 근원인 자연을 공통의 주제로 하여 우리말의 아름다움과 전통 및 생명의 원천에 대해 추구하였으나 박목월은 향토적 서정을, 조지훈은 고전적 향수를, 박두진은 기독교 사상을 바탕으로 사랑과 교감을 주로 노래하였다는 점에서 세 시인이 추구한 자연은 약간의 차이를 보인다.

함께 나오는 용어

- **시문학파(詩文學派)**
  목적문학에 대한 반동으로 1930년에 박용철, 김영랑, 정지용을 중심으로 창간된 『시문학』 동인들을 지칭하는 말로 이들은 시에서 정치·사상을 배제하고 언어의 기교와 시의 음악성을 중시하는 순수 서정시를 지향했다. 대표적인 작품으로는 김영랑의 「모란이 피기까지는」, 박용철의 「떠나가는 배」 등이 있다.

- **구인회(九人會)**
  1933년 계급주의 문학을 배격하고 순수문학을 표방한 문학동인회로 최초 회원은 김기림, 이효석, 이종명, 김유영, 유치진, 조용만, 이태준, 정지용, 이무영 9명이었으며 이후 이효석, 이종명, 김유영이 탈퇴하고 박태원, 이상, 박팔양이 가입하였으며 다시 유치진, 조용만이 탈퇴하고 김유정, 김환태가 가입하였다. 교체 과정을 거치는 동안 회원은 항상 9명을 유지하였다.

목적문학(目的文學) 예술성을 목적으로 하는 순수문학에 반대되는 개념으로, 정치·종교·이념 등의 목적을 달성하기 위해 문학을 도구로 사용하는 문학

086 한국 현대문학의 흐름
갑오개혁 이후부터 현재까지의 각 갈래별 문학의 흐름

- **개화기의 문학**
  근대화의 흐름 속에 개화사상이 유입되고 *애국 계몽 운동이 일어난 시기로 새로운 문학적 장르의 모색과 함께 다양한 신문·잡지 등이 발간되었다.

애국 계몽 운동(愛國啓蒙運動) 1905~1910년 일제의 침략에 맞서 부르주아 계층을 중심으로 일어난 국권 회복 운동

시	개화가사	4·4조 4음보의 율격에 애국 계몽을 노래함 예 최제우의 「용담유사」, 이중원의 「동심가」 등
	창가	서양식 악곡에 얹어 부르는 노래
	신체시	현대시로 나아가기 위한 과도기적 형태의 시 예 최남선의 「해에게서 소년에게」·「꽃두고」 등
소설	신소설	고대소설에서 현대소설로 넘어가는 과도기적 소설 예 이인직의 「혈의 누」, 이해조의 「자유종」 등
	역사전기문학	영웅의 일생이나 국내외의 역사적 사건을 서술한 소설 예 신채호의 「을지문덕전」, 우기선의 「강감찬전」 등
	번역·번안문학	외국의 문학 작품을 우리말로 번역하거나 쉽게 풀어 쓴 소설 예 신채호의 「이태리 건국 삼걸전」, 이해조의 「화성돈전」 등
희곡·수필	창극	창으로 하는 연극 예 최초의 창극인 『춘향전』, 현실 문제를 비판한 『최병도 타령』 등
	신파극	상업주의적 대중연극으로 애정 문제나 가족갈등을 주로 다룬 극

- 일제 강점기의 문학

3·1 운동의 실패로 인해 병적·퇴폐적 낭만주의 경향을 보이던 문단은 1920년대 중반 카프(KAPF)의 결성으로 계급주의 경향이 나타나게 되고, 이후 이에 대한 반발로 순수시 운동과 모더니즘, 생명파 등이 등장하게 되었다.

시	자유시	정형성을 탈피하여 개인의 정서를 노래한 시 예 최초의 자유시로 평가받는 주요한의 「불놀이」 등
	낭만적 상징시	3·1 운동의 실패로 세기말적 퇴폐주의 경향을 지닌 시 예 이상화의 「나의 침실로」, 박영희의 「월광으로 짠 병실」 등
	경향시	1925년 카프가 결성되면서 등장한 계급주의 시 예 임화의 「우리 오빠와 화로」, 김기진의 「한 개의 불빛」 등
	민족주의 시	전통적 문화유산을 탐구한 *국민문학파의 시조와 민요시
	순수시	시어의 *조탁과 시의 음악성을 중시한 시 예 김영랑의 「모란이 피기까지는」, 박용철의 「떠나가는 배」 등
	전원시	전원(田園)에 대한 동경과 자연친화적인 태도의 시 예 신석정의 「그 먼 나라를 알으십니까」, 김상용의 「남으로 창을 내겠소」 등
	모더니즘 시	전통을 거부하고 도시문명에 대한 인식과 지성을 강조하며 언어에 대한 실험을 주로 한 시 예 김기림의 「바다와 나비」, 이상의 「오감도」, 김광균의 「외인촌」 등
	생명파 시	기교 위주의 시에 대한 반동으로 본원적 생명력에 대해 탐구한 시 예 서정주의 「국화 옆에서」, 유치환의 「생명의 서」 등
	청록파 시	자연을 소재로 인간의 심성을 읊은 시 예 박목월의 「나그네」, 조지훈의 「고풍의상」, 박두진의 「해」 등
	저항시	식민지하 일제에 대한 저항 의지를 노래한 시 예 심훈의 「그날이 오면」, 이육사의 「절정」, 윤동주의 「참회록」 등
소설	현대소설	고대소설과 달리 현실적 소재와 언문일치의 문장, 묘사적 문체, 사건의 역전적 구성 등의 특징을 지닌 소설 예 최초의 현대소설인 이광수의 「무정」 등
	사실주의소설	사실을 있는 그대로 객관적으로 그린 소설 예 김동인의 「감자」, 전영택의 「화수분」, 염상섭의 「만세전」, 현진건의 「운수 좋은 날」 등
	신경향파소설	극한으로 몰린 하층 빈민들이 살인이나 방화와 같은 극단적인 행동을 보이는 소설 예 최서해의 「탈출기」·「홍염」 등

국민문학파(國民文學派) 1920년대 중반 프로문학에 대항하여 민족문학의 입장에서 문학을 통해 민족의 독특한 성격을 드러내려고 한 유파

조탁(彫琢) 문장이나 글을 매끄럽게 다듬음

	계급주의소설	문학을 계급투쟁 운동의 수단으로 접근하여 계급적 시각에서 사회를 비판한 목적소설 예 이기영의 「고향」·「홍수」 등
	농촌소설	농촌을 배경으로 한 소설 예 김유정의 「동백꽃」, 심훈의 「상록수」 등
	모더니즘소설	도시를 배경으로 식민지 지식인의 내면심리를 그린 소설 예 이상의 「날개」 등
	가족사소설	3세대 간에 벌어지는 사건을 통해 식민지의 현실을 총체적으로 탐구한 소설 예 염상섭의 「삼대」, 채만식의 「탁류」 등
희곡·수필	근대극	극예술협회, 토월회 등의 극단과 *극예술연구회를 중심으로 창작공연된 사실주의적 극 예 김우진의 「산돼지」, 유치진의 「토막」 등
	현대수필	*해외문학파 동인들을 중심으로 서구의 근대 수필 이론이 소개되면서 근대적 수필이 본격화됨

극예술연구회(劇藝術研究會) 1931년 유치진(柳致眞) 등이 결성한 연극 단체로, 서구 사실주의의 도입을 통해 신극운동에 기여함

해외문학파(海外文學派) 1926년 일본에서 유학한 한국 문학도들의 외국문학연구회로 외국문학을 번역·소개하는 등 한국문학의 발전을 위해 활발한 문학운동을 전개함

• **광복 이후의 문학**

8·15 해방 이후 좌·우익의 이념적 갈등으로 인해 문학에서도 민족문학과 계급문학으로 분열된 양상을 보이게 된다. 또한 6·25 전쟁으로 인해 인간 존재에 대해 규명하는 실존주의 문학과 냉전문학이 확산되었다.

	전쟁체험시	동족상잔(同族相殘)의 비극적 체험을 배경으로 창작된 시 예 유치환의 「보병과 더불어」, 구상의 「초토의 시」, 조지훈의 「다부원에서」 등
시	모더니즘시	*후반기 동인을 중심으로 1930년대 모더니즘 시를 계승·발전시킨 시 예 박인환의 「목마와 숙녀」, 김규동의 「나비와 광장」 등
	전통적 서정시	전통적인 정서와 한을 노래한 시 예 박재삼의 「울음이 타는 가을 강」, 박용래의 「저녁눈」 등
	참여시	부조리한 사회에 대한 현실비판의식과 저항정신을 담은 시 예 신동엽의 「껍데기는 가라」, 김수영의 「푸른 하늘을」 등
	실존주의소설	인간 존재에 대해 탐구한 소설 예 김성한의 「오분간」 등
소설	전후소설	전쟁과 분단으로 인한 문제를 조명한 소설 예 황순원의 「카인의 후예」 등
	참여소설	부조리한 현실에 대한 비판과 저항의식을 담은 소설 예 조세희의 「난장이가 쏘아 올린 작은 공」 등
	순수소설	인간의 본질적인 삶을 다룬 소설 예 오영수의 「갯마을」 등
희곡·수필	현대극	현실 참여적 성격이 강한 사실주의 극 예 차범석의 「불모지」, 천승세의 「만선」 등
	현대수필	수필의 장르적 가치가 인정되어 다양한 종류의 수필들이 창작됨

후반기(後半期) 도시적 감수성과 전위적 기법을 통해 1950년대의 혼란스러움을 노래한 유파

087 주요 국문학 작품과 저자

작가	작품
*김동인	『감자』, 『배따라기』, 『광염소나타』, 『광화사』, 『운현궁의 봄』, 『발가락이 닮았다』 등
*염상섭	『표본실의 청개구리』, 『만세전』, 『두 파산』, 『삼대』 등
현진건	『빈처』, 『운수 좋은 날』, 『술 권하는 사회』, 『B사감과 러브레터』 등
전영택	『화수분』, 『아버지와 아들』 등
주요섭	『사랑손님과 어머니』, 『인력거꾼』, 『아네모네의 마담』 등
나도향	『물레방아』, 『벙어리 삼룡이』, 『뽕』 등
최서해	『탈출기』, 『홍염』, 『박돌의 죽음』 등
이상화	『나의 침실로』, 『빼앗긴 들에도 봄은 오는가』 등
임화	『네 거리의 순이』, 『우리 오빠와 화로』 등
한용운	『님의 침묵』, 『복종』, 『논개의 애인이 되어서 그의 묘에』, 『나룻배와 행인』 등
*김소월	『진달래꽃』, 『초혼』, 『접동새』, 『산유화』, 『바라건대는 우리에게 우리의 보습 대일 땅이 있었더면』 등
김동환	『국경의 밤』, 『북청물장수』, 『해당화』 등
심훈	『상록수』, 『그날이 오면』 등
유진오	『김 강사와 T교수』, 『창랑정기』 등
*채만식	『레디메이드 인생』, 『탁류』, 『태평천하』, 『치숙』, 『논 이야기』 등
*김유정	『봄·봄』, 『동백꽃』, 『금 따는 콩밭』, 『소낙비』 등
이효석	『메밀꽃 필 무렵』, 『분녀』, 『산』, 『들』 등
김동리	『무녀도』, 『등신불』, 『바위』, 『사반의 십자가』 등
황순원	『소나기』, 『카인의 후예』, 『독짓는 늙은이』, 『목넘이 마을의 개』, 『학』 등
이상	『날개』, 『종생기』, 『봉별기』, 『오감도』, 『권태』 등
김정한	『사하촌』, 『모래톱 이야기』, 『수라도』, 『어둠 속에서』 등
김영랑	『모란이 피기까지는』, 『내 마음 아실 이』, 『독을 차고』, 『돌담에 속삭이는 햇발같이』 등
정지용	『유리창』, 『향수』, 『카페 프란스』, 『바다』, 『백록담』 등
김상용	『남으로 창을 내겠소』, 『마음의 조각』 등
김광균	『추일서정』, 『와사등』, 『외인촌』, 『뎃상』 등
유치환	『깃발』, 『생명의 서』, 『일월』, 『보병과 더불어』 등
서정주	『국화 옆에서』, 『추천사』, 『귀촉도』, 『자화상』, 『화사』 등
박목월	『나그네』, 『산도화』, 『청노루』 등
조지훈	『고풍의상』, 『승무』, 『풀잎 단장』, 『봉황수』, 『완화삼』 등
박두진	『해』, 『도봉』, 『묘지송』, 『수석열전』, 『청산도』 등
이육사	『절정』, 『광야』, 『청포도』, 『교목』, 『꽃』 등

김동인(金東仁) 예술지상주의를 지향하며 순수문학운동을 벌인 1920~1930년대의 대표적인 작가로 작중인물의 호칭에 있어서 'he, she'를 그로 통칭하고 사실주의적 수법과 과거시제의 도입, 언문일치, 간결체 등을 통해 문장혁신에 기여

염상섭(廉想涉) 우리나라 최초의 자연주의 소설로 평가받는 『표본실의 청개구리』를 쓴 소설가

김소월(金素月) 짙은 향토성과 전통적인 서정을 바탕으로 이별의 정한을 노래한 시인

채만식(蔡萬植) 당대 사회의 부조리와 지식인들의 약점을 사실적으로 풍자한 소설가

김유정(金裕貞) 농촌을 배경으로 토속적인 인간상을 해학적으로 그린 소설가

•윤동주	『서시』, 『참회록』, 『자화상』, 『또 다른 고향』 등
백석	『여우난곬족』, 『여승』, 『남신의주 유동 박시봉방』 등
이용악	『오랑캐꽃』, 『낡은 집』 등
박인환	『목마와 숙녀』, 『세월이 가면』 등
김춘수	『꽃을 위한 서시』, 『꽃』, 『처용』 등
박재삼	『울음이 타는 가을 강』, 『춘향이 마음』, 『추억에서』, 『밤바다에서』 등
이형기	『낙화』, 『비오는 날』 등
박남수	『새』, 『초롱불』, 『갈매기 소묘』, 『새의 암장』 등
이범선	『오발탄』, 『학마을 사람들』, 『자살당한 개』 등
하근찬	『수난 이대』, 『흰 종이 수염』, 『야호』 등
•최인훈	『광장』, 『회색인』, 『가면고』, 『서유기』 등
김승옥	『생명연습』, 『무진기행』, 『서울, 1964년 겨울』, 『누이를 이해하기 위하여』 등
이청준	『병신과 머저리』, 『서편제』, 『매잡이』, 『축제』, 『당신들의 천국』 등
최인호	『별들의 고향』, 『깊고 푸른 밤』, 『겨울 나그네』, 『바보들의 행진』, 『고래 사냥』 등
오영수	『갯마을』, 『머루』 등
김수영	『푸른 하늘을』, 『폭포』, 『풀』 등
신동엽	『껍데기는 가라』, 『금강』, 『아사녀』 등
신경림	『농무』, 『가난한 사랑 노래』, 『목계장터』, 『겨울밤』 등
김지하	『오적』, 『타는 목마름으로』 등
황동규	『풍장』, 『기항지』, 『즐거운 편지』, 『삼남에 내리는 눈』 등
황지우	『새들도 세상을 뜨는 구나』, 『너를 기다리는 동안』 등
이문구	『관촌수필』, 『우리 동네』 등
•황석영	『삼포 가는 길』, 『객지』, 『장길산』, 『사람이 살고 있었네』 등
•조세희	『난장이가 쏘아올린 작은 공』, 『시간여행』 등
박경리	『토지』, 『불신시대』, 『김약국의 딸들』, 『시장과 전장』 등
박완서	『나목』, 『엄마의 말뚝』, 『그대 아직도 꿈꾸고 있는가』, 『지렁이 울음 소리』 등
강신재	『젊은 느티나무』, 『표 선생 수난기』, 『절벽』 등
이문열	『우리들의 일그러진 영웅』, 『영웅시대』, 『사람의 아들』 등
조정래	『태백산맥』, 『아리랑』 등
최명희	『혼불』, 『만종』 등
신경숙	『풍금이 있던 자리』, 『외딴방』, 『깊은 슬픔』, 『엄마를 부탁해』 등
공지영	『무소의 뿔처럼 혼자서 가라』, 『봉순이 언니』, 『고등어』, 『도가니』 등
양귀자	『원미동 사람들』, 『나는 소망한다 내게 금지된 것을』 등
김훈	『칼의 노래』, 『공무도하』, 『남한산성』 등
곽재구	『사평역에서』, 『별밭에서 지상의 시를 읽다』 등
한강	『채식주의자』, 『소년이 온다』, 『희랍어 시간』 등

윤동주(尹東柱) 일제말 암흑기의 대표적인 저항시인으로 1943년 독립운동 혐의로 검거되어 옥사함. 대표적인 시집으로 『하늘과 바람과 별과 시』가 있음

최인훈(崔仁勳) 남북 이데올로기의 문제를 정면으로 다룬 최초의 소설 『광장』을 쓴 소설가로 전후문학시대를 마감하고 1960년대 문학의 지평을 연 작가로 평가받고 있음

황석영(黃晳暎) 부와 빈곤, 노동과 생산의 문제를 사실적으로 그린 현대 리얼리즘 문학의 대표작가

조세희(趙世熙) 현실적인 문제를 환상적인 기법과 결합하여 리얼리즘과 모더니즘의 논쟁을 불러일으킨 『난장이가 쏘아올린 작은 공』의 작가

02 세계문학

핵심Tag #세계문학 일반 #문예사조 #문학 작품 #세계문학상

#세계문학 일반

088 아포리즘 aphorism
삶의 진리나 교훈 등을 간결하고 압축된 형식으로 표현한 글

질병의 증세나 진단·치료법 등을 서술한 히포크라테스의 『아포리즘』에서 처음 사용된 용어로 작자의 체험적이며 교훈적인 내용을 간결하면서도 압축된 형식으로 표현한 창작글을 말한다. 아포리즘은 작자가 분명하다는 점에서 널리 알려져 있긴 하지만 작자 미상인 속담이나 격언, °이언(俚言) 등과 구별된다. 대표적인 아포리즘으로는 히포크라테스의 '예술은 길고 인생은 짧다', 셰익스피어의 '약한 자여, 그대 이름은 여자이니라' 등이 있다.

이언(俚言) 민간에 떠도는 속된 말

089 알레고리 allegory
어떤 추상적인 관념을 구체적인 다른 것에 비유하여 표현하는 방법

다른 이야기라는 뜻의 그리스어 알레고리아(allegoria)에서 유래한 말로 우의(寓意) 또는 풍유(諷喩)라고도 한다. 이는 추상적인 관념을 유사성을 지닌 구체적인 상황이나 사물에 비유하여 주제를 전달하는 은유법과 유사한 일종의 돌려 말하기로 어떤 의미나 교훈을 전달할 때 주로 활용된다. 대표적인 작품으로는 존 버니언(John Bunyan)의 『천로역정』과 스펜서(Spenser)의 『페어리 퀸』 등이 있으며, 우리나라의 『국순전』과 같은 °가전체문학과 『장끼전』 등의 고전소설도 이를 이용한 우화라고 할 수 있다.

가전체문학(假傳體文學) 사람들에게 교훈을 주기 위해서 사물을 의인화하여 그 일생을 다룬 문학

090 리리시즘 lyricism
개인의 주관적 정서를 표현하는 서정주의

'서정시'라는 뜻의 lyric에서 유래한 것으로 주관적이고 개인적인 정서를 표현하는 정신이나 문체를 말한다. 이는 인간이 느끼는 °희로애락(喜怒哀樂)의 심정고백으로 객관적이기보다는 상징적이며, 낭만주의·상징주의·인상주의 작품에서 주로 나타난다.

희로애락(喜怒哀樂) 기쁨·노여움·슬픔·즐거움을 아울러 이르는 말

091 매너리즘 mannerism
반복된 사용으로 독창성과 신선함을 잃어버린 기법이나 형식

16~17C 초 유럽에서 유행한 양식의 하나로 화가이자 미술가인 바사리 (Vasari)가 『미술가 열전』에서 그림은 일정한 규범과 양식에 따라 그려야 한 다는 의미로 사용한 용어다. 당시에는 이것이 긍정적인 의미로 사용되었으 나 점차 부정적인 의미로 사용되어 지금은 현상 유지의 경향이나 자세를 비 판하는 말로 사용되고 있다.

092 트리비얼리즘 trivialism
필요 이상으로 상세하게 묘사하는 쇄말주의(瑣末主義)를 일컫는 말

'진부하고 통속적'이라는 뜻의 라틴어 트리비알리스(trivialis)에서 유래한 말 이다. 문제의 본질은 탐구하지 않고 사소한 문제를 필요 이상으로 상세하게 묘사하는 태도를 비판할 때 사용한다.

093 아방게르 avant-guerre · 아프레게르 après-guerre
전전파(戰前波) · 전후파(戰後波)

구분	내용
아방게르 (avant-guerre)	제2차 세계 대전 이전의 세계관과 가치관, 생활태도 등을 이어가려 는 유파로 전전파(戰前派)라고도 한다.
아프레게르 (après-guerre)	전후문학으로 제1 · 2차 세계 대전 이후에 일어난 새로운 예술사조 를 말한다. 이는 전통을 부정하고 전후의 허무를 표현하는 문학으로 다다이즘이나 초현실주의와 같은 전위예술을 가리킨다.

094 하드보일드문학 hard-boiled文學
폭력적인 테마를 감정을 배제한 채 냉정하게 묘사한 문학

'계란을 완전히 삶다(hard-boiled)'라는 의미에서 '전의(轉義)하여 1930년대 감 정과 불필요한 수식을 배제한 채 간결하고 거칠며 비정하게 묘사하는 수법 의 문학을 말한다. 주로 탐정소설 · 추리소설에 많이 이용되며 대표적인 작 품으로는 헤밍웨이의 『살인자』, 해밋의 『플라이 페이퍼』 등이 있다.

전의(轉義) 본래의 뜻에서 다 른 뜻으로 바뀌거나 그렇게 바뀐 뜻

095 패러디 parody
유명 작가의 시를 모방·변형하여 풍자하는 표현 방법

인기 있는 작품이나 유명 작가의 문체를 모방하여 익살스럽게 표현하는 방법으로 18C 이후 영국, 프랑스, 독일 등에서 성행하였다. 대표적인 작품으로는 중세 기사도의 전설을 패러디한 세르반테스(Miguel de Cervantes)의 『돈키호테(don quixote)』와 새뮤얼 리처드슨(Samuel Richardson)의 『파멜라(pamela)』를 패러디한 헨리 필딩(Henry Fielding)의 『조지프 앤드루스의 모험(joseph andrews)』 등이 있다. 그러나 음악의 경우 이러한 패러디는 유머나 풍자를 위해서라기보다는 경의를 표하기 위해서 사용되기도 한다.

▲ 돈키호테 동상

함께 나오는 용어

에스프리(esprit)
육체에 대한 정신을 뜻하는 프랑스어로, 프랑스인 특유의 재치 있고 위트 넘치는 발상을 말한다.

096 이히로만 ichroman
주인공 나(ich)의 체험이나 생활을 서술하는 1인칭의 자기 고백적 소설

독일에서 발달한 소설 형식으로 주인공의 운명이나 성장과정을 자서전적 형식으로 그린 1인칭 소설을 말한다. 그러나 이는 예술적으로 형상화된 허구라는 점에서 사실성이 돋보이는 자서전과는 구별된다. 대표적인 작품으로는 헤르만 헤세의 『데미안』 등이 있다.

함께 나오는 용어

모놀로그(monologue)
연극의 *대화극(對話劇)에 대응되는 말로 무대 위에서 등장인물이 혼자서 자신의 내면 심리나 생각을 진술하는 대사, 즉 독백(獨白)을 말한다.

대화극(對話劇, dialogue play)
등장인물들의 대화를 중심으로 사건이 전개되는 극

097 슈투름 운트 드랑 sturm und drang
개성 존중의 문예운동

"질풍노도(疾風怒濤)'라는 뜻으로 1770~1780년 독일의 시와 희곡 장르에서 일어난 문학운동이다. 이는 계몽주의 문예사조에 대한 반항으로 개성의 존중과 감정의 해방을 추구한 젊은이들의 운동으로 대표적인 작품으로는 괴테의 『젊은 베르테르의 슬픔』과 실러의 『군도(群盜)』 등이 있다.

질풍노도(疾風怒濤) 매우 빠르게 부는 바람과 세차게 소용돌이치는 물결

098 백화운동 白話運動
문어에서 구어(白話)로의 전환을 꾀한 중국의 문체(文體)개혁운동

1917년 『신청년』에 발표된 후스(胡適)의 「문학개량추의(芻議)」를 기점으로 전통적으로 지식인들이 사용하던 문어문(文語文)을 버리고 구어문(口語文)인 *백화문(白話文)을 사용해 문학을 창작하자는 문학혁명이다. 대표적인 작품으로는 루쉰(魯迅)의 『광인일기(狂人日記)』·『아큐정전(阿Q正傳)』 등이 있다.

백화(白話) 중국의 구어체 언어를 가리키는 말. 구어체로 쓴 소설은 백화소설(白話小說)

099 브나로드운동 vnarod movement
19C 후반에 전개된 농촌 계몽 운동

'민중 속으로'라는 러시아의 구호 브나로드(vnarod)에서 온 말로 19C 후반 러시아의 젊은 지식인들이 이상 사회 건설을 위해 전개한 민중 계몽 운동을 의미한다. 이들은 이상 사회 건설을 위해서 제일 먼저 민중을 깨우쳐야 한다고 보았는데 우리나라에서도 이 운동의 영향으로 1931~1934년에 동아일보사에서 문맹 퇴치 계몽 운동을 전개하였다.

100 프랑크푸르트 국제도서전 frankfurt book fair
독일 프랑크푸르트에서 열리는 가장 오래된 세계 최대 규모의 국제도서전

독일 출판인서적상협회에서 매년 10월에 주최하는 국제도서전으로 15C 초 구텐베르크의 금속활자 발명 이후 형성된 책시장 부흐메세(Buchmesse)에서 유래한 것으로 제2차 세계 대전 시 잠시 중단되었으나 1949년 다시 개최되었다. 1993년 사회주의권의 최대 도서전인 라이프치히도서전을 흡수하여 현재 전 세계 도서 저작권의 25%가 거래되는 최대 규모의 국제도서전으로 성장하였다. 우리나라의 경우 2005년 아시아 국가 중 인도, 일본에 이어 주빈국으로 선정되어 우리나라의 서적과 문화를 소개하였다.

#문예사조

101 고전주의 古典主義, classicism
인간의 이성을 존중하고 조화와 균형을 추구하는 문예사조

17~18C에 그리스·로마의 고전을 근간으로 인간다움의 존중을 추구한 휴머니즘의 발전된 형태로 인간의 이성과 지적능력, 형식과 내용의 조화, 작품의 완성도를 중시한 문예사조이다.

102 인문주의 人文主義, humanism
인간다움의 존중과 인간성 회복을 목표로 하는 휴머니즘

인문주의는 그리스·로마의 문화를 이어받아 신의 굴레로부터 벗어나 인간이 세계의 중심이라는 인간중심주의 사상으로 인간주의·인본주의라고도 한다. 이는 유럽의 르네상스(Renaissance)를 계기로 15~16C에 번영하였는데 대표적인 작품으로는 보카치오의『데카메론』, 단테의『신곡』등이 있다.

데카메론(decameron) 근대소설의 선구자로 평가받고 있는 보카치오의 단편소설집. 페스트를 피해 피렌체 교외의 별장에 온 10명의 남녀가 사랑과 지혜라는 주제로 나눈 100편의 이야기를 모은 책

103 낭만주의 浪漫主義, romanticism
인간의 정서 해방과 자유로운 상상을 강조하는 문예사조

자연으로 돌아가라는 루소(J. J. Rousseau)의 사상에 영향을 받은 낭만주의는 비합리적이며 불안하고 무질서한 인간의 심성을 있는 그대로 인정하고 이에 맞는 문화를 건설하자는 문예사조로 18C 말에서 19C 초 유럽 전역에서 유행하였다. 대표적인 작품으로는 워즈워스와 콜리지가 간행한『서정민요집』, 바이런의『해적』등이 있다.

104 사실주의 寫實主義, realism
사물을 있는 그대로 표현하려는 문예사조

낭만주의에 대한 반동으로 19C 중엽 과학존중과 실증주의를 기반으로 현실을 있는 그대로 객관적으로 묘사한 문예사조이다. 이는 프랑스의 *귀스타브 쿠르베에 의해 유행하기 시작한 것으로 대표적인 문학 작품으로는 발자크의『인간희극』, 스탕달의『적과 흑』, 플로베르의『보바리 부인』, 도스토옙스키의『죄와 벌』등이 있다.

귀스타브 쿠르베(Gustave Courbet) 기존 화풍에 대한 반발로 목욕하는 여인이나 돌 깨는 작업과 같이 현실에서 볼 수 있는 소재를 그리기 시작한 프랑스의 화가로 현실을 있는 그대로 직시하고 묘사할 것을 주장함

105 자연주의 自然主義, naturalism
생물학적 조건이 모든 것을 결정짓는다고 보는 문예사조

낭만주의에 대한 반발로 발생한 사실주의를 이어받아 19C 후반에 유행한 문예사조다. 어둡고 *염세적인 세기말적 경향을 보이며, 생리학·생물학이 인간의 모든 것을 결정한다고 보는 에밀 졸라(E. Zola)의『실험소설론』이 발표된 후 체계화되었다. 대표적인 작품으로는 졸라의『대지』, 모파상의『목걸이』등이 있다.

염세적(厭世的) 세상을 싫어하고 절망하며 모든 일을 부정적으로 보는 경향

106 유미주의 唯美主義, aestheticism
미(美)를 최고의 가치로 보고 미의 창조를 유일한 목적으로 하는 문예사조

19C 후반에 등장한 *예술지상주의 문예사조로 탐미주의(耽美主義)라고도 한다. 감각과 형식을 중시하며 악(惡)에서조차 미의 발견을 추구하였는데 대표적인 작품으로는 *에드거 앨런 포의 『애너벨 리』, 보들레르의 『악의 꽃』 등이 있다.

예술지상주의(藝術至上主義) 작품을 둘러싼 사회문화적 배경을 배제하고 예술 그 자체의 미적 창조만을 목적으로 하는 태도

에드거 앨런 포(Edgar Allan Poe) 미국 단편소설의 시조(始祖)

함께 나오는 용어

데카당스(decadence)
프랑스 제정 말기인 19C 말에 보들레르와 베를렌, 말라르메의 영향을 받아 괴기하고 관능적인 미(美)를 추구한 문예사조로 퇴폐주의라고도 한다.

107 엑조티시즘 exoticism
이국적인 정서나 정취 또는 이를 탐닉하는 경향

그리스어 '외국의'라는 뜻의 엑소티코스(exotikos)에서 유래한 말로 이국적인 풍경이나 사상 또는 미지의 세계에 대한 동경을 의미한다. 대표적인 작가로는 고갱과 피에르 로티, 테오필 고티에 등이 있다.

108 상징주의 象徵主義, symbolism
내면의 세계를 상징을 통해 표현한 상징파의 예술운동

19C 말 사실주의에 대한 반발로 대두한 문예사조로 관찰이나 분석에 의해 포착할 수 없는 주관적이고 내면적인 정서와 심리의 표현을 추구하였다. 대표적인 작품은 랭보의 『지옥의 계절』, 말라르메의 『목신의 오후』 등이다.

symbolism 1886년 모레아(J. Moréas)가 『피가로』에 선언문을 발표하면서 등장한 용어

109 모더니즘 modernism
현대적이고 실험적인 경향의 예술을 통칭하는 용어

1920년대 기존의 봉건성을 비판하며 도시적 감각과 합리성을 중시한 감각적이고 초현실주의적인 경향의 전위예술운동으로, 표현주의 · 형식주의 · 미래주의 · 다다이즘 등을 포괄하는 개념이다.

110 니힐리즘 nihilism
절대 진리나 도덕은 없다고 보는 허무주의

'무(無)'를 의미하는 라틴어 니힐(nihil)에서 유래한 말로 절대 진리나 도덕 같은 것은 없다고 보는 경향과 태도를 말한다. 이는 모든 주의나 주장을 부정하고 찰나적인 쾌락을 추구하거나 아예 무관심하게 살아가는 절망적 니힐리즘으로 나타나기도 하고, 무(無)를 자유로 받아들여 자유에의 길을 찾는 형태로 표출되기도 한다.

*니체(Nietzsche)는 기독교나 불교의 도덕을 수동적 니힐리즘이라고 비판하며 기존 가치를 바꾸고 변화시키는 능동적 니힐리즘을 주장하였다.

니체(Nietzsche) 독일의 시인이자 철학자로 키르케고르와 함께 실존주의의 선구자로 평가받음. 기독교적·민주주의적 윤리를 약자의 노예 도덕으로 간주하고 초인에 의한 군주 도덕을 찬양. 대표적인 작품으로는 『반시대적 고찰』, 『비극의 탄생』, 『자라투스트라는 이렇게 말했다』 등이 있음

111 쉬르레알리즘 surrealism
무의식과 환상의 세계를 지향하는 문예사조

1917년 아폴리네르(G. Apollinaire)가 처음 사용한 용어로 초현실주의(超現實主義)라고도 한다. 이는 다다이즘과 프로이트의 정신분석학의 영향을 받아 이성과 합리보다는 꿈과 무의식, 환상의 세계를 중요시하는 문예사조로, 1924년 앙드레 브르통(A. Breton)이 『쉬르레알리즘 선언』을 발표하면서 본격화되었다. 주로 무의식의 세계를 일정한 규칙이나 인과관계 없이 나열하는 자동기술법(自動記述法)을 사용하였는데 대표적인 작품으로는 브르통의 『나자』·『새벽』, 엘뤼아르의 『고뇌의 수도』·『민중의 장미』, 아라공의 『파리의 농부』 등이 있다.

112 신심리주의 新心理主義
인간의 의식과 무의식의 세계를 심층적으로 묘사한 문예사조

20C 초 영국과 프랑스를 중심으로 대두한 문예사조로, 프로이트(Freud)의 정신분석학을 배경으로 *의식의 흐름과 내적 독백의 수법을 활용하여 인간의 의식과 무의식의 세계를 탐구하였다. 대표적인 작품으로는 제임스 조이스의 『젊은 예술가의 초상』·『율리시스』, 데이비드 로렌스의 『채털리 부인의 사랑』, 마르셀 프루스트의 『잃어버린 시간을 찾아서』, 버지니아 울프의 『댈러웨이 부인』·『등대로』 등이 있다.

의식의 흐름(stream of consciousness) 작가의 개입 없이 작중인물의 심리나 감정의 변화과정을 구문이나 문법에 구애받지 않고 표현하는 실험적인 방법으로 인물의 심리를 묘파(描破)하는 데 유용한 기법

113 행동주의 行動主義, behaviorism
인간 행동을 중시하는 문예사조

제1차 세계 대전 후인 1920~1930년대 절망과 불안 속에서 니힐리즘과 내면의 심리 묘사에 치중하는 문학에 대한 반발로 등장한 문예사조이다. 이는 위기 상황 속에서 인간의 모험과 행동을 중시하는 경향의 문학으로 대표적인 작품으로는 생텍쥐페리의『야간비행』, 앙드레 말로의『정복자』, 몽테를랑의『투우사』, 헤밍웨이의『무기여 잘 있거라』등이 있다.

114 신즉물주의 新卽物主義, neue sachlichkeit
반(反)표현주의 운동. 사물을 정확히 묘사해 사실 자체로 말하는 문예기법

1920년대 독일에서 *표현주의(表現主義)에 대한 반동으로 등장한 운동으로 자아의 주관적인 감정 표현을 억제하고 사물에 대한 냉정한 관찰과 정확한 묘사를 통해 사실 그 자체로 하여금 말하게 하는 문예기법을 말한다. 대표적인 작품은 E. M. 레마르크의『서부전선 이상 없다』이다.
또한 1960년대 프랑스에서는 '현실은 허구를 능가한다'는 표어 아래 미술 작품 속에 현실적인 요소를 직접 연결하는 미술활동을 펼쳤는데, 이를 '신현실주의' 또는 '누보 레알리슴(nouveau realisme)'이라고 한다.

표현주의(表現主義, expressionismus) 작가의 주관적이고 내면적인 감정 표현에 중점을 둔 문예사조

115 앙가주망 engagement
사회참여(社會參與) 문학

제2차 세계 대전 이후 실존주의자들에 의해 널리 사용된 용어로 문학을 통한 사회참여를 말한다. 앙가주망의 대표적인 작가인 사르트르는『존재(存在)와 무(無)』에서 주체적인 선택을 통해 운명을 결정해야 하는 인간 존재에 대해 기술하였으며『문학이란 무엇인가』에서 사회참여 문학을 강조하였다.

116 실존주의 實存主義, existentialism
부조리한 현실 속의 고립된 인간이 잃어버린 자아를 발견할 것을 강조하는 문예사조

20C 초 합리주의와 실증주의에 대한 반동으로 등장한 실존주의는 키르케고르(Kierkegaard)에서 니체(Nietzsche), 야스퍼스(Jaspers), 하이데거(Heidegger)를 거쳐 *사르트르(Sartre)에 와서 세계적인 문예사조가 되었다. 이는 극한상황 속에서 인간의 선택과 결단을 통해 인간 존재의 주체성을 강조하는 문학 경향이다.
대표적인 작품으로는 사르트르의『구토』·『벽(壁)』, 카뮈(Camus)의『시지프의 신화』·『이방인』, 카프카(Kafka)의『변신』등이 있다.

사르트르(Jean-Paul Sartre) 실존주의 대표 작가. 프랑스의 작가이자 사상가. 1938년『구토』를 발간하면서 주목을 끌기 시작해 1943년 무신론적 실존주의를 기술한『존재와 무』로 실존주의를 대표하는 작가가 됨. 전후에는 사회참여 문학을 주장하였으며 1964년에 노벨문학상 수상을 거부한 것으로도 잘 알려져 있음

117 앙티로망 anti-roman
전통적인 소설 형식을 부정하는 새로운 형태의 실험적인 소설

1950년대 전통적인 소설의 형식에서 벗어나 새로운 형식과 기교를 지향하는 소설을 가리키는 말로 °누보로망(nouveau roman) 또는 반소설(反小說)이라고도 한다. 이는 줄거리나 뚜렷한 심리에 대한 서술 없이 시간이 역전되고 시점이 변화하는 미분화된 인간의 상태를 묘사하는 실험적인 문학으로, 사로트(Sarraute)의 『낯선 사나이의 초상』 서문에서 사르트르가 처음으로 사용하였다. 대표적인 작품으로는 로브그리예(Robbe−Grillet)의 『질투』·『고무 지우개』, 베케트(Beckett)의 『°고도를 기다리며』, 뷔토르(Butor)의 『변심』, 시몽(Simon)의 『사기꾼』 등이 있다.

함께 나오는 용어

- **앙티테아트르(anti−theatre)**
  현실을 있는 그대로 보여주는 사실주의극에 대한 반동으로 등장한 새로운 형태의 연극을 가리키는 말이다. 이는 등장인물들의 무의미한 대화와 몸짓의 반복, 상징적인 소품과 무대설정 등을 통해 인간 존재의 부조리에 대해 파헤치는 연극으로 부조리극 또는 전위극이라고도 한다.

- **누벨바그(nouvelle vague)**
  1950년대 기성 영화에 대한 반발로 등장한 새로운 영화 제작 방법으로 줄거리보다는 표현을 중시하는 새로운 경향을 가리키는 말이다. 감독의 즉흥연출과 자연광을 이용한 즉흥 촬영 및 롱테이크, 미완결 스토리, 비약적인 장면 전개, 감각적인 영상 등 다양한 실험을 통한 개성적인 영화들이 만들어졌는데 대표적인 작품으로는 트뤼포의 『400번의 구타』, 고다르의 『네 멋대로 해라』, 샤브롤의 『사촌들』 등이 있다.

누보로망(nouveau roman)
전통적인 관습을 부정한 새로운 형태의 소설로 신소설이라고도 함

고도를 기다리며(waiting for Godot) 1953년 공연된 베케트의 2막 희곡으로 어느 이름 모를 시골길에서 블라디미르와 에스트라공이라는 두 떠돌이가 하염없이 고도라는 인물을 기다리는 내용으로 마지막까지 관객들은 고도를 보지 못함. 기다림을 통해 현대인의 존재에 대한 불안 의식을 표현한 전위극의 고전으로 1969년 노벨문학상을 수상

118 해빙기문학 解氷期文學
구소련의 당 중심의 목적문학에 대한 반동으로 등장한 문학

에렌부르크(Erenburg)의 『해빙』이 발간되면서 20C 중반 형식적인 당 문학에 대한 반동으로 등장한 러시아 작가들의 작품경향을 말한다. 이전 스탈린 정권하의 독재주의를 찬양하던 문학에서 벗어나 자유와 개성을 추구한 문학이다. 대표작으로는 파스테르나크의 『닥터 지바고』, 두진체프의 『빵만으로는 살 수 없다』, 솔제니친의 『이반 데니소비치의 하루』 등이 있다.

함께 나오는 용어

아스팔트문학(asphalt文學)
정권을 잡은 °나치스(Nazis)가 문학의 숙청 시 반(反)나치적인 경향의 문학을 부르던 말로 향토 정신과 국가관이 결여된 문학이라고 하여 탄압의 대상이 되었다.

나치스(Nazis) 독일 민족 지상주의와 강력한 국가주의를 주장한 히틀러를 당수로 한 독일의 파시스트당을 가리키는 말

119 키치문학 kitsch文學
통속적이고 상업적인 문학

'가짜 또는 속되고 천박한 것'이라는 뜻의 미술용어인 키치(kitsch)에서 유래한 말로 고급문화에 대비되는 소비문화나 통속적인 대중문화의 특성이 드러나는 문학을 의미한다.

함께 나오는 용어

칙릿(chick Lit)
20~30대 미혼의 직장 여성을 겨냥한 소설을 가리키는 신조어로 주로 미혼여성들의 일과 사랑을 주제로 한 작품들이다. 이는 영화와 드라마로도 제작되어 많은 여성들의 사랑을 받았는데 대표적인 작품으로는 『브리짓 존스의 일기』, 『악마는 프라다를 입는다』, 『섹스 앤 더 시티』, 『내니 다이어리』 등이 있다.

칙릿(chick Lit) 젊은 여성을 의미하는 미국 속어 chick과 문학(literature)의 줄임말 lit이 결합된 신조어로서 젊은 여성을 주독자층으로 하는 소설 장르를 가리키는 말로 칙북(chick Book)이라고도 함

#문학 작품

120 일리아스 ilias
호메로스가 지은 그리스 최고(最古)의 민족 대서사시

스파르타의 왕비인 절세미인 헬레네로 인해 유발된 10년에 걸친 트로이 전쟁의 마지막 50일간을 노래한 대서사시로 삶과 죽음을 초월한 영웅 이야기이다. 그리스인의 총사령관 아가멤논에게 모욕당한 그리스의 영웅 아킬레우스가 격노하여 전투에서 빠지면서 그리스군은 패배하게 되고, 이에 친구인 파트로클로스가 아킬레우스로 분장해 트로이를 패주(敗走)시키지만 트로이의 장수 헥토르에게 살해당하고 만다. 이에 아킬레우스가 헥토르를 죽이고 그의 아비가 아들의 시신을 찾아가는 것으로 대서사시는 끝이 난다.

일리아스(ilias) 도시 트로이의 별칭인 일리오스(ilios)에서 온 말. 풀이하면 일리오스 이야기로 '일리아드(iliad)'라고도 함

121 오디세이아 odysseia
호메로스가 지은 그리스의 대서사시

트로이 전쟁을 승리로 이끈 오디세우스의 표류담 및 귀국과 관련된 이야기로 오디세우스의 노래라는 뜻이다. *트로이 목마(trojan horse)를 이용해 트로이를 함락시킨 오디세우스는 고향으로 돌아오는 길에 온갖 고난과 모험을 겪게 된다. 10여 년의 방랑 끝에 고향에 도달한 오디세우스는 부인인 페넬로페에게 청혼한 많은 젊은이들을 모두 죽이고 왕좌에 오른다. 고대 그리스의 시인 호메로스의 작품인 『오디세이아』와 『일리아스』는 유럽 서사시의 근원으로 평가되고 있으며 이후 유럽의 문학에 많은 영향을 미쳤다.

트로이 목마(trojan horse) 그리스군을 승리로 이끈 오디세우스의 계책. 트로이군은 그리스군이 남기고 간 거대한 목마를 성 안에 들여 놓고 승리에 취해 곯아떨어지게 되고 이 틈을 타 목마에 숨어 있던 그리스군이 트로이의 성문을 열고 트로이를 함락시킴

122 신곡 神曲, la divina commedia
단테의 장편 서사시

문예부흥의 선구자인 이탈리아의 문호(文豪) 단테가 사후(死後) 세계를 여행한 이야기로 「지옥편」, 「연옥편」, 「천국편」 3부로 이루어져 있다. 33살이 되던 해 단테는 길을 잃고 헤매던 중 3마리의 야수와 맞닥뜨린 위기 상황에서 로마의 시인 베르길리우스를 만나 지옥과 연옥을 가게 되고 그와 헤어진 후 다시 베아트리체를 만나 천국을 여행하게 된다. 이는 망명 생활 속에서 정치적·윤리적·종교적으로 혼란을 겪은 단테 자신의 체험이 반영된 이야기로 인간의 영혼이 죄악으로부터 정화되는 과정을 그린 작품(1321)이다.

123 유토피아 utopia
영국의 토머스 모어가 지은 ˙공상소설(空想小說)

이상향(理想鄉)을 의미하는 유토피아는 그리스어로 '어느 곳에도 없는 곳'이라는 뜻으로, 저자가 히슬로다에우스라는 선원으로부터 들은 유토피아의 제도와 풍속을 기록한 형식의 소설이다. 유토피아는 전 시민이 균등하게 노동하고 필요한 것은 시장의 창고에서 자유롭게 꺼내 쓰며 남녀가 평등하고 종교와 교육의 자유가 있는 나라로 당시 그렇지 못한 영국 사회를 간접적으로 비판한 작품(1516)이다.

> **공상소설(空想小說, fantasy)**
> 현실에서 불가능한 일이 가능한 소설로 덴마크의 동화작가 안데르센을 시초로 캐럴의 『이상한 나라의 앨리스』에 와서 확립된 장르

함께 나오는 용어

- 디스토피아(dystopia)
  유토피아의 반대말로 가장 부정적인 세계를 통해 현실을 비판하는 문학 작품으로 역(逆)유토피아라고도 한다. 대표적인 작품으로 올더스 헉슬리(Aldous Leonard Huxley)의 『멋진 신세계』, 조지 오웰(George Orwell)의 『1984년』 등이 있다.
- 샹그릴라(Shangri-La)
  영국의 소설가 제임스 힐턴의 작품 『잃어버린 지평선』(1933)이라는 작품에 나오는 가공의 장소로, 외부로부터 단절된 히말라야의 유토피아로 묘사되었다. 지상 어딘가에 존재하는 천국을 가리키는 보통명사로 사용된다.

124 실낙원 失樂園, paradise lost
영국의 대시인으로 평가받고 있는 밀턴의 장편 서사시

구약성서에 기록된 아담과 하와의 타락과 이로 인한 에덴에서의 추방을 주요 모티브로 인간의 원죄와 구원에 대해 노래한 작품(1667)이다. 밀턴은 1671년 『실낙원』의 속편으로 사탄의 갖은 유혹을 이겨낸 예수 그리스도의 이야기인 『복낙원(復樂園, paradise regained)』을 썼다.

125 셰익스피어의 4대 비극

셰익스피어 문학의 절정을 이루는 『햄릿』, 『오셀로』, 『리어왕』, 『맥베스』를 가리키는 말

구분	내용
햄릿(hamlet)	덴마크 왕가의 왕위 계승을 둘러싸고 부왕을 독살한 숙부에게 복수해야 하는 지식인 왕자 햄릿의 고뇌를 그린 복수비극이다.
오셀로(othello)	원명은 『베니스의 무어인 오셀로의 비극』으로 흑인 장군 오셀로가 그의 '부관' 이아고의 농간에 의해 사랑하는 아내 데스데모나가 부정(不貞)을 저질렀다고 오해하여 살해하고 난 후에 진실을 알고 자신도 자살하고 이를 꾸민 이아고도 처형당하는 가정비극이다.
리어왕(king Lear)	늙은 왕이 자신에 대한 세 딸의 애정을 시험하는 설화를 모티브로 한 소설로 혈육간의 유대감 파괴와 *배은(背恩)의 비극을 담은 작품이다.
맥베스(macbeth)	권력에 눈 먼 스코틀랜드의 무장(武將)인 맥베스의 왕위찬탈이 부른 비극을 그린 작품이다.

배은(背恩) 은혜를 저버림

함께 나오는 용어

- 셰익스피어의 5대 희극 『한 여름밤의 꿈(a midsummer night's dream)』, 『말괄량이 길들이기(the taming of the shrew)』, 『베니스의 상인(the merchant of venice)』, 『뜻대로 하세요(as you like it)』, 『십이야(twelfth night)』
- 로미오와 줄리엣 셰익스피어 4대 비극에는 속하지 않지만, 셰익스피어의 명성을 알리게 된 작품

126 하멜표류기 hamel 漂流記

네덜란드인 하멜의 14년간의 조선 억류 생활을 기록한 책

일본 나가사키로 항해하던 중 태풍으로 인해 제주도에 *표착(漂着)한 네덜란드 동인도회사 소속의 하멜 일행이 14년간에 걸친 조선 억류 생활을 기록한 책으로 조선을 유럽에 소개한 최초의 문헌이다. 그는 탈출에 성공하여 1668년에 『하멜표류기』로 알려진 『난선 제주도 난파기』와 부록 『조선국기』를 발표하였는데, 이에는 당시 조선의 지리·풍속·경치·정치·교육·교역·군사 등의 내용이 상세하게 기록되어 있어 당시 조선의 사회상을 연구하는 데 중요한 자료가 되고 있다.

표착(漂着) 물결에 떠돌아다니다가 어떤 곳에 닿음

함께 나오는 용어

- 동방견문록(東方見聞錄)
  이탈리아 베네치아의 상인인 마르코 폴로(Marco Polo)가 1271년부터 1295년까지 동방을 여행한 이야기를 루스티첼로가 필록(筆錄)한 여행기로 1299년에 완성되었다.
- 왕오천축국전(往五天竺國傳)
  신라 성덕왕 때 승려 혜초(慧超)가 고대 인도의 5천축국과 인근의 여러 나라를 10년 동안 순례하고 727년에 당나라에 돌아와 기록한 여행기로 당시 인도 및 서역의 종교·풍속·문화 등에 대한 내용을 담고 있는 귀중한 자료이다.

127 젊은 베르테르의 슬픔 die leiden des jungen Werthers
*베르테르 효과를 불러일으킨 괴테의 소설

젊은 변호사 베르테르는 약혼자가 있는 로테를 사랑하게 되어 그녀를 피해 다른 나라로 떠나지만 공사(公使)의 관료적 태도와 같은 인습에 대항하다 파면되어 다시 돌아오게 된다. 가정을 꾸리고 살고 있는 로테는 그를 따뜻하게 보살펴주지만 그의 고독은 점점 깊어져 결국 권총으로 자살하게 된다. 시대와의 단절로 고뇌하는 젊은이의 모습을 섬세하게 그린 작품(1774)으로 당시 젊은 세대의 공감을 불러일으켰다.

> **베르테르 효과(Werther effect)** 자신의 롤 모델(role model)이나 유명인이 자살할 경우 이를 따라 자살하는 현상을 부르는 말. 이는 괴테의 『젊은 베르테르의 슬픔』을 읽고 주인공 베르테르의 죽음을 따라 자살한 젊은이들이 급증한데서 유래한 말

128 죄와 벌 prestuplenie i nakazanie
인간 회복의 소망을 담은 러시아를 대표하는 소설가 도스토옙스키의 장편소설

오갈 데 없는 사람들로 넘치는 상트페테르부르크의 뒷거리에서 가난한 고학생 라스콜니코프는 악덕 고리대금업자 노파를 죽이고 죄의식에 사로잡히게 된다. 그러던 중 자기희생과 고독을 견디며 살아가는 순수한 영혼의 창부 소냐를 만나 자수하고 시베리아로 *유형(流刑)을 떠난다. 이는 그리스도교를 바탕으로 서구 합리주의에 대한 비판과 더불어 인간회복의 소망을 담은 휴머니즘 소설(1866)이다.

> **유형(流刑)** 죄인을 유배지로 귀양보내는 형벌

129 부활 復活, voskresenie
톨스토이의 3대 작품 중 하나

『전쟁과 평화』, 『안나 카레니나』와 함께 톨스토이의 3대 작품 중 하나이다. 귀족인 네플류도프가 하녀 카추샤를 임신시켜 그녀의 삶을 나락으로 떨어지게 한 후 세월이 흘러 *배심원과 여죄수로 다시 만나게 된다. 양심의 가책을 느낀 네플류도프가 그녀를 돕기 위해 노력하면서 복음서를 통한 자기갱생의 길을 발견하게 된다는 내용의 이야기로, 완벽한 심리 묘사와 당대 사회에 대한 풍자가 돋보이는 작품(1899)이다.

> **배심원(陪審員)** 일반 국민 가운데서 선출되어 배심 재판에 참여하여 사실 문제에 관한 판단을 내리는 사람

함께 나오는 용어

- **전쟁과 평화(voina i mir)**
  러시아의 1812년 전쟁을 상세하게 묘사한 톨스토이의 장편소설로 전반부에는 귀족들의 생활상과 국외 전투를, 후반부에는 국내 전투와 인생의 목적을 탐구한 소설이다.
- **안나 카레니나(anna karenina)**
  고관 카레닌의 아내 안나가 너무나 관료적인 남편에게 염증을 느끼고 청년 장교 브론스키와 불륜에 빠져 남편과 자식을 버리고 도피하나 결국 철도 자살을 시도한다는 비극적인 이야기로, 19C 러시아 귀족들의 결혼생활과 불륜에 대한 작가의 제재(制裁)가 잘 드러나는 작품이다.

130 기탄잘리 gitanjali
인도의 시인이자 사상가인 타고르(Tagore)의 시집

『기탄잘리』(1910)는 신에게 드리는 송가라는 뜻의 시집이다. 타고르는 경건하면서도 감미로운 시로 뜨거운 신앙을 노래하여 1913년 동양인 최초로 노벨문학상을 수상하였다.

함께 나오는 용어

동방의 등불(The Lamp of the East)
타고르가 일본 식민 통치라는 암흑 속에서 신음하던 조선 민족에게 전한 시이다. 과거의 영광을 되찾고 다시 빛을 발하게 되리라는 희망의 메시지를 담은 6행의 짧은 형태다.

131 변신 變身, die verwandlung
카프카의 *중편소설

독일의 작가 카프카의 대표작으로 하루아침에 괴상한 벌레로 변해버린 평범한 세일즈맨 그레고르 잠자를 통해 현대인의 고독과 불안, 소외를 그린 작품(1916)이다.

중편소설(中篇小說) 200자 원고지 200~500매 내외의 소설로 단편소설과 장편소설의 중간적인 특징을 지님

함께 나오는 용어

환상문학(幻想文學)
사실주의에 대한 반동으로 등장한 문학으로 환상적이고 초자연적인 가공세계에서 벌어지는 이야기나 현실에서 일어날 수 없는 사건을 다룬 문학을 말한다. 환상은 현실세계와의 단절로 인한 공포감과 추측, 의혹을 불러일으키는데 대표적인 작품으로는 프란츠 카프카(Franz Kafka)의 『변신』, 살만 루시디(Salman Rushdie)의 『악마의 시』 등이 있다. 또한 영화로 잘 알려진 톨킨(Tolkien)의 『반지의 제왕』과 조앤 K. 롤링(Joan K. Rowling)의 『해리포터』 시리즈도 이에 속한다.

132 데미안 demian
자기 탐구의 과정을 그린 헤르만 헤세(Hermann Hesse)의 장편소설

제1차 세계 대전에서 중상을 입은 싱클레어가 자신보다 나이가 많은 데미안을 만나 자아를 발견해가는 과정을 그린 수기 형식의 *성장소설(成長小說)로, 패전으로 인해 공황상태에 빠져 있던 당시 독일의 젊은이들에게 깊은 감명을 준 작품(1919)이다.

성장소설(成長小說) 주인공이 자아를 발견하고 정신적으로 성장해가는 소설

133 수용소군도 收容所群島, arkhipelag gulag
소련 수용소의 실태를 폭로한 솔제니친의 작품

'다도해'를 뜻하는 아르히펠라크(arkhipelag)와 **교정(矯正) 노동수용소관리본부**'를 뜻하는 굴라크(gulag)가 합성된 말로, 저자 자신의 체험을 바탕으로 1973년에 발표한 기록문학이다. 저자는 이 소설을 발간했다는 이유로 소련에서 국외로 추방되었다.

교정(矯正) 잘못된 품성이나 행동, 결점 등을 바로잡음

134 중국의 4대기서 四大奇書
『수호지』, 『삼국지연의』, 『서유기』, 『금병매』를 가리키는 말

작품명	내용
수호지 (水滸誌)	송(宋)과 원대(元代)의 설화나 문인들의 창작물을 시내암이 엮어 펴낸 책으로 풍부한 어휘와 재기발랄한 표현이 돋보이는 작품이다.
삼국지연의 (三國志演義)	원명은 『삼국지통속연의』로 위(魏)·촉(蜀)·오(吳)의 설화와 **강담(講談)**을 바탕으로 나관중이 집필한 역사소설이다.
서유기 (西遊記)	당나라 때 실존인물인 삼장법사와 신통력을 가진 가상의 손오공, 저팔계, 사오정이 불경을 구하러 부처님이 계신 천축국으로 가는 수행의 과정을 그린 오승은의 불교소설이다.
금병매 (金瓶梅)	• 부정한 방법으로 재산을 모은 서문경(西門慶)은 만두장수를 독살하고 그의 아내 반금련을 첩으로 삼고 친구의 처 이병아도 빼앗는다. 그러나 결국 모두 급사하거나 살해당하고 서문경의 처 오월랑(吳月娘)은 절에 들어가 인과응보의 이치를 깨닫는다는 이야기로 『홍루몽(紅樓夢)』에 영향을 미친 작자 미상의 장편소설이다. • 금병매라는 제목은 반금련과 이병아, 반금련의 시녀 춘매에서 한 글자씩 따온 것이다.

강담(講談) 강연·강의식의 말투로 이야기함 또는 그런 이야기

함께 나오는 용어

• 홍루몽(紅樓夢)
중국 고전소설의 결정판으로 평가받고 있는 조설근(曹雪芹)의 장편소설로 가문의 영화와 몰락, 남녀 간의 애정과 비극을 그린 작품이다. 병약하지만 총명한 임대옥(林黛玉)과의 결혼을 원한 가보옥(賈寶玉)이 할머니의 계략으로 설보채(薛寶釵)와 혼인을 하던 날 임대옥은 쓸쓸히 죽고 만다. 이에 **인생무상(人生無常)**을 느낀 보옥은 사라지고 훗날 비릉(毘陵)의 나루터에서 아버지를 만나지만 목례만 하고 또다시 사라진다는 내용이다.
• 중국의 대표 소설가

루쉰(魯迅)	중국 문학가 겸 사상가로, 1918년 문학혁명을 계기로 『광인일기』를 발표하여 가족 제도의 폐해를 폭로하였다. 『아큐정전』은 그의 대표작으로 세계적 수준의 작품으로 평가받는다.
모옌(莫言)	중국 최초의 노벨문학상 수상작가로, 프란츠 카프카·윌리엄 포크너와 비견되며 환상적 리얼리즘의 정수를 창조한 중국 현대문학의 거장이다.

인생무상(人生無常) 인생의 덧없음을 의미하는 말. 유의어로 일장춘몽(一場春夢), 남가일몽(南柯一夢) 등이 있음

135 열린 사회와 그 적들 the open society and its enemies
비판적 합리주의를 대표하는 영국의 철학자 칼 포퍼(Karl Popper)의 철학서

칼 포퍼는 『열린 사회와 그 적들』(1945)에서 인류가 생존할 수 있는 유일한 사회를 열린 사회로 규정하고 플라톤(Platon)의 전체론과 헤겔(G. Hegel)의 역사적 법칙론, 마르크스(K. Marx)의 유토피아주의를 열린 사회의 적인 닫힌 사회로 규정하고 격렬하게 비판하였다.

그는 좀 더 나은 사회로 나아가기 위해서는 혁명보다는 합리적이고 자유로운 토론을 통한 점진적 개선이 필요함을 주장하였다.

136 이데올로기의 종언 the end of ideology
미래 사회의 전개를 예언한 다니엘 벨(D. Bell)의 저서

1960년에 발표된 『이데올로기의 종언』은 지식정보화 사회가 도래하면 탈산업 사회(脫産業社會)가 되어 이데올로기의 중요성이 사라지게 된다는 주장을 담은 벨(D. Bell)의 저서이다.

137 역사의 종언 the end of history
자유민주주의의 승리를 역사의 종언으로 주장한 F. 후쿠야마의 저서

F. 후쿠야마는 헤겔의 '보편적인 역사'를 모든 인간이 균등하게 자유를 누리는 것으로 규정하고 있다. 따라서 사회주의와 공산주의가 자유주의와 민주주의에 굴복한 오늘날을 역사의 종언의 때라고 주장하였다.

138 권력이동 權力移動, powershift
미래학자 앨빈 토플러의 저서

『미래의 충격』(1970), 『•제3의 물결』(1980)과 더불어 3부작의 완결편인 『권력이동』(1991)에서 토플러는 권력의 원천을 폭력(暴力)과 부(富), 지식(知識) 세 가지로 보고 폭력을 저품질의 권력, 부를 중품질의 권력, 지식을 고품질의 권력으로 규정하였다. 저자는 과거 산업화시대에는 물리적 힘과 돈이 권력의 원천이었다면 다가오는 지식정보화시대에는 정보를 활용하는 노하우와 지식이 이를 대체할 것이라고 주장하였다.

제3의 물결(the third wave)
인류가 농경기술의 발견으로 인한 제1의 물결에서 산업 혁명을 통한 제2의 물결을 지나 현재 과학기술에 의한 제3의 물결을 맞이하고 있다는 앨빈 토플러의 저서

작가	작품
가와바타 야스나리	『설국』, 『이즈의 무희』
괴테	『파우스트』, 『젊은 베르테르의 슬픔』
기 드 모파상	『비곗덩어리』, 『여자의 일생』, 『피에르와 장』
알리기에리 단테	『신곡』, 『신생』, 『향연』
도스토옙스키	『죄와 벌』, 『백치』, 『악령』, 『카라마조프가의 형제들』
딘 쿤츠	『스타퀘스트』, 『사이코』, 『백색의 가면』
루쉰	『아큐정전(阿Q正傳)』, 『광인일기』, 『고향』
루스 베네딕트	『국화와 칼』, 『문화의 패턴』
*무라카미 하루키	『노르웨이의 숲』, 『해변의 카프카』, 『1Q84』
미셸 푸코	『감시와 처벌』, *『광기의 역사』
존 밀턴	『실낙원』, 『복낙원』, 『그리스도 강탄의 아침에』
조반니 보카치오	『데카메론』, 『필로콜로』, 『피아메타』
브루스 커밍스	『한국전쟁의 기원』, 『전쟁과 TV』, 『한국현대사』
빅토르 위고	『레 미제라블』, 『노트르담의 꼽추』
새뮤얼 헌팅턴	『문명의 충돌』, 『미국정치론』
셰익스피어	『햄릿』, 『로미오와 줄리엣』, 『베니스의 상인』, 『맥베스』
솔제니친	『이반 데니소비치의 하루』, 『수용소군도』, 『암병동』
스콧 피츠제럴드	『위대한 개츠비』, 『최후의 대군』
아널드 J. 토인비	『역사의 연구』
아서 밀러	『세일즈맨의 죽음』, 『다리 위에서의 조망』
앙드레 지드	『좁은 문』, 『배덕자』, 『전원교향곡』
앨빈 토플러	『제3의 물결』, 『권력이동』, 『미래의 충격』, 『부의 미래』
에드워드 핼릿 카	『역사란 무엇인가』, 『새로운 사회』
에리히 프롬	『자유로부터의 도피』, 『선(禪)과 정신분석』, 『정신분석과 종교』
오에 겐자부로	『사육』, 『만연원년의 풋볼』, 『하마에 물리다』
존 스타인벡	『분노의 포도』, 『에덴의 동쪽』
존 케네스 갤브레이스	『불확실성의 시대』, 『대공황』
찰스 라이트 밀스	『파워 엘리트』, 『화이트 칼라』
알베르 카뮈	『이방인』, 『페스트』, 『태양의 후예』
프란츠 카프카	『변신』, 『심판』
카를 하인리히 마르크스	『루이 보나파르트의 브뤼메르 18일』, 『자본론』
칼 포퍼	『열린 사회와 그 적들』, 『탐구의 논리』, 『역사주의의 빈곤』
라빈드라나트 타고르	『기탄잘리』, 『동방의 등불』

무라카미 하루키(村上春樹)
일본 교토 태생. 1979년 『바람의 노래를 들어라』로 문단에 데뷔함. 1982년에는 첫 장편소설 『양을 둘러싼 모험』으로 제4회 노마(野間)문예신인상을 수상하고, 1987년 발표한 연애소설 『노르웨이의 숲(상실의 시대)』이 62만 부의 판매고를 올리며 '하루키 신드롬'을 일으킴

광기의 역사(histoire de la folie a l'age classique) *포스트구조주의의 대표학자인 미셸 푸코(Michel Foucault)의 저서로, 합리적 이성을 중시한 서양 문명의 독단과 독선을 비판하고 그 안에서 정신질환으로 취급받으며 감금당한 비이성적 사고인 광기(狂氣)가 인간적인 특성임을 주장한 글

포스트구조주의(post-structuralism) 구조주의의 인간경시현상에 대한 반발로 등장한 사상으로 역사와 종교 및 여러 동기가 개입된 다원결정(多元決定)의 역할을 중시

토머스 하디	『테스』, 『귀향』, 『미천한 사람 주드』
피터 드러커	『이노베이터의 조건』, 『경제인의 종말』, 『단절의 시대』
해럴드 핀터	『관리인』, 『귀향』, 『침묵』
헤르만 헤세	『유리알 유희』, 『데미안』, 『싯다르타』, 『수레바퀴 밑에서』
어니스트 헤밍웨이	『노인과 바다』, 『무기여 잘 있거라』

#세계문학상

140 노벨문학상 Nobel prize in literature
노벨의 유언에 따라 인류에 공헌한 작품에 수여하는 상

1901년부터 스웨덴의 과학자 *알프레드 노벨의 유언에 따라 수여되는 노벨상 중 한 부문으로 전년도 인류를 위해 가장 큰 공헌을 한 작품을 선정하여 시상한다.

알프레드 노벨(Alfred Bernhard Nobel) 다이너마이트를 발명한 스웨덴의 화학자로 과학의 진보와 세계 평화를 위해 노벨상을 창설

함께 나오는 용어
로터스상(lotus prize) 아시아·아프리카 작가회의(afro-asian writers' conference)에서 1968년에 제정한 동양의 노벨상이라고 불리는 문학상. 우리나라에서는 1975년 김지하 시인이 옥중에서 수상함.

141 맨부커상 man booker prize
최고 권위의 영국 문학상

1969년 영국의 부커사가 제정한 영국 최고의 권위를 지닌 *세계 3대 문학상 중 하나다. 매년 영국 연방국가 내에서 영어로 된 소설을 심사하여 수상작을 선정한다. 한편 부커상은 일반인들의 관심을 끌고 참여의 기회를 주기 위해 1999년 일반 독자들이 투표하는 피플스 부커(people's booker)를 제정하였다. 이 상은 부커상 후보 중에서 일반인들이 인터넷 투표를 하여 수상자를 선정한다. 2016년 한강이 『채식주의자』로 한국인 최초로 맨부커상(인터내셔널 부문)을 수상했다.

세계 3대 문학상
- 스웨덴 노벨문학상 (nobel prizes)
- 프랑스 공쿠르상 (le prix de goncourt)
- 영국 맨부커상 (man booker prize)

142 공쿠르상 le prix de goncourt
에드몽 공쿠르의 유지에 따라 가난한 예술가를 지원하기 위해 제정된 상

프랑스 사실주의 소설을 대표하는 작가 에드몽 공쿠르(Edmond de Goncourt)의 유언에 따라 가난한 예술가를 지원하기 위해 1903년부터 시상된 *프랑스 4대 문학상 중 하나로 대표적인 수상작으로는 바르뷔스의 『포화(砲火)』(1916), 말로의 『인간의 조건』(1933) 등이 있다.

프랑스 4대 문학상
- 공쿠르상
- 르노도상
- 페미나상
- 앵테랄리에상

143 괴테상 Goethe-preis
괴테의 작가 정신과 그 업적을 기리기 위해 제정한 문화상

독일을 대표하는 작가 괴테를 기념하기 위해 *연고지인 독일의 프랑크푸르트시(市)가 제정한 문화상으로 괴테와 같이 다방면에서 활동한 예술가에게 수여하는 상이다. 1927년 게오르게를 시작으로 A. 슈바이처, 프로이트, 헤세 등이 선정되었으며 한국인으로는 윤이상(1995), 백남준(1997), 김민기(2007) 등이 수상하였다.

연고지(緣故地) 혈통이나 정분 또는 법률 등에 의해 관계가 맺어진 곳으로 출생지, 성장지, 거주지 등을 의미

144 아쿠타가와상 芥川賞
아쿠타가와 류노스케의 문학정신과 업적을 기리기 위해 제정한 문학상

1927년 사망한 일본의 *아쿠타가와 류노스케(芥川龍之介)를 기념하기 위해 연 2회 신인소설가에게 수여되는 순수문학상으로, 대중문학상인 나오키상(直木賞)과 함께 일본의 권위 있는 문학상이다. 역대 수상자 중 재일 한국인 수상자와 작품으로는 이회성의 「다듬이질 하는 여인(砧をうつ女)」(1972), 이양지의 「유희(由熙)」(1989), 유미리의 「가족시네마(家族シネマ)」(1997), 현봉호(玄月)의 「그늘의 소굴(蔭の棲みか)」(2000)이 있다.

아쿠타가와 류노스케(芥川龍之介) 일본의 근대문학을 대표하는 작가로 35세의 나이로 자살. 대표적인 작품으로는 『라쇼몬』, 『안츄몬도』, 『게사쿠 산마이』 등이 있음

145 시카다상 cikada
스웨덴의 문학상

노벨문학상 수상자인 *하리 마르틴손의 탄생 100주년을 기념하기 위해 2004년에 제정된 스웨덴 문학상이다. 동아시아 시인들을 대상으로 시상하는데 우리나라에서는 고은(3회, 2006), 신경림(4회, 2007), 문정희(7회, 2010) 시인이 수상했다.

하리 마르틴손(Harry Edmund Martinson, 1904~1978) 스웨덴의 시인이자 소설가로 1974년 노벨문학상을 수상. 대표적인 작품으로는 자전적 소설인 『쐐기풀 꽃이 필 때』와 장편시 『아니아라』 등이 있음

146 노이슈타트 국제문학상 neustadt international prize for literature
시·소설·희곡을 대상으로 격년제로 실시되는 미국의 문학상

1969년 오클라호마 대학교의 『World Literature Today』에서 제정한 문학상으로 영어와 불어로 번역된 작품에 한해 생존 작가라면 국적에 상관없이 수여되는 상이다.

147 에드거상 MWA, Mystery Writers of America
미국 추리작가 협회상

1954년에 에드거 앨런 포의 작가 정신과 작품을 기념하기 위해 미국의 추리작가 클럽에서 수여하는 에드거상(MWA)은 매년 4월에 장편상, 신인상, 실화상 부문으로 나누어 시상한다.

148 뉴베리상 Newbery awards
미국에서 가장 오래된 최고 권위의 아동문학상

영국 최초로 아동물을 출판한 서적상인 존 뉴베리(John Newbery)를 기리기 위해 1922년 멜처(Frederic G. Melcher)의 제안으로 제정된 뉴베리상은 어린이 그림책을 대상으로 한 콜더컷상(caldecott award)과 함께 미국의 가장 권위 있는 아동문학상이다. 이는 미국시민이나 미국에 거주하는 사람을 대상으로 미국의 *아동문학에 큰 공헌을 한 작가에게 메달을 수여하여 뉴베리 메달(newbery medal)로 더 유명하다. 2002년도에는 한국계 미국인 린다 수 박(Linda Sue Park)의 『사금파리 한 조각(a single shard)』이 선정되었다.

아동문학(兒童文學) 어린이를 대상으로 교육성과 흥미를 고려하여 창작한 문학의 총칭

149 국제펜클럽 International PEN
문학을 통한 상호이해를 목적으로 하는 국제적인 문학가 단체

작가들의 친목도모와 문필생활의 자유증진을 제창한 소설가 도손 스콧(Dawson Scott)의 주장에 따라 1921년 영국에서 존 골즈워디(John Galsworthy)를 주축으로 발족한 단체로 이후 프랑스를 거쳐 전 세계가 참여하는 국제적인 문학가 단체가 되었다. 우리나라의 경우 1954년 가입하여 제37회(1970)와 제52회(1988)를 서울에서 개최하였고 제78회(2012)를 경주에서 개최했다.

함께 나오는 용어
PEN의 의미
- P : 시인(poets), 극작가(playwrights)
- E : 편집자(editors), 수필가(essayists)
- N : 소설가(novelists)

01 [_____]은(는) 세종 27년에 왕명에 의해 정인지·권제·안지 등이 목조, 익조, 도조, 환조, 태조, 태종에 이르는 조선 6조의 행적을 중국 고사에 비유하여 조선 건국의 정당성을 노래한 악장이다.

02 [_____]은(는) 전통적으로 지식인들이 사용하던 문어문(文語文)을 버리고 구어문(口語文)인 백화문(白話文)을 사용해 문학을 창작하자는 중국의 문체개혁운동이다.

03 [_____]은(는) 사물을 의인화하여 그 가계와 생애, 인품 및 공과(功過)를 기록한 전기(傳記) 형식의 글이다.

04 [_____]은(는) 감정과 불필요한 수식을 배제한 채 간결하고 거칠며 비정하게 묘사하는 수법의 문학을 말한다.

05 고려 중엽부터 조선 초까지 귀족 문인들 사이에서 유행한 시가 양식은 [_____](이)다. 신흥 사대부들의 감정과 의식 세계 및 그들의 퇴폐적이고 향락적인 삶을 주로 노래했다.

06 [_____]은(는) 개인의 주관적 정서를 표현하는 서정주의다.

07 [_____]은(는) 무대상연을 전제로 한 문학으로 시간과 공간, 인물 수의 제한을 받는다. 또한 무대 위에서 등장인물의 대사와 행동을 통해 극을 진행하기 때문에 현재 시제를 사용한다.

08 [_____]은(는) 향찰로 표기한 신라의 노래다. 통일 신라 때 성행했던 우리나라 최초의 정형화된 서정시다.

09 [_____]은(는) 1920년대 기존의 봉건성을 비판하며 도시적 감각과 합리성을 중시한 감각적이고 초현실주의적인 경향의 전위예술운동으로, 표현주의·형식주의·미래주의·다다이즘 등을 포괄하는 개념이다.

10 [_____]은(는) 스파르타의 왕비인 절세미인 헬레네로 인해 유발된 10년에 걸친 트로이 전쟁의 마지막 50일간을 노래한 그리스 최고(最古)의 민족 대서사시다.

CHOICE

☐ 희곡
☐ 향가
☐ 경기체가
☐ 가전체문학
☐ 용비어천가
☐ 리리시즘
☐ 백화운동
☐ 모더니즘
☐ 일리아스
☐ 하드보일드문학

정   답

01 용비어천가
02 백화운동
03 가전체문학
04 하드보일드문학
05 경기체가
06 리리시즘
07 희곡
08 향가
09 모더니즘
10 일리아스

01 한국가스공사, NH농협, 한국방송광고진흥공사, 국민체육진흥공단, 수도권매립지관리공사

조선 6조의 위업을 찬양하고 조선 건국의 정당성을 노래한 악장은?

① 월인천강지곡　　② 용비어천가
③ 신도가　　　　　④ 감군은

02 aT한국농수산식품유통공사, 충남개발공사, CBS, EBS

다음 중 향가에 대한 설명으로 옳은 것은?

① 향가의 완성형은 8구체로 사뇌가라고 부른다.
② 향가는 이두로 표기하였다.
③『삼국유사』에 11수, 균여전에 14수가 전한다.
④ 작자층은 주로 승려와 화랑이다.

03 경기콘텐츠진흥원, CJ

고려 가요와 그 후렴구가 잘못 짝지어진 것은?

① 동동 – 아으 동동(動動)다리
② 청산별곡 – 얄리얄리 얄라셩 얄라리 얄라
③ 가시리 – 위 덩더둥셩
④ 서경별곡 – 위 두어렁셩 두어렁셩 다링디리

04 대구시설공단, SBS

가전체 작품과 의인화 대상이 잘못 연결된 것은?

① 국순전 – 술
② 죽부인전 – 대나무
③ 청강사자현부전 – 사자
④ 정시자전 – 지팡이

05 국민일보, 한겨레, 서울신문, 한국일보, 국민연금공단, 한국석유공사

개화기 주요 신문과 잡지에 대한 설명으로 잘못된 것은?

① 한성순보 – 최초의 한글 신문
② 매일신문 – 최초의 순 한글 일간신문
③ 황성신문 – 장지연의 '시일야방성대곡'을 게 재함
④ 만세보 – 천도교에서 발간한 일간신문

06 언론중재위원회, 전자신문, MBC

다음 중 용어에 대한 설명으로 잘못된 것은?

① 니힐리즘 – 절대 진리나 도덕은 없다고 보는 허무주의
② 아포리즘 – 삶의 진리나 교훈 등을 간결하고 압축된 형식으로 표현한 글
③ 리리시즘 – 개인의 주관적 정서를 표현하는 서 정주의
④ 트리비얼리즘 – 반복된 사용으로 독창성과 신 선함을 잃어버린 기법이나 형식

07 KBS, 근로복지공단, 일동제약, 영진약품

행상 나간 남편의 무사귀환을 기원한 백제의 시가 는?

① 공무도하가　　② 정읍사
③ 혜성가　　　　④ 도천수대비가

08 KBS, 한국전력공사, 국민연금공단

3대 동인지가 아닌 것은?

① 창조   ② 개벽
③ 폐허   ④ 백조

09 SBS

우리나라 최초의 국한문 혼용 기행문은?

① 관동별곡   ② 연행가
③ 서유견문   ④ 무오연행록

10 한국경제

박지원의 작품이 아닌 것은?

① 전우치전   ② 호질
③ 광문자전   ④ 열녀함양박씨전

11 KBS, 한국전력공사

김만중이 동방의 이소라고 평가한 작품이 아닌 것은?

① 성산별곡   ② 사미인곡
③ 속미인곡   ④ 관동별곡

12 KBS, 한국국토정보공사

삶의 진리나 교훈 등을 간결하고 압축된 형식으로 표현한 글로 작가가 뚜렷한 것을 무엇이라 하는가?

① 엑조티시즘
② 리리시즘
③ 아포리즘
④ 트리비얼리즘

13 한국토지주택공사

패전으로 공황상태에 빠진 독일의 젊은이들에게 깊은 감명을 준 헤르만 헤세(Hermann Hesse)의 성장 소설은?

① 호밀밭의 파수꾼
② 데미안
③ 연금술사
④ 인간 실격

14 한국경제

다음 중 관련성이 가장 적은 것은?

① 로브그리예의 『질투』
② 베케트의 『고도를 기다리며』
③ 뷔토르의 『변심』
④ 루쉰의 『광인일기(狂人日記)』

15　대구도시철도공사

다음 중 설명이 잘못된 것은?

① 조지 오웰(George Orwell)의 『1984』는 디스토피아이다.

② 유토피아는 현재 이상향(理想鄕)의 의미로 사용되고 있다.

③ 토머스 모어의 『유토피아』는 당시 풍요롭고 평등한 영국 사회를 그린 작품이다.

④ 가장 부정적인 세계를 통해 현실을 비판하는 작품을 역(逆)유토피아라고 한다.

16　서울주택도시공사, 스포츠서울

감정을 배제한 채 폭력적인 테마를 간결하고 비정하게 묘사하는 수법의 문학을 무엇이라고 하는가?

① 하드보일드문학

② 해빙기문학

③ 키치문학

④ 아스팔트문학

17　일동제약

키르케고르(Kierkegaard), 니체(Nietzsche), 야스퍼스(Jaspers), 하이데거(Heidegger)를 거쳐 사르트르(Sartre)에 와서 세계적인 문예사조로 등장한 것은 무엇인가?

① 실존주의

② 신즉물주의

③ 고전주의

④ 인문주의

18　경향신문

다음 중 영국과 영연방 국가에서 영어로 쓰인 소설 가운데 가장 뛰어난 작품을 쓴 작가에게 수여하는 문학상은?

① 맨부커상　　　　② 퓰리처싱

③ 공쿠르상　　　　④ 페미나상

19　국민체육진흥공단

트로이 목마(Trojan Horse)를 이용해 트로이를 함락시킨 장군의 고난과 모험을 담은 호메로스의 대서사시는?

① 일리아스　　　　② 실낙원

③ 신곡　　　　　　④ 오디세이아

20　MBC, SBS, EBS, 매일신문, 한국일보, 국민일보

다음 중 맨부커상을 수상한 한강 작가의 작품이 아닌 것은?

① 채식주의자　　　② 사평역에서

③ 소년이 온다　　　④ 희랍어 시간

핵심Tag로 흐름을 한 번에 기억하는 정답과 해설

정답

01	②	02	④	03	③	04	③	05	①	06	④
07	②	08	②	09	③	10	①	11	①	12	③
13	②	14	④	15	③	16	①	17	④	18	①
19	④	20	②								

01. (핵심 Tag) #문학 #국문학 #고전문학

「용비어천가」는 목조·익조·도조·환조·태조·태종에 이르는 조선 6조의 행적을 중국 고사에 비유하여 찬양하고 조선 건국의 정당성을 노래한 총 125장으로 구성된 악장이다.

02. (핵심 Tag) #문학 #국문학 #고전문학

① 향가의 완성형은 10구체로 사뇌가라 하며, ② 향찰로 표기되었다. 또한 ③ 『삼국유사』에 14수, 『균여전』에 11수가 전한다.

03. (핵심 Tag) #문학 #국문학 #고전문학

「가시리」의 후렴구는 '위 증즐가 태평성대'이다. '위 덩더둥셩'은 「사모곡」의 후렴구이다.

04. (핵심 Tag) #문학 #국문학 #고전문학

「청강사자현부전」은 거북이를 의인화하여 매사에 항상 신중해야 함을 경계하는 가전체소설이다.

05. (핵심 Tag) #문학 #국문학 #개화기문학

최초의 한글 신문은 독립신문이며 한성순보는 1883년에 창간된 우리나라 최초의 근대신문이다.

06. (핵심 Tag) #문학 #세계문학 #세계문학 일반

트리비얼리즘은 필요 이상으로 상세하게 묘사하는 쇄말주의를 일컫는 말이다. 반복된 사용으로 독창성과 신선함을 잃어버린 기법이나 형식을 일컫는 말은 매너리즘이다.

07. (핵심 Tag) #문학 #국문학 #고전문학

「정읍사」는 달에게 남편의 무사귀환을 기원하는 아내의 노래로 한글로 전해지는 가장 오래된 가요이자 현존하는 유일한 백제 가요이다.

08. (핵심 Tag) #문학 #국문학 #현대문학

『개벽』은 항일투쟁을 기본 노선으로 하는 월간 종합지로 후에 카프의 기관지화 되었다.

09. (핵심 Tag) #문학 #국문학 #개화기문학

유길준(俞吉濬)의 『서유견문』은 우리나라 최초로 국한문 혼용체를 사용한 기행문이다.

10. (핵심 Tag) #문학 #국문학 #현대문학

『전우치전』은 『홍길동전』의 아류작으로 작자 미상의 고전소설이다.

11. (핵심 Tag) #문학 #국문학 #고전문학

김만중이 『서포만필』에서 동방의 이소요, 우리나라의 참된 문장이라고 평가한 작품은 정철의 「관동별곡」, 「사미인곡」, 「속미인곡」이다.

12. (핵심 Tag) #문학 #세계문학 #세계문학 일반

아포리즘은 작자가 분명하다는 점에서 다른 교훈을 담고 있는 속담이나 격언 등과 구별된다.

13. (핵심 Tag) #문학 #세계문학 #문학 작품

1차 세계 대전에서 중상을 입은 싱클레어가 데미안을 만나 자아를 발견해가는 과정을 그린 성장소설이다.
① 제롬 데이비드 샐린저의 자전적 성장소설로 퇴학당한 소년이 거짓과 위선으로 가득한 세상 속에서 성인이 되어 가는 자아의 성장과정을 그리고 있다.
③ 양치기 청년이 꿈의 계시에 따라 자신의 보물을 찾아가는 과정 속 성숙을 그린 파울로 코엘료의 성장소설이다.
④ 한 청년이 인간 사회의 위선과 잔혹을 견디지 못하고 파멸하는 과정을 그린 다자이 오사무의 소설이다.

14. (핵심 Tag) #문학 #세계문학 #문예사조

①, ②, ③은 모두 전통적인 소설의 형식에서 벗어나 새로운 형식과 기교를 지향하는 실험적인 소설로 앙티로망(anti-roman)의 대표적인 작품들이다.
④는 백화소설(중국의 구어체 소설)이다.

15. (핵심 Tag) #문학 #세계문학 #문학 작품

토머스 모어의 『유토피아』는 전 시민이 균등하게 노동하고 종교와 교육의 자유가 있으며 남녀가 평등한 나라로 당시 그렇지 못한 영국 사회를 간접적으로 비판한 작품이다.

16. (핵심 Tag) #문학 #세계문학 #세계문학 일반

하드보일드문학은 주로 탐정소설과 추리소설에 이용되며, 대표적인 작품으로는 헤밍웨이의 『살인자』, 해밋의 『플라이 페이퍼』 등이 있다.

17. (핵심Tag) #문학 #세계문학 #문예사조

20C 초 합리주의와 실증주의에 대한 반동으로 등장한 실존주의는 극한상황 속에서 인간 존재의 주체성을 강조하는 경향의 문학을 말한다.

18. (핵심Tag) #문학 #세계문학 #세계문학상

맨부커상(man booker prize)은 영국의 부커사가 1969년 제정한 문학상이다. 지난 1년간의 영국 연방국가에서 영어로 쓰인 소설 가운데 가장 뛰어난 작품을 쓴 작가에게 수여하며 세계 3대 문학상에 포함될 정도로 영국 최고의 권위를 자랑한다. 수상자에게는 5만파운드의 상금이 지급된다.

② 퓰리처상(pulitzer prize) : 미국에서 가장 권위 있는 보도 · 문학 · 음악상이다. 저명한 언론인 퓰리처의 유산 50만 달러를 기금으로 하여 창설되었다. 수상자에게는 1만 달러의 상금을 지급한다.

③ 공쿠르상(le prix de goncourt) : 1903년 아카데미공쿠르가 발족하면서 창설된 프랑스에서 가장 권위 있는 문학상으로 1년 동안 발표된 우수한 산문작품, 특히 소설에 수여하는 상이다.

④ 페미나상(prix femina) : 1904년 프랑스에서 창설되었으며 그 해에 발표된 가장 우수한 신인 문학 작품에 수여하는 상이다. 심사위원이 모두 여자로 구성된 것이 특징이다.

19. (핵심Tag) #문학 #세계문학 #문학 작품

트로이 목마를 이용해 그리스군을 승리로 이끈 오디세우스의 표류담과 귀국과 관련된 이야기이다.

20. (핵심Tag) #문학 #국문학 #현대문학

「사평역에서」는 곽재구가 지은 1연 27행의 자유시이다. 1981년 중앙일보 신춘문예에 당선된 시로, 1980년대 이후 대표적인 서정시로 자리매김하였다.

CHAPTER 03

인문학

SECTION 3 | 국어 일반·한자·기타 상식

 국어 일반

핵심Tag #맞춤법 #순우리말

#맞춤법

150 자주 출제되는 맞춤법

깍두기	깨끗이	생각건대	위쪽
깎다	틈틈이	실컷	위층
끄나풀	곰곰이	살코기	윗도리
법석	지긋이	맞추다	윗니
듬뿍	더욱이	알맞은	웃어른
코빼기	오뚝이	살쾡이	웃옷
곱빼기	고즈넉이	수놈	백분율
뚝배기	솔직히	수꿩	연이율
으레	가만히	안팎	내재율
휴게실	얼음	수캉아지	셋째
찌개	무작위	수탕나귀	굵직하다
핑계	이파리	숫양	굵다랗다
머리말	며칠	멋쟁이	널찍하다
구레나룻	*발바리	담쟁이	널따랗다
베갯잇	미닫이	서울내기	꼭두각시
예삿일	해돋이	미장이	낭떠러지
전셋집	괴팍하다	아지랑이	깡충깡충
훗일	강퍅하다	구절	넉 되
*잔주름	*녘	시구	서 말
숟가락	읊다	글귀	닐리리

발바리
① 몸이 작고 다리가 짧은 애완견
② 큰 볼일 없이 경망스럽게 여기저기 돌아다니는 사람

잔주름 옷 등에 잡은 잔주름

녘 어떤 방향이나 어느 때의 무렵

함께 나오는 용어

• 구개음화

받침 'ㄷ, ㅌ'이 형식 형태소 'ㅣ'와 결합하는 경우 'ㅈ, ㅊ'으로 발음되는 현상을 구개음화라고 한다. 미닫이[미다지], 해돋이[해도지], 햇볕이[해뼈치/핻뼈치] 등이 이에 해당한다.

- '-이', '-히'로 끝나는 부사의 구분

  부사의 끝음절이 분명하게 [이]로만 나는 것은 '-이'로, [히]로만 나거나 [이]나 [히]로 나는 것은 '-히'로 적는다.

- 사잇소리 현상

  두 개의 *형태소나 *단어가 합성명사를 이루며, 앞말의 끝소리가 울림소리이고 뒷말의 첫소리가 안울림 예사소리일 때 뒤의 예사소리가 된소리가 되는 현상이다.

  예 등+불[등뿔], 산+길[산낄]

- 사잇소리 표기

  1. '우리말+우리말 또는 우리말 l 한지이, 힌자어+우리밀'로 합성명사를 이루며, 앞말이 모음으로 끝날 때 아래 조건이 맞으면 앞말에 'ㅅ'을 표기한다.

     ① 뒷말의 첫소리가 된소리일 때

        예 나룻배 : 나루+배[나루빼/나룯빼], 촛불 : 초+불[초뿔]

     ② [ㄴ]소리가 덧날 때

        예 냇물 : 내+물[낸물], 잇몸 : 이+몸[인몸], 콧날 : 코+날[콘날]

     ③ [ㄴㄴ]소리가 덧날 때

        예 나뭇잎 : 나무+잎[나문닙], 아랫니 : 아래+이[아랜니]

  2. 한자어의 경우 곳간(庫間), 셋방(貰房), 숫자(數字), 찻간(車間), 툇간(退間), 횟수(回數) 여섯 개 이외에는 사이시옷을 적지 않는다.

형태소(形態素) 뜻을 가진 가장 작은 말의 단위

단어(單語) 자립할 수 있는 말 또는 그 말의 뒤에 붙어서 문법적 기능을 나타내는 말로, 단어는 자립성과 분리성을 지님

151 띄어쓰기

한글맞춤법 규정을 보면 '문장의 각 단어는 띄어 씀을 원칙으로 한다. 그러나 조사는 그 앞말에 붙여 쓴다'라고 명시되어 있다.

- *의존명사는 띄어 쓴다. 단, 동일 형태의 단어가 조사로 쓰일 때는 붙인다.

  예 우리는 할 수 있다.

  예 먹을 만큼 먹어라. (의존명사) / 엄마만큼 좋다. (조사)

- 단위를 나타내는 명사는 띄어 쓴다. 단, 단위를 나타내는 명사라도 순서를 나타내거나 숫자와 함께 쓰이는 경우에는 붙여 쓸 수 있다.

  예 아이는 연필 한 자루를 집었다.

  예 오학년, 107동, 150원 등

- 수를 적을 때에는 만(萬) 단위로 띄어 쓴다.

  예 십삼억 오천육백삼십칠만 구천이백십팔(13억 5637만 9218)

- 두 말을 이어 주거나 열거할 때에 쓰이는 다음 말들은 띄어 쓴다.

  예 청군 대 백군, 팀장 겸 과장

- 이름 뒤에 붙는 호칭어·관직명 등은 띄어 쓴다.

  예 김영희 씨, 홍길동 사장, 이도령 선생

- 고유명사(성명 제외)는 단어별로 띄어 쓴다. 단, 단위별로 띄어 쓸 수 있다.

  예 한국 대학교/한국대학교

- *문장성분이 서로 다른 것은 띄어 쓴다.

  예 동네에는 이말 저말이 돌아다녔다.

의존명사(依存名詞) 자립성이 없어 다른 말에 기대어 쓰이는 명사

문장성분(文章成分) 문장을 이루는 기능적 단위로, 주어·서술어·목적어·보어·관형어 등이 있다.

152 혼동하기 쉬운 표준어

잘못된 용례	표준어	잘못된 용례	표준어
강남콩	강낭콩	삵괭이	살쾡이
개나리봇짐	괴나리봇짐	산수갑산	*삼수갑산
갯펄	갯벌/개펄	상치	상추
늙으막	늘그막	석가래	서까래
돍	돌	설겆이	설거지
또아리	똬리	연거퍼	연거푸
무우	무	우뢰	우레
미류나무	미루나무	왠만하다	웬만하다
바램	바람	쭈꾸미	주꾸미
발자욱	발자국	천정	천장
삭월세	사글세	풍지박산	풍비박산

삼수갑산(三水甲山) 우리나라에서 가장 험한 산골인 삼수와 갑산을 이르는 말로 고행의 길 또는 몹시 어려운 지경을 의미하며, 흔히 잘못 사용하는 '산수갑산'의 바른 표현

153 자주 출제되는 외래어 표기법

외래어	외래어 표기법	외래어	외래어 표기법
accessory	액세서리	ketchup	케첩
adapter	어댑터	leadership	리더십
alcohol	알코올	license	라이선스
ambulance	앰뷸런스	massage	마사지
battery	배터리	message	메시지
biscuit	비스킷	nonsense	난센스
buffet	뷔페	offset	오프셋
business	비즈니스	palette	팔레트
cake	케이크	pamphlet	팸플릿
calendar	캘린더	pierrot	피에로
coffee shop	커피숍	placard	플래카드
chocolate	초콜릿	robot	로봇
counselor	카운슬러	sash	새시
curtain	커튼	sausage	소시지
dessin	데생	supermarket	슈퍼마켓
dynamic	다이내믹	symbol	심벌
endorphin	엔도르핀	talent	탤런트

enquete	앙케트	tumbling	텀블링
fighting	파이팅	unbalance	언밸런스
frypan	프라이팬	Valentine Day	밸런타인데이
finale	피날레	window	윈도
gossip	가십	workshop	워크숍
juice	주스	yoghurt	요구르트

#순우리말

154 단위를 나타내는 말

단위명	내용
갓	식료품 따위의 열 모숨을 한 줄로 묶은 것을 세는 단위 예 굴비 10갓
닢	쇠붙이, 가마니 따위의 납작한 물건을 세는 단위 예 엽전 한 닢
두름	생선을 10마리씩 두 줄로 묶은 것을 세는 단위 예 청어 한 두름
섬	한 말의 열 배 예 벼 한 섬
담불	벼 100섬 예 벼 한 담불
손	생선 2마리 예 고등어 한 손
접	과일이나 채소 따위의 100개 예 배추 두 접
님	바느질에 사용하는 실을 세는 단위 예 실 한 님
쌈	바늘 24개. 금 100*냥쭝 예 바늘 한 쌈
쾌	북어 20마리. 엽전 10냥 예 북어 한 쾌
우리	기와 2000장 예 기와 한 우리
첩	한약 1봉지 예 한약 한 첩
제	한약 20첩 예 한약 한 제
축	오징어 20마리 예 오징어 한 축
톳	김 100장 예 김 한 톳
필	명주 40자 예 명주 한 필
고리	소주 10사발 예 소주 한 고리
뭇	장작, 채소, 볏단 따위의 작은 한 묶음을 세는 단위. 생선 10마리. 미역 10장 예 삼치 한 뭇
새	베, 비단 따위의 피륙의 날실 80올 예 석 새 삼베
모	두부 따위의 모난 물건을 세는 단위 예 두부 한 모

냥쭝 한 냥의 무게

순우리말	풀이
가년스럽다	몹시 어렵고 궁해 보인다.
가멸다	재산이나 살림이 넉넉하다.
가뭇없다	감쪽같이 눈에 띄지 않다. 간 곳을 알 길 없다.
갈무리	물건 따위를 잘 정돈하여 간수함. 마무리
게염	부러워하고 시새워 탐내는 마음
겨끔내기	서로 번갈아서 하기
결다	기름 따위가 흠뻑 배다. 일이 손에 익다.
곰살갑다	성질이 보기보다 부드럽고 상냥하다.
나부대다	얌전히 있지 못하고 자꾸 움직이다.
남새	밭에서 기르는 곡식이나 채소
너울가지	붙임성, 포용성 있게 남과 잘 사귀는 솜씨
능갈치다	교묘하고 능청스럽게 잘 둘러대다.
댕돌같다	돌처럼 야무지고 단단하다.
더기	고원의 널찍하고 판판한 땅
더께	매우 찌든 물건에 앉은 거친 때
덩둘하다	매우 둔하며 슬기롭지 못하고 어리석다.
도닐다	가장자리를 빙빙 돌다.
둥개다	일을 해내지 못하고 쩔쩔매다.
드난살이	남의 집에 붙어 지내며 그 집의 일을 도와주는 생활
드레	인격적으로 의젓하고 점잖은 무게
들레다	부산스럽게 떠들다.
마수걸이	맨 처음으로 물건을 파는 일 또는 얻은 소득
모도리	조금의 빈틈도 없는 아주 여무진 사람
모롱이	산모퉁이의 휘어 둘린 곳
몰강스럽다	인정 없이 억세고 모질다.
몽니	음흉하게 심술을 부리는 성질
뭇방치기	함부로 남의 일에 간섭하는 행동
발등걸이	남이 하려는 일을 앞질러서 먼저 하는 행동
벅벅이	미루어 짐작해 보건대 틀림없이
벼리다	무딘 연장의 날을 달구어 두드려서 날카롭게 만들다. 마음이나 의지를 가다듬어 강하게 하다.
베돌다	한데 어울리지 아니하고 따로 떨어져 행동하다.

불목하니	절에서 밥을 짓고 물을 긷는 일을 하는 사람
살강	그릇 따위를 얹어 놓기 위해 부엌 벽 중턱에 드린 선반
서슴다	결단을 내리지 못하고 자꾸 머뭇거리며 망설이다.
손방	전혀 할 줄 모르는 솜씨
시뜻하다	내키지 않아 시들하다. 어떤 일에 물려서 싫증나다.
어기차다	한번 뜻한 바는 굽히지 아니하고 성질이 매우 굳세다.
오달지다	야무지고 알차다.
자발없다	경솔하고 참을성이 없다.
중뿔나다	어떤 일과 무관한 사람이 불쑥 나서고 참견하는 것이 주제넘다. 하는 일이나 모양이 엉뚱하고 유별나다.
초들다	어떤 사실을 입에 올리다.
트레바리	이유 없이 남의 말에 반대하는 것을 좋아하는 성격이나 그런 사람
티격나다	서로 뜻이 맞지 않아 사이가 벌어지다.
피새	급하고 매서워 화를 잘 내는 성질
함초롬하다	차분하고 가지런하다.
허릅숭이	일을 미덥지 못하게 하는 사람
헤살	짓궂게 훼방하는 짓
헤식다	단단하지 못하고 물러 헤지기 쉽다.
희나리	덜 마른 장작

함께 나오는 용어

바람의 명칭
- 동풍(東風) : 샛바람, 봄바람
- 서풍(西風) : 하늬바람, 갈바람, 가을바람
- 남풍(南風) : 마파람, 앞바람, 여름바람
- 북풍(北風) : 된바람, 겨울바람
- 북동풍(北東風) : 높새바람

음력의 명칭
- 정월 초하루 : 음력 1월 1일
- 삼짇날 : 음력 3월 3일
- 중양절 : 음력 9월 9일
- 동짓달 : 음력 11월
- 섣달 : 음력 12월
- 동지섣달 : 음력 11월과 12월을 아울러 이르는 말로 한겨울을 뜻함
- 그믐날(그믐) : 음력 각 달의 마지막 날

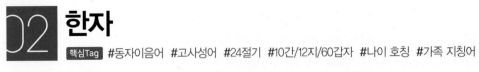

02 한자

핵심Tag #동자이음어 #고사성어 #24절기 #10간/12지/60갑자 #나이 호칭 #가족 지칭어

#동자이음어(同字異音語)

한자	훈음	예	한자	훈음	예
賈	값 가	賈島(가도)	度	법도 도	法度(법도)
	장사 고	商賈(상고)		헤아릴 탁	忖度(촌탁)
降	내릴 강	降雨(강우)	讀	읽을 독	講讀(강독)
	항복할 항	降伏(항복)		구절 두	句讀(구두)
更	다시 갱	更生(갱생)	洞	골 동	洞里(동리)
	고칠 경	更迭(경질)		밝을 통	洞觀(통관)
車	수레 거	車馬(거마)	屯	진칠 둔	駐屯(주둔)
	수레 차	車輛(차량)		어려울 준	屯卦(준괘)
見	볼 견	見聞(견문)	樂	즐길 락(악)	苦樂(고락)
	뵈올 현	謁見(알현)		노래 악	國樂(국악)
契	맺을 계	契主(계주)		좋아할 요	樂山(요산)
	애쓸 결	契活(결활)	驪	검은말 려(여)	高驪(고려)
	부족이름 글	契丹(글단)		검은말 리(이)	驪龍(이룡)
汨	골몰할 골	汨沒(골몰)	復	회복할 복	回復(회복)
	물이름 멱	汨水(멱수)		다시 부	復活(부활)
廓	둘레 곽	外廓(외곽)	反	돌이킬 반	反對(반대)
	클 확	廓大(확대)		어려울 번	反田(번전)
龜	거북 귀	龜鑑(귀감)	魄	넋 백	氣魄(기백)
	땅이름 구	龜浦(구포)		영락할 탁	落魄(낙탁)
	터질 균	龜裂(균열)	否	아닐 부	可否(가부)
金	쇠 금	石金(석금)		막힐 비	否運(비운)
	성씨 김	金首露(김수로)	北	북녘 북	北韓(북한)
奈	어찌 내	莫無可奈(막무가내)		달아날 배	敗北(패배)
	어찌 나	奈落(나락)	分	나눌 분	分析(분석)
內	안 내	內容(내용)		푼 푼	隻分(척푼)
	나인 나	內人(나인)	沸	끓을 비	沸騰(비등)
茶	차 다	茶果(다과)		용솟음할 불	沸波(불파)
	차 차	紅茶(홍차)	寺	절 사	寺刹(사찰)
丹	붉을 단	丹楓(단풍)		관청 시	官寺(관시)
	정성스러울 란(난)	牡丹(모란)	殺	죽일 살	矯殺(교살)
單	홑 단	單獨(단독)		빠를 쇄	殺到(쇄도)
	오랑캐이름 선	單于(선우)	狀	형상 상	怪狀(괴상)
糖	엿 당	糖分(당분)		문서 장	答狀(답장)
	엿 탕	砂糖(사탕)	索	찾을 색	檢索(검색)
				노 삭	索契(삭계)

塞	변방 새	要塞(요새)
	막힐 색	語塞(어색)
說	말씀 설	論說(논설)
	달랠 세	游說(유세)
	기뻐할 열	不亦說乎(불역열호)
	벗을 탈	用說桎梏(용탈질곡)
省	살필 성	反省(반성)
	덜 생	省略(생략)
屬	무리 속	歸屬(귀속)
	이을 촉	屬望(촉망)
率	거느릴 솔	食率(식솔)
	비율 률(율)	確率(확률)
數	셈 수	多數(다수)
	자주 삭	頻數(빈삭)
	촘촘할 촉	數罟(촉고)
宿	잘 숙	寄宿(기숙)
	별자리 수	星宿(성수)
拾	주울 습	拾得(습득)
	열 십	拾圓(십원)
識	알 식	多識(다식)
	적을 지	記識(기지)
食	밥 식	間食(간식)
	먹이 사	簞食(단사)
什	열사람 십	什長(십장)
	세간 집	什器(집기)
惡	악할 악	發惡(발악)
	미워할 오	憎惡(증오)
若	같을 약	萬若(만약)
	반야 야	般若(반야)
葉	잎 엽	落葉(낙엽)
	땅이름 섭	葉氏(섭씨)
易	쉬울 이	難易(난이)
	바꿀 역	交易(교역)
咽	목구멍 인	咽喉(인후)
	목멜 열	嗚咽(오열)
刺	찌를 자	刺客(자객)
	찌를 척	刺殺(척살)
	수라 라(나)	水刺(수라)
炙	구울 자	膾炙(회자)
	구울 적	散炙(산적)
著	나타날 저	顯著(현저)
	붙을 착	着服(착복)

切	끊을 절	切斷(절단)
	온통 체	一切(일체)
佐	도울 좌	補佐(보좌)
	절일 자	佐飯(자반)
則	곧 즉	然則(연즉)
	법칙 칙	反則(반칙)
辰	별 진	甲辰(갑진)
	때 신	生辰(생신)
差	다를 차	差異(차이)
	차별 치	參差(참치)
參	참여할 참	同參(동참)
	석 삼	仁參(인삼)
拓	넓힐 · 주울 척	干拓(간척)
	박을 탁	拓本(탁본)
諦	살필 체	諦念(체념)
	울 제	世諦(세제)
推	밀 추	推定(추정)
	밀 퇴	推敲(퇴고)
沈	잠길 침	擊沈(격침)
	성씨 심	沈薰(심훈)
宅	집 택	家宅(가택)
	댁 댁	貴宅(귀댁)
便	편할 편	不便(불편)
	똥오줌 변	便所(변소)
婆	할머니 파	老婆(노파)
	음역자 바	娑婆(사바)
跛	절름발이 파	跛行(파행)
	비스듬히 설 피	跛立(피립)
布	베 · 펼 포	公布(공포)
	보시 보	布施(보시)
暴	사나울 · 쬘 폭	暴力(폭력)
	사나울 포	暴惡(포악)
幅	폭 폭	幅員(폭원)
	두건 복	幅巾(복건)
行	다닐 행	行人(행인)
	항렬 항	行列(항렬)
向	향할 향	對向(대향)
	성씨 상	向氏(상씨)
畫	그림 화	童畫(동화)
	그을 획	計畫(계획)
滑	미끄러울 활	圓滑(원활)
	익살스러울 골	滑稽(골계)

#고사성어(故事成語)

(ㄱ)	
街談巷說(가담항설)	거리나 항간에 떠도는 소문 ㊤ 流言蜚語(유언비어)
苛斂誅求(가렴주구)	세금을 가혹하게 거두어들이고, 백성의 재물을 억지로 빼앗다. ㊤ 苛政猛於虎(가정맹어호)
苛政猛於虎(가정맹어호)	가혹한 정치는 호랑이보다 무섭다.
刻骨難忘(각골난망)	남에게 입은 은혜에 대한 고마운 마음이 뼈에 새길 만큼 커서 잊혀지지 아니하다. ㊤ 結草報恩(결초보은), 白骨難忘(백골난망)
刻舟求劍(각주구검)	배에서 칼을 물에 빠뜨리자 배에 표시하여 잃어버린 칼을 찾으려 한다는 말로, 사리에 어둡고 융통성이 없음을 뜻한다. ㊤ 守株待兔(수주대토)
艱難辛苦(간난신고)	몹시 힘들고 고생스럽다.
肝膽相照(간담상조)	간과 쓸개를 서로에게 드러내 보인다는 뜻으로, 속마음까지 털어놓고 친밀히 사귄다는 뜻이다.
渴而穿井(갈이천정)	목이 말라야 비로소 우물을 판다는 뜻으로, 미리 준비하지 않고 있다가 일이 지나간 뒤에는 아무리 서둘러 봐도 소용이 없다는 뜻이다. ㊤ 亡羊補牢(망양보뢰)
甲男乙女(갑남을녀)	갑이라는 남자와 을이라는 여자라는 뜻으로, 평범한 보통 남녀를 말한다. ㊤ 愚夫愚婦(우부우부), 張三李四(장삼이사), 樵童汲婦(초동급부), 匹夫匹婦(필부필부)
康衢煙月(강구연월)	태평한 세상의 평화로운 풍경 ㊤ 鼓腹擊壤(고복격양), 太平聖代(태평성대)
改過遷善(개과천선)	잘못이나 허물을 고쳐 착하게 되다.
居安思危(거안사위)	평안할 때에도 위험과 곤란이 닥칠 것을 생각하며 잊지 말고 미리 대비해야 함을 이르는 말이다. ㊤ 有備無患(유비무환) ㊦ 亡羊補牢(망양보뢰), 死後藥方文(사후약방문)
乾坤一擲(건곤일척)	운명과 흥망을 걸고 단판으로 승부나 성패를 겨루다.
格物致知(격물치지)	실제 사물의 이치를 연구하여 지식을 완전하게 하다.
隔世之感(격세지감)	많은 변화가 있어 아주 다른 세상이 된 것 같은 느낌 ㊤ 今昔之感(금석지감), 桑田碧海(상전벽해)
隔靴搔癢(격화소양)	신 신고 발바닥 긁기라는 뜻으로, 성에 차지 않거나 철저하지 못한 안타까움을 이르는 말이다.
牽强附會(견강부회)	이치에 맞지 않는 말을 억지로 끌어 붙여 자기에게 유리하게 하다.
見利思義(견리사의)	눈앞의 이익을 보면 의리를 먼저 생각한다.
犬馬之勞(견마지로)	개나 말의 하찮은 힘이라는 뜻으로, 윗사람에게 충성을 다하는 자신의 노력을 낮추어 이르는 말이다.
見蚊拔劍(견문발검)	모기를 보고 칼을 뺀다는 뜻으로, 사소한 일에 크게 성내어 덤비거나 보잘것없는 작은 일에 지나치게 큰 대책을 세우는 것을 말한다.

犬兔之爭(견토지쟁)	개와 토끼의 다툼이라는 뜻으로, 두 사람의 싸움에 제3자가 이익을 보다. ㊅ 漁父之利(어부지리), 蚌鷸之爭(방휼지쟁)
結者解之(결자해지)	일을 맺은 사람이 풀어야 한다는 뜻으로, 자기가 저지른 일은 자기가 해결하여야 함을 이르는 말이다.
結草報恩(결초보은)	풀을 묶어 은혜를 갚는다는 뜻으로, 죽어서도 잊지 않고 은혜를 갚는다. ㊅ 刻骨難忘(각골난망), 白骨難忘(백골난망)
輕擧妄動(경거망동)	경솔하여 생각 없이 망령되게 행동하다. ㊁ 隱忍自重(은인자중)
傾國之色(경국지색)	나라를 기울일 만한 뛰어나게 아름다운 미인 ㊅ 丹脣皓齒(단순호치), 月態花容(월태화용)
耕當問奴(경당문노)	농사일은 의당 머슴에게 물어보아야 한다는 뜻으로, 모르는 일은 항상 그 부문의 전문가에게 물어야 한다는 말이다.
鷄口牛後(계구우후)	닭의 주둥이와 소의 꼬리라는 뜻으로, 큰 단체의 꼴찌보다는 작은 단체의 우두머리가 되는 것이 낫다.
鷄卵有骨(계란유골)	달걀에도 뼈가 있다는 뜻으로, 복이 없는 사람은 아무리 좋은 기회가 와도 덕을 못 본다.
鷄肋(계륵)	닭의 갈비라는 뜻으로, 그다지 큰 소용은 없으나 버리기에는 아까운 것을 이르는 말이다.
鷄鳴狗盜(계명구도)	닭의 울음소리를 잘 내는 사람과 개를 가장하여 물건을 잘 훔치는 사람이라는 뜻으로 천한 재주도 쓰일 때가 있다.
股肱之臣(고굉지신)	다리와 팔같이 중요한 신하라는 뜻으로, 임금이 가장 신임하는 중신을 이르는 말이다.
高麗公事三日(고려공사삼일)	고려의 정책이나 법령은 사흘 만에 바뀐다는 뜻으로, 한 번 시작한 일이 오래 계속되어 가지 못한다는 뜻이다. ㊅ 作心三日(작심삼일), 朝令暮改(조령모개)
鼓腹擊壤(고복격양)	배를 두드리고 흙덩이를 친다는 뜻으로, 태평한 세월을 즐긴다는 말이다.
姑息之計(고식지계)	당장의 편안함만을 꾀하는 일시적인 방편 ㊅ 姑息策(고식책), 凍足放尿(동족방뇨), 彌縫策(미봉책), 臨時方便(임시방편), 下石上臺(하석상대)
孤掌難鳴(고장난명)	외손뼉은 울릴 수 없다는 뜻으로, 혼자의 힘만으로 어떤 일을 이루기 어렵다.
苦盡甘來(고진감래)	쓴 것이 다하면 단 것이 온다는 뜻으로, 고생 끝에 즐거움이 온다. ㊁ 興盡悲來(흥진비래)
曲學阿世(곡학아세)	학문을 굽히어 세상에 아첨한다는 뜻으로, 바른 길에서 벗어난 학문으로 세상 사람에게 아첨하다.
過猶不及(과유불급)	정도를 지나치면 오히려 안 한 것만 못하다.
瓜田不納履(과전불납리)	오이밭에서는 신을 고쳐 신지 말라는 뜻으로, 의심받기 쉬운 행동은 처음부터 하지 말아야 함을 이르는 말이다. ㊅ 李下不整冠(이하부정관)
管鮑之交(관포지교)	관중과 포숙아 사이라는 뜻으로, 옛날 중국의 관중과 포숙아처럼 친구 사이의 매우 다정하고 허물없는 교제를 말한다. ㊅ 金石之契(금석지계), 金蘭之契(금란지계), 莫逆之友(막역지우), 刎頸之交(문경지교), 伯牙絶絃(백아절현), 水魚之交(수어지교), 知音(지음)

刮目相對(괄목상대)	눈을 비비고 상대편을 본다는 뜻으로, 다른 사람의 학식이나 업적이 크게 진보한 것을 말한다. ㈜ 日就月將(일취월장)
矯角殺牛(교각살우)	소의 뿔을 바로잡으려다가 소를 죽인다는 뜻으로, 결점이나 흠을 고치려다 수단이 지나쳐 도리어 일을 그르치다.
巧言令色(교언영색)	남의 환심을 사기 위해 교묘히 꾸며서 하는 말과 아첨하는 얼굴빛
膠柱鼓瑟(교주고슬)	아교풀로 비파나 거문고의 기러기발을 붙여 놓으면 음조를 바꾸지 못한다는 뜻으로, 고지식하여 융통성이 전혀 없다는 뜻이다.
九曲肝腸(구곡간장)	아홉 번 구부러진 간과 창자라는 뜻으로, 깊은 마음속 또는 시름이 쌓인 마음속을 말한다. ㈜ 九折羊腸(구절양장)
口蜜腹劍(구밀복검)	입에는 꿀이 있지만 그 뱃속에는 칼이 있다는 뜻으로, 겉으로는 친절하나 마음속은 음흉함을 뜻한다. ㈜ 面從腹背(면종복배), 羊頭狗肉(양두구육), 表裏不同(표리부동)
九死一生(구사일생)	아홉 번 죽을 뻔하다 한 번 살아난다는 뜻으로, 여러 차례 죽을 고비를 겪고 간신히 목숨을 건진다는 뜻이다.
口尙乳臭(구상유취)	입에서 아직 젖내가 난다는 뜻으로, 말이나 행동이 유치하다.
九牛一毛(구우일모)	아홉 마리의 소에서 뽑아낸 한 개의 털이라는 뜻으로, 대단히 많은 것 중에서 아주 작은 것을 말한다. ㈜ 滄海一粟(창해일속)
九折羊腸(구절양장)	아홉 번 꼬부라진 양의 창자라는 뜻으로, 꼬불꼬불하며 험한 산길을 이른다.
群鷄一鶴(군계일학)	무리 지어 있는 닭 가운데 한 마리의 학이라는 뜻으로, 여러 평범한 사람들 가운데 있는 뛰어난 한 사람을 말한다. ㈜ 囊中之錐(낭중지추), 白眉(백미)
權謀術數(권모술수)	목적 달성을 위하여 수단과 방법을 가리지 않고 행하는 온갖 모략이나 술책을 말한다.
權不十年(권불십년)	권세는 10년을 가지 못한다.
勸善懲惡(권선징악)	착한 일을 권장하고 악한 일을 징계하다.
捲土重來(권토중래)	흙먼지를 일으키며 다시 온다는 뜻으로, 한 번 실패에 굴하지 않고 몇 번이고 다시 일어나서 도전한다는 뜻이다.
近墨者黑(근묵자흑)	먹을 가까이하면 검어진다는 뜻으로, 나쁜 사람과 가까이 지내면 나쁜 버릇에 물들기 쉬우므로 주변 환경이 중요하다는 말이다.
金科玉條(금과옥조)	금이나 옥과 같이 귀하게 여겨 꼭 지켜야 할 법칙이나 규정
錦上添花(금상첨화)	비단 위에 꽃을 더한다는 뜻으로, 좋은 일 위에 또 좋은 일이 더해지다. ㈝ 雪上加霜(설상가상)
錦衣夜行(금의야행)	비단옷을 입고 밤길을 간다는 뜻으로, 아무 보람 없는 행동을 이르는 말이다.
錦衣還鄕(금의환향)	비단옷을 입고 고향에 돌아온다는 뜻으로, 출세하여 고향으로 돌아오다.
杞憂(기우)	중국 기나라 사람이 하늘이 무너질까봐 온종일 근심 걱정한 것에서 유래한 말로, 쓸데없는 걱정이나 하지 않아도 될 근심을 뜻한다.
騎虎之勢(기호지세)	호랑이에 올라탄 형세라는 뜻으로, 이미 시작하여 도중에서 그만두거나 물러설 수 없는 상태를 말한다.

ㄴ	
難兄難弟(난형난제)	누구를 형이라 하고 누구를 아우라 하기 어렵다는 뜻으로, 누가 더 낫다고 할 수 없을 정도로 서로 비슷하다는 뜻이다.
南柯一夢(남가일몽)	남쪽 가지 밑에서 꾼 한바탕의 헛된 꿈이라는 뜻으로, 덧없는 꿈이나 한 때의 부귀영화를 이른다. ㊠ 白日夢(백일몽), 一場春夢(일장춘몽)
男負女戴(남부여대)	남자는 지고 여자는 인다는 뜻으로, 가난한 사람이나 재난을 당한 사람들이 살 곳을 찾아 이리저리 떠돌아다니는 것을 이르는 말이다.
濫觴(남상)	술잔에 겨우 넘칠 정도의 작은 물이라는 뜻으로, 모든 사물이나 일의 시초 또는 근원을 말한다. ㊠ 嚆矢(효시)
囊中之錐(낭중지추)	주머니 속에 들어있는 송곳이라는 뜻으로, 뛰어난 재주를 가진 사람은 숨어 있어도 저절로 남의 눈에 띄게 된다.
綠衣紅裳(녹의홍상)	연두저고리에 다홍치마라는 뜻으로, 곱게 차려 입은 젊은 여자의 옷차림을 말한다.
弄瓦之慶(농와지경)	딸을 낳은 기쁨
弄璋之慶(농장지경)	아들을 낳은 즐거움
累卵之危(누란지위)	알을 쌓아 놓은 듯한 매우 위태로운 형세를 말한다. ㊠ 累卵之勢(누란지세), 百尺竿頭(백척간두), 一觸卽發(일촉즉발), 焦眉之急(초미지급), 風前燈火(풍전등화)

ㄷ	
多岐亡羊(다기망양)	달아난 양을 찾다가 여러 갈래 길에 이르러 길을 잃었다는 뜻으로, 두루 섭렵하기만 하고 전공하는 바가 없어 끝내 성취하지 못하다. ㊠ 亡羊之歎(망양지탄)
斷機之戒(단기지계)	학문을 중도에서 그만두는 것은 짜던 베의 날을 끊는 것처럼 아무런 쓸모가 없다.
簞食瓢飮(단사표음)	대나무로 만든 밥그릇에 담은 밥과 표주박에 든 물이라는 뜻으로, 소박한 음식과 청빈한 생활을 말한다.
丹脣皓齒(단순호치)	붉은 입술과 하얀 치아라는 뜻으로, 아름다운 여자를 이르는 말이다.
堂狗風月(당구풍월)	서당에서 기르는 개가 풍월을 한다는 뜻으로, 어떤 일을 오랫동안 보고 들으면 자연히 할 줄 알게 된다.
螳螂之斧(당랑지부)	사마귀가 도끼를 휘두르며 덤빈다는 뜻으로, 자기의 힘을 생각하지 않고 강적 앞에서 분수없이 날뛰는 것을 뜻한다. ㊠ 螳螂拒轍(당랑거철)
螳螂拒轍(당랑거철)	사마귀가 수레바퀴를 막는다는 뜻으로, 강한 상대 또는 되지 않을 일에 덤벼드는 무모한 행동거지를 이른다.
大義滅親(대의멸친)	큰 도리를 지키기 위하여 부모나 형제도 돌아보지 않다.
道聽塗說(도청도설)	길에서 들은 말을 곧 그 길에서 이야기한다는 뜻으로, 무슨 말을 들으면 그것을 깊이 생각하지 않고 예사로 듣고 말하는 것 또는 길거리에 떠돌아다니는 뜬소문을 말한다.
讀書三到(독서삼도)	책을 읽는 세 가지 방법이라는 뜻으로 마음속에 깊이 새기는 심도(心到), 눈으로 다른 것을 보지 않고 책만 잘 보는 안도(眼到), 입으로 다른 말을 하지 않고 책을 읽는 구도(口到)를 말한다.
塗炭之苦(도탄지고)	진구렁에 빠지고 숯불에 타는 것과 같은 고통을 말한다.

인문학

同價紅裳(동가홍상)	같은 값이면 다홍치마라는 뜻으로, 같은 값이라면 더 좋은 물건을 가진다는 말이다.
棟梁之材(동량지재)	마룻대와 들보로 쓸 만한 재목이라는 뜻으로, 한 집안이나 한 나라를 떠받치는 중대한 일을 맡을 만한 인재
同病相憐(동병상련)	같은 병을 앓는 사람끼리 서로 가엾게 여긴다는 뜻으로, 어려운 처지에 있는 사람끼리 서로 불쌍히 여겨 동정하고 서로 돕다. ㊌ 類類相從(유유상종), 草綠同色(초록동색)
同床異夢(동상이몽)	같은 침상에서 서로 다른 꿈을 꾼다는 뜻으로, 겉으로는 같이 행동하면서도 속으로는 각각 딴생각을 하고 있다.
凍足放尿(동족방뇨)	언발에 오줌 누기라는 뜻으로, 잠시 동안만 효력이 있을 뿐 효력이 바로 사라지는 것을 말한다.
得隴望蜀(득롱망촉)	농나라를 얻고 나니 촉나라를 갖고 싶다는 뜻으로, 만족할 줄을 모르고 계속 욕심을 부리는 경우를 말한다.
登高自卑(등고자비)	높은 곳에 올라가려면 낮은 곳에서부터 올라야 한다는 뜻으로, 일을 할 때는 반드시 차례대로 해야 한다.
登龍門(등용문)	잉어가 중국 황허강 상류의 급류인 용문을 오르면 용이 된다는 전설에서 유래한 것으로, 입신과 출세를 위해 반드시 넘어야 할 관문 또는 어려운 관문을 통과하여 크게 출세한 것을 말한다.
燈下不明(등하불명)	등잔 밑이 어둡다는 뜻으로, 가까이에 있는 것이 오히려 알아내기 어렵다는 뜻이다.

ㅁ

馬耳東風(마이동풍)	말의 귀에 동풍이 스쳐간다는 뜻으로, 남의 비평이나 의견을 조금도 귀담아듣지 아니하고 흘려버린다는 뜻이다. ㊌ 牛耳讀經(우이독경)
莫上莫下(막상막하)	어느 것이 위고 아래인지 분간할 수 없을 정도로 차이가 거의 없다. ㊌ 難兄難弟(난형난제), 伯仲之勢(백중지세), 伯仲之間(백중지간)
莫逆之友(막역지우)	마음이 맞아 서로 거슬리는 일이 없어 매우 친한 친구 사이
晩時之歎(만시지탄)	시기가 늦어 기회를 놓쳤음을 안타까워하는 탄식
亡羊補牢(망양보뢰)	양을 잃고 우리를 고친다는 뜻으로, 이미 어떤 일을 실패한 뒤에 뉘우쳐도 아무 소용이 없다.
望雲之情(망운지정)	구름을 바라보며 그리워한다는 뜻으로, 멀리 떠나온 자식이 고향에 계신 부모를 생각하여 그리다.
麥秀之嘆(맥수지탄)	기자가 은나라가 망한 뒤에도 보리만은 잘 자라는 것을 보고 한탄하였다는 데서 유래한 것으로, 고국의 멸망에 대한 탄식을 말한다.
面從腹背(면종복배)	겉으로는 복종하는 체하면서 속으로는 배반하다.
滅私奉公(멸사봉공)	사(私)를 버리고 공(公)을 위하여 힘쓰다.
明鏡止水(명경지수)	맑은 거울과 고요한 물이라는 뜻으로, 사념이 전혀 없는 깨끗한 마음씨를 말한다.
名實相符(명실상부)	이름과 실상이 서로 꼭 들어맞는다는 뜻으로, 알려진 것과 실제의 상황이나 능력에 차이가 없다.
明若觀火(명약관화)	불을 보듯 분명하고 뻔하다. ㊌ 不問可知(불문가지)
矛盾(모순)	창과 방패라는 뜻으로, 말이나 행동의 앞뒤가 서로 맞지 않거나 이치에 어긋나는 것을 뜻한다. ㊌ 自家撞着(자가당착)

目不識丁(목불식정)	고무래를 보고도 그것이 고무래 정(丁)자인 줄 모른다는 뜻으로, 글자를 전혀 모르는 것을 말한다. ㊌ 菽麥不辨(숙맥불변), 魚魯不辨(어로불변), 一字無識(일자무식)
目不忍見(목불인견)	차마 눈으로 볼 수 없을 정도로 딱하거나 참혹한 상황을 말한다.
刎頸之交(문경지교)	서로를 위해 목이 잘릴 수 있는 사이라는 뜻으로, 목숨까지 버릴 수 있을 정도로 친한 친구 사이 또는 생사를 함께 할 수 있는 친구를 말한다.
門外漢(문외한)	어떤 일에 전문적인 지식이 없는 사람 ㊤ 專門家(전문가)
門前成市(문전성시)	찾아오는 사람이 많아 문 앞이 시장을 이루다시피 하다.
尾生之信(미생지신)	중국 춘추시대에 미생이라는 자가 한 여자와의 약속을 지키기 위해 홍수에도 피하지 않고 다리 밑에서 기다리다가 익사하였다는 고사에서 유래한 것으로, 융통성이 없이 약속만을 굳게 지키는 것을 말한다.
未曾有(미증유)	지금까지 한 번도 있어 본 적이 없다. ㊌ 前代未聞(전대미문)

ㅂ

博而不精(박이부정)	여러 방면으로 널리 알지만, 정밀하지 못하다.
反目嫉視(반목질시)	서로 미워하고 질투하는 눈으로 보다. ㊌ 白眼視(백안시)
斑衣之戲(반의지희)	중국 초나라의 노래자가 일흔 살에 늙은 부모님을 위로하기 위해 색동저고리를 입고 어린이처럼 기어 다녀 보였다는 데서 유래한 것으로, 늙어서도 부모에게 효도함을 이른다. ㊌ 反哺之孝(반포지효)
反哺之孝(반포지효)	까마귀 새끼가 자란 뒤에 늙은 어미에게 먹이를 물어다 주는 효라는 뜻으로, 자식이 자라서 어버이의 은혜를 갚는 효성을 이른다.
拔本塞源(발본색원)	근본을 빼내고 원천을 막아 버린다는 뜻으로, 좋지 않은 일의 근본 원인이 되는 요소를 완전히 없애서 다시는 그러한 일이 생길 수 없도록 하다.
傍若無人(방약무인)	곁에 아무도 없는 것처럼 여긴다는 뜻으로, 주위에 있는 다른 사람을 전혀 의식하지 않고 제멋대로 행동하다. ㊌ 眼下無人(안하무인)
背恩忘德(배은망덕)	다른 사람에게 입은 은덕을 잊고 배반하다. ㊤ 刻骨難忘(각골난망)
白骨難忘(백골난망)	죽어서 백골이 되어도 잊을 수 없다는 뜻으로, 남에게 큰 은혜나 덕을 입었을 때의 고마움을 뜻한다.
白面書生(백면서생)	흰 얼굴에 글만 읽는 사람이란 뜻으로, 세상일에 전혀 경험이 없는 사람을 이른다.
白眉(백미)	중국 촉나라 마량의 5형제 중 흰 눈썹이 섞인 양의 재주가 가장 뛰어나다는 데서 유래한 것으로, 여럿 가운데에서 가장 뛰어난 사람이나 훌륭한 물건을 말한다.
伯牙絕絃(백아절현)	중국 춘추시대에 백아는 거문고를 매우 잘 탔고 그의 벗 종자기는 그 거문고 소리를 잘 들었는데, 종자기가 죽자 백아가 절망하여 거문고 줄을 끊어 버리고 다시는 거문고를 타지 않았다고 한다. 여기서 유래하여 자기를 알아주는 절친한 벗의 죽음을 슬퍼함 또는 절친한 우정을 비유하는 말이다.
百尺竿頭(백척간두)	백 자나 되는 높은 장대 위에 올라섰다는 뜻으로, 몹시 어렵고 위태로운 지경을 말한다.
夫唱婦隨(부창부수)	남편이 주장하고 아내가 이에 따른다.

附和雷同(부화뇌동)	우레 소리에 맞춰 함께한다는 뜻으로, 줏대 없이 남의 의견에 따라 움직이다.
粉骨碎身(분골쇄신)	뼈를 가루로 만들고 몸을 부순다는 뜻으로, 있는 힘을 다해 노력하다.
不問可知(불문가지)	묻지 않아도 옳고 그름을 알 수 있다.
不問曲直(불문곡직)	굽음과 곧음을 묻지 않는다는 뜻으로, 옳고 그름을 따지지 않다.
悲憤慷慨(비분강개)	슬프고 분한 느낌이 마음속에 가득차다.
髀肉之嘆(비육지탄)	장수가 전쟁에 나가지 못하여 넓적다리에 살이 피둥피둥 찌는 것을 한탄한다는 뜻으로, 재능을 발휘할 때를 얻지 못하여 헛되이 세월만 보내는 것을 한탄하다.

四顧無親(사고무친)	사방을 돌아보아도 친척이 없다는 뜻으로, 의지할만한 사람이 아무도 없다. ⑪ 孤立無援(고립무원), 進退兩難(진퇴양난)
四面楚歌(사면초가)	사방에서 들리는 초나라의 노래라는 뜻으로, 아무에게도 도움을 받지 못하는 외롭고 곤란한 지경에 빠진 형편을 뜻한다.
事必歸正(사필귀정)	모든 일은 반드시 바른 길로 돌아간다.
死後藥方文(사후약방문)	죽은 뒤에 약방문(처방전)을 쓴다는 뜻으로, 이미 때가 지난 후에 대책을 세우거나 후회해도 소용없다.
殺身成仁(살신성인)	자기의 몸을 희생하여 인(仁)을 이룬다는 뜻으로, 옳은 일을 위해서는 목숨이라도 바친다.
三顧草廬(삼고초려)	유비가 제갈공명을 세 번이나 찾아가 군사로 초빙한 데서 유래한 말로, 인재를 얻기 위하여 끈기 있게 노력함을 뜻한다.
三旬九食(삼순구식)	30일 동안 아홉 끼니밖에 먹지 못한다는 뜻으로, 매우 가난함을 이르는 말이다.
嘗糞之徒(상분지도)	대변이라도 맛볼 듯이 부끄러워하지 않고 다른 사람에게 몹시 아첨하는 사람을 낮잡아 이르는 말이다.
桑田碧海(상전벽해)	뽕나무밭이 변하여 푸른 바다가 된다는 뜻으로, 세상일의 변화가 매우 심하다.
塞翁之馬(새옹지마)	변방에 사는 노인의 말이라는 뜻으로, 옛날 중국의 북쪽 변방에 한 노인이 살고 있었는데 이 노인이 기르던 말이 어느 날 달아나버렸다. 그런데 얼마 후 이 말은 한 필의 준마를 데리고 돌아왔으며, 노인의 아들이 그 말을 타다가 떨어져 다리가 부러졌다. 그로부터 1년이 지나서 마을 젊은이들은 모두 전쟁에 불려 나갔으나 노인의 아들은 말에서 떨어져 절름발이가 되었으므로 전쟁에 나가지 않아 죽음을 면하게 되었다. 이처럼 인생에 있어서 길흉화복은 변화가 많아서 예측하기가 어렵다는 뜻이다. ⑪ 轉禍爲福(전화위복)
先公後私(선공후사)	공적인 일을 먼저 하고 사사로운 일은 뒤로 미루다.
雪上加霜(설상가상)	눈 위에 서리가 덮인다는 뜻으로, 어려운 일이 잇따라 일어나다.
首丘初心(수구초심)	여우가 죽을 때에 머리를 자기가 살던 굴 쪽으로 둔다는 뜻으로, 고향을 그리워하는 마음 또는 근본을 잊지 않는 마음을 말한다.
手不釋卷(수불석권)	손에서 책을 놓지 않는다는 뜻으로, 늘 책을 가까이하여 열심히 공부하다.
首鼠兩端(수서양단)	구멍에서 머리를 내밀고 나갈까 말까 망설이는 쥐라는 뜻으로, 거취를 결정하지 못하고 망설이는 모양 또는 어느 쪽으로도 붙지 않고 양다리를 걸치는 것을 이르는 말이다. ⑪ 左顧右眄(좌고우면)
水魚之交(수어지교)	물과 물고기의 사귐이란 뜻으로, 매우 친밀하게 사귀어 떨어질 수 없는 사이 또는 임금과 신하 또는 부부 사이처럼 매우 친밀한 관계를 이른다.
誰怨誰咎(수원수구)	남을 원망하거나 탓할 것이 없다.

守株待兎(수주대토)	그루터기를 지켜 토끼를 미련하게 기다린다는 뜻으로, 고지식하고 융통성이 없는 어리석은 사람을 이른다.
脣亡齒寒(순망치한)	입술이 없으면 이가 시리다는 뜻으로, 가까운 사이의 한쪽이 망하면 다른 쪽도 그 영향을 받아 온전하기 어려움을 비유하여 이르는 말이다.
始終一貫(시종일관)	처음부터 끝까지 한결같이 하다. (반) 朝令暮改(조령모개)
識字憂患(식자우환)	글자를 아는 것이 오히려 근심이 된다.
十匙一飯(십시일반)	밥 열 술이 한 그릇이 된다는 뜻으로, 여러 사람이 힘을 합하면 한 사람을 돕기는 쉽다.

阿鼻叫喚(아비규환)	여러 사람이 비참한 지경에 처하여 몸부림치며 울부짖는 참상을 비유적으로 이르는 말이다.
我田引水(아전인수)	제 논에 물 대기라는 뜻으로, 자기에게만 이롭게 되도록 생각하거나 행동하다. (반) 易地思之(역지사지)
安分知足(안분지족)	편안한 마음으로 제 분수를 지키며 만족할 줄 안다. (유) 安貧樂道(안빈낙도)
安貧樂道(안빈낙도)	가난하지만 편안한 마음으로 도를 즐기다.
眼下無人(안하무인)	눈 아래에 사람이 없다는 뜻으로, 교만하여 남을 업신여기다.
暗中摸索(암중모색)	어둠 속에서 손을 더듬어 찾는다는 뜻으로, 어림짐작으로 사물을 알아내려 하거나 은밀한 가운데 일의 실마리나 해결책을 찾아내려 하는 것을 말한다.
哀而不悲(애이불비)	속으로는 슬프나 겉으로는 슬픔을 나타내지 않는다는 뜻이다.
羊頭狗肉(양두구육)	양 머리를 걸어놓고 개고기를 판다는 뜻으로, 겉과 속이 서로 다르거나 말과 행동이 일치하지 않음을 말한다.
梁上君子(양상군자)	대들보 위에 올라간 군자라는 뜻으로, 도둑을 완곡하게 이르는 말이다.
良藥苦口(양약고구)	좋은 약은 입에 쓰다는 뜻으로, 바른 말은 귀에 거슬린다.
魚魯不辨(어로불변)	어(魚)자와 노(魯)자를 구별하지 못한다는 뜻으로, 몹시 무식하다.
漁父之利(어부지리)	도요새가 무명조개의 속살을 먹으려고 부리를 조가비 안에 넣는 순간 무명조개가 껍데기를 꼭 다물고 부리를 안 놔주며 서로 다투는 틈을 타서 어부가 둘 다 잡았다는 데서 유래하였다. 즉, 둘이 다투는 틈을 타서 엉뚱한 제3자가 이익을 가로채다.
言語道斷(언어도단)	말할 길이 끊어졌다는 뜻으로, 너무나 엄청나거나 어이가 없어서 말할 수 없다.
言中有骨(언중유골)	말 속에 뼈가 있다는 뜻으로, 예사로운 표현 속에 단단한 속뜻이 들어 있다.
如履薄氷(여리박빙)	살얼음을 밟는 것과 같다는 뜻으로, 매우 위험함을 이르는 말이다.
如反掌(여반장)	손바닥을 뒤집는 것과 같이 매우 쉽다.
緣木求魚(연목구어)	나무 위에서 물고기를 찾는다는 뜻으로, 목적이나 수단이 일치하지 않아 성공이 불가능하다.
炎凉世態(염량세태)	세력이 있을 때는 아첨하여 따르고 세력이 없어지면 푸대접하는 세상인심을 말한다.
拈華微笑(염화미소)	석가모니가 영산회에서 연꽃 한 송이를 대중에게 보이자 마하가섭만이 그 뜻을 깨닫고 미소 지었다는 데서 유래한 것으로, 마음에서 마음으로 전한다는 뜻이다. (유) 以心傳心(이심전심)
五里霧中(오리무중)	짙은 안개가 5리나 끼어 있는 속에 있다는 뜻으로, 무슨 일에 대하여 방향이나 갈피를 잡을 수 없다.
烏飛梨落(오비이락)	까마귀 날자 배 떨어진다는 뜻으로, 아무 관계도 없이 한 일이 공교롭게도 때가 일치하여 억울하게 의심을 받다.

傲霜孤節(오상고절)	서릿발이 심한 추위에서도 굴하지 않고 외로이 절개를 지킨다는 뜻으로, 충신 또는 국화를 말한다. ㊡ 歲寒孤節(세한고절)
吳越同舟(오월동주)	오나라 사람과 월나라 사람이 한 배에 타고 있다는 뜻으로, 서로 적의를 품은 사람들이 한 자리에 있게 된 경우나 같은 목표를 달성하기 위해 서로 협력하여야 하는 상황을 비유적으로 이르는 말이다.
溫故知新(온고지신)	옛것을 익히고 그것을 미루어서 새것을 안다.
臥薪嘗膽(와신상담)	중국 춘추시대 오나라의 왕 부차가 아버지의 원수를 갚기 위해 장작더미 위에서 잠을 자며 월나라의 왕 구천에게 복수할 것을 맹세하였고, 그에게 패배한 월나라의 왕 구천이 쓸개를 핥으면서 복수를 다짐한 데서 유래한 것으로 원수를 갚기 위해 온갖 괴로움을 참고 견딤을 이르는 말이다.
龍頭蛇尾(용두사미)	용의 머리와 뱀의 꼬리라는 뜻으로, 시작은 좋았다가 갈수록 나빠지다.
愚公移山(우공이산)	우공이 산을 옮긴다는 뜻으로, 어떤 일이든 끊임없이 노력하면 반드시 이루어진다.
牛耳讀經(우이독경)	쇠귀에 경 읽기라는 뜻으로, 아무리 일러주어도 알아듣지 못하다.
雨後竹筍(우후죽순)	비가 온 뒤에 여기저기 솟는 죽순이라는 뜻으로, 어떤 일이 동시에 많이 일어나다.
韋編三絶(위편삼절)	공자가 책을 하도 많이 읽어서 그것을 엮어 놓은 끈이 세 번이나 끊어졌다는 데에서 유래한 것으로, 책을 열심히 읽음을 뜻한다.
有口無言(유구무언)	입은 있으나 말이 없다는 뜻으로, 변명할 말이 없다.
有名無實(유명무실)	이름만 그럴듯하고 실속은 없다.
流芳百世(유방백세)	꽃다운 이름이 후세에 길이 전하다.
有備無患(유비무환)	미리 준비가 되어 있으면 근심이 없다.
類類相從(유유상종)	같은 무리끼리 서로 사귀다.
隱忍自重(은인자중)	마음속에 감추어 몸가짐을 신중히 하다.
陰德陽報(음덕양보)	남모르게 덕을 쌓은 사람은 반드시 그 일이 드러나 갚음을 받게 된다.
泣斬馬謖(읍참마속)	중국 촉나라 제갈량이 군령을 어기어 가정(街亭) 싸움에서 패한 마속을 눈물을 머금고 참형에 처하였다는 데서 유래한 것으로, 큰일을 위해 사사로운 정을 물리친다는 말이다. ㊡ 一罰百戒(일벌백계)
以卵投石(이란투석)	계란으로 바위 치기라는 뜻으로 무모한 일을 말한다.
李下不整冠(이하부정관)	오얏나무 밑에서는 갓을 고쳐 쓰지 말라는 뜻으로, 남에게 의심받을 만한 일은 아예 하지 말라는 말이다.
耳懸鈴鼻懸鈴(이현령비현령)	귀에 걸면 귀걸이 코에 걸면 코걸이라는 뜻으로, 정해 놓은 것이 아니고 둘러대기에 따라 다르다.
益者三友(익자삼우)	사귀어 자기에게 유익한 세 부류의 벗이라는 뜻으로, 정직한 사람, 신의가 있는 사람, 지식이 있는 사람을 말한다.
一刻如三秋(일각여삼추)	일각이 삼년과 같다는 뜻으로, 몹시 기다려지거나 지루하다.
一擧兩得(일거양득)	한 가지의 일을 하고 두 가지의 이득을 본다는 뜻이다. ㊡ 一石二鳥(일석이조)
一網打盡(일망타진)	그물을 한 번 쳐서 다 잡는다는 뜻으로, 어떤 무리를 한꺼번에 모조리 다 잡다.
一魚濁水(일어탁수)	한 마리의 물고기가 물을 흐린다는 뜻으로, 한 사람의 잘못으로 여러 사람이 그 해를 받게 되다.

一場春夢(일장춘몽)	한바탕의 봄꿈이라는 뜻으로, 헛된 영화나 덧없는 일을 이른다.
一觸卽發(일촉즉발)	한 번 건드리기만 해도 폭발할 것 같이 몹시 아슬아슬한 상태를 말한다.
日就月將(일취월장)	나날이 다달이 성장하고 발전하다.
一筆揮之(일필휘지)	단숨에 글씨를 죽 내리 쓰다.
臨機應變(임기응변)	그때그때 처한 사태에 즉각 알맞게 대처하다.
臨戰無退(임전무퇴)	세속오계의 하나로, 싸움에 임하여 물러서지 않는다는 뜻이다.

ㅈ

自家撞着(자가당착)	한 사람의 말이나 행동이 앞뒤가 서로 맞지 않고 모순되다.
自强不息(자강불식)	스스로 힘써 쉬지 않고 몸과 마음을 가다듬다.
自愧之心(자괴지심)	스스로 부끄럽게 여기는 마음
自繩自縛(자승자박)	자기가 한 말과 행동으로 인하여 자신이 곤란하게 되다.
自中之亂(자중지란)	같은 편 안에서 일어나는 싸움
張三李四(장삼이사)	장씨의 셋째 아들과 이씨의 넷째 아들이란 뜻으로, 평범한 사람들을 말한다.
賊反荷杖(적반하장)	도둑이 도리어 매를 든다는 뜻으로, 잘못한 사람이 도리어 잘 한 사람을 나무란다는 뜻이다.
輾轉反側(전전반측)	걱정거리로 인해 몸을 이리저리 뒤척이며 잠을 이루지 못하다.
轉禍爲福(전화위복)	화가 바뀌어 오히려 복이 되다.
切磋琢磨(절차탁마)	옥이나 돌 따위를 갈고 닦아서 빛을 낸다는 뜻으로, 학문이나 인격을 갈고 닦다.
切齒腐心(절치부심)	몹시 분하여 이를 갈며 속을 썩이다.
漸入佳境(점입가경)	가면 갈수록 경치가 아름다워진다는 뜻으로, 갈수록 흥미롭게 일이 진행된다는 말이다.
頂門一鍼(정문일침)	정수리에 침을 놓는다는 뜻으로, 따끔한 충고나 교훈을 이른다. ㊬ 寸鐵殺人(촌철살인)
井底之蛙(정저지와)	우물 안 개구리라는 뜻으로, 소견이나 견문이 매우 좁다. ㊬ 井中之蛙(정중지와), 坐井觀天(좌정관천)
朝令暮改(조령모개)	아침에 명령을 내렸다가 저녁에 다시 고친다는 뜻으로, 법령을 자꾸 고쳐서 갈피를 잡기 어려움을 이르는 말이다.
朝變夕改(조변석개)	아침저녁으로 뜯어고친다는 뜻으로, 계획·결정 등을 자꾸 변경하다.
朝三暮四(조삼모사)	중국 송나라의 저공이 원숭이에게 먹이를 줄 때 아침에 세 개, 저녁에 네 개씩 주겠다고 하자 화를 내더니 아침에 네 개, 저녁에 세 개씩 주겠다는 말에는 좋아하였다는 데서 유래한 것으로, 얕은꾀를 써서 남을 속이는 것을 뜻한다.
鳥足之血(조족지혈)	새 발의 피라는 뜻으로, 매우 적은 분량을 말한다.
坐井觀天(좌정관천)	우물 속에 앉아 하늘을 쳐다본다는 뜻으로, 견문이 매우 좁다.
主客顚倒(주객전도)	주인과 손님이 뒤바뀌었다는 뜻으로, 입장이 뒤바뀌다.
晝耕夜讀(주경야독)	낮에는 농사를 짓고 밤에는 글을 읽는다는 뜻으로, 어려운 여건 속에서도 꿋꿋이 공부하다. ㊬ 晴耕雨讀(청경우독)
走馬加鞭(주마가편)	달리는 말에 채찍질한다는 뜻으로, 잘하는 사람을 더욱 장려하다.
走馬看山(주마간산)	말을 타고 달리면서 산을 바라본다는 뜻으로, 자세히 살피지 않고 대충 보고 지나가다.
竹馬故友(죽마고우)	대나무 말을 타고 놀던 옛 친구라는 뜻으로, 어릴 때부터 같이 놀며 자란 벗을 말한다.

衆寡不敵(중과부적)	적은 수효로 많은 수효를 대적하지 못하다.
指鹿爲馬(지록위마)	사슴을 가리켜 말이라고 한다는 뜻으로, 윗사람을 농락하여 권세를 마음대로 함을 이르는 말이다.
支離滅裂(지리멸렬)	이리저리 흩어져 갈피를 잡을 수 없다.
進退兩難(진퇴양난)	이러지도 저러지도 못하는 어려운 처지를 말한다.

ㅊ

滄海一粟(창해일속)	큰 바다에 던져진 좁쌀 한 톨이라는 뜻으로, 아주 많거나 넓은 것 가운데 있는 매우 하찮고 작은 것을 말한다.
千慮一失(천려일실)	천 번 생각에 한 번 실수라는 뜻으로, 여러 번 생각하여 신중하고 조심스럽게 한 일에도 때로는 실수가 있을 수 있음을 뜻한다.
天衣無縫(천의무봉)	천사의 옷은 꿰맨 흔적이 없다는 뜻으로, 시나 문장이 기교를 부린 흔적이 없어 극히 자연스럽다.
千載一遇(천재일우)	천 년에 한 번 만난다는 뜻으로, 좀처럼 얻기 어려운 좋은 기회를 말한다.
靑出於藍(청출어람)	쪽에서 뽑아낸 푸른 물감이 쪽보다 더 푸르다는 뜻으로, 스승보다 제자가 더 뛰어나거나 훌륭하다.
樵童汲婦(초동급부)	땔나무를 하는 아이와 물을 긷는 여자라는 뜻으로, 평범한 보통 사람을 말한다.
草綠同色(초록동색)	풀빛과 녹색은 같은 빛깔이란 뜻으로, 같은 처지의 사람과 어울리거나 그런 사람에게 기우는 것을 말한다.
焦眉之急(초미지급)	눈썹이 타게 될 만큼 위급한 상태란 뜻으로, 매우 급한 경우를 말한다.
初志一貫(초지일관)	처음에 세운 뜻을 끝까지 밀고 나가다.
寸鐵殺人(촌철살인)	한 치의 쇠붙이로도 사람을 죽일 수 있다는 뜻으로, 간단한 말로 감동시키거나 약점을 찌를 수 있음을 이르는 말이다.
針小棒大(침소봉대)	바늘만한 것을 몽둥이만 하다고 말한다는 뜻으로, 작은 일을 크게 불리어 떠벌리다.

ㅌ

他山之石(타산지석)	다른 산의 돌이라는 뜻으로, 다른 사람의 하찮은 언행이라도 자기의 지덕을 닦는 데 도움이 된다.
卓上空論(탁상공론)	탁자 위에서만 펼치는 헛된 논설이란 뜻으로, 현실성이 없는 허황한 이론이나 논의를 말한다.
泰山北斗(태산북두)	태산(泰山)과 북두칠성을 아울러 이르는 말로, 세상 사람들로부터 존경받는 사람을 비유적으로 이르는 말이다.
兎死狗烹(토사구팽)	사냥하러 가서 토끼를 잡으면 사냥하던 개는 쓸모가 없게 되어 삶아 먹는다는 뜻으로, 필요할 때는 쓰고 필요 없을 때는 야박하게 버린다.
兎螢三窟(토영삼굴)	토끼는 위기에서 벗어나기 위하여 세 개의 굴을 파 놓는다는 뜻으로, 자신의 안전을 위해 미리 몇 가지 대비책을 마련해 놓다.

ㅍ

破竹之勢(파죽지세)	대나무를 쪼개는 기세라는 뜻으로, 적을 거침없이 물리치고 쳐들어가는 기세를 이르는 말이다.
八方美人(팔방미인)	어느 모로 보나 아름다운 미인이라는 뜻으로, 여러 방면의 일에 능통한 사람을 뜻한다.
弊袍破笠(폐포파립)	해진 옷과 부러진 갓이란 뜻으로, 초라한 차림새를 말한다.

抱腹絶倒(포복절도)	배를 그러안고 넘어질 정도로 몹시 웃다.
表裏不同(표리부동)	마음이 음흉하여 겉과 속이 다르다.
風樹之嘆(풍수지탄)	효도를 다하지 못한 채 어버이를 여읜 자식의 슬픔을 말한다.
風前燈火(풍전등화)	바람 앞의 등불이라는 뜻으로, 매우 위태로운 처지에 놓여 있다.
匹夫之勇(필부지용)	깊은 생각 없이 혈기만 믿고 함부로 부리는 소인배의 용기를 말한다.
匹夫匹婦(필부필부)	평범한 남자와 평범한 여자

ㅎ

下石上臺(하석상대)	아랫돌 빼서 윗돌 괴기라는 뜻으로, 임시변통으로 이리저리 둘러맞추다.
漢江投石(한강투석)	지나치게 미미하여 아무런 효과를 미치지 못하다.
汗牛充棟(한우충동)	수레에 실어 운반하면 소가 땀을 흘리게 되고 쌓아 올리면 들보에 닿을 정도의 양이라는 뜻으로, 가지고 있는 책이 매우 많다. ㉲ 五車書(오거서)
割股療親(할고료친)	허벅지의 살을 잘라내어 부모를 치료한다는 뜻으로, 지극한 효성을 이르는 말이다.
虛禮虛飾(허례허식)	형편에 맞지 않게 겉만 번드르르하게 꾸미다.
虛張聲勢(허장성세)	실속은 없으면서 큰소리를 치거나 허세를 부리다.
螢雪之功(형설지공)	가난을 딛고 반딧불과 눈빛으로 글을 읽어가며 열심히 공부하다.
狐假虎威(호가호위)	여우가 호랑이의 위세를 빌려 호기를 부린다는 뜻으로, 남의 권세를 빌려 위세를 부리다.
糊口之策(호구지책)	가난한 살림에서 겨우 먹고살아 가는 방책
好事多魔(호사다마)	좋은 일에는 방해가 되는 일이 많다.
惑世誣民(혹세무민)	세상을 어지럽히고 백성을 속이다.
昏定晨省(혼정신성)	저녁에는 잠자리를 봐 드리고 아침에는 문안을 드린다는 뜻으로, 부모를 잘 섬기고 효성을 다하다. ㉲ 反哺報恩(반포보은), 反哺之孝(반포지효)
畵龍點睛(화룡점정)	용을 그린 다음 마지막으로 눈동자를 그린다는 뜻으로, 가장 요긴한 부분을 마치어 일을 마무리하다.
畵蛇添足(화사첨족)	뱀의 발을 그린다는 뜻으로, 안 해도 될 일을 덧붙여 하다가 도리어 일을 그르치다. ㉲ 蛇足(사족)
換骨奪胎(환골탈태)	뼈를 바꾸고 태를 벗긴다는 뜻으로, 사람이 보다 나은 방향으로 변하여 전혀 딴사람처럼 되다.
膾炙人口(회자인구)	시문(詩文) 등이 회나 구운 고기와 같은 맛있는 음식처럼 사람들의 입에 많이 오르내리고 칭찬받는 것을 뜻한다.
嚆矢(효시)	전쟁을 시작할 때 우는살을 먼저 쏘았다는 데에서 유래한 것으로, 모든 일의 시초를 말한다.
後生可畏(후생가외)	젊은 후진들이 학문을 닦음에 따라 큰 인물이 될 수 있으므로 후학들을 가히 두려워할 만하다는 뜻이다.
厚顔無恥(후안무치)	얼굴이 두껍고 부끄러움이 없다.
興盡悲來(흥진비래)	즐거운 일이 다하면 슬픈 일이 닥쳐온다는 뜻으로, 세상일의 순환을 말한다.

#24절기(24節氣)

계절	절기	날짜	해설
봄(春)	立春(입춘)	2월 4~5일경	봄의 시작
	雨水(우수)	2월 18~19일경	봄비가 내리고 싹이 트는 시기
	驚蟄(경칩)	3월 5~6일경	개구리가 겨울잠에서 깨어나는 시기
	春分(춘분)	3월 20일~21일경	낮과 밤의 길이가 같아지는 시기
	淸明(청명)	4월 4일~5일경	날씨가 맑고 밝은 때로, 봄 농사를 준비하는 시기
	穀雨(곡우)	4월 20일~21일경	봄비가 내려 곡식이 풍성해지는 시기
여름(夏)	立夏(입하)	5월 5~6일경	여름의 시작
	小滿(소만)	5월 21~22일경	만물이 점차로 생장하여 가득찬다는 뜻으로, 본격적인 농사가 시작되는 시기
	芒種(망종)	6월 5~6일경	벼나 보리 등 수염이 있는 곡식의 씨앗을 뿌리기에 좋은 때라는 뜻으로, 보리를 베고 논에 모를 심는 시기
	夏至(하지)	6월 21~22일경	일 년 중 태양이 가장 높이 뜨고 낮의 길이가 가장 긴 시기
	小暑(소서)	7월 7~8일경	더위가 시작되는 시기
	大暑(대서)	7월 22~23일경	더위가 가장 심한 시기
가을(秋)	立秋(입추)	8월 7~8일경	가을의 시작
	處暑(처서)	8월 23~24일경	더위가 식고 일교차가 가장 큰 시기
	白露(백로)	9월 7~8일경	가을 기운이 완연하고 농작물에 이슬이 내리기 시작하는 시기
	秋分(추분)	9월 23~24일경	밤이 길어지는 시기
	寒露(한로)	10월 8~9일경	찬 이슬이 맺힌다는 뜻으로, 오곡백과를 수확하는 시기
	霜降(상강)	10월 23~24일경	서리가 내리기 시작하는 시기
겨울(冬)	立冬(입동)	11월 7~8일경	겨울의 시작
	小雪(소설)	11월 22~23일경	얼음이 얼기 시작하는 시기
	大雪(대설)	12월 7~8일경	많은 눈이 내리는 시기
	冬至(동지)	12월 21~22일경	일 년 중 낮이 가장 짧고 밤이 가장 긴 시기
	小寒(소한)	1월 5~6일경	작은 추위라는 뜻이나, 우리나라에서는 겨울 중 가장 추운 시기
	大寒(대한)	1월 21~22일경	큰 추위라는 뜻으로, 엄동설한의 시기

#10간/12지/60갑자

10간	갑(甲)-을(乙)-병(丙)-정(丁)-무(戊)-기(己)-경(庚)-신(辛)-임(壬)-계(癸)
12지	자(子)-축(丑)-인(寅)-묘(卯)-진(辰)-사(巳)-오(午)-미(未)-신(申)-유(酉)-술(戌)-해(亥)
60갑자	갑자(甲子)-을축(乙丑)-병인(丙寅)-정묘(丁卯)-무진(戊辰)-기사(己巳)-경오(庚午)-신미(辛未)-임신(壬申)-계유(癸酉)-갑술(甲戌)-을해(乙亥)-병자(丙子)-정축(丁丑)-무인(戊寅)-기묘(己卯)-경진(庚辰)-신사(辛巳)-임오(壬午)-계미(癸未)-갑신(甲申)-을유(乙酉)-병술(丙戌)-정해(丁亥)-무자(戊子)-기축(己丑)-경인(庚寅)-신묘(辛卯)-임진(壬辰)-계사(癸巳)-갑오(甲午)-을미(乙未)-병신(丙申)-정유(丁酉)-무술(戊戌)-기해(己亥)-경자(庚子)-신축(辛丑)-임인(壬寅)-계묘(癸卯)-갑진(甲辰)-을사(乙巳)-병오(丙午)-정미(丁未)-무신(戊申)-기유(己酉)-경술(庚戌)-신해(辛亥)-임자(壬子)-계축(癸丑)-갑인(甲寅)-을묘(乙卯)-병진(丙辰)-정사(丁巳)-무오(戊午)-기미(己未)-경신(庚申)-신유(辛酉)-임술(壬戌)-계해(癸亥)

#나이 호칭

나이	한자어	의미
15	志學(지학)	학문에 뜻을 두는 나이
20	弱冠(약관)	관례를 하는 나이
30	而立(이립)	모든 기초를 세우는 나이
40	不惑(불혹)	미혹되지 않는 나이
50	知天命(지천명)	하늘의 뜻을 알게 되는 나이
60	耳順(이순)	경륜이 쌓이고 사려와 판단이 성숙하여 다른 사람의 말을 잘 받아들일 수 있는 나이
61	還甲(환갑), 回甲(회갑), 華甲(화갑)	還甲(환갑), 回甲(회갑)은 60갑자를 다 지내고 다시 낳은 해의 간지가 돌아왔다는 의미이며, 華甲(화갑)은 십(十)이 여섯 개이고 일(一)이 하나 있다는 데서 61세를 의미한다.
62	進甲(진갑)	환갑보다 한 해 더 나아간 해
70	七旬(칠순), 從心(종심), 古稀(고희)	從心(종심)은 뜻대로 행하여도 도리에 어긋나지 않는 나이를 뜻하며, 古稀(고희)는 고래(古來)로 드문 나이라는 뜻이다.
77	喜壽(희수)	喜(희)자를 초서체로 쓰면 七十七(칠십칠)이 되는 데서 77세를 의미한다.
80	八旬(팔순), 傘壽(산수)	傘(산)자를 약자로 쓰면 八(팔)을 위에 쓰고 十(십)을 밑에 쓰는 데서 80세를 의미한다.
88	米壽(미수)	米(미)자를 풀어 쓰면 八十八(팔십팔)이 되는 데서 88세를 의미한다.
90	九旬(구순), 卒壽(졸수)	卒(졸)자를 약자로 쓰면 九(구)와 十(십)을 사용하는 데서 90세를 의미한다.
99	白壽(백수)	百(백)에서 一(일)을 빼면 99가 된다는 데서 99세를 의미한다.
100	上壽(상수)	사람의 수명을 상·중·하로 나누었을 때 최상의 수명이라는 뜻이다.

#가족 지칭어

구분	자기 가족		타인 가족	
	생존 시	사후	생존 시	사후
할아버지	祖父(조부), 王父(왕부)	祖考(조고), 王考(왕고)	王尊丈(왕존장), 王大人(왕대인)	先祖父丈(선조부장), 先王考丈(선왕고장)
할머니	祖母(조모), 王母(왕모)	祖妣(조비)	王大夫人(왕대부인), 尊祖母(존조모)	先王大夫人(선왕대부인), 先祖妣(선조비)
아버지	家親(가친), 嚴親(엄친), 父主(부주)	先親(선친), 先考(선고), 先父君(선부군)	春府丈(춘부장), 椿丈(춘장), 春堂(춘당)	先大人(선대인), 先考丈(선고장), 先丈(선장)
어머니	慈親(자친), 母生(모생), 家慈(가자)	先妣(선비), 先慈(선자)	慈堂(자당), 大夫人(대부인), 母堂(모당), 萱堂(훤당)	先大夫人(선대부인), 先夫人(선부인)
아내	妻(처), 內子(내자), 內室(내실)		令夫人(영부인), 令室(영실), 閤夫人(합부인)	
아들	家兒(가아), 家豚(가돈), 豚兒(돈아), 迷豚(미돈)	亡兒(망아)	令郞(영랑), 令息(영식), 令胤(영윤)	
딸	女息(여식), 息鄙(식비)		令愛(영애), 令嬌(영교), 令孃(영양)	
손자	孫子(손자), 孫兒(손아)		令抱(영포), 令孫(영손)	

03 기타 상식

핵심Tag #최초·최고·최대 #숫자별 암기사항 #노벨상 수상자

#최초(最初)·최고(最古)·최대(最大)

- 우리나라 최초의 서정시가 :「공무도하가」
- 국문으로 전해지는 가장 오래된 우리나라의 가요 :「정읍사」
- 우리나라 최초의 가사 : 정극인의「상춘곡」
- 훈민정음으로 표기된 우리나라 최초의 작품 :「용비어천가」
- 우리나라 최초의 신체시 : 최남선의「해에게서 소년에게」
- 우리나라 최초의 자유시 : 주요한의「불놀이」
- 우리나라 최초의 한문소설 : 김시습의『금오신화』
- 우리나라 최초의 한글소설 : 허균의『홍길동전』
- 우리나라 최초의 신소설 : 이인직의「혈의 누」
- 우리나라 최초의 단편소설 : 이광수의「어린 희생」
- 우리나라 최초의 국한문 혼용체 기행문 : 유길준의「서유견문」
- 우리나라 최초의 무성영화 : 윤백남의『월하의 맹세』
- 우리나라 최초의 시조집 : 김천택의『청구영언』
- 우리나라 최초의 설화집 : 박인량의『수이전』(전해지지 않음)
- 우리나라 최초의 월간 잡지 : 최남선의『소년』
- 우리나라 최초의 종합 문예 동인지 :『창조』
- 우리나라 최초의 신문 :『한성순보』
- 우리나라 최초의 한글신문·민간신문 :『독립신문』
- 우리나라 최초의 순 한글 일간신문 :『매일신문』
- 우리나라를 유럽에 소개한 최초의 책 : 하멜의『하멜표류기』
- 우리나라에 서양사상을 최초로 소개한 책 : 이수광의『지봉유설』
- 전해져오는 우리나라의 가장 오래된 농서 :『농사직설』
- 우리나라 최초의 뮤지컬 :『살짜기 옵서예』

- 우리나라 최초의 극장 : 원각사
- 우리나라 최초의 해외영화제 수상작 : 이병일 감독의『시집가는 날』(1956년 제4회 아시아 태평양영화제)
- 우리나라 최초로 연호를 사용한 왕 : 광개토 대왕
- 우리나라 최초의 근대적 헌법 : 홍범 14조
- 태극기를 처음 사용한 사람 : 박영효
- 우리나라 최초의 천주교 신부 : 김대건
- 우리나라의 독립을 국제적으로 처음 보장한 선언 : 카이로선언
- 우리나라 최초의 화폐 : 건원중보(고려 성종)
- 우리나라 최초의 지폐 : 저화(고려 공양왕)
- 우리나라 최초의 근대식 병원 : 광혜원
- 우리나라 최초의 교육기관 : 고구려의 태학
- 우리나라 최초의 사액서원 : 소수서원
- 우리나라 최초의 근대식 공립교육기관 : 육영공원(고종)
- 우리나라에서 가장 오래된 목조건물 : 봉정사의 극락전
- 우리나라에서 최초로 전등불이 밝혀진 곳 : 경복궁 내 향원정
- 우리나라 최초의 철도 : 경인선
- 우리나라 최초의 과학 로켓 : 과학 1호
- 우리나라 최초의 인공위성 : 우리별 1호
- 우리나라 최초의 통신 방송 위성 : 무궁화 1호
- 우리나라 최초의 다목적 실용 위성 : 아리랑 1호
- 우리나라 최초의 사이버 인간 : 아담
- 우리나라 최초의 우주발사체 발사기지 : 전남 고흥군의 나로우주센터
- 우리나라 최초의 복제동물 : 영롱이(소)
- 우리나라 최초의 사회 보험 제도 : 산재 보험(1963년)
- 우리나라 최초의 FTA 체결국 : 칠레

- 우리나라 최초의 경제 자유구역 : 인천(송도 · 영종 · 청라지구)
- 태평양 해역에 최초로 등재된 우리말 해저지명 : 장보고 해산, 아리랑, 백두, 온누리 평정해산
- 세계 최초의 해양문명 : 에게 문명
- 세계에서 가장 오래된 목판 인쇄물 : 무구정광대다라니경
- 세계에서 가장 오래된 금속 활자본 : 상정고금예문(전해지지 않음)
- 현존하는 세계에서 가장 오래된 금속 활자본 : 직지심체요절(직지심경)
- 세계 최초의 남극 탐험가 : 노르웨이의 로알 아문센
- 세계 최초의 북극 탐험가 : 미국의 로버트 피어리
- 세계 최초의 아프리카 탐험가 : 영국의 데이비드 리빙스턴
- 세계 최초의 성문법 : 함무라비법전
- 세계 최초의 헌법 : 영국의 대헌장(마그나카르타)
- 국민의 기본권을 헌법의 일부로 규정한 세계 최초의 성문헌법 : 미국의 버지니아헌법
- 국민의 생존권을 규정한 세계 최초의 헌법 : 독일의 바이마르헌법
- 사회 보험 및 공적부조를 포함하는 사회 보장이라는 용어를 최초로 사용한 나라 : 미국
- 세계 최초로 사회 보험 제도를 실시한 나라 : 독일(비스마르크)
- 세계 최초로 권력 분립을 주장한 사람 : 존 로크
- 세계 최초로 여성에게 참정권을 부여한 나라 : 뉴질랜드
- 세계 최초의 대학 : 이탈리아의 볼로냐 대학(1088년)
- 철학의 시조 : 그리스의 탈레스
- 경제학의 아버지 : 미국의 애덤 스미스
- 국제법의 시조 : 네덜란드의 그로티우스
- 르네상스가 가장 먼저 일어난 나라 : 이탈리아
- 최초의 시민 혁명 : 청교도 혁명
- 아시아인 최초의 노벨문학상 수상자 : 타고르
- 세계 최초의 인공위성 : 소련의 스푸트니크 1호(1957년)
- 세계 최초의 우주인 : 소련의 유리 가가린
- 세계 최초의 여성 우주인 : 소련의 테레시코바
- 세계 최초의 유인 우주선 : 소련의 보스토크 1호
- 세계 최초의 여자 우주선장 : 미국의 에일린 콜린스
- 세계 최초로 달에 착륙한 우주인 : 미국의 닐 암스트롱
- 세계 최초로 달에 착륙한 우주선 : 미국의 아폴로 11호
- 서양의 활판 인쇄 발명 : 요하네스 구텐베르크
- 종이 발명 : 중국의 채륜
- 피뢰침 발명 : 벤자민 프랭클린
- 전지 발명 : 알레산드로 볼타
- 전구 발명 : 토머스 에디슨
- 텔레비전 발명 : 영국의 베어드
- 영사기 발명 : 뤼미에르 형제
- 다이너마이트 발명 : 알프레드 노벨
- 우두 종두법(種痘法) 발명 : 에드워드 제너
- 광견병 백신 개발 : 루이 파스퇴르
- 페스트 병원균 발견 : 알렉상드르 예르생
- 페니실린 발견 : 알렉산더 플레밍
- X선 발견 : 빌헬름 뢴트겐
- 세계 최초의 전자식 컴퓨터 : 에니악(ENIAC)
- 세계 최초의 상업용 컴퓨터 : 유니박-1(UNIVAC-1)
- 적십자의 창시자 : 뒤낭
- 근대 올림픽의 창시자 : 프랑스의 쿠베르탱
- 올림픽 경기에서 제일 먼저 입장하는 나라 : 그리스
- 골프 4대 메이저대회 중 가장 오래된 대회 : 브리티시오픈
- 테니스 4대 메이저대회 중 가장 오래된 대회 : 윔블던
- 세계 4대 마라톤대회 중 가장 오래된 대회 : 보스턴마라톤대회
- 세계 최초의 오페라 : 다프네(전해지지 않음)
- 현존하는 가장 오래된 오페라 : 에우리디케
- 세계에서 가장 작은 나라 : 바티칸시국
- 세계 최대의 섬 : 그린란드
- 세계 최대의 사막 : 사하라 사막
- 세계 최고봉 : 에베레스트산
- 세계에서 가장 활발한 화산 : 하와이의 킬라우에아 화산
- 세계에서 가장 긴 강 : 남아메리카의 아마존강(2008년 리마 지리학회 발표)
- 세계에서 가장 넓은 호수 : 카스피해

#숫자별 암기사항

1자(字)

- 우리나라 국보 1호 : 남대문
- 우리나라 보물 1호 : 동대문
- 제1회 근대올림픽 개최지 : 그리스 아테네
- 제1회 동계올림픽 개최지 : 프랑스 샤모니
- 제1회 월드컵 개최국 : 우루과이
- 제1회 월드컵 우승국 : 우루과이
- 이탈리아 프로축구 1부 리그 : 세리에 A
- 영국 프로축구 1부 리그 : 프리미어리그
- 스페인 프로축구 1부 리그 : 라리가
- 독일 프로축구 1부 리그 : 분데스리가
- 일본의 1위 기전(棋戰) : 기성
- 1포인트도 따지 못한 테니스 게임 : 러브 게임

3자(字)

- 근대 시민정치의 3대 선언 : 권리 장전(영국), 독립선언(미국), 인권선언(프랑스)
- 노동3권 : 단결권, 단체 교섭권, 단체 행동권
- 노동3법 : 노동조합법, 노동쟁의조정법, 근로기준법
- 군축 3조약 : 생물·독소무기금지, 특정재래식 무기금지, 환경개변기술금지
- 세계 3대 법전 : 함무라비법전, 유스티니아누스법전, 나폴레옹법전
- 영국 헌정사상 3대 주요 성서 : 권리 청원, 권리 장전, 대헌장
- 민주정치의 3대 원리 : 입헌주의, 국민자치, 권력 분립
- 근대민법의 3대 원칙 : 사적자치의 원칙, 소유권 절대의 원칙, 과실책임의 원칙
- 3대 시민 혁명 : 영국 혁명(청교도 혁명·명예혁명, 1642·1688년), 미국 독립 혁명(1776년), 프랑스 혁명(1789년)
- 프랑스 혁명의 3대 정신 : 자유, 평등, 박애
- 쑨원의 삼민주의(三民主義) : 민족주의, 민권주의, 민생주의

- 국가의 3요소 : 국민, 영토, 주권
- 3권 분립(三權分立) : 입법, 행정, 사법
- 삼부요인(三府要人) : 국회의장, 대법원장, 대통령
- 삼사(三司) : 사헌부, 사간원, 홍문관
- 당3역(黨三役) : 사무총장, 원내대표, 정책위의장
- 주식회사 3대 기관 : 주주총회, 감사, 이사회
- 경제 성장의 3대 주요 요인 : 자본축적, 노동력 증가, 기술혁신
- 자본주의 3대 원칙 : 사유 재산 제도, 자유경쟁, 영리주의
- 3차 산업 : 상업, 금융, 보험, 수송 등
- 생산의 3요소 : 토지, 노동, 자본
- 감가상각비의 3요소 : 취득원가, 내용연수, 잔존가치
- 원가의 3요소 : 재료비, 노무비, 경비
- 국민소득 3면 등가 원칙 : 생산, 분배, 지출
- 직무의 3면 등가 법칙 : 책임, 권한, 의무
- 교육의 3대 목적 : 인격도야, 자주적 생활능력, 민주시민으로서의 역량
- 도시문제의 3P : Population(인구), Poverty(빈곤), Pollution(오염)
- 3고(三高) 현상 : 고유가, 고금리, 고달러
- 기업결합의 3가지 형태 : 카르텔, 트러스트, 콘체른
- 3B 법칙 : Baby(아기), Beauty(미인), Beast(동물)
- 3C 혁명 : Computation(계산), Control(제어), Communication(통신)
- 3D 업종 : Dirty(더러운), Difficult(어려운), Dangerous(위험한)
- 3C 산업 : Car(자동차), Cooler(냉방장치), Color TV(컬러 TV)
- 3I 산업(21C 성장산업) : Intellectual(지적산업), Integration(복합산업), Information(정보산업)
- 3S 운동(생산성 향상 운동) : Standardization(표준화), Simplification(단순화), Specialization(전문화)
- 3P(오염자 부담 원칙) : Polluter Pays Principle

- 중국과 대만의 3통(三通) 정책 : 통상, 통항, 통신을 요구하는 정책
- 우주 3조약 : 우주구조반환조약, 우주손해배상조약, 우주물체등록조약
- 르네상스 시대의 3대 인문주의자 : 보카치오, 단테, 페트라르카
- 르네상스 미술의 3대 거장 : 레오나르도 다 빈치, 미켈란젤로, 라파엘로
- 3원 3재(조선 시대 6대 화가) : 3원-단원(檀園) 김홍도, 혜원(蕙園) 신윤복, 오원(五園) 장승업, 3재-겸재(謙齋) 정선, 관아재(觀我齋) 조영석, 현재(玄齋) 심사정
- 조선의 예원 3절 : 문장-박지원, 글씨-김정희, 그림-김홍도
- 우리나라의 3대 시조집 : 청구영언, 해동가요, 가곡원류
- 서예 3체 : 해서, 행서, 초서
- 우리나라의 3대 악성(樂聖) : 왕산악(거문고, 고구려), 우륵(가야금, 신라), 박연(편경, 조선)
- 현악 3중주 : 바이올린, 비올라, 첼로
- 피아노 3중주 : 피아노, 바이올린, 첼로
- 차이코프스키의 3대 발레음악 : 백조의 호수, 잠자는 숲속의 미녀, 호두까기인형
- 세계 3대 교향곡 : 운명(베토벤), 미완성 교향곡(슈베르트), 비창(차이코프스키)
- 소설의 3요소 : 주제, 구성, 문체
- 소설 구성의 3요소 : 인물, 사건, 배경
- 희곡의 3요소 : 해설, 지문, 대사
- 연극의 3요소 : 희곡, 배우, 관객
- 세계 3대 단편작가 : 모파상, 체호프, 에드거 앨런 포(또는 오 헨리)
- 삼경(三經) : 『시경(詩經)』, 『서경(書經)』, 『역경(易經)』
- 칸트의 3대 비판서 : 『순수이성비판』, 『실천이성비판』, 『판단력비판』
- 음악의 3요소 : 리듬, 멜로디, 하모니
- 세계 3대 영화제 : 베니스 영화제, 칸 영화제, 베를린 영화제
- 그리스 건축의 3대 양식 : 도리아, 이오니아, 코린트

- 송대(또는 르네상스 시대) 3대 발명품 : 화약, 나침반, 활판 인쇄술
- 인류의 3대 발명품 : 화폐, 문자, 케네의 경제표(미라보 남작의 주장)
- 3B 정책(독일의 제국주의 근동정책) : 베를린, 비잔티움, 바그다드를 연결하는 철도 부설 정책
- 3C 정책(영국의 제국주의 정책) : 카이로, 케이프타운, 캘커타를 연결하는 아프리카 종단 정책
- 힘의 3요소 : 힘의 크기, 방향, 작용점
- 뉴턴의 운동 3법칙 : 관성의 법칙, 가속도의 법칙, 작용·반작용의 법칙
- 색의 3원색 : 빨강, 노랑, 파랑
- 빛의 3원색 : 빨강, 초록, 파랑
- 색채의 3속성 : 명도, 채도, 색상
- 세계 3대 산 : 에베레스트, K2, 칸첸중가
- 세계 3대 섬 : 그린란드, 뉴기니, 보르네오
- 세계 3대 강 : 아마존강, 나일강, 양쯔강
- 세계 3대 호수 : 카스피해, 슈피리어호, 빅토리아호
- 세계 3대 사막 : 사하라, 아라비아, 고비
- 세계 3대 해협 : 지브롤터, 마젤란, 몰타
- 세계 3대 미항(美港) : 나폴리(이탈리아), 시드니(호주), 리우데자네이루(브라질)
- 고려 태조 왕건의 3대 정책 : 호족융합 정책, 북진 정책, 숭불 정책
- 조선 시대의 3대 국시(國是) : 숭유억불 정책, 농본 정책, 사대교린 정책
- 조선 시대 삼정(三政) : 전정, 군정, 환정
- 은행의 3대 주요 업무 : 예금업무, 대출업무, 환업무
- 법정전염병 제3종 : 결핵, 성병, 나병
- 비료의 3요소 : 질소, 인산, 칼륨
- 삼강오륜(三綱五倫) : 삼강-군위신강(君爲臣綱), 부위자강(父爲子綱), 부위부강(夫爲婦綱), 오륜-부자유친(父子有親), 군신유의(君臣有義), 부부유별(夫婦有別), 장유유서(長幼有序), 붕우유신(朋友有信)
- 3F 시대 : Female(여성), Feeling(감성), Fiction(가상)
- 세계 3대 유종(국제 원유가격의 기준) : 텍사스중질

유, 브렌트유, 두바이유
- 세계 3대 종교 : 기독교, 불교, 이슬람교
- 임진왜란 3대첩 : 한산도대첩, 행주대첩, 진주대첩
- 제3의 불 : 원자력(핵분열)
- 제3의 통신 : 데이터 통신
- 3대 영양소 : 탄수화물, 단백질, 지방
- 대삼관(大三冠) : 일본기전 랭킹 1위 기성, 2위 명인, 3위 본인방
- 야구의 3관왕(triple crown) : 타자–타율, 홈런, 타점 석권, 투수–방어율, 다승, 탈삼진 석권
- 철인3종경기 : 수영, 사이클, 달리기
- 동계올림픽 썰매 3종목 : 봅슬레이, 루지, 스켈레톤

4재(字)

- 세계 4대 문명 : 황하 문명, 인더스 문명, 메소포타미아 문명, 이집트 문명
- 세계 4대 어장 : 북동대서양어장, 북서태평양어장, 북서대서양어장, 북동태평양어장
- 4H 클럽 : Head(머리), Heart(마음), Hand(손), Health(건강)
- 4F 시대 : Food(식량), Fire(무기), Fuel(연료), Fertilizer(비료)
- MRA(도덕재무장운동)의 4절대도덕표준 : 절대정직, 절대순결, 절대무사, 절대사랑
- 선거의 4원칙 : 보통 선거, 평등 선거, 직접 선거, 비밀 선거
- 국민의 4대 의무 : 납세의 의무, 국방의 의무, 교육의 의무, 근로의 의무
- 중국의 4대 발명품 : 종이, 화약, 나침반, 인쇄술
- 중국의 4대기서(四大奇書) : 『삼국지연의』, 『수호지』, 『서유기』, 『금병매』
- 맹자의 4단(四端) : 측은지심(惻隱之心), 수오지심(羞惡之心), 사양지심(辭讓之心), 시비지심(是非之心)
- 셰익스피어의 4대 비극 : 『햄릿』, 『오셀로』, 『리어왕』, 『맥베스』
- 현악 4중주 : 제1바이올린, 제2바이올린, 비올라, 첼로
- 경제의 4측면 : 생산, 교환, 분배, 소비

- 경기변동의 4국면 : 호경기 → 쇠퇴기 → 불경기 → 회복기
- 스미스의 조세의 4원칙 : 공평의 원칙, 명확의 원칙, 편의의 원칙, 경비절약의 원칙
- 생산의 4요소 : 토지, 노동, 자본, 경영
- 경제 4단체 : 전국경제인연합회, 대한상공회의소, 한국무역협회, 중소기업중앙회
- 품질관리의 4M : Man(관리인), Method(공정), Material(재료), Machine(기계)
- 경영관리의 4M : Man(경영자), Money(자본), Material(재료), Machine(기계)
- 4차 산업 : 정보, 의료, 교육, 서비스 산업 등의 지식 집약적 산업
- 4D 업종 : 3D(Dirty, Difficult, Dangerous)에 Distant(원거리)를 더해 원양업계를 일컫는 말
- 4매스(Mass) : 대량생산, 대량전달, 대량판매, 대량소비
- 마케팅의 4P(marketing mix) : Product(제품), Place(유통경로), Price(판매가격), Promotion(판매촉진)
- 광고의 4대 매체 : 텔레비전, 라디오, 신문, 잡지
- 미국의 4대 방송네트워크 : NBC, CBS, ABC, FOX
- 세계 4대 통신사 : AP(미국), UPI(미국), AFP(프랑스), Reuters(영국)
- 연극의 4요소 : 무대, 배우, 관객, 희곡
- 세계 4대 영화제 : 베니스 영화제, 칸 영화제, 베를린 영화제, 모스크바(또는 토론토) 영화제
- 사물놀이 : 꽹과리, 징, 북, 장구
- 4부대중(사부중) : 비구, 비구니, 우바새, 우바니
- 사군자(四君子) : 매화(봄), 난초(여름), 국화(가을), 대나무(겨울)
- 문방사우(文房四友) : 종이, 붓, 먹, 벼루
- 베이컨의 4대 우상 : 종족의 우상, 동굴의 우상, 시장의 우상, 극장의 우상
- 4대 보험 : 국민 연금, 건강 보험, 고용 보험, 산재 보험
- 4자 회담 : 남한, 북한, 미국, 중국
- 세계 4대 강풍 : 태풍, 사이클론, 허리케인, 윌리

월리

- 세계 4대 성인 : 예수, 석가모니, 공자, 소크라테스
- 플라톤의 4주덕 : 지혜, 용기, 절제, 정의
- 안창호 선생의 4대 정신 : 무실(務實), 역행(力行), 충의(忠義), 용감(勇敢)
- 카스트의 4계급 : 브라만(승려), 크샤트리아(무사), 바이샤(평민), 수드라(노예)
- 해상운송의 4대 유소 : 선박, 선원, 항로, 항만
- 향약(鄕約)의 4대 강목 : 덕업상권(德業相勸), 과실상규(過失相規), 예속상교(禮俗相交), 환난상휼(患難相恤)
- 사대사화(四大士禍) : 무오사화, 갑자사화, 기묘사화, 을사사화
- 제4의 불 : 핵융합
- 혼성 4부 합창 : 소프라노, 알토, 테너, 베이스
- 임기 4년 : 국회의원, 시장, 감사원장
- 4년에 한 번 개최하는 국제대회 : 올림픽, 월드컵, 아시안 게임

5자(字)

- 오경(五經) : 역경(易經), 서경(書經), 시경(詩經), 예기(禮記), 춘추(春秋)
- 세속오계(世俗五戒) : 사군이충(事君以忠), 사친이효(事親以孝), 교우이신(交友以信), 임전무퇴(臨戰無退), 살생유택(殺生有擇)
- 근대 5종 경기 : 사격, 펜싱, 수영, 승마, 크로스컨트리(육상)
- 오륜기(五輪旗) : 청색, 황색, 흑색, 녹색, 적색
- 오장(五臟) : 간장, 심장, 비장, 폐장, 신장
- 오색(五色) : 청색, 황색, 적색, 백색, 흑색
- 오곡(五穀) : 쌀, 보리, 콩, 조, 기장
- 오고(五苦) : 생(生)·노(老)·병(病)·사(死)·애별리고(愛別離苦)
- 오등작(五等爵) : 공작, 후작, 백작, 자작, 남작
- 오대양(五大洋) : 태평양, 대서양, 인도양, 남극해, 북극해
- 베버리지의 5대 사회악 : 궁핍, 질병, 무지, 불결, 태만
- 5N : New Function(새로운 기능), Nostalgia(향수), Nature(자연), Narcissism(자기애), Networking(네트워킹)
- 5S 서비스 : Substitute(대행 서비스), Software(소프트웨어 서비스), Security(안전 서비스), Social(사회적 서비스), Special(특수 서비스)
- 5I의 법칙 : Idea(아이디어), Impact(직접적인 임팩트), Interest(계속적 흥미), Information(필요한 정보), Impulsion(충동을 불러일으키는 힘)
- 세계 5대 통신사 : AP(미국), UPI(미국), AFP(프랑스), Reuters(영국), TASS(러시아)
- 경제 5단체 : 전국경제인연합회, 대한상공회의소, 한국무역협회, 중소기업중앙회, 한국경영자총협회
- 5차 산업 : 패션, 오락, 레저산업 등
- 5대 극한기술 : 초정밀(또는 극저온), 초고온, 초고압, 초청정, 고진공
- 매매의 5조건 : 품질, 수량, 가격, 인도시기와 장소, 대금결제방법
- 경영관리의 5M : Man(경영자), Money(자본), Material(재료), Machine(기계), Market(시장)
- 제5세대 컴퓨터 : 인공지능(AI)
- 컴퓨터의 5대 장치 : 입력장치, 출력장치, 제어장치, 기억장치, 연산장치
- 판소리 5마당 : 춘향가, 심청가, 수궁가, 적벽가, 흥부가
- 국악의 5음계 : 궁(宮), 상(商), 각(角), 치(徵), 우(羽)
- 을사오적(乙巳五賊) : 박제순(朴齊純), 이지용(李址鎔), 이근택(李根澤), 이완용(李完用), 권중현(權重顯)
- 쾨펜의 5가지 기후 : 열대기후, 온대기후, 냉대기후, 한대기후, 건조기후
- 임기 5년 : 대통령

6자(字)

- 육법(六法) : 헌법, 민법, 형법, 상법, 민사소송법, 형사소송법
- 육조(六曹) : 이조, 호조, 예조, 병조, 형조, 공조
- 육조(六朝) : 오(吳), 동진(東晉), 송(宋), 제(齊), 양(梁), 진(陳) 등 중국왕조의 이름

- 육경(六經) : 역경, 서경, 시경, 춘추, 예기, 악기
- 육예(六藝) : 예(禮), 악(樂), 사(射), 어(御), 서(書), 수(數)
- 육친(六親) : 부, 모, 형, 제, 처, 자
- 육각(六角) : 북, 장구, 해금, 피리, 태평소 한 쌍
- 육부(六腑) : 담(膽), 위(胃), 대장(大腸), 소장(小腸), 삼초(三焦), 방광(膀胱)
- 육도(六道=六界) : 지옥, 아귀, 축생, 아수라, 인간, 천상
- 6진(六鎭) : 종성, 온성, 회령, 경원, 경흥, 부령
- 6자 회담 : 남한, 북한, 미국, 중국, 러시아, 일본
- 국민의 6대 의무 : 납세의 의무, 국방의 의무, 교육의 의무, 근로의 의무, 환경보전의 의무, 공공복리에 적합한 재산권 행사의 의무
- 경제 6단체 : 전국경제인연합회, 대한상공회의소, 한국무역협회, 중소기업중앙회, 한국경영자총협회, 은행협회
- 노벨상 6개 부문 : 물리학상, 화학상, 생리의학상, 경제학상, 문학상, 평화상
- 임기 6년 : 중앙선거관리위원회 위원, 헌법재판소 재판관, 대법관
- 육하원칙 : 누가(who), 무엇을(what), 언제(when), 어디서(where), 왜(why), 어떻게(how)
- 육대주(六大洲) : 아시아, 아프리카, 유럽, 오세아니아, 남아메리카, 북아메리카

7자(字)
- 칠정(七情) : 희(喜), 노(怒), 애(哀), 낙(樂), 애(愛), 오(惡), 욕(欲) 또는 희(喜), 노(怒), 애(哀), 구(懼), 애(愛), 오(惡), 욕(慾)
- 칠거지악(七去之惡) : 시부모에게 불손한 것(不順舅姑), 자식을 못 낳는 것(無子), 행실이 음탕한 것(淫行), 투기하는 것(嫉妬), 몹쓸 병이 있는 것(惡疾), 말이 지나치게 많은 것(口舌), 도둑질하는 것(盜竊)
- G7 : 미국, 영국, 프랑스, 독일, 일본, 이탈리아, 캐나다
- 세계 7대 불가사의 : 이집트 기자의 쿠푸왕 피라미드, 이라크 메소포타미아 바빌론의 공중정

원, 그리스 올림피아의 제우스 상, 터키 에페소스의 아르테미스 신전, 터키 할리카르나소스의 마우솔로스 능묘, 그리스 로도스 항구의 크로이소스 대거상, 이집트 알렉산드리아의 파로스 등대

8자(字)
- 팔괘(八卦) : 건(乾), 감(坎), 간(艮), 진(震), 손(巽), 리(離), 곤(坤), 태(兌)
- 팔방(八方) : 동, 서, 남, 북, 동북, 동남, 서북, 서남
- 팔절(八節) : 입춘, 춘분, 입하, 하지, 입추, 추분, 입동, 동지
- G8 : 미국, 영국, 프랑스, 독일, 일본, 이탈리아, 캐나다, 러시아

10자(字)
- 십간(十干=天干) : 갑(甲), 을(乙), 병(丙), 정(丁), 무(戊), 기(己), 경(庚), 신(辛), 임(壬), 계(癸)
- 십계명(十誡命) : 다른 신을 섬기지 말 것, 우상을 섬기지 말 것, 여호와의 이름을 망령되게 하지 말 것, 안식일(安息日)을 지킬 것, 어버이를 공경할 것, 살인하지 말 것, 간음하지 말 것, 도둑질하지 말 것, 거짓말하지 말 것, 탐하지 말 것

12자(字)
- 십이지(十二支) : 자(子), 축(丑), 인(寅), 묘(卯), 진(辰), 사(巳), 오(午), 미(未), 신(申), 유(酉), 술(戌), 해(亥)

#노벨상 수상자

구분	2020년도	2019년도	2018년도
노벨 문학상	루이즈 글릭(미국)	페터 한트케(오스트리아)	올가 토카르추크(폴란드)
	• 대표작 : 「아킬레스의 승리」, 「야생 붓꽃」 등	• 대표작 : 「관객모독」, 「소망 없는 불행」 등	• 대표작 : 「방랑자들」, 「태고의 시간들」 등
노벨 평화상	유엔세계식량계획(WFP)	아비 아머드 알리 (에티오피아)	드니 무퀘게(콩고민주공화국) 나디아 무라드(이라크)
	• 업적 : 기아 퇴치를 위한 노력으로 분쟁 지역의 평화 유지에 기여	• 업적 : 평화 협정을 통해 에티오피아와 에리트레아 간의 20여 년에 이르는 국경 분쟁을 해결	• 업적 : 전시 성폭력 종식 노력
노벨 물리학상	로저 펜로즈(영국) 라인하르트 겐첼(독일) 앤드리아 게즈(미국)	제임스 피블스(캐나다) 미셸 마요르(스위스) 디디엘 쿠엘로(스위스)	아서 애쉬킨(미국) 제라르 무루(프랑스) 도나 스트릭랜드(캐나다)
	• 업적 : 블랙홀과 일반상대성이론 간의 연계를 증명(로저 펜로즈), 우리 은하 중심의 블랙홀의 존재를 입증(라인하르트 겐첼·앤드리아 게즈)	• 업적 : 우주의 구조와 역사를 밝히는 바탕이 되는 이론을 마련(제임스 피블스), 태양계 밖에 위치한 외계행성 발견(미셸 마요르·디디엘 쿠엘로)	• 업적 : '레이저 물리학' 분야 개척
노벨 화학상	에마뉘엘 샤르팡티에(프랑스) 제니퍼 다우드나(미국)	존 구디너프(미국) 스탠리 휘팅엄(영국) 요시노 아키라(일본)	프랜시스 아널드(미국) 조지 P. 스미스(미국) 그레고리 P. 윈터(영국)
	• 업적 : 유전자 가위(CRISPR-Cas9)를 통한 유전자 편집 기술을 개발	• 업적 : 리튬이온 전지 개발에 기여	• 업적 : 진화 원리 활용해 바이오 연료 및 의약품 개발에 기여
노벨 생리의학상	하비 J. 올터(미국) 마이클 호턴(미국) 찰스 M. 라이스(미국)	윌리엄 케일린(미국) 피터 랫클리프(영국) 그레그 서멘자(미국)	제임스 P. 앨리슨(미국) 혼조 다스쿠(일본)
	• 업적 : C형 간염 바이러스를 발견	• 업적 : 산소 농도에 따른 세포 반응과 적응 양상을 발견	• 업적 : '면역 항암 요법' 발견에 기여
노벨 경제학상	폴 밀그럼(미국) 로버트 윌슨(미국)	아브히지트 바네르지(인도) 에스테르 뒤플로(프랑스) 마이클 크레머(미국)	윌리엄 노드하우스(미국) 폴 로머(미국)
	• 업적 : 경매 이론을 정립하여 효율적인 자원 배분에 기여	• 업적 : 개발경제학 측면에서 세계 빈곤의 완화를 위한 방법론을 제시	• 업적 : 기후변화·지속가능한 성장연구에 기여

01 ☐☐☐☐☐은(는) 24절기 중 봄비가 내려 곡식이 풍성해지는 시기다.

02 ☐☐☐☐☐은(는) 30살을 호칭하는 한자어로, 모든 기초를 세우는 나이라는 의미다.

03 ☐☐☐☐☐은(는) 배에서 칼을 물에 빠뜨리자 배에 표시하여 잃어버린 칼을 찾으려 한다는 말로, 사리에 어둡고 융통성이 없음을 뜻한다.

04 지혜, 용기, 절제, 정의를 ☐☐☐☐☐(이)라고 한다.

05 Valentine day의 올바른 외래어 표기법은 ☐☐☐☐☐(이)다.

06 ☐☐☐☐☐의 5대 사회악은 궁핍, 질병, 무지, 불결, 태만이다.

07 ☐☐☐☐☐은(는) 제 논에 물 대기라는 뜻으로, 자기에게만 이롭게 되도록 생각하거나 행동한다는 의미다.

08 ☐☐☐☐☐은(는) 사슴을 가리켜 말이라고 한다는 뜻으로, 윗사람을 농락하여 권세를 마음대로 함을 이르는 말이다.

09 ☐☐☐☐☐은(는) 춘향가, 심청가, 수궁가, 적벽가, 흥부가다.

10 ☐☐☐☐☐은(는) 조금의 빈틈도 없는 아주 여무진 사람을 가리키는 순우리말이다.

CHOICE

☐ 모도리
☐ 밸런타인데이
☐ 刻舟求劍
☐ 我田引水
☐ 指鹿爲馬
☐ 穀雨
☐ 而立
☐ 플라톤의 4주덕
☐ 베버리지
☐ 판소리 5마당

정　답

01　穀雨(곡우)
02　而立(이립)
03　刻舟求劍(각주구검)
04　플라톤의 4주덕
05　밸런타인데이
06　베버리지
07　我田引水(아전인수)
08　指鹿爲馬(지록위마)
09　판소리 5마당
10　모도리

01 KBS, 한국장애인고용공단

다음 중 잘못된 외래어 표기법은?

① alcohol – 알코올   ② pamphlet – 팸플릿

③ cake – 케이크   ④ chocolate – 초콜렛

02 YTN, KORAIL, 한국에너지공단, 서울특별시농수산식품공사

다음 중 옳지 않은 것은?

① 필 – 명주 40자   ② 톳 – 김 10장

③ 고리 – 소주 10사발   ④ 쾌 – 북어 20마리

03 SBS, EBS, 일요신문, 국민체육진흥공단

다음 순우리말 풀이 중 바르지 않은 것은?

① 고샅 : 시골 마을의 좁은 골목길

② 애면글면 : 힘에 겨운 일을 이루려고 온갖 애를 쓰는 모양

③ 무람없다 : 한번 뜻한 바는 굽히지 아니하고 성질이 매우 굳세다.

④ 함초롬하다 : 차분하고 가지런하다.

04 KBS, 한국환경공단

다음 중 밑줄 친 단어의 표기가 옳은 것은?

① 그것은 이미 불문률로 부쳐져 있다.

② 그녀는 아무리 생각해도 이 상황이 탐탁치 않았다.

③ 그녀는 전셋방 신세에서 하루빨리 벗어나고 싶었다.

④ 그는 옷거리가 좋은 편이라서 모델로도 제의를 받았다.

05 SBS, 한국교통안전공단, 한국보훈복지의료공단, 인천국제공항공사

다음 순우리말 풀이 중 바르지 않은 것은?

① 가뭇없다 : 감쪽같이 눈에 띄지 않다.

② 곰살갑다 : 성질이 보기보다 부드럽고 상냥하다.

③ 댕돌같다 : 매우 둔하며 슬기롭지 못하고 어리석다.

④ 마수걸이 : 맨 처음으로 물건을 파는 일 또는 얻은 소득

06 근로복지공단, 경남개발공사, 경기주택도시공사, NH농협, YTN

나이를 나타내는 한자의 연결이 바르지 않은 것은?

① 15세 – 志學   ② 40세 – 不惑

③ 77세 – 喜壽   ④ 80세 – 米壽

07 경기주택도시공사, 문화일보, LG

'五車書'와 같은 의미의 고사성어는?

① 漢江投石   ② 汗牛充棟

③ 破竹之勢   ④ 指鹿爲馬

08 경기주택도시공사, LG

다음 중 '온 세상이 모두 탁해 지위의 높고 낮음을 막론하고 모든 사람이 다 바르지 않다'는 뜻의 사자성어는?

① 擧世皆濁   ② 吳越同舟

③ 除舊布新   ④ 炎凉世態

09 조선일보, 문화일보

다음 고사성어 중 주제가 다른 하나는?

① 累卵之勢(누란지세)   ② 風樹之嘆(풍수지탄)
③ 望雲之情(망운지정)   ④ 昏定晨省(혼정신성)

10 경기주택도시공사, 문화일보, LG

고사성어와 그에 맞는 속담의 연결이 잘못된 것은?

① 興盡悲來 – 손바닥도 마주쳐야 소리가 난다.
② 我田引水 – 제 논에 물 대기
③ 同價紅裳 – 같은 값이면 다홍치마
④ 烏飛梨落 – 까마귀 날자 배 떨어진다.

11 경기주택도시공사, 문화일보, LG

다음 고사성어의 (   ) 안에 들어갈 알맞은 한자는?

苛(   )誅求

① 劍   ② 僉
③ 檢   ④ 斂

12 조선일보, 문화일보

다음 한자의 독음 중 틀린 것은?

① 放漫 – 방적   ② 遡及 – 소급
③ 破綻 – 파탄   ④ 謁見 – 알현

13 부천도시공사, CJ, 제주MBC, 경인일보

다음 중 24절기에 해당하지 않는 것은?

① 小滿(소만)   ② 處暑(처서)
③ 寒露(한로)   ④ 寒食(한식)

14 한국공항공사, 삼성, G1강원민방

다음 중 가족이나 친척에 대한 지칭어로 바르지 않은 것은?

① 令郞(영랑) – 다른 사람의 딸
② 先親(선친) – 돌아가신 자신의 아버지
③ 內子(내자) – 자신의 아내
④ 王大人(왕대인) – 다른 사람의 살아 계신 할아버지

15 경기주택도시공사, 조선일보, 문화일보, LG

'說'은 여러 가지 음과 뜻을 가지고 있는 동자이음어이다. 다음 중 '說'의 훈음에 해당하지 않는 것은?

① 말씀 설   ② 막힐 색
③ 달랠 세   ④ 기뻐할 열

16 부천도시공사, CJ, 제주MBC, 경인일보

'농작물에 이슬이 내리고 가을 기운이 완연해지는 때'는 24절기 가운데 언제인가?

① 한로   ② 백로
③ 처서   ④ 상강

17 한국공항공사, 삼성, G1강원민방

다음 중 '살아 계신 남의 어머니'를 높여 부르는 말은?

① 嚴親   ② 慈堂
③ 家慈   ④ 先夫人

18 한국보훈복지의료공단, 한국공항공사, 국민은행, 중앙일보, MBC

다음 중 우리나라 연호를 최초로 사용한 왕은?

① 장수왕   ② 유리왕
③ 세종대왕   ④ 광개토 대왕

19 SBS, 경상대학교병원, 근로복지공단

다음 중 3대 시민 혁명이 아닌 것은?

① 영국 혁명   ② 신해 혁명
③ 프랑스 혁명   ④ 미국 독립 혁명

20 경향신문, MBN

2020년 노벨문학상을 받은 사람은?

① 루이즈 글릭   ② 로저 펜로즈
③ 하비 J. 올터   ④ 에마뉘엘 샤르팡티에

정답

01	④	02	②	03	③	04	④	05	③	06	④
07	④	08	①	09	①	10	①	11	④	12	①
13	④	14	①	15	②	16	②	17	②	18	④
19	②	20	①								

01. (핵심 Tag) #고이 일반 · 한자 · 기타 상식 #국어 일반
#맞춤법

chocolate은 초콜릿으로 표기해야 한다.

02. (핵심 Tag) #국어 일반 · 한자 · 기타 상식 #국어 일반
#순우리말

톳은 김 100장을 의미한다.

03. (핵심 Tag) #국어 일반 · 한자 · 기타 상식 #국어 일반
#순우리말

③은 '어기차다'에 대한 설명이다. '무람없다'는 '예의가
없다'는 말이다.

04. (핵심 Tag) #국어 일반 · 한자 · 기타 상식 #국어 일반
#맞춤법

① 한글맞춤법 제11항의 예외 규정인 '다만, 모음이나
ㄴ받침 뒤에 이어지는 '렬, 률'은 '열, 율'로 적는다'
에 따라 '불문율'로 적는 것이 올바르다. 한글맞춤법
제11항은 다음과 같다. 한자음 '랴, 려, 례, 료, 류, 리'
가 단어의 첫머리에 올 적에는, 두음법칙에 따라 '야,
여, 예, 요, 유, 이'로 적는다.
② 준말의 규정인 한글맞춤법 제40항에 따라 '탐탁하지'
의 준말로는 '탐탁지'가 올바르다.
③ '전세방(傳貰房)'은 한자어와 한자어로 결합된 합성어
로 한글맞춤법 제30항 사이시옷 규정에는 해당하지
않는다.

05. (핵심 Tag) #국어 일반 · 한자 · 기타 상식 #순우리말

③은 '덩둘하다'에 대한 설명이다. '댕돌같다'는 돌처럼
야무지고 단단하다는 뜻이다.

06. (핵심 Tag) #국어 일반 · 한자 · 기타 상식 #한자 #나
이 호칭

80세는 八旬(팔순) 또는 傘壽(산수)라고 하며, 米壽(미수)
는 88세를 가리킨다.

07. (핵심 Tag) #국어 일반 · 한자 · 기타 상식 #한자 #고
사성어

• 五車書(오거서) : 다섯 수레에 실을 만한 책으로, 많은
책을 뜻한다.

• 汗牛充棟(한우충동) : 수레에 실어 운반하면 소가 땀을
흘리게 되고 쌓아 올리면 들보에 닿을 정도의 양이라
는 뜻으로, 가지고 있는 책이 매우 많다는 의미다.

08. (핵심 Tag) #국어 일반 · 한자 · 기타 상식 #한자 #고
사성어

사자성어 '擧世皆濁(거세개탁)'은 온 세상이 모두 탁해 지
위의 높고 낮음을 막론하고 모든 사람이 바르지 않아 홀
로 깨어 있기 힘들다는 뜻이다.
② 吳越同舟(오월동주) : 나쁜 사이도 이익을 위해서 함께
행동함을 이르는 말이다.
③ 除舊布新(제구포신) : 묵은 것을 버리고 새 것을 펼쳐
낸다는 뜻으로, 대학교수들이 뽑은 2013년 희망의 사
자성어로 꼽힌 바 있다.
④ 炎涼世態(염량세태) : 권세가 있으면 아첨하고 몰락하
면 냉대하는 야박한 세태를 비유한 말이다.

09. (핵심 Tag) #국어 일반 · 한자 · 기타 상식 #한자 #고
사성어

①은 매우 위태로운 형세를 뜻하며, ②, ③, ④는 효도와
관련된 고사성어이다.

10. (핵심 Tag) #국어 일반 · 한자 · 기타 상식 #한자 #고
사성어

'興盡悲來(흥진비래)'는 즐거운 일이 다하면 슬픈 일이 닥
쳐온다는 뜻이며, 손바닥도 마주쳐야 소리가 난다는 뜻
의 고사성어는 '孤掌難鳴(고장난명)'이다.

11. (핵심 Tag) #국어 일반 · 한자 · 기타 상식 #한자 #고
사성어

'苛斂誅求(가렴주구)'는 세금을 가혹하게 거두어들이고
백성의 재물을 억지로 빼앗는 것을 말한다.
① 劍(칼 검), ② 斂(다 첨), ③ 檢(검사할 검)

12. (핵심 Tag) #국어 일반 · 한자 · 기타 상식 #한자 #동
자이음어

放漫(놓을 방, 흩어질 만)

13. (핵심 Tag) #국어 일반 · 한자 · 기타 상식 #한자 #24
절기

'寒食(한식)'은 동지가 지난 뒤 105일이 되는 날로, 명절
의 하나지만 24절기에는 해당하지 않는다.

14. (핵심 Tag) #국어 일반 · 한자 · 기타 상식 #한자 #가
족 지칭어

CHAPTER 03
인문학

'令郎(영랑)'은 다른 사람의 아들을 높여 부르는 말이며, 다른 사람의 딸은 '令愛(영애), 令嬌(영교), 令嬢(영양)' 등으로 부른다.

15. (핵심 **Tag**) #국어 일반·한자·기타 상식 #한자 #동자이음어

'說'은 ①, ③, ④ 외에 '벗을 탈'까지 4개의 훈음을 갖는다.

16. (핵심 **Tag**) #국어 일반·한자·기타 상식 #한자 #24절기

'이슬이 내리고 가을 기운이 완연해지는 때'는 가을의 3번째 절기에 해당하는 '백로(白露)'다.

17. (핵심 **Tag**) #국어 일반·한자·기타 상식 #한자#가족 지칭어

'살아 계신 남의 어머니'를 높여 부르는 말은 '慈堂(자당)'이다.

18. (핵심 **Tag**) #국어 일반·한자·기타 상식 #기타 상식 #최초 최고 최대

우리나라 최초로 연호를 사용한 왕은 광개토 대왕이다.

19. (핵심 **Tag**) #국어 일반·한자·기타 상식 #기타 상식 #숫자별 암기사항

3대 시민 혁명은 영국 혁명(청교도 혁명·명예혁명, 1642·1688년), 미국 독립 혁명(1776년), 프랑스 혁명(1789년)이다.

20. (핵심 **Tag**) #국어 일반·한자·기타 상식 #기타 상식 #노벨상 수상자

2020년 노벨문학상은 「아킬레스의 승리」, 「야생 붓꽃」 등으로 확고한 시적 표현을 통해 개인의 존재를 보편적으로 나타낸 루이즈 글릭에게 수여됐다.
② 로저 펜로즈 : 블랙홀과 일반상대성이론의 연계를 증명하여 2020년 노벨물리학상을 수상했다.
③ 하비 J. 올터 : C형 간염 바이러스를 발견하여 2020년 노벨생리의학상을 수상했다.
④ 에마뉘엘 샤르팡티에 : 유전자 가위(CRISPR–Cas9)를 통한 유전자 편집 기술을 개발하여 2020년 노벨화학상을 수상했다.

MEMO

ENERGY

무엇이든 넓게 경험하고 파고들어
스스로를 귀한 존재로 만들어라.

– 세종대왕

역사

한눈에 모아보는 핵심Tag맵 📍

SECTION 1. 한국사

01 선사 시대
\# 선사 시대
\# 고조선과 부족

02 고대 사회
\# 삼국 시대
\# 남북국 시대

03 고려 시대
\# 고려 시대

04 조선 시대
\# 조선 전기
\# 조선 후기

05 근현대 사회
\# 근대 사회
\# 일제 강점기
\# 현대 사회

SECTION 2. 세계사

01 고대 사회
\# 선사 시대
\# 고대 문명
\# 서양 사회
\# 동양 사회

02 중세 사회
\# 서양 사회
\# 동양 사회

03 근대 사회
\# 서양 사회
\# 동양 사회

04 현대 사회
\# 서양 사회
\# 동양 사회

SECTION

1 | 한국사

01 선사 시대

핵심Tag #선사 시대 #고조선과 부족

#선사 시대

---

001 선사 시대와 역사 시대
문자의 사용 유무에 따라 선사 시대와 역사 시대를 구분

선사 시대는 문자를 사용하지 못했던 구석기 시대와 신석기 시대를 가리키며, 문자로 역사적 사실들을 기록하기 시작한 시대를 역사 시대라고 한다. 우리나라의 청동기 시대는 선사 시대와 역사 시대가 중복되는 시기로 구분한다. 우리나라는 철기 시대부터 문자를 사용한 것으로 추정한다.

---

002 애니미즘 animism
자연계에 존재하는 모든 사물에게 영혼이 있으며 인간처럼 의식, 욕구, 느낌 등이 있다고 믿는 신앙

살아 있는 사물과 생명이 없는 대상에 영혼을 부여하는 것으로, 자연 현상이나 자연물에 영혼이 있다고 생각하는 정령 신앙이다. 여기에는 풍년을 기원하는 의미가 담겨있다. 주로 농사와 관련되는 태양과 물에 대한 숭배가 대표적이라고 할 수 있다.

함께 나오는 용어
• **토테미즘** 자기 부족의 기원을 특정한 동식물과 연결시켜 그것을 숭배하는 것
• **샤머니즘** 영혼이나 하늘을 인간과 연결시켜 주는 존재인 무당과 그 주술을 믿는 것
• **영혼 숭배** 사람이 죽어도 영혼은 없어지지 않는다고 생각하여 숭배하는 것

003 고인돌
몇 개의 큰 돌을 둘러 세우고 그 위에 넓고 평평한 돌을 덮은 청동기 시대 족장급의 무덤

지배 계급의 등장과 함께 우세한 부족들은 선민사상을 가지고 거대한 고인돌을 만들게 되었다. 무게가 수십 톤 이상인 덮개들을 채석·운반하여 무덤을 설치하는 데 많은 인력이 필요하므로 고인돌은 당시 지배층의 권력과 경제력을 잘 반영한다고 할 수 있다. 우리나라의 고인돌은 북방식(탁자식), 남방식(바둑판식), 개석식으로 나누어진다. 또한 고창, 화순, 강화의 고인돌 유적지는 2000년 유네스코 세계문화유산으로 지정되었다.

#고조선과 부족

004 단군 신화 檀君神話
고조선의 건국 신화이자 우리 민족의 시조인 단군에 대한 신화

사람이 되기를 희망하던 곰이 변하여 여인인 웅녀가 되었다. 웅녀는 천제(天帝) 환인의 서자인 환웅과 결혼하여 아들을 낳았고 그가 단군왕검이라는 것이 단군 신화의 내용이다. 단군은 제사장을 가리키며 왕검은 정치적 지배자를 뜻하는 것으로, 단군왕검이란 제정일치 시대의 우두머리임을 알 수 있다. 단군은 기원전 2333년 아사달에 도읍을 정하고 나라 이름을 조선이라 하였으며, 홍익인간의 이념으로 백성을 다스렸다.

함께 나오는 용어
단군 신화 수록 문헌
『삼국유사』, 『제왕운기』, 『세종실록지리지』, 『응제시주』, 『동국여지승람』 등

005 8조법(범금 8조)
『한서지리지』에 남아있는 고조선 사회의 관습법으로, 8조 중 세 가지만 전해짐

내용을 살펴보면 '사람을 죽인 자는 즉시 사형에 처한다', '남에게 상처를 입힌 자는 곡식으로 배상한다', '도둑질을 한 자는 노비로 삼고, 용서받고자 하는 자는 한 사람마다 50만 전을 내야 한다'이다. 살인·상해·절도죄에 대해 언급하고 있으므로 이 법을 통해 고조선 사회가 이미 *사유 재산제가 확립되어 있었고 노비제를 바탕으로 한 계급 사회였음을 알 수 있다.

사유 재산제(私有財産制) 재산의 개인 소유가 인정되는 사회 제도

006 부족 국가

중앙집권적 고대 국가가 성립하기 전 과도기적 국가 형태로 원시 사회에서 부족을 중심으로 형성된 국가 형태

구분	부여	고구려	옥저	동예	삼한
위치	만주 쑹화 강 유역	압록강 지류인 동가강 유역의 졸본 지방	함흥 평야 지대	강원도 북부의 동해안	한강 이남
정치	• 5부족 연맹체 (왕, 마가, 우가, 저가, 구가) • 사출도(지방자치조직으로 가(加)는 각자의 행정 구역을 다스림)	• 5부족 연맹체 • 제가 회의	군장인 읍군·삼로가 통치	제정분리	
경제	말·주옥·모피	• 약탈 경제 • 부경	• 어물, 소금 등 • 토지 비옥	• 단궁(활), 과하마, 반어피 • 방직 기술 발달	• 철제 농기구 • 벼농사 • 농사에 가축 사용 • 저수지 축조
제천행사	영고(12월)	동맹(10월)		무천(10월)	• 수릿날(5월) • 계절제(10월)
풍속	• 순장 • 1책 12법 • 우제점법 • 형사취수제	• 서옥제 • 1책 12법 • 형사취수제	• 민며느리제 • 가족 공동묘	• 엄격한 족외혼 • 책화	• 소도 • 귀틀집 • 두레

1책 12법 타인의 물건을 훔쳤을 때 12배를 배상

우제점법 소를 죽여 그 굽으로 길흉을 점침

부경 고구려 때 지배층의 집집마다 있던 창고로, 약탈한 곡식 등을 저장함

서옥제 혼인을 하면 신붓집 뒤쪽에 작은 집을 지어 생활하면서, 자식을 낳고 그 자식이 장성하면 아내와 함께 신랑집으로 돌아가는 제도

민며느리제 여자가 남자 집에 미리 가서 살다가 성인이 되면 결혼하는 제도

책화 각 부족의 영역을 엄히 하여 만약 다른 부족의 영역을 침범할 경우 노비, 소, 말 등으로 변상함

귀틀집 큰 통나무로 정(井)자 모양을 맞추어 귀를 맞춘 후 겹겹이 얹고 틈에는 흙을 발라 만든 집

007 소도 蘇塗

삼한의 천군이 제사지내던 신성한 곳

삼한의 제사장인 천군이 산천(山川)에 제사지내던 곳이며 정치적 지배자인 군장(君長)의 세력이 미치지 못하는 곳이었다. 만약 죄인이 도망을 하여 소도에 숨더라도 이곳은 신성불가침(신성하여 침범할 수 없음)의 영장이므로 잡아가지 못하였다. 이는 삼한 사회가 제정분리 사회였음을 보여준다. 마을의 안녕을 비는 상징물인 솟대는 소도에서 제사를 지낼 때 세우던 나무에서 유래하였다.

▲ 솟대

02 고대 사회

핵심Tag #삼국 시대 #남북국 시대

#삼국 시대

008 삼국의 주요 왕의 업적

고구려	소수림왕	불교 수용, 태학(유학 교육 기관) 설치, 율령 반포
	광개토 대왕	• 고구려의 전성기를 이룬 19대 왕으로 넓은 영토 확장(요동·만주 지역) • 우리나라 최초의 연호 '영락' 사용
	장수왕	• 평양 천도, 남진 정책 추진을 통한 한강 유역을 차지 • 광개토 대왕릉비 건립 • 충주(중원)고구려비(한반도에 있는 유일한 고구려 비석. 고구려의 남진 정책 및 신라와의 관계를 보여 줌) 건립
백제	근초고왕	• 백제의 전성기를 이룬 왕으로, 마한을 정복하고 해외(중국, 일본)에 진출함 • 칠지도: 근초고왕 때 제작되어 일본 왕실에 보낸 철제 칼로, 당시 백제와 일본이 친선 관계였음을 보여 줌
	무령왕	• 중국 남조와 교류 강화(무령왕릉) • 지방통제강화: 지방에 22담로 설치하고 왕족 파견
	성왕	• 사비(부여) 천도, 국호 '남부여' 변경 • 국가 조직 재정비: 중앙 22부 설치, 수도 5부, 지방 5방으로 구분함 • 나·제 동맹을 통해 한강 하류 지역 일시적으로 회복함 • 관산성 전투에서 전사
신라	지증왕	• 국호를 '신라', 왕호를 '마립간'에서 '왕'으로 고침 • 우산국(울릉도) 정복(이사부) • 우경 장려, 순장 금지
	법흥왕	• 율령 반포, 관리 등급을 17등급으로 구분, 관복 제정, 연호 사용 • 이차돈의 순교를 계기로 불교 공인 • 상대등이 귀족 회의 주관, 골품제(성골, 진골, 1~6두품 등 8개의 신분으로 구성) 정비 • 금관가야 정복
	진흥왕	• 신라의 전성기를 이룬 왕으로, 대가야 정복, 한강 유역을 차지, 함경도까지 영토를 확장함 • 단양 적성비와 순수비(창녕비, 북한산비, 황초령비, 마운령비) 건립 • 화랑도를 국가 조직으로 개편 • 황룡사 건립, 국사 편찬

009 광개토 대왕릉비 廣開土大王陵碑

장수왕이 부왕의 업적을 기념하기 위해, 장수왕 2년(414)에 만주 집안현(輯安縣) 통구(국내성)에 세운 비석

만주 집안현(輯安縣)에 있는 고구려 광개토 대왕의 능비로, 호태왕비라고도 부른다. 광개토 대왕의 아들인 장수왕이 세웠다. 한국의 비석 중 가장 크며, 4면에는 총 1802자의 비문이 적혀져 있다. 비문의 내용은 삼국의 정세와 일본과의 관계를 알려 주는 중요한 금석문 자료이기도 하다.

▲ 광개토 대왕릉비

함께 나오는 용어

호우명 그릇
정식 명칭은 광개토 대왕공적기념호우이다. 그릇 밑바닥에 "을묘년국강상광개토지호태왕호우십(乙卯年國岡上廣開土地好太王壺杅十)"이라는 글씨가 새겨져 있어 당시 신라와 고구려의 관계를 보여준다.

#남북국 시대

010 무구정광대다라니경 無垢淨光大陀羅尼經

현존하는 최고(最古)의 목판 인쇄물

불국사 3층 석탑(석가탑)에서 발견된 것으로, 지금까지 남아있는 세계에서 가장 오래된 목판 인쇄물이다. 1966년 10월 13일 석가탑의 해체·복원 공사 중 탑신부 제2층에 안치된 사리함 속에서 발견되었다.
통일 신라 700년대 초에서 751년으로 '다라니경'의 출간 연대를 추정하며, 국보 제126호로 지정되어 있다. 닥나무로 만들어졌으며, 지금까지 보존될 만큼 품질이 우수하다.

▲ 무구정광대다라니경

011 왕오천축국전 往五天竺國傳

통일 신라 승려 혜초가 지은 책으로 인도의 5국과 인근의 여러 나라를 10년 동안 순례하고 당나라에 돌아와서 그 행적을 적은 책

당시 인도 및 서역 각국의 종교와 풍속, 문화 따위에 관한 기록이 실려 있다. 1908년에 프랑스의 학자 펠리오(Pelliot)가 간쑤성(甘肅省)의 둔황(敦煌)에서 발견하였고, 현재 파리 국립 도서관에 보관되어 있다.

012 독서삼품과 讀書三品科
통일 신라 원성왕 4년(788)에 국학에서 설치한 관리 선발 제도

통일 신라 원성왕 때 유교 경전의 이해 정도를 시험하여 관리를 채용한 것으로 독서출신과라고도 한다. 종래의 *골품제를 기초로 한 벌족 본위의 인재 등용을 지양하고 학벌 본위의 관리 채용을 지향하기 위해 독서삼품과 제도를 실시하게 되었다. 비록 이 제도는 골품 제도 때문에 그 기능을 제대로 발휘하지는 못하였지만, 학문과 유학을 널리 보급시키는 데는 이바지하였다.

골품제(骨品制) 혈통을 따져서 사회적 제약이 가해지는 신라의 신분 제도

03 고려 시대
핵심Tag #고려 시대

#고려 시대

013 태조(왕건)의 정책

- **민생 안정 정책** : 호족들의 과도한 수취를 금하고, 세율을 10분의 1로 낮추었으며(취민유도), 빈민 구제 기관인 흑창을 설치하여 농민의 생활을 안정시키려 하였다.
- **정치 제도** : 태봉의 관제를 중심으로 신라와 중국의 제도를 참고하여 정치 제도를 마련하고, 개국 공신과 지방의 호족을 관리로 등용하였다.
- **호족 회유·통제 정책** : 유력한 호족과는 혼인을 통하여 관계를 깊게 다져 갔고, 지방 호족을 견제하고 지방 통치를 보완하기 위하여 사심관과 기인 제도를 활용하였다.
- **통치 규범의 확립** : *정계와 계백료서를 지어 관리가 지켜야 할 규범을 제시하였고, 후대 왕들이 지켜야 할 정책 방향을 제시한 훈요 10조를 남겼다.

정계(政誡)와 계백료서(誡百僚書) 태조가 임금에 대한 신하들의 도리를 강조하기 위하여 지은 책으로, 현재 전하지는 않음

014 사심관 제도 事審官制度
지방 세력가들을 견제하기 위해 중앙의 고관이 된 자에게 자기 고향의 사심관이 되게 함

고려 때 민심을 수습하고 중앙 집권을 강화하기 위하여 중앙의 고관이 된 자를 자기 고향의 사심관이 되게 하는 제도이다. 사심관은 부호장 이하의 향리를 임명할 수 있고, 그 지방의 치안 유지에 대해서 연대 책임을 졌다. 고려 태조가 신라의 마지막 왕 경순왕이 항복해 오자 그를 경주의 사심관으로 삼은 것에서 비롯하였다.

015 기인 제도 其人制度
지방 호족의 자제를 인질로 중앙에 데려다가 지방 행정의 고문 역할을 하게 한 제도

고려 태조 때 지방 호족들에게 중앙 관직의 위계와 동등한 향직위를 주어 지방 자치를 관할하게 하면서, 호족의 자제를 인질로 서울에 데려다가 지방 행정의 고문 역할을 하게 한 제도이다. 통일 신라 시대의 *상수리 제도에서 그 기원을 찾을 수 있으며, 지방 세력가들을 견제하려는 데 목적이 있었다.

상수리 제도(上守吏制度) 호족 본인이나 호족의 자제를 일정 기간 중앙 정부에 머무르게 하였는데, 이들을 상수리라 하였음

016 훈요십조 訓要十條
태조 왕건이 그의 자손들에게 귀감으로 남긴 10가지의 가르침

- 1조 : 불교의 힘으로 나라를 세웠으니 불교를 숭상할 것
- 2조 : *사사의 쟁탈과 *남조를 금지할 것
- 3조 : 왕위 계승은 맏아들이 하는 것을 원칙으로 하되, 맏아들이 어질지 못할 때에는 인망 있는 자가 대통을 이을 것
- 4조 : 거란은 짐승과 같은 국가이므로 그들의 풍속을 배격할 것
- 5조 : 서경(西京)을 중시할 것
- 6조 : 연등회·팔관회를 성실히 열 것
- 7조 : 왕이 된 자는 일을 공평하게 처리하여 민심을 얻을 것
- 8조 : 차령산맥 이남과 금강 밖은 산형지세가 배역하니 그 지방의 사람을 등용하지 말 것
- 9조 : 백관의 기록을 공평하게 정해줄 것
- 10조 : 과거를 거울삼아 지금을 경계할 것

사사(寺社) 절

남조(濫造) 마구 만들어 냄

017 광종의 개혁 정치

- 노비안검법의 실시(956) : 호족 세력의 경제적·군사적 기반을 약화시키고 국가의 수입 기반을 확대하였다.
- 과거제의 시행(958) : 시험으로 관리를 선발하고 신진 관료를 등용하고 신구 세력의 교체를 도모하였다.
- 칭제 건원 : 황제 칭호와 광덕 등 독자적 연호를 사용하여 왕권을 강화하였다.

018 노비안검법 奴婢按檢法
불법으로 노비가 된 자를 조사하여 양인으로 해방시켜 주기 위한 법

고려 광종 7년(956) 왕권 강화를 위하여 후삼국 시대의 혼란기에 불법으로 노비가 된 자를 조사하여 양민의 신분으로 회복시켰다. 이는 표면적으로는 억울하게 노비가 된 자들의 신분을 찾아주는 것처럼 보이나, 실제적으로는 귀족들의 세력 증대를 억제하기 위한 것이었다. 즉, 이 법에 의해 소유주인 호족에게 바치던 세(稅)가 국세로 전환되고 *사병으로 이용되던 노비의 수도 줄어들게 되었다.

사병(私兵) 권세를 가진 개인이 개인적으로 길러서 부리는 병사

함께 나오는 용어

노비환천법(奴婢還賤法)
고려 성종 때 실시한 법으로, 광종 때 실시한 노비안검법으로 노비였던 자가 양인(良民)이 된 경우 다시 천민으로 되돌리는 법이다.

019 상평창 常平倉
고려 성종 12년(993)에 설치된 물가 조절 기관

상평창은 *구빈 제도의 하나로써 곡식이나 포목 등 생활필수품이 저렴할 때 구매하였다가 흉년일 때 판매하여 물가를 조절하였다. 조선 시대(선조 41년, 1608)에는 선혜청으로 이름이 바뀌었다.

구빈 제도(救貧制度) 자립 불가능한 사회적 빈곤자에게 국가에서 원조해 주는 제도

고려 시대의 구빈 제도

종류	시대	내용
흑창(黑倉)	태조	*춘대추납(春貸秋納), 빈민 구제
대비원(大悲院)	정종	빈민인 환자를 대상으로 치료하는 국가 구호 기관
제위보(濟危寶)	광종	보의 효시, 빈민을 구제하기 위한 재단
의창(義倉)	성종	흑창을 의창으로 개칭, 농민 보호 기구
상평창(常平倉)		물가 조절 기구
구제도감(救濟都監)	예종	빈민을 치료와 구제를 위해 임시적으로 설치
혜민국(惠民局)		시약(施藥)을 맡은 의료 및 구제 기관

춘대추납(春貸秋納) 구휼 방식 중 하나로 봄에 곡식을 빌려주고 가을에 곡식을 받는 방식을 말한다.

020 건원중보 乾元重寶
고려 성종 15년(996), 우리나라에서 최초로 주조된 화폐

고려 시대의 화폐이며 철전이다. 형은 둥글고 가운데는 네모의 구멍이 있으며, 앞면에는 '건원중보(乾元重寶)'라 새기고 뒷면에는 상하로 '동국(東國)'이라 표기되어 있다. 다주점이나 *식미점 등에서만 주로 사용되었고 통상 거래에서는 삼베나 곡물이 여전히 사용되었다.

식미점(食味店) 고려 시대의 상점

021 별무반 別武班
고려 숙종 9년(1104), 윤관이 여진을 정벌하기 위해 편성했던 군사 조직

고려 숙종 때 윤관이 건의하여 만든 특수 부대로서, 여진족에 대비하여 만들었다. 우수한 기병을 가진 여진군에 대비하여 기병인 신기군, 보병인 신보군, 승병인 항마군으로 편성되었다.

022 묘청의 서경 천도 운동
묘청 등 서경 세력이 풍수지리의 이상을 표방하고, 서경으로 천도할 것을 주장하다가 개경파의 반대로 실패하자 일으킨 반란

- 배경 : 인종이 정치 개혁을 추진하는 과정에서 김부식을 중심으로 한 보수적 관리들과 묘청, 정지상을 중심으로 한 지방 출신의 개혁적 관리들 사이에 대립이 벌어졌다.
- 과정 : 묘청 세력은 서경 천도를 통한 정권 장악이 어렵게 되자 서경에서 난을 일으켰으나 김부식이 이끈 관군의 공격으로 진압되었다.
- 의의 : 문벌 귀족 사회 내부의 분열과 지역 세력 간의 대립, 풍수지리설이 결부된 자주적 전통 사상과 사대적 유교 정치 사상의 충돌, 고구려 계승 이념에 대한 이견과 갈등 등이 얽혀 일어난 것으로 귀족 사회 내부의 모순을 드러낸 것이다.

▲ 묘청의 서경 천도 운동

개경파와 서경파

구분	개경파	서경파
중심 세력	김부식 중심, 보수적 관리	묘청·정지상 중심, 개혁적 관리
사상	유교	풍수지리설, 자주적 전통 사상
대외 정책	금에 대한 사대	금국 정벌, 칭제 건원
역사 의식	신라 계승 의식	고구려 계승 의식

023 만적의 난
1198년에 최충헌의 노비 만적이 중심이 되어 일으키려다 미수에 그친 노비 해방 운동

만적은 개경에서 공사 노비를 모아 "*정중부(鄭仲夫)의 난 이후 나라의 *공경대부는 노예 계급에서도 많이 나왔다. 왕후장상의 씨가 어찌 원래부터 있겠는가"라고 선동하여 반란을 계획하였다. 비록 만적의 난은 실패하였으나, 계급을 타파하고 새로운 질서를 구현하려 했던 투쟁 의욕은 높이 평가된다.

정중부의 난 1170년 고려 의종 때 문·무반 차별로 인하여 일어난 무신 정변

공경대부(公卿大夫) 높은 벼슬에 있는 관인

함께 나오는 용어 ┄┄┄┄┄┄┄┄┄┄┄┄┄┄┄┄┄┄┄┄┄┄┄┄┄┄┄┄┄┄┄┄┄┄┄┄┄┄┄•

천민의 신분 해방 운동
망이·망소이의 난(1176), 전주 관노의 난(1182), 김사미의 난(1193), 효심의 난(1193)

024 공민왕의 개혁 정책
고려 후기 권문세족들이 토지·노비를 늘려 국가 기반이 악화되자 이를 시정하고자 펼친 정치

공민왕의 개혁 정치와 신진 사대부의 성장

공민왕의 개혁 정치	• 반원 자주 정책: 친명 외교, 몽골풍 근절, 쌍성총관부 수복 • 왕권 강화: 신돈 등용, 신진 사대부 진출
신진 사대부의 성장	• 학문적 소양을 쌓아 과거를 통해 중앙 관리가 된 지방 향리 출신 • 공민왕의 개혁 정치에 힘입어 성장 • 고려 말 온건 개혁파와 급진 개혁파로 분열

025 도병마사 都兵馬使
국가의 군사상 비밀 및 국방상 중요한 일을 의정하던 국방 회의 기구

중서문하성의 재신과 중추원의 고관으로 구성되어 국방 문제와 국가의 중요 정책을 협의하고 결정하였다. 고려 전기에는 군사 문제를 의논하여 결정하는 임시 기구였다.

그러나 점차 업무의 범위가 확대되어 국정 전반에 지나치게 간섭하게 되었다. 고려 후기(충렬왕 5)에는 도평의사사로 개편되어 모든 국사를 합의·시행하는 최고 정무 기관으로 조선 초까지 존속하다가 의정부로 개편되었다.

026 중방 重房
고려 시대 최고위 무신들로 구성된 회의 기구

문신들의 합좌 기관인 도병마사와 대조를 이루는 것으로, 초기에는 그 세력이 매우 미약했으나 무신 정변(1170)에 의해서 그 기능이 확대되었다. 군사뿐만 아니라 경찰·형옥·백관의 임면(任免) 등 모든 정무에 관여하였으며, 집권 무신들의 전횡을 억제하는 자기조절의 기능도 수행하였다. 무신 정권이 최충헌의 단독 집권으로 안정화된 이후부터는 ˚교정도감이 새로운 집권 기구가 되었다.

교정도감(敎定都監) 최씨 정권의 반대파를 제거하고, 국정을 총괄하는 최고 권력 기구

027 공음전 功蔭田
공신과 5품 이상의 관리에게 지급되던 임야와 토지

고려 시대에는 5품 이상의 관료가 되어야 받을 수 있었으며, 자손에게 세습할 수 있었다. 문벌 귀족의 경제적 기반이 되었던 것으로, *음서제와 함께 귀족의 지위를 유지해 나갈 수 있는 기반이었다.

음서제(陰敍制) 5품 이상 관리의 자녀 중에서 과거 시험을 보지 않고 관리로 등용되는 제도

함께 나오는 용어 ●

고려 시대의 토지 종류

- **전시과(田柴科)** 문무 관리로부터 군인, 한인에 이르기까지 18등급으로 나누어 곡물을 수취할 수 있는 전지와 땔감을 얻을 수 있는 시지(임야)를 지급하고, 이에 대한 수조권을 부여한 것으로, 죽거나 관직에서 물러날 때는 토지를 국가에 반납
- **한인전(閑人田)** 관인 신분의 세습을 위해 6품 이하 하급 관료의 자제로서 관직에 오르지 못한 사람에게 지급한 토지
- **군인전(軍人田)** 군역의 대가로 주는 토지로, 군역이 세습됨에 따라 자손에게 세습되었음
- **구분전(口分田)** 하급 관료와 군인의 유가족에게 지급하여 생활 대책을 마련해 줌
- **기타** 내장전(왕실 경비 충당), 공해전(중앙과 지방의 관청 경비 충당), 사원전(사원 경비 충당), 민전(매매·상속·기증·임대 등이 가능한 사유지, 귀족이나 일반 농민이 상속·매매·개간을 통해 형성)

028 부곡 部曲
신라 시대부터 조선 초기까지 있었던 특수한 지방의 하급 행정 구획

부곡이란 본래 중국에서는 천한 신분의 인간을 가리키던 말이었으나, 우리나라에서는 행정 구획으로 쓰이게 되었다. 부곡의 주민은 법제적으로는 양인 신분이었으나 일반 군현민보다 많은 역을 부담하여 사회경제적으로는 천시받았다. 이외에도 향·소의 특수 행정 구역이 있었다.

029 삼국사기 三國史記
고려 중기 인종 23년(1145)에 김부식 등이 기전체(紀傳體)로 편찬한 삼국의 역사서

*기전체 형식으로 편찬·간행한 책이며, 본기·지·연표·열전의 순서로 되어 있다. 유교적 합리주의 사관에 기초하였으며 신라 계승 의식이 많이 반영되었다.

기전체(紀傳體) 사마천의 사기(史記)에서 비롯된 것으로 역사를 본기, 세가, 지, 열전, 연표 등으로 나누어 서술하는 형식

030 직지심체요절 直指心體要節
현존하는 세계 최고(最古)의 금속 활자본

현재 남아 있는 금속 활자로 인쇄된 책 중에서 가장 오래되었으며, 2001년 9월 유네스코 세계기록유산에 등재되었다. 이것은 독일 *구텐베르크의 금속 활자본인 신약 성서보다 약 80년 이상 앞선 금속 활자본이다.

구텐베르크 15C 독일 활판 인쇄술의 창시자로 주형(鑄型)으로 활자를 만들고 포도즙을 짜는 압축기를 토대로 압축식 인쇄기를 고안함

031 **안동 봉정사 극락전** 安東 鳳停寺極樂殿
고려 중기인 12~13C에 세워진 우리나라에서 가장 오래된 목조 건물

기둥은 *엔타시스(entasis)로 되어 있으며 통일 신라 시대의 건축 양식을 계승한 고려 시대의 건축물이다. 1972년 해체·수리할 때 1363년(공민왕 12)에 건물의 지붕을 중수한 사실이 적힌 상량문을 발견하여 적어도 그 이전에 세워진 우리나라의 가장 오래된 목조 건축물임이 밝혀졌다.

엔타시스(entasis, 배흘림기둥) 고전 건축물에 사용된 원기둥의 약간 불룩한 곡선부

04 조선 시대

핵심Tag #조선 전기 #조선 후기

#조선 전기

032 조선 전기 주요 왕의 업적

태조 (이성계)	• 조선 건국: 국호 조선, 한양 천도, 경복궁 건설 • 정도전의 활약: 조선 건국 주도, 『조선경국전』 → 재상 중심의 정치 운영 주장, 『불씨잡변』 → 불교의 폐단 비판
태종 (이방원)	• 왕자의 난을 통해 개국 공신 축출 • 국왕 중심의 통치 체제 정비: 6조 직계제 실시, 사간원 독립 • 경제 기반 마련: 양전 사업, 호패법 실시 • 사병 혁파: 공신과 왕족의 사병을 없앰
세종	• 유교 정치의 실현: 집현전 설치, 의정부 서사제 실시 → 왕권과 신권의 조화 추구 • 대외 관계 변화: 영토 확장(4군 6진 개척), 대마도 정벌, 삼포 개항 • 민족 문화 발달: 훈민정음 창제 및 반포, 자격루·측우기 등 제작, 『칠정산 내·외편』, 『농사직설』, 『삼강행실도』 등 편찬
세조 (수양대군)	• 권력 장악: 계유정난을 통해 단종 폐위 후 즉위, 사육신 처형 • 왕권 강화: 6조 직계제 재실시, 집현전 폐지, 경연 폐지, 직전법 실시
성종	• 통치 체제 확립: 『경국대전』 완성 및 반포(세조~성종), 홍문관 설치, 경연 활성화 • 편찬 사업: 『동국통감』, 『악학궤범』, 『동국여지승람』, 『동문선』 편찬

033 과전법 科田法

공양왕 3년(1391) 권문세족들의 대토지 소유에 따른 국가 재정의 고갈 문제를 해결하기 위해 제정된 조선 초기의 토지 제도

고려 말과 조선 초에 관리에게 토지를 나누어 주던 제도이며, 그러한 토지를 과전이라 불렀다. 과전은 경기 지방의 토지로 지급하였으며, 받은 사람이 사망하거나 관직에서 물러나면 반납하는 것이 원칙이었지만, 유족의 생계 유지라는 명목으로 그 토지의 일부라도 물려받을 수 있었다.(수신전, 휼양전) 관리는 과전에서 나오는 '소출의 10%를 조세로 받았다.

소출(所出) 논밭에서 나는 곡식

034 호패 號牌

태종 13년(1413)에 실시한 일종의 주민등록증 제도로, 16세 이상 남자라면 누구나 휴대해야 하는 패

직사각형으로 앞면에는 성명, 나이, 태어난 해의 간지를 새기고 뒷면에는 해당 관아의 낙인을 찍었으며, 품계에 따라 호패의 재료가 달랐다. 호구를 정확히 하여 민정의 수를 파악하고, '군역과 '요역의 기준을 밝혀 백성의 유민과 호적 편성상의 누락이나 허위를 방지하기 위한 것이었다.

군역(軍役) 정부의 군대에서 일정 기간 복무하는 것

요역(徭役) 백성의 노동력을 국가가 무상으로 징발하는 수취 제도

빈출

035 혼일강리역대국도지도 混一疆理歷代國都之圖

태종 2년(1402)에 제작된 현존하는 동양 최고(最古)의 세계 지도

태종 2년(1402) 김사형, 이무, 이회 등이 작성한 세계 지도이다. 중화 사상의 영향으로 중국이 지도의 중앙에 가장 크게 그려져 있고, 우리나라가 다음으로 크게 그려져 있다. 그러나 두 나라를 제외한 다른 지역에 대한 지리적 정보는 매우 빈약하다. 아프리카, 유럽은 매우 빈약하게 그려져 있고 신대륙인 아메리카나 대양주(오세아니아)는 전혀 반영되어 있지 않다.

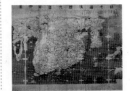
▲ 혼일강리역대국도지도

036 신기전 神機箭

화약을 장착하거나 불을 달아 쏘던 로켓형 화기

고려 말 최무선이 만든 '주화(走火)를 세종 때 개량한 것으로, 1474년 편찬된 「국조오례서례(國朝五禮序例)」의 「병기도설(兵器圖說)」에 신기전에 관한 상세한 자료가 남아 있다. 신기전은 세계에서 가장 오래된 종이약통 로켓이며, 파괴력이 대단하여 적에게 공포감까지 일으키는 첨단 무기였다.

주화(走火) '달리는 불'이라는 뜻의 주화는 고려 시대 최무선이 중국의 화약 무기를 모방하여 만든 화약 무기 중 하나임

037 계유정난 癸酉靖難

단종 1년(1453) 세조(수양대군)가 왕위를 빼앗기 위하여 일으킨 사건

문종이 일찍 죽고 단종이 즉위하자 작은 아버지인 수양대군이 단종 및 그를 보좌하던 김종서·황보인 등을 살해하고 안평대군을 축출한 후 정권을 장악하였다. 이때 정인지·한명회 등은 정난공신(靖難功臣)이 되었으며, 성삼문·박팽년·하위지 등 소위 사육신의 단종 복위 운동은 실패하였다.

함께 나오는 용어

- **사육신(死六臣)**
  수양대군의 왕위 찬탈을 반대하며 단종의 복위에 목숨을 바친 6명의 충신인 성삼문, 박팽년, 하위지, 이개, 유응부, 유성원을 말한다.
- **생육신(生六臣)**
  수양대군이 왕위에 오르자 불사이군(不事二君)을 이유로 벼슬을 버리고 단종에 대한 절개를 지킨 6명의 충신인 이맹전, 조려, 원호, 김시습, 성담수, 남효온을 말한다.

038 경국대전 經國大典

조선의 통치 기준이 된 기본 법전

고려 말부터 조선 성종 초년까지 반포된 법령, 교지, 조례 및 관례 따위를 망라하여, 세조 때 최항, 노사신, 강희맹 등이 집필한 후 성종 때 완성·간행하였다. 이후에도 여러 차례 보완되었으나 기본 골격은 그대로 유지한 채 왕조 말기까지 계속 적용되었다. 경국대전의 편찬은 조선 왕조의 통치 규범 체제가 확립되었음을 의미한다.

함께 나오는 용어

조선 시대 법전 편찬 순서 *조선경국전(태조) → 경제육전(태조) → 속육전(태종) → 경국대전(성종) → 속대전(영조) → 대전통편(정조) → 대전회통(고종) → 육전조례(고종)

*조선경국전(朝鮮經國典) 조선 건국 초기 정도전이 왕에게 지어 올린 사찬 법전

039 동국통감 東國通鑑

성종 16년(1485) 서거정 등이 단군 조선부터 고려 말까지의 역사를 편찬한 사서

서거정 등이 왕명을 받아 편찬한 *편년체의 역사책으로서 단군 조선부터 삼한까지는 책머리에 외기(外紀)로 두고 신라 박혁거세부터 고려 공양왕까지의 역사를 기록하였다. 단군을 민족의 시조로 하고 있으며, 삼국 이전의 단군 조선·기자 조선·위만 조선과 삼한을 공식적으로 우리 역사에 편입하였고, 삼국을 대등한 나라로 취급하여 민족 통일 의식을 높이는 데 기여하였다.

*편년체(編年體) 역사적 사실을 연·월·일순으로 기록하는 역사 서술 체제

040 4대 사화 四大士禍
조선 시대에 학파 간의 대립과 권력 쟁탈로 많은 선비들이 화를 입은 네 가지 큰 사건

중앙 정계에 진출한 사림파가 훈구파의 비리를 공격하면서 사림파와 훈구파 사이에 대립이 형성된 것이 결국에는 사화를 낳게 되었으며 무오사화, 갑자사화, 기묘사화, 을사사화가 대표적이다.

무오사화(戊午史禍) : 연산군, 1498	김종직의 제자인 김일손이 사관으로 있으면서 김종직이 지은 °조의제문을 사초에 기록한 것을 빌미로 훈구파가 사림파를 죽이거나 귀양 보냈다.
갑자사화(甲子士禍) : 연산군, 1504	연산군이 폐비 윤씨 사사 사건을 들추어 자신의 독주를 견제하려는 훈구파 및 사림파의 잔존 세력을 죽이거나 귀양 보냈다.
기묘사화(己卯士禍) : 중종, 1519	조광조의 혁신 정치에 불만을 품은 남곤·홍경주 등의 훈구파가 위훈 삭제 사건을 계기로 조광조 등의 일파를 제거하였다.
을사사화(乙巳士禍) : 명종, 1545	중종의 두 아들인 인종과 명종의 왕위 계승 문제로 인해 왕실 외척 간의 대립 때문에 일어난 사화이다.

조의제문(弔義帝文) 김종직이 세조가 어린 단종을 죽이고 왕위를 찬탈한 것을 중국 초나라의 항우가 회왕을 죽인 고사에 비유하여 지은 글

041 삼사 三司
조선 시대 언론 기능을 담당한 홍문관, 사헌부, 사간원을 일컬음

사간원과 사헌부를 양사라 하고, 이 두 기관의 관원들을 대간이라 하였다. 후에 홍문관이 설치되면서 삼사가 되었다. 홍문관은 문필 기관으로 교서 작성 및 °시강·언론 기관이고, 사헌부는 감찰 기관, 사간원은 군왕에 대한 간쟁 기관으로 이들은 왕권을 견제하는 역할을 하였다.

시강(侍講) 임금이나 동궁의 앞에서 글을 강의 또는 그 벼슬 이름

042 백정 白丁
조선 시대의 도살업·육류판매업 등을 주로 하며 생활하던 천민층

고려 시대에는 양반·서리·군인·향리와 같이 특정한 직역을 부담하지 않고 농업에 종사하던 대다수 농민층을 가리키는 말이었으나, 조선 시대에는 화척·재인을 아울러 이르는 말이 되었다. 조선 사회에서 백정은 신분적으로 천인이었으므로 호적은 물론 호패도 쉽게 발급해주지 않았으며, 백정의 집은 기와를 올릴 수 없었고 비단옷과 두루마기를 입지 못하였다.
신분적으로 해방된 것은 1894년 갑오개혁 때부터이나, 차별 의식은 해소되지 않았다. 결국 백정에 대한 차별은 1923년 경상남도 진주에서 발생한 °형평 운동을 계기로 완화되게 되었다.

형평 운동(衡平運動) 1923년부터 일어난 백정의 신분 해방 운동. 형평 운동은 백정 자신이 사용했던 저울(형, 衡)처럼 평등한 사회를 만들려는 운동이라는 의미를 가지고 있음

043 향약 鄕約

조선 중종 때 권선징악·상호부조의 정신을 위주로 한 향촌 자치 규약

중국 송(宋)나라의 여씨향약을 본떠 덕업상권(德業相勸: 좋은 일은 서로 권한
다)·과실상규(過失相規: 잘못은 서로 규제한다)·예속상교(禮俗相交: 예의로 서
로 사귄다)·환난상휼(患難相恤: 어려운 일은 서로 돕는다)을 기본 강령으로 한다.

044 조선왕조실록 朝鮮王朝實錄

조선 태조부터 철종까지 25대 임금들의 실록을 편년체로 기록한 책

472년간의 역사를 연월일 순서에 따라 편년체로 기록하였다. 특정한 시기
에 특정한 사람들이 의도적으로 기획하여 편찬한 역사서가 아니라, 역대 조
정에서 국왕이 교체될 때마다 편찬한 것이 축적되어 이루어진 책이다. 1997
년 세계기록유산으로 지정되었다.

▲ 조선왕조실록

함께 나오는 용어

조선 왕조 의궤(朝鮮王朝儀軌) 500여 년간 조선 왕실의 주요 의식을 글·그림으로 기록한 종
합 보고서다. 2011년 4월 일제가 강탈해 간 조선 왕실 의궤 등 1205권의 반환에 대한 '한일
도서협정'이 일본에서 가결됨에 따라 89년 만에 고국으로 돌아왔다.

045 임진왜란 壬辰倭亂

1592년부터 1598년까지 2차에 걸친 왜군의 침략으로 일어난 전쟁

1차 침입이 임진년에 일어났으므로 임진왜란이라 부르며, 2차 침입은 정유
년에 일어나 정유재란이라 일컫는다. 일반적으로 정유재란까지 포함한다.

▲ 임진왜란 전개 지도

원인	도요토미 히데요시가 일본을 통일한 후, 국내 혼란과 신흥 세력의 발흥을 억제하기 위해 조선을 침략해 전쟁을 일으킴
초기	왜군의 침입 → 부산진(정발)과 동래성(송상현) 함락 → 충주 탄금대 전투의 패배(신립) → 한성 함락(선조 의주로 피난, 명에 원군 요청) → 평양성 함락
활약	• 수군의 활약(이순신, 한산도 대첩 등 → 남해안의 제해권 장악), 의병의 활약(곽재우 등, 향토 지리에 맞는 전술) • 전란의 장기화: 조·명 연합군의 평양성 탈환, 행주 대첩(권율)·진주 대첩(김시민) • 정유재란: 직산 전투(조·명 연합군), 명량 대첩(이순신), 도요토미 히데요시의 병사 → 일본군 철수
영향	• 경복궁 등 문화재 소실, 국토 황폐화, 인구 감소, 양안과 호적 소실 • 신분제의 동요(납속책 실시 등) • 훈련도감을 비롯한 군사 기구의 개편 • 전쟁을 거치면서 비변사가 국정 총괄 기구로 부상

납속책(納贖策) 부족한 재정을
보충하거나 굶주린 백성을 흉
년과 기근 때 구제할 목적으
로 백성에게 곡물과 돈을 받
고 국가가 납속에 수락한 사
람에게 특혜를 주는 정책

이순신의 3대 대첩

- 한산도 대첩(1592) 한산도 앞바다에서 뛰어난 전술로 왜군을 크게 무찌른 전투
- 명량 대첩(1597) 명량에서 울돌목의 특성을 이용해 13척의 배로 133척을 격침시킨 전투
- 노량 해전(1598) 노량 앞바다에서 조선 수군과 일본 수군이 벌인 마지막 해전

임진왜란의 3대 대첩

- 한산도 대첩(1592) 이순신이 이끄는 함대가 한산도 앞바다에서 뛰어난 전술로 왜군을 크게 무찌른 전투
- 진주 대첩(1592) 김시민이 왜군 연합 부대를 물리친 전투. 곽재우 등 의병장이 지원함
- 행주 대첩(1593) 권율이 서울 수복을 위해 북상하다가 행주산성에서 왜적을 크게 물리친 전투

#조선 후기

046 동의보감 東醫寶鑑
광해군 5년(1613) 허준이 편찬한 동양 의학 최대의 한방 의학서

중국과 한국의 의서를 모아 하나로 만든 조선 최고 의서다. 2009년 의학서적으로는 최초로 유네스코 세계기록유산에 등재되었다.

함께 나오는 용어

향약집성방(鄕藥集成方)
1433년(세종 15)에 간행된 약재와 한방에 관한 의약서

047 대동법 大同法
현물로 바치던 공물을 미곡으로 바치도록 한 공물 제도

이원익·한백겸의 주장으로 공물을 현물 대신 쌀 등으로 바치도록 한 것으로 광해군 때 처음으로 경기도에서 시험적으로 실시된 이후 17C 중엽에는 충청·전라·경상도의 순으로 확대되었다. 숙종 때에는 세액을 1결당 12두로 통일하여 평안도·함경도(*잉류 지역)를 제외한 전국에 실시하였다. 과세의 기준을 '가호'에서 '토지'로 변경하여 백성의 부담을 덜어주었으며, 공인이 등장하고 상품 화폐 경제가 발달하는 계기가 되었다.

잉류(仍留) 조선 시대에 조세를 걷을 때 중앙으로 세곡을 운반하지 않고, 현지에서 사신 접대비나 군사비 등으로 쓰이게 한 제도

048 조선 후기 주요 왕의 업적

영조	• 탕평 정치: 탕평파 육성(노·소론의 균형 추진), 탕평비 건립, 산림의 존재 부정, 서원 정리, *이조 전랑의 권한 약화 • 개혁 정치: 균역법 시행, 가혹한 형벌 폐지, 신문고 부활	**이조 전랑(吏曹銓郞)** 조선 시대 중앙 부서인 6조 중 하나인 이조의 관직. 삼사의 관리를 임명하고 자신의 후임을 추천할 수 있어 권한이 막강했음
정조	• 적극적 탕평책: 노론과 소론 외에 남인도 적극적으로 등용 • 왕권 강화책: 초계문신제 실시, 규장각 육성, 장용영 설치(친위 부대), 수원 화성 건립, 수령의 권한 강화 • 문물 제도의 정비: 신해통공(육의전 제외한 금난전권 폐지), 서얼과 노비에 대한 차별 완화, 『대전통편』·『탁지지』·『무예도보통지』 편찬	

049 탕평책 蕩平策

조선 시대 붕당 정치의 폐단을 막고 약화된 왕권을 강화하기 위해 각 당파의 인재를 고루 등용하는 정책으로 영조와 정조 때 시행한 정책

붕당의 폐해를 시정하고 왕권의 안정 및 강화를 위해 탕평책을 실시하였으나, 당시 모순적인 피지배층들의 문제를 해결한 것은 아니었으므로 사회적 모순을 극복하는 데에는 한계가 있었다.

050 균역법 均役法

조선 영조 때 군역의 부담을 경감하기 위하여 실시한 납세 제도

군포 납부의 부담을 1년에 2필에서 1필로 줄이고 나머지를 어업세, 염세, 선박세, 결작 등으로 징수하여 보충하였다. 역(役)을 균등히 하기 위해 제정하였으나, 결작이 소작농에게 전가되는 폐단이 생겨났다. 시일이 경과함에 따라 군적의 문란이 심화되어 19C에는 이른바 *삼정의 문란' 중 하나로 꼽히게 되었다.

삼정의 문란 조선 말 세도 정치로 인하여 전정, 군정, 환곡 등 3대 재정 행정을 둘러싼 정치 부패

051 금난전권 禁亂廛權

조선 후기 육의전과 시전 상인이 난전을 금지할 수 있는 권리

*난전은 시전 상인의 상권을 침해하는 것으로 시전 상인은 자신의 상업적 특권을 유지·보호하기 위해 난전 금지를 정부에 요청하였다. 정부는 재정 수입을 증가시킬 목적에서 국역을 부담하는 *육의전을 비롯하여 서울 도성 안과 도성 아래 10리 이내의 지역에서 난전의 활동을 규제하였으며, 특정 상품에 대한 전매권을 지킬 수 있도록 시전 상인에게 금난전권을 부여하였

난전(亂廛) 전안에 등록되지 않은 자나 판매를 허가받지 않은 상품을 성안에서 판매하는 행위

육의전(六矣廛) 서울 종로에 자리 잡고 있던 6종(비단·무명·명주·모시·종이·어물)의 어용상점

다. 이는 상업의 발전을 저해하는 한 요소가 되었다. 정조 때 신해통공으로 육의전을 제외한 시전 상인의 금난전권이 폐지되었다.

052 목민심서 牧民心書

정약용이 지방의 고을을 맡아 다스리는 수령들이 목민관으로서 마음에 새겨두고 지켜야 할 일들을 자세하게 기록해 놓은 책

1818년 유배지인 전라남도 강진의 다산 초당에서 완성되었다. 책의 내용은 수령의 '부임'에서부터 '해관'(퇴임)할 때까지 지켜야 할 '율기', '봉공', '애민'의 몸가짐, 육전의 실무 및 마음가짐, 그리고 흉년에 빈민을 구제하는 진황 등 모두 12강으로 구성되어 있고 각 장은 다시 똑같이 6조씩 세분하여 전체는 12강 72조로 되어 있다.

▲ 정약용

함께 나오는 용어

정약용의 저서

- 흠흠신서(欽欽新書) 형법 연구서이자 살인 사건 실무 지침서
- 경세유표(經世遺表) 국정에 관한 일체의 제도 법규의 개혁에 대해 논한 서적
- 마과회통(麻科會通) 마진(痲疹 : 홍역)에 관한 의서

053 실학 實學

17~18C 당시 지배 계급의 학문이던 성리학적 문화 경향에 한계성을 깨달아 그 반동으로 일어난 근대지향적이고 실증적인 학문

실학은 양란을 통해 사림의 한계가 드러나자 선각적인 유학자들이 정신문화와 물질문화를 균형있게 발전시켜 *부국강병과 민생 안정을 이룩하여 사회를 통합하고, 외적으로는 급변하는 국제 정세에 대처하도록 국가 역량을 강화하려는 운동을 전개하면서 나타난 학풍이다.

부국강병(富國強兵) 국가의 경제력을 넉넉하게 하고, 군사력을 튼튼하게 하는 것

중농학파와 중상학파

학파	중농학파(경세치용)		중상학파(이용후생)
내용	농촌 사회의 안정을 위하여 농민의 입장에서 토지를 비롯한 각종 제도의 개혁을 추진. 이들은 공통적으로 농민 생활의 안정을 위한 토지 제도의 개혁을 가장 중요하게 생각함		상공업의 진흥과 기술 혁신, 청의 문물을 적극 수용하여 부국강병을 주장함
선구자	유형원	균전론을 내세워 자영농 육성을 위한 토지 제도의 개혁을 주장했고 양반 문벌 제도·과거 제도·노비 제도의 모순을 비판	홍대용 기술 혁신과 문벌 제도 철폐, 성리학의 극복이 부국강병의 근본임을 강조하고 중국이 세계의 중심이라는 생각을 비판

| 발전 | 이익 | 『성호사설』 저술, 한전론 주장(영업전 매매 금지), 나라를 좀먹는 여섯 가지 폐단 지적, 고리대와 화폐의 폐단 비판, 붕당의 폐해 비판 | 박지원 | 『열하일기』 저술, 수레와 선박의 이용, 서양 문물 도입 주장 |
| | 정약용 | 여전론(공동 노동, 노동량에 따른 분배) · 정전론 주장, 『목민심서』 · 『경세유표』 · 『흠흠신서』 저술, 배다리 및 거중기 설계 | 박제가 | 『북학의』 저술, 청의 문물 수용, 소비 권장, 수레와 선박 이용 주장 |

▲ 『북학의』

054 객주 客主

다른 지역에서 온 상인들에게 거처를 제공하고 물건을 맡아 판매하거나 흥정을 붙여 주는 일을 하던 상인이나 그런 집

조선 후기 대규모 교역의 영향으로 등장한 지방 최고의 도매업자로 도매업과 위탁판매업, 창고업, 운송업, 숙박업에도 종사하면서 자금의 *대부, 어음 발행, 예금 등의 은행업도 겸하고 있어 지방 상업 발달에 중요한 역할을 하였다. 개항 초 외국 무역 담당자 또는 상품 위탁 판매자로 대두하여 새로운 자본 계급으로 발전하였으나 이후 약화되어 갔다.

대부(貸付) 돌려 받기로 하고 어떤 물건을 타인에게 빌려 주어 사용과 수익을 허락하는 것

055 홍경래의 난

몰락 양반 홍경래의 주도로 평안도에서 일어난 농민 항쟁

19C 초 *홍경래를 중심으로 세도 정치와 삼정의 문란으로 인하여 극도로 부패한 조선 말기의 생활 불안과 서북인에 대한 차별 대우 등을 원인으로 발생하였다.

홍경래(洪景來) 조선 순조 때의 농민 반란의 우두머리. 기층 사회에서 성장한 인물로서 대규모의 항쟁을 주도한 점에서 높게 평가됨

056 대동여지도 大東輿地圖

조선 후기 지리학자 김정호가 철종 12년(1861)에 제작한 전국 지도

조선 후기의 지리학자 김정호가 1861년에 편찬 · 간행한 전국 지도첩이다. 목판본 대동여지도 22첩은 우리나라 전체를 남북 120리 22층으로 나누고 동서 80리 간격으로 19판으로 각 층에 해당하는 지역의 지도를 각각 1권의 책으로 접어서 엮었다. 휴대성을 위해 병풍식으로 제작되었으며, 많은 사람들이 이용할 수 있도록 목판본으로 제작되었다. 또한 산맥 · 하천 · 포구 · 도로망 등을 정밀하게 표시하고, 실제 거리를 알 수 있도록 10리마다 눈금을 표시하여 정확성을 추구하였다.

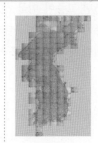
▲ 대동여지도

05 근현대 사회

핵심Tag #근대 사회 #일제 강점기 #현대 사회

#근대 사회

057 강화도 조약 江華島條約
운요호 사건(1875)으로 인해 1876년 일본과 맺어진 최초의 근대적 · 불평등 조약

부산, 인천, 원산 등 3항의 개항과 *치외 법권의 인정 등을 내용으로 한다. 이 중에서 인천과 원주의 개항을 요구한 것은 통상 교역을 넘어 한반도에 대한 일본의 정치적(인천), 군사적(원산) 거점을 마련하기 위한 것이었다.

치외 법권(治外法權) 다른 국가의 영토 내에 있어도 그 국가의 법률의 적용을 받지 않는 국제법상 권리

058 임오군란 壬午軍亂
개화 정책의 추진 과정에서 소외되고 피해를 입은 구식 군인과 하층민 등이 일으킨 변란

구식 군대에 대한 차별 대우와 반일 감정이 겹쳐서 1882년에 일어났으며, 군졸들은 일본 공사관을 습격하고 민겸호 등 민씨 일파를 죽였다. 이에 대원군이 일시 재집정하였으나, 이 사건을 계기로 군란 진입과정에 개입한 청의 내정 간섭은 더욱 심해졌으며 일본과는 *제물포 조약이 체결되었다.

제물포 조약(濟物浦條約) 고종 19년(1882) 임오군란으로 발생한 일본측의 피해 보상 문제 등을 다룬 조선과 일본 사이의 조약

함께 나오는 용어

갑신정변(甲申政變)
임오군란 이후 청나라가 조선 내정에 대해 간섭하고 경제 침략을 강화하자, 이에 반발한 김옥균, 박영효 등 급진적 개화 세력이 일본의 군사적 지원을 받아 갑신정변(1884)을 일으켰으나 청군의 개입과 일본의 배신으로 3일 만에 실패하였다.

059 광혜원 廣惠院
1885년 개원한 우리나라 최초의 서양식 국립 병원

1885년 고종이 미국 선교 의사인 알렌의 건의를 받아들여 서울 재동에 설립한 한국 최초의 근대식 의료 기관으로 일반 사람들의 병을 치료하였다. '광혜원'이란 명칭은 2주일만 사용되었고, '제중원'으로 이름이 바뀌었다.

▲ 광혜원

060 동학 농민 운동 東學農民運動
1894년 동학교도 전봉준이 중심이 되어 농민들과 합세하여 일으킨 반봉건·반외세 운동

정부의 교조 신원 운동의 묵살, 고부 군수 조병갑의 불법 착취, 동학교도의 탄압 등으로 불만이 고조되자 동학의 접주인 전봉준·김개남·손화중 등과 농민들이 합세하여 '제폭구민', '보국안민', '척왜양창의'의 가치를 내걸고 궐기한 농민 운동이다. 전라도 일대를 장악한 후 일종의 자치 기구였던 '집강소'를 두고 12개조의 폐정 개혁안을 발표했다.
비록 외세의 개입과 당시 집권 세력과의 갈등으로 실패하였지만, 역사상 처음으로 시도된 아래로부터의 혁명 운동이었다.

함께 나오는 용어

갑오개혁(甲午改革)
· 고종 31년(1894) 일본의 강압으로 김홍집 내각이 실시한 정치·경제·사회·문화 전반에 걸친 근대적 개혁이다. 동학 농민 운동을 빌미로 일본이 조선의 내정 개혁을 강요하자, 김홍집을 수반으로 1894년부터 3차에 걸쳐 이루어졌다.
· 1차는 ˚군국기무처, 2차는 ˚홍범 14조를 통해 개혁을 주도했다. 3차는 을미개혁(1895)이라 불리며 대표적으로 연호를 제정하고 단발령을 실시했다.
· 관리 선발 제도, 중앙과 지방 행정 조직의 개혁, 사회 신분 제도의 철폐, 왕실 재정과 정부 재정의 분리, 태양력 사용, 소학교령, 단발령 실시, 종두법 시행 등을 그 내용으로 한다.

군국기무처(軍國機務處) 1894년 1차 갑오개혁을 추진하기 위해 설립된 개혁 기구

홍범 14조 1895년 내정 개혁과 독립 국가로서의 기초를 확고히 하기 위해 반포한 최초의 근대적 헌법

061 을미사변 乙未事變
고종 32년(1895) 미우라 일본 공사가 친러 세력을 제거하기 위하여 일본인 자객을 궁궐에 침투시켜 명성 황후를 시해한 사건

러시아 등의 삼국 간섭으로 일본의 세력이 위축된 틈을 타서 명성황후가 친러파와 손을 잡고 일본 세력을 제거하려고 하자, 일본 공사 미우라가 주동이 되어 명성 황후를 시해한 후 친일내각(4차 김홍집 내각)을 구성하게 되었으며, ˚을미개혁을 단행하게 되었다. 을미사변은 민족 감정을 크게 자극하여 의병을 일으키는 계기가 되었다.

을미개혁(乙未改革) 을미사변 직후 성립한 김홍집 내각이 실시한 일련의 개혁 운동

함께 나오는 용어

항일의병운동
· 을미의병(1895) 명성황후 시해 사건과 단발령에 분격한 유생들이 친일 내각의 타도와 일본세력의 구축을 목표로 일으킨 항일 의병
· 을사의병(1905) 을사조약으로 인해 독립국으로서의 자주권을 상실하게 되자 이를 회복하기 위하여 양반 유생과 민중이 일으킨 항일 무력 투쟁
· 정미의병(1907) 고종의 강제 퇴위와 군대 해산을 계기로 의병 투쟁이 확대된 의병 전쟁

CHAPTER 04
역사

062 아관 파천 俄館播遷
을미사변 이후 일본군의 무자비한 공격에 신변의 위협을 느낀 고종과 왕세자가 조선의 왕궁을 떠나 러시아 공사관으로 옮겨 거처한 샤건

고종은 약 1년간 러시아 공사관에 있다가 경운궁(덕수궁)으로 돌아왔다. 환궁 후 국호를 대한 제국, 연호를 광무(光武)로 고치고, 왕을 황제라 칭하여 국외에 자주 국가임을 선포하였다.

함께 나오는 용어
광무개혁(光武改革) 1897년 성립된 대한 제국이 완전한 자주적 독립권을 지켜나가기 위해 러·일 전쟁이 일어난 1904년까지 자주적으로 단행한 내정 개혁

063 을사조약 乙巳條約
1905년 일본이 대한 제국의 외교권을 박탈하기 위해 강제로 체결한 조약

1905년 강제로 일본과 맺은 조약이며 제2차 한·일협약이라고도 한다. 러·일 전쟁에서 승리한 일본은 포츠머스 조약을 통해 러시아로 하여금 한국에 대해서 일본의 우위권을 인정받은 후 조선을 보호국으로 만들기 위해 이토 히로부미를 앞세워 조약을 체결하여 국권피탈(國權被奪)의 기초를 이루었다. 그 결과 우리나라는 주권을 상실하고 외교권을 박탈당했으며, 일본은 서울에 통감부를 두고 보호 정치를 실시하게 되었다. 이것은 일본의 강제적인 조약이었기에 을사늑약(乙巳勒約)이라고도 한다.

▲ 을사조약 조약문

함께 나오는 용어
시일야방성대곡(是日也放聲大哭) 을사조약의 부당성을 비판한 장지연의 논설로, 1905년 11월 20일 황성신문에 실림

064 신민회 新民會
1907년에 안창호가 국권 회복을 목적으로 양기탁, 이동녕, 이갑 등과 함께 조직한 항일 비밀 결사 단체

비밀 결사를 통해 민족주의 교육을 실시하고 국민의 근대적 자주의식을 고취, 민족 산업의 육성, 국외 독립운동 기지를 설립하는 데 앞장섰다. 그러나 105인 사건 등 일제에 의한 조작 사건으로 인해 민족 운동의 탄압을 받아 신민회는 해체되었다.

105인 사건 민족 해방 운동을 탄압하기 위해서 1911년 총독부가 신민회원 다수를 체포하여 고문한 사건

함께 나오는 용어
• 독립 협회(獨立協會) 1896년 7월 설립한 한국 최초의 근대적인 사회 정치 단체. 국내 산업

진흥과 상권 보호를 위한 다양한 방안을 제시하고, 외국의 이권 탈취 및 경제 침략 저지를 위해 활동함

- 대한 자강회(大韓自強會) 1906년 4월 장지연 등 20여 명이 조직한 애국 계몽 단체

065 국채 보상 운동 國債報償運動
일본이 대한 제국을 경제적으로 예속시키고자 제공한 차관을 국민들이 갚고자 한 운동

일본으로부터 얻은 1300만원의 차관을 갚기 위해 김광제, 서상돈 등이 제안하였다. 국채 보상 기성회를 비롯하여 당시의 언론 기관인 대한매일신보, 황성신문, 제국신문, 만세보 등이 참여하였다. 남자는 금연을, 여자는 비녀와 가락지를 내면서까지 국채를 갚으려는 국민들의 열망은 뜨거웠다. 그러나 전국적으로 확산되자 일제는 이를 반일 운동으로 취급하여 *일진회를 조종하여 방해하였다. 결국 국채 보상 운동의 주도자인 양기탁이 구속되어 실패로 끝났다.

일진회(一進會) 일제의 대한 제국 강점을 도와준 친일적 정치단체로, 을사조약을 강요할 때에 이에 앞장섬

#일제 강점기

066 대한민국 임시 정부 大韓民國臨時政府
3·1 운동 이후 조국의 광복을 위해 1919년 4월 상하이에 수립한 정통 정부

입법 기관인 임시 의정원, 행정 기관인 국무원, 사법 기관인 법원으로 구성된 한국 최초의 삼권 분립에 입각한 민주공화정체의 정부였다. *연통제 실시, 군자금 조달, 애국 공채 발행, 구미 위원부 설치, 외교 활동의 전개, 한국광복군 창설, 독립신문의 간행 등 국내외의 독립운동을 보다 조직적이고 효과적으로 추진하는 중추 기관의 역할을 하였다.

연통제(聯通制) 대한민국 임시 정부와 국내를 연결하는 비밀 연락망 조직

067 물산 장려 운동 物産獎勵運動
1920년대 일제의 경제적 수탈 정책에 맞서 평양과 서울을 중심으로 조만식이 주도한 범국민적 민족 경제 자립 실천 운동

1922년 조만식을 중심으로 평양에 설립한 조선 물산 장려회를 계기로 서울의 조선 청년 연합회가 주동이 되어 전국적 규모의 조선 물산 장려회가 조직되었다.
국산품 애용·근검절약·자급자족·민족 기업의 육성 등을 내걸고 강연회와 시위·선전을 벌였다. 이 운동은 전국적으로 확산되어 추진되었으나, 일제의 탄압으로 큰 성과를 거둘 수 없었다.

▲ 물산 장려 운동 광고

068 신간회 新幹會
1927년 민족주의계와 사회주의계가 합작하여 발족한 항일 단체

- **결성** : 자치론의 확산을 우려한 비타협적 민족주의 인사들과 사회주의자들이 민족 협동 전선으로 조직한 것이다. 이상재를 초대 회장으로 했다.
- **강령** : 민족주의를 표방하여 국민의 정치적·경제적 각성을 촉진하고 단결을 공고히 하여 기회주의를 배격하는 것을 강령으로 내세웠다.
- **활동** : 각 지방을 순회하면서 강연회를 열어 기회주의 배격, 광주 학생 운동을 후원하고 투옥된 학생을 변호, 한국인 착취 기관의 철폐, 한국인 본위의 교육 제도 실시, 한국어 교육, 과학·사상 연구의 자유 등을 요구하였다.
- **의의** : 일제 강점기 최대의 합법 단체이자, 최대의 민족 협동 전선 단체다.

069 조선어 학회 사건 朝鮮語學會事件
1942년 일제가 조선어 학회를 독립운동 단체로 간주하여 학회를 해산시키고 관련된 인사들을 체포한 사건

한국어 말살을 꾀하던 일제가 국학 연구를 탄압하기 위해 조선어 학회 회원들을 민족주의자로 간주하여 검거하고 투옥한 사건으로, 이희승·김윤경 등은 투옥되고 이윤재는 순국하였다.

함께 나오는 용어

조선어 학회(朝鮮語學會)
- 한글 연구·발전을 목적으로 이윤재, 최현배 등이 조직한 학술 단체로 일제의 탄압에도 불구하고 우리말을 꾸준히 연구·보급했다.
- 한글 맞춤법 통일안과 표준어를 제정했다.

#현대 사회

070 농지 개혁법 農地改革法
농지를 농민에게 적절히 유상 분배함으로써 자영농 육성과 농업 생산력 증진으로 인한 농민 생활을 향상시키기 위해 제헌 국회에서 제정된 법안

적산 농지를 국유로 하고 부재지주의 토지와 3정보를 초과하는 농가의 토지를 국가에서 유상으로 매수하였다. 소작인이 경작하는 농토에 한하여 정

적산 농지(敵産農地) 광복 이전까지 한국 내에 있던 일제나 일본인 소유의 농지

부가 5년 *연부 보상을 조건으로 소유자로부터 유상 취득하여 농민에게 분배해 주고, 농민으로부터 5년 동안에 농산물로써 정부에 연부로 상환하게 하는 이른바 유상 매수·유상 분배의 농지 개혁을 그 내용으로 한다.

연부(年賦) 물건값이나 빚 등의 금액을 해마다 나누어 내는 것

071 민주화 운동 전개 과정

4·19 혁명은 대한민국 민주화 운동의 토대가 됨. 이후 5·16 군사 정변으로 좌절된 민주화 운동은 1980년대 중반, 대통령 직선제를 주요 이슈로 다시 불붙기 시작함

3·15 부정 선거	1960년 3월 15일 실시된 정·부통령 선거에서 이승만이 부정·폭력으로 재집권을 시도한 사건. 4·19 혁명과 이승만 정권의 붕괴를 야기시킴
4·19 혁명	한국 학생의 일련의 반부정(反不正)·반정부(反政府) 항쟁. 독재 정권을 무너뜨린 아시아 최초의 시민 혁명
5·16 군사 정변	1961년 박정희가 일으킨 군사 정변으로 이후 약 18년간 박정희 1인 독재를 유지함
유신 체제 성립	• 원인 : 닉슨 독트린, 미군 베트남 철수(미군 감축), 국가 안보 위기감 고조, 박정희 종신 집권 음모 • 유신 단행(1972. 10.) → 유신 헌법 → 국민 기본권 억압 → 민주 헌정 붕괴, 10·26 사태(박정희 피살)
12·12 사태	1979년 12월 12일 전두환·노태우 등이 이끌던 신군부 세력이 일으킨 군사 반란 사건
5·18 민주화 운동	1980년 5월 18일에서 27일까지 전남 광주 시민들이 군사 독재와 통치를 반대하며 벌인 민주화 운동
6월 민주 항쟁	1987년 전두환이 개헌 논의 중지와 제5공화국 헌법에 의한 정부 이양을 발표하자 약 20일 동안 계속된 민주화 운동
개헌 과정	• 제1공화국 : 대통령제, 국회 단원제, 국회에 의한 대통령 간선제 → 대통령 직선제(발췌 개헌) • 제2공화국 : 4·19 혁명 이후 수립, 의원 내각제(실권은 국무총리) • 제3공화국 : 대통령 직선제, 헌법 개정에 대한 국민 투표제, 7·4 남북 공동 성명 • 제4공화국 : 대통령 간선제, 통일 주체 국민 회의 신설, 유신 헌법 • 제5공화국 : 대통령 간선제, 7년, 행복 추구권 • 제6공화국 : 대통령 직선제, 5년, 국회, 법원 권한 강화, 헌법 재판소, 한중 수교

072 4·19 혁명

1960년 4월 이승만의 자유당 정권이 저지른 부정 선거에 항의하는 학생을 중심으로 시작한 시위가 이루어낸 혁명

1960년 정·부통령 선거에서 이승만을 중심으로 한 자유당 정권은 집권 연

장을 위하여 노골적인 부정 선거를 자행하였고, 이에 항의하는 학생과 시민을 폭력으로 진압하였다. 결국 국민의 분노가 전국적으로 터지면서 4·19 혁명이 일어났다. 이것으로 이승만은 *하야하였으며 내각 책임제와 양원제 국회를 골자로 하는 헌법 개정이 이루어졌다.

하야(下野) 관직이나 정계에서 물러남

073 5·18 민주화 운동
1980년 5월 전라남도 및 광주 시민들이 계엄령 철폐와 전두환 퇴진, 김대중 석방 등을 요구하며 벌인 민주화 운동

10·26 사태 이후 신군부 세력(전두환, 노태우 등)이 제2군사 쿠데타를 일으켜(12·12 사태) 군부 및 정치권을 장악한 후, 또 다시 비상 계엄령을 선포하고 군사 통치 시대로 회귀하자, 이에 불만이 쌓인 전국의 학생들이 대규모 민주 항쟁 시위를 벌였다. 특히 전라남도 광주에서는 비상 계엄군이 각 대학을 장악하고, 학생들의 등교를 막자, 학생들이 이에 반발하여 시내에서 가두시위를 벌이게 되었다. 이 과정에서 계엄군이 시내로 투입되어 무자비한 학살이 시작되었고 많은 시민들이 목숨을 잃었다. 이후 광주 희생자에 대한 보상과 명예 회복이 이루어지고, 그 책임자에 대한 처벌이 이루어졌다. '5·18 광주 민중 항쟁'이 민주화 운동사에서 매우 중요한 역사적 사건으로 인식되어 '5·18 민주화 운동'으로 명명되었다.

074 6월 민주 항쟁
1987년 6월 10일부터 29일까지 전국에서 일어난 반독재, 민주화 운동

전두환 정부 말기 때 대통령 직선제 및 민주화를 향한 국민들의 열망이 커진 가운데 1987년 1월 박종철 고문 치사 사건이 발생하여 인권 유린에 대한 국민의 불만이 고조되었다. 같은 해 4월 전두환 정부가 국민들의 대통령 직선제 개헌 요구에 반하는 4·13 호헌 조치를 발표하면서 개헌 요구 시위가 더욱 확산되었다. 6월 9일 연세대생 이한열이 시위 과정의 부상으로 사경을 헤매게 되면서, 이전까지 산발적으로 전개되던 민주화 투쟁이 전국적으로 확산되었다.

▲ 故(고) 이한열 열사 영결식

이처럼 전국적으로 투쟁이 전개되자 여당인 민주 정의당 대표이자 대통령 후보였던 노태우가 '6·29 선언'이라는 대통령 직선제 개헌 요구를 수용하는 시국 수습 방안을 발표하였다. 이후 10월에는 여야 합의로 헌법이 개정되어 대통령 직선제와 5년 단임제를 골자로 하는 현행 헌법이 제정되었다.

01 ☐☐☐☐☐은(는) 고려 시대 때 국가의 군사상 비밀 및 국방상 중요한 일을 의정하던 회의 기구다. 중서문하성의 재신과 중추원의 고관으로 구성됐다.

02 ☐☐☐☐☐은(는) 조선 시대 때 현물로 바치던 공물을 미곡으로 바치도록 한 공물 제도다. 숙종 때에는 세액을 1결당 12두로 통일하여 평안도·함경도를 제외한 전국에서 실시했다.

03 ☐☐☐☐☐은(는) 개화 정책의 추진 과정에서 소외되고 피해를 입은 구식 군인과 하층민 등이 일으킨 변란이다. 이 사건을 계기로 청의 내정 간섭이 더욱 심해졌고, 일본과는 제물포 조약이 체결됐다.

04 ☐☐☐☐☐은(는) 고려 시대 때 5품 이상의 관료가 되어야 받을 수 있었으며, 자손에게 세습할 수 있었다. 문벌 귀족의 경제적 기반이 되었던 것으로, 음서제와 함께 귀족의 지위를 유지해 나갈 수 있는 기반이었다.

05 1907년에 안창호가 국권 회복을 목적으로 양기탁, 이동녕 등과 함께 조직한 항일 비밀 결사 단체는 ☐☐☐☐☐(이)다.

06 ☐☐☐☐☐은(는) 전 세계에 남아 있는 금속 활자로 인쇄된 책 중에서 가장 오래되었으며, 2001년 9월 유네스코 세계기록유산에 등재됐다.

07 ☐☐☐☐☐은(는) 수도를 평양으로 옮기고 남진 정책을 추진하여 한강 유역까지 영토를 확장하였다.

08 ☐☐☐☐☐은(는) 1894년 동학교도 전봉준을 중심으로 농민들과 합세하여 일으킨 반봉건·반외세 운동이다.

09 ☐☐☐☐☐은(는) 고려 광종 때 왕권 강화를 위하여 불법으로 노비가 된 자들을 양민의 신분으로 회복시켜 주었던 제도이다.

10 ☐☐☐☐☐은(는) 고조선의 건국 신화이자 우리 민족의 시조인 단군에 대한 신화다. 일연의 『삼국유사』, 이승휴의 『제왕운기』, 권람의 『응제시주』, 『세종실록지리지』, 『동국여지승람』에 이 신화가 실렸다.

CHOICE
- 장수왕
- 노비안검법
- 도병마사
- 직지심체요절
- 동학 농민 운동
- 신민회
- 임오군란
- 공음전
- 대동법
- 단군 신화

CHAPTER 04

역사

정　답

01 도병마사
02 대동법
03 임오군란
04 공음전
05 신민회
06 직지심체요절
07 장수왕
08 동학 농민 운동
09 노비안검법
10 단군 신화

01 한국산업인력공단, 한국보훈복지의료공단, 삼성, 오마이뉴스

다음 자료에서 말하고 있는 나라의 설명으로 옳은 것은?

> 도둑질을 한 자는 노비로 삼고, 용서받고자 하는 자는 한 사람마다 50만 전을 내야 한다. 비록 용서를 받아 일반 백성이 되어도 그들은 부끄러움을 씻지 못하여 혼인을 하더라도 배우자를 구할 수 없었다.　– 「한서지리지」 –

① 왕 아래 상, 대부, 장군 등의 관직을 두었다.
② 소도라는 곳이 있었으며, 이 곳은 군장의 세력이 미치지 못하는 곳이었다.
③ 5월과 10월에는 계절제를 열어 하늘에 제(祭)를 지냈다.
④ 다른 부족의 생활권을 침범할 경우 노비, 소, 말 등으로 변상하였다.

02 충북MBC, 매일신문

안창호가 1907년 국권 회복을 목적으로 조직한 항일 비밀 결사 단체는?

① 신민회　　　　② 신간회
③ 독립 협회　　　④ 대한자강회

03 한국환경공단, GS칼텍스, 조선일보, 한겨레

다음 ㉠에 들어갈 내용으로 옳은 것은?

> 진숙 : 이번 선거는 선거라는 미명하에 자행된 날강도 행위입니다.
> 동인 : 우리 학생들은 민주주의를 살려야 합니다. 지금부터 구호를 외치겠습니다.
> 　　　＿＿＿＿＿＿＿＿＿＿＿㉠＿＿＿＿＿＿＿＿.

① 유신 체제 타도하자!
② 3선 개헌 결사 반대!
③ 신군부는 물러가라!
④ 정·부통령 선거를 다시 하라!

04 EBS, YTN, 부산일보, CBS

다음 중 역사적 사실이 순서대로 올바르게 나열된 것은?

① 강화도조약 – 동학농민운동 – 갑신정변 – 을미사변 – 아관파천
② 강화도조약 – 동학농민운동 – 갑신정변 – 아관파천 – 을미사변
③ 강화도조약 – 갑신정변 – 동학농민운동 – 을미사변 – 아관파천
④ 동학농민운동 – 강화도조약 – 을미사변 – 갑신정변 – 아관파천

05 국민건강보험공단, 삼성, MBC

공민왕의 개혁 정치에 대한 설명으로 옳지 않은 것은?

① 기철로 대표되던 친원 세력을 숙청했다.
② 원의 간섭으로 바뀌었던 관제를 복구했다.
③ 신진 사대부의 정계 진출이 확대됐다.
④ 귀족의 토지 점탈을 막고자 정치도감을 설치했다.

06 한국보훈복지의료공단, aT한국농수산식품유통공사, 국민일보

다음 중 흥선 대원군의 업적이 <u>아닌</u> 것은?

① 서원 철폐
② 세제 개혁
③ 『대전통편』 간행
④ 비변사 폐지

07 국민건강보험공단, 두산, 부산일보, CBS

한말 최초의 항일 의병 운동의 원인을 골라 묶은 것은?

㉠ 단발령	㉡ 을사조약
㉢ 을미사변	㉣ 군대 해산

① ㉠, ㉡　　　　② ㉠, ㉢
③ ㉡, ㉢　　　　④ ㉡, ㉣

정답

01	①	02	①	03	④	04	③	05	④	06	③
07	②										

01. 핵심 **Tag** #한국사 #고조선과 부족

『한서지리지』에서 말하고 있는 국가는 고조선이다. 그 내용을 살펴보면 '사람을 죽인 자는 즉시 사형에 처한다', '남에게 상처를 입힌 자는 곡식으로 배상한다', '도둑질을 한 자는 노비로 삼고, 용서받고자 하는 자는 한 사람마다 50만 전을 내야 한다'이다. 즉, 해당 내용을 담은 8조법에서는 살인·상해·절도죄에 대해 언급하고 있으며, 고조선 사회는 이미 사유 재산제가 확립되어 있었고 노예 제도를 바탕으로 한 계급 사회였음을 알 수 있다. ②, ③ 삼한, ④ 동예에 대한 내용이다.

02. 핵심 **Tag** #한국사 #근현대 사회

신민회는 1907년 국권 회복을 목적으로 안창호, 양기탁, 이동녕 등 여러 인사들이 함께 조직한 항일 비밀 결사 단체다. 그러나 1911년 일제가 조작한 105인 사건을 계기로 해체된다.

03. 핵심 **Tag** #한국사 #근현대 사회 #현대 사회

1960년 정·부통령 선거에서 이승만을 중심으로 한 자유당 정권은 집권 연장을 위하여 노골적인 부정 선거를 자행하였고, 이에 항의하는 학생과 시민을 폭력으로 진압하였다. 결국 국민의 분노가 전국적으로 터지면서 4·19 혁명이 일어났다.

04. 핵심 **Tag** #한국사 #근현대 사회

강화도조약(1876) – 갑신정변(1884) – 동학농민운동(1894) – 을미사변(1895) – 아관파천(1896)

05. 핵심 **Tag** #한국사 #고려 시대

고려 후기에 권문세족들이 토지와 노비를 늘려 국가기반이 크게 약화되자 공민왕은 이를 시정하기 위해 '전민변정도감(田民辨整都監)'을 설치했다. 전민변정도감은 1269년(원종 10)에 최초로 설치되었고 그 뒤 충렬왕, 공민왕, 우왕 재위 기간에 각각 설치되었다가 유명무실해져 폐지되었다. 정치도감(整治都監)은 폐단이 많았던 전지(田地)를 개혁하기 위해 1347년(충목왕 3년)에 임시로 설치된 관아이다.

06. 핵심 **Tag** #한국사 #조선 시대 #조선 후기

흥선 대원군은 『대전회통(大典會通)』, 『육전조례(六典條例)』 등 법전을 간행하여 중앙 집권적 정치 기강을 수립했으며, 비변사(備邊司)를 폐지하고 의정부(議政府)와 삼군부(三軍府)를 두어 정권과 군권을 분리하는 등 군제를 개혁했다.

또한 삼정의 문란을 해결하기 위해 양전 사업을 시행하고 호포제를 실시하는 등 세제를 개혁하였다. 『대전통편』은 조선 후기 정조 때 편찬된 법전이다.

07. 핵심 **Tag** #한국사 #근현대 사회 #근대 사회

을미의병은 전국의 유생과 농민이 명성 황후 시해(을미사변)와 단발령 실시에 항거하여 대대적으로 일으킨 한말 최초의 항일 의병이다. 유인석, 이소응, 허위 등 위정척사 사상을 가진 유생이 주도하였고, 농민층이 가담하여 전국적으로 확대되었다.

SECTION

2 | 세계사

01 고대 사회

핵심Tag #선사 시대 #고대 문명 #서양 사회 #동양 사회

#선사 시대

075 네안데르탈인 neanderthal man
약 20만 년 전에 출현해 약 3만 년 전에 사라진 사람속(homo genus)에 속하는 하나의 종

현생 인류인 호모 사피엔스와 가까운 종이며, 유럽을 중심으로 한 서아시아에서 중앙아시아 각지에서도 발견되었다. 1856년 독일의 뒤셀도르프 근교 네안데르(neander) 계곡에서 인골이 발견되었기 때문에, 네안데르탈인이라는 이름이 붙여졌다. 이들은 불을 이용하였으며, 석기(石器)의 제작 기술과 매장의 풍습을 가지고 있었다.

#고대 문명

076 세계 4대 문명 世界四大文明
세계에서 가장 먼저 문명을 발달시킨 4개 지역

- 메소포타미아 문명 : 비옥한 반달 모양의 티그리스강과 유프라테스강 유역을 중심으로 번성하였다. 일반적으로는 바빌로니아··°아시리아 문명을 가리키나 서남아시아 전체의 고대 문명을 광범위하게 지칭하는 경우도 있다.
- 인더스 문명 : B.C. 3000년경 인더스강 유역에서 청동기를 바탕으로 번영한 고대 문명이다.
- 황허 문명 : 중국 황허 중·하류 지역에서 발생한 문명으로, 좁쌀·기장 등이 재배되었으며 개나 돼지 등도 사육되었다.

아시리아(assyria) 메소포타미아 북부 지역에서 티그리스강 상류를 중심으로 번성한 국가

- 이집트 문명 : 나일강 하류의 비옥한 토지에서 발생한 문명으로 지리적 위치의 폐쇄성 때문에 외부의 침입 없이 2000년 동안 고유문화를 간직할 수 있었으며 메소포타미아 문명에 비해 정치·문화적 색채가 단조롭다.

함께 나오는 용어

지구라트(ziggurat)
메소포타미아 각지에서 발견되는 피라미드 형태의 계단식 신전탑으로, 전설상의 바벨탑은 일반적으로 바빌론에 있는 마르두크 대신전 지구라트를 가리키는 것으로 여겨진다.

077 에게 문명 aegean 文明
지중해 동부 크레타섬을 중심으로 에게해 주변 지역에서 일어난 해양 문명

그리스와 에게해에 있었던 청동기 문명으로 크레타섬, 키클라데스 제도, 그리스 본토 세 지역의 문명을 이르는 말이다. 에게 문명은 그리스 문명이 나타나기 전에 오리엔트 문명을 그리스인에게 전달해 주는 중계적 역할을 하였다.

함께 나오는 용어

그리스 문명(greek 文明)
B.C. 2000년경에 그리스에서 나타난 고도의 문명으로 유럽 문화의 원류가 되었다. 폐쇄적인 그리스의 자연 조건은 *폴리스(도시 국가)를 만들었고, 상공업의 발달과 평민의 권력 신장은 결국 민주주의를 발달하게 하였다. 그리스 문명은 나중에 알렉산드로스 대왕에 의해 오리엔트 문명에 융합되어 헬레니즘 문화로서 로마 제국을 비롯한 각지에 전파되었다.

폴리스(polis) 고대 그리스의 도시국가 혹은 공동체 국가

078 오리엔트 문명 orient 文明
아시아 서남부(메소포타미아, 페니키아, 페르시아 등)와 아프리카 동북부(이집트)를 포함하는 고대 오리엔트 지방에서 발달한 문명

오리엔트는 고대 희랍인이 '태양이 떠오르는 지방'을 가리켜 부르던 오리엔스(oriens)에서 유래된 것으로, 이집트와 서아시아 일대를 총칭하며 이집트 문명과 메소포타미아 문명이 대표적이다. 이집트 문명은 세계에서 가장 먼저 일어난 문명이며, 천문학·태양력·상형 문자·파피루스를 사용하였다. 메소포타미아 문명은 태음력, 점성술(천문학), 60진법, *쐐기 문자를 사용하였다. 세계에서 가장 오래된 문명이 오리엔트 지방에서 발생한 까닭은 수렵과 채집 경제로부터 가장 먼저 벗어나서 농경·목축이라는 생산 경제로 전환한 데 있다. 그 결과, 생활에 여유가 생겨 분업(分業)이 생기고, 건축·도자기 제조·기계 등의 각종 기술이 발달함으로써 이집트·시리아·팔레스타인 지방에서 메소포타미아에 걸친 지대가 고대 오리엔트 문명의 모태가 되었다.

쐐기 문자(설형 문자) B.C. 3000년경부터 수메르인들이 사용했던 문자로, 점토판에 갈대 등으로 만든 필기구의 뾰족한 끝으로 새기듯이 쓴 문자를 총칭

세사

079 마야 문명 Maya 文明

마야(Maya)란 고대 멕시코 및 과테말라를 중심으로 번성한 인디오의 명칭이며, 마야 문명이란 이들이 이룩한 문명

- **위치** : 마야 문명은 과테말라 북부 페텐 지역을 중심으로 번성한 고대 문명이며, 현재 중앙아메리카의 멕시코 남부 치아파스주에서 과테말라, 유카탄 반도의 전역과 온두라스 일부에 퍼져있었다.
- **생활** : 농경 생활을 토대로 신권 정치(神權政治)를 행하였으며, 아주 큰 돌로 건조물을 만들었고 천문, 역법, 상형 문자가 발달하였다.
- **멸망** : 13C의 톨테크 족의 침입과 1532년 에스파냐의 침입으로 철저히 파괴되었다.

함께 나오는 용어

잉카 문명(Inca 文明) 15C~16C 초 남아메리카의 중앙 안데스 지방을 중심으로 번성했던 고대 제국

080 펠로폰네소스 전쟁 peloponnesian war

B.C. 431년~B.C. 404년까지 아테네를 중심으로 한 델로스 동맹과, 스파르타를 중심으로 한 펠로폰네소스 동맹이 벌인 전쟁

전쟁의 원인은 '델로스 동맹의 맹주(盟主)인 아테네의 융성을 '펠로폰네소스 동맹의 맹주인 스파르타가 시기하고 두려워했기 때문이었다. 아테네는 민주 정치를, 스파르타는 과두 정치(寡頭政治)를 각각 대표한 폴리스였으므로, 이 전쟁은 두 정치 체제의 싸움이기도 하였다.

이 전쟁에서 승리한 스파르타는 그리스 지역의 패권을 차지하나 그 기간은 매우 짧았다. 스파르타의 지나치게 강압적인 통치는 각 도시 국가의 반발을 사게 되었으며 결국 B.C. 338년 그리스는 마케도니아에게 정복되었다.

델로스 동맹(delian league) 아테네를 중심으로 에게 해와 소아시아 연안의 200여개 폴리스가 결성한 동맹

펠로폰네소스 동맹 (peloponnesian league) B.C. 6C 스파르타의 주도로 결성된 펠로폰네소스 반도 도시국가들의 군사 동맹

081 12표법 十二表法

B.C. 451년에 제정된 로마 최고(最古)의 성문법

로마는 B.C. 5C 중엽에 성문법을 제정하여 귀족들이 법을 독점하는 것을 배제하고 개인의 권리와 사유권을 보장하여 평민의 권리를 확장하였다. 내용상으로는 여전히 귀족 계급의 우월성을 인정하고 있으나, 법의 성문화를 통해 적어도 귀족의 자의성에 한계를 그었다는데 의의가 있다.

로마법 발달의 출발점이자 후대 법률의 기초를 이루었으며, 후대 로마인에 의하여 '전 로마법 체계'라고 불리며 존중되었다.

#서양 사회

082 라티푼디움 latifundium
고대 로마의 대토지 소유 제도

라틴어인 'latus(넓은)'와 'fundus(토지)'의 합성어로써 '광대한 토지'를 의미한다. *포에니 전쟁 이후 성립한 로마는 정복 과정에서 탈취한 정복지의 토지들에 대하여 전공(戰功)이 있는 귀족에게 주거나 가난한 자를 보내 자유로이 개간하게 하였으며, 귀족과 부유층은 이런 토지를 겸병하여 대토지 소유자가 되었다.

포에니 전쟁(punic wars) 로마와 페니키아의 식민시(植民市)인 카르타고가 지중해의 지배권을 둘러싸고 벌인 싸움

> **함께 나오는 용어** ·····················•
>
> **콜로나투스**(colonatus)
> 로마 제국 말기 토지에 매여 있는 소작인을 콜로누스라고 하며, 이 토착 농민 제도를 콜로나투스라고 하였다.

083 밀라노 칙령 edict of milan
313년 로마 제국의 종교적인 예배나 제의에 대해 중립적 입장을 취한다는 내용의 포고문

밀라노 칙령은 313년 2월에 밀라노에서 로마의 서쪽을 다스리던 콘스탄티누스 1세와 동방을 다스리던 리키니우스가 공동으로 발표한 칙령이다. 우선 다른 종교와 마찬가지로 그리스도교의 공인을 그 내용으로 한다.
로마 제국 내의 모든 사람에게 신앙의 자유를 허락하고 그리스도교에게 교회를 조직할 권리를 포함하는 법적인 권리를 보장해주며, 국가나 개인이 빼앗아 가지고 있던 교회의 재산을 아무 대가 없이 반환하고, 이에 대해 국가가 충분한 보상을 해주도록 했다.

▲ 콘스탄티누스 1세 동상

#동양 사회

084 갑골 문자 甲骨文字
중국 은(殷)나라 때 점치는 데 사용했던 거북이 등껍질이나 동물 뼈에 새긴 문자

갑골 문자는 현재 알 수 있는 한자의 가장 오래된 형태이다. 1899년 은나라의 옛 왕도 자리인 은허(殷墟)에서 발견되었으며, 문자의 수는 대략 3000자로 약 절반이 해독되어 있다. 이 문자의 발견으로 당시까지 전설로만 알려져온 은 왕조가 가장 오래된 왕조임이 증명되었다.

▲ 갑골 문자

085 춘추 전국 시대 春秋戰國時代

춘추 시대와 전국 시대를 아울러 부르는 말로, B.C. 8C~B.C. 3C에 이르는 중국 고대의 변혁시대

- 춘추 시대 : 중국 주나라가 동쪽으로 도읍을 옮긴 약 360년(B.C. 770년~B.C. 403년)간의 전란 시대로, 공자가 이 시대의 일을 역사책인 『춘추』에서 서술한 데서 붙여진 이름이다. 중국에서는 제후 간 *회맹(會盟)의 맹주를 패자라하는데, '춘추 오패(春秋五霸)'는 제(齊) 환공, 진(晉) 문공, 초(楚) 장왕, 오(吳) 합려, 월(越) 구천을 가리킨다.
- 전국 시대 : 춘추 시대 다음의 약 200년(B.C. 403년~B.C. 221년)간의 과도기로서, '전국 칠웅'이라는 일곱 개의 제후국이 세력을 다투었다. 이 시기는 *제자백가로 인해 학문의 중흥을 이룰 수 있었고, 농사 기술의 발달 및 토지의 사유제 등으로 화폐가 유통되기도 하였다.

회맹(會盟) 중국의 제국·제후 간에 맺어지는 회합과 맹약 또는 그때 행해지는 의식

제자백가(諸子百家) 춘추 전국 시대에 활약한 학자인 공자, 관자, 노자, 맹자, 장자, 묵자, 열자, 한비자, 윤문자, 손자, 오자, 귀곡자 등과 그들의 학파인 유가, 도가, 묵가, 법가, 명가, 병가, 종횡가, 음양가 등을 총칭

086 분서갱유 焚書坑儒

진나라 시황제가 사상 통제 정책의 일환으로 수백 명의 유생을 생매장하고 농서 등을 제외한 각종 서적들을 불태운 사건

학자들의 정치적 비판을 금하기 위하여 민간의 책 가운데 의약, 복서, 농업에 관한 것만을 제외하고 모든 서적을 불태우고 수많은 유생을 구덩이에 묻어 죽인 일로써 언론이나 문화에 대한 탄압의 상징이기도 하다.

함께 나오는 용어

진시황제(秦始皇帝, B.C. 259~B.C. 210)
중국 최초로 중앙집권적 통일 제국인 진나라를 건설하였으며, 법령 정비, 군현제 실시, 문자·도량형·화폐 통일, 만리장성 건축 등의 업적을 남겼다.

087 야마토 정권 大和政權

3C 말부터 7C 중엽까지 일본 영토의 대부분을 지배한 일본 최초의 통일 정권

지금 일본의 나라 지방에 유력한 호족들이 연합해서 야마토 정권을 성립시켰으며, 고구려, 백제, 신라로부터 학문을 비롯하여 기술 등을 배워갔다. 특히 4C 말에 백제로부터 한자와 유교가 전래되었고, 6C 중엽에는 백제로부터 불교가 전래되면서 일본의 문화 수준이 향상되었다.

함께 나오는 용어

- **아스카 문화(飛鳥文化)** 7C 전반에 백제의 영향을 받은 일본 최초의 불교문화로서 호류사(일본 나라현에 있는 절)가 대표적인 유물이다.

• 쇼토쿠 태자(聖德太子, 성덕태자)

고구려 승려 혜자와 백제의 혜총 등으로부터 불교를 배웠으며, 일본이 불교 국가로 자리 잡는 데 공헌한 인물이다. 6C 말~7C 초에 활약한 정치가이다.

088 간다라 미술 gandhara art
B.C. 2C부터 5C에 걸쳐 간다라 부근에서 번성한 그리스풍의 불교 미술

B.C. 2C부터 5C에 걸쳐 간다라(지금의 파키스탄) 지방을 중심으로 나타난 불교 미술이다. 주로 불상에서 그 특징을 찾아 볼 수 있는데, 인도 문화와 헬레니즘 문화의 영향을 받아 불상의 얼굴이나 머리카락 등이 사실적으로 표현되어 있다. 간다라의 불교 미술은 비단길을 통해 인도는 물론 서역과 동아시아 전역으로 전해졌으며, 한국의 대승 불교 미술에도 중요한 영향을 미쳤다.

▲ 간다라 불상

089 카스트 제도 caste 制度
인도 사회의 세습적인 신분 제도

인도의 신분 제도로, 현재 법적으로 카스트 제도를 부정하고 있지만, 아직도 많은 인도인들의 일상생활에 큰 영향을 미치고 있다. 카스트에 따른 인도인의 신분은 '브라만(승려)·'크샤트리아(왕이나 귀족)·바이샤(평민)·수드라(노예) 등으로 구분되며, 이 계급에 속하지 않는 사람을 불가촉천민이라고 한다. 각 계급에서도 구체적인 직업에 따라 계급이 더욱 세분된다.
바이샤와 수드라의 경우 2000여 개 이상으로 세분되며, 이 계급은 출생할 때부터 결정되고 직업은 세습된다. 다른 카스트와의 결혼은 엄격하게 금지되거나 제한된다.

브라만(brahman) '신성한 지식의 소유자'라는 의미로 인도의 힌두교에서 사회 계급을 나타내는 4개의 바르나(varna) 가운데 가장 높은 승려 계급

크샤트리아(kshatriya) 힌두교의 4개 바르나(varna) 가운데 제2계급이며, 전통적으로 무사나 귀족 계급

090 비단길 silk road
한나라 때 처음 개척된 내륙 아시아를 횡단하는 고대의 통상로

내륙 아시아를 횡단하여 중국과 서아시아·지중해 연안 지방을 연결하였던 근대 이전의 동서 교역로이다. 비단길(silk road)이라는 이름은 고대 중국의 특산물인 비단을 이 길을 이용해 서방의 여러 나라에 가져간 것 때문에 붙여졌다. 중국은 아라비아의 말·각종 보석·포도·모피 등을 이 길을 통해 수입하고, 비단·도자기·차·'제지술 등을 전하였으며, 불교·경교·서양음악 등도 이 길을 통해 들어왔다. 즉, 비단길은 다양한 교역품들을 전달하는 통로 외에도 문화가 유통되는 통로였다.

제지술(製紙術) 종이를 만드는 기술

02 중세 사회

핵심Tag #서양 사회 #동양 사회

#서양 사회

091 프랑크 왕국 frankenreich
5C 말 프랑크족이 갈리아에 세운 왕국

부족 국가에서 발전하여 점차 다른 게르만 부족을 정복·통합하여 피레네산 맥에서 엘베강에 이르는 서유럽의 대부분을 포함한 대제국이 되었다. 메로빙거 왕조가 지배한 후 이어 카롤링거 왕조가 지배하였다. *게르만족의 대이동 후의 혼란을 수습함으로써 유럽의 정치적·문화적 통일을 실현하였다. 프랑크 왕국은 서유럽 최초의 그리스도교적 게르만 통일 국가로서 그리스도교 문화 및 중세 여러 제도의 모체가 됨과 동시에, 프랑크 왕국이 분열·붕괴되는 과정에서 독일·프랑스·이탈리아가 탄생하였다.

게르만족의 대이동 인구의 증가, 경지의 부족, 훈족의 서진(西進) 때문에, 4~6C에 걸쳐 게르만 민족 및 관련 여러 민족이 서유럽 및 남유럽 방면에 이동한 사실

092 비잔틴 문화 byzantine culture
고대 그리스·로마 문화의 전통을 기반으로 동방 문화를 흡수하여, 비잔틴 제국에서 형성한 문화

로마 제국의 정치적 전통을 기본으로 그리스 문화와 그리스도교적 요소, 그리고 동양적인 요소가 융합하여 독자적인 양상을 낳게 되었다. 5C 말에서 10C에 걸쳐 황금시대를 이루었으며, 건축 미술이 특히 뛰어났다. 회화의 경우 라벤나의 산비탈레 성당의 '유스티니아누스 1세'와 그리스의 다프니 수도원에 있는 '그리스도' 등이 대표적이다. 초기와 중기에는 모자이크가 시공되었고 말기에는 모자이크를 대신하여 프레스코 벽화와 *이콘이 성행하였다.

이콘(icon) 예배용 화상을 말하는 것으로 주로 동방 교회에서 발달함

함께 나오는 용어

프레스코(fresco painting)
회반죽 벽에 그려진 일체의 벽화 기법으로, 회반죽 벽이 마르기 전 물로 녹인 안료로 그리는 것을 부온 프레스코(buon fresco) 기법이라 하고, 회반죽이 마른 후 그리는 기법을 세코(secco), 어느 정도 마른 벽에 그리는 것을 메초 프레스코(mezzo fresco)라고 부른다.

093 봉건 제도 封建制度

중세 유럽에서 봉토 수수에 의해서 성립되었던 지배 계급 내의 주종 관계, 혹은 씨족적·혈연적 관계를 기반으로 했던 주(周)나라의 통치 조직

- **서양의 봉건 제도** : 주군과 가신은 서로 의무를 수행하여야 하며, 쌍무적 계약 관계를 가진다. 주군은 가신에게 토지를 주고, 가신은 주군에게 충성을 맹세하여 세금을 납부하거나 군사적 의무를 수행하여야 했다.
- **동양의 봉건 제도** : 일반적으로 중국 주(周)나라의 봉건 제도를 말하며, '군현제와 대응되는 제도이다. 주왕은 자신의 일족과 공신에게 봉토를 준 후 독립적인 제후로 임명하고 그 지역을 통치하게 하였다.

군현제(郡縣制) 전국을 군(郡)으로 나눈 후 이를 다시 현(縣)으로 분류하여, 중앙 정부에서 지방관을 보내어 직접 다스리던 제도

094 카노사의 굴욕 humiliation at canossa

신성 로마 제국 하인리히 4세가 성직자의 서임권을 두고 투쟁하던 중 교황 그레고리우스 7세에게 굴복하고 사면을 받은 사건

교황 그레고리우스 7세는 재임 초기부터 강력한 교회 개혁과 쇄신 운동을 펼쳤는데, 그 중 '서임권을 다시 교회로 가져오려고 시도하였다. 당시 신성 로마 제국의 황제였던 하인리히 4세는 이에 즉각 반발하였다. 이에 교황은 그를 파문하였으며, 황제를 도와주는 귀족이나 사제도 파문한다고 으름장을 놓았다. 하인리히는 계속 저항하고자 하였으나 이미 몇몇 독일 귀족들의 배신, 새로운 황제를 추대할 움직임과 반란의 위험성까지 나타나자 어쩔 수 없이 교황과 화해할 수밖에 없었다. 결국 1077년 1월경, 신성 로마 제국의 하인리히 4세는 자신을 파문한 교황 그레고리우스 7세를 만나기 위해 이탈리아 북부의 카노사 성으로 가서 관용을 구하게 되었는데, 이 사건을 두고 카노사의 굴욕이라고 한다. 이것은 교회의 권력에 세속 권력이 굴복한 대표적인 사건이라고 할 수 있다.

서임권(敍任權) 서임이란 벼슬자리를 내린다는 의미로, 카노사의 굴욕 사건에서의 서임권 분쟁이란 11C 말에서 12C 초에 평신도의 성직 임명권을 두고 로마 교황과 신성 로마 제국 황제가 벌였던 권력다툼

095 마그나 카르타 magna carta

1215년 영국의 국왕 존(John)이 귀족들의 압력에 굴복하여 칙허한 63개조의 법으로, 대헌장이라고도 함

존(John) 왕의 실정을 계기로 제기된 귀족의 요구를 반영한 봉건적 문서였으나, 계속적으로 재확인됨으로써 자의적 왕권에 대한 법의 지배 원칙과 입헌 정치의 원칙을 확립하는 데 중요한 역할을 하였다. 이후 영국 헌법의 기초가 되었으며 국민의 권력을 옹호하는 근대 헌법의 토대가 되었다.

096 십자군 전쟁 the crusades

중세 서유럽의 카톨릭 국가들이 이슬람교도에 대항하여 성지 예루살렘을 재정복하기 위하여 일으킨 원정군

11C~13C 중동의 이슬람 국가에 대항하여 중세 서유럽의 로마가톨릭 국가들이 성지 예루살렘을 탈환하기 위하여 행해진 대규모의 군사 원정으로, 처음의 순수한 열정과는 다르게 교황은 교황권 강화를, 영주들은 영토 확장을 목적으로 하는 등 정치적·경제적인 성향이 반영된 전쟁으로 변질되었다. 십자군의 잦은 와해와 그로 인한 내부 분쟁으로 십자군 운동은 결국 실패하게 되어 성지를 탈환하는 것에 성공하지 못했지만, 이후 유럽과 중동의 역사와 문화에 지대한 영향을 미치게 된다. 특히 이탈리아의 도시 국가들이 십자군 원정을 통해서 정치적·경제적으로 가장 혜택을 많이 보았다. 그러나 교황권은 크게 손상을 입게 되었으며, 유럽의 각 국가들은 왕권이 강화되는 계기가 되었다.

함께 나오는 용어

십자군(crusades) 교황의 호소로 조직되었으며, 기독교적인 성향을 강하게 띤 군대

097 한자 동맹 hanseatic league

13C~17C 독일 북쪽과 발트해 연안에 있는 여러 도시 간의 상업상의 목적으로 결성한 동맹

중심 도시는 함부르크와 쾰른 등으로 주로 해상 교통의 안전을 보장하고 공동방위 및 상권 확장 등을 목적으로 이루어진 동맹이다. 16C 초까지 북방 무역을 독점하였으나 17C 초 신대륙 발견으로 인한 경제권의 이동과 강력한 절대주의 국가의 성립으로 쇠퇴하게 되었다.

098 백년 전쟁 百年戰爭

1337~1453년까지 영국과 프랑스가 백여 년 동안 간헐적으로 일으킨 전쟁

프랑스의 왕위 계승 문제와 플랑드르 지방의 양모 공업을 둘러싼 경제적 이해관계가 얽혀 영국군이 침입함으로써 시작되었다. 프랑스를 전장으로 하여 1337년부터 1453년까지 116년 동안 계속되었다. *잔 다르크 등의 활약으로 프랑스의 승리로 끝났으며, 이 전쟁의 결과 양국의 귀족 계급은 몰락한 반면 왕권은 강화되어 중앙 집권 국가가 출현하는 계기가 되었다. 영국은 프랑스 내의 영토를 상실하였으나, 그 이후 유럽 대륙에서 벌어지는 복잡한 문제들에 휩쓸리지 않게 되어, 독자적인 국민 국가를 만들 수 있게 되었으며 기술 이민자들이 전쟁의 공포를 피하여 플랑드르로부터 영국으로

잔 다르크(Jeanne d'Arc) 15C 전반 백년 전쟁에서 조국인 프랑스를 위기에서 구한 영웅적인 소녀

이주함으로써, 플랑드르를 능가하는 모직물 공업이 발전하게 되어 경제적 발전의 기초가 다듬어졌다.

함께 나오는 용어

장미 전쟁(薔薇戰爭)
1455~1485년 잉글랜드 왕권을 둘러싸고 랭커스터 가와 요크 가가 싸운 전쟁으로 이름은 랭커스터가가 붉은 장미, 요크가가 흰 장미를 각각 *문장으로 삼은 것에서 유래하였다. 랭커스터가의 헨리 7세가 요크가의 엘리자베스와 결혼함으로써 튜더 왕조가 시작되었다. 전쟁 기간 동안 사병을 동원한 귀족들의 세력은 약화되었으나 영국은 중앙 집권 국가로 발전할 수 있는 계기가 되었다.

문장(紋章) 국가·단체·집안 등을 나타내기 위하여 사용하는 상징적인 표시

099 흑사병 black death
14C 중엽 전 유럽을 휩쓴 페스트균에 의한 급성열성전염병

14C 중세 유럽에 퍼져나간 흑사병은 유럽 사회 구조를 붕괴시킬 정도로 유럽 사회에 큰 영향을 주었다. 많은 인구가 감소해 노동력이 줄었고, 유럽이 장원 경제에서 벗어나는 데 영향을 끼쳤다.
살덩이가 썩어서 검게 되기 때문에 흑사병이라 불리게 되었으며, 당시에는 흑사병의 원인을 알지 못하였기 때문에 유대인, 한센병 환자, 외국인 등이 흑사병을 몰고 다니는 자들로 몰려서 집단폭력이나 *학살을 당하기도 하였다.

학살(虐殺) 매우 가혹하게 마구 죽임

함께 나오는 용어

마녀사냥
중세 말기부터 근대까지 유럽 및 북아메리카 일대에 행해졌던 마녀나 마법 행위에 대한 추궁과 재판에서부터 형벌에 이르는 일련의 행위를 말한다. 이러한 행위에 대해서 현대 정치학에서는 전체주의의 산물로, 심리학에서는 집단 히스테리의 산물로 간주하고 있으며, 오늘날 사회학적 용어로 '절대적 신조를 내세운 집단이 특정 개인에게 무차별한 탄압을 하는 행위'를 의미하기도 한다. 마녀재판은 유럽에서는 제1차 세계 대전 이전, 미국에서는 1970년대 말 이후 공식적으로 사라졌다.

#동양 사회

100 부병제 府兵制
병농일치의 군사 제도

중국 수·당 및 고려 말 조선 전기에 실시되었던 병농일치의 군사 제도로써, 균전 농민 중에 군인을 뽑아 부병으로 하고 *농한기에 훈련을 시킨 후, 경비를 맡기고 조세를 면제하여 주었다.

농한기(農閑期) 농사일이 바쁘지 않아 겨를이 있는 때

101 나라 시대 奈良時代
일본이 수도를 나라(奈良)로 천도한 이후 7대 왕이 통치한 약 80여 년 동안의 시대

정치적으로 이 시기는 율령 시대의 최고 전성기에 해당하여 중앙 집권 정치 제도가 완성되었다. 문화적으로는 백제와의 교류가 가장 왕성하였다. 일본 이라는 국호가 처음으로 사용되었으며, 국가의 비호하에 불교문화가 발전 하였고 한자가 널리 보급되기도 하였다.

102 무로마치 시대 室町時代
1336년 일본의 아시카가 다카우지가 겐무 정권을 쓰러뜨리고 정권을 잡은 후, 1573년 아 시카가 *막부가 오다 노부나가에게 멸망될 때까지의 시대

교토 무로마치에 왕궁을 세웠기 때문에 통상 무로마치 시대라고 한다. 가마 쿠라 막부가 무너지고 60년간 남북조로 나누어져 싸웠던 분쟁을 끝내고 무 로마치 막부 아시카가씨에 의해 통일이 된 후, 오닌(應仁)의 난이 일어나 무 로마치 막부가 패망하고 전국 시대로 접어드는 시기까지를 무로마치 시대 라고 한다. 무로마치 시대는 가마쿠라 시대와는 대조적으로 출신 불명의 농 민, 상인층의 사회 진출, 민중이 등장한 시대이기도 하다. 전란이 계속됨에 도 불구하고, 경제면에서는 농업·공업과 함께 기술의 향상으로 생산도 증 대되어 내외의 유통이 활발해졌다.

막부(幕府) 12C~19C *쇼군 을 중심으로 한 일본의 무사 정권

쇼군(將軍) 막부의 우두머리 를 가리키는 칭호

103 동방견문록 東方見聞錄
13C 이탈리아의 여행가 마르코 폴로가 원의 쿠빌라이 칸을 만나고 오기까지의 여정을 루 스티첼로가 기록한 여행기

서아시아, 중앙아시아, 중국, 인도, 대초원 지대 등 전 세계를 두루 여행한 마르코 폴로의 생생한 여행담을 기록한 책이다. 과장된 점이 있긴 하지만, 이 책은 마르코 폴로가 여행한 지역의 방위와 거리, 주민의 언어, 종교, 산 물, 동물과 식물 등을 하나씩 기록한 탐사 보고서의 성격을 갖고 있으며, 일 본에 대해서도 언급하고 있다. 동방견문록은 서구인들에게 동방에 대하여 자세하게 언급한 긍정적인 역할은 했지만, 편견과 허구도 있다는 점에서 비 판을 받기도 한다.

03 근대 사회

핵심Tag #서양 사회 #동양 사회

#서양 사회

빈출

104 르네상스 renaissance

14C 말엽부터 16C 초에 걸쳐 이탈리아를 시작으로 전 유럽에 파급된 예술과 문화상의 혁신 운동

- 의의 : 프랑스어로 르네상스란 '재생', '부활'을 의미한다. 이탈리아를 중심으로 발생한 르네상스는 중세기의 종교 속박에서 벗어나서 그리스·로마 시대의 자유롭고 풍부한 인간성을 부흥, 개인의 존중과 개성의 해방, 자연인의 발견 등을 주장하였다. 이것은 유럽 문화의 근대화에 사상적 원동력이 되었다.
- 대표 인문주의자 : 단테, 페트라르카, 보카치오
- 르네상스 3대 미술가 : *레오나르도 다 빈치, 미켈란젤로, 라파엘로

레오나르도 다 빈치(Leonardo da Vinci) 르네상스 시대를 대표하는 천재적 미술가이자 과학자이며, 기술자이자 사상가

105 종교 개혁 宗教改革

16~17C 유럽에서 로마 가톨릭교회의 쇄신을 요구하며 출현한 개혁 운동

16C경 로마 가톨릭교회의 지나친 세속화와 타락에 반발, 가톨릭으로부터 이탈하여 프로테스탄트 교회를 세운 그리스도교 개혁 운동이다.
독일의 마르틴 루터가 교황청의 *면죄부 판매에 반대해 95개조의 반박문을 제시한 것이 도화선이 되어 일어났으며, 츠빙글리, 칼뱅 등에 의해 전 유럽에 퍼져 마침내는 프로테스탄트라는 신교가 성립하게 되었다.

면죄부(免罪符) 중세에 로마가톨릭 교회가 금전이나 재물을 바친 사람에게 그 죄를 면제한다는 의미로 발행하던 증서

함께 나오는 용어

- **루터(Luther)의 종교 개혁** 극에 달한 교회의 부패와 면죄부 판매에 대해 루터가 95개조 반박문으로 비판함. 이 일을 계기로 교황은 루터를 파문하나, 교회의 부패에 힘들어 하던 사람들이 루터를 지지하게 되어, 1555년 아우구스부르크의 종교화의로 루터 지지파들을 인정하게 되었다.
- **칼뱅(Calvin)의 종교 개혁** 스위스에서 성공한 종교 개혁으로, 칼뱅은 인간이 구원을 받느냐 혹은 못받느냐는 미리 예정되어 있는 것(예정설)이며 직업이라는 것은 신으로부터 주어진 신성한 것(직업소명설)이라고 주장함. 근면과 금욕, 절약 생활을 강조하였고 도시 상공업을 중심으로 직업소명설이 전파되어 자본주의를 발달하게 했다.

▲ 루터

106 권리 청원 權利請願
1628년에 영국 의회가 찰스 1세에게 제출하여 그 승인을 얻은 청원서

권리 청원은 의회의 승인 없이는 어떠한 과세나 *공채(公債)도 강제되지 않으며, 법에 의하지 않고는 누구도 체포·구금되지 않는 것을 주요 내용으로 담고 있다. 이는 영국 헌정 발달에 중요한 역할을 함과 동시에 청교도 혁명의 직접적인 원인이 되었다.

공채(公債) 국가나 지방 공공단체가 자금을 조달하기 위해 화폐적 신용을 민간 부문으로부터 빌려 발생하게 되는 빚

> **함께 나오는 용어** ....•
>
> 청교도 혁명(淸敎徒革命)
> 1642~1660년에 걸쳐 영국에서 청교도를 중심으로 일어난 최초의 시민 혁명이다. 찰스 1세의 폭정으로 스튜어트 왕조의 절대주의와 의회의 대립이 격화되던 시기에, 찰스 1세가 자신을 비판한 의원 5명을 체포하려 하자 올리버 크롬웰을 주동으로 한 의회파가 이에 반발하며 일으킨 것이 청교도 혁명이다. 1649년 의회파는 찰스 1세를 공개 처형하고 공화 정치를 선언하며 혁명에 성공했으나, 크롬웰의 독재로 1660년 왕정복고를 맞게 된다.

107 베스트팔렌 조약 peace of westfalen
독일 30년 전쟁을 종결시키기 위해 1648년에 체결된 평화 조약

유럽에서 로마 가톨릭교회와 신성 로마 제국의 지배적 역할을 실질적으로 무너뜨리고 새로운 질서를 가져왔다. 이 조약으로 역사에서 처음으로 프로이센이 왕국으로 등장하게 되었으며, 네덜란드와 스위스는 독립을 인정받게 되었다. 제후들은 완전한 영토적 주권과 *통치권을 가질 수 있게 되었으며, 독일에서는 루터파 이외에 칼뱅파를 새로 인정하게 되었다.
이 조약은 종교의 영향에서 벗어나 세속화되어 국가 간의 세력 균형을 유지하는 새로운 체제를 가져왔다. 유럽의 근대화와 절대주의 국가의 성립에 매우 커다란 영향을 끼쳤다고 할 수 있다.

통치권(統治權) 국민과 영토를 지배하는 국가의 최고권력

108 7년 전쟁 七年戰爭
1756~1763년에 걸쳐 슐레지엔 영유를 둘러싸고 유럽대국들이 둘로 나뉘어져 싸운 전쟁

오스트리아 왕위 계승 전쟁에서 프로이센에게 패배해 독일 동부의 슐레지엔을 빼앗긴 오스트리아가 그곳을 되찾기 위해 프로이센과 벌인 전쟁이다. 유럽의 거의 모든 열강뿐만 아니라 아메리카와 인도에까지 퍼진 대규모 전쟁이었다. 유럽에서는 영국의 지원을 받은 프로이센이 최종적으로 승리를 거두어 슐레지엔의 *영유권을 확보하였으며, 프로이센을 지원했던 영국은 북아메리카와 인도에서 프랑스 세력을 몰아내어 대영 제국의 기초를 닦게 되었다.

영유권(領有權) 영토에 대한 해당 국가의 관할권

109 명예혁명 名譽革命

1688년 영국에서 일어난 시민 혁명

국왕 제임스 2세가 전제정치(專制政治)를 강화하고 가톨릭교회를 부흥시키려 하자, 의회 지도자들이 영국인의 자유와 신교의 옹호를 위해 제임스 2세를 추방하고 네덜란드 총독 윌리엄을 새로이 왕으로 추대하여 권리 장전을 승인하게 하였다. 이 과정에서 유혈 사태가 없었기 때문에 명예혁명이라는 이름이 붙여졌다.

17C에 있었던 왕권과 의회의 *항쟁에 종지부를 짓고 의회 정치 발달의 토대를 이루었다는 점에서 큰 의미를 가진다.

항쟁(抗爭) 맞서 싸우는 것

함께 나오는 용어

권리 장전(權利章典)
영국에서 명예혁명 다음 해인 1689년에 공포된 법률이다. 그 내용을 살펴보면, 국왕이라도 의회의 승인 없이 법률의 폐지나 면제, 금전 징수, 상비군의 모집을 할 수 없으며, 이 외에도 언론의 자유 보장 등을 규정했다. 영국의 권리 장전은 미국의 독립 선언, 버지니아 권리 장전, 매사추세츠 권리 선언 외에도 프랑스 인권 선언에도 영향을 끼치게 되었다.

110 미국 독립 혁명 美國獨立革命

1775년 북아메리카의 13개 영국령 식민지가 영국 본토로부터 독립을 이룬 혁명

- **발단** : 본국 정부가 *인지세와 같은 새로운 세금을 부과한 데 대해 *보스턴 차 사건을 계기로 미국 13주(州) 식민지가 협력하여 항의함으로써 시작되었으며, 인간의 자연적 평등과 권리를 내세워 절대 군주제에 대항하였다.
- **경과** : 프랑스·에스파냐·네덜란드 등의 지원을 받아 요크타운 전투에서 승리한 후, 1783년 파리 조약으로 평화 협정을 맺었고 영국은 미국의 독립을 인정하였다.
- **평가** : 이 혁명은 본래 영국 본국으로부터 분리 독립하는 것이 주요 목적이었으나, 이후 보수적인 정치 형태를 타도하고 보다 민주적인 정치 형태를 수립하고자 한 점에 있어서는 프랑스 혁명과 비슷하다고 할 수 있다.

인지세(印紙稅) 재산에 관한 권리 등의 창설·이전 또는 변경에 관한 계약서나 이를 증명하는 그 밖의 문서에 대해서 부과하는 세금

보스턴 차 사건(boston tea party) 1773년 12월 16일 미국 식민지의 주민들이 영국 본국으로부터의 차 수입을 저지하기 위해 일으켰던 사건. 미국 독립 혁명의 직접적인 발단이 됨

111 프랑스 혁명 french revolution

프랑스 절대 왕정의 구제도를 타파하고 자유·평등·박애를 기본 정신으로 자유·평등 사회의 건설을 목표로 투쟁한 전형적인 시민 혁명

프랑스 혁명은 1789년 7월부터 1794년 7월까지 프랑스에서 일어난 시민 혁명을 말한다. 엄밀히 말해 프랑스 혁명은 1830년 7월 혁명과 1848년 2월 혁명을 일컫는 말이지만, 대개는 1789년의 혁명만을 가리킨다. 이때 1789년의 혁명을 다른 두 혁명과 비교하여 프랑스 대혁명이라고 부르기도 한다. 계몽사상과 미국 독립 전쟁의 영향을 크게 받아 사회적 모순('앙시앵 레짐)에 분노한 시민들이 바스티유 감옥을 습격함으로써 혁명은 폭발하였으며, 이 혁명의 성공으로 1791년 신헌법이 공포되고 다음 해에는 왕정이 폐지되어 공화제가 성립되었다.

앙시앵 레짐(ancien régime) 프랑스 혁명 이전 절대 군주가 소수의 승려, 귀족 등과 결탁하여 인구의 90%를 차지하는 농민과 시민을 억압한 사회 체제를 가리키는 프랑스 말

112 인권 선언 人權宣言

1789년 프랑스 혁명 당시 국민 의회가 인권에 관하여 발표한 선언

- **명칭** : '인간 및 시민의 권리 선언'이며, 라파예트 등이 기초하였다.
- **구성** : 전문 및 17조로 이루어져 있으며, 제1조에서 인간의 자유와 권리의 평등을 내세우고 있다. 그 외에도 저항권(2조), 주권재민(3조), 사상·언론의 자유(11조), 소유권의 신성불가침(17조) 등 인간의 기본권과 근대 시민 사회의 정치 이념을 명확히 표현하였다.
- **영향** : 국민 주권의 원리와 권력 분립의 원칙에 대하여 '권리의 보장이 확보되어 있지 않고, 권력의 분립이 규정되어 있지 아니한 모든 사회는 헌법을 가지고 있지 아니하다'라고 규정함으로써, 이후 세계 여러 나라의 헌법과 정치에 큰 영향을 미쳤다.

113 산업 혁명 産業革命

18C 후반부터 약 100년 동안 유럽에서 농업과 수공업 위주의 경제였던 것이 공업과 기계를 사용하는 제조업 위주의 경제로 변화하는 과정

1760~1830년경에 이르는 약 100년 동안, 기계의 등장으로 종래의 수공업 방식으로 소규모 생산하던 것을 공장제 기계 공업으로 전환하여 대량 생산의 경제 체제가 가능하게 되었으며 이로 인하여 자본주의 경제가 확립되었다. 산업 혁명은 영국에서 '방직 기계의 출현으로 가장 먼저 나타났으며, 프랑스·독일 등으로 파급된 후 미국의 경우에는 남북 전쟁 이후 진행되었다. 그러나 산업 혁명이 경제와 산업을 비약적으로 발전시키기는 하였으나 인

방직 기계(紡織機械) 실을 뽑아 천을 짜는 기계를 통칭하는 말

구의 도시집중화, 노동 조건을 악화시키고 실업자를 증가시키는 등의 문제점을 가져왔다.

---

114 빈 회의 congress of wien

프랑스 혁명과 나폴레옹 전쟁의 산물인 자유주의와 민족주의 운동에 대하여 반대하고 왕정이 몰락한 곳에 왕정을 복고할 것을 목표로 오스트리아 수도 빈에서 개최된 국제 회의

1814년 9월~1815년 6월까지 프랑스 혁명과 나폴레옹 전쟁 후의 유럽 사태를 수습하기 위하여 오스트리아 외무 장관인 메테르니히의 주도하에 빈에서 영국, 프로이센, 오스트리아, 러시아 등 유럽 각국의 수뇌가 참석하여 열린 국제 회의이다. 빈 회의는 프랑스 혁명 이전의 왕정복고를 비롯하여 유럽의 상태를 전쟁 전으로 돌리는 것이 목표였다. 이러한 보수적이고 반동적(역사의 진보를 역행하는 과거로의 회귀)인 성격을 가진 회의의 결과로 만들어진 것이 빈 체제라고 할 수 있다.

---

115 7월 혁명 七月革命

샤를 10세의 전제 정치가 언론·출판을 탄압하는 등 극단적인 반동 정치를 행하는 데 대해서 1830년 7월에 루이 필리프를 프랑스 왕위에 오르게 한 혁명

프랑스 국왕 샤를 10세의 정책이 구제도로 회귀하고 극단적인 반동 정책을 시행하자 *부르주아 세력을 중심으로 한 국민의 반대가 높아졌다. 1830년 7월 국민들이 봉기하여 샤를 10세를 폐위시키고 루이 필리프를 프랑스의 왕위에 오르게 하였다. 또한 7월 혁명은 보수적인 입헌 왕정을 자유주의적인 입헌 왕정으로 변화시킴으로써, 프랑스 혁명 이래 부르주아 지배 체제를 정비하는 계기가 되었다.

부르주아(bourgeois) 중세 유럽의 도시에서 성직자와 귀족에 대하여 제3계급을 형성한 중산계급의 시민과 근대 사회에서는 자본가 계급에 속한 사람

함께 나오는 용어

2월 혁명(二月革命)

프랑스의 2월 혁명은 1848년 2월에 발생하였다. 7월 혁명 이후 즉위한 루이 필리프는 자유주의를 갈망하던 국민들의 기대에 부응하지 못하였다. 1840년대 경제 불황을 계기로 노동운동이 치열해지고, 참정권 요구가 확대되었다. 이에 파리에서 1848년에 열린 공개토론회가 정치적 시위로 번지자 이를 무력으로 진압하여 20여 명의 사상자가 발생하였고, 결국 루이 필리프는 영국으로 망명하게 된다. 이후 임시 정부가 수립되고, 선거를 통해 루이 나폴레옹 보나파르트가 승리하게 되면서, 제2공화정이 성립되었다.

116 크림 전쟁 crimean war

러시아 니콜라이 1세의 남하 정책이 발단이 되어 러시아와 오스만투르크·영국·프랑스·
프로이센·사르데냐 연합군이 크림반도와 흑해를 둘러싸고 벌인 전쟁

크림 전쟁은 연합국(오스만투르크·영국·프랑스·프로이센·사르데냐)과 러시아제국 간의 전쟁으로 전쟁의 대부분은 흑해에 위치한 크림반도에서 일어났으며, 1856년의 파리 조약으로 종전을 하였다. 파리 조약의 결과로 러시아 제국은 다뉴브 하구 및 흑해 인근에서의 영향력을 잃게 되었고, 이후 흑해는 중립이 선언되면서 모든 국가에 대해 군함 통과 및 무장이 제한된다.

▲ 크림 전쟁

이 전쟁은 영국의 간호사 플로렌스 나이팅게일과 38명의 영국 성공회 수녀 출신 간호사들의 활약이 유명하며, 이들로 인해 군인들이 이전보다 훨씬 개선된 의료 서비스를 받게 되었다.

함께 나오는 용어

플로렌스 나이팅게일(Florence Nightingale)
영국의 부유한 가정의 딸로 태어나, 영국과 독일에서 간호사 교육을 받았다. 1844년 이후 의료 시설에 대해 관심을 강하게 가지고 있었으며, 유럽·이집트 등지를 견학·귀국 후 정규 간호 교육을 받고 런던 숙녀 병원의 간호부장이 되었다. 1854년 크림 전쟁의 참상에 관한 보도를 접한 후, 자극을 받아 38명의 간호사들과 함께 이스탄불의 위스퀴다르로 가서 야전 병원장으로 활약하였다. 간호사 직제의 확립·의료 보급의 집중 관리·오수 처리 등으로 의료 효율을 일신하였으며, '광명의 천사(The Lady with the Lamp)'로 불렸다.

117 남북 전쟁 南北戰爭

1861~1865년 미국에서 발생한 노예 해방 전쟁

미국은 농업 중심인 남부의 노예 노동주의와 북부의 자유로운 임금 노동주의가 계속하여 대립되어 왔는데, 노예 해방론자인 링컨 대통령이 당선되자 남부에서 미합중국에서 분리되어 독립할 것을 주장하며 전쟁을 일으켰다. 그러나 1865년 남군이 패하게 되었고 미국 전역에서 노예제가 폐지되는 계기가 되었다.

남북 전쟁의 경과 남부와 북부의 대립 → 링컨의 대통령 당선 → 남부의 독립 선언 → 전쟁 발발 → 링컨의 노예 해방 선언 → 북부의 승리

118 아편 전쟁 阿片戰爭

19C 중엽 아편 무역을 둘러싸고 청과 영국 사이에 두 차례에 걸쳐 일어난 전쟁

청나라의 아편 단속에 반발한 영국이 무역항을 확대한다는 명분을 내세워 전쟁을 일으켰는데, 이 전쟁이 제1차 아편 전쟁 혹은 제1차 중·영 전쟁이다. 1842년 영국의 승리로 이 전쟁은 종결되었으며, 그 결과 *난징 조약이 체결되었다.

애로호 사건이 발단이 되어 1856년부터 1860년까지 일어난 전쟁을 제2차 아편 전쟁이라고 한다. 서양군이 북경에 입성하여 원명원을 불태웠으며, 이 전쟁으로 톈진 조약, 베이징 조약이 체결되었다.

난징 조약(南京條約) 1842년 8월 29일 제1차 아편 전쟁을 종결시키기 위해 청 조정과 영국과의 사이에 맺은 불평등 조약

CHAPTER 04
역사

119 태평천국 운동 太平天國運動

1851~1864년에 홍수전(洪秀全)이 멸만흥한(滅滿興漢)의 구호를 내걸고 광시성에서 일으킨 농민 반란

태평천국이란 그리스도교의 이상향인 태평과 천국의 합성어로, 홍수전과 농민 반란군이 중국 광시성에 세운 나라이다. 홍수전은 대동 사상과 그리스도교의 평등 사상을 강조하면서 남녀평등, 전족 금지, 토지 균분 정책을 통해 일반 농민들의 지지를 얻어 세력이 확대되었다.

그러나 1864년 국내외 연합 세력의 협공과 태평천국 세력의 내분으로 14년간에 걸친 태평천국 운동은 실패로 끝나게 되었다.

120 세포이 항쟁 sepoy mutiny

1857~1859년 영국에 대항한 인도 최초의 민족적 항쟁

영국 *동인도 회사의 세포이(인도인 용병)가 인도 병사에 대한 영국 사관의 여러 가지 차별을 원인으로 항쟁을 일으켰는데, 나중에는 동인도 회사의 폭력적인 식민지 지배의 폐지로 초점이 맞추어지면서 크게 확산되었다. 전 인도의 세포이뿐만 아니라 농민과 시민들의 호응도 높아 순식간에 독립 전쟁의 성격을 띠게 되었다. 하지만 영국의 반격으로 항쟁은 진압되었고, 인도는 영국의 직접 지배하에 놓이게 되었다.

동인도 회사(東印度會社) 17C에 영국·프랑스·네덜란드 등이 동양에 대한 무역을 편리하게 하기 위해 동인도에 설립한 독점 무역 회사

121 양무운동 洋務運動
청 말기에 서양의 과학·기술을 도입하여 스스로 강성해지자는 중국의 사회 개혁 운동

증국번·이홍장·좌종당 등이 중심이 되어 서양의 문물을 받아들여 군사적 자강과 경제적 부강을 이루어 근대화를 이루려고 했던 개혁 운동이다. 양무론자들은 중체서용론(中體西用論)을 내세우며 중국의 전통적 가치 체계와 서양 문물 사이의 갈등과 대립을 해결하려고 하였으나, 이것은 수구 세력의 반발을 무마하고 서양 문물의 수용을 통한 중국의 개혁을 정당화하기 위한 것이었다고 할 수 있다. 하지만 안팎의 여러 장애와 열강의 잇따른 침략은 청의 자강을 어렵게 하였고, 결국 정치·사회 제도의 근본적 개혁까지 이루어야 한다는 ˙변법자강운동이 등장하게 되었다.

> **변법자강운동(變法自彊運動)**
> 청·일 전쟁의 패배와 절충적 개혁인 양무운동의 한계를 느끼고 1894년 캉유웨이(康有爲), 량치차오(梁啓超) 등이 중심이 되어 청나라 사회 전반의 제도인 정치, 교육, 법 등을 근본적으로 개혁하고자 한 운동

122 청·일 전쟁 清日戰爭
1894~1895년 사이에 조선의 지배권을 놓고 청과 일본이 다툰 전쟁

조선의 동학 농민 운동에 청이 출병하자 일본도 거류민 보호와 동양 평화를 위한다는 명분으로 출병하여 양국 간에 벌어진 전쟁이다. 그 결과 전쟁에서 승리한 일본은 ˙시모노세키 조약을 맺고 조선에서의 청국의 종주권을 파기, 랴오둥(요동) 반도와 대만의 할양 등의 권리를 쟁취한다. 그러나 일본의 세력 확장에 위협을 느낀 러시아·프랑스·독일의 3국 간섭으로 랴오둥 반도는 반환되었다.

> **시모노세키 조약** 청·일 전쟁 후 청의 이홍장(李鴻章)과 일본의 이토 히로부미(伊藤博文)가 일본의 시모노세키에서 체결한 강화 조약

123 의화단 운동 義和團運動
중국 청나라 말기 결사 단체인 의화단 교도들이 1899~1901년에 일으킨 외세 배척 운동

중국 청나라 말기 결사 단체인 의화단은 서양 문물인 철도, 교회 등을 서양 제국주의의 상징이라 하여 부수고 기독교인을 살해하면서 '부청멸양'을 내걸고, 산둥에서 봉기한 후 화북 일대로 급속히 발전해 나갔다. 청조 역시 서구 열강과 그리스도교를 탄압한다는 공동 목표 아래 의화단의 활동을 반합법화하고, 이를 뒤에서 지원하였다. 그러나 8개국 연합군(영국, 프랑스, 미국, 러시아, 독일, 이탈리아, 오스트리아─헝가리, 일본)에 결국 진압되었으며, 이후 베이징 의정서를 맺으면서 오히려 열강들에 의한 반식민지화가 더욱 심화되어갔다.

124 신해 혁명 辛亥革命
1911년 농민이 중심이 돼 청나라를 무너뜨리고 중화민국을 세운 민주주의 혁명

청 왕조 타도를 통해 새로운 정부를 수립하고자 한 혁명 운동이다. 공화제를 채택하며 중화민국이 성립되어 쑨원(중국의 공화제를 창시한 혁명가이자 정치가)이 임시 대총통으로 취임하였으나, 이후 위안스카이가 대총통으로 취임하면서 청 왕조는 멸망하였다.

04 현대 사회

핵심Tag #서양 사회 #동양 사회

#서양 사회

125 파쇼다 사건 Fashoda incident
1898년 유럽 열강의 아프리카 분할과정에서 영국의 종단 정책(縱斷政策)과 프랑스의 횡단 정책(橫斷政策)이 충돌해서 일어난 사건

1898년 아프리카 수단의 도시 파쇼다에서 일어난 영국과 프랑스 간의 충돌 사건이다. 당시 대륙 횡단 정책을 강행하던 프랑스가 영국의 세력 범위라고 선언된 파쇼다에 마르샹 장군을 보내어 프랑스 국기를 게양하였다. 이에 양군은 충돌하지 않을 수 없었는데 독일과 대항하기 위해 영국의 협조가 필요했던 프랑스가 이곳을 양보하면서 결국 영국의 식민지로 인정하게 되었다.

126 제1차 세계 대전 第一次世界大戰
1914~1918년에 연합국과 동맹국 사이에 벌어진 세계적인 규모의 제국주의적인 전쟁

동맹국(주도국은 독일·오스트리아─헝가리·터키)과 연합국(주도국은 프랑스·영국·러시아·미국·이탈리아·일본)이 맞서 싸운 전쟁으로, *사라예보 사건이 직접적인 원인이 되어 발발하였다. 1918년 11월 독일의 항복으로 휴전되고, 1919년 베르사유 조약(1919년 6월 28일 31개 연합국과 독일이 파리 평화 회의의 결과로 맺은 강화 조약)으로 강화가 이루어졌다.

사라예보 사건(assassination of Sarajevo) 1914년 6월 28일 사라예보에서 오스트리아 황태자와 그의 비(妃)가 두 명의 세르비아 청년에게 암살된 사건

127 제2차 세계 대전 第二次世界大戰

1939~1945년까지 추축국과 연합국 사이에 유럽, 아시아, 북아프리카, 태평양 등지에서 벌어진 세계적인 규모의 전쟁

전쟁은 독일과 이탈리아, 일본의 3국 조약을 근간으로 한 추축국 진영과 영국, 프랑스, 미국, 소련, 중국 등을 중심으로 한 연합국 진영의 충돌로 발생하였다. 이 전쟁은 전체주의에 대한 민주주의의 승리로 민주주의 발전과 과학의 진보를 가져왔다. 이 전쟁의 결과 구소련 위성국들이 동유럽 등에 생겨났으며, 아시아·아프리카의 민족들이 식민지의 지배로부터 해방되어 독립하게 되었다. 전후를 기점으로 *국제연합(UN)이 탄생했다.

함께 나오는 용어

뉘른베르크 재판(nuremberg trials)
제2차 세계 대전 후 연합국이 뉘른베르크에서 독일의 주요 전쟁 범죄인을 대상으로 열게 된 국제 군사 재판이다. 뉘른베르크 시는 비록 대학살이 자행된 곳이었지만 종전 이후 전범재판이 열려 인권에 대한 귀중함을 일깨워준 곳이기도 하다. 이러한 사실 때문에 2001년 4월 21일 도시로는 최초로 유네스코의 인권상을 수상하게 되었다.

국제연합(UN) 평화유지와 전쟁 방지를 위해 설립된 국제 기구로, 총회·안전 보장 이사회(안보리)·경제 사회 이사회·신탁 통치 이사회·국제 사법 재판소·사무국 등 6개 주요 기구와 16개의 전문 기구가 있으며, 본부는 뉴욕에 있음. 안전 보장 이사회는 국가 간 평화와 안보를 중재하는 역할을 하며 5개국의 상임 이사국(미국, 영국, 프랑스, 러시아, 중국)과 10개국의 비상임 이사국으로 구성됨

#동양 사회

128 스와라지 운동 swaraji 運動

1906년 인도에서 간디가 주도한 독립·자치 운동

스와라지란 힌디어로 자치를 뜻하는 말로, 영국의 지배를 벗어나서 독립을 획득하려는 목적으로 일으켰던 운동이다. 1905년 영국의 *벵골 분할령은 오히려 인도인들의 민족주의 운동을 불러일으켰으며, 경제적으로는 영국 상품의 배척(스와데시)으로 전개되었다. 영국 정부의 억압에 의해 한때 쇠퇴하기도 하였으나, 1920년 인도 국민 회의 지도자인 간디에 의하여 한층 더 적극적으로 전개되었다.

벵골 분할령 벵골주는 반영(反英)운동이 활발한 지역으로, 영국은 이곳을 힌두교가 많은 캘커타 중심의 서벵골과 이슬람교도가 많은 동벵골로 나누어 통치하려고 하였음. 그러나 벵골인 사이에 저항 운동이 거세지면서 영국은 결국 이를 철회함

---

129 5·4 운동 5·4運動

1919년 5월 4일 베이징의 대학생을 중심으로 일어난 *반제국주의·반봉건주의 운동

제1차 세계 대전이 끝나자 전승국들이 일본의 21개조를 받아들여, 독일이 중국 산둥 성에 가지고 있던 권익을 일본에 양보하라는 일본의 요구를 수용하였다. 이에 격분한 베이징의 학생들은 5·4 운동을 일으켰다. 이 운동은 애국 운동에 그치지 않고 봉건주의에 반대하고, 과학과 민주주의를 제창하는 등 광범한 민중 운동으로 발전하였다.

반제국주의(反帝國主義) 월등한 군사력과 경제력을 바탕으로 다른 나라를 정벌하려는 침략주의를 반대하는 사상

130 난징대학살 南京大虐殺
중·일 전쟁 도중, 난징을 점령한 일본군이 자행한 대학살 사건

중국 만주에서 산둥성 지난을 거쳐 난징으로 진격 중이던 일본군이 중국인 포로를 비롯한 일반 시민에게 자행한 대학살 사건으로, 당시 수십만 명의 무고한 사람들이 죽음을 당하였다. 제2차 세계 대전 뒤의 극동 군사 재판에서 당시의 총사령관인 마쓰이에게 이에 대한 책임을 물어 사형이 선고되었다.

131 문화 대혁명 文化大革命
1966년 마오쩌둥(毛澤東)에 의해 주도된 대규모 사상 투쟁의 성격을 띤 권력 투쟁

1966년 5월 16일 중국 공산당의 총서기인 마오쩌둥이 그가 시도한 대약진 운동이 식량 위기를 초래하고 파멸적인 결과를 낳자, 이를 만회하기 위해 계급 투쟁을 강조한 대중 운동을 일으키고 그 힘을 빌려 중국 공산당 내부의 반대파들을 제거한 후 권력을 재탈환하는 것이 문화 대혁명의 본질이다. 그는 중국 젊은이들의 사상과 행동을 규합해 '혁명 후의 계급 투쟁'을 통해 자본주의 요소들을 제거해야 한다고 하였다.

이는 중국 전역에서 벌어진 '홍위병의 움직임으로 구체화되었다가, 마오쩌둥의 사망으로 1976년에 종결되었다.

홍위병(紅衛兵) 중국 문화 대혁명의 추진력이 되었던 대학생 및 고교생 집단으로 구성된 준군사적인 조직

132 천안문 사건 天安門事件
1989년 베이징의 천안문 광장에서 민주화를 요구하며 시위를 벌이던 학생·노동자·시민들을 계엄군을 동원하여 강제로 진압한 사건

중국에서 발생한 천안문 사건은 1976년·1989년 두 가지이며, 흔히 말하는 천안문 사건은 1989년 사건을 일컫는다. 1989년 4월 당시 급진 개혁주의자인 후야오방(胡耀邦) 전 당 총서기의 사망을 계기로 베이징 대학을 중심으로 정치 개혁을 요구하게 되었고, 이는 전국의 대학, 시민 층의 민주화 운동으로 확산되었다.

당내 보수파는 이를 체제에 대한 도전으로 간주하고 개혁파 당 총서기를 축출한 후 강경파 장쩌민(江澤民)을 총서기로, 국무원 총리로는 리펑(李鵬)이 정권을 장악하게 된다. 리펑은 곧 베이징 일원에 계엄령을 선포하고 천안문 광장에서 시위 군중을 무력으로 진압하였다. 이 과정에서 1만5000명 이상의 사상자가 발생하게 되었다.

01 [　　　　]은(는) 1966년 중국 공산당의 총서기인 마오쩌둥(毛澤東)에 의해 주도된 대규모 사상 투쟁의 성격을 띤 권력 투쟁이다.

02 [　　　　]은(는) 중세 유럽에서의 봉토 수수에 의해서 성립되었던 지배 계급 내의 주종 관계, 혹은 중국 주나라에서의 씨족적 · 혈연적 관계를 기반으로 했던 통치 조직이다.

03 [　　　　]은(는) B.C. 8C~B.C. 3C에 이르는 중국 고대의 변혁 시대다.

04 신성 로마 제국 하인리히 4세가 성직자의 서임권을 두고 투쟁하던 중 교황 그레고리우스 7세에게 굴복하고 사면을 받은 사건을 [　　　　](이)라고 한다.

05 중국 만주에서 산둥성 지난을 거쳐 난징으로 진격 중이던 일본군이 중국인 포로를 비롯한 일반 시민에게 자행한 대학살 사건은 [　　　　](이)다. 당시 수십만 명의 무고한 사람들이 죽음을 당하였다.

06 [　　　　]은(는) 16~17C 유럽에서 로마 가톨릭교회의 쇄신을 요구하며 출현한 개혁 운동이다.

07 [　　　　]은(는) 내륙 아시아를 횡단하여 중국과 서아시아 · 지중해 연안 지방을 연결하였던 근대 이전의 동서 교역로다.

08 [　　　　]은(는) 중세 서유럽의 카톨릭 국가들이 이슬람교도에 대항하여 성지 예루살렘을 재정복하기 위하여 일으킨 원정군이다.

09 [　　　　]은(는) 14C 말엽부터 16C 초에 걸쳐 이탈리아를 시작으로 전 유럽에 파급된 예술과 문화상의 혁신 운동을 가리킨다. 이를 대표하는 3대 미술가는 레오나르도 다 빈치, 미켈란젤로, 라파엘로다.

10 [　　　　]은(는) 중국사에서 1851~1864년에 홍수전(洪秀全)이 멸만흥한(滅滿興漢)의 구호를 내걸고 광시성에서 일으킨 농민 반란을 말한다.

CHOICE

☐ 십자군 전쟁
☐ 문화 대혁명
☐ 봉건 제도
☐ 카노사의 굴욕
☐ 종교 개혁
☐ 춘추 전국 시대
☐ 비단길
☐ 르네상스
☐ 태평천국 운동
☐ 난징대학살

정　답

01 문화 대혁명
02 봉건 제도
03 춘추 전국 시대
04 카노사의 굴욕
05 난징대학살
06 종교 개혁
07 비단길
08 십자군 전쟁
09 르네상스
10 태평천국 운동

01 한국마사회, 서울특별시농수산식품공사, CJ

다음 내용과 관련된 운동에 대한 설명으로 옳은 것은?

> 이 사업은 부국강병을 목표로 한 군수 공업에 초점을 둘 것이며, 한인 출신의 관리인 증국번과 이홍장 등이 주도한 개혁 운동이다.

① 중체서용의 입장에서 개혁을 추진하였다.
② 러·일 전쟁의 패배로 한계를 드러냈다.
③ 일본의 메이지 유신을 개혁 모델로 삼았다.
④ 서태후를 비롯한 보수파의 반격으로 좌절되었다.

02 삼성

다음에서 제시된 현상이 있었던 시대의 사실로 옳은 것은?

> • 청동 화폐의 등장　　• 토지 사유화의 진행
> • 철제 농기구의 출현　• 소금, 철 등의 상품화

① 남북을 잇는 대운하 건설
② 제자백가의 활동
③ 과거제 도입
④ 균수법과 평준법의 실시

03 한국마사회, 한국폴리텍대학, 삼성, 제주MBC, CBS

다음 중 밑줄 친 사상의 영향을 받아 일어난 사건은?

> 디드로를 편집 책임자로 하여 볼테르, 몽테스키외, 루소, 케네 등 수백 명이 집필에 참여한 것으로 알려진 이 서적은 당시 유럽을 풍미하던 사상을 집대성한 것이라고 할 수 있다.

① 영국에서는 권리 장전이 승인되었다.
② 스위스에서는 칼뱅이 종교 개혁을 일으켰다.
③ 러시아에서는 레닌이 소비에트 정권을 세웠다.
④ 프랑스에서는 제3신분이 구체제를 무너뜨렸다.

04 한국농어촌공사, 한국산업인력공단, 삼성, 세계일보, 연합뉴스

다음에서 설명하는 고대 문명은?

> 강 하류의 비옥한 토지에서 발생한 문명으로 지리적 위치의 폐쇄성 때문에 외부의 침입 없이 2000년 동안 고유 문화를 간직할 수 있었으며 정치·문화적 색채가 단조롭다.

① 메소포타미아 문명
② 에게 문명
③ 황허 문명
④ 이집트 문명

05 한국전력공사, 한국토지주택공사, 삼성, YTN, 국민일보

다음 중 십자군 전쟁이 유럽 사회에 끼친 영향으로 옳지 않은 것은?

① 동양에 대한 관심이 높아졌다.
② 교황의 권위가 떨어졌다.
③ 지중해 연안의 도시가 발달하게 되었다.
④ 봉건 영주의 세력이 강해졌다.

06 한국환경공단, MBC

다음 설명 중 잘못된 것은?

① 백년 전쟁 - 백여 년 동안 프랑스 왕위 계승 문제와 영토 문제로 인한 영국과 프랑스 간의 전쟁
② 장미 전쟁 - 프랑스 왕권을 둘러싸고 랭커스터가와 요크가가 싸운 전쟁
③ 아편 전쟁 - 1840~1842년 아편 무역을 둘러싸고 청나라와 영국 사이에 일어난 전쟁
④ 청·일 전쟁 - 1894~1895년 사이에 조선의 지배권을 놓고 청나라와 일본이 다툰 전쟁

CHAPTER 04

역사

07 국민연금공단, 하나금융그룹, 삼성

종교 개혁이 발생한 원인으로 볼 수 없는 것은?

① 교황권의 쇠퇴
② 왕권의 쇠퇴
③ 자유 정신의 확대
④ 교회의 지나친 세속화와 타락

08 근로복지공단, 경상대학병원, SBS

영국의 민주주의 발달에 있어서 시대적 순서에 맞게 사건을 배열한 것은?

① 마그나 카르타 – 청교도 혁명 – 권리 장전 – 차티스트 운동
② 마그나 카르타 – 청교도 혁명 – 차티스트 운동 – 권리 장전
③ 청교도 혁명 – 마그나 카르타 – 권리 장전 – 차티스트 운동
④ 마그나 카르타 – 권리 장전 – 청교도 혁명 – 차티스트 운동

09 한국공항공사, KT

아편 전쟁과 관련한 설명으로 옳지 않은 것은?

① 아편 전쟁 이후 난징 조약이 체결되어 중국의 5개항을 개항하게 되었다.
② 양무운동의 계기가 되었다.
③ 애로호 사건이 원인이 되어 제1차 아편 전쟁이 발발하였다.
④ 아편 전쟁 이후 중국에 대한 서구 열강들의 침탈이 본격화되었다.

10 울산MBC, 한국언론진흥재단, SK

다음은 어떤 영화의 줄거리 중 일부분이다. 이 장면의 역사적 배경으로 가장 바른 것은?

> 푸구웨이의 딸 펑시아가 새로운 혼인법에 따라 결혼식을 올리고, 마지막으로 마오쩌둥의 사진을 보고 맹세한다. 펑시아가 출산할 무렵 의사들은 반혁명·반당분자로 몰려 자아비판을 당하게 된다. 펑시아가 출산 후 생명이 위급한 상황이지만, 의사는 없고 홍위병 간호사들은 아는 게 없어 어쩔 줄 몰라 당황한다.

① 천안문에서 대학생들이 민주화를 요구하였다.
② 문화 대혁명이 발생하여 사회주의 혁명 정신이 철저하게 강조되었다.
③ 중화 인민 공화국이 설립되어 마오쩌둥이 주석으로 취임하였다.
④ 대약진 운동이 발생하여 중국은 사회주의 건설이 추진되었다.

정답

01	①	02	②	03	④	04	④	05	④	06	②
07	②	08	①	09	③	10	②				

01. 핵심 **Tag** #세계사 #근대 사회 #동양 사회

증국번·이홍장·좌종당 등이 주도한 양무운동은 부국강병을 **목표로** 중체서용의 입장에서 추진되었다. 그러나 청·일 전쟁에서 패배함으로써 양무운동은 한계를 드러냈다.

02. 핵심 **Tag** #세계사 #고대 사회 #동양 사회

제시된 현상은 춘추 전국 시대에 해당한다. 이 시기에는 점차 철제 농기구가 보급되면서 농업 생산력이 획기적으로 증대하게 되었다. 이 외에도 수공업과 상업이 번성하게 되었으며, 소금이나 철(鐵)의 생산으로 판매업자는 이것들을 매매하여 큰 이익을 취했다. 교환 경제의 발달과 더불어 쟁기 모양을 본뜬 포전(布錢), 소도(小刀)의 형을 이룬 도전(刀錢) 등 청동제 화폐가 유통되었다. 또한 부국강병을 위하여 유능한 인재를 등용하고자 하는 사회 분위기 속에서 제자백가가 등장하였다.

03. 핵심 **Tag** #세계사 #근대 사회 #서양 사회

밑줄 친 사상은 이성과 진보를 강조하는 계몽주의를 말하는 것으로, 18C 프랑스에서 유행하였으며 프랑스 혁명의 사상적 배경이 되었다. 프랑스 혁명은 계몽사상의 영향을 크게 받아 사회적 모순에 분노한 시민들이 바스티유 감옥을 습격함으로써 시작되었다. 프랑스 절대 왕정의 구제도를 타파하고 자유·평등 사회의 건설을 목표로 투쟁한 전형적인 시민 혁명이라고 할 수 있다.

04. 핵심 **Tag** #세계사 #고대 사회 #고대 문명

① 비옥한 반달 모양의 티그리스강, 유프라테스강 유역을 중심으로 번성하였으며, 일반적으로는 바빌로니아·아시리아 문명을 가리킨다. 통상 서남아시아 전체의 고대 문명을 광범위하게 지칭하는 경우도 있다.
② 지중해 동부 크레타섬을 중심으로 에게 해 주변 지역에서 일어난 해양 문명이다.
③ 중국 황허 강 중·하류 지역에서 발생한 문명으로 B.C. 5000년~4000년경부터 신석기 문화가 이루어졌다. 좁쌀·기장 등이 재배되었으며 개나 돼지 등도 사육되었다.

05. 핵심 **Tag** #세계사 #중세 사회 #서양 사회

봉건 영주의 세력은 약화되고, 상대적으로 왕권이 강해지면서 중앙 집권 국가로 발전하게 되었다.

06. 핵심 **Tag** #세계사 #중세 사회 #서양 사회

장미 전쟁은 잉글랜드 왕권을 둘러싸고 랭커스터가와 요크가가 싸운 전쟁이다.

07. 핵심 **Tag** #세계사 #근대 사회 #서양 사회

종교 개혁의 발생 원인
- 봉건 사회가 무너지기 시작한 시대적 변화
- 통일 국가들의 교황에 대한 도전으로 교황권의 쇠퇴
- 교황청과 교회의 타락에 대항한 자유 정신의 확대

08. 핵심 **Tag** #세계사 #근대 사회 #서양 사회

마그나 카르타(1215년) - 청교도 혁명(1642~1660년) - 권리 장전(1689년) - 차티스트 운동(1838~1848년)
차티스트 운동은 1838~1848년 영국에서 노동자 계층을 주체로 하여 선거권 획득을 위해 전개된 민중 운동이다.

09. 핵심 **Tag** #세계사 #근대 사회 #동양 사회

범인 수사를 목적으로 청나라 관헌이 광둥에 정박 중인 영국 선박 애로호를 검사하고 영국기를 내린 것이 발단이 되어 생긴 사건은 애로호 사건으로 제2차 아편 전쟁의 발단이 되었다. 제2차 아편 전쟁의 결과 베이징 조약이 체결되었다.

10. 핵심 **Tag** #세계사 #현대 사회 #동양 사회

장예모 감독의 영화 「인생」의 줄거리이다. '홍위병 간호사들'을 통해, 문화 대혁명기가 이 영화의 배경임을 알 수 있다. 문화 대혁명은 마오쩌둥이 그가 시도한 대약진 운동이 식량 위기를 초래하고 파멸적인 결과를 낳자, 이를 만회하기 위해 계급 투쟁을 강조한 대중 운동을 일으키고 그 힘을 빌려 중국 공산당 내부의 반대파들을 제거한 후 권력을 재탈환하는 것이 목적이었다.
그는 부르주아계급의 자본주의 요소가 당을 지배하고 있으니 이를 제거해야 한다고 주장하였으며, 중국의 젊은이들의 사상과 행동을 규합해 '혁명 이후의 계급 투쟁'을 통해 자본주의 요소들은 제거해야 한다고 하였다. 이는 중국 전역에서 벌어진 홍위병의 움직임으로 구체화되었다가, 마오쩌둥의 사망으로 1976년에 종결되었다.

CHAPTER 04 역사

**에듀윌이
너를
지**지할게

ENERGY

어제의 비 때문에
오늘까지 젖어있지 말고,
내일의 비 때문에
오늘부터 우산을 펴지 마라.

– 이수경, 『낯선 것들과 마주하기』, 한울

PART
04

FINAL 기출복원문제

: 3개 기업 기출복원문제로
실전상식 최종점검

1회 한국 폴리텍대학

2회 TV조선 취재기자

3회 한국주택금융공사

FINAL 기출복원문제

1회. 한국 폴리텍대학
(2020년 6월 20일 시험)

01 다음 중 OECD 가입국이 <u>아닌</u> 국가는?

① 칠레
② 중국
③ 그리스
④ 콜롬비아
⑤ 룩셈부르크

02 금융기관의 건전성을 평가하는 지표와 관계가 먼 것은?

① BIS 비율
② 펀드런
③ 대손충당금
④ 자기자본비율
⑤ 고정이하여신비율

03 세계 3대 원유로만 묶인 것은?

① 오만유, 브렌트유, 텍사스 중질유
② 아랍라이트유, 브렌트유, 두바이유
③ 쿠웨이트유, 오만유, 텍사스 중질유
④ 두바이유, 브렌트유, 텍사스 중질유
⑤ 아랍라이트유, 쿠웨이트유, 두바이유

04 다음에 나타난 소비 행태와 연관성이 가장 큰 신조어는?

> 이들은 삼각김밥으로 간단히 끼니를 해결하면서도 돈을 모아 명품 신발이나 의류 등을 구매하며 본인의 만족을 추구한다. 철저한 가격 비교를 통해 생필품에 대한 소비는 극도로 절제하면서, 자신에게 행복을 줄 수 있는 소비에는 과감한 모습을 보인다.

① 소확행
② 니트족
③ 편백족
④ 파이어족
⑤ 노케미족

05 기후변화가 초래할 수 있는 경제·금융 위기를 뜻하는 말은?

① 레드오션
② 블랙스완
③ 그린스완
④ 하얀 코끼리
⑤ 회색 코뿔소

06 다음 중 임기가 <u>다른</u> 공직자는?

① 국회의원
② 대법원장
③ 감사원장
④ 지방자치단체 의원
⑤ 지방자치단체의 장

07 온라인상에 남은 흔적을 없애주는 전문가를 뜻하는 말은?

① 디지털 단식
② 디지털 디톡스
③ 디지털 장의사
④ 디지털 리터러시
⑤ 디지털 디바이드

08 다음에서 설명하는 것은?

- 제조업체에서 지시한 것이 아닌 자신의 독창적인 방식으로 제품을 활용하는 소비자
- 짜파게티와 너구리를 합쳐 만든 짜파구리처럼 '나만의 레시피'가 인기를 끄는 현상

① 프로슈머
② 그린슈머
③ 앰비슈머
④ 모디슈머
⑤ 트라이슈머

09 학교전담경찰관을 의미하는 줄임말은?

① SCO
② SOS
③ SPC
④ SPP
⑤ SPO

10 다음은 어떤 나라에 대한 설명인가?

> 유럽 발칸반도 중앙부에 자리 잡은 내륙국으로서 제2차 세계대전 이후 유고슬라비아 연방으로 통합해 존속하다가 1991년 유고슬라비아 연방이 해체되며 분리됐다. 2008년에는 알바니아인이 다수를 이루는 남부 지역의 코소보가 분리 독립을 선언했다.

① 세르비아
② 슬로바키아
③ 마케도니아
④ 몬테네그로
⑤ 크로아티아

11 다음 중 부동산 투자를 전문으로 하는 펀드는?

① 리츠
② 모태펀드
③ 헤지펀드
④ 메자닌펀드
⑤ 액티브펀드

12 태양광·풍력 발전으로 생산된 전기를 배터리에 저장했다가 일시적으로 전력이 부족할 때 쓸 수 있도록 하는 에너지 저장 시스템은?

① OCB
② GCB
③ UVR
④ NFB
⑤ ESS

13 고려 시대 서경으로 불렸던 지역에서 일어난 사실로 옳지 <u>않은</u> 것은?

① 장보고가 청해진을 설치하였다.
② 안창호가 대성 학교를 설립했다.
③ 김구가 참석한 남북 협상이 열렸다.
④ 묘청이 천도를 주장하며 난을 일으켰다.
⑤ 조만식이 물산 장려 운동을 시작하였다.

14 다음 중 단군의 건국 및 고조선에 대한 기록이 남아 있는 역사서가 <u>아닌</u> 것은?

① 삼국유사
② 삼국사기
③ 제왕운기
④ 동국통감
⑤ 동국여지승람

15 2018년 해병대에 도입된 국산 상륙 기동 헬기의 명칭은?

① 수리온
② 아라온
③ T−50
④ 마린온
⑤ FA−50

16 여성 1명이 평생 동안 낳을 수 있는 평균 자녀 수를 일컫는 용어는?

① 출산율
② 출생률
③ 일반출산율
④ 가임출산율
⑤ 합계출산율

17 다음 중 G20 국가가 <u>아닌</u> 것은?

① 호주
② 인도
③ 중국
④ 브라질
⑤ 스페인

18 MAGA에 속하지 <u>않는</u> 기업은?

① 구글
② 애플
③ 아마존
④ 알리바바
⑤ 마이크로소프트

19 영구정지된 원전으로 묶인 것은?

① 고리 3호기, 한울 1호기
② 고리 3호기, 한울 1호기
③ 고리 1호기, 한빛 1호기
④ 월성 1호기, 한빛 1호기
⑤ 월성 1호기, 고리 1호기

20 '활동적인 삶을 살고 있는 노인들'이란 뜻의 신조어는?

① 딩크족
② 듀크족
③ 딘트족
④ 오팔족
⑤ 루비족

01 자신의 목적을 이루기 위해 상대방의 행동을 통제하고 조종하는 현상을 일컫는 심리학 용어는?

① 가스라이팅
② 브레인스토밍
③ 게슈탈트 과정
④ 가르시아 효과

02 '문화적 유전자'를 의미하며 온라인상에서 재창조되고 복제되는 영상이나 그림 등을 뜻하기도 하는 것은?

① 짤
② 밈
③ 깡
④ 드립

03 우리나라에서 검찰총장에 대해 수사지휘권을 처음으로 발동한 법무부 장관은?

① 조국
② 추미애
③ 박상기
④ 천정배

04 검찰수사심의위원회에 대한 설명으로 옳지 않은 것은?

① 위원장은 검찰총장이 위원 중에서 지명한다.
② 검찰은 수사 시 검찰수사심의위원회의 결정에 따라야 한다.
③ 법조계 이외 언론인이나 시민단체 관계자도 위원으로 참가할 수 있다.
④ 공소 제기 및 불기소 처분, 구속영장 청구 및 재청구 여부를 심의할 수 있다.

05 다음 중 언론사가 정정보도 청구를 거부할 수 있는 이유가 아닌 것은?

① 정정보도의 청구가 상업적인 광고만을 목적으로 하는 경우
② 보도를 안 날로부터 1개월이 지난 보도에 대한 정정보도 청구인 경우
③ 피해자가 정정보도 청구권을 행사할 정당한 이익이 없는 경우
④ 청구된 정정보도의 내용이 명백히 사실과 다른 경우나 위법한 내용인 경우

06 다음 중 용어에 대한 설명이 옳지 않은 것은?

① 욜로 : 한번뿐인 인생이니 원하는 삶을 살라는 뜻
② 메멘토모리 : 반드시 죽는다는 것을 기억하라는 뜻
③ 아모르파티 : 지금 살고 있는 현재 이 순간에 충실하라는 뜻
④ 세렌디피티 : 실수나 우연한 계기를 통해 운 좋게 발견한 것

07 다음의 빈칸에 들어갈 내용을 바르게 연결한 것은?

> ( )은(는) 음주운전으로 인명 피해를 낸 운전자에 대한 처벌 수위를 높이는 내용의 법안이다. 이 법에 따르면 혈중알코올농도가 ( )일 경우 운전면허가 정지된다.

① 김용균법 – 0.01~0.06%
② 윤창호법 – 0.03~0.08%
③ 김용균법 – 0.05%~0.1%
④ 윤창호법 – 0.08%~0.1%

08 빌보드 '핫 100' 차트에서 최초로 1위를 차지한 방탄소년단의 곡은?

① Dynamite
② FAKE LOVE
③ Mic Drop
④ 작은 것들을 위한 시

09 외부에서 침투한 바이러스에 대항하기 위해 인체의 면역력이 과도하게 증가해 대규모 염증 반응이 나오는 증상은?

① 혈전
② 패혈증
③ 다발성 장기부전
④ 사이토카인 폭풍

10 2021년 최저시급은 얼마이며 2020년 대비 얼마가 인상됐는가?

① 8590원, 90원
② 8650원, 110원
③ 8720원, 130원
④ 8840원, 150원

11 다음 중 외래어를 <u>잘못</u> 표기한 것은?

① 메세지
② 액세서리
③ 리더십
④ 클라이맥스

12 현재 일본 총리는?

① 스가 요시노리
② 스가 요시히데
③ 스가 히데토시
④ 스가 히데요시

13 조선 현종 때 효종의 어머니 조대비의 복상 문제를 두고 남인과 서인이 대립한 사건은?

① 무오사화
② 예송논쟁
③ 경신환국
④ 기묘사화

14 다음 중 국회 인사청문회 대상이 <u>아닌</u> 공직자는?

① 금융감독원 원장
② 국가인권위원회 위원장
③ 방송통신위원회 위원장
④ 중앙선거관리위원회 위원

15 초·중·고등학교와 국공립 유치원에 의무적으로 적용되고 있는 국가회계관리시스템은?

① ERP
② NEIS
③ dBrain
④ 에듀파인

16 트라이애슬론의 세부 종목이 <u>아닌</u> 것은?

① 수영
② 사격
③ 사이클
④ 달리기

17 OTT 서비스와 운영사를 <u>잘못</u> 연결한 것은?

① wavve – SK텔레콤
② tving – CJ ENM
③ Seezn – KT
④ HBO max – 아마존

18 2020년 의사들이 집단 휴진을 벌이며 반대한 정부의 4대 의료 정책에 해당하지 <u>않는</u> 것은?

① 의대 정원 확대
② 공공의대 설립
③ 한방 기구 사용
④ 비대면 진료 확대

19 20년 넘게 장기집권 중인 알렉산더 루카센코 대통령의 퇴진을 요구하는 시위가 이어진 나라는?

① 벨라루스
② 카자흐스탄
③ 키르기스스탄
④ 아제르바이잔

20 근거 없는 사실을 조작해 상대편을 중상모략하는 흑색선전을 뜻하는 말은?

① 보이콧
② 마타도어
③ 사보타주
④ 스트라이크

01 다음 중 민간택지 내 분양가상한제 지정의 필수요건은?

① 직전 3개월 주택거래량이 전년 동기 대비 20% 이상 증가
② 직전 12개월 평균 분양가격 상승률이 물가상승률의 2배 초과
③ 주택가격 상승률이 물가상승률보다 높아 투기과열지구로 지정된 지역
④ 청약경쟁률이 직전 2개월 모두 5 대 1, 국민주택규모에서 10 대 1 초과
⑤ 직전 월 해당 지역 주택가격 상승률이 소비자 물가상승률의 130% 초과한 지역

02 2020년 5월 28일 한국은행이 결정한 기준금리는?

① 0.25%
② 0.50%
③ 0.55%
④ 0.75%
⑤ 0.85%

03 다음 중 GDP 계산에 포함되지 <u>않는</u> 것은?

① 신규 주택 매입
② 파출부의 가사노동
③ 농부의 자가 소비 농산물
④ 정부가 주는 긴급재난지원금
⑤ 금년에 생산했지만 판매되지 않은 재고

04 다음에 제시된 내용에서 나타난 논리적 오류는?

> 어젯밤 소주에 고춧가루를 풀어 마시고 며칠 쉬었더니 감기가 씻은 듯이 나았다. 내 성을 키우는 약에 의존하기보다는 역시 민간요법이 더 효과가 있다.

① 인과의 오류
② 순환논증의 오류
③ 원천봉쇄의 오류
④ 매듭 자르기의 오류
⑤ 성급한 일반화의 오류

05 다음 중 제품을 주어진 매뉴얼대로 쓰기보다는 창조적으로 변형해서 사용하는 소비자를 일컫는 말은?

① 모디슈머
② 안티슈머
③ 프로슈머
④ 블루슈머
⑤ 리서슈머

06 다음에서 허츠버그의 2요인 이론 중 위생요인에 해당하는 것은 몇 개인가?

> • 성취감
> • 직무 내용
> • 감독
> • 개인 생활
> • 상사 및 동료, 부하의 관계
> • 지위 · 안전

① 0개
② 1개
③ 2개
④ 3개
⑤ 4개

07 마이클 포터의 5세력 모형에서 설명하는 세력이 **아닌** 것은?

① 고객
② 판매촉진자
③ 전통적 경쟁자
④ 대체 제품과 서비스
⑤ 새로운 시장 진입자

10 카르텔과 트러스트에 대한 설명으로 옳은 것은?

① 카르텔은 기업합동 또는 기업합병이라고 한다.
② 우리나라에서는 카르텔을 법적으로 허용하고 있다.
③ 카르텔은 기업 간 법률·경제적 독립성을 유지한다.
④ 트러스트는 공동 판매소를 만들어 판매하는 형태이다.
⑤ 카르텔은 서로 다른 분야의 기업들이 연합하는 형태이다.

08 재무관리에서 NPV에 대한 설명으로 옳지 **않**은 것은?

① 투자계획의 현재가치를 0으로 만들어주는 할인율과 같다.
② NPV가 0보다 크면 일단 그 사업은 채택 가능한 것으로 판단할 수 있다.
③ 투자로 인한 기업가치나 프로젝트 가치의 증분을 현재가치로 환산한 것이다.
④ 현재의 비용으로 재투자하는 방법을 사용하므로 IRR보다 보수적인 평가 방법이다.
⑤ 편익과 비용을 할인율에 따라 현재가치로 환산하고 편익의 현재가치에서 비용의 현재가치를 뺀 값이다.

09 다음 중 상품의 독점 정도를 측정하는 지수는?

① 엥겔지수
② 러너지수
③ 로렌츠곡선
④ 슈바베지수
⑤ 소비자물가지수

정답과 해설 Answer & Explanation

1회. 한국 폴리텍대학

정답

01	②	02	②	03	④	04	③	05	③
06	②	07	③	08	④	09	⑤	10	①
11	①	12	⑤	13	①	14	②	15	④
16	⑤	17	⑤	18	④	19	⑤	20	④

01 ②

경제협력개발기구(OECD, Organization for Economic Co-operation and Development)는 자유시장 원칙과 대의 민주주의 제도를 확립한 국가 간의 협력 기구로서 이른바 '선진국 클럽'이라고 불린다. OECD 회원국은 ▲그리스 ▲네덜란드 ▲노르웨이 ▲뉴질랜드 ▲대한민국 ▲덴마크 ▲독일 ▲라트비아 ▲룩셈부르크 ▲리투아니아 ▲멕시코 ▲미국 ▲벨기에 ▲스웨덴 ▲스위스 ▲스페인 ▲슬로바키아 ▲슬로베니아 ▲아이슬란드 ▲아일랜드 ▲에스토니아 ▲영국 ▲오스트리아 ▲이스라엘 ▲이탈리아 ▲일본 ▲체코 ▲칠레 ▲캐나다 ▲터키 ▲포르투갈 ▲폴란드 ▲프랑스 ▲핀란드 ▲헝가리 ▲호주 ▲콜롬비아 등 37개국이다.

02 ②

펀드런(fund run)은 금융시장 불안으로 인해 투자자들이 펀드가 부실해질 것이란 소문을 듣고 먼저 환매하겠다고 덤비는 사태를 말한다. 은행이 부실해지면 예금자들이 먼저 은행에 달려가서 대규모로 예금을 인출하는 뱅크런(bank run)과 유사하다.

03 ④

세계 3대 원유는 ▲중동 두바이(Dubai)유 ▲영국 북해산 브렌트(Brent)유 ▲미국 서부 텍사스 중질유(WTI, West Texas Intermediate)이다. 이 3대 원유의 동향에 따라 국제 원유의 물량과 가격이 결정된다.

04 ③

편백족이란 편의점과 백화점을 동시에 이용하는 소비 성향을 보유한 사람들을 의미한다. 생필품이나 간단한 식사 등은 편의점을 통해 해결하는 반면, 백화점에서 명품 등 비싼 제품을 소비하는 것이 편백족의 특징이다.

① 소확행 : '소소하지만 확실한 행복'의 줄임말
② 니트족 : 학업·취업·직업훈련을 할 의욕이 전혀 없는 15~34세의 젊은 세대
④ 파이어족 : 젊었을 때 임금을 극단적으로 절약하여 노후자금을 빨리 확보해, 늦어도 40대에는 퇴직하고자 하는 사람
⑤ 노케미족 : 화학물질(chemicals)이 들어간 제품을 거부하는 사람들

05 ③

예상할 수 없었던 위험 요인인 ②블랙스완(black swan·검은 백조)에서 파생된 그린스완(green swan·녹색 백조)에 대한 설명이다.

① 레드오션 : 경쟁자가 많고 경쟁이 치열한 시장
④ 하얀 코끼리 : 대형 행사를 치르기 위해 건설했지만 행사가 끝난 뒤에는 유지비만 많이 들고 쓸모가 없어 애물단지가 돼버린 시설물
⑤ 회색 코뿔소 : 지속적인 경고가 나와서 충분히 예상할 수 있는데도 쉽게 간과하는 위험 요인

06 ②

대법원장의 임기는 6년이며 나머지는 4년이다. 주요 공직자의 임기는 ▲임기 2년(국회의장·국회부의장·검찰총장) ▲임기 4년(국회의원·지방자치단체의 장 및 의원·감사원장·감사위원) ▲임기 5년(대통령) ▲임기 6년(대법원장·대법관·헌법재판소 재판관·중앙선거관리위원회 위원장 및 위원) 등이다.

07 ③

디지털 장의사란 온라인상에 남은 흔적을 없애주는 전문가다. 디지털 시대에 사는 사람들은 자신의 의지와 상관없이 사이트 접속 기록, 글, 사진, 동영상 등 디지털 족적을 남기게 된다. 개인이 이를 일일이 찾기 어려울뿐더러 삭제도 불가능한 경우가 대부분이다. 디지털 장의사는 온라인 평판을 모니터링하고 적극적으로 관리해주는 '온라인 평판 관리(ORM, Online Reputation Management)' 서비스의 일종이다.

① **디지털 단식** : 정보 습득으로 인한 스트레스에서 벗어나기 위해 디지털 기기를 의도적으로 쓰지 않는 것

② **디지털 디톡스** : 디지털 기기의 과도한 사용으로 인한 부작용을 해독하기 위한 처방 요법

④ **디지털 리터러시** : 디지털 미디어에 의해 만들어지는 정보들을 비판적으로 수용하고, 스스로도 디지털 미디어를 통해 의미를 만들어내고 전파할 수 있는 능력

⑤ **디지털 디바이드** : 디지털 시대가 되면서 정보 접근성에 따라 경제적·사회적 격차가 커지는 현상

08 ④

'변형하다(modify)'와 '소비자(consumer)'를 합성한 모디슈머는 자신이 재창조한 방식으로 제품을 즐기는 소비자들을 말한다.

① **프로슈머(prosumer)** : 직접 생산에 참여하는 소비자

② **그린슈머(greensumer)** : 환경보호에 도움이 되는 제품의 구매를 지향하는 소비자

③ **앰비슈머(ambisumer)** : 무조건 저렴한 물건만 사는 게 아니라 상황에 따라 비싼 물건도 적절하게 구입하는 양면적인 소비자

⑤ **트라이슈머(trysumer)** : 제품을 구입하기 전에 직접 사용하며 효과를 체험한 뒤 구매를 결정하는 소비자

09 ⑤

학교전담경찰관은 학교 폭력 예방대책의 일환으로 2012년 도입돼 전국에 배치되어 학교폭력 방지 및 청소년 선도 관련 업무를 전담하는 경찰관이다. 영어로는 'School Police Officer'이며 줄여서 SPO라고

지칭한다.

10 ①

세르비아는 몬테네그로, 크로아티아 및 슬로베니아를 비롯해 유고슬라비아로 통합해 존속하다가 1991년 유고슬라비아 연방이 해체된 이후 몬테네그로와 함께 세르비아 몬테네그로 연방을 구성했다. 2006년 세르비아와 몬테네그로도 분리됐으며 2008년에는 알바니아인이 다수를 이루는 세르비아 남부 지역의 코소보가 독립을 선언했다. 세르비아는 코소보를 유엔 코소보 임시행정부가 통치하는 자치주로 보며 독립을 인정하고 있지 않으나 코소보를 독립국으로 인정한 나라도 많이 있다.

11 ①

리츠(REITS, Real Estate Investment TrustS)는 부동산 투자를 전문으로 하는 뮤추얼펀드(유가증권 투자를 목적으로 설립된 주식회사 형태의 법인)다. 소액의 투자자들을 모아 부동산 또는 부동산 관련 대출에 투자하여 발생한 수익을 배당으로 지급한다. 리츠는 주로 부동산개발사업·임대·주택저당채권 등의 투자로 수익을 올리며, 만기는 3년 이상이 대부분이다. 소액으로도 부동산 투자가 가능해 일반인들도 쉽게 참여할 수 있고, 실물자산인 부동산에 투자하므로 수익이 비교적 안정적이다.

② **모태펀드(fund of funds)** : 정부가 기금 및 예산을 벤처기업에 직접 투자하지 않고 창업투자회사 등 벤처캐피털(VC)에 출자하는 것을 목적으로 하는 상위의 펀드

③ **헤지펀드(hedge fund)** : 투자 위험을 안고 높은 수익을 추구하는 적극적 투자자본

④ **메자닌펀드(mezzanine fund)** : 채권과 주식 사이에 존재하는 혼합 형태의 펀드

⑤ **액티브펀드(active fund)** : 시장수익률을 초과하는 수익을 올리기 위해 펀드매니저들이 적극적인 운용전략을 펴는 펀드

12 ⑤

에너지저장장치(ESS)에 대한 설명이다. ESS는 화력, 풍력, 태양광 발전 등으로 만들어진 잉여전력을 모

아 보관했다가 적시에 가정이나 공장, 빌딩 등 필요한 곳에 공급할 수 있는 저장장치를 말한다. 날씨 등의 영향을 크게 받는 신재생에너지를 안정적으로 공급하기 위해 필수적인 미래 유망 사업으로 꼽힌다.

13 ①

고려 시대 서경으로 불린 지역은 현재 북한 수도인 평양이다. 장보고가 청해진을 설치한 곳은 전라남도 완도다.

14 ②

고려 시대 중기 김부식이 편찬한『삼국사기』는 '신라본기'가 책머리에 등장하며 단군신화와 고조선의 기록은 찾아볼 수 없다.

15 ④

마린온(MARINEON)은 육군 헬기인 수리온을 개조해 2018년부터 해병대에 도입한 상륙 기동헬기다. 명칭은 해병대 영문 표기인 '마린(MARINE)'과 국산 기동 헬기 '수리온(SURION)'을 합성한 것이다. 육상과 해상 및 함정 환경에 적합하도록 개발했다. 최대 순항속도는 시속 265km에 달하고 2시간 이상 비행할 수 있다. 7.62mm 기관총 2정을 장착하고 있으며 최대 탑승 인원은 9명이다.
① **수리온** : 2012년부터 생산돼 육군에 배치된 첫 한국형 중형 기동 헬리콥터
② **아라온** : 2009년부터 남극 및 북극 등에서 보급·연구 활동을 하고 있는 한국 최초의 쇄빙 연구선
③ T-50 : 2005년 양산된 국내 최초로 개발한 초음속 고등 훈련기
⑤ FA-50 : 2013년 실전 배치된 국내 최초로 개발한 다목적 전투기

16 ⑤

합계출산율(合計出産率)에 대한 설명이다.
① **출산율** : 가임 연령기의 여자 1명당 출생아 수의 비율

② **출생률** : 일정한 기간에 출생한 사람의 수가 인구에 대하여 차지하는 비율
③ **일반출산율** : 특정 1년간의 총 출생아 수를 당해 연도의 가임 여자 인구로 나눈 수치를 1000 분비로 나타낸 것

17 ⑤

세계경제 협의기구인 G20(Group of 20)의 회원국은 ▲미국 ▲영국 ▲프랑스 ▲독일 ▲이탈리아 ▲캐나다 ▲일본(이상 G7)과 ▲러시아 ▲한국 ▲중국 ▲아르헨티나 ▲인도 ▲터키 ▲브라질 ▲멕시코 ▲호주 ▲남아프리카공화국 ▲사우디아라비아 ▲인도네시아 ▲EU 의장국 등이다.

18 ④

MAGA는 미국의 IT업계를 선도하는 마이크로소프트(Microsoft), 애플(Apple), 구글(Google), 아마존(Amazon)의 첫 글자를 딴 말이다.

19 ⑤

2017년 6월 고리 1호기에 이어서 2019년 12월 월성 1호기의 영구정지가 확정됐다.

20 ④

오팔족(OPAL族)은 '활동적인 삶을 살고 있는 노인들(Old People with Active Life)'의 머리글자를 딴 것으로서 경제적 풍요와 의학의 발달에 힘입어 적극적이고 활동적으로 사는 노인들을 일컫는 용어다.

2회. TV조선 취재기자

정답

01	①	02	②	03	④	04	②	05	②
06	③	07	②	08	①	09	④	10	③
11	①	12	②	13	②	14	①	15	④
16	②	17	④	18	③	19	①	20	②

01 ①

가스라이팅(gaslighting)은 상황 조작을 통해 타인의 마음에 스스로에 대한 의심을 불러일으켜 현실감과 판단력을 잃게 함으로써 그 사람을 정신적으로 황폐화하는 것을 뜻하는 심리학 용어다. 스릴러 영화 거장 알프레드 히치콕 감독의 작품 '가스등(gaslight)'(1944)에서 착안했다. 영화에서 여주인공은 자신의 재산을 노리고 접근한 남자의 계략에 의해 스스로 미쳤다고 생각하는 지경에 이르게 된다.

02 ②

밈(meme)은 1976년 영국 진화생물학자 리처드 도킨스가 저서 『이기적 유전자』에서 문화의 진화를 설명할 때 사용한 용어로서, 생물학적 유전자(gene)처럼 개체의 기억에 저장되거나 다른 개체의 기억으로 복제될 수 있는 '문화적 유전자'를 의미한다. 최근에 밈은 온라인이나 SNS에서 널리 유행하는 특정 사진이나 영상 등을 의미하는 용어로 자주 쓰이고 있다.

03 ④

검찰총장에 대한 법무부 장관의 수사지휘권은 천정배 법무부 장관이 2005년 10월 처음으로 발동했다. 당시 동국대학교 강정구 교수가 한국전쟁을 통일전쟁으로 표현한 것에 검찰이 국가보안법 위반 혐의로 강정구 교수에 대한 구속수사를 시도하자, 천정배 장관은 헌정사상 최초로 검찰청법 8조에 근거해 수사지휘권을 행사하며 불구속수사 지시를 내렸다. 두 번째 수사지휘권 발동은 2020년 7월 2일 추미애 법무부 장관이 '검언유착' 의혹과 관련해 윤석열 검찰총장에게 전문수사자문단 심의 절차를 중단하고,

수사팀으로부터 수사 결과만 보고받도록한 것이다. 같은 해 10월 19일 추미애 법무부 장관은 라임자산운용 사건과 윤석열 검찰총장 처가 의혹 사건과 관련해 세 번째 수사지휘권을 발동했다.

04 ②

검찰수사심의위원회의 결정은 권고 효력만 있다.

05 ②

언론사가 정정보도 청구를 거부할 수 있는 이유는 ▲정정보도의 청구가 상업적인 광고만을 목적으로 하는 경우 ▲피해자가 정정보도 청구권을 행사할 정당한 이익이 없는 경우 ▲청구된 정정보도의 내용이 명백히 사실과 다른 경우나 위법한 내용인 경우 ▲청구된 정정보도의 내용이 국가, 지방자치단체 또는 공공단체의 공개회의와 법원의 공개재판절차의 사실보도에 관한 것인 경우 등이다. 사실이 아닌 잘못된 언론보도로 피해를 입은 사람은 해당 언론보도 등이 있음을 안 날로부터 3개월 이내에 해당 언론업체에 그 언론보도 등의 내용에 관한 정정보도를 청구할 수 있다.

06 ③

아모르파티(amor fati)는 라틴어로서 '네 운명을 사랑하라'는 뜻으로서 자신의 인생에서 벌어지는 일을 인식하고 책임지며 진정한 삶의 주체가 되라는 의미다.

07 ②

윤창호법은 음주운전으로 인명 피해를 낸 운전자에 대한 처벌 수위를 높이는 내용의 '도로교통법 및 특정범죄 가중처벌 등에 관한 법률 개정안'을 말한다. 윤창호법 시행에 따라 운전면허 정지 기준은 기존 혈중알코올농도 0.05%~0.10% 미만에서 0.03~0.08% 미만, 운전면허 취소 기준은 기존 혈중알코올농도 0.10% 이상에서 0.08% 이상으로 강화됐다.

08 ①

방탄소년단(BTS)은 2020년 8월 31일 '다이너마이트

(Dynamite)'라는 곡으로 한국 가수 가운데 처음으로 빌보드 메인 싱글 차트인 '핫 100' 1위를 차지했다.

09 ④

바이러스가 몸속으로 들어오면 우리 몸은 면역 물질인 사이토카인을 분비하는데, 코로나19와 같은 신종 바이러스가 나타나면, 사이토카인이 지나치게 분비돼 정상세포를 공격하는 등 면역체계를 파괴한다. 이를 사이토카인 폭풍(cytokine storm)이라고 한다.

10 ③

2021년 최저임금은 2020년 8590원보다 1.5%(130원) 오른 8720원으로 결정됐다.

11 ①

메세지가 아니라 메시지로 표기해야 한다.

12 ②

스가 요시히데(菅義偉, 1948~) 전 일본 관방장관은 2020년 9월 16일 아베 신조 전 총리의 후임자로 총리에 취임했다.

13 ②

1차 예송논쟁(기해예송)은 1659년 효종이 사망하자 인조의 계비였던 자의대비가 계모로서 상복을 몇 년 입어야 하느냐를 두고 서인과 남인이 벌인 논쟁으로 서인이 이겼다. 2차 예송논쟁(갑인예송)은 1674년 효종의 부인이자 현종의 어머니인 인선황후가 사망하자 자의대비가 시어머니로서 상복을 몇 년 입어야 하느냐로 벌인 논쟁으로 이때는 남인이 승리했다.

14 ①

금융감독원 원장은 금융위원회의 의결을 거쳐 금융위원회 위원장의 제청으로 대통령이 임명하며 임기는 3년이고 한 번에 한해 연임이 가능하다. 임명 시 국회 인사청문회를 거치지는 않는다.

15 ④

에듀파인은 사립 유치원에서 업계의 반대로 도입되지 못하다가 사립 유치원 비리 파문을 계기로 유치원 3법이 통과됨에 따라 2020년까지 모든 사립 유치원에 적용됐다.

16 ②

트라이애슬론(triathlon · 철인삼종경기)은 일반적으로 수영, 사이클, 달리기를 연달아서 한다.

17 ④

HBO max는 워너미디어가 운영하고 있다. 아마존이 운영하는 OTT(Over The Top) 서비스는 프라임 비디오(prime video)다. OTT는 인터넷을 통해 통신 · 방송사가 제공하는 모든 인터넷 동영상 서비스를 말한다.

18 ③

정부의 4대 의료 정책은 ▲의대 정원 확대 ▲공공의대 설립 ▲비대면 진료 확대 ▲한방 첩약 급여화로 요약된다.

19 ①

동유럽의 소국 벨라루스에서 벌어진 일이다. 알렉산더 루카셴코 벨라루스 대통령은 1994년부터 집권을 시작했다.

20 ②

마타도어는 근거 없는 사실을 조작해 상대편을 중상모략하거나 그 내부를 교란시키기 위해 하는 흑색선전을 뜻하며 정치권에서 자주 쓰이는 말이다. 스페인에서 성행해온 투우에서 소의 정수리를 찔러 죽이는 투우사를 뜻하는 'matador(마타도르)'에서 유래했다.

3회. 한국주택금융공사

정답

01	③	02	②	03	④	04	①	05	①
06	⑤	07	②	08	①	09	②	10	③

01 ③

주택가격 상승으로 인한 투기과열지구 지정은 민간택지 내 분양가상한제 지정의 필수요건이다. ①주택거래량 ②분양가격 ④청약경쟁률은 분양가상한제 지정의 선택요건이다. ⑤는 투기지역 지정요건이다. 분양가상한제는 주택 분양가격을 '택지비+건축비' 이하로 제한하는 제도다. 분양가 자율화 이후 고분양가 논란과 주택가격 급등에 따른 시장 불안이 커지면서 투기수요 억제와 실수요자 보호를 위해 도입된 제도다. 2005년 공공택지 내 주택에 적용됐고 2007년 민간택지로 확대됐다. 2015년 중단됐다가 투기 대책으로 2019년 부활했으며 주택법 시행령 개정안은 분양가상한제 적용 지역 요건을 '투기과열지구로 지정된 지역'으로 확대했다.

02 ②

한국은행은 2020년 5월 28일 기준금리를 기존 연 0.75%에서 0.50%로 인하했고, 8월 21일에는 0.50%인 기준금리를 동결했다.

03 ④

GDP(Gross Domestic Product, 국내총생산)는 한 나라의 영역 안에서 새롭게 생산한 가치를 말하는 것으로, 생산 활동이 아닌 단순한 소득 이전은 GDP 계산에 포함되지 않는다. 정부가 거두는 세금이나 긴급재난지원금, 출산장려금, 저소득층지원금처럼 세금을 다시 돌려주는 행위, 부모가 자녀에게 주는 용돈이나 세뱃돈 등은 생산된 자원의 소유권만 이동시킨 것으로서 GDP 계산에 포함되지 않는다.

04 ①

제시된 내용은 인과의 오류에 해당하는 것이다. 인과의 오류는 단지 시간상으로 앞선다는 이유만으로 어떤 것을 다른 것의 원인으로 가정하는 것이다. 제시된 내용은 소주에 고춧가루를 풀어 마신 행위가 감기가 낫기 전에 있었다는 이유만으로 감기를 낫게 한 원인이라고 보고 있다. 그러나 대부분 감기는 보통 며칠 쉬면 낫기 마련이며 음주는 오히려 위장과 간의 기능을 저하해 감기 치료에 악영향을 미친다.

05 ①

'변형하다(modify)'와 '소비자(consumer)'의 합성어인 모디슈머(modisumer)에 대한 설명이다.

② **안티슈머**(anti-sumer) : 소비 욕구와 흥미 자체를 상실해 소비를 회피하거나 거부하는 소비자

③ **프로슈머**(prosumer) : 기업의 '생산자(producer)'와 '소비자(consumer)'의 합성어, 제품 개발을 할 때 소비자가 직접적 또는 간접적으로 참여하는 방식

④ **블루슈머**(bluesumer) : 경쟁자가 없는, 무한 잠재력을 가진 새로운 시장을 의미하는 '블루오션(blue ocean)'과 '소비자(consumer)'의 합성어, 다른 경쟁자가 없는 새로운 시장을 주도하고 창출하는 주체로서의 소비자

⑤ **리서슈머**(researsumer) : '리서처(researcher)'와 '소비자(consumer)'의 합성어, 자신이 관심 있는 소비 분야를 지속해서 연구하고 탐색하는 전문가적 소비자

06 ⑤

허츠버그의 2요인 이론(동기-위생 이론)은 인간의 욕구 가운데 동기요인과 위생요인의 두 가지가 있으며 이 두 요인은 서로 독립되어 있다는 것을 말한다. 동기요인(만족요인)은 조직구성원에게 만족을 주고 동기를 유발하는 요인이며 위생요인(불만요인)은 욕구 충족이 되지 않으면 조직구성원들의 불만족을 초래하지만 욕구를 충족시켜 준다고 해도 직무 수행 동기 유발로는 이어지지 않는 요인이다. 동기요인에는 성취감, 직무 내용, 인정, 성장·발전 등이 있으며 위생요인으로는 정책·관리, 감독, 상사 및 동료, 부하의 관계, 개인 생활, 지위·안전 등이 있다. 제시된 박스에서 성취감과 직무 내용 이외 4개 항목은 모두 위생요인에 해당한다.

07 ②

마이클 포터의 5세력 모형(five forces model)은 기업에 대한 5가지 경쟁 세력을 나타낸 모형으로서 ▲전통적 경쟁자 ▲새로운 시장 진입자 ▲대체 제품과 서비스 ▲고객 ▲공급자 등 5개 경쟁 세력이 기업의 운명을 좌우한다고 보았다.

08 ①

NPV(Net Present Value, 순현재가치)는 투자로 인한 기업가치나 프로젝트 가치의 증분을 현재가치로 환산한 것을 말한다. ①투자계획의 현재가치를 0으로 만드는 할인율(현재 투자한 지출의 가치가 미래의 현금 수입액과 동일하게 되는 수익률)은 IRR(Internal Rate of Return, 내부수익률)이다.

IRR은 일반적으로 할인율(기업비용)보다 클 때 채택한다. IRR이 나오지 않는 투자안도 있으며, 다수의 IRR이 나오는 경우가 있다. NPV는 순현가법에 의해 결정되며, 클수록 좋은 투자안이라고 생각할 수 있다. NPV는 현재의 비용으로 재투자하는 방법을 사용하므로 IRR보다 보수적인 평가방법으로 본다.

09 ②

러너지수(Lerner指數)는 가격에서 한계비용을 뺀 값을 가격으로 나눈 지수로서 이를 통해 상품의 독점 정도를 측정한다. 미국 경제학자 아바 러너가 개발했다.

10 ③

카르텔(cartel)과 트러스트(trust)는 시장 지배라는 동일한 목적을 가지고 있다. 그러나 카르텔이 각 기업이 법률적·경제적으로 독립성을 유지하는 데 비해 트러스트는 법률적·경제적으로 독립성을 잃는다는 점에서 차이가 있다. ①트러스트는 기업합동 또는 기업합병이라고 한다. ②우리나라에서는 카르텔을 법적으로 금지하고 있다. ④신디케이트는 공동 판매소를 만들어 판매하는 고도화된 카르텔의 형태다. ⑤카르텔은 동종 업종의 기업이 연합하는 형태다.

에듀윌이
너를
지지할게

ENERGY

모든 꽃이 봄에 피지는 않는다.

– 노먼 프랜시스(Norman Francis)

[2권] 찾아보기 Index

숫자로 찾아보기

12표법	344
20-20 클럽	162
3B 법칙	150
3D영화	089
4 · 19 혁명	337
4대 사화	326
4대 전국고교야구대회	181
5 · 4 운동	362
5 · 18 민주화 운동	338
5I의 법칙	150
6월 민주 항쟁	338
7년 전쟁	354
7월 혁명	357
8조법(범금 8조)	313

영어로 찾아보기

A

ABC 제도	127
ADSL	051
AFC 아시안컵	179
AM · FM · PCM 방송	138
AP	053

B

BPS	049

C

CATV	130
CDMA	052
CPM	150

D

DMB	131
DNA	016

E

e-랜서	142

F

F1 그랑프리	175
FIFA	177

H

HDTV	056

I

IPTV	130
ISDN	049

L

LAN	051
LED	057
LTE	050

M

MC 140
MIDI 054
MMS 132
MPEG 144

N

NASA 028
NBA 176
NFL 175
NTSC 146

O

OLED 032
OTT 057

P

P2P 072
PIP TV 131
PPL 147

R

RDD 118
RFID 056

S

SNG 144
SOHO 028

T

TCP-IP 062
T-커머스 072

U

UCC 065
UEFA 챔피언스리그 178
URL 062

U-커머스 073

V

VAN 052
V칩 143

W

WAIS 063
WWW 059

한글로 찾아보기

ㄱ

가사 230
가상기억 장치 047
가이아 이론 020
가전체문학 231
가톨릭교 209
간다라 미술 347
갈릴레오 프로젝트 055
감성공학 030
갑골 문자 345
강화도 조약 332
개인 혼영·혼계영 190
개화기 주요 신문과 잡지 235
객주 331
건국신화 226
건원중보 319
걸개그림 104
게이트웨이 048
게이트 키퍼 119
경국대전 325
경기체가 226
경향문학 240
경험론 200
계몽주의 205

계유정난	325	국채 보상 운동	335
고대소설	232	권력이동	261
고려 가요	228	권리 청원	354
고슴도치 딜레마	216	균역법	329
고인돌	313	그라운드 홈런	162
고전문학 분류	223	그룹웨어	042
고전주의	249	그리스도교	209
고전파 음악	093	근거리무선통신	054
고증학	202	근대 5종 경기	188
골프 4대 메이저대회	173	금난전권	329
골프	184	금오신화	233
공리주의	205	기록 영화	088
공민왕의 개혁 정책	321	기인 제도	318
공영 방송	129	기탄잘리	259
공음전	322	꾸바드 증후군	214
공쿠르상	263		
과전법	324	ㄴ	
관현악	093	나노기술	031
관훈 클럽	146	나라 시대	352
광각 렌즈	010	나로호	030
광개토 대왕릉비	316	나프타	014
광고의 종류	148	난징대학살	363
광대역 통신망	052	남북 전쟁	358
광섬유	014	낫 아웃	162
광종의 개혁 정치	318	낭만주의	250
광혜원	332	내셔널 프레스 클럽	145
괴테상	264	네안데르탈인	342
교부 철학	207	넷카시즘	068
교차소유	116	노모포비아	067
교향곡	093	노벨문학상	263
구운몽	233	노벨상	085
국악 장단 빠르기	100	노비안검법	318
국제기자기구	145	노이슈타트 국제문학상	264
국제기자연맹	145	농구 용어	186
국제언론인협회	144	농지 개혁법	336
국제올림픽위원회	168	누벨바그	090
국제 육상 경기 연맹	172	뉴미디어	113
국제인터넷주소관리기구	064	뉴베리상	265
국제펜클럽	265	뉴스의 종류	124

뉴 웨이브　097
니힐리즘　252

ㄷ

다산과학기지　034
다윈 방송　132
닥터 K　160
단군 신화　313
단위를 나타내는 말　275
대동법　328
대동여지도　331
대륙붕　022
대삼관　191
대종교　211
대종상　084
대한민국 임시 정부　335
더블헤더　163
데드라인　120
데미안　259
데스크　119
데이비스컵테니스대회　182
데이터 방송　134
데이터베이스　044
데이터 통신　048
도메인 네임　060
도병마사　321
도참사상　204
도핑 테스트　158
독서삼품과　317
돌연변이　018
동계올림픽대회　170
동국통감　325
동방견문록　352
동위원소　013
동의보감　328
동학 농민 운동　333
두시언해　229
등속도 운동　007
디버깅　045

디스커버리호　027
디지로그　059
디지털 디바이드　058
디지털 디톡스　068
디지털 방송　134
디지털 오디오 방송　135
띄어쓰기　273

ㄹ

라우터　051
라티푼디움　345
라퓨터　141
램　040
레게　096
레퀴엠　095
롤리타 증후군　214
롬　040
루지　166
루퍼트 머독　142
르네상스　353
르포르타주　120
리그전　154
리리시즘　246
리베로　156
리비도　212

ㅁ

마그나 카르타　349
마스터 유전자　018
마야 문명　344
마케팅 믹스　151
마하　010
만유인력의 법칙　008
만적의 난　320
매너리즘　247
매스미디어 효과 이론　110
매스컴　113
맥루한의 미디어 결정론　112
맨부커상　263

머피의 법칙	215	반감기	013
메라비언의 법칙	216	반론권	117
메이저리그	180	반성 유전	019
메이킹 필름	090	반크	068
메카트로닉스	031	발롱데세	118
멘델의 법칙	018	방관자 효과	216
멜라토닌	015	방사선	011
명예혁명	355	방사성 원소	011
모놀로그	092	방어기제	212
모더니즘	251	백년 전쟁	350
모바일 컨버전스	055	백정	326
모스크바 국제영화제	087	백화운동	249
목민심서	330	밴앨런대	026
몰수 게임	163	버스	047
몽유도원도	103	범패	099
몽타주	090	베스트팔렌 조약	354
묘청의 서경 천도 운동	320	변신	259
무구정광대다라니경	316	별무반	320
무궁화 1호	029	봅슬레이	165
무로마치 시대	352	봉건 제도	349
무어의 법칙	058	부곡	322
무정	237	부병제	351
문예사조	237	부족 국가	314
문자 다중 방송	133	부활	258
문학의 갈래	220	분서갱유	346
문화 대혁명	363	불교	211
물산 장려 운동	335	브나로드운동	249
물질대사	016	블랙홀	026
뮌하우젠 증후군	214	블로그	065
미국 독립 혁명	355	블루리본	069
미국의 3대 방송네트워크	135	블루투스	055
미디어 렙	147	비단길	347
미디어 임페리얼리즘	115	비디오 아트	102
민주화 운동 전개 과정	337	비디오텍스	054
밀라노 칙령	345	비엔날레	102
		비잔틴 문화	348
		비주얼 스캔들	151
ㅂ		비즈싱크	151
바이오에너지	015	비치발리볼	189
바이오 컴퓨터	046		

비트	040	세계 3대 영화제	086
비트코인	072	세계 3대 축구리그	179
빅 데이터	044	세계 4대 마라톤대회	172
빅뱅 이론	025	세계 4대 문명	342
빈볼	161	세계 기록 유산	082
빈 회의	357	세계 방송사	136
빛이 매개 물질을 통과할 때 나타나는 현상	010	세계신문협회	127
		세계 유산	082
ㅅ		세계육상선수권대회	171
사단칠정론	203	세계 주요 신문	128
사물놀이	097	세계피겨스케이팅선수권대회	174
사실주의	250	세레나데	095
사심관 제도	317	세종과학기지	034
사이버네틱스	030	세팍타크로	189
사이버스쿼팅	070	세포이 항쟁	359
사이영상	160	셰익스피어의 4대 비극	257
사이클링 히트	161	소도	314
산악그랜드슬램	191	소설의 구성	220
산업 혁명	356	소유즈호	028
삼강오륜	203	소프트웨어	042
삼국사기	322	솝 오페라	092
삼국의 주요 왕의 업적	315	쇼트트랙 스피드스케이팅	165
삼사	326	수사법	222
삼소회	211	수용소군도	260
상대성 이론	006	순우리말	276
상징주의	251	쉬르레알리즘	252
상평창	319	슈투름 운트 드랑	248
샤머니즘	208	스와라지 운동	362
서든 데스	155	스쿠프	121
서유견문	236	스크린셀러	090
서포만필	234	스크린쿼터	091
선댄스 영화제	087	스키	166
선사 시대와 역사 시대	312	스턱스넷	045
선상지	023	스톡홀름 증후군	213
설단 현상	213	스트랜딩	016
성선설	200	스트리밍	060
성악설	200	스팸메일	071
성층권	024	스포츠 중재 재판소	159
세계 3대 국제바둑선수권대회	174	스푸마토	103

스푸트니크 1호	027	아시아 경기 대회	171
스푸핑	071	아이드마 법칙	151
스풀	044	아이맥스	089
승부치기	164	아이핀	074
시나리오	222	아카데미상	084
시나위	099	아카펠라	096
시스템반도체	042	아쿠타가와상	264
시조	226	아키	063
시청률	141	아편 전쟁	359
시카다상	264	아포리즘	246
식스맨	186	안동 봉정사 극락전	323
신간회	336	알권리	116
신경향파문학	240	알레고리	246
신곡	256	앙가주망	253
신기전	324	앙데팡당	103
신디케이트	143	앙티로망	254
신문의 날	127	애니미즘	312
신문의 종류	126	애플릿	060
신민회	334	액세스권	116
신소설	236	야마토 정권	346
신 세계 7대 불가사의	083	양명학	201
신심리주의	252	양무운동	360
신즉물주의	253	어나니머스	069
신체시	235	어드밴티지 룰	155
신해 혁명	361	어카운트 이그제큐티브	150
실낙원	256	언론의 4이론	114
실용주의	206	얼터너티브 록	097
실존주의(서양 철학)	206	에게 문명	343
실존주의(문예사조)	253	에드거상	265
실증주의	206	에미상	085
실학	330	에버원	033
십자군 전쟁	350	엑스트라넷	049
		엑조티시즘	251
		엔트리	155
ㅇ		엠바고	121
아관 파천	334	여론 조사소	118
아르누보	100	여수장우중문시	223
아르키메데스의 원리	008	역사의 종언	261
아리랑위성 1호	029	역전층	024
아방게르 · 아프레게르	247		

열린 사회와 그 적들	261	음성 다중 방송	056
열의 이동 방식	010	음악의 빠르기말	099
오디세이아	255	의화단 운동	360
오라토리오	095	이데올로기의 종언	261
오리엔트 문명	343	이슬람교	210
오페라	094	이어도 해양과학기지	034
오픈마켓	074	이종 격투기	190
온누리호	033	이히로만	248
올림픽 경기 대회	168	인공위성	027
옴부즈맨 제도	115	인권 선언	356
옴의 법칙	006	인디즈	088
와디	023	인류무형문화유산	083
와이브로	053	인문주의	250
와이파이	053	인슐린	017
와일드카드	157	인터캐스트	141
왕오천축국전	316	인텔샛	146
외쿠메네	022	인트라넷	050
용비어천가	227	일리아스	255
우리별 1호	029	임오군란	332
우상론	201	임진왜란	327
원자력	012	입력 장치 · 출력 장치	041
원자로	012	입체파	101
월드 베이스볼 클래식	181		
월드컵 축구대회	176	**ㅈ**	
월인천강지곡	228	자연주의	250
웨바홀리즘	068	자오선	021
웹 2.0	063	자주 출제되는 맞춤법	272
웹호스팅	074	자주 출제되는 외래어 표기법	274
유니버시아드	172	재즈 음악	096
유니코드	047	저널리즘	122
유러비전	143	전위예술	104
유럽축구선수권대회	178	전자서명	043
유미주의	251	전파 월경	138
유비쿼터스	066	전파의 종류	138
유전자변형작물	019	젊은 베르테르의 슬픔	258
유토피아	256	정보 공개 제도	117
육상 경기	183	정읍사	224
을미사변	333	정지화 방송	133
을사조약	334	제1차 세계 대전	361

제2차 세계 대전 362

제4매체 147

제자백가 202

조로아스터교 210

조선어 학회 사건 336

조선왕조실록 327

조선 전기 주요 왕의 업적 323

조선 후기 주요 왕의 업적 329

종교 개혁 353

종묘제례악 083

종합편성채널 130

죄와 벌 258

주요 국문학 작품과 저자 244

주요 동인지 · 종합지 238

주요 세계문학 작품과 저자 262

중국의 4대기서 260

중방 321

중수로 013

중앙 처리 장치 039

중체서용론 204

증강현실 058

지식 재산권 066

지역 방어 188

지하철시리즈 180

직접 위성 방송 133

직지심체요절 322

ㅊ

천안문 사건 363

청교도 209

청록파 240

청 · 일 전쟁 360

춘추 전국 시대 346

침수 해안 022

ㅋ

카노사의 굴욕 349

카니발리즘 208

카메오 091

카스트 제도 347

카오스 이론 009

카피레프트 066

칸초네 095

칸타타 094

칼데라 023

칼럼 120

캐티즌 142

커스컴 113

컬러텔레비전 송수신 방식 137

컬링 164

컴퓨터 039

컴퓨터 바이러스 046

컴퓨터의 발달 순서 038

케네디 스코어 164

케이블 TV 057

케이퍼 무비 088

코덱 052

코파아메리카 178

콜드 게임 163

쿠키 064

쿼크 009

퀄리티스타트 161

크로마키 140

크림 전쟁 358

클라우드 서비스 045

클리킹 현상 139

클린업 트리오 159

키노드라마 092

키보드 워리어 067

키 스테이션 132

키치문학 255

ㅌ

타블로이드 신문 126

탄소나노튜브 032

탕평책 329

태양계 026

태양광 발전	033	평균자책점	159
태조(왕건)의 정책	317	포스트모더니즘	100
태평천국 운동	359	표면 장력	009
테니스 4대 메이저대회	182	표준시	021
테니스 경기 운영	188	푸코의 진자	021
테라토마	017	풋살	190
테크노 음악	097	퓨전 음악	096
텔넷	049	퓰리처싱	085
토너먼트	154	프랑스 혁명	356
토니상	084	프랑크 왕국	348
토테미즘	208	프랑크푸르트 국제도서전	249
통신사	125	프랑크푸르트 학파	207
트라우마	213	프랜차이즈 플레이어	158
트라이애슬론	185	프레스 캠페인	118
트리비얼리즘	247	프레올림픽	171
트리플 크라운	157	프레타포르테	102
트위터	065	프로토콜	048
		프록시 서버	061
		프리마 돈나	094
ㅍ		프리 에이전트	156
파쇼다 사건	361	플라세보 효과	215
파일럿 프로그램	139	플라스마	014
판 구조론	020	플래시 몹	066
판소리	098	플러그 앤 플레이	043
팝 아트	101	플러시	121
팝콘브레인	067	플레밍의 법칙	008
팝페라	094	피그말리온 효과	215
팟캐스팅	142	피싱	070
패관문학	232	피플미터	141
패러디	248	픽셀	040
패럴림픽	167	필름 느와르	087
퍼블릭 액세스	114	핑	062
퍼지 이론	031		
퍼펙트게임	160		
펀치 드렁크	158	**ㅎ**	
펌 뱅킹	073	하드보일드문학	247
펌웨어	043	하드웨어	041
페이비언 사회주의	206	하멜표류기	257
펜싱	189	한국인터넷진흥원	064
펠로폰네소스 전쟁	344	한국 현대문학의 흐름	241

한자 동맹	350
합리론	201
핫미디어 · 쿨미디어	112
핫 코너	163
해발 기준점	024
해빙기문학	254
해트 트릭	156
핵융합	012
핵티비즘	069
햄릿 증후군	214
행동주의	252
행위 예술	104
향가	224
향약	327
허블의 법칙	025
허생전	234
헤드라인	120
헤브라이즘	207
혈소판	017
호러영화	088
호패	324
혼동하기 쉬운 표준어	274
혼일강리역대국도지도	324
홍경래의 난	331
홍길동전	233
황의 법칙	058
훈민정음	229
훈요십조	318
흑사병	351
희곡	221
히트 앤드 런	161
힌두교	210

2021 최신판 에듀윌 多통하는 일반상식

초판발행	2017년 3월 30일
5판 2쇄	2021년 6월 4일
편 저 자	에듀윌 상식연구소
펴 낸 이	박명규
펴 낸 곳	(주)에듀윌
등록번호	제25100-2002-000052호
주 소	08378 서울특별시 구로구 디지털로34길 55
	코오롱싸이언스밸리 2차 3층

* 이 책의 무단 인용·전재·복제를 금합니다.   ISBN 979-11-360-0868-8(13030)

www.eduwill.net
대표전화 1600-6700

여러분의 작은 소리
에듀윌은 크게 듣겠습니다.

본 교재에 대한 여러분의 목소리를 들려주세요.
공부하시면서 어려웠던 점, 궁금한 점,
칭찬하고 싶은 점, 개선할 점, 어떤 것이라도 좋습니다.

에듀윌은 여러분께서 나누어 주신 의견을
통해 끊임없이 발전하고 있습니다.

에듀윌 도서몰 book.eduwill.net
• 부가학습자료 및 정오표: 에듀윌 도서몰 → 도서자료실
• 교재 문의: 에듀윌 도서몰 → 문의하기 → 교재(내용, 출간) / 주문 및 배송

취업에 강한 에듀윌 시사상식

78개월 베스트셀러

1위

2020·2021
2년 연속 우수콘텐츠잡지 선정!

우수콘텐츠잡지
2021

• 월별 Cover Story
• 정치 · 경제 · 사회 등 분야별 최신상식
• 취업트렌드 & 꿀팁을 알려주는 생생 취업정보
• 최신 논술 분석! ISSUE & 논술 · 찬반
• 다양한 교양을 만나는 사상 · 역사 · 예술 · 과학 칼럼

정기구독 안내

구독료

• 6개월 정기구독   ~~60,000원~~   ▶   **54,000원**
• 12개월 정기구독   ~~120,000원~~   ▶   **108,000원**

※ 매달 배송비 무료

신청방법

• 인터넷: 에듀윌 도서몰(book.eduwill.net) 〉 월간 시사상식 정기구독
• 전 화: 02) 397-0178 (평일 09:30~18:00/토·일·공휴일 휴무)

▼ 정기구독 신청

베스트셀러 1위 761회 달성!*
에듀윌 취업 교재

3년 연속 취업 교육 1위!* 합격자수 2,557% 수직 증가!*

| 공기업 NCS | 쏟아지는 100% 새 문항*

월간 NCS
NCS BASIC 기본서 | NCS 모듈형 기본서
NCS 모듈학습 2021 Ver. 핵심요약집

NCS 통합 봉투모의고사
NCS 통합 기본서
PSAT형 NCS 자료해석 실전 380제

한국철도공사 | 부산교통공사
서울교통공사 | 5대 철도공사·공단
국민건강보험공단 | 한국전력공사

한수원+5대 발전회사
한국수자원공사 | 한국수력원자력
한국토지주택공사 | IBK 기업은행

NCS, 59초의 기술 시리즈
NCS 6대 출제사 기출PACK
NCS 결정적 기출문제집

| 대기업 인적성 | 온라인 시험도 완벽 대비!

대기업 인적성 통합 기본서

GSAT 삼성직무적성검사

LG그룹 인적성검사

SKCT SK그룹 종합역량검사
롯데그룹 L-TAB

농협은행
지역농협

취업상식 1위!*

월간 시사상식

多통하는 일반상식
상식 통합대비 문제풀이집

공기업기출 일반상식
언론사 기출상식 | 기출 금융상식

자소서부터 면접까지!

면접관이 말하는 NCS 자소서와
면접_사무·행정·전기 | NCS 자소서&면접

끝까지 살아남는
대기업 자소서

* 온라인4대 서점(YES24, 교보문고, 알라딘, 인터파크) 일간/주간/월간 13개 베스트
  셀러 합산 기준 (2016.01.01~2021.05.09)
* 2021 대한민국 브랜드만족도 취업 교육 1위 (한경비즈니스)
  2020, 2019 한국브랜드만족지수 취업 교육 1위 (주간동아, G밸리뉴스)
* 에듀윌 취업 수강생 공기업/대기업 서류, 필기, 면접 전형별 합격자 인증 건수
  (총집계/총합계) (2015~19년도/2020년도)

* 에듀윌 취업 코레일 봉투모의고사, 공기업 NCS 통합 봉투모의고사,
  서울교통공사 봉투모의고사 교재 해당 (2021년 상반기 출간 교재 기준)
* YES24 수험서 자격증 취업/상식/적성검사 취업/면접/상식 베스트셀러 1위
  (2020년 2월 월별 베스트)
* YES24 국내도서 해당 분야 월별, 주별 베스트 기준

eduwill

2021 공기업/대기업 **관리형** 학원!

에듀윌
취업 아카데미
강남캠퍼스

3년 연속 취업 교육 1위, 에듀윌이 만든 취업 전문 교육기관

2021 대한민국 브랜드만족도 취업 교육 1위(한경비즈니스) / 2020, 2019 한국브랜드만족지수 취업 교육 1위(주간동아, G밸리뉴스)

취준저격 합격패키지	+	자소서/면접 1:1 컨설팅	+	24/7 취준감빵생활
NCS·자소서 면접·일대일컨설팅		기업별·직무별 프리미엄 컨설팅		24시간 주7일관리 압박관리·강제퇴원

**에듀윌 취업 아카데미
강남캠퍼스**

· 운영시간 : [월~금] 09:00 ~ 22:00 [토/일/공휴일] 09:00 ~ 18:00
· 주소 : 서울 강남구 테헤란로 8길 37 한동빌딩 1, 2층
· 상담 및 문의 : 02)6486-0600

취업, 공무원, 자격증 시험준비의 흐름을 바꾼 화제작!

에듀윌 히트교재 시리즈

에듀윌 교육출판연구소가 만든 히트교재 시리즈!
YES24, 교보문고, 알라딘, 인터파크, 영풍문고 등 전국 유명 온/오프라인 서점에서 절찬 판매 중!

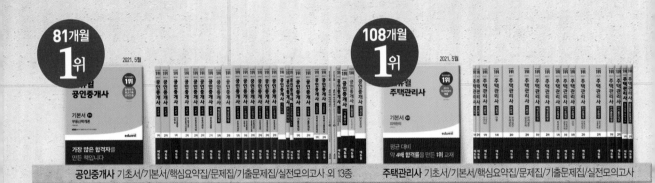

공인중개사 기초서/기본서/핵심요약집/문제집/기출문제집/실전모의고사 외 13종 　　　주택관리사 기초서/기본서/핵심요약집/문제집/기출문제집/실전모의고사

7·9급공무원 기본서/단원별 기출&예상 문제집/기출문제집/기출팩/실전, 봉투모의고사 　　　공무원 국어·영어·한국사 매일 기출한자/문법 필기노트/기출 영단어/빈출 문법/매일 3문 독해/한국사 파이널/흐름노트

7급공무원 PSAT 기본서/기출문제집 　 계리직공무원 기본서/문제집/기출문제집 　 군무원 기출문제집/모의고사 　 경찰공무원 기본서/기출문제집/모의고사/면접 　 소방공무원 기출문제집/모의고사 　 맞춤형 화장품 조제관리사

검정고시 고졸/중졸 기본서/기출문제집/실전모의고사/총정리　사회복지사1급 기본서/기출문제집/핵심요약집　직업상담사(2급) 기본서/기출문제집　경비 기본서/기출/한권끝장/2차 모의고사　전기기사 필기/실기/기출문제집　전기기능사 필기/실기

※ YES24 수험서 자격증 공인중개사 베스트셀러 1위 (2011년 12월, 2012년 1월, 12월, 2013년 1월~5월, 8월~12월, 2014년 1월~5월, 7월~8월, 12월, 2015년 2월~4월, 2016년 2월, 4월, 6월~
12월, 2017년 1월~12월, 2018년 1월~12월, 2019년 1월~12월, 2020년 1월~12월, 2021년 1월~5월 월별 베스트, 매월 1위 교재는 다름)

1위 21.2월 에듀윌 한국사 능력검정시험	**1위** 21.5월 에듀윌 조리기능사 5종목 통합 필기끝장	**1위** 21.5월 에듀윌 제과·제빵기능사	**1위** 21.5월 에듀윌 SMAT 모듈A	**1위** 21.5월 에듀윌 ERP 정보관리사	**1위** 21.4월 에듀윌 전산세무 1급

한국사능력검정시험 기본서/기출문제집/2주끝장 | 조리기능사 필기/실기 | 제과제빵기능사 필기/실기 | SMAT 모듈A/B/C | ERP정보관리사 회계/인사/물류/생산(1, 2급) | 전산세무회계 기초서/기본서/기출문제집

1위 21.5월 에듀윌 상공회의소 한자	**1위** 21.5월 에듀윌 ToKL	**1위** 21.5월 에듀윌 KBS 한국어능력시험	**1위** 21.5월 에듀윌 한국실용글쓰기	**1위** 21.5월 에듀윌 매경TEST	**1위** 21.5월 에듀윌 TESAT

진흥회 한자 3급 | 상공회의소한자 3급 | ToKL 한권끝장/2주끝장 | KBS한국어능력시험 한권끝장/2주끝장/문제집/기출문제집 | 한국실용글쓰기 | 매경TEST 기본서/문제집/2주끝장 | TESAT 기본서/문제집/기출문제집

1위 21.5월 에듀윌 스포츠지도사	**1위** 21.5월 에듀윌 산업안전기사	**1위** 21.5월 에듀윌 위험물산업기사 1급	**1위** 21.5월 에듀윌 국제무역사 1급	**1위** 21.5월 에듀윌 답만보는 운전면허	**1위** 21.5월 에듀윌 ROTC 학사장교

스포츠지도사 필기/실기/구술 한권끝장 | 산업안전기사 | 산업안전산업기사 | 위험물산업기사 | 위험물기능사 | 무역영어 1급 | 국제무역사 1급 | 운전면허 1종·2종 | ROTC·학사장교 | 부사관

1위 20.2월 에듀윌 시사상식	에듀윌 월간 NCS	**1위** 21.5월 에듀윌 공기업 NCS	**1위** 20.7월1주 에듀윌 PSAT형 NCS 자료해석	2021 신간 NCS 6대 출제사 기출PACK	**1위** 21.4월 코레일 한국철도공사

월간시사상식 | 일반상식 | 월간 NCS | NCS 통합 기본서/모듈형 기본서/봉투모의고사 | PSAT형 NCS 자료해석 380제 | NCS 6대 출제사 기출PACK | 한국철도공사 기본서/봉투모의고사

1위 20.9월3주 에듀윌 국민건강 보험공단	**1위** 21.4월 에듀윌 한국 수자원공사	**1위** 21.5월 에듀윌 부산 교통공사	**1위** 20.11월 에듀윌 GSAT	**1위** 21.5월 에듀윌 SKCT	**1위** 21.3월 에듀윌 끝까지 살아남는 대기업 자소서

국민건강보험공단 기본서/봉투모의고사 | 한국전력공사 | 한수원 | 수자원 | 서울교통공사 | 부산교통공사 | 철도공·공단 | GSAT 기본서/봉투모의고사/파이널 | LG | SKCT | CJ | NCS | 대기업 자소서&면접

※ YES24 수험서 자격증 주택관리사 베스트셀러 1위 (2011년 3월, 9월, 12월, 2012년 1월, 3월~12월, 2013년 1월~5월, 8월~11월, 2014년 2월~8월, 10월~12월, 2015년 1월~5월, 7월~12월, 2016년 1월~12월, 2017년 1월~12월, 2018년 1월~12월, 2019년 1월~12월, 2020년 1월~7월, 9월~12월, 2021년 1월~5월 월별 베스트, 매월 1위 교재는 다름)

※ YES24 국내도서 해당분야 월별, 주별 베스트 기준

업계 최대 규모의 합격자 모임 실제 현장
(서울 강남 코엑스

에듀윌 합격자 모임

합격자 수 1위
에듀윌

• 취업 1위, 공무원 1위, 경찰공무원 1위, 소방공무원 1위, 계리직공무원 1위, 군무원 1위, 전기기사 1위, 한국사능력검정시험 1위,
검정고시 1위, 전산세무회계 1위, 건축기사 1위, 토목기사 1위, 경비지도사 1위, 직업상담사 1위, KBS한국어시험 1위, 실용글쓰기 1위,
매경TEST 1위, 한경TESAT 1위, ERP정보관리사 1위, 재경관리사 1위, 산업안전기사 1위, 국제무역사 1위, 무역영어 1위, 전기기능사 1위,
물류관리사 1위, 도로교통사고감정사 1위, 유통관리사 1위, 위험물기능사 1위, 위험물산업기사 1위, IT자격증 1위, 정보처리기사 1위,
컴퓨터활용능력 1위, 공인중개사 1위, 주택관리사 1위, 사회복지사1급 1위, 소방설비기사 1위, 소방시설관리사 1위, 행정사 1위,
부동산실무 1위 (2021 대한민국 브랜드만족도 교육 부문, 한경비즈니스)
• 공인중개사 최다 합격자 배출 공식 인증 (한국의 기네스북, KRI 한국기록원 / 2019년 인증, 2021년 현재까지 업계 최고 기록)

eduwill